AF554026

निराला : कृति से साक्षात्कार

निराला : कृति से साक्षात्कार

नन्दकिशोर नवल

राजकमल प्रकाशन

ISBN : 978-81-267-1794-1

मूल्य : ₹ 1495

राजकमल प्रकाशन द्वारा
पहला संस्करण : 2009
चौथा संस्करण : 2014
This book is printed on **Print on Demand** Technology : 2024

प्रकाशक : राजकमल प्रकाशन प्रा.लि.
1-बी, नेताजी सुभाष मार्ग, दरियागंज
नई दिल्ली-110 002

शाखाएँ : अशोक राजपथ, साइंस कॉलेज के सामने, पटना-800 006
पहली मंजिल, दरबारी बिल्डिंग, महात्मा गांधी मार्ग, प्रयागराज-211 001
1, अनमोल सोराबजी संतुक लेन, धोबी तलाव, मरीन लाइंस, मुम्बई-400 002

वेबसाइट : www.rajkamalprakashan.com
ई-मेल : info@rajkamalprakashan.com

Printed at : Rajkamal Prakashan P.Ltd.

NIRALA : KRITI SE SAKSHATKAR
by Nand Kishore Naval

त्रिलोचन को
जो आँखों में निराला को रखकर
अपनी राह चले

प्राक्कथन

प्रस्तुत पुस्तक निराला की कविता के साथ मेरे लम्बे साहचर्य का परिणाम है। यह साहचर्य अनेक स्तरों पर रहा है, छात्र, शोधकर्ता, संपादक, अध्यापक और सबसे बढ़कर एक रस-प्रलुब्ध पाठक के स्तर पर। इन रूपों में मुझे उसके निकट से अध्ययन का अवसर प्राप्त हुआ, जिससे उस सहस्रार की पंखुड़ियाँ खुलती चली गईं और मेरे सामने रस और सौन्दर्य के नए-नए द्वार उद्घाटित होते गए। कहने की आवश्यकता नहीं कि कविता में व्यक्ति, समाज, राष्ट्र, संस्कृति, मूल्य आदि तमाम चीजें उस रस और सौन्दर्य से ही पैदा होती हैं और फिर उन्हीं में विलीन हो जाती हैं। इस कारण जो लोग उन्हें उसमें अलग से ढूँढ़ने का प्रयास करते हैं, कहा जा सकता है कि 'रस बिसेष जाना तिन नाहीं'। व्यक्ति कोई सुन्दर दृश्य देखता है, तो वह उसे दूसरों को भी दिखलाना चाहता है। यह पुस्तक वस्तुतः निराला की कविता के सौन्दर्योपभोग में भागीदारी के लिए लिखी गई है। इस तरह यह एक खुला आमन्त्रण है।

जैसा कि पुस्तक के नाम से संकेतित है, इसमें निराला की कविता पर विचार करने के लिए इधर-उधर की बातों को छोड़कर रचना से साक्षात्कार करने की पद्धति अपनाई गई है। उसके लिए रचना के पाठ पर ध्यान केन्द्रित करना आवश्यक था। हिन्दी में कृति की राह से गुजरने या 'पाठाधारित आलोचना' की बहुत दुहाई दी जाती है, लेकिन हिन्दी आलोचना रचना के पाठ से जितनी भटकी हुई है, उतनी शायद ही किसी विकसित भाषा की आलोचना हो। आलोचक रचना से 'साक्षात्कार' इस तरह करता है कि उसके पाठ से हटकर दुनिया-भर की बातें बनाता है, उसके सन्दर्भ के नाम पर कहीं की ईंट कहीं का रोड़ा इकट्ठा करता है और रचना के समानान्तर एक स्वतन्त्र रचना प्रस्तुत कर देता है, जो कभी-कभी ऐसी अबूझ भाषा में होती है कि रचना का जो भी सही अनुभव पाठक के पास होता है, वह आलोचक द्वारा प्रयुक्त बीहड़ और चमकदार शब्दों के कान्तार में खो जाता है। यह सही है कि रचना एक रहस्यमय वस्तु है, जिससे अलग-अलग कोणों से वह अलग- अलग रूपों में दिखलाई पड़ती है, तथापि अपेक्षित यह है कि उसका अपना रूप ही देखा- दिखाया जाए और उस पर कोई व्याख्या, निरर्थक वा सार्थक, आरोपित न की जाए। व्याख्याकार का काम उसके अपने रूप को, जो अप्रकट या अमुखर है, प्रकट या मुखर कर देना है। रचना अपने शब्दों तक सीमित नहीं रहती, न अपने अर्थ तक, लेकिन उसकी अनुगूँज

का पीछा इस हद तक नहीं किया जा सकता कि वह तो खो जाए और व्याख्या में केवल आलोचक की हुंकृति सुनाई पड़े। हिन्दी आलोचना जब तक अपने को रचना पर केन्द्रित न करेगी, उसमें कोई सार्थक काम न हो सकेगा। यह उसके रचना से हट जाने का ही परिणाम है कि आलोचक जिस भी रचना या रचनाकार का मूल्यांकन करता है, जब पाठक उससे सीधा सम्बन्ध स्थापित करता है, तो वह बिलकुल दूसरे, कभी-कभी उलटे, नतीजे पर पहुँचता है। व्याख्या के लिए आलोचक को निश्चय ही छूट है, लेकिन वहीं तक, जहाँ तक रचना का दृश्य वा अदृश्य संकेत उसे ले जाता है। उससे आगे आलोचना नहीं, उसका स्वैराचार है।

पाठाधारित आलोचना की अपनी सीमाएँ हैं। इसमें रचना की जो 'क्लोज स्टडी' की जाती है, वह अध्येता को इसकी इजाजत नहीं देती कि रचना को उससे हटकर, दूर स्थित होकर, सम्पूर्ण रूप में देखा जा सके। अध्येता प्रायः रचना के छोटे-छोटे और नजदीकी ब्योरों में उलझकर रह जाता है। यह आलोचना रचना के अदृश्य पक्षों का उद्घाटन नहीं कर पाती, न ही वह आलोचक की अन्तर्दृष्टि से रचना की सर्वथा नवीन व्याख्या कर पाठकों को चमत्कृत कर पाती है। रचना की सही अवधारणा के लिए उसे नजदीक से देखना तो जरूरी है ही, दूर से देखना भी जरूरी है, वर्ना उसके ठीक आकार के साथ-साथ उसके ठीक स्थान का भी पता न चलेगा। पाठाधारित आलोचना में यह खतरा भी है कि वह कहीं टी.एस. इलियट द्वारा निरूपित 'लेमन-स्क्वीज़र स्कूल ऑफ क्रिटिसिज्म' की आलोचना का उदाहरण न बन जाए। ऐसी आलोचना अक्सर रचना का कचूमर निकाल देती है और उसे अपने ही मलबे में दफन कर देती है। ऐसी आलोचना लिखनेवाले आलोचक को पाठकों की कल्पना पर विश्वास नहीं होता और वह उनके लिए कुछ भी नहीं छोड़ना चाहता, जिससे वह आलोचना एकतरफा नीरस और उबाऊ व्यापार बनकर रह जाती है। आलोचक का काम पाठकों की कल्पनाशीलता को कुंठित करना नहीं, बल्कि उसे उत्तेजित करना है। इसीलिए यह आमन्त्रण या निराला का शब्द लेकर कहें, तो 'ज़ियाफ़त'।

मैंने इस पुस्तक में भरसक प्रयास किया है कि कविता की पंखुड़ियाँ छिन्न-भिन्न न हों और वह सिर्फ अपनी नाल पर प्रस्फुटित हो जाए। इसके लिए यह भी आवश्यक था कि व्याख्या की पठनीयता बनी रहे। स्वभावतः उसमें टीकाकार या वैयाकरण के नहीं, आस्वादनकर्ता के मार्ग का अनुसरण किया गया है। लेकिन कविता को गद्य के माध्यम से ग्रहण करने की कोशिश अन्ततः उसके साथ किया गया एक क्रूर व्यवहार है, तब तो और अधिक, जब उसके पाठ से सटकर चलने की कोशिश की गई हो, उसके वाक्य-विन्यास को आधार बनाया गया हो। श्रेष्ठ कविता गद्य की शक्ति को आत्मसात् करके चलती है, लेकिन वह गद्य क्या, भाषा-मात्र का अतिक्रमण करती है। ऐसी स्थिति में यदि उसे यथावत् गद्य में लाने की कोशिश की जाए, तो न केवल यह कि उसकी अभिव्यक्ति बहुत अटपटी मालूम पड़ती है, बल्कि प्रायः 'लिखत सुधाकर लिखिगा राहू' की उक्ति चरितार्थ हो जाती है। प्रस्तुत पुस्तक में मैं इन कठिनाइयों के एहसास के साथ

आगे बढ़ा हूँ और सिर्फ इसके लिए सचेष्ट रहा हूँ कि पाठकों की अपनी रस-ग्राहकता और कल्पनाशीलता सक्रिय हो, वे जो भी देखें अपनी आँखों से, मेरे द्वारा प्रयुक्त गद्य के माध्यम से नहीं। लेकिन उद्दिष्ट सिद्ध हो, यह आवश्यक तो नहीं। उस अवस्था में आंशिक सफलता भी मुझे सन्तोष प्रदान करनेवाली होगी।

यह बिलकुल स्पष्ट है कि इस पुस्तक में मैंने निराला के सम्पूर्ण कृतित्व को व्याख्या के लिए नहीं लिया है, उसमें से उनकी कुछ श्रेष्ठ कविताओं का चुनाव किया है। उनकी श्रेष्ठ कविताओं में कुछ और भी हैं, यथा 'तुम और मैं', 'पंचवटी-प्रसंग', 'संध्या-सुन्दरी', 'यमुना के प्रति' और 'तोड़ती पत्थर', लेकिन चूँकि ये व्याख्यासापेक्ष नहीं, इसलिए उसमें मैंने इन्हें शामिल करना आवश्यक नहीं समझा। ये सभी कविताएँ निराला की काव्य-क्षमता के अलग-अलग रूप को सामने लाती हैं और अपने स्वरूप में मोहक हैं। इनकी एक बड़ी खूबी यह भी है कि साधारण पाठक भी इनके सौन्दर्य का आस्वादन सीधे कर सकते हैं, इसलिए इन तक पहुँचने के लिए उन्हें किसी सहारे की आवश्यकता नहीं। व्याख्या के लिए जो कविताएँ चुनी गई हैं, वे निराला की श्रेष्ठतर कविताएँ भी हैं और ऐसी भी कि या तो उनके सौन्दर्य को अभी देखा-दिखाया नहीं गया या वह किया गया है, तो अपर्याप्त रूप में। कई बार तो कविता की मूल संवेदना तक पहुँचने से आलोचक रह गए हैं और कई बार उन्होंने उसे अपनी सुविधानुसार स्थानान्तरित करने का प्रयास किया है।

'जुही की कली' एक प्रकृति-कविता है, जबकि उसे प्रचारित किया गया है एक शृंगारिक कविता के रूप में। 'बादल-राग' एक कविता-शृंखला है, जिसकी एक-दो कविताओं को ही ध्यान में लाया गया है, उसमें भी उनके अंश-विशेष को ही, पूरी-पूरी कविताओं को नहीं। 'जागो फिर एक बार'-शृंखला की दोनों कविताओं की भी आधी-अधूरी व्याख्या प्रचलित है। 'तुलसीदास'-जैसी निराला की महान् कविता को दुरूह मानकर छोड़ दिया गया है। 'मित्र के प्रति', 'प्रेयसी' और 'एडवर्ड अष्टम के प्रति' शीर्षक कविताएँ उनकी अत्यन्त श्रेष्ठ रचनाएँ हैं, जिनकी हिन्दी में उतनी चर्चा नहीं हुई, जितनी होनी चाहिए थी। 'मित्र के प्रति' में कवि ने सम्पूर्ण पुरानी हिन्दी कविता के प्रति असन्तोष प्रकट किया है, केवल रीतिकाव्य के प्रति नहीं। साथ ही उसमें पुरानी कविता के बरअक्स जिस कविता को खड़ा किया गया है, वह प्रथमतः निराला की अपनी कविता है, सम्पूर्ण छायावादी कविता नहीं। 'प्रेयसी'-जैसी प्रेम-कविता हिन्दी में दूसरी नहीं, जिसमें मानवीय प्रेम आध्यात्मिक गहराई लिए हुए है। 'एडवर्ड अष्टम के प्रति' भी व्यापकतर अर्थवाली कविता है, जिसमें नई मानवीय संस्कृति का संगीत उदात्त रूप में सुनाई पड़ता है। 'वन-बेला' का अर्थ उसकी संरचना से फूटता है, जिस पर भी विद्वानों ने अभी तक विचार नहीं किया; सिर्फ उसके कुछ अंशों को लेकर वे चर्चा करते रहे हैं। 'सरोज-स्मृति' की संरचना पर भी अभी तक ध्यान नहीं दिया गया और इस महान् कविता के सम्बन्ध में जल्दबाजी में न केवल

इधर-उधर की बातें कही गई हैं, बल्कि दृढ़ संकल्प की कविता को आत्मदया की कविता बनाकर छोड़ दिया गया है। 'राम की शक्ति-पूजा' का मूल संवेदना-केन्द्र अभी तक अदृष्ट है, जबकि यह निराला की ही नहीं, खड़ीबोली की सर्वश्रेष्ठ कविता के रूप में मान्य है। यह हिन्दी आलोचना की वस्तु-स्थिति का बहुत ही दुखद पहलू है। निश्चय ही इन कविताओं की अन्तर्वस्तु तक हमें कविताओं का पाठ ले जाता है, उसकी पूर्णतः उपेक्षा करके चलनेवाली आलोचनाएँ नहीं।

विचार के लिए मैंने जो कविताएँ चुनी हैं, उनमें से 'जुही की कली' को छोड़ दें, तो बाकी सभी लम्बी हैं। लम्बी कविताओं में भी 'बादल-राग' और 'जागो फिर एक बार' शृंखलाबद्ध कविताएँ हैं, जिससे वे 'लम्बी कविता' की श्रेणी में नहीं आतीं। लम्बी कविता की श्रेणी में आनेवाली कविताएँ शेष बची कविताएँ हैं। उनकी भी लम्बाई का कारण अलग-अलग है। 'तुलसीदास' और 'राम की शक्ति-पूजा' कथात्मक कविताएँ हैं, जबकि 'सरोज-स्मृति' में क्रमबद्ध और क्रमहीन स्मृतियों का गुंफन है। कथात्मकता 'प्रेयसी' में भी है, लेकिन उसमें कवि का ध्यान मुख्यतः प्रेयसी की मनोदशा के वर्णन पर है। 'मित्र के प्रति', 'एडवर्ड अष्टम के प्रति' और 'वन-बेला' चिन्तन वा विचार-सूत्र को पकड़कर चलनेवाली कविताएँ हैं। यह विचार-सूत्र मंझा किया हुआ है, जिससे उसमें चमक भी है और धार भी। दुरूहता का प्रश्न निराला की प्रायः सभी कविताओं के प्रसंग में उठाया गया है और यह प्रश्न उठानेवालों में साधारण पाठकों से लेकर पं. नन्ददुलारे वाजपेयी-जैसे विद्वान् तक शामिल हैं। मैं इस नतीजे पर पहुँचा हूँ कि निराला की कविताएँ दुर्भेद्य हो सकती हैं, पर अभेद्य नहीं हैं। यह दुर्भेद्यता भाषा के स्तर पर भी है, कवि की अपनी शैली के स्तर पर भी और भाव के स्तर पर भी। निराला रोमांटिक होते हुए मिजाज से क्लासिकी कवि हैं, फिर उनका अपना खास ढंग भी है, भाषा के प्रयोग का, इसलिए सामान्य छायावादी कविता से उनकी कविता के स्तर तक पहुँचने में स्वभावतः पाठकों को वक्त लगता है, लेकिन यह भी सच है कि एक बार वहाँ पहुँच जाने पर वे फिर वहाँ से नीचे आना नहीं चाहते, उससे घटकर कोई दृश्य देखना नहीं चाहते। निराला के ही एक गीत की पंक्तियाँ याद आती हैं, 'आँखें वे देखी हैं जबसे/और नहीं देखा कुछ तबसे'। तात्पर्य यह कि छायावादियों में निराला ऐसे कवि हैं, जो अपनी रोमांटिक कविता से पाठकों की रुचि को क्लासिकी धरातल तक उठा देते हैं। यह विशेषता एक सीमा तक प्रसाद में भी है।

जहाँ तक दुर्भेद्यता की बात है, स्वयं निराला को अपने ऊपर लगाए गए इस आरोप का सामना करना पड़ा था। उन्होंने 1932 में 'सुधा' में 'भाषा' शीर्षक एक संपादकीय टिप्पणी लिखी थी, जिसमें यह कहते हुए कि हमारे साहित्य में धीरे-धीरे अब यह विचार जोर पकड़ता जा रहा है कि हमें बहुत ही सीधी भाषा का प्रयोग करना चाहिए, कहा था कि 'मुमकिन है, एक दिन लोग यह भी कहने लगें कि भाव सीधे होने चाहिए!' 'तुलसीदास' और 'सरोज-स्मृति' पर लिखे गए लेखों में यथास्थान उनका यह कथन उद्धृत है। टिप्पणी में आगे उन्होंने यह

लिखा, "जिस तरह मनुष्यों में अनेक रंग, अनेक जातियाँ और अपने ही साहित्य के भीतर अनेक बोलियाँ प्रचलित हैं उसी तरह भाषा का सारल्य और क्लिष्टता का भी विचार है। किसी एक हद के अन्दर भाषा की प्रकृति कभी बँध नहीं सकी। किसी भी भाषा के भीतर उसका मुक्तरूप दृष्टिगोचर होगा। ब्रज-भाषा और खड़ी बोली की तरह कभी-कभी ऐसा भी हुआ है कि भाषा ने अपना पहला प्रवाह-पथ ही छोड़ दिया है। एक ही काल में बहती हुई भी भिन्न-भिन्न भूमियों के कारण गंगा और यमुना के जलों की तरह भाषा के कृति-फल जुदा रंग और जुदा स्वाद लेकर आए।" यहाँ रवीन्द्रनाथ का एक लेख 'प्रांजलता' भी स्मरणीय है, जिसमें उन्होंने कविता की दुर्बोधता पर बहुत गहराई से विचार किया है। उन्होंने कहा है कि कविता सहज अनुभूति को ठीक-ठीक पकड़ने की कोशिश में ही दुरूह हो जाती है। आम तौर पर यह समझा जाता है कि सरल कविता ही सहज होती है, लेकिन रवीन्द्रनाथ कहते हैं, "जो सरल है वही सहज है, यह कहना ठीक नहीं। बहुत बार सहज ही अत्यन्त कठिन होता है; क्योंकि वह अपने को समझाने के लिए कोई रद्दी उपाय काम में नहीं लाता, चुपचाप खड़ा रहता है, उसको समझे बिना चले जाने पर वह किसी बहाने से नहीं बुलाता। प्रांजलता का प्रधान गुण यही है कि वह बिना किसी व्यवधान के मन के साथ सीधा सम्बन्ध स्थापित करता है, उसका कोई मध्यस्थ नहीं होता। लेकिन जो मन मध्यस्थ की सहायता के बिना कुछ ग्रहण नहीं कर सकते, जिन्हें भुलावा देकर आकर्षित करना पड़ता है, उनके लिए प्रांजलता बहुत ही दुर्बोध होती है।" 'रद्दी उपाय' और 'भुलावा' से तात्पर्य है—'तुच्छ बाह्य कौशल'। रवीन्द्रनाथ ने इसी को 'मध्यस्थ' कहा है। इस मध्यस्थ को छोड़कर निराला की कविता को ग्रहण करना ही निराला-काव्य में प्रवेश की सच्ची पहचान है।

निराला का कृतित्व काफी विस्तृत है। मोटे तौर पर उसे दो हिस्सों में बाँटा जा सकता है—पूर्ववर्ती और परवर्ती, जबकि उनका मध्यवर्ती कृतित्व भी है। इस पुस्तक में मैंने व्याख्या के लिए जिन कविताओं का चयन किया है, वे उनके पूर्ववर्ती कृतित्व से सम्बन्धित हैं। पूर्ववर्ती कृतित्व भी विस्तृत है, इसलिए सिर्फ इन कविताओं के आधार पर उनके पूर्ववर्ती कृतित्व की भी सही और पूर्ण अवधारणा नहीं हो सकती। ऐसी स्थिति में इन कविताओं को उनके पूर्ववर्ती कृतित्व के छोटे-बड़े शिखरों के रूप में देखना चाहिए। कुछ विद्वान् इन्हें निराला की छायावाद-काल की सर्वश्रेष्ठ उपलब्धियों के रूप में भी देख सकते हैं, लेकिन यहाँ यह बात स्मरणीय है कि वे जितने बड़े कवि थे, उतने ही बड़े गीतकार भी, जिसका प्रमाण इस काल में रचित 'गीतिका' के गीत हैं। उन गीतों को छोड़कर छायावादी निराला को पूरा नहीं समझा जा सकता, न उनकी व्यापक और गहरी संवेदना को, न उनके काव्य-शिल्प को और न गीतकार के रूप में विद्यापति, सूर तथा तुलसी के साथ उनकी समकक्षता को। इसके अलावा इस काल की उनकी अन्य अनेक ऐसी कविताएँ हैं, जो उनके कविरूप को भव्यता और पूर्णता प्रदान करती हैं। मतलब यह कि इस पुस्तक में जिन कविताओं पर विचार किया गया है, उनके बल पर

निराला जितने बड़े कवि सिद्ध होते हैं, वस्तुतः वे उससे भी बड़े हैं। इसके बावजूद इन कविताओं से उनके कवि-व्यक्तित्व का जो चित्र उभरता है, वह अत्यन्त भव्य है। वह उनका विकास भी सूचित करता है और यह भी कि उनके पाँवों के नीचे हमेशा कठोर धरती रही। यहाँ कल्पना का महत्त्व है, लेकिन यह बात बेतुकी है कि छायावादी कविता का जीवन और समाज के यथार्थ से सम्बन्ध न था। छायावाद यथार्थ से किस गहराई से जुड़ा था, इसका प्रमाण हैं ये कविताएँ। इनमें निराला की नवीन और क्रान्तिकारी मूल्य-चेतना अतिशय उदात्त रूप में प्रकट हुई है। उसका विस्तार प्रेम और सौन्दर्य से लेकर समाज और संस्कृति तक ही नहीं, राजनीति तक है। ये छायावाद की 'अर्थ-भूमि' को बहुत ही विस्तृत बनानेवाली कविताएँ हैं। प्रसाद की 'कामायनी' और निराला की इन कविताओं को मिलाकर देखने पर छायावाद का परिदृश्य बहुत कुछ अपने वास्तविक रूप में आँखों के सामने उपस्थित होता है। कहना व्यर्थ है कि प्रसाद और निराला छायावाद के सर्वाधिक भव्य शिखर हैं। इस पुस्तक के द्वितीय खंड में निराला के मध्यवर्ती और परवर्ती काव्य पर विचार करने की योजना है, साथ में उनकी कुछ चुनी हुई कहानियों और 'कुल्ली भाट' तथा 'बिल्लेसुर बकरिहा'-जैसे विलक्षण उपन्यासों पर भी। उसके बाद शायद बीसवीं शताब्दी के इस अद्वितीय रचनाकार की मुकम्मल तसवीर सामने आ सके।

इस पुस्तक में कविताओं पर विचार उनके रचना-क्रम से किया गया है। 'बादल-राग' और 'जागो फिर एक बार' की कविताओं के रचना-काल को लेकर कुछ ऐसी सूचनाएँ मिलती हैं, जो स्वीकृत किए गए क्रम को अंशतः सन्दिग्ध बनाती हैं। ऐसी स्थिति में मैंने प्रकाशन-काल को तरजीह दी है। प्रकाशन-काल रचना-काल नहीं होता, पर आशा की जाती है कि वह उसके निकट होगा। जिन कविताओं को लेकर रचना-कालसम्बन्धी कुछ उक्त प्रकार की सूचनाएँ हैं, उन पर विचार शुरू करने के पहले उनकी अनिवार्य रूप से चर्चा की गई है। वैसे भी प्रत्येक लेख के आरम्भ में कविताओं के रचना-काल का उल्लेख है। यदि विधिवत् ऐसा नहीं किया गया है, तो 'राम की शक्ति-पूजा' के साथ। कारण यह कि 'सरोज-स्मृति' वाले लेख के साथ 'शक्ति-पूजा' वाला लेख भी आज से तीन-चार वर्ष पहले लिखा गया था, 'निराला और मुक्तिबोध : चार लम्बी कविताएँ' नामक पुस्तक में शामिल करने के लिए। उस समय 'शक्ति-पूजा' के रचना-काल और प्रकाशन-काल पर पुस्तक की भूमिका में विचार किया गया था। पूरी बात यह है कि यह कविता 23 अक्टूबर, 1936 को रची गई, या पूर्ण हुई और अनुमानतः दैनिक 'भारत' (लीडर प्रेस, इलाहाबाद) के 26 अक्टूबर, 1936 के अंक में प्रकाशित हुई, विजयादशमी के एक दिन बाद, सोमवार को। डा. रामविलास शर्मा ने लिखा है कि यह कविता 'भारत' के 10 अक्टूबर, 1936 के अंक में प्रकाशित हुई थी, लेकिन यह बात गलत है। मैंने लीडर प्रेस में जाकर 'भारत' की फाइल उलटी, तो पाया कि 'शक्ति-पूजा' न 10 अक्टूबर, 1936 के अंक में छपी है, न 23 अक्टूबर, 1936 के अंक में। दूसरी तिथि निराला द्वारा सूचित कविता की रचना-तिथि है, लेकिन वह उसकी प्रकाशन-तिथि भी हो सकती थी, क्योंकि ऐसा उनके साथ कई बार

होता है। लेकिन ऐसा है नहीं। लीडर प्रेस में 1936 के अक्टूबर महीने के 'भारत' के सारे अंक मौजूद थे, सिवा 26 अक्टूबर के अंक के। मौजूद अंकों में से किसी में 'शक्ति-पूजा' छपी हुई नहीं मिली, जिससे अनुमान होता है कि वह 26 अक्टूबर के अंक में ही छपी होगी और उसी कारण एक वही अंक फाइल से गायब था। ऐसी स्थिति में 23 अक्टूबर, 1936 को कविता का रचना-काल मानना ही संगत है, प्रकाशन-काल उसका 26 अक्टूबर, 1936 हो सकता है। यह भी अनुमान ही है कि निराला ने कविता पूरी कर 'भारत' के तत्कालीन संपादक पं. नन्ददुलारे वाजपेयी को तत्काल प्रकाशनार्थ दी, लेकिन वे उसे विजयादशमी को, जिस दिन रविवार भी था, प्रकाशित न कर उसके अगले दिन ही प्रकाशित कर सके। सम्भव है, विजयादशमी वाला परिशिष्ट पहले ही छप चुका हो या उसकी सामग्री पहले से तैयार रही हो। कहने की आवश्यकता नहीं कि 'राम की शक्ति-पूजा' अपनी गहनता और अभिव्यक्ति की ताजगी के कारण निराला के पूर्ववर्ती काव्य का ही नहीं, उनके सम्पूर्ण काव्य का सर्वोच्च शिखर है।

निराला की कविताओं में पाठ की भी समस्या है। उनमें पाठान्तर तो है ही, विराम-चिह्नों का अनेक बार गलत ढंग से प्रयोग हुआ है। पाठान्तर निराला के कारण भी है और प्रूफरीडरों के कारण भी, जिन्होंने पुस्तक के परवर्ती संस्करणों में अज्ञानवश कहीं 'क्षत्र' को 'छत्र' कर दिया है और कहीं 'क्षार सागर' को 'क्षीर सागर'। निराला अपनी कविताओं को लगातार सँवारते रहते थे, जिससे उनके पाठ में आंशिक रूप से परिवर्तन होता रहता था। जाहिर है, दोनों पाठान्तर दो तरह के हैं और कवि द्वारा उपस्थित किए गए पाठान्तर जहाँ स्वीकरणीय हैं, वहाँ प्रूफरीडरों द्वारा उपस्थित किए गए तिरस्करणीय। दोनों पाठान्तरों का फर्क अपने काव्य-विवेक और बुद्धि का प्रयोग करके करना पड़ता है। विराम-चिह्नों की गलती भी इसी तरह मुझे ठीक करनी पड़ी है। शुद्ध पाठ तक पहुँचने में मुझे सर्वाधिक सहायता पुस्तकों के प्रथम संस्करणों, जिनमें प्रथम 'अनामिका', 'परिमल', 'तुलसीदास' और द्वितीय 'अनामिका' के साथ 'अपरा' भी शामिल है, और पत्र-पत्रिकाओं में प्रकाशित कविताओं के रूपों से मिली है। पुस्तक के परिशिष्ट में उपयोगी समझकर 'जुही की कली' के तीनों पाठ–'आदर्श' नामक मासिक में प्रकाशित तथा प्रथम 'अनामिका' और 'परिमल' में संकलित–दे दिए गए हैं, जिनसे यह पता चलता है कि इस कविता ने अपना अन्तिम रूप किस प्रक्रिया से प्राप्त किया। 'परिमल' में संकलित पाठ में जो मुद्रण की भूलें हैं, उनका सुधार 'प्रबन्ध-प्रतिमा' के निबन्ध 'मेरे गीत और कला' में उद्धृत इस कविता के पाठ के आधार पर कर दिया गया है। 'जुही की कली' पर लिखे गए लेख के सम्बन्ध में निवेदन है कि चूँकि उसमें इस कविता से सम्बन्धित कई बातों–इसके निराला की पहली रचना होने, इसमें प्रयुक्त मुक्तछन्द और इसके एकाधिक प्रारूप–पर विचार किया गया है, इसलिए उसका आकार बढ़ गया है। उसमें मुक्तछन्द की जो चर्चा है, वह मुक्तछन्द में लिखी गई निराला की अन्य कविताओं के संगीत को भी समझने में मददगार है। इसी तरह एक कविता पर

लिखते हुए कभी-कभी दूसरी कविता पर भी टिप्पणी की गई है। इस बात ने किसी हद तक पूरी पुस्तक को संगठित रूप प्रदान करने में सहायता पहुँचाई है।

निराला के विचार-लोक और भाव-लोक का निर्माण करने में रामकृष्ण और विवेकानन्द का बहुत ज्यादा हाथ है। उन्होंने न केवल 'श्रीरामकृष्णकथामृत' का 'श्रीरामकृष्णवचनामृत' के नाम से तीन खंडों में हिन्दी में अनुवाद किया है, बल्कि विवेकानन्द की पुस्तक 'परिव्राजक' का भी। ये दोनों ही अनुवाद बँगला से हैं। इनके अलावा उन्होंने विवेकानन्द की अंग्रेजी पुस्तक 'इंडियन लेक्चर्स' का और आंशिक रूप से 'राजयोग' का भी हिन्दी में रूपान्तर प्रस्तुत किया है। विवेकानन्द की अनेकानेक बँगला और अंग्रेजी कविताओं का भी उनके द्वारा हिन्दी में किया गया अनुवाद सुलभ है। रामकृष्ण मिशन के सेवा-कार्य पर उनकी एक कविता भी है, 'सेवा-प्रारम्भ', और इसी तरह रामकृष्ण पर भी, 'युगावतार परमहंस श्री रामकृष्ण देव के प्रति'। निराला ने अपने प्रारम्भिक साहित्यिक दिनों में रामकृष्ण आश्रम, कलकत्ता के पत्र 'समन्वय' का सम्पादन भी किया था और उसमें रामकृष्ण तथा विवेकानन्द से सम्बन्धित अनेक लेख भी लिखे थे। विवेकानन्द का तो उन पर इतना प्रभाव था कि एक बार उन्होंने संन्यास भी ग्रहण कर लिया था। उनकी तरह गेरुआ वस्त्र धारण करना भी उन्हें प्रिय था। वे आरम्भ में अपना परिचय 'वेदांती' कहकर ही देते थे। ऐसी स्थिति में उनके आरम्भिक लेखन पर रामकृष्ण और विवेकानन्द का गहरा असर है, तो इसमें आश्चर्य की कोई बात नहीं। उनमें वस्तुओं के प्रति गहरे लगाव के साथ-साथ जो एक स्पृहणीय असंपृक्तता है, उसका कारण तो विवेकानन्द हैं ही, उनकी ओजस्विता और उदात्तता का भी वे एक स्रोत हैं। और तो और, उनमें भौतिकता और आध्यात्मिकता के बीच जो संघर्ष है, उसका मूल भी उन्हीं में है।

इस प्रसंग में खास बात यह है कि रामकृष्ण और विवेकानन्द का गहरा प्रभाव होते हुए भी निराला ने उनसे पृथक् अपनी स्वतन्त्र सत्ता कायम रखी। यह उनके नारी और प्रकृति-सम्बन्धी दृष्टिकोणों में देखा जा सकता है। रामकृष्ण नारी में मातृ-शक्ति के दर्शन करते रहे हों, लेकिन वे उसे ईश्वरीय मार्ग की बाधा मानकर भक्तों को उससे दूर रहने का ही उपदेश देते थे। उनका स्पष्ट कथन था, "जो शरीर नहीं रहेगा, जिसके अन्दर कृमि, क्लेद, श्लेष्मा—सब तरह की नापाक चीजें भरी हुई हैं, उसी को लेकर आनन्द! लज्जा भी नहीं आती!" एक बार एक स्त्री ने भक्तिवश उनका चरणस्पर्श कर लिया था। उस पर वे चौंककर खड़े हो गए, जैसे बिच्छू ने डंक मार दिया हो, गंगाजल से पैर के उस हिस्से को धोया, जिसे उस स्त्री ने छुआ था, और उसे दूर से ही प्रणाम करने को कहा। विवेकानन्द नारी के प्रति इतने अनुदार न थे, लेकिन उन्होंने भी युवकों का आह्वान किया था कि वे घर छोड़ें, संन्यास ग्रहण करें और ब्रह्मचारी रहकर वेदान्त के प्रचार में लगें। निराला इसके विपरीत वासना और प्रेम को मानवीय संस्कृति का अनिवार्य अंग मानते हैं, नारी के अंगों से झरते हुए सौन्दर्य को अमृत कहते हैं और उनकी दृष्टि में पुरुष-स्त्री का आनन्दमय मिलन जीवन की

पूर्णता के लिए आवश्यक है। उनके युवक संन्यास नहीं ग्रहण करते हैं, बल्कि नए मानव-धर्म को स्वीकार करते हुए समाज से विद्रोह कर अपनी प्रेमिका को लेकर नया घर बसाने के लिए निकल पड़ते हैं।

विवेकानन्द का जोर व्यक्तित्व के निषेध पर भी था। उनके शब्द हैं, 'नैतिकता का समग्र क्षेत्र, ध्येय और विषय व्यक्ति का उच्छेदन है, न कि उसका निर्माण।' निराला न केवल एक महान् व्यक्तित्व के धनी थे, बल्कि उसे अत्यधिक महत्त्व भी देते थे, इसका प्रमाण उनका सम्पूर्ण कृतित्व है। यदि वे व्यक्तित्व को छोड़कर चलते, तो उससे न उनका कलात्मक संसार निर्मित होता, न उसमें आत्माभिव्यक्ति का वह स्वर होता, जो उसे प्रामाणिकता प्रदान करता है। विवेकानन्द प्रकृति के भी विरोधी थे। उनका विचार यह भी था कि मनुष्य तभी तक मनुष्य कहा जा सकता है, जब तक वह प्रकृति से ऊपर उठने के लिए संग्राम करता है। इस प्रकृति से उनका मतलब भीतरी और बाहरी दोनों प्रकृति से है। निराला इस प्रकृति के योग से ही अपना काव्य-संसार रचते हैं। आधुनिक काल में उन-जैसा न मानवीय प्रकृति का गायक हुआ, न भौतिक प्रकृति का।

निराला की कविता पर जिन कवियों का गहरा प्रभाव है, वे हैं कालिदास, तुलसीदास, रवीन्द्रनाथ और शेली। इन कवियों का उन्होंने गहराई से अध्ययन किया था और उन्हें अपनी संवेदना का अंग बना लिया था। स्वभावतः उनकी कविता पर जगह-जगह उनका प्रभाव दृष्टिगोचर होता है—बिम्ब और शब्दावली से लेकर भाव-लोक तक पर। लेकिन इस पुस्तक में इसका बहुत हलका संकेत है, क्योंकि यह विशेष महत्त्वपूर्ण बात नहीं। कोई भी कवि शून्य में कविता नहीं रचता। उसे विरासत में पूर्वकवियों का अमूल्य कृतित्व प्राप्त होता है, जिसे स्वायत्त करके और जिससे टकराकर ही उसकी कवि-प्रतिभा विकसित होती है। इसमें देखने की बात केवल यह है कि इस प्रक्रिया से वह अपना विशिष्ट कवि-व्यक्तित्व निर्मित कर पाता है या नहीं। निराला उक्त कवियों से प्रभावित रहे, लेकिन एक महान् कवि के रूप में अपना स्वतन्त्र व्यक्तित्व उपलब्ध किया, यह आज निर्विवाद है। ऐसी स्थिति में 'पन्तजी और पल्लव' नामक अपने निबन्ध में दूसरे कवियों की कुछ उक्तियों का प्रभाव ग्रहण करने के कारण उन्होंने तरुण पन्त पर जो भद्दे आक्षेप किए थे, वे आज उनका अतिचार प्रतीत होते हैं। सच्चाई यह है कि रवीन्द्रनाथ को लें, तो उनकी उक्तियाँ पन्त की तुलना में बहुत ज्यादा मात्रा में निराला में मिलती हैं और प्रायः यथावत्।

'चार लम्बी कविताएँ' नामक पुस्तक में 'सरोज-स्मृति' और 'राम की शक्ति-पूजा' पर मेरे लेख पढ़कर मेरे अनेक मित्रों और पाठकों ने मेरा हौसला बढ़ाया है। मैं उन्हें उसके लिए हृदय से धन्यवाद देता हूँ और आशा करता हूँ कि समग्र रूप में यह पुस्तक भी उन्हें किसी हद तक परितोष देगी। इसमें उक्त दोनों लेखों में भी यत्र-तत्र संशोधन किया गया है। इस पुस्तक में जो त्रुटियाँ हो सकती हैं, विद्वानों और मर्मज्ञ पाठकों का सुझाव प्राप्त होने पर उनके मार्जन के लिए मैं सदा प्रस्तुत रहूँगा। अन्तिम बात यह कि पुस्तक के सारे लेख प्रायः

स्वतन्त्र रूप से लिखे गए हैं, इसलिए उनमें उन्हें कहीं पुनरावृत्ति मिले, तो वे उसे स्वाभाविक मानकर मुझे क्षमा करेंगे।

पुस्तक के इस खंड की पांडुलिपि तैयार करने में मेरे दो शोध-छात्रों–श्री हरेकृष्ण तिवारी और श्री पंडित विनयकुमार–ने मेरी सहायता की है। वे मेरे धन्यवाद के पात्र हैं।

2

'निराला : कृति से साक्षात्कार' के द्वितीय खंड में सर्वप्रथम निराला के गीतों पर विचार किया गया है, फिर उनकी कविताओं पर। गीत पूर्ववर्ती, मध्यवर्ती और परवर्ती इन तीनों कालों के हैं, जबकि कविताएँ सिर्फ मध्यवर्ती काल की। कारण यह कि मध्यवर्ती काल के बाद निराला ने अपनी अभिव्यक्ति का माध्यम गीतों को ही बनाया और कविताएँ एक-दो से ज्यादा नहीं लिखीं। क्रमानुसार कविताओं पर विचार पूर्ववर्ती गीतों के बाद ही किया जाना चाहिए था, लेकिन मुझे सभी गीतों पर एक साथ विचार करके कविताओं पर आना ज्यादा ठीक लगा, क्योंकि तीनों कालों के गीतों में आपसी सम्बन्ध है और एक काल के गीतों के भीतर से ही जैसे दूसरे काल के गीत प्रकट होते हैं। निराला की काव्य-संवेदना बहुत ही जटिल थी, जिस कारण उनका काव्य-विकास सरल रेखा में चलनेवाला नहीं। इसका एक प्रमाण तो यही है कि काल-विशेष के गीतों में कभी-कभी पिछले काल के गीतों की विशेषताएँ भी सुरक्षित रहती हैं। इसी तरह उनमें अगले काल के गीतों की संभावनाएँ भी झाँकती हैं। आश्चर्य नहीं कि इसको लेकर हिन्दी आलोचना में विवाद की स्थिति रही है कि निराला के परवर्ती गीत उनका विकास सूचित करते हैं, या प्रत्यावर्तन। जिन दिनों वे छायावादी शैली से बिलकुल हटकर दूसरे काल की यथार्थवादी कविताएँ लिख रहे थे, 'कुकुरमुत्ता' और 'नए पत्ते' की, उन दिनों भी उनके समानान्तर वे गीतों की रचना कर रहे थे। मजे की बात यह है कि ये गीत पुरानी शैली के हैं, तो बिलकुल नई शैली के भी। परवर्ती गीतों में उनकी सभी गीत-शैलियाँ उत्कर्ष को प्राप्त करती हैं।

यहाँ प्रत्येक काल की अवधि सूचित कर देना भी उपयोगी होगा। निराला की काव्य-रचना का पूर्ववर्ती काल छायावादी है, 1920 से लेकर 1938 तक; मध्यवर्ती काल प्रायः यथार्थवादी, 1939 से लेकर 1949 तक और परवर्ती काल परिणतिमूलक, 1950 से लेकर 1961 तक। एक काल में कई दौर या चरण देखने को मिल सकते हैं, जैसे पूर्ववर्ती काल में पहला चरण 'परिमल' की कविताओं की रचना का है, दूसरा 'गीतिका' के गीतों की रचना का और तीसरा 'अनामिका' की कविताओं की रचना का। इन चरणों की अपनी विशेषताएँ भी हैं, लेकिन अंततः ये छायावादी भाव-भूमि से बँधे हुए हैं। इस काल की महत्त्वपूर्ण कविताओं पर पुस्तक के प्रथम खंड में विचार किया जा चुका है। यहाँ उसके गीतों पर विचार किया गया है, 'पूर्ववर्ती गीत' शीर्षक लेख में। मध्यवर्ती काल

में कविताएँ हैं, तो गीत भी। जैसा कि ऊपर संकेत किया गया है, यहाँ पहले गीतों को लिया गया है, फिर कविताओं को। परवर्ती काल में चूँकि सिर्फ गीत हैं, इसलिए उसे लेकर कोई समस्या नहीं। प्रत्येक काल के गीतों पर यथासम्भव उनके रचना-क्रम से विचार किया गया है। जिन गीतों के रचनाकाल के सम्बन्ध में कोई संकेत नहीं मिलता, उन्हें अन्त में रखा गया है, जैसा कि 'निराला रचनावली' में भी किया गया है। इसकी पूर्ण सम्भावना है कि उनमें से कुछ गीत पहले की रचना हों, पर किसी उपयुक्त साक्ष्य के अभाव में मैं उन्हें अन्त में ही रखने के लिए विवश हुआ हूँ। पाठक गौर करेंगे तो उन्हें पता चलेगा कि तीनों कालों के गीतों पर विचार करने के पीछे एक विषय-क्रम भी है। यह जरूर है कि जिस गीत में जिस विषय की प्रधानता है, उसको उसी के अन्तर्गत रखा गया है। निराला चूँकि संश्लिष्ट संवेदना वाले कवि थे, इसलिए उनके आत्मपरक गीत बहुत बार धार्मिक गीत भी हैं और धार्मिक गीत बहुत बार राष्ट्रीय गीत भी। यही बात और विषयों के गीतों के साथ भी है।

निराला ने पाँच सौ से ऊपर गीत लिखे हैं। उनमें से विचार के लिए मैंने सिर्फ पचपन गीतों का चयन किया है। पूछा जा सकता है कि इस चयन का आधार क्या है? निश्चय ही वह आधार है गीतों की उत्कृष्टता, निर्दोषता और पूर्णता, साथ-साथ विविधता भी। प्रथम खंड में कविताओं का चयन करते समय मैंने सुन्दर, लेकिन अपेक्षाकृत सरल कविताओं को पाठकों की ग्रहणशीलता का भरोसा करके छोड़ दिया था, यानी उन पर विचार करना आवश्यक नहीं समझा था, लेकिन इस खंड में उन गीतों को भी रखा है, जो सुन्दर तो हैं ही, सरल भी हैं। मेरा ध्यान निराला के आत्मीयतापूर्ण गीतकार-रूप को प्रस्तुत करने पर रहा है, जबकि प्रथम खंड में ध्यान उनके महान् कवि-रूप पर था। यही बात यथार्थवादी कविताओं के चयन के सम्बन्ध में भी सही है, जिनमें उनका एक नया रूप दिखलाई पड़ता है। उस रूप का निर्माण जिन कविताओं के बिना नहीं हो सकता, मैंने उन सभी कविताओं को ले लिया है।

तीनों कालों के लिए अलग-अलग गीतों का चुनाव करते समय मुझे कई ऐसे गीतों और गजलों को छोड़ देना पड़ा है, जो चर्चित तो रहे हैं, लेकिन जो सर्वांग सुन्दर नहीं। सम्भव है, पाठकों को पुस्तक के इस खंड में वे गीत और गजलें न मिलें, तो वे निराश हों, लेकिन मैं अपनी तरफ से उन्हें विश्वास दिलाता हूँ कि निराला के गीतकार-रूप को सम्पूर्णता में प्रस्तुत करनेवाले सारे गीत उसके इस खंड में मौजूद हैं। जब 'गीतकार-रूप' कहा जा रहा है, तो गीत की सर्जनात्मक कसौटी को ध्यान में रखकर। जो गीत उस कसौटी पर खरे नहीं उतरते हैं, उनका मोह मुझे त्यागना पड़ा है, भले ही वे कवि के विचारों को समझने की दृष्टि से उपयोगी हों।

निराला के ढेर सारे गीतों का अर्थ करना कठिन है। उनमें गाँठें हैं, जिन्हें खोलने में समय लगता है, पर जब वे खुल जाती हैं, तो मुक्तिबोध के शब्दों में, धरित्री अपने रत्न उगल देती है। उस समय श्रम सार्थक हो जाता है, सारी थकान

मिट जाती है और मन एक अनिर्वचनीय आनन्द से भर जाता है। आश्चर्य यह देखकर होता है कि तब अभिव्यक्ति एकदम सरल और स्वाभाविक लगने लगती है। कहने की आवश्यकता नहीं कि गीत हो या कविता, निराला अपनी बातों को समेटकर कहने में विश्वास करते हैं। इसमें उनकी भाषा अतिशय संकेतात्मक हो जाती है, साथ-साथ मुहावरेदार भी। शास्त्र और लोक का यह संगम अद्‌भुत है। जिन गीतों में अभिव्यक्ति कहीं-कहीं ऊटपटाँग मालूम पड़ती है, उनके साथ भी श्रम किया जाए, तो पता चलता है कि जिसे ऊटपटाँग समझा जा रहा था, वही सर्वाधिक उपयुक्त अभिव्यक्ति है। फिर भी यह सत्य है कि निराला गीतों में धीरे-धीरे अनौपचारिक होते गए हैं, जिससे उनमें प्राचीन साहित्यिक 'संस्कार' भले न दिखलाई पड़ें, लेकिन एक बहुत ही आकर्षक खुलापन अवश्य आया है। गीत की रूढ़ियों को उन्होंने कई तरह से तोड़ा है। उनका एक तरीका यह भी है।

पाँच सौ से ऊपर गीतों में से सिर्फ पचपन गीतों का भाष्य या उनका पाठ-विश्लेषण जरूरत के हिसाब से बहुत कम है। होना यह चाहिए कि किसी विदग्ध भाष्यकार द्वारा निराला के सभी गीतों का भाष्य किया जाए, जैसे विद्यापति, तुलसीदास और कुछ दूसरे कवियों के पदों का किया गया है। जब उनके गीतों को उनकी सारी गाँठें खोलकर हिन्दीभाषी जनता के सामने प्रस्तुत किया जाएगा, तो उनका और भव्य, और व्यापक और और जनोन्मुख गीतकार-रूप उसके सामने आएगा। निराला अपने गीतों के भाष्य की आवश्यकता स्वयं महसूस करते थे। इसका प्रमाण यह है कि 'मेरे गीत और कला' शीर्षक अपने प्रसिद्ध निबन्ध में उन्होंने स्वयं अपने कुछ गीतों की व्याख्या की है। डा. रामविलास शर्मा ने अपने एक लेख में यह सूचना दी है कि 'गीतिका' के मूल संस्करण के लिए निराला ने गीतों के अर्थ भी लिखे थे। मूल संस्करण की वह पांडुलिपि उनके पास सुरक्षित है। वह अविलम्ब ब्लॉक बनाकर प्रकाशित की जानी चाहिए, जिससे कि 'गीतिका' के अधिसंख्य गीतों की भाव-भूमि सुनिश्चित रूप से स्पष्ट हो सके। वैसे कभी-कभी निराला के खास तौर से परवर्ती गीतों को पढ़ते समय मुझे लगा है कि ये गीत भाष्य या व्याख्या के लिए नहीं हैं, केवल आस्वादन के लिए हैं। ये बस गीतकार की विलक्षण अनुभूतियों और कल्पनाशीलता के साक्ष्य हैं, जिनमें डूबा तो जा सकता है, पर जिनकी व्याख्या नहीं की जा सकती। कभी-कभी महसूस होता है कि आनन्द के मारे प्राणान्त हो जाएगा। कभी-कभी शब्द आनन्द-तांडव करते हैं, आनन्द का आणविक विस्फोट। उस समय व्याख्या बहुत छोटी चीज लगती है, क्योंकि गीतों में उसके लिए वैसा कोई सामान नहीं होता। स्वभावतः मैंने प्रयास किया है कि बेमतलब की बातों में पाठकों को न उलझाऊँ और ऐसे गीतों के भाव-लोक का साक्षात्कार करने में मैं उनकी जो भी सहायता कर सकता हूँ, करूँ, और वह न कर सकूँ, तो कम से कम उसमें अवरोधक तो न बनूँ।

गीतकार निराला की यह बहुत बड़ी विशेषता है कि गीतों में उन्होंने भाव,

विचार, दर्शन, यथार्थ आदि सबको महत्त्व दिया, लेकिन उनमें सर्जनात्मक समस्या को कभी नहीं छोड़ा। तात्पर्य यह कि हर काल में उनके सामने गीत रचने और उसे रूप प्रदान करने को लेकर एक सर्जनात्मक चुनौती थी। उस चुनौती का सामना करते हुए ही उन्होंने अपने सभी गीतों की रचना की। उनके तीनों कालों के गीत जो भिन्न-भिन्न प्रकार के हैं, या एक ही काल के गीतों में जो आपसी भिन्नता है, उसका यही कारण है। नई सर्जनात्मक चुनौती के साथ हर बार उनका गीत भी नया हो गया है।

निराला के गीत पाठ्य तो हैं ही, वे गेय भी हैं, जिसकी ओर उन्होंने 'गीतिका' से लेकर 'अर्चना' तक की भूमिका में संकेत किया है। लेकिन मैंने चुने हुए गीतों पर संगीत की दृष्टि से विचार न कर काव्यार्थ की दृष्टि से ही विचार किया है, क्योंकि न तो मेरे पास संगीत का ज्ञान है, न वह आवश्यक है। ज्ञातव्य है कि स्वयं निराला ने 'मेरे गीत और कला' शीर्षक अपने पूर्वोक्त निबन्ध में अपने कुछ गीतों की जो व्याख्या की है, वह काव्यार्थ की दृष्टि से ही। मैंने उसी पद्धति को स्वीकार किया है और संगीत से सम्बन्धित कोई बात कहीं आ गई है, तो वह बिलकुल सामान्य और स्वाभाविक रूप में। इसके साथ-साथ यह निवेदन कर देना भी आवश्यक है कि मैंने काव्यशास्त्र की भाषा में भी बोलने की कोशिश नहीं की है, जिससे कि गीतों का अपना सर्जनात्मक रूप अधिक से अधिक उजागर हो सके। काव्यशास्त्र की सहायता अत्यल्प मात्रा में वहीं ली गई है, जहाँ वह उस रूप को और स्फुट करने के लिए आवश्यक प्रतीत हुआ है। कहीं-कहीं छंद का जो संक्षिप्त उल्लेख किया गया है, वह पाठकों में ऊब पैदा करने के लिए नहीं, बल्कि गीतों के छंदजनित संगीत को समझने के लिए।

कविता हो या गीत, निराला अपनी रचना में संशोधन भी करते रहते थे, इसलिए उनमें पाठ की समस्या भी अहमियत रखती है। मैंने विचार के लिए गीत का वही पाठ स्वीकार किया है, जो अंतिम है, या फिर सर्वाधिक उपयुक्त है। इसी तरह उसमें विराम-चिह्न को लेकर भी समस्या है। विराम-चिह्न सम्बन्धी गड़बड़ी ज्यादा स्थलों पर मुद्रण की देन है। मैंने अर्थ को ध्यान में रखकर जहाँ बहुत आवश्यक हुआ है, विराम-चिह्न सम्बन्धी कुछ परिवर्तन किए हैं। यदि इससे बात बनने के बदले बिगड़ गई हो, तो पाठकों और विद्वानों से मेरा अनुरोध है कि वे मुझे निर्देश दें, यदि वे युक्ति-संगत हुए, तो पुस्तक के अगले संस्करण में मैं उनके अनुसार पाठ को दुरुस्त कर दूँगा। उससे कमोबेश गीतों का अर्थापन भी प्रभावित होगा।

गीतों के बाद मैंने पुस्तक के इस द्वितीय खंड में कविताओं पर विचार किया है। 'कुकुरमुत्ता' और 'देवी सरस्वती' को छोड़ दें, तो बाकी कविताओं पर विचार करने का क्रम वही रहा है, जो गीतों पर विचार करने का। 'कुकुरमुत्ता' पर सबसे पहले और एकदम अलग से विचार किया गया है, इस कविता के महत्त्व को ध्यान में रखकर। यह कविता पहली बार 1943 में कुछ और कविताओं के साथ पुस्तकाकार प्रकाशित हुई थी। उसके बाद निराला ने 1948 में उसे स्वतंत्र रूप

से प्रकाशित कराया। इस द्वितीय संस्करण में उन्होंने कविता में भारी संशोधन किया था, लेकिन वह संशोधन उसकी भाषा में था, उसकी अन्तर्वस्तु में नहीं। मैंने अपने लेख में विचार का आधार द्वितीय पाठ को ही बनाया है। जाहिर है, चूँकि यह कविता बदली हुई शैली में लिखी गई है, भाषा से अलंकरण बिलकुल छूट गया है और शब्द-योजना में नाद पर कवि का ध्यान नहीं है, साथ-साथ अभिव्यक्ति में संश्लिष्टता नहीं, इसलिए उसके पाठ का विश्लेषण पुराने ढंग से नहीं किया गया। इस कविता के पाठ के विश्लेषण की नहीं, उसके निकट से अध्ययन की आवश्यकता है। उसके बाद पता चलता है कि इस कविता को अब तक जिस रूप में समझा गया है, वह उससे भिन्न आशय रखती है। उसके द्वितीय खंड की प्रायः उपेक्षा की गई है, जबकि वह भी महत्त्वपूर्ण है, क्योंकि कविता का व्यंग्य और विडंबना इसी खंड में आकर अच्छी तरह से प्रकट होते हैं।

'कुकुरमुत्ता' के बाद मैंने तीन शीर्षकों में बाँटकर मध्यवर्ती काल की निराला की अन्य कविताओं पर विचार किया है। वे शीर्षक हैं–'ध्वंस और निर्माण', 'मार्क्सवाद का प्रभाव' तथा 'देवी सरस्वती और किसान-सम्बन्धी कविताएँ'। विचार या साक्षात्कार करने का ढंग 'कुकुरमुत्ता' वाला ही रहा है। वैसे यह उल्लेखनीय है कि इस काल की या इस तरह की कविताओं में निराला ने जिस गद्य-भाषा का प्रयोग किया है, उसमें अपने ढंग का सिमटाव और मुहावरेदारी है, जिससे वह भी अनेक स्थलों पर काव्य-भाषा की तरह गूढ़ हो गई है। उस स्थिति में उसके पेचोखम से भी निपटना पड़ता है। 'चतुरी चमार'-जैसी कहानी और 'बिल्लेसुर बकरिहा'-जैसा लघु उपन्यास इस बात का प्रमाण है कि निराला के गद्य में जो गजब का कसाव और घुमाव है, वह बड़ी आसानी से उसे कवित्व के स्तर तक उठा देता है। उस गद्य का कविता में प्रयोग उनकी मध्यवर्ती काल की रचनाओं में ही हुआ है। स्वभावतः उनकी भाषा चलती हुई साधारण भाषा या फिर अखबारी भाषा से भिन्न है। यहाँ उनकी किसान-सम्बन्धी कविताओं की तरफ मैं पाठकों और विद्वानों का ध्यान खास तौर से दिलाना चाहता हूँ। अब तक इन कविताओं के अंशों को लेकर उन पर टिप्पणी की जाती रही है, जबकि समग्रता में वे कुछ भिन्न अर्थ भी रख सकती हैं। 'महगू महगा रहा' शीर्षक कविता की हिन्दी में बहुत उद्धरणी हुई है, लेकिन उसमें कवि की आलोचना का पात्र नेता ही नहीं, जनता भी है, इस बात पर ध्यान नहीं दिया गया।

इस खंड में मैं निराला की कुछ गद्य-कृतियों पर भी विचार करना चाहता था, उदाहरण के लिए तीन कहानियों–'देवी', 'चतुरी चमार' और 'राजा साहब को ठेंगा दिखाया'–और दो लघु उपन्यासों–'कुल्ली भाट' और 'बिल्लेसुर बकरिहा'–पर, लेकिन स्थानाभाव के कारण यह संभव न हो सका। मेरी इच्छा निराला की आलोचना या उनके काव्यशास्त्र पर भी एक लेख लिखने की थी, लेकिन वह भी संभव न हुआ। उसकी क्षतिपूर्ति किसी हद तक 'निराला रचनावली' के पाँचवें खंड में मैंने जो भूमिका दी है, उससे हो जाती है, लेकिन उक्त कहानियों और लघु उपन्यासों

पर मैंने विस्तार से कहीं कुछ नहीं लिखा। आशा है, भविष्य में स्वतन्त्र रूप से उनमें से कुछ पर अपने विचार मैं पाठकों के सम्मुख अवश्य रख सकूँगा। यह प्रसन्नता की बात है कि निराला के विलक्षण उपन्यास 'बिल्लेसुर बकरिहा' की तरफ विद्वानों का ध्यान नए सिरे से गया है और उस पर चर्चा शुरू हुई है। अपनी पुस्तक के द्वितीय खंड की पृष्ठ-संख्या बढ़ने के भय से अंततः मुझे उसे निराला की कविता तक ही सीमित रखना पड़ा है, जिसके लिए मैं पाठकों से क्षमाप्रार्थी हूँ। क्षमाप्रार्थना का कारण यह भी है कि गद्य-साहित्य को छोड़ देने से पुस्तक का नाम अतिव्याप्ति दोष का शिकार हो जाता है।

पिछले दिनों निराला की दो कविताओं, 'तोड़ती पत्थर' और 'हिन्दी के सुमनों के प्रति पत्र', पर कुछ नए सिरे से चर्चा हुई है। उससे प्रेरित होकर दोनों कविताओं की व्याख्या करते हुए मैंने भी दो लेख लिखे। वे लेख उपयोगी समझकर मैं इस खंड के परिशिष्ट में दे रहा हूँ।

अंत में दो शब्द विखंडन-सिद्धान्त के बारे में। इसके अनुसार रचना का पाठ ही सब कुछ है, लेकिन वह अर्थ या अभिप्राय से स्वतंत्र है। रचना के पाठ को महत्त्व देना एक सही बात है, उसे उसके अर्थ या अभिप्राय में घटाकर ग्रहण न करने के पक्ष में दिया जानेवाला तर्क भी सही है, लेकिन इस बात को यहाँ तक नहीं खींचा जा सकता कि उसका अर्थ या अभिप्राय से कोई संबंध नहीं होता। यह ठीक है कि कविता अपने अर्थ तक सीमित नहीं होती, उसका अनुरणन और उसकी अनुगूँज होती है, ये बहुत दूर तक भी जा सकते हैं, जो अर्थ प्रस्तुत किया गया है, उससे 'स्वतंत्र' भी हो जा सकते हैं, पर अर्थ या अर्थवत्ता-मात्र से सम्बन्ध-विच्छेद ही कविता का लक्षण है, यह मानना कठिन है। गनीमत है, देरिदा ने लिखा है कि कविता के कुछ सन्दर्भ बहुत स्पष्ट हों, तो उनकी 'व्याख्या' की जा सकती है। निराला की सभी कविताओं में उनके सन्दर्भ का स्पष्ट संकेत है, इसलिए वे व्याख्यासापेक्ष हैं। वे पश्चिम के प्रतीकवादी कवि नहीं कि उनकी कविताओं का कोई अर्थ नहीं, वे केवल एक 'भाषात्मक पाठ' हैं, जिसे विखंडित कर अर्थहीनता में ही ग्रहण किया जा सकता है और इस तरह जिसका केवल पाठक से सम्बन्ध हो, कवि से नहीं।

1936 की 'माधुरी' में निराला ने अपना 'मेरे गीत और कला' शीर्षक लेख लिखा था, जिसमें उन्होंने अपनी कुछ कविताओं और गीतों के कलात्मक सौन्दर्य का विश्लेषण कर हिन्दी पाठकों और विद्वानों को अपनी कला की झाँकी दिखलाई थी। उस लेख के आरंभ में उन्होंने लिखा था : "मेरी इच्छा न थी कि पूरी जलने के पहले अपनी शमा लेकर निकलूँ; मेरा ख्याल है कि अब भी वह पूरी-पूरी नहीं जली, यानी हजार-दो हजार बत्तियों की ताकत एक साथ उसमें नहीं आई, फिर भी जितनी रोशनी आई है, मैं सोचता हूँ कि...दिखा दूँ...।" 1961 में उनका देहान्त हुआ। तात्पर्य यह कि उपर्युक्त बातें कहने के बाद कई दशकों तक उन्हें काव्य-साधना करने का अवसर प्राप्त हुआ, जिसमें उन्होंने 'राम की शक्तिपूजा' से लेकर 'कुकुरमुत्ता' तक और 'अणिमा' से लेकर

'सांध्य काकली' तक की कविताओं और गीतों की रचना की। निश्चय ही यहाँ आकर उनकी शमा पूरी-पूरी जल जाती है और उसमें हजार-दो हजार बत्तियों की ताकत एक साथ आ जाती है। 'कृति से साक्षात्कार' नामक यह पुस्तक पाठकों को उस ताकत का एहसास कराने के उद्देश्य से ही लिखी गई है।

इस पुस्तक की रचना के लिए मुझे निर्णायक ढंग से परमादरणीय डा. नामवर सिंह ने प्रेरित किया। उनके दो शब्द या उनका हलका संकेत भी मेरे लिए बहुत माने रखता है। इस कारण मैं उनके प्रति अत्यधिक कृतज्ञ हूँ। श्रद्धेय डा. रामविलास शर्मा ने निराला-काव्य में मेरी रुचि को दृढ़ बनाया है और श्रद्धेय त्रिलोचनजी मेरी उँगली पकड़कर मुझे निराला की कविता के पाठ तक ले चले हैं, यद्यपि आज मैं अनेक स्थलों पर अपने को इन निराला-विशेषज्ञों से असहमत पाता हूँ। लेकिन यह तो एक स्वाभाविक बात है, महत्त्व निराला-काव्य के पटोन्मीलन का है, जो उन्होंने मेरे लिए किया है। मैं डा. शर्मा के सम्मुख विनत हूँ, पुस्तक में अनेक स्थलों पर उनके प्रति कठोर रुख अख्तियार करने के बावजूद, और त्रिलोचनजी के प्रति अपना ऋण-शोध मैं उन्हें यह पुस्तक समर्पित करके कर रहा हूँ। मेरी शब्द-सम्बन्धी जिज्ञासा का शमन हमेशा संस्कृत के ख्यातिलब्ध विद्वान डा. रामदेव त्रिपाठी ने किया है। मैं उनके प्रति आभार प्रकट करता हूँ। द्वितीय खंड के प्रति सर्वाधिक उत्सुकता कवि केदारनाथ सिंह ने दिखलाई है। उसने मेरे लिए प्रेरक का काम किया है। तदर्थ मैं उनका अनुगृहीत हूँ।

पुस्तक के दोनों खंडों को एक ज़िल्द में सुरुचिपूर्ण ढंग से प्रकाशित कर उसे पाठकों के बृहत्तर समुदाय को सुलभ कराने का श्रेय राजकमल प्रकाशन के प्रबन्ध-निदेशक प्रियवर श्री अशोक महेश्वरी को है। वे मेरे आन्तरिक धन्यवाद के पात्र हैं। दोनों खंडों के एकत्र प्रकाशन से उसमें एक-दो छोटे-मोटे परिवर्तन करने पड़े हैं, जिनसे पाठकों को कोई असुविधा न होगी। उनकी भूमिकाओं सहित बाकी सबकुछ यथावत् है। इस संस्करण के अधिकाधिक निर्दोष मुद्रण के लिए मैं तरुण कवि राकेश रंजन का कृतज्ञ हूँ।

घाघा घाट रोड,
महेन्द्रू, पटना-800006

नन्दकिशोर नवल

अनुक्रम

जुही की कली

'मेरे गीत और कला' शीर्षक अपने प्रसिद्ध निबन्ध में निराला ने लिखा है कि 'हिन्दी में 'जुही की कली' मेरी पहली रचना है।' 'हिन्दी में' का मतलब यह है कि आरम्भिक काव्य-प्रयास उन्होंने ब्रजभाषा और बँगला में किए थे, खड़ीबोली में काव्य-रचना का आरम्भ उन्होंने इस कविता से किया। पं. नन्ददुलारे वाजपेयी को 1931 में एक पत्र में उन्होंने अपनी 'अधिवास' शीर्षक कविता के बारे में यह सूचना दी थी कि वह 'मेरे पास 1916 की लिखी हुई पड़ी थी', जिसका मतलब यह हुआ कि 'जुही की कली' उनकी पहली हिन्दी रचना होने के कारण 'अधिवास' से पहले की सृष्टि है। 'अपरा' में उन्होंने इस कविता का रचना-काल 1916 स्वयं दिया बताते हैं। 'पन्तजी और पल्लव' निराला का दूसरा प्रसिद्ध निबन्ध है। इसमें भी वे इसी ओर इशारा करते हैं–"गुप्तजी द्वारा किया गया वीरांगना-काव्य का अनुवाद जिन दिनों 'सरस्वती' में निकल रहा था, उन दिनों, इस अमित्र छन्द की सृष्टि मैं कर चुका था–मैं कर क्यों चुका था, भाव के आवेश में 'जुही की कली' उन दिनों मेरी कापी में खिल चुकी थी।" वीरांगना-काव्य 'सरस्वती' में 1919 में प्रकाशित हुआ था। इसका भी मतलब यही हुआ कि 'जुही की कली' 1919 से पहले की रचना है।

डा. रामविलास शर्मा निराला के कथन को सत्य नहीं मानते। उनका कहना है कि सुमित्रानन्दन पन्त के 'पल्लव' के प्रकाशन के बाद उसकी कविताओं के नीचे रचना-काल अंकित देखकर उन्होंने अपनी काव्य-रचना के आरम्भ-काल को पीछे खिसकाना शुरू किया, जिससे कि अपने को पन्त के ऊपर सिद्ध कर सकें। उनका ध्यान खास तौर से मुक्तछन्द के प्रवर्तन पर था, इसलिए 'जुही की कली' को 1916 की रचना बतलाना जरूरी था। इस प्रसंग में एक बात का और उल्लेख किया जाता है। उसे भी निराला के ही शब्दों में देखना चाहिए। 'पन्तजी और पल्लव' निबन्ध में ही उन्होंने लिखा है–"जिस समय आचार्य पंडित महावीरप्रसाद द्विवेदी 'सरस्वती' के सम्पादक थे, 'जुही की कली' 'सरस्वती' में छापने के लिए मैंने उनकी सेवा में भेजी थी। उन्होंने उसे वापस करते हुए पत्र में लिखा–आपके भाव अच्छे हैं, पर छन्द अच्छा नहीं, इस छन्द को बदल सकें, तो बदल दीजिए।" यह निश्चय ही 1918 से पहले की या उसी वर्ष की बात होगी, जब अभी द्विवेदीजी स्वास्थ्य-सुधार के लिए 'सरस्वती' से दो वर्षों की छुट्टी पर नहीं गए थे। निराला की अगली बात से कि 'मेरे पास ज्यों-की-त्यों वह तीन-चार साल तक पड़ी रही', इस अनुमान की पुष्टि होती है। 'ज़ुही की कली' का प्रथम प्रकाशन कलकत्ते से प्रकाशित होनेवाले मासिक 'आदर्श' के, जिसके सम्पादक शिवपूजन सहाय थे, नवम्बर-दिसम्बर, 1922 के अंक में हुआ। 1922 में से तीन-चार वर्ष घटाने पर 1918-19 का वर्ष ही हाथ लगता है।

डा. शर्मा निराला के कथन को जिस आधार पर गलत सिद्ध करने की कोशिश करते हैं, वह है द्विवेदीजी के नाम लिखा उनका वह पत्र, जिसे वे उनको लिखा गया उनका पहला पत्र मानते हैं। वह पत्र 26 अगस्त, 1920 का है। इस पत्र के साथ निराला ने द्विवेदीजी को 'सरस्वती' में प्रकाशनार्थ अपना निबन्ध 'वंगभाषा का उच्चारण' भेजा था, जो उसमें प्रकाशित भी हुआ। डा. शर्मा का कहना है कि इससे पहले द्विवेदीजी से परिचय स्थापित करने का कोई प्रयास निराला ने न किया था, फिर 'जुही की कली' उन्हें भेजने का प्रश्न कहाँ उठता है? उत्तर में इतना निवेदन करना पर्याप्त होना चाहिए कि क्या परिचय या सम्बन्ध-स्थापन के लिए हाथ बढ़ाए बगैर नया लेखक सम्पादक को कोई रचना नहीं भेज सकता? यह भी तो सम्भव है कि एक रचना के अस्वीकृत हो जाने पर निराला ने दूसरी रचना अपने इस परिचय के साथ उन्हें भेजी हो कि वे उनकी ही 'बंग-प्रवासी एक अपरिचित सन्तान' हैं। इस परिचय के साथ ही द्विवेदीजी की उनमें दिलचस्पी शुरू हुई और आगे दोनों के सम्बन्ध में कुछ प्रगाढ़ता आई, पर उतनी नहीं, जितनी निराला को द्विवेदीजी का सुयोग्य उत्तराधिकारी सिद्ध करने की गरज से डा. शर्मा सिद्ध करना चाहते हैं।

ध्यान देने की बात यह भी है कि 'पन्तजी और पल्लव' शीर्षक निबन्ध में 'सरस्वती' से 'जुही की कली' के लौटाए जाने की बात निराला ने द्विवेदीजी के जीवन-काल में ही लिखी थी। मई, 1927 की 'सरस्वती' में द्विवेदीजी ने 'सुकविकिंकर' के नाम से 'आजकल के हिन्दी-कवि और कविता' शीर्षक अपना प्रसिद्ध निबन्ध लिखा, जिसमें उन्होंने छायावादी कवियों की बहुत ही सख्त आलोचना की थी। आलोचना के क्रम में उन्होंने उनके उपनाम रखने पर भी आक्षेप किया था। कहा था, 'शुद्ध लिखना तक सीखने के पहले ही वे कवि बन जाते हैं और अनोखे-अनोखे उपनामों की लांगूल लगाकर अनाप-शनाप लिखने लगते हैं।' इस आक्षेप के घेरे में पन्त नहीं आते थे, क्योंकि उन्होंने उपनाम नहीं रखा था, अपना नाम ही बदल लिया था; आते थे निराला, जिन्होंने अपने नाम में आंशिक परिवर्तन करने के साथ एक अनोखा उपनाम भी स्वीकार किया था। 'पन्तजी और पल्लव' निबन्ध में ही निराला ने द्विवेदीजी के कथन पर यह दिलचस्प, साथ ही बहुत तीखी, प्रतिक्रिया की– "कार्यवशात् मुझे कलकत्ता आना पड़ा। रास्ते में गाड़ी काशी के स्टेशन पर पहुँची, साहित्यिक मित्रों की याद आई। साहित्य की मही वीर-विहीन हो रही है, या कोई महावीर इस समय भी प्रहरण-कौशल-प्रदर्शन कर रहे हैं, कुछ मालूम न था; कौतूहल बढ़ा, मैं गाड़ी से उतर पड़ा। पहले के एक पत्र से सूचना मिल चुकी थी कि खड़ीबोली की प्रथम कविता की स्वर्ण-लंका को छायावाद के मलिनत्व के स्पर्श से बचाने के लिए 'सरस्वती' के सुकविकिंकर महाशय ने छायावाद के कवियों की लांगूलों में आग लगा दी है। कहते हैं, वे कवि उनके सुदृढ़ गढ़ के कँगूरे ढहाते थे, अपने कर्ण-कटु शब्दों से उन्हें हैरान करते थे, और सबसे बड़ा पाप, सोते समय उनकी नासिका के छिद्र में लांगूल करके उन्हें जगा देते थे।" 'महावीर' शब्द के प्रयोग से स्पष्ट है कि यह बात छिपी न थी कि 'सुकविकिंकर' के नाम से जो निबन्ध छपा है, उसके लेखक द्विवेदीजी ही हैं, कोई और नहीं। इस तरह सम्बन्ध के बावजूद द्विवेदीजी और निराला के बीच साहित्यिक विरोध-भाव बना हुआ था, अपनी पूरी कटुता के साथ।

डा. शर्मा इस दृष्टि से हिन्दी के अप्रतिम आलोचक हैं कि वे जो ठान लेते हैं, उसे साबित करके ही छोड़ते हैं। बाद में तथ्यों की छानबीन करने पर भले बिलकुल विपरीत स्थिति सामने आए! 'निराला की साहित्य-साधना-3' की भूमिका में मुक्तछन्द और उसके सृजन-काल पर विचार करते हुए वे कहते हैं, ''महावीरप्रसाद द्विवेदी बीसवीं सदी के आरम्भ से ही जिस तरह की अतुकान्त कविता के लिए निरन्तर प्रयत्न करते आए थे, उसका पूर्ण विकास निराला के मुक्तछन्द में हुआ। यह विकास देखकर उनका प्रसन्न होना अधिक स्वाभाविक था, न कि मुक्तछन्द में लिखी कविता देखकर उसे वापस कर देना। 'जुही की कली' उन्हें शृंगार रस के कारण भले नापसन्द होती पर उसके छन्द से वह क्यों असन्तुष्ट होते? दरअसल वह असन्तुष्ट नहीं हुए वरन् निराला की कविता 'पंचवटी प्रसंग' देखकर उन्होंने सम्मति दी थी, ''हिन्दीवालों में 90 फीसदी इस छन्द को अच्छी तरह पढ़ भी न सकेंगे। पर चीज नई है। अगर इसका आदर हो तो आगे भी इसी छन्द में कुछ लिखिएगा। मुझे तो रचना ललित और भावपूर्ण जान पड़ती है।'' आगे उनका निष्कर्ष है–''महावीरप्रसाद द्विवेदी, और कुछ दिन बाद जयशंकर प्रसाद, ये दो उच्च श्रेणी के साहित्यकार थे जिन्होंने निराला के मुक्तछन्द का समर्थन किया था।''

इस सम्बन्ध में तथ्य यह है कि द्विवेदीजी अतुकान्त पद्य के समर्थक थे, मुक्तछन्द के नहीं, और 'पंचवटी-प्रसंग' पर उनकी सम्मति उतनी सरल नहीं है, जितना डा. शर्मा उसे बतला रहे हैं। यह सम्मति उन्होंने निराला से परिचय या सम्बन्ध स्थापित हो जाने के बाद दी थी, इसलिए उनके स्वर में काफी नरमी है, यद्यपि उसमें मुक्तछन्द के प्रति उनकी उदासीनता का भाव अप्रकट नहीं है। 'अगर इसका आदर हो'–इसका 'अगर' बहुत बड़ा 'अगर' है और 'हिन्दीवालों में 90 फीसदी इस छन्द को अच्छी तरह पढ़ भी न सकेंगे' यह कोई बेधड़क प्रशंसा में लिखा गया वाक्य नहीं है। डा. शर्मा 'पर चीज नई है' और 'मुझे तो रचना ललित और भावपूर्ण जान पड़ती है' इन दो कथनों के लिए द्विवेदीजी को बहुत बड़ा प्रमाणपत्र दे रहे हैं, लेकिन इनमें औपचारिकता का जो दबा हुआ स्वर है, उस पर उनका ध्यान नहीं है। द्विवेदीजी की यह सम्मति महादेव प्रसाद सेठ ने प्रथम 'अनामिका' की अपनी भूमिका में उद्धृत की है। डा. शर्मा ने इस सम्मति के अगले अंश को उद्धृत नहीं किया, वर्ना मुक्तछन्द के प्रति द्विवेदीजी की उदासीनता पूरी तरह से उजागर हो जाती। वह अंश यह है–'अवशिष्टांश मुझे भेजने की जरूरत नहीं। ठीक है। पूरी कर डालिए।' जो रचना 'ललित और भावपूर्ण' है, उसके प्रति ऐसी बेरुखी क्यों?

मुक्तछन्द के प्रति द्विवेदीजी का समर्थन-भाव कैसा था, यह जानने के लिए उनके पूर्वोक्त निबन्ध 'आजकल के हिन्दी-कवि और कविता' का यह अंश देखना चाहिए– ''छायावादियों की रचना तो कभी-कभी समझ में भी नहीं आती। ये लोग बहुधा बड़े ही विलक्षण छन्दों या वृत्तों का भी प्रयोग करते हैं। कोई चौपदे लिखते हैं, कोई छःपदे, कोई ग्यारहपदे! कोई तेरहपदे! किसी की चार सतरें गज गज भर लम्बी तो दो सतरें ही दो अंगुल की! फिर ये लोग बेतुकी पद्यावली भी लिखने की बहुधा कृपा करते हैं। इस दशा में इनकी रचना एक अजीब गोरखधन्धा हो जाती है।'' डा. शर्मा ने यह भी लिखा है कि द्विवेदीजी को शृंगार के कारण 'जुही की कली' नापसन्द हो सकती थी, पर छन्द के कारण नहीं! वास्तविकता यह है कि इस कविता का भाव ही उन्हें पसन्द आया था, उसका छन्द नहीं।

द्विवेदीजी रीति-काव्य के विरोधी रहे हों, पर शृंगार-मात्र से उन्हें परहेज न था। इसका एक प्रमाण उनके इसी निबन्ध में मिलता है, जहाँ वे कहते हैं कि " 'राहु नाम के राक्षस को मारनेवाले विष्णु भगवान को नमस्कार है' यह उक्ति कविता नहीं है, सरस कविता का उदाहरण है–'नमस्तस्मै कृतौ येन मुधा राहुवधूकुचौ'!" कहने की आवश्यकता नहीं कि 'मुधा' शब्द का अर्थ है 'व्यर्थ'!

द्विवेदीजी ने पन्तजी की कविताएँ 'सरस्वती' से लौटाई थीं, इसका प्रमाण मौजूद है। डा. शर्मा इसका फायदा उठाते हुए यह दिलचस्प गाथा रचते हैं–"वास्तव में द्विवेदीजी से टक्कर पन्त की हुई, निराला की नहीं। किन्तु निराला ने पन्त से जो स्नेह-सम्बन्ध कायम कर रखा था, जिसने उनकी कल्पना में तादात्म्य का रूप ले लिया था, इसे आप स्मरण करें तो यह असम्भव न लगेगा कि जो टक्कर पन्त से हुई, उसे निराला ने अपने ऊपर ओढ़ लिया।" पन्त से निराला का यह तादात्म्य-भाव ही था, जिसने उन्हें प्रेरित किया था कि 'पन्तजी और पल्लव' शीर्षक निबन्ध में वे द्विवेदीजी के जीवन-काल में ही उनके सम्बन्ध में वैसी बातें लिखें–'जुही की कली' को लौटानेवाली और लांगूलवाली बातें! डा. शर्मा के शब्दों में, "तादात्म्य-भाव में वह बहुत गहरे डूबे हुए न होते तो द्विवेदीजी के जीवन काल में वैसी बातें न लिखते जैसी 'पन्तजी और पल्लव' में उन्होंने लिखी थीं...।" पूछा जा सकता है कि पन्त के विरोध में लिखा गया यह निबन्ध क्या उनके प्रति निराला के तादात्म्य-भाव की ही देन है? डा. शर्मा की मेधा का चमत्कार दर्शनीय है। क्षण-भर में वे अद्वैत को विशिष्टाद्वैत में परिवर्तित करते हुए कहते हैं, "इस तादात्म्य भाव में भिन्नता और स्पर्धा का भाव तिरोहित न हो गया था। निराला का स्नेह-सम्बन्ध कुछ विशिष्टाद्वैत जैसा था, विशुद्ध अद्वैत जैसा नहीं"! शायद हिन्दी आलोचना में अपनी तर्क-शक्ति का ऐसा उपयोग अन्य किसी आलोचक ने नहीं किया।

हिन्दी के विद्वानों को यह सवाल परेशान करता रहा है कि निराला ने मुक्तछन्द कहाँ से सीखा? कभी वे गिरीशचन्द्र घोष और रवीन्द्रनाथ की तरफ जाते हैं और कभी वाल्ट ह्विटमैन की तरफ, लेकिन सन्तोषजनक जवाब न पाने से उनकी परेशानी दूर नहीं होती। निश्चय ही 'पन्तजी और पल्लव' निबन्ध में इस सम्बन्ध में निराला ने स्वयं जो कुछ लिखा है, उस पर गौर फरमाने की जरूरत है। वह यह है–"चिरकाल से बंगाल में रहने के कारण हिन्दी और बँगला नाट्यशालाओं में अभिनय देखते रहने के मुझे विशेष अवसर मिले। कलकत्ता इन दोनों भाषाओं के रंगमंचों से प्रसिद्ध है। हिन्दी के रंगमंचों में अलफ्रेड और कोरिंथियन के नाटकों को देखकर मुझे बड़ा दुख होता था। उनके नटों के अस्वाभाविक उच्चारण से तबियत घबराने लगती थी। उस समय मैं 16-17 से अधिक न था। कल्पना की सुदूर भूमि में हिन्दी के अभिनय की सफलता पर विचार करते हुए, बोलते हुए, पाठ खेलते हुए, जिस छन्द की सृष्टि हुई, वह यही है और पीछे से विचार करके भी देखा, तो इसे स्वभाव-वश निश्छल हृदय की सत्य ज्योति की तरह निकला हुआ पाया। वेदों और उपनिषदों में इसकी पुष्टि के प्रमाण भी अनेक मिले...।" डा. शर्मा ने इन बातों के खंडन के सिलसिले में 'साहित्य-साधना' के प्रथम खंड में यथास्थान जो कुछ कहा है, वह संक्षेप में यह है–'जुही की कली' का रंगमंच से कोई सम्बन्ध नहीं है, 'पंचवटी प्रसंग' की तरह उसमें पात्रों का संवाद नहीं है। इसके अलावा जब वह सोलह साल के थे, तब कलकत्ते से

उनका सम्पर्क नहीं के बराबर था। अभी तो पत्नी ने उन्हें खड़ीबोली सीखने का उपदेश दिया था, कलकत्ते जाकर पारसी थिएटर देखने का समय उन्हें कब मिल गया? सन् ’22 में वह कलकत्ते आकर जमे, तब उन्होंने हिन्दी बँगला नाटक देखे। गिरीशचन्द्र घोष के मुक्तछन्द से वह विशेष प्रभावित हुए। ‘जुही की कली’ जब ‘आदर्श’ में छपी, तब उसके शीर्षक के नीचे उन्होंने लिखा–‘बँगला छन्द’। पन्त को गिरीशचन्द्र घोष के मुक्तछन्द की जानकारी न थी। उन्होंने (‘पल्लव’ की भूमिका में) निराला के मुक्तछन्द का सम्बन्ध रवीन्द्र की तुकान्त रचनाओं से जोड़ा और अक्षरप्रधान सभी छन्दों को मात्रिक वृत्तों की तुलना में हेय ठहराते हुए कवित्त को भी हिन्दी के लिए विजातीय घोषित कर दिया। निराला को नई सूझ मिली। उन्होंने सिद्ध किया कि उनका वर्णिक मुक्तछन्द कवित्त के ही आधार पर चलता है।

वस्तु-स्थिति तक पहुँचने के लिए यहाँ कुछ तथ्यों की जानकारी आवश्यक है। ‘जुही की कली’ का रंगमंच से कोई सम्बन्ध नहीं है, लेकिन कोई भी मर्मज्ञ पाठक यह स्वीकार करेगा कि इस कविता में पूरी नाटकीयता है। जूही की कली का विजन वन की वल्लरी पर सोए रहना, पवन का आकर उसे झकझोरना, चौंककर उसका जगना, चारों ओर दृष्टि-निक्षेप करना, फिर अपने प्रिय को अपनी सेज के पास देखकर लज्जितमुख हँस पड़ना, फिर उससे प्रेम-क्रीड़ा कर खिल जाना–यह नाटक नहीं तो क्या है? जहाँ तक संवाद की बात है, ‘फिर क्या? पवन/उपवन-सर-सरित गहन-गिरि-कानन/कुंज-लता-पुंजों को पारकर/पहुँचा जहाँ उसने की केलि/कली-खिली-साथ’, ‘सोती थी,/जाने कहो कैसे प्रिय-आगमन वह?’ और ‘किंवा मतवाली थी यौवन की मदिरा पिए,/कौन कहे?’ यह संवाद की ही तो शैली है, भले वर्णन के भीतर आई हो! निराला की बातों से ऐसा लगता हैं कि महिषादल में रहते हुए भी वे कलकत्ते के रंगमंच से अपरिचित न थे। इस प्रसंग में यह उल्लेखनीय है कि महिषादल के राजा ने भी अपना एक थिएटर खोला था। ‘कुल्ली भाट’ में निराला ने लिखा है कि “बड़े आदमी की इच्छा अपूर्ण नहीं रहती। कचहरी के बाबू नायक-नट बनने के लिए बुलाए गए। सबके साथ मैं भी गया। मुझे एक बहुत मामूली संस्कृत का गाना दिया गया, इसलिए कि बंगालियों में अधिकांश संस्कृत का शुद्ध उच्चारण नहीं कर सकते। मैंने श्लोक याद कर रिहर्सल के दिन गाया। राजासाहब पर उसका बहुत प्रभाव पड़ा। उन्होंने मेरे लिए गाना सीखने का प्रबन्ध कर दिया। धीरे-धीरे कला की कृपा से मेरी लोकप्रियता बढ़ चली, साथ दूसरों की ईर्ष्या भी।” गिरीशचन्द्र घोष से भी उनका परिचय महिषादल में ही हो चुका था। इसका प्रमाण यह है कि ‘वंग-भाषा का उच्चारण’ शीर्षक उनके लेख के आरम्भ में ही हमें यह वाक्य मिलता है–‘बंकिम-रवीन्द्र-गिरीश-द्विजेन्द्र जैसे नर-रत्नों से जिसकी शोभा बढ़ी है वह वंग-भाषा दूसरी प्रभा-युक्त भाषाओं के सामने कदापि निष्प्रभ नहीं कही जा सकती।’ यह लेख उन्होंने कलकत्ता आने पर नहीं, महिषादल में ही लिखा था और वहीं से ‘सरस्वती’ में प्रकाशनार्थ द्विवेदीजी को भेजा था। बँगला के प्रसिद्ध साहित्यकारों के उल्लेख से लगता है कि वे बँगला के आधुनिक साहित्य में रच-बस गए थे। कहा जा चुका है कि उनके आरम्भिक काव्य-प्रयास बँगला और ब्रजभाषा में हुए थे।

‘जुही की कली’ की रचना निराला ने हिन्दी व्याकरण की शिक्षा पूरी होने से पहले ही की थी, यह भी उन्होंने ‘कुल्ली भाट’ में ही लिखा है–“व्याकरण की शिक्षा पूरी करने से

पहले 'जुही की कली' लिखी थी, जो व्याकरण की दृष्टि से बाद को पूरी उतरी।'' इस कविता का प्रथम उपलब्ध पाठ, 'आदर्श' में प्रकाशित, निराला की कविता-पुस्तक 'असंकलित कविताएँ' के परिशिष्ट में संकलित है। यद्यपि वह पाठ प्रकाशन के पूर्व अनेक बार संशोधित हुआ होगा, जैसे बाद में भी उसमें संशोधन हुआ, फिर भी उसे देखने से निराला के कथन की सच्चाई का आभास मिल जाता है। 'आदर्श' में जब यह कविता प्रकाशित हुई, तो उसके शीर्षक के नीचे 'बँगला छन्द' लिखा गया था, यह सही है और यह एक महत्त्वपूर्ण बात है। बँगला में अमित्र छन्द ही नहीं, छोटे-बड़े चरणोंवाला छन्द भी स्वीकृत हो चुका था। इनके प्रयोक्ता माइकेल मधुसूदन दत्त और रवीन्द्रनाथ बँगला के श्रेष्ठ कवि के रूप में मान्य थे। गिरीशचन्द्र घोष ने अपने नाटक स्वच्छन्द छन्द में लिखे थे। निराला ने विशेष रूप से गिरीशचन्द्र से प्रेरणा लेकर मुक्तछन्द का निर्माण किया, जिसमें कवित्त छन्द का प्रवाह था। यह प्रवाह गिरीशचन्द्र के छन्द में न हो सकता था, क्योंकि कवित्त हिन्दी का अपना छन्द है, इसलिए यह प्रवाह भी इसका अपना है। वैसे गिरीशचन्द्र के छन्द में भी गद्य का सौन्दर्य था और वह भी बोलचाल की लय पर आधारित था। एक उदाहरण–

आज्ञा देहो यादवप्रधान
पुत्रवधू सने याबो पुनः विराट भवने–
स्नान करि जाह्नवी सलिले।
हे केशव, चिर दिन आश्रित पांडव तव,
आसन्न संग्राम, शुनि दुर्योधन
संयोजन करिआछे एकादश अक्षौहिणी सेना।
विराट पांचाल मात्र पांडव सहाय,–
भाबि, हे मधुसूदन, महारणे ना जानि की हबे।

हिन्दी का कवित्त छन्द मन्थर गति से चलता है, इसलिए स्वाभाविक रूप से उसकी लय बोलचाल की लय के निकट स्थित है। निराला ने इस बात को समझा और उसके आधार पर मुक्तछन्द की रचना की। उन्होंने सिर्फ कवित्त का प्रवाह लिया और आठ वर्णों पर विराम के नियम को स्वीकार करते हुए भी उसके प्रति कठोर आग्रह नहीं रखा। एक खास बात यह कि हिन्दी में कवित्त की एक विशेषता यह भी है कि उसकी पदावली अनिवार्यतः सानुप्रास होती है। निराला ने इसे भी स्वीकार किया और उसका उपयोग छन्द के संगीत की क्षतिपूर्ति के रूप में करने का प्रयास किया। फिर भी हिन्दी में यह एक क्रान्तिकारी प्रयास था, इसलिए उन्होंने 'जुही की कली' के प्रथम प्रकाशन के साथ यह सूचना दी कि इसमें 'बँगला छन्द' का प्रयोग किया गया है। उद्देश्य बँगला के साक्ष्य से उसे हिन्दीवालों से स्वीकृति दिलाना था।

कवित्तवाली बात पन्त से मिली निराला की सूझ नहीं थी। कवित्त से निराला का पुराना लगाव था, जिसका एक प्रमाण उनकी कहानी 'सुकुल की बीवी' का वह वाक्य है, जिसमें उन्होंने इंट्रेंस की परीक्षा में अपने असफल होने का कारण यह बतलाया है कि 'गणित की नीरस कापी को पद्‌माकर के चुहचुहाते कवित्तों से मैंने सरस कर दिया' था। दूसरा प्रमाण 'साहित्य-समालोचक' (पद्‌माकरांक, 1929) में प्रकाशित 'सुकवि पद्‌माकर की कविताएँ' शीर्षक उनका लेख है, जो पहली बार 'निराला रचनावली' में संकलित हुआ है। निश्चय ही

उनकी संगीत-संवेदना किशोरावस्था से ही अत्यन्त तीक्ष्ण रही होगी, जिससे कवित्त का भाव ही नहीं, उसकी लय और गति भी उन्हें आकर्षित करती रही होगी। उनकी आरम्भिक कविताओं में एक कवित्त भी मिलता है, 'विरहिणी पर व्यंग्य' शीर्षक, जो 'आदर्श' में ही, उसके 1922-23 के एक अंक में, निकला था। आगे चलकर उन्होंने 'पन्तजी और पल्लव' शीर्षक निबन्ध तथा 'परिमल' की भूमिका में किंचित् विस्तार और सूक्ष्मता से कवित्त की लय और गति पर विचार किया। 'परिमल' की भूमिका में उन्होंने जो कुछ कहा है, वह अत्यधिक ध्यान देने योग्य है–"हिन्दी में मुक्तकाव्य कवित्त-छन्द की बुनियाद पर सफल हो सकता है। कारण, यह छन्द चिरकाल से इस जाति के कंठ का हार हो रहा है। दूसरे, इस छन्द में एक विशेष गुण यह भी है कि इसे लोग चौताल आदि बड़ी तालों में तथा ठुमरी की तीन तालों में भी सफलतापूर्वक गा सकते हैं, और नाटक आदि के समय इसे काफी प्रवाह के साथ पढ़ भी सकते हैं। आज भी हम रामलीलाओं में, लक्ष्मण-परशुराम-संवाद के समय, वार्तालाप में इस छन्द का चमत्कार प्रत्यक्ष कर लेते हैं। यदि हिन्दी का कोई जातीय छन्द चुना जाए, तो वह यही होगा। आजकल के मार्जित कानों को कवित्त-छन्द का नाटक में प्रयोग जरा खटकता है, और वह इसीलिए कि बार-बार अन्त्यानुप्रास का आना वार्तालाप की स्वाभाविकता को बिगाड़ देता है। बाबू मैथिलीशरणजी को इस विचार से विशेष सफलता मिली है। कारण, कवित्त-छन्द की गति पर उनके अमित्र छन्द में अन्त्यानुप्रास मिटा दिया गया है। नाटकों में सबसे अधिक रोचकता इसी कवित्त-छन्द की बुनियाद पर लिखे गए स्वच्छन्द छन्द द्वारा आ सकती है। इस अपने छन्द को मैं साहित्यिक अनेक गोष्ठियों में पढ़ चुका हूँ, और हिन्दी के प्रसिद्ध अधिकांश जन सुन चुके हैं। एक बार कलकत्ता पब्लिक स्टेज पर भी इस छन्द में नाटक लिखकर खेल चुका हूँ।...इस छन्द में Art of reading का आनन्द मिलता है, और इसीलिए इसकी उपयोगिता रंगमंच पर सिद्ध होती है। कहीं-कहीं मिल्टन ने और शेक्सपीयर ने सर्वत्र अपने अतुकान्त काव्य का उपयोग नाटकों में ही किया है। बँगला में माइकेल मधुसूदन द्वारा अतुकान्त कविता की सृष्टि हो जाने पर नाट्याचार्य गिरीशचन्द्र ने अपने स्वच्छन्द छन्द का नाटकों में ही प्रयोग किया है। स्वच्छन्द छन्द नाटक-पात्रों की भाषा के लिए ही है, यों उसमें चाहे जो कुछ लिखा जाए।" इस विस्तृत उद्धरण का प्रथम और अन्तिम दोनों वाक्य ध्यातव्य हैं। बँगला में मुक्तछन्द सफलता प्राप्त कर चुका था, निराला की चिन्ता उसे हिन्दी में सफल बनाने की थी। दूसरे, वे मुक्तछन्द को मूलतः नाटकों के लिए उपयोगी मानते हैं, पर उसमें दूसरे प्रकार की रचना करने का निषेध नहीं करते। उद्धरण की और बातें भी महत्त्वपूर्ण हैं, जिनसे कवित्त छन्द से निराला के सम्बन्ध की सूचना मिलती है। 'पन्तजी और पल्लव' में भी निराला ने कवित्त को हिन्दी का जातीय छन्द कहा है। इस पर डा. शर्मा की आपत्ति है कि कवित्त ही नहीं, सवैया भी हिन्दी का जातीय छन्द है। सवैया ही क्यों, छप्पय, कुंडलिया, बरवै, दोहा, सोरठा, चौपाई आदि सभी हिन्दी के जातीय छन्द हैं। कवित्त की विशेषता यह है कि उसमें बहुत अधिक सम्भावनाएँ हैं। उसकी लय का आधार लेकर रचित मुक्तछन्द उसकी एक सम्भावना का प्रमाण है। उसमें बन्धन है, तो इतना लचीलापन भी कि यति और वर्णों के नियम का उल्लंघन कर केवल उसकी लय के सहारे बहुत दूर तक जाया जा सकता है। गिरिजाकुमार माथुर ने सवैए की लय को आधार बनाकर 'आज हैं केसर रंग रँगे वन' का

मुक्तछन्द रचा है, लेकिन वह मात्राओं के नियम में पूरी तरह से बँधा हुआ है, जिससे वह मुक्तछन्द नहीं, वस्तुतः विषममात्रिक छन्द है। कवित्त छन्द का असली गुण यह है कि चूँकि वह सवैए की तरह मात्रिक छन्द के प्रवाह में बँधा नहीं, उसमें पाठ का सौन्दर्य है, बलाघात के सिद्धान्त से युक्त, इसलिए उसकी लय पर निर्मित मुक्तछन्द नाटकीय संवाद की दृष्टि से बहुत उपयुक्त है। स्वभावतः निराला उसे सर्वप्रथम 'नाटक-पात्रों की भाषा' के लिए उपयोगी मानते हैं।

'नाटक-समस्या' शीर्षक अपने लेख में भी उन्होंने कहा है–''पौराणिक नाटकों की भाषा प्रभावपूर्ण होनी चाहिए। प्राचीन युग का रूप तभी पूरा उतरता है। भाषा इतनी क्लिष्ट न हो कि जनता समझ न सके, पर ऐसी सीधी और शिथिल भी नहीं कि प्राचीनता का गम्भीर वातावरण नष्ट हो जाए। मेरा लिखा हुआ स्वच्छन्द छन्द ऐसे ही नाटकों के लिए उपयोगी है। इसी विचार से मैंने लिखा भी था। अवश्य काव्य लिखने के विचार से पहले मैंने उसे मिल्टन की तरह क्लिष्ट-भाषापूर्ण कर दिया था, पर मेरा असली मतलब उसे पौराणिक नाटकों में लाना ही था। 'पंचवटी-प्रसंग' की अवतारणा का यही कारण है। इसका उदाहरण पेश करने के लिए मैंने तो अपने लिखे एक सामाजिक नाटक के एक पार्ट में इसका समावेश कर दिया था और वह पार्ट कलकत्ता-स्टेज पर मैंने खुद खेला था। मैंने गिरीशचन्द्र, डी.एल. राय आदि के बीसियों बँगला-नाटक पब्लिक-स्टेज पर खेले हैं।'' रंगमंच से निराला के सम्बन्ध की पुष्टि उनके 'समाज' नामक प्रहसन से भी होती है, जिसका कलकत्ते में हिन्दी नाट्य समिति की ओर से मंचन हुआ था और जिसमें स्वयं निराला दो पात्रों की भूमिका में उतरे थे। वह प्रहसन न प्रकाशित हुआ और न आज उसकी पांडुलिपि ही उपलब्ध है। बाद में निराला ने 'ऊषा' नाम से एक नाटिका लिखने का भी विचार किया था, 'सुधा' में उसका विज्ञापन भी निकला था, लेकिन वह लिखी नहीं गई। इन तमाम बातों के सन्दर्भ में ही उनके इस कथन का मर्म समझा जा सकता है कि मुक्तछन्द की सृष्टि उन्होंने कलकत्ते में रंगमंच से अपने सक्रिय लगाव से प्राप्त अनुभव के आधार पर की। ऐसी स्थिति में उसे मात्र किसी का अनुकरण सिद्ध करने की कोशिश उचित नहीं। उनका मुक्तछन्द वस्तुतः एक सृजनात्मक प्रक्रिया की देन है, जो उनके भीतर कई रूपों में चलती रही थी।

निराला मुक्तछन्द की जिस विशेषता पर जोर दे रहे थे और जो चीज उन पर नूतन सृजन के लिए दबाव डाल रही थी, उसे डा. शर्मा ने कुछ बाद में समझा या स्वीकार किया। 'साहित्य-साधना' के द्वितीय खंड में निराला के मुक्तछन्द पर विचार करते हुए वे कहते हैं, ''अब प्रश्न यह है कि निराला ने कवित्त को ही मुक्तछन्द का आधार क्यों बनाया। और बहुत से गणात्मक मात्रिक छन्द थे; उनमें किसी को चुन सकते थे। इस प्रश्न का उत्तर यह है कि निराला जिस तरह की नाटकीय कविताएँ लिख रहे थे, उनमें बोलचाल की लय का होना आवश्यक था। इस लय में विविधता होती है, उतार-चढ़ाव होता है, कुछ शब्दों पर कम, कुछ पर अधिक जोर दिया जाता है। यह विविधता मात्रिक छन्द में लिखी हुई कविताओं में न दिखाई देती थी, गणात्मक वृत्तों में उसका अभाव और ज्यादा था, इसलिए निराला ने कवित्त को मुक्तछन्द का आधार बनाया। 'उसका सौन्दर्य गाने में नहीं, वार्तालाप करने में है'–'पन्तजी और पल्लव' में उनकी यह मुक्तछन्द-सम्बन्धी स्थापना अत्यन्त

महत्त्वपूर्ण है।'' और भी, ''मुक्तछन्द, कवित्त की वर्ण-संख्या छोड़ देता है, बलाघात-संख्या पकड़े रहता है, इसीलिए छन्द बना रहता है। बलाघात-संख्या सोलह वर्णों की पंक्ति को देखते नहीं, चार या आठ वर्णों के चरण को देखते निर्धारित होती है।'' इन बातों से यह स्पष्ट है कि 'जुही की कली' के मुक्तछन्द की रचना के पीछे छन्दसम्बन्धी विभिन्न प्रकार के अनुभवों के साथ प्रत्यक्षतः बँगला रंगमंच और उसमें गिरीशचन्द्र घोष द्वारा प्रयुक्त स्वच्छन्द छन्द रहा हो, लेकिन निराला ने कवित्त की लय, गति, विराम और बलाघात का आधार लेकर जिस तरह उसकी सृष्टि की, वह बहुत कुछ उनका मौलिक आविष्कार था। जहाँ तक निराला के वाल्ट ह्विटमैन से प्रेरित होने की बात है, 'मुक्तछन्द और निराला' शीर्षक अपनी टिप्पणी में प्रो. नलिनविलोचन शर्मा का यह कहना सही प्रतीत होता है कि '' 'निराला' की छन्द-सम्बन्धी विशेषता, उनकी दूसरी विशेषताओं की तरह ही, सर्वथा नवीन और आश्चर्यजनक रूप से आधुनिक युग के अनुकूल होने पर भी, पाश्चात्य साहित्य की देन नहीं है।'' निराला के मुक्तछन्द के देशी रूप से भी यही संकेत मिलता है कि वह हिन्दी का अपना विकास है, पश्चिम की अनुकृति नहीं। डा. शर्मा ने बिलकुल ठीक लिखा है कि ''निराला ने अपने मुक्तछन्द को कवित्त की गति ही नहीं दी, उसकी सानुप्रास शब्दावली भी अपनाई। मुक्तछन्द के चरणों में उन्होंने अनुप्रासों के घुँघरू बाँधे। इन घुँघरुओं से जब जैसी इच्छा हुई, वैसी ध्वनि निकाली। मुक्तछन्द में सहज भावोद्गार वाली कविताएँ उन्होंने कम लिखीं; वर्णनात्मक, नाटकीय, वक्तृत्वकलाप्रधान कविताएँ ही अधिक लिखीं। मन का सहज प्रकाशन, भावों का अकृमित्र चित्र उनके मुक्तछन्द में प्रायः नहीं है। स्वतःस्फूर्त गेयता की जगह नाटकीय रचना-कौशल मुक्तछन्द में लिखी हुई कविताओं की विशेषता है।'' निराला ने 'परिमल' की 'जागरण' शीर्षक कविता में कहा था–'मुक्त छन्द,/ सहज प्रकाशन वह मन का–/निज भावों का प्रकट अकृत्रिम चित्र।' डा. शर्मा ने अपनी तीक्ष्ण दृष्टि से, जिसका अभाव उनमें नहीं है, यह बिलकुल सही लक्ष्य किया है कि मुक्तछन्द में निराला ने नाटकीय भाव-भंगिमा वाली अपनी कविताएँ ही लिखी हैं, आत्मपरक या आत्माभिव्यंजनामूलक कविताएँ नहीं।

निराला ने बारीकी में जाकर मुक्तछन्द की विशेषताएँ तो बतलाई ही हैं, उसके प्रयोग को एक व्यापक सामाजिक और सांस्कृतिक परिप्रेक्ष्य प्रदान कर दिया है, जो बड़ी बात है। पहले हम 'पन्तजी और पल्लव' में मुक्तछन्द-सम्बन्धी उनका यह कथन देखें–''स्वर की बराबर लड़ियों में भी शब्द निकलते हैं और विषम लड़ियों में भी। जैसे आलाप में ताल नहीं होता, राग या रागिनी का चित्र-मात्र देखने और समझने के लिए सामने आता है, उसी तरह मुक्त-काव्य में स्वर का संयम नहीं देख पड़ता–स्वर की लड़ी बराबर नहीं मिलती, कविता की केवल मूर्ति सामने आती है। राग या रागिनी जब सीमा के अन्दर, बजानेवाले की सुविधा के लिए, बाँध दी जाती है, तब ताल में उसके बँधे रूप का लावण्य रहता है–जैसे एक ही विहंग की वन में स्वाधीन वृत्तियाँ और पींजड़े में ससीम चेष्टाएँ।'' मुक्तछन्द को आलाप और छन्द को ताल बतलाना इन दोनों के बीच के सूक्ष्म अन्तर को तो सटीक ढंग से स्पष्ट करना है ही, खास तौर से ध्यान देने योग्य बात यह है कि निराला मुक्तछन्द और छन्द दोनों को स्वाभाविक मानते हैं। आगे भी उन्होंने छन्द के लिए 'लावण्य' शब्द का प्रयोग किया है, जिससे यह संकेत मिलता है कि वे दोनों में

सौन्दर्य की स्थिति स्वीकार करते हैं, भले एक मुक्त हो और दूसरा बँधा हुआ। निश्चय ही उनका आग्रह अभी मुक्तछन्द के सौन्दर्य पर है, लेकिन इसे कौन स्वीकार करेगा कि 'गीतिका' के गीतों और 'राम की शक्ति-पूजा' के रचयिता के लिए सौन्दर्य मुक्तछन्द में ही था, छन्द में नहीं? वस्तुस्थिति यह है कि वे मुक्तछन्द को भी सर्वथा स्वतन्त्र न मानते थे। प्रमाण के लिए उनका 'परिमल' की भूमिका का यह प्रसिद्ध कथन–"मुक्तछन्द तो वह है, जो छन्द की भूमि में रहकर भी मुक्त है।...मुक्तछन्द का समर्थक उसका प्रवाह ही है। वही उसे छन्द सिद्ध करता है, और उसका नियम-राहित्य उसकी मुक्ति।" यहाँ बात मुक्तछन्द की मुक्तता के पक्ष में कही गई है, लेकिन 'छन्द की भूमि में रहकर भी' यह शब्दावली है। मुक्तछन्द मुक्त होता है, लेकिन छन्द की भूमि में रहकर ही, उससे पूर्ण सम्बन्ध-विच्छेद करके नहीं। इसी तरह उसमें नियम नहीं होते, लेकिन उसे छन्द बनानेवाला कवित्त छन्द का 'प्रवाह' अवश्य होता है। लेकिन डा. शर्मा निराला के प्रत्येक कथन को सापेक्ष रूप में न लेकर निरपेक्ष रूप में लेते हैं और इस तरह उसका सरलीकरण कर उसका विरोध करते हैं। स्वभावतः उनके छन्दसम्बन्धी सिद्धान्त और व्यवहार में उन्हें अन्तर्विरोध नजर आता है, क्योंकि उन्होंने अधिकांश कविताएँ मुक्तछन्द में न लिखकर छन्द में लिखी हैं।

'परिमल' की भूमिका में निराला ने यह भी लिखा है कि "मनुष्यों की मुक्ति कर्मों के बन्धन से छुटकारा पाना है, और कविता की मुक्ति छन्दों के शासन से अलग हो जाना।" इसमें डा. शर्मा को भाववादी दर्शन की बू आई है, इसलिए उन्होंने कहा है, "उनकी मूल समस्या वेदान्त ज्ञान के अनुरूप छन्द को मुक्त करने की नहीं है वरन् छन्द की गति को वार्तालाप के अनुकूल बनाने की है।" गोया फिर यहाँ दोनों बातों में विरोध हो! मुक्तछन्द के प्रवर्तन-काल में निराला वेदान्त के गहरे असर में थे, इसलिए यह सर्वथा स्वाभाविक था कि वे मुक्तता की कल्पना वेदान्त की मुक्ति के अनुरूप करें। मनुष्यों की मुक्ति कर्मों के बन्धन से छुटकारा पाना है! मुक्त मनुष्य कौन है? वह नहीं, जो कर्महीन हो गया है, बल्कि वह, जो कर्म तो करता है, लेकिन किसी स्वार्थ अथवा व्यक्तिगत इच्छा से प्रेरित होकर नहीं। यह है मुक्ति की परिभाषा, जिसे निराला कविता पर लागू कर रहे हैं, यानी कविता में छन्द की लय रहे, लेकिन उसका बन्धन नहीं! यह बात न केवल विरोध-योग्य नहीं, बल्कि प्रशंसनीय है, क्योंकि निराला ने विलक्षण स्पष्टता और गहराई के साथ यहाँ मुक्तछन्द की मुक्तता को परिभाषित किया है। आगे वे इस मुक्तता को व्यापक सन्दर्भ देते हुए कहते हैं, "साहित्य की मुक्ति उसके काव्य में देख पड़ती है। इस तरह जाति के मुक्ति-प्रयास का पता चलता है। धीरे-धीरे चित्रप्रियता छूटने लगती है। मन एक खुली हुई प्रशस्त भूमि में विहार करना चाहता है। चित्रों की सृष्टि तो होती है, पर वहाँ उन तमाम चित्रों को अनादि और अनन्त सौन्दर्य में मिलाने की चेष्टा रहती है। बर्फ में जैसे तमाम वर्णों की छटा, सौन्दर्य आदि दिखलाकर उसे फिर किसी ने वाष्प में विलीन कर दिया हो या असीम सागर में मिला दिया हो।" जो बात कविता के चित्र के सम्बन्ध में सही है, वही उसके छन्द के सम्बन्ध में भी। छन्द जहाँ श्रोताओं को सीमा के आनन्द में भुला रखते हैं, वहाँ मुक्तछन्द उन्हें अनन्त महासमुद्र की छोटी-बड़ी तरंगों के समान प्रतीत होता है। ऊपर से किसी को ऐसा लग सकता है कि यह रहस्यवाद है, लेकिन वस्तुतः यह कविता के चित्र

के भाव में विसर्जन की बात है, मूर्त के अमूर्तन की, और इसका सम्बन्ध पराधीन जाति के 'मुक्ति-प्रयास' से है। 'जुही की कली' छन्द और भाव दोनों ही दृष्टियों से एक कवि के माध्यम से पराधीन जाति के उसी 'मुक्ति-प्रयास' की देन है, निराला के ही शब्द लेकर कहें, तो स्वतन्त्रता की प्यास को प्रखरतर करनेवाली। इस कथन का आशय तब स्पष्ट हो जाएगा, जब पुरानी कविता के प्रकृति-वर्णन से हम इस कविता को मिलाकर देखेंगे। यहाँ कल्पना स्वतन्त्र है, जबकि वहाँ उसके पंख बँधे हुए थे।

2

'जुही की कली' के तीन प्रारूप हमारे सामने हैं–पहला, 'आदर्श' में प्रकाशित (1922), जो सबसे पुराना है; दूसरा, प्रथम 'अनामिका' (1923) में संकलित, जो 'मतवाला' के अट्ठारहवें अंक में भी छपा था, वहीं से उद्धृत, और तीसरा, 'परिमल' (1929) में दिया गया, जो कि अन्तिम है। इन तीनों ही प्रारूपों में थोड़ा-बहुत अन्तर है, प्रथम दो प्रारूपों में ज्यादा, अन्तिम दो प्रारूपों में कम। इस तरह मानना चाहिए कि इस कविता को उसके रचना-काल से लेकर, वह 1916 हो, या उसके कुछ बाद, उसके 'परिमल' में संगृहीत होने तक निराला लगातार सँवारते रहे। इसके पहले सुलभ प्रारूप के पहले बन्द से यह स्पष्ट है कि कवित्त छन्द की लय की रक्षा की दृष्टि से वह अपूर्ण है। उससे अधिक पूर्णता उसके बादवाले प्रारूप में है। यह दोनों बन्दों की तुलना से स्पष्ट हो जाएगा :

1. *विजन में वन-वल्लरी पर, सोती थी–*
   सुहाग-भरी, स्नेह-स्वप्न-मग्न-अमल-कोमल तनु-
   तरुणी जूही की कली,–
   दृग बन्द किए,–शिथिल,–पत्रांक बीच
2. *विजन-वन-वल्लरी पर*
   सोती थी सुहाग-भरी–स्नेह-स्वप्न-मग्न–
   अमल-कोमल-तनु-तरुणी–जूही की कली,
   दृग बन्द किए,–शिथिल,–पत्रांक में।

ऐसा नहीं है कि 'विजन में वन-वल्लरी पर' में से 'में' हटाकर एक ही समस्त पद रच देने से या 'पत्रांक बीच' को 'पत्रांक में' कर देने से यह बन्द सिर्फ अधिक संगीतपूर्ण हो गया है, बल्कि उससे यह कवित्त की लय के अधिक निकट आ गया है, क्योंकि इसमें कवित्त की यति अथवा विराम के अनुकूल वर्णों की इकाइयाँ अधिक सुनिश्चित हैं। इसी तरह वार्तालाप के अनुकूल इसमें बलाघात के प्रयोग का अवसर भी अधिक है। अन्तिम प्रारूप में निराला ने यह संशोधन किया कि 'जूही' को 'जुही' कर दिया। इससे कवित्त की लय के प्रसार में जो अन्तिम बाधा थी, वह भी दूर हो गई। इसके साथ उन्होंने 'तरुणी' के पहले का योजक-चिह्न हटाकर उसे स्वतन्त्र कर दिया, उस पर बल देने के लिए।

दूसरे बन्द में, कविता के पहले प्रारूप में, 'वासन्ती निशा थी' यह चरण गायब था। इतना ही नहीं, 'किसी दूर देश में था पवन' का रूप यह था–'किसी दूर देश में था प्यारा वह पवन।' यह कवित्त की लय को अप्रीतिकर ढंग से आगे खींचता था। तीसरे बन्द में

कविता के तीसरे प्रारूप में निराला ने एक छोटा-सा परिवर्तन किया। वह यह कि 'चाँदनी से धुली हुई आधी रात' को उन्होंने 'चाँदनी की धुली हुई आधी रात' कर दिया। इससे लय में तो कोई फर्क नहीं पड़ा, लेकिन 'चाँदनी' और 'रात' और निकट आ गईं, बल्कि दोनों एक हो गईं। स्वभावतः इससे रात का रूप और निखर उठा है। तीसरे प्रारूप में एक और छोटा परिवर्तन है, जो निराला की समस्त पद-योजना को समझने की दृष्टि से महत्त्वपूर्ण है। वह है इस बन्द के अन्तिम चरण के शब्दों में योजक-चिह्न का प्रयोग, यानी 'कली खिली साथ' को 'कली-खिली-साथ' कर देना, जिसका स्पष्ट मतलब है 'खिली हुई कली के साथ'। यह निराला का हिन्दी शब्दों से बनाया हुआ समास है, जो उन्होंने वस्तुतः हरिऔध से सीखा था। 'प्रियप्रवास' में 'फूले-पुष्प-विमोहिनी-विकचता'-जैसे समस्त पद तो मिलते ही हैं, 'छिति-छू' और 'ऊधो-बातें'-जैसे समस्त पद भी मिलते हैं। निराला ने संस्कृत शब्दों में भी हिन्दी पद्धति पर समास बनाए हैं, यथा 'राम की शक्ति-पूजा' में 'मेघनाद-जित-रण'। पहले प्रारूप में उन्होंने 'कली खिली साथ' को 'पहुँचा जहाँ उसने की केलि' के बाद स्वतन्त्र चरण के रूप में रखा था, लेकिन दूसरे प्रारूप में उन्होंने दोनों को मिलाकर एक कर दिया। तीसरे प्रारूप में उन्होंने पुनः दोनों को पूर्ववत् कर दिया, क्योंकि उन्होंने महसूस किया कि कवित्त की लय और बलाघात की रक्षा पहलेवाले रूप में ही होती है।

चौथे बन्द में पहले प्रारूप की तुलना में दूसरे प्रारूप में एक परिवर्धन है। वह यह कि 'निद्रालस बाँके विशाल नेत्र मूँदे रही' के बाद उन्होंने दो चरण और जोड़े—'किंवा मतवाली थी/यौवन की मदिरा पिए, कौन कहे?' ज्यादा नशे में आँखें मुँद जाती हैं। यहाँ नशा यौवन की मदिरा का है। स्वभावतः यह उक्ति जूही की कली की तरुणावस्था को ही उदग्र नहीं बनाती है, उसके सौन्दर्य की भी अत्यधिक वृद्धि करती है, क्योंकि उन्मत्तावस्था का अपना सौन्दर्य होता है। लक्ष्य करने योग्य शब्द-प्रयोग द्वारा उस सौन्दर्य को मूर्त कर देना है। तीसरे प्रारूप में निराला ने इस उक्ति में कोई परिवर्तन तो नहीं किया, लेकिन कवित्त की लय और अर्थ के प्रवाह को ध्यान में रखकर दोनों चरणों को यह रूप दे दिया—'किंवा मतवाली थी यौवन की मदिरा पिए,/कौन कहे?' इससे उनके सूक्ष्म लय-बोध और अर्थ या भाव-बोध का अन्दाजा लगाया जा सकता है। इस बन्द में परिवर्तन उन्होंने दो किए, तीसरे प्रारूप में। पहला यह कि 'इस पर भी जागी नहीं, चूक-क्षमा माँगी नहीं' को एक की जगह दोनों वाक्यों के हिसाब से दो चरणों में कर दिया और दूसरा यह कि 'बाँके' को 'वंकिम' बना दिया। उन्होंने लिखा है कि उनके मुक्तछन्द में कभी-कभी कवित्त छन्द के बद्ध लक्षण स्वयं प्रकट हो जाते हैं, यानी आठ वर्णों की एक लड़ी स्वयं बन जाती है। इसके साथ-साथ यह भी सच है कि उसमें स्वाभाविक रूप से सममात्रिक छन्द के चरण निर्मित हो जाते हैं। उदाहरण के लिए यहाँ 'इस पर भी जागी नहीं,/चूक-क्षमा माँगी नहीं' ये तेरह-तेरह मात्राओं के दो चरण हैं, पूर्णतः निर्दोष और तुकान्त। निराला के विषममात्रिक छन्द में भी यह चीज देखने को मिलती है, जैसे 'तोड़ती पत्थर' कविता में आनेवाले ये दोनों चरण—"श्याम तन, भर बँधा यौवन,/नत नयन, प्रिय-कर्म-रत मन"। ये चौदह-चौदह मात्राओं के चरण हैं और ये भी तुकान्त हैं। कहने की आवश्यकता नहीं कि मुक्तछन्द में छन्द के संगीत के अभाव की पूर्ति निराला ने अनेक प्रकार से करने की कोशिश की है,

उसके चरणों में अनुप्रासों के घुँघरू बाँधकर भी और उसमें बीच-बीच में छन्दोबद्ध पंक्तियाँ डालकर भी। 'बाँके' की तुलना में निस्सन्देह 'वंकिम' अधिक संगीतपूर्ण है। साथ ही यह शब्द 'निद्रालस वंकिम विशाल नेत्र' के समरस प्रवाह के भी मेल में है। इस शब्दावली में 'बाँके' शब्द प्रत्यक्षतः बेमेल प्रतीत होता है, बावजूद इसके कि 'वंकिम' भी तद्भव ही है, तत्सग नहीं।

'आदर्श' में प्रकाशित 'जुही की कली' के प्रथम सुलभ प्रारूप में यह कविता दो खंडों में बँटी हुई है। दूसरे खंड में उसका अन्तिम यानी पाँचवाँ बन्द आता है, जिसमें जूही की कली के साथ पवन के प्रेम-व्यापार और फिर कली के खिलने का वर्णन है। 'मेरे गीत और कला' में निराला ने लिखा है कि कविता कहानी की तरह चलती है, इसलिए बीच से उसकी कुछ पंक्तियाँ उद्धृत नहीं की जा सकतीं। निश्चय ही कविता को खंडों में बाँट देने से उसकी अखंडता को कोई क्षति नहीं पहुँची है, लेकिन उसके दूसरे प्रारूप में ही उन्होंने उसके खंड-विभाजन को समाप्त कर दिया। अब कविता ऊपर से भी अखंड हो गई। पहले और दूसरे प्रारूप में दो बातों को लेकर अन्तर है। पहले प्रारूप में 'मसल दिए गोरे कपोल गोल' के बाद पूर्ण विराम था। दूसरे प्रारूप में निराला ने उसे हटाकर अर्ध-विराम कर दिया, जिसका मतलब यह हुआ कि उन्होंने आगे-पीछे की उक्तियों में सम्बन्ध अथवा सातत्य की मात्रा बढ़ा दी। अब पवन का कार्य और उसका परिणाम चौंककर जूहीरूपी युवती का जगना दोनों घनिष्ठ रूप से एक क्रम में आ गए। दूसरा अन्तर दोनों प्रारूपों में यह है कि पहले प्रारूप में अन्तिम पंक्तियाँ इस रूप में थीं–'नम्रमुखी हँसी,/खिली,/खेल रंग प्यारे संग', जो दूसरे प्रारूप में इस रूप में कर दी गईं–'नम्रमुखी हँसी,–खिली/खेल रंग प्यारे संग।' तीसरे प्रारूप में निराला ने दूसरे प्रारूपवाले इस संशोधन को ही स्वीकार किया, इन परिवर्तनों के साथ कि उन्होंने 'खिली' और 'खेल रंग' के बाद अल्पविराम का प्रयोग आवश्यक समझा। इसमें एक महत्त्वपूर्ण परिवर्तन उन्होंने यह किया कि 'चकित चितवन को चारों ओर फेर' में जो 'को' लय में व्यतिक्रम उपस्थित कर रहा था, उसे हटा दिया और उसकी जगह 'निज' शब्द रख दिया, जिससे लय का प्रवाह अक्षुण्ण हो गया। इसी तरह उन्होंने 'निर्दय उस नायक ने निपट निठुराई की' वाले चरण को कवित्तोचित विराम को ध्यान में रखकर दो चरणों में कर दिया–'निर्दय उस नायक ने/निपट निठुराई की'।

यहीं यह कह देना जरूरी है कि 'परिमल' के प्रथम संस्करण में 'जुही की कली' जिस रूप में छापी गई है, उसमें छापे की तीन भूलें हैं। पहली यह कि कविता के पहले बन्द में 'पत्रांक में' के बाद जहाँ पूर्णविराम होना चाहिए, वहाँ अल्पविराम है; दूसरी यह कि तीसरे बन्द में 'कि झोंकों की झड़ियों से' वाले चरण में 'की' छूट गया है और तीसरी यह कि इसी चरण के अन्तिम शब्द 'प्यारे संग' के बाद भी जहाँ पूर्णविराम होना चाहिए था, वहाँ अल्पविराम है, जो स्पष्टतः इसलिए भी गलत है कि यह कविता का अन्तिम शब्द है। 'पत्रांक में' के बाद पूर्ण विराम का प्रयोग दूसरे प्रारूप में स्पष्टता से किया गया है। 'कि झोंकों की झड़ियों से' का 'की' पहले और दूसरे दोनों प्रारूपों में प्रयुक्त है, इसी तरह अन्तिम शब्द के बाद का पूर्ण विराम भी। 'जुही की कली' कविता का सर्वाधिक शुद्ध और पूर्ण पाठ 'मेरे गीत और कला' निबन्ध में देखने को मिलता है, जिसमें पूरी कविता उद्धृत है। उसमें 'पत्रांक में' के बाद भी पूर्ण विराम है और अन्तिम शब्द के बाद

भी। 'झोंकों' और 'झड़ियों' को जोड़नेवाला 'की' भी है। यदि इसमें कोई त्रुटि है, तो यह कि चौथे बन्द में 'हिंडोल' के बाद पूर्णविराम छूट गया है, जो तीनों ही प्रारूपों में मौजूद है। इसी तरह कविता के अन्तिम चरण में 'खेल रंग' के बाद का अल्पविराम भी छूटा हुआ है।

3

अब विचारणीय यह है कि इस कविता की इतनी महिमा क्यों है? यह हिन्दी की एक क्लासिकी रचना मानी जाती है और इसके बारे में वे लोग भी जानते हैं, जो साहित्य से वैसा सरोकार नहीं रखते। क्या इसका कारण सिर्फ यह है कि यह एक मुक्तछन्द की रचना है और इसके माध्यम से निराला ने हिन्दी कविता के क्षेत्र में अपने विद्रोह की शुरुआत की थी? मेरा खयाल है कि मुक्तछन्द तो इस कविता की क्रान्तिकारी विशेषता है ही, इसके महत्त्व का असली कारण इसका एक उत्कृष्ट कलाकृति होना है। यह रचना अपनी अन्तर्वस्तु और स्थापत्य दोनों ही दृष्टियों से निराला-काव्य की ही नहीं, सम्पूर्ण आधुनिक हिन्दी कविता की एक उपलब्धि है।

ऊपर कहा जा चुका है कि यह कविता कहानी की तरह चलती है। इस कारण इसमें उच्च कोटि की कथात्मक अन्विति तो है ही, यह सुषुप्ति से लेकर जागरण तक की मनोहर कथा है। बीच में पाँच स्थितियाँ आती हैं, जो इसके पाँच बन्दों में वर्णित हैं। ये स्थितियाँ जूही की कली से भी सम्बन्धित हैं और पवन से भी। प्रत्येक स्थिति पिछली स्थिति से गम्भीर होती जाती है, जो इस बात से भी सूचित है कि जैसे-जैसे कविता आगे बढ़ती है, बन्द में चरणों की संख्या बढ़ती जाती है। स्थिति के गम्भीर होते जाने का मतलब कथा में गहराई आते जाना है। पहले बन्द में जूही की कली लता-वृन्त पर सोई है; दूसरे बन्द में उसकी विरह-विधुर स्थिति के संकेत के साथ उसके परदेशी प्रिय पवन का वर्णन है; तीसरे बन्द में दूर देश में पवन को अपनी प्रिया की याद आती है, जिससे वह तेजी से सभी विघ्न-बाधाओं को पार करता हुआ उसके पास पहुँच जाता है; चौथे बन्द में वह जूही की कली को जगाने का प्रयास करता है, लेकिन वह जग नहीं पाती है, और पाँचवें यानी अन्तिम बन्द में जोरों से झकझोरने पर वह जग जाती है, फिर अपने प्रिय से रति-क्रीड़ा कर खिल उठती है। पाठक कहेंगे, 'छोटी-सी बात थी, जिसे अफसाना कर दिया!' हाँ, यह एक बहुत छोटा प्रसंग है, जिसका अपेक्षित गहराई के साथ सौन्दर्यात्मक ढंग से चित्रण कर निराला ने एक उत्कृष्ट काव्य-कृति का निर्माण किया है। डा. शर्मा ने अपनी 'निराला' नामक पुस्तक में निराला की 'मेरी पहली रचना' शीर्षक एक वार्ता का हवाला दिया है, जो उन्होंने लखनऊ आकाशवाणी से प्रसारित की थी और जिसमें उन्होंने उन परिस्थितियों का वर्णन किया था, जिनमें 'जुही की कली' लिखी गई थी। आज दुर्भाग्य से वह वार्ता सुलभ नहीं। डा. शर्मा के अनुसार उसमें निराला ने बतलाया था कि इस कविता की रचना की प्रेरणा उन्हें महिषादल में आधी रात को अपने अभ्यास के अनुसार श्मशान-भ्रमण करते हुए मिली थी। आसमान में चाँदनी खिली हुई थी और कवि के हृदय में प्रेम के भाव उत्पन्न हो रहे थे। उस समय उनकी पत्नी जीवित थीं। 'उन्हें गढ़ाकोला और डलमऊ की

याद आई होगी, तभी जूही की घनी महक ने उनके दिल और दिमाग को तर कर दिया।' श्मशान-भ्रमण एक संयोग है। उससे कविता का कोई सम्बन्ध नहीं, लेकिन कवि की भाव-दशा तो कविता में किसी न किसी रूप में प्रकट होती ही है, वह प्रकृति की कविता हो, या मनुष्य की। निश्चय ही कविता के बदले उसके रचनागत सन्दर्भ का सहारा लेकर इस कविता को मानवीय शृंगार-भावना की प्रकृति के माध्यम से अभिव्यक्ति मानना गलत होगा।

हिन्दी में इस बात को लेकर अच्छी-खासी गलतफहमी है कि इस कविता की विषय-वस्तु क्या है। आम तौर पर यही समझा जाता है कि इसमें निराला ने जूही की कली और मलयानिल को नायक-नायिका बनाकर उनकी स्थूल शृंगारिक क्रीड़ा का वर्णन किया है। तात्पर्य यह कि प्रस्तुत हैं नायक-नायिका और जूही की कली तथा मलयानिल अप्रस्तुत हैं। इस लिहाज से यह कविता छायावादी अप्रस्तुत-योजना का भी अच्छा उदाहरण हो सकती है। कहा यह भी जाता है कि छायावादी कवियों ने द्विवेदीयुगीन शृंगारविरोधी वातावरण के चलते अप्रस्तुतों के सहारे शृंगार-वर्णन किया! निराला की कविता में तो मांसल अथवा ऐन्द्रिय शृंगार-वर्णन के अनेकशः उदाहरण मिलते हैं। उन्होंने 'पन्तजी और पल्लव' में पन्त के अविवेकपूर्ण ब्रजभाषा-काव्य-विरोध का विरोध भी किया था। उनका सूर-काव्य से ही नहीं, पद्माकर-जैसे कवियों की कविता से भी गहरा लगाव था। ऐसी स्थिति में शृंगार-वर्णन से उनका सम्बन्ध असन्दिग्ध है। प्रचलित समझ का यहाँ एक ही प्रमाण देना पर्याप्त होगा। नलिनजी की एक टिप्पणी 'मुक्त काव्य और स्वच्छन्द काव्य' शीर्षक भी है। उसमें वे कहते हैं, " 'जुही की कली' छन्द की दृष्टि से अवश्य ही मुक्त हो गई है, किन्तु सच पूछा जाए तो, उसमें विषय की कोई वैसी स्वच्छन्दता नहीं, हालाँकि उस कविता से समकालीन कट्टरतावादियों को काफी धक्का पहुँचा था। कली का नायिका के रूप में चित्रण सर्वथा मौलिक होते हुए भी पूर्णतः शास्त्रीय (Classical) है। फलतः, हम इस कविता को स्वच्छन्द कविता नहीं कह सकते।" इस कथन में नलिनजी ने 'जुही की कली' को विषय-वस्तु की दृष्टि से तो स्वच्छन्द नहीं ही माना है, कली की नायिका के रूप में कल्पना को 'सर्वथा मौलिक' कहकर निराला को झूठा श्रेय दिया है। जिस भाषा में 'अली कली ही सों बँध्यो'-जैसी अन्योक्ति प्रसिद्ध हो, उसमें उक्त कल्पना को 'पूर्णतः शास्त्रीय' मानना ही ज्यादा संगत होगा। ताज्जुब नहीं कि हिन्दी भाषा के साधारण काव्य-प्रेमियों के बीच 'जुही की कली' अपनी नवीनता के कारण जितनी समादृत है, उतनी विद्वानों के बीच नहीं।

यह अकारण नहीं है कि 1936 में निराला ने 'माधुरी' के अंकों में 'मेरे गीत और कला' शीर्षक निबन्ध लिखा, तो उसमें व्याख्या के लिए अपनी जो पहली कविता चुनी, वह 'जुही की कली' थी। इस कविता से अलग इसकी कुंजी इस निबन्ध में भी मौजूद है। इसमें निराला कहते हैं कि उक्त कविता में उन्होंने जूही की कली का Personification (स्त्री-रूप में निर्वाचन) किया है! तात्पर्य यह कि जूही ही कली पर नायिकात्व का आरोप है, नायिका पर जूही की कली का नहीं। इस तरह जूही की कली प्रस्तुत है और नायिका अप्रस्तुत, न कि नायिका प्रस्तुत और जूही की कली अप्रस्तुत। यह फर्क बहुत बड़ा फर्क है, क्योंकि इससे 'जुही की कली' एक शृंगारिक कविता—मानवीय शृंगार-व्यापार का वर्णन करनेवाली—न होकर एक प्रकृति-कविता बन जाती है। मर्मज्ञ पाठक इस कविता को

पढ़कर अवश्य यह महसूस करेंगे कि कवि ने इसमें प्रकृति का मानवीकरण किया है, मनुष्य का प्रकृतीकरण नहीं।

'जुही की कली' निश्चय ही एक प्रकृति-कविता है। इसी रूप में यह अपने सौन्दर्य का पूर्ण प्रकाश करती है और इसी रूप में यह निराला और उनका युग दोनों की दृष्टि से महत्त्वपूर्ण है। पूछा जा सकता है कि आखिर प्रकृति-कविता का इतना महत्त्व क्यों? उस युग में तो यह प्रश्न और स्वाभाविक है, जिसमें मनुष्य को साहित्य का सर्वप्रमुख ही नहीं, कभी-कभी एकमात्र विषय माना जा रहा हो और एक लम्बे अर्से से मानवीय संवेदना के चौखटे में ही प्रकृति को बैठाने की बात की जा रही हो, प्रकृति-संवेदना के चौखटे में मानवीय संवेदना को नहीं। इधर पर्यावरणवादी अवश्य प्रकृति का महत्त्व नए सिरे से सिद्ध करने लगे हैं, कभी-कभी सर्वश्रेष्ठ मार्क्सवादी आलोचक भी पेड़-पौधों को महत्त्व देते प्रतीत होते हैं, क्योंकि उनके अनुसार वृक्ष की प्रत्येक पत्ती ऑक्सीजन तैयार करनेवाला एक कारखाना है, लेकिन असल बात प्रकृति के प्रति उपयोगितावादी नहीं, सौन्दर्यात्मक दृष्टिकोण अपनाने की है, क्योंकि साहित्य अथवा कविता का सम्बन्ध उसी से है, किसी प्रकार की उपयोगिता अथवा सुधार से नहीं। इस दृष्टि से प्रकृति और कविता के सम्बन्ध के प्रति आचार्य रामचन्द्र शुक्ल का खयाल ज्यादा सही था। उसमें सिर्फ इतना जोड़ने की जरूरत है कि प्रकृति-संवेदना कवि की संवेदनशीलता की पहली पहचान है और प्रकृति के प्रति असंवेदनशील कवि कवि नहीं हो सकता। यहाँ यह कह देना भी आवश्यक है कि यह सर्वथा सम्भव है कि कोई कवि प्रकृति के प्रति अतिशय संवदेनशील हो, पर उसके पास अपनी संवेदनशीलता प्रकट करने का विस्तृत अवसर न हो। फिर भी वह अपनी संवेदनशीलता का परिचय संक्षेप में भी दे देता है, यथा सूर, तुलसी आदि। आधुनिक काल में मुक्तिबोध ने प्रकृति-कविता नहीं लिखी, लेकिन प्रकृति उनकी संवेदना का इस तरह अंग थी कि वे उसके बिना कवि-रूप में न कुछ सोच सकते थे, न कुछ अनुभव कर सकते थे। प्रकृति के प्रति संवेदनशीलता प्रमाणित करने के लिए प्रकृति-कवि होना कतई आवश्यक नहीं है।

'जुही की कली' की सृजनात्मक पृष्ठभूमि की ओर ऊपर संकेत किया जा चुका है। यह कविता देश में पैदा होनेवाली नवीन स्वातन्त्र्य-चेतना की देन है, रोमांटिक मुक्त कल्पना की, जैसे रवीन्द्रनाथ का सम्पूर्ण काव्य है। नलिनजी जहाँ 'जुही की कली' को रूप की दृष्टि से ही मुक्त मानते हैं, भाव की दृष्टि से नहीं, वहाँ 'मेरे गीत और कला' में निराला कहते हैं—"भावों की मुक्ति छन्द की भी मुक्ति चाहती है। यहाँ भाषा, भाव और छन्द तीनों स्वतन्त्र हैं। इसका फल जीवन में क्या होता है, हिन्दी में समझदार होते तो अब तक व्यापक रूप से मालूम कर चुके होते।" तात्पर्य यह कि 'जुही की कली' का मुक्तछन्द उसके मुक्त भाव की देन है और ऐसा नहीं है कि उसका छन्द तो स्वतन्त्र है, लेकिन भाव परतन्त्र। यह सर्वथा सम्भव है कि किसी कविता का भाव पुराना, लेकिन रूप नया हो, लेकिन वहाँ रूप वस्तुतः रूप, भाव से अभिन्न, न होकर एक आरोपित वस्तु होगी। निराला ने इस प्रसंग में और भी लिखा है, "मुक्त छन्द की रचना में मैंने भाव के साथ रूप-सौन्दर्य पर ध्यान रखा है, बल्कि कहना चाहिए, *ऐसा स्वभावतः हुआ,* नहीं तो मुक्त छन्द न लिखा जा सकता, वहाँ कृत्रिमता नहीं चल सकती।" निश्चय ही 'जुही की कली' एक अकृत्रिम

रचना है, भले इस निष्कर्ष पर हम कवि की अपनी बातों से नहीं, रचना की गहन दृष्टि से परीक्षा करने के बाद पहुँचें। निराला ने भाषा की भी बात कही है। भाषा को वे कविता में बहुत महत्त्व देते हैं और उसके बारे में उनका मत यह है–"प्रकृति की स्वाभाविक चाल से भाषा जिस तरफ भी जाए–शक्ति-सामर्थ्य और मुक्ति की तरफ या सुखानुशयता, मृदुलता और छन्द-लालित्य की तरफ, यदि उसके साथ जातीय जीवन का भी सम्बन्ध है तो यह निश्चित रूप से कहा जाएगा कि प्राणशक्ति उस भाषा में है।" इस बात को इस तरह से समझना चाहिए कि बुद्ध के बाद के संस्कृत कवियों और दार्शनिकों में वह 'भाषाजन्य जातीय जीवन' न रह गया था, जो ब्रजभाषा में था। निराला ने यह बात खड़ीबोली में ब्रजभाषा की कुछ ध्वनियों के अवशेष पर विचार करने के क्रम में कही है, लेकिन मैं यहाँ छायावादी कविता की चित्रात्मक भाषा के जातीय जीवन से सम्बन्ध की तरफ संकेत करना चाहता हूँ। नलिनजी ने ही एक निबन्ध में प्रसाद की भाषा को 'फीलपाँवी' कहा था, जिसका विरोध डा. नामवर सिंह ने एक लेख में यह कहकर किया था कि वह 'फीलपाँवी' नहीं, चित्रात्मक है, जो छायावादी कल्पनाशील कवि-मानस की देन है। छायावादी कल्पनाशील कवि-मानस–यह भारतीय स्वाधीनता-आन्दोलन के दूसरे उग्रताभरे दौर की जातीय विशेषता है। इस तरह 'जुही की कली' की भाषा चित्र और ध्वनि से युक्त होते हुए भी स्वतन्त्र और अकृत्रिम है, इसी कारण रीतिकालीन आलंकारिकता से भिन्न। यहाँ आकर निराला के उक्त कथन 'इसका (यानी भाषा, भाव और छन्द की स्वतन्त्रता का) फल जीवन में क्या होता है' का मर्म भी बोधगम्य हो जाता है। भाषा, भाव और छन्द की स्वतन्त्रता का मतलब है स्वतन्त्र मानस। जैसे यह स्वतन्त्रता स्वतन्त्र मानस की देन है, वैसे ही यह जीवन में स्वतन्त्र मानस की भी रचना करती है!

'जुही की कली' स्पष्टतः एक फूल पर लिखी गई कविता है। फूलों से निराला की आशनाई बहुत गहरी रही है, यह अनेक प्रमाणों से सिद्ध है। 'परिमल'-काल में तो उन्होंने 'शेफालिका' शीर्षक कविता लिखी ही, 'गीतिका'-काल में भी इस फूल पर अपना अमर गीत रचा–'खुलती मेरी शेफाली;/हँसती री डाली-डाली!' इसमें शेफाली के लिए 'मेरी' शब्द का प्रयोग उसके प्रति उनके अपनेपन की सूचना दे रहा है। बाद में उन्होंने 'वन-बेला' शीर्षक एक लम्बी कविता लिखी, जिसमें बेला का यह विलक्षण चित्र अंकित किया–

झुक-झुक, तन-तन, फिर झूम-झूम, हँस-हँस, झकोर,
चिरपरिचित चितवन डाल, सहज मुखड़ा मरोर,
भर मुहुर्मुहः तन-गन्ध विमल बोली बेला–

यहाँ भी बेला की चितवन कवि के लिए 'चिरपरिचित' है। लक्ष्य करने योग्य खास तौर से यह बात है कि बेला को भी उसने युवती का ही रूप प्रदान किया है, जैसे पूर्वोक्त दोनों रचनाओं में शेफालिका या शेफाली को। शेफाली तो 'उपवन की परियाँ' है! 'वन-बेला' के बाद निराला ने नर्गिस को विषय बनाकर कविता लिखी। इसमें भी नर्गिस युवती ही है–

पृथ्वी स्वर्ग से ज्यों कर रही है होड़ निष्काम
मैंने फेर मुख देखा, खिली हुई अभिराम
नर्गिस, प्रणय के ज्यों नयन हों एकटक
प्रिय-भाव-भरे देखते हुए रहे हों थक...

अपनी काव्य-रचना के आखिरी दौर में तो फूलों के प्रति उनका प्यार जैसे और बढ़ गया था। 'गीत-गुंज' के दूसरे संस्करण में चमेली पर उनका एक गीत है—'फिर उपवन में खिली चमेली'। इसका आखिरी बन्द देखने लायक है—

अपराजिता, नयन की सुनियत,
अपने ही यौवन से विव्रत,
जुही, मालती आदिक सखियाँ
हँसती, करती हैं रँगरेली।

मैं नहीं जानता, फूलों का ऐसा आत्मीयता से भरा चित्र हिन्दी में और किस कवि ने उतारा है। यहाँ भी चमेली युवती ही है, अपने यौवन से विव्रत, जैसे जूही की कली यौवन की मदिरा पीकर मतवाली थी! इसी काल के एक गीत 'भर गया जुही के गन्ध पवन' में निराला ने पुनः जूही को याद किया है, इस बार नृत्यांगना के रूप में—

नाचीं नटियाँ, पद-पात सुघर,
हिलती कटि, घूम रहे युग कर;
वैसी ही छवि डाल पर निडर
निर्भर समीर के साथ प्रमन।

पं. नन्ददुलारे वाजपेयी ने निराला के पुष्प-प्रेम के बारे में 'कवि निराला' में ठीक ही लिखा है कि प्रकृति-सौन्दर्य के प्रति उनका आकर्षण सुना-सुनाया या पढ़ा-पढ़ाया नहीं था, वे उससे गहरे आत्मीय सम्बन्धों में बँधे हुए थे। अनेक बार उनके साथ घूमते हुए उन्होंने उन्हें सहसा रुककर किसी पुष्प, उद्‌भिज या वनस्पति को देर तक उल्लासपूर्वक देखते हुए पाया था। वे न केवल पुष्पों का हार पहनना पसन्द करते थे, न केवल उनके घ्राण से आप्यायित होते थे, पुष्पों के रूप-रंगों से भी उन्हें अशेष प्रेम था। अनेक पुष्पों और वनस्पतियों की उनकी पहचान इतनी सहज थी कि देखकर आश्चर्य होता था। उनके अन्तिम वर्षों में विनय और आत्मनिवेदन के गीतों के साथ प्रकृति-सौन्दर्य-सम्बन्धी गीतों की संख्या बहुत कुछ समतुल्य है। नामवरजी के शब्द लेकर कहें, तो उनमें उन्होंने एक नया ऋतुसंहार रचा है। तात्पर्य यह कि 'जुही की कली' से फूलों के प्रति निराला की जो आशनाई शुरू हुई, वह कभी कम नहीं हुई, बल्कि लगातार बढ़ती ही गई।

'जुही की कली' फूल पर लिखी गई कविता है, लेकिन सम्पूर्ण फूल पर नहीं, उसके एक दृश्य पर। वह दृश्य है वायु के स्पर्श से जूही की कली का चटखना। इस दृश्य का वर्णन किसी न किसी रूप में अन्य कवियों ने भी किया है, यथा माखनलाल चतुर्वेदी से लेकर सियारामशरण गुप्त तक ने, लेकिन निराला की बात ही और है। उन्होंने इस प्रसंग को लेकर पूरी कविता रची है और प्रत्येक स्थिति का ऐसा वर्णन किया है कि कविता बेमिसाल हो गई है। माखनलाल की 'हिमकिरीटिनी' की एक कविता में कलिका कहती है— 'क्या कहूँ हवा से, वह बैरिन!/चुप, धीमे-धीमे आती है,/फिर मुझे हिलाती हौले-से,/मेरी आँखें खुल जाती हैं!' कोई भी मानेगा कि यह वर्णन सुन्दर है, माखनलालजी का रंग लिए हुए भी, लेकिन पूरी कविता पढ़ने पर पता चलता है कि उसकी अन्तर्वस्तु 'पुष्प की अभिलाषा' से अभिन्न है। उससे बेहतर सियारामशरण गुप्त का 'पाथेय' का वह गीत है, जिसमें पवन कली को खिलाकर उसकी गन्ध लूट लेता है :

लुटकर भी खिल उठी, भली यह,
अच्छी धन्वन्ती निकली यह!
कौन अरे—है कुसुमकली वह
और पवन मैं हूँ मुँहजोर...

वायु के स्पर्श या आघात से जूही की कली का खिलना निश्चय ही एक सुन्दर घटना है। निराला ने इस घटना का कल्पनापूर्ण ढंग से विस्तृत वर्णन कर उसके सौन्दर्य को बहुत बढ़ा दिया है। तात्पर्य यह कि घटना का सौन्दर्य उसके घटने की प्रक्रिया के सजीव और सचित्र वर्णन से उत्कृष्ट हुआ है।

4

कविता का पहला बन्द ऊपर उद्धृत किया जा चुका है। इसमें जूही की कली का वर्णन है, जो कि कविता का मुख्य विषय है। कली लता में निकलती है, लेकिन यहाँ चूँकि उसके सोने का वर्णन है, इसलिए कवि ने 'वल्लरी पर' कहा है। निर्जन वन में लता या वल्लरी पर जूही की कली सोई हुई है। अपने प्रिय के प्रेमपूर्ण स्वप्न में डूबी हुई। आँखें स्वभावतः बन्द हैं; सुप्तावस्था में होने के कारण शरीर शिथिल। सोई है तो पत्तों के अंक में, जिसकी ध्वनि यह भी है कि कली होने की वजह से अभी पत्तियों में छिपी हुई है। 'शेफालिका' कविता में शेफालिका 'पल्लव-पर्यंक' पर सोई हुई थी। 'अंक' वहाँ भी है, यहाँ भी, और पत्रों या पल्लवों का ही है। पूरे वर्णन में दो बातें लक्ष्य करने योग्य हैं। एक तो यह कि कवि जूही की कली का जिस तरुणी के रूप में वर्णन कर रहा है, वह 'सुहाग-भरी' है और दूसरे, वह कोमल ही नहीं, अमल अथवा अनाविल तनुवाली है। निराला की नायिकाएँ प्रायः इन दोनों विशेषताओं से युक्त हैं, जो उनके हिन्दी-संस्कृति के कवि होने की सूचना देता है। उनकी प्रसिद्ध होली की नायिका तो 'जागी रात सेज प्रिय पति-सँग रति सनेह-रँग घोली' है ही, उनके प्रसिद्ध गीत '(प्रिय) यामिनी जागी' की नायिका भी 'गेह में प्रिय-स्नेह की जय-माल' है। निराला स्वयं गृहस्थ नहीं रह गए थे, लेकिन सुखमय गार्हस्थ्य जीवन को वे छोड़ नहीं सकते थे। 'प्रेयसी' कविता में भी युवक और प्रेयसी घर से भागकर पति-पत्नी की तरह जीवन बिताते हैं और 'एडवर्ड अष्टम' की प्रेमिका भी पत्नी बनती है। 'वन-बेला' भी 'विश्व के प्रणयि-प्रणयिनियों-कर/हार-उर गेह' है! इसी तरह निराला की नायिकाएँ पवित्र हैं। '(प्रिय) यामिनी जागी' की नायिका के बारे में तो उन्होंने कहा है—'वासना की मुक्ति, मुक्ता/त्याग में तागी'। 'वन-बेला' की बेला की तन-गन्ध भी विमल है!

दूसरी जो बात 'जुही की कली' के पहले बन्द में ध्यातव्य है, वह है इसकी शब्द-योजना। निराला संस्कृतनिष्ठ और हिन्दी पदावली दोनों का समान सिद्धहस्तता के साथ प्रयोग करते हैं, लेकिन कौशलपूर्वक। 'विजन-वन-वल्लरी पर' के बाद 'सोती थी सुहाग-भरी' यह पदावली आती है और 'स्नेह-स्वप्न-मग्न' तथा 'अमल-कोमल-तनु तरुणी' के बाद 'जुही की कली' ये शब्द। इसी तरह 'दृग' और 'शिथिल,—पत्रांक में' के बीच 'बन्द किए'-जैसा हिन्दी क्रियाविशेषण। इससे क्या कुछ फर्क पड़ता है? निश्चय ही निराला यदि पूरा बन्द संस्कृतनिष्ठ पदावली में ही रचते, तो वह भाषा जड़ और गतिहीन

होती। संस्कृतनिष्ठ पदावली के साथ हिन्दी पदावली का प्रयोग पारस्परिक वैषम्य से भाषा में नई स्फूर्ति का संचार करता है। हिन्दी पदावली यदि उसे गतिशील बनाकर रखती है, तो संस्कृतनिष्ठ पदावली उसके स्तर को ऊपर उठा देती है। 'विजन-वन-वल्लरी', 'स्नेह-स्वप्न', 'अमल-कोमल' और 'तनु तरुणी' जहाँ उसमें संगीत पैदा कर देते हैं, वहाँ 'सोती थी सुहाग-भरी', 'जुही की कली' और 'बन्द किए' पाठकों से आत्मीयता कायम कर लेते हैं। उन्हें यह नहीं लगता कि वे अपने से दूरस्थ किसी कवि की वाणी सुन रहे हैं, आर्ष और अलौकिक। इस कविता की भाषा में शुरू से अन्त तक यह विशेषता मौजूद है।

दूसरे बन्द में कवि जूही की कली के परदेशी प्रियतम पवन का परिचय देता है :

वासन्ती निशा थी;
विरह-विधुर-प्रिया-संग छोड़
किसी दूर देश में था पवन
जिसे कहते हैं मलयानिल।

'मेरे गीत और कला' में निराला ने इस कविता की व्याख्या करते हुए कहा है कि यह बंगाल में लिखी गई थी। कविता के भीतर इस बात की सूचना दो बातों से मिलती है—'वासन्ती निशा' से और 'मलयानिल' से। निराला ने ठीक लिखा है कि जूही उत्तर प्रदेश में ग्रीष्म-वर्षा में खिलती है, जबकि बंगाल में वसन्त में। बंगाल में ऋतु कुछ पहले पहुँचती है। भौगोलिक कारणों से फूलों के खिलने के समय में अन्तर पड़ता है। आचार्य हजारीप्रसाद द्विवेदी ने 'हिन्दी साहित्य की भूमिका' में लिखा है कि हरसिंगार कोंकण में वर्षा में खिलता है, अन्यान्य प्रदेशों में वर्षा के अन्त में खिलने लगता है और सारे शरत्काल तक खिलता रहता है। निराला ने इलाहाबाद में रहते हुए जब जूही को याद किया, तो वह वर्षाऋतु में खिलनेवाली जूही थी। ऊपर जिस 'भर गया जुही के गन्ध पवन' गीत से कुछ पंक्तियाँ उद्धृत की गई हैं, उसकी अगली ही पंक्ति है—'उमड़ा उपवन, वारिद वर्षण'। 'नए पत्ते' की 'वर्षा' शीर्षक कविता में भी जूही बरसात में ही खिली है—'घने-घने बादल हैं,/एक ओर गड़गड़ाते;/पुरवाई चलती है;/जुही फूलों से भरी...'। कविता में आनेवाले प्रकृति-वर्णन की प्रामाणिकता उसके भौगोलिक सम्बन्ध अर्थात् स्थानिकता से जाँची जाती है। इस तरह 'वासन्ती निशा थी' का मतलब हुआ कि यह जूही बंगाल की है, वसन्त में खिलनेवाली। बंगाल से कविता के सम्बन्ध की पुष्टि 'मलयानिल' से भी होती है। यह दक्षिण दिशा से चलनेवाली हवा है, जो बंगाल में ही बहती है, हिन्दी भाषी प्रदेशों में नहीं। अकारण नहीं है कि रवीन्द्रनाथ में 'दक्षिण वातास' का बहुत ज्यादा जिक्र है। शायद बंगाल से सटे होने के कारण ही उस हवा का झोंका मिथिला-जनपद के कवि विद्यापति को भी लगा था, जिन्होंने अपने एक प्रसिद्ध गीत में कहा है—'सरस बसन्त समय भल पाओल दछिन पबन बहु धीरे'।

वसन्तऋतु की रात्रि में जूही की कली का प्रिय पवन उससे दूर था, किसी दूरस्थित देश में। उसे दूरस्थित बतलाना जितना सुन्दर है, उतना ही सटीक भी, क्योंकि वह मलयानिल है, जो दक्षिण भारत से चलकर बंगाल में पहुँचता है। कहा जाता है कि दक्षिण के मलय पर्वत पर चन्दन के वृक्ष हैं, जिनके संसर्ग से वहाँ की हवा सुवासित हो जाती है। निराला के नायक भी विलक्षण होते हैं। इस कविता में वह मलयानिल है, 'शेफालिका' में आकाश।

यहाँ उन्होंने जूही की कली के लिए जिस विशेषण का प्रयोग किया है, वह है–'विरह-विधुर-प्रिया'। 'विरह-विधुर' उनका प्रिय शब्द है, क्योंकि यह 'यमुना के प्रति' शीर्षक उनकी प्रसिद्ध कविता में भी मौजूद है–'क्या आँसू-सा ढुलक गया वह/विरह-विधुर उर का उद्‌गार?' यह उन्हें निश्चय ही कालिदास से मिला था, जिन्होंने मेघदूत में कहा है–'कः सन्नद्धे *विरहविधुरां* त्वय्युपेक्षेत जायाम्।' जूही की कली विरह-विधुर है, विरहावस्था उसकी नियति है, क्योंकि उसका प्रिय पवन फिर यात्रा पर निकल गया था। वह उससे साल में एक बार मिलता है और उसे खिलाकर फिर अपनी यात्रा पर निकल पड़ता है। वह निर्बन्ध है, लगातार अनेक देशों में भ्रमणशील, इसलिए अपनी प्रिया के पास रुकता नहीं है। उसके जाने के बाद विरह की पीड़ा से उसकी प्रिया समाप्त हो जाती है, लेकिन साल-भर बाद फिर अस्तित्व प्राप्त कर उससे मिलने की प्रतीक्षा करती है, उसके प्रेमपूर्ण स्वप्न में खोई हुई। उसका यौवन अक्षुण्ण रहता है। जैसा कि निराला ने लिखा है, 'यह दर्शन इस प्राकृतिक सत्य पर अवलम्बित है कि कली हर साल खिलती है और पवन से मिलती है।' यह आम अनुभव की बात है कि ऋतुविशेष में खिलनेवाले फूल खिलते हैं और फिर नष्ट हो जाते हैं। अगले साल वे फिर अपने सम्पूर्ण यौवन अथवा सौन्दर्य के साथ उपस्थित होते हैं। निराला जूही की कली की बीच की अवधि को दीर्घ विरहावस्था मानकर उचित ही उसे 'विरह-विधुर' कहते हैं। 'विरह-विधुर-प्रिया' और पवन की तरह भ्रमणशील परदेशी प्रियतम ये हिन्दी क्षेत्र के लोकगीतों के नायक-नायिका की भी याद दिलाते हैं, जो पुनः हिन्दी क्षेत्र की संस्कृति से निराला के गहरे लगाव का सूचक है। पूरे बन्द में, जो प्रायः हिन्दी शब्दों से रचा गया है, 'विरह-विधुर-प्रिया-संग' यह नादपूर्ण पदावली विरहावस्था की असाधारणता को सूचित करती है, जो कवि के वैदग्ध्यपूर्ण शब्द-संयोजन का परिचायक है।

कविता का तीसरा बन्द उसके दूसरे बन्द से सीधा जुड़ा है। वसन्त की रात्रि अपनी प्रियतमा से दूर प्रिय के लिए उद्‌दीपन का काम करती है और पवन पुरानी स्मृतियों से और व्याकुल होकर तीव्र गति से लम्बी दूरी तय कर जूही की कली के पास पहुँच जाता है, उस कली के पास, जिसके साथ पिछले वर्ष उसने रतिक्रीड़ा की थी। बन्द थोड़ा लम्बा है, क्योंकि उसमें पिछली स्मृतियाँ और पवन का गति-चित्र अंकित है :

आई याद बिछुड़न से मिलन की वह मधुर बात,
आई याद चाँदनी की धुली हुई आधी रात,
आई याद कान्ता की कम्पित कमनीय गात,
फिर क्या? पवन
उपवन-सर-सरित गहन-गिरि-कानन
कुंज-लता-पुंजों को पार कर
पहुँचा जहाँ उसने की केलि
कली-खिली-साथ।

वियोग का दबाव स्मृतियों को सक्रिय कर देता है, जिससे पवन अधीर हो उठता है। स्मृतियाँ भी कैसी? पिछले मधुर मिलन की। वह रात चाँदनी से धुली हुई थी, जैसे मेघदूत में शिव के शीश पर स्थित चन्द्रमा के प्रकाश से अलकापुरी की अट्टालिकाएँ धुली हुई थीं। यह बन्द बिलकुल सरल हिन्दी में शुरू हुआ है, लेकिन जैसे-जैसे वर्ण्य विषय में

परिवर्तन होता है, भाषा कवित्वपूर्ण होती जाती है। प्रथम मिलन में प्रिय के स्पर्श से भयभीत नवोढ़ा का वर्णन कवि इस मधुर शब्दावली में करता है–'आई याद कान्ता की कम्पित कमनीय गात'। फिर पवन का गति-चित्र अंकित करना हुआ, तो शब्दों में गति भर उठती है, जिसमें ह्रस्व मात्रावाले वर्णों से निर्मित शब्दों का संयोजन सहायक होता है : 'फिर क्या? पवन/उपवन-सर-सरित गहन-गिरि-कानन...'। 'उपवन-सर-सरित' से कानों में वायु की सरसराहट सुनाई पड़ती है और 'गहन-गिरि-कानन' से ऐसा लगता है कि उसकी गति में व्यवधान पड़ता है, तो उससे भिन्न प्रकार का नाद भी पैदा होता है। सहज भाव से ऊपर जैसे 'बात', 'रात' और 'गात' ये तुकान्त शब्द आए हैं, वैसे ही नीचे 'पवन' और 'कानन'। पवन मैदानी इलाके से भी गुजरता है और पहाड़ी इलाके से भी। पहाड़ी इलाके में उसे झाड़ियाँ और लता-समूह मिलते हैं, जिनसे उलझ जाना एक स्वाभाविक बात थी, लेकिन वह सबों को पार कर अपनी प्रियतमा के पास पहुँच जाता है। 'कुंज-लता-पुंजों' यह ऐसा शब्द-संयोजन है, जो अपनी ध्वनि से इस बात की सूचना देता है कि मार्ग रुकावटों से भरा था। स्पष्टतः निराला अपनी कविता में शब्द के अर्थ और ध्वनि दोनों से काम लेते हैं। दोनों की मैत्री उनकी अभिव्यक्ति को प्रभावोत्पादकता प्रदान करती है। जब पवन अपनी प्रिया के पास पहुँच जाता है, तो उसकी संघर्षपूर्ण यात्रा विराम को प्राप्त करती है। भाषा पुनः सरल हो जाती है–'पहुँचा जहाँ उसने की केलि/कली-खिली-साथ'। 'उपवन-सर-सरित गहन-गिरि-कानन' तथा 'कुंज-लता-पुंजों'-जैसी शब्दावली को ठेठ हिन्दी का समस्त पद 'कली-खिली-साथ' सन्तुलित करता है और पाठक पुनः कवि के करीब चले आते हैं। यहाँ 'केलि' शब्द देव के एक कवित्त के एक चरण की याद दिला सकता है– 'कुंज कुंज केलि कै नवेली बाल बेलिन सों/नायक पवन बन झूमत फिरत हैं'। लेकिन यह ध्यातव्य है कि यहाँ 'बेलि' और 'पवन' प्रस्तुत न होकर अप्रस्तुत हैं। निराला ने ठाट उलट दिया है।

पवन जब कली के पास पहुँचा, तो वह सो रही थी। इस कारण वह जान नहीं सकी कि उसका प्रिय उसके निकट आ गया है। नायिका का सोई रहना और नायक का जगा हुआ होना, यह दृश्य निराला को रवीन्द्रनाथ के प्रसिद्ध गीत 'यामिनी ना जेते जागाले ना केनो,/बेला होलो मरि लाजे' में देखने को मिला था। यह उन्हें इतना पसन्द आया कि अपनी काव्य-यात्रा के आरम्भिक दौर में उन्होंने उसे अपने गीत 'मुझे क्यों नहीं जगाया नाथ!' में शब्दबद्ध किया और उसके अन्तिम दौर में अपने 'प्रिय के हाथ लगाए जागी,/ऐसी मैं सो गई अभागी' गीत में। वही दृश्य किसी न किसी रूप में यहाँ भी उपस्थित है। पवनरूपी नायक ने कलीरूपी नायिका को जगाने का प्रयास किया। उसने उसके कपोलों का चुम्बन लिया! स्मरणीय है कि यह पवन है, जो अपने झोंके से कली को चूमता है। उससे जूही की लता वैसे काँप उठती है, जैसे हिंडोला। हिंडोला चूँकि पतली रस्सियों से टँगा होता है, इसलिए तेज हवा में वह जोरों से हिलने लगता है। इसी कारण निराला ने उससे हवा के झोंके से काँपनेवाली जूही की वल्लरी की उपमा दी है। जूही की कली वायु के इस गहरे आघात से भी नहीं जगती है। जग जाती, तो निश्चय ही प्रिय-आगमन के बाद भी सोई रहने की भूल के लिए अपने प्रिय से क्षमा-याचना करती, लेकिन वह प्रसुप्त रही, अपनी बाँकपन लिए बड़ी-बड़ी आँखों को मूँदे हुए। निराला कहते

हैं, यह निद्रा थी, या यौवन का नशा, कहना मुश्किल है। लेकिन कविता तो उसके अर्थ में नहीं, शब्दों के अपने क्रम में होती है, इसलिए यह चौथा बन्द भी यथारूप द्रष्टव्य है :

सोती थी,
जाने कहो कैसे प्रिय-आगमन वह?
नायक ने चूमे कपोल,
डोल उठी वल्लरी की लड़ी जैसे हिंडोल।
इस पर भी जागी नहीं,
चूक-क्षमा माँगी नहीं,
निद्रालस वंकिम विशाल नेत्र मूँदे रही—
किंवा मतवाली थी यौवन की मदिरा पिए,
कौन कहे?

निराला का यह विचार उद्धृत किया जा चुका है कि मुक्तछन्द में भले वर्णन भी किया जाए, लेकिन यह संवाद के लिए सर्वाधिक उपयुक्त ही नहीं, मूलतः उसी के लिए आविष्कृत है। उन्होंने इस कविता में भी जगह-जगह संवाद की शैली का समावेश किया है, यथा 'जाने कहो कैसे प्रिय-आगमन वह?' और 'किंवा मतवाली थी यौवन की मदिरा पिए,/कौन कहे?' इससे अभिव्यक्ति कितनी सजीव हो गई है, बतलाने की आवश्यकता न होनी चाहिए। 'कपोल' और 'हिंडोल' तो तुकान्त शब्द हैं ही, यह भी संकेत किया जा चुका है कि आगे के दोनों चरण तुक ही नहीं, सममात्रिक छन्द में भी बँधे हुए हैं। 'कपोल' के बाद अगला चरण 'डोल' शब्द से शुरू होता है, जो कि उससे तुक मिलानेवाला है। इस कला का निराला ने अन्यत्र भी उपयोग किया है, उदाहरण के लिए 'जागो फिर एक बार (2)' में—'किसने सुनाया यह/वीर-जन-मोहन अति/दुर्जय संग्राम-*राग,/ फाग* का खेला रण/बारहों महीनों में?' इसी तरह 'वल्लरी की लड़ी' में भी अनुप्रास है। 'चूक-क्षमा'-जैसा समास निराला के असामर्थ्य का नहीं, बल्कि हिन्दी भाषा के प्रति उनके गहरे लगाव का सूचक है। उनकी दृष्टि में 'अपराध' या 'प्रमाद' से कम महत्त्वपूर्ण 'चूक' शब्द नहीं है, बल्कि यहाँ उससे ज्यादा, इसलिए वे बहुत ही निष्ठा और प्रेम के साथ 'चूक' के साथ 'क्षमा' शब्द का प्रयोग करते हैं। स्वभावतः इससे उनकी अभिव्यक्ति में हिन्दी पाठकों के लिए गजब का अपनापन और मिठास भर उठती है। सातवीं पंक्ति को छोड़ दें, तो प्रायः पूरा बन्द सरल हिन्दी में रचा गया है। 'निद्रालस वंकिम विशाल नेत्र मूँदे रही' इसमें 'निद्रालस', 'विशाल' और 'नेत्र' के साथ 'बाँके' के स्थान पर 'वंकिम' शब्द का प्रयोग अभिव्यक्ति के स्तर को साधारण से ऊपर उठाने के लिए है, क्योंकि वर्ण्य विषय असाधारण है—कली-नायिका की नींद से भरी बड़ी-बड़ी लहरदार आँखें! यहाँ जूही की कली के आकार को ध्यान में रखना जरूरी है, जो दीर्घ नेत्र की तरह होता है। यौवन की मदिरा के पान से पैदा होनेवाला मतवालापन नायिका के सौन्दर्य को उद्दाम बना देता है। सातवीं पंक्ति में संस्कृत शब्दों के प्रयोग को 'मूँदे रही' यह हिन्दी काबू में रखती है और आठवीं पंक्ति में 'किंवा' शब्द के प्रयोग को अगली पंक्ति की 'कौन कहे?' यह हिन्दी। इस तरह इस कविता में दो प्रकार के भाषा-स्तरों में—बोलचाल के और काव्यात्मक में—एक खिंचाव की स्थिति दीख पड़ती है, जो इसके सौन्दर्य और प्रभावोत्पादकता का स्रोत है।

हवा के तेज झोंके से भी जब जूही की कली नहीं जगी, तो उसका प्रिय प्रेम के आवेश में निष्ठुरता पर उतर आया और झोंकों की झड़ी नहीं, झड़ियाँ लगा दीं, यानी जोरदार झोंकों से लगातार उस पर आघात करने लगा। वर्षा की झड़ी तो सुनी गई थी, लेकिन झोंकों की झड़ी! पाठक अनुभव करेंगे कि इस प्रयोग में कितनी नवीनता और ताजगी है। उससे जूही की कली की सुन्दर और सुकुमार काया बुरी तरह झकझोर डाली गई, उसके गोरे और गोल कपोल मसल दिए गए। सुन्दर और सुकुमार काया और गोरे गोल कपोल—यहाँ जरूरी है जूही की कली के ठीक खिलने के पहले के रूप को याद करना, क्योंकि उसके बिना निराला की उक्ति की सटीकता और उसमें निहित सौन्दर्य को सराहना मुश्किल होगा। सुन्दर और सुकुमार काया से 'निपट निठुराई' का विरोध भी लक्ष्य करने योग्य है। उक्त आघात अचूक था। अन्ततः कली ने चौंककर अपनी आँखें खोल दीं और चकित होकर कि क्या हुआ, चारों ओर अपनी दृष्टि घुमाई। उसने देखा कि उसका प्रिय उसकी शय्या के पास ही खड़ा था। वह तुरत समझ गई कि उसे उसी ने जोर-जोर से झकझोरकर और उसके कपोलों को अपने कपोलों से रगड़कर जगाया है। निराला ने लिखा है कि कपोल हाथ से नहीं, कपोल से ही मसले जाते हैं! लज्जा से कली का चेहरा नीचे झुक गया और वह प्रसन्नता के मारे हँस पड़ी। फिर अनेक प्रकार से अपने प्रिय के साथ रति-केलि कर वह खिल गई। इस तरह उसका विकास अपने प्रिय के साथ रति-केलि करने से हुआ। यह जितना कली पर लागू है, उतना की नवोढ़ा नायिका पर भी।

वर्णन की सुन्दरता देखने के लिए काव्यांश को देखना जरूरी है :

निर्दय उस नायक ने
निपट निठुराई की
कि झोंकों की झड़ियों से
सुन्दर सुकुमार देह सारी झकझोर डाली,
मसल दिए गोरे कपोल गोल;
चौंक पड़ी युवती
चकित चितवन निज चारों ओर फेर,
हेर प्यारे को सेज-पास,
नम्रमुखी हँसी—खिली,
खेल रंग, प्यारे संग।

अन्त में आनेवाले 'नम्रमुखी' शब्द को छोड़ दें, तो यह पूरा बन्द प्रायः सरल हिन्दी में रचा गया है, लेकिन जरा-सा ध्यान देने पर ही इसमें जो कलात्मक रचाव है, वह स्पष्ट हो जाता है। आरम्भिक दो चरणों में 'न' की बहार देखने लायक है, चौथे चरण में 'स' की और छठे-सातवें चरणों में 'च' की। तीसरे चरण में 'झ' की आवृत्ति हुई है और पाँचवें चरण में 'ग' की। पाँचवें चरण में 'कपोल' और 'गोल' तुकान्त शब्द भी हैं, जैसे सातवें चरण का अन्तिम शब्द 'फेर' और आठवें चरण का पहला शब्द 'हेर' तुकान्त हैं। यही बात अन्तिम चरण के 'रंग' और 'संग' के साथ भी है। आठवें चरण में 'प' भी दो बार आया है। इस रचाव ने पूरे बन्द को एक मधुर संगीत से भर दिया है। 'निठुराई', 'चितवन', 'सेज' आदि ठेठ हिन्दी शब्द निराला की कविता को लोककविता के निकट ला देते हैं। 'हेरना' भी ठेठ

हिन्दी का ही क्रिया-पद है, बँगला में भी बहुधा प्रयुक्त, जिसका मूल चरित्र बोलीवाला ही है। 'प्रिय' के स्थान पर दो बार 'प्यारे' शब्द का प्रयोग संस्कृत पदावली के ओजपूर्ण संगीत से गहन परिचय रखनेवाला वही कवि कर सकता है, जिसकी जड़ हिन्दी की देशी वा जातीय कविता में बहुत गहरी है। यहाँ भारतेन्दु की 'पिय प्यारे तिहारे निहारे बिना अँखियाँ दुखियाँ नहीं मानती हैं' तो याद आता ही है, सूरदास का राधा के लिए प्रयुक्त 'प्यारी' शब्द भी याद आता है–'एक धार दोहनि पहुँचावत, एक धार जहँ प्यारी ठाढ़ी'। मानना पड़ेगा कि निराला तत्सम के साथ-साथ तद्‌भव शब्दों की ताकत से भी परिचित थे। बिना इस परिचय के कोई हिन्दी का कवि हो भी नहीं सकता। उनकी काव्य-कला के अध्ययन का यह एक महत्त्वपूर्ण पहलू है कि उनकी तद्‌भव-शब्दावली की छानबीन तो की जाए ही, यह भी देखा जाए कि उसमें वे कवित्व कैसे सम्भव करते हैं। प्रायः तो उनकी एक ही कविता में तत्सम और तद्‌भव दोनों शब्दावलियाँ एक दूसरे पर अपना प्रभाव क्षिप्त करती दिखलाई पड़ती हैं। यहीं 'नम्रमुखी' शब्द को देखा जा सकता है, जो चित्र ही उपस्थित कर देनेवाला नहीं है, पूरी उक्ति को अभिजात बना देनेवाला भी है। यह भी एक प्रकार का 'विरुद्धों का सामंजस्य' है।

रीतिकाव्य में नायक-नायिका के प्रस्तुत होने से जहाँ श्रृंगारिक क्रिया-कलाप का वर्णन बहुत ही स्थूल हो जाता है, वहाँ इस कविता में प्राकृतिक अवयवों के प्रस्तुत होने से उसमें एक विलक्षण सौन्दर्य सम्भव हुआ है। वहाँ जहाँ कल्पना के लिए अवकाश नहीं होता, यहाँ उसकी उन्मुक्त क्रीड़ा देखने को मिलती है। कहा जा चुका है कि यह कविता रोमांटिक कल्पना की एक सृष्टि है। यह जरूर है कि निराला की कल्पना अनियन्त्रित होकर आकाश में उड़ान नहीं भरती, जिससे धरती से उसका सम्बन्ध बना रहता है, बल्कि उसकी दृढ़ता का एहसास होता रहता है। इस तरह यह कविता प्रकृति और मनुष्य, कल्पना और यथार्थ तथा सूक्ष्मता और स्थूलता के द्वन्द्व और उससे उत्पन्न होनेवाले काव्य-सौन्दर्य का एक अच्छा उदाहरण है। जो विद्वान् इस कविता में सिर्फ श्रृंगार-वर्णन की स्थूलता देखते हैं, वे उसे इकहरे रूप में देखते हैं, उसमें निहित द्वन्द्व को नहीं देखते। उनकी दृष्टि मनुष्यवादी है। वे मनुष्य में तो मनुष्य को देखते ही हैं, प्रकृति में भी मनुष्य को ही देखते हैं।

5

निराला ने अपनी व्याख्या में इस बात को रेखांकित किया है कि यह कविता सुषुप्ति से शुरू होती है और जागरण पर जाकर खत्म होती है। उनके अनुसार इस तरह इसमें एक उपदेश है, पर प्रकट रूप में नहीं, अप्रकट रूप में। उनकी मान्यता थी कि कला का विकसित रूप स्वयं उपदेश या सन्देश बन जाता है, इसलिए वह अलग से देने की चीज नहीं। उनका कहना है कि इसी कारण कविता में उनका आग्रह उपदेश पर नहीं, चित्रण पर रहा है। आगे वे लिखते हैं, "कली की सुप्ति–आत्म-विस्मृति–मन के अन्धकार के बाद है जागरण–आत्म-परिचय–प्रिय-साक्षात्कार–मन का प्रकाश–खिलना।" पुनः, "कली सोते से जगी हुई, प्रिय से मिली हुई, खिली हुई पूर्ण मुक्ति के रूप में, सर्वोच्च दार्शनिक व्याख्या-सी सामने आती है...।" यह क्या इस कविता में जूही की कली और मलयानिल के प्रस्तुत-वर्णन को

अप्रस्तुत-वर्णन में रूपान्तरित नहीं कर देता? डा. रामविलास शर्मा 'साहित्य-साधना-2' में निराला की आत्मप्रवंचना पर विचार करते हुए इस दार्शनिक व्याख्या को आरोपित बतलाते हैं और कहते हैं कि यह उनके माया और राम के आकांक्षित समन्वय का परिणाम है। इससे मेरा विरोध नहीं, तथापि मैं उस अगम्भीर प्रसंग की ओर संकेत करना चाहता हूँ, जिसका उल्लेख निराला ने स्वयं किया है और जिससे प्रेरित होकर एक प्रकृति-कविता की दार्शनिक या रहस्यवादी कविता के रूप में व्याख्या करने का प्रयास किया है! वह प्रसंग यह है– ''अभी-अभी हिन्दी-साहित्य-सम्मेलन में एक नेता ने उसे साहित्य कहा है जो मानव-जाति को उठाता हो। यहाँ 'जुही की कली' में जो कला है, वह ऐसी ही है या नहीं, देख लीजिए।'' फिर उन्होंने दिखलाने का प्रयास किया है कि यह कविता 'तमसो मा ज्योतिर्गमय' की काव्य में उतारी हुई एक तसवीर है और यहाँ सुप्ति तम और प्रिय-परिचय ज्योति है! इस तरह यह एक उपदेश को पूरे चित्रण के भीतर छिपाए हुए मानव-जाति को जगानेवाली कविता हुई! डी.एच. लारेंस की बात याद आती है, 'कलाकार का कभी विश्वास मत करो।' 'जुही की कली' एक नाजुक प्राकृतिक घटना को लेकर लिखी गई शुद्ध प्रकृति-कविता है, रोमांटिक कवि के स्वच्छन्द मानस की सृष्टि, रोमांटिक कल्पनाशीलता और सजीव चित्रात्मकता से युक्त, जो अपने भाव, संगीत और गठन की दृष्टि से बेजोड़ है, एक विलक्षण कला-कृति। उसका सौन्दर्य इसी रूप में है, दार्शनिक व्याख्या का आभास देनेवाले रूप में नहीं, भले दार्शनिकता छायावादी निराला की मानसिकता का अनिवार्य अंग रही हो।

जूही की कली का प्रेम के सपनों में मग्न शिथिलशरीर पत्तियों में छिपी सोई रहना, स्मृति-व्याकुल पवन का तेजी से चलकर उसके पास पहुँचना, उसे जगाने के लिए उसका चुम्बन लेना, उसका फिर भी नहीं जगना, फिर पवन का उसे जोरों से झकझोर देना, अब उसका चौंककर जगना और चतुर्दिक् दृष्टि फिराना, फिर अपने प्रिय को अपनी शय्या के निकट पाकर चेहरा नीचे झुकाए हँस पड़ना और अन्त में उससे रति-केलि कर प्रस्फुटित हो जाना–कविता का सौन्दर्य इन घटनाओं के वर्णन में है, कली कैसे फूल बनती है इसका सौन्दर्य दिखलाने में, इसकी दार्शनिक व्याख्या में नहीं। यह एक पूरी कहानी है, जिस कारण इस कविता में वनस्पति-जैसी उत्कृष्ट संहति वा अन्विति है। यह आकस्मिक नहीं है कि 'मेरे गीत और कला' में निराला बार-बार अपनी कविताओं की कलात्मक अन्विति पर बल देते हैं और कहते हैं कि उन्हें बिना क्षतिग्रस्त किए खंडरूप में उद्धृत नहीं किया जा सकता। काव्य की कला के बारे में उनका कहना है, ''केवल बीज से पुष्प की पूरी कला विकसित नहीं होती, न अंकुर से, न डाल से, न पौदे से; जड़ से लेकर तना, डाल, पल्लव और फूल के रंग-रेणु-गन्ध तक फूल की पूरी कला के लिए जरूरी हैं, वैसे ही काव्य की कला के लिए काव्य के सभी लक्षण'', अर्थात् वर्ण, शब्द, छन्द, अनुप्रास, रस, अलंकार या ध्वनि की सुन्दरता आदि। 'जुही की कली' का सौन्दर्य उसके प्रत्यक्ष कलात्मक रूप में ही द्रष्टव्य है, उसके कल्पित दार्शनिक रूप में नहीं।

बादल-राग

'बादल-राग' एक कविता-शृंखला है। इसमें छः कविताएँ हैं और विषय को छोड़ दें, तो सभी स्वतन्त्र रचनाएँ हैं। इनका प्रकाशन सर्वप्रथम 1924 में साप्ताहिक 'मतवाला' के जुलाई से लेकर सितम्बर तक के अंकों में हुआ था। अनुमान है कि ये प्रथम 'अनामिका' के प्रकाशन के बाद रची गईं, वैसे स्वयं निराला का साक्ष्य मानें तो ये 'मतवाला' में निकलने के काफी पहले रची गई थीं, प्रथम 'अनामिका' के भी प्रकाशन के पहले। डा. शिवनाथ ने 'साप्ताहिक हिन्दुस्तान' के निराला-स्मृति-अंक (11 फरवरी, 1962) में प्रकाशित अपने लेख 'निराला की याद' में अपनी डायरी के कुछ पृष्ठ उद्धृत किए हैं। 4 फरवरी, 1947 को, जिस दिन हिन्दू विश्वविद्यालय के आर्ट्स कॉलेज हॉल में निराला की स्वर्ण-जयन्ती मनाई गई थी, उन्होंने अपनी डायरी में लिखा है–''बादल राग पाठ करने के पूर्व (निराला ने) इसकी भूमिका यों दी–''इस ढंग की चीजें पहले-पहल 'मतवाला' में प्रकाशित हुईं। ये चीजें प्रकाशित होने के पहले ही लिखी जा चुकी थीं।'' प्रकाशित होने के पहले तो चीजें लिखी ही जाती हैं, पर निराला का आशय उसके काफी पहले से है। इसकी पुष्टि इस बात से होती है कि फैजाबाद में 1937-38 में सम्पन्न हुए प्रान्तीय साहित्य-सम्मेलन में अपने व्याख्यान में उन्होंने 'बादल-राग' की छठी कविता की आरम्भिक पंक्तियाँ उद्धृत करते हुए कहा था, ''हिन्दी में अट्ठारह साल पहले ऐसी रचनाएँ आ चुकी हैं।'' यह जिक्र 'प्रबन्ध-प्रतिमा' में संकलित 'प्रान्तीय साहित्य सम्मेलन, फैजाबाद' शीर्षक उनके इंटरव्यू में है। 1937-38 से अट्ठारह साल पहले का मतलब होता है 1919-20। इस तरह 'बादल-राग' की कविताएँ निराला के अनुसार 1919-20 की रचनाएँ हैं। छठी कविता 1920 की है, इसकी पुष्टि इस बात से भी होती है कि 'अपरा' में उन्होंने इसका वही रचना-काल दिया है। चौथी कविता का रचना-काल अवश्य उसमें 1923 दिया गया है। यह असम्भव नहीं है कि प्रथम 'अनामिका' में उसका आकार संक्षिप्त होने के कारण उन्होंने इन कविताओं को छोड़ दिया हो।

इन कविताओं में भी निराला का संशोधन और सम्पादन का कार्य चलता रहा। यह 'मतवाला' में प्रकाशित पाठ से 'परिमल' में संगृहीत कविताओं के पाठ को मिलाकर देखने से स्पष्ट हो जाता है। सम्पादन का एक ठोस उदाहरण यह है। पहली कविता तीन खंडों में बँटी हुई थी। पहला खंड 'झूम-झूम मृदु गरज-गरज घन घोर!' से शुरू होता था और तीसरा खंड 'अरे वर्ष के हर्ष!' से। इन दोनों खंडों के बीच दूसरा खंड यह था–

उतर शिखर पर श्याम मनोहर!
अंजन रंजित बढ़ा बढ़ा कर,
सकल चराचर के नयनों को
मेरी हरिणी के सैनों को

कर दे छविमय लज्जित कज्जल मोर
झूम झूमकर गरज गरज घन घोर।

'परिमल' में निराला ने जब इस कविता को संगृहीत किया, तो इस दूसरे खंड को तो कमजोर समझकर छोड़ ही दिया, कविता का खंडों में विभाजन भी समाप्त कर दिया।

'मेरे गीत और कला' में उनका यह कथन महत्त्वपूर्ण है—"हिन्दी काव्य की मुक्ति के मुझे दो उपाय मालूम दिए, एक वर्णवृत्त में, दूसरा मात्रावृत्त में। 'जुही की कली' की वर्णवृत्तवाली जमीन है। इसमें अन्त्यानुप्रास नहीं। यह गाई नहीं जाती, इससे पढ़ने की कला व्यक्त होती है। 'परिमल' के तीसरे खंड में इस तरह की रचनाएँ हैं। इनके छन्द को मैं मुक्तछन्द कहता हूँ। दूसरी मात्रावृत्तवाली रचनाएँ 'परिमल' के दूसरे खंड में हैं। इनमें लड़ियाँ असमान हैं, पर अन्त्यानुप्रास है। आधार मात्रिक होने के कारण, ये गाई जा सकती हैं। पर संगीत अंग्रेजी ढंग का है। इस गति को मैं 'मुक्त-गीत' कहता हूँ। 'बादल-राग' शीर्षक से छः रचनाएँ इसी मुक्त-गीत में हैं।" अंग्रेजी ढंग के संगीत के बारे में निराला ने किंचित् विस्तार से 'गीतिका' की भूमिका में, गीतों पर विचार करने के क्रम में, विचार किया है। कहा है, अंग्रेजी संगीत से प्रभावित होने का यह अर्थ नहीं कि उसकी हू-ब-हू नकल की गई। अंग्रेजी संगीत की पूरी नकल करने पर उससे भारत के कानों को कभी तृप्ति नहीं हो सकती। कारण, भारतीय संगीत की स्वर-मैत्री में जो स्वर प्रतिकूल समझे जाते हैं, वे अंग्रेजी संगीत में स्वीकृत हैं। उनसे अंग्रेजी अथवा पश्चिमी हृदय में ही भाव पैदा होता है। स्वभावतः अंग्रेजी संगीत के नाम से जो कुछ लिया गया, उसे हम *अंग्रेजी संगीत का ढंग* कह सकते हैं। स्वर-मैत्री हिन्दुस्तानी ही रही। आचार्य रामचन्द्र शुक्ल ने भी अपने 'इतिहास' में इस विषय पर टिप्पणी की है—"हमारे यहाँ संगीत राग-रागिनियों में बँधकर चलता आया है, पर योरप में उस्ताद लोग तरह-तरह की स्वरलिपियों की अपनी नई-नई योजनाओं का कौशल दिखाते हैं। जैसे और सब बातों की, वैसे ही संगीत के अंग्रेजी ढंग की भी नकल पहले-पहल बंगाल में शुरू हुई। इस नए ढंग की ओर निरालाजी सबसे अधिक आकर्षित हुए और अपने गीतों में इन्होंने उसका पूरा जौहर दिखाया।" निराला के गीत भी हिन्दी-संगीत के बँधे-बँधाए ढंग को छोड़कर चलते हैं और उनकी विषममात्रिक छन्द की कविताएँ भी, जिनमें मात्रिक छन्द के प्रवाह के साथ प्रचुर मुक्तता होती है।

'बादल-राग' की रचना भी बंगाल में ही की गई। कहा जा सकता है कि इसकी कविताओं में बंगाल की वर्षा का चित्र अंकित है, धारासार वर्षा का। बादलों से कृषिप्रधान देश के किसानों का लगाव जैसे स्वाभाविक है, वैसे ही उसके कवियों का भी। बंगाल छोड़कर अपने घर हिन्दी प्रदेश में चले आने के बाद भी निराला का बादल-प्रेम कम नहीं हुआ। यह 'परिमल'-काल के बाद की उनकी कविताओं और गीतों से स्पष्ट है। ऐसा लगता है कि फूलों से उन्हें जैसा प्रेम था, उससे कुछ अधिक ही बादलों से था। इस प्रसंग में डा. रामविलास शर्मा ने अपनी 'निराला' नामक पुस्तक में उनके बारे में लिखा है कि उन्होंने बंगाल और अवध दोनों ही की बरसात देखी है। शायद कोई भी हिन्दी कवि मूसलाधार पानी में इतना न भीगा होगा। बाहर घूमते हुए बारिश आ गई तो उन्हें घर लौटने की जल्दी नहीं होती; बादल घिरे हों तो भी दोस्तों को यह समझाते हुए कि पानी बरसने की जरा भी शंका नहीं, वे उनके साथ घूमने चल देते हैं। उनका बादल-प्रेम अक्षुण्ण रहा, इसके प्रमाण

के लिए 'गीतिका' के 'घन, गर्जन से भर दो वन' और 'अनामिका' के 'बादल, गरजो!/घेर घेर घोर गगन, धाराधर ओ!' से लेकर 'बेला' के 'लू के झोंकों झुलसे हुए थे जो,/भरा दौंगरा उन्हीं पर गिरा' से होते हुए उनके आखिरी दौर के उन अनेक गीतों तक को देखा जा सकता है, जिनमें उन्होंने बादल और वर्षा को विषय बनाया है। उन गीतों में से कुछ हैं–'रस की बूँदें बरसो,/नव घन!', 'मुक्तादल जल बरसो, बादल', 'धाए धाराधर धावन हे!', 'आओ, आओ वारिद वन्दन,/बरसो सुख, बरसो आनन्दन्', 'धिक मनस्सब, मान, गरजे बदरवा', 'फिर नभ घन घहराए', 'मालती खिली, कृष्ण मेघ की', 'गूँजे नभ-नभ घन के गर्जन' आदि। उनकी कविता में जो यह वर्षा-मंगल है, उसके आधार पर वैसे ही उन्हें 'बादलों का कवि' कहा जा सकता है, जैसे रवीन्द्रनाथ को 'नदियों का कवि' कहा गया है।

'बादल-राग' की हिन्दी में बहुत चर्चा हुई है, लेकिन यह चर्चा जितनी उसके नाद-सौन्दर्य के कारण हुई है, उतनी उसके सम्पूर्ण काव्य-सौन्दर्य के कारण नहीं, जिसमें चित्रों से लेकर उनके माध्यम से अभिव्यक्त होनेवाला भाव-सौन्दर्य तक शामिल है। डा. शर्मा ने इस कविता-शृंखला की अन्तिम कविता को अधिक महत्त्व दिया है और उसमें भी उसके उस अंश को, जिसमें निराला सामन्त-विरोधी और किसानों के समर्थक के रूप में सामने आते हैं, यथा–'जीर्ण बाहु, है शीर्ण शरीर,/तुझे बुलाता कृषक अधीर,/ऐ विप्लव के वीर!/चूस लिया है उसका सार,/हाड़-मात्र ही हैं आधार,/ऐ जीवन के पारावार!' छायावादी दौर में भी निराला औपनिवेशिक शोषण के साथ-साथ सामन्ती उत्पीड़न को भी समझ रहे थे और उनकी छायावादी कविता में भी किसान आते हैं, यह एक महत्त्वपूर्ण बात है, यह अन्य छायावादी कवियों से उनकी भिन्नता भी बतलाता है, लेकिन यह सत्य है कि एक कविता के एक काव्यांश को अधिक महत्त्व देकर पूरे 'बादल-राग' को नहीं समझा जा सकता। उससे न कविता का पूरा सौन्दर्य प्रकट होगा, न कवि-मानस की ही पूरी झाँकी मिलेगी। दूसरे, डा. शर्मा ने स्पष्टतः कविता में विषय को महत्त्व दिया है, जबकि पूर्वोक्त निबन्ध में ही निराला का यह कथन ध्यातव्य है कि 'उक्ति की उच्चता का विचार ही ठीक होता है, कोई ईश्वर पर लिखे या प्रिया पर।'

2

जैसा कि कहा जा चुका है, 'बादल-राग' की छहों कविताएँ बादलों पर रचित होते हुए भी परस्पर स्वतन्त्र रचनाएँ हैं। 'बादल-राग' वस्तुतः एक षट्दल कमल की तरह है, जिसकी प्रत्येक पंखुड़ी का अपना रंग, अपनी गन्ध और अपना सौन्दर्य है। *पहली कविता* में बादल अत्यन्त स्वच्छन्द और शक्तिशाली रूप में सामने आते हैं, जिन्हें देखकर कवि के भीतर भी अपनी जड़ता से मुक्त होने की उद्दाम आकांक्षा पैदा होती है। स्पष्टतः यह एक रोमांटिक कवि-मानस की रचना है। इसका सम्बन्ध तत्कालीन राष्ट्रीय परिवेश से है। यह आकस्मिक नहीं है कि छायावादी कवियों ने धारा, प्रपात, निर्झर आदि को विषय बनाकर अनेक कविताएँ लिखीं। यहाँ निराला की ही दो कविताएँ स्मरणीय हैं–'धारा' और 'प्रपात के प्रति'। धारा और प्रपात दोनों ही स्वच्छन्द हैं और सीमाओं को छोड़कर असीम की ओर धावित। प्रत्यक्षतः इन दोनों ही कविताओं पर रवीन्द्रनाथ के 'निर्झरेर स्वप्नभंग' का प्रभाव

है, पर मूलतः ऐसी कविताएँ एक नवीन राष्ट्र की समान रोमांटिक मनोदशा की सूचना देती हैं, जिसमें स्वच्छन्दता और सीमा-मुक्तता के प्रति घोर आकर्षण है।

'बादल-राग : एक' में सर्वप्रथम धारासार वर्षा का वर्णन है :

झूम-झूम मृदु गरज-गरज घन घोर!
राग-अमर! अम्बर में भर निज रोर!
झर झरझर निर्झर-गिरि-सर में,
घर, मरु, तरु-मर्मर, सागर में,
सरित–तड़ित-गति–चकित पवन में
मन में, विजन-गहन-कानन में
आनन-आनन में, रव-घोर-कठोर–
राग-अमर! अम्बर में भर निज रोर!

बादल मृदु गर्जन कर रहे हैं, लेकिन बहुत घने हैं। वे अमर रागवाले हैं। पता नहीं कबसे अपना राग गा रहे हैं और कब तक गाते रहेंगे। कवि उनसे आग्रह करता है कि वे विराट् आकाश को अपनी आवाज से भर दें। चित्र की विराटता यहाँ सहज ही अनुमेय है। उसके बाद का जो दृश्य है, वह बहुत व्यापक है। उसका फैलाव जंगल, पहाड़, रेगिस्तान और समुद्र से लेकर उन घरों तक ही नहीं, जिनमें लोग रहते हैं, बल्कि लोगों के मनों तक है। शब्द मुख से ही निकलते हैं। निराला चाहते हैं कि बादल एकरस वर्षण कर सम्पूर्ण प्रकृति में ही नहीं, प्रत्येक मनुष्य के मुख में अपना कठोर गर्जर भर दें, यानी चतुर्दिक् वही गर्जन सुनाई पड़े, और कोई ध्वनि नहीं, और कोई शब्द नहीं। यह दृश्य निराला की 'सन्ध्या-सुन्दरी' शीर्षक प्रसिद्ध कविता के उस दृश्य का ठीक उलटा है, जिसमें कहा गया है–'सिर्फ एक अव्यक्त शब्द-सा 'चुप चुप चुप'/है गूँज रहा सब कहीं,–/और क्या है? कुछ नहीं।' वहाँ गर्जन है, यहाँ शान्ति। दोनों दृश्यों के वर्णन की शब्दावली भी समान रूप से ओजस्वी है। ढंग भी लगभग एक ही है। 'बादल-राग' की ऊपर उद्धृत पंक्तियों में एक घोष वर्ण 'र' की तीस से भी अधिक बार आवृत्ति हुई है, जबकि 'सन्ध्या-सुन्दरी' के संकेतित अंश में 'ल' और 'र' इन दोनों घोष वर्णों की अनेकशः। 'सन्ध्या-सुन्दरी' की इस पंक्ति में तो उक्त दोनों वर्णों का गुँथाव देखने लायक है–'उत्ताल-तरंगाघात-प्रलय-घन-गर्जन-जलधि-प्रबल में'। 'बादल-राग' वाले वर्णन की विशिष्टता यह है कि उसमें दृश्य-चित्र और ध्वनि-चित्र परस्पर गुँथे हुए हैं और नाद अर्थ से स्वतन्त्र नहीं है, उसे उत्कट बनानेवाला है। यदि मुखर रूप में इस अंश का पाठ किया जाए, तो उससे घनघोर वर्षा का दृश्य मूर्त हो उठने के साथ उसका संगीत भी कानों को सुनाई पड़ने लगेगा।

इस काव्यांश की एक खूबी यह भी है कि आरम्भिक दोनों पंक्तियाँ तो सममात्रिक हैं ही, बाद की चार पंक्तियाँ भी सममात्रिक हैं। पहलेवाली दोनों पंक्तियाँ उन्नीस-उन्नीस मात्राओं की हैं, हिन्दी के प्यारे बरवै छन्द में, और बादवाली चारों सोलह-सोलह मात्राओं की। खास बात यह कि ये तुकान्त भी हैं। पहले बन्द की पाँचवीं पंक्ति, जिसकी तुक टेक की पंक्ति से मिलती है, उसी की तरह उन्नीस मात्राओं की है!

दूसरे बन्द में निराला बादलों को 'वर्ष के हर्ष' कहकर सम्बोधित करते हैं। विक्रमी संवत् के अनुसार चैत्र के मध्य से वर्ष का आरम्भ होता है और उस समय से गर्मी का ही

आलम रहता है। 'वन-बेला' कविता का आरम्भ भी, जिसमें ग्रीष्मऋतु का बहुत सशक्त वर्णन है, चैत्र से ही होता है–'वर्ष का प्रथम'। गर्मी से त्राण वर्षाऋतु के बादल ही दिलाते हैं, इसलिए स्वभावतः वे वर्ष के लिए हर्ष का पहला तोहफा हैं। तत्पश्चात् निराला उन्हें 'रसधार' बरसाने को कहते हैं, जिससे उनके प्रति उनका गहरा लगाव व्यंजित होता है। जल की धार बादलों के कवि के लिए रस की धार है! ये बादल सुदूर आकाश से उठकर आते हैं, जहाँ भयानक गर्जन होता रहता है। निराला उनकी स्वच्छन्द वृत्ति देखकर उनसे अनुरोध करते हैं कि वे उन्हें भी उनके सीमित संसार से निकालकर अपने संसार का दर्शन कराएँ। बादलों को अतिस्वच्छन्द होने के कारण अतिप्रलुब्ध होकर वे 'पागल' कहते हैं, आत्मीयता से 'मेरे पागल बादल', और चाहते हैं कि वे उनके शान्त हृदय को उथल-पुथल कर उसमें भी अपनी तरह ही हलचल मचा दें। रवीन्द्रनाथ का निर्झर भी पागल है–'आमि–जगत प्लाविया बेड़ाब गाहिया/आकुल पागल पारा'। यह है रोमांटिक स्वच्छन्दता, आवेग और पागलपन की कवि की आकांक्षा, जिसका मूर्त रूप बादल हैं।

उसके बाद पृथ्वी पर वर्षा का बहुत ही सशक्त दृश्यांकन है–

धँसता दलदल,
हँसता है नद खल् खल्
बहता, कहता कुलकुल कलकल कलकल।

कहने की आवश्यकता नहीं कि घोष वर्ण 'ल' की अनेक बार की आवृत्ति से निराला ने इस दृश्य की ओजस्विता को बहुत बढ़ा दिया है। शब्दों के रचाव पर ध्यान देते हैं, तो पाते हैं कि इस बन्द में 'दलदल', 'खल् खल्' और 'कलकल' ये तुकान्त शब्द ही नहीं आते हैं, 'धँसता' के साथ 'हँसता' और 'बहता' के साथ 'कहता' का अनुप्रास भी है। यहाँ जो 'खल् खल्' है, 'राम की शक्ति-पूजा' में जाकर उसी ने भयानक रूप धारण कर लिया है–'फिर सुना–हँस रहा अट्टहास रावण खलखल'। वैसे इस वर्णन के पीछे रवीन्द्रनाथ के 'निझरिर स्वप्नभंग' के इस चित्र की प्रेरणा से इनकार नहीं किया जा सकता–'हेसे खल खल, गेए कल कल/ताले ताले दिब ताली'। और तो और, उक्त कविता में आगे 'बहना' और 'कहना' भी है–'जाइब बहिया–/हृदयेर कथा कहिया कहिया'। लेकिन इससे निराला का अपना स्वर दबता नहीं है, यह सत्य है। वे इस दृश्य को देखते हैं और व्याकुल हो उठते हैं–'देख-देख नाचता हृदय/बहने को महा विकल–बेकल'। इसी तीसरे बन्द में आगे बादलों से पुनः अपना आग्रह दुहराते हैं–

इस मरोर से–इसी शोर से–
सघन घोर गुरु गहन रोर से
मुझे–गगन का दिखा सघन वह छोर!
राग-अमर! अम्बर में भर निज रोर!

बादलों का गर्जन उन्हें इतना प्रिय है कि वे चाहते हैं कि वे शब्दों की मरोर और शोरगुल के साथ ही उन्हें अपना निवास-स्थान दिखलाएँ, बादलों से भरा आकाश का वह आखिरी हिस्सा, जहाँ से वे उठकर आए हैं। वे नहीं चाहते कि बादल गरजना बन्द कर चुपचाप उन्हें अपने पीछे-पीछे ले चलें और जाकर उन्हें अपना 'गर्जन-भैरव-संसार' दिखला दें। 'मरोर', 'शोर', 'घोर', 'रोर' और 'छोर'–यह है उनका समान ध्वनियों का आवर्त, जो अपनी

काव्य-भाषा में उठाकर वे उसे संगीत से भर देते हैं। बादलों के गर्जन में स्वर का जो आलोड़न होता है, उसे निराला 'मरोर' शब्द से सूचित करते हैं। मानना पड़ेगा कि लोकभाषा का यह शब्द उनके हाथ में पड़कर अतिशय क्षमतावान् हो उठा है। इसके साथ यह भी लक्ष्य करने योग्य है कि ये दोनों ही पंक्तियाँ छन्दोबद्ध हैं, सोलह-सोलह मात्राओं की, जैसे पहले बन्द की आरम्भिक चार पंक्तियाँ, और उन्हीं की तरह तुकान्त भी। तीसरी पंक्ति भी पहले बन्द की पाँचवीं पंक्ति की तरह उन्नीस मात्राओं की और टेक की पंक्ति से तुक मिलानेवाली है।

दूसरी कविता में बादल निर्बंध, स्वच्छन्द और उद्दाम तो हैं ही, वे विप्लवकारी भी हैं। पूरी कविता लगभग उनके विशेषणों के सहारे लिखी गई है और निराला ने उन्हीं से उनका रूप खड़ा करने की कोशिश की है। वे निर्बन्ध के साथ-साथ 'अन्ध-तम-अगम-अनर्गल' यानी अगम्य घोर अन्धकार में मुक्त विचरण करनेवाले भी हैं। इसी तरह स्वच्छन्द होने के साथ-साथ वे वायु के रथ पर उच्छृंखल यानी स्वतन्त्र गति से चलनेवाले भी हैं, कभी मन्द-मन्द और कभी तीव्र। इन विशेषताओं के साथ वे संसार की अपार कामनाओं का जीवन—उनका आधार—हैं। वे विराट् हैं, उनके मार्ग में कभी कोई बाधा नहीं आ सकती। सावन का बादलों से भरा भयावना आकाश उनका साम्राज्य है और वे उसके एकच्छत्र सम्राट्। कविता के इस पहले बन्द की शब्द-योजना तो ओजपूर्ण है ही, यह बादलों के प्रति रोमांटिक कवि के असाधारण आकर्षण को भी सूचित करनेवाला है।

लेकिन सर्वाधिक प्रभावशाली इस कविता का दूसरा बन्द है, जिसमें सबकुछ को तहस-नहस कर देनेवाले दुर्दान्त बादलों का चित्रण है :

ऐ अटूट पर छूट टूट पड़नेवाले—उन्माद!
विश्व-विभव को लूट लूट लड़नेवाले—अपवाद!
श्री बिखेर, मुख-फेर कली के निष्ठुर पीड़न!
छिन्न-भिन्न कर पत्र-पुष्प-पादप-वन-उपवन,
वज्र-घोष से ऐ प्रचंड!
आतंक जमानेवाले!
कम्पित जंगम,—नीड़-विहंगम,
ऐ न व्यथा पानेवाले!

बादल साक्षात् उन्माद हैं, जो अटूट संसार पर छूटकर टूट पड़ते हैं और उसे तोड़-फोड़ देते हैं। वे निन्दा-रूप ऐसे योद्धा हैं, जो विश्व-वैभव को लूटते हुए युद्ध करते हैं! पूरे पुष्पोद्यान को छिन्न-भिन्न कर देते हैं, कलियों की शोभा को नष्ट-भ्रष्ट, और निष्ठुरतापूर्वक उन्हें उत्पीड़ित कर उनसे मुँह फेरकर चल देते हैं। वे प्रचंड हैं, अपने वज्रघोष से सबको आतंकित कर देनेवाले। सारे जीव-जन्तु उनके डर के मारे काँपते हैं, खास तौर से घोंसलों के पक्षी, लेकिन उनकी व्यथा से उन्हें कुछ लेना-देना नहीं। बादलों की उग्रता के साथ-साथ उनकी निर्लिप्तता या निर्ममता का निराला ने बहुत अच्छा वर्णन किया है। रात की घनघोर वर्षा के बाद सुबह यही दृश्य तो देखने को मिलता है! कभी-कभी आसमान साफ होता है, पता ही नहीं चलता कि उपद्रवी बादल कहाँ चले गए। वर्षापीड़ित संसार से उनके सहानुभूति रखने का तो कोई प्रश्न ही नहीं उठता। आगे निराला ने उन्हें विप्लवी कहा है। विप्लवी का रूप काजी नजरुल

इस्लाम की 'विद्रोही' कविता पढ़ने पर समझ में आता है, जिसमें वह कहता है–'आमि झंझा, आमि घूर्णि,/आमि पथ-सम्मुखे याहा पाइ ताइ चूर्णि।'

उक्त काव्यांश के नाद-सौन्दर्य पर ध्यान देते हैं, तो ज्ञात होता है कि 'विराट' और 'सम्राट' के साथ 'ट' जैसे कठोर वर्ण का जो प्रयोग शुरू हुआ था, वह आगे के बन्द में जारी रहता है और 'अटूट पर छूट टूट' के बाद हमें 'लूट-लूट' का प्रयोग देखने को मिलता है। फिर 'निष्ठुर' और 'पत्र-पुष्प-पादप-वन-उपवन' इस शब्द-वल्लरी के बाद 'प्रचंड' का धमाका। 'श्री बिखेर' और 'मुख-फेर' तथा 'जंगम' और 'विहंगम'-जैसे सानुप्रास अथवा तुकान्त शब्दों के छोटे-छोटे भँवर तो निराला के वाग्प्रवाह में बनते ही रहते हैं। जैसे उन्होंने हिन्दी की पद्धति पर 'अन्ध-तम-अगम-अनर्गल' समास बनाया था, वैसे ही 'मुख-फेर' (मुख फेर लेनेवाला) समास भी बना लिया है। इस काव्यांश के आरम्भिक दो चरण छन्दोबद्ध भी हैं, सममात्रिक छन्द, मात्राएँ सत्ताईस। साथ-साथ तुकान्त। यह उसके प्रवाह में समता लाकर उसे विषमता के लिए तैयार करता है। जल अवरुद्ध होकर दौड़ने के लिए उद्यत हो उठता है, जिससे उसका आकर्षण और बढ़ जाता है।

कविता के तीसरे और अन्तिम दो पंक्तियों के बन्द में, जो भी सममात्रिक छन्द में बँधा और तुकान्त है, निराला कहते हैं–'भय के मायामय आँगन पर/गरजो विप्लव के नव जलधर!' 'मायामय आँगन' यानी यह संसार, जो सत्य नहीं, मिथ्या है। 'भय के' का मतलब है भयभीत। यह उग्र बादलों से भयभीत संसार है, कवि चाहता है, वे बादल उस पर गर्जन करें और उसे प्लावित कर दें। इस तरह यह कविता बादलों के प्लावनकारी रूप को लेकर लिखी गई है। कहने की आवश्यकता नहीं कि उनके इस रूप में भी एक सौन्दर्य है, औदात्त्य। इस रूप से भिन्न स्वच्छन्द बादल जैसे रोमांटिक कवि को प्रिय हैं, वैसे ही विप्लवी अथवा क्रान्तिकारी बादल भी।

'मेरे गीत और कला' निबन्ध में, जिसमें निराला ने इस कविता की भी व्याख्या की है, यह कहा है कि यह अर्थ इस कविता का पहला सीधा अर्थ है। उनके अनुसार यह अर्थ उनका लक्ष्य नहीं। उनका ध्यान दूसरे लाक्षणिक अर्थ पर है, जिसकी ओर कविता की अन्तिम पंक्ति का 'विप्लव' शब्द संकेत कर रहा है, जो कि प्लावन के अलावा युगान्तर अथवा क्रान्ति का भी अर्थ देता है। इस तरह यह इस कविता का बीज-शब्द है। वे कहते हैं कि यह युगान्तर साहित्यिक, राजनीतिक, धार्मिक, सामाजिक आदि कोई भी अर्थ दे सकता है। इस तरह यह 'विप्लव' शब्द पूरी कविता के अर्थ को बदल देता है, उसे दूसरे स्तर पर उठाकर रख देता है। अब 'भय के मायामय आँगन' का मतलब हुआ 'पाप का केन्द्र'। निराला की मान्यता है कि जहाँ पाप होता है, वहीं भय होता है और माया पाप है, क्योंकि पाप ही सत्य नहीं, भ्रमपूर्ण अथवा छायामय होता है। उनके द्वारा किया गया कविता की अन्तिम दो पंक्तियों का अर्थ यह है–'ऐ युगान्तर के नवीन जीवनवाले! पाप के केन्द्र पर निर्भय होकर शब्द करो–बोलो–गरजो।' फिर उन्होंने इस रोशनी में पूरी कविता का बदला हुआ अर्थ किया है, जो दिलचस्प है। जब बादल युगान्तरकारी चेतना के प्रतीक हो गए, तो उसके अनुरूप अन्ध-तम, समीर, अपार कामनाएँ, प्लावन, अटूट, विश्व-विभव आदि का अर्थ बदल जाना स्वाभाविक है। यह अर्थ आरोपित तब लगता है, जब निराला कली की 'श्री' को 'पाप से, बुरे कार्यों से गढ़े हुए सौन्दर्य' का अप्रस्तुत बनाते हैं, इसी तरह

'पत्र-पुष्प-पादप-वन-उपवन' को 'प्राचीन विरोधी वस्तुएँ और विषय'। जंगम और नीड़-विहंगम भी अब घर में रहनेवाले क्रान्ति से भयभीत लोग हो जाते हैं। स्पष्टतः यह व्याख्या भी बड़ी हद तक उसी तरह आरोपित है, जिस तरह 'जुही की कली' वाली दार्शनिक व्याख्या। कविता में अर्थ के अनेक वृत्त बनते हैं, 'बादल-राग' की इस दूसरी कविता में भी अर्थ के एकाधिक वृत्त हो सकते हैं। यदि कोई अर्थ-वृत्त इस पर बलात् आरोपित न किया गया, स्वाभाविक रूप से बननेवाला हुआ, तो उससे इसका सौन्दर्य बढ़ेगा ही, घटेगा नहीं, लेकिन इसका भी असली सौन्दर्य इसके प्रकृत अर्थ में ही है, जिसे निराला इसका पहला सीधा अर्थ कहते हैं। इसी अर्थ के केन्द्र पर अर्थ के दूसरे वृत्त खड़े किए जा सकते हैं, यदि कविता में उसकी सम्भावना हो। यदि उससे हटकर भिन्न केन्द्र से अर्थ-वृत्त बनाए गए, तो वह हेत्वाभास होगा। प्रस्तुत कविता में 'विप्लव' शब्द में इस बात की पूरी सम्भावना है कि वह कविता को एक भिन्न अर्थ की व्यंजना में सक्षम बनाए। इससे बादलों पर कोई अर्थ आरोपित नहीं होता, वे अपने प्रकृत रूप को सुरक्षित रखते हुए क्रान्तिकारी का रूप ग्रहण कर लेते हैं, यानी उसकी व्यंजना करने लगते हैं। इसमें 'भय का मायामय आँगन' सहायक होता है। वह इस तरह कि क्रान्ति से भय उसी को होता है, जो पुराना, अप्रासंगिक और असत् हो चुका होता है, क्योंकि वह उसकी चोट से ध्वस्त हो जाता है। लेकिन इसका यह मतलब नहीं है कि कविता की व्यंजना को सांग रूपक की तरह उसके प्रत्येक अंग, प्रत्येक शब्द और प्रत्येक उक्ति पर घटित करें। निराला ने इस कविता की व्याख्या में यही किया है।

तीसरी कविता के आरम्भ में उन्होंने बादलों के लिए तीन सम्बोधनों का प्रयोग किया है–'सिन्धु के अश्रु', 'धरा के खिन्न दिवस के दाह' और 'बिदाई के अनिमेष नयन'। बादलों में जल होता है, इसलिए ये तीनों ही सम्बोधन सार्थक हैं। वे समुद्र से उठते हैं, इसलिए उसके आँसू हैं और ग्रीष्म के उपरान्त प्रकट होते हैं, इसलिए उसमें पृथ्वी जो दाह झेलती है, उसका परिणाम हैं। यहाँ 'दाह' का लाक्षणिक अर्थ लेना चाहिए। बादलों को विदा-काल की अपलक आँखें कहना बहुत उपयुक्त है। कारण यह कि एक तो वे आँखें डबडबाई हुई होती हैं, दूसरे, बादल तो समुद्र से बिछुड़कर ही आकाश में छाते हैं और फिर वर्षा बनकर पृथ्वी पर गिरते हैं। इस विदाई को लेकर आगे की पंक्तियों में निराला ने एक बहुत उदात्त रूपक रचा है, जो देखने योग्य है :

मौन उर में चिह्नित कर चाह
छोड़ अपना परिचित संसार–
सुरभि का कारागार,
चले जाते हो सेवा-पथ पर
तरु के सुमन!
सफल करके
मरीचिमाली का चारु चयन।

इसमें बादल पुष्प हैं, समुद्ररूपी तरु पर खिलनेवाले, जिन्हें सूर्य अपनी किरणों से लोढ़ लेता है। इससे वे अपनी परिचित दुनिया से एक दूसरी दुनिया में चले जाते हैं। इस कविता में निराला ने बादलों के लोककल्याणकारी रूप का चित्रण किया है। जो लोककल्याण के लिए अपने को अर्पित कर देते हैं, वे अपनी इच्छाओं को महत्त्व नहीं देते। उन्हें मन में ही दबा लेते

हैं। बादल भी ऐसे ही हैं, चुपचाप अपने भीतर ही अपनी आकांक्षाओं को दफन कर सेवा-पथ यानी आकाश-मार्ग पर बढ़ जानेवाले। लोककल्याण करनेवाले व्यक्तियों के लिए अपना परिचित संसार, अपना गृह, कारागार की तरह होता है। वे अपने को उसमें कैद करके रखना नहीं चाहते, लोककल्याण में लगाना चाहते हैं। बादल भी अपने घर से, जो कि उनके लिए 'सुरभि का कारागार' है, निकल पड़ते हैं। वे भी अपनी सुगन्ध को कैद करके रखना नहीं चाहते, लोक में विकीर्ण करना चाहते हैं। निराला के इस लोककल्याणवाद पर प्रत्यक्षतः विवेकानन्द का प्रभाव है। विवेकानन्द के लिए सबसे बड़ा लक्ष्य था लोककल्याण और सबसे बड़ा मूल्य उसके लिए किया जानेवाला त्याग अथवा उत्सर्ग। उन्होंने चुने हुए युवकों का आह्वान किया था कि वे लोक के लिए गृहत्यागी बनें, संन्यास धारण करें। उनका विश्वास था कि ऐसे युवक ही संसार में ज्ञान का प्रकाश फैलाकर उसे कष्टों से छुटकारा दिला सकते हैं। आश्चर्य नहीं कि उनके सम्पूर्ण दर्शन की परिणति सेवा में हुई थी। यहाँ बादल भी 'सेवा-पथ' पर अग्रसर होते हैं। इस प्रसंग में निराला की कविता 'सेवा-प्रारम्भ' स्मरणीय है। प्रस्तुत काव्यांश में सूर्य के लिए 'मरीचिमाली'–किरणों की माला धारण करनेवाला–शब्द का प्रयोग उसके सौन्दर्य को बढ़ा देता है, क्योंकि रूपक फूल लोढ़ने या चयन करने का है। 'मरीचिमाली का चारु चयन' में 'च' वर्ण की तीन बार आवृत्ति ने इस पंक्ति में माधुर्य ला दिया है। लेकिन सम्पूर्ण चित्र सुन्दर नहीं, उदात्त है। इसमें समुद्र की कल्पना एक विराट् पुष्प-वृक्ष के रूप में की गई है, जिससे बादल-रूपी पुष्प का चयन सूर्य अपनी असंख्य किरणों से करता है।

कविता के शेष अंश में निराला ने अर्जुन की स्वर्ग-यात्रा वाले रूपक का इस्तेमाल किया है। बादल लोककल्याण के लिए अपना समुद्री आवास छोड़कर आकाश में चले जाते हैं–यह बात उन्हें अर्जुन की याद दिला देती है, जो महाभारत युद्ध में अन्याय पर न्याय की विजय के लिए दिव्यास्त्र प्राप्त करने हेतु स्वर्ग गए थे, अपने सभी बन्धु-बांधवों को छोड़कर। बादल भी अर्जुन की तरह हैं, वे भी नीचे दुखी संसार को छोड़कर, धरती पर स्थित स्वजनों की जाग्रत् स्मृति को लिए हुए, उन्हीं के कल्याण के लिए ऊपर आकाश में चले जाते हैं और एक अन्तराल के बाद पूर्णकाम होकर लौटते हैं। अगले छोटे बन्द में उनके लौटने का भव्य वर्णन देखने लायक है। यह है ग्रीष्म में अदृश्य रहने के बाद आकाश में बादलों का गर्जन सुनाई पड़ना–

पूर्ण-मनोरथ! आए–
तुम आए;
रथ का घर्घर-नाद
तुम्हारे आने का संवाद।

'रथ' इसलिए कि रूपक अर्जुन का है। इस 'रथ' के साथ 'मनोरथ' का संयोग भी दर्शनीय है। 'रथ का घर्घर-नाद' रवीन्द्रनाथ के 'चाकार झनझनि' की याद दिलाता है। तत्पश्चात् निराला बादलों से कहते हैं–

ऐ त्रिलोक-जित्! इन्द्र-धनुर्धर!
सुर-बालाओं के सुख-स्वागत!
विजय! विश्व में नवजीवन भर,
उतरो अपने रथ से भारत!

अर्जुन त्रिलोकजित् हैं, तो बादल भी, क्योंकि वे भी समुद्र, आकाश और पृथ्वी इन तीनों लोकों को आच्छादित कर लेते हैं; अर्जुन धनुर्धर हैं, तो बादल भी इन्द्रधनुष धारण करते हैं! जैसे अपने धनुष से अर्जुन त्रिलोकजित् हुए, बादल भी इन्द्रधनुष से तीनों लोकों को जीत लेते हैं! अर्जुन का स्वागत सुर-बालाओं ने सुखपूर्वक किया था, इन्द्रधनुषधारी भव्य बादलों का भी वे उसी तरह से करेंगी! आगे निराला ने बहुत सोच-समझकर 'भारत' सम्बोधन का प्रयोग किया है। भरत-वंशी होने के कारण अर्जुन भारत भी थे। बादलों को भारत कहने का मतलब यह भी है कि निराला उनमें भारत राष्ट्र की छवि देखते हैं। वर्षाऋतु के घनघोर बादलों के आगे जैसे विजय का मार्ग प्रशस्त है, भारत के आगे भी। यह विजय विश्व को पराधीन बनानेवाली नहीं, अपने सन्देश से उसमें नवजीवन का संचार करनेवाली होगी। महाभारत में न्याय को विजय दिलाकर विश्व में नवजीवन भरनेवाले अर्जुन पर तो ये पंक्तियाँ चरितार्थ होती ही हैं, बादलों पर भी होती हैं, साथ ही भारत पर भी। अर्जुन भी स्वर्ग से रथ से लौटे थे और उससे पृथ्वी पर उतरे थे, बादल भी वर्षा के रूप में आकाश से भूमि पर उतरते हैं। इस कविता का यह अंश भी सममात्रिक है। चारों चरण सोलह-सोलह मात्राओं के हैं और तुकें पहले और तीसरे तथा दूसरे और चौथे चरण में मिलती हैं। स्वभावतः इससे निराला की छन्द-मुक्तता में बीच-बीच में बन्धन से पैदा होनेवाला सौन्दर्य देखने को मिलता है।

अर्जुन की भी प्रिया थी, बादलों की भी है। अर्जुन की प्रिया द्रौपदी पांडवों के साथ वनवासिनी थी, बादलों की प्रिया तो साक्षात् वनानी या अरण्यानी ही है। दोनों अपने प्रिय की प्रतीक्षा में–

उस अरण्य में बैठी प्रिया अधीर
कितने पूजित दिन अब तक हैं व्यर्थ,
मौन कुटीर।
(वांछित पुष्पों की लांछित अलिनी-सी
विरह-विधुर अतिविकल शरीर।)

अन्तिम दो पंक्तियाँ 'मतवाला' में छपी थीं। बाद में निराला ने उन्हें हटा दिया, यद्यपि वे 'बादल-राग' की पहली कविता से हटाए गए अंश की तरह असम्बद्ध नहीं। यहाँ केवल बन्द पूरा करने के लिए वे उद्धृत की गई हैं। कविता का अन्तिम बन्द अत्यधिक सुन्दर है–

आज भेंट होगी–
हाँ होगी निस्सन्देह,
आज सदा-सुख-छाया होगा कानन-गेह
आज अनिश्चित पूरा होगा श्रमित प्रवास,
आज मिटेगी व्याकुल श्यामा के अधरों की प्यास।

यह द्रौपदी से, जिसका एक नाम कृष्णा भी है, अर्जुन का और श्यामवर्णा अरण्यानी से बादलों का मिलन है। 'आज मिटेगी व्याकुल श्यामा के अधरों की प्यास'–घनघोर वर्षा से अरण्यानी की तृप्ति का कितना सटीक वर्णन है! वैसे 'श्यामा' का एक अर्थ षोडशवर्षीया युवती भी है, जो अरण्य-प्रिया के लिए उपयुक्त हो सकता है। इस मिलन के सुख और

आनन्द का ऊपर निराला ने सरल ढंग से वर्णन किया है, जिसमें बहुत हार्दिकता है–'आज सदा-सुख-छाया होगा कानन-गेह'। 'सदा-सुख-छाया' यानी स्थायी सुख से छाया हुआ, आच्छादित। यह भी निराला का समास बनाने का हिन्दीवाला ढंग है। हार्दिकता इससे भी उत्पन्न हुई है। 'कानन-गेह' का मतलब है काननरूप गेह। जब प्रिया है, तो उसके लिए गेह आवश्यक है। अर्जुन और बादलों का प्रवास कोई शौकिया नहीं था, कठिन था, श्रमयुक्त। आज उसकी अनिश्चित अवधि पूरी होगी।

इस कविता की सफलता इस बात में है कि निराला इसमें अर्जुन की स्वर्गयात्रा का रूपक ले आए हैं, पर वह बादलों पर इस तरह आरोपित नहीं कि उनके अपने स्वरूप को नष्ट कर दे। बादलों का समुद्र से बाष्प बनकर उठना, ग्रीष्म में आकाश में अदृश्य रहना, फिर गुरु गर्जन के साथ उनका प्रकट होना और वृष्टिपात से अरण्यानी को तृप्त करना–कविता में यह वर्णन हमेशा आँखों के सामने रहता है, इसलिए रूपक ने उनके रूप को उभारा ही है, ढँका नहीं।

चौथी कविता में बादल विश्व को प्रेम का सन्देश देनेवाले हैं। इसमें पाँच बन्द हैं। अन्तिम बन्द में कवि ने बादलों से कहा है–'वधिर विश्व के कानों में/भरते हो अपना राग,/मुक्त शिशु! पुनः पुनः एक ही राग-अनुराग।' बादल पहले मधुर और गम्भीर स्वर में विश्व को प्रेम का राग सुनाते हैं, फिर सब कुछ को छा लेनेवाले पहाड़ी झरने के झर-झर स्वर में। कारण यह कि विश्व वधिर है, उसे कुछ सुनाई नहीं देता। यह प्रेम का राग मानव-प्रेम का राग है, क्योंकि यह 'व्योम और जगती का उदार राग' है, जो बादलों द्वारा व्योम और जगती के 'मध्यदेश' में गाया जाता है, न केवल व्योम में और न केवल पृथ्वी पर। ईश्वरीय या आध्यात्मिक प्रेम का राग व्योम में गाया जाता है और भौतिक प्रेम का राग इस संसार के बीच। मानव-प्रेम का स्थान इन दोनों के मध्य में है। यह इस बात का अकाट्य प्रमाण है कि निराला दृढ़ आध्यात्मिक चेतनावाले कवि होते हुए भी लोक की उपेक्षा कर चलनेवाले नहीं थे, बल्कि लोक और मनुष्य के लिए ही उन्होंने अध्यात्म का वरण किया था। दूसरी बात यह कि बादलों को उन्होंने 'मुक्त शिशु' कहा है। क्या प्रेम के सन्देश का मुक्तता से कोई सम्बन्ध है? निश्चय ही जो मुक्त हैं, वही मानव-प्रेम से युक्त हैं। जहाँ स्वतन्त्रता नहीं, वहाँ समानता नहीं और जहाँ समानता नहीं, वहाँ प्रेम का अस्तित्व असम्भव है। इस तरह स्वतन्त्रता, समानता और बन्धुत्व जनतन्त्र के ये तीनों बुनियादी मूल्य परस्परावलम्बित हैं। अब 'बादल-राग' की रचना के पीछे की निराला की सृजनात्मक मनोभूमि को समझा जा सकता है।

कविता के पहले बन्द में कवि 'मुक्त शिशु' का वर्णन इस रूप में करता है–

उमड़ सृष्टि के अन्तहीन अम्बर से,
घर से क्रीड़ारत बालक-से,
ऐ अनन्त के चंचल शिशु सुकुमार!
स्तब्ध गगन को करते हो तुम पार।

बादल अनन्त आकाश से उमड़ते हैं। वे आकाश के चंचल और सुकुमार शिशु हैं। वैसे बाहर आ जाते हैं, जैसे अपने घर से क्रीड़ारत सामान्य बालक। बादलों की यह लीला सुपरिचित है कि वे अक्सरहा चुपचाप आकाश के इस किनारे से उस किनारे जाते हुए, उसे

पार करते हुए, दिखलाई पड़ते हैं। निराला ने इस दृश्य के सौन्दर्य को देखा और उसे अपने कैमरे में बन्द किया है। उन्नीस-उन्नीस मात्राओं के दो सममात्रिक चरण तुकान्त भी हैं। इन्हीं शिशुओं का सौन्दर्य दूसरे बन्द में भी अंकित है–

अन्धकार–घन अन्धकार ही
क्रीड़ा का आगार।
चौंक चमक छिप जाती विद्युत
तड़िद्दाम अभिराम
तुम्हारे कुंचित केशों में,
अधीर विक्षुब्ध ताल पर
एक इमन का-सा अति मुग्ध विराम।

बादल काले हैं, इस वजह से उनके चतुर्दिक् अन्धकार है। वे उस अन्धकार में ही क्रीड़ा करते रहते हैं। उन बादल-शिशुओं के बाल काले और घुँघराले हैं। कभी बिजली चमकती है, सुन्दर तड़िद्दाम, तो तुरत उन बालों में छिप जाती है। सहसा दृश्य स्थिर हो जाता है। उस समय ऐसा लगता है, जैसे द्रुत के बाद इमन राग अत्यन्त मोहक विराम पर पहुँच गया हो।

बादल काले ही नहीं, रंगीत भी होते हैं। उनके रंगारंग सौन्दर्य का वर्णन निराला ने अगले बन्द में किया है, जो थोड़ा बड़ा भी है और जिसमें उनके रंगों का ही नहीं, उनकी ध्वनि का भी वर्णन मिल गया है। वह बन्द इस प्रकार है–

वर्ण रश्मियों से कितने की
छा जाते हैं मुख पर–
जग के अन्तस्तल से उमड़
नयन-पलकों पर छाए सुख पर;
रंग अपार
किरण-तूलिकाओं से अंकित
इन्द्रधनुष के सप्तक, तार;–
व्योम और जगती का राग उदार
मध्यदेश में, गुड़ाकेश!
गाते हो बारम्बार।

जग के अन्तस्तल यानी आकाश से सूर्य की किरणों से अनेक प्रकार के रंग उमड़ते हैं और बादलों के मुख तथा उन आँखों और पलकों पर, जिन पर पहले से सुख छाया होता है, छा जाते हैं। सूर्य की किरण-कूचियाँ बादलों में सतरंगा इन्द्रधनुष उगा देती हैं। यह सतरंगा इन्द्रधनुष जैसे सात सुरों के सात तार हैं! उन्हीं तारों पर बादल अपना प्रेम-संगीत छेड़ते हैं, जिसका जिक्र ऊपर हो चुका है। यहाँ वर्णन की सुन्दरता को जो शब्द शतगुणित कर रहा है, वह है बादलों का 'गुड़ाकेश' सम्बोधन। इस शब्द का अर्थ है निद्राजयी। बादल वाकई निद्राजयी होते हैं। जब रात में सारी दुनिया सोई होती है, वे आकाश में गर्जन करते रहते हैं। यह आम अनुभव की बात है, जिसे एक शब्द से वाणी देकर निराला ने अपनी उक्ति को चमका दिया है। जैसा कि संकेत किया गया है, यह बादलों के वर्ण और ध्वनि दोनों

का वर्णन है। निराला की कल्पना की गति भी यहाँ प्रत्यक्ष है। वे सूर्य की रश्मियों से इन्द्रधनुष पर पहुँचते हैं, वहाँ से सात रंगों पर, फिर सात सुरों के तारों पर और अन्त में बादलों की ध्वनि पर।

अन्तिम बन्द पर शुरू में ही विचार किया जा चुका है। उसके पहले के बन्द में बादलों के गायन का विलक्षण वर्णन है, जो तीसरे बन्द के अन्तिमांश का ही बढ़ाव है। लगता है, कोई बहुत बड़ा शास्त्रीय गायक पूरी मस्ती में गा रहा है–

मुक्त! तुम्हारे मुक्त कंठ में
स्वरारोह, अवरोह, विघात,
मधुर मन्द्र, उठ पुनः पुनः ध्वनि
छा लेती है गगन, श्याम कानन,
सुरभित उद्यान,
झर-झर-रव भूधर का मधुर प्रपात।

बादलों के स्वर में आरोह भी है, अवरोह भी और आघात भी। वे पहले मीठे-मीठे गरजते हैं, मन्द्र स्वर में, फिर इतने जोरों से कि उनका गर्जन आकाश, विस्तृत जंगल और सुगन्ध से युक्त पुष्पोद्यानों को भी आच्छादित कर लेता है, जैसे झर-झर नादवाला पहाड़ से गिरनेवाला झरना। 'झर-झर-रव'–यहाँ निराला ने संस्कृत की पद्धति पर हिन्दी शब्दों के योग से समास बनाया है।

पाँचवीं कविता में उन्होंने बादलों का वर्णन परमात्मा के अवतार के रूप में किया है, जो अदृश्य से दृश्य हो उठा है। पहले बादल शून्य में लीन थे, अनस्तित्व थे। वर्षाऋतु के आगमन के साथ वे आकाश में दिखलाई पड़े, अस्तित्ववान् हो उठे। उन्होंने जैसे अपना अतीन्द्रिय रूप छोड़कर सांसारिक रूप धारण कर लिया। यह निराला को बहुत अच्छा लगता है, क्योंकि उनमें लौकिक रुझान बहुत ही प्रबल था। स्वभावतः बादलों का चित्रण वे बहुत ही भव्य रूप में और बहुत ही उल्लास के साथ करते हैं। 'निरंजन बने नयन-अंजन!' वे बादलों से कहते हैं–तुम निरंजन हो, वर्णहीन, अदृश्य, लेकिन अभी आँखों की शोभा बन रहे हो, यानी सुन्दर रूप में दिखलाई पड़ रहे हो। यह उक्ति लाक्षणिक भी है और व्यंग्यात्मक भी।

बादलों के सांसारिक रूप का वर्णन कविता के पहले बन्द में इस रूप में है–

कभी चपल गति, अस्थिर मति,
जल-कलकल तरल प्रवाह,
वह उत्थान-पतन-हत अविरत
संसृति-गत उत्साह,
कभी दुख-दाह,
कभी जलनिधि-जल विपुल अथाह,–
कभी क्रीड़ारत साथ प्रभंजन–
बने नयन-अंजन!

ये बादल कभी शरीर और बुद्धि दोनों से गतिशील और अस्थिर नजर आते हैं, कलकल करते हुए जल के रूप में प्रवहमान; कभी उत्साह में ऊपर उठते और नीचे गिरते हैं; कभी बिजली की ज्वाला में झुलसते और कभी समुद्र की तरह अथाह जलराशि में गर्क हो जाते

हैं तथा कभी वायु के साथ आकाश में क्रीड़ा करते हैं। ये सारी बातें 'संसृति-गत' हैं। जो इस संसार से परे है, उसमें न गति है, न उत्थान-पतन, न सुख और न दुख। बादलों ने सांसारिक रूप धारण कर ये विशेषताएँ प्राप्त की हैं, जो निराला के लिए अति प्रीतिकर हैं। यह उनकी 'जल-कलकल तरल प्रवाह'-जैसी शब्दावली से भी सूचित है, जिसमें माधुर्य भी है और ओजस्विता भी। 'पंचवटी-प्रसंग' की दूसरी कविता में भी लक्ष्मण कहते हैं कि बादलों का अव्यक्त रूप अच्छा नहीं होता, अच्छा होता है उनका जलद रूप, जब 'क्रीड़ा से कितने ही रंग वे बदलते हैं/शिखर पर,—व्योम-पथ में/नाचते-थिरकते हैं,—किलकते,—गीत गाते हैं'।

उसके बाद निराला ने बादलों के उस व्यापक रूप का वर्णन किया है, जिसमें वे जल, स्थल और व्योम इन तीनों लोकों को छाकर उन्हें अपने में लय कर लेते हैं। उस समय वे वाकई निराकार प्रतीत होते हैं, कार्य से परे कारण में लीन। रामकृष्ण और विवेकानन्द का कहना था कि निराकार रूप में ब्रह्म निष्क्रिय रहता है, उसके सक्रिय होने पर उसी से कार्य (सृष्टि) उत्पन्न होता है। अभी बादल अपनी व्यापकता में निष्क्रिय हैं! वे बाष्परूप में सूर्य की किरणों का हाथ पकड़कर ही आकाश पर पहुँचते हैं, लेकिन उनकी महिमा इतनी है कि झलमल ज्योतिवाली असंख्य किरणों को दास बनाकर रखनेवाला और अन्धकार को दूर भगा देनेवाला सूर्य भी उन्हें शीश झुकाता है, क्योंकि वे वैसे सूर्य को भी ढँक लेते हैं। 'कभी किरण-कर पकड़ पकड़कर/चढ़ते हो तुम मुक्त गगन पर', 'झलमल ज्योति अयुत-कर-किंकर' और 'हैं तीनों मिले भुवन'-जैसे उदात्त बिम्बों से युक्त कविता का दूसरा बन्द यह है—

कभी किरण-कर पकड़ पकड़कर
चढ़ते हो तुम मुक्त गगन पर,
झलमल ज्योति अयुत-कर-किंकर,
सीस झुकाते तुम्हें तिमिरहर—
अहे कार्य से गत कारण पर!
निराकार, हैं तीनों मिले भुवन—
बने नयन-अंजन!

बादल परमात्मा का अवतार हैं। कविता के अन्तिम बन्द में निराला को उन्हें देखकर कृष्ण की याद आ जाती है। वे भी अवतार थे, बल्कि पूर्णावतार। बादलों और कृष्ण में यह बिम्ब-प्रतिबिम्ब-भाव दर्शनीय है—

आज श्याम-घन श्याम, श्याम छवि,
मुक्तकंठ है तुम्हें देख कवि,
अहो कुसुम-कोमल कठोर-पवि!
शत-सहस्र-नक्षत्र-चन्द्र-रवि-संस्तुत
नयन-मनोरंजन!
बने नयन-अंजन!

आज काले बादल बिलकुल कृष्णरूप हैं, उनकी शोभा उन्हीं की तरह श्यामवर्णी हो रही है। स्वभावतः यह देखकर कवि अत्यधिक उल्लसित हो उठा है, उसके कंठ से कविता की धारा फूट पड़ी है। ये बादल फूलों के समान कोमल भी हैं और वज्र के समान कठोर भी। ये वर्षा

की झीनी फुहारोंवाले ही नहीं, वज्रपात करनेवाले भी हैं। निराला ने यहाँ पुनः एक सामान्य अनुभव को वाणी दी है। कृष्ण भी ऐसे ही थे, एक साथ लीलापुरुष और गीतापुरुष, एक साथ बाँसुरी और पांचजन्य धारण करनेवाले। इसी तरह बादलों की भी स्तुति सैकड़ों-हजारों नक्षत्र और चन्द्र-सूर्य करते हैं और परब्रह्म के अवतार कृष्ण की भी। बादल कवि की आँखों के लिए भी आनन्ददायक हैं और उसके मन के लिए भी!

इस बन्द में 'शत-सहस्र-नक्षत्र-चन्द्र-रवि-संस्तुत' इस पदबन्ध से झंकृति तो पैदा हुई ही है, एक खास बात यह है कि 'संस्तुत' शब्द को अलग कर दें, तो सोलह-सोलह मात्राओं के चार चरण आसानी से बन जाते हैं, जो कि तुकान्त भी हैं। इस कविता में खास तौर से ऐसा हुआ है। दूसरे बन्द की चार पंक्तियाँ भी सोलह-सोलह मात्राओं की और तुकान्त हैं। टेक की पंक्ति के बाद पहले बन्द की चार पंक्तियों को दो पंक्तियाँ बनाकर पढ़ें, तो वे भी सत्ताईस-सत्ताईस मात्राओं की तुकान्त पंक्तियाँ सिद्ध होंगी। इस तरह निराला की विषममात्रिक छन्द की कविता में भी सममात्रिक छन्द की पंक्तियाँ स्वाभाविक रूप से निर्मित हो जाती हैं। उनकी मुक्तछन्द और विषममात्रिक छन्द की कविता के सौन्दर्य, प्रभावोत्पादकता और सफलता का यह भी एक कारण है।

छठी कविता में निराला को बादलों के ठाट और रंग-ढंग को देखकर सामन्त-विरोधी क्रान्ति की याद आती है, जो किसानों की हितसाधक होती है। वे बादलों को रण-तरी अथवा युद्ध-पोत के रूप में देखते हैं और कहते हैं—

तिरती है समीर-सागर पर
अस्थिर सुख पर दुख की छाया—
जग के दग्ध हृदय पर
निर्दय विप्लव की प्लावित माया—
यह तेरी रण-तरी
भरी आकांक्षाओं से,
घन, भेरी-गर्जन से सजग सुप्त अंकुर
उर में पृथ्वी के, आशाओं से
नव जीवन की, ऊँचा कर सिर,
ताक रहे हैं, ऐ विप्लव के बादल!
फिर फिर।

बादलों की यह रण-तरी समीर-सागर पर तैर रही है। सामन्तों के अस्थायी सुख पर वह दुख की छाया की तरह है, यानी उनका सुख अब समाप्त होनेवाला है और वे नष्ट होनेवाले हैं। दूसरी तरफ सामन्ती अत्याचार से दग्ध संसार के लिए वह विप्लव के प्लावन की तरह है। विप्लव के लिए निराला ने 'निर्दय' विशेषण का प्रयोग किया है, जो इस बात का सूचक है कि क्रान्ति जिनके विरुद्ध होती है उन पर रहम नहीं करती और ऐसे भी उसमें जो ध्वंस होता है, उससे कमोबेश उनको भी क्षति पहुँचती है, जिनके वह पक्ष में होती है। प्लावन के लिए 'प्लावित माया' का प्रयोग किया गया है। प्लावित का अर्थ है प्लावन-युक्त और माया इसलिए कि वह ब्रह्म की शक्ति होती है। ब्रह्म उसी की सहायता से क्रियाशील होता है, सृष्टि करता है। ये सब इस बात के चिह्न हैं कि निराला इस दौर में वेदान्त के गहरे

असर में थे। स्वभावतः उनकी कविताओं में वेदान्त-दर्शन के शब्द बहुधा प्रयुक्त मिलते हैं। उक्त रण-तरी आकांक्षाओं से भरी है। उसमें शोषित-पीड़ित किसानों की आकांक्षाएँ भरी हुई हैं। उनकी पूर्ति उस तरी के पार लगने यानी सामन्त-विरोधी संघर्ष के सफल होने पर ही सम्भव है। स्वभावतः बादल जब गरजते हैं अथवा दुंदुभि बजाते हैं, तो धरती के हृदय में सोए हुए अंकुर जग पड़ते हैं और नवजीवन-प्राप्ति की आशाओं से भरकर सिर उठाए बार-बार उन्हें देखने लगते हैं। धरती के हृदय में सोए हुए अंकुर—ये छोटे किसानों की ही तो व्यंजना करते हैं! आगे भी निराला ने छोटे-छोटे पौधों का जिक्र करते हुए, जिनका घनघोर वर्षा में होनेवाला वज्रपात भी कुछ बिगाड़ नहीं पाता और जो उसमें उल्लसित ही होते हैं, कहा है—'विप्लव-रव से छोटे ही हैं शोभा पाते'।

आगे के दो चित्र परस्पर विरोधी हैं। एक ओजपूर्ण है और दूसरा मधुर। क्रान्तिरूप बादल बड़ों के गर्व को चूर करते हैं और छोटों में आनन्द का संचार। चित्र अत्यन्त सजीव हैं और निराला की कठोर और कोमल दोनों प्रकार के चित्रण की क्षमता का प्रमाण प्रस्तुत करनेवाले। इस कारण भी उन्हें देखना जरूरी है :

बार बार गर्जन
वर्षण है मूषलधार,
हृदय थाम लेता संसार,
सुन-सुन घोर वज्र-हुंकार।
अशनि-पात से शायित उन्नत शत शत वीर,
क्षत-विक्षत हत अचल-शरीर,
गगन-स्पर्शी स्पर्द्धा-धीर।

यहाँ बार-बार का गर्जन है, मूसलधार वर्षा, संसार को कँपा देनेवाले वज्रपात के समय का भयानक नाद और आकाश को छूने की स्पर्धा रखनेवाले पहाड़ों का क्षत-विक्षत होना ही नहीं, धराशायी हो जाना। दूसरी तरफ—

हँसते हैं छोटे पौधे लघुभार—
शस्य अपार,
हिल हिल,
खिल खिल,
हाथ हिलाते,
तुझे बुलाते,
विप्लव-रव से छोटे ही हैं शोभा पाते।

इन पंक्तियों में निराला की ग्रामीण पृष्ठभूमि सजीव हो उठी है, जो अन्य किसी छायावादी कवि के पास नहीं थी। गाँवों को, उनके हरे-भरे खेतों को, उन्होंने अपने संस्कारों में बसाकर महिषादल में भी देखा था और बैसवाड़े में भी। यहाँ फसल के छोटे-छोटे पौधों का उल्लास आठ-आठ मात्राओं के सममात्रिक छन्द की तुकान्त पंक्तियों में फूटा पड़ता है। छन्द का स्वरूप तब स्पष्ट होता है, जब हम उसे इस रूप में देखते हैं—'हिल हिल खिल खिल,/हाथ हिलाते/तुझे बुलाते,/विप्लव-रव से/छोटे ही हैं/शोभा पाते'। बहुत दिनों के बाद 'तीसरा सप्तक' में केदारनाथ सिंह की एक प्रसिद्ध कविता में फसल के छोटे-छोटे पौधे बादलों को

पुकारते हुए फिर दिखलाई पड़ते हैं, यद्यपि भिन्न सन्दर्भ में–'हम नए-नए धानों के बच्चे तुम्हें पुकार रहे हैं–/बादल ओ! बादल ओ! बादल ओ!'

अगला बन्द पिछले बन्द का ही बढ़ाव है, जिसमें निराला ने कहा है कि अट्टालिकाएँ बादलों से आतंकित रहती हैं, क्योंकि वे वज्रपात करके उन्हें ध्वस्त कर देते हैं। जल-विप्लव-प्लावन उन्हें लाभान्वित भी नहीं कर सकता, क्योंकि वह तो पंक–निम्न स्तर–पर ही घटित होता है, जहाँ क्षुद्र कमल होते हैं। जब वर्षा होती है, कमल उसमें खिल पड़ते हैं और आनन्द से अपनी पंखुड़ियों से उसका जल छलकाते रहते हैं। 'क्षुद्र' शब्द से कमल की लघुता सूचित है। निराला ने विशेष सावधानी से यहाँ 'प्रफुल्ल' और 'जलज' शब्द का प्रयोग किया है। 'प्रफुल्ल' का मतलब 'प्रस्फुटित' भी है और 'प्रसन्न' भी। 'जलज' की व्यंजना यह है कि कमल जल से ही पैदा होता है, फिर उसे जल-प्लावन का क्या डर! इसी तरह बच्चे रुग्ण रहने पर भी हँसते रहते हैं। यहाँ 'रोग-शोक' क्रान्ति का व्यंजक है और और बच्चे जनसाधारण के। यहाँ लक्ष्य करने योग्य यह भी है कि निराला ने ऊपर जैसे किसानों को फसल के छोटे-छोटे पौधों से उपमित किया है, यहाँ 'जलज' और 'शैशव का सुकुमार शरीर' से। इससे उनके प्रति उनका सम्मान और प्रेम-भाव भी व्यंजित होता है, ठीक वैसे ही, जैसे मुक्तिबोध ने अपनी एक कविता में मजदूरों और मजदूरिनों को स्याह गुलाब और स्याह सेवन्ती कहा है!

बादल जब क्रान्तिकारी हैं, तो यह स्वाभाविक है कि धनी उनके गर्जन से काँप उठें। ये धनी कौन हैं? ये वे हैं, जिनका खजाना रुपयों से रुँधा या ठँसा हुआ है, लेकिन फिर भी जिन्हें सन्तोष नहीं है। ये क्रान्तिकारी बादलों के वज्र-गर्जन से इतना डर गए हैं कि अपनी स्त्रियों से लिपटे होने पर भी काँप रहे हैं। 'अंगना-अंग' भी उनके लिए 'आतंक-अंक' हो रहा है! डर के मारे उन्होंने अपनी आँखें और अपना मुख ढँक लिया है। अन्तिम बन्द की आरम्भिक पंक्तियाँ हैं–

रुद्ध कोष, है क्षुब्ध तोष,
अंगना-अंग से लिपटे भी
आतंक-अंक पर काँप रहे हैं
धनी, वज्र-गर्जन से बादल!
त्रस्त नयन-मुख ढाँप रहे हैं।

जैसे यह स्वाभाविक है, वैसे ही किसानों का क्रान्तिकारी बादलों का आह्वान करना भी। ये किसान ऐसे हैं, जिनकी बाँहों में बल नहीं रहा और जिनका शरीर टूट चुका है। सामन्ती उत्पीड़न ने उनका सारा रक्त चूस लिया है। अब वे कंकाल-मात्र रह गए हैं। वे बहुत अधीर होकर बादलों को पुकारते हैं। यहाँ भी पंक्तियाँ शुरू में और बीच में छन्दोबद्ध हैं, चौदह-चौदह और पन्द्रह-पन्द्रह मात्राओं की। तुकान्त तो वे हैं ही :

जीर्ण बाहु, है शीर्ण शरीर,
तुझे बुलाता कृषक अधीर,
ऐ विप्लव के बीर!
चूस लिया है उसका सार,
हाड़-मात्र ही हैं आधार,
ऐ जीवन के पारावार!

इन पंक्तियों में सर्वाधिक महत्त्वपूर्ण उक्ति है–'जीवन के पारावार'। यह बहुत सशक्त उक्ति भी है। बादल किसानों में जीवन का, आशाओं का और आकांक्षाओं का संचार करनेवाले हैं। वे उनके लिए क्रान्तिकारी हैं, साक्षात् क्रान्तिरूप।

इस कविता का सौन्दर्य भी इसे प्रकृति-कविता के रूप में देखने में ही है, सामाजिक कविता के रूप में नहीं। कवि की क्रान्तिकारी सामाजिक चेतना इस कविता में अवश्य अभिव्यक्त हुई है, पर वह प्रकृति के अधीन है, प्रकृति उसके अधीन नहीं, जैसा कि समझाने की कोशिश की गई है।

3

छहों कविताओं को एक शृंखला में देखने पर बादलों का एक व्यापक रूप आँखों के सामने उभरता है। ये बादल स्वच्छन्द हैं, उद्दाम हैं, लोककल्याणकारी हैं, प्रेम के सन्देशवाहक हैं, परमात्मा का अवतार हैं और क्रान्तिकारी हैं। जो बात स्मरणीय है, वह यह कि वे सभी रूपों में बादल हैं। उनके असली रूप को भुलाकर 'बादल-राग' को नहीं समझा जा सकता। छहों कविताएँ एक ही विषममात्रिक छन्द में रची गई हैं और एक ही प्रकार की चित्र और ध्वनि से भरी हुई भाषा में, इसलिए परस्पर स्वतन्त्र होते हुए भी बहुत बार ये एक ही कविता की तरह प्रतीत होती हैं। सम्पूर्ण रूप में इस कविता की भाषा और शिल्प, अपनी कल्पनाशीलता के साथ, द्विवेदीयुगीन कविता के बाद एक लम्बी छलाँग मालूम पड़ती है। यहाँ यह भी स्मरणीय है कि ये निराला की आरम्भिक दौर की कविताएँ हैं। इनमें वस्तुतः उन्होंने खड़ीबोली की जमीन की गहराई से जुताई की है और उसमें झूमती हुई फसल खड़ी कर दी है। 1922 में पन्तजी ने भी 'बादल' शीर्षक अपनी प्रसिद्ध कविता लिखी थी, जो कि 'पल्लव' में संगृहीत है। इस कविता से 'बादल-राग' को मिलाकर देखने पर पता चलता है कि 'बादल-राग' जहाँ निराला की शक्तिशाली सृजनात्मक कल्पना की देन है, वहाँ 'बादल' कवि की 'फैंसी' की। इसी कारण 'बादल-राग' की कविताएँ जहाँ सुगठित हैं, वहाँ 'बादल' के चित्रों में बिखराव है, यद्यपि दोनों के चित्र अनेक बार समान प्रकार के हैं। ये दोनों कविताएँ दोनों कवियों की सृजनात्मक क्षमता के स्वरूप और अन्तर पर बहुत अच्छा प्रकाश डालती हैं। यहाँ शेली की प्रसिद्ध कविता 'द क्लाउड' को भी याद किया जा सकता है, लेकिन उसका पन्त के 'बादल' पर तो प्रभाव है, निराला के 'बादल-राग' पर नहीं। निराला की कविता का ढाँचा बिलकुल अलग है, जिसमें कवि ही बादल को सम्बोधित कर उसका विभिन्न रूपों में परिचय देता है, जबकि पन्त और शेली की कविताओं में बादल स्वयं अपने बारे में कहते हैं, अपना कोमल और कठोर, सुन्दर और उदात्त, रूप प्रस्तुत करते हैं। शेली की कविता पन्त की तुलना में अधिक संगठित है, भव्य भी, लेकिन उसमें निराला-जैसा संगठन नहीं। निराला की अतिरिक्त विशेषता शृंखला की प्रत्येक कविता के पीछे स्थित एक 'आइडिया' है, जो पन्त में तो नहीं ही है, शेली में भी नहीं है। यही 'आइडिया' निराला की प्रत्येक कविता को संरचना प्रदान करता है, जो कि स्पष्टतः प्रगीतात्मक है, नाटकीय अथवा कथात्मक नहीं, अर्थात् वृत्त की तरह फैलनेवाली, सीधी रेखा में चलनेवाली नहीं।

जागो फिर एक बार

'जागो फिर एक बार' शीर्षक से भी निराला की दो कविताएँ हैं, 'बादल-राग' की तरह ही सम्बद्ध होते हुए भी परस्पर स्वतन्त्र। ये 'परिमल' में संकलित होने के पूर्व सर्वप्रथम 'मतवाला' में प्रकाशित हुई थीं, क्रमशः उसके 9 जनवरी और 27 मार्च, 1926 के अंकों में। 'अपरा' के अनुसार इनका रचना-काल 1918 और 1921 है। तो क्या ये भी प्रथम 'अनामिका' के प्रकाशन के पहले ही रची गई थीं? अपने स्वभाव के अनुसार निराला इन कविताओं में भी यत्र-तत्र परिवर्तन करते रहे, लेकिन वे कोई बड़े और महत्त्वपूर्ण परिवर्तन नहीं, इसलिए अध्ययन के लिए इनका 'परिमल' के परवर्ती संस्करणों में मिलनेवाला रूप स्वीकार्य होना चाहिए। कुछ विद्वानों ने यह धारणा फैला रखी है कि पहली कविता शृंगार रस की है, जबकि दूसरी वीर रस की। यह भ्रामक भी है और सरलीकृत भी। दोनों कविताओं का विषय जागरण है, पहली का आध्यात्मिक और दूसरी का राष्ट्रीय।

छायावाद में जागरण को विषय बनाकर असंख्य कविताएँ और गीत रचे गए, प्रसाद से लेकर महादेवी तक के द्वारा। प्रसाद के 'बीती विभावरी जाग री!' और 'अब जागो जीवन के प्रभात' गीत प्रसिद्ध हैं। इसी तरह महादेवी के 'जाग बेसुध जाग!' और 'जाग तुझको दूर जाना!' गीत। 'परिमल' में ही निराला का 'प्रभाती' शीर्षक से यह गीत है–'प्रिय, मुद्रित दृग खोलो!' पन्त की कविता 'प्रथम रश्मि' को भी जागरण-गीत ही मानना चाहिए। यह सब एक व्यापक जागरण का सूचक है, जो बीसवीं शताब्दी के आरम्भिक दशकों में भारतीय समाज के विभिन्न क्षेत्रों में बहुत तेजी से फैला था। 'जागो फिर एक बार' शीर्षक दोनों कविताएँ स्पष्टतः इसी जागरण की प्रेरणा से रची गई हैं और इसी जागरण का प्रसार इनका लक्ष्य है।

इस जागरण का बहुत ही घनिष्ठ सम्बन्ध उन्नीसवीं शताब्दी के भारतीय पुनर्जागरण से था। उसके एक प्रमुख सूत्रधार विवेकानन्द थे। निराला पर उनका प्रत्यक्ष प्रभाव है, खास तौर से उनकी इन कविताओं पर। विवेकानन्द का स्वर उद्‌बोधनात्मक था। गम्भीर दार्शनिक विश्लेषण के साथ वे बहुत ही उदात्त वाणी में यह सन्देश देते थे–'उठो, जागो, जब तक ध्येय तक न पहुँचो, तब तक मत रुको।' उनकी वाणी में गजब का ओज था और वे महान् वक्ता भी थे। उनकी वक्तृता से एक उदाहरण–"उठ खड़े हो, डरो मत। दुख और दुर्बलता के अन्धकार के बीच आत्मा को प्रकाशित होने दो, भले ही वह प्रकाश आरम्भ में अस्पष्ट और फीका हो। तुम्हें साहस मिलेगा और अन्त में तुम सिंह के समान गरज उठोगे, 'मैं वह हूँ, मैं वह हूँ–सोऽहम्, सोऽहम्'।" निराला ने अपनी 'सेवा-प्रारम्भ' नामक कविता में अमरीका में आयोजित विश्व-धर्म-महासभा में दी गई उनकी वक्तृता का उल्लेख

करते हुए उनके बारे में कहा है–'गरजा भारत का वेदान्त-केसरी'। उनकी वाणी विश्व के जिस देश में गूँजी हो, उससे बल भारतीय पुनर्जागरण को मिला; उन्होंने जिस जनता को भी सम्बोधित किया हो, उससे उद्‌बुद्ध भारतीय जनता हुई। उन्होंने 'प्रबद्ध भारत' नामक अपनी अंग्रेजी पत्रिका के मद्रास से अल्मोड़ा स्थानान्तरित होने के अवसर पर अंग्रेजी में एक कविता लिखी थी, 'टु दि एवेकेंड इंडिया'। हिन्दी में उसका अनुवाद काफी बाद में सम्भवतः पन्तजी ने किया। उसकी पहली ही पंक्ति है–'जागो फिर एक बार!' निराला की दोनों कविताओं के पीछे विवेकानन्द की इस पंक्ति के मूल अंग्रेजी रूप ('वंस मोर एवेक!') की स्पष्ट प्रेरणा है। दिलचस्प है कि पन्तजी ने उसका अनुवाद निराला की पंक्ति लेकर किया। मूल से अनुवाद और अनुवाद से फिर मूल! यहाँ यह कह देना भी आवश्यक है कि निराला की कविताओं की प्रेरणा विवेकानन्द की कविता की पहली पंक्ति से भले आई हो, पर उनकी कविताओं के शेष अंश पर उनकी दार्शनिक विचारधारा का प्रभाव होते हुए भी उनकी शेष कविता का कोई प्रभाव नहीं है।

स्वाभाविक रूप से 'जागो फिर एक बार' शीर्षक कविताओं का स्वर उद्‌बोधनात्मक है और इनकी कला वक्तृताप्रधान है। निराला ने मुक्तछन्द को मूलतः संवादधर्मी बतलाया था। ये कविताएँ उसी छन्द में रचित हैं, जिसमें 'जुही की कली', लेकिन मुक्तछन्द की संवादधर्मिता उसकी तुलना में यहाँ प्रबलतर है। इनमें उच्चारण और बलाघात का सौन्दर्य देखते ही बनता है। कवित्त छन्द में आठ वर्णों पर यति का विधान है–'गोरज बिराजै भाल। लहलही बनमाल।/आगे गैया पीछे ग्वाल। गावै मृदु तान री।' उसकी लय के आधार पर रचित मुक्तछन्द भी शिथिल रूप में इसी का अनुसरण करता है। 'जागो फिर एक बार' कविताओं का शीर्षक भी है और उनकी टेक की पंक्ति भी। यह आठ वर्णों की एक पूरी इकाई है। दोनों कविताओं की लय और यति इसी से निर्धारित हुई है। 'फिर' शब्द से यह व्यंजित है कि भारत सदा सोया न था। उसका एक गौरवपूर्ण इतिहास है। अतीत में वह अनेक बार जगा था और सारी दुनिया को अपने तेज एवं शौर्य का परिचय दिया था। कवि उससे कहता है, फिर एक बार जगो।

2

पहली कविता में जगानेवाला कौन है, इसको लेकर विद्वानों में मतभेद रहा है। 'प्यारे' और 'प्रिय' सम्बोधन देखकर कुछ लोगों को लगा है कि वह उस पुरुष की, जिसे जगाया जा रहा है, प्रिया है। इस तरह यह कविता 'बीती विभावरी जाग री!' का उलटा है, क्योंकि इसमें प्रिया ही पुरुष को जगा रही है, पुरुष उसे नहीं जगाता। यह तो सही है कि इस कविता में जगानेवाली नारी ही है, पर वह कौन है, यह कविता के उत्तरार्ध में जाकर स्पष्ट होता है और अन्तिम पंक्तियों तक पहुँचते-पहुँचते यह भी स्पष्ट हो जाता है कि पुरुष कौन है। रवीन्द्रनाथ ने 'गीतांजलि' के पैंतीसवें गीत के अन्त में, जो कि एक सॉनेट है, कहा है–"निज हस्ते निर्दय आघात करि पितः/भारतेरे सेइ स्वर्गे करो जागरित।" उस गीत में जिसे पिता कहा गया है, वह परमात्मा है। इस कविता की स्त्री उसी की प्रतिरूप साक्षात् शक्ति है। वहाँ जागरण देश और समाज से सम्बन्धित है, यहाँ आत्मा से। रामकृष्ण और विवेकानन्द दोनों शक्ति को ईश्वर का प्रतिरूप मानते थे। निराला पर यहाँ उन्हीं का प्रभाव दिखलाई

पड़ता है। कविता में जो पुरुष है, वह भी भारत है, कोई विशिष्ट व्यक्ति नहीं। पुरुष गहरी निद्रा में लीन है। स्त्रीसुलभ सहृदयता से शक्ति कहती हैं, तुम्हें सोते हुए हजारों वर्ष हो गए, अब जगो। स्वभावतः कविता में 'निर्दय आघात' नहीं है। इसमें जो तर्क-योजना है, वह भी कर्कशतापूर्ण नहीं। शुरू से अन्त तक कविता मधुर और सरस बनी रहती है।

पहला बन्द छोटा है–

प्यारे जगाते हुए हारे सब तारे तुम्हें
अरुण-पंख तरुण-किरण
खड़ी खोलती है द्वार–
जागो फिर एक बार!

'मतवाला' में जब यह कविता छपी थी, इसमें 'प्यारे' के बाद सम्बोधन का चिह्न था, 'तुम्हें' के बाद अल्पविराम था और 'पंख' के बाद भी योजक-चिह्न का प्रयोग किया गया था। इसके अलावा 'खोलती है' की जगह निराला ने 'खोल रही' लिखा था, जो कि 'परिमल' के प्रथम संस्करण तक बना रहा। अन्तिम संशोधन को छोड़कर बाकी संशोधन उन्होंने 'परिमल' के प्रथम संस्करण में ही कर दिए थे। ये संशोधन करने का औचित्य क्या था? उन्होंने महसूस किया कि सम्बोधन का चिह्न और अल्पविराम दोनों चरण के प्रवाह में रुकावट डालते हैं। ब्रजभाषा में तो विरामचिह्नों का यह जोर न था, फिर वहाँ उनके चलते कोई उलझन क्यों नहीं होती थी? भारतेन्दु की 'पिय प्यारे तिहारे निहारे बिना' पंक्ति पीछे उद्धृत की जा चुकी है। निराला ने उसी की तरह 'प्यारे' के बाद सम्बोधन के चिह्न को अनावश्यक माना। 'अरुण-पंख' और 'तरुण-किरण' के बीच से योजक-चिह्न हटाकर उन्होंने दोनों पदों पर ध्यान देने का प्रकारान्तर से आग्रह किया, जिससे चित्र स्पष्टता से सामने आए। 'खोल रही' की जगह 'खोलती है' को रखने का कारण यह है कि 'रही' में 'ही' अतिशय प्रधान होकर अपनी महाप्राणता से मधुरता को कम कर देता था। उसकी तुलना में 'खोलती है' में 'है' का ह्रस्व उच्चारण होने से मधुरता बनी रहती है।

'प्यारे' सम्बोधन बहुत ही आत्मीयतापूर्ण है, यद्यपि यह आत्मीयता 'जुही की कली' के 'हेर प्यारे को सेज-पास' वाली नहीं है। 'प्यारे', 'हारे' और 'तारे' में समान ध्वनियों का जो आवर्त है, वह डा. शर्मा के अनुसार निराला की तुलसीदास से सीखी कला का परिणाम है। उन्होंने उनकी यह पंक्ति उद्धृत की है–'केहि हेतु रानि रिसानि परसत पानि पतिहि नेवारई'। तुलसीदास का निराला पर गहरा असर है, लेकिन यह कला तो उनसे लेकर कवित्त-सवैया लिखनेवाले सभी परवर्ती कवियों तक में दिखलाई पड़ती है। ऊपर भारतेन्दु की जो अधूरी कविता-पंक्ति उद्धृत की गई है, उसमें भी 'प्यारे', 'तिहारे' और 'निहारे' का अनुप्रास द्रष्टव्य है। ऐसी स्थिति में यही मानना संगत है कि निराला ने कवित्त की लय पर आधारित मुक्तछन्द में यथासम्भव कवित्त की सानुप्रास पदावली के सौन्दर्य की भी रक्षा की है, बल्कि उससे मुक्तछन्द को संगीतपूर्ण बनाने का बहुत जरूरी काम लिया है। प्रभात-काल में जब तारे लुप्त हो गए हैं और सूर्य की किरणें फूट निकली हैं, शक्ति पुरुष से, जो कि राष्ट्र का वाचक है, कहती हैं कि तुम्हें जगाते-जगाते सारे तारे थक गए, पर तुम्हारी नींद इतनी गहरी है कि तुम नहीं जगे। व्यंजना यह है कि रात में छोटे-छोटे तारे जगे रहे, पर तुम सोए रहे! अब जब वे अस्त हो गए हैं, तुम्हें सुबह की किरणें जगा रही हैं! किरणों को

निराला ने अप्सरा का रूप देकर सजीव कर दिया है। अप्सरा के पास पंख होते हैं। वह सूर्य की किरणों की तरह ही ऊपर से नीचे आई है। उसके पंख अरुण-वर्ण हैं, क्योंकि किरणें उदयकालीन सूर्य की हैं। 'अरुण-पंख तरुण-किरण'—आध्यात्मिक जागरण के लिए यह कैसा भव्य चित्र है—झंकृति से भरपूर! 'पक्ष' की जगह हिन्दी के 'पंख' का प्रयोग करके कवि ने ओजस्विता में माधुर्य का संचार कर दिया है। जैसे ऊपर के शब्दों में अनुप्रास है, वैसे ही 'खड़ी खोलती'-जैसी ठेठ हिन्दी में भी। लय में विराम का हिसाब यह है—'प्यारे जगाते हुए—। हारे सब तारे तुम्हें।/अरुण-पंख तरुण-/किरण—।/खड़ी खोलती है द्वार।' किरण दरवाजे पर खड़ी दस्तक दे रही है। जगानेवाली स्त्री पुरुष को उसकी सूचना देती है और कहती है—तुम तो आध्यात्मिक जागृति में सब देशों से बढ़-चढ़कर थे, एक बार फिर जगकर दुनिया को अपना परिचय दो।

दूसरा बन्द पहले बन्द से थोड़ा बड़ा है, जैसे बात गम्भीर हो और धीरे-धीरे सामने आ रही हो—

आँखें अलियों-सी
किस मधु की गलियों में फँसी,
बन्द कर पाँखें
पी रही हैं मधु मौन
या सोईं कमल-कोरकों में?—
बन्द हो रहा गुंजार—
जागो फिर एक बार!

पुरुष की आँखें बन्द हैं, तो शक्ति को शंका होती है कि वे भौंरों की तरह अपने पंख समेटकर चुपचाप किन्हीं खास फूलों का रसपान कर रही हैं, या कमलों में बन्द होकर सो गईं? प्रसिद्ध है कि सूर्यास्त के बाद जब कमल की पंखुड़ियाँ सिमट जाती हैं, तो उस पर बैठा हुआ भौंरा उसी में कैद हो जाता है। 'कमल-कोरक' निराला ने इसलिए कहा है कि सम्पुटित हो जाने के बाद कमल कलिका की तरह ही प्रतीत होगा। भौंरा रसपान करता रहे या पंखुड़ियों के भीतर सो जाए, इन दोनों ही अवस्थाओं में उसका गुंजार रुक जाएगा। शक्ति चिन्तित हैं कि भारत ऐन्द्रिय सुख की निद्रा में लीन है, उसका गुंजार बन्द है, उसकी अपराजेय आध्यात्मिक वाणी कहीं सुनाई नहीं देती। गुंजार का बन्द होना गहन निद्राजनित शान्ति की व्यंजना करता है।

इस बन्द में प्रयुक्त निराला के शब्दों में काफी माधुर्य है, विषयानुसार। 'आँखें' और 'पाँखें' तथा 'अलियों' और 'गलियों' में अनुप्रास तो है ही, 'मधु की गलियाँ', उनमें 'फँसना' और 'आँखें बन्द कर मधु पीना' में प्रचुर सरसता है। 'गली' और 'फँसना' ठेठ हिन्दी के शब्द हैं, जो सरसता को और बढ़ा देते हैं। 'मधु मौन' और 'कमल-कोरक' में भी अनुप्रास है। 'बन्द हो रहा गुंजार' में 'बन्द' और 'गुंजार' दोनों में अनुनासिकता है। 'अलियों' को 'कमल-कोरक' सन्तुलित भी करता है। रवीन्द्रनाथ ने अपने एक प्रसिद्ध देशभक्तिपूर्ण गीत में भारत के बारे में कल्पना की है कि 'डुबाए धरार रण-हुंकार/भेदि बणिकेर धन-झंकार/महाकाश-तले उठे ओंकार/कोनो बाधा नाहीं मानी!' यहाँ यथार्थ स्थिति का वर्णन है—'बन्द हो रहा गुंजार'। राष्ट्रपुरुष को जगानेवाली शक्ति की व्याकुलता स्वाभाविक है।

तीसरा बन्द आकार में और बड़ा है, माधुर्य में भी बढ़कर, क्योंकि चित्र नए और ताजे हैं, जागरण से सम्बन्धित–

अस्ताचल ढले रवि,
शशि-छवि विभावरी में
चित्रित हुई है देख
यामिनी-गन्धा जगी,
एकटक चकोर-कोर दर्शन-प्रिय,
आशाओं भरी मौन भाषा बहुभावमयी
घेर रहा चन्द्र को चाव से,
शिशिर-भार-व्याकुल कुल
खुले फूल झुके हुए,
आया कलियों में मधुर
मद-उर यौवन-उभार–
जागो फिर एक बार!

यहाँ जागरण के अनेक मोहक चित्र हैं। सूर्यास्त के बाद जब रात्रि में चन्द्रमा की शोभा मूर्त हो उठी, उसे देखकर रजनीगन्धा सोना भूल गई। चन्द्रमा के दर्शनों की पिपासु चकोर-श्रेणी भी उसे एकटक देखती रही, यानी वह भी जाग्रत् रही। चकोर-श्रेणी या चकोर-समूह क्या था?– 'आशाओं-भरी मौन भाषा बहुभावमयी'। अब जब सूर्योदय हो चुका है और चन्द्रमा अस्त होने को है, वह अपनी प्रेमाकांक्षाओं द्वारा, क्योंकि उड़कर वह स्वयं वहाँ पहुँच नहीं सकता, उसे अस्त होने से रोकना चाहता है! अज्ञेय की पंक्ति है–'बाहु मेरे घेरकर तुमको रुके रहे'। वहाँ रोकनेवाले बाहु हैं, यहाँ सिर्फ चाव। सवेरा हो चुका है। सारे खिले हुए फूल ओसकणों के असह्य भार से झुक रहे हैं। कलियाँ भी चटख गई हैं, जैसे जवान हो गई हों। 'आया कलियों में मधुर/मद-उर यौवन-उभार'–कलियों के खिलने का यह वर्णन निराला ने अपनी कविता 'शेफालिका' में भी किया है–'बन्द कंचुकी के सब खोल दिए प्यार से/यौवन-उभार ने/पल्लव-पर्यंक पर सोती शेफालि के।' तात्पर्य यह कि रात में रजनीगन्धा जगी रही, चकोर-समूह जगा रहा, पर वह पुरुष सोया रहा। शक्ति उससे कहती हैं, अब जबकि प्रभात-काल में पूर्वविकसित पुष्प और सद्यःविकसित कलियाँ अपनी जागृति का परिचय दे रहे हैं, तब तो जगो!

यह बन्द और अधिक कलात्मक रचाव से युक्त है। 'रवि' और 'छवि', 'चकोर' और 'कोर', 'चन्द्र' और 'चाव', 'व्याकुल' और 'कुल' तथा 'मधुर' और 'मद-उर' की शब्द-योजना सिद्ध कर देती है कि निराला की कविता शुद्ध भावाभिव्यक्ति न होकर कला की साधना भी है। वे कवि तो थे ही, उत्कृष्ट कलाकार भी थे। 'शशि-छवि विभावरी में/चित्रित हुई है...' इससे जब मैथिलीशरण गुप्त के चित्र 'चारुचन्द्र की चंचल किरणें/खेल रही हैं जल-थल में' की तुलना करते हैं, तो दोनों में वही अन्तर मालूम पड़ता है, जो पेंटिंग और फोटोग्राफी में होता है। यह अन्तर भाव-बोध से लेकर भाषा तक में है। निराला में जटिलता और गहराई है, जबकि गुप्तजी में सरलता और स्पष्टता। 'शिशिरभार-व्याकुल कुल/खुले फूल झुके हुए' इस चित्र में गजब की ताजगी है। 'ल' वर्ण की अनेकशः आवृत्ति से एक कोमल संगीत भी। 'शिशिर-भार-व्याकुल' यह अभिव्यक्ति पाठकों को भी व्याकुल बना देनेवाली है। स्मरणीय

है कि 'कुल' अरबी का शब्द है, जिसे निराला ने निःसंकोच संस्कृत समस्त पद के साथ रखकर अपनी भाषा-नीति ही नहीं, अपने भाषा-विवेक को उदाहृत किया है। 'खुले फूल झुके हुए' यह सरल हिन्दी है, जो 'शिशिर-भार-व्याकुल' की गुरुता को कम कर उसमें गति का संचार करती है। 'आया कलियों में मधुर/मद-उर यौवन-उभार' की सजीवता और सजगता के बारे में कुछ कहने की आवश्यकता नहीं।

चौथा बन्द तीसरे की तुलना में छोटा है और इसमें दृष्टान्त प्रकृति-लोक से नहीं, मनुष्य-लोक से दिया गया है। शक्ति पुरुष से कहती हैं कि अभी तक पपीहे पी-पी की वह रट लगाए हुए हैं, जो विरहाग्नि में दग्ध वधू के लिए बहुत ही उद्दीपनकारी थी। अब सुबह हो गई है, यह वधू अपनी शय्या पर पिछली बातों और अपने प्रिय के साथ बिताई गई रातों को याद कर अपनी आँखें बन्द कर लेती है। व्याकुलतावश उसकी आँखों से आँसू ढुलक पड़ते हैं, जो उसकी व्यथा को काफी कम कर देते हैं। तात्पर्य यह कि यह वधू भी रात-भर जगती रही, पर वह पुरुष सोया रहा, जबकि गीता में कहा गया है कि 'या निशा सर्वभूतानां तस्यां जागर्ति संयमी'। निराला के लिए प्रेम की लगन भी आध्यात्मिक लगन की तरह है, विरह का जागरण भी आत्मा के जागरण की तरह। बन्द इस प्रकार है–

पिउ-रव पपीहे प्रिय बोल रहे,
सेज पर विरह-विदग्धा वधू
याद कर बीती बातें, रातें मन-मिलन की
मूँद रही पलकें चारु,
नयन-जल ढल गए
लघुतर कर व्यथा-भार–
जागो फिर एक बार!

यहाँ भी 'पिउ-रव पपीहे प्रिय', 'विरह-विदग्धा वधू', 'बातें' और 'रातें', 'मन-मिलन', 'नयन-जल ढल' और 'लघुतर कर' की अनुप्रासपूर्ण योजना है। तत्सम और तद्भव शब्द विचित्र प्रकार से मिले हुए हैं–'पिउ' के साथ 'रव', 'पपीहे' के साथ 'प्रिय', 'सेज' के साथ 'विरह-विदग्धा वधू', उसके साथ 'याद कर बीती बातें', 'पलक' के साथ 'चारु' और 'नयन-जल' के साथ 'ढलना' क्रियापद। 'जल' का प्रयोग बहुवचन में इसलिए हुआ है कि यहाँ वह जल-बिन्दु का अर्थ देता है। तुलसीदास के बाद भाषा के रचाव में ऐसा कुशल हिन्दी में दूसरा कोई कवि नहीं। रीतिकाल के कवियों में भी बहुत रचाव है, लेकिन वहाँ बहुत बार वह काम भाव की कीमत पर किया गया है। तुलसीदास और निराला में कलात्मक रचाव भाव को निखारता है, उसकी सौन्दर्य और प्रभाव-वृद्धि करता है, उसे आच्छादित और कुंठित नहीं करता। तत्सम और तद्भव शब्दों का सौन्दर्य इकट्ठे इन्हीं दोनों महाकवियों में देखने को मिलता है, अपनी सम्पूर्ण शक्ति के साथ। निराला के कलात्मक रचाव की परिणति विरह-विदग्धा वधू की तसवीर उभारने में हुई है, जो बहुत ही साफ है, उसे सजाने में नहीं, यह उनकी विशेषता है।

चौथे बन्द के बाद कविता का उत्तरार्ध शुरू होता है, जो उद्बोधनप्रधान है। पाँचवाँ बन्द सबसे बड़ा है, जिसका पूर्वार्ध है :

सहृदय समीर जैसे
पोंछो प्रिय, नयन-नीर

शयन-शिथिल बाहें
भर स्वप्निल आवेश में,
आतुर उर वसन-मुक्त कर दो,
सब सुप्ति सुखोन्माद हो;
छूट छूट अलस
फैल जाने दो पीठ पर
कल्पना-से कोमल
ऋजु-कुटिल प्रसार-कामी केश-गुच्छ।

पुरुष की निद्रा निराशाजनित भी है, जिसका संकेत दूसरे बन्द में 'या सोई कमल-कोरकों में' से मिलता है। जगानेवाली नारी उससे कहती है कि हवा जैसे आँखों के आँसू सुखा देती है, तुम भी सोने से शिथिल पड़ी हुई अपनी बाँहों को मृदु झटका देकर हाथों से अपने आँसू पोंछ डालो। तुम्हारा हृदय प्रभात-वायु का स्पर्श पाने के लिए आतुर है। उस पर से कपड़े हटाकर बाहर आ जाओ। बाहर की मुक्त वायु में तुम्हारा सारा उन्माद, सारा आलस्य दूर हो जाएगा। तुम अपनी पीठ पर अपने लम्बे-लम्बे सिमटे हुए बालों को बिखर जाने दो। स्वाभाविक रूप से यहाँ विवेकानन्द की यह वाणी कानों में गूँजती है–'खोल दो अपने हृदय के कपाट, जिससे सत्य की शुभ्रोज्ज्वल किरणें भीतर प्रवेश कर सकें।'

निराला ने 'समीर' के लिए 'सहृदय' विशेषण का प्रयोग किया है। आँखों के आँसू पोंछ देनेवाला समीर सहृदय ही तो होगा! उसी तरह आवेश के लिए 'स्वप्निल' का प्रयोग किया गया है। यह छायावादी कवियों का प्रिय विशेषण था। जिसे वे सुन्दर समझते थे, वह उनके लिए 'स्वप्निल' होता था। यहाँ आवेश जाग्रत् अवस्था का है, लेकिन स्पृहणीय होने के कारण कवि उसे 'स्वप्निल' कहता है। जागरण आध्यात्मिक है, इसलिए सभी प्रकार के भौतिक अथवा ऐन्द्रिय 'सुखोन्माद' की सुप्ति आवश्यक है। सीधे और घुँघराले तथा फैल जाने के लिए उत्सुक बालों के प्रसंग में निराला ने 'अलस' शब्द और 'कल्पना-से कोमल' उक्ति का प्रयोग किया है। ये दोनों भी छायावादी कवियों के लिए प्रिय रहे हैं। 'अलस' शब्द का प्रयोग यहाँ क्रियाविशेषण के रूप में है, यानी बाल हौले-से या धीरे-से फैलें, तेजी से नहीं। इसी तरह छायावादी कवि द्वारा कल्पित पुरुष के बाल कोमल हैं, तो कल्पना की तरह। छायावादी कवि कोमलता के तो आग्रही थे ही, 'स्वप्न' की तरह 'कल्पना' भी उन्हें प्रिय थी, बल्कि विद्वानों ने तो इसी को रोमांटिक कविता की सबसे बड़ी विशेषता बतलाया है। 'राम की शक्ति-पूजा' में जैसे यही चित्र उदात्त बनकर आया है–'दृढ़ जटामुकुट हो विपर्यस्त प्रतिलट से खुल/फैला पृष्ठ पर, बाहुओं पर, वक्ष पर, विपुल/उतरा ज्यों दुर्गम पर्वत पर नैशांधकार...।' 'सहृदय समीर', 'पोंछो प्रिय', 'नयन-नीर', 'शयन-शिथिल', 'आतुर उर' और 'सुप्ति सुखोन्माद' पहले की तरह ही सानुप्रास पद हैं। 'कल्पना-से कोमल/ऋजु-कुटिल प्रसार-कामी केश-गुच्छ' में 'क' वर्ण की अनेकशः आवृत्ति उक्ति को आकर्षक बना रही है।

इस बन्ध का उत्तरार्ध यह है–

तन-मन थक जाएँ,
मृदु सुरभि-सी समीर में
बुद्धि बुद्धि में हो लीन,

मन में मन, जी जी में
एक अनुभव बहता रहे
उभय आत्माओं में,
कबसे मैं रही पुकार–
जागो फिर एक बार!

शक्ति पुरुष से कहती हैं कि वह उनसे एकात्म होकर शरीर और मन दोनों से तृप्ति लाभ करे। जैसे वायु में गन्ध मिली हुई है, उसकी बुद्धि उनकी बुद्धि में, उसका मन उनके मन में और उसके प्राण उनके प्राणों में लीन हो जाएँ। फिर उसकी आत्मा उनसे अभिन्न होकर एक ही आनन्द की अनुभूति करे। वे कब से टेर लगा रही हैं।

अन्तिम बन्द–

उगे अरुणाचल में रवि
आई भारती-रति कवि-कंठ में,
क्षण-क्षण में परिवर्तित
होते रहे प्रकृति-पट,
गया दिन आई रात,
गई रात, खुला दिन,
ऐसे ही संसार के बीते दिन, पक्ष, मास,
वर्ष कितने ही हजार–
जागो फिर एक बार!

यह काल-चक्र का वर्णन है। सूर्योदय होता है, उसके साथ कवि काव्य-रचना शुरू करते हैं, फिर प्रकृति पटपरिवर्तन करती है और दिन के बाद रात आ जाती है। यह सिलसिला चलता रहता है–रात के बाद फिर दिन, इसी तरह दिन, पक्ष और मास बीतते जाते हैं। पुरुष के प्रति शक्ति के शब्द हैं–काल-चक्रानुसार हजारों वर्ष बीत गए, पर तुम जिस मायिक निद्रा में लीन हो, उससे जगे नहीं। अब तुम्हें जगना है, एक बार फिर जगो और विश्व को ज्ञान का सन्देश दो। हजारों वर्षों की निद्रा–यहाँ आकर यह अच्छी तरह से स्पष्ट हो जाता है कि जिसे जगाया जा रहा है, वह व्यक्ति नहीं, पूरा राष्ट्र है, और जो जगानेवाली नायिका है, वह भी कोई साधारण नायिका न होकर स्वयं शक्ति हैं।

इस अन्तिम बन्द में एक ओजस्विता है, उसकी आरम्भिक पंक्तियों में 'रवि' और 'कवि', 'प्रकृति-पट' तथा 'भारती-रति' ये शब्द बहुत ही मुखर हैं। अन्य शब्दों के साथ 'कंठ' के बाद 'पट' तबले की जोरदार ठनकार के बाद हलकी ठनकार की तरह है। इन पंक्तियों की ओजस्विता को 'अरुणाचल' और 'क्षण-क्षण' का 'ण' भी पुष्ट करता है। अन्तिम पंक्तियों में सरल और मधुर हिन्दी है, जिसके स्तर को 'संसार' और 'हजार' का अनुप्रास तथा 'पक्ष' और 'वर्ष'-जैसे शब्द ऊपर उठाकर रखते हैं।

3

विवेकानन्द का एक कथन है–"केवल आध्यात्मिक स्वतन्त्रता की चिन्ता करना और सामाजिक स्वतन्त्रता की चिन्ता न करना एक दोष है, किन्तु इसका उलटा होना तो और

भी बड़ा दोष है। आत्मा और शरीर दोनों की स्वतन्त्रता के लिए प्रयत्न किया जाना चाहिए।'' स्वभावतः निराला ने आध्यात्मिक जागरण को विषय बनाकर एक कविता लिखने के बाद उसी शृंखला में राष्ट्रीय जागरण को विषय बनाकर एक दूसरी कविता भी लिखी। डा. रामविलास शर्मा ने 'निराला' नामक अपनी पुस्तक में कहा है कि यह दूसरी कविता गुरु गोविन्द सिंह पर लिखी गई है, जबकि यह एक राष्ट्रीय उद्‌बोधन की सामान्य कविता है, जिसमें निराला भारतीयों को सीधे सम्बोधित करते हैं और इसमें गुरु गोविन्द सिंह का सिर्फ किंचित् विस्तृत हवाला है। उसका कारण भी विवेकानन्द ही हैं। उनके शब्द हैं : ''जब तक लोग अपने में एक प्रकार के ध्येय का अनुभव नहीं करेंगे, तब तक कभी एक सूत्र से आबद्ध नहीं हो सकते। जब तक उनका ध्येय एक न हो, तब तक सभा, समिति और वक्तृता से साधारण लोगों को एक नहीं किया जा सकता। गुरु गोविन्द सिंह ने उस समय क्या हिन्दू, क्या मुसलमान सभी को समझा दिया था कि वे सब लोग कैसे घोर अत्याचार तथा अविचार के राज्य में बस रहे हैं। गुरु गोविन्द सिंह ने किसी प्रकार के नए ध्येय की सृष्टि स्वयं नहीं की। केवल सर्वसाधारण जनता का ध्यान इसकी ओर आकर्षित कर दिया था। इसीलिए हिन्दू-मुसलमान सब उनको मानते हैं। वे शक्ति के साधक थे। भारत के इतिहास में उनके समान बिरला ही दृष्टान्त मिलेगा।'' विवेकानन्द ने अन्य अवसरों पर भी गुरु गोविन्द सिंह का उल्लेख किया है। निराला ने स्पष्टतः उन्हीं से प्रेरित होकर इस कविता में उनकी याद दिलाई है।

सिक्खों में एक उक्ति प्रचलित है–'सवा लाख से एक लड़ाऊँ।/तो गोविन्द सिंह नाम कहाऊँ।' विवेकानन्द ने इस उक्ति को भी उद्धृत किया है और उसका यह अर्थ बतलाया है–''गुरु गोविन्द सिंह से नाम (दीक्षा) सुनकर प्रत्येक मनुष्य में सवा लाख मनुष्य से अधिक शक्ति संचारित होती थी। उनसे दीक्षा ग्रहण करने पर उनकी शक्ति से यथार्थ धर्मप्राणता उपस्थित होती थी और प्रत्येक शिष्य का हृदय ऐसे वीर भाव से प्रेरित हो जाता था कि वह उस समय सवा लाख विधर्मियों को पराजित कर सकता था।'' निराला ने अपनी कविता में यह उक्ति भी दी है। वे उसके पहले बन्द में कहते हैं–

समर में अमर कर प्राण,
गान गाए महासिन्धु-से
सिन्धु-नद-तीर वासी!–
सैंधव तुरंगों पर
चतुरंग चमूसंग;
''सवा-सवा लाख पर
एक को चढ़ाऊँगा,
गोविन्द सिंह निज
नाम जब कहाऊँगा।''
किसने सुनाया यह
वीर-जन-मोहन अति
दुर्जय संग्राम-राग,
फाग का खेला रण

बारहों महीनों में?–
शेरों की माँद में
आया है आज स्यार–
जागो फिर एक बार!

युद्ध में अपने प्राण गँवाने को अमरता की प्राप्ति समझनेवाले और समुद्र के गर्जना-भरे स्वर में गान गानेवाले कौन थे? सिन्धुतट के वासी यानी पंजाबनिवासी, अपने घोड़ों पर सवार, चतुरंगिणी सेना के साथ। उन्होंने ही धर्म की रक्षा के लिए सिक्खधर्म या खालसाधर्म का वरण किया था। वीरों को अतिशय मोहित कर लेनेवाला दुर्जय संग्राम-राग, जिसकी उक्ति के रूप में विवेकानन्द की जुबानी व्याख्या की जा चुकी है, उन्हीं का था। उन्हीं से उसे सबने सुना था। वे ऐसे योद्धा थे, जो फाग खेलने की तरह युद्ध करते रहे। फाग या होली केवल फागुन में खेली जाती है, लेकिन उन्होंने शत्रुओं के खून की होली बारहों महीने खेली। निराला भारतीयों को सिंह कहते हैं और भारत को उन सिंहों की माँद। वे उन्हें ललकारते हैं कि उनकी माँद में सियार घुस आए हैं और वे उनसे डरे हुए हैं! उन्हें भगाने के लिए उनकी एक दहाड़ काफी है, बशर्ते वे जगें। यहाँ दो बातें ध्यान देने लायक हैं। एक तो यह कि निराला सिक्खों के धार्मिक युद्ध को राष्ट्र के मुक्तियुद्ध के रूप में परिणत कर देते हैं और दूसरे, अंग्रेजों को इसलिए सियार कहते हैं कि इस देश में वे चोरी से व्यापारी के रूप में घुसे थे। 'समर-अमर', 'प्राण-गान', 'चतुरंग-चमूसंग' और 'राग-फाग' के युग्म कविता की भाषा में झंकृति पैदा करते हैं और 'फाग का खेला रण बारहों महीनों में' यह शौर्यपूर्ण युद्ध का बहुत ही भव्य और ओजस्वी चित्र सामने लाता है। 'शेरों की माँद में आया है आज स्यार' यह उक्ति सरल होते हुए भी प्रचंड है, क्योंकि यह जनता में वीर-भाव का ज्वार उठा देनेवाली है।

दूसरे बन्द में निराला 'परमात्मा सत्य है' कहने के बदले यह ओजस्वी वाणी उचारते हैं–'सत् श्री अकाल', सिक्खों का सन्दर्भ आया है इसलिए उन्हीं से ली हुई। 'अकाल' से उन्हें महाकाल अर्थात् शिव की याद आ जाती है और कहते हैं–'भाल-अनल धक धक कर जला,/भस्म हो गया था काल–/तीनों गुण–ताप त्रय'। यह शिव की तीसरी आँख है, जिससे उन्होंने काम को ही नहीं, तीनों कालों (भूत, वर्तमान और भविष्य), तीनों गुणों (सत्त्व, रज और तम) और तीनों तापों (आध्यात्मिक, आधिदैविक और आधिभौतिक) को जलाकर भस्म कर दिया था। इन तमाम चीजों का सम्बन्ध लौकिक प्राणियों से होता है। भारतीयों के देवता शिव अलौकिक हैं, इसलिए उनसे परे हैं। भारतीयों पर उनका वरदहस्त है, इसलिए वे भी उनका अतिक्रमण कर उनके भय से सदा के लिए मुक्त हो गए हैं, स्वयं शिव के समान। अब निराला भारतीयों को 'अमृत-सन्तान' कहकर सम्बोधित करते हैं, श्वेताश्वतरोपनिषद् के रचयिता ऋषि की वाणी 'शृण्वन्तु विश्वे अमृतस्य पुत्रा' की याद दिलाते हुए, और कहते हैं, शोकविमुक्त! तुम तो योग के मृत्युगत सभी निचले चक्रों का तीव्रता से भेदन कर सहस्रार के ऊपर तक उठे थे, फिर तुम इस तरह पस्त नींद में क्यों पड़े हो? निराला ने यहाँ षट्चक्र का उल्लेख न कर 'सप्तावरण' कहा है। 'पंचवटी-प्रसंग' की चौथी कविता में भी 'सप्तम सोपान' का जिक्र है, इसी तरह 'शेफालिका' कविता में भी। ये वेदान्त की सप्तभूमियाँ हैं, योग के छः चक्रों–मूलाधार, स्वाधिष्ठान, मणिपूर, अनाहत,

विशुद्ध और आज्ञा—के साथ सहस्रार से मिलती-जुलती। 'श्रीरामकृष्णवचनामृत' के पहले खंड में एक स्थान पर रामकृष्ण का यह वचन उद्धृत है—'वेदान्त की सप्तभूमि और योगशास्त्र के षट्चक्र आपस में बहुत कुछ मिलते-जुलते हैं।' निराला में उन्हीं के प्रभाव से यह 'सप्तावरण' है। इस बन्द में 'भाल-अनल धक धक कर जला' यह चित्र बहुत ही उदात्त है। 'ल'-जैसे घोष वर्ण की तीन बार आवृत्ति तो उसमें सहायक हुई ही है, 'धकधक' यह अनुकरणात्मक शब्द इतना सशक्त है कि दहकती हुई अग्नि प्रत्यक्ष हो जाती है। इसी तरह 'शिव' के लिए 'व्योमकेश'—व्योम ही जिसका केश है—विशेषण का प्रयोग भी उदात्त है। 'अकाल-भाल', 'ताप-त्रय', 'समान-अमृत-सन्तान' और 'सप्तावरण-मरण' ये शब्द-युग्म सानुप्रास तो हैं ही, 'आ' स्वर की पुनः-पुनः आवृत्ति के कारण ओजस्वी भी हैं।

चौथा बन्द अपेक्षाकृत सरल है, लेकिन ओज से भरपूर। निराला भारतीयों से कहते हैं कि सिंहनी की गोद से उसके शिशु को छीनने का साहस किसी को नहीं होता। यदि कोई ऐसा करे भी, तो वह प्राण रहते ऐसा न करने देगी। कमजोर तो भेड़ होती है कि उसकी सन्तान को कोई हिंस्र जन्तु उससे छीन लेता है, तो वह एकटक देखती अपने भाग्य पर आँसू बहाती रह जाती है कि उसका जन्म ही भेड़ की जाति में क्यों हुआ। प्रकारान्तर से निराला भारतीयों को यह कहकर उत्साहित करते हैं कि वे सिंह की जाति के हैं, फिर उनका हक उनसे विदेशी कैसे छीन सकते हैं?—

सिंही की गोद से
छीनता रे शिशु कौन?
मौन भी क्या रहती वह
रहते प्राण? रे अजान!
एक मेषमाता ही
रहती है निर्निमेष—
दुर्बल वह—
छिनती सन्तान जब
जन्म पर अपने अभिशप्त
तप्त आँसू बहाती है

भारतीयों को सिंहनी का दृष्टान्त देना उन्हें उनके विस्मृत बल का ज्ञान कराना है, साथ ही उनके आचरण को भेड़ के योग्य बतलाना उनकी ऐसी भर्त्सना, जो तुरत उन्हें संघर्ष के लिए उद्यत कर दे। प्रसंग भी बहुत मार्मिक और आत्मीयता से भरा है, अपनी सन्तान का छीना जाना। स्पष्टतः यह उक्ति सरल होते हुए भी अतिशय वेधक है। 'मेष' और 'निमेष' तथा 'अभिशप्त' और 'तप्त' का अनुप्रास यह याद दिलाने के लिए काफी है कि तीव्र आवेश के क्षणों में भी निराला को वाक्कला विस्मृत नहीं होती, क्योंकि वे जानते हैं कि यही चीज भाव को कविता में परिणत करती है।

इस बन्द की अन्तिम पंक्तियाँ हैं—

किन्तु क्या?
'योग्य जन जीता है',
पश्चिम की उक्ति नहीं—

गीता है, गीता है—
स्मरण करो बार-बार—
जागो फिर एक बार!

भारतीयों की योग्यता वे प्रमाणित कर चुके हैं, फिर संघर्ष में उनके जीवित बच निकलने में क्या सन्देह हो सकता है? ऐसी स्थिति में घबड़ाने की कोई बात नहीं। 'योग्य जन जीता है'—यह 'सर्वाइवल ऑफ द फिटेस्ट' इस पश्चिमी उक्ति का अनुवाद है। निराला बल देकर कहते हैं, नहीं, यह तो गीता का उपदेश है, जो महाभारत-युद्ध में सत्य प्रमाणित हो चुका है। इसे बार-बार याद करके पुनः एक बार जग उठने की जरूरत है। यहाँ 'योग्य जन' का मतलब है, वह व्यक्ति, जिसका अधिकार हो, जिसके पक्ष में सत्य हो। पांडव ऐसे ही थे, इसलिए युद्ध में वही जीवित बचे और कौरव मृत्यु को प्राप्त हुए।

विवेकानन्द ने भारतीयों से बार-बार कहा था कि 'तुम सभी बलशाली सिंह हो' और फिर यह कि तुम्हारे भीतर 'ब्रह्मसिंह' सुप्त है, उसे जाग्रत् करो। वे दुर्बल के लिए भेड़ और कायर के लिए सियार की भी नजीर देते थे। इस कविता में यह सारा कुछ है। साथ ही उनका यह कथन भी कि 'योग्यतम ही जीवित रहेगा और सत्य और शिव की अपेक्षा योग्यतम और हो ही क्या सकता है?'

कविता के अन्तिम बन्द में निराला पहले भारतीयों को उनकी विशेषता बतलाते हैं, फिर उन्हें ढाढ़स बँधाते हैं कि 'काल-चक्र में हो दबे/आज तुम राजकुँवर!—समर-सरताज!' भारतीयों की विशेषता यह है कि उनकी वीरता पशुओं से भिन्न है। वह इस तरह कि वे अपनी वीरता सिर्फ युद्ध में प्रदर्शित करते हैं, निरपराध और दीन जनों को पीड़ित करने में नहीं। वे 'समर-शूर' हैं, 'कूर' नहीं। 'हिन्दू' में मैथिलीशरण गुप्त एक स्थल पर हिन्दुओं की विशेषता यह कहकर बतलाते हैं कि 'वह सत्ता, वह साहस, शौर्य/किन्तु साथ ही वह अक्रौर्य।' वही बात यहाँ भी है। दो युगों के दो जातीय कवियों का स्वर आपस में कैसे मिल जाता है, यह देखने लायक है। भारतीयों को 'राजकुँवर' और 'समर-सरताज' कहकर सम्बोधित करने में उनके प्रति प्यार और सम्मान का भाव छलका पड़ता है। ऐसा लगता है कि तद्भव 'कुँवर' के द्वारा जो प्यार व्यक्त किया जा सकता था, वह तत्सम 'कुमार' के द्वारा नहीं। इसी तरह 'समर' और 'सरताज' इन विजातीय शब्दों के मेल में जो बात है, 'समर-शिरोमणि' में नहीं हो सकती थी। ऊपर भी निराला ने तद्भव की मिठास से खिंचकर 'कूर' शब्द का प्रयोग किया है, 'क्रूर' का नहीं। जहाँ तक रचाव की बात है, 'समर-शूर' और 'समर-सरताज' का अनुप्रास ही नहीं, 'शूर' और 'कूर' तथा 'राज' और 'सरताज' का अनुप्रास भी ध्यातव्य है।

इस बन्द की और कविता की अन्तिम पंक्तियाँ हैं—

पर क्या है?—
सब माया है, माया है,
मुक्त हो सदा ही तुम,
बाधा-विहीन-बन्ध छन्द ज्यों,
डूबे आनन्द में सच्चिदानन्द-रूप।
महामन्त्र ऋषियों का

अणुओं-परमाणुओं में फूँका हुआ—
"तुम हो महान्, तुम सदा हो महान्,
है नश्वर यह दीन भाव,
कायरता, कामपरता,
ब्रह्म हो तुम,
पद-रज-भर भी है नहीं पूरा यह विश्व-भार—"
जागो फिर एक बार!

सहसा निराला सबकुछ को दार्शनिक स्तर पर उठाकर रख देते हैं और भारतीयों से कहते हैं कि तुम्हारा कालचक्र में दबे रहना, तुम्हारी पराधीनता आदि तो माया है, अपनी आत्मा से तो तुम हमेशा मुक्त हो, आनन्द में डूबे हुए साक्षात् ब्रह्म के समान। विवेकानन्द की वाणी है—"वेदान्त डंके की चोट पर कहता है कि यदि तुम अपने को बन्धन में समझते हो, तो बन्धन में पड़े रहोगे; यदि तुम जानते हो कि तुम मुक्त हो, तो बस मुक्त हो गए। इस प्रकार इस दर्शन का चरम लक्ष्य तथा उद्देश्य हमें यह बोध कराता है कि हम सदैव मुक्त रहे हैं और नित्य मुक्त रहेंगे।" निराला के सामने मुक्ति भी मुक्तछन्द के रूप में आती थी, इसलिए वे 'बाधा-विहीन-बन्ध छन्द ज्यों' का प्रयोग करते हैं। मुक्तछन्द छन्द होने से 'बन्ध' है, लेकिन मुक्त होने से बाधाविहीन अथवा निर्बन्ध। आगे की पंक्तियाँ इसी अंश का बढ़ाव हैं। ऋषियों ने भारतीयों को यह मन्त्र दिया था कि तुम महान् हो, तुम्हारा दैन्य-भाव, तुम्हारी कायरता और तुम्हारी इच्छापरता सभी नश्वर हैं। अनश्वर केवल आत्मा है, जो स्वयं ब्रह्म है। तुम ब्रह्म हो, इसलिए सम्पूर्ण ब्रह्मांड का भार तुम्हारे पाँव की धूलि के बराबर भी नहीं है! पुनः स्मरणीय हैं विवेकानन्द, जिन्होंने कहा था कि जब पुरुष विश्वव्यापी विराट् रूप में प्रकाशित हो जाता है, तब यह सारा विश्व सिन्धु में एक बिन्दु-सा प्रतीत होने लगता है। तत्पश्चात् यह राष्ट्रीय जागरण की बात—'जागो फिर एक बार!' जाहिर है, वेदान्त का इस्तेमाल भारतीय स्वाधीनता-संग्राम के लिए किया जा रहा है, भारतीयों को उनकी विराटता और अपराजेयता का एहसास कराते हुए। जब वे ब्रह्मरूप हैं, चिर मुक्त, तो राष्ट्रीय मुक्ति तो उसका अवश्यम्भावी परिणाम है, इसलिए जगने के बाद विजय सुनिश्चित है। गुप्तजी ने भी 'वैतालिक' में भारतीयों से कहा है—'निश्चय तुम मुक्तात्मा हो,/परमात्मा युक्तात्मा हो।/...फिर अपने को याद करो,/उठो, अलौकिक भाव भरो।' विवेकानन्द ने वेदान्त को व्यावहारिक जीवन में उतारने पर बहुत बल दिया था और उसका प्रस्थान-बिन्दु बतलाया था अपनी आत्मा की महिमा में विश्वास करना और अपने को मर्त्य क्षुद्र जीव नहीं, बल्कि ब्रह्मसिंह मानना। इस पूरे बन्द को इसकी अन्तिम पंक्ति—'पद-रज-भर भी है नहीं पूरा यह विश्व-भार'—औदात्त्य के अत्युच्च धरातल पर टिका देती है। यहाँ आकर ब्रह्म की कल्पना जैसे साकार हो जाती है। ब्रह्म की विराटता के ही अनुरूप पंक्ति भी बड़ी है। इसकी तुलना में पहले के बन्दों की अन्तिम पंक्तियाँ तो बहुत ही छोटी हैं—'आया है आज स्यार', 'जहाँ आसन है सहस्रार' और 'स्मरण करो बार-बार'। 'पद-रज-भर भी है नहीं' और 'पूरा यह विश्व-भार' वाक्य के इन दोनों खंडों की तुलना करते हैं, तो पता चलता है कि पहला खंड पद-रज की लघुता के ही अनुरूप मुख्यतः लघु वर्णों से निर्मित है और दूसरा खंड विश्व-भार की गुरुता के अनुरूप मुख्यतः गुरु वर्णों से।

4

कहा जा चुका है कि ये दोनों ही कविताएँ वक्तृताप्रधान हैं। वक्तृता और वाग्मिता दो चीजें हैं। वक्तृता का सम्बन्ध जहाँ सच्चाई से होता है, वहाँ वाग्मिता शुद्ध वाक्‌कौशल है, जिसके द्वारा किसी गलत मुकदमे की भी पैरवी की जा सकती है। निराला का विषय आध्यात्मिक और राष्ट्रीय जागरण है, जिसका उनके मन के बहुत ही गहरे स्तर से सम्बन्ध है। स्वभावतः उनकी वाणी में एक ऐसी तड़प है, जो पाठकों पर गहरा असर डालती है। तात्पर्य यह कि उसमें किसी प्रकार की वाक्‌चातुरी नहीं।

आलोचना में वक्तृता और कविता में फर्क किया जाता रहा है। कहा गया है कि कवि जहाँ जीवन को चित्रित करता है, वहाँ वक्ता उसे प्रभावित करने का प्रयास करता है। कवि का लक्ष्य होता है पाठकों की भावना और कल्पना को उत्तेजित करना। वह उन्हें आनन्द प्रदान करता है, मुग्ध बनाता है और उनमें नवजीवन का संचार कर देता है। इसके विपरीत वक्ता श्रोताओं को निर्देश देता है, उन्हें अनेक तर्कों से अपनी भाव और विचार-पद्धति पर लाकर सक्रिय बनाने के लिए प्रयत्नशील होता है। यह फर्क वक्तृता और कविता के ढाँचे को प्रभावित करता है। श्रोताओं को सक्रिय बनाने या उन्हें सहमत करने का लक्ष्य वक्तृता के ढाँचे को भिन्न रूप दे देता है और उसके क्षेत्र को सीमित कर देता है। कवि चूँकि ऐसे किसी तात्कालिक लक्ष्य से मुक्त होता है, इसलिए उसकी कविता का ढाँचा अलग होता है और उसकी अन्तर्वस्तु उदार होती है। लेकिन यह फर्क आत्यन्तिक नहीं है, क्योंकि कोई भी सशक्त वक्तृता काव्यगुण से पूर्णतः रहित नहीं हो सकती। इसी तरह वीरगाथाएँ अनिवार्य रूप से जनता के चरित्र को प्रभावित करती हैं। वक्तृता और कविता दोनों के बीच के फर्क का आत्यन्तिक होना वांछनीय भी नहीं है। आदर्श स्थिति तो यह है कि इन दोनों में एक सातत्य हो, जिसके एक छोर पर कविता का सौन्दर्य हो और दूसरे छोर पर वक्तृता की शक्ति। 'जागो फिर एक बार' बहुत कुछ इसी तरह की कविता है। इसका ढाँचा स्पष्टतः वक्तृतावाला है, उद्‌बोधनात्मक, लेकिन इसमें जो तर्क दिए गए हैं, वे पर्याप्त सरस हैं। पहली कविता में तो तर्क के स्थान पर एक से एक अनूठे चित्र हैं, जो पाठकों को काव्यानन्द प्रदान करते हैं। दूसरी कविता में अवश्य तर्क-योजना है, लेकिन उसे भी यथासम्भव सरस बनाकर रखा गया है। 'गान गाए महासिन्धु-से', 'फाग का खेला रण/ बारहों महीनों में', 'भाल-अनल धक धक कर जला' और 'मुक्त हो सदा ही तुम,/ बाधा-विहीन-बन्ध छन्द ज्यों'—ये कवित्वपूर्ण उक्तियाँ हैं, कोरी वक्तृता नहीं। सबसे बड़ी बात यह कि स्वर उद्‌बोधनात्मक होते हुए भी कविता का अन्त एक उच्च दार्शनिक अनुभूति में हुआ है, किसी निर्देश में नहीं। इसी कारण दोनों ही कविताएँ उद्‌बुद्ध भी करती हैं और आह्लादित भी।

तुलसीदास

'तुलसीदास' निराला का एक बड़ा काव्य-प्रयास है। इसके पहले उन्होंने कोई लम्बी प्रबन्धात्मक कविता नहीं लिखी थी। 'पंचवटी-प्रसंग' में कथात्मक प्रसंग होते हुए भी प्रधानता विचारों की है। 'तुलसीदास' की रचना के पीछे रवीन्द्रनाथ की लम्बी कथात्मक कविताओं की प्रेरणा है। निराला ने सोचा था कि ऐसी कविताओं का एक संग्रह 'गाथा' नाम से तैयार करेंगे, लेकिन चूँकि कविताओं की संख्या नहीं बढ़ी इसलिए 'राम की शक्ति-पूजा' को द्वितीय 'अनामिका' में संकलित कर उन्होंने 1938-39 में 'तुलसीदास' को स्वतन्त्र रूप से प्रकाशित कराया। वैसे इस कविता की रचना वे 1934 में ही कर चुके थे और 1935 के 'सुधा' के अंकों में पाँच किस्तों में यह पूरी की पूरी छप भी चुकी थी।

'तुलसीदास' निराला की एक कठिन कविता मानी जाती है। इसके प्रति शुरू से ही लोगों की धारणा निराशापूर्ण रही है। जब यह कविता 'सुधा' में छप रही थी, उसके सम्पादक और प्रकाशक दुलारेलाल भार्गव ने कहा–'निराला की यह कविता छापने से 'सुधा' की ग्राहक-संख्या घट गई है।' इसकी दुरूहता का ही यह प्रमाण था कि जब यह पुस्तकाकार प्रकाशित हुई, इसके अन्त में इसके कुछ शब्दों और वाक्यों का अर्थ भी दिया गया, जो अनेक स्थलों पर गलत और उलट तो है ही, कहीं से भी कविता की शक्ति और सौन्दर्य की ओर संकेत करनेवाला नहीं है। पता नहीं, यह 'चूर्णिका' किसने तैयार की थी। जिसने भी की हो, उसने 'तुलसीदास' के प्रति पाठकों के मन में अरुचि उत्पन्न करने में कोई कोर-कसर न छोड़ी। निराला के प्रशंसक आलोचकों में से एक पं. नन्ददुलारे वाजपेयी का इस कविता के सम्बन्ध में सुनिश्चित विचार यह है–''कतिपय समीक्षकों ने 'राम की शक्ति-पूजा' और 'तुलसीदास' को निराला की सर्वश्रेष्ठ कृति कहकर विज्ञापित किया है। किन्तु महाकाव्योचित औदात्त्य निराला के अन्तरंग की उपज नहीं। एक तरह से वह अपेक्षाकृत अधिक पांडित्य और परिश्रम का परिणाम है। यह कहा जा सकता है कि निराला के प्रौढ़ व्यक्तित्व के अनुरूप ये कविताएँ हैं, किन्तु यह भी स्मरण रखना होगा कि इस प्रौढ़ता में विघटन के तत्त्व भी मौजूद हैं। पांडित्यपूर्ण कविताएँ अपने में महान होती हैं और उस दृष्टि से, ये कविताएँ भी महान हैं; परन्तु पांडित्य के बल पर विश्व की उत्तम कविता का निर्माण नहीं हुआ, पांडित्य एक साधन के रूप में प्रयुक्त होने पर अपना आलोक कविता में बिखेरता है; परन्तु साध्य रूप में हुआ तो कविता की स्वाभाविकता, मार्मिकता, विरल होने लगती है।'' वाजपेयीजी के मत को किंचित् विस्तार से इसलिए उद्धृत किया गया है कि पाठक उनकी उस कसौटी से भी परिचित हो लें, जिस पर 'तुलसीदास' ही नहीं, 'राम की शक्ति-पूजा' भी उन्हें सही माने में महान् कविता के रूप में स्वीकार्य नहीं।

बौद्धिकता की दुहाई देने के बावजूद उनकी वह कसौटी है स्वाभाविकता और मार्मिकता, जो रोमांटिक कविता की विशेषता मानी जाती है। कहने की आवश्यकता नहीं कि इसके पीछे कविता की 'उमड़कर आँखों से चुपचाप/बही होगी कविता अनजान' वाली धारणा जोर-शोर से स्थित है। ऐसी स्थिति में क्या आश्चर्य, यदि वे कहते हैं–'उक्त दोनों पांडित्यपूर्ण निर्मितियाँ भाव-संवेदन और मार्मिकता की दृष्टि से 'बादल-राग' और 'यमुना के प्रति' जैसी रचनाओं की तुलना में कमजोर पड़ती हैं।' अन्यत्र उन्होंने निराला के दीर्घ प्रगीतों में 'सरोज-स्मृति' को 'शीर्ष स्थान की अधिकारिणी' माना है, क्योंकि उसकी तुलना में उक्त दोनों कविताएँ 'आयास-साध्य और बहिरंग-प्रसाधना से समन्वित' हैं और उनमें उस-जैसी 'अनिवार्यता और गम्भीर संवेदना' नहीं है।

डा. रामविलास शर्मा 'तुलसीदास' के प्रति निश्चय ही वाजपेयीजी से अधिक उदार हैं, लेकिन उनकी टिप्पणी को पढ़कर कोई भी सचेत पाठक यह लक्ष्य किए बिना नहीं रहेगा कि यह कविता उनकी कसौटी पर भी खरी नहीं उतरती। वाजपेयीजी के पास जहाँ स्वच्छन्दतावाद है, वहाँ डा. शर्मा के पास यथार्थवाद, बल्कि क्रान्तिकारी यथार्थवाद, जिसमें संघर्ष का बहुत ज्यादा महत्त्व है। 'तुलसीदास' की उठान बेजोड़ है, लेकिन यह कविता उन्हें तब पसन्द आई, जब उसमें संघर्ष का स्वर प्रकट हुआ! 'साहित्य-साधना-1' से एतत्सम्बन्धी प्रसंग उद्धृत है–" 'चाहिए उसे और भी और,/फिर साधारण को कहाँ ठौर?' करुणा-विगलित तुलसीदास की चेतनाशक्ति संस्कारों के वज्रकपाट तोड़ने को उद्यत है। तुलसीदास के मन की सबसे सक्षम कार्यवाही, कविता का क्लाइमैक्स; विशेष परिश्रम के बिना ही साँचे में ढला हुआ-सा यह बन्द कहीं निराला के अन्तर से उठकर उनकी आँखों के सामने आ गया। अब भाषा से युद्ध करना आवश्यक न था; भावचित्र अन्तस्तल से उठते और शब्दों में स्वतः रूपायित हो जाते।" अज्ञेय ने इस बात पर बल दिया है कि छायावाद और प्रगतिवाद दोनों पर रोमांटिसिज्म का असर है, प्रगतिवाद में सिर्फ प्रतीक-पुरुष भिन्न है। डा. शर्मा के अन्तिम वाक्य पढ़कर यह स्पष्ट हो जाता है कि वे निराला की रक्षा के लिए प्रतिश्रुत हैं, लेकिन उनसे भी वाजपेयीजी वाली कसौटी छूटी नहीं है! ये दोनों ही आलोचक 'तुलसीदास' के चट्टान के समान कठोर बन्दों को देखते हैं, लेकिन उसके भीतर से प्रवाहित कविता के कलकल प्रवाह को नहीं देखते। इन्हें जैसे सरल कविता का चस्का है। निराला से लोग जो सरल भाषा की माँग करते थे, उस पर उन्होंने कहा था कि अभी लोग कहते हैं, भाषा सीधी होनी चाहिए। मुमकिन है, कुछ दिनों में कहने लगें, भाव सीधे होने चाहिए! उन्होंने डा. शर्मा को 'तुलसीदास' का छत्तीसवाँ छन्द सुनाया, जिसमें तुलसीदास के दुर्दम चेतनोर्मियों के प्राण 'करने को ज्ञानोद्धत प्रहार–/तोड़ने को विषम वज्र-द्वार;/उमड़े, भारत का भ्रम अपार हरने को', और उनसे पूछा–कैसा है? उसके बाद डा. शर्मा के शब्दों में–"बहुत बढ़िया–मैंने ऊँची आवाज में कहा। निराला 'परिमल' से आगे बढ़ रहे हैं, अब मुझे विश्वास हो गया था। आरम्भ में वह पूछते–कैसा है? मैं धीमी आवाज में कहता–अच्छा है। जैसे कविता आगे बढ़ी, मेरी आवाज में उल्लास की मात्रा बढ़ती गई।"

जैसा कि ऊपर की चर्चा से स्पष्ट है, 'तुलसीदास' अनुभूतिप्रवण रचना होते हुए भी पन्तजी की कविताओं की तरह अनायासलब्ध या स्वतःस्फूर्त रचना नहीं है। डा. शर्मा ने लिखा है कि निराला की तीन-चार घंटे की मेहनत के बाद उसका पहला बन्द तैयार हुआ

था। 'चेहरे पर थकन, मानो कठिन शारीरिक परिश्रम के बाद पस्त हो गए हों।' उनके अनुसार एक दिन में कविता के दो-तीन से अधिक बन्द तैयार न होते थे। अन्ततः सौ बन्दों में कविता समाप्त हुई। 'कई महीने का परिश्रम; निराला ने इतना श्रम अब तक किसी कविता पर न किया था।' तत्पश्चात् डा. शर्मा ने इस कविता पर यह टिप्पणी की है, जो बहुत सही है—"स्थापत्य की ऐसी पूर्णता, इतने बड़े पैमाने पर ऐसा सुगठित काव्य-शिल्प उनकी किसी रचना में न आया था।" फिर इस रचना को वह महत्त्व क्यों नहीं मिला, जिसकी यह अधिकारिणी है? इसका कारण यह है कि निराला के श्रम के अनुरूप इसे उनकी एक श्रमसाध्य रचना मानकर दरकिनार कर दिया गया। इसके जिस स्थापत्य और शिल्प को जी खोलकर सराहा गया, उसे तो और उनके श्रम की देन माना गया। कविता के स्वरूप का निर्णय उसकी रचना पर किए जानेवाले श्रम के अनुसार किया जाए—यह विचित्र बात है, लेकिन निराला की इस कविता के साथ ऐसा ही हुआ। कविता पर किए जानेवाले श्रम का सम्बन्ध कवि की रचना-प्रक्रिया से है। यह एक शुद्ध व्यक्तिगत चीज है, जिसका रचना के स्वरूप से कोई अनिवार्य सम्बन्ध नहीं। कोई कवि एक बार में ही कविता लिख डालता है, वह उसमें बहुत कम रद्दोबदल करता है, और कोई कवि एक कविता पर महीनों क्या, वर्षों काम करता है और उस क्रम में कभी-कभी उसे बिलकुल बदल डालता है। एक बार में लिखी गई कविता स्वाभाविक और समय लेकर कठिन श्रम के उपरान्त अपना अन्तिम रूप प्राप्त करनेवाली कविता अस्वाभाविक—यह रचना-प्रक्रिया का अतिशय सरलीकरण है। कविता के साथ समय और श्रम व्यय करनेवाले मुक्तिबोध ही नहीं हुए हैं, निराला भी थे, जो कि मूलतः रोमांटिक कवि थे और जिनकी कविताएँ अपने भीतर भावात्मक विस्फोट को दबाए हुए हैं। दूसरी तरफ मुक्तिबोध में भी, जो कि यथार्थवादी कवि माने जाते हैं, रोमांटिक आवेग निराला से कम न था। यह सर्वथा सम्भव है कि एक बैठक में लिखी गई कविता नितान्त बनावटी हो और अनेक वर्षों का समय लेकर तैयार की गई रचना अपनी नैसर्गिकता में अनुपम हो। यह रचना-प्रक्रिया की रहस्यात्मकता है, जिसे भुलाकर कला और सौन्दर्य के क्षेत्र में नहीं चला जा सकता। कहा जा चुका है कि निराला की कठोर और दृढ़बन्ध पदावली के भीतर भाव की छलछलाती हुई स्रोतस्विनी प्रवाहित है। ऐसी स्थिति में जल्दबाजी में पन्त या बच्चन को कसौटी बनाकर निराला या मुक्तिबोध को खारिज कर देना उचित न होगा।

'तुलसीदास' की शब्द-योजना, वाक्य-रचना और बिम्ब-विधान में तो दृढ़ता और प्रगाढ़ता है ही, सर्वप्रथम हमें इसका छन्द आकर्षित करता है। पूरी कविता में कुल सौ बन्द हैं और वे अलग-अलग तराशकर तथा ठोंक-पीटकर कविता में रखे गए हैं। निराला का ढंग कालिदासवाला है, जिनके काव्यों में प्रत्येक सर्ग में गिने-चुने छन्द हैं और प्रत्येक छन्द बहुत ही चुस्त बनाकर तथा सँवारकर कविता में जमाया गया है। कालिदास को पढ़ते समय प्रत्येक छन्द का स्वतन्त्र रूप से भी आनन्द उठाते हुए, उसके सौन्दर्य का अवलोकन करते हुए, आगे बढ़ना पड़ता है। मन पर यह छाप पड़ती है कि कवि-कुल-गुरु महान् कवि ही नहीं, महान् कलाकार अथवा शिल्पी भी थे। तुलसीदास में ऐसा नहीं है। वहाँ प्रत्येक अर्धाली या चौपाई पर रुकने की जरूरत नहीं है, क्योंकि उनमें महत्त्व प्रसंग के वर्णन का है और वे उसी वर्णन के प्रवाह में पाठकों को बहा ले चलते हैं। इसका यह मतलब कतई

नहीं है कि उनके शब्द, वाक्य या बिम्ब अलग से अवधान की माँग नहीं करते, न यह कि वे मात्र कवि थे, कलाकार नहीं। कहना सिर्फ इतना है कि तुलसीदास की प्रत्येक चौपाई उस तरह स्वतन्त्र महत्त्व नहीं रखती, जिस तरह कालिदास का प्रत्येक छन्द, और उनकी कला कालिदास की कला से बिलकुल भिन्न है।

निराला ने 'तुलसीदास' में पुराने छन्दों के योग से एक नया छन्द बना लिया है, जिसका अनुशासन बहुत ही कठोर है। 'भारत के नभ का प्रभापूर्य' यह सोलह मात्राओं का पद्धरि छन्द है, जिसमें आगे चलकर उन्होंने 'सरोज-स्मृति' की रचना की, लेकिन इसमें उसके दो चरणों के बाद वे बाईस मात्राओं का एक चरण रखते हैं और उसके बाद तीनों चरणों की आवृत्ति कर पूरा छन्द तैयार करते हैं। इस छन्द का अनुशासन तब कठोर हो जाता है, जब हम देखते हैं कि सोलह मात्राओंवाले दोनों चरण तो तुकान्त हैं ही, तीसरा चरण भी सोलह मात्राओं के बाद उनसे तुक मिलाता है और बाईस मात्राओंवाले तीसरे चरण की तुक पुनः दो चरणों के बाद आनेवाले बाईस मात्राओंवाले चरण से मिलती है। उदाहरण से बात स्पष्ट होगी–

भारत के नभ का ***प्रभापूर्य***
शीतलच्छाय सांस्कृतिक ***सूर्य***
अस्तमित आज रे–***तमस्तूर्य*** **दिङ्मंडल;**
उर के आसन पर ***शिरस्त्राण***
शासन करते हैं ***मुसलमान;***
है ऊर्मिल जल; ***निश्चलत्प्राण*** *पर* **शतदल**।

तीसरे चरण के फैलाव से उत्पन्न होनेवाला सौन्दर्य अत्यन्त आकर्षक है। लगता है, नदी में लहर उठती है, तीसरे चरण में बढ़कर तट से टकराती है और फिर लौट जाती है। छन्द के उत्तरार्ध में इसी की पुनरावृत्ति होती है और एक के बाद दूसरे बन्द में एक ठहराव के साथ यह सिलसिला चलता रहता है।

इस छन्द के निर्वाह में मुझे सम्पूर्ण रचना में सिर्फ छः स्थानों पर स्खलन मिला है, वर्ना निराला ने उसमें विलक्षण सफलता प्राप्त की है। जिन बन्दों में स्खलन है, वे हैं सातवाँ, सत्रहवाँ, तैंतीसवाँ, सन्तावनवाँ, उनहत्तरवाँ और छिहत्तरवाँ बन्द। इन बन्दों के पूर्वार्ध या उत्तरार्ध में सोलह मात्राओंवाले प्रथम दो चरणों की तुक बाईस मात्राओंवाले तीसरे चरण में अलग-अलग मात्राओं पर मिलती है, जो कि स्पष्टतः अनियमित है। लेकिन इससे रचना को कोई क्षति नहीं पहुँची है, कम-से-कम पाठकों को उसका एहसास नहीं होता। उदाहरण के लिए ये दो अंश–

*मृत्तिका एक, कर सार-**ग्रहण***
खुलते रहते बहुवर्ण ***सुमन,***
त्यों रत्नावली-हार में बँध ***मन*** चमका...
... ...
लेते सौदा जब खड़े ***हाट,***
तुलसी के मन आया ***उचाट;***
सोचा, अबके किस **घाट** उतारें इनको...

छन्द के इस कसाव और तुकों के इस विधान से उसमें कैसा संगीत सम्भव हुआ है, बतलाने की जरूरत न होनी चाहिए। तबले की बद्धियों को जैसे पूरा कस दिया गया है, जिससे उस पर हलका आघात होते ही ठनक सुनाई पड़ती है। यहाँ मैं इस तथ्य की ओर भी संकेत करना चाहता हूँ कि निराला ने 'तुलसीदास' का यह छन्द भी रवीन्द्रनाथ की एक कविता से प्रेरित होकर ही गढ़ा है। उनकी वह कविता है 'अभिसार', जो उनकी सुन्दर और प्रसिद्ध कविताओं में से है। निराला ने उस छन्द की नकल नहीं की, सिर्फ उससे प्रेरणा ली और अपने लिए उसे कठिनतर रूप में पुनर्निर्मित किया। उक्त कविता का दूसरा बन्द यहाँ उद्धृत किया जा रहा है—

काहार नूपुरशिंजित पद सहसा ***बाजिल वक्षे****?*
संन्यासीवर चमकि ***जागिल,***
स्वप्नजड़िमा पलके ***भागिल,***
रूढ़ दीपेर आलोक ***लागिल*** *क्षमासुन्दर* **चक्षे**।

निराला ने इस छन्द में ऊपर दो चरण और जोड़ दिए और तीनों चरणों में तुकों का वैसा ही विधान कर दिया, जैसा नीचे के तीनों चरणों में है। तीसरा चरण अन्त में यहाँ भी पहलेवाले तीसरे चरण के अन्त से तुक मिला रहा है।

इस काव्य में निराला सामाजिक भूमि को दृढ़ता से पकड़ने का प्रयास करते हैं। यह भूमि प्रसाद में स्पष्ट थी, निराला में भी, भले पन्त और महादेवी में नहीं। 'तुलसीदास' 'कामायनी' की तरह का सामाजिक भूमिका पर प्रतिष्ठित काव्य है। ऐसी स्थिति में छायावाद पर यह आरोप बेबुनियाद है कि वह असामाजिक था। उसका तो जन्म ही नए सामाजिक बोध से हुआ था।

मध्ययुग में मुगलों के शासन-काल में शासक और शासित वर्गों में बहुत ज्यादा विषमता थी। शासक वर्गों की जीवन-शैली अतिशय विलासितापूर्ण थी, जबकि किसान, दस्तकार और मजदूर भयानक गरीबी और अभाव के शिकार थे। प्रसिद्ध इतिहासकार सतीशचन्द्र ने लिखा है कि बड़े-बड़े अकाल पड़ना एक आम बात थी, जिनमें माता-पिता अपने बच्चों को ही नहीं बेच देते थे, इस सम्बन्ध में भी सूचना मिलती है कि प्राण-रक्षा के लिए आदमी आदमी को भी खा जाता था। दूसरी तरफ मुगल मनसबदारों का यह हाल था कि उन्हें बहुत ऊँची तनखाहें मिलती थीं, भारी संख्या में उनके पास नौकर-चाकर होते थे और सभी प्रकार के वाहनों की सुविधा के साथ उनके विशाल घुड़सार और हथसार घोड़ों और हाथियों से भरे होते थे। इतना ही नहीं, उनमें से अनेक के हरम भी बहुत बड़े होते थे, जिनमें हर सूबे की और हर किस्म की औरतें रहती थीं। उस समय ऊँची सामाजिक हैसियत वाले व्यक्तियों के लिए यह सामान्य बात मानी जाती थी। जहाँ तक ग्रामीण समाज की बात है, उसमें भी उसी प्रकार का स्तर-भेद और विषमता पर आधारित विभाजन था, जिस प्रकार का ऊपर के समाज में। यह केवल मुसलमानों के लिए ही नहीं, बल्कि हिन्दुओं के लिए भी सही था। किसानों के ऊपर जमींदार थे, जो भू-राजस्व की वसूली करते थे और उनके ऊपर राजा। जमींदारों के पास अपनी सशस्त्र सेना होती थी और वे किले बनाकर रहते थे। उनका वर्ग बहुत ही शक्तिशाली था, जो विभिन्न नामों से सारे देश में फैला हुआ था और किसी भी केन्द्रीय शासन के लिए उसकी उपेक्षा करना आसान न था। हिन्दू धर्म पर लगातार हमले भी हो रहे थे। इस परिस्थिति में भी कुछ हिन्दू, उदाहरण के लिए राजपूत, मुगलों से राजकाज में सहयोग भी करने लगे थे, जिससे मुगल मनसबदारों वाली सुविधा उन्हें भी मिलने लगी थी। भक्ति-आन्दोलन के आखिरी दौर

के कवि तुलसीदास ने इस व्यवस्था को हिन्दू या भारतीय समाज और संस्कृति के पतन के रूप में देखा। उनके मन में इस्लाम के प्रति द्वेष न था, भक्ति-आन्दोलन की मान्यताओं के अनुरूप वे भी धार्मिक उदारता और सहिष्णुता के कायल थे, भारतीय समाज की नई परिस्थिति को स्वीकार कर मिल-जुलकर रहने के पक्षपाती, तथापि अपने महाकाव्य रामचरितमानस के द्वारा उन्होंने पतन के लिए स्वयं हिन्दू समाज को दोषी ठहराते हुए हिन्दू संस्कृति के व्यक्ति, परिवार और समाज-सम्बन्धी सर्वोत्तम मूल्यों के आधार पर उसे पुनर्गठित करने का प्रयास किया। उनका यह प्रयास मध्ययुग का सर्वाधिक महान् प्रयास था। संक्षेप में यही 'तुलसीदास' की रचना की पृष्ठभूमि है। तुलसीदास के प्रति निराला के आकर्षण का अतिरिक्त कारण यह था कि वे एक कवि थे, हिन्दू धर्म के आचार्य अथवा समाज-सुधारक नहीं। उन्होंने जो कुछ किया, एक कवि के रूप में। उनका जीवन भी घटनापूर्ण था, इसलिए यह काव्य-रचना के उपयुक्त था।

एक खास बात यह कि निराला द्वारा काव्य-रचना के लिए तुलसीदास की कथा का चुनाव करने के पीछे विवेकानन्द की भी प्रेरणा मालूम पड़ती है। 'विवेकानन्द साहित्य' के सातवें खंड में उनके द्वारा संक्षेप में लिखी गई बिल्वमंगल की कथा दी गई है। यह ऐसी कथा है, जिसका एक अंश तुलसीदास से भी सम्बद्ध है और दूसरा सूरदास से। बिल्वमंगल जब अपनी प्रेमिका के प्रेम में पागल नदी में बहती लाश और उसके घर के पिछवाड़े लटके साँप के सहारे उसके सामने उपस्थित हुआ, तो, विवेकानन्द के शब्दों में, उसने उससे कहा–"मेरे प्रेमी, तुमने मुझ जैसी स्त्री को दिल क्यों दिया? यही दिल तुमने ईश्वर को क्यों नहीं दिया? शायद तुम पूर्ण हो जाते।" आगे विवेकानन्द कहते हैं, "उस मनुष्य के मस्तिष्क पर जैसे बिजली चमकी और उसी चमक में एक पल को उसे उस लोक की झाँकी-सी दिखी। 'क्या वहाँ ईश्वर है?' 'हाँ, हाँ, मेरे मित्र, ईश्वर वहीं है', स्त्री ने कहा। और वह आदमी चल पड़ा वहाँ से।" हिन्दी क्षेत्र में यह अंश तुलसीदास के सम्बन्ध में किंवदन्ती के रूप में प्रचलित है। यदि ऐसा माना जाए कि तुलसीदास की कथा की तरफ जो निराला का ध्यान गया, उसमें विवेकानन्द का भी थोड़ा हाथ है, तो वह सर्वथा निराधार न होगा। विवेकानन्द के शब्दों में बहुत ताकत थी। वे किसी प्रसंग को अपनी वाणी से अत्यन्त सजीव और प्रेरक बनाकर रखते थे। निराला के तो वे स्थायी प्रेरणा-स्रोत थे।

2

'तुलसीदास' मात्र सौ बन्दों का काव्य है। सुविधा के लिए इसे दो खंडों में बाँटा जा सकता है। पहले खंड में भारत की सांस्कृतिक सन्ध्या से लेकर रत्नावली के प्रति तुलसीदास के मोह तक के वर्णन को रखना उचित होगा और दूसरे खंड में उसके बाद के वर्णन को, जिसमें रत्नावली की प्रधानता है–अपने भाई के साथ उसका मायके जाना, तुलसीदास का वहाँ पहुँचना, उसके द्वारा उनकी भर्त्सना और उसकी उन पर प्रतिक्रिया। पहले खंड में आरम्भिक सन्तावन बन्द आएँगे और दूसरे खंड में उनके बाद के शेष बन्द।

पहले खंड का आरम्भ भारत के सांस्कृतिक पतन के वर्णन से होता है। दस बन्दों तक यह वर्णन चलता है, फिर काव्य-नायक के परिचय के साथ उसकी चित्रकूट-यात्रा की कथा

शुरू होती है, जो छियालीसवें बन्द तक चलती है। इसी के भीतर काव्य-नायक से चित्रकूट का आत्मनिवेदन, उससे प्रेरित उसका भारतीय जीवन के यथार्थ से साक्षात्कार, रत्नावली के प्रति उसका तीव्र प्रेमाकर्षण आदि प्रसंग आते हैं।

भारतीय संस्कृति का सूर्य अस्त हो चुका है। चारों ओर घना अन्धकार है। और अधिक दुखद यह है कि लोगों ने मुसलमानों के शासन को खुशी-खुशी स्वीकार कर लिया है। सरोवर का जल चंचल है, लेकिन उसके कमल अपनी नाल पर स्थिर हैं! निराला की उदात्त शब्दावली में–

भारत के नभ का प्रभापूर्य
शीतलच्छाय सांस्कृतिक सूर्य
अस्तमित आज रे–तमस्तूर्य दिङ्मंडल;
उर के आसन पर शिरस्त्राण
शासन करते हैं मुसलमान;
है ऊर्मिल जल; निश्चलत्प्राण पर शतदल।

जितनी महत्त्वपूर्ण घटना है, उतना ही प्रभावशाली चित्र। 'सांस्कृतिक' कविता में समानेवाला नहीं, गद्य का शब्द है, लेकिन निराला ने उसे सूर्य का विशेषण बनाकर काव्योपयोगी बना लिया है, जैसे अज्ञेय ने 'स्पर्शातीत' शब्द को रूप का विशेषण बनाकर अपनी इस पंक्ति में–'रूप स्पर्शातीत वह जिसकी लुनाई/कुहासे-सी चेतना को मोह ले।' सूर्य चूँकि संस्कृति का है, इसलिए 'शीतलच्छाय' है। उसके अस्त होने के बाद दिशाएँ अन्धकार की तुरही बजा रही हैं, जैसे विजय का शंखनाद हो! इस वर्णन की सशक्तता के बारे में कुछ कहने की जरूरत न होनी चाहिए। ओजस्विता की सृष्टि के लिए 'प्रभापूर्य', 'शीतलच्छाय', 'सांस्कृतिक', 'सूर्य', 'अस्तमित', 'तमस्तूर्य' और 'दिङ्मंडल' इन सभी संयुक्ताक्षर वाले शब्दों का प्रयोग किया गया है। पहला चरण दूसरे चरण की तरह सानुप्रास नहीं, लेकिन उसमें 'भ' वर्ण की तीन बार आवृत्ति की गई है। बाद के तीन चरणों में भी 'आसन' के साथ 'शासन' तथा 'शतदल' के साथ 'जल' का अनुप्रास है। लक्ष्य करने योग्य यह भी है कि पूरे बन्द में 'आ' के साथ 'ऊ' इन दीर्घ स्वरों का अनेक बार प्रयोग करके चित्र को विस्तार और गहराई प्रदान की गई है। मुसलमान शिरस्त्राणधारी थे, ताकतवर और खूँखार, लेकिन हिन्दुओं ने उन्हें हृदय के सिंहासन पर बिठा रखा है! अर्थ ही विरोधपूर्ण नहीं है, 'उर' और 'शिर' का प्रयोग भी ध्यातव्य है। भारतीय संस्कृति महान् संकट से ग्रस्त है, लेकिन लोग निश्चिन्त हैं। सूर्यास्त हो चुका है, लेकिन कमल-समूह को जैसे यह ज्ञात नहीं।

प्रसंग तुलसीदास का है, इसलिए अगले बन्द में निराला कहते हैं कि यह सन्ध्या कोई आज नहीं उतरी है, कई सौ वर्षों से घिरी हुई है। इसके साथ आनेवाला अन्धकार आकाश पर घने बादलों की तरह छाया हुआ है–'शत-शत शब्दों का सान्ध्य काल/यह आंकुचित-भ्रू, कुटिल-भाल/छाया अम्बर पर जलद-जाल ज्यों दुस्तर'। इस अन्धकार से अथवा मुसलमानों की सेनाओं से घिरकर भ्रान्त बने एक के बाद एक भारत के प्रान्त पराधीन होते चले गए। मुसलमानों का यह विजय-अभियान पंजाब से शुरू होकर कोशल और बिहार तक ही नहीं, क्रमशः अन्य प्रान्तों तक भी पहुँचा। सन्ध्या, अन्धकार और बादल–दूसरे बन्द में निराला अन्धकार की उपमा बादलों से देते हैं और तीसरे बन्द में उसी का विस्तार करते हुए कहते हैं–

मोगल-दल बल के जलद-यान,
दर्पित-पद उन्मद-नद पठान
हैं बहा रहे दिग्देशज्ञान, शर-खरतर;
छाया ऊपर घन-अन्धकार–
टूटता वज्र दह दुर्निवार,
नीचे प्लावन की प्रलय-धार, ध्वनि हर-हर।

मुगलों की सेना आकाश में घटा की तरह उमड़ रही है। आगे चलकर 'सम्राट् एडवर्ड अष्टम के प्रति' कविता में भी निराला ने इस रूपक का प्रयोग किया–'विजयिनी वाहिनी विपुल घटा'। वह घटा 'जलद-यान' है। लड़ाकू विमान शक्तिशाली बमों से लैस होते हैं, ये जलद-यान भी शक्तिशाली वज्रों से लैस हैं। भारत पर तीन प्रकार के मुसलमानों ने शासन किया–तुर्क, अफगान अर्थात् पठान और मुगल। पठान मुगलों की सेना में भी थे। मुगलों की सेना शक्तिशाली जलद-यान की तरह है, तो अपने दर्प से धरती को कँपानेवाले पठान वर्षाकाल की उन्मत्त बड़ी नदियों की तरह। इन्होंने जल-प्रलय उपस्थित कर दिया है। सबकुछ जलमय हो गया है, जिससे दिशा और स्थान का ज्ञान लुप्त है, जैसे बाद में 'राम की शक्ति-पूजा' में निराला कहते हैं कि सघन अन्धकार के कारण 'खो रहा दिशा का ज्ञान'। मुगलों और पठानों ने जल की बाणों से भी प्रखरतर धारा में दिग्देशज्ञान को बहा दिया है! निराला इस बात को याद रखते हैं कि वर्णन सन्ध्याकालीन अन्धकार का है, इसलिए बन्द के उत्तरार्ध में कहते हैं–'छाया ऊपर घन-अन्धकार'। यह अन्धकार ही बादलों की तरह है, जिससे वज्रपात हो रहा है। ऊपर से भस्म करनेवाला वज्रपात और नीचे हर-हर ध्वनि करता जल-प्रलय का प्रवाह! डा. शर्मा का यह कहना सही है कि निराला अपनी काव्य-भाषा को घोष वर्णों की योजना से नादपूर्ण बनाते हैं। इस पूरे बन्द में 'द' वर्ण की दस बार आवृत्ति हुई है। उत्तरार्ध में 'द' की आवृत्ति कम बार हुई है, तो उसकी सहायता 'ध' ने की है, जो घोषवर्ण तो है ही, महाप्राण भी है, जिससे उसकी ध्वनि में कुछ अधिक ही गम्भीरता है। पूरा चित्र बहुत ही ओजपूर्ण है, परिस्थिति की गम्भीरता के अनुरूप। कलात्मक रचाव का तो कुछ कहना ही नहीं है। 'तुलसीदास' की उपमा उसी सुदृढ़ इमारत से दी जा सकती है, जिसका स्थापत्य तो दर्शनीय हो ही, भीतरी सजावट भी दर्शनीय हो।

सन्ध्या का रूपक निराला भूलते नहीं हैं। चौथे बन्द में बुन्देलखंड 'आभागत' है और उस कुरबक-पुष्प के समान, जिसकी गन्ध समाप्त हो चुकी है और जो किसी तरह डाल पर अँटका हुआ है। कुरबक से बुन्देलखंड की उपमा उसकी वीरता के प्रति सम्मान और प्रेम के भाव से प्रेरित है। आज उसे देखकर लगता है कि वह किसी उत्सव के बचे हुए चिह्न की तरह है! रौनक खत्म हो चुकी है, सबकुछ पर एक छाया आराम से पसरी हुई है। पाँचवें बन्द में कालिंजर का वर्णन है। वीरता वहाँ से भी विदा हो चुकी है। जो मर्द राजपूत थे, वे भीतर दुबक गए हैं; जो नामर्द हैं, वे बाहर गा-बजा रहे हैं! 'वर्णाश्रम-धर्म की वर्तमान स्थिति' शीर्षक लेख में निराला ने मुसलमानों की सभ्यता को असीरियन ही नहीं, 'आसुर' भी कहा है। इस तरह 'असुर' से उनका तात्पर्य मुसलमान से है, हिन्दू पुराणों के 'राक्षस' से नहीं। इस बन्द के उत्तरार्ध में उन्होंने मुसलमानों की विलासिता का वर्णन किया है, साथ ही अन्तिम चरण में पराधीन भारतीयों की यातना का। विलासिता का वर्णन प्रचंड है–

'पीकर ज्यों प्राणों का आसव/देखा असुरों ने दैहिक दव,/बन्धन में बँध आत्मा-बांधव दुख पाते'। 'पीकर ज्यों प्राणों का आसव' यानी नई उमंग, नई स्फूर्ति, नई प्राणवत्ता से। 'दैहिक दव' कामाग्नि है। 'आसव' और 'दैहिक दव'—दोनों प्रयोगों में बहुत अच्छी संगति है। इस तरह मुगलों ने भारतीय प्रान्तों को एक के बाद एक जीतकर खूब विलासिता की। उधर पराधीन, देह पर आत्मा को महत्त्व देनेवाले, भारतीय कष्ट भोगते रहे। अगले बन्द में भी राजपूतों का ही वर्णन है। उनमें जो वीर थे, उन्हें निराला बहुत ही आदर के साथ याद करते हैं और कहते हैं—'भारत के उर के राजपूत,/उड़ गए आज वे देवदूत,' 'उर के' का मतलब यह कि ये वे राजपूत थे, जिन्हें देश ने अपने हृदय में स्थान दे रखा था। संस्कृत में ठीक ही 'हृद्य' शब्द का प्रयोग होता है, 'प्रिय' के लिए। 'उड़ गए आज वे देवदूत' इसका प्रयोग निराला ने पुनः 'राम की शक्ति-पूजा' में राम के बाणों के लिए किया—'वे आए याद दिव्य शर अगणित मन्त्रपूत,—/फड़का पर नभ को उड़े सकल ज्यों देवदूत'। 'किन्नर-गण' इस बन्द में भी हैं—'जो रहे शेष, नृप-वेश सूत—वन्दीगण।' निराला ने अपने शब्दलाघव का ऐसा परिचय फिर अपनी किसी कविता में नहीं दिया।

इस तरह मुगलों के पद-प्रहार से पहले ही तेजी से जिस भारत की संगठित शक्ति चूर्ण-विचूर्ण हो चुकी थी, उसमें बाद में बड़ी सुगमता से इस्लामिक संस्कृति का प्रसार हो गया। उसकी कलाएँ जनों में ही नहीं, सभी जनपदों में घुसकर बैठ गईं। यहाँ 'कला' चाँदवाली है, 'ललित कला' वाली नहीं। सूर्य से भारतीय संस्कृति का और चाँद से इस्लामिक संस्कृति का सम्बन्ध प्रसिद्ध है। भारतीय संस्कृति के सूर्य के अस्त होने के बाद यह इस्लामिक संस्कृति का चाँद निकला है! आगे उसका वर्णन चाँदनी के रूप में हुआ भी है। निराला कहते हैं कि अब तो स्थिति यह है कि भारतीय सामाजिक जीवन की सारी छोटी-बड़ी नदियाँ इस्लाम के अपार सागर की ओर ही क्षिप्रता से प्रवहमान हैं। लोग पस्त होकर मुसलमानों के इस कदर वशवर्ती हो गए हैं! यहाँ हिन्दुओं के धर्म-परिवर्तन, फारसी भाषा की शिक्षा के प्रसार, इस्लामिक संस्कृति के अन्य प्रभावों के विस्तार आदि की तरफ संकेत है।

अगले बन्द में निराला ने इस्लामिक संस्कृति की चाँदनी के छिटकने का बहुत ही मोहक वर्णन किया है। यह घनघोर वर्षा के बाद शरद् का दृश्य है :

अब, धौत धरा, खिल गया गगन,
उर-उर को मधुर, तापप्रशमन
बहती समीर, चिर-आलिंगन ज्यों उन्मन;
झरते हैं शशधर से क्षण-क्षण
पृथ्वी के अधरों पर निःस्वन
ज्योतिर्मय प्राणों के चुम्बन, संजीवन।

हिन्दू संस्कृति का तेज समाप्त हो चुका है। उसके सूर्यास्त के बाद घना अन्धकार घिरा, अब इस्लामिक संस्कृति की चाँदनी में धरती स्नात है और आकाश उत्फुल्ल। हृदयों में मधुरता का संचार करनेवाली और उनके दाह को शान्त करनेवाली हवा बह रही है। उसका स्पर्श जैसे प्रिय का आतुरतापूर्ण आलिंगन हो। पृथ्वी प्रेमिका है और चाँद उसका प्रेमी। चाँद उसके होंठों पर लगातार और चुपचाप जीवनदायी चुम्बन बरसा रहा है। 'प्राणों' के लिए निराला ने 'ज्योतिर्मय' विशेषण का प्रयोग किया है, क्योंकि वे प्राण चाँद के हैं! 'चुम्बन'

के लिए उन्होंने 'संजीवन' विशेषण का प्रयोग किया है, जिसमें व्यंग्य 'ज्योतिर्मय' की तुलना में अधिक मुखर है। उनकी 'शेफालिका' कविता में भी शेफालिका के 'मूक-आह्वान-भरे लालसी कपोलों के/व्याकुल विकास पर/झरते हैं शिशिर से चुम्बन गगन के', लेकिन वहाँ प्रसंग दूसरा है, इसलिए कोई व्यंग्य नहीं। चाँदनी का रूपक अगले बन्द तक खिंचता है, क्योंकि इसमें निराला ने कहा है–'कामिनी-कुमुद-कर-कलित ताल पर चलता।' लोग दुख भूल गए हैं; सुखद संगीत चतुर्दिक् छाया हुआ है। यह यथार्थ से विमुख होकर सिर्फ विलास की कल्पित ज़िन्दगी जीने का समय है–'केवल-कल्प काल'! ऊपरवाली उक्ति इस काल के लिए ही है, जो कामिनीरूप कुमुद के सुन्दर हाथों से दिए जानेवाले ताल पर चल रहा है। चाँदनी है, इसलिए 'कुमुद' और संगीत तथा नृत्य का प्रसंग है, इसलिए 'कामिनी'। हिन्दू जाति का पौरुष, ओज और औदात्त्य समाप्त है, सिर्फ लालित्य रह गया है, जिसका आनन्द सभी ले रहे हैं। 'प्राणों की छवि मृदु-मन्द-स्पन्द,/लघु-गति, नियमित-पद, ललित-छन्द;/होगा कोई, जो निरानन्द, कर मलता।' जरा-सा ध्यान देने पर ही स्पष्ट हो जाता है कि यह पूरा महफिल का समाँ है। 'लघु-गति, नियमित-पद, ललित-छन्द' की तुलना निराला की प्रसिद्ध सरस्वती-वन्दना की पंक्ति 'नव गति, नव लय, ताल-छन्द नव' से करने पर यह स्पष्ट हो जाता है कि उस पंक्ति में जो स्फूर्ति है, वह इस पंक्ति में नहीं। वहाँ संस्कृति के उत्थान का उत्साह है, यहाँ उसके पतन की हताशा, भले उसका चेत न हो। इसी कारण वहाँ शब्द थिरक रहे हैं, जबकि यहाँ नियम में बँधकर उठ-गिर रहे हैं। वहाँ नवीनता का आवेग है, यहाँ लघुता का निर्वाह।

इस प्रसंग के अन्तिम दसवें बन्द में निराला ने कहा है कि धारा में प्रसन्नमन बहता हुआ फूल यह कहाँ सोचता है कि उसे बहकर किस घाट लगना है? देश अपनी जड़ से उखड़कर उसी तरह इस्लामिक संस्कृति के प्रवाह में बह रहा है। निराला के ध्यान में प्रवाह-पतित तृण का मुहावरा है, लेकिन व्यंग्य की धार को शाणित करने के लिए वे 'तृण' न कहकर 'प्रमुद फूल' कहते हैं। धारा का जल 'छल-छल-छल' कहता हुआ बह रहा है, लेकिन भारतीय जन मन्त्रमुग्ध होकर उसे 'कल-कल' के रूप में सुन रहे हैं। 'छल' का अर्थ 'धोखा' और 'कल' का अर्थ 'सुन्दर' यहाँ व्यंग्य है। मन्त्रमुग्ध होकर कल-कल ध्वनि सुननेवाले लोग बिलकुल निष्क्रिय हैं, घाट के पत्थर की तरह, जो सिर्फ प्रवहमान नदी की शोभा निहारता रहता है।

इस्लामिक संस्कृति के प्रसार और स्वीकार की इस पृष्ठभूमि में यमुनातट पर स्थित तुलसीदास की जन्मभूमि राजापुर का वर्णन है, जो कि समृद्धि से पूर्ण है, फिर वहाँ काव्य-नायक का। तुलसीदास निराला के सर्वप्रिय और आदर्श कवि थे, उनके लिए कालिदास और रवीन्द्रनाथ से भी बढ़कर, इसलिए उचित ही उन्होंने उनकी बहुत ही भव्य छवि अंकित की है, डा. शर्मा के अनुसार अपनी छवि से मिलती-जुलती। यह छव्यंकन सरल, यद्यपि गाढ़बन्ध, भाषा में किया गया है, इसलिए पुस्तक में ही दर्शनीय है, फिर भी पहले बन्द का उत्तरार्ध उद्धृत करने का लोभ छोड़ना कठिन है–'आयत-दृग, पुष्ट-देह, गत-भय,/अपने प्रकाश में निःसंशय/प्रतिभा का मन्द-स्मित परिचय, संस्मारक'। यह है तुलसीदास की स्वस्थ, सुन्दर, निर्भीक और आत्मविश्वास से युक्त प्रतिभावाली प्रसन्न प्रतिमा। कहाँ रहते हैं ये तुलसीदास? 'नीली उस यमुना के तट पर'। इस उक्ति में 'नीली'

शब्द कैसे ऐन्द्रजालिक वातावरण की सृष्टि कर रहा है, यह गौरतलब है। वे अपने प्रियजनों के लिए सुन्दर हैं, जल को अलंकृत करनेवाले कमल की तरह, जिसकी सुरभि से आकाश, सारे स्थल और सारी दिशाएँ अतिशय सुरभित हों–

प्रियजन को जीवन चारु, चपल
जल की शोभा का-सा उत्ताल,
सौरभोत्कलित अम्बर-तल, स्थल-स्थल, दिक-दिक।

तुलसीदास का परिचय देने के बाद निराला ने उनकी चित्रकूट-यात्रा का वर्णन किया है, जिसका इस काव्य में केन्द्रीय महत्त्व है। चित्रकूट की यात्रा क्यों? इसके दो कारण हैं। एक तो यह कि यह किंवदन्ती के रूप में उनके साथ जुड़ी हुई है और दूसरा यह कि इस स्थान का रामकथा से घनिष्ठ सम्बन्ध है, उस रामकथा से, जो उनके लिए भारतीय संस्कृति के सर्वश्रेष्ठ मूल्यों का पुंजीभूत रूप है और जिसके आख्यान के माध्यम से ही बाद में उन्होंने रामचरितमानस में उन मूल्यों की पुनःस्थापना का प्रयास किया। आचार्य रामचन्द्र शुक्ल ने भी अपने 'हिन्दी-साहित्य का इतिहास' में तुलसीदास की चित्रकूट-यात्रा का जिक्र किया है। किंवदन्ती से निराला के वर्णन का फर्क यह है कि उसमें जहाँ तुलसीदास घर छोड़ने के बाद चित्रकूट पहुँचते हैं, यहाँ उसके पहले ही वे अपने मित्रों के साथ चित्रकूट घूमने जाते हैं। आचार्य शुक्ल के विवरण के अनुसार, "गोस्वामीजी घर छोड़ने पर कुछ दिन काशी में, फिर काशी से अयोध्या जाकर रहे। उसके पीछे तीर्थयात्रा करने निकले और जगन्नाथपुरी, रामेश्वर, द्वारका होते हुए बदरिकाश्रम गए। वहाँ से ये कैलास और मानसरोवर तक निकल गए। अन्त में *चित्रकूट* आकर ये बहुत दिनों तक रहे जहाँ अनेक सन्तों से इनकी भेंट हुई। इसके अनन्तर सम्वत् 1631 में अयोध्या जाकर इन्होंने रामचरितमानस का आरम्भ किया और उसे 2 वर्ष 7 महीने में समाप्त किया। रामायण का कुछ अंश, विशेषतः किष्किंधा-कांड, काशी में रचा गया।" इस विवरण से तुलसीदास के लिए चित्रकूट का महत्त्व स्पष्ट है। किंवदन्ती यह भी है कि चित्रकूट में ही उन्हें राम का दर्शन हुआ था। चित्रकूट निराला के मन में भी धँसा रहा है। इसका प्रमाण यह है कि 'तुलसीदास' की रचना के पहले भी उन्होंने उस तीर्थस्थान का वृत्तान्त प्रस्तुत किया है और उसके बाद भी। पहले का वृत्तान्त उनकी 'अर्थ' शीर्षक कहानी में है, रामकुमार नामक एक पात्र के माध्यम से। यह कहानी 'सुधा' के 16 सितम्बर, 1933 के अंक में प्रकाशित हुई थी। बाद का वृत्तान्त उनकी कविता 'स्फटिकशिला' में आया है, जिसमें वे अपने कलकत्ते के मित्र कर्वी (बाँदा)-निवासी रामलाल गर्ग के साथ स्वयं चित्रकूट की यात्रा पर जाते हैं। इस कविता का सम्भावित रचना-काल 1942 का पूर्वार्ध है और यह सर्वप्रथम 'कुकुरमुत्ता' के पहले संस्करण में संकलित हुई थी।

तुलसीदास का जन्मस्थान राजापुर आजकल के उत्तर प्रदेश के बाँदा जिले में स्थित चित्रकूट के बहुत पास था। एक दिन वे अपने मित्रों के साथ चित्रकूट-भ्रमण के लिए गए, तो वहाँ के दृश्य न केवल उन्हें बहुत अच्छे लगे, बल्कि उन्होंने उनके मन पर बहुत गहरा असर डाला। उन्हें लगा कि चित्रकूट उनसे अस्पष्ट भाषा में कुछ कह रहा है। उन्हें वह भाषा भी अच्छी लगी–कुछ छिपती हुई और कुछ खुलती हुई–और वह भाव भी, जो घने कुहासे की तरह था। वे चकित हुए, चिन्तित भी। जैसे उस परिचित से मुलाकात हो गई हो, जो कुछ परिचित हो, कुछ विस्मृत। दूर पर स्थित तट दिखलाई पड़ता था। लेकिन

साफ-साफ नहीं। उन्होंने महसूस किया कि चित्रकूट उस समुद्र की तरह है, जो भीतर ही भीतर व्याकुल है, लेकिन जिसे उस व्याकुलता का बोध नहीं, इसलिए ऊपर से निःशब्द है। इस कारण उन्होंने जो कुछ देखा, अस्फुट रूप में, उस छवि के रूप में, जो छाया-मात्र हो। चित्रकूट का प्रत्येक वृक्ष, प्रत्येक लता और प्रत्येक तृण तुलसीदास को देखकर एक अनजान और कोमल हँसी हँस रहे थे, जैसे आज उनके मन पर से किसी ऋण का बोझ उतर गया हो। उन्होंने उन्हें अपने हृदय से लगा लेने के लिए अथाह उत्साह के साथ अपनी बाँहें फैलाईं। वे निर्निमेष दृष्टि से उन्हें निहार रहे थे, उनकी प्रतीक्षा पूरी हो गई थी। चित्रकूट की प्रत्येक जड़ वस्तु ने तुलसीदास से कहना शुरू किया–"तुम अब तक हमें भूले हुए थे। हम किसी तरह अपनी साँस ढो रहे थे। तुम यहीं के निवासी हो, पर यहीं से उदासीन। जरा इस चित्रकूट पर दृष्टि तो डालो, यह धूलि-धूसरित ही नहीं है, इसे जड़ सूर्य अपने प्रखर दाह से झुलसाता भी रहता है। उसकी आँखों की लहराती हुई ज्वाला जान लेती रहती है, पाषाण-खंड सुलग उठते हैं। ऋतुपरिवर्तन भी होता है, तो राहत नहीं मिलती, कष्ट और बढ़ जाता है। वर्षा-काल में मन्दाकिनी नदी गँदले जल से भर जाती है, अभी उसकी शीर्णता का कारण यह सूर्य ही है। केवल अपना पेट भरने की चिन्ता करनेवाले जन लोगों को अपनी याचना से कष्ट देकर चल देते हैं। यह सूर्य भी उन्हीं की तरह नदी के जल से अपना पेट भरकर यानी उसे सुखाकर चल देता है।" जाहिर है कि यह वर्णन लाक्षणिक है। चित्रकूट जैसे तुलसीदास का आह्वान कर रहा है कि वे उसे दुर्दशा से मुक्ति दिलाएँ, क्योंकि वह मामूली स्थान नहीं है, उसका रामकथा से सम्बन्ध है, बल्कि अभी वह रामकथा का और उसके माध्यम से भारतीय संस्कृति का प्रतीक बन गया है।

आगे चित्रकूट जैसे तुलसीदास से कहता है–"यह स्मरणीय धरती फिर मुसलमानों द्वारा क्षण-क्षण रौंदी जाती है। चित्रकूट के पास जो भी अच्छे भाव थे, वह अब प्रसुप्त हैं, जैसे कीमती आभूषण कहीं छिपाकर रख दिए गए हों। तुम इस संसार से ऊपर उठ चुके हो, मुक्त हो, ओ विहग, तुम सद्गान उचारो। तुम महान् त्यागी हो, ध्यान की उच्च भूमि पर पहुँचो, उस ध्यान की, जो धारा के समान स्तवन से युक्त हो।" निराला की भाषा की गरिमा और ओजस्विता देखने लायक है–'त्यागोज्जीवित, वह ऊर्ध्व ध्यान, धारा-स्तव'। चित्रकूट का निवेदन जारी रहता है–"तुम अपने ध्यान का तार चढ़ाओ और हिन्दू संस्कृति के महिमामय जगत् का स्पर्श प्रदान कर चित्रकूट के पाषाण-खंडों को फूलों के हार में बदल दो।" 'लो चढ़ा तार–लो चढ़ा तार'–इसमें 'तार' 'तोड़ती पत्थर' कविता के 'छिन्नतार' वाला तार है, 'तम के अमार्ज्य रे तार-तार' वाला वीणा का तार नहीं, जो इस कविता में आगे आता है। पाषाण-खंड का उल्लेख पहले हो चुका है। 'परिमल'-काल की 'उद्बोधन' कविता में निराला यह भी लिख चुके हैं–'बना अचल उपलों को उत्पल, धीर!' स्पर्श के लिए यहाँ उन्होंने अहल्योद्धार का हवाला दिया है, जो उनकी दृष्टि में हिन्दू संस्कृति का सार है–ईश्वरीय क्षमता का उपयोग अभिशापित के उद्धार के लिए करना–'दो स्पर्श अहल्योद्धार-सार उस जग का'। "यदि तुमने वह नहीं किया, तो फिर यहाँ क्या रह जाता है–

अन्यथा यहाँ क्या? अन्धकार,
बन्धुर पथ, पंकिल सरि, कगार,
झरने, झाड़ी, कंटक; विहार पशु-खग का!"

स्पष्टतः यहाँ आते-आते चित्रकूट मुगलों द्वारा प्रपीड़ित और प्रताड़ित भारतभूमि का पर्याय बन जाता है।

अपनी पूरी बात कहने के बाद चित्रकूट ने तुलसीदास को बतलाया कि अभी पूरे देश में विलासिता छाई हुई है, जिससे असली देवता छिप गए हैं। लोग विलास-क्रीड़ा को ही जागरण समझ रहे हैं, लेकिन वस्तुतः यह जागरण है, या सुषुप्ति? स्पष्टतः उसे जागरण समझना मात्र भ्रम है। 'तुलसीदास' का यह बन्द बहुत सशक्त है, इसलिए मूल में द्रष्टव्य :

अब स्मर के शर-केशर से झर
रँगती रज-रज पृथ्वी, अम्बर;
छाया उससे प्रतिमानस-सर शोभाकर;
छिप रहे उसी से वे प्रियतम
छवि के निश्छल देवता परम;
जागरणोपम यह सुप्ति-विरम भ्रम, भ्रम भर।

कामदेव के बाण बरस रहे हैं, जैसे केसर की वर्षा हो रही हो। उससे पृथ्वी का एक-एक धूलि-कण और पूरा आकाश रँग उठा है। प्रत्येक व्यक्ति का मानस-सर शोभा का आकर बना हुआ उससे आच्छादित है। केसर के रंगीन आवरण के कारण उसके पार स्थित असली देवता नहीं दिखलाई पड़ते। जागरण के समान प्रतीत होनेवाला सुषुप्ति का यह विराम सत्य नहीं, भ्रम है। छवि के असली देवता कौन हैं? काम के प्रभाववश वे दिखलाई नहीं पड़ते, लेकिन वे राम हैं, काम नहीं। उस समय तुलसीदास को अनुमान नहीं था कि खुद उनके जीवन में काम और राम के बीच विकट संघर्ष छिड़नेवाला है, जो उनके पूरे जीवन को बदल देगा और जिससे ही समाज और देश का भाग्य जुड़ा हुआ है। जैसा कि संकेत किया गया है, काव्यत्व की दृष्टि से यह बन्द अनुपम है। कालिदास में श्लेष तो नहीं है, लेकिन यमक का सौन्दर्य देखते बनता है। निराला भी कभी-कभी यमक की योजना करते हैं। यहाँ 'के शर' और 'केशर' में उन्होंने यमक का सौन्दर्य उत्पन्न करने का प्रयास किया है। 'सरोज-स्मृति' में एक स्थल पर उसकी सुन्दर योजना हुई है–'ले कर-कर कल तूलिका-कला'। 'कर-कर' अर्थात् किरणरूप हाथ। डा. शर्मा को 'रँगती रज-रज पृथ्वी' से उनका 'गीतिका' का गीत याद आ गया है–'रँग गई पग-पग धन्य धरा', लेकिन ध्यान देने पर स्पष्ट हो जाता है कि पहली पंक्ति की रंग-रचना ज्यादा सघन है। वहाँ पृथ्वी रज-रज रँग उठी है, जबकि यहाँ पग-पग। जब पीताभावाले लाल केसर की वर्षा हो रही है, तो उस दृश्य से उषा की लालिमा का भ्रम होना स्वाभाविक है। निराला इसी कारण उसे 'जागरणोपम' कहते हैं और इसके द्वारा विलक्षण बिम्ब का निर्माण करते हैं। 'स्मर-शर' और 'केशर' का संयोग 'गीतिका' के गीत 'अमरण भर वरण-गान' में भी है–'स्मर-शर हर केशर झर'।

चित्रकूट का निवेदन सुनकर तुलसीदास का मन वैसे ही विक्षुब्ध हो उठा, जैसे फूलों की सुगन्ध लिए चलनेवाली वायु वन को बेचैन बना जाती है। कहने की आवश्यकता नहीं कि यह बर्णन जितना सुन्दर है, उतना ही सटीक भी। चित्रकूट का निवेदन साधारण न था, पूरे देश से सम्बन्धित था, इसलिए वायु की तरह था। वह उच्च भाव से युक्त था, इसलिए उसमें सुगन्ध थी। आकुलता की व्यंजना भी स्पष्ट है। इसी तरह मन चूँकि तुलसीदास का है, इसलिए उसकी उपमा विस्तृत वन से दी गई है। उनका वह मन लेन-देन और टुच्चे

मतलबों की इस दुनिया से ऊपर उठने लगा; वह आत्ममुक्त होकर देश-दशा के बारे में चिन्तन करने लगा। निराला ने तुलसीदास के मन के ऊपर उठने का वर्णन इस रूप में किया है–'वह उस शाखा का वन-विहंग/उड़ गया मुक्त नभ निस्तरंग/छोड़ता रंग पर रंग–रंग पर जीवन।' तुलसीदास का मन वन-विहंग की तरह, वायु में बिना कोई तरंग उठाए, यानी चुपचाप, मुक्त आकाश में पहुँच गया, इस सांसारिक जीवन और उसके साथ उसके रंगों को पीछे छोड़ता हुआ। यह जानी हुई बात है कि इस संसार में प्रत्येक वस्तु का रंग है और आदमी ज्यों-ज्यों पृथ्वी से ऊपर उठता जाता है, रंग धूमिल पड़ते जाते हैं, अन्त में सब अरंग या अदृश्य हो जाता है। आकस्मिक नहीं कि परमात्मा को अरूप और अवर्ण कहा गया है। तुलसीदास के मन के इस ऊपर उठने में रहस्यवाद देखा गया है, लेकिन यहाँ रहस्यवाद नहीं, शुद्ध यथार्थवाद है, यह आगे के वर्णनों से स्पष्ट हो जाता है। उनका मन ऊपर उठता गया, पृथ्वी से दूर, दूरतर, दूरतम, आकाश के बाकी हिस्सों को भी पार करता हुआ। यह सुवेश यानी सज्जित जीवन को और सज्जित करनेवाला था, यद्यपि इस संसार के रंगों से नहीं। उसे तो वह लगातार छोड़ता ऊपर उठ रहा था। यहाँ निराला ने उसकी उपमा सन्ध्याकाल की ज्योति से दी है, जिसकी तरंग पृथ्वी से ऊपर उड़ती है, विहंग की ही तरह, उस क्रम में और सज्जित प्रतीत होती हुई, और अन्ततः अपार एवं सुविस्तृत आकाश को पार कर जाती है।

ऊपर उठकर तुलसीदास ने क्या देखा, यह किसी रहस्यान्वेषी आलोचक के शब्दों में देखने की अपेक्षा निराला के शब्दों में देखना ही ठीक होगा–

उस मानस ऊर्ध्व देश में भी,
ज्यों राहु-ग्रस्त आभा रवि की,
देखी कवि ने छवि छाया-सी, भरती-सी–
भारत का सम्यक् देश-काल;
खिंचता जैसे तम-शेष जाल,
खींचती, बृहत् से अन्तराल करती-सी।

उस ऊर्ध्व मानस-लोक में तुलसीदास ने चित्रकूट ने जो निवेदन किया था, उससे भिन्न कुछ नहीं देखा, बल्कि वह उनके सामने स्पष्ट रूप में उपस्थित हुआ। वहाँ प्रकाश नहीं था, सूर्य की आभा थी–राहु-ग्रस्त, एक छाया-छवि, भारत को सम्यक् देश-काल के साथ प्रत्यक्ष कराती। सब कुछ पर जैसे अन्धकार का जाल फैला हुआ था। उक्त छाया उस जाल को फैला रही थी, जिसका मतलब था जो बृहत् है, उससे दूर पड़ते जाना। 'बृहत्' का अर्थ स्पष्ट है–हिन्दू संस्कृति के सर्वोच्च मूल्य; वह आध्यात्मिक बोध, जिससे संयुक्त होकर व्यक्ति और समाज अपनी लघुता से छुटकारा पाकर महत्ता को प्राप्त करते हैं। अज्ञेय ने अपनी एक कविता में इस 'बृहत्' शब्द का प्रयोग किया है–'संस्पर्श बृहत् का उतरा सुरसरि-साः/हम बह न सके।' 'राहु-ग्रस्त आभा रवि की' पन्तजी की प्रसिद्ध कविता 'भारतमाता' की इस पंक्ति की याद दिलाती है–'राहुग्रसित शरदेन्दुहासिनी', लेकिन यहाँ जहाँ सम्पूर्ण कविता के मेल में सूर्य है, वहाँ 'शरदेन्दु'। 'जाल' का प्रयोग निराला ने समझ-बूझकर किया है। यह शब्द प्रचुर अर्थव्यंजक है, सिर्फ अन्धकार नहीं, अन्धकार का जाल।

तुलसीदास के सम्मुख भारत अपने सम्यक् देश-काल के साथ उपस्थित हुआ, तो

उन्होंने देखा कि पतन का कारण भारतीय समाज में ही मौजूद है। यह समाज वैचारिक दृष्टि से खंड-खंड हो चुका है। और तो और, धर्म भी पारस्परिक द्वेष और विरोध-भाव से मुक्त नहीं रहा। ईश्वरोपासना में जहाँ आरती की शिखा जलनी चाहिए थी, वहाँ प्रतिरोध की अग्नि जल रही है–'पूजा में भी प्रतिरोध-अनल है जलता'। इस अग्नि ने राष्ट्रीय जीवन को भस्म कर दिया है। लोगों में चेतना नहीं रही, तथापि वे चेतन कहलाते हैं! लोग अपने दूसरे मन द्वारा ही छले जा रहे हैं। इसी सूरत ने इस्लाम को बुलाया है। जिन्दगी में उसकी ठोस उपस्थिति जैसे निराकार के साकार हो जाने की तरह थी। खयाल भयानक हकीकत बन गया था। तुलसीदास ने महसूस किया कि इस्लाम की शक्ति ने ही देश-काल को जीत लेनेवाले भारतीय चित्त को लपेट रखा है। यह चित्त उस शक्ति से उसी प्रकार प्रभावित है, जिस प्रकार ऋतुओं से वृक्ष प्रभावित होते हैं! उन्होंने सोचा, ईश्वर की यही मर्जी है। यह देश पहले ही अशक्त हो चुका था। वर्ण-व्यवस्था भंग हो चुकी थी, क्षत्रिय भौतिक लिप्सा से पीड़ित और पारस्परिक द्वेष के शिकार होकर देश-रक्षा से विमुख हो चुके थे, ब्राह्मणों का काम सिर्फ चापलूसी करना रह गया था और शूद्रों के बारे में तो कुछ कहना ही नहीं, उन्हें तो ऊपर के वर्णों ने जीवित ही नहीं छोड़ा था–

चलते-फिरते, पर निःसहाय,
वे दीन, क्षीण कंकालकाय;
आशा-केवल जीवनोपाय उर-उर में;
रण के अश्वों से शस्य सकल
दलमल जाते ज्यों, दल के दल
शूद्रगण क्षुद्र-जीवन-सम्बल, पुर-पुर में।

वे शेष-श्वास, पशु, मूक-भाष,
पाते प्रहार अब हताश्वास;
सोचते कभी, आजन्म ग्रास द्विजगण के
होना ही उनका धर्म परम,
वे वर्णाधम, रे द्विज उत्तम,
वे चरण–चरण बस, वर्णाश्रम-रक्षण के!

शूद्रों के प्रति तुलसीदास की गहन संवेदना भक्तिकाल के सन्तों और कवियों के अनुरूप ही है। जो उनमें सिर्फ शूद्र-विरोधी कुछ कर्कश उक्तियाँ देखते हैं, वे उनकी साम्यमूलक वैष्णव भाव-धारा पर दृष्टि नहीं ले जाते, जिसके प्रभाव में उनके द्वारा आदर्श रूप में कल्पित रामराज्य में चारों वर्णों के लोग सरयू के एक ही घाट पर स्नान करते हैं और वह घाट राजघाट है! 'राजघाट सब बिधि सुन्दर बर। मज्जहिं तहाँ बरन चारिउ नर।' तुलसीदास का चिन्तन जारी रहता है। वे सोचते हैं कि शूद्रों पर जो सेवा का भार डाला गया था, और वर्णों के कर्तव्य की तुलना में विषम, उसने अब उन्हें हतचेत बना रखा है। दूसरी तरफ ब्राह्मणों पर इस्लाम का गहरा असर है। इस्लाम का असर पूरे देश-काल को अपनी लपेट में लेकर सूक्ष्म मनोलोक में भी फैल रहा है। उनके सामने स्पष्ट हो गया कि रोग की असली जड़ क्या है। वे इस नतीजे पर पहुँचे कि वह है सामाजिक व्यवस्था में गड़बड़ी, वर्ण-सम्बन्धों

में असन्तुलन। इसी कारण इस्लाम का प्रभाव बढ़ रहा है। यह ऐतिहासिक तथ्य है कि ऊपर के वर्णों के अत्याचार से पीड़ित होकर शूद्रों ने धर्म-परिवर्तन किया यानी इस्लाम को स्वीकार किया और ब्राह्मण लाभ-लोभवश मुसलमानों से सटे। मुगल बादशाह को 'दिल्लीश्वर' ही नहीं, 'जगदीश्वर' भी कहने लगे। यहाँ विवेकानन्द के कुछ कथनों को देखना उपयोगी होगा, जिनके वर्ण-व्यवस्था सम्बन्धी चिन्तन का निराला पर सीधा प्रभाव था। ब्राह्मणों ने नीचे के वर्णों को पिछड़ा बनाकर रखा, इस सम्बन्ध में वे कहते हैं–''चूँकि उन्होंने साधारण जनता को वह सम्पत्ति (युगों की संचित शिक्षा तथा संस्कार) नहीं दी, इसीलिए मुसलमानों का आक्रमण सम्भव हो सका था। हम जो हजारों वर्षों तक भारत पर धावा बोलनेवाले जिस किसी के पैरों तले कुचले जाते रहे, इसका कारण यही है कि ब्राह्मणों ने शुरू से ही साधारण जनता के लिए वह खजाना खोल नहीं दिया। हम इसीलिए अवनत हो गए।'' इसी तरह शूद्रों के धर्म-परिवर्तन के बारे में उनके विचार हैं–''मुसलमानों की भारत-विजय पददलितों और गरीबों का मानो उद्धार करने के लिए हुई थी। यही कारण है कि हमारी एक पंचमांश जनता मुसलमान हो गई। यह सारा काम तलवार से ही नहीं हुआ। यह सोचना कि यह सभी तलवार और आग का काम था, बेहद पागलपन होगा।'' ब्राह्मणों के धन-प्रेम को विवेकानन्द उनका पतन मानते थे। उनका दृढ़ मत था कि ब्राह्मण जाति अगर धन के चक्कर में पड़ी रहती है, तो वह ब्राह्मण नहीं है।

तुलसीदास अतिशय चिन्तित हो उठे। सोचने लगे, इस्लाम की छाया बहुत व्यापक है। सब इसी के भीतर आ गए हैं। कहीं कोई शोर-गुल नहीं। यह अन्धकार की सुरा है, जिसे पीकर सब बेसुध हैं। 'इसके भीतर रह देश-काल/हो सकेगा न रे मुक्त-भाल/पहले का-सा उन्नत विशाल ज्योतिःसर।' 'ज्योतिःसर' का सौन्दर्य 'छाया' के विरोध में रखकर देखने पर प्रकट होता है। तुलसीदास की समस्या यह थी कि शूद्र-शक्ति को संगठित करके ही इस परिस्थिति से छुटकारा सम्भव न था। उसके लिए जरूरी यह था कि अपनी भौतिक लिप्साओं को पूर्ण करने की भावना से ऊपर उठा जाए–

दीनों की भी दुर्बल पुकार
कर सकती नहीं कदापि पार
पार्थिवैश्वर्य का अन्धकार पीड़ाकर,
जब तक कांक्षाओं के प्रहार
अपने साधन को बार-बार
होंगे भारत पर इस प्रकार तृष्णापर।

विवेकानन्द शूद्रों के पक्षधर थे। वे उन्हें नई सामाजिक शक्ति के रूप में देख रहे थे। उन्होंने कहा था–''ऐ भारत के उच्च वर्णवालो, तुम्हें देखता हूँ तो जान पड़ता है, चित्रशाला में तसवीरें देख रहा हूँ। तुम लोग छायामूर्तियों की तरह विलीन हो जाओ, अपने उत्तराधिकारियों को (शूद्रों को) अपनी तमाम विभूतियाँ दे दो, नया भारत जग पड़े।'' लेकिन यह काम वे वर्ण-व्यवस्था को ध्वस्त करके नहीं, उसे आदर्श रूप देकर करना चाहते थे। उनके शब्द हैं, 'उच्च वर्णों को नीचे उतारकर इस समस्या का समाधान न होगा, किन्तु नीची जातियों को ऊँची जातियों के बराबर उठाना होगा।' वे ब्राह्मणत्व को मनुष्यत्व का चरम आदर्श मानते थे, इसलिए ब्राह्मणों के अस्तित्व-लोप के पक्ष में न थे, बल्कि उन्हें उनके असली रूप में

देखना चाहते थे, साथ ही उनका कहना था कि 'सम्पूर्ण कार्य चांडाल को उठाकर ब्राह्मण बनाना है।' चांडाल को ब्राह्मण बनाना–यह है भौतिक आकांक्षा-पूर्ति की तृष्णा से मुक्ति के माध्यम से शूद्रों में भी वेदान्त की प्रतिष्ठा। निराला विवेकानन्द को ही दुहराते हैं, यह बन्द इसका ठोस प्रमाण है।

अगले बन्द में–

सोचा कवि ने, मानस-तरंग,
यह भारत-संस्कृति पर सभंग
फैली जो, लेती संग-संग जन-गण को;
इस अनिल-वाह के पार प्रखर
किरणों का वह ज्योतिर्मय घर,
रवि-कुल-जीवन-चुम्बनकर मानस-धन जो।

मानस-तरंग यानी इस्लामिक विचारधारा और सभंग यानी भंगिमाओं के साथ। यह विचारधारा सम्पूर्ण भारतीय संस्कृति पर इस कदर छा गई है कि साधारण जनता भी उसकी लपेट में आ गई है। जैसे सारे देश में इस्लाम की ही हवा चल रही है। इसी हवा ने उक्त मानस-तरंग उठाई है। सबों ने उसी का रुख देखकर अपना पाल उठा दिया है। तुलसीदास को ज्ञान के प्रकाश की तलाश है। कहाँ मिलेगा वह? कहते हैं, 'इस अनिल-वाह के पार', यानी अभी हवा का जो रुख है, उसके पार। यों भी यह वैज्ञानिक तथ्य है कि आकाश में ज्यों-ज्यों ऊपर उठते जाते हैं, हवा पतली होती जाती है और सूर्य से निकटता बढ़ती जाती है। तुलसीदास भक्त थे, रामभक्त। उनके सामने उक्त प्रकाश रामभक्ति की भावना के रूप में ही आता है। रवि-कुल-जीवन राम हैं, उनका चुम्बन लेनेवाली यानी उन पर प्रेम न्योछावर करनेवाली भावना ही 'मानस-धन' है, तात्पर्य यह कि सर्वश्रेष्ठ भावना है। 'मानस-धन' का लक्ष्यार्थ है–कमल। राम सूर्यवंशी थे, इसलिए उनसे कमल का सम्बन्ध भी जुड़ता है।

इसके बाद आनेवाला बन्द उक्त भावना यानी राम-भक्ति का महत्त्व बतलाता है–

है वही मुक्ति का सत्य रूप,
यह कूप–कूप भव–अन्धकूप;
वह रंक, यहाँ जो हुआ भूप, निश्चय रे।
चाहिए उसे और भी और,
फिर साधारण को कहाँ ठौर?
जीवन के, जग के, यही तौर हैं जय के।

रामभक्ति ही मुक्ति है, वर्ना यह संसार तो निश्चय ही अन्धा कुआँ है। 'भव-कूप' यह रूपक तुलसीदास को भी प्रिय था। जो यहाँ भौतिक सुख-सुविधा की सामग्री जुटाकर राजा बन बैठते हैं, उसी को सब कुछ मानते हुए, वेदान्त के अनुसार वे वस्तुतः रंक हैं, ईश्वरीय विभूति से वंचित। इस बन्द का उत्तरार्ध भाषा-प्रयोग और निराला के खास लहजे की दृष्टि से बहुत ही मोहक है। भौतिक साधनों के पीछे पागल राजाओं को कभी सन्तोष नहीं होता। उन्हें अधिक से अधिक चाहिए। सब वही अपने लिए बटोर लेते हैं, फिर जीवन-यापन के लिए आवश्यक साधन भी न पाकर साधारण जन कहाँ जाएँ? तुलसीदास खीझकर कहते हैं, इस

दुनिया में विजयी होने के यही तरीके हैं! 'और' एवं 'ठौर' के बाद आनेवाला 'तौर' निराला की भाषा को खनका देता है और लगता है, इस काव्य को पढ़ते हुए हम किसी स्वप्न-लोक में नहीं, अपनी इसी परिचित दुनिया में चल रहे हैं। अन्ततः तुलसीदास ने वह संकल्प किया, जिसे निराला ने भावना और बुद्धि की उसी गहराई से प्रस्तुत किया है–

करना होगा यह तिमिर पार–
देखना सत्य का मिहिर-द्वार–
बहना जीवन के प्रखर ज्वार में निश्चय–
लड़ना विरोध से द्वन्द्व-समर,
रह सत्य-मार्ग पर स्थित निर्भर–
जाना, भिन्न भी देह, निज घर निःसंशय।

अन्धकार का जिक्र कविता में शुरू से होता आ रहा है। इस्लामिक संस्कृति का यह अन्धकार इसमें लगातार प्रगाढ़ ही होता गया है। तुलसीदास उसी को पार करने की बात कहते हैं। 'मिहिर-द्वार' का सम्बन्ध 'किरणों के उस ज्योतिर्मय घर' से है, जिसका उल्लेख पीछे हो चुका है। वैसे यह प्रयोग बहुत ही सशक्त है, 'सत्य का सूर्य के समान भासमान द्वार'। तुलसीदास का अभियान स्थिर जल में विहार करनेवाला नहीं, जीवन के प्रखर ज्वार में बहनेवाला होगा। कविता के पहले ही बन्द में 'ऊर्मिल जल' की बात कही जा चुकी है। वे जैसे युद्ध की घोषणा करते हैं और यह निश्चय व्यक्त करते हैं कि यह शरीर छूट जाए, तो भी वे अपने लक्ष्य को प्राप्त करके रहेंगे। लक्ष्य क्या है? वही 'किरणों का ज्योतिर्मय घर'।

तुलसीदास के जीवन की बाजी लगा देनेवाले इस संकल्प के साथ उनका चिन्तन समाप्त हो जाता है, फिर निराला कहते हैं, जितना उदात्त तुलसीदास का लक्ष्य है, उतनी ही उदात्त भाषा में–

कल्मषोत्सार कवि के दुर्दम
चेतनोर्मियों के प्राण प्रथम
वह रुद्ध द्वार का छाया-तम तरने को–
करने को ज्ञानोद्धत प्रहार–
तोड़ने को विषम वज्र-द्वार;
उमड़े, भारत का भ्रम अपार हरने को।

'सत्य के मिहिर-द्वार' को इस्लामिक संस्कृति के गहन छाया-तम ने रुद्ध कर रखा था। उसे पार करने के लिए तुलसीदास के भीतर सभी कल्मषों को नष्ट कर देनेवाली चेतना की दुर्दमनीय तरंगें उमड़ पड़ीं। उन्हीं के ज्ञानोद्धत प्रहार से उक्त छाया-तम के विषम वज्र-द्वार को तोड़ा जा सकता था। तुलसीदास का यह अभियान सिर्फ अपनी मुक्ति के लिए न था। उनके सामने पूरा देश था। इसीलिए 'चेतनोर्मियों के प्राण प्रथम' 'उमड़े, भारत का भ्रम अपार हरने को'। पहले उस द्वार को तोड़ा जाए, फिर सत्य-लोक में संक्रमण। निश्चय ही मध्ययुगीन भारतीय समाज में तुलसीदास और उनके रामचरितमानस की व्यापक भूमिका को ध्यान में रखकर ही यह बात लिखी गई है, वर्ना एक कवि की हैसियत ही क्या है? लेकिन तुलसीदास वैसे कवि न थे। यहाँ उनके सम्बन्ध में जार्ज ग्रियर्सन का आचार्य हजारीप्रसाद द्विवेदी द्वारा उद्धृत यह कथन स्मरणीय है कि बुद्धदेव के बाद भारत में सबसे बड़े

लोकनायक तुलसीदास हुए हैं।

तत्पश्चात् 'तुलसीदास' के छः बन्दों–सैंतीसवें से लेकर बयालीसवें तक–में निराला ने रत्नावली का वर्णन किया है, जो तुलसीदास के संकल्पित पथ पर आकर खड़ी हो गई। उनका विवाह हो चुका था। पत्नी के रूप-पाश ने उन्हें पूरी तरह से आबद्ध कर रखा था। उनका अभियान जैसे आरम्भ ही नहीं हुआ। निराला ने उक्त छहों बन्दों में जो वर्णन किया है, वह इस काव्य के सुन्दरतम स्थलों में से है। यह इस कविता में नाटकीय मोड़ भी लाता है, जिससे इसके प्रति पाठकों का आकर्षण बढ़ जाता है। चित्रकूट में तुलसीदास ने चिन्तन करके कुछ निश्चय किया ही था कि–

उस क्षण, उस छाया के ऊपर,
नभ-तम की-सी तारिका सुघर;
आ पड़ी, दृष्टि में, जीवन पर, सुन्दरतम
प्रेयसी, प्राणसंगिनी, नाम
शुभ रत्नावली–सरोज-दाम
वामा, इस पथ पर हुई वाम सरितोपम।

छाया वही है, इस्लामिक संस्कृति की, जिसका जिक्र होता आ रहा है। उस छाया के ऊपर, जैसे अन्धकारगर्भित आकाश पर कोई खूबसूरत तारिका दिख जाए, तुलसीदास को रत्नावली दिखलाई पड़ गई। तारिका अन्धकार में ही दिखलाई पड़ सकती है, प्रकाश में नहीं, वर्णन की यह सटीकता और सुन्दरता ध्यातव्य है। तारिका आकाश पर थी, रत्नावली उनके जीवन पर। निराला की शब्दावली 'नाम शुभ रत्नावली–सरोज-दाम' तुलसीदास की शब्दावली की याद दिलाती है–'स्याम तामरस दाम सरीरा।' आगे का वर्णन लाजवाब है। सरोज-दाम वह वामा यानी रत्नावली तुलसीदास के मार्ग में वैसे विघ्न बनकर आ गई, जैसे किसी पथिक के मार्ग में नदी आ जाए। यह उस मध्ययुग की बात है, जब नदियों पर पुल बनने की बात क्या, उन्हें पार करने के लिए नौकाएँ भी सहज सुलभ नहीं थीं। 'वामा' और 'वाम' शब्दों के प्रयोग का सौन्दर्य तो द्रष्टव्य है ही, 'सरितोपम' शब्द का लाघव भी द्रष्टव्य है। तुलसीदास को जैसे उनकी प्रिया ने अपने उठे हुए तिर्यक् दृगों से रोकने के मृदु भाव से टोक दिया हो, 'कहाँ चले?' यह 'तिर्यक् दृग' तुलसीदास का 'तिरीछे नयननि' भी है और खुद निराला का 'वीक्षण अराल' भी, जिसका प्रयोग उन्होंने बाद में अपनी 'सम्राट् एडवर्ड अष्टम के प्रति' कविता में किया है। रत्नावली की वह प्रेमपूर्ण दृष्टि ज्योतिर्मय भी थी। उसने अपनी आँखों से रोका तो था, लेकिन अपने प्रिय पर प्रेम न्योछावर करते हुए ही। उसने देखा, तो तुलसीदास को लगा कि उन्हें एक ज्योतिर्मय हार पहना दिया! आँखों की बात है। उनसे प्रश्न करने के बाद उसने बड़ी-बड़ी बरौनियों वाली अपनी पलकें बन्द कर लीं, जैसे दो नीलकमल सम्पुटित हो गए। इस सौन्दर्य के जादू ने तुलसीदास के भीतर चित्रकूटप्रेरित चिन्तन से जो शक्ति उत्पन्न हुई थी, उसे तिरोहित कर दिया। निराला के वर्णन को उन्हीं के शब्दों में देखना जरूरी है, क्योंकि किसी क्षुद्र आलोचक या भाष्यकार में उसे अपने शब्दों में प्रस्तुत करने की क्षमता नहीं हो सकती–

'जाते हो कहाँ?' तुले तिर्यक्
दृग, पहनाकर ज्योतिर्मय स्रक्

प्रियतम को ज्यों, बोले सम्यक् शासन से;
फिर लिए मूँद वे पल पक्ष्मल–
इन्दीवर के-से कोश विमल;
फिर हुई अदृश्य शक्ति पुष्कल उस तन से।

अगले बन्द में 'फिर लिए मूँद वे पल पक्ष्मल–/इन्दीवर के-से कोश विमल' का ही पूरे रूपक के रूप में बढ़ाव है–

उस ऊँचे नभ का, गुंजनपर,
मंजुल जीवन का मन-मधुकर,
खुलती उस दृग-छवि में बँधकर, सौरभ को
बैठा ही था सुख से क्षण-भर,
मुँद गए पलों के दल मृदुतर,
रह गया उसी उर के भीतर, अक्षम हो।

निराला तुलसीदास के जिस मन को पहले 'वन-विहंग' कह चुके हैं, वही यहाँ 'मधुकर' है। यह परिवर्तन रूपक के कारण हुआ है। जो भौंरा ऊँचे आकाश में गुंजार कर रहा था, वह रत्नावली के नेत्र-इन्दीवर के आकर्षण में बँधकर सुरभिपान के लिए अभी उस पर बैठा ही था कि उसकी पंखुड़ियाँ बन्द हो गईं और वह उड़ने में असमर्थ उसी के भीतर रह गया। तुलसीदास के भीतर उत्पन्न शक्ति का लुप्त होना था कि उनका मन ऊँचाई से जिन्दगी की समतल भूमि पर आ गया। प्रिया-प्रेम ने उनकी दृष्टि ही बदल दी। अब चित्रकूट उनके लिए 'बन्धुर पथ, पंकिल सरि, कगार' वाला नहीं रह गया, अतिशय सुन्दर हो उठा। वहाँ के रजकण उन्हें केसर प्रतीत होने लगे और पर्वत हीरक-शैल। यह तुलसीदास का वेदान्तवाली माया के वशीभूत हो जाना था। बन्द इस प्रकार है–

उसके अदृश्य होते ही रे,
उतरा वह मन धीरे-धीरे,
केशर–रज-कण, अब हैं हीरे–पर्वतचय;
यह वही प्रकृति, पर रूप अन्य;
जगमग-जगमग सब वेश वन्य;
सुरभित दिशि-दिशि, कवि हुआ धन्य मायाशय।

तुलसीदास में ऐसा मानसिक परिवर्तन हुआ कि चित्रकूट की सम्पूर्ण प्रकृति पर उन्हें अपनी गृहिणी की छाया दिखलाई पड़ने लगी। पहाड़ उन्हें उरोज के रूप में प्रतीत हुए और नदियाँ उनसे फूटनेवाली दुग्धधारा के रूप में। वन के वृक्ष हाथों में बदल गए, जिन्हें फैलाकर और जिनमें फल लेकर उसे निहारती हुई प्रकृति लोगों को दे रही थी। सभी रत्नावली की दृष्टि-छाया में थे। वह चित्रकूट के तृण-तृण पर अपनी दृष्टि से अमृत-वर्षा कर रही थी। और तो और, वहाँ की प्रकृति जो नया रूप ग्रहण करती थी, वह भी तुलसीदास को अपनी प्रेयसी का पट-परिवर्तन करना प्रतीत हुआ–

यह श्री पावन, गृहिणी उदार;
गिरि-वर उरोज, सरि पयोधार;

कर वन-तरु; फैला फल निहारती देती;
सब जीवों पर है एक दृष्टि,
तृण-तृण पर उसकी सुधा-वृष्टि;
प्रेयसी, बदलती वसन सृष्टि नव लेती।

'श्री' का तात्पर्य है प्रकृति-श्री। गृहिणी उदार इसलिए है कि वह सम्पूर्ण प्रकृति में फैल गई है। पर्वत की उरोज के रूप में कल्पना कालिदास में है, उनके मेघदूत के उस छन्द में, जिसमें आम्रकूट का वर्णन है—'मध्ये श्यामः स्तन इव भुवः शेषविस्तारपांडुः'। निराला ने बाद की अपनी कविता 'वन-बेला' में भी कहा है—'पृथ्वी के उठे उरोज मंजु पर्वत निरुपम'। प्रकृति का वृक्षरूपी हाथों में फल लेकर उसे निहारते हुए दान करना अत्यन्त मनोरम वर्णन है। 'पंचवटी-प्रसंग' में भी पंचवटी हाथों में मीठे फल और शीतल जल लिए हुए सेवा-तत्पर है। जिस चित्रकूट को सूर्य की आँखों की लहराती हुई ज्वाला मारे डालती थी और जिससे उसके पत्थर तक सुलग उठते थे तथा जिसके लिए एक के बाद आनेवाली दूसरी ऋतु और कष्टकर होती थी, उसका हाल अब यह है कि रत्नावली की दृष्टि सब पर सुधा-वृष्टि कर रही है और उसकी प्रकृति में होनेवाला परिवर्तन उसके परिधान बदलने की तरह है! निराला की कल्पना इतनी सजग है कि वह चित्र को मुकम्मल करके ही छोड़ती है, वह छोटा हो या बड़ा; भरा-पूरा हो या थोड़ी रेखाओं से बनाया गया।

वन में हवा चलती है, जिससे वन के वृक्ष सर्-सर् मर्-मर् कर उठते हैं। वृक्ष की हाथ के रूप में कल्पना निराला कर चुके हैं। अब उनका सर्-सर् मर्-मर् तुलसीदास को रत्नावली के कराभूषण अथवा कंकण की ध्वनि के रूप में सुनाई पड़ता है, उसकी झंकार के रूप में। वह झंकार फैलती हुई उनके प्राणों के स्तरों को खोलती उनमें भर जाती है; वह रागिनी-लहर, जिसे पार करना अर्थात् जिसकी उपेक्षा करना कठिन हो, गिरि-वन-सर पर तैरती हुई सब कुछ को अपने व्याकुलतापूर्ण आश्लेष में लेना चाहती है। उससे जो ध्वनित अर्थात् व्यंजित होता है, वही सुन्दर भाव है, और कुछ नहीं। यह सुन्दर बन्द इस प्रकार है—

वे जिस कर के रे झंकृत स्वर
गूँजते हुए इतने सुखकर,
खुलते, खोलते प्राण के स्तर भर जाते;
व्याकुल आलिंगन को, दुस्तर,
रागिनी की लहर, गिरि-वन-सर
तरती; जो ध्वनित, भाव सुन्दर कहलाते।

संकेत किया जा चुका है कि 'ध्वनित' में काव्यशास्त्रवाली ध्वनि है और 'भाव' तो काव्याशास्त्रवाला है ही। इस तरह निराला की कविता का पाठ पूरे ऐश्वर्य के साथ चलता है।

धीरे-धीरे तुलसीदास का मन पूर्वावस्था यानी सामान्यावस्था में लौटा। उन्होंने आँखें खोलीं, तो देखा कि सब पूर्ववत् है—वन-प्रान्तर और मित्रगण, जो विश्राम के लिए रास्ते पर बैठे हुए थे। सब लोगों ने पंचतीर्थ, कोटितीर्थ, देवांगना, हनुगद्धारा, कामदगिरि, जानकी-कुंड, स्फटिकशिला, अनसूया-वन और भरतकूप का दर्शन, भ्रमण और परिक्रमा की तथा कुछ दिन वहाँ बिताकर चित्रकूट की अनुपम शोभा को हृदय में धारण किए अपने-अपने घर वापस आ गए। इस वृत्तान्त से यह स्पष्ट हो जाता है कि 'तुलसीदास' विधिवत् एक प्रबन्ध-काव्य

है, भले नए ढंग का, और यह कोई निराला का भावात्मक उच्छ्वास नहीं है। दूसरे, चित्रकूट में जब रामकथा से सम्बन्धित इतने स्थल हैं, तो उसके दर्शनों से तुलसीदास के चिन्तन का सक्रिय होना स्वाभाविक था। जिन स्थलों से व्यक्ति का भावात्मक लगाव होता है, वे भाव और विचार-यन्त्र को किस तरह चालित कर देते हैं, यह कोई भी संवेदनशील और कल्पनाशील व्यक्ति समझ सकता है। तुलसीदास के साथ चित्रकूट में जो भी घटित हुआ, वह उन-जैसे महान् भावुक और बौद्धिक व्यक्ति के लिए स्वाभाविक था। निराला ने उनकी सामाजिक चिन्ता और उनके प्रिया-प्रेम का वर्णन कर उनके मनोलोक की पूरी झाँकी दिखला दी है। आलोचकों ने उनके मन के भीतर इन दोनों के बीच द्वन्द्व की कल्पना की है, लेकिन वह द्वन्द्व कल्पना ही है, क्योंकि परस्पर विरोधी होते हुए भी इन दोनों भावों में उनमें कहीं टकराव नहीं है। तुलसीदास देश-देशा की चिन्ता से पीड़ित, तत्पश्चात् उद्‌बुद्ध होकर महान् संकल्प करते हैं, लेकिन फिर स्वाभाविक रूप से रत्नावली के सौन्दर्य और प्रेम में आबद्ध हो जाते हैं। भौंरा फूल की पंखुड़ियों के भीतर बन्द हो गया; कवि माया में फँस गया। उसने उससे बाहर निकलने के लिए कोई संघर्ष न किया, क्योंकि जितना प्रबल संकल्प था, निराला का वर्णन बतलाता है कि उससे कम प्रबल प्रिया का सौन्दर्य और प्रेम नहीं था। कविरूप में निराला की श्रेष्ठता का यही प्रमाण है कि वे कविता में देश, संस्कृति, वेदान्त आदि को ही महत्त्व नहीं देते, मानवीय 'दुर्बलताओं' को भी महत्त्व देते हैं और व्यक्ति-मन की अथाह गहराइयों में उतरकर उनका चित्रण करते हैं। वे ब्रह्म के ही नहीं, माया के भी कवि हैं और यही उनकी शक्ति है। यहाँ उनकी कविता 'माया' स्मरणीय है, जिसमें वे यह तय नहीं कर पाते कि माया 'भोग-भ्रम की साधना' है, या 'त्यागियों के त्याग की सिद्धि'?

तुलसीदास की मानवीय 'दुर्बलता' का यह चित्रण उनकी आध्यात्मिक सबलता के चित्रण से बढ़कर नहीं, तो घटकर भी नहीं है—

प्रेयसी के अलक नील, व्योम;
दृग-पल, कलंक;—मुख मंजु, सोम;
निःसृत प्रकाश जो, तरुण क्षोम प्रिय तन पर;
पुलकित प्रतिपल मानस-चकोर
देखता भूल दिक् उसी ओर;
कुल इच्छाओं का वही छोर जीवन-भर।

रत्नावली की नीली केशराशि आकाश की तरह थी, उसका सुन्दर मुख चन्द्रमा की तरह और उसकी काली आँखें तथा बरौनियाँ चन्द्रमा के कलंक की तरह। यह मनोहर रूपक खड़ा करने के बाद निराला कहते हैं कि उस मुखचन्द्र से निकलने वाला प्रकाश तुलसीदास के शरीर पर रेशम के नए वस्त्र की तरह बिछलता था! यह है उनका नया सौन्दर्य-बोध, जो उनकी पुरानी उपमाओं में नवीनता का कम्पन पैदा कर देता है। आगे भी पुरानी ही उपमा है, लेकिन तल्लीनता का वर्णन उसे पुराना नहीं रहने देता। 'देखता भूल दिक् उसी ओर'—पुराने कवियों में चकोर की निर्निमेष दृष्टि तो मिलेगी, लेकिन उसके दिशा-बोध का विस्मृत हो जाना नहीं। अन्तिम चरण में 'छोर' शब्द का प्रयोग बहुत ही सशक्त है, 'गन्तव्य' अथवा 'लक्ष्य' के अर्थ में। 'जीवन-भर' का अर्थ है—जीवन प्रदान करनेवाला।

इस कविता में यदि द्वन्द्व है, तो निराला के भीतर। उनमें इस बात को लेकर संघर्ष

चल रहा है कि 'ब्रह्म' का वर्णन बढ़कर हो, या 'माया' का। आगे के दो बन्दों में 'ब्रह्म' का ही वर्णन है–

जिस शुचि प्रकाश का सौरजगत्
रुचि-रुचि में खुला, असत् भी, सत्,
वह बँधा हुआ है एक महत् परिचय से;
अविनश्वर वही ज्ञान भीतर,
बाहर भ्रम, भ्रमरों को, भास्वर;
वह रत्नावली-सूत्रधर पर आशय से।

देखता, नवल चल दीप युगल
नयनों के, आभा के कोमल;
प्रेयसी के, प्रणय के, निस्तल विभ्रम के,
गृह की सीमा के स्वच्छभास–
भीतर के, बाहर के प्रकाश,
जीवन के, भावों के विलास, शम-दम के।

सूर्य–ब्रह्म–अलग-अलग जीवों में प्रतिबिम्बित है। उसका प्रतिबिम्ब असत्य होते हुए भी सत्य है। दूसरी बात यह है कि वह अनेक दिखलाई पड़ता हुआ भी एक–सूर्य–से बँधा है। यही अविनश्वर ज्ञान है–भीतरी; बाकी बाहर जो कुछ है, भ्रम है, भले भ्रम के शिकार लोगों के लिए वह भास्वर हो! लेकिन तुलसीदास का भाव उस सूर्य से नहीं, रत्नावली से जुड़ा हुआ है। निराला ने यहाँ उन्हें 'रत्नावली-सूत्रधर' कहा है, यानी रत्नों की अवली को सूत्र में धारण करनेवाले! सूत्र हार बनाने के भी काम में आता है और जुड़ने तथा बँधने के लिए भी आवश्यक है। उधर 'सौरजगत्' है, तो इधर 'रत्नावली'! वे एक सूर्य के बदले रत्नावली के दो नए नेत्र-दीप देखते हैं, जो कि उसके समान स्थिर नहीं और जिनमें उसके समान कठोर नहीं, बल्कि कोमल आभा है! प्रिया के नयनों का यह वर्णन गौर करने पर विलक्षण प्रतीत होता है और 'सौरजगत्' अथवा सूर्य के वर्णन की तुलना में निश्चय ही हृदय को ठंढक पहुँचाने वाला। लक्ष्य करने योग्य यह भी है कि तुलसीदास उन नयनों को लगातार देख रहे हैं। ऊपर उनके मानस-चकोर के रत्नावली के मुखचन्द्र को बेसुध होकर निहारते रहने का वर्णन आ चुका है। उक्त नेत्र-दीप 'गृह की सीमा के स्वच्छभास' हैं, जिसके बारे में निराला 'पंचवटी-प्रसंग' में कह चुके हैं–

छोटे-से घर की लघु सीमा में
बँधे हैं क्षुद्र भाव,
यह सच है प्रिए,
प्रेम का पयोधि तो उमड़ता है
सदा ही निःसीम भू पर।
प्रेम की महोर्मि-माला तोड़ देती क्षुद्र ठाट,
जिसमें संसारियों के सारे क्षुद्र मनोवेग
तृण-सम बह जाते हैं।

लेकिन तुलसीदास की मनोदशा भिन्न है। वे अपनी प्रेयसी के नेत्र-दीपों की कोमल आभा में ही सारा प्रकाश देखते हैं–भीतर का, बाहर का, जीवन का, सभी भावों का और सभी नीतियों–शम-दम आदि का।

यह स्पष्टतः तुलसीदास का माया में फँसना था। आगे के बन्दों में निराला कहते हैं कि वे रत्नावली की जिन आँखों में ही सारा प्रकाश देख रहे थे, वे तो वस्तुतः द्वन्द्व का कारण थीं, यानी उन्हीं के कारण उनकी अनुभूति में यह बात नहीं आ रही थी कि वे और परमात्मा दो नहीं हैं, एक ही हैं। आँखों ने बीच में माया का आवरण खड़ा कर दिया था, जिससे आत्मा और ब्रह्म की एकता का उन्हें बोध नहीं हो पा रहा था। वे आँखें जैसे द्वन्द्व का कारण थीं, वैसे ही बाँधनेवाली शृंखला भी, जिससे निर्वाण के पथ पर आगे बढ़ना कठिन था। वे उस पथ की बाधा थीं। निराला ने उन आँखों को 'करुणामय' कहा है, क्योंकि उनमें आँसू होते हैं, वे तरल होती हैं। आँखों के आँसू मुक्ति-पथ पर निकलने वाले पथिक को रोकते हैं, यह जानी हुई बात है। आँखें पलकों के नियन्त्रण में दिखलाई पड़ती हैं, क्योंकि वे जब चाहें, उन्हें अपने भीतर बन्द कर ले सकती हैं। लेकिन वास्तविकता यह है कि आँखें पलकों के वश में नहीं, वे उनकी पकड़ से बाहर हैं, उनके पार, और इतनी प्रबल कि आज तक उन्हें ठीक-ठीक न समझा जा सका। ये प्रेयसी की, प्रेम की, आँखें हैं, माया का मूर्त रूप। लोगों ने उन्हें जानने के लिए पता नहीं कितना विवाद किया, अपना जीवन लगा दिया, लेकिन निष्फल, उन्हें जाना न जा सका। तुलसीदास के चिन्तन की दिशा बदलती है। वे अपने मायाबद्ध होने को तरह-तरह से उचित ठहराने का प्रयास करते हैं। निराला के शब्दों में, वे जो भी सोचते हैं, 'प्रियावरण प्रकाश में बँध'। यह प्रकाश पिछला प्रकाश ही है, दो नेत्र-दीपों से निकलने वाला और प्रिय आवरण यानी आवेष्टन वाला। 'आवरण' शब्द का प्रयोग बहुत ही सार्थक है। यह प्रकाश को मूर्तता भी प्रदान करता है और द्वन्द्व-बोध का भी कारण है, जिसका जिक्र ऊपर किया गया है। तुलसीदास सोचते हैं, उनके कदम बिलकुल ठीक पड़ रहे हैं, स्वाभाविक। जिधर देखो, ऊपर, नीचे, घर, बाहर, विश्व, सूर्य, नक्षत्र-लोक, काल और ऋतुएँ, सर्वत्र सौन्दर्य की ही सत्ता है। सब आगे-पीछे उसके प्रकाश की गति में बँधकर ही बुद्धत्वप्राप्त हैं। ऊपर 'निर्वाण' शब्द आया है, 'बुद्ध' शब्द को उससे मिलाकर ग्रहण करना चाहिए।

तुलसीदास का तर्क है–बन्धन के बिना प्रगति सम्भव नहीं है। जो जीवन इस सांसारिक गति में नहीं पड़ा, उसे ईश्वरीय प्रेम की प्राप्ति कैसे होगी? उसके लिए तो देह धारण करना जरूरी है। बिना रति के सुख नहीं। जो रति को महत्त्व नहीं देता है, वह विनाश के पथ पर है। उससे उसका मन तेजी से चेतन स्तर से उतरकर निम्न स्तर पर आ जाता है, बुद्धि मारी जाती है! यह तुलसीदास का कोई द्वैतवाद नहीं है, उनका भक्ति-भाव, जिसके बारे में निराला ने 'पंचवटी-प्रसंग' में ही कहा था–'एक ही है, दूसरा नहीं है कुछ–/द्वैतभाव ही है भ्रम।/तो भी प्रिए,/भ्रम के ही भीतर से/भ्रम के पार जाना है।/मुनियों ने मनुष्यों के मन की गति/सोच ली थी पहले ही।/इसीलिए द्वैतभाव-भावुकों में/भक्ति की भावना भरी।' यह विवेकानन्द का मानवतावाद भी नहीं है, जिसका आख्यान निराला ने अपनी 'अधिवास' शीर्षक प्रसिद्ध कविता में किया है और कहा है–'फँसा माया में हूँ निरुपाय,/कहो, फिर कैसे गति रुक जाए?' यह तुलसीदास का शुद्ध मायावाद है। वे रत्नावली की माया में इतने जोरों

से फँसे हैं कि उचित ही पत्नी-वियोग असह्य होने के कारण तुरत की गई उनकी ससुराल-यात्रा के सम्बन्ध में यह कहानी प्रचलित हो गई कि वे लाश और साँप को न पहचान सके और उन्हीं के सहारे अपने लक्ष्य तक पहुँचे।

उक्त पद्धति पर उनका तर्क आगे बढ़ता है। अब वे अपनी बात को एक उदाहरण से सिद्ध करना चाहते हैं। निराला की असाधारण कवित्व-क्षमता से युक्त पंक्तियों में ही उसे देखना ठीक होगा—

देखो प्रसून को, वह उन्मुख!
रँग-रेणु-गन्ध भर व्याकुल-सुख,
देखता ज्योतिमुख; आया दुख-पीड़ा सह।
चटका कलि का अवरोध सदल,
वह शोधशक्ति, जो गन्धोच्छल,
खुल पड़ती पल-प्रकाश को, चल परिचय वह।

फूल ऊपर मुँह उठाए है। सुख से व्याकुल, वातावरण में रंग, पराग और सुगन्ध बिखेरता हुआ। उसे प्रकाश की प्राप्ति हो गई है। लेकिन कैसे? उसके लिए उसे पहले बन्धन में रहना पड़ा है, उसका दुख सहना पड़ा है। तत्पश्चात् उसके भीतर स्थित सत्य या प्रकाश को ढूँढ़नेवाली गन्धोच्छल शक्ति सम्पुटित पंखुड़ियों के अवरोध को हटाकर बाहर आई है। तभी उसने प्रकाश के पलों को प्राप्त किया है। यहाँ 'पल' का अर्थ 'पलक' है। 'पल-प्रकाश' यानी प्रकाश की पलकें, उसकी दृष्टि। प्रकाश के साथ फूल का यह परिचय 'चल' अर्थात् गति वा प्रगतियुक्त है, जो बन्धन के बाद या उसी के प्रभाव से प्राप्त हुआ है। अन्त में अगले बन्द में तुलसीदास कहते हैं कि फूल अपनी जड़ से लगे होने पर भी गन्ध के द्वारा दूर तक फैल जाता है। उसी तरह मैं भी अपनी प्रिया के आँचल से बँधकर भी मुक्त हूँ, हमेशा! आँचल से आलिंगन का सम्बन्ध है, फिर उन्होंने चुम्बन का जिक्र किया है। दूसरी बात यह कि आगे भी कई जगह निराला रत्नावली के लिए 'प्रतिमा' का प्रयोग करते हैं, जो उसकी ऐन्द्रिय सत्ता सूचित करने की दृष्टि से उपयुक्त है। यहाँ उन्होंने 'प्रतिमा' को ध्यान में रखकर उसके विरोधी अर्थ की व्यंजना करनेवाले 'अप्रतिम' शब्द का भी उसके विशेषण के रूप में प्रयोग किया है। अप्रतिम यानी जिसके समान कोई और न हो। इसका यह अर्थ तो यहाँ ग्राह्य है ही, निराकारवाला अर्थ भी ग्राह्य है। आगे अपने लिए भी तुलसीदास कहते हैं, 'आकृति में निराकार'। तात्पर्य यह कि रत्नावली और वे दोनों ही प्रतिमा और आकारयुक्त भी हैं तथा अप्रतिम और निराकार भी। यह कैसे? यह इस तरह कि वे रूप से बँधकर भी भाव हैं। वह भाव रूप से ही सम्भव हुआ है; बन्धन से ही मुक्ति होती है, जैसे फूल बँधकर भी अपनी गन्ध से मुक्त है। इस तरह तुलसीदास अपनी लघिमा में भी महान् हैं, मुक्त होने से।

निराला तुलसीदास के इस तर्क के कायल नहीं। उन्होंने उसकी धज्जियाँ उड़ाते हुए एक बहुत ही जोरदार बन्द लिखा है, शायद इस काव्य का सबसे जोरदार बन्द। वह नीचे उद्धृत है—

सोचता कौन प्रतिहत-चेतन—
वे नहीं प्रिया के नयन, नयन;
वह केवल वहाँ मीन-केतन, युवती में;

अपने वश में कर पुरुष-देश
है उड़ा रहा ध्वज—मुक्तकेश;
तरुणी-तनु आलम्बन-विशेष, पृथ्वी में?

निराला कहते हैं, जिसकी चेतना नष्ट हो गई है, वह तो इसी तरह सोचेगा। विनष्टचेतना वह कौन है, जो इस तरह न सोचे? रत्नावली के वे नयन वस्तुतः 'नयन' यानी मार्ग दिखलानेवाले न थे। वे उस युवती में साक्षात् कामदेव थे। कामदेव की पताका पर मछली का चिह्न अंकित होता है, इसलिए वे मीनकेतन कहे जाते हैं। चूँकि सुन्दर आँखों की आकृति मछली की तरह होती है, इसलिए रत्नावली की आँखों को साक्षात् मीनकेतन कहना बहुत उपयुक्त है। इन आँखों में मार्ग-दर्शन की ज्योति न थी, तुलसीदास के लिए सिर्फ काम की लपट थी। जैसे कोई राजा किसी देश को जीतकर अपनी पताका फहरा देता है, वहाँ कामदेव भी पुरुषरूप देश को जीतकर अपना ध्वज फहरा रहा था। पताका आकाश में मुक्त केश की तरह उड़ रही थी। इस पृथ्वी पर उस ध्वज का दंड है 'तरुणी-तनु'। संकेत रत्नावली की युवा देह-यष्टि की तरफ है। बन्द के पूर्वार्ध में दूसरे 'नयन' का प्रयोग निराला ने उसके व्युत्पत्त्यर्थ में किया है, जिससे उसमें बहुत गहराई आ गई है। निश्चय ही किसी शब्द का केवल व्युत्पत्त्यर्थ में प्रयोग करके उसमें गहराई नहीं लाई जा सकती। यह कवि की क्षमता और शब्द-प्रयोग के प्रति उसकी संवेदनशीलता पर निर्भर है, मात्र व्याकरण-ज्ञान पर नहीं। आँखों में उन्होंने जिस तरह 'मीन-केतन' को देखा है, वह भी असाधारण है। और कवि उनमें केवल 'मीन' देख सकते हैं, या फिर 'मीनयुक्त केतन'। उनमें साक्षात् 'मीन-केतन' को देखना यह निराला जैसे उदात्त सौन्दर्य-बोध वाले कवि के लिए ही सम्भव था। बन्द के उत्तरार्ध का चित्र अपनी भव्यता में बेमिसाल है।

इसके बादवाले बन्द में निराला वेदान्त को दुहराते हुए कहते हैं कि तुलसीदास ने अपने समर्थन में जो युक्ति गढ़ी थी, उससे जीव को सांसारिक भावों से मुक्ति नहीं मिलनेवाली थी। वह तो भोग की बात थी। मोती को सीप से बाहर आना चाहिए, लेकिन वह उसमें बन्द हो गया। स्पष्टतः यहाँ मोती जीव के लिए और सीप शरीर के लिए प्रयुक्त है। परम ज्ञान की अनश्वर दीप्ति इस ब्रह्मांड से भी परे है, फिर जो दीप्ति जीव से लिपटी हुई है, वह माया नहीं तो क्या है? निराला आँखों की दीप्ति अथवा नेत्र-दीपों की कोमल आभा को अभी तक नहीं भूले हैं। कविता की संगति बरकरार रखने के लिए वे गजब की स्मृति-शक्ति का परिचय देते हैं। इससे उनकी कविता का विन्यास और रूप निर्दोष बना रहता है।

ऊपर कहा जा चुका है कि निराला 'ब्रह्म' के ही नहीं, 'माया' के भी कवि हैं, बल्कि किसी भी अन्य महान् कवि की तरह उन्हें महान् बनानेवाली चीज भी उनका 'माया' का कवि होना ही है। स्वभावतः वे 'माया' का वर्णन बहुत तल्लीनता से करते हैं। उसमें उनकी कवि-प्रतिभा जैसे अपनी सारी पंखुड़ियाँ प्रस्फुटित कर देती है। देखिए, कविता का उत्तरार्ध और रत्नावली की कथा शुरू होने से पूर्व तुलसीदास की स्थिति का यह मोहक वर्णन—

मृत्तिका एक, कर सार-ग्रहण
खुलते रहते बहुवर्ण सुमन,
त्यों रत्नावली-हार में बँध मन चमका,

पाकर नयनों की ज्योति प्रखर
ज्यों रविकर से श्यामल जलधर,
बहु वर्णों के भावों से भरकर दमका।

मिट्टी तो एक ही होती है, लेकिन उससे रस खींचकर नाना प्रकार के वर्णोंवाले फूल खिलते हैं। उसी तरह रत्नावलीरूपी हार में बँधकर तुलसीदास का मन नाना प्रकार की रत्नच्छायाओं से जगमगा उठा। बन्द के उत्तरार्ध में नयनों की वह ज्योति है, जिसका जिक्र होता चला आ रहा है। यहाँ आते-आते वह प्रखर हो गई है, तुलसीदास के अनुराग के प्रगाढ़तर होने के साथ। उसने उनके मन में अनेक रंगोंवाले भाव उसी प्रकार उत्पन्न कर दिए, जिस प्रकार सूर्य की किरणें काले बादलों में अनेक रंग खिला देती हैं। 'वर्ण रश्मियों से कितने ही/छा जाते हैं मुख पर' यह बिम्ब 'बादल-राग' में भी आ चुका है। तुलसीदास का मन उन भावों से भरकर दमक उठा।

3

उत्तरार्ध के आरम्भिक दो बन्द–अंठावन और उनसठ–रत्नावली से सम्बन्धित हैं, जैसे पूर्वार्ध के दो बन्द–बारह और तेरह–तुलसीदास से सम्बन्धित थे। ये बन्द संयुक्त भी हैं।

अपने नाम की तरह ही सुन्दर रत्नावली पति के प्रति प्रेम प्रदर्शित करने में तत्पर, इसलिए लुब्ध करनेवाली थी। उसे देखकर लगता था कि मन को प्रसन्नता से अस्थिर बनाकर रखनेवाला यह अक्षय धन तुलसीदास को किसी अज्ञात पुण्य से प्राप्त है। उनके हाथों में वह सत्य की यष्टि की तरह थी और अपने आप में श्रद्धा का पुंजीभूत रूप। वह अभी, इस माया-लोक में, व्यक्ति-रूप से यानी पत्नी की हैसियत से, उनकी शय्या पर लेटी है।

पति सो रहे हैं, लेकिन वह जग रही है। वह चुपचाप अपने प्रति तुलसीदास के 'राग' पर विचार कर रही है, जो कि 'ऊषारुण' है, उषा की लालिमा से युक्त। यहाँ 'प्रेम' के लिए 'राग' शब्द की सटीकता ध्यातव्य है। निराला की अभिव्यक्ति को देखकर लगता है कि वह सृजनात्मकता का विस्फोट करती चलती है। रत्नावली ऊषारुण प्रेम को इसलिए देख पा रही है कि वह जगी हुई है। जगनेवाले ही उषा की लालिमा को देख पाते हैं। दूसरी बात यह कि तुलसीदास का प्रेम माया है, सत्य नहीं, फिर भी निराला उसका अत्यन्त सशक्त वर्णन करते हैं। उसके बाद रत्नावली के बारे में उन्होंने जो कहा है, वह प्रचंड है–'प्रेम के फाग में आग त्याग की तरुणा'। तुलसीदास के प्रेम की जो होली है, उसमें वह त्याग की तरुण अग्नि की तरह है! रंग-गुलाल तो लाल होता ही है, आग भी वैसी ही होती है। होली से रंग-गुलाल का ही सम्बन्ध नहीं है, उससे आग–होलिकादहन–की भी संगति है। तुलसीदास अपने सुख के लिए रत्नावली को छोड़ने को तैयार नहीं, लेकिन उसे धर्म की और राम की चिन्ता है, इसलिए वह त्याग के लिए सदा प्रस्तुत है। निराला के प्रसिद्ध गीत '(प्रिय) यामिनी जागी' की इस उक्ति 'वासना की मुक्ति, मुक्ता त्याग में तागी' से 'तुलसीदास' की उक्ति बहुत आगे है। यहाँ 'फाग', 'आग' और 'त्याग' तथा 'त्याग' और 'तरुणा' का अनुप्रास ही नहीं है, पूरा चित्र बहुत ही उदात्त है। पूरी पंक्ति तद्भव और तत्सम के विचित्र संयोग से गढ़ी गई है। 'प्रेम', 'त्याग' और 'तरुणा' तत्सम हैं, तो 'फाग'

और 'आग' तद्भव। प्रेम का 'फाग' है, तो त्याग की 'आग'। प्रेम के साथ 'फाग' भले न खटके, लेकिन 'त्याग' के साथ 'आग' खटकता है, उससे ज्यादा उसका 'तरुणा' विशेषण। लेकिन निराला की भाषा-सम्बन्धी प्रकृति में औघड़पन का जो तत्त्व था, उसे समझ लेने के बाद वह नहीं खटकता। यह प्रवृत्ति कबीर में ही नहीं, तुलसीदास में भी थी, जो उनकी भाषा की शक्ति और सौन्दर्य का बहुत बड़ा कारण है। भाव और विषय को अत्यधिक सशक्त रूप में व्यक्त करने के लिए उक्त महाकवियों की तरह निराला भी आभिजात्य को उठाकर फेंक देते थे और भदेस को गले लगा लेते थे। कहने की आवश्यकता नहीं कि यहाँ 'फाग' और 'त्याग' के साथ 'आग' ही विस्फोटकारी है, 'अग्नि' से वह विस्फोट सम्भव न था। इन तीनों शब्दों में विस्तारसूचक जो 'आ' स्वर है, उस पर भी हमारा ध्यान जाना चाहिए। तुलसीदास नदी के दो किनारों की तरह थे। उन्हें आप्लावित कर रत्नावली उनसे आकाशगंगा की तरह कलकल करती हुई प्रवहमान थी। ऊपर उसके जाग्रत् होने और तुलसीदास के ऊषारुण प्रेम को देखने का जिक्र आ चुका है। बन्द के अन्तिम चरण में निराला कहते हैं कि उसकी दृष्टि में करुणा भी थी, आलोकमंडित। आँखों में आँसू भी होते हैं और प्रकाश भी। यहाँ दोनों ही सार्थक हैं। करुणा अथवा आँसू की सार्थकता यह है कि रत्नावली तुलसीदास के प्रेम की नश्वरता को समझ रही है, इसलिए उनके प्रति करुणार्द्र भी है। इस सुन्दर और सशक्त बन्द को भी देखना जरूरी है—

लखती ऊषारुण, मौन, राग,
सोते पति से वह रही जाग;
प्रेम के फाग में आग त्याग की तरुणा :
प्रिय के जड़ युग कूलों को भर
बहती ज्यों स्वर्गंगा सस्वर;
नश्वरता पर आलोक-सुघर दृक्-करुणा।

निराला ने तुलसीदास के लिए 'जड़ युग कूलों' का प्रयोग किया है और रत्नावली के लिए 'सस्वर बहती स्वर्गंगा' का। इनका विरोध तो ध्यातव्य है ही, रत्नावली को 'स्वर्गंगा' कहना भी, उसकी पवित्रता और निष्कलुषता सूचित करने के लिए, ध्यातव्य है।

रत्नावली धीरे-धीरे तुलसीदास के मोहांधकार से बाहर निकली। रात की ही बात हो रही थी। उसी में आकाश-गंगा भी दिखलाई पड़ती है। निराला के शब्दों में, 'धीरे-धीरे वह हुआ पार/तारा-द्युति से बँध अन्धकार'। अन्धकार का यह वर्णन तुलसीदास के मोह से कम सुन्दर नहीं। जैसे वे मोह से बँधे हुए थे, अन्धकार तारों की द्युति से। कहा जा सकता है कि वहाँ अन्धकार था, यहाँ प्रकाश, फिर दोनों के बीच संगति कैसी? इसका उत्तर यह है कि यह प्रकाश तारों का है, रात्रि के अन्धकार की गहनता को सूचित करनेवाले तारों का। चाँदनी रात में तारे कम दिखलाई पड़ते हैं, वे काली रात में ही ज्यादा चमकते हैं। निराला इस चित्र के द्वारा तुलसीदास के मोह की सुन्दरता की भी व्यंजना करते हैं। जैसे उनका राग 'ऊषारुण' था, वैसे ही उनका मोहान्धकार नक्षत्रखचित। 'बँध' अर्थात् 'बँधकर' पूर्वकालिक क्रिया है, जिसका प्रयोग निराला ने विशेषण के रूप में किया है। अन्यत्र भी उनमें यह देखने को मिलता है, जैसे 'मित्र के प्रति' शीर्षक कविता में—'था सर प्राचीन सरस,/सारस-हंसों से *हँस*'। रत्नावली उक्त मोहान्धकार से इस तरह निकली कि एक सुबह जब तुलसीदास कुछ

सौदा-सुलुफ लाने के लिए हाट गए हुए थे, उसका भाई उसके पास पहुँचा और कहने लगा, हम कई बार लौट गए, वे आखिर तुम्हें मायके क्यों नहीं जाने देते? तुम उनसे कमजोर क्यों पड़ती हो? गाँव में हमारी निन्दा हो रही है कि हमने तुम्हें उनके हाथ बेच दिया। घर के सारे लोग विवाह के बाद तुम्हें देखने को व्याकुल हैं, खास तौर से माँ-बापू। उसने रत्नावली में पति-प्रेम के ऊपर धर्म या कर्तव्य-बोध को भी स्थापित करने का प्रयास किया। यह था जनक-जननी के प्रति प्रेम। फिर तो उसकी 'धुल अश्रु-धार से हुई अतुल छवि पावन'। और भी, 'वह घेर-घेर निस्सीम गगन/उमड़े भावों के घन पर घन,/फैला, ढक सघन स्नेह-उपवन, यह सावन।' इस वर्णन की सुन्दरता प्रकट है, इसलिए इसे खोलने की आवश्यकता नहीं। उसने निश्चय कर लिया कि पति के मोहयुक्त प्रेम की परवाह छोड़कर वह अपनी जननी के पास जाएगी, जो उसके लिए रोते-रोते दयनीय हो उठी थीं।

बोली वह, मृदु-गम्भीर-घोष,
'मैं साथ तुम्हारे, करो तोष।'
जिस पृथ्वी से निकली सदोष वह सीता,
अंक में उसी के आज लीन—
निज मर्यादा पर समासीन;
दे गई सुहृद् को स्नेह-क्षीण गत गीता।

सीता पृथ्वी से निकली थीं, दोष लगाए जाने के कारण अपनी मर्यादा-रक्षा के लिए अन्त में उसी की गोद में समा गईं। उन्हीं के अनुरूप रत्नावली भी अपनी माता के पास जाने को प्रस्तुत हो गई, अपने मित्र अर्थात् पति के हाथों को पिछली गीता थमाकर, जिसमें प्रेम अथवा मोह पर कर्तव्य अथवा धर्म के स्थापन की गाथा है। लेकिन दिक्कत यह थी कि उसके प्रति तुलसीदास का प्रेम सामान्य न था, वह असामान्य था, इसलिए उनकी उपस्थिति में घर छोड़ना सम्भव न था। लिहाजा रत्नावली के भाई ने उससे कहा कि तुम तैयार हो, तो चलो, अभी निकल चलते हैं, वर्ना उनके आ जाने के बाद वह सम्भव न होगा। वे जब तक लौटें, हम लोग राजापुर की सीमा पार कर जाएँ। रत्नावली को भी यह बात ठीक लगी। हृदय में माता-पिता के प्रति प्रेम कर्तव्य और धर्म का रूप लेकर ठाठें मार रहा था। वह अपने भाई के साथ मायके के लिए चल दी। ज्योति चली गई, निराला के अनुसार, 'घर अन्धकार अब बहता'। अन्धकार को जल का रूप प्रदान कर उन्होंने उसे मूर्त कर दिया है। यह वर्णन स्पष्टतः बहुत जोरदार है कि घर में अन्धकार प्रवाहित हो रहा था, जैसे भँवर बनाती नदी।

उधर हाट में सौदा-सुलुफ लेते हुए तुलसीदास सोच रहे थे कि साले साहब बहन को ले जाने के लिए जब देखो दरवाजे पर हाजिर हो जाते हैं, जैसे हमने उनसे उसे उधार लिया हो! अरे, उन्होंने तो दान किया है, फिर उस पर जोर कैसा? वे इस चिन्ता में पड़े थे कि अब तक तो उन्हें किसी न किसी बहाने लौटाते रहे हैं, इस बार कौन-सा उपाय करें? 'तुलसीदास' का यह पूरा प्रसंग बहुत बोलता हुआ है, निराला के गद्य का मजा देनेवाला। यह संवादप्रधान भी है। तुलसीदास सोचते भी हैं, तो बातचीत करने की ही शैली में। स्वभावतः इस काव्य की कथा में यह खुलनेवाली खिड़की की तरह है, जिससे साधारण स्वच्छ वायु, जिसमें साँस ली जा सके, भीतर आती है। अन्य प्रसंगों में तो इस काव्य में फूलों की सुगन्ध, मकरन्द और पराग से लदी हुई व्याकुल बनानेवाली हवा चलती है! 'तुलसीदास' का काव्य यहाँ

अपने उदात्त स्तर से बिलकुल सामान्य स्तर पर उतर आता है, जो निम्नमध्यवर्गीय पारिवारिक जीवन के यथार्थ का स्तर है। उसी के मेल में भाषा भी साधारण हो जाती है, यद्यपि उसमें निराला की भाषा का कसाव और चुस्ती बनी रहती है। यहाँ यह कहने की आवश्यकता न होनी चाहिए कि निराला का जो गद्य अलंकृत अथवा 'कलात्मक' नहीं है, उसमें भी उनकी काव्य-भाषा के गुण पाए जाते हैं—कसाव और चुस्ती। इस कविता का यह अंश पढ़कर पाठक को लगता है कि इसमें जो बयान किया गया है, वह मिथक नहीं है, यथार्थ है। 'यह कथा नहीं है, यह सब सच है, हाँ भई!!' तात्पर्य यह कि इससे इस कविता की विश्वसनीयता बढ़ी है। भाषा के स्तर-भेद से उसका आकर्षण भी।

तुलसीदास सौदा लेकर जब हाट से लौटे, तो दिन चढ़ रहा था। उनके मन को प्रिया-प्रेम उत्फुल्ल बनाए रहता था। रास्ते में उन्होंने सुबह का बहुत ही सुन्दर दृश्य देखा—

सामग्री ले लौटे जब घर,
देखा, नीलम-सोपानों पर
नभ के, चढ़ती आभा सुन्दर पग धर-धर;
श्वेत, श्याम, रक्त, पराग-पीत,
अपने सुख से ज्यों सुमन भीत;
गाती यमुना नृत्यपर, गीत कल-कल स्वर।

आकाश की सीढ़ियों पर, जो जैसे नीलम की बनी थीं, एक-एक कदम रखती प्रभात-काल की आभा ऊपर चढ़ रही थी। उसका यह चढ़ना निराला की 'सन्ध्या-सुन्दरी' के नीचे उतरने की याद दिला देता है—'मेघमय आसमान से उतर रही है/वह सन्ध्या-सुन्दरी परी-सी/धीरे धीरे धीरे'। रास्ते में जो फूल खिले हुए थे, रंग-बिरंगे, आनन्द के मारे हिल रहे थे, जैसे कोई भय में काँपता है। 'रँग गई पग-पग धन्य धरा' गीत में भी निराला कहते हैं—'सुख के भय काँपती प्रणय-क्लम/वन-श्री चारुतरा'। यमुना भी नाचती-गाती हुई बह रही थी। कल-कल का स्वर उसके गीत की ध्वनि थी। जब उन्होंने घर में प्रवेश किया, तो पाया कि रत्नावली, जो प्रिया ही नहीं, उनका जीवन थी, घर में नहीं थी। घर जैसे आँखें नीची किए हुए था, आँगन विषादग्रस्त। रत्नावली पर्दे में रहती थी, घर और आँगन के। वे पर्दे तो थे, लेकिन पर्दे में रहनेवाली न थी। आवरण जिस मधुरा का वरण करते थे, वह जा चुकी थी! सुख-स्नेह से भरा घर श्रीविहीन था, जैसे कठोर पाले का मारा गन्धरहित कमल—'निःसुरभि, हन्त, हेमन्त-पद्म!' यही बिम्ब बाद में भिन्न सन्दर्भ में 'सरोज-स्मृति' कविता में आता है—'हों भ्रष्ट शीत के-से शतदल!' रत्नावली नहीं थी। तुरत वे समझ गए कि उनके साथ धोखा किया गया है। वे हाट गए और इधर साले साहब अपने साथ अपनी बहन को लेकर चल दिए। वह सूना घर उन्हें 'सद्म' नहीं, 'छद्म' लगा, जो प्रायः नीरस और निष्प्रीति होता है!

तत्पश्चात् घर का जो वर्णन है, वह चित्रण और भाव की गहराई दोनों ही दृष्टियों से देखने लायक है—

यह नहीं आज गृह, छाया-उर
गीति से प्रिया की मुखर, मधुर;
गति-नृत्य, ताल-शिंजित-नुपूर, चरणारुण;
व्यंजित नयनों का भाव सघन

भर रंजित जो करता क्षण-क्षण;
कहता कोई मन से, उन्मन, सुन रे, सुन।

तुलसीदास को महसूस हुआ कि वह घर पहलेवाला नहीं है, जो उनके हृदय की छाया के समान था, यानी आत्मीय। वह न तो प्रिया के गीतों से मुखर और मधुर है, न नृत्य की गति और ताल से बजनेवाले उसके नूपुरों से गुंजायमान और न उसके तलवों की आभा से लाल। पहले वह प्रिया की आँखों से व्यंजित होनेवाले सघन भाव से मन को क्षण-प्रतिक्षण आनन्दित करता रहता था। अब वह नहीं है। जैसे कोई उनके मन से कहता है, अब बस ध्यान देकर उसे सुन सकते हो, यानी अब उसे सिर्फ याद किया जा सकता है। निश्चय ही यह मनःस्थिति का बहुत गहन ही नहीं, सूक्ष्म रेखांकन भी है।

रत्नावलीरूपी संगीत की तान तुलसीदास से दूर चली गई थी, इसलिए उसकी माधुरी उनके लिए और बढ़ गई। वे उसे निकट से सुनने के लिए बहुत व्याकुल हो उठे और अन्ततः सम्पूर्ण व्यवहार-ज्ञान और लोक-मर्यादा को भुलाकर अनजाने उसी मार्ग पर बढ़ चले, जिससे वह दूर गई थी। उनके असामान्य वेगवान् प्रेम ने उनके कुल-मान के ध्यान को शिथिल कर दिया। वे मस्ती में बढ़ते चले जा रहे हैं। रास्ते के दृश्य मनोभावना के अनुरूप बहुत ही मोहक लग रहे हैं–

मग में पिक-कुहरित डाल-डाल,
हैं हरित विटप सब सुमन-माल,
हिलतीं लतिकाएँ ताल-ताल पर सस्मित;
पड़ता उन पर ज्योतिःप्रपात,
हैं चमक रहे सब कनक-गात;
बहती मधु-धीर समीर ज्ञात, आलिंगित।

वृक्ष की प्रत्येक डाल पर कोयल की कूक सुनाई पड़ रही है। हरे वृक्षों ने सुमनों की माला धारण कर रखी है। लतिकाएँ मुस्कुराती हुई हवा के हर ताल पर हिल रही हैं। सम्पूर्ण प्रकृति पर ज्योति का झरना झर रहा है, जिससे वह स्वर्ण-वर्ण चमक रही है। 'राम की शक्ति-पूजा' में भी जनक की पुष्प-वाटिका के वर्णन के प्रसंग में 'ज्योतिःप्रपात' आता है। तात्पर्य यह कि हाट से लौटकर बेसब्री में तुलसीदास तुरत ससुराल के लिए चल दिए थे, क्योंकि अभी दिन पूरा न चढ़ा था, सूर्य की किरणों में सोना बचा हुआ था। जो हवा चल रही थी, वह फूलों के मकरन्द से आर्द्र, जिससे उसकी गति मन्द थी। दूसरे, वह परिचित की तरह शरीर से लिपट-लिपटकर चल रही थी। आगे का बन्द भी द्रष्टव्य है–

धूसरित बाल-दल, पुण्य-रेणु,
लख चारण-वारण-चपल-धेनु,
आ गई याद उस मधुर-वेणु-वादन की;
वह यमुना-तट, वह वृन्दावन,
चपलानन्दित वह सघन गगन,
गोपी-जन-यौवन-मोहन-तन वह वन-श्री।

मार्ग में तुलसीदास को बालकों का दल भी मिला। धूल उड़ रही थी और सभी बालक उसमें नहाए हुए थे। वे गाएँ चरा रहे थे और इधर-उधर भागनेवाली गायों को रोक भी रहे थे।

यह दृश्य देखकर उन्हें कृष्ण का बाँसुरी-वादन याद आ गया। उसके साथ याद आया यमुना का तट, वृन्दावन, बिजली के माध्यम से अपनी प्रसन्नता व्यक्त करनेवाला मेघाच्छादित आकाश और वह वन-श्री, जिसका देहाकर्षण गोपियों के यौवन को भी मुग्ध कर लेनेवाला था। प्रेम के मार्ग पर तुलसीदास को कृष्ण और उनसे सम्बन्धित बातें ही याद आईं, राम नहीं याद आए, यह स्वाभाविक था। 'चपलानन्दित वह सघन गगन' ऐसी पदावली तुलसीदास के अलावा और किसी कवि ने नहीं लिखी और ऐसा बिम्ब हिन्दी में निराला के अलावा किसी ने नहीं रचा।

तान का जिक्र भी पहले हो चुका है। वंशी का आनन्ददायक स्वर सुनते हुए तुलसीदास ससुराल पहुँच गए, जैसे विष्णु लक्ष्मी के निवास पर पहुँचे हों! विष्णु के लिए निराला ने यहाँ 'रत्नधर' शब्द का प्रयोग किया है। विष्णु रत्नधर भी कहे जाते हैं, क्योंकि वे अपने हृदय पर कौस्तुभ नामक रत्न धारण करते हैं। तुलसीदास की पत्नी का नाम रत्नावली था इससे 'रत्नधर' शब्द का संकेत स्पष्ट है। उन्हें देखकर ससुराल के लोग आदरपूर्वक उठ गए। सम्मान देकर उन्हें बैठाया गया, लेकिन कुछ लोगों ने कानाफूसी की। तुलसीदास की अवाई सुनकर रत्नावली की भाभी बोलीं, किंचित् व्यंग्य से, रत्न को इन्होंने ही पहचाना! इस बन्द में 'समाज' का प्रयोग स्त्रीलिंग में किया गया है, जिस पर अवध की बोलचाल की हिन्दी का असर है। बन्द के उत्तरार्ध में 'बैठालना' भी ऐसा ही क्रिया-पद है, 'परिमल' की 'जलद के प्रति' कविता में भी प्रयुक्त–' 'जल' से 'जलद' कहा, समझाया/भेद मुझे ऊँचे बैठाल।' उसी में बातचीत करने के अर्थ में 'बतलाना' का प्रयोग तो शुद्ध बैसवाड़ी है। निराला के 'अनामिका' में संकलित 'सहज' शीर्षक एक गीत में भी यह प्रयोग है–'वह जो इस-उस से *बतला* रहा।' 'मेरे गीत और कला' शीर्षक अपने निबन्ध में उन्होंने लिखा है, 'मेरी बैसवाड़ी, माता-पिता की दी वाग्विभूति, जिससे सभी रसों के स्रोत मेरे जीवन में फूटकर निकले हैं, साहित्यिकों में प्रसिद्ध है।' बोलचाल की हिन्दी और बैसवाड़ी से कविता में रस के स्रोत किस तरह फूटते हैं, यह इन पंक्तियों में द्रष्टव्य है–

बैठाला देकर मान-पान;
कुछ जन बतलाए कान-कान...

यह भाषा 'तुलसीदास' की भाषा में निश्चय ही एक नए रस का संचार करती है। इस रस में बहुत ही ताजगी है, जैसे ईख का ताजा रस हो! इससे निराला के भाषा-क्षेत्र के विस्तार का भी पता चलता है। वह संस्कृत शब्दों तक ही नहीं, लोकभाषा तक भी फैला है, अपने अन्य कई आयामों के साथ।

व्यंग्य सुनकर रत्नावली का शरीर लहक उठा। पूर्वचर्चित युवतीसुलभ चंचल दृगों में ज्वाला की तरंग कौंध गई। लेकिन क्रोध की अभिव्यक्ति का अवसर न था, इसलिए वह चुप रही। पति के इस व्यवहार पर वह लज्जा से मरी जा रही थी। सुरभित वरमाला के सदृश रत्नावली भीतर ही भीतर दग्ध होती रही। चूँकि होंठों तक आया क्रोध उसने प्रकट न किया, इसलिए उसकी आँच ने उन्हें म्लान कर दिया–

जल गए व्यंग्य से सकल अंग,
चमकी चल-दृग ज्वाला-तरंग,
पर रही मौन धर अप्रसंग वह बाला;

पति की इस मति-गति से मरकर,
उर की उर में ज्यों, ताप-क्षर,
रह गई सुरभि की म्लान-अधर वर-माला।

उसने अपने को असमर्थ पाकर मन ही मन कृष्ण को पुकारा, जिन्होंने द्रौपदी की लज्जा की रक्षा की थी। उसकी पुकार में जो व्याकुलता और वेधकता थी, वह देखने योग्य है। अब तक उसकी लज्जा बची हुई थी, आज उसका दमकता हुआ लज्जाभूषण कोई उतारने पर लगा है। उसे लगता है कि उसके पति तुलसीदास वैसे नहीं हो सकते। जरूर उनके भीतर कोई शैतान पैठ गया है, जो उसका आँचल पकड़कर खींच रहा है। हे भगवान्, अब आँचल खुलने ही वाला है। साड़ी का छोर उसके हाथों में है, फिर मेरी लज्जा कब तक सुरक्षित है?—

बोली मन में होकर अक्षम,
रक्खो, मर्यादा पुरुषोत्तम!
लाज का आज भूषण, अक्लम, नारी का;
खींचता छोर, यह कौन और
पैठा उनमें जो अधम चौर?
खुलता अब अंचल, नाथ, पौर साड़ी का!

'पौर' शब्द का प्रयोग बहुत ही सटीक है, जिसका अर्थ होता है ड्योढ़ी अथवा देहली, जो घर की सीमा होती है।

आगे का किस्सा यह है कि कुछ देर उस घर में स्तब्धता छाई रही, जैसे आँधी आने से पहले की स्थिति हो। फिर तुलसीदास को भोजन कराकर रत्नावली की भाभी उन्हें शयन के लिए ले चलीं। उस समय ऐसा लगा कि वे उनका हरण करके ले जा रही हैं, लेकिन वे अपनी प्रिय वार्ता से उनके मन को जीते ले रही थीं। इस बन्द का जो अन्तिम चरण है, उसके वर्णन में प्रचंडता है। तुलसीदास झरने की तरह थे, व्यंजना से वेग के भरे हुए पहाड़ी झरने की तरह, और रत्नावली की भाभी मीठी फुहारें बरसाने वाली निर्झर की तरह—'वह मधुशीकर निर्झर झरती झरने को'। 'झरने को' का अर्थ है 'झरने अर्थात् तुलसीदास के लिए'। इस बन्द में भोजन कराने के लिए लोकभाषा के क्रिया-पद 'जिवाँना' का प्रयोग किया गया है, जिससे घरेलू वातावरण का निर्माण हुआ है। बाद में घर के और लोगों ने भी रात्रि-भोजन किया और सभी अपने कक्षों में सोने चले गए। तुलसीदास की आँखों में रत्नावली की आँखें थीं, प्रेम-प्राप्ति के लिए उठी हुई, पलकें फैलाए। निराला ने यहाँ 'चयनोत्कल' शब्द का प्रयोग किया है। 'चयन' का मतलव है प्राप्ति और 'उत्कल' अथवा 'उत्कलित' का मतलब है उन्नतिशील। 'चयन' का प्रयोग इस प्रसंग में उन्होंने अन्यत्र भी किया है, यथा 'गीतिका' के गीत 'स्पर्श से लाज लगी' में—'प्रेम-चयन के उठा नयन नव।' उन आँखों में राग भी था और ठीक विवाह के बादवाला सुहाग भी। राग से लालिमा की व्यंजना हो रही है और सुहाग के सुनहलेपन का तो कवि ने स्वयं जिक्र किया है। तुलसीदास की आँखों में वही 'स्वप्नोत्पल' आँखें जग रही थीं, यानी वे आँखें, जिनमें स्वप्नों के कमल खिल रहे हैं। आँखें रग-रग से रँगी हुई थीं, 'सेत स्याम रतनार' आँखों की तरह।

लेकिन तुलसीदास की कल्पना में रत्नावली का जो रूप था, आज वह यथार्थ में नहीं

था। आज उसकी आँखों में प्रेम का वह स्थिर भाव नहीं था। आज उसका खून उलटा दौड़ रहा था। तुलसीदास के ससुराल पहुँचने से उसे उनके पागलपन-भरे प्रेम का इजहार मानकर वह प्रसन्न हुई थी, लेकिन भाभी के व्यंग्य ने उसे विपरीत दिशा में पहुँचा दिया था। प्रिय के मुखरूपी पूर्णचन्द्र को देखकर उसके हृदय में जो प्रेम का समुद्र लहराया था, जो ज्वार उठा था, वह जल के बिन्दु-बिन्दु में बिखर गया। जल के बिन्दु-बिन्दु में बिखरना, उसके खंड-खंड में, यह ज्वार टूटने की क्रिया के वेग को सूचित करता है, उसके माध्यम से रत्नावली के क्षोभ और आक्रोश को। निश्चय ही यह उदात्त वर्णन है। इस बन्द के आरम्भिक दोनों चरणों में निराला ने तुलसीदास के लिए 'कवि' का प्रयोग किया है, जैसा वे पहले के बन्दों में भी करते रहे हैं, और रत्नावली के लिए 'छवि' का, क्योंकि वह सौन्दर्य की मूर्ति थी। जो लक्ष्य करने योग्य बात है, वह यह कि दोनों चरणों में उन्होंने छः बार ह्रस्व 'इ' स्वर का प्रयोग किया है, जिससे उसकी गति में तेजी आ गई है—'कवि-रुचि में घिर छलकता रुचिर,/जो, न था भाव वह छवि का स्थिर'। उसके बाद रत्नावली के आक्रोश से भरे रूप का जो वर्णन है और फिर वस्तुस्थिति को न समझ पाने के कारण तुलसीदास के आनन्दोल्लास का, वह निराला के शब्दों में ही देखने लायक है। दो भावों से युक्त दो चित्र, ओजस्वी और मधुर, आमने-सामने हैं :

अस्तु रे, विवश, मारुत-प्रेरित,
पर्वत-समीप आकर ज्यों स्थित
घन-नीलालका दामिनी जित ललना वह;
उन्मुक्त-गुच्छ चक्रांक-पुच्छ,
लख, नर्तित कवि-शिखि-मन समुच्च
वह जीवन की समझा न तुच्छ छलना वह।

रत्नावली का रूप नीले मेघों के केशोंवाली उस दामिनी को भी मात करनेवाला था, जो हवा से उड़ाकर पहाड़ के समीप ले आई गई हो और टूट पड़ना चाहती हो, लेकिन अभी वैसा करने से विवश हो। इधर तुलसीदास थे, जिनका मन-मयूर उस मेघमाला को देखकर अपना चक्रांकित पुच्छ खोले जोरों से नृत्य कर रहा था। उस मन-मयूर ने यह न समझा कि वह यथार्थ नहीं, जीवन द्वारा किया जानेवाला छल था। पहले चित्र की ओजस्विता को 'घन-नीलालका दामिनी जित ललना' में 'आ' स्वर की जो आवृत्ति है, वह बढ़ा देता है। इसी तरह दूसरे चित्र में 'लख, नर्तित कवि-शिखि-मन' में जो ह्रस्व 'इ' स्वर है, वह उसमें तीव्र गति का संचार कर देता है, जैसे शब्द भी नृत्य करने लगे हों! 'उन्मुक्त-गुच्छ चक्रांक-पुच्छ' की सानुप्रास पदावली और शब्द-लाघव निराला के ही वश की बात थी। अन्तिम चरण में 'जीवन' शब्द को ले आने से प्रसंग में एक गम्भीरता आ गई है, त्रासद। यह इस बात का सूचक है कि निराला का दृष्टिकोण एक दार्शनिक या उपदेशक वाला न था, जो मनुष्य के मन में प्रवेश कर उसकी स्थिति को समझने की कोशिश नहीं करता और उसे सिर्फ उपदेश अथवा निर्देश दिया करता है। निराला कवि थे, वे रत्नावली और तुलसीदास दोनों के मन में प्रवेश कर दोनों की स्थिति को समझते हुए, दोनों के प्रति सहानुभूति प्रदर्शित करते हुए, अपनी बात कहते हैं। कहा जा चुका है कि उनके लिए जितना 'ब्रह्म' का महत्त्व था, उससे कम 'माया' का नहीं, क्योंकि 'ब्रह्म' जहाँ मिथक है, 'माया' ठोस यथार्थ, कविता का असली विषय।

रत्नावली के बिखरे हुए चंचल बाल छूट पड़े। पलकों ने गिरना बन्द कर दिया। भावातुर हृदय की छलकनें शान्त हो गईं। वह निस्सहाय थी, सिर्फ ध्यानस्थ। वह योगिनी की अवस्था में पहुँच गई, जहाँ रूप पीछे छूट जाता है और अरूप से मन लग जाता है। स्वभावतः उसने प्रिय के साकार-भाव को समाप्त कर दिया। निराला ने लिखा है कि उसके इस रूप की उपमा किसी चीज से न दी जा सकती थी। इस रूप में वह 'निरुपमिता' थी। पहले बन्द में 'शफरी', 'नीरज' और 'छलकें' तीनों हमारा ध्यान खींचते हैं, क्योंकि इनका जल अथवा तरलता से सम्बन्ध है। निराला की कल्पना में गजब की संघटनशीलता है। बालों की चंचलता के लिए 'शफरी' उपमान का प्रयोग क्लासिकी है। कुछ समय के बाद बहुत ही स्थिरता से रत्नावली प्रखर और सप्राण शब्दों में मुखरित हुई। निराला के शब्दों में, स्वर्गीय आभा स्वरित हुई! वे पहले भी रत्नावली को 'स्वर्गंगा' कह चुके हैं। 'स्वर्गीयाभा' की उससे संगति है। वह जब बोली, तो लगा कि आभा स्वरित हो उठी। लेकिन सौन्दर्य का विस्फोट आगे होता है, जब वे कहते हैं–'अचपल ध्वनि की चमकी चपला।' बिजली तो चमककर तुरत लुप्त हो जाती है, लेकिन रत्नावली का कथन बिजली की स्थिर कौंध की तरह था और बिजली भी कैसी, ध्वनि की! तुलसीदास ने अपने गुरु के वचनों की उपमा सूर्य की किरणों से दी थी–'जासु बचन रवि कर निकर'। यहाँ उससे भी आगे की बात है। रत्नावली के शब्द बिजली की स्थिर चमक के समान थे! वह अबला इस समय एक साथ शक्ति, लक्ष्मी और सरस्वती का रूप प्रतीत हुई। 'बल की महिमा' यानी शक्ति और 'अमला' यानी सरस्वती। 'सरोज-स्मृति' में निराला ने सरस्वती को 'विमला' कहकर याद किया है–'देखो क्या रँग भरती विमला'। नारी की यह तेजस्वी मूर्ति सम्पूर्ण छायावाद में कहीं नहीं मिलती। जैसे प्रेमचन्द को स्वाधीन, स्वावलम्बी और स्वाभिमानी नारियाँ पसन्द थीं, वैसे ही निराला को भी। 'तुलसीदास' की रत्नावली के आगे 'तुमुल कोलाहल-कलह में हृदय की बात' वाली श्रद्धा की मूर्ति बहुत फीकी लगती है। मनु को सख्त नापसन्द करते हुए भी वह उनके आगे हमेशा दब्बू बनी रही, जबकि रत्नावली तुलसीदास से पूरी बुद्धि और विवेक के साथ विस्मयजनक दृढ़ता और कठोरता से पेश आई। उसने उनसे जो कुछ कहा, वह अपनी सटीकता और वेधकता के कारण हिन्दी क्षेत्र में प्रचलित हो चुका है। कहने की आवश्यकता नहीं कि उसके शब्द जितने ही तोलकर कहे गए हैं, उतने ही वजनी भी हैं, साथ ही प्रायः सरल भी–

धिक्! धाए तुम यों अनाहूत,
धो दिया श्रेष्ठ कुल-धर्म धूत,
राम के नहीं, काम के सूत कहलाए!
हो बिके जहाँ तुम बिना दाम,
वह नहीं और कुछ–हाड़, चाम!
कैसी शिक्षा, कैसे विराम पर आए!

रत्नावली ने तुलसीदास से कहा कि तुम बिना निमन्त्रण के दौड़े हुए ससुराल चले आए, तुम्हें धिक्कार है! तुमने अपने आचरण से अपने श्रेष्ठ और पवित्र कुल-धर्म को नष्ट कर दिया। तुम्हें राम के रथ का सारथी बनना चाहिए था, लेकिन तुम काम के रथ के सारथी बन गए! रत्नावली के कथन में पाँच बार 'ध' वर्ण की आवृत्ति है। इस महाप्राण घोष वर्ण ने उसके

शब्दों को गम्भीरता प्रदान करने में प्रचुर सहायता की है। 'धूत' संस्कृत के 'धौत' का तद्भव है, जिसका अर्थ है धुला हुआ। निराला ने 'धूत' के साथ 'धो दिया' का प्रयोग कर अच्छा सौन्दर्य उत्पन्न किया है। 'धो देना' का जिस अर्थ में प्रयोग है, वह लोकभाषा से आया है। उसकी शक्ति का स्रोत वही है। बन्द का उत्तरार्ध बहुत ही चुभने और लगनेवाला है। उचित ही पैनेपन को ध्यान में रखकर बोलचाल के शब्दों का प्रयोग किया गया है। तीसरे चरण में जो 'विराम' शब्द आया है, 'गन्तव्य' अथवा 'लक्ष्य' के अर्थ में, वह ऊपर के दो चरणों में प्रयुक्त भाषा को एक सीमा से नीचे नहीं आने देता, निराला की काव्य-भाषा के आभिजात्य को पुनः स्थापित कर देता है।

रत्नावली का यह कहना था कि तुलसीदास का वह संस्कार, जिसे थोड़े दिनों के लिए काम-भाव ने आच्छादित कर लिया था, बहुत ही शक्ति के साथ जग पड़ा। उसमें उनका काम-भाव शीघ्रता से नष्ट हो गया। अब उन्हें रत्नावली 'वामा' यानी मनोहारिणी स्त्री के रूप में नहीं, अग्नि-प्रतिमा के रूप में दिखलाई पड़ी। 'वामा' वह तब थी, जब उनके मार्ग में विघ्न के रूप में उपस्थित हुई थी–'वामा, इस पथ में हुई वाम सरितोपम'। अब उन्हें अपने चारों ओर ज्ञान ही ज्ञान दिखलाई पड़ा। वस्तु का 'प्रथम भाग' यानी उसका मायावाला रूप जलकर भस्म हो गया और उन्हें उसमें निहित सत्य का दर्शन हुआ। स्वभावतः इस संसार का ध्यान यानी जड़ता छूट गई और वे पूर्णतः चेतन हो उठे। यहाँ निराला ने लिखा है कि तुलसीदास को रत्नावली साक्षात् सरस्वती के रूप में दिखलाई पड़ी। वह इसलिए कि वे कवि थे। उन्होंने–

देखा, शारदा नील-वसना
हैं सम्मुख स्वयं सृष्टि-रशना,
जीवन-समीर-शुचि-निःश्वसना, वरदात्री,
वाणी वह स्वयं सुवादित स्वर
फूटीं तर अमृताक्षर-निर्झर,
यह विश्व हंस, हैं चरण सुघर जिस पर श्री।

शारदा नीलवस्त्रधारिणी थीं, सृष्टि-रशना! इस 'सृष्टि-रशना' में अकूत सौन्दर्य है। 'रशना' का अर्थ है छोटे घुँघरुओं से युक्त कांची या करधनी। सरस्वती इस सृष्टि की करधनी हैं, स्वरयुक्त उसका मोहक अलंकरण! चूँकि वे वाणी भी कहलाती हैं, इसलिए यह उपमान अतिशय उपयुक्त ही नहीं, कलात्मक भी है। उनका निःश्वास तुलसीदास को पवित्र प्राण-वायु की तरह लगा, वरदा तो वे थीं ही। उस समय उनका स्वर ही उनकी वीणा का काम कर रहा था। उन्होंने अविनश्वर शब्दों में तुलसीदास को उद्बुद्ध किया था। निराला ने रूपक की भाषा में कहा है, 'अमृताक्षर-निर्झर में तैरती हुई।' उनके वाहन हंस का काम संसार ही कर रहा था। उसी पर उनके चरण टिके थे, जो मूर्तिमान् श्री थे।

तुलसीदास की दृष्टि सरस्वती पर केन्द्रित हो गई, फिर तो उनका मन ऊपर उठने लगा, जैसे चित्रकूट में ऊपर उठा था। ऊपर सिर्फ शून्य था। वहाँ से घूमती हुई पृथ्वी धुएँ की तरह दिखलाई पड़ रही थी और समुद्र, जिसमें चाँद और तारे प्रतिबिम्बित हुआ करते थे, धूसर। पता ही नहीं चल रहा था कि ऊर्ध्व, मध्य और निम्न क्या है। सहसा उन्हें एक तारा चमकता दिखलाई पड़ा, नया और नीली द्युतिवाला। सरस्वती का रूप उसमें विलीन

हो गया। फिर उस तारे की द्युति क्रमशः मन्द हो गई। अब सिर्फ निस्तब्ध व्योम था, जैसे 'गति-रहित छन्द'। सारी द्वयता और बन्धन मिट गए, शेष रह गया आनन्द। 'छन्द' को निराला ने हमेशा बहुत ऊँचा स्थान दिया है। जब किसी उच्च वस्तु का वर्णन करना हुआ है, उसे 'छन्द' कहा है। 'जागो फिर एक बार' की ये पंक्तियाँ स्मरणीय हैं–'मुक्त हो सदा ही तुम,/बाधा-विहीन-बन्ध छन्द ज्यों,/डूबे आनन्द में सच्चिदानन्द-रूप'। 'द्वन्द्व' और 'बन्धन' अथवा 'बन्ध' का जिक्र 'तुलसीदास' में पहले हो चुका है। उसके पचासवें बन्द की व्याख्या भी की जा चुकी है, जिसमें ये पंक्तियाँ आती हैं–'पर वही द्वन्द्व के भी कारण,/बन्ध की शृंखला के धारण'। तुलसीदास वैसे सभी द्वन्द्वों और बन्धनों से छुटकारा पा गए। यह उनकी मुक्ति थी, जैसे 'कामायनी' में मनु की–'चेतनता एक विलसती/आनन्द अखंड घना था'।

उनकी आँखें बन्द थीं, लेकिन ज्ञान उन्मीलित। जैसे कलिका में सौरभ स्थित होता है, वह ज्ञान उनके चित्त में स्थित हो गया। प्राणाशय अर्थात् जीवन-बोध भी सीमित न रहा, अपनी असीमता में लय हो गया। जिस कलिका में भ्रमर की तरह तुलसीदास बन्द हो गए थे, वह जैसे धीरे-धीरे उनके भीतर खुल गई। उस कलिका से निकलकर सौरभ चारों ओर फैल गया, जैसे वाणी फैलती है। गन्ध के वाणी के रूप में फैलने का वर्णन निराला ने अन्यत्र भी किया है, उदाहरणार्थ अपने इस परवर्ती गीत में–'मुस्कुरा दी रातरानी/खुली जैसे विश्ववाणी'। छन्द यहाँ भी है–'सुरभि-छन्द'। 'निष्प्रश्रय' का अर्थ है प्रश्रयविहीन, यानी मुक्त। सुरभि का विस्तार आगे के बन्दों में भी है। तुलसीदास की समाधि जब भंग हुई, यानी उनका मन ऊपर से नीचे आया, उन्हें अपने भौतिक अस्तित्व का ज्ञान हुआ, तो उनके मन में रत्नावली के कक्ष से बाहर चलने की बात आई। अब उसका कहीं से विरोध न था। उनमें जो गति पैदा हुई थी, उसमें इतना वेग था कि वह किसी भी प्रतिरोध को ठेल देती। उक्त सुरभि की धारा कलिका की सभी बन्द पंखुड़ियों को खोलती हुई वेग से निष्कंटक अपने मार्ग पर प्रवाहित हो उठी। निराला की उदात्त वाणी में–'खोलती मृदुल दल बन्द सकल/गुदगुदा विपुल धारा अविचल/बह चली सुरभि की ज्यों उत्कल, निःशूला'। उस उदात्त वाणी में कैसी सजीवता है, इसका अनुमान 'गुदगुदाने' के वर्णन से होना चाहिए। कवि की उदात्त वाग्धारा में बहता हुआ यह शब्द कहाँ से आ गया है? लोकभाषा से, उसे सजीवता और गतिशीलता प्रदान करने के लिए। सुरभि की उस धारा में कलकल स्वर से लहरें निनादित हो उठीं। भावाकुल उच्छल शब्द सुनाई पड़ने लगे। उससे जंगल और पहाड़ गूँज उठे। उन ऋषियों को वह स्वर अतिशय हर्षदायक लगा, जिनका हृदय भारत में भारतीय संस्कृति पर इस्लामिक संस्कृति के प्रसार से दग्ध होकर निश्चल हो गया था।

सुरभि की धारा भारतीय जन को यह कहते हुए बह रही थी–जगो, सुबह हो गई, वह काली रात बीत गई। उदयाचल से ज्योति का झरना झर रहा है। अन्धकार पर विजय प्राप्त करनेवाले, तुम तेजस्वी हो, इन चेतना की किरणों को समेट लो। भारत की महिमा और बल से युक्त सघन ज्योति का अवतरण हो रहा है। अब जड़ और चेतन के बीच पुनः भीषण संग्राम होगा, जिसमें तुलसीदास प्रत्येक 'भौतिक' वस्तु से जूझेंगे। वह संग्राम एक ओर जानलेवा होगा और दूसरी ओर जीवन-प्रदाता। इधर यानी तुलसीदास के पक्ष में सरस्वती होंगी और उधर सम्पूर्ण भौतिक जीवन के कौशल। लेकिन जीत इस पक्ष की होगी, उस पक्ष

की नहीं, क्योंकि इधर स्वयं परमात्मा हैं, जबकि उधर माया। निराला ने 'सबल माया-कर' लिखा है, जिसका मतलब है 'माया के सबल हाथ।' ऐसा इसलिए कि प्रसंग युद्ध का है और उसमें उस कौशल का बहुत महत्त्व है, जिसका वे ऊपर जिक्र कर चुके हैं। उस कौशल का सम्बन्ध हाथ से ही है। उस सुरभि-धारा से आगे ये शब्द फूटे—आज समाज में जो बिखराव आ गया है, तुलसीदास की पूर्णकला उस बिखराव को दूर करेगी, समाज के विभिन्न खंडों को जोड़कर उसे पूर्णता प्रदान करेगी। जैसे सूर्य की किरणें समुद्र से बिन्दु-बिन्दु जल शोषित अथवा संचित कर वर्षा कराती हैं, वैसे ही तुलसीदास की कला भव-पादप यानी समाज को हरा-भरा बना देगी। लोग अन्याय के प्रति सहिष्णु हो गए हैं, उधर से उनका मन फेरकर उनमें प्रतिरोध की क्षमता उत्पन्न करेगी।

'तुलसीदास' को एक रहस्यवादी रचना के रूप में प्रस्तुत करने की कोशिश की गई है। अब यह बात प्रकाश में आ चुकी है कि इसकी भूमिका 'कृष्णदास' के नाम से डा. रामविलास शर्मा की लिखी हुई है। पूछने पर मुझे भी डा. शर्मा यह बात बतला चुके हैं। भूमिका में तीन बार उन्होंने इस काव्य में रहस्यवाद की स्थिति का संकेत किया है। सर्वप्रथम उन्होंने यह कहा है कि 'यहाँ रहस्यवाद से सम्बन्ध रखनेवाली भावना-प्रणाली का विश्लेषण करना कवि का इष्ट रहा है', फिर यह कि 'रहस्यवाद का कथा रूप में उसने एक नया चित्र खींचा है' और अन्त में, 'रहस्यवाद को उनके (निरालाजी के) पुरुषत्व ने उसके अन्तर्द्वन्द्व के साथ कथा रूप में यहाँ चित्रित किया है।' इससे अनुमान लगाया जा सकता है कि रहस्यवाद छायावादी कविता में जिस भी मात्रा में रहा हो, आलोचक के मस्तिष्क पर वह पूरी तरह से छाया हुआ था। स्वभावतः उस पर उसने पूर्वग्रहग्रस्त होकर विचार करना शुरू किया और जहाँ रहस्यवाद नहीं था, वहाँ भी उसे ढूँढ़ निकाला। सन्तोष का विषय यह है कि डा. शर्मा ने बाद में 'तुलसीदास' की रहस्यवादी व्याख्या का आग्रह छोड़ दिया, लेकिन उसकी भूमिका से उन्होंने उसका मार्ग निश्चय ही खोल दिया था। ऐसी बात नहीं है कि इस काव्य में वेदान्त, ब्रह्म, जीव और माया नहीं हैं, पाठकों ने देखा है कि निराला के चिन्तन पर वेदान्त की पद्धति और शब्दावली का गहरा प्रभाव है, वे इस्लामिक संस्कृति को माया के रूप में देखते हैं, हिन्दू संस्कृति और उसके उद्धार-कार्य को ब्रह्म और उसकी प्राप्ति के समान और उधर से विमुख होकर काम-भाव से ग्रस्त होने को जीव का सांसारिकता में लिप्त होना मानते हैं, लेकिन उनका लक्ष्य रहस्यवादी नहीं; वह शुद्ध रूप से सामाजिक है—इस्लामिक संस्कृति के हमले से भारतीय संस्कृति को बचाना और उसकी पुनःस्थापना।

उनके वेदान्त की परिणति किस रूप में हुई, यहाँ दर्शनीय है—

देश-काल के शर से बिंधकर
यह जागा कवि अशेष-छविधर
इसका स्वर भर भारती मुखर होएँगी;
निश्चेतन, निज तन मिला विकल,
छलका शत-शत कल्मष के छल
बहतीं जो, वे रागिनी सकल सोएँगी।

उक्त सुरभि-धारा तुलसीदास के सम्बन्ध में यह सन्देश फैला रही है कि यह अशेष छविधर

यानी अपरिमित सौन्दर्यशाली कवि देश और काल के शर से विद्ध होकर जग उठा है। इसके स्वर में स्वयं सरस्वती मुखर होंगी। वेदान्त की अनुभूति एक देश-कालातीत अनुभूति है, लेकिन तुलसीदास देश और काल की तीव्र अनुभूति से जमते हैं! देश और काल का सम्बन्ध इस मायालोक से है, इसलिए वेदान्त का लक्ष्य उनका अतिक्रमण करना है, उनसे प्रभावित और उद्‌बुद्ध होना नहीं। यहाँ पुनः विवेकानन्द स्मरणीय हैं, जिन्होंने मद्रास में दिए गए अपने अन्तिम व्याख्यान में, जो कि 'भारत का भविष्य' शीर्षक से 'विवेकानन्द संचयन' में संकलित है, कहा था—''आगामी पचास वर्ष के लिए यह जननी जन्मभूमि भारतमाता ही मानो आराध्य देवी बन जाए। तब तक के लिए हमारे मस्तिष्क से व्यर्थ के देवी-देवताओं के हट जाने में कुछ भी हानि नहीं है। अपना सारा ध्यान इसी एक ईश्वर पर लगाओ, हमारा देश ही हमारा जाग्रत देवता है। सर्वत्र उसके हाथ हैं, सर्वत्र उसके पैर हैं और सर्वत्र उसके कान हैं। समझ लो कि दूसरे देवी-देवता सो रहे हैं! जिन व्यर्थ के देवी-देवताओं को हम देख नहीं पाते, उनके पीछे तो हम बेकार दौड़ें और जिस विराट देवता को हम अपने चारों ओर देख रहे हैं, उसकी पूजा ही न करें? जब हम इस प्रत्यक्ष देवता की पूजा कर लेंगे, तभी हम दूसरे देव-देवियों की पूजा करने योग्य होंगे, अन्यथा नहीं।'' ऐसी स्थिति में विवेकानन्द के अनुयायी निराला के चरित-नायक का देश-काल को महत्त्व देना कोई आश्चर्य की बात नहीं है, तब तो और भी नहीं, जबकि उस चरित-नायक का सम्पूर्ण कृतित्व गहन समाज-बोध और युग-बोध से ओत-प्रोत हो। तुलसीदास का स्वर समाज से विलासिता को समाप्त कर देगा। चूँकि निराला ने 'स्वर' पर जोर दिया है, इसलिए विलासिता को भी उन्होंने 'रागिनी' बना दिया है। वह ऐसी रागिनी है, जो आत्महीन और तनप्रधान है, पाप का प्रसार करनेवाली। चूँकि वह प्रवहमान है, इसलिए कल्मष के छल छलकाती चलती है। स्वर और संगीत का रूपक आगे भी बढ़ता है। अन्त में सुरभि-धारा यह कहते हुए कि अन्धकार के तारों पर प्रकाश की धारा पड़ रही है, विश्व-वीणा में सोए राग बहार को जगने के लिए प्रेरित करती है। आगे कहती है कि इन किरणों से अपने दयनीय प्राणों को सक्षम और देदीप्यमान बना लो। पहले विश्व को गान दो, फिर उससे कुछ लो! निराला ने जैसे ऊपर विलासिता को 'रागिनी' बना दिया है, यहाँ जगत् को 'जग-वीणा'। प्रायः दोनों बन्दों में संगीत का मुकम्मल रूपक है—स्वर, रागिनी, तार, वीणा, बहार और गीत। तार के लिए जो 'अमार्ज्य' विशेषण प्रयुक्त हुआ है, वह इसलिए कि वे काले पड़े हुए हैं, अन्धकार के तार हैं। प्रकाश से मँजकर वे चमक उठे हैं।

इस प्रसंग में ज्ञातव्य यह है कि यह सारा कुछ तुलसीदास के भीतर ही घटित होता है, बाहर कुछ नहीं है। उन्हीं के भीतर कलिका प्रस्फुटित होती है, जिससे सुरभि-धारा फूटती है, जिसके शब्द उद्‌बोधन बनकर चतुर्दिक् गूँजते हैं। 'सूना उर ऋषियों का ऊना/सुनता स्वर, हो हर्षित, दूना' यह तुलसीदास की कल्पना है; 'जागो, जागो, आया प्रभात' यह उनका आत्मोद्‌बोधन; 'होगा फिर से दुर्धर्ष समर' तथा 'जय, इधर ईश, हैं उधर सबल माया-कर' यह उनका आत्मविश्वास और 'हो रहे आज जो खिन्न-खिन्न/ छुट-छुटकर दल से भिन्न-भिन्न/यह अकल-कला, गह सकल छिन्न, जोड़ेगी' यह उनका संकल्प। विवेकानन्द ने संगठन पर भी बहुत बल दिया था। उक्त व्याख्यान में ही कहा था कि 'यदि भारत को महान् बनाना है, उसका भविष्य उज्ज्वल बनाना है, तो इसके लिए आवश्यकता है संगठन

की, शक्ति-संग्रह की और बिखरी हुई इच्छा-शक्ति को एकत्र कर उसमें समन्वय लाने की।' यह संगठन वर्ण-व्यवस्था को जाति के आधार पर नहीं, कर्म के अनुसार पुनर्गठित करना भी है। 'अशेष-छविधर' भी ध्यातव्य है, क्योंकि यह एक कवि की छवि है, किसी दार्शनिक या उपदेशक की नहीं। दार्शनिक या उपदेशक जहाँ ज्ञान और निर्देश के द्वारा अपना काम करते हैं, वहाँ कवि अपनी लक्ष्य-प्राप्ति सौन्दर्य-सृष्टि के द्वारा करता है।

रत्नावली की भर्त्सना के बाद तुलसीदास अपने मन में इस तरह लीन हुए कि वहाँ पर फिर क्या हुआ, उन्हें इसका चेत न रहा। जब सुरभि-धारा से स्फुटित शब्द चुप हो गए, तो उनकी आँखें खुलीं। उन्होंने देखा कि उन पर रत्नावली की बातों की जो अत्यधिक गहन प्रतिक्रिया हुई थी, उससे वह घबड़ा उठी थी। वह बिलकुल स्थिर थी और उसकी आँखों से अश्रुपात जारी था। निराला कहते हैं कि रत्नावली की उस मूर्ति की उपमा भी किसी चीज से न दी जा सकती थी, वह संगीत की ऊँची से ऊँची तानों से भी उस समय तुलनीय नहीं थी। यहाँ संगीत के पिछले रूपक को याद रखने से इस उक्ति का महत्त्व समझ में आएगा। तुलसीदास सारी स्थिति को तुरत समझ गए। उन्होंने अनुभव किया कि उसकी बातों की उन पर जैसी प्रतिक्रिया हुई है, वह उसे इष्ट न थी। लेकिन उनके मस्तिष्क पर बिजली चमक चुकी थी और क्षण-भर में उसकी चमक में उन्हें अपर लोक की झाँकी दिख गई थी। उन्होंने जगमगाते शब्दों में रत्नावली से अपने जीवन की अन्तिम बात कही–"जो प्रकाश तुमने मुझे दिया है, उससे अब गृहस्थ जीवन में टिके रहने का लेश-मात्र भी अवकाश नहीं रहा। मैं अब घर छोड़ता हूँ और जीवन-भर संन्यासी की तरह भ्रमण करने का व्रत लेता हूँ। अब मैं उस रास्ते से कभी न लौटूँगा।" यह कहकर वे धीरे-धीरे यानी किसी आवेश में नहीं, दृढ़ संकल्प और स्थिरचित्त के साथ, कक्ष से बाहर आ गए। बाहर आए तो उन्होंने पाया कि रत्नावली में सरस्वती की जिस मूर्ति का उन्होंने दर्शन किया था, वह सम्पूर्ण सृष्टि में व्याप्त थी। तत्पश्चात् उन्होंने यह देखा कि वह क्रमशः सिकुड़ती गई और क्षितिज के श्वेत पटल को हटाते हुए लक्ष्मी की मूर्ति में बदल गई। लक्ष्मी क्षितिज के शान्त जल पर रक्तकमल पर आसीन तैरती हुई प्रकट हुईं। यह वस्तुतः चाँदनी रात के बाद लालिमा से युक्त प्रभात के होने का वर्णन है। श्वेतवसना सरस्वती के बाद रक्तांबरधारिणी लक्ष्मी! निराला ने समझ-बूझकर यहाँ लक्ष्मी के 'कमला' पर्याय का प्रयोग किया है। 'महालक्ष्मी के प्रति' शीर्षक उनकी कविता की ये पंक्तियाँ स्मरणीय हैं : 'रक्तांगे, विश्व के सदन में,/रक्त-कोकनद के ऊपर,/राजीं तुम राजीव-चरण/रखकर, राजीव-नखर सुन्दर'। सरस्वती की मूर्ति के लक्ष्मी की मूर्ति में बदलने के बाद 'तुलसीदास' के अन्तिम बन्द की अन्तिम पंक्ति में वे कहते हैं–'प्राची-दिगंत-उर में पुष्कल रवि-रेखा'। भारत का सांस्कृतिक अन्धकार विनष्ट हुआ, अब पूर्वदिशा में भारतीय संस्कृति का अरुणोदय हो रहा है। लक्ष्मी विजय-श्री की भी संकेतक हैं। कविता सन्ध्या के वर्णन से शुरू हुई थी, रात्रि के वर्णन से होती हुई सूर्योदय के वर्णन के साथ समाप्त हुई। 'रवि-रेखा' का सौन्दर्य अवर्णनीय है। 'पुष्कल' उसे गहरा बनाकर उसके सौन्दर्य में भी गहराई ला देता है। 'प्रेयसी' कविता में यह चित्र है–'प्रथम-किरण-कंप प्राची के दृगों में'। 'तुलसीदास' का चित्र अत्यधिक भास्वर है, लिखित न होकर उत्कीर्ण भी।

4

निराला की दो कविताएँ महान् कविताओं के रूप में प्रसिद्ध हैं–'सरोज-स्मृति' और 'राम की शक्ति-पूजा'। ये दोनों क्रमशः 1935 और 1936 की रचनाएँ हैं। उन्होंने इनके पहले भी एक महान् कविता की रचना की थी, 1934 में, जो कि 'तुलसीदास' है। आकस्मिक नहीं कि आचार्य हजारीप्रसाद द्विवेदी-जैसे काव्य-मर्मज्ञ उनकी सर्वोत्तम कविताओं में 'राम की शक्ति-पूजा' और 'सरोज-स्मृति' के साथ अनिवार्य रूप से 'तुलसीदास' को भी रखते हैं। जैसा कि आरम्भ में ही कहा गया है, 'तुलसीदास' उनका एक बड़ा काव्य-प्रयास था, नया भी, क्योंकि इसके पहले उन्होंने कोई दीर्घ प्रबन्धात्मक कविता नहीं लिखी थी। जैसे 'पंचवटी-प्रसंग' को हम प्रबन्धात्मक कविता की श्रेणी में नहीं रख सकते, 'यमुना के प्रति' को भी नहीं, क्योंकि इनमें कथा-तत्त्व न के बराबर है। 'पंचवटी-प्रसंग' में वर्णन का सौन्दर्य भी है, लेकिन उसका असली सौन्दर्य चिन्तन को काव्य की दीप्ति से युक्त करने में है। 'यमुना के प्रति' कविता में कवि-कल्पना का पट सुविस्तृत है। इसमें निराला ने अपनी चित्रण-क्षमता का विलक्षण प्रदर्शन किया है। उनकी ये दोनों कविताएँ जैसे तैयारी के रूप में लिखी गई थीं। उसमें प्राप्त सिद्धि का इस्तेमाल उन्होंने 'तुलसीदास' की रचना में किया। यह ऐसी कविता है, जिसके प्रत्येक बन्द पर निराला ने वैसे श्रम किया है, जैसे वह एक स्वतन्त्र इकाई हो। दो बन्द कभी-कभी परस्पर जुड़े हुए भी होते हैं, वाक्य-रचना के स्तर पर, जैसे कालिदास के छन्द, लेकिन इससे उनकी स्वतन्त्र सज्जा में कोई फर्क नहीं पड़ता। इन बन्दों से निराला ने अपनी कविता को जो स्थापत्य प्रदान किया है, वह इतना भव्य है कि उसे देखकर सिर्फ प्राचीन सुदृढ़ और नक्काशीदार भवनों की ही याद आती है। निराला ने छेनी और हथौड़ी से पत्थर में जो फूल खिलाए हैं, या धातु को गलाकर जो मूर्तियाँ ढाली हैं, वे अपने सौन्दर्य में अद्वितीय हैं। जो बात विस्मयकारी है, वह कवि का अपने भावावेश और कल्पना पर नियन्त्रण रखना और उन्हें थोड़े-से शब्दों में मूर्त कर देना। इस कविता के आस्वादन के लिए पाठक का मन के गहरे स्तर पर भावुक और कल्पनाशील होना आवश्यक है, यानी कविता में उसकी सक्रिय भागीदारी आवश्यक है, वर्ना वह उसके ऊपर से गुजर जाएगी और सिहरन भी महसूस न होगी। एक खास बात यह कि इस कविता में तुलसीदास के चिन्तन और मनोविज्ञान की रेखाओं को बहुत सफाई के साथ अंकित किया गया है। उसमें बहुत गहराई भी है। चित्रकूट में उसकी भाषा को समझकर उससे व्याकुल हो उठना तुलसीदास की गहरी भावुकता का सूचक है और अपने परिवेश से ऊपर उठकर देश-दशा का चिन्तन और साक्षात्कार उनमें निहित आत्ममुक्त होने की क्षमता का। इसी तरह रत्नावली की स्मृति से उनका अभिभूत हो जाना उनकी गहरी मानवीयता का परिचायक है। अन्त में रत्नावली की भर्त्सना से उनकी जो मानसिक दशा हुई, वह उनकी बुनियादी प्रकृति के सर्वथा अनुरूप था। आचार्य रामचन्द्र शुक्ल ने भी अपने 'इतिहास' में 'तुलसीदास' पर टिप्पणी की है और उसे अधिकांश में 'अन्तर्मुख प्रबन्ध' कहा है। यह बात ठीक लगती है।

डा. शर्मा ने इस कविता को महत्त्व दिया है, लेकिन आधे मन से, क्योंकि इसमें इस्लाम का विरोध है, रत्नावली के प्रेमाकर्षण का बहुत मोहक वर्णन है और वेदान्त भी है।

रत्नावली को तो उन्होंने रीतिकालीन नायिका कहा है और तुलसीदास के प्रेम को मध्यकालीन समाज की विलासिता का विस्तार। इस काव्य में शूद्रों की सामाजिक स्थिति का जो चित्रण किया गया है, हिन्दू समाज के पतन के कारण के रूप में, उसे उन्होंने सर्वाधिक महत्त्व देकर उजागर करने की कोशिश की है। यह 'तुलसीदास' का वस्तुपरक मूल्यांकन नहीं है। निराला का दृष्टिकोण न हिन्दुत्ववादी है, न साम्प्रदायिक, इसलिए उनके इस्लाम-विरोध या वेदान्त-चर्चा से बचकर निकलने की आवश्यकता नहीं है। अपने सम्प्रदायमुक्त दृष्टिकोण का परिचय उन्होंने 'महाराज शिवाजी का पत्र' नामक अपनी कविता में ही दे दिया था, जो कि मिर्जा जयसिंह के नाम लिखे गए शिवाजी के कथित छन्दोबद्ध फारसी पत्र का हिन्दी रूपान्तर है। मूल पत्र में शिवाजी कहते हैं, 'बड़ा खेद तो यह है कि मुसलमानों का खून पीने के अतिरिक्त किसी अन्य कार्य के निमित्त मेरी तलवार को मियान से निकलना पड़े।' इसमें निराला को तीव्र साम्प्रदायिक घृणा की अभिव्यक्ति दिखलाई पड़ी, इसलिए अपने रूपान्तर में उन्होंने इस अंश को छोड़ दिया और उसकी जगह अंग्रेजी साम्राज्यवाद का विरोध कर कविता को एक सामयिक सन्दर्भ देने का प्रयास किया। उनका दृष्टिकोण वही है, जो वस्तुतः तुलसीदास का था, या फिर विवेकानन्द का–मानववादी। वैसे मध्ययुग से लेकर उन्नीसवीं शताब्दी तक के चिन्तन की अपनी सीमाएँ हैं, लेकिन इससे तुलसीदास, विवेकानन्द या निराला के मानववाद को कोई क्षति नहीं पहुँचती, क्योंकि वह निरर्थक ब्योरों या तफसील का मोहताज नहीं। 'तुलसीदास' पर विचार मध्यकालीन भारतीय समाज में तुलसीदास की भूमिका को ध्यान में रखकर ही किया जा सकता है और प्रथमतः एक काव्य के रूप में। आज मुसलमानों के शासन को विदेशी नहीं माना जाता, क्योंकि वे भारत में आकर यहाँ बस गए थे, लेकिन मध्यकाल में यह स्थिति न थी, बावजूद इसके कि भक्ति-आन्दोलन दोनों सम्प्रदायों के बीच सौहार्द-स्थापन का सन्देश लेकर चल रहा था और विशुद्ध नहीं, मिली-जुली संस्कृति का हामी था।

हम देख चुके हैं कि 'तुलसीदास' को दुरूह भी माना गया है। निश्चय ही यह ऐसा सुगठित और सुदृढ़ काव्य है कि साधारण पाठक की पहुँच यहाँ देर से होगी, लेकिन जब हो जाएगी, तो यह काव्य अपनी असाधारणता से उसे अभिभूत कर लेगा। ऐसा कोई अन्य काव्य हिन्दी के दूसरे कवियों ने तो नहीं ही लिखा, निराला ने भी फिर नहीं लिखा। शायद कोई कवि अपने ऐसे काव्य-प्रयास की पुरावृत्ति कर भी नहीं सकता। 'तुलसीदास', 'सरोज-स्मृति' और 'राम की शक्ति-पूजा' ये तीनों तीन तरह की कविताएँ हैं। 'सरोज-स्मृति' और 'शक्ति-पूजा' बन्दों में बँटी हुई कविताएँ नहीं और उनमें प्रसंगों का महत्त्व है, प्रत्येक बन्द का नहीं। कुछ अंशों को छोड़ दें, तो उनमें 'तुलसीदास' वाली दृढ़ता और सघनता भी नहीं। उनमें गहन भाव-धारा का अक्षुण्ण प्रवाह है, जो प्रबुद्ध पाठक को बहा ले चलता है। भविष्य में जब 'तुलसीदास' के बन्दों के एक-एक दल को खोला जाएगा, तो सुरभि की विपुल-धारा सम्पूर्ण हिन्दी क्षेत्र को गुँजाती हुई बह चलेगी।

मित्र के प्रति

निराला की श्रेष्ठ और लम्बी कविताओं में एक उनकी कविता 'मित्र के प्रति' भी है। यह 7 जुलाई, 1935 को लिखी गई और शीघ्र ही 'माधुरी' के सितम्बर, 1935 के अंक में प्रकाशित हुई। इस कविता की रचना के सन्दर्भ की ओर डा. रामविलास शर्मा ने 'साहित्य-साधना-1' में यथास्थान इस प्रकार संकेत किया है–"उमाशंकर वाजपेयीजी ब्रजभाषा में कविताएँ लिखते थे; पुराने ढंग की चीजें उन्हें ज्यादा पसन्द थीं। निराला ने उन्हें लक्ष्य करके कविता लिखी–'मित्र के प्रति'।" उमाशंकर वाजपेयी का उल्लेख आचार्य रामचन्द्र शुक्ल ने भी अपने 'इतिहास' में किया है, आधुनिक हिन्दी कविता के तृतीय उत्थान के अन्तर्गत ब्रजभाषा-काव्य-परम्परा की चर्चा के क्रम में। लिखा है, 'इधर श्री उमाशंकर वाजपेयी 'उमेश' जी की 'ब्रजभारती' में ब्रजभाषा बिलकुल नई सजधज के साथ दिखाई पड़ी है।' आधुनिक हिन्दी कविता के तृतीय उत्थान की सबसे महत्त्वपूर्ण घटना है छायावाद का आविर्भाव। तात्पर्य यह कि उक्त वाजपेयीजी जिस समय ब्रजभाषा में कविता लिख रहे थे, उस समय हिन्दी कविता में छायावाद का आन्दोलन चल रहा था। निराला चूँकि छायावादियों में सबसे अलग थे, इसलिए उन्हें स्वीकार करना सबसे ज्यादा कठिन था। स्वभावतः उनसे उनकी रुचि मेल न खाती थी। 'साहित्य-साधना-2' में भी निराला की संवाद-योजना पर विचार करते हुए डा. शर्मा ने 'मित्र के प्रति' को छायावाद के विरोधियों को ही सम्बोधित कविता कहा है।

'साहित्य-साधना-1' के प्रकाशन के करीब पन्द्रह वर्षों बाद डा. शर्मा इस निष्कर्ष पर पहुँचे हैं कि निराला की 'मित्र के प्रति' शीर्षक कविता छायावाद के विरोधियों को नहीं, उसके प्रेमियों को सम्बोधित है और उसमें कवि का पक्ष यथार्थवाद का है। 'प्रगतिशील काव्यधारा और केदारनाथ अग्रवाल' नामक अपनी पुस्तक में वे कहते हैं, "इसी साल (1935) निराला ने छायावादी कविता के प्रेमियों को सम्बोधित करते हुए कहा था–'कहते हो, नीरस यह/बन्द करो गान–/कहाँ छन्द, कहाँ भाव,/कहाँ यहाँ प्राण?' "(पृ. 78) ये 'मित्र के प्रति' कविता की आरम्भिक पंक्तियाँ हैं। डा. शर्मा किसी कवि या लेखक की उक्ति का अपनी सुविधा के अनुसार उपयोग करते हैं। इस कविता का जब छायावाद के विरोधियों के विरुद्ध उपयोग करना हुआ, तो इसका उस रूप में उपयोग किया और जब यथार्थवाद के विरोधियों के विरुद्ध उपयोग करना हुआ, तो इसे छायावाद के समर्थकों के विरुद्ध लिखा बतलाया। स्वयं कविता क्या कहती है, इससे जैसे उन्हें विशेष मतलब न हो। इसमें निराला ने अपनी छायावादी या स्वच्छन्दतावादी कविता का वर्णन ग्रीष्मऋतु में अन्धड़ के वेग से चलनेवाली तेज हवा के रूप में किया है। कविता उस काल में रची गई, जब

उनका छायावाद अपनी परिणति पर पहुँच चुका था और उसकी उग्रता समाप्त हो चुकी थी, इसलिए वे उसके अन्तिम बन्द में कहते हैं—'हुई आज शान्त, प्राप्त/कर प्रशान्त-वक्ष;/नहीं त्रास, अतः मित्र,/नहीं 'रक्ष, रक्ष।' ' यदि यह कविता यथार्थ का पक्ष लेकर लिखी गई है, तो इसका रचना-काल यथार्थवाद का आरम्भ-काल था, या परिणति-काल? और निराला का यथार्थवाद उनकी छायावादी कविताओं में उत्कर्ष को प्राप्त करता है, या 'कुकुरमुत्ता' और 'नए पत्ते' की कविताओं में, जो 1935 के बाद की रचनाएँ हैं? डा. शर्मा ही आगे लिखते हैं, '1936 में प्रगतिशील लेखक संघ के जन्म से एक साल पहले हिन्दी कविता में इस यथार्थवादी धारा का विकास होने लगा था।' उन्हीं की शैली में कहें, तो जो *विकास* है, उसे समापन न कहना चाहिए। डा. नामवर सिंह ने भी 'छायावाद' नामक अपनी पुस्तक के रूप-विन्यास वाले लेख में 'मित्र के प्रति' कविता को छायावाद के पक्ष से ही लिखित बतलाया है, जिसमें अन्त में अपने 'मित्र' यानी छायावाद के विरोधी को चुनौती के स्वर में छायावाद की उपलब्धि पर दृष्टि डालने के लिए कहा गया है। इस कविता में निराला ने, उनके अपने शब्दों में, 'छायावादी काव्य-सौन्दर्य की उत्पत्ति के विषय में छायावाद की ओर से बोलते हुए' बात स्पष्ट की है।

प्रकटतः यह कविता व्यक्ति-विशेष या कवि-विशेष को, लेकिन वस्तुतः यह उन सारे पुराने कवियों को सम्बोधित है, जो निराला का विरोध कर रहे थे। उस विरोध में किसी हद तक पं. महावीरप्रसाद द्विवेदी और आचार्य शुक्ल-जैसे नए युग के आलोचक भी शामिल थे। नमूने के तौर पर यहाँ एक ही चीज द्रष्टव्य है। वह है 'सुधा' के फरवरी, 1928 के अंक में प्रकाशित आचार्य शुक्ल की 'पाखंड-प्रतिषेध' शीर्षक प्रसिद्ध कविता, जिसमें उन्होंने कहा था—

भाषा है, न भाव है, न भूति भाँपने को आँख,
शिक्षा की सुभिक्षा भी न पाई कभी एक कण;
गाँथते हैं गर्व-भरी गुरु ज्ञान-गूदड़ी वे
चुने हुए चीथड़ों से, किए ब्रह्मलीन मन।
कहीं बंग-भंग-पद चकती चमक रही,
कहीं अँगरेजी अनुवाद का अनाड़ीपन;
ऐसे सिद्ध साइयों की माँग मतवालों में है,
काव्य में न झूठे स्वाँग खींचते कभी हैं मन।

इससे छायावाद और उसमें खास तौर से निराला के प्रति उनका रुख स्पष्ट है। छायावादी कवि अशिक्षित थे, वे अपने में किसी को लगाते नहीं थे, वेदान्त की दुहाई देते थे, बँगला कविता से शब्द और मुहावरे उड़ाते थे तथा मतवाला-मंडल के सदस्य थे—इशारा बहुत साफ ढंग से निराला की तरफ था। निराला ने पुरानी कविता के रचयिताओं, और अपनी कविता के विरोधियों को, जैसे इकट्ठे 'मित्र के प्रति' शीर्षक कविता में उत्तर दिया, लेकिन तब, जब उनकी उपलब्धियाँ सामने आ गईं। ऐसे उत्तर का ही कोई अर्थ हो सकता था। उपलक्ष्य बने उमाशंकर वाजपेयी। यह अकारण नहीं है कि निराला ने कहीं भी यह सूचना नहीं दी कि यह कविता व्यक्ति-विशेष को सम्बोधित है। इसकी अपील व्यापक है। इसी तरह यह निराला की तरफ से दिया गया उत्तर होने पर भी केवल उन्हीं तक सीमित नहीं है। इसमें उन्होंने अपने माध्यम से वस्तुतः स्वच्छन्दतावादी कविता का पूरा दर्शन उपस्थित किया है।

2

कविता में शुरू से अन्त तक निराला ही बोलते हैं, अपने विरोधियों की तरफ से भी। इसमें सर्वप्रथम उन्होंने उनकी तरफ से अपनी कविता पर लगाए जानेवाले आरोपों को रखा है, फिर वे जिस पुरानी यानी ब्रजभाषा-कविता को पसन्द करते थे, एक रूपक के माध्यम से उसका चित्र प्रस्तुत किया है। दोनों ही बातें विरोधियों की ही जुबानी हैं, यानी उद्धरण-चिह्नों के अन्तर्गत। उनका कहना था कि निराला की कविता में न छन्द है, न भाव। वह नीरस और निष्प्राण है, इसलिए उन्हें काव्य-रचना बन्द कर देनी चाहिए। उन्होंने छन्दों से विद्रोह कर मुक्तछन्द का प्रवर्तन किया था। इस कारण वे खास तौर से उनसे नाराज थे। निराला ने उन्हीं लोगों के शब्दों में पुरानी कविता का जो चित्र खींचा है, वह अत्यन्त मोहक है–

था सर प्राचीन सरस,
सारस-हंसों से हँस;
वारिज-वारिद में बस
रहा विवश प्यार;
जल-तरंग ध्वनि; कलकल
बजा तट-मृदंग सदल;
पैंगें भर पवन कुशल
गाती मल्लार।

निराला की कविता नीरस है, जबकि पुरानी कविता रस का आगार थी–'सरस सर'! यह रसहीन ग्रीष्म का नहीं, वर्षाऋतु का सरोवर था, सारस और हंस-जैसे सफेद पंखोंवाले पक्षियों से हँसता हुआ! यह चित्र तो ध्यातव्य है ही, 'सर', 'सरस' और 'सारस' में जो यमक है, वह भी ध्यातव्य है। उस सरोवर में पक्षी ही नहीं थे, कमल भी थे। कमलों के खिलने की असली ऋतु वर्षा ही है। इस कारण उसमें उनकी बहुतायत थी। सरोवर में कमल और उसके ऊपर आकाश में उन्हें खिलानेवाले बादल–यह दृश्य ऐसा था कि बरबस उस पर प्यार उमड़ता था। वर्षाऋतु में हवा भी चलती है। उससे सरोवर के जल में तरंगें उठती थीं, जिनकी ध्वनि जल-तरंग नामक वाद्य की तरह प्रतीत होती थी। यहाँ जल-तरंग में वैसे ही श्लेष है, जैसे ऊपर यमक। तरंगें सरोवर के तटों से भी जाकर टकराती थीं। उसका कलकल स्वर मृदंग के स्वर के समान सुनाई देता था। तट जैसे मृदंग थे और उनसे टकराती तरंगें उन पर पड़नेवाली थापें। 'सदल' विशेषण का अर्थ यह है कि मृदंग समूह में, पंक्तिबद्ध, बज रहे थे! हवा झूले पर पैंगें भरती हुई वर्षाऋतु का सरस राग मल्हार गा रही थी, यानी स्वर उठाती वह तेजी से चल रही थी, सबकुछ को हिलाती-डुलाती। झूला भी वर्षाऋतु में ही झूला जाता है। तात्पर्य यह कि पुरानी कविता में रस भी था और छन्द यानी संगीत भी। प्राचीन काव्य-सरोवर सरस ही नहीं, सस्वर भी था। एक निराला हैं, जिनका स्वर नीरस, बेतुका और बेसुरा है! कोई कह नहीं सकता कि कवि ने पुरानी कविता का चित्र उसके सम्पूर्ण वैभव और सौन्दर्य के साथ नहीं उपस्थित किया। कहना तो यह चाहिए कि चित्र को सुन्दर बनाने के लिए उसने विशेष कौशल से काम लिया है, वर्ना इस बन्द में ध्वनि और चित्र का ऐसा विलक्षण संयोग सम्भव न था। आरम्भिक पंक्तियों में 'स' वर्ण

की आवृत्ति से कानों में पक्षियों के पंखों की सरसराहट सुनाई पड़ती है, बीच की पंक्तियों में 'व' वर्ण की आवृत्ति से एक भव्यता की सृष्टि हुई है और प्रायः अन्तिम पंक्तियों में 'ल' वर्ण की आवृत्ति से लहरों का कोलाहल मूर्त हो उठा है।

वस्तुतः पुरानी कविता ऐसी ही थी। उसमें केवल रीतिकाव्य नहीं, सम्पूर्ण ब्रजभाषा-काव्य शामिल है। इस कविता की सीमा यह थी कि सुन्दर होते हुए भी अब वह प्रासंगिक नहीं रह गई थी। आगे भी निराला ने कहा है कि उसमें लालित्य तो था, लेकिन नए युग की आभा न थी। नया युग ब्रजभाषा में नहीं, खड़ीबोली में बोल रहा था, जिसमें केवल माधुर्य न था, ओजस्विता भी थी। निराला की कविता का यह खास गुण था। यहाँ 'पल्लव' की 'प्रवेश' शीर्षक विस्तृत भूमिका से पन्तजी का यह कथन उद्धरणीय है—"अब भारत के कृष्ण ने मुरली छोड़ पांचजन्य उठा लिया; सुप्त देश की सुप्त वाणी जाग्रत हो उठी, खड़ीबोली उस जागृति की शंखध्वनि है। ब्रजभाषा में नींद की मिठास थी, इसमें जागृति का स्पन्दन, उसमें रात्रि की अकर्मण्य स्वप्नमय ज्योत्स्ना, इसमें दिवस का सशब्द कार्यव्यग्र प्रकाश।" स्वभावतः निराला ने ब्रजभाषा-कविता के बँधे हुए सरोवर के समानान्तर कविता के अन्त में अपनी और उसके माध्यम से स्वच्छन्दतावादी कविता का सम्बन्ध समुद्र से जोड़ दिया है। पुनः पन्तजी को ही उद्धृत करें, तो उन्होंने भी उसे बहुत ही व्यापक पटल पर रखकर देखा है, क्योंकि उसमें 'विश्वव्यापी उत्थान, पतन, देशव्यापी आशा-निराशा, घट-घटव्यापी हर्ष-विषाद की, वर्तमान के मनोवेगों, भविष्य की प्रवृत्तियों की सहज प्रतिध्वनि' मिलती थी।

विरोधियों का पक्ष प्रस्तुत करने के बाद दूसरे बन्द में निराला उन्हें उत्तर देते हैं। कहते हैं, तुम्हारा कहना सही है, पुरानी कविता में निरर्थक कुछ भी नहीं था। प्राचीन काव्य-सरोवर में न मेढक थे, न उनकी टर्राहट। इसकी व्यंजना यह है कि उक्त सरोवर वर्षाकाल का भरा हुआ सरोवर था, तो उसमें मेढक भी रहे होंगे, उनकी टर्राहट भी वहाँ सुनाई पड़ती रही होगी। यहाँ व्यंग्यात्मक होने के चलते उनकी भाषा काफी रुक्ष हो गई है—'सत्य, बन्धु, सत्य; वहाँ/नहीं अर्र-बर्र;/नहीं वहाँ भेक, वहाँ/नहीं टर्र-टर्र।' ध्यान देने लायक बात यह है कि 1935 में भी निराला आवश्यक होने पर उस कविता में भी ऐसी भाषा का निःसंकोच प्रयोग करते थे, जो अत्यन्त कवित्वपूर्ण शब्दावली में रचित होती थी। प्रस्तुत कविता में ही देखें, तो पहले बन्द का परवर्ती अंश जहाँ अत्यन्त मधुर है, वहाँ दूसरे बन्द की ये आरम्भिक पंक्तियाँ कर्णकटु। निराला इनके द्वारा जैसे पहले के उक्त अंश को सन्तुलित कर देते हैं और इस तरह ब्रजभाषा-काव्य की सीमाओं को भी उजागर। काव्य-भाषा का यह स्तर-वैषम्य निश्चय ही उनकी अभिव्यक्ति को एकरस होने से बचाता है, जिससे उसमें पाठकों का आकर्षण अन्त-अन्त तक बना रहता है। छायावादी कवियों में एकमात्र निराला ऐसे हैं, जिनकी रुचि भाषा के किसी खास रूप से 'कंडीशंड' नहीं हुई थी। ब्रजभाषा-कविता से पन्तजी भी टकरा चुके थे। 'पल्लव' की उक्त भूमिका में ही उन्होंने एक स्थान पर उस पर जो आक्षेप किया है, उसमें एक जगह मेढकों की टर्राहट का भी जिक्र है—"उस ब्रज के वन में झाड़-झंखाड़ करील बबूल भी बहुत हैं। उसके स्वर में दादुरों का बेसुरा आलाप, उसके कृमिल पंकिल गर्भ में जीर्ण अस्थि पंजर, रोड़े, सिवार और घोंघों की भी कमी नहीं।" ध्यान देने लायक बात यह भी है कि मेढकों की जिस 'टर्र-टर्र' का प्रयोग पन्तजी गद्य में भी नहीं कर सकते थे, उसका प्रयोग निराला ने अपनी कविता में किया है। पन्तजी ने 'दादुरों का

बेसुरा आलाप' के रूप में उसकी कर्कशता लगभग समाप्त कर दी है। 'दादुर' को तुलसीदास ही कविता में प्रतिष्ठित कर गए थे–'दादुर धुनि चहुँ दिसा सुहाई'।

निराला को 'पवन' वाली बात याद रहती है–वर्षाऋतु का सरस पवन, जो प्राचीन कविता के इर्द-गिर्द पैंगें भरता हुआ मल्हार गाया करता था। वे कहते हैं, ग्रीष्म-प्रभंजन तो लगातार बस मेरी कविता में चला करता है। इतना ही नहीं, यहाँ मध्याह्न का सूर्य भी है, जिसने धीरे-धीरे सारी नमी को भाप बनाकर उड़ा दिया। उसके ताप से भरे हुए ताल सूख गए, हरे-भरे शाल वृक्ष निष्पत्र हो गए। इतनी गर्मी पड़ी कि व्याकुलता के मारे उसमें मयूर और सर्प पूँछ से पूँछ सटाकर मित्र बन गए, यानी एकत्र निवास करने लगे। ओज और तेज के कवि निराला यह अस्वीकार नहीं करते कि उनकी कविता में ताप है, उस पर सदा पावसऋतु छाई नहीं रहती, पर व्यंजना से कहते हैं कि वह तपोवन है, जहाँ अहि-मयूर अपनी शत्रुता भूलकर रहते हैं! यह बात पुरानी कविता में नहीं थी। उसमें रस तो था, पर ताप नहीं था। 'यमुना के प्रति' शीर्षक अपनी प्रसिद्ध कविता में उन्होंने दुख के साथ कहा था–'एक रूप में कहाँ आज वह/हरि-मृग का निर्वैर विहार,/काले नागों से मयूर का/बन्धु-भाव, सुख सहज अपार!' वह आज उनकी कविता में सम्भव हुआ है। 'मित्र के प्रति' कविता के पाँचवें बन्द में वे अपने विरोधियों से कहते हैं, 'सोचो तो क्या थी वह/भावना पवित्र,/बँधा जहाँ भेद भूल/मित्र से अमित्र'। वे आपसी भेद-भाव के विरोधी थे और प्रेम के समर्थक, क्योंकि उनके सामने लक्ष्य बड़ा था–हिन्दी की राष्ट्रभाषा के रूप में प्रतिष्ठा, जिसे वे मिलकर ही प्राप्त करना सम्भव मानते थे। इस बन्द का शेष अंश भी द्रष्टव्य है :

एक यहीं आठ पहर
बही पवन हहर-हहर,
तपा तपन, ठहर-ठहर
सजल कण उड़े;
गए सूख भरे ताल,
हुए रूख हरे शाल,
हार रे, मयूर-व्याल
पूँछ से जुड़े!

आगे के दो बन्दों में निराला ने ग्रीष्म की प्राकृतिक सुषमा का वर्णन किया है। वह सुषमा वसन्त के साथ समाप्त नहीं हो जाती, बल्कि अनेक वृक्षों में तो ग्रीष्मऋतु में ही नए पत्ते निकलते हैं और अनेक फूल भी इसी ऋतु में खिलते हैं। और तो और, आम्रवृक्ष की शाखाएँ ग्रीष्म में ही फलों के भार से लदती हैं और इसी में कोयल की कूक भी सुनाई पड़ती है। निराला परम्परा और शास्त्र पर नहीं, अपनी इन्द्रियों पर भरोसा करते हैं और अपने विरोधियों से, जिनके लिए वर्षाऋतु ही सबकुछ है और जो ग्रीष्मऋतु को बहुत ही हेय दृष्टि से देखते हैं, पूछते हैं–

देखे कुछ इसी समग
दृश्य और-और
इसी ज्वाल में लहरे
हरे ठौर-ठौर?

नूतन पल्लव-दल, कलि,
मँडलाते व्याकुल अलि,
तनु-तन पर जाते बलि
बार-बार हार;
बही जो सुवास मन्द
मधुर-भार-भरण छन्द,
मिली नहीं तुम्हें बन्द
रहे, बन्धु, द्वार?

'लहरे' का अर्थ है 'लहराए हुए'। 'प्रेयसी' शीर्षक कविता में उन्होंने 'लहरना' क्रियापद का प्रयोग किया है, यथा 'लहरी तरंग वह प्रथम तारुण्य की'। ग्रीष्म की ज्वाला में भी स्थान-स्थान पर हरियाली लहराती हुई दिखलाई पड़ती है। 'लहरे' और 'हरे' इन दोनों शब्दों में तो यमक का सौन्दर्य है ही, इससे भी ज्यादा सौन्दर्य पीतवर्ण ज्वाला में दिखलाई पड़नेवाले हरितवर्ण स्थलों का है। यह निराला की अपनी कविता का चित्र है, जिसमें उनके अलावा नए पत्ते हैं, कलियाँ हैं और कलियों पर व्याकुलता से मँडराते भौंरे हैं, जो उनकी प्रतनु काया पर बार-बार न्योछावर होते हैं। वे आश्चर्य के साथ अपने विरोधी मित्रों से पूछते हैं, वहाँ से जो मन्द-मन्द खुशबू उड़ी, क्या तुम्हें महसूस नहीं हुई? क्या तुमने अपने दरवाजे बन्द कर रखे थे? यहाँ भी सुवास यानी सुवासित वायु 'मधुर-भार-भरण-छन्द' है। जैसे छन्द भाव के भार से युक्त होता है, वायु भी गन्ध के भार से बोझिल है। इसीलिए उसकी गति मन्द थी। सुवासित वायु को छन्द कहना इस दृष्टि से भी सार्थक है कि जैसे छन्द में ध्वनि होती है, अवरोध हो, तो हवा के चलने से भी एक ध्वनि उत्पन्न होती है। इस बन्द को पहले बन्द से मिलाकर देखना चाहिए, जिसमें ब्रजभाषा-कविता के सौन्दर्य का वर्णन एक वर्षाकालीन सरोवर के रूप में है। सौन्दर्य दोनों स्थलों पर है। फर्क यह है कि वहाँ वर्षा का सौन्दर्य है, यहाँ ग्रीष्म का। वहाँ केवल नमी है, यहाँ जमीन केदारनाथ सिंह के शब्दों में कहें, तो पकी हुई। यहाँ भी निराला ने 'ल' और अनुनासिक वर्णों की आवृत्ति से वर्णन को संगीतपूर्ण बनाया है। कहने की आवश्यकता न होनी चाहिए कि ये घोषवर्ण हैं, जो अभिव्यक्ति को सघोष कर देते हैं।

चौथे बन्द में फल-भार से लदी आम्रशाखाओं और उनके भीतर से सुनाई पड़नेवाली कोयल की काकली का वर्णन है। निराला को पुनः आश्चर्य होता है कि उनकी कविता के विरोधियों को उसमें वैसा कुछ भी नहीं दिखलाई पड़ा। उन्होंने उसमें दाह ही दाह देखा। कोयल ने पंचम स्वर में गाया, पर उससे उन्हें कोई फर्क नहीं पड़ा। जब उनके वर्ण-कुहर ही बन्द थे, मन प्राचीन संस्कारों से ग्रस्त और हृदय की राग-प्रणाली ही अवरुद्ध थी, तो कुछ भी सुनाई देना, या अनुभव होना असम्भव था। निराला का यह वर्णन भव्य तो है ही, इसमें शाब्दिक मितव्ययिता भी देखने लायक है, साथ ही उनका पुरानी कविता के प्रेमियों की रुचि पर तरस खाना भी। बन्द इस प्रकार है–

इसी समय झुकी आम्र-
शाखा फल-भार
मिली नहीं क्या जब यह
देखा संसार?

उसके भीतर जो स्तव,
सुना नहीं कोई रव?
हाय दैव, दव ही दव
बन्धु को मिला!
कुहरित भी पंचम स्वर,
रहे बन्द कर्ण-कुहर,
मन पर प्राचीन मुहर,
हृदय पर शिला!

'स्तव' का अर्थ है स्तवन या स्तुति। संकेत कोयल की कूक की तरफ है, जिसका कवि ने स्पष्ट उल्लेख नहीं किया। जैसे वह डाल पर छिपी है, कविता में भी। वृक्ष की शाखाओं या पल्लवों के भीतर से कोकिल के कूकने का वर्णन निराला 'परिमल' के एक गीत में भी कर चुके हैं–'दूत, अलि, ऋतुपति के आए।/फूट हरित पत्रों के उर से/स्वर-सप्तक छाए।' कोयल की कूक को 'स्तव' कहना उसे सामान्य स्वर से ऊँचा स्थान देना है। 'दव' का अर्थ है–दवानल, काष्ठ-अनल। अन्त में उन्होंने ब्रजभाषा प्रेमियों को अपने संस्कारों का बन्दी कहा है। 'पल्लव' की भूमिका में पन्तजी ने भी कहा था कि ''हिन्दी के जिन वयोवृद्ध आचार्यों को ब्रजभाषा ही में काव्योचित माधुर्य मिलता है, जो खड़ीबोली को काव्य की भाषा का स्थान देने में भी सशंकित रहते हैं, उसका मुख्य कारण उनके यही हृद्गत संस्कार हैं, जिनसे उसकी रुचि का रक्त बन चुका, जो उनके भाव-अनुभावों की स्थूल-सूक्ष्म नाड़ियों में प्रवाहित होकर, उनके आदर्श को अपने रंग में रँग चुके, अपने स्वर में गढ़ चुके हैं।'' जाहिर है, यह टकराव केवल उमाशंकर वाजपेयी और निराला का न था। यह वस्तुतः नए और पुराने दो युगों तथा नई और पुरानी दो संस्कृतियों का टकराव था।

यह कविता एक बड़े उद्देश्य से रची गई है, इसता पता इसके पाँचवें बन्द से चलता है, जिसका हवाला ऊपर दिया जा चुका है। इसमें निराला अपनी कविता के तपोवनी चरित्र का स्मरण दिलाकर विरोधियों से स्पर्धा समाप्त करने के लिए कहते हैं। इसी में इस कविता के शीर्षक का रहस्य भी छिपा है। निराला के विरोधी उन्हें अपना मित्र नहीं मानते, लेकिन वे अपनी तरफ से उन्हें अपना मित्र मानकर ही उनसे बातें करते हैं। कहते हैं–

तुम्हीं एक रहे मोड़
मुख, प्रिय, प्रिय मित्र छोड़;
कहो, कहो, कहाँ होड़
जहाँ जोड़, प्यार?
इसी रूप में रह स्थिर,
इसी भाव में घिर-घिर,
करोगे अपार तिमिर-
सागर को पार?

निराला की कविता में कोई भेद-भाव नहीं, इसलिए उसमें भक्षक और भक्ष्य साथ-साथ रहते हैं। ऐसी स्थिति में ब्रजभाषा-काव्यप्रेमियों का उनकी तरफ से मुँह मोड़ लेना उन्हें दुखद अनुभव होता है। वे उन्हें प्रिय कहकर पुकारते हैं और कहते हैं कि वही अपने प्रिय मित्र को छोड़

रहे हैं, वर्ना वे तो उन्हें गले लगाने को तैयार हैं। पूछते हैं, जहाँ जोड़ अर्थात् मिलन और प्यार की बात है, वहाँ स्पर्धा और संघर्ष कैसा? इससे भी बड़ा सवाल उनका यह है कि क्या ऐसे ही अलगाववादी रूप और भाव—मुद्रा और विचार—अपनाकर, बिलकुल अगतिक होकर, वे सामने अन्धकार का जो अपार सिन्धु लहरा रहा है, उसे पार करेंगे? उसे पार करने का मतलब था हिन्दी को राष्ट्रभाषा का दर्जा दिलाना। निराला चाहते थे कि नए-पुराने कवि भेद-भाव भुलाकर और आपसी तकरार छोड़कर संगठित रूप से उस लक्ष्य को प्राप्त करें।

हिन्दी को लेकर वे शुरू से ही चिन्तित थे। 'परिमल' की भूमिका में ही उन्होंने कहा था, "हिन्दी के हृदय में खड़ीबोली की कविता का हार प्रभात की उज्ज्वल किरणों से खूब ही चमक उठा है, इसमें कोई सन्देह नहीं, और यह भी निर्भ्रान्त है कि राष्ट्र-प्राप्ति की कल्पना के काम्यवन में सविचार विचरण करनेवाले हमारे राष्ट्रपतियों के उर्वर मस्तिष्क में कानूनी कोणों के अतिरिक्त भाषा के सम्बन्ध की अब तक कोई भावना, महात्माजी, महामना मालवीयजी तथा लोकमान्य-जैसे दो-चार प्रख्यात-कीर्ति महापुरुषों को छोड़कर, उत्पन्न नहीं हुई; जो कुछ थोड़ा-सा प्रचार और आन्दोलन राष्ट्र-भाषा के विस्तार के लिए किया जा रहा है, उसका श्रेय हिन्दी के शुभचिन्तक साहित्यिकों को, हिन्दी के पत्र-पत्रिकाओं को ही प्राप्त है।" निराला चाहते थे कि ऐसे शुभचिन्तकों में नए-पुराने दोनों प्रकार के साहित्य के रचनाकार शामिल हों। वे बिना अपनी भाषा की प्रतिष्ठा के स्वाधीनता की कल्पना करने में असमर्थ थे। क्या आश्चर्य, उन्होंने जो अपनी प्रसिद्ध सरस्वती-वन्दना लिखी, 'वर दे, वीणावादिनि वरदे!' उसमें सर्वप्रथम यह कहा—'प्रिय स्वतन्त्र-रव अमृत-मन्त्र नव/भारत में भर दे!' सरस्वती को वाणी भी कहते हैं। निराला ने उनसे अपनी वाणी, स्वतन्त्र वाणी, परतन्त्र नहीं, की माँग की, क्योंकि उनकी मान्यता थी कि वही 'अमृत-मन्त्र' है! यह आकस्मिक नहीं है कि 'परिमल' से दिए गए उद्धरण के पहले वाक्य में जो बिम्ब है, वह 'मित्र के प्रति' के अन्तिम बन्द में किंचित् परिवर्तनों के साथ उपस्थित है। यहाँ वह हिन्दी के गले में है, वहाँ सरस्वती के गले में।

निराला को पुनः दूसरे बन्द में हहर-हहर आठों पहर बहनेवाले ग्रीष्म-प्रभंजन की याद आती है और कविता के बाकी पाँच बन्दों में, उसके शान्त होने तक, वे उसी का वर्णन करते हैं। यह प्रभंजन बहुत ही उग्र है और सच्चे अर्थों में निराला की या स्वच्छन्दतावादी कविता का उपमान है, जैसे 'परिमल' की 'धारा' शीर्षक कविता में वह प्रचंड धारा है :

बहती कैसी पागल उसकी धारा!
हाथ जोड़कर खड़ा देखता दीन
विश्व यह सारा।
बड़े दम्भ से खड़े हुए थे भूधर
समझे थे जिसे बालिका
आज ढहाते शिला-खंड-चय देख
काँपते थर-थर—
उपल-खंड नर-मुंड-मालिनी कहते उसे कालिका।

स्वच्छन्दतावाद में विद्रोह ही नहीं, ध्वंस की भी प्रवृत्ति होती है, लेकिन वह ध्वंस अन्ततः निर्माण के लिए होता है। प्राचीन का ध्वंस और नवीन का निर्माण, जैसे पीले पत्तों का झड़ना और लाल किसलयों का निकलना। एक के बिना दूसरा नहीं हो सकता। यह प्रभंजन

उसी नवीनता का वाहक या कारक है। निराला ने उसके वर्णन में अपनी कवि-प्रतिभा का अच्छा अंश लगाया है। इस वर्णन में बीच-बीच में दूसरी प्रासंगिक बातें भी आती हैं, जिससे कविता का बौद्धिक स्तर सुरक्षित रहता है। पहले वे यह कहते हैं कि 'बही बन्धु, वायु प्रबल/जो, न बँध सकी;/देखते थके तुम, बहती/न वह थकी।' ऐसी है वह वायु, अबाध और निर्बन्ध। विरोधी उसकी गति निहारकर थक गए, लेकिन वह न थकी, उसने रुकने का नाम न लिया। तत्पश्चात् वे अपने कवि-जीवन के आरम्भिक दिनों की याद दिलाते हैं, गोया मस्ती के साथ कह रहे हों कि जिस कविता की शुरुआत इतनी शक्ति और वेग के साथ हुई, वह समाप्त होने को नहीं–

समझो वह प्रथम वर्ष,
रुका नहीं मुक्त हर्ष,
यौवन दुर्धर्ष कर्ष-
मर्ष से लड़ा;
ऊपर मध्याह्न तपन
तपा किया, सन्-सन्-सन्
हिला-झुला तरु अगणन
बही वह हवा।

आरम्भिक पंक्तियों में उस उल्लास, आकर्षण और धैर्य का जिक्र है, जिसके साथ उन्होंने अपनी अपराजेय युवावस्था में विरोधियों से संघर्ष किया था। प्रसंग चूँकि संघर्ष का है, इसलिए 'वर्ष', 'हर्ष', 'दुर्धर्ष', 'कर्ष' और 'मर्ष'-जैसे शब्दों से भाषा में ओज गुण की सृष्टि की गई है। निराला कहते हैं, आकाश में मध्याह्न का सूर्य तपता रहा और नीचे सन्-सन् करती हुई, असंख्य पेड़ों को झकझोरती, उनकी कविता की हवा बहती रही। जैसे 'पवन' कविता के दूसरे बन्द में आ चुका है, 'तपन' भी। वे कविता के रूपक को उसके तमाम ब्योरों के साथ याद रखते हैं, जिससे चित्र की पूर्णता में कोई त्रुटि नहीं रहने पाती। अन्तिम पंक्तियों में हवा का जो चित्र है, उसकी तुलना में मैथिलीशरण गुप्त का 'है चल रहा सन-सन पवन' में अंकित चित्र बहुत सरल है।

जो वस्तु उड़ा दी गई थी, यानी त्याग दी गई थी, उसे उस हवा ने भी उड़ा दिया। इससे पुरातनपन्थियों को कष्ट हुआ, लेकिन वह हवा तो उन्हें सुख न दे सकती थी। क्या प्रज्वलित अग्नि से शीतलता की आशा की जा सकती है? वह हवा उस अग्नि की तरह ही थी। वृक्ष के जो पुराने पत्ते थे, जीर्ण-शीर्ण, जिनसे छाया नहीं मिल सकती थी और जो झड़कर यत्र-तत्र बिखरे हुए थे, वह हवा उन्हीं को उड़ाकर कहीं दूर ले गई थी। उससे पुरानी कविता के प्रेमियों को दुख पहुँचा, क्योंकि उनका अपार प्रेम, जिसमें कोई सार न था, उन्हीं पत्तों पर था। निराला यह समझने में असमर्थ हैं कि उसमें दुखी होने की क्या बात थी, क्योंकि पुरानी कविता तो पूर्णतः असमर्थ हो चुकी थी। पन्तजी के शब्दों में, "हम इस ब्रज की जीर्ण-शीर्ण छिद्रों से भरी, पुरानी छींट की चोली को नहीं चाहते, इसकी संकीर्ण कारा में बन्दी हो हमारी आत्मा वायु की न्यूनता के कारण सिसक उठती है, हमारे शरीर का विकास रुक जाता है।" उनके शब्द पन्तजी से काफी मिलते हैं–'जो थे प्राचीन पत्र/जीर्ण-शीर्ण, नहीं छत्र'। 'छाँह' के लिए 'छत्र' शब्द का प्रयोग करके उन्होंने अभिव्यक्ति को सुन्दर चित्रात्मकता प्रदान कर दी है।

निराला ने स्वच्छन्द चेतना की कविता ही नहीं लिखी थी, जैसा कि ऊपर संकेत किया जा चुका है, छन्दों के बन्धन को भी तोड़ डाला था। कहना चाहिए, स्वच्छन्द कविता की वेगवान् वायु को छन्दों का बन्धन न रोक सका और वह उसे तोड़कर प्रवाहित हो उठी। जो पुरानेपन के समर्थक थे, गतप्राण और अप्रासंगिक कविता के पक्षधर, उन पर वह वायु तरस खाती रही, उनके लिए बार-बार 'हाय-हाय' करती रही–'बही तोड़ बन्धन/छन्दों का निरुपाय,/वही किया की फिर-फिर/हवा 'हाय-हाय'।' इस 'हाय-हाय' के प्रयोग से निराला की अभिव्यक्ति के नएपन और तीखेपन को समझा जा सकता है। जब वह हवा रेगिस्तान में बालू का तूफान उठाकर, जिससे रास्ते ढँक जाते हैं, पथिकों को भटका देने का इन्तजाम करने-जैसे कामों में व्यस्त इधर-उधर दौड़ रही थी, जीर्ण-शीर्ण और मृत वस्तुओं को भस्म करती हुई, साथ ही अशोक में लाल-लाल फूल खिलाती, तब पुरानी कविता के प्रेमी क्या कर रहे थे? निराला उन्हें कहते हैं–

कमरे में, मध्य याम,
करते तब तुम विराम,
रचते अथवा ललाम
गतालोक लोक...

वह खड़ी दोपहर थी। उस समय वे अपने कमरे में बन्द आराम फरमा रहे थे, या ब्रजभाषा-कविता के उस संसार के निर्माण में लगे थे, जो सुन्दर तो था, लेकिन नई चेतना की आभा से रहित, निष्प्रभ। 'गतालोक' और 'लोक' में पहले की तरह ही यमक का सौन्दर्य है, जैसा कालिदास के रघुवंश के नवम सर्ग में लगातार मिलता है। 'वह भ्रम मरुपथ पर की/यहाँ-वहाँ व्यस्त फिरी,/जला शोक-चिह्न, दिया/रँग विटप अशोक' में भ्रमित करनेवाली हवा को जो खुद 'मरुपथ पर की भ्रम' कहा गया है, उसमें विशेषणविपर्यय नामक नया अलंकार है, जो छायावादी कवियों की शैली का अंग बन गया था। वैसे इसके मूल में लक्षणा है, यह स्पष्ट है। इसी तरह 'शोक' और 'अशोक' में यमक है, लेकिन यहाँ सौन्दर्य का विस्फोट 'दिया रँग विटप अशोक' में हुआ है। अशोक भी गर्मियों में ही फूलनेवाला वृक्ष है। निराला यह नहीं कहते कि गर्मियों की प्रचंड वायु ने उसे खिला दिया; कहते हैं, उसे रँग दिया! इससे सहसा, आँखों के सामने लाल-लाल फूलों से आच्छादित अशोक का वृक्ष आ उपस्थित होता है। यह चमत्कार हिन्दी के दो बहुत ही मामूली शब्दों–'रँग दिया'–के प्रयोग से हुआ है। जाहिर है, इसके पीछे कवि की बहुत ही समृद्ध कल्पना है, जिसे पाठकों की कल्पनाशीलता की भी अपेक्षा है।

उस हवा को रुकने के लिए जब पृथ्वी पर कोई स्थान नहीं मिला, तब वह समुद्र की तरफ चली। वह रुक नहीं सकती थी, क्योंकि वह सिर्फ अन्धप्रगति से प्रतिबद्ध थी। समुद्र में पहुँचकर उसने उसे जोरों से तरंगित कर दिया। अचानक उसमें सौ-सौ तरंगें उठने लगीं। वह स्वयं भी क्षुब्ध थी, समुद्र की शोभा पर लुब्ध भी, सो वह उसमें उतर पड़ी और डुबकियाँ लगाकर उसमें स्नान करने लगी। यह वर्णन बहुत ही सशक्त है, इसलिए द्रष्टव्य : 'उठा उच्च ऊर्मि-भंग,/सहसा शत-शत तरंग,/क्षुब्ध लुब्ध, नील-अंग-/अवगाहन-स्नान'। शब्द-योजना से उत्पन्न संगीत किस तरह आलोड़ित समुद्र का चित्र उपस्थित करने में सहायता करता है, यह देखने लायक है। 'ऊर्मि-भंग' या 'तरंग-भंग' का अर्थ उर्मि या तरंग का उठना है,

उसका टूटना नहीं, क्योंकि यहाँ 'भंग' का अर्थ भंगिमा है। 'तरंग-भंग' इस अर्थ में बँगला का प्रयोग है। निराला में यह अनेक स्थानों पर मिलता है, यथा 'राम की शक्ति-पूजा' में– 'शत घूर्णावर्त, तरंग-भंग उठते पहाड़'। 'मेरे गीत और कला' शीर्षक अपने निबन्ध में उन्होंने 'भंग' शब्द का 'भंगिमा' के अर्थ में बहुत साफ प्रयोग किया है–'कई भंग लेती हुई', यानी 'कई भंगिमाएँ अख्तियार करती हुई'। समुद्र के लिए 'नील-अंग' शब्द के प्रयोग से तो ऐसा लगता है कि वे साक्षात् 'नील सरोरुह स्याम' विष्णु का चित्र उपस्थित कर रहे हों! समुद्र में हवा के 'अवगाहन-स्नान' यानी गोते लगाकर नहाने का चित्र भी बहुत सजीव है। इस बन्द की शेष पंक्तियों में निराला ने समुद्र में भी हवा के उत्पात करने का वर्णन किया है–'किया वहाँ भी दुर्दम/देख तरी विघ्न विषम,/उलट दिया अर्थागम/बनकर तूफान।' हवा समुद्र पर बेरोक-टोक चल रही थी, उसे तरंगित करती, उसमें डुबकियाँ लगाती। इसी बीच उसे एक तरफ से एक मालवाहक नौका आती दिखलाई पड़ी, तो उसे अपने मार्ग की विषम बाधा समझकर उसने उग्र रूप धारण किया और उसे उलट दिया। 'दुर्दम' का अर्थ 'दुर्दमनीय कार्य' है और 'अर्थागम' का नौका पर लदे हुए माल या सम्पदा का आना। इन दोनों ही शब्दों के प्रयोग में निराला ने लाघव से काम लिया है।

अन्तिम बन्द में आकर वह हवा शान्त हो जाती है, 'प्रशान्त-वक्ष' प्राप्त करके। यहाँ पुनः 'शान्त' और 'प्रशान्त' में यमक है। निराला अपने काव्य-लोक को भी पुराने अलंकरणों से सजाते हैं। वे हिन्दी के ऐसे कवि नहीं थे, जो हिन्दी भाषा की नानाविध सुन्दरताओं और क्षमताओं से परिचित न हो और अपनी कविता में उनका उपयोग न करे। उक्त वक्ष युग का है, प्रशान्त महासागर की तरह विस्तृत और गम्भीर। तात्पर्य यह कि युग ने अन्ततः निराला की कविता को स्वीकार कर लिया, जिससे संघर्ष की आवश्यकता नहीं रही। वे अपने विरोधियों से कहते हैं, अब उससे भय की बात खत्म हुई। स्वभावतः अब कहीं से 'त्राहिमाम्' की ध्वनि नहीं सुन पड़ती। अब तो उनकी कविता परिणति प्राप्त कर चुकी है, अब तो उसकी उपलब्धियाँ सामने हैं। थोड़े दिनों बाद ही उन्होंने 'सरोज-स्मृति' शीर्षक अपनी प्रसिद्ध और महान् कविता लिखी, जिसमें कहा–'...जहाँ है भाव शुद्ध/साहित्य-कला-कौशल-प्रबुद्ध,/हैं दिए हुए मेरे प्रमाण/कुछ वहाँ...'

इस कविता में वे कहते हैं–

उड़े हुए थे जो कण,
उतरे पा शुभ वर्षण,
शुक्ति के हृदय से बन
मुक्ता झलके;
लखो, दिया है पहना
किसने यह हार बना
भारति-उर में अपना
देख दृग थके!

वे 'पवन' और 'तपन' की तरह इस बात को भी याद रखते हैं कि उनकी कविता के ताप ने जलकणों को भाप बनाकर उड़ा दिया था, जिससे भरे हुए ताल सूख गए थे। उसी का हवाला देते हुए कहते हैं कि जो जलकण उड़ गए थे, वे वर्षाऋतु में नीचे उतर आए और

सीपी में पलकर अब मुक्ता बनकर झलक रहे हैं। मैंने उन मुक्ताओं से हार तैयार किया है और अपना वह हार सरस्वती के गले में डाल दिया है। उनके हृदय पर वह हार अत्यन्त शोभायमान हो रहा है, जिसे देखकर आँखें तृप्त हो जाती हैं! प्राचीन कविता में वर्षाऋतु का वातावरण था। नई कविता में भी वर्षाऋतु उपस्थित है। ग्रीष्म जैसे ध्वंस की ऋतु है और वर्षा निर्माण की, उपलब्धि की। प्राचीन कविता की भी उपलब्धियाँ थीं, नई कविता की भी हैं, लेकिन दोनों में फर्क है। वे उपलब्धियाँ रसिकों के मनोरंजन के लिए थीं, ये स्वयं सरस्वती को भूषित करनेवाली हैं!

इन पंक्तियों में 'शुक्ति के हृदय से बन मुक्ता झलके' यह कथन महत्त्वपूर्ण है, क्योंकि यह श्रेष्ठ काव्य-सृजन में कवि-व्यक्तित्व की भूमिका की तरफ संकेत करता है। शुक्ति का हृदय यानी कवि-हृदय। बिना उसमें पले स्वाती की बूँद मोती का रूप नहीं ले सकती। पूरे रूपक पर तुलसीदास की 'हृदय सिन्धु मति सीपि समाना' वाली प्रसिद्ध उक्ति का स्पष्ट प्रभाव है, जिसमें 'होहिं कवित मुकुता मनि चारू' ही नहीं है, 'पहिरहिं सज्जन बिमल उर सोभा अति अनुराग' भी है। बाद में अज्ञेय ने भी अपनी कविता 'सर्जना के क्षण' में स्वाती की बूँद के सम्बन्ध में कहा है–'बरस पर बरस बीतें/एक मुक्ता-रूप को पकते।' दृग या नयन के थकने का तृप्त होने के अर्थ में प्रयोग निराला में आम है, उदाहरण के लिए उनकी 'नर्गिस' कविता की ये पंक्तियाँ–'नर्गिस, प्रणय के ज्यों नयन हों एकटक/प्रिय-भाव-भरे देखते हुए रहे हों थक'। यहाँ भी तुलसीदास को स्मरण किया जा सकता है–'थके नयन रघुपति छबि देखे'।

3

जैसा कि कहा जा चुका है, यह कविता निराला की कविता के स्वरूप को तो प्रस्तुत करती ही है, यह वस्तुतः स्वच्छन्दतावादी कविता के पूरे दर्शन को सामने लाती है, जिसमें केवल ब्रजभाषा की प्रेम और शृंगारवाली कविता-जैसी सरसता और कोमलता नहीं होती, बल्कि जीवन का कठोर यथार्थ भी होता है, ताप से युक्त। वह कविता यदि वर्षा के समान है, तो यह ग्रीष्म के समान, जिसमें आर्द्रता न हो, पर हरियाली अवश्य होती है, साथ ही फूल और फल भी। स्वच्छन्दतावादी कविता विद्रोही कविता होती है। वह परम्परा और शास्त्र की रूढ़ियों से विद्रोह कर उन्हें तोड़-फोड़ डालती है। लेकिन यह उस कविता का पहला दौर है, यद्यपि इस दौर में भी खाली ध्वंस नहीं होता, उसके साथ निर्माण-कार्य भी चलता रहता है। वह दौर गुजर जाने के बाद तो वह शान्त गति से गम्भीरतापूर्वक नव-निर्माण का कार्य करती है। तब उसकी उपलब्धियाँ सामने आती हैं, तो बहुत ही शानदार होती हैं। स्वच्छन्दतावाद प्राचीनता का विरोधी तो होता ही है, उसमें मुक्तता का अत्यधिक आग्रह और गजब का वेग होता है। उसके मूल्य नए और क्रान्तिकारी होते हैं–स्वतन्त्रता, समानता और बन्धुत्व, जो जनतन्त्र के बुनियादी मूल्य हैं। कहने की आवश्यकता नहीं कि छायावाद में स्वच्छन्दतावाद के सर्वाधिक सशक्त और पूर्ण प्रतिनिधि स्वयं निराला थे, इसलिए उन्होंने इस कविता में अपनी कविता के बारे में जो कुछ कहा है, वह सम्पूर्ण स्वच्छन्दतावादी कविता के लिए सत्य है। उनमें विद्रोह की मात्रा सबसे ज्यादा थी, वे परम्परा-भंजक थे,

उनमें विलक्षण वेग और मुक्ति-चेतना थी, वे अत्यधिक संघर्षशील थे और सबसे ज्यादा निर्माण उन्होंने ही किया, कविता की अन्तर्वस्तु और रूप दोनों ही क्षेत्रों में नानाविध प्रयोग करके। उनके निर्माण-कार्य पर विद्वानों का ध्यान बाद में गया, उनका ध्वंस-कार्य सबके सामने था, इसलिए छायावाद में सबसे ज्यादा उन्हीं का विरोध किया गया, उन्हीं का मजाक उड़ाया गया, उन्हीं को जाति-बहिष्कृत और अस्वीकृत किया गया। इसके लिए रांगठित रूप से प्रयास किया गया कि उनका कविता लिखना बन्द करा दिया जाए। लेकिन उन्होंने जैसे पुरानेपन के विरुद्ध संघर्ष किया, वैसे ही अपने काव्य को स्वीकृति दिलाने के लिए भी। चूँकि उनकी कविता कोई अलग-थलग की कविता न थी, इसलिए उसके लिए किया गया उनका संघर्ष सम्पूर्ण नई कविता के लिए किया गया संघर्ष था।

इस कविता पर शेली की प्रसिद्ध कविता 'ओड टु द वेस्टविंड' का अच्छा असर है। उसमें भी पछुआ हवा ध्वंस भी करती है और निर्माण भी और इस कविता में भी ऐसा ही है। उसमें वह पृथ्वी, अन्तरिक्ष और समुद्र में स्वच्छन्द विचरण करती है, इसमें वह पृथ्वी पर और समुद्र में उत्पात करती है। उसमें भी कवि और उसकी कविता आ जाते हैं और यह तो उन्हें विषय बनाकर लिखी ही गई है। लेकिन दोनों कविताओं की अन्तर्वस्तु में स्पष्ट अन्तर है, जिससे उनका ढाँचा भी अलग-अलग है। शेली उत्पीड़ित हैं, इसलिए पछुवा हवा से कहते हैं–'मुझे भी लहर, पत्ती और बादल की तरह ऊपर उठाओ! मैं जिन्दगी के काँटों में गिर पड़ता हूँ, मैं लहूलुहान हूँ!' इतना ही नहीं, वे उससे यह भी कहते हैं कि तुम मुझे अपनी वीणा बना लो, जिससे मुझसे मीठा स्वर फूट पड़ेगा, यद्यपि उदासी से भरा। वे पछुआ हवा की तरह ही उत्साह से भर जाना चाहते हैं। उनकी इच्छा है कि वह उनके मृत विचारों को सूखे पत्तों की तरह उड़ा ले जाए, जिससे नए युग का जन्म जल्दी से जल्दी हो सके। वह हवा इस कविता के मन्त्रोच्चार से उनके शब्दों को मनुष्यजाति में वैसे बिखेर दे, जैसे दहकती हुई भट्ठी से वह राख और चिंगारियों को चतुर्दिक् बिखेर देती है। शेली चाहते हैं कि वह हवा उनके होंठों से सुप्त धरती के लिए शीत के बाद वसन्त के आगमन की भविष्यवाणी का तूर्यनाद बन जाए! 'मित्र के प्रति' इससे भिन्न अन्तर्वस्तु वाली कविता है, जिसमें कवि उत्पीड़ित नहीं है, बल्कि संघर्षशील है। वह अपनी कविता के विरोधियों पर चोट करता है, उसकी सत्ता पुरानी कविता के ऊपर स्थापित करता है, मिलकर बृहत् उद्देश्य की प्राप्ति के लिए सचेष्ट होने को उनका आह्वान करता है, उन्हें उनके पुरानेपन का एहसास कराता है, अपनी कविता की शक्ति प्रदर्शित करता है और अन्त में यह भी कहता है कि अब यह परिणति प्राप्त कर चुकी है, जिससे उसकी मूल्यवान् उपलब्धियाँ सामने हैं! यह उत्पीड़ित कवि का लक्षण नहीं है, उसे ग्रीष्म-प्रभंजन की तरह होना नहीं है, बल्कि उसकी कविता तो साक्षात् उसका रूप है! शेली में प्रचंड आशावाद है, निराला में आत्मविश्वास।

'मित्र के प्रति' कविता की संरचना भी भिन्न प्रकार की है। 'ओड टु द वेस्टविंड' अन्ततः एक सरल, यद्यपि गम्भीर, कविता है, जबकि 'मित्र के प्रति' कविता कई गलियों और मोड़ों से होते हुए आगे बढ़ती है। इसके विभिन्न अंशों में घनिष्ठ सम्बन्ध है, जिससे लम्बी होने के बावजूद इसमें बिखराव नहीं आता। वर्षाऋतु के समानान्तर ग्रीष्म, ग्रीष्मऋतु की गर्म और जोरदार हवा, मध्याह्न का सूर्य, उसके बाद वर्षा, फिर स्वाती की बूँद का

मोती बनना—कविता के ये सारे उपादान एक-दूसरे से जुड़े हैं, जिससे वह एक संश्लिष्ट कृति के रूप में सामने आती है। विद्वानों का ध्यान केवल इस बात पर गया है कि निराला ने सूर्य के ताप से उड़े जलकणों को मुक्ता के रूप में परिणत कर तर्क-योजना को पूरा किया है, लेकिन यह उनकी एक 'तर्क-योजना' है। पूरी कविता में वह अन्विति दिखलाई पड़ती है, जो चिन्तन, भावना और कल्पना तीनों की सक्रियता से सम्भव हुई है। यहाँ यह कह देना काफी नहीं है कि निराला ने एक रूपक के माध्यम से इस कविता में अपनी कविता के बारे में बतलाया है। यह रूपक यान्त्रिक रूप में इस कविता में प्रयुक्त नहीं हुआ। इसमें सबकुछ निराला के सामने चित्रों के रूप में आता है, जो उनकी अकूत सृजनशीलता का परिणाम है। कवि बहुत उत्साह में है, जिसका पता खास तौर से इसके छन्द से चलता है, जिसका आधार-चरण सिर्फ बारह मात्राओं का है, शास्त्रीय दृष्टि से लीला नामक छन्द का। इस छन्द में जैसी थिरकन है, निराला की किसी कविता के छन्द में नहीं। यह वस्तुतः गीतात्मक छन्द है, जिसमें उन्होंने 'भारति, जय, विजयकरे!'-जैसे गीत रचे थे। कभी-कभी इस छन्द का किसी लम्बी कविता के बीच में प्रयोग कर उन्होंने उसे भी गतिशील अथवा नर्तित करने का प्रयास किया है, यथा 'सेवा-प्रारम्भ' में—'घेर गगन को अगणन/जागे रे चन्द्र-तपन' आदि। 'मित्र के प्रति' में जब निराला वेगवान् वायु का वर्णन करने लगते हैं, तो वह जैसे तेज वायु की गति पकड़ लेता है। वैसे छोटे-छोटे चरणों में लट्टू की तरह नाचता चलता है। ऐसे मस्तीभरे छन्द में ऐसी मस्ती से निराला ने वाकई अपनी कोई अन्य लम्बी कविता नहीं लिखी।

पूरी कविता संवाद की शैली में रची गई है, जिससे इसमें एक नाटकीयता है। यह नहीं लगता कि हम कविता पढ़ रहे हैं, लगता है, दो व्यक्तियों की बहस सुन रहे हैं। बोलता एक ही व्यक्ति है, लेकिन वह दूसरे पक्ष को भी उपस्थित कर देता है। इससे कविता के बारे में लिखी गई यह कविता अत्यन्त सजीव हो गई है। 'कहते हो', 'सोचो तो', 'समझो', 'कहो' और 'लखो' तो इसे वार्तालाप का रूप देते ही हैं, निराला ने इसमें प्रश्न-शैली में जो बातें कहीं हैं, यथा 'मिली नहीं तुम्हें, बन्द/रहे, बन्धु, द्वार?', 'मिली नहीं क्या जब यह/देखा संसार?' आदि, उससे ऐसा लगता है कि कवि को मात्र अपने तर्कों का नहीं, विरोधियों के अनुभवों का भी भरोसा है। इससे कविता आत्मीयतापूर्ण संवाद के स्तर को छोड़कर शास्त्रार्थ बनने से बच जाती है। पाठक भी ऐसा महसूस करते हैं कि बातचीत उनके बिलकुल पास हो रही है, बल्कि अपने अनुभव से वे भी उसके भागीदार बन जाते हैं। निराला विरोधियों के आरोप से ही, उसे स्वीकार करते हुए, अपनी बात कहना शुरू करते हैं और धीरे-धीरे आगे बढ़ते हुए, उनकी सीमाओं का उन्हें बोध कराते हुए अन्ततः उनके पक्ष को ध्वस्त कर देते हैं। कविता के अन्त में उनकी जो गर्वोक्ति है, वह निराधार नहीं है, क्योंकि इस समय तक 'जुही की कली', 'सन्ध्या-सुन्दरी', 'भर देते हो', 'यमुना के प्रति', 'बादल-राग' और 'जागो फिर एक बार'-जैसी उनकी कविताएँ, 'गीतिका' नामक गीत-संग्रह और 'तुलसीदास' नामक काव्य सामने आ चुके थे, जो किसी भी भाषा के गले में 'भास्वर रत्नहार' हो सकते हैं!

सरोज-स्मृति

'सरोज-स्मृति' स्पष्टतः निराला की एक आत्मकथात्मक कविता है, यानी ऐसी कविता, जिसकी सामग्री उन्होंने अपने जीवन से ली है। रोमांटिक कवि के लिए यह सर्वथा स्वाभाविक है, क्योंकि कविता उसके लिए बहुत अंशों में आत्माभिव्यक्ति और 'आत्मस्वीकृति के खंड' होती है। निराला हिन्दी के अन्य रोमांटिक अथवा छायावादी कवियों, उदाहरणार्थ प्रसाद और पन्त, की तुलना में कविता के लिए अपने व्यक्तिगत जीवन पर ज्यादा निर्भर करते थे, इसलिए जिस रूप और जिस मात्रा में उनका व्यक्तिगत जीवन उनकी कविता का स्रोत बना, उनके समकालीनों का नहीं। उन्होंने अपने कवि-जीवन के आरम्भ से लेकर अन्त तक अपनी असंख्य कविताओं और गीतों में अनेक प्रकार से अपने व्यक्तिगत जीवन को अभिव्यक्त किया है। यह देखकर कुछ विद्वानों ने उचित ही उन्हें छायावादियों में सर्वाधिक प्रबल व्यक्तित्व वाला कवि बतलाते हुए यह कहा है कि यदि कविता में व्यक्तित्व की अभिव्यंजना रोमांटिक कविता का सबसे बड़ा गुण है, तो अपनी पीढ़ी में निराला ही सच्चे अर्थों में रोमांटिक थे। लेकिन कविता में कवि के व्यक्तिगत जीवन और कविता के बीच का सम्बन्ध प्रायः सरल न होकर जटिल होता है। यह बात रामचरितमानस के सम्बन्ध में ही नहीं, छायावादी कवियों की रचनाओं के सम्बन्ध में भी बहुत कुछ सही है। प्रमाण के लिए 'सरोज-स्मृति' के साथ निराला की ही दूसरी प्रसिद्ध कविता 'राम की शक्ति-पूजा' को लिया जा सकता है। इन दोनों कविताओं का विद्वानों ने तुलनात्मक अध्ययन भी किया है और कहा है कि 'सरोज-स्मृति' के निराला ही 'शक्ति-पूजा' के राम हैं। यदि इस बात में आंशिक सच्चाई भी है, तो उससे यह तथ्य सामने आता है कि कवि कभी तो अपनी कविता में अपने को सीधे अभिव्यक्त करता है और कभी स्वयं अपना ऐसा नाट्यीकरण करता है कि उसे पहचानना मुश्किल होता है।

'सरोज-स्मृति' में जिस घटना और कवि के मन पर पड़नेवाले उसके जिस प्रभाव का वर्णन है, वह उसी रूप में सही है, यह कवि के जीवन से प्राप्त होनेवाले तथ्यों से प्रमाणित है। इस तरह यह कविता निर्भ्रान्त रूप से निराला की आत्मकथात्मक कविता सिद्ध होती है। लेकिन इस कविता के प्रसंग में भी यह ज्ञातव्य है कि इसमें कवि का व्यक्तिगत जीवन सर्वथा उस रूप में नहीं आया, जिस रूप में वह उसके व्यक्तिगत पत्रों, डायरी, आत्मसंस्मरणों या आत्मकथा में आ सकता था, या उनगें से कुछ गें यत्र तत्र आया है। क्यों? इसलिए कि 'सरोज-स्मृति' अन्ततः एक कलाकृति है। कलाकृति में कलाकार अपने जीवन-यथार्थ का बिलकुल भिन्न रूप में इस्तेमाल करता है और उससे एक बिलकुल नया सम्बन्ध कायम करता है। इस कविता में भी निराला ने अपने जीवन-तथ्यों को इस तरह संयोजित किया

है और उनकी इस तरह से पुनःरचना की है कि उन्होंने अपना विशिष्ट व्यक्तिगत अर्थ खोकर सामान्य मानवीय और सामाजिक अर्थ ग्रहण कर लिया है और इस तरह वे एक कलाकृति का अविभाज्य अंग बन गए हैं। एक विदेशी आलोचक ने लिखा है कि साहित्य को व्यक्तिगत जीवन की अभिव्यक्ति माननेवाले लोग यह भूल जाते हैं कि एक कलाकृति सिर्फ कलाकार की व्यक्तिगत अनुभूति का सम्मूर्तन नहीं होती, बल्कि वह कलाकृतियों की परम्परा की सबसे नई रचना होती है। तात्पर्य यह कि एक बड़ी हद तक उसके रूप का निर्धारण उक्त परम्परा और प्रचलित प्रणाली द्वारा किया जाता है। यहाँ आकर नितान्त व्यक्तिगत रचना भी अपनी सीमा का अतिक्रमण करती है और बहुत अंशों में सार्वजनीन और सार्वभौम बन जाती है। हिन्दी में अन्ततः 'सरोज-स्मृति' की एक महान् कविता के रूप में प्रतिष्ठा और लोकप्रियता इसका सबसे अच्छा उदाहरण है।

डा. रामविलास शर्मा ने 'निराला की साहित्य-साधना' के प्रथम खंड में निराला की जीवनी प्रस्तुत की है और उसके तृतीय खंड में उनके पत्र संकलित किए हैं। उनके आधार पर निराला की सुपुत्री सरोज की बीमारी और मृत्यु-सम्बन्धी तथ्य इस प्रकार हैं–सरोज का विवाह बारह-तेरह की उम्र में 1929 की जुलाई यानी सावन में हुआ था। जैसा कि शिवपूजन सहाय को अप्रैल, 1932 में लिखे गए निराला के दो पत्रों से पता चलता है, वह उसके दो वर्ष बाद बीमार पड़ी। ये दोनों पत्र उन्होंने अपने गाँव गढ़ाकोला से लिखे थे। पहले पत्र में वे उन्हें लिखते हैं–"मेरी लड़की सख्त बीमार है। 4 महीने से रायबरेली अस्पताल में पड़ी है। बड़ी संकटमय अवस्था है।" पुनः दूसरे पत्र में–"मैं इस समय विषादग्रस्त रहता हूँ। मेरी लड़की तीन महीने से राय बरेली-अस्पताल दाखिल है। बहुत बड़ा Operation हुआ था। जीने की आशा नहीं थी, हुई, अब फिर जा रही है। बाएँ स्तन की बगल से अस्त्रक्रिया हुई है। घाव अच्छा नहीं हो रहा। दो रोज हुए खून परीक्षा के लिए फिर लखनऊ भेजा गया है।" डा. शर्मा जब निराला की जीवनी लिखने की तैयारी कर रहे थे, तथ्य-संकलन के क्रम में उनका पत्राचार सरोज के पति पं. शिवशेखर द्विवेदी से हुआ। उन्होंने डा. शर्मा को सरोज की बीमारी और मृत्यु का पूरा हाल लिख भेजा–

सरोज की कहानी लम्बी है। वह पहले बीमार हुई। अचानक उसकी बाईं बगल में एक फोड़ा हुआ। देहात में दवा होती रही, पर फल कुछ न निकला। महीनों बाद पता चला कि औंधा फोड़ा है। वह उस समय ननिहाल में थी। नानी ने पाला था। वही इलाज कराती थीं। जब वे उससे ऊब गईं और पता चला कि फोड़ा सांघातिक है, तब वे उसे लेकर रायबरेली अस्पताल गईं। वहाँ ऑपरेशन हुआ। किन्तु कन्धे के ऊपर नासूर हो गया है, यह बात सात बार के ऑपरेशन के बाद जानी गई। सरोज लगातार चौदह महीने वहीं रही। देखभाल के लिए उसका ननिहाल का पूरा परिवार भी। खर्च ननिहाल के लोग ही चलाते थे। बीच-बीच में मुझसे और निरालाजी से कुछ मदद उन्हें मिलती थी, पर वह नगण्य ही थी। चौदह महीने के बाद निराश होकर वे लोग उसे लेकर घर चले गए। वहाँ अचानक एक महात्मा से मुलाकात हुई, जिनकी दवा से नासूर अच्छा हो गया। लेकिन थोड़े दिनों के बाद सरोज ज्वर से पीड़ित रहने लगी। दवा होती रही पर ज्वर प्रायः साल-भर तक बना रहा। इस दफा बाँदा के एक वृद्ध अनुभवी वैद्य ने निदान किया कि उसे तपेदिक है और अब रोग चरम सीमा पर है। तत्पश्चात् एक्स-रे हुआ। पता चला कि बायाँ फेफड़ा बिलकुल छलनी हो चुका है।

इस कारण दवा के साथ-साथ उसको गंगा की धारा में रखने का आदेश हुआ। वैद्यों और डाक्टरों ने कहा कि ग्यारह वर्ष पार होने पर उसके सँभलने की आशा बँधेगी। एक महीने से अधिक उसे गंगा की धारा से सटे डलमऊ के एक मठ में रखने की व्यवस्था थी। वहीं श्रावण शुक्ला प्रतिपदा को करीब साढ़े ग्यारह बजे उसकी मृत्यु हुई। नानी की गोद में ही पली, उन्हीं की देख-रेख में रही और उन्हीं के प्यार की गोद में वह मरी भी।

यही घटना, जो निराला के जीवन की सबसे त्रासद घटना है, 'सरोज-स्मृति' की रचना का आधार है। जैसा कि डा. शर्मा ने निराला की जीवनी में लिखा है, उस समय निराला लखनऊ में थे और विकट आर्थिक संघर्ष में पड़े थे। यह 1935 का साल था। जुलाई का ही महीना। एक दिन डाकिए ने आवाज दी–पंडितजी! वे खुद ही नीचे गए। लौटते हुए जीने से ही बोले–डाक्टर, सरोज इज नो मोर। वे कार्ड लिए हुए कमरे में आए। चेहरा दुख के मारे जैसे स्याह हो गया था। उन्होंने न एक भी आँसू गिराया, न एक भी शब्द कहा। कुछ देर कमरे में चक्कर लगाते रहे। फिर कुर्ता पहना, छड़ी उठाई और घर से बाहर निकल गए। करीब तीन महीने के अन्तराल के बाद 9 अक्टूबर, 1935 को उन्होंने 'सरोज-स्मृति' की रचना की, जिसमें न केवल उन्होंने सरोज की जीवन-कथा के साथ अपनी जीवन-कथा भी कही, बल्कि उसे अवध जनपद के एक सामान्य निम्नमध्यवित्तीय किसान की जीवन-कथा बना दिया। इससे ऊपर उन्होंने इस कविता को इस तरह रचा कि उसमें अत्यन्त मार्मिक मानवीय अर्थ समाविष्ट हो गया। यह कविता लखनऊ से ही निकलने वाली पत्रिका 'सुधा' के जनवरी, 1936 के अंक में प्रकाशित हुई और धीरे-धीरे हिन्दी की एक महान् कविता के रूप में मान्य हो गई।

'सरोज-स्मृति' को हिन्दी में 'एलेजी' कहा गया है। 'एलेजी' वस्तुतः एक यूरोपीय काव्य-विधा है, जिसके वहाँ भाषा और काल-भेद से अलग-अलग रूप रहे हैं। यूनानी भाषा में बिलकुल आरम्भिक काल में 'एलेजी' का विषय मृत्यु नहीं, बल्कि युद्ध और प्रेम होता था। लैटिन में भी इस नाम से शृंगारिक कविताएँ लिखी गईं। उसमें एक खास बात यह थी कि 'एलेजी' का एक निश्चित छन्द-विधान हो गया था, जिसमें किसी भी विषय को लेकर लिखी गई कविता उस नाम से जानी जाती थी। सोलहवीं शताब्दी में अंग्रेजी में आकर 'एलेजी' 'शोकगीति' बन गई, अर्थात् उसका विषय हुआ किसी व्यक्ति-विशेष की मृत्यु पर किया जानेवाला विलाप। लेकिन इस भाषा में भी यह परिभाषा कठोरतापूर्वक नहीं मानी गई, क्योंकि ग्रे की प्रसिद्ध कविता 'एलेजी रिट्न इन ए कंट्री चर्चयार्ड' में किसी व्यक्ति के लिए नहीं, बल्कि एक जीवन-पद्धति के लिए शोक व्यक्त किया गया है। इसके अलावा वर्ड्सवर्थ की कविता 'लूसी' को इसलिए 'एलेजी' नहीं माना गया कि वह आकार में बहुत छोटी है और टेनीसन की कविता 'इन मेमोरियम' को इसलिए नहीं कि वह आकार में बहुत बड़ी है। ऐसी स्थिति में 'सरोज-स्मृति' को 'एलेजी' या शोकगीति मानना एक सीमा तक ही सही हो सकता है। वस्तुस्थिति यह है कि यह कविता 'शोकगीति' के किसी रूप को सामने रखकर नहीं लिखी गई है, उसकी किसी रूढ़ि का निर्वाह नहीं करती, इसलिए अन्तर्वस्तु और कला दोनों ही दृष्टियों से यह अपने ढंग की कविता है और इसका अपना रूप है। यह आकार में बड़ी है और इसकी विषय-वस्तु में इकहरापन न होकर एक संश्लिष्टता है। साथ ही यह एक भावोच्छ्वासपूर्ण रचना न होकर अत्यन्त कठोर अनुशासन एवं संयम के साथ लिखी गई एक यथार्थसमन्वित रचना है।

इस कविता का महत्त्व हिन्दी में शोकगीति के अभाव की पूर्ति की दृष्टि से नहीं, बल्कि एक अन्य दृष्टि से है। वह यह कि यह कविता निराला ने अपनी पुत्री की मृत्यु पर लिखी और इसमें अपने जीवन के लिए पुत्री को वह महत्त्व दिया, जो उनसे पहले उसे और किसी कवि ने न दिया था। उन्होंने अपने सम्पूर्ण कवि-जीवन में तीन महान् कविताओं की रचना की–'तुलसीदास', 'सरोज-स्मृति' और 'राम की शक्ति-पूजा'। क्या यह आकस्मिक है कि इनमें से दो कविताएँ नारी-विषयक हैं? दूसरी कविता पुत्री-प्रेम की कविता है और तीसरी पत्नी-प्रेम की।

2

'सरोज-स्मृति' में जो प्रभावोत्पादकता है और इसमें जो कलात्मक सौन्दर्य है, उसे समझने के लिए इस कविता की संरचना पर ध्यान केन्द्रित करना आवश्यक है। इसके शीर्षक में जो 'स्मृति' शब्द है, वह केवल एक काव्य-विधा की सूचना देने के लिए नहीं, बल्कि उसमें कविता की संरचना से सम्बन्धित महत्त्वपूर्ण तथ्य छिपा है। सम्पूर्ण कविता एक 'स्मृति' है, यानी यह स्मृति के तर्क के सहारे लिखी गई है। स्वभावतः इसमें सरोज की मृत्यु के शोक से उद्दीप्त अनेक स्मृति-चित्र शुरू में क्रमहीन और बाद में क्रमबद्ध रूप से कवि के मानस में आते हैं। उन सभी चित्रों का सम्बन्ध किसी न किसी रूप में सरोज से है। प्रत्यक्षतः कभी-कभी वे निराला और उनके परिवेश से सम्बद्ध मालूम पड़ते हैं। इस प्रकार स्मृति ने इस कविता को वह रूप प्रदान कर दिया है, जिससे यह 'तुलसीदास' और 'राम की शक्ति-पूजा' से भिन्न हो गई है। शोक की अवस्था में यही स्वाभाविक है। उसमें सर्वथा क्रमबद्ध रूप में मृत व्यक्ति की कथा कही गई, तो वह कृत्रिम होगा, जिससे उसमें अपेक्षित प्रभावोत्पादकता सम्भव न होगी। शोकग्रस्त व्यक्ति मृत व्यक्ति को अनेक तरह से, अनेक प्रसंगों में, याद करता है और एक-एक याद उसे अधिकाधिक विह्वल बनाती जाती है। ऐसी स्थिति में उससे यह माँग करना कि वह कठोरतापूर्वक सिलसिले से तमाम चीजों को याद करे, एक गैर-मुनासिब बात होगी। कला यथार्थ की पुनःरचना है, इसका यह मतलब नहीं है कि उस पर एक कृत्रिम संरचना आरोपित की जाए। देखा यह गया है कि जिस रचना में चिन्तन और भावधारा को उसकी अपनी गति और लय के साथ चित्रित कर दिया जाता है, वह अधिक शक्तिशाली हो जाती है। वहाँ पुनःरचना का मतलब दूसरा होता है, स्वाभाविक गति और लय को नष्ट कर उसे सरल रूप में प्रस्तुत करना नहीं। ऐसी स्थिति में यह आश्चर्य की बात है कि डा. शर्मा ने 'साहित्य-साधना' के द्वितीय खंड में 'सरोज-स्मृति' की संरचना को 'तुलसीदास' और 'राम की शक्ति-पूजा' की तुलना में त्रुटिपूर्ण बतलाया है। उनकी यह बात उनकी उस टिप्पणी की याद दिला देती है, जिसमें उन्होंने 'गोदान' के स्थापत्य को अपेक्षाकृत कमजोर बतलाते हुए कहा था कि निर्माण की दृष्टि से प्रेमचन्द 'सेवासदन' को फिर से न पा सके!

'साहित्य-साधना' में वे कहते हैं–' 'सरोज-स्मृति' में आन्तरिक गठन की वैसी दृढ़ता नहीं जैसी 'तुलसीदास' में है।' क्यों? इसलिए कि 'सरोज-स्मृति' में सपनों का बिखराव अपेक्षाकृत ज्यादा है। एक सपना साहित्य-संग्राम का, दूसरा सपना सरोज के शैशव-काल

का, तीसरा सपना वापस आई रचनाओं को लेकर घास नोचने का, चौथा सपना सरोज द्वारा कुंडली के फाड़े जाने का, पाँचवाँ सपना कान्यकुब्ज कुलांगारों का, छठा सपना सरोज के विवाह का, सातवाँ सपना कवि-कर्म द्वारा स्वर्गीया कन्या के तर्पण का। डा. शर्मा के शब्दों में, ''ये सभी अंश समर्थ हैं, किन्तु एक ही सपने में गूँथे नहीं गए। इन सभी से निराला सम्बद्ध हैं, फिर भी वह केन्द्र में स्थिर नहीं हैं। कवि, कन्या, पार्श्वभूमि–इन सब पर रचनाकार की दृष्टि भटकती है, कहीं देर तक ठहरती नहीं है।'' उनकी शिकायत है कि 'सरोज-स्मृति' में निराला कथा कहने बैठते हैं, लेकिन उसे सरोज के जन्म से या अपने साहित्यिक अभ्युदय-काल से शुरू नहीं करते। पहले वे साररूप में सारा दुखद प्रसंग कविता के आरम्भ में रख देते हैं, फिर कविता के मध्य में कथा कहने का परम्परागत ढंग अपनाते हैं। ''कथा कहने का यह ढंग निराला की स्वप्नशीलता का विरोधी है। स्वप्नशीलता चाहती है, एक दृश्य पर निगाह जमाए रहो, कथा-प्रवाह की माँग है, आगे बढ़ते चलो, किसी दृश्य से अटककर खड़े मत हो जाओ। निराला की आन्तरिक वृत्ति है किसी दृश्य को देखना, उससे अटकना, खड़े रह जाना। 'राम की शक्ति-पूजा' में उन्होंने कथा कहने का दूसरा ढंग अपनाया है, वह दृश्य से अटके रहते हैं, साथ ही कौशल से *काल-प्रवाह* के *साथ* पाठक को आगे-पीछे घुमाते रहते हैं।'' डा. शर्मा की दृष्टि में 'तुलसीदास' और 'राम की शक्ति-पूजा' ही नहीं, निराला की कविता 'वन-बेला' भी संरचना की दृष्टि से 'सरोज-स्मृति' से श्रेष्ठ है, क्योंकि '' 'सरोज-स्मृति' की तुलना में 'वन-बेला' का आन्तरिक गठन सुदृढ़ है। कारण है निराला की स्वप्न-दृष्टि, जो स्वयं पर आदि से अन्त तक जमी रहती है, इस स्वयं को पार्श्वभूमि के उपादानों से सम्बद्ध कर देती है।'' यहाँ यह स्पष्ट कर देना आवश्यक है कि 'स्वप्न-दृष्टि' या 'स्वप्नशीलता' का प्रयोग उन्होंने कवि के 'विज़न' के अर्थ में किया है और प्रकारान्तर से उसके सम्बन्ध में यह धारणा व्यक्त की है कि वह एक स्वरूपप्राप्त सरल रेखा में चलनेवाली और बहुत ही सुलझी हुई चीज है। उनकी यह धारणा साहित्य वा कविता-सम्बन्धी उनकी अन्य सरलीकृत धारणाओं के मेल में ही है। गनीमत है, पं. नन्ददुलारे वाजपेयी का मत डा. शर्मा के विपरीत है और इसीलिए सत्य से अधिक निकट। अपनी 'कवि निराला' नामक पुस्तक में वे 'सरोज-स्मृति' के बारे में कहते हैं–'इस दीर्घ प्रगीत का आकृतिगत शिल्प भी उतना ही सुगठित और सुव्यवस्थित है, जितना उसका भावसंयोजनात्मक शिल्प है।'

'सरोज-स्मृति' जिस रूप में 'सुधा' में प्रकाशित हुई थी, यह छोटे-बड़े नौ अनुच्छेदों में बँटी हुई थी, जिससे इसकी संरचना को समझने में मदद मिलती थी। 'अनामिका' में जब यह संकलित की गई, तो निराला ने दो बड़े अनुच्छेदों को प्रसंगानुसार पुनः दो-दो अनुच्छेदों में विभाजित कर दिया, जिससे अब इसके कुल ग्यारह अनुच्छेद हो गए। लेकिन पुस्तक के द्वितीय संस्करण से ही इसके अनुच्छेदों के विभाजन को लगभग खत्म कर दिया गया, अनुमानतः प्रकाशक के द्वारा, दो अनुच्छेदों के बीच के अन्तराल को निकालकर कागज का खर्च कम करने के उद्देश्य से। इससे अनिवार्यतः कविता का रूप प्रभावित हुआ।

यह कविता सरोज को ही सम्बोधित है। इससे भी इसके रूप को वैशिष्ट्य प्राप्त हुआ है और इसके प्रभाव में तीव्रता आई है। इसके आरम्भ में निराला एक फैंटास्टिक लोक का निर्माण करते हैं, जिसका सम्बन्ध सरोज की मृत्यु से है। मृत्यु एक ठोस वास्तविक घटना

है। हम देख चुके हैं कि सरोज बीमारी से और समुचित चिकित्सा न होने के कारण मरी थी, लेकिन निराला इस घटना को एक अलौकिक रूप प्रदान कर देते हैं। कहते हैं, सरोज मरी नहीं है, उसने पूर्ण आलोक का वरण किया है। उसके जीवन के अट्ठारह वर्ष पूरे हो चुके थे। यह अट्ठारह अध्यायों वाली जीवन-गीता का पूरा होना था। उसके बाद तो नाम-रूप का त्याग कर अमर शाश्वत विराम प्राप्त करना ही शेष था। वही सरोज को प्राप्त हुआ था। इसे मरना नहीं कहेंगे, यह तो ज्योति से खिलनेवाले सरोज अर्थात् कमल का ज्योति में लीन हो जाना था। आगे वे यह भी कहते हैं कि अपने पिता से पहले सरोज ने मृत्यु का वरण इसलिए किया कि वृद्धावस्था में जब वे अत्यन्त अशक्त हो जाएँगे, वह उन्हें सहारा देकर यह अन्धकार से भरा हुआ दुस्तर भवसागर पार करा सकेगी। सरोज की मृत्यु को यह अलौकिक रूप प्रदान करने की बात को वे कविता के अन्त तक याद रखते हैं, जिसका प्रमाण यह है कि उसके समाप्त होने के पहले वे पुनः कहते हैं कि सरोज ने 'महामरण' को स्वीकार किया है!

विद्वानों को इस कविता के चौथे चरण में आनेवाला विदा के विशेषण के रूप में प्रयुक्त 'अरुण' शब्द परेशान करता रहा है। जाहिर है कि निराला अभी शोक की अवस्था में नहीं हैं, क्योंकि ऐसी अलौकिक घटना के लिए शोक क्यों? स्वभावतः उन्होंने सरोज की शाश्वत विदाई के लिए 'अरुण' विशेषण का प्रयोग किया है, जिसका अर्थ पूरे प्रसंग से इस शब्द को अलग करके नहीं ग्रहण किया जा सकता। पूरे अनुच्छेद में आलोक, ज्योति, प्रकाश आदि शब्दों की भरमार है, फिर तैरने और पार करने-जैसे क्रियापदों की। 'अरुण' शब्द इसके मेल में है। मृत्यु को महिमान्वित करना, उसे रहस्यवाद बनाकर प्रस्तुत करना छायावादी प्रवृत्ति का सूचक भी है, जो कवि को यथार्थ से आँखें मिलाने से रोकती थी। यूरोपीय भाषाओं में ईसाई धर्म से प्रभावित होकर जो 'एलेजी' लिखी गई है, उसमें यह बात देखने में आती है कि अन्त में कवि अचानक दुख और निराशा से निकलकर हर्ष की अवस्था में पहुँच जाता है और अपने मन को यह कहकर आश्वस्त करता है कि इस संसार में मृत्यु को प्राप्त करने का मतलब है उच्चतर जीवन में प्रवेश। निराला पर उसका प्रभाव न हो, लेकिन मृत्यु को अलौकिक रूप प्रदान करना उनकी तत्कालीन मनोदशा का परिचायक तो है ही। यह अपनी पुत्री की मृत्यु के धक्के को झेलने में असमर्थ पिता का निरुपाय मन को सान्त्वना देना भी हो सकता है, जो उस स्थिति में एक धर्मप्राण व्यक्ति के लिए, जो लम्बे समय तक रामकृष्ण और विवेकानन्द के प्रभाव में रहा है, स्वाभाविक भी है। तीसरे चरण में 'तनये' सम्बोधन और 'जनक' यानी जन्म देनेवाले से तरुणावस्था में हमेशा के लिए विदा लेने की बात राज खोल देती है कि कवि के कथित सन्तोष अथवा हर्ष के पीछे उसका आर्तनाद ही है, कुछ और नहीं, भले वह कानों को सुनाई न दे।

लक्ष्य करने योग्य कविता के आरम्भिक अनुच्छेद में, जो प्रथम पंक्ति से शुरू होकर 'शुक्ला प्रथमा, कर गई पार!' इस पंक्ति पर समाप्त होता है, निराला की वह काव्य-कला है, जिसका निर्वाह गहन शोक की अवस्था में भी वे अत्यन्त कठोर अनुशासन का पालन करते हुए सजगतापूर्वक करते हैं। कहा गया है कि उनमें जो एक तटस्थता मिलती है, उसका कारण उनका वेदान्ती होना भी है, जो उन्हें इस संसार में पूर्णतः लिप्त होने नहीं देता। यहाँ उनकी निर्लिप्तता का स्पृहणीय कलात्मक परिणाम देखने को मिलता है। वे

'जीवन-सिन्धु-सन्तरण' के रूपक को अन्त तक याद रखते हैं, जिससे अनुच्छेद की अन्तिम पंक्ति में कहते हैं–'शुक्ला प्रथमा, कर गई पार!' शिवशेखर द्विवेदी के माध्यम से इस तथ्य का उल्लेख हो चुका है कि सरोज का निधन सावन के महीने में शुक्लपक्ष की प्रतिपदा को हुआ था। शुक्लपक्ष की प्रतिपदा तिथि कृष्णपक्ष के अन्धकार के बाद आती है, अतः उस तिथि से अन्धकार को पार कर जाने की बात को जोड़ें, तो वह भी अत्यन्त सार्थक है। अन्धकार भी कैसा? सावन के काले-काले बादलों से भरे आकाश में ठहरा हुआ। 'स्तब्धान्धकार' शब्द के उच्चारण से उत्पन्न होनेवाली ध्वनि से लगता है कि वह पुंजीभूत भी है। उसे पार करने का मतलब उसकी कल्पना जल के रूप में करना है। ऊपर भी निराला 'दुस्तर तम' कह चुके हैं। अन्धकार की कल्पना इस रूप में उनके लिए नई नहीं है। 'तुलसीदास' में जब रत्नावली अपने भाई के साथ मायके चल देती है, तो 'घर अन्धकार अब बहता'। बाद के उनके प्रसिद्ध गीत 'स्नेह-निर्झर बह गया है' में भी निर्झर ही नहीं बहता है, अमावस्या भी बहती है–'बह रही है हृदय पर केवल अमा'। यदि शुक्लपक्ष की प्रतिपदा के चाँद की कल्पना करें, तो वह बहुत ही पतली डोंगी के आकार का होगा। उसी की तरह सरोज ने जीवन-सिन्धु के अन्धकार को पार किया था। निराला ने 'मृत्यु-तरणि' कहा भी है, जिस पर वह फुर्ती से सवार हो गई थी, यानी जीवन के आरम्भिक काल में ही। आगे वे सरोज के ज्योति की शरण में चले जाने की बात कहते हैं, तो पुनः 'तरण' शब्द को दुहराते हैं और सरस्वती के लिए भी 'ज्योतिस्तरणा' शब्द का प्रयोग करते हैं। इसके अलावा इस अनुच्छेद में और कई तरह की कलात्मक सजगता के दर्शन होते हैं।

सरोज ने जैसे गीता में एक के बाद दूसरा अध्याय आता है, क्रम से अपने जीवन के अट्‌ठारह अध्याय पार किए थे, जो कि गीता से भी अधिक पवित्र थे। निराला आगे की पंक्तियों में सरोज से यह भी कहते हैं कि तुमने अपने अशब्द अधरों से मुझे अपने प्रकाश में लीन होने की जो बात कही थी, वह मैं इसलिए सुन सका कि सरस्वती की निरन्तर साधना से मुझे भी कुछ प्रकाश मिल गया है। यहाँ उनके कवि होने की ओर संकेत है, यानी इस ओर कि कवि मन की बात बिना बतलाए समझ सकता है; लेकिन सरोज के आगे तुरत उन्हें अपनी हीनता का बोध होता है। इसका पता इस बात से चलता है कि अब वे उसे 'जीवित-कविते' कहकर सम्बोधित करते हैं। निराला जो कविता रचते हैं, वह शब्दों से, जिसे मनुष्य की तरह सजीव नहीं कह सकते, लेकिन सरोज तो साक्षात् कविता थी। उस कविता से उनकी शब्दों से निर्मित कविता का क्या मुकाबला! पिता का 'शत-शर-जर्जर' विशेषण निराला के उस साहित्यिक और आर्थिक संघर्ष की सूचना देता है, जिसमें वे बुरी तरह से आक्रान्त हुए थे। उन्होंने यह भी कहा है कि सरोज जो उन्हें भवसागर पार कराने के लिए उनसे पहले चली गई, इसके पीछे उसका कोई दम्भ नहीं था। 'कहता तेरा प्रयाण सविनय' में 'सविनय' शब्द की यही व्यंजना है। बड़ी बात यह कि 'तारूँगी कर गह दुस्तर तम' के द्वारा वे यह व्यंजित करते हैं कि उनके जीवन के अन्तिम कष्टकर दिनों से उन्हें सरोज की स्मृति ही छुटकारा दिलाएगी।

डा. शर्मा ने 'सरोज-स्मृति' के इस आरम्भिक अंश पर यह टिप्पणी की है–"निराला ने जिस तरह की काव्य-भाषा गढ़ी है, उसके अपने नियम हैं। कई जगह शब्द-चयन इन नियमों को तोड़ता-सा लगता है। 'सरोज-स्मृति' में *ऊनविंश* अस्वाभाविक लगता है, कविता

के आरम्भ की काफी पंक्तियाँ प्रयास से गढ़ी हुई जान पड़ती हैं। *दृक्पात, तूर्ण-चरण*-जैसी शब्द-योजना खटकती है।'' निराला की काव्य-भाषा के निश्चय ही अपने नियम हैं, लेकिन वे नियम इतने संकीर्ण नहीं हैं कि उनसे एक ही प्रकार के वाक्यों और शब्दों के रूप बनें। 'सरोज-स्मृति' के पहले अनुच्छेद में सरोज की मृत्यु को महिमान्वित किया गया है, इसलिए स्वभावतः उसकी भाषा औदात्त्यपूर्ण है। इसी कारण जान-बूझकर उन्होंने उन्नीस की जगह 'ऊनविंश' शब्द का प्रयोग किया है, जिसे आगे आनेवाला 'अष्टादश' शब्द सन्तुलित करता है। 'दृक्पात' शब्द का प्रयोग 'दृष्टिपात' के अर्थ में उन्होंने अन्यत्र भी किया है, यथा 'गीतिका' के गीत 'जागा दिशा-ज्ञान' में–'किरण-दृक्-पात आरक्त किसलय सकल'। 'तूर्ण-चरण' में 'तूर्ण' शब्द आगे की पंक्ति में आनेवाले 'पूर्ण' शब्द से ध्वनि-साम्य रखने के कारण भी आया है, वैसे फुर्ती से नौका पर सवार होनेवाली क्रिया के लिए कम से कम शब्दों का प्रयोग किया जाए, तो उसे कवि का लाघव ही कहेंगे, 'न्यूनता' के अर्थ में भी और 'कौशल' के अर्थ में भी। निराला के शब्द-प्रयोग पर चलते-चलाते, आलोचक ने स्वयं श्रेष्ठ काव्य-भाषा का जो प्रतिमान स्थिर किया है उसको ध्यान में रखकर, कोई टिप्पणी नहीं की जा सकती। उसे समझने के लिए उनके मनोलोक में प्रवेश करना और वहाँ से फूटती भाषा की गति और लय के साथ चलना जरूरी है। उनकी कविता सशक्त भावों का अनायास विस्फोट नहीं है, इसलिए एक स्तर पर वह हमेशा प्रयासजन्य लगती है; जहाँ उसकी भाषा सर्वथा सरल होती है, वहाँ भी ध्यान देने पर यह पता चलता है कि कवि उसे भी अत्यन्त सजगता से श्रमपूर्वक गढ़ रहा है; लेकिन इसका मतलब यह नहीं होता कि उसके भीतर सहज भाव-धारा कलकल करती प्रवहमान नहीं होती। भाव और भाषा के बीच का यह तनाव निराला की कविता की शक्ति का एक महत्त्वपूर्ण उत्स है।

परस्पर विरोधी वस्तुओं का एकत्र संयोजन–कभी-कभी उन्हें खींचकर बलात् मिला देना–यह निराला की कविता की विशेषता है। जैसे उनमें अनायास भाव और सायास भाषा का एकत्र संयोजन देखने को मिलता है, वैसे ही कल्पना और यथार्थ का भी। छायावादी कवियों में उनका यथार्थ-बोध सर्वाधिक प्रबल था, इसलिए वे देर तक खाली दार्शनिक वा आध्यात्मिक कल्पना के लोक में नहीं रह सकते थे। यथार्थ की किरणें, जो उनमें क्रमशः तीक्ष्णतर होती गई थीं, उनकी कल्पना के मेघों को भेदकर प्रकट हो जाती थीं और सत्य को सामने ला देती थीं। सरोज की मृत्यु का एक कल्पित रूप प्रस्तुत करने के बाद निराला अप्रत्याशित गति से वास्तविकता की भूमि पर आ जाते हैं और अगले अनुच्छेद के आरम्भ में कहते हैं–

धन्ये, मैं पिता निरर्थक था,
कुछ भी तेरे हित न कर सका!
जाना तो अर्थागमोपाय,
पर रहा सदा संकुचित-काय
लखकर अनर्थ आर्थिक पथ पर,
हारता रहा मैं स्वार्थ-समर।
शुचिते, पहनाकर चीनांशुक
रख सका न तुझे अतः दधिमुख।

उन्हें जोरों से यह एहसास होता है कि सरोज के प्रति वे अपने पिता-धर्म का निर्वाह न कर सके, क्योंकि न वे उसे अच्छा वस्त्र पहना सके, न उसके लिए अच्छा आहार जुटा सके। उपर्युक्त उद्धरण की अन्तिम दोनों पंक्तियाँ भाव और भाषा दोनों ही दृष्टियों से अत्यन्त मार्मिक हैं। भाव गहरे अफसोस का है और भाषा ऐसी है, जो जितनी ही सरल है, उतनी ही सारगर्भित। 'दधिमुख' शब्द में एक सिमटाव है, जैसे 'अर्थागमोपाय' शब्द में। 'चीनांशुक' का अर्थ चीन से आयातित रेशमी वस्त्र है। कालिदास में भी यह शब्द मिलता है, यथा अभिज्ञानशाकुन्तल के प्रथम अंक के प्रसिद्ध अन्तिम श्लोक में–'चीनांशुकमिव केतोः प्रतिवातं नीयमानस्य'। रेशमी वस्त्र को पवित्र माना जाता है, इसीलिए पवित्र कार्यों अथवा अनुष्ठानों में उसी को धारण करने का विधान है। 'शुचिते' सम्बोधन से यह व्यंजित है कि सरोज वैसे ही वस्त्र के योग्य थी, लेकिन वह उसे नसीब न हुआ। यहाँ स्वाभाविक रूप से सूर के बालकृष्ण का 'मुख दधि लेप किए' वाला रूप याद आ जाता है और उससे अभावग्रस्त सरोज के रूप का विरोध होने से मिथक और यथार्थ का फर्क बिलकुल स्पष्ट हो जाता है। निराला मात्र भावुक और कल्पनाशील कवि न थे, इसलिए उन्हें अर्थोपार्जन के सारे गलत तरीके मालूम थे। उनका कथा-साहित्य और उनकी सम्पादकीय टिप्पणियाँ इस बात का सबूत हैं कि मानव-स्वभाव से लेकर समाज के तौर-तरीकों तक का वे एक कठोर यथार्थवादी की तरह ज्ञान रखते थे, लेकिन उनका इस्तेमाल कर धन कमाना उनके लिए सम्भव नहीं था। परिमाणतः वे जान-बूझकर स्वार्थ की लड़ाई हारते रहे। हार का मुँह उन्हें अनेक रूपों में देखना पड़ा था, इसलिए तमाम आस्था और आत्मविश्वास के बावजूद शुरू से ही उनमें एक गहरा पराजय-भाव था। 'वन-बेला' में भी वे कहते हैं–'हो गया व्यर्थ जीवन,/मैं रण में गया हार!' 'शक्ति-पूजा' में भी एक अवस्था में निराशाग्रस्त राम विभीषण से कहते हैं–'मित्रवर, विजय होगी न समर'।

अर्थोपार्जन का एक ही अर्थ है–निर्ममतापूर्वक गरीबों का हक मार लेना, उनके मुँह का कौर छीन लेना। आगे की पंक्तियों में निराला बतलाते हैं कि वह काम वे नहीं कर सकते थे; वे स्वयं गरीब थे, फिर उनसे वैसे कैसे पेश आते! इसी बात को वे इस तरह कहते हैं कि मेरी आँखों में ठहरे हुए आँसुओं में जिन जनों के चेहरे और भाव प्रतिबिम्बित हुए, वे मेरे अपने ही थे, पराए नहीं! तात्पर्य यह कि दुख की अवस्था में मैंने अपने इर्द-गिर्द जिन लोगों पर दृष्टि डाली, वे मेरी ही श्रेणी के थे, अभावग्रस्त और पीड़ित, फिर उनसे वैसा व्यवहार करना मुझसे कैसे सम्भव था? 'अपने मुख-चित' में 'अपने' शब्द का प्रयोग वैसा ही है, जैसा आगे की एक पंक्ति 'देखने के लिए अपने मुख' में। यहाँ निराला की उक्ति निश्चित रूप से रवीन्द्रनाथ की इस उक्ति से प्रभावित है–'कम टु माई हार्ट एंड सीक हिज फेस इन/द टियर्स ऑफ माई आइज!' दोनों जगह एक ही तरह के बिम्ब हैं। तत्पश्चात् उन्हें अपनी हिन्दी-सेवा याद आती है, जिसके पुरस्काररूप ही उन्हें यह अभाव और निर्धनता प्राप्त हुई थी। वे कभी-कभी समान ध्वनि, लेकिन भिन्न अर्थवाले शब्दों का एकत्र प्रयोग कर उनसे चमत्कार की भी सृष्टि करते थे। यहाँ 'हार' एक जगह 'उपहार' है, दूसरी जगह 'हार' यानी पराजय और तीसरी जगह 'रत्नहार'–'यह हिन्दी का स्नेहोपहार,/यह नहीं हार मेरी, भास्वर/यह रत्नहार–लोकोत्तर वर!' वे अपने आँसुओं को अपनी पराजय नहीं, बल्कि अपनी विजय का सूचक ज्योतिर्मय रत्नहार मानते हैं! इसमें उनकी पीड़ा भी बोलती है, वे

व्यंग्य भी करते हैं और कहीं सन्तोष से भरे हुए गर्व की भी अभिव्यक्ति करते हैं कि यह उनके सही रास्ते से विचलित न होने का प्रमाण है। लेकिन यह भाव उनके भीतर बहुत गहरा है कि अपनी हिन्दी-सेवा के प्रतिदान के रूप में उन्हें जो निर्धनता मिली, वे उसके पात्र न थे।

1935 में वे साफ शब्दों में कहते हैं कि श्रेष्ठ कलात्मक साहित्य के क्षेत्र में उनकी देन महत्त्वपूर्ण है। अपने साहित्य के द्वारा उन्होंने अपनी क्षमता का प्रमाण उपस्थित किया है। वह कोई मामूली साहित्य भी नहीं है। वह ऐसा है, जिससे अनेक साहित्यिक समस्याओं का निराकरण सम्भव है! चूँकि वे साहित्य-सृजन की नानाविध समस्याओं से निरन्तर जूझते हुए लेखन करनेवाले रचनाकार थे, इसलिए इस बात का वे खास तौर से उल्लेख करते हैं। अपनी बाद की भी एक प्रसिद्ध रचना में उन्होंने कहा है–'दिए हैं मैंने जगत् को फूल-फल/किया है अपनी प्रभा से चकित-चल'। यहाँ वे एक बात यह कहते हैं कि उनका यह साहित्य तो बाएँ हाथ से रचा गया है। साहित्य-रचना में उन्होंने अभी अपना दायाँ हाथ तो लगाया ही नहीं। उस हाथ को तो, जो गद्य और काव्य दोनों की रचना में समान रूप से सिद्ध है, अभी वे अपनी बगल में रखे हुए हैं, जैसे जेब में! उनकी यह बात उनकी एक दूसरी बात की याद दिलाती है। उनके एक मित्र परमानन्द शर्मा ने 'महाकवि श्री निराला अभिनन्दन ग्रन्थ' में 'कलकत्ता में श्री निरालाजी' शीर्षक अपने लेख में उनका संस्मरण लिखते हुए लिखा है–''कथा-साहित्य और उपन्यास-कला पर बातचीत आरम्भ हो गई। निरालाजी ने 'अप्सरा' के सम्बन्ध में कहा, अभी मैंने केवल बीस परसेंट निराला रखा है, तब यह दशा है कि साहित्य के बड़े-बड़े सेठ औंधे होने लगे। इसमें अस्सी परसेंट सरासर 'बाजार' है। यदि सेंट-परसेंट निराला रख दें, तो शत-कोटि कैंडिल पावर से नहीं ज्ञात कितना अधिक प्रकाश फैल जाय और देखनेवालों की आँखें चौंधिया जायँ। और न हो, तो हिन्दीवाले लाठी लेकर निराला को मार ही डालें।'' आगे चलकर उन्होंने 'कुल्ली भाट' और 'बिल्लेसुर बकरिहा' नामक दो लघु उपन्यास रचे, अपनी पूर्ण क्षमता का परिचय देते हुए, जो आज तक हिन्दी संसार को न पचे हैं। 1936 में उन्होंने 'राम की शक्ति-पूजा' नामक अपनी महान् कविता की रचना की, जिसके लिए उनका उपहास भी किया गया और विरोध भी। इस कविता में भी उन्होंने अपने को पूरी तरह से प्रकट किया था, जिसका उलटा ही परिणाम देखने में आया। ऐसी स्थिति में यदि वे कहते हैं कि अब तक वे बाएँ हाथ से साहित्य-रचना करते रहे हैं, तो इसमें आश्चर्य की कोई बात नहीं।

उन्होंने उन महानुभावों को ललकारा, जो उनके विरुद्ध छेड़े गए युद्ध को हँसते हुए देखते रहे थे। निराला पर एक साथ सौ आघात होते थे, चक्कर लगाते हुए, सधे हुए और क्षिप्रता से भरे हुए, लेकिन वे उनका उत्तर न देते थे, क्योंकि उनकी दृष्टि में महत्त्व साधना का था, निरर्थक प्रतिरोधों का उत्तर देने का नहीं। स्वभावतः आघात करनेवालों के शर-क्षेप और रण-कौशल के वे सिर्फ निर्निमेष दर्शक थे! इस दृश्य को आनन्दपूर्वक देखते रहनेवाले उक्त जनों से वे कहते हैं कि अब वे उनकी क्षमता के प्रमाण को भी देखें! उनके विरुद्ध छेड़े गए क्रोध से पूर्ण युद्ध का शोरगुल–जोरदार चीत्कार–थम चुका है। क्या परिणाम हुआ उसका? सिर्फ चीत्कार करनेवालों का गला बैठ गया! इस बात को निराला ने बहुत ही

संश्लिष्ट ढंग से कहा है—शब्द थोड़े और उनकी योजना ओजपूर्ण—'व्यक्त हो चुका चीत्कारोत्कल/क्रुद्ध युद्ध का रुद्ध-कंठ फल।' 'क्रुद्ध युद्ध' 'राम की शक्ति-पूजा' में भी है, 'विचलित लख कपिदल क्रुद्ध युद्ध को मैं ज्यों-ज्यों', यद्यपि दोनों प्रयोगों में अन्तर है। 'शक्ति-पूजा' में 'क्रुद्ध' का प्रयोग विशेषण के रूप में किया गया है, जबकि 'सरोज-स्मृति' में विशेषणविपर्यय नामक अलंकार के रूप में, जिससे छायावादी कवियों को विशेष प्रेम था। विरोधियों के पराजित होनेवाला भाव निराला में अन्त-अन्त तक बना रहा, क्योंकि अपनी अन्तिम कविता में भी वे कहते हैं—'...मल्ल भल्ल की/मारें मूर्च्छित हुईं। निशाने चूक गए हैं।' अन्त में वे अपने आत्मविश्वास का इजहार करते हैं—मेरी जिस काव्य-छवि को लोग लांछित करते रहे हैं, वह और भी फलीभूत होगी, इतनी कि प्रत्येक व्यक्ति के भीतर सोए सूर्य को जगा देगी, यानी माया के आवरण को हटाकर आत्मा को, जो कि साक्षात् ब्रह्म है, प्रकाशित कर देगी! फिर वे अपने शत्रुओं से कहते हैं कि सरस्वती मुझ पर कृपालु हैं। तुम देखो कि वे स्वयं अपने किरण-कर में तूलिका लेकर मेरी काव्य-छवि में कैसे रंग भरती हैं। तुम लोगों द्वारा लांछित मेरी काव्य-छवि ही उनके लिए वांछित है और वे उसी पर रंग से भरकर अपनी स्नेहपूर्ण कूची फेरती हैं! साहित्य में आरम्भ से ही निराला को लांछित किया जाता रहा था, लेकिन उससे वे विचलित नहीं हुए। कुछ ही दिन पहले उन्होंने एक गीत लिखा था, जिसमें उन्होंने कहा था कि शक्ति के प्रति भक्ति-भाव की अग्नि में लांछना इन्धन का काम करे, तात्पर्य यह कि जलकर भस्म हो जाए और मैं जीवन के सारे प्रलोभनों को ठुकराता हुआ सबल रूप में लगातार अपनी यात्रा जारी रखूँ—'लांछना इन्धन, हृदय-तल जले अनल/भक्ति-नत-नयन मैं चलूँ अविरत सबल/पारकर जीवन-प्रलोभन के समुपकरण।'

अपने बारे में प्रसंगवश इतना बतला चुकने के बाद उन्हें ध्यान आता है कि मुख्य विषय तो सरोज है, इसलिए वे बिलकुल गद्य का ढंग अपनाते हुए कहते हैं, 'अस्तु', और कविता के दूसरे अनुच्छेद में जो बात शुरू की थी, अगले अनुच्छेद में उसका सूत्र पकड़ लेते हैं—'अस्तु मैं उपार्जन को अक्षम/कर नहीं सका पोषण उत्तम/कुछ दिन को, जब तू रही साथ,/अपने गौरव से झुका माथ।' वे सरोज की स्मृतियों में खो जाते हैं। यह उन दिनों की बात है, जब अपनी सास के कहने पर विवाह के पहले, उसी की चिन्ता से ग्रस्त, वे उसे थोड़े दिनों के लिए अपने घर गढ़ाकोला ले आए थे। उन थोड़े दिनों में भी वे उसे ठीक से न रख सके। सरोज की स्थिति यह थी कि वह बेटी थी, उसके विवाह की समस्या थी, इसलिए वह अपने को अपने पिता पर भार समझ रही थी। 'अपने गौरव से झुका माथ' में 'गौरव' शब्द का अर्थ 'भार' या बोझ ही है। इसी से उसका सिर झुका रहता था, उठ न पाता था। आगे की दो पंक्तियाँ बहुत मार्मिक हैं—'पुत्री भी, पिता-गेह में स्थिर,/छोड़ने के प्रथम जीर्ण अजिर।' निराला कहते हैं कि सरोज तो पिता के घर में थी, इसलिए उसे प्रसन्न और चंचल होना चाहिए था, लेकिन स्थिति यह थी कि उनके साथ वह भी वहाँ विषण्ण और स्थिर थी। यह ठीक उस समय की बात है, जबकि विवाहोपरान्त उसे पिता का आँगन छोड़ना था। यह आँगन अवध के एक छोटे किसान का आँगन था—पुराना और ढहता हुआ। यह दशरथ का वह अजिर न था, जिसमें राम विहार करते थे, या फिर उनकी वह मणियों के खम्भोंवाली अँगनाई न थी, जिसमें उनके चारों पुत्रों की बाल्यावस्था की छवि

छलका करती थी! उन्हें सरोज का आँसुओं से आर्द्र दृष्टिपात और उसके मन में ही दबी रह गई उसकी अपूर्ण लालसा याद आती है, जो उसके दीर्घ नहीं, अलक्ष्य लघु उच्छ्वासों में प्रकट होती थी। यह लालसा, विवाह से सम्बन्धित, एक क्वाँरी कन्या की है, जो उसके लिए सर्वथा स्वाभाविक होती है। वे कहते हैं, यह सब समझता हुआ भी मैं केवल रास्ते की तरफ देखता रहा, यानी कुछ कर नहीं सका। दृष्टि रास्ते से हटती थी, तो फिर उसे उसी पर टेक देता था। यह विवशता थी, साधनहीन पिता की।

फिर तो उनके मानस में सरोज के स्मृति-चित्र उमड़ पड़ते हैं, जिनसे उनका अपना जीवन भी जुड़ा हुआ था। सरोज की स्मृतियों से अपने विगत जीवन की स्मृति को अलग करना मुश्किल था। स्वभावतः सरोज की गाथा निराला की गाथा बन जाती है। सरोज की सवा साल की अवस्था में ही उसकी माँ की मृत्यु; उसका ननिहाल में पालन-पोषण; निराला का इधर काव्य-साधना में लगे रहना; उनका कलकत्ते से एक बार डलमऊ पहुँचना और दूसरे विवाह के लिए घेरा जाना; उनका विचलित होना और सरोज को देखकर ही उनके विचलन का दूर होना; उसका युवावस्था में प्रवेश करना; सास के द्वारा उसके विवाह के लिए उद्योग करने का परामर्श; निराला का सरोज को विवाह के लिए गढ़ाकोला लाना; क्रान्तिकारी ढंग से किया गया उसका विवाह, बीमारी और फिर उसकी मृत्यु—ये तमाम चित्र एक-एक करके उनके मानस में उमड़ते हैं और उन्हें अधिकाधिक व्याकुल बनाते जाते हैं। देखने की चीज चित्रों के अंकन में यथार्थता के साथ निराला का कलात्मक कौशल, उन्हें मार्मिक बनाने की उनकी क्षमता और उनका वह संयम और अनुशासन है, जो इस कविता को मात्र भावुकता की सृष्टि होने से बचाता है। प्रसंग के अनुसार निराला की भाषा बदलती चलती है और उसमें विषम स्तरों का निर्माण होता चलता है, जिससे यह कविता एकरस न रहकर अनेक प्रकार से आकर्षक हो जाती है।

सरोज सवा साल की ही थी, कोमल, और अस्थिर बोध के कारण अभी केवल माँ को पहचानती, कि निराला की पत्नी मनोहरा देवी का इन्फ्लुएंजा के प्रकोप में निधन हो गया। उस समय वे अपने मायके डलमऊ में ही थीं। अब तक सरोज उनकी गोद में थी, अब वह अपनी नानी पार्वती देवी की गोद में चली गई। उन्होंने ही उसका पालन-पोषण किया। कविता के इस अनुच्छेद में निराला ने सरोज की बाल-क्रीड़ा का वर्णन किया है, जो कि सम्पूर्ण हिन्दी कविता में विलक्षण है। इस विलक्षणता के दो कारण हैं। एक तो यह कि यह एक बालिका की क्रीड़ा का वर्णन है, बालक की क्रीड़ा का नहीं। बालक की क्रीड़ा का वर्णन सूर से लेकर तुलसी तक ने किया है, लेकिन समाज में बालिकाओं को अवांछनीय माने जाने के कारण, एकाध अपवाद को छोड़ दें, तो किसी कवि को बालिका की क्रीड़ा में सौन्दर्य नहीं दिखलाई पड़ा। राधा सूरसागर में तब प्रकट होती हैं, जब वे किशोरी हो जाती हैं, यानी शृंगार का आलम्बन बन जाती हैं—'नैन बिसाल भाल दिए रोरी', और सीता भी बालिका-रूप में कहीं रामचरितमानस में नहीं हैं। एक औरत एक दिन दशरथ के राजद्वार पर गई, तो देखा कि 'सुत गोद कै भूपति लै निकसे'। जनक भी कभी अपनी गोद में सीता या उर्मिला को लिए हुए राजभवन के भीतर से न निकले। सीता भी मानस में पुष्प-वाटिका में ही प्रकट होती हैं, राम में अनुरक्त होने और अपने में उन्हें अनुरक्त करने के लिए। निराला का पुत्री-प्रेम गहराई में उनकी नवीन चेतना की देन है, जो पुत्र और पुत्री में कोई भेद नहीं

करती और दोनों को समान महत्त्व देती है। उन्होंने सरोज की बाल-क्रीड़ा का जो वर्णन किया है, वह दूसरे इस कारण से विलक्षण है कि यह 'दाऊ बहुत खिझायौ' से आगे की चीज है।

वे सरोज के बचपन को याद करते हुए उसे ही सम्बोधित कर कहते हैं–

खाई भाई की मार, विकल
रोई उत्पल-दल-दृग-छलछल,
चुमकारा फिर उसने निहार,
फिर गंगा-तट-सैकत-विहार
करने को लेकर साथ चला,
तू गहकर चली हाथ चपला।
आँसुओं-धुला मुख हासोच्छल,
लखती प्रसार वह ऊर्मि-धवल।

ननिहाल में ही निराला के पुत्र रामकृष्ण भी पल रहे थे, जो कि उम्र में सरोज से दो-तीन साल बड़े थे। छोटे भाई-बहनों का झगड़ा प्रसिद्ध है। रामकृष्ण सरोज को पीट देते थे, तो वह व्याकुल होकर रोने लगती थी। एक दिन की घटना है कि जब वह रोने लगी, तो वे घबरा गए। उन्होंने उसे पुचकारा और प्रलोभन दिया कि तुम्हें गंगा किनारे की रेती पर घुमाने ले चलेंगे। वे उसे लेकर गंगा-तट गए भी। वह रामकृष्ण का हाथ पकड़े चल रही थी। गंगा-तट पर पहुँचकर उसने गंगा के जल का उर्मि-धवल प्रसार देखा तो उसके आँसुओं से धुले मुख पर हँसी उछलने लगी! यह वर्णन जितना यथार्थ है, उतना ही सजीव भी। जितना ही स्वाभाविक है, उतना ही कवित्वपूर्ण भी। उक्ति में सरलता और ओजपूर्ण माधुर्य का अद्भुत मिश्रण है। भाई से मार खानेवाली बात सरल भाषा में कही गई है, लेकिन सरोज के रोने की बात कवित्वपूर्ण भाषा में। उसकी आँखों में आँसू छलछला आए थे, जैसे कमल की पंखुड़ियों पर पानी की बूँदें ढलमला रही थीं–'उत्पल-दल-दृग-छलछल'। निराला के बिम्ब-विधान की विशेषता है कि बिम्ब का मुख्य अंश वे निर्मित करते हैं और शेष पाठकों की कल्पना पर छोड़ देते हैं। रामकृष्ण के सरोज को चुप करानेवाली बात का वर्णन भी सरल भाषा में किया गया है, लेकिन गंगा-तट पर घूमने में जो आनन्द है, उसके कारण उसका वर्णन विशिष्ट शब्द-योजना के द्वारा–'गंगा-तट-सैकत-विहार'। सरोज के लिए 'चपला' विशेषण का प्रयोग भी अत्यन्त सुन्दर है, क्योंकि यह उसके बालचापल्य का भी व्यंजक है और उसके सौन्दर्य का भी। अन्तिम पंक्तियों में 'आँसुओं-धुला मुख' के साथ 'हासोच्छल' शब्द का प्रयोग भी उस पर हँसी के अनुपम सौन्दर्य का अंकन करने के लिए है। इसी तरह गंगा में उठनेवाली लहरें उसके जल-प्रसार को जो उज्ज्वल बना देती हैं, उसके लिए 'प्रसार वह ऊर्मि-धवल' कहा है! भाषा के ऐसे ही परस्पर विरोधी गुणों से बनी है निराला की कविता। स्वभावतः उसमें प्रांजलता, कान्ति और माधुर्य सब कुछ है। इस वर्णन की मार्मिकता तब समझ में आती है, जब हमारा ध्यान इस बात पर जाता है कि सरोज की इस बाल-क्रीड़ा की स्मृति उन्हें तब आती है, जब वह इस संसार में नहीं रह गई है और वे उसके शाश्वत वियोग से शोक में पागल हो रहे हैं।

इधर सरोज इस तरह अपने ननिहाल में पल रही थी और उधर निराला उससे दूर कलकत्ते में अबाध गति से मुक्तछन्द की रचना करते हुए व्यर्थ की काव्य-साधना में पूरी तरह से जुटे थे। उनमें आत्मोपहास की भी प्रवृत्ति थी, वे दूसरों पर हँसने के साथ अपने पर भी हँस सकते थे, उनमें अपने प्रति भी निर्मम तटस्थता का भाव था, कविता का यह अंश उसका प्रमाण है। आत्मोपहास के साथ-साथ यहाँ उन सम्पादकों का भी उपहास है, जिन्हें उदीयमान निराला की कविता की सम्भावनाओं की पहचान नहीं थी। उनके मुक्तछन्द में उन्हें आनन्द नहीं आता था, इसलिए वे उनकी कविताएँ पढ़कर तुरत एक-दो पंक्तियों में स्थानाभाव, अपनी असमर्थता आदि का रोना रोकर उन्हें लौटा देते थे। यह इतिहास-सम्मत तथ्य है कि मुक्तछन्द में लिखी गई अपनी कविताओं को स्वीकृति दिलाने के लिए निराला को भारी संघर्ष करना पड़ा था। सम्पादकों द्वारा लौटाई गई रचनाएँ लिए हुए वे एकान्त स्थान में बैठे दिशाओं को और आकाश को ताका करते थे और सम्पादकों का गुण-चिन्तन करते हुए अपना लम्बा समय बिताते थे। यहाँ उन्होंने मैदान में बैठे उदास और चिन्तित व्यक्ति की हरकत का यथार्थ वर्णन किया है। वे आदत के मुताबिक पास की घास नोच-नोचकर इधर-उधर फेंकते जाते थे, जैसे सम्पादकों को अपने प्रशंसा-भाव अर्पित कर रहे हों, पूजा के दूर्वादलों की तरह। एक तरफ सरोज की बाल-क्रीड़ा और दूसरी तरफ निराला का कवि-जीवन—दोनों चित्र आमने-सामने हैं, जैसे दो दर्पण एक-दूसरे को प्रतिबिम्बित कर रहे हों। मातृविहीन और पिता से दूर सरोज ननिहाल में पल रही थी, बहुत मामूली ढंग से, जिसकी वजह निराला थे, और निराला अपनी निरर्थक काव्य-साधना में रत लगातार सम्पादकों की उपेक्षा और तिरस्कार की मार सह रहे थे, जिसे उनका अपने मातृविहीन बच्चों से दूर रहना असह्य बना देता था।

कविता के पाँचवें और छठे अनुच्छेदों में उनके मानस में वे दृश्य आते हैं, जिनका सम्बन्ध दूसरे विवाह के लिए उन पर डाले जानेवाले दबाव से है। यह अनुमानतः 1924 के जाड़ों की बात है, जब वे कलकत्ते से चलकर डलमऊ पहुँचे थे और बाहर धूप में मोढ़े पर हाथ में अपनी जन्मकुंडली लिए हुए बैठे थे। इस प्रसंग का उन्होंने गद्यात्मक ढंग से विस्तार से वर्णन किया है, जिसका सरोज से यह सम्बन्ध है कि उसी की वजह से उन्होंने अपने विचलित होते हुए मन को स्थिर किया और अन्तिम रूप से विवाह के प्रस्ताव को ठुकरा दिया। मामला विकट था, क्योंकि एक तरफ रूढ़ि-भंजक निराला ने जन्मकुंडली की परवाह छोड़कर, जिसमें यह अंकित था कि उनके दो विवाह होंगे, यह निश्चय कर रखा था कि दूसरा विवाह न करेंगे और दूसरी तरफ और कोई नहीं, स्वयं उनकी सास उसके लिए उन पर जोर डाल रही थीं। आत्मीय जनों का परामर्श वे झटक चुके थे; अनेक प्रस्ताव भी अस्वीकृत कर चुके थे; जो लड़कीवाले जिद करने लगते थे, उन्हें भी वे अपने को मंगली कहकर भगा चुके थे, लेकिन इस बार मुश्किल आ पड़ी थी। विवाह के लिए एक ऐसे सज्जन अड़े हुए थे, जिनकी लड़की उनके अनुसार अट्ठारह वर्ष की रूपवती युवती ही नहीं थी, एंट्रेस पास भी थी। उस जमाने में एक निम्नमध्यवित्तीय युवक के लिए, जो स्वयं एंट्रेस फेल हो, यह बड़ा प्रलोभन था। इसके अलावा वे सज्जन निराला के व्यक्तित्व से भी प्रभावित थे, उनके कवि और विद्वान् होने की भी प्रशंसा कर रहे थे। निराला लड़की के पिता के अनुरोध से किंचित् द्रवित हो गए थे। उनकी सास उन्हीं के लिए प्रयत्नशील थीं।

वे सज्जन पुनः कल आनेवाले थे। उसके पहले आज वे निराला से स्वीकृति ले लेना चाहती थीं। इसी बीच एक घटना घट गई। निराला द्विधाग्रस्त थे कि खेलती हुई सरोज उनके पास आ गई। फिर तो उसके लिए विमाता की कल्पना से ही वे सिहर उठे और क्षणान्तर में द्विधामुक्त हो गए। उन्होंने निश्चय कर लिया कि दूसरा विवाह किसी भी हालत में न करेंगे और जन्मकुंडली सरोज को थमा दी, जिसके उस अबोध बालिका ने टुकड़े-टुकड़े कर दिए। उनकी सास स्नान करके उनसे वचन लेने के लिए आईं, तो उन्होंने प्रसन्नतापूर्वक सिर्फ उधर संकेत कर दिया, जिधर सरोज उन टुकड़ों के ऊपर बैठी खेल रही थी। उन्होंने विस्मय से यह दृश्य देखा और निराला के दूसरे विवाह के विचार से सम्बन्धित वह अध्याय हमेशा के लिए बन्द हो गया।

कविता का यह अंश इतिवृत्तात्मक है, इसलिए स्वभावतः इसमें कवित्व अपेक्षाकृत कम है। डा. शर्मा ने ठीक लिखा है कि कथा-रचना में निराला कमजोर हैं। उनके संवाद उनकी कथा-रचना से बेहतर होते हैं, लेकिन उनमें भी उन्हें अपवादरूप से ही पूरी सफलता मिलती है। संवाद को उन्होंने बलाघात और स्वरपात से यथासम्भव सजीव बनाया है। उनकी प्रतिभा वस्तुतः परिवेश-वर्णन और आत्माभिव्यक्ति में उत्कर्ष पर पहुँचती है। कथा-रचना और संवाद-लेखन में निराला रवीन्द्रनाथ से ही नहीं, मैथिलीशरण गुप्त, रामनरेश त्रिपाठी और दिनकर से भी बहुत पीछे हैं। लेकिन यह अंश एक तो कविता का अनिवार्य अंश है और दूसरे, यह उसे यथार्थ का ठोस आधार प्रदान करता है। जैसे निराला की अभावग्रस्तता यथार्थ है, उनका साहित्यिक संघर्ष यथार्थ है, वैसे ही उनका यह दूसरे विवाह से सम्बन्धित प्रसंग भी। उनकी लम्बी कविताएँ नदी की तरह चलती हैं, कहीं शान्त, बिलकुल गद्यात्मक, और कहीं तरंगायित, अत्यन्त कवित्वपूर्ण। कवित्व कविता के प्रत्येक अंश में होता भी नहीं है, वह विशेष स्थलों पर होता है और वहीं से कविता के आगे-पीछे अपना मोहक आलोक फेंककर उसे एक जादुई वस्तु में बदल देता है। संस्कृत के आचार्य क्षेमेन्द्र ने भी लिखा है कि काव्य का जीवित औचित्य है तो उसके समस्त शरीर में व्याप्त, पर उसकी स्पष्ट स्फुरणा पद आदि स्थानों में होती है, जैसे प्राण की मर्मस्थानों में। यह बात वस्तुतः औचित्य के सम्बन्ध में ही नहीं, काव्यत्व-मात्र के सम्बन्ध में सही है। इस अंश में यथास्थान सरोज का वर्णन भी बहुत सुन्दर है और संक्षेप में पार्वती देवी का भी।

निराला सरोज को कभी परी कहते हैं, कभी पुतली या गुड़िया, जिससे उसके प्रति उनके अपार और अथाह वात्सल्य की भी सूचना मिलती है। शुरू में ही उन्होंने उसका यह मोहक वर्णन किया है :

याद है, दिवस की प्रथम धूप
थी पड़ी हुई तुझ पर सुरूप,
खेलती हुई तू परी चपल...

सरोज सहन में क्रीड़ारत थी। उस पर जाड़ों की अभी-अभी निकली धूप पड़ रही थी, जो उसे चंचल परी का रूप दे रही थी! धूप के लिए निराला ने यहाँ एक बहुत ही सरल विशेषण प्रयुक्त किया है–'सुरूप', लेकिन यह इतना सशक्त है कि जाड़ों की सोने-जैसी धूप के सौन्दर्य को पूरा मूर्त कर देता है। वे वस्तुतः सरल शब्दों के प्रयोग से भी अधिकतम और

तीव्रतम अर्थ की व्यंजना कर सकते थे। जब दूसरे विवाह को लेकर उनका मन डिग रहा था, तो सरोज वहाँ किस रूप में पहुँची? यह भी उन्हीं के शब्दों में द्रष्टव्य है :

आई पुतली तू खिल-खिल-खिल
हँसती, मैं हुआ पुनः चेतन
सोचता हुआ विवाह-बन्धन।

उन्होंने सरोज के पहनावे का जिक्र नहीं किया, लेकिन उसे 'पुतली' कहने से यह स्वतः व्यंजित है कि वह रँगी-चुनी थी। उसकी खिल-खिल अपनी ध्वनि से आज भी कर्ण-कुहरों को भर देती है। इसने निराला की निद्रा भंग कर दी और वे पुनः सजग हो गए कि उन्हें दूसरा विवाह करके सरोज के लिए मुसीबत मोल नहीं लानी है, भले उनका जीवन और विशृंखल हो जाए। जिसके लिए उन्होंने इतना बड़ा निर्णय लिया था, आज वह नहीं है, यह बात वे कहते नहीं हैं, लेकिन वह प्रत्येक चित्र के साथ टेक की पंक्ति की तरह गूँजती रहती है! इसी तरह सरोज की मृत्यु से उत्पन्न अपनी व्याकुलता भी वे स्पष्ट शब्दों में प्रकट नहीं करते, लेकिन वह उनके प्रत्येक चित्र से प्रकट होकर पाठकों का मर्म-वेध करती रहती है।

इस अंश के अन्त में उन्होंने दो पंक्तियों में अपनी सास का वर्णन किया है–'कर स्नान-शेष, उन्मुक्त-केश/सासुजी रहस्य-स्मित सुवेश...'। तुलसीदास से होड़ करनेवाली इस पदावली से लगता है कि निराला अवसर पाकर संक्षेप में अपनी सास के भव्य सौन्दर्य का वर्णन कर रहे हैं। डा. शर्मा ने उन्हें देखा था और उनके अनुसार वे अत्यन्त सुन्दर थीं, लेकिन वास्तविकता यह है कि इस वर्णन में किंचित् विनोद-भाव भी मिश्रित है। अपनी सास के साथ निराला का सम्बन्ध विचित्र प्रकार का था। वे उनके प्रति आदर-भाव भी रखते थे, उनसे उपकृत भी अनुभव करते थे और उद्दंडता के साथ उन्हें जवाब भी देते थे। एक उदाहरण 'कुल्ली भाट' से। निराला विवाह के बाद एक बार ससुराल गए, तो उनकी सास ने उनसे पूछा, 'अच्छा, भैया, मेरी लड़की तुम्हें कैसी सुन्दरी लगती है?' उन्होंने उत्तर दिया, 'मैंने आपकी लड़की को छुआ तो है, बातचीत भी की है, लेकिन अभी तक अच्छी तरह देखा नहीं, क्योंकि जब मेरे देखने का समय होता था, तब दिया गुल कर दिया जाता था।' निराला ने लिखा है कि उनकी सास मुस्कुराईं और उठकर भीतर चली गईं। रात को जब वे अपने शयन-कक्ष में गए, तो उसमें बड़ी मोटी बत्ती लगाकर एक दिया रख दिया गया था, जिससे कि अपनी पत्नी के अनन्य लावण्य को वे पूरी सार्थकता से देख सकें! निराला अनुप्रास के मधुर संगीत से युक्त पदावली से सर्वथा भिन्न प्रकार का कार्य भी ले सकते थे, यह इन दो पंक्तियों से स्पष्ट है। बड़ी बात यह कि 'कुल्ली भाट' से उद्धृत प्रसंग से 'रहस्य-स्मित' का रहस्य भी प्रकट हो जाता है।

तत्पश्चात् निराला को सरोज का किशोरावस्था में प्रवेश करना याद आता है और वे उसके सौन्दर्य का वर्णन करने लगते हैं। यह कविता का सातवाँ अनुच्छेद है। आलोचकों ने इस सौन्दर्य-वर्णन को निराला के लिए अग्नि-परीक्षा माना है और यह भी कहा है कि वे उसमें उस तरह सफल हुए हैं, जिस तरह कालिदास जगज्जननी पार्वती के रति-वर्णन में। यह सौन्दर्य-वर्णन जितना ही सूक्ष्म है, उतना ही जटिल। साथ ही इसमें शोक का गहरा भाव भी मिला हुआ है, जो इसके प्रभाव को एक भिन्न सन्दर्भ दे देता है। सरोज बाल्यावस्था की क्रीड़ाओं के प्रांगण को धीरे-धीरे पार करके तरुणावस्था के कुंज में पहुँची! बाल्यावस्था

सपाट मैदान थी, जिसमें क्रीड़ा की जाती है, तो तरुणावस्था हरा-भरा बाग। वृक्ष पर वासन्ती सुषमा की तरह सरोज पर तरुणावस्था का लावण्य अवतरित हुआ, तो उसके भार से उसकी कोमल काया काँप उठी, जैसे किसी नई वीणा पर मस्ती से भरा मालकोश राग बजाया गया हो, उसके तारों को कँपाता हुआ। यह वर्णन स्पष्टतः बिहारी के 'सोभा ही के भार' वाले वर्णन से अधिक सूक्ष्म है, क्योंकि एक तो यह छायावादी कवि द्वारा किया गया है, जिसकी शैली लाक्षणिक थी और संवेदना परिष्कृत, और दूसरे, यह किसी नायिका का नहीं, बल्कि कवि द्वारा किया गया अपनी पुत्री का वर्णन है, जिसमें शृंगार नहीं, वात्सल्य-भाव है। बिहारी का वर्णन जहाँ अतिरंजनापूर्ण है, वहाँ निराला का अत्यन्त स्वाभाविक। किशोरावस्था के आगमन के साथ सरोज, जो रात्रि के स्वप्न की तरह थी, उषा के जागरण के रूप में प्रकट हुई। यह अव्यक्त सौन्दर्य का व्यक्त हो जाना है। निराला ने यहाँ पुनः 'छन्द' का प्रयोग किया है, इस बार 'जागरण' के साथ। यों 'फूटना' क्रियापद के प्रयोग में जो सौन्दर्य है, वह भी ध्यातव्य है। ऊपर जैसे 'लावण्य-भार' है, यहाँ 'आलोक-भार'। उषा ने जब, काँपते हुए, वन और दिग्दिगन्त पर अपने आलोक का भार डाला, तो वे भी काँप उठे। उषा के काँपने की तरह ही निराला की कविता 'प्रेयसी' में 'किरण-कंप' का वर्णन है। आकाश, पृथ्वी, वृक्ष, कलिकाएँ और किसलय-पुंज सभी उसका परिचय पाकर खिल उठे। यह सरोज का अपने सौन्दर्य से अपने परिवेश को प्रभावित करना है। निराला ने यहाँ उसके सौन्दर्य में संगीत और प्रकाश का विलक्षण संयोग दिखलाया है। इसीलिए मालकोश और जागरण-छन्द के साथ उषा और आलोक का जिक्र है।

इस वर्णन के बाद उनका ध्यान सरोज की दृष्टि पर जाता है, जिसमें भी युवावस्था के कारण एक परिवर्तन आ गया था। इस दृष्टि का वर्णन करने के क्रम में ही वे उसके देह-लावण्य का वर्णन करते हैं। उसे देखकर ऐसा लगता था कि अतल-लोक से पवित्र गंगा फूटी है और उसका नीला जल क्रीड़ा करता हुआ ऊपर को उमड़ना चाहता है, पर उमड़ नहीं सकता, क्योंकि देह के दिव्य बाँध में बँधा हुआ है। लेकिन आँखों से वह छलक रहा है, यद्यपि अपने को बहुत संयत रखते हुए। तात्पर्य यह कि सरोज की युवादृष्टि तरल और स्निग्ध थी, तो मर्यादित भी। यह अंश इस कविता के अत्यन्त उत्कृष्ट अंशों में से है, अपने सशक्त बिम्ब और संश्लिष्ट अभिव्यक्ति के कारण, इसलिए उद्धरणीय है :

क्या दृष्टि! अतल की सिक्त-धार
ज्यों भोगावती उठी अपार,
उमड़ता ऊर्ध्व को कल सलील
जल टलमल करता नील नील,
पर बँधा देह के दिव्य बाँध,
छलकता दृगों से साध-साध।

देह-सौन्दर्य को क्रीड़ा करते हुए जल के रूप में देखने और उस जल के देह के बाँध में बँधे होने के बिम्ब के पीछे रवीन्द्रनाथ की 'विजयिनी' शीर्षक प्रसिद्ध कविता के इस बिम्ब की प्रेरणा मालूम पड़ती है—'अंगे अंगे यौवनेर तरंग उच्छल/लावण्येर मायामन्त्रे स्थिर अचंचल/बन्दी हये आछे।' निराला ने इस कविता के अपने संक्षिप्त अनुवाद में इन पंक्तियों को इस रूप में रखा था—'अंग-अंग में नव-यौवन उच्छृंखल,/किन्तु बँधा लावण्य-पाश से/नम्र सहास

अचंचल।' अनुवाद में 'तरंग' गायब है, लेकिन 'लावण्य-पाश' मौजूद है। ताज्जुब नहीं कि यह बिम्ब उनके अचेतन में पड़ा रहा हो और सरोज के प्रसंग में उन्होंने उसे नए रूप में सृजित किया हो, जैसा उन्होंने रवीन्द्रनाथ के बिम्बों के साथ हमेशा किया है। 'विजयिनी' में मदन है, जो सद्यःस्नाता उस नायिका के सौन्दर्य के आगे पराजय स्वीकार करता है। लेकिन इस कविता में निराला की पुत्री है, जिससे इसमें सौन्दर्य-वर्णन का सन्दर्भ स्वयं बदल जाता है। कह सकते हैं कि यहाँ शोक स्थायीभाव है और बाकी सारे भाव उसे बढ़ानेवाले संचारी। 'जल टलमल करता नील नील' पर भी रवीन्द्रनाथ का ही प्रभाव है, उनके 'निर्झरेर स्वप्नभंग' की इस पंक्ति का—'टलमल जल करे थल थल'।

एक खास बात यह कि सरोज का रूप-वर्णन छायावाद की प्रकृति-बालिका का वर्णन नहीं है, यद्यपि उसमें प्राकृतिक उपादानों का प्रचुर उपयोग हुआ है, उदाहरणार्थ कुंज, उषा, आलोक, वन, जलधारा आदि। सरोज का वर्णन वास्तविकता पर आधारित है, इसका पता निराला के कथनों से चलता है। सरोज खूब स्वस्थ थी, इसलिए उसमें युवोचित सौन्दर्य अपनी पूर्ण तेजस्विता के साथ प्रकट हुआ होगा। 1940 में अपने युवा मित्र दयाशंकर वाजपेयी की तपेदिक से मृत्यु होने के बाद उन्होंने डा. शर्मा से कहा था—'दयाशंकर बहुत दुर्बल हो गए थे। हमारी लड़की भी बीमारी में 15-16 सेर की रह गई थी। और ब्याह के पहले वह ऐसी स्वस्थ थी कि क्या बताएँ। शिवशेखर के मार दे झापड़ तो उधर गिरें जाकर।' ऐसी सरोज का घुल-घुलकर, अत्यन्त क्षीण होकर, अपना सम्पूर्ण सौन्दर्य और तेज गँवाकर मरना निराला को और अधिक सालता है। उनकी पीड़ा के अनेक ताने-बाने हैं, जो एक-दूसरे से उलझकर उसे गहन ही बनाते चले जाते हैं।

सौन्दर्य और दृष्टि के बाद सरोज का कंठ-स्वर। मनोहरा देवी गाती थीं, उनके कंठ-स्वर की प्रशंसा निराला ने 'गीतिका' के समर्पण में भी की है और यथाप्रसंग 'कुल्ली भाट' में भी। स्वयं वे भी गाते थे, यह भी उनके बारे में जाननेवाले जानते हैं। उन्हें याद आता है कि सरोज जब तरुणावस्था को प्राप्त हुई, तो कैसे उसके सौन्दर्य की तरह उसका कंठ-स्वर भी प्रकट हुआ। इस कंठ-स्वर में माता के स्वर का माधुर्य और व्यंजकता थी तथा पिता के स्वर की दृप्त एवं उदात्त संगीतमयता। सरोज का स्वर इतना सधा हुआ था कि वह जन्मसिद्ध गायिका प्रतीत होती थी। निराला ने कहा है कि उनकी दृष्टि में तो जैसे उनके स्वर में जो संगीत की अग्नि थी, वह उसके रूप में साकार हो गई थी। यहाँ उसके लिए 'तन्वि' सम्बोधन भी गौर करने लायक है, क्योंकि यह तरुणाई की सरोज का सम्बोधन है। लेकिन पहले के वर्णनों की तरह यह वर्णन भी इकहरा नहीं है। पुत्री जब बड़ी होती है, तो उसका मतलब यह होता है कि अब वह पिता का घर छोड़कर दूसरे घर में जानेवाली है! निराला यहाँ एक बहुत ही मार्मिक दृष्टान्त प्रस्तुत करते हैं। कोयल का अंडा कौए द्वारा सेया जाता है, उससे बच्चा कौए के घोंसले में ही निकलता है, लेकिन जैसे ही वह बड़ा होता है, उड़ने में समर्थ, वह घोंसला उसके लिए नहीं रह जाता और एक दिन अपने स्वर से मौन प्रान्तर को ध्वनित करता हुआ वह उसे छोड़कर उड़ जाता है। अपने कंठ-स्वर से ही वह पहचाना जाता है कि वह कौए से भिन्न जाति का है, उसके लिए पराया। सरोज के कंठ-स्वर से भी निराला को सूचना मिली कि अब वह उनका घोंसला छोड़नेवाली है। यहाँ अपने को कौआ और सरोज को 'पिक-बालिका' कहना एक तरफ पुत्री

के प्रति अत्यन्त गहन स्नेह का परिचायक है और दूसरी तरफ अपने प्रति हीनता-बोध का। 'सुधा' में प्रकाशित कविता में पाठ 'काक-नीड़' ही है, जिसे उन्होंने बाद में 'अन्य नीड़' कर दिया। यह कहने के बाद कि उन्हें पता नहीं कि संगीत की शिक्षा के बिना भी इस पृथ्वी पर किसी का स्वर सरोज-जैसा हो सकता है, वे कहते हैं :

जाना बस, पिक-बालिका प्रथम
पल अन्य नीड़ में जब सक्षम
होती उड़ने को, अपना स्वर
भर करती ध्वनित मौन प्रान्तर।

लोगों की दृष्टि में सरोज अपने पिता पर पड़ी थी, उन्हीं की प्रतिच्छवि थी। पिता कवि थे, अवस्था पाकर उसके भीतर भी उसका 'कवि' जाग्रत् हुआ! यह 'कवि' यौवनोचित आकांक्षा का वाचक है और प्रबुद्ध पाठक मानेंगे कि इस अर्थ में इस शब्द का प्रयोग जितना सटीक है, उतना ही सशक्त। एक अज्ञात पवन चल पड़ा, व्याकुल गुंजार से युक्त, कुंज, तरु-पल्लव, राशि-राशि कलिकाओं को हिलाता हुआ, सरोज के बालों और तरुणावस्था के कोमल और नूतन गात को चूमता हुआ। यह यौवन-वसन्त का पवन था, जो सरोज के लिए पहले से ज्ञात न था। प्रसंगानुसार यहाँ निराला की भाषा अलंकृत हो उठी है, मधुर संगीत से युक्त–'उन्मनन-गुंज सज हिला कुंज/तरु-पल्लव कलिदल पुंज-पुंज...'। अपनी पुत्री की इस अवस्था के वर्णन की अग्निपरीक्षा में खरे उतरते हुए, वे उससे कहते हैं, तुम्हारी दृष्टि बदल गई थी, तुम तमाम चीजों को देखती थीं, तो देखती ही रह जाती थीं। उससे मैंने तुम्हारे मन-प्राण में होनेवाले परिवर्तन को जाना। 'जीवन' शब्द का प्रयोग यहाँ निराला ने 'प्राण' के अर्थ में किया है, जैसे आगे 'वन-बेला' में–'निर्जीवन जड़-चेतन'। दूसरे, यह प्रसंग 'साकेत' के उस प्रसंग से मिलता-जुलता है, जिसमें लक्ष्मण को देखने के बाद उर्मिला अपने बारे में कहती है–'तिरछी यह दृष्टि हो उठी,/तकती-सी सब सृष्टि हो उठी।' तत्पश्चात् स्वाभाविक रूप से निराला के मानस में सरोज के विवाह से सम्बद्ध स्मृति-चित्र उभर आते हैं।

अपनी सास का एक संवाद वे पहले लिख चुके हैं, अपने दूसरे विवाह की चर्चा के प्रसंग में; कविता के आठवें अनुच्छेद में वे उनका दूसरा संवाद लिखते हैं, सरोज के विवाह की चर्चा के प्रसंग में। यह संवाद भी वैसा ही गद्यात्मक है, क्योंकि इसमें भी काव्य-भाषा का तनाव बहुत कम है, लेकिन काव्य और गद्य की तनावयुक्त एवं तनावरहित और कवित्वपूर्ण एवं व्यावहारिक भाषा के एकत्र प्रयोग से इस कविता में एक नए ढंग का तनाव पैदा हुआ है, जो समग्र रूप में इसे अत्यन्त सप्राण कविता बनाता है। सास ने एक दिन उन्हें देखकर कहा कि सरोज का लालन-पालन मैंने कर दिया, अब इसके योग्य वर ढूँढ़कर इसका विवाह करना तुम्हारा काम है, धर्म से भी बढ़कर। उसके लिए यह जरूरी है कि तुम कुछ दिन इसे अपने साथ लेकर अपने घर रहो। विवाह में हम उत्साह से तुम्हारी सहायता करेंगे! जैसा कि डा. शर्मा ने 'साहित्य-साधना' के प्रथम खंड में लिखा है, "सरोज अभी तेरह साल की न हुई थी। ब्याह के लिए ऐसी कोई जल्दी न थी पर उसकी माँ का ब्याह इस उम्र में हो गया था और उसकी नानी चाहती थीं कि उसका ब्याह जल्दी हो जाए।" इसके अलावा कम उम्र में लड़कियों का विवाह उस समय का रिवाज था। कानून भी इसकी इजाजत देता

था। पहले से लड़कियों के विवाह की उम्र दस वर्ष ही चली आ रही थी। 1929 में पारित चाइल्ड मैरिज रिस्ट्रेंट ऐक्ट में विवाह की न्यूनतम उम्र बढ़ाकर लड़कियों के लिए चौदह वर्ष और लड़कों के लिए अट्‌ठारह वर्ष कर दी गई। निराला साधनहीन और अभावग्रस्त थे। वे कलकत्ते से उखड़कर लखनऊ आए थे, लेकिन अभी यहाँ जमे न थे। सास की बातें सुनकर उनके मुँह से बोल न फूटा। दो बहुत सादी, लेकिन वेधक पंक्तियों में उन्होंने अपनी दशा का वर्णन किया है–'सुनकर, गुनकर चुपचाप रहा/कुछ भी न कहा–न अहो, न अहा'। इनमें सरल शब्दों का संयोजन भी देखने लायक है। 'सुनकर' के साथ 'गुनकर' और 'कहा' के साथ 'अहा'–जैसे मर्मांतक व्यथा का समान आवर्त एक के बाद दूसरा उठता चला गया हो। 'अहो' और 'अहा' मैथिलीशरण गुप्त की कविता में बहुधा प्रयुक्त शब्द हैं, बहुत बार खाली स्थान को भरने के लिए लाए गए, लेकिन यहाँ ये दोनों ही शब्द अपनी अर्थगत भिन्नता के साथ पूरी अर्थवत्ता में प्रयुक्त हुए हैं। मानना पड़ेगा कि निराला-काव्य में जैसी ओजस्विता और माधुर्य है, स्थान-स्थान पर उसमें वैसी ही प्रांजलता भी है।

उसके बाद की चार पंक्तियाँ तो, जिनमें सरोज को अपने घर गढ़ाकोला लाने का वर्णन है, इस प्रसंग को उत्कर्ष पर पहुँचा देती हैं। यह उत्कर्ष निराला की अभावग्रस्तता का भी है, उनके पुत्री-प्रेम का भी और काव्य-गुण का भी :

ले चला साथ मैं तुझे, कनक
ज्यों भिक्षुक लेकर, स्वर्ण-झनक
अपने जीवन की, प्रभा विमल
ले आया निज गृह-छाया-तल।

निराला के पास सरोज वैसे ही थी, जैसे किसी भिक्षुक के पास स्वर्ण, जिसे यह डर लगते रहना स्वाभाविक है कि मार्ग में कोई वह उससे लूट न ले। यही डर निराला को भी है, जैसा उनकी इस उक्ति से व्यंजित है। उनकी पुत्री सरोज उनके दीनता से भरे जीवन के लिए स्वर्णाभूषणों की झनकार की तरह थी, उनकी सबसे बड़ी सम्पत्ति, उनके जीवन का सबसे बड़ा सुख। कविता के अन्तिम हिस्से में भी उन्होंने अपने को भाग्यहीन और सरोज को अपना 'सम्बल' कहा है–'मुझ भाग्यहीन की तू सम्बल'। पुत्रवान् पिता पुत्र को नहीं, अपनी पुत्री को अपने जीवन का सम्बल बतलाए, यह नए युग के नए मानस के लिए ही सम्भव है। वैसे कुमारसम्भव के षष्ठ सर्ग में पार्वती के पिता हिमालय उन्हें 'अपने कुल का जीवन' (कुलजीवितम्) कहते हैं। निराला सरोजरूपी विमल प्रभा को अपने घर की छाया में ले आए। यहाँ 'प्रभा' यानी आलोक के साथ 'छाया' का विरोध ध्यातव्य है। सरोज घर में क्या आई, उस घर का अँधेरा प्रभामंडित हो गया!

सरोज के विवाह की समस्या दरपेश थी। निराला चूँकि कान्य-कुब्ज ब्राह्मण थे, इसलिए उसी जाति में उन्हें उसके लिए वर ढूँढ़ना था। लेकिन वे उन कनौजिए ब्राह्मणों को अपनी लड़की नहीं देना चाहते थे, जो उस ब्राह्मण-कुल के विनाशक थे; जिस पत्तल में खाएँ, उसी में छेद करनेवाले। उन्होंने पं. महावीरप्रसाद द्विवेदी को भी उनके गाँव दौलतपुर में बहुत परेशान किया था। वे उनकी जेहालत को लेकर बहुत चिन्तित थे। निराला आहत होकर मन में बार-बार सोचते हैं कि उन्हें लड़की देने का एक ही मतलब है–दुख। किसी कनौजिए ब्राह्मण से सरोज का विवाह करने का परिणाम बुरा ही होगा। यह ऐसा विषय है,

जिसकी लता में विष का ही फल लगेगा! यह तप्त मरुस्थल है, यहाँ शीतल जल की आशा करना व्यर्थ है। फिर वे यह सोचते हैं कि अपनी पुत्री का अन्तर्जातीय विवाह करने के लिए जो साहस चाहिए, उसकी उनमें कमी नहीं है, पर वे अकारण पारस्परिक सौहार्द को पूरी तरह से न छोड़ेंगे। यहाँ 'विनय' शब्द का उन्होंने व्यंग्यात्मक प्रयोग किया है। अन्ततः उनका निश्चय यह होता है कि उनके लिए यही शोभनीय होगा कि पूर्वजों का अनुसरण करते हुए विवाह तो वे अपनी ही जाति में करें, पर उसकी रूढ़ियों का पूरा पालन न करें। हिन्दू विवाह-पद्धति में यह विधान है कि कन्या का पिता वर का पद-पूजन करता है। निराला के ध्यान में एक कान्यकुब्ज-कुल-कुलांगार का एक जोड़ी पाँव आ जाता है, जिसका वे ऐसा चित्र खींचते हैं, जो छायावादी कविता की चित्रशाला में अकल्पनीय है। वे पाँव बिवाई से फटे हैं, जैसे गर्मी के दिनों में यमुना के कछार, और वैसे विश्री हैं, जैसे कर्ज खाए हुए दैन्यग्रस्त व्यक्तियों के मुँह होते हैं। वे अभी-अभी तेल पिए हुए चमरौधे से बाहर निकले हैं, 'सकेल' यानी सिमटे हुए, तेज दुर्गन्ध से प्राण ले लेनेवाले। निराला कहते हैं, जो अन्धा है और जिसकी आघ्राण-संवेदना समाप्त हो गई है, वही वैसे पाँवों को पूज सकता है। उनमें वैसा करने की शक्ति नहीं।

पुनः वे दो ऐसी पंक्तियाँ लिखते हैं, जो अपनी सरलता और पुत्री के प्रति ममता इन दोनों ही दृष्टियों से बेजोड़ हैं—'ऐसे शिव से गिरिजा-विवाह/करने की मुझको नहीं चाह।' इन दोनों पंक्तियों के सौन्दर्य का विश्लेषण इनकी सादगी के कारण प्रायः असम्भव है, बस इनमें व्यक्त अथाह स्नेह और अथाह पीड़ा की ओर संकेत-मात्र किया जा सकता है। एक बात अवश्य है कि शिव और गिरिजा के मिथकों को लाकर निराला ने न केवल प्रसंग को जातीय मानस में एक विस्तार दिया है, बल्कि सरोज के लिए 'गिरिजा' का लाक्षणिक तथा कान्यकुब्ज-कुल-कुलांगार के लिए 'शिव' का व्यंग्यात्मक प्रयोग करके उन्होंने अत्यन्त वक्रतापूर्ण ढंग से अपने भाव की अभिव्यक्ति की है। कान्यकुब्ज-कुल-कुलांगार के इस पूरे बीभत्स चित्र को तरुणावस्था के सरोज के चित्र के विरोध में रखकर देखना चाहिए। इससे यह भी स्पष्ट होता है कि यह कविता शोक की एकरस अभिव्यक्ति न होकर परस्पर विरोधी स्तरों पर संचरण करनेवाली कविता है। कल्पना और वास्तविकता, छायावाद और यथार्थवाद का ऐसा ही मिश्रण इस कविता में है, क्योंकि यह छायावाद के परिणति-काल में रची गई है, जब उसके भीतर से यथार्थवाद प्रकट होने लगा था। निराला यथार्थवाद की दिशा में कुछ जल्दी आगे बढ़ गए, क्योंकि छायावाद-काल में भी उनकी यथार्थ-चेतना अन्य कवियों की तुलना में जाग्रत् और सक्रिय थी। यह पूरा प्रसंग स्वगत-भाषण के रूप में है, जो निश्चय ही उनके संवादों से अधिक सफलता से लिखा गया है।

शिवशेखर द्विवेदी का जिक्र ऊपर हो चुका है। वे बैसवाड़े के ही युवक थे, कान्यकुब्जकुलोत्पन्न ही, लेकिन वहाँ के कनौजिए ब्राह्मणों से भिन्न। वे कलकत्ते में रह रहे थे और हिन्दी पढ़ने के लिए बैसवाड़े के ही एक अन्य युवक दयाशंकर वाजपेयी के साथ, जो कि उनके मित्र थे, निराला से मिले थे। यह 'मतवाला'-काल की बात है। धीरे-धीरे निराला की उनसे घनिष्ठता होती गई और उन्होंने उन्हें अपने युवा-मित्रों में शुमार कर लिया। संकट की घड़ी में उन्हें उनकी याद आई। उन्होंने पहले दयाशंकर वाजपेयी को लिखा, फिर उनकी स्वीकृति मिलने पर तीन महीने बाद सरोज से विवाह के लिए तार देकर

शिवशेखर द्विवेदी को गढ़ाकोला बुलाया और बिना किसी तैयारी के वह विवाह सम्पन्न हो गया। कविता के नौवें अनुच्छेद में निराला इसी घटना को ब्योरेवार याद करते हैं।

शिवशेखर द्विवेदी के साथ अपनी मुलाकात को उन्होंने किसी निमित्त अर्थात् प्रयोजन से किया गया अदृश्य इंगित माना। उन्होंने सोचा कि उनसे सरोज का सम्बन्ध करने में ही उनका हित है, इसलिए उन्हें न केवल वह करना चाहिए, बल्कि वह अभिनन्दन के भाव से करना चाहिए। मन में यह स्थिर करते ही शिवशेखर द्विवेदी के प्रति उनका स्नेह उमड़ पड़ा–'...बँध गया भाव,/खुल गया हृदय का स्नेह-स्राव।' यहाँ 'बँधने' और 'खुलने' का विरोध भी द्रष्टव्य है। जैसे इस कविता में पहले निराला की सास के संवाद आए हैं, वैसे ही इसमें उनका अपना संवाद भी है। उन्होंने शिवशेखर द्विवेदी के सामने अपनी आर्थिक कठिनाइयाँ रखीं और उनसे कहा कि वे सामाजिक योग, यानी विवाह, के पहले के नियम तोड़ रहे हैं; यह विवाह बिना लग्न के होगा और पंडित उस तरह विवाह कराने के लिए तैयार न हुए, तो कर्मकांड की वह विधि वे स्वयं पूरी करेंगे। उन्होंने उन्हें इस तरह से विवाह करने के लिए तैयार होने को कहा और उन्हें आश्वस्त किया कि जो कुछ भी उनके पास है, वे समझ लें कि वह उनकी पुत्री का है। अन्ततः पंडित विवाह कराने को तैयार हो गए और पौनियों तथा आमन्त्रित साहित्यिकों की उपस्थिति में वह संस्कार सम्पन्न हुआ। आमन्त्रित साहित्यिकों में निराला के पड़ोसी पं. नन्ददुलारे वाजपेयी भी उपस्थित थे, जैसा कि अन्य साक्ष्य से पता चलता है। इन लोगों ने शुरू से अन्त तक यह बिलकुल नए ढंग का वैवाहिक अनुष्ठान देखा। 'शुरू से' के लिए निराला द्वारा प्रयुक्त 'ससर्ग' शब्द कविता के आरम्भ में 'क्रम से' के लिए प्रयुक्त 'सपर्याय' शब्द ('पूरे कर शुचितर सपर्याय') की याद दिलाता है। प्रसंग के अन्त में वे सरोज से कहते हैं–'तुझ पर शुभ पड़ा कलश का जल'। जिस तरह 'खुल गया हृदय का स्नेह-स्राव' इस भाषा से शिवशेखर द्विवेदी के प्रति उनका वात्सल्य-भाव व्यंजित होता है, उसी तरह इस पंक्ति से सरोज के प्रति। हलके-से भाव-परिवर्तन के साथ भी उनकी भाषा की रेखाएँ बदलने लगती हैं और उनमें नए रंग भर जाते हैं। भाव हो या क्रिया, वे उसे मूर्त बनाना खूब जानते हैं।

विवाहोपरान्त की सरोज का रूप भी उन्हें याद आता है, जिसे उन्होंने पुनः उसी संयम और संश्लेष के साथ अंकित किया है, जिस संयम और संश्लेष के साथ उन्होंने उसकी तरुणावस्था का रूप अंकित किया था। वह रूप है :

देखती मुझे तू हँसी मन्द,
होंठों में बिजली फँसी, स्पन्द
उर में भर झूली छवि सुन्दर
प्रिय की, अशब्द शृंगार-मुखर
तू खुली एक उच्छ्वास-संग,
विश्वास-स्तब्ध बँध अंग-अंग,
नत नयनों से आलोक उतर
काँपा अधरों पर थर-थर-थर।

सरोज अपने पिता को, क्रान्तिकारी पिता को, देखकर हलके-से हँस पड़ी। उस समय लगा, जैसे उसके होंठों में बिजली उलझकर रह गई हो। उसकी आँखों में अपने प्रिय की छवि झूल

रही थी, हृदय में कम्पन भरती हुई। वह चुप थी, लेकिन अपने शृंगार के माध्यम से बहुत कुछ कह रही थी। हर्षोच्छ्वास से वह खुली पड़ती थी, लेकिन उसका प्रत्येक अंग सिमटा हुआ था, जैसे वह हृदय में उत्पन्न विश्वास से स्थिर हो। यहाँ भी 'खुलने' और 'बँधने' का विरोध है। लज्जा के भार से सरोज की आँखें झुकी हुई थीं, जिससे उनका आलोक होंठों पर आकर थर-थर काँप रहा था! तूलिका और रंगों से भी जो चित्रांकन सम्भव नहीं, कवि ने वह शब्दों से सम्भव कर दिखाया है। तरुणावस्था के वर्णन में भी 'लावण्य-भार थर-थर/ काँपा कोमलता पर...'। इस प्रसंग को भी निराला अपनी पत्नी की चर्चा से और करुण बना देते हैं। सरोज के इस रूप को देखकर उन्हें अपनी स्वर्गीय प्रिया की मूर्ति का, जो उनके जीवन-वसन्त की प्रथम काकली थी, ध्यान हो आता है। उन्हें लगता है कि जो शृंगार-रस उनकी कविताओं में वेग से प्रवाहित होता रहा था, निराकार रूप में, और जो प्राणों में राग-रंग का संचार करता हुआ उसके साथ गाया गया था, वही सरोज के रूप में साकार हो गया था। सरोज क्या थी, जैसे साक्षात् रति का रूप। अमूर्त शृंगार-भाव मूर्त हो उठा था, जैसे सूक्ष्म आकाश ठोस धरती बन गया हो!

जैसा कि कहा जा चुका है, सरोज का विवाह बिना किसी तैयारी के हुआ था। इस अवसर पर कोई कुटुम्बी उपस्थित न थे, उन्हें निमन्त्रण ही नहीं भेजा गया था। निराला को कविता के दसवें अनुच्छेद में विवाह की इन बातों के साथ उसके बाद की बातें भी याद आती हैं। जिस घर में विवाह-जैसा मांगलिक कार्य सम्पन्न होता है, वह बाद तक रात-दिन संस्कार-गीतों से गूँजता रहता है। वैसा भी कुछ नहीं हुआ। नवजीवन के स्वर पर, यानी सरोज के वैवाहिक जीवन के रूप में जो एक राग उठाया गया था, उस पर बस एक प्रीतिकर संगीतयुक्त मौन उतर आया था। इस अत्यन्त सूक्ष्म वर्णन के बाद निराला दिवंगत सरोज को सम्बोधित कर यह मार्मिक बात कहते हैं–'माँ की कुल शिक्षा मैंने दी,/पुष्प-सेज तेरी स्वयं रची'। पितृत्व की चरम परिणति मातृत्व में होती है। निराला ने अपने जिस पितृत्व को पहले निरर्थक कहा है, उसकी सार्थकता इससे बढ़कर क्या होगी? स्वभावतः उन्हें कण्व याद आ जाते हैं, जिन्होंने शकुन्तला को मातृ-शिक्षा दी थी, लेकिन आधुनिक कवि होने के नाते वे कण्व से अपना पार्थक्य तुरत यह कहकर स्पष्ट कर देते हैं कि 'पर पाठ अन्य यह अन्य कला'। तात्पर्य यह कि कण्व का पाठ अर्थात् कार्य और कला अर्थात् ढंग वन्य और आर्ष था, पर यह एक निम्नमध्यवर्गीय अभावग्रस्त गृहस्थ पिता का कार्य और ढंग है! ऐसे स्थल निराला की व्यथा की गहराई को सामने लाकर कविता के स्तर को ऊपर उठा देते हैं।

वे याद करते हैं, विवाहोपरान्त कुछ दिन गढ़ाकोला में आनन्दपूर्वक बिताकर सरोज अपनी नानी के यहाँ चली गई। उसके प्रति नानी का जैसा स्नेह था, निराला ने वैसे ही स्नेह की मिठास से भरी भाषा का यहाँ प्रयोग किया है, तत्सम 'स्नेह' के साथ तद्भव 'गोद' को जोड़कर : 'कुछ दिन रह गृह तू फिर समोद,/बैठी नानी की स्नेह-गोद।' सरोज पर जितना स्नेह उसकी नानी का था, उतना ही उसके मामा रामधनी द्विवेदी और उसकी मामी उनकी पत्नी का भी। निराला रामधनी द्विवेदी की पत्नी यानी अपनी सलहज के प्रति बहुत अच्छा भाव रखते थे, क्योंकि उनकी सास के साथ उन्होंने भी उनकी दो मातृहीन सन्तानों को पाला था। वे उन्हें 'बीबी' कहकर पुकारते थे और 1936 में अपना उपन्यास 'प्रभावती'

उन्हें इन शब्दों में समर्पित किया था–''प्रिय बीबी, बहुत दिन हुए–अट्ठारह वर्ष,–पन्द्रह वर्ष की तुम नव-वधू होकर घर आई हुई थीं, जहाँ बिना माँ के दो शिशुओं की सेवा में तुम्हें शृंगार की साधना का समय नहीं मिला; तुम्हारे ऐसे हस्त संसार के किसी भी चमत्कार से पुरस्कृत नहीं किए जा सकते; मैं केवल अपनी प्रीति के लिए वहाँ यह पुस्तक न्यस्त करता हूँ; जानता हूँ, कालिदास भी तुम्हें 'वीणा-पुस्तक-रञ्जित-हस्ते' नहीं कर सकते, क्योंकि तुम तबसे आज तक 'शिशु-कर-कृत-कपोल-कज्जला' हो।'' उचित ही उन्होंने लिखा है कि ननिहाल में सरोज को माता-मामी का प्यार उसी तरह प्राप्त रहा, जिस तरह कभी-कभी बादल पृथ्वी को अपार जल से भर देता है। उसके सुख-दुख में पूरी तरह से हमेशा वही लगे रहे। अन्त में वे बहुत व्यथित होकर कहते हैं कि सरोज जहाँ जनमी, पली और बढ़ी थी, वहीं मृत्यु को प्राप्त हुई। जिस लता में वह कलिका के रूप में प्रस्फुटित हुई थी, स्नेह से हिली थी और विकास को प्राप्त हुई थी, वह वहीं की थी! सरोज ने नानी की गोद में ही *महामरण* का वरण कर अपनी आँखें मूँदीं।

'सरोज-स्मृति' के अन्तिम अनुच्छेद का हिन्दी में गलत अर्थ किया जाता रहा है। आश्चर्य यह देखकर होता है कि उसकी शुरुआत किसी और के द्वारा नहीं, स्वयं डा. रामविलास शर्मा के द्वारा की गई थी। तबसे निराला-सम्बन्धी साहित्यिक चर्चा में लगातार उसी की आवृत्ति होती रही है। इस अनुच्छेद की आरम्भिक चार पंक्तियों में निराला सरोज को सम्बोधित कर कहते हैं :

मुझ भाग्यहीन की तू सम्बल
युग वर्ष बाद जब हुई विकल,
दुख ही जीवन की कथा रही,
क्या कहूँ आज, जो नहीं कही!

ऊपर की दो पंक्तियों का अर्थ बिलकुल स्पष्ट है, फिर भी यदि कुछ बातों पर ध्यान दिया जाए तो नीचे की दो पंक्तियों से उनके सम्बन्ध को समझना आसान होगा। सरोज अपने विवाह के दो वर्ष बाद बीमार पड़ी थी, इस सम्बन्ध में तथ्य प्रस्तुत किया जा चुका है। 'युग वर्ष बाद जब हुई विकल' में एक तो 'युग' का अर्थ 'दो' है, जैसे 'राम की शक्ति-पूजा' की इस पंक्ति में–'सोहते मध्य में हीरक *युग* या दो कौस्तुभ', और दूसरे, यहाँ 'विकल होने' का अर्थ अवधी के अनुसार है, खड़ीबोली के अनुसार नहीं। अवधी में 'बेकलान होना' का मतलब है, बीमार होना, न कि विकल अर्थात् व्याकुल होना। निराला ने उसी का हिन्दीकरण कर लिया है। अवधी के प्रयोग उनमें बहुत मिलते हैं, जैसे इसी कविता में पहले वे 'सकेल' शब्द का प्रयोग कर चुके हैं। वे अवध के लोकजीवन में पूरी तरह से रचे-बसे थे। कलकत्ता रहते हुए भी गाँव से उनका सम्बन्ध बना हुआ था, लखनऊ आने के बाद तो वह और प्रगाढ़ हुआ। इस तरह उनके लिए यह सर्वथा स्वाभाविक है। 'युग वर्ष बाद जब हुई विकल' का अर्थ पूर्णतः स्पष्ट हो जाने के बाद, बाद की दो पंक्तियों का अर्थ स्वयं स्पष्ट हो जाता है, यानी यह स्थिर हो जाता है कि उनका सम्बन्ध सरोज से है, निराला से नहीं। यदि वह फिर भी न हो तो दो बातों पर ध्यान जाना चाहिए।

पहली बात यह कि 'युग वर्ष बाद जब हुई विकल' यह जो उपवाक्य है, उसका प्रधान वाक्य है–'दुख ही जीवन की कथा रही', भले इस वाक्य के पहले 'तब' या 'तो' का प्रयोग

नहीं किया गया। वह आवश्यक भी नहीं है, उस हालत में तो और भी नहीं, जबकि छन्द बहुत छोटा हो और कवि की प्रवृत्ति खड़ीबोली को यथासम्भव संश्लेषणात्मक बनाने की हो। इस बात पर ध्यान न देने के कारण ही बाद की दो पंक्तियों को ऊपर की पंक्तियों से स्वतन्त्र मानकर उनका सीधा सम्बन्ध निराला से जोड़ दिया गया। दूसरी बात यह कि इस बात पर भी ध्यान नहीं दिया गया कि इन पंक्तियों में आखिर निराला कहते क्या हैं। उनके अपने जीवन में दुख का सिलसिला 1918 से ही शुरू हो गया था, जबकि पत्नीसहित उनके परिवार के पाँच सदस्य एक साथ महामारी में मृत्यु को प्राप्त हो गए थे और उनके ऊपर मुसीबतों का पहाड़ टूट पड़ा था, इसलिए 'युग वर्ष बाद' से उनकी दुखपूर्ण जीवन-कथा को जोड़ने का कोई मतलब नहीं है। विवाह के दो वर्ष बाद तो सरोज बीमार पड़ी थी और एक बार बीमार पड़ी तो फिर लगातार बीमार ही रही और अन्ततः तपेदिक ने उसकी जान ले ली। इस तरह दुखपूर्ण जीवन-कथा उसी की है, निराला की नहीं। यहाँ शब्दों पर भी ध्यान देने की जरूरत है। 'दुखपूर्ण' या 'दुखमय' जीवन-कथा से अधिक गहन 'दुख का ही जीवन-कथा होना' है। यह भी सरोज के प्रसंग में ही अधिक सटीक बैठता है। 'क्या कहूँ आज, जो नहीं कही' यह बात भी सरोज पर ही लागू होती है, निराला पर नहीं, क्योंकि निराला तो अपने दुख की कथा अपनी कविताओं और अपनी गद्य-रचनाओं में भी लगातार कहते आ रहे थे। उनकी तरह बहुत कम साहित्यकारों ने अपने साहित्य में अपनी दुख और संघर्षगाथा प्रस्तुत की है। उन्होंने इस कविता के पहले मुँह नहीं खोला था तो सरोज की बीमारी के बारे में—न कविता में, न अपनी किसी गद्य-रचना में। इस कारण सरोज के प्रसंग में ही उनका यह कहना सार्थक है कि उसकी जो दुखमय कथा आज तक नहीं कही, वह आज क्या कहें!

डा. शर्मा ने सर्वप्रथम अपनी पुस्तक 'निराला' में एकाधिक स्थलों पर 'दुख ही जीवन की कथा रही,/क्या कहूँ आज, जो नहीं कही' ये पंक्तियाँ उद्धृत की थीं और उनका सम्बन्ध निराला से जोड़ा था। वैसा एक स्थल यह है—"वह भाग्य-अंक खंडित नहीं कर पाए। इसलिए कविता के अन्त में, उस उदात्त गर्जन के बाद उनका दुख-जर्जर हृदय बोल उठता है, 'दुख ही जीवन की कथा रही,/क्या कहूँ आज, जो नहीं कही!' सन् '34 से '38 तक उन्होंने अनेक ऐसी रचनाएँ की हैं, जिनमें एक ओर भाग्य के खंडित करने का प्रण है तो दूसरी ओर जीवन की अनकही कथा अपने आप फूट निकलती है।" यह सिलसिला बाद में भी चालू रहता है, क्योंकि 'साहित्य-साधना' के प्रथम खंड में वे 'सरोज-स्मृति' के प्रसंग में कहते हैं—"जैस-जैसे वह (निराला) कविता के अन्तिम चरण की ओर पहुँचे, उनका धैर्य टूट गया, प्रकाश देखनेवाले कवि का सपना चूर हो गया—'मुझ भाग्यहीन की तू सम्बल/युग वर्ष बाद जब हुई विकल', पर उसके बाद क्या हुआ, निराला में कहने की सामर्थ्य न रही। वाक्य विशृंखल हो गया—'दुख ही जीवन की कथा रही,/क्या कहूँ आज, जो नहीं कही!' " डा. शर्मा साहित्य के साथ-साथ भाषा के भी पंडित हैं, इसलिए वे यह लक्षित किए बिना न रह सके कि उनका अर्थ मानें तो वाक्य रचना गड़बड़ा जाती है, लेकिन अपना भाष्य बदलने से बेहतर उन्होंने यह समझा कि निराला पर ही यह आरोप लगा दें कि शोक की विह्वलता में वे दुरुस्त वाक्य लिखने का सामर्थ्य खो बैठे और उनका वाक्य विशृंखल हो गया! कह रहे थे वे सरोज के बारे में और कह बैठे अपने बारे में। सच्चाई यह है कि

'सरोज-स्मृति' के शेष अंशों में उन्होंने अपने जिस असाधारण रूप से सजग भाषा-बोध और शिल्प-बोध का परिचय दिया है, वह यहाँ भी पूरी तरह से उपस्थित है। विश्रृंखल शोकाधिक्य से निराला का वाक्य नहीं हुआ है, विचलित आलोचक की दृष्टि हुई है, क्योंकि वह वहाँ भी निराला पर ही केन्द्रित है, जहाँ उसे सरोज पर होना चाहिए। इस कविता की सफलता जिन कुछ बातों को लेकर है, उनमें एक यह भी है कि इसे निराला ने शोक की चरमावस्था में भी विलक्षण अभिव्यक्तिगत अवधान के साथ लिखा है, जैसे किसी चित्रकार ने अपने हृदय के रक्त में तूलिका डुबो-डुबोकर एक सुशिल्पित चित्र की रचना की हो! निश्चय ही यह इस कारण सम्भव हुआ कि वे महान् संवेदनशील व्यक्ति होने के साथ-साथ महान् रचनाकार भी थे।

आगे की पंक्तियों का तो डा. शर्मा ने बिलकुल उलटा अर्थ किया है, जो निराला के साथ बहुत बड़ा अन्याय है। वे पंक्तियाँ हैं :

हो इसी कर्म पर वज्रपात
यदि धर्म, रहे नत सदा माथ
इस पथ पर, मेरे कार्य सकल
हों भ्रष्ट शीत के-से शतदल!
कन्ये, गत कर्मों का अर्पण
कर, करता मैं तेरा तर्पण!

इनमें निराला अपनी निराशा नहीं, बल्कि अपना सुदृढ़ संकल्प व्यक्त करते हैं कि वे किसी भी हालत में अपने कवि-कर्म से विचलित न होंगे। इस कवि-कर्म के कारण ही उन पर सारे आघात हुए, वे कहीं के न रहे। जो सबसे बड़ा आघात था, वह था—जख्म का ठीक इलाज न होने से अन्ततः तपेदिक की मरीज होकर सरोज की मृत्यु, जो पत्नीविहीन कवि के जीवन का आधार थी! निराला अपनी प्रबल इच्छा-शक्ति का परिचय देते हुए कहते हैं कि उनके कवि-कर्म पर प्रहार करना ही यदि धर्म व न्यायसम्मत हो, तो वे सिर झुकाकर उसे झेलने के लिए हमेशा तैयार रहेंगे, यानी काव्य-साधना किसी हालत में न छोड़ेंगे। यहाँ भी 'हो इसी कर्म पर वज्रपात/यदि धर्म' इस उपवाक्य के बाद आनेवाले प्रधान वाक्य 'रहे नत सदा माथ/इस पथ पर' के पहले 'तो' का प्रयोग उन्होंने आवश्यक नहीं समझा। इस प्रधान वाक्य के बाद भी एक उपवाक्य आता है, 'मेरे कार्य सकल/हों भ्रष्ट शीत के-से शतदल', जिसके पहले भी उन्होंने 'भले' अथवा 'चाहे' का प्रयोग नहीं किया। यदि किया होता तो असावधान पाठकों को उनके इस कथन का अर्थ ग्रहण करने में किसी प्रकार की कठिनाई न होती। वे कहते हैं, उनके सारे कार्य नष्ट हो जाएँ, जैसे तुषारपात से शीतऋतु में कमल, पर उन्हें उसकी परवाह नहीं। यहाँ उनकी उक्ति पर कुमारसम्भव के पंचम सर्ग की उक्ति 'तुषारवृष्टिक्षत पद्मसम्पदा' का स्पष्ट प्रभाव है। नयापन यह है कि वे अपनी कविताओं के लिए व्यंजना से 'शतदल' के उपमान का प्रयोग कर रहे हैं, जिसमें एक उदात्तता है। 'वन-बेला' में भी उनका इसी मनोदशा का एक चित्र है, जहाँ वे बेला से कहते हैं, 'नाचतीं वृंत पर तुम ऊपर/होता जब उपल-प्रहार प्रखर' और उससे प्रेरणा प्राप्त कर अपने मन से निराशा और पराजय के भाव को बिलकुल हटा देते हैं। 'सरोज-स्मृति' की अन्तिम दो पंक्तियों का अर्थ बिलकुल स्पष्ट है। निराला यहाँ सरोज को 'कन्या' कहकर सम्बोधित

करते हैं और कहते हैं कि उनके पास सम्पत्ति के नाम पर अपनी पिछली काव्य-कृतियों के अलावा और कुछ नहीं, इसलिए वे उन्हीं से उसका तर्पण कर रहे हैं! पिता अपनी सन्तान का तर्पण करे, यह घटना यों भी बहुत करुण है, 'कन्ये' सम्बोधन उसकी कारुणिकता को और बढ़ा देता है।

अब उक्त काव्यांश की डा. शर्माकृत व्याख्या द्रष्टव्य है।

'साहित्य-साधना' के द्वितीय खंड में उनका कथन है–" 'सरोज-स्मृति' में एक ओर भाग्य के अंक खंडित करने का इरादा है, भविष्य के प्रति अशंक दृष्टि है; दूसरी ओर कविता के अन्त में, भाग्य द्वारा स्वयं खंडित होने, अपनी अशंक दृष्टि की तुलना में अदृष्ट के अधिक शक्तिशाली होने का चित्र है :

हो इसी कर्म पर वज्रपात
यदि धर्म, रहे नत सदा माथ
इस पथ पर, मेरे कार्य सकल
हों भ्रष्ट शीत के-से शतदल!

कर्मशील मनुष्य और नियति का कभी न समाप्त होनेवाला संघर्ष। मनुष्य कर्म द्वारा इस नियति को बलपूर्वक मोड़कर उसे अपने अनुकूल बनाना चाहता है किन्तु मुड़ने के बदले नियति खुद उसे भीतर से तोड़ देती है। कवि-कर्म पर वज्रपात हो, यह रास्ते में माथा पकड़कर बैठ जाने की स्थिति है। शीत के शतदल की तरह कर्मों का भ्रष्ट होना मनुष्य की पराजय, नियति की विजय है।

" 'सरोज-स्मृति' को पढ़ने से लगेगा कि यह पराजय का भाव विशेष परिस्थितियों में कन्या की मृत्यु से उत्पन्न हुआ है। कन्या की मृत्यु एक ऐसी घटना है जिसने निराला को परिवेश से अपने सम्बन्धों के बारे में लिखने को विवश किया किन्तु जैसे परिवेश से पुरानी टक्कर है, वैसे ही नियति के सामने पराजित होने का भाव भी पुराना है। 'सरोज-स्मृति' से लगभग नौ वर्ष पहले *जीवन चिरकालिक क्रन्दन*–इस गीत में निराला ने कर्म पर वज्रपात वाला वही भाव व्यक्त किया था,

हो मेरी प्रार्थना विफल,
हृदय कमल के जितने दल
मुरझाएँ, जीवन हो म्लान... *(अना., पृ. 92)*

नियति के सामने पराजित होने का यही भाव 'वनबेला' की इन पंक्तियों में है :

हो गया व्यर्थ जीवन,
मैं रण में गया हार!"

आगे डा. शर्मा कहते हैं–" 'सरोज-स्मृति' में निराला का परिचित संरचना-क्रम टूट जाता है। आरम्भ में उन्होंने लिखा कि पिता से पहले कन्या सम्भवतः स्वर्ग इसलिए गई कि पिता अक्षम हैं, दुस्तर अन्धकार में उनका हाथ पकड़कर वह उन्हें पार ले जाएगी। कन्या स्वयं शुक्ला प्रथमा है जो श्रावण नभ का अन्धकार पार कर जाती है। अन्धकार को पार करने के चित्र निराला के मन में हैं; वे संकेत करते हैं, कविता की परिणति के बारे में वह किस तरह की रूपरेखा तैयार कर रहे थे। किन्तु कविता के अन्त तक पहुँचते-पहुँचते यह रूपरेखा मिट जाती है, अन्धकार को पार करके प्रकाश तक पहुँचने के मोहक सपने चूर हो

जाते हैं। सरोज नानी की गोद में खेली और पली थी, उसी में उसने महामरण को वरा। महामरण को याद करते हुए निराला अन्धकार को पार करके प्रकाश तक पहुँचने की बात भूल जाते हैं या कह नहीं पाते। अपने कवि-कर्म से कन्या का तर्पण करते हुए वह कविता समाप्त करते हैं। इस कविता का अन्त–उसकी परिणति–जितना प्रभावशाली है, उतना अन्य किसी लम्बी कविता का नहीं। न 'तुलसीदास', न 'वनबेला', न 'राम की शक्ति-पूजा'– कोई भी, कविता के प्रभावशाली अन्त की दृष्टि से, 'सरोज-स्मृति' का मुकाबला नहीं कर सकती। यहाँ कविता के पूर्व-निश्चित तर्कसंगत ढाँचे का टूटना ही उसकी सबसे बड़ी सफलता है।''

'सरोज-स्मृति' की अन्तिम पंक्तियों की वाक्य-रचना पर ध्यान देने से उनके अर्थ को लेकर कोई उलझन नहीं रह जाती। डा. शर्मा ने यह मान लेने के कारण कि निराला नियति के आगे पराजय स्वीकार कर लेते हैं, उनका एकदम उलटा अर्थ लगाया है। वे नियति के आगे झुकते नहीं, स्थिति की विडम्बना उजागर करते हैं और फिर उसे ललकारते हैं। यहाँ जिस पथ पर वे हमेशा अपना सिर झुकाए रखने की बात कहते हैं, वह नियति का नहीं, कवि-कर्म का पथ है! उन्हें पराभूत स्वीकार कर लेने से डा. शर्मा ने 'मेरे कार्य सकल/हों भ्रष्ट शीत के-से शतदल' वाले अंश को उसी तरह ऊपर की पंक्तियों से स्वतन्त्र मानकर उनका अर्थ किया है, जिस तरह उन्होंने 'दुख ही जीवन की कथा रही,/क्या कहूँ आज, जो नहीं कही!' का अर्थ उन्हें ऊपर की पंक्तियों से स्वतन्त्र मानकर किया था। 'साहित्य-साधना' के प्रथम खंड में तो इन पंक्तियों के बारे में वे कहते हैं कि 'निराला ने हिन्दी को, हिन्दी-साहित्य सेवा को, अपने को शाप दिया।'

पराजय-भाव निराला में है, शुरू से लेकर अन्त तक; उसी तरह उनमें अपराजेयता का बोध भी है, शुरू से लेकर अन्त तक। 'जीवन चिरकालिक क्रन्दन' के पहले उन्होंने 'अभी न होगा मेरा अन्त' कविता भी लिखी थी और उससे भी पहले अपने कवि-जीवन के बिलकुल आरम्भ में, 'अध्यात्म-फल' शीर्षक कविता, जिसकी आरम्भिक अपराजेयता-बोध से भरी हुई पंक्तियाँ हैं :

जब कड़ी मारें पड़ीं, दिल हिल गया,
पर न कर चूँ भी कभी पाया यहाँ,
मुक्ति की तब युक्ति से मिल खिल गया
भाव, जिसका चाव है छाया यहाँ।

इसके साथ उनकी अन्तिम कविता की इसी बोध की ये पंक्तियाँ भी द्रष्टव्य हैं :

पत्रोत्कंठित जीवन का विष बुझा हुआ है,
आशा का प्रदीप जलता है, हृदय-कुंज में,
अन्धकारपथ एक रश्मि से सुझा हुआ है
दिङ्निर्णय ध्रुव से जैसे नक्षत्र-पुंज में।

ऐसी स्थिति में निराला के 'नियति के सामने पराजित होने के पुराने भाव' के साथ उनकी 'परिवेश से पुरानी टक्कर' को याद रखना जरूरी है। 'वन-बेला' की डा. शर्मा द्वारा उद्धृत पंक्तियों में निश्चय ही निराला का पराजय-भाव अभिव्यक्त हुआ है, लेकिन पूरी कविता का सन्देश क्या है? उसमें ये पंक्तियाँ भी हैं, जिन्हें थोड़ी देर पहले ही मैं उद्धृत कर चुका हूँ–

'नाचतीं वृन्त पर तुम, ऊपर/होता जब उपल-प्रहार प्रखर!' इसके अलावा इस कविता में वे यह भी कहते हैं–'वह शिखा नवल/आलोक स्निग्ध भर दिखा गई पथ जो उज्ज्वल।' तात्पर्य यह कि इस आधार पर कि निराला अन्यत्र नियति के आगे हार स्वीकार करते रहे हैं, 'सरोज-स्मृति' की अन्तिम पंक्तियों का भी उसी के अनुरूप अर्थ नहीं किया जा सकता, क्योंकि अन्यत्र वे अपराजेयता-बोध को भी अभिव्यक्त करते रहे हैं।

डा. शर्मा ने उत्साह में यहाँ तक लिख दिया है कि पराजय-भाव के कारण इस कविता का अन्त जितना प्रभावशाली है, उतना निराला की किसी लम्बी कविता का नहीं। यदि पराजय-भाव के कारण ही ऐसा है, तो यदि 'सरोज-स्मृति' की अन्तिम पंक्तियों का अर्थ अपराजेयता-बोध का सूचक सिद्ध हुआ तो क्या होगा? क्या इसका अन्त भी कमजोर मान लिया जाएगा? कविता की शक्ति पराजय-भाव या अपराजेयता-बोध में नहीं, बल्कि इस बात में होती है कि वह हृदय की किस गहराई से निकला है और कवि के जीवन के साथ-साथ उसके परिवेश को भी कितना अभिव्यक्त करता है। जिस तरह पराजय-भाव गहरा हो सकता है, उसी तरह अपराजेयता-बोध भी, बशर्ते कि वह वास्तविकता पर आधारित और सार-युक्त हो, कल्पित और वायवीय नहीं। निराला का सम्पूर्ण जीवन और संघर्ष इस बात का प्रमाण है कि उनमें अपराजेयता-बोध प्रबल रूप में था, जिससे अन्तिम रूप से वे कभी पराजित नहीं हुए। 'राम की शक्ति-पूजा' में उन्होंने कहा है–'वह एक और मन रहा राम का जो न थका' और 'जो नहीं जानता दैन्य, नहीं जानता विनय'। विद्वान् इस कविता के राम पर निराला की जो छाया बतलाते हैं, वह अकारण नहीं। छोटी कविताओं को छोड़ दें, तो यह लक्ष्य करने की बात है कि निराला की सारी लम्बी कविताएँ एक आशा और विश्वास के साथ ही समाप्त होती हैं, 'तुलसीदास', 'राम की शक्ति-पूजा' और 'वन-बेला' ही नहीं, 'मित्र के प्रति' और 'प्रेयसी' भी, ठीक मुक्तिबोध की लम्बी कविताओं की तरह, जिनका अन्त प्रायः एक जन-क्रान्ति या उसकी आशा के साथ होता है। ऐसा क्यों है? इसलिए कि निराला किसी भी वस्तु को समग्रता में देखते थे, या कहें, एक घटती हुई प्रक्रिया में, तो उन्हें उसकी तर्कसंगत परिणति आशा और विश्वास में ही दिखलाई पड़ती थी, निराशा या पराजय-भाव में नहीं। अपने जीवन और परिवेश से उन्होंने जो दर्शन प्राप्त किया था, वह भी उन्हें उत्सर्ग-भाव और ऊँचे आदर्शों की ओर ही ले जाता था, आत्महनन या पराङ्मुखता की ओर नहीं। 'सरोज-स्मृति' का अन्त अपराजेयता-बोध से युक्त होते हुए भी प्रभावशाली है; 'तुलसीदास', 'राम की शक्ति-पूजा' और 'वन-बेला' का ढाँचा दूसरा है, इसलिए जरूरी नहीं कि उनके लिए भी यह उतना ही सत्य हो।

'सरोज-स्मृति' के ढाँचे की भी बात की गई है। डा. शर्मा ने पहले उसे अपेक्षाकृत कमजोर कहा था, लेकिन अन्त में उन्होंने उनके अनुसार उसका जो ढाँचा टूटता है, उसी को उसका गुण बतला दिया और कहा कि 'यहाँ कविता के पूर्व-निश्चित तर्कसंगत ढाँचे का टूटना ही उसकी सबसे बड़ी विशेषता है।' एक तो 'सरोज-स्मृति' का कोई 'पूर्व-निश्चित तर्कसंगत' ढाँचा नहीं है, वह स्मृतिचित्रों से निर्मित है और बहुत कुछ अनिर्दिष्ट, यह बात और है कि श्रेष्ठ कलात्मक अनुशासन का पालन करते हुए निराला कविता को बिखरने नहीं देते और उसमें एक तर्क वा संगति बनाकर रखते हैं, दूसरे, वह ढाँचा टूटता नहीं है। कविता शुरू हुई थी एक स्तर से, लेकिन थोड़ा ही आगे बढ़ने पर वह दूसरे स्तर पर, जो कि यथार्थ

का स्तर है, आ जाती है और फिर अपनी गति से, कभी यथार्थ का सहारा लेती हुई और कभी कल्पना के आकाश में उठती हुई, कभी शान्त रूप से और कभी तरंगित होती हुई, आगे बढ़ती चलती है। अन्त में जब निराला कहते हैं–'अन्त भी उसी गोद में शरण/ली, मूँदे दृग वर महामरण', तो वे 'गोद' से ठोस यथार्थ का और 'महामरण' से दार्शनिक कल्पना का संकेत देकर पाठकों को परस्पर विरोधी भाव-स्तरों पर विचरने वाले अपने कवि-मानस का पूरा परिचय दे देते हैं। यदि उनका कवि-मानस इकहरा होता, उसमें कोई विरोध और कोई द्वन्द्व न होता, तो उनकी कविता में जो जटिलता और संश्लिष्टता है, वह सम्भव न हो पाती और अन्ततः वह एक भावुकतापूर्ण सपाट कविता बनकर रह जाती। कविता के अन्त में पुनः 'महामरण' को ले आना इस बात का सूचक है कि उसका अपने ढंग का ढाँचा काफी सुदृढ़ है।

अन्तिम पंक्तियों में भी वह ढाँचा नहीं टूटता, क्योंकि उनमें निराला जिस दृढ़ता की अभिव्यक्ति करते हैं, वह इस कविता में पहले भी उनके आत्मविश्वास के रूप में अभिव्यक्त हो चुकी है, जहाँ उन्होंने अपने विरोधियों को ललकारते हुए कहा है कि भविष्य में वे और भी श्रेष्ठ कविताएँ लिखेंगे :

और भी फलित होगी वह छवि,
जागे जीवन-जीवन का रवि,
ले कर-कर कल तूलिका-कला,
देखो क्या रँग भरती विमला,
वांछित उस किस लांछित छवि पर
फेरती स्नेह की कूची भर।

जैसे 'महामरण' का सम्बन्ध कविता की आरम्भिक पंक्तियों से है, वैसे ही उसकी अन्तिम पंक्तियों का सम्बन्ध इन पंक्तियों से। डा. शर्मा ने 'अर्पण' करने का मतलब 'कवि-कर्म छोड़ देना' लगाया है, जो कि गलत है। यदि उनका अर्थ सही है, तो ऊपर उद्धृत पंक्तियों से उसकी संगति कैसे बैठेगी? जब निराला ने कवि-कर्म छोड़ देना ही तय कर रखा है, तो साक्षात् सरस्वती भविष्य में उनकी काव्य-छवि में और उत्कृष्ट रंग कैसे भरेंगी? किस बल पर वे अपने विरोधियों को ललकार रहे थे? यदि यह कहें कि कविता के अन्त तक पहुँचते-पहुँचते वे आत्मविश्वास खो बैठे और कवि-कर्म से संन्यास ले लेने का निर्णय कर लिया, तो इस सम्बन्ध में ज्ञातव्य है कि प्रचंड रोमांटिक होते हुए भी उनका भाव-लोक इतना अस्थिर न था कि वह पल-पल अपना वेश परिवर्तित करता चलता था। ऐसे चंचल चित्तवाला कवि किसी श्रेष्ठ प्रदीर्घ कविता की रचना नहीं कर सकता। निराला में भाव और कला दोनों में असाधारण स्थैर्य और अनुशासन दिखलाई पड़ता है।

उनके जीवन में दुर्घटनाओं की कमी नहीं, लेकिन दो दुर्घटनाएँ उन्हें वाकई तोड़ देनेवाली थीं। उनमें पहली दुर्घटना थी उनकी पत्नी की मृत्यु। पत्नी की मृत्यु का उनके ऊपर कैसा प्रभाव पड़ा था? डा. शर्मा के ही शब्दों में, "गंगा के किनारे रात-रात-भर वह श्मशान में घूमा करते, जहाँ मनोहरा देवी की चिता जली थी। दिन में वह अवधूत टीले पर बैठ जाते और गंगा में बहती हुई लाशें देखा करते। पत्नी और भाई के निधन के बाद अब मृत्यु का ऐसा कोई दृश्य न था जिससे सुर्जकुमार को भय होता। जीवन में जो सबसे वीभत्स

और भयानक है, उसे भर आँखों देखना वह सीख गए थे। एक दिन वह अवधूत टीले पर बैठे थे, तभी कुल्ली ने आकर कहा, ''मैं जानता हूँ, आप मनोहरा को बहुत चाहते थे। ईश्वर चाह की ही जगह मार देता है, होश कराने के लिए।'' सुर्जकुमार को ब्रह्मज्ञान मिला। वह अभी बेहोश थे। न अपने को समझते थे, न मनोहरा को, न संसार को। दुख के अंकुश द्वारा अब ब्रह्म ने उन्हें अपना और संसार का ज्ञान कराया।'' 'साहित्य-साधना' के प्रथम खंड में डा. शर्मा ने यह प्रसंग निराला के संस्मरणात्मक उपन्यास 'कुल्ली भाट' से लेकर दिया है। उसके जिस परिच्छेद से उन्होंने यह अंश लिया है, उसी में पहले निराला कहते हैं, ''सोलह-सत्रह की उम्र से भाग्य में जो विपर्यय शुरू हुआ, वह आज तक रहा। लेकिन मुझे इतना ही हर्ष है कि जीवन के उसी समय में मैं जीवन के पीछे दौड़ा था, जीव के पीछे नहीं। इसलिए शायद बच जाऊँगा। जीव के पीछे पड़नेवाला बड़े-बड़े मकान, राष्ट्र-चमत्कार और जादू से प्रभावित होकर जीवन से हाथ धोता है, जीवन के पीछे चलनेवाला जीवन के रहस्य से अनभिज्ञ नहीं होता, अस्तु।'' पत्नी की मृत्यु के बाद अपने तत्त्व-ज्ञान से उन्होंने अपने को सँभाला, महिषादल लौटकर धीरे-धीरे प्रकृतिस्थ हो गए।

सरोज की मृत्यु के बाद भी वे टूटे नहीं, बल्कि नए सिरे से संकल्प किया कि वे और दृढ़ता से कवि-कर्म करेंगे, पहले से बेहतर कविताएँ लिखेंगे। 'सरोज-स्मृति' की रचना के एक सप्ताह बाद उन्होंने अपनी एक अन्य महान् कविता 'प्रेयसी' की रचना की। यह कविता उसी मनोयोग और कलात्मक अनुशासन के साथ लिखी गई है, जिससे उनकी अन्य लम्बी कविताएँ। इस कविता में जो बारीक नक्काशी है और उसका जो 'नक्शा' है, उसे देखकर कोई भी यह स्वीकार करेगा कि इसकी रचना के समय निराला की कवि-प्रतिभा पूर्णतः जाग्रत् थी। 'सुधा' में 'सरोज-स्मृति' के छपने के पहले ही 'माधुरी' के नवम्बर, 1935 के अंक में यह कविता प्रकाशित हुई। यदि निराला ने काव्य-रचना से विरत होने का फैसला कर लिया था, तो इतनी जल्दी यह महान् कविता उन्होंने कैसे लिखी? और यह कविता एक क्षण-विशेष की भावात्मक प्रतिक्रिया वाली कविता नहीं, बल्कि ऐसी कविता है, जिसकी रचना के लिए निश्चय ही कुछ दिन पहले से कवि-मानस के भीतर तैयारी चलती आ रही होगी। लगभग एक साल बाद उन्होंने अपनी सर्वश्रेष्ठ कविता 'राम की शक्ति-पूजा' का प्रणयन किया। यह कविता भी कोई भावात्मक विस्फोट नहीं, बल्कि एक सतत क्रियमाण कवि-मानस की देन थी। ये तथ्य इस बात की पुष्टि करते हैं कि 'सरोज-स्मृति' की अन्तिम पंक्तियों का गलत ही नहीं, बिलकुल उल्टा अर्थ प्रचारित किया गया है। कवि ने संकल्प किया था कि वह अपने मार्ग पर और दृढ़ता से कदम उठाएगा। आलोचक ने प्रचारित कर दिया कि उसने कवि-कर्म से संन्यास ले लेने का निश्चय किया है!

यहाँ डा. शर्मा की निराला पर लिखित एक कविता की पंक्तियाँ याद आती हैं, जो 'सरोज-स्मृति' के रचयिता पर ज्यादा सटीक बैठती हैं, क्योंकि उसमें बहुत ही प्रबल अपराजेयता-बोध है और उन पंक्तियों में यही कहा गया है। उन्हें उद्धृत करना जरूरी है :

यह कवि अपराजेय निराला,
जिसको मिला गरल का प्याला;
ढहा और तन टूट चुका है,
पर जिसका माथा न झुका है;

शिथिल त्वचा, ढलढल है छाती,
लेकिन अभी सँभाले थाती,
और उठाए विजय-पताका—
यह कवि है अपनी जनता का।

ये पंक्तियाँ बहुत ही सरल भाषा में लिखी गई हैं, छन्द भी ऐसा है कि लगता है, कविता बच्चों के लिए रचित है, लेकिन इनमें निराला-काव्य की मूल विशेषता को निर्दिष्ट कर दिया गया है—अपराजेयता-बोध, जिसकी पुष्टि 'तुलसीदास', 'राम की शक्ति-पूजा' और 'वन-बेला' से ही नहीं, और प्रबल रूप से 'सरोज-स्मृति' से भी होती है। आलोचक-दृष्टि जहाँ चूक गई, वहाँ कवि-दृष्टि अचूक साबित हुई! लेकिन निराला जनता के कवि कैसे हैं? सच पूछा जाए तो इसी प्रश्न के उत्तर में 'सरोज-स्मृति' की भी महानता का असली रहस्य छिपा हुआ है।

3

'सरोज-स्मृति' वाकई एक अत्यन्त संश्लिष्ट रचना है, क्योंकि इसमें सरोज की स्मृतियों के माध्यम से सिर्फ उसी की जीवन-गाथा नहीं प्रस्तुत की गई। उसी के प्रसंग में इस कविता में निराला की जीवन-गाथा भी आ गई है—कलकत्ते से लेकर उनका लखनऊ तक का जीवन, जो संघर्ष से भरा हुआ है। यह संघर्ष साहित्यिक भी है, सामाजिक भी और आर्थिक भी। उनका साहित्यिक संघर्ष उनके पूरे युगीन परिवेश को मूर्त कर देता है, जिससे छायावादी कवि जूझ रहे थे। सामाजिक संघर्ष सरोज के विवाह के क्रम में दिखलाई पड़ता है, जब उनके सामने दहेज की समस्या आती है और फिर रूढ़ि-मुक्त ढंग से विवाह करने का कान्यकुब्ज ब्राह्मणों द्वारा सम्भावित विरोध। उन दिनों निराला आर्थिक दृष्टि से और ज्यादा परेशान थे। इसी कारण विवाह बिना किसी समारोह के सम्पन्न हुआ। देखते-देखते सरोज और निराला की एक दूसरे से जुड़ी हुई कथा अवध के एक मामूली किसान की कथा बन जाती है। मातृविहीन पुत्री, उसका ननिहाल में पलना, एक युवक के दूसरे विवाह की समस्या, पुत्री का मुँह देखकर उसका उससे इनकार करना, फिर पुत्री के विवाह की समस्या, नानी, मामा-मामी और सास इन सम्बन्धियों वा इनके सम्बन्धों का महत्त्व, टूटा-फूटा घर, हर प्रकार का अभाव, पुत्री के प्रति विवश पिता का वात्सल्य, पुत्री की बीमारी और उसका इलाज न करा पाना, उसमें सम्बन्धियों द्वारा दिखलाई जानेवाली आत्मीयता—यही तो वे बातें हैं, जिनसे अवध क्या, सम्पूर्ण हिन्दी क्षेत्र के साधारण किसानों का जीवन बना है। अवध के किसान का जिक्र मैंने इसलिए किया कि निराला ने जो कथा कही है, उसका एक जनपद से घनिष्ठ सम्बन्ध दिखलाया है, जिससे कि वह कल्पित न प्रतीत हो। इसके साथ-साथ कविता में सरोज की बाल-क्रीड़ा, उसके यौवनागम, विवाहोपरान्त के उसके सौन्दर्य और उसकी मनोदशा आदि का भी वर्णन है, जो इसे एकस्तरीय की जगह एक बहुस्तरीय कविता बना देता है। खास बात यह कि यह वर्णन भी उसी तरह एक साधारण कृषक-कन्या के वर्णन में रूपान्तरित हो जाता है। कथा का अनेक शाखाओं में विस्तार और उनका परस्पर गुँथा होना कविता को संश्लिष्ट बनाता है और उसका अपनी सीमाओं का अतिक्रमण करना उसे उच्च कोटि की कलाकृति का दर्जा दे देता है।

लेख के आरम्भ में एक विदेशी आलोचक के हवाले से कहा गया है कि कोई भी कलाकृति एक परम्परा की नवीनतम सृष्टि होती है। कलाकृतियों की परम्परा की नवीनतम सृष्टि होने का मतलब यह है कि उसमें अनिवार्य रूप से कलाकृतियों की विशेषताएँ स्वयं आ जाती हैं, जिससे वह व्यक्ति-विशेष से सम्बद्ध होते हुए भी सार्वजनीन हो जाती है। निराला ने कलाकृतियों की परम्परा को बहुत अच्छी तरह से आत्मसात् किया था, जिससे उनकी रचना में मानवीय और सामाजिक अर्थ सहज भाव से समाविष्ट हो गए। सरोज केवल उनकी पुत्री न रहकर पुत्री-मात्र हो गई, निराला भी केवल निराला न रह गए, एक साधारण किसान हो गए और उनका शोक भी केवल उनका शोक न रहकर पुत्री की मृत्यु का सामान्य शोक बन गया। यदि ऐसा न हुआ होता तो यह रचना उनके जीवन का एक नितान्त निजी प्रसंग बनकर रह जाती। इस रचना में गलदश्रु भावुकता का जो अभाव है और शोकाभिभूत न होकर तमाम चीजों को अत्यन्त सन्तुलित रूप में बयान करने की जो क्षमता है, उसी ने इसे वैयक्तिकता से ऊपर उठाकर स्पृहणीय निर्वैयक्तिकता प्रदान की है। इस लेख में सरोज और निराला-सम्बन्धी जो तथ्य किंचित् विस्तार से प्रस्तुत किए गए हैं, वह यह दिखलाने के लिए नहीं कि 'सरोज-स्मृति' एक नितान्त निजी रचना है, बल्कि यह दिखलाने के लिए कि यह कल्पित न होकर कवि के जीवन की ठोस वास्तविकता पर आधारित रचना है। व्यक्तिगत जीवन की ठोस वास्तविकता—इसी आधार पर कोई शोकगीति व्यापक रूप से प्रभावशाली बन सकती है। जीवन-तथ्यों से रचनाओं में बिलकुल नया सम्बन्ध कायम करने और उन्हें उसमें नए ढंग से संयोजित करने का मतलब यह नहीं है कि उनका रूप एकदम बदल दिया जाए, या उनसे प्रकृत सम्बन्ध तोड़ लिया जाए। उसका मतलब है उनका एक हद तक अमूर्तीकरण करना, जिससे उनमें निहित सार्वजनीन सत्य उभरकर सामने आ जाए। जो वृक्ष आकाश में ऊँचा उठकर भी मजबूती से खड़ा रहता है, उसकी जड़ें धरती में उतनी ही गहरी धँसी होती हैं। यह ऊँचाई और गहराई का द्वन्द्वात्मक सम्बन्ध है, जिसे समझना कठिन नहीं है।

अभी 'मानवीय अर्थ' का जिक्र किया गया। बिना इस अर्थ और इस अर्थ की गहराई के कोई भी रचना श्रेष्ठ नहीं बन सकती, क्योंकि उसका सम्बन्ध अन्ततः मनुष्य से है, वह ईश्वर पर लिखी गई हो, या समाज पर, या प्रकृति पर। मानवीय अर्थ ही उसे सार्थकता प्रदान करता है और वह अर्थ जितना गहरा, जितना मूल्यवान् होता है, रचना उतनी ही महत्त्वपूर्ण बनती है। 'सरोज-स्मृति' में सरोज और निराला की जीवन-कथा के साथ सामाजिक वास्तविकता भी प्रकट हुई है, लेकिन इसे सर्वाधिक प्रभावशाली और महत्त्वपूर्ण बनानेवाली चीज इसमें स्थल-स्थल पर विभिन्न प्रसंगों और भावों का अत्यन्त मर्मस्पर्शी ढंग से किया गया चित्रण है। आचार्य रामचन्द्र शुक्ल के अनुसार कहा जा सकता है कि इस लम्बी कविता में, जो उस तरह से कथात्मक नहीं, कवि ने मार्मिक स्थलों को अच्छी तरह से पहचाना है। वह स्थल सरोज का समुचित ढंग से लालन-पालन न कर पाने से सम्बन्धित हो, या विवाह के पूर्व अपने पिता के घर आकर अपने को बोझ समझती हुई सिर झुकाए उसके वहाँ रहने से, या उसकी बाल-क्रीड़ा से, या जाड़ों की सुनहली धूप में खेलती हुई उसके परी की तरह दिखलाई पड़ने से, या फिर पिक-बालिका से दी गई उसकी उपमा से, या निराला की उस विवशता से, जिसकी वजह से सास ने जब उन्हें सरोज का विवाह करने

का सुझाव दिया तो वे कुछ न कह सके, या उनके यह कहने से कि वे कान्यकुब्ज-कुल-कुलांगारों-जैसे शिव से अपनी गिरिजा का विवाह करने की चाह नहीं रखते, या विवाह में सरोज पर कलश का शुभजल पड़ने से, या विवाहोपरान्त के उसके सौन्दर्य-वर्णन से, जिसमें वह हँसती है, तो जैसे उसके होंठों में बिजली फँसकर रह जाती है, या निराला के स्वयं अपनी पुत्री की सुहाग-शय्या सजाने से, या फिर अपने को 'भाग्यहीन' कहने तथा अपनी पुत्री को अपना 'सम्बल' बतलाने से, निराला ने इन सभी स्थलों का वर्णन हृदय की जिस गहराई से किया है, वह पाठकों को देर तक प्रकंपित करता रहता है। प्रसंग चूँकि शोक का है, इसलिए सारे चित्र मन में भिन्न भाव उठाते हुए भी अन्ततः उस अनुभूति को ही घनीभूत बनाते हैं। चित्र जितने ही भास्वर और संयत हैं, उनका असर उतना ही मारक होता है। इस स्तर पर कविता व्यक्ति-भेद और वर्ग-भेद की सीमाओं को तोड़कर प्रवाहित होती है और जैसे राजपरिवार का हर्ष और शोक श्रेष्ठ काव्य में मानव-मात्र का हर्ष और शोक बन जाता है, इस कविता में भी एक अभावग्रस्त मध्यवित्तीय परिवार के पिता का शोक मानव-मात्र का शोक बन गया है। विभिन्न मार्मिक स्थल उसे बहुरंगी ही नहीं बनाते, उसे अत्यन्त संवेदनीय बना देते हैं।

यह सारा कुछ निराला ने जिस कौशल के साथ किया है, उस पर एक बार पुनः ध्यान ले जाना आवश्यक है। पहले भी कहा जा चुका है कि वे जितने बड़े कवि थे, उतने ही बड़े कलाकार भी थे। इस कारण 'सरोज-स्मृति' उनकी शोकानुभूति की दृष्टि से तो एक महान् कविता है ही, इसमें उन्होंने उसे मूर्त करने के लिए अपनी जिस महान् कला-क्षमता का परिचय दिया है, उस दृष्टि से भी यह एक महान् कविता है। विचार करने पर पता चलता है कि इस कविता के कलात्मक सौन्दर्य और उसकी पूर्णता का मुख्य स्रोत इसकी रचना में पाया जानेवाला वैषम्य का गुण है। एक तरफ इस कविता में रोमांटिक कल्पना का उत्कर्ष देखने को मिलता है और दूसरी तरफ कठोर यथार्थ-चित्रण, एक तरफ इसमें तीव्र भावावेश है और दूसरी तरफ स्पृहणीय बौद्धिक अनुशासन तथा एक तरफ यह रचना अतिशय आत्मपरक है और दूसरी तरफ पूर्णतः वस्तुपरक। सरोज की मृत्यु को आध्यात्मिक प्रभा से मंडित करना रोमांटिक कवि की भव्य कल्पना ही तो है। इसके साथ वह कल्पना सरोज के यौवनागम और विवाहोपरान्त के सौन्दर्य-वर्णन में उड़ान भरती हुई दिखलाई पड़ती है। लेकिन इस वर्णन के साथ ही निराला के आर्थिक, साहित्यिक और सामाजिक संघर्ष का इस कविता में बहुत सटीक वर्णन है, जैसे कोई यथार्थवादी कथाकार ब्योरा प्रस्तुत कर रहा हो। एक तरफ 'धीरे-धीरे फिर बढ़ा चरण' से आरम्भ होनेवाला सरोज के यौवनागम का वर्णन और दूसरी तरफ 'वे जो जमुना के-से कछार/पद, फटे बिवाई के'! दोनों चित्रों का वैषम्य देखने ही लायक है। डा. नामवर सिंह ने 'कविता के नए प्रतिमान' नामक अपनी पुस्तक में इस कविता में 'चमरौधे' को ले आने को 'रोमांटिक गम्भीरता' को तोड़नेवाला कहा है, वह भी शोक की भावभूमि में, जो निराला से ही सम्भव था। स्वभावतः रोमांटिक कल्पना से युक्त वर्णन जहाँ छायावादी भाषा और शैली में किया गया है, वहाँ यथार्थ-प्रसंगों के वर्णन में कवि की भाषा नंगी और बेलौस हो गई है। 'उन्मनन-गुंज सज हिला कुंज/तरु-पल्लव कलिदल पुंज-पुंज' के समानान्तर इस भाषा को रखकर देखने से बात स्पष्ट हो जाती है :

वे जो जमुना के-से कछार
पद, फटे बिवाई के, उधार
खाए के मुख ज्यों, पिए-तेल
चमरौधे जूते से सकेल
निकले, जी लेते, घोर-गन्ध...

पूरी कविता तीव्र भावावेश के साथ लिखी गई है, लेकिन कहीं उस पर कवि का बौद्धिक नियन्त्रण शिथिल नहीं होता। वह भावावेश ऐसा मालूम पड़ता है, जैसे छायावादी कवि का न होकर आर्ष कवियों का हो। हजारीप्रसाद द्विवेदी ने लिखा है कि तुलसीदास की वाणी में कभी विह्वलता के चिह्न प्रकट होते हैं, तो सिर्फ राम के सौन्दर्य-वर्णन के प्रसंग में। ज्यादा से ज्यादा सरोज के सौन्दर्य-वर्णन के सम्बन्ध में यह बात कही जा सकती है, वर्ना निराला की शोकानुभूति अत्यन्त प्रचंड होते हुए भी कहीं भी उनके अनुशासन को चुनौती नहीं देती। जैसे सरोज का देह-सौन्दर्य मर्यादित था, वैसे ही उनकी शोकानुभूति भी है। तीव्र भावावेश पर यह नियन्त्रण जिन कारणों से सम्भव हुआ है, उनमें एक कारण यह भी है कि निराला ने सरोज की मृत्यु को अपने जीवन की कोई अलग-थलग घटना न मानकर उसे पूरे सामाजिक सन्दर्भ में रखकर देखा है। इसने कवि को अपने ऊपर नियन्त्रण रखने का अवसर भी दिया है और उसकी कविता का अर्थ-विस्तार भी किया है। पुत्री की मृत्यु पर व्यक्त की जानेवाली प्रतिक्रिया से अधिक आत्मपरक वस्तु क्या होगी, लेकिन निराला ने उसे एक सामाजिक घटना बनाकर कविता को अत्यधिक वस्तुपरक बना दिया है।

जैसा वैषम्य 'सरोज-स्मृति' की विषय-वस्तु में है, वैसा ही इसके रूप-शिल्प में भी। एक तरफ यह कविता एक आत्माभिव्यक्तिमूलक प्रगीतात्मक रचना है और दूसरी तरफ यथार्थमूलक एक वर्णनात्मक रचना। इसी तरह इसमें एक तरफ कवि का ध्यान कविता के स्थापत्य पर रहा है, तो दूसरी तरफ इसकी भीतरी सजावट पर भी। भाषा भी एक तरफ कवित्वपूर्ण है, तो दूसरी तरफ बातचीत वाली। पूरी कविता छन्दोबद्ध है, लेकिन वाक्य-विन्यास गद्यात्मक है। छन्द निहायत छोटा है, पर उसमें बँधे हुए वाक्य कभी-कभी बहुत लम्बे। सरोज की मृत्यु का गौरवीकरण, निराला का पिता के रूप में निरर्थकता-बोध, उनके कवि-जीवन का जिक्र, सरोज का सौन्दर्य-वर्णन और अन्त में निराला की संकल्प की घोषणा यह सब उनकी आत्माभिव्यक्ति है या आत्माभिव्यक्ति की शैली में प्रस्तुत किया गया है, लेकिन निराला के दूसरे विवाह और सरोज के विवाह का पूरा प्रसंग वर्णनात्मक है। प्रगीतात्मकता और कथात्मकता दोनों इस कविता में परस्पर गुंफित हैं। कथात्मकता कविता को यथार्थ का आधार प्रदान करती है और प्रगीतात्मकता उसमें रोमांटिक कविता का सौन्दर्य ला देती है। निराला का ध्यान पूरी तरह से कविता के स्थापत्य पर रहा है, पर शोक की अवस्था में भी जहाँ आवश्यक हुआ है, वे कविता में भीतरी सजावट करना न भूले हैं। इससे काव्य-रचना का क्षण स्पष्टतः जीवन के व्यावहारिक क्षणों से भिन्न मालूम पड़ता है। इस क्षण में कवि अपनी अनुभूति को ही पूरी सन्नद्धता से कलात्मक रूप प्रदान करता है। 'सरोज-स्मृति' के अलंकृत अंशों को पढ़ते समय लगता है कि हम किसी ऐसे मन्दिर में घूम रहे हैं, जिसकी दीवारों पर उत्कृष्ट कोटि का कारु-कार्य किया गया हो। इस कारु-कार्य की विशेषता यह है कि यह पर्याप्त नवीन है, क्योंकि यह कवि की रोमांटिक कल्पना की देन

है, भले इसे मूर्त उसने क्लासिकी दक्षता के साथ किया हो। दूसरी बात यह कि चूँकि यह शब्द के माध्यम से किया गया है, इसलिए इसमें चित्र के साथ-साथ संगीत भी है।

'चढ़ मृत्यु-तरणि पर तूर्ण-चरण/कह—पितः पूर्ण आलोक-वरण', 'व्यक्त हो चुका चीत्कारोत्कल/क्रुद्ध युद्ध का रुद्ध-कंठ फल', 'कर स्नान-शेष, उन्मुक्त केश/सासुजी रहस्य-स्मित सुवेश' और 'उमड़ता ऊर्ध्व को कल सलील/जल टलमल करता नील नील'-जैसी पंक्तियाँ चित्रात्मक ही नहीं, संगीतात्मक भी हैं, क्योंकि इनमें निराला ने समान ध्वनियोंवाले वर्णों की योजना पर विशेष ध्यान दिया है। उन्होंने इस योजना से जब जैसा प्रभाव उत्पन्न करना चाहा है, किया है। जहाँ उनकी शब्द-योजना सरल है, वहाँ भी वे एक तरह की सजावट करते हैं, यथा 'खाई भाई की मार, विकल/रोई उत्पल-दल-दृग-छलछल'। इसमें ध्यान देने लायक 'उत्पल-दल-दृग-छलछल' ही नहीं, 'खाई' और 'भाई' का अनुप्रास भी है। इसी तरह 'बैठा प्रान्तर में दीर्घ प्रहर/व्यतीत करता था गुन-गुनकर/सम्पादक के गुण; यथाभ्यास/पास की नोचता हुआ घास' में पहले चरण में 'र' वर्ण की अनेक बार आवृत्ति और दूसरे चरण के 'गुन' की तीसरे चरण में 'गुण' के रूप में आवृत्ति ही ध्यातव्य नहीं है, तीसरे चरण के 'यथाभ्यास' के साथ चौथे चरण के 'पास' और 'घास' की आवृत्ति भी ध्यातव्य है। प्रायः पूरी कविता छोटे-बड़े कारु-कार्यों से इस तरह अलंकृत है कि अभिव्यक्ति में एक विलक्षण सौन्दर्य उत्पन्न हो गया है। रीतिकाल के कवियों ने इस प्रकार के अलंकार को काव्य-शक्ति के प्रदर्शन का एक स्वतन्त्र क्षेत्र समझ लिया था, जिससे उनकी कविता को लाभ से अधिक क्षति पहुँची। निराला का अलंकरण तुलसीदास की पद्धति पर है, जिसमें जितना महत्त्व अलंकरण का है, उससे अधिक महत्त्व कविता के स्थापत्य का। निराला का ध्यान भी कविता के स्थापत्य से कभी नहीं हटता, जिससे उनकी कविता की भीतरी सजावट एक दूसरे स्तर पर भी पाठकों को सजग रखकर उन्हें काव्यानन्द तो प्रदान करती है, लेकिन उन्हें रास्ते में ही रोक नहीं लेती।

भाषा-प्रयोग के मामले में भी 'सरोज-स्मृति' में बहुत वैषम्य है। इसके दो स्तर तो बिलकुल स्पष्ट हैं, जिनमें कोई मेल नहीं दिखलाई पड़ता। पहला स्तर कवित्वपूर्ण भाषा का है और दूसरा बिलकुल बेरंग और गद्यात्मक बातचीत वाली भाषा का, जिसका सामना होने पर लगता ही नहीं है कि हम कोई कविता पढ़ रहे हैं। छन्द और तुक में बँधी होने से काव्य-भाषा का हलका-सा तनाव उसमें जरूर है, लेकिन वह अपर्याप्त है। पाठकों को यह बतलाने की आवश्यकता नहीं होनी चाहिए कि वह अंश निराला के दूसरे विवाह और फिर सरोज के विवाह से सम्बन्धित है, जिसमें निराला की सास उनसे निवेदन करती हैं, वे स्वगत-भाषण करते हैं और फिर शिवशेखर द्विवेदी को सारी बातें समझाते हैं। यह अंश 'तुलसीदास' के उस अंश की याद दिलाता है, जो रत्नावली के भाई और उसकी बातचीत से सम्बन्धित है। ऊपर डा. शर्मा के हवाले से कहा जा चुका है कि संवाद-रचना में निराला काफी कमजोर हैं, फिर भी 'सरोज-स्मृति' के संवादों में प्रयुक्त यह भाषा इस कविता को कमजोर नहीं करती, बल्कि छायावादी कविता के भीतर उनके तेवर को पूरे तौर पर सामने लाती है। कविता और गद्य के वैषम्य और मिश्रण से उन्होंने एक नए ढंग की कविता लिखी, जैसी किसी अन्य छायावादी कवि ने नहीं लिखी। गौर करने पर पता चलता है कि नीरस गद्यात्मक अंशों के बीच भी कभी ऐसी पंक्तियाँ आ जाती हैं, जो उन्हें आलोकित

और झंकृत कर देती हैं। सास के साथ पहली बातचीत के प्रसंग में 'आई पुतली' तू खिल-खिल-खिल/हँसती' और 'कर स्नान-शेष, उन्मुक्त-केश' पंक्तियाँ ऐसी ही हैं। इसी तरह उनके साथ दूसरी बातचीत में 'सुनकर, गुनकर चुपचाप रहा,/कुछ भी न कहा,–न अहो, न अहा'-जैसी पंक्तियाँ आती हैं, जो अपनी सादगी के कारण ही हृदय को बेध डालती हैं और पूरा प्रसंग अत्यन्त मार्मिक हो उठता है। सरोज के विवाह के प्रसंग में निराला के स्वगत-भाषण में 'ऐसे शिव से गिरिजा-विवाह/करने की मुझको नहीं चाह' इन पंक्तियों की वैसी ही भूमिका है। शिवशेखर द्विवेदी के साथ निराला का जो संवाद है, उसकी शुष्कता भी इन पंक्तियों के साथ समाप्त हो जाती है–'देखा विवाह आमूल नवल;/तुझ पर शुभ पड़ा कलश का जल।'

'सरोज-स्मृति' का छन्द 'बैरगिया नाला जुलुम जोर' के सोलह मात्राओंवाले एक लोकछन्द से लिया गया बतलाया जाता है, लेकिन वस्तुतः यह पद्धरि वा पद्धटिका नामक मात्रिक छन्द है, जो सोलह मात्राओं का होता है और नियमतः जिसका अन्त जगण से होता है। लेकिन निराला ने इस जगणवाले नियम को नहीं माना है और स्वतन्त्रतापूर्वक चरण के अन्त में जो गण रखना चाहा है, रखा है, जैसे तुलसीदास ने रामचरितमानस में सोलह मात्राओं के ही भिन्न लयवाले चौपाई छन्द का अत्यन्त स्वतन्त्रतापूर्वक प्रयोग कर उससे तरह-तरह के संगीत की सृष्टि की है और अपने छन्द-प्रयोग को एकरस होने से बचाया है। 'सरोज-स्मृति' में छन्द-सम्बन्धी वैषम्य इस रूप में दिखलाई पड़ता है कि छन्द छोटा है, लेकिन वाक्य उसमें कवि ने प्रायः बड़े-बड़े रखे हैं। स्वभावतः वे चरण के साथ समाप्त नहीं होते और अगले चरणों में भी प्रवाहित होते रहते हैं।

उदाहरणार्थ–

जीवित-कविते, शत-शर-जर्जर
छोड़कर पिता को पृथ्वी पर
तू गई स्वर्ग, क्या यह विचार–
"जब पिता करेंगे मार्ग पार
यह, अक्षम अति, तब मैं सक्षम,
तारूँगी कर गह दुस्तर तम?"

या फिर

अस्तु मैं उपार्जन को अक्षम
कर नहीं सका पोषण उत्तम
कुछ दिन को, जब तू रही साथ,
अपने गौरव से झुका माथ,
पुत्री भी, पिता-गेह में स्थिर
छोड़ने के प्रथम जीर्ण अजिर।

बात केवल बड़े वाक्यों की नहीं है, ये वाक्य गद्यात्मक भी हैं, जो छायावाद-काल के लिए एक नई बात थी। प्रगीतात्मक कविता की भाषा में प्रायः गद्यात्मक वाक्य नहीं मिलते, क्योंकि उसमें यथार्थ-चित्रण के स्थान पर आत्माभिव्यक्ति की प्रधानता होती है। निराला ने मुक्तछन्द में लिखी गई कविताओं से गद्यात्मक वाक्य-विन्यास का प्रयोग शुरू किया, जो

उनमें यथार्थ की प्रवृत्ति बढ़ने के साथ बढ़ता गया। एक तरफ छन्द का खिंचाव और दूसरी तरफ वाक्य का फैलाव—इस कशमकश में 'सरोज-स्मृति' की भाषा में गजब का तनाव भर गया है। एक तनाव वाक्यों में सरलता और जटिलता को लेकर भी है। वाक्य का कोई हिस्सा बहुत सरल है, तो कोई हिस्सा जटिल, जिसमें गूढ़ अर्थ छिपा होता है। इस कविता के प्रत्येक स्तर पर वैषम्य है, जिससे इसमें एक ऐसा तनाव पैदा हुआ है, जैसा वीणा-जैसे वाद्ययन्त्र के चढ़े हुए तारों में ही देखने को मिलता है।

रही बात इस कविता के आधार पर निराला के जनता का कवि होने की। जनता का कवि वही नहीं होता है, जो जन-भाषा में उसके जीवन-यथार्थ के बारे में लिखता है, बल्कि वह भी होता है, जिसकी भाव-धारा जनसमर्थक होती है और जिसकी लेखन-शैली नितान्त 'यथार्थवादी' न होकर 'कलात्मक' होती है। इस दृष्टि से प्रेमचन्द ही जनता के लेखक नहीं हैं, प्रसाद भी जनता के लेखक और कवि हैं। डा. शर्मा मुक्तिबोध को जनता का कवि नहीं मानते, क्योंकि उनकी कसौटी नागार्जुन और केदारनाथ अग्रवाल-जैसे सरल कविता लिखनेवाले कवि हैं, लेकिन वे निराला को जनता का कवि मानते हैं, यह भले उनके साथ किया गया उनका पक्षपात हो, लेकिन यह ठीक है। 'सरोज-स्मृति' कलात्मक कविता होते हुए भी अवध के छोटे किसानों के जीवन-चित्र को हमारे सामने लाती है और अपनी कलात्मकता से पाठकों के सौन्दर्य-बोध के धरातल को ऊपर उठाती है। ऐसी स्थिति में यह निर्विवाद रूप से एक जनता के कवि की रचना है। निराला ने कभी कविता में एक तरह की भाषा का प्रयोग नहीं किया। उन्होंने उसमें हमेशा भाषा के अनेक स्तर कायम करके हिन्दी कविता को समृद्ध करने की कोशिश की। उनकी काव्य-भाषा का यह स्तर, जो अत्यन्त उदात्त और ओजस्वी है, कठिन कहा जाता है। हिन्दी में उसका विरोध भी हुआ था और उनसे माँग की गई थी कि वे सरल भाषा का प्रयोग किया करें। उत्तर में निराला ने 'सुधा' में 'भाषा' शीर्षक एक टिप्पणी लिखी थी, जिसमें उन्होंने कहा था कि अभी तो लोग सीधी भाषा के प्रयोग की ही माँग कर रहे हैं, मुमकिन है, एक दिन लोग यह भी कहने लगें कि भाव सीधे होने चाहिए! निश्चय ही इस संकीर्ण 'जनवादी' दृष्टिकोण को छोड़कर ही 'सरोज-स्मृति'-जैसी क्रान्तिकारी कविता की श्रेष्ठता को समझा जा सकता है।

प्रेयसी

प्रेम निराला के लिए कविता का एक महत्त्वपूर्ण विषय था। इसकी अनुभूति व्यक्ति को युवावस्था के आगमन के साथ होती है। स्वभावतः इस प्रसंग को लेकर उन्होंने अपनी काव्य-रचना के पहले दौर में 'रेखा' शीर्षक से तीन कविताएँ लिखीं, जो 'सुधा', 'इन्दु' और 'माधुरी' के 1927-28 के अंकों में प्रकाशित हुईं। उनमें से पहली कविता को पूर्णतर मानकर उन्होंने द्वितीय 'अनामिका' में संगृहीत किया और बाकी दो को छोड़ दिया। अब वे तीनों ही कविताएँ क्रम से 'निराला रचनावली' के प्रथम खंड में संकलित हैं। 'गीतिका' के गीतों के रचना-काल में भी निराला ने 'प्रेम के प्रति' शीर्षक एक कविता लिखी। इसे भी उन्होंने द्वितीय 'अनामिका' में ही शामिल किया।

यहाँ 'रेखा' शीर्षक कविताओं की संक्षेप में चर्चा आवश्यक है। पहली कविता में निराला ने सर्वप्रथम युवावस्था के आरम्भ के साथ उत्पन्न होनेवाली प्रेम-भावना का वर्णन किया है, जो कि जितना ही सूक्ष्म है, उतना ही मनोवैज्ञानिक। जब युवाचित्त में प्रेम-भावना उत्पन्न होती है, तो वेदान्त-प्रभावित युवक सोचता है कि कहीं ऐसा तो नहीं है कि वह जिसे प्रेम समझ रहा है, वह उसे सौ-सौ मोहक बन्धनों में जकड़ने वाली जड़ता हो? उसे आश्चर्य होता है :

तृष्णा की जागृति का
मूर्त राग नयनों में।
हुताशन विश्व के शब्द-रस-रूप-गन्ध
दीपक-पतंग-से अन्ध थे आ रहे
एक आकर्षण में
और यह प्रेम था!

वह प्रेम को सारवान् समझता था, लेकिन उसे जो अनुभव हो रहा था, उससे लगता था कि वह तो असार तृष्णा या वासना-मात्र है। बाद में वह इस नतीजे पर पहुँचता है कि नहीं, उसके हृदय में जो उत्पन्न हुआ था, वह प्रेम ही था—'खींचा उसी ने था हृदय यह,/जड़ों में चेतन-गति कर्षण मिलता कहाँ?' तत्पश्चात् निराला ने युवक की प्रेम-प्राप्ति अर्थात् प्रेमिका प्राप्त होने के बाद का जो वर्णन किया है, वह कई दृष्टियों से महत्त्वपूर्ण है। पहले तो उन्होंने यह कहा है :

पाया आधार
भार-गुरुता मिटाने को,
था जो तरंगों में बहता हुआ,

कल्पना में निरवलम्ब,
पर्यटक एक अटवी का अज्ञात,
पाया किरण-प्रभात–
पथ उज्ज्वल, सहर्ष गति।

फिर यह कि–

केन्द्र दो आ मिले
एक ही तत्त्व के,
सृष्टि के कारण वे,
कविता के काम-बीज।
कौन फिर फिर जाता?
बँधा हुआ पाश में ही
सोचता जो सुख-मुक्ति कल्पना के मार्ग से,
स्थित भी जो चलता है,
पार करता है गिरिशृंग, सागर-तरंग,
अगम गहन अलंघ्य पथ...

यह निराला का प्रेम-दर्शन है। प्रेम वह चीज है, जो बन्धन में भी मुक्ति प्रदान करता है। यह कोई हवाई चीज नहीं, बल्कि ठोस हकीकत है, जो दो व्यक्तियों–पुरुष और स्त्री–के समान हृदयों या भावों के मिलन का परिणाम होता है। निराला उन भावों के बारे में कहते हैं, 'सृष्टि के कारण वे,/कविता के काम-बीज'। जाहिर है कि यह प्रेम बहुत कुछ 'कामायनी' की वह 'प्रेम-कला' है, जिसका सन्देश सुनाने के लिए, काम के अनुसार, इस संसार में श्रद्धा का अवतरण हुआ था।

'रेखा' शीर्षक बाकी दो कविताएँ अपेक्षाकृत छोटी हैं, लेकिन उनकी अन्तर्वस्तु भी वही है, जो पहली कविता की। दूसरी कविता में युवक को प्रेम का आश्वासन उन पथिकों से प्राप्त होता है, जो 'मन थे सौंपे हुए गृह की सीमा में/प्रियतमा को चुपचाप', यानी जो संन्यासी नहीं, गृही थे। जो पक्षी की तरह आकाश में उड़ानें भरते थे, लेकिन जिनकी नत दृष्टि अपने घोंसले से लगी हुई थी। निराला के शब्दों में, 'प्रेम की असीमता ने/प्लावित कर दी सीमा/बन्धन आनन्दमय हो रहा।' तीसरी कविता में प्रेम का रूप अत्यधिक व्यापक है। इसमें प्रेमिका कवि को देवी की तरह मिलती है, जिससे उसका पहले का जड़ और दीन-हीन जीवन बिलकुल बदल जाता है। वह कहता है–'ज्योति में तेरी प्रिय/परिचय अपना हुआ,–/उसी दिन देखा था मैंने ऐश्वर्य निज,/शक्ति निज,/निज अमूल्य वैभव का फैला संसार'। इतना ही नहीं, वह यह भी कहता है कि उससे मिलने के बाद भीतर और बाहर दोनों में साम्य दिखलाई पड़ा, यानी जो भीतर था, वह बाहर। इस प्रेमिका को वस्तुतः 'देवी' समझने का भ्रम न हो, इसलिए इस कविता के आरम्भिक अंश को देखना जरूरी है :

रेखा जीवन की!–
अयि प्रथम परिचय की प्रिया!–
ज्योति में अपनी जब
स्वप्न एक सुप्ति की सजल,

चिर-चन्द्रिका, कुमारी तू
नग्न-पद,
आई अयि चंचल,
हृदय के सब सुप्त दल खुल गए,
अन्ध अन्तर में वह प्रथम प्रभात आया।

'प्रेम के प्रति' शीर्षक कविता में भी निराला ने प्रेम से ही सृष्टि की शुरुआत मानी है और कहा है कि वह दो प्राणियों को जोड़नेवाला सूत्र होकर भी असूत्र है! प्रेम वासना नहीं है; वह वासना होकर भी उससे परे है! वह दिव्य है, लेकिन उनके अनुसार उसकी दिव्यता मनुष्यनिरपेक्ष नहीं।

यहाँ रवीन्द्रनाथ के 'मानव-सत्य' को स्मरण करना आवश्यक है। इसी शीर्षक के अपने व्याख्यान में सार-रूप में उन्होंने जो कहा है, वह थोड़ा लम्बा होने पर भी उद्धरणीय है–"जो सारे जगत् का भूमा है उसे उपलब्ध करने की साधना में कभी-कभी यह उपदेश मिलता है–'लोकालय छोड़ो, गुहा में जाओ।' इस साधना के विषय में कुछ कहने का मुझे अधिकार नहीं है। लेकिन मेरा मन जिस साधना को स्वीकार करता है वह कहती है–अपना त्याग न करो; अपने बीच ही उस महान् पुरुष को उपलब्ध करने का क्षेत्र है; वह निखिल मानव-जाति का आत्मा है। उसकी उपेक्षा करते हुए किसी अमानवीय या अतिमानवीय सत्य तक पहुँचने की बात यदि कोई करे तो उसे समझने की शक्ति मेरे पास नहीं है। मेरी बुद्धि मानवीय बुद्धि है, मेरा हृदय मानवीय हृदय है, मेरी कल्पना मानवीय कल्पना है। उसको मैं कितना ही परिमार्जित करूँ, है तो वह मानवचित्त। जिसे हम विज्ञान कहते हैं वह मानव-बुद्धि से ही प्रमाणित है, जिसे ब्रह्मानन्द कहते हैं वह भी मानव-चैतन्य में व्यक्त आनन्द है। इस बुद्धि में, इस आनन्द में, जिसको हम उपलब्ध करते हैं वह भूमा है–लेकिन वह 'मानवीय भूमा' है। उसके बाहर कुछ होना या न होना मनुष्य के लिए बराबर है। मनुष्य को विलुप्त करके ही यदि मुझे मुक्ति मिल सकती है, तो मैं मनुष्य हुआ ही क्यों?" इस उद्धरण में कहीं प्रेम का जिक्र नहीं है, लेकिन सचेत पाठक महसूस करेंगे कि निराला की प्रेम-भावना रवीन्द्रनाथ की इस भावना से बाहर की चीज नहीं है। असल चीज है, मानवीय अनुभूति में ही दिव्य अनुभूति की प्राप्ति; बन्धन में ही मुक्ति की उपलब्धि। जैसे उनकी कवि-दृष्टि के निर्माण में विवेकानन्द का हाथ था, वैसे ही रवीन्द्रनाथ का भी, यह असन्दिग्ध है।

'रेखा' शीर्षक कविताओं में निराला ने जो कहना चाहा था, उसी को उन्होंने बाद में 'प्रेयसी' शीर्षक कविता में बेहतर और पूर्णतर ढंग से प्रस्तुत किया। यह कविता 'माधुरी' के नवम्बर, 1935 के अंक में प्रकाशित हुई। कहा जा चुका है कि यह वह कविता है, जिसकी रचना निराला ने 'सरोज-स्मृति' की रचना के एक सप्ताह बाद ही की थी। यह इस बात का प्रमाण है कि बड़े-से-बड़े आघात से भी उनका रचनात्मक व्यक्तित्व विघटित नहीं होता था, बल्कि वह उससे और संगठित हो जाता था, जिसका मतलब यह है कि कविता उनके लिए व्यक्तित्व के प्रक्षेपण का ही नहीं, उसे संगठित करने का भी माध्यम थी। 'प्रेयसी' स्पष्टतः 'रेखा' शीर्षक कविताओं की ही भाव-भूमि की कविता है, लेकिन उनसे अधिक ललित और उदात्त। यह निराला की उल्लेखनीय कविताओं में से एक है, क्योंकि इसमें उन्होंने प्रेम का वर्णन उसकी अथाह गहराइयों में जाकर किया है। बड़ी बात यह है

कि यह प्रेम मुक्तिप्रदाता होते हुए भी मानवीय जीवन के बन्धन में बँधा हुआ है; दिव्य होते हुए भी लौकिक अथवा सांसारिक है। कविता में एक कथा है, जिसका परिदृश्य पूर्णतः सामाजिक है। 'रेखा' शीर्षक कविताओं से एक भिन्नता इसमें यह है कि वे कविताएँ जहाँ प्रेमिका के प्रति प्रेमी का आत्मनिवेदन हैं, यह प्रेमी के प्रति प्रेमिका का।

2

'प्रेयसी' प्रसंगानुसार पाँच छोटे-बड़े खंडों में विभाजित कविता है। पहले खंड में यौवनागम के साथ प्रेयसी में प्रेम-भावना के उदय और अपने प्रेमी के साथ उसकी मुलाकात का वर्णन है, दूसरे खंड में उस मुलाकात की कथा है, तीसरे खंड में प्रेम के बाद की स्थिति का, चौथे खंड में प्रेमी के साथ उसके पलायन अथवा मुक्ति प्राप्त करने का और पाँचवें खंड में उसके परवर्ती जीवन का वृत्तान्त है। इस विभाजन का संकेत 'अनामिका' के प्रथम संस्करण के पाठ में है, उसके बाद के संस्करणों में नहीं। कविता आकार में 'रेखा' शीर्षक पहली कविता से बड़ी नहीं है, लेकिन जैसा कि अभी-अभी संकेत किया गया है, इसके वर्णन में अत्यधिक गहराई है, इसे कवि ने ठोस सामाजिक आधार प्रदान किया है और इसकी कलात्मक प्रौढ़ि भी प्रकर्ष पर पहुँची हुई है।

सर्वप्रथम प्रेयसी अपने ऊपर युवावस्था के अवतरण का वर्णन करती है। कहती है कि मेरे अंग-अंग को घेरकर तरुणाई की तरंग लहरा उठी, तो मुझे ऐसा प्रतीत हुआ कि मैं एक ज्योतिर्मयी लता में रूपान्तरित हो गई हूँ, जिसने मेरे शरीररूपी वृक्ष को लपेट लिया है! प्रेयसी अपने को 'युवती' या 'तरुणी' के रूप में पा रही है : शरीर भी उसी का है, लेकिन जैसे उससे अलग। वसन्तागम के साथ उस लता में गुच्छ-गुच्छ नए सुगन्धित फूल खिल उठे। यह वसंतागत स्पष्टतः यौवनागम है। निराला की पहले की उक्ति स्मरणीय है– 'अभी-अभी ही तो आया है/मेरे वन में मृदुल वसन्त', जिसमें वसन्त 'यौवन' के लिए ही प्रयुक्त है। यहाँ वे वसन्त को इसलिए ले आए हैं कि लता में फूल खिलने का प्रसंग है। स्पष्टतः इसके द्वारा वे युवावस्था के आगमन के साथ शरीर में होनेवाले विकास की ओर संकेत करते हैं। उनके शब्दों में–

घेर अंग-अंग को
लहरी तरंग वह प्रथम तारुण्य की,
ज्योतिर्मयि-लता-सी हुई मैं तत्काल
घेर निज तरु-तन।
खिले नव पुष्प जग प्रथम सुगन्ध के,
प्रथम वसन्त में गुच्छ-गुच्छ।

विद्वानों ने ठीक ही संकेत किया है कि प्रथम दो पंक्तियों पर रवीन्द्रनाथ की प्रसिद्ध कविता 'विजयिनी' की इस पंक्ति का प्रभाव है–'अंगे-अंगे यौवनेर तरंग उच्छल', जिसका निराला ने 'तट पर' शीर्षक कविता में इस रूप में अनुवाद किया है–'अंग-अंग में नव-यौवन उच्छृंखल'', लेकिन उनका कहना यह भी है कि निराला द्वारा प्रयुक्त 'घेर' शब्द उनकी उक्ति को मौलिकता का स्पर्श प्रदान कर देता है। इस 'घेर' शब्द की व्यंजना यह है कि प्रेयसी

यौवनागम के साथ शरीर में होनेवाले परिवर्तनों के आगे विवश थी, उससे चकित। आगे की पंक्तियों में उसे जो पुष्पित लता के रूप में कल्पित किया गया है, उस पर कुमारसम्भव के इस श्लोक का प्रभाव है–

आवर्जिता किंचिदिव स्तनाभ्यां वासो वसाना तरुणार्करागम्।
पर्याप्तपुष्पस्तबकावनम्रा संचारिणी पल्लविनी लतेव।

यौवनभार से झुके हुए तन पर तरुण सूर्य के समान लाल रंग के कपड़े पहने हुए पार्वती ऐसी लग रही थीं, मानो वे फूलों के गुच्छों के भार से विनम्र नई लाल कोंपलोंवाली चलती-फिरती लता हों।

कालिदास ने शकुन्तला को भी लता के रूप में चित्रित किया है, यथा अभिज्ञानशाकुन्तल के इस श्लोक में :

अधरः किसलयरागः कोमलविटपानुकारिणौ बाहू।
कुसुममिव लोभनीयं यौवनमङ्गेषु संनद्धम्॥

अधर किसलय की तरह लाल है, बाहु कोमल शाखाओं की तरह हैं और युवावस्था ने, जो कि फूल की तरह आकर्षक है, उसके सभी अंगों को व्याप्त कर रखा है।

निराला के वर्णन की कालिदास के वर्णनों से तुलना करने पर दोनों का अन्तर भी स्पष्ट हो जाता है। वह यह कि छायावादी कवि की प्रवृत्ति के अनुरूप निराला ने स्थूलता से बचने का प्रयास किया है और संकेतों से अधिक काम लिया है। असल चीज है तरुणी की वनस्पति के रूप में कल्पना, जो कि हम एजरा पाउंड में भी पाते हैं, उदाहरण के लिए उनकी 'द गर्ल' शीर्षक प्रसिद्ध कविता में। 'खिले नव पुष्प जग प्रथम सुगन्ध के' में जो 'जग' है, 'जगकर' के लिए, वह वही है, जो निराला के प्रसिद्ध गीत 'रँग गई पग-पग धन्य धरा,–/हुई *जग* जगमग मनोहरा' में है। ताज्जुब नहीं कि आगे की पंक्तियों में 'जग' से तुक मिलानेवाला शब्द 'रँग' भी मौजूद है।

यौवनागम के साथ प्रेयसी के हृदय में प्रणय-भावना उत्पन्न होती है, जिसका निराला ने बहुत ही सुन्दर वर्णन किया है :

दृगों को रँग गई प्रथम प्रणय-रश्मि,–
चूर्ण हो विच्छुरित
विश्व-ऐश्वर्य को स्फुरित करती रही
बहु रंग-भाव भर
शिशिर ज्यों पत्र पर कनक-प्रभात के,
किरण-सम्पात से।

हृदय में प्रणय-भावना उत्पन्न हुई, तो उससे आँखें अनुरंजित हो गईं। उनसे फूटकर अनेक प्रकार के रंग और भाव चतुर्दिक् विकीर्ण होने लगे। वे रंग और भाव जैसे विश्व-ऐश्वर्य के सूचक थे, क्योंकि उनका सम्बन्ध प्रेम से था, जिसे निराला सृष्टि की सबसे मूल्यवान् सम्पदा मानते हैं। इसकी उन्होंने बहुत ही सटीक उपमा दी है। वह दृश्य ऐसा था, जैसे प्रभात-काल में पत्ते पर पड़े हुए ओसबिन्दुओं पर सूर्य की किरण के पड़ने से उनसे फूटकर अनेक रंग बिखर रहे हों।

प्रेयसी के सौन्दर्य की चर्चा चारों ओर होने लगी, जिसके परिणामस्वरूप उसकी एक झलक-भर पाने के लिए व्याकुल होकर चारों तरफ से युवक आने लगे, जैसे भ्रमर-समूह। वे सुन्दर मुखवाले और कोमल गुंजारवाले थे। गुंजार वे दो तरह से कर रहे थे—प्रकट और अप्रकट। जो प्रकट थे, वे प्रसन्न होकर उसकी सुन्दरता की प्रशंसा कर रहे थे और जो अप्रकट थे, वे मन में तो बोल रहे थे, पर ऊपर से चुप थे। 'गुंजार' का अर्थ यहाँ स्वतः स्पष्ट है। भौंरों की उपमा निराला ने पतंग से इसलिए दी है कि वे दीपक पर मर मिटते हैं। 'हरे' शब्द का अर्थ है 'प्रसन्न'। यह इस अर्थ में प्रयुक्त होनेवाला निराला का प्रिय शब्द है। 'वन-बेला' शीर्षक अपनी कविता में भी उन्होंने कहा है—'भाव में हरा मैं, देख मन्द हँस दी बेला।' मधुर संगीत-सृष्टि की दृष्टि से यह बन्द देखने योग्य है :

दर्शन-समुत्सुक युवाकुल पतंग ज्यों
विचरते मंजु-मुख
गुंज-मृदु अलि-पुंज
मुखर-उर मौन वा स्तुति-गीत में हरे।

युवावस्था की देहली पर पदक्षेप करके प्रेयसी काफी प्रसन्न थी। उसके लिए यह बहुत ही आनन्ददायक अनुभव था। जैसे चारों ओर आनन्द के झरने झर रहे थे। उनकी फुहारें अन्तर को बार-बार रोमांचित कर रही थीं। चतुर्दिक् झरनों के झरने से मंडलाकार कलरव की जो तरंगें उठ रही थीं, उनके बीच वह अपने को समुद्र से ऊपर उठती उर्वशी की तरह महसूस कर रही थी। उसमें निराधार उसकी छरहरी काया काँप रही थी। प्रेम उसके भीतर उत्पन्न हो चुका था, लेकिन अभी अभीप्सित प्रेमी नहीं मिला था, इसलिए उसकी दृष्टि क्षितिज के पार के प्रिय से ही बँधी हुई थी। वह प्रिय अरूप था, यानी हाड़-मांस का मनुष्य नहीं, शुद्ध कल्पना। निश्चय ही यहाँ 'अरूप' में इस बात की ध्वनि है कि निराला का प्रेम रूप की तलाश करता है, लेकिन वह उसी तक सीमित रहनेवाला नहीं। बन्द इस प्रकार है :

प्रस्रवण झरते आनन्द के चतुर्दिक्—
भरते अन्तर पुलकराशि से बार-बार
चक्राकार कलरव-तरंगों के मध्य मैं
उठी हुई ऊर्वशी-सी,
कम्पित प्रतनु-भार,
विस्तृत दिगन्त के पार प्रिय-बद्ध-दृष्टि
निश्चल अरूप में।

इसमें उर्वशीवाला जो प्रसंग है, वह रवीन्द्रनाथ की 'उर्वशी' के इस अंश की याद दिलाता है :

आदिम वसन्तप्राते उठेछिले मन्थित सागरे,
डान हाते सुधापात्र, विषभांड लए वाम करे—
तरंगित महासिन्धु मन्त्रशान्त भुजंगेर मतो
पड़ेछिल पदप्रान्ते उच्छ्वसित फणा लक्षशत
करि अवनत।

आदिम वसन्त-प्रभात को तुम मन्थित समुद्र से ऊपर उठी थीं, दाहिने हाथ में सुधापात्र और बाएँ हाथ में विषघट लिए हुए। तरंगित समुद्र मन्त्रमुग्ध भुजंग के समान अपने फूत्कार से भरे लाखों फणों को झुकाकर तुम्हारे चरणों में पड़ा था।

निराला ने पूरा चित्र नहीं लिया, इससे सिर्फ 'उठेछिले' लिया है, जो अपने ऊपर उनकी विलक्षण नियन्त्रण-क्षमता का परिचायक है। यह चित्र किंचित् भिन्न रूप में 'वन-बेला' में भी है–'जैसे पार कर क्षार सागर/अप्सरा सुघर/सिक्त-तन-केश, शत लहरों पर/काँपती विश्व के चकित दृश्य के दर्शन-शर।'' निराला ने अपने चित्र को अपने ढंग से नादपूर्ण बनाया है। हमारा ध्यान जिस बात की तरफ जाता है, वह यह है कि पूरे बन्द में सिर्फ 'र'-जैसे घोष वर्ण का इक्कीस बार प्रयोग है।

इसी अवस्था में प्रेयसी की मुलाकात युवक से होती है। वह कहती है :

हुआ रूप-दर्शन
जब कृतविद्य तुम मिले
विद्या को दृगों से,
मिले लावण्य ज्यों मूर्ति को मोहकर,–
शेफालिका को शुभ्र हीरक-सुमन-हार,–
श्रृंगार
शुचिदृष्टि मूक रस-सृष्टि को।

यह 'रूप-दर्शन' ऊपर के अरूप से सम्बद्ध है। अब तक प्रेयसी की प्रेम-भावना अमूर्त से बँधी हुई थी, अब उसे मूर्त आधार प्राप्त हुआ। पूरी कविता के मेल में इसमें यह ध्वनि भी है कि युवक के रूप में जैसे अरूप ने ही रूप धारण कर लिया था। प्रेयसी को प्रेमी का साक्षात्कार हुआ, तो उसने ऐसा महसूस किया, जैसे विद्या को विद्वान् मिल गया है, मूर्ति को मोहक लावण्य की प्राप्ति हो गई है, हरसिंगार का वृक्ष हीरे के समान उज्ज्वल फूलों के हार से लद गया है और पवित्र दृष्टिवाली मौन युवती का श्रृंगार कर दिया गया है, जिससे वह बोलती हुई लग रही है! विद्या पहले भी थी, लेकिन उसका उचित ग्राहक न था। मूर्ति भी बनकर तैयार थी, लेकिन जैसे उस पर अन्तिम ओप नहीं चढ़ाई गई थी। हरसिंगार का वृक्ष भी खड़ा था, लेकिन फूलों के कारण 'हँसती री डाली-डाली' वाली स्थिति न थी। 'रस-सृष्टि' का अर्थ 'युवती' है। युवती भी थी, लेकिन सज्जाहीन। अब जैसे पूरा दृश्यान्तर हो गया था। हरसिंगार के सफेद फूलों के लिए निराला की उपमा 'शुभ्र हीरक-सुमन-हार' बहुत मोहक है। मुक्तिबोध ने अपनी एक प्रेम-कविता 'एक दूसरे से हैं कितने दूर' में प्रेमिका के लिए कहा है–'राहगीर को जैसे साथी मिल जाता है/बंजारे को जैसे गाहक/पंडित को जैसे लघुसिद्धान्तकौमुदी मिलती/वैसे तुम मिल चुके मुझे बस इतना काफी/भूल-चूक की माफी!!' लेकिन इन पंक्तियों में जहाँ रोमांटिक ताजगी है, वहाँ निराला की उक्ति में क्लासिकी गरिमा और सौन्दर्य।

कविता के रूप में अपने प्रेमी के प्रति प्रेयसी का यह आत्मनिवेदन बहुत बाद का है, इसलिए कविता के दूसरे खंड में वह स्मृति का सहारा लेते हुए बतलाती है, विस्तार से, कि किस प्राकृतिक परिवेश में और किस अवस्था में उससे उसकी मुलाकात हुई तथा उसकी

उस पर क्या प्रतिक्रिया हुई। पहला वाक्य सत्रह पंक्तियों का है। उसके साथ दो पंक्तियों का एक और वाक्य उद्धृत करना जरूरी है :

याद है, उषःकाल,–
प्रथम-किरण-कम्प प्राची के दृगों में,
प्रथम पुलक फुल्ल चुम्बित वसन्त की
मंजरित लता पर,
प्रथम विहग-बालिकाओं का मुखर स्वर–
प्रणय-मिलन-गान,
प्रथम विकच कलि वृन्त पर नग्न-तनु
प्राथमिक पवन के स्पर्श से काँपती;
करती विहार
उपवन में मैं, छिन्न-हार
मुक्ता-सी निःसंग,
बहु रूप-रंग वे देखती, सोचती;
मिले तुम एकाएक;
देख मैं रुक गई–
चल पद हुए अचल,
आप ही अपल दृष्टि,
फैला समष्टि में खिंच स्तब्ध मन हुआ।
दिए नहीं प्राण जो इच्छा से दूसरे को,
इच्छा से प्राण वे दूसरे के हो गए!

इस उक्ति में सर्वप्रथम प्राकृतिक परिवेश का वर्णन है। वह उषःकाल था। पूर्वदिशा की आँखों में सूर्य की पहली किरण का कम्पन था। उससे चुम्बित वसन्त की मंजरित और प्रसन्न लता रोमांचित थी। विहग-कुमारिकाएँ बोल रही थीं, जैसे वे उनके मिलन का गान गा रही हों। अपनी टहनी पर अभी-अभी प्रस्फुटित कली सुबह की पहली-पहली हवा के स्पर्श से काँप रही थी। ध्यातव्य है कि इस वर्णन का एक-एक चित्र गतिशील या क्रियाशील है। किरण कम्पायमान है, लता रोमांचित, चिड़ियाँ गायनरत और कली भी काँपती हुई। जैसे रोमांटिक कवि का भावावेग तमाम चीजों में दौड़ रहा हो। निराला ओजस्वी और मधुर दोनों प्रकार के दृश्यांकन में पूर्ण समर्थ थे इसका ज्ञान तब होता है, जब हम 'प्रथम-किरण-कम्प प्राची के दृगों में' को 'राम की शक्ति-पूजा' की उक्ति 'निशि हुई विगत : नभ के ललाट पर प्रथम किरण' से मिलाकर देखते हैं। पहली उक्ति जहाँ माधुर्यपूर्ण है, वहाँ दूसरी ओजपूर्ण। कारण स्पष्ट है। पहली उक्ति का सन्दर्भ प्रेम है, जबकि दूसरी का युद्ध या शक्ति-साधना। विहग-बालिकाओं के 'प्रणय-मिलन-गान' और 'शक्ति-पूजा' के 'गाते खग नव-जीवन-परिचय' में पूर्ण समानता है, क्योंकि दोनों का सन्दर्भ एक ही है, प्रेम। अन्तिम चित्र भी, यानी कली के प्रभात-वायु के स्पर्श से वृन्त पर काँपनेवाला, 'वन-बेला' के उस चित्र से तुलनीय है, जिसमें कवि ने बेला से कहा है–'नाचतीं वृन्त पर तुम, ऊपर/होता जब उपल-प्रहार प्रखर!' यहाँ भी पहला चित्र कोमल है, तो दूसरा कठोर, क्योंकि पहला

प्रेम-प्रसंग में आया है, जबकि दूसरा जीवनोत्सर्ग के प्रसंग में। पहले चित्र में जो लक्ष्य करने योग्य बात है, वह यह कि उसमें कली को एक नवोढ़ा नायिका का रूप दिया गया है, जो नायक के स्पर्श से, जिसने उसे निर्वसन कर दिया है, काँप रही है! निराला ने समझ-बूझकर यहाँ 'नग्न-तनु' शब्द का प्रयोग किया है। डा. रामविलास शर्मा का यह कथन बहुत सही है कि उनके चित्र चित्र से अधिक मूर्ति होते हैं, इसलिए उनके बिम्ब-विधान को मूर्ति-विधान कहना अधिक सार्थक है। जैसे 'जुही की कली' में नायक-नायिका पवन और कली हैं, यहाँ भी। ऐसा लगता है कि प्रकृति की 'प्रेम-क्रीड़ा' निराला को विशेष आकर्षित करती थी।

आनन्द और उल्लास से पूर्ण उक्त उषःकाल में प्रकृति के विभिन्न प्रकार के दृश्यों का अवलोकन करती हुई प्रेयसी पुष्पोद्यान में विचरण कर रही थी। उसे चूँकि अपना प्रिय नहीं मिला था, चाहने पर भी, इसलिए वह अपने को एकाकिनी अनुभव कर रही थी, जैसे वह टूटी हुई माला से अलग पड़ी एक मुक्ता हो। उसके चिन्तनलीन होने का यही कारण था। इसी अवस्था में अचानक उसकी दृष्टि अपने भावी प्रेमी पर पड़ी। उसके कदम रुक गए, दृष्टि स्वयं स्थिर हो गई। जो मन समष्टि में फैला हुआ था, वह चारों ओर से खिंचकर व्यष्टि में, अपने आप में, केन्द्रित हो गया, साथ ही स्तब्ध। प्रेयसी कहती है, एक चमत्कार घटित हुआ, मैं पहले किसी और को अपना मन सौंपने का निष्फल प्रयास कर चुकी थी, इस बार वह मन अप्रयास किसी और को समर्पित हो गया! इससे यह प्रमाणित है कि यौवन की पहली अवस्था में मन में प्रेम जगता है, मन इधर-उधर भटकता भी है, लेकिन उसे प्रेमी या प्रेमिका नहीं मिलती। बाद में जब प्रेम को लौकिक आधार प्राप्त हो जाता है, वह सार्थकता लाभ करता है। प्रेयसी के साथ भी यही हुआ था। निराला ने दोनों अवस्थाओं का बहुत ही सटीक वर्णन किया है। उनकी इस वर्णन-शैली पर रवीन्द्रनाथ की प्रसिद्ध कविता 'बिदाय-अभिशाप' की शैली का प्रभाव है, जो उसके नीचे दिए जा रहे उद्धरण से स्पष्ट है। इसमें देवयानी कच से विदा माँगते समय उसके साथ अपनी पहली मुलाकात के बारे में कहती है :

आछे मन—
येदिन प्रथम तुमि आसिले हेथाय
किशोर ब्राह्मण, तरुण अरुण प्राय
गौरवर्ण तनुखानि स्निग्ध दीप्तिढाला,
चन्दने चर्चित भाल, कंठे पुष्पमाला,
परिहित पट्टवास, अधरे नयने
प्रसन्न सरल हासि, होथा पुष्पवने
दाँड़ाले आसिया—

मुझे वह दिन याद है, जब तुम पहली बार यहाँ आए थे। ब्राह्मण-किशोर, नवोदित सूर्य के समान। गौरवर्ण शरीर, स्निग्ध दीप्ति में ढला हुआ। चन्दनचर्चित भाल, गले में पुष्पमाला। रेशमी परिधान धारण किए हुए। होंठों और आँखों में प्रसन्न एवं सरल हास। तुम वहाँ पुष्पोद्यान में जाकर खड़े हुए।

वहाँ भी मुलाकात आकस्मिक थी, यहाँ भी है। वहाँ भी मिलन-स्थल पुष्पोद्यान था, यहाँ भी है। प्रसंग भी एक ही है, पवित्र और गहन प्रेम का उदय। देवयानी की तरह ही यहाँ निवेदन भी प्रेयसी का ही है और कच की तरह ही अपने प्रेमी के प्रति। उसी तरह काफी दिनों के बाद भी, स्मृति के आधार पर।

प्रेयसी आगे कहती है कि उसके हृदय में प्रेम उत्पन्न हुआ, तो ऐसा अनुभव हुआ कि वह जो अपने से ही दूर पड़ी हुई थी, अब खिंचकर अपने समीप आ गई और लेन-देन की जो दुनिया उसे घेरे हुए थी, वह उससे दूर चली गई। प्रेम निश्चय ही व्यक्ति को आत्मोन्मुख बनाता है। इसमें जैसे अपने आपसे उसका साक्षात्कार होता है। इसी बिन्दु पर उसे वैसी अनुभूति होती है, जैसी अन्यथा अपवादस्वरूप ही कभी सम्भव होती है। वही अनुभूति गहन होकर धीरे-धीरे व्यक्ति के हृदय का विस्तार कर उसे पूर्णतः सीमा-मुक्त कर देती है। विवेकानन्द के शब्दों में, "मानव-प्रेम की प्रकृति में भी (दैवी तत्त्व उपस्थित होते हैं।) तीव्र प्रेम के आरम्भिक क्षण में समस्त संसार तुम्हारे हृदय के साथ स्वर मिलाता ज्ञात होता है। ब्रह्मांड के सब पक्षी तुम्हारे प्रेम को गाते हैं, फूल तुम्हारे लिए खिलते हैं। यह स्वयं अनन्त नित्य प्रेम है, जिसमें से (मानव) प्रेम आता है।" यहाँ प्रेयसी के अपने प्रेमी से मिलन का और उसकी तन्मयता का निराला ने जो वर्णन किया है, वह जितना ही सटीक है, उतना ही सुन्दर और उतना ही भव्य भी। वह इस प्रकार है :

मिली ज्योति-छवि से तुम्हारी
ज्योति-छवि मेरी,
नीलिमा ज्यों शून्य से;
बँधकर मैं रह गई;
डूब गए प्राणों में
पल्लव-लता-भार
वन-पुष्प-तरु-हार
कूजन-मधुर चल विश्व के दृश्य सब,–
सुन्दर गगन के भी रूप-दर्शन सकल–
सूर्य-हीरकधरा प्रकृति नीलाम्बरा,
सन्देशवाहक बलाहक विदेश के।
प्रणय के प्रलय में सीमा सब खो गई!

युवक की सौन्दर्य-ज्योति से प्रेयसी की सौन्दर्य-ज्योति मिलकर एक हो गई, जैसे नीलिमा आकाश से अभिन्न रूप से मिली हुई है। पहले वह दिगन्त के पार के अरूप प्रिय से बद्ध थी, अब वह इस रूपवान् प्रिय से पूर्णतः बँध गई। उसके बाद प्रेम-भावना ने उसे इस तरह से आच्छादित कर लिया कि जिस प्राकृतिक परिवेश में वह खड़ी थी, वह उसमें पूर्णतः लीन हो गया। उसका मन इतना फैल गया कि उसमें पल्लवों और लताओं का पुंज, अपनी टहनियों पर खिले हुए उपवन के पुष्प और वृक्ष-राजि तथा पक्षियों के कलरव से मधुर इस विश्व के सारे चंचल दृश्य डूब गए। इतना ही नहीं, जैसे पृथ्वी के दृश्य उसमें लय हो गए, वैसे ही सुन्दर आकाश के दृश्य भी। हृदय पर हीरे की तरह सूर्य को धारण किए हुए नीलवसना प्रकृति तथा आकाश-मार्ग से विदेश को सन्देशा ले जाते हुए बादल भी उसके

विस्तार में आ गए। यह प्रणय का प्रलय था, जिसने प्रेयसी के हृदय को इस कदर व्याप्त कर लिया कि उसकी सारी सीमाएँ खो गईं। 'पंचवटी-प्रसंग' में लक्ष्मण के पूछने पर कि 'प्रलय किसे कहते है?' राम उन्हें बतलाते हैं कि, 'मन, बुद्धि और अहंकार का लय प्रलय है।' डा. शर्मा ने लिखा है कि प्रेयसी के भीतर घटित होनेवाला प्रलय वेदान्त के प्रलय के समानान्तर प्रणय का प्रलय है। निश्चय ही दार्शनिक गहराई से युक्त होते हुए भी यह प्रणय-प्रलय योगियों के उस प्रलय से भिन्न है, जो उनके 'सप्तम सोपान' पर पहुँचने के बाद ही होता है। 'रेखा' शीर्षक कविता की वे पंक्तियों ऊपर उद्धृत की जा चुकी हैं, जिनमें कवि ने प्रेम की असीमता द्वारा सीमा के प्लावित होने और बन्धन के आनन्दमय बन जाने की बात कही है।

'नीलिमा ज्यों शून्य से' में आकाश की जगह 'शून्य' शब्द का प्रयोग पर्याप्त अर्थव्यंजक है, जिससे यह संकेत मिलता है कि प्रेमी जीव होते हुए भी उससे ऊपर था। 'पल्लव-लता-भार/वन-पुष्प-तरु-हार' ये दस-दस मात्राओं से बने हुए दो चरण हैं, तुकान्त भी, जो इस मुक्तछन्द की कविता में अपने आप निर्मित हो गए हैं और उसे यहाँ अतिरिक्त रूप से झंकृत कर दिया है। समस्त शब्द-योजना से पत्र-पुष्पों के लदाव की व्यंजना होती है। 'तरु-हार' 'तोड़ती पत्थर' की 'तरु-मालिका' है। 'सूर्य-हीरकधरा' में जो सूर्य है, वह हीरे की तरह, यानी उसकी लालिमा समाप्त हो चुकी है। अब उषःकाल नहीं रहा। इसी बीच सूर्य उठकर ऊपर आ गया है और उसका रूप हीरे की तरह दमकने लगा है। 'सूर्य-हीरकधरा प्रकृति नीलांबरा'–यह बहुत ही उदात्त बिम्ब है, जो कविता के स्तर को बहुत ऊपर उठा देता है। उसी के साथ पाठक का रसानुभव भी ऊँचाई पर पहुँच जाता है। 'नीलांबरा' में 'अम्बर' का अर्थ वस्त्र है और उससे नीले आकाश की तरफ भी संकेत है। इससे तुलना करने पर महादेवीजी का 'शीशफूल कर शशि का नूतन' वाला बिम्ब सुन्दर प्रतीत होता है, उदात्त नहीं। इस मनोरम प्रसंग में निराला ने बादलों को 'सन्देशवाहक' बनाकर कालिदास के मेघदूत को सही जगह पर याद किया है। 'सूर्य-हीरकधरा' के साथ 'नीलाम्बरा', 'सन्देशवाहक' के साथ 'बलाहक' और 'प्रणय' के साथ 'प्रलय' की सानुप्रास पद-योजना कविता के तारों को दुबारे झंकृत कर देती है।

प्रेयसी युवक से बद्ध खड़ी रही। उसके भीतर जो कुछ घटित हुआ था उससे विस्मित वह बार-बार पृथ्वी को निहारने लगी। 'पृथ्वी' शब्द का प्रयोग निराला कभी-कभी 'दुनिया' के अर्थ में करते हैं, यथा 'सफलता' शीर्षक अपनी कहानी के अन्तिम अनुच्छेद में–'एक दिन, बाहर की पृथ्वी में प्रकाश की तरह प्रसिद्ध हो चुकने पर...।' यहाँ भी वही है। प्रेयसी ने पाया कि सबकुछ बदल गया था। पहले जो घटा थी, अब बरस रही थी। वह समझ नहीं पाई कि उसकी आँखों में दृष्टि को परिवर्तित कर देनेवाला यह कैसा रंगहीन अंजन लग गया है–'पहले की घन-घटा वर्षण बनी हुई,/कैसा निरंजन यह अंजन आ लग गया!' 'रेखा' शीर्षक दूसरी कविता में भी प्रेम की अनुभूति घटा से वर्षा बनकर कवि को बहा ले जाती है। रामकृष्ण अपने वार्तालाप में 'अनुराग-अंजन' का जिक्र करते थे। यह वह अंजन है, जिसे आँखों में लगा लेने से राधा को सर्वत्र कृष्ण ही दिखलाई पड़ते थे। प्रेयसी की आँखों में भी वही अंजन आ लगा था–'निरंजन अंजन'! इन संगीतपूर्ण शब्दों के उच्चारण से ही लगता है कि उससे जरूर यह चमत्कार घटित

हो सकता है। स्मरणीय है कि 'निरंजन' शब्द पूर्वप्रयुक्त 'अरूप' और 'शून्य'-जैसे शब्दों के मेल में है, जिससे इस कविता को एक दार्शनिक स्पर्श प्राप्त हुआ है। वैसे स्थिति सहज और सामान्य है, जो अन्य कवियों में भी वर्णित है। उदाहरण के लिए त्रिलोचन 'दिगन्त' के पहले ही सॉनेट में प्यार के टोने का वर्णन इस रूप में करते हैं–'जिससे यह सारी दुनिया फिर राई-रत्ती/और दिखाई देने लगती है। क्या जाने/कौन राग छाती में लगता है अकुलाने/इन्द्रधनुष-सी लहराती है पत्ती-पत्ती।' स्वाभाविक रूप से अपने परिदृश्य पर दृष्टि डालती हुई प्रेयसी जड़ीभूत हो गई, यानी जैसे समाधि की अवस्था में चली गई। थोड़ी देर के बाद उसे अपनी देह की सुध हुई, फिर घर की याद आई, तो लज्जा का अनुभव करते हुए वह घर की तरफ चल पड़ी। निराला के शब्दों में, 'उठे चरण दूसरी ओर को–/विमुख अपने से हुई!' यह 'दूसरी ओर' प्रेम की विपरीत-दिशा है, लेन-देनवाली दुनिया की ओर; यह अपनी ओर से हटानेवाली भी है। युवक से साक्षात्कार के बाद प्रेयसी ने अनुभव किया था कि 'दूर थी,/खिंचकर समीप ज्यों मैं हुई/अपनी ही दृष्टि में'। अब फिर वह आत्मोन्मुख से परोन्मुख हो रही थी। वह चुपचाप घर की तरफ चली, यद्यपि हृदय में सन्ताप भी था और उस पर प्रेम का भारी बोझ भी–'चली चुपचाप,/मूक सन्ताप हृदय में,/पृथुल प्रणय-भार।' इन तीन छोटी पंक्तियों में 'चुपचाप' और 'सन्ताप' का अनुप्रास तो है ही; जो ध्यातव्य है, वह तीसरी पंक्ति की शब्द-योजना, जो वस्तुतः भार या बोझ की सूचना देती है।

लेकिन कविता में केन्द्रीय महत्त्व की पंक्तियाँ आगे आती हैं, जब प्रेयसी कहती है :

देखते निमेषहीन नयनों से तुम मुझे
रखने को चिरकाल बाँधकर दृष्टि से
अपना ही नारी रूप, अपनाने के लिए,
मर्त्य में स्वर्गसुख पाने के अर्थ, प्रिय,
पीने को अमृत अंगों से झरता हुआ।

प्रेयसी ने जब अपने घर के लिए प्रस्थान किया, तो युवक निर्निमेष दृष्टि से उसे देखता रहा, जैसे हमेशा के लिए उसे बाँधकर अपने पास रख लेना चाहता हो। यहाँ 'अपना ही नारी रूप' उक्ति बहुत ही मार्मिक है। 'कालिदास और लालित्य' शीर्षक अपने निबन्ध में आचार्य हजारीप्रसाद द्विवेदी ने लिखा है, "केवलात्मा ब्रह्म विशुद्ध चैतन्य है, केवल ज्ञानरूप। उसकी सिसृक्षा ने ही उसे स्त्री और पुरुष में द्विधाविभक्त होने को प्रवृत्त किया था। एक ही केवलात्मा का द्विधाविभक्त होकर परस्पर आकृष्ट करने का जो सिलसिला किसी समय आरम्भ हुआ था, वही विश्वब्रह्मांड के प्रत्येक पिंड में आज भी चल रहा है।" इस प्रसंग में उन्होंने कालिदास के कुमारसम्भव का यह श्लोक उद्धृत किया है–"स्त्रीपुंसावात्मभागौ ते भिन्नमूर्तेः सिसृक्षया।/प्रसूतिभाजः सर्गस्य तावेव पितरौ स्मृतौ॥" श्रीरामकृष्णवचनामृत में भी एक स्थल पर रामकृष्ण कहते हैं–"सच्चिदानन्द ने स्वयं ही अपना रसास्वादन करने के लिए राधिका की सृष्टि की थी। राधिका सच्चिदानन्द कृष्ण के अंग से निकली थीं। 'आधार' सच्चिदानन्द कृष्ण ही हैं और श्रीमती के रूप में स्वयं ही 'आधेय' हैं–अपना रसास्वादन करने के लिए अर्थात् सच्चिदानन्द को प्यार करके आनन्द-सम्भोग करने के लिए।" यह 'अपना ही नारी रूप' के साथ 'अपनाने के लिए' की दार्शनिक पृष्ठभूमि को

पूर्णतः स्पष्ट कर देता है, लेकिन उक्ति में निराला का उद्देश्य दर्शन का आख्यान करना नहीं है। वे प्रेयसी और युवक के मानवीय प्रेम में जो दार्शनिक गहराई थी, उसे सूचित करना चाहते हैं। आगे की दो पंक्तियाँ इसकी पुष्टि करती हैं, खास तौर से दूसरी पंक्ति, जिसमें प्रेयसी के अंगों से झरनेवाली सौन्दर्यसुधा का वर्णन है और जो मानवीय ऊष्मा से भरपूर है। कहने की आवश्यकता नहीं कि इस वर्णन में विलक्षण पारदर्शिता है। निराला के लिए दैहिक सुख का हमेशा महत्त्व रहा है, इसलिए उनके प्रेम में भरपूर ऐन्द्रियता है। उस सुख का महत्त्व पुरुष के लिए भी है, यथा 'मली मुख चुम्बन-रोली', और स्त्री के लिए भी, यथा 'मौन पान करती अधरासव/कंठ लगी उरगी'। पहली पंक्ति का आशय यह है कि इस मर्त्यलोक में कोई स्वर्गीय वस्तु है, तो वह प्रेम है। निराला स्वर्ग और अमृत के सम्बन्ध को भी ध्यान में रखते हैं।

प्रेमी की निर्निमेष दृष्टि ऐसी थी कि प्रेयसी उसे भूलती नहीं और बाद में देर तक उसका वर्णन करती रहती है, उसकी स्मृतियों में निमग्न :

कैसी निरलस दृष्टि!
सजल शिशिर-धौत पुष्प ज्यों प्रात में
देखता है एकटक किरण-कुमारी को।–
पृथ्वी का प्यार, सर्वस्व उपहार देता
नभ की निरुपमा को,
पलकों पर रख नयन
करता प्रणयन, शब्द–
भावों में विशृंखल बहता हुआ भी स्थिर।

वह दृष्टि अतिशय तत्पर थी, स्फूर्ति से युक्त, प्रेमी की आकांक्षा को उदग्रता से व्यक्त करती हुई। निराला उपमा देते हैं, जैसे ओस से धुला हुआ आर्द्र पुष्प प्रभात-काल में एकटक किरण-सुन्दरी को देख रहा हो! 'शिशिर-धौत' में दृष्टि की पवित्रता व्यंजित है और 'सजल' में उसकी स्निग्धता। ऊपर भी उन्होंने अंगों से झरनेवाले अमृत का वर्णन किया है, मद्य का नहीं। फूल का तल्लीनतापूर्वक सुबह की किरण को देखना–यह चित्र अपने आप में जितना सजीव है, उतना ही सुन्दर। यह उन्हें विवेकानन्द की कविता 'गाई गीत शुनाते तोमाय' से मिला था, जिसका 'गाता हूँ गीत मैं तुम्हें ही सुनाने को' शीर्षक से उन्होंने हिन्दी में अनुवाद किया है। इस कविता के बिलकुल अन्त में यह चित्र आता है–'शिशिर से धुले फुल्ल मुख को उठाकर वे/तकते रह जाते हैं/भास्कर को सुमन-वृन्द।' (मूल में : 'तोले मुख शिशिर-मार्जित/फुल्ल फुल रबि-पाने।') पहले निराला किरण को कुमारी कहते हैं, फिर विलक्षण प्रकृति-प्रेम का परिचय देते हुए 'नभ की निरुपमा'। फूल किरण की ओर टकटकी क्या लगाए है, जैसे अपने रूप में आकाश-सुन्दरी को पृथ्वी का सम्पूर्ण प्यार सौंप रहा हो, सर्वस्व समर्पित कर रहा हो! तात्पर्य यह कि प्रेमी की दृष्टि में तृष्णा और आकांक्षा ही नहीं थी, पूर्ण समर्पण का भाव भी था। उसकी आँखें विस्फारित थीं, जैसे पुष्प पूर्णतः प्रस्फुटित हो, उसकी पंखुड़ियाँ बिलकुल खुली हुई हों। उन आँखों से वह शाब्दिक निवेदन कर रहा था। शब्द स्थिर थे, यद्यपि भाव मुक्त रूप से प्रवहमान। भाव शब्द से अलग नहीं होते, इसलिए उनके साथ शब्द भी बह रहे थे, लेकिन चूँकि वे अपनी जगह से हटते नहीं, इसलिए

स्थिर भी थे। यह है भाषा में शब्दों की लीला। 'सजल-शिशिर', 'किरण-कुमारी', 'प्यार-उपहार', 'नभ-निरुपमा' और 'नयन-प्रणयन' यह शब्द-चयन अनेक प्रकार से वर्णन को अलंकृत कर उसे आकर्षक बनाता है।

अन्त में प्रेयसी बहुत ही व्यथा के साथ कहती है :

देकर न दिया ध्यान मैंने उस गीत पर
कुल-मान-ग्रन्थि में बँधकर चली गई;
जीते संस्कार वे बद्ध संसार के—
उनकी ही मैं हुई!
समझ नहीं सकी, हाय,
बँधा सत्य अंचल से
खुलकर कहाँ गिरा।

ये पंक्तियाँ इस दृष्टि से महत्त्वपूर्ण हैं कि ये कविता के सामाजिक सन्दर्भ को पूरी तरह से सामने ले आती हैं। इनसे यह स्पष्ट है कि यह जीव और ब्रह्म अथवा शक्ति और शिव की प्रेम-कथा नहीं है, बल्कि दो मनुष्यों की प्रेम-कथा है, जिसे निराला ने आध्यात्मिक ऊँचाई प्रदान कर दी है। प्रेयसी कहती है कि उसने अपने प्रेमी के निवेदन पर ध्यान नहीं दिया और कुल और मान का खयाल कर अपनी टुच्ची दुनिया में लौट गई। अन्ततः इस माया-लोक के संस्कार ही उस पर विजयी हुए। वह समझ नहीं सकी कि प्रेम का जो सत्य उसे प्राप्त हुआ था, वह उसके अंचल से खुलकर कहाँ गिर गया। 'बद्ध संसार' से निराला का खास मतलब है। यह सम्पूर्ण लौकिक जगत् की अस्वीकृति नहीं है। जो चीज भक्त-कवियों में है, वही उनमें। भक्त-कवि इस संसार को स्वीकार करते थे, लेकिन उसमें मनुष्य को छोटा बनानेवाले जो संस्कार थे, उनके विरुद्ध थे। उन्हीं संस्कारों में कुल, मान, जाति, धर्म आदि के विचार हैं। निराला के अनुसार ये सब असत्य हैं और सत्य प्रेम है, जो इन सबका अतिक्रमण करता है; जो इनमें बँधता नहीं, जो चिरमुक्त है। इस तरह 'बद्ध संसार' इस प्रेम का प्रति-संसार है। इस बन्द के आरम्भ में जो 'गीत' है, वह पिछले बन्द का 'शब्द' है, वस्तुतः कबीर का 'सबद'। 'शब्द' के साथ इस बन्द की अन्तिम पंक्तियों में 'सत्य' शब्द का प्रयोग कविता के उस उच्च स्तर को सुरक्षित रखता है, जिस पर यह शुरू से चल रही है। ये पंक्तियाँ छली गई एक घरेलू नारी को उसके पूरे दर्द के साथ हमारे सामने उपस्थित कर देती हैं। यह दर्द निराला की कविता की खास पहचान है।

कविता के तीसरे खंड में प्रेयसी युवक से अलग होकर अपने घर आने के बाद का अपना हाल बयान करती है :

बीता कुछ काल,
देह-ज्वाला बढ़ने लगी,
नन्दन-निकुंज की रति को ज्यों मिला मरु,
उतरकर पर्वत से निर्झरी भूमि पर
पंकिल हुई, सलिल-देह कलुषित हुआ।
करुणा को अनिमेष दृष्टि मेरी खुली,

किन्तु अरुणार्क, प्रिय, झुलसाते ही रहे–
भर नहीं सके प्राण, रूप-बिन्दु-दान से।

जैसे-जैसे समय बीतने लगा, उसकी देह-ज्वाला बढ़ने लगी। परिवार और पुराने समाज में रहना असह्य हो गया। उसके भीतर मुक्ति की प्रबल आकांक्षा थी, लेकिन निकलना आसान न था। वह जैसे लपटों में घिर गई। उसकी हालत बहुत खराब थी। स्वर्ग के उद्यान में विहार करनेवाली रति को जैसे मरुस्थल में ढकेल दिया गया था। अपने प्रेमी से मिलकर वह क्या लौटी थी, उसे महसूस हो रहा था कि निर्झरिणी पहाड़ से नीचे उतरकर कीचड़ से सन गई थी। अब उसका जल निर्मल न रह गया था। 'भूमि परत भा ढाबर पानी'। दाह से छुटकारा पाने के लिए वह एकटक आसमान की ओर देख रही थी, लेकिन वहाँ तो बाल-सूर्य भी झुलसाने वाला ही था, फिर उससे वर्षा की शीतल बूँदों की प्राप्ति कैसे सम्भव थी? यहाँ निराला ने 'अरुणार्क' शब्द का जान-बूझकर प्रयोग किया है, क्योंकि इसकी कर्कश ध्वनि ग्रीष्म के प्रातःसूर्य का बोध कराती है, जिसकी किरणें भी झुलसा देनेवाली होती हैं। दिन के सूर्य के बारे में तो कुछ कहना ही नहीं था। यह वह उषःकाल न था, जिसमें 'प्रथम-किरण-कम्प प्राची के दृगों में' दिखलाई पड़ा था और तत्पश्चात् नीलवसना प्रकृति 'सूर्य-हीरकधरा' के रूप में सामने आई थी। यह प्रथम मिलन का नहीं, वियोग का विकट काल था, जिसमें परिस्थिति बिलकुल बदल गई थी। अन्तिम पंक्तियों की व्यंजना यह भी है कि जैसे सुबह में उसकी अपने प्रेमी से मुलाकात हुई थी, वह प्रत्येक सुबह अपने मन में यह आशा संजोती थी कि वह आकर उसका दाह दूर करेगा, लेकिन वह कभी न हुआ, उसने कभी दर्शन न दिया। 'रूप-बिन्दु-दान' का मतलब है रूप का बिन्दु-दान, यानी दर्शन देकर शीतल बूँदों से उसकी जलन कम करना।

जब युवक से प्रेयसी का पुनः साक्षात्कार नहीं हुआ, तो स्वभावतः वह मानसिक रूप से उसके चिन्तन में व्यस्त हो गई–'तब तुम लघुपद-विहार/अनिल ज्यों बार-बार/वक्ष के सजे तार झंकृत करने लगे/साँसों से, भावों से, चिन्ता से कर प्रवेश।' उसने उसके मन में उसकी साँसों, भावों और चिन्तन के माध्यम से प्रवेश किया। इनमें शरीर भी है, हृदय भी और मस्तिष्क भी। यहाँ 'चिन्ता' बँगला की तरह 'चिन्तन' के अर्थ में प्रयुक्त है। उसका प्रवेश धमाके के साथ नहीं, बल्कि लघुपद-विहार यानी मन्द-मन्द चलनेवाली वायु की तरह हुआ था। वायु की उपमा सटीक है, क्योंकि युवक मुक्त था, जबकि प्रेयसी अनेक बन्धनों में जकड़ी थी। उसके मन के भीतर जाकर वह उसकी हृत्तन्त्री के तारों को झंकृत करने लगा। 'सजे तार' यानी चढ़े हुए तार। यही प्रयोग 'तोड़ती पत्थर' में भी है–'सजा सहज सितार'। अब प्रेयसी के भीतर से भी वह गीत-स्वर उठने लगा, जिसके बारे में वह पहले कह चुकी है, 'देकर न दिया ध्यान मैंने उस गीत पर'। यह वियोग प्रेम को और पक्का करनेवाला है, समर्पण को और प्रगाढ़। उस गीत-स्वर ने प्रेयसी के सभी कष्टों को भुला दिया, जो उसे इस ओछी दुनिया से मिल रहे थे। वह अपने प्रिय से पूर्णतः आबद्ध उस गीत स्वर के सुख में 'श्लथ-गात' यानी शिथिलशरीर हो गई :

अपने उस गीत पर
सुखद मनोहर उस तान की माया में
लहरों में हृदय की

भूल-सी मैं गई
संसृति के दुख-घात,
श्लथ-गात, तुममें ज्यों
रही मैं बद्ध हो।

'हृदय में लहरों की'! हृदय में आनन्द की लहरें उठने लगीं। उन लहरों के आघातों में वह संसृति के दुखद आघातों को भूल गई!

लेकिन यह तो प्रेयसी की मानसिक स्थिति थी। शारीरिक रूप से तो वह उसी दुनिया में कैद थी, जिसका जिक्र ऊपर किया जा चुका है। जब तक वह निस्सीम कल्पना-लोक में रहती थी, वायु में उन्मुक्त विहार करती रहती थी, लेकिन जैसे इस संसार में कदम रखती थी, रूढ़ि, धर्म, कुल, मान, शील, ज्ञान आदि की ऊँची-ऊँची दीवारें उसे बार-बार घेर लेती थीं। ये कितनी शक्तिशाली थीं, इसकी सूचना निराला ने इनके लिए 'उच्च प्राचीर'-जैसे ओजपूर्ण ध्वनिवाले शब्दों के प्रयोग से दी है। कल्पना का प्रयोग वे एक बहुत ही सकारात्मक वस्तु के रूप में करते हैं। उनके अनुसार इस कल्पना के बिना मुक्ति संभव नहीं है, क्योंकि इसी के द्वारा हम इस तुच्छ वस्तु-जगत् से ऊपर उठ सकते हैं, बावजूद इसके कि कल्पना और वास्तविकता में एक विरोध की स्थिति है। 'रेखा' शीर्षक पहली कविता की जो कुछ पंक्तियाँ शुरू में उद्धृत की गई हैं, उनमें भी उन्होंने कहा है–'बँधा हुआ पाश में ही/सोचता जो सुख-मुक्ति कल्पना के मार्ग से'। तत्पश्चात् कविता और हमारे निकट आ जाती है, जब प्रेयसी अपनी समस्या सामने रखती है। उसकी समस्या सामाजिक है, यह स्पष्ट है :

दोनों हम भिन्न-वर्ण,
भिन्न-जाति, भिन्न-रूप,
भिन्न-धर्मभाव, पर
केवल अपनाव से, प्राणों से एक थे।
किन्तु दिन-रात का,
जल और पृथ्वी का
भिन्न सौन्दर्य से बन्धन स्वर्गीय है
समझे यह नहीं लोग
व्यर्थ अभिमान के!

प्रेयसी और युवक दोनों ही अलग-अलग वर्णों, अलग-अलग जातियों, अलग-अलग रूप-रंगों और अलग-अलग धार्मिक विश्वासों के थे। समानता उनमें सिर्फ यह थी कि दोनों एक-दूसरे को प्यार करते थे। उनके सिर्फ मन मिले हुए थे, और कुछ नहीं। ऐसी स्थिति में पुराने संस्कारों और बन्धनोंवाले समाज में उनका वैवाहिक सम्बन्ध मुश्किल था। निराला प्रेयसी के माध्यम से बहुत दुख के साथ कहते हैं कि लोग सर्वत्र समानता खोजते हैं और समानता में ही सौन्दर्य देखते हैं, जबकि असली सौन्दर्य असमान अथवा भिन्न वस्तुओं के मिलन में है। दिन और रात तथा समुद्र और पृथ्वी एक-दूसरे से बिलकुल भिन्न हैं, लेकिन इस भिन्नता के कारण ही इनका पारस्परिक सम्बन्ध अलौकिक है। इस बात को पुराने यानी सामन्ती मूल्यों के मिथ्याभिमान में लोग समझने को तैयार नहीं। यहाँ उनकी पूर्वोल्लिखित

कहानी 'सफलता' याद आती है, जिसमें नरेन्द्र नामक एक विधुर युवक आभा नामक एक विधवा युवती को, समाज को चुनौती देते हुए, अपने गाँव से दिल्ली भगा ले जाता है और वहाँ वे दोनों कला की साधना करते हुए सुखी वैवाहिक जीवन बिताते हैं। यह कहानी 'सुधा' के अक्टूबर, 1934 के अंक में निकली थी, यानी इसकी रचना 'प्रेयसी' कविता के पहले हो चुकी थी। इसमें निराला नरेन्द्र के बारे में कहते हैं, "जो कुछ उसने धारण किया था, वह था मनुष्य-धर्म, जिसे अंग्रेजी में Religion of man नए स्वरपात से, जोर देकर कहते हैं। इसमें भूत, वर्तमान और भविष्य के सब धर्म वह धर देता था।" रवीन्द्रनाथ को पहले ही उद्धृत किया जा चुका है। उनका मनुष्य-धर्म मनुष्य तक ही सीमित नहीं, लेकिन वह मनुष्य पर ही टिका है और उसी में उस महान् पुरुष को उपलब्ध करने पर बल देता है, जो मनुष्य को उसकी प्रचलित सीमाओं से ऊपर उठाकर मुक्त करता है। वे प्रचलित सीमाएँ वही हैं, जिनका उल्लेख निराला ने रूढ़ि, धर्म, कुल, मान, शील, ज्ञान, वर्ण, जाति, रूप आदि के रूप में किया है। प्रेयसी की समस्या से लगता है कि वह मूलतः अन्तर्जातीय विवाह की समस्या थी। निराला अन्तर्जातीय विवाह के समर्थक थे, यह उनके 'वर्तमान हिन्दू-समाज' शीर्षक निबन्ध से पता चलता है, जिसमें वे कहते हैं, "वर्तमान सामाजिक परिस्थिति पूर्ण मात्रा में उदार न होने पर भी विवाह आदि में जो उल्लंघन कहीं-कहीं देखने को मिलते हैं, वे भविष्य के ही शुभ चिह्न प्रकट कर रहे हैं। संसार की प्रगति से भारत की घनिष्ठता जितनी ही बढ़ेगी, स्वतन्त्रता का बाह्य रूप जितना ही विकसित होगा, असवर्ण विवाह का प्रचलन भी उतना ही होता जाएगा। देश के कल्याणकामी यदि इन अनेक गौण बातों पर ध्यान न दें, एक शिक्षा के विस्तार के लिए प्रबन्ध करें, इतर जातियों में शिक्षा का प्रसार हो, तो असवर्ण विवाह की प्रथा भी जोरों से चल पड़े।" इस तरह निराला कविता में जो कुछ कहते हैं, वह मात्र उनका भावोच्छ्वास नहीं होता। उसके पीछे समाज और देश से जुड़े हुए उनके दर्शन और विचार की सुदृढ़ भूमि होती है।

कविता की ऊपर उद्धृत पंक्तियाँ भाव की दृष्टि से जितनी सुन्दर हैं, उतनी ही कला की दृष्टि से भी। जब उन्होंने भिन्नता का वर्णन किया है, तो वर्णों की ऐसी योजना की है, जिनमें कोई साम्य नहीं, यथा 'भिन्न-वर्ण', 'भिन्न-जाति' आदि, लेकिन जब भिन्नता के बीच एकता का वर्णन किया है, तो 'धर्मभाव' के साथ 'अपनाव'-जैसे सानुप्रास शब्द ले आए हैं! दिन और रात तथा समुद्र और पृथ्वी के बीच परिणय-बन्धन की कल्पना भी बहुत ही मनोरम है। इस चित्र में औदात्त्य भी है।

चौथा खंड बहुत छोटा है, यद्यपि अत्यधिक मनोरम। प्रेयसी का हृदय अन्धकार से ग्रस्त था, दुख के भार से झुका हुआ, असामान्य स्थिति में। घर के लोग काम पर गए हुए थे। इसी समय युवक उसके दरवाजे पर हाजिर हुआ, जैसे अन्धकार में प्रभात आ गया हो। युवक ने इशारे से उसे बुलाया और भाग चलने के लिए प्रेरित किया। यह प्रेरणा प्रभात-काल में घोंसले से निकलकर अपने साथ आकाश में मुक्त उड़ानें भरने के लिए उस पक्षी को दी गई थी, जो अभी तक उसी में सुरक्षित था। प्रेयसी ने वह प्रिय कंठ-स्वर सुना और दरवाजे पर आ गई। उसने अनुभव किया कि यह वही स्वर था, जो उसकी जीवन-वीणा में निनादित होता रहा था, उसे झंकृत करता हुआ। यह अश्रुत था, लेकिन वह उसे लगातार सुनती रही थी। उसने उस युवक को पहचाना, युवक ने बढ़कर उसका हाथ

पकड़ लिया, फिर वह उसके साथ चल पड़ी। अब वह मुक्त थी। उसने पुरानी दुनिया के बन्धन को तोड़ दिया था और क्षुद्र भावों की सीमा का अतिक्रमण कर प्रेम की निस्सीम भूमि में आ गई थी। निराला के शब्दों में :

अन्धकार था हृदय
अपने ही भार से झुका हुआ, विपर्यस्त।
गृह-जन थे कर्म पर।
मधुर प्रभात ज्यों द्वार पर आए तुम,
नीड़-सुख छोड़कर मुक्त उड़ने को संग
किया आह्वान मुझे व्यंग के शब्द में।
आई मैं द्वार पर सुन प्रिय कंठ-स्वर
अश्रुत जो बजता रहा था झंकार भर
जीवन की वीणा में,
सुनती थी मैं जिसे।
पहचाना मैंने, हाथ बढ़कर तुमने गहा।
चल दी मैं मुक्त, साथ।

पहली पंक्ति में 'हृदय' के बाद 'में' विभक्ति का प्रयोग निराला ने नहीं किया, जैसा अपनी काव्य-भाषा को संश्लिष्ट बनाने के लिए वे प्रायः करते हैं। 'मधुर प्रभात ज्यों द्वार पर आए तुम'–इस वर्णन की मनोरमता इस बात में है कि यह अन्धकार को भगा देनेवाला ही नहीं है, युवक की दिव्यता को उजागर कर देनेवाला है। 'ज्यों' शब्द का प्रयोग निराला प्रायः 'के समान' के लिए करते हैं। यह उनका खास प्रयोग है, जो 'उच्च प्राचीर ज्यों घेरे जो थे मुझे' में भी दिखलाई पड़ता है। 'व्यंग्य' के बदले में उसका तद्भव रूप 'व्यंग' 'संग' से तुक मिलाने के लिए प्रयुक्त हुआ है। इससे जैसे मृदंग पर दुबारा थाप पड़ती है। यहाँ 'व्यंग' शब्द का अर्थ 'ताना' नहीं, बल्कि 'संकेत' है। जैसे 'संग' और 'व्यंग' में अनुप्रास है, वैसे ही आगे की पंक्तियों में 'पर', 'स्वर' और 'भर' में भी। अन्तिम पंक्तियों में 'हाथ' और 'साथ' में भी वही चीज है। यह यह दिखलाने के लिए काफी है कि निराला की कविता में संगीत हमेशा गम्भीर ही नहीं होता, बहुत बार वह हलका भी होता है, जैसे हलके-से हवा बह गई हो। 'वक्ष के सजे तार' यानी हृदय की वीणा यहाँ आते-आते जीवन-वीणा बन गई है, यह भी ध्यातव्य है।

कविता का अन्तिम खंड और छोटा है। इसमें प्रेयसी बहुत संक्षेप में अपने मुक्त दिनों की गाथा सुनाती है, जब वह युवक के साथ रह रही है। निराला ने दोनों के विवाह का वर्णन नहीं किया है, क्योंकि उनकी दृष्टि में महत्त्व हृदय या आत्मा के बन्धन का था, विवाह-बन्धन का नहीं, जो कि ऊपरी सामाजिक बन्धन होता है। प्रणय-बन्धन में बँधी हुई प्रेयसी कहती है कि युवक ने एक बार उसका उद्धार किया था, उसने प्रतिज्ञा की कि इस ऋण का शोध वह आगे बढ़कर सौ बार करेगी। अपनी प्रतिज्ञा का उसने पूरा पालन किया, जिसका उसे आज गर्व है। कैसे किया उसने ऋण-शोध? उसी की जुबानी :

रूप के द्वार पर
मोह की माधुरी

कितने ही बार पी मूर्च्छित हुए हो, प्रिय,
जागती मैं रही,
गह बाँह, बाँह में भरकर सँभाला तुम्हें।

ये पंक्तियाँ इस बात का अकाट्य प्रमाण हैं कि प्रेयसी और युवक मनुष्य ही हैं, जीव और ब्रह्म नहीं, क्योंकि प्रणयोत्तर काल में युवक प्रेयसी के रूप-सौन्दर्य पर इस कदर आशिक हो जाता है कि अनेक बार वह अपने होश गँवा बैठता है। निराला के सशक्त शब्दों में, रूपासक्ति की माधुरी का पान कर 'मूर्च्छित' हो जाता है! यह भी स्वाभाविक है, क्योंकि अनेक बार बहुत गहरे और भावात्मक आकर्षण की परिणति भी इस रूप में होते देखी गई है। लेकिन प्रेम रूपासक्ति का भी अतिक्रमण करता है। युवक उसके गड्ढे में बार-बार गिर जाता था, लेकिन प्रेयसी चूँकि पूर्ण मुक्ति लाभ कर चुकी थी, इसलिए न केवल यह कि वह उसका शिकार नहीं होती, बल्कि वह हर बार युवक को सहारा देकर, प्यार से, उसे सँभालती है। यही आगे जाकर उसके प्रति किया गया उसका ऋणशोध है। कहा जा सकता है कि निराला ने छायावाद के अनुरूप यहाँ नारी को ही गौरव दिया है, जैसे प्रसाद ने 'कामायनी' में मनु को रास्ते से लगाने का काम श्रद्धा से कराया है, या फिर स्वयं निराला ने ही 'तुलसीदास' में तुलसीदास की मार्गनिर्देशिका रत्नावली को बनाया है, लेकिन विचार करने पर यह घटना भी स्वाभाविक ही प्रतीत होती है। व्यावहारिक जीवन का हमारा सामान्य अनुभव है कि रूपासक्ति पुरुषों की तुलना में स्त्रियों में कम होती है और उसी अनुपात में कर्तव्य-बोध ज्यादा।

इस प्रसंग में 'चाँद' के नारी-आन्दोलन-अंक (नवम्बर, 1934) में प्रकाशित निराला के एक असंकलित लेख 'भारत की देवियाँ' की कुछ पंक्तियाँ द्रष्टव्य हैं। उनमें वे युवकों और युवतियों के नए सम्बन्ध की कल्पना इस रूप में करते हैं—"युवक युवतियों के आश्रय होंगे और नवीन युवतियाँ युवकों की शक्ति। समाज की दृष्टि में नई किरण फूटेगी। वे बसेंगे, रहेंगे हम उनके, वे हमारे।" निश्चय ही 'प्रेयसी' कविता के अन्त पर निराला के इन विचारों की छाया है।

पहले कहा जा चुका है कि निराला उक्ति को प्रभावशाली बनाने के लिए व्यंजन-वर्णों के साथ-साथ स्वर-वर्णों की योजना पर भी ध्यान देते हैं। पूरे अन्तिम खंड में 'ई' स्वर की तेरह बार आवृत्ति की गई है, जिससे पंक्तियाँ हवा चलने से फसलों की तरह एक दिशा में झुक गई हैं। ऊपर उद्धृत पंक्तियों में भी 'ई' स्वर छः बार आया है। इसके साथ 'मोह-माधुरी' जैसा अनुप्रास भी है, जो उक्ति में माधुरी भर देता है।

3

यह कविता मुक्तछन्द में रचित निराला की लम्बी कविताओं में सर्वाधिक सुन्दर है और इसीलिए सर्वाधिक महत्त्वपूर्ण। यह उनकी सुन्दर ही नहीं, एक सशक्त रचना भी है, क्योंकि इसे उन्होंने न केवल पूरे मनोयोग से रचा है, बल्कि मनोवेग से भी। इसमें भावना की अथाह गहराई है और उसी से यह दार्शनिक स्तर तक उठ गई है। इसकी प्रभावोत्पादकता का स्रोत इसमें परस्पर विरोधी वस्तुओं के बीच का खिंचाव या तनाव है। एक तरफ इस कविता की

विषय-वस्तु में स्वच्छन्दता है और दूसरी तरफ नए युग का मूल्य और दायित्वबोध। इसी तरह एक तरफ इसमें गहन भावावेश है और दूसरी तरफ प्रकृष्ट बौद्धिकता। कल्पनाशीलता और यथार्थवादिता तथा दार्शनिकता और भौतिकता के बीच भी तनाव है। इसकी शैली में भी परस्पर विरोधी गुण हैं। एक तरफ यह कविता कथात्मक है और दूसरी तरफ प्रगीतात्मक। इसी कारण इसमें नाटकीयता भी है और यह आत्माभिव्यक्तिमूलक भी है। पूरी कविता एक तरफ प्रेयसी का संवाद है और दूसरी तरफ उसका स्वगत चिन्तन। छन्द के सम्बन्ध में भी यही बात है। मुक्तछन्द में लिखी गई यह कविता अपनी संगीतपूर्ण शब्द-योजना के कारण 'सुवादित' वीणा की तरह है। ये तमाम बातें वस्तु और रूप दोनों ही दृष्टियों से इसे एक अत्यन्त जटिल और श्रेष्ठ कविता बनाती हैं।

राम की शक्ति-पूजा

रवीन्द्रनाथ अपनी 'गीतांजलि' के लिए प्रसिद्ध हैं, लेकिन उनकी अलौकिक कवि-प्रतिभा उनकी लम्बी कविताओं में प्रकट हुई है, उदाहरणार्थ 'बिदाय-अभिशाप', 'कर्णकुन्ती-संवाद', 'गान्धारीर आवेदन' आदि में। लम्बी कविताओं में वे ऐतिहासिक और पौराणिक आख्यानों से संकटपूर्ण स्थलों का चुनाव करते थे और अपनी सृजनात्मक कल्पना का उपयोग करते हुए उन्हें लेकर नई रचना प्रस्तुत कर देते थे। वह रचना एक तरफ प्राचीन वातावरण को अत्यन्त सजीव ढंग से मूर्त करती थी और दूसरी तरफ आधुनिक जीवन के द्वन्द्व को भी तीखे ढंग से अभिव्यक्त करती थी। रवीन्द्रनाथ की इस विशेषता से निराला का प्रभावित होना स्वाभाविक था। उनके कवि ने बँगला कविता के प्रकाश में ही आँखें खोली थीं। धीरे-धीरे उन्होंने रवीन्द्र-काव्य से गहरा सम्पर्क स्थापित किया। न केवल अपनी कविता के अन्तरंग और बहिरंग को उसके प्रभाव से सँवारा, बल्कि उस पर 'रवीन्द्र-कविता-कानन' नाम से 1927 में एक पुस्तक भी लिखी, जो कि सम्भवतः हिन्दी में उस विषय पर लिखी गई आलोचना की पहली पुस्तक है। निराला की कविता का मिजाज क्लासिकी है, इसलिए वह रवीन्द्रनाथ से भिन्न है, तथापि उसमें उनका प्रभाव पार्श्वसंगीत की तरह निरन्तर बजता रहता है। 'तुलसीदास' की तरह 'राम की शक्ति-पूजा' के रूप में एक और लम्बी कविता लिखने की प्रेरणा उन्हें रवीन्द्रनाथ की उक्त लम्बी कविताओं से ही मिली थी। उन्हीं की तरह उन्होंने राम-कथा से एक अत्यन्त संकटपूर्ण स्थल—रावण के साथ युद्ध में राम की निराशा—का चुनाव किया और अपनी सृजनात्मक कल्पना के योग से एक तरफ उसमें पौराणिक वातावरण की सृष्टि की, तो दूसरी तरफ नई अन्तर्वस्तु का समावेश किया।

'राम की शक्ति-पूजा' के लिए सामग्री उन्होंने एक अन्य स्रोत से प्राप्त की। इस प्रसंग में विद्वान् और आलोचक 'देवी भागवत' नामक एक पुराण का जिक्र करते हैं, लेकिन उसे देखने के बाद यह पता चलता है कि 'शक्ति-पूजा' की सामग्री की दृष्टि से वह अपर्याप्त है और निराला को उसकी जानकारी रही हो, लेकिन उससे उन्हें अपनी कविता की रचना में कोई उल्लेखनीय सहायता नहीं मिली। उसमें सीता-हरण के बाद किष्किंधा में विरह-विह्वल राम लक्ष्मण से कहते हैं—कैकेयी का मनोरथ पूरा हो गया। यदि सीता न मिली, तो निश्चय ही उसके बिना मैं जीवित न रहूँगा और अयोध्या भी न लौटूँगा। राज्य गया, वनवास मिला, पिता की मृत्यु हुई और अब सीता का भी हरण हो गया। दैव मुझे सन्ताप देता हुआ भविष्य में न जाने क्या करेगा? लक्ष्मण उन्हें सान्त्वना देते हैं। कहते हैं, हे महाबाहो, आप कातरता छोड़कर धैर्य धारण कीजिए, मैं रावण को मारकर सीता को ले आऊँगा। मैं अकेले सभी दैत्यों और देवताओं को जीतने का सामर्थ्य रखता हूँ, फिर भी आवश्यक हुआ तो मैं

सैन्यसहित भरत-शत्रुघ्न और जनक को बुला लूँगा। इसी समय वहाँ आकाश-मार्ग से देवर्षि नारद का अवतरण होता है। उन्होंने रावण पर विजय प्राप्त करने के लिए राम को आश्विन मास में नवरात्र व्रत के द्वारा देवी की उपासना करने का परामर्श दिया। राम ने उन्हीं के आचार्यत्व में प्रवर्षक पर्वत के शिखर पर विधिपूर्वक अम्बिका का पूजन किया, जिससे प्रसन्न होकर अष्टमी की मध्यरात्रि में सिंह पर आरूढ़ हुई भगवती ने उन्हें दर्शन दिया और तत्पश्चात् मनोवांछित वरदान। जाहिर है कि यह सामग्री 'राम की शक्ति-पूजा'-जैसी नाटकीय कविता के लिए काफी नहीं। इसमें राम देवी-पूजन युद्धारम्भ के पहले ही करते हैं, लंका में नहीं, समुद्र के इसी पार, और इसमें न शक्ति द्वारा रावण को अंगीकृत करने का वर्णन है, न नीलकमलों का और न अन्तिम नीलकमल दुर्गा द्वारा गायब कर दिए जाने के बाद राम के उसके बदले में अपनी एक आँख चढ़ाने के लिए उद्यत होने का। इसमें बस राम की शक्ति-उपासना का उल्लेख-भर है। 'देवी भागवत' के अनुसार राम की निराशा भी लक्ष्मण के समझाने से ही दूर हो गई थी।

इस कविता की सामग्री निराला ने वस्तुतः बँगला के ही एक मध्ययुगीन कवि कृत्तिवास की 'रामायण' से ली है, जो कि अनुमानतः तुलसीदास से सौ वर्ष पहले हुए थे। निराला ने माइकेल मधुसूदन दत्त और रवीन्द्रनाथ के काव्य का ही नहीं, कृत्तिवास, चंडीदास और गोविन्ददास-जैसे मध्ययुगीन बँगला कवियों के काव्य का भी पारायण किया था। इन कवियों में कृत्तिवास का विशेष महत्त्व है, क्योंकि उनकी 'रामायण' को लोक-काव्य का दर्जा प्राप्त हो गया था। विवेकानन्द ने भी बहुत आदर के साथ उसका उल्लेख किया है और उसकी वाणी को 'अमृत समान' कहा है। वह बंगाल में व्यापक रूप से गाया जाता था, जिससे क्रमशः उसका रूप भी बदलता गया। आज भी वह काव्य बहुत प्रभावशाली है, जो अपनी धारा में पाठकों को बलात् खींचकर बहा ले जाता है। ताज्जुब नहीं कि निराला उसकी लोकप्रियता और शक्ति दोनों से प्रभावित हुए और उसके लंकाकांड से एक प्रसंग लेकर उसे बहुत कुछ नवीन रूप में सृजित किया, कविता में अपनी सम्पूर्ण प्रतिभा और ऊर्जा को केन्द्रित करके, जिससे यह कविता उनकी सर्वश्रेष्ठ कविता के रूप में तो मान्य हुई ही, इसे खड़ीबोली में लिखी गई समस्त कविताओं में सर्वोच्च स्थान प्राप्त हुआ। आज यह हिन्दी की एक कालजयी रचना मानी जाती है।

कृत्तिवासीय रामायण में राम की शक्ति-पूजा का अत्यन्त समर्थ भाषा में अपेक्षित विस्तार के साथ वर्णन किया गया है। राम और रावण के बीच विकट युद्ध चल रहा था। उसमें कभी राम मूर्च्छित हो जाते थे, कभी रावण। राम पुनः नई शक्ति से रावण पर प्रहार करते थे, लेकिन वह परास्त न होता था। एक बार तो उसने ऐसा उग्र रूप धारण किया कि हनुमानसहित राम-पक्ष के सारे योद्धा भाग खड़े हुए। राम उसके सिर काट डालते थे, लेकिन वे फिर जाकर उसके धड़ से जुड़ जाते थे। अन्ततः रावण ने स्तुति करके शक्ति को प्रसन्न कर लिया, जिसके बाद वे उसे अपनी गोद में लेकर उसके रथ पर आरूढ़ हो गईं। यह दृश्य जब राम ने देखा, तो उन्होंने धनुष-बाण फेंक दिया और विषण्ण होकर धरती पर बैठ गए। उन्होंने विभीषण से कहा, स्वयं भगवती रावण की रक्षा कर रही हैं, इसलिए अब उसके वध का सामर्थ्य किसी में नहीं रहा। राम की दशा देखकर सारे देवता चिन्तित हो उठे। एक बार राम के बाण से आहत होकर रावण युद्ध से विरत हो गया था और अपने

पापों के लिए उन्हें विष्णु का अवतार बतलाते हुए उनसे क्षमा-याचना करने लगा था। इससे प्रभावित होकर राम ने भी हथियार रख दिया था। तत्पश्चात् देवताओं के आग्रह से सरस्वती रावण के कंठ पर आसीन हुईं और उससे राम के प्रति कटु वचन कहलाए, जिससे क्रुद्ध होकर राम पुनः उसके वध के लिए तत्पर हुए। इस बार देवराज इन्द्र ने ब्रह्मा से कुछ उपाय करने को कहा। उन्होंने चंडी के असमयबोधन को ही एकमात्र उपाय बतलाया और स्वयं वह करके राम के पास पहुँचे और उन्हें भी वही करने के लिए प्रेरित किया। असमयबोधन का मतलब है असमय जागरण। जब सूर्य दक्षिणायन होते हैं, देवी-देवता सोए हुए रहते हैं। उस समय उन्हें जगाना ही असमयबोधन है। ब्रह्मा की प्रेरणा से दुर्गा की मूर्ति बनाकर राम ने उनकी पूजा शुरू की। बाद में विभीषण के परामर्श से उन्होंने हनुमान से देवीदह से देवदुर्लभ एक सौ आठ नीलकमल मँगवाए, जिनमें से उनकी परीक्षा के लिए दुर्गा ने अन्तिम समय में एक नीलकमल गायब कर दिया। उसके बाद वे बहुत दुखी हुए, फिर उसकी जगह, यह याद करते हुए कि सभी लोग उन्हें 'नील-कमलाक्ष' कहा करते हैं, जब वे अपनी एक आँख अर्पित करने को तैयार हुए, तो प्रकट होकर दुर्गा ने उनका हाथ पकड़ लिया और उनसे कहा–'अब मैं रावण को छोड़कर जाती हूँ, तुम उसका विनाश करो।' फिर वे अन्तर्धान हो गईं। कमल की जगह आँख चढ़ाने का जिक्र गन्धर्वराज पुष्पदन्तविरचित शिवमहिम्नः-स्तोत्र में आया है। उसमें एक कमल कम पड़ जाने पर विष्णु अपना एक नेत्र-कमल निकालकर शिव के चरणों में अर्पित कर देते हैं। उनकी इसी भक्ति से प्रसन्न होकर शिव ने उन्हें सुदर्शन चक्र प्रदान किया था। अनुमान है कि कृत्तिवास द्वारा वर्णित यह प्रसंग उक्त स्तोत्र से प्रेरित है।

इस कथा-सार से यह स्पष्ट है कि 'राम की शक्ति-पूजा' का पूरा ढाँचा कृत्तिवास से लिया गया है। दोनों में कुछ अन्तर भी है। कृत्तिवासीय रामायण में युद्ध में हनुमान भी भाग खड़े होते हैं, जबकि 'शक्ति-पूजा' में अन्त-अन्त तक टिके रहनेवाले वे एकमात्र योद्धा हैं। उसमें युद्ध के बीच रावण द्वारा राम की जो स्तुति की गई है और देवताओं के अनुरोध पर सरस्वती के उसके कंठ पर आसीन होने का जो वर्णन है, वह 'शक्ति-पूजा' में नहीं। कृत्तिवासीय रामायण में रावण को शक्ति की कृपा युद्ध-क्षेत्र में ही प्राप्त होती है, जबकि 'शक्ति-पूजा' में वह उसे पहले से ही प्राप्त है। उसमें राम को चंडी की आराधना की प्रेरणा ब्रह्मा से मिलती है, जबकि 'शक्ति-पूजा' में जांबवान से। इसी तरह उसमें आराधना की विधि मूर्ति-पूजन वाली है, जबकि 'शक्ति-पूजा' में योगवाली। कृत्तिवासीय रामायण में नीलकमल लाने का सुझाव विभीषण का है, लेकिन 'शक्ति-पूजा' में स्वयं राम हनुमान को आदेश देते हैं। साथ ही 'नील-कमलाक्ष' वाली बात उसमें सर्वजनों के द्वारा कहने का जिक्र है, जबकि 'शक्ति-पूजा' में माता के द्वारा। 'शक्ति-पूजा' में एक नीलकमल शक्ति द्वारा अन्त में गायब किया जाता है, लेकिन कृत्तिवासीय रामायण में वे उसे बीच में ही कभी उठा ले जाती हैं। दोनों काव्यों में एक अन्तर यह भी है कि एक में जहाँ शक्ति प्रकट होकर अन्तर्धान हो जाती हैं, वहाँ दूसरे में वे राम के मुँह में समा जाती हैं। लेकिन 'राम की शक्ति-पूजा' की कथा को देखते हुए यह अन्तर विशेष महत्त्वपूर्ण नहीं। निराला ने कृत्तिवास से न केवल अपनी कविता की कथा-सामग्री ली है, बल्कि उनकी अनेक उक्तियाँ भी ले ली हैं, जो इस बात का एक और प्रमाण है कि 'शक्ति-पूजा' का उपजीव्य कृत्तिवासीय रामायण है।

कृत्तिवासीय रामायण में बार-बार राम कहते हैं कि सीता का उद्धार न हो सका या न हो सकेगा—'राम बले, ना हइला सीतार उद्धार', 'जनक-नन्दिनी सीतार ना हैल उद्धार', 'सीतार उद्धार आर नाहिक उपाय'' और 'निश्चय बुझिनु सीता ना हबे उद्धार।' 'राम की शक्ति-पूजा' में ये उक्तियाँ इस रूप में मौजूद हैं—'जानकी! हाय, उद्धार प्रिया का न हो सका'। उसमें दुर्गा के बारे में कहा गया है कि 'बसिलेन रथे कोले करिया रावण।' 'शक्ति-पूजा' में भी यह है—'देखा, हैं महाशक्ति रावण को लिए अंक।' कृत्तिवासीय रामायण में राम की उक्तियाँ हैं—'मिथ्या परिश्रम कैनु' और 'मिथ्या श्रम करिलाम'। 'शक्ति-पूजा' में यह विभीषण राम से कहते हैं—'कितना श्रम हुआ व्यर्थ!' उसमें राम के रोने के बारे में एक बार इन शब्दों में कहा गया है—'आँखि छल-छल, बहे अश्रुजल'। 'शक्ति-पूजा' में भी एक स्थल पर बहुत कुछ ऐसा ही है—'...कहते छल छल/हो गए नयन, कुछ बूँद पुनः ढलके दृगजल'। कृत्तिवासीय रामायण की उक्ति ' 'नील-कमलाक्ष' मोरे बले सर्ब्बजने' अथवा ' 'कमल-लोचन' मोर बले सर्ब्बजने' 'शक्ति-पूजा' में 'कहती थीं माता मुझे सदा राजीवनयन!' हो गई है। इसी तरह 'एक चक्षु दिब आमि संकल्प-पूरणे' का ही रूपान्तर '. ..यह पुरश्चरण/पूरा करता हूँ देकर मातः एक नयन' है। कृत्तिवासीय रामायण में 'हेन काले कात्यायनी धरिलेन हाते' है, तो 'शक्ति-पूजा' में '...लिया भगवती ने राघव का हस्त थाम'। उसमें राम जब देवी से निवेदन करते हैं, तब कहते हैं :

जन्मावधि दुख मा गो कि कहिब आर।
तबु दुख दाओ, दया न हय तोमार।
... ...
आमि दीन हीन क्षीण अति अभाजन।
हेर मा नयन-कोणे मानस पूरण।
नीलपद्म देखाइया पूर्ण कर फल।
ना सय यातना आर जीवन विफल।

इसकी स्पष्ट प्रतिध्वनि 'शक्ति-पूजा' के राम की इस आत्मभर्त्सना में सुनाई पड़ती है :

धिक् जीवन को जो पाता ही आया विरोध
धिक् साधन जिसके लिए सदा ही किया शोध!

इसके अलावा कृत्तिवासीय रामायण में प्रयुक्त कुछ शब्द भी 'शक्ति-पूजा' में प्रयुक्त हुए हैं, यद्यपि भिन्न सन्दर्भों में। उसमें राम के चरणों की चाप से लंका डाँवाडोल होती है, 'श्रीचरण-भरे लंका करे *टलमल*', 'शक्ति-पूजा' में 'राक्षस-पदतल पृथ्वी *टलमल*'। इसी तरह उसमें 'गदा व्यर्थ गेल, *भावे* कमललोचन' कहा गया है, 'शक्ति-पूजा' में '*भावित* नयनों से सजल गिरे दो मुक्ता-दल।' उसमें 'शक्ति-पूजा' के 'शतशेलसंवरणशील' का 'शेल' भी मौजूद है—'लक्ष्मणेर *शक्तिशेल* क्लेशमात्र सार', उसके 'पुनर्वार ज्यों उठा हस्त' का 'पुरर्वार' भी—'*पुनर्ब्बार* रघुनाथ अर्च्चना करिल', और उसके 'रावण-महिमा श्यामा विभावरी अन्धकार' का 'विभावरी' भी—'नृत्य गीते *बिभावरी* हइल प्रभात'। कहा जा सकता है कि कृत्तिवासीय रामायण के 'आर्द्रचित्त रोमांचित, भासे अश्रुजले' का 'रोमांचित' ही 'शक्ति-पूजा' में इस रूप में प्रकट हुआ है—'तन पुलकित होता बार-बार'। ये कुछ उदाहरण अलग से उक्त मध्ययुगीन काव्य से निराला की कविता के घनिष्ठ सम्बन्ध की सूचना देते हैं। लेकिन क्या

हिन्दी के आधुनिक कवि का उद्देश्य बँगला के एक मध्ययुगीन कवि के काव्य से एक कथा-प्रसंग लेकर उसे अपनी भाषा में दुहराना-भर था? क्या 'राम की शक्ति-पूजा' थोड़े-बहुत अन्तर के साथ एक भिन्न भाषा में की गई पुनरावृत्ति मात्र है? इसका वास्तविक महत्त्व किस बात में है–इसके सफल पुनरावृत्ति होने में, या इसके पुनःरचना होने में?

1936 में लखनऊ कांग्रेस के मौके पर निराला महात्मा गाँधी से मिले थे और प्रसंगवश उनसे निवेदन किया था–"आप जानते हैं, हिन्दीवाले अधिकांश में रूढ़िग्रस्त हैं। वे जड़ रूप ही समझते हैं, तत्त्व नहीं। जो कथाएँ पुराणों में आई हैं, उनके स्थूल रूप में सूक्ष्मतम तत्त्व भी हैं। वास्तव में वेदों का सत्य पुराणों में कथाओं द्वारा विवृत हुआ है। यहाँ के लोग कथा को ही ऐतिहासिक सत्य की तरह मानते हैं। हिन्दी में इन तत्त्वों के परिष्करण की भी चेष्टा की गई है। साथ-साथ, नए-नए रूप, नए-नए छन्द और नए-नए भाव भी दिए गए हैं। साधारण जन तो इनसे दूर हैं ही, सम्पादक और साहित्यिक भी, अधिक संख्या में, इनसे अज्ञ हैं। वे समझने की कोशिश भी नहीं करते, उल्टे मुखालिफत करते हैं। हम लोगों के भाव इसीलिए प्रचलित नहीं हो पाए। देश की स्वतन्त्रता के लिए पहले समझ की स्वतन्त्रता जरूरी है। मैं आपसे निवेदन करने आया हूँ कि आप हिन्दी की इन चीजों का कुछ हिस्सा सुनें।" यह कहना मुश्किल है कि पुरा-कथा पर आधारित अपनी कौन-सी कविता निराला महात्मा गाँधी को सुनाना चाहते थे, 'राम की शक्ति-पूजा' उस समय तक लिखी नहीं गई थी, लेकिन उनके कथन से यह स्पष्ट है कि अपनी कविताओं में उन्होंने पौराणिक आख्यानों की आवृत्ति-भर नहीं की है और उनमें निहित सत्य को नवीनता के साथ प्रकट किया है। 'राम की शक्ति-पूजा' की नवीनता क्या है? जब एक विद्वान् को हम यह कहते हुए देखते हैं कि इस कविता के माध्यम से निराला ने शक्ति-पूजा का प्रचार किया है, क्योंकि उसके बिना देश का अभ्युत्थान सम्भव नहीं, तो उनकी इस बात से असहमति की गुंजाइश नहीं रह जाती कि यहाँ के लोग कथा को ही सत्य मानते हैं और उसमें निहित सार-तत्त्व की तरफ अपनी दृष्टि नहीं ले जाते। आज निराला नहीं हैं, लेकिन स्थिति में आज भी कोई विशेष फर्क नहीं पड़ा है, क्योंकि विद्वान् आज भी समझने की कोशिश नहीं करते और उनकी कविताओं की सही व्याख्या की जाती है, तो उलटे 'मुखालिफत' पर उतर आते हैं।

'राम की शक्ति-पूजा' का कथा-प्रसंग निराला ने कृत्तिवासीय रामायण से लिया है, लेकिन उसका कच्चे माल की तरह इस्तेमाल कर उससे उन्होंने एक सर्वथा मौलिक कृति का निर्माण किया है। इस कृति की विशेषता है कविता के केन्द्र में सीता की स्थापना। तात्पर्य यह कि यह शक्ति की उपासना की कविता न होकर पत्नी-प्रेम की कविता है। राम की पत्नी सीता को रावण ने लंका में कैद कर रखा है। राम का सारा प्रयास उसे मुक्त कराने के लिए है। निराला की नारी-भावना के सम्बन्ध में पीछे संकेत किया जा चुका है। उनकी कविताएँ इस बात का प्रमाण हैं कि उनके लिए शृंगार का एक ही मतलब था–दाम्पत्य-शृंगार। 'पंचवटी-प्रसंग' में शूर्पणखा-जैसी सुन्दर युवती का प्रणय-निवेदन राम और लक्ष्मण दोनों ठुकरा देते हैं। 'तुलसीदास' में तुलसीदास अपनी पत्नी पर ही अनुरक्त हैं, किसी अन्य स्त्री पर नहीं। 'प्रेयसी' के युवक और युवती का मुक्त प्रेम भी दाम्पत्य-प्रेम के रूप में ही परिणति प्राप्त करता है। इस सबके ऊपर है निराला की कविता 'सम्राट् एडवर्ड अष्टम के प्रति', जिसमें उन्होंने एक सम्राट् का इसीलिए अभिनन्दन किया है कि उसने एक

मामूली घराने की तलाकशुदा स्त्री को पत्नी बनाने के लिए ब्रिटिश साम्राज्य के राजसिंहासन को लात मार दी। अपनी पत्नी मनोहरा देवी के प्रति उनके असाधारण प्रेम का जिक्र भी पहले हो चुका है। मृत्यु के बाद वे उनके लिए अलौकिक शृंगार के आलम्बन के रूप में परिणत हो गई थीं। उन्हें 'गीतिका' समर्पित करते हुए निराला ने यह भी लिखा है–'जिसने अन्त में अदृश्य होकर मुझे मेरी पूर्ण-परिणीता की तरह मिलकर मेरे जड़ हाथ को अपने चेतन हाथ से उठाकर दिव्य शृंगार की पूर्ति की।' 'राम की शक्ति-पूजा' में पत्नी-प्रेम और पत्नी-मुक्ति का अर्थ-विस्तार इस रूप में होता है कि ये दोनों नारी-प्रेम और नारी-मुक्ति का पर्याय बन जाते हैं।

'शक्ति-पूजा' पत्नी-प्रेम की कविता है, यह इस कविता की संरचना से अच्छी तरह प्रमाणित है, क्योंकि इसके केन्द्र में तो सीता हैं ही, वही इसके हर मोड़ पर उपस्थित हैं, हर संकट की घड़ी में प्रत्यक्ष। आश्चर्य है, विद्वानों का ध्यान अभी तक इस बात पर क्यों नहीं गया। मुझे इसके दो ही कारण प्रतीत होते हैं–एक तो कविता के स्वरूप की अपेक्षा उनकी स्रोतानुसन्धान में अधिक रुचि और दूसरे, कविता के प्रासंगिक अंशों में उनकी दृष्टि का उलझ जाना। जैसा कि टी.एस.इलियट ने लिखा है, कविता के उद्गम से सम्बन्धित अत्यधिक सूचनाएँ कविता से हमारे सम्बन्ध को तोड़ दे सकती हैं। यह दुर्घटना हिन्दी आलोचना में व्यापक पैमाने पर घटित हुई है। 'राम की शक्ति-पूजा' भी उसी दुर्घटना की शिकार हुई है। जहाँ तक इस कविता के प्रासंगिक अंशों की बात है, यह 'सरोज-स्मृति' से अधिक संश्लिष्ट रचना है, लेकिन इसका मतलब यह नहीं है कि जो प्रधान है, उसे गौण और जो गौण है, उसे प्रधान बना दिया जाए। 'शक्ति-पूजा' में सीता के प्रति राम का प्रेम और उनकी मुक्ति का प्रयास प्रधान है, रावण के साथ राम का युद्ध, उनकी निराशा, हनुमान का ऊर्ध्वगमन, शक्ति-पूजा आदि गौण, लेकिन ये सभी कथा का अनिवार्य अंग बनकर आए हैं। राम की निराशा और उनकी निरुपायता ही उन्हें वह मानवीय व्यक्तित्व प्रदान करती हैं, जिसके अन्धकार में उनका वह पत्नी-प्रेम दमकता है, जिसकी मिसाल न फिर पुराण में है, न लोककथाओं में और न इतिहास में। कहने की आवश्यकता न होनी चाहिए कि इस पत्नी-प्रेम की जड़ आधुनिक चेतना में है। एंगेल्स ने उचित ही पुरुष-नारी-सम्बन्ध को समाज-दर्शन की कसौटी माना है।

2

'राम की शक्ति-पूजा' 23 अक्टूबर, 1936 को रची गई या पूरी हुई, इलाहाबाद में, लीडर प्रेम के परिसर में स्थित वाचस्पति पाठक के घर पर, और वहीं से निकलनेवाले दैनिक 'भारत' में अनुमानतः 26 अक्टूबर, 1936 को प्रकाशित हुई। आज 'भारत' का वह अंक सुलभ नहीं है, इसलिए उसके मूल के निकटतम पाठ के लिए 'अनामिका' के प्रथम संस्करण में वह जिस रूप में छापी गई है, उसी पर निर्भर करना पड़ता है। उसे देखने से पता चलता है कि 'सरोज-स्मृति' की तरह यह कविता भी अनुच्छेदों में विभाजित थी। परवर्ती संस्करणों में उस विभाजन को भी समाप्त कर दिया गया। लम्बे अन्तराल के बाद निराला रचनावली में उसे फिर से महत्त्व देकर कविता को छापा गया है। इसे संयोग ही कहेंगे कि

'शक्ति-पूजा' में भी उतने ही अनुच्छेद हैं, जितने 'सरोज-स्मृति' में। इन अनुच्छेदों की कुल संख्या ग्यारह है और ये प्रसंग के अनुसार छोटे-बड़े हैं। यह चूँकि एक कथात्मक कविता है, इसलिए संश्लिष्ट होने के बावजूद इसकी संरचना अपेक्षाकृत सरल है।

कविता कथात्मक ढंग से शुरू होती है और इसमें घटनाओं का विन्यास इस ढंग से किया गया है कि वे बहुत कुछ नाटकीय हो गई हैं। वर्णन इतना सजीव है कि लगता है, आँखों के सामने कोई त्रासदी प्रस्तुत की जा रही है। पहले अनुच्छेद में अट्ठारह पंक्तियाँ हैं, कहना चाहिए, अट्ठारह पंक्तियों का एक वाक्य। आरम्भिक प्रायः दो पंक्तियों में राम और रावण के बीच चलनेवाले युद्ध के सम्बन्ध में सरल भाषा में सूचना दी गई है। कहा गया है, सूर्य अस्त हो गया, लेकिन राम-रावण का युद्ध आज समाप्त न हुआ, उसे कोई पक्ष न जीत सका। 'ज्योति के पत्र' 'दिन' के लिए प्रयुक्त एक रूपक है। उसका प्रयोग निराला ने इसलिए किया है कि दिन ज्योतिर्मय होता है। उन्होंने उस युद्ध को 'अमर' कहा है। वह इसलिए कि मानव-स्मृति से उस युद्ध को मिटाना सम्भव नहीं है। उसके बाद की सोलह पंक्तियाँ युद्ध के विशेषण के रूप में आई हैं, छोटे-बड़े समस्त पदों के रूप में। एक-एक समस्त पद युद्ध का विशेषण है, संस्कृत की पद्धति पर प्रयुक्त, जो युद्ध के एक-एक दृश्य को सामने लाता है। युद्ध कैसा था? उसका वेग बहुत प्रखर था, उसमें तीक्ष्ण बाण धारण किए हुए योद्धाओं के हाथ तेजी से चल रहे थे, सैकड़ों बर्छियों का भी प्रयोग हो रहा था और उससे उठनेवाला स्वर आकाश में गर्जन कर रहा था। शत्रुओं के विरुद्ध व्यूह-रचना प्रतिपल बदल रही थी, उन व्यूहों का भेदन करने के लिए नाना प्रकार के कौशल अपनाए जा रहे थे, राम की तरफ से राक्षसों के विरुद्ध बाधा पर बाधा खड़ी की जा रही थी और क्रोध से भरे हुए वानर-समूह विषम हुंकार करते हुए शत्रुओं पर टूट रहे थे। युद्ध के इस सामान्य वर्णन के बाद निराला अपनी दृष्टि कविता के नायक राम पर केन्द्रित करते हैं।

क्रोध से भरे हुए रावण का सारा अहंकार चूर कर देनेवाले महान् शक्तिशाली राम ज्वाला विकीर्ण करते हुए अपने लक्ष्य पर बाण-प्रहार कर रहे थे, लेकिन आज युद्ध में अघटित घट रहा था। वे अनेक प्रकार के लाघव से काम ले रहे थे, पर रावण उन्हें लगातार निरस्त करता जा रहा था। इसी में दोपहर हो गई। रावण ने उग्र रूप धारण कर रखा था। उसने विस्तृत वानरी सेना को रौंद डाला। राम आश्चर्यचकित निर्निमेष दृष्टि से देख रहे थे कि विश्व-विजय करनेवाले उनके दिव्य बाण भी आज खंडित हो रहे थे। उनकी छवि विचित्र थी : अंग-अंग रावण के बाणों से बिंधा हुआ, मुट्ठी में धनुष और शरीर से तेजी से बहते हुए रक्त के पनाले। वानरी सेना की टुकड़ियाँ ही नहीं, सम्पूर्ण सेना रावण के दुर्निवार प्रहार से व्याकुल थी। सुग्रीव, अंगद, विभीषण, गवाक्ष, गय और नल राम-पक्ष के ये सारे योद्धा मूर्च्छित हो गए। रावण ने अनगिनत वीरों के प्रतिरोध को ही बेकार नहीं कर दिया, उसने लक्ष्मण और जांबवान-जैसे योद्धाओं की भी एक न चलने दी। वह प्रलय-काल के क्षुब्ध समुद्र की तरह गर्जन कर रहा था। निराला के अनुसार इस अवस्था में होश केवल हनुमान को था। उन्होंने लगातार आग उगलते रहनेवाले ज्वालामुखी पर्वत का रूप धारण कर रखा था। राम जहाँ दोपहर तक ही युद्ध कर सके थे, वहाँ वे सन्ध्या तक युद्ध करते रहे। समुद्र लाँघकर और लंका-दहन कर हनुमान सीता को अपनी शक्ति का विश्वास दिला चुके थे। आज के युद्ध में भी उनके नारी-सुलभ भीरुता से युक्त चित्त में आशा का संचार

करनेवाले सिर्फ वही थे, क्योंकि रावण का प्रतिरोध करने की क्षमता उनके अलावा किसी और में न दिखलाई पड़ी थी।

डा. रामविलास शर्मा ने युद्ध-वर्णन के प्रसंग में दो बातें लिखी हैं। एक तो यह कि निराला आगे जाकर यह भूल जाते हैं कि शब्द-योजना उन्हें विशेषण के रूप में करनी है और दूसरी यह कि उनकी समास-योजना सर्वत्र संस्कृत की पद्धति पर नहीं। इनमें से पहली बात गलत है, दूसरी सही। निराला बहुत सचेत कवि थे, इसलिए काव्य-रचना में वे कभी विस्मरण के शिकार नहीं होते। जहाँ तक समास-योजना की बात है, उनका ध्यान व्याकरण का अनुसरण करने से अधिक अपनी अभिव्यक्ति को अधिकाधिक सशक्त और सम्प्रेषणीय बनाने पर रहता था। इस मामले में अनेक बार उनके पथ-प्रदर्शक तुलसीदास होते थे, जिन्होंने अपनी कविता में साहसपूर्वक अवधी और ब्रजभाषा के साथ संस्कृत का मिश्रण किया है।

हिन्दी में 'राम की शक्ति-पूजा' का विरोध मुख्यतः इसके पहले अनुच्छेद के कारण ही किया गया, क्योंकि इसमें अट्ठारह पंक्तियों के एक ही वाक्य का प्रयोग हुआ था और उसकी सोलह पंक्तियाँ छोटे-बड़े संस्कृत के समस्त पदों से बनी थीं, जो पाठकों के लिए ही नहीं, विद्वानों के लिए भी दुरूह थे! वह विरोध बाद में भी बहुत दिनों तक बना रहा, जिसका एक प्रमाण किसी और का नहीं, पं. नन्ददुलारे वाजपेयी का यह कथन है– " 'शक्ति-पूजा' के आरम्भ की पंक्तियों में भाषा की एक ऐसी कवायद है जिसका समर्थन केवल यह कहकर किया जा सकता है कि हिन्दी में भी ऐसी भाषा लिखी जा सकती है।" (कवि निराला, पृ. 110) जिस भाषा में विनयपत्रिका की आरम्भिक स्तुतियाँ मौजूद हों, उसमें 'राम की शक्ति-पूजा' का विरोध आश्चर्यजनक प्रतीत होता है, लेकिन यह सही है कि यह विरोध बहुत कुछ संगठित रूप में किया गया, जिसका परिणाम यह हुआ कि इस कविता के पहले अनुच्छेद की 'सृजनशीलता' पर किसी का ध्यान न गया। यहाँ यह स्पष्ट कर देना जरूरी है कि निराला ने इस कविता के आरम्भ में संस्कृतनिष्ठ समस्त पदावली का प्रयोग सप्रयोजन किया है। उनका पहला प्रयोजन था संक्षेप में युद्ध का वर्णन समाप्त कर जल्दी से जल्दी मुख्य विषय पर आ जाना और दूसरा ओजपूर्ण भाषा के द्वारा, उससे उत्पन्न होनेवाले नाद से, युद्ध के दृश्य को अधिक मूर्त बनाना। निश्चय ही इस कविता का मुख्य विषय सीता की मुक्ति है, राम-रावण-युद्ध नहीं, इसलिए निराला उसका वर्णन समाप्त कर यथाशीघ्र सीता की मुक्ति की समस्या पर चले आते हैं। यह समस्या चूँकि युद्ध से ही उत्पन्न हुई थी, उसमें आज मिली निराशा से, इसलिए उसका वर्णन करना अनिवार्य था। कहा जा सकता है कि सीता की मुक्ति की समस्या की पृष्ठभूमि है युद्ध, इसलिए कवि उसे छोड़कर आगे नहीं बढ़ सकता था। मुक्ति की समस्या की विकटता उसकी विकटता की ही देन थी, इस कारण उसकी विकटता को उसने अधिक से अधिक मूर्त बनाने की कोशिश की। निराला शब्दों के अर्थ से ही नहीं, उनमें निहित नाना प्रकार के संगीत से भी काम लेते थे, इसलिए उन्होंने केवल शब्दार्थ का भरोसा न कर ओजस्वी नाद-संयोजन के लिए भी भरसक प्रयास किया। इस प्रकार पहले अनुच्छेद की सोलह पंक्तियों में प्रयुक्त भाषा इस कविता की सृजनात्मकता की माँग थी। स्वभावतः निराला ने यह अंश इस रूप में सृजनात्मक दबाव में रचा है, किसी प्रदर्शन-भाव से नहीं। इसकी

अन्तिम पंक्ति–'जानकी-भीरु-उर-आशाभर,–रावण-संवर'–में जानकी का उल्लेख इस बात का पक्का प्रमाण है कि इस कविता के केन्द्र में वही हैं, कुछ और नहीं। युद्ध उन्हीं के लिए हो रहा था, राम की निराशा उन्हीं की मुक्ति को लेकर है और शक्ति-पूजा भी वे उन्हीं के लिए करते हैं। लक्ष्य वही हैं, राम भी उपलक्ष्यमात्र हैं।

जिसे वाजपेयीजी ने भाषा की कवायद कहा है, उस पदावली का सौन्दर्य विलक्षण है। उदाहरणार्थ कुछ पंक्तियाँ–

प्रतिपल-परिवर्तित-व्यूह–भेद-कौशल-समूह,–
राक्षस-विरुद्ध प्रत्यूह,–क्रुद्ध-कपि-विषम-हूह,
विच्छुरितवह्नि-राजीवनयन-हत-लक्ष्य-बाण,
लोहितलोचन-रावण-मदमोचन-महीयान,
राघव-लाघव–रावण-वारण–गत-युग्म-प्रहर,
उद्धत-लंकापति-मर्द्दित-कपि-दल-बल-विस्तर...

ऊपर की दो पंक्तियों में कवि ने अन्त में ही नहीं, उनके मध्य में भी तुकों का विधान किया है, 'प्रतिपल' और 'परिवर्तित' में तथा 'विरुद्ध' और 'क्रुद्ध' में जो अनुप्रास है, वह अलग से। 'प्रतिपल-परिवर्तित' की तरह ही आगे की पंक्तियों में 'विच्छुरितवह्नि' और 'लोहितलोचन' में अनुप्रास-योजना है। इसके अलावा 'लोहितलोचन' और 'मदमोचन' में भी अनुप्रास है, जैसे 'विरुद्ध' और 'क्रुद्ध' में। अन्तिम पंक्तियों में 'राघव-लाघव' और 'रावण-वारण' की अनुप्रासयोजना अत्यन्त स्पष्ट है। ध्यान देने पर पता चलता है कि निराला जिस सफलता से व्यंजन-वर्णों का संगीत रचते हैं, उसी सफलता से स्वर-वर्णों का भी। 'प्रतिपल-परिवर्तित' और 'विच्छुरितवह्नि' में क्रमशः 'प' और 'व' की ही आवृत्ति नहीं है, 'इ' की भी है। इसी तरह 'लोहितलोचन' में 'ल' की ही आवृत्ति नहीं है, 'ओ' की भी है। 'राघव-लाघव–रावण-वारण' में दोनों समस्त पदों में अन्त्यानुप्रास के साथ 'आ' की चार बार आवृत्ति हुई है। इससे अनुमान लगाया जा सकता है कि निराला ने कितने मनोयोगपूर्वक यह पदावली रची है, जिसमें भाव और भाषा तथा अर्थ-संगीत और शब्द-संगीत के बीच गजब की स्पर्धा है। मानना पड़ेगा कि हिन्दी में तुलसीदास के अलावा और किसी कवि ने अर्थ और शब्द की झंकार से भरी हुई ऐसी पदावली नहीं रची। जब निराला तत्सम 'विषम' के साथ भदेस 'हूह' शब्द का प्रयोग करते हैं, तो यह स्पष्ट हो जाता है कि शब्द-योजना में वे किसी रूढ़ सरणी के कायल नहीं और फक्कड़पन के लिहाज से वे तुलसीदास के सच्चे उत्तराधिकारी ह ।
वैसे 'हूह' शब्द भी उन्होंने तुलसीदास से ही लिया है–'जय जय जय रघुबंसमनि धाए कपि दे हूह'।

पहले अनुच्छेद की बाद की दो पंक्तियाँ हैं–

अनिमेष-राम–विश्वजिद्दिव्य-शर-भंग-भाव,–
विद्धांग-बद्ध-कोदंड-मुष्टि–खर-रुधिर-स्राव...

ये अपनी ओजस्विता के लिए तो ध्यातव्य हैं ही, विशेष रूप से ध्यातव्य इनमें निबद्ध राम की जो छवि है, उसके लिए हैं। 'सरोज-स्मृति' वाले लेख में कहा गया है कि 'राम की शक्ति-पूजा' में भी निराला ने आत्माभिव्यक्ति की है, लेकिन अपना नाट्यीकरण करते हुए,

क्योंकि इसमें वे स्वयं रंगमंच पर नहीं आते, अपने को राम के रूप में प्रक्षेपित करते हैं। यह बात 'शक्ति-पूजा' के ऐसे स्थलों पर सही प्रतीत होती है, क्योंकि ऊपर उद्धृत पंक्तियों में अंकित राम की छवि से 'सरोज-स्मृति' के निराला की यह छवि बहुत कुछ मिल जाती है–

देखता रहा मैं खड़ा अपल
वह शर-क्षेप, वह रण-कौशल।

निराला का संघर्ष साहित्य में विषय-वस्तु और कला दोनों ही क्षेत्रों में नए मूल्यों की प्रतिष्ठा के लिए था, जिसमें उन्हें विकट प्रतिरोध का सामना करना पड़ा। राम का संघर्ष भी पत्नी की मुक्ति के लिए है, उस पत्नी की, जिसकी राजा-महाराजाओं को कतई कमी नहीं थी। उसी के लिए राम अपने अंग-अंग को बाणों से बिद्ध करवा लेते हैं, उसी के लिए यह नौबत बुलाते हैं कि उनके शरीर से रक्त के पनाले जारी हो जाते हैं। राम के परम्परागत दैवी व्यक्तित्व को यह पीड़ाभरी नवीनता निश्चय ही उस पर निराला के मानुषी व्यक्तित्व के प्रक्षेपण से मिली है। अन्तिम पंक्तियों में हनुमान का विराट् रूप भी उन्होंने बहुत सावधानी से बनाया है। यहाँ हनुमान का रूप राम से भी बड़ा है। राम के लिए साभिप्राय 'राजीवनयन' शब्द का प्रयोग करते हुए उन्होंने कहा है कि वे 'विच्छुरितवह्नि' होकर अपने लक्ष्य पर बाण संधान कर रहे थे। हनुमान को जाग्रत् ज्वालामुखी बतलाते हुए उनके लिए वे 'उद्‌गीरित-वह्नि' विशेषण का प्रयोग करते हैं। दोनों विशेषणों की तुलना करने पर यह स्पष्ट हो जाता है कि दूसरा पहले पर भारी पड़ता है, हनुमान के रूप के अनुरूप।

अत्यन्त संक्षिप्त होने पर भी निराला के इस युद्ध-वर्णन की सफलता के मूल में उनकी कवि-प्रतिभा तो है ही, उनका 'महाभारत' नामक पुस्तक की रचना करना भी है। 'शक्ति-पूजा' का रचना-काल वही है, जो इस पुस्तक का। उसका गद्य गजब के क्लासिकी सौन्दर्य से युक्त है। युद्ध का प्रसंग हो या सौन्दर्य का, निराला सर्वत्र अपनी वर्णन-क्षमता से हमें चमत्कृत करते हैं। 'महाभारत' लिखते हुए वे 'शक्ति-पूजा' के आरम्भ में युद्ध-वर्णन करने की क्षमता को भी परवान चढ़ा रहे थे।

'शक्ति-पूजा' के आगामी दो अनुच्छेद छोटे-छोटे और सूचनात्मक हैं। निराला यहाँ भी कथा कहने में कमजोर हैं, लेकिन उसकी क्षतिपूर्ति उन्होंने बखूबी अपने समर्थ वर्णन से की है। युद्ध बन्द होने के साथ उसका कोलाहल भी बन्द हो जाता है, जिससे उनकी भाषा भी अपेक्षाकृत सरल हो जाती है। लम्बे समासों की योजना वे छोड़ देते हैं और गद्य की तरह पूरा-पूरा वाक्य लिखने का प्रयास करते हैं।

दूसरे अनुच्छेद में रावण और राम दोनों पक्षों की सेनाओं के लौटने की सूचना है–'लौटे युग दल', लेकिन दोनों सेनाएँ दो तरह से लौट रही हैं। राक्षसी सेना अपने पैरों से पृथ्वी को हिलाती हुई और अपने तुमुल हर्षनाद से बेधकर आकाश को व्याकुल बनाती हुई लौट रही है, जबकि वानरी सेना कृत्रिम रूप से शान्त वातावरण में अपने स्वामी का अनुसरण करती हुई दुखी भाव से अपने शिविर की ओर चल रही है, जैसे बौद्ध भिक्षुओं का दल हो। 'विभिन्न' का मतलब है 'असंगठित रूप में'। आगे राम हैं, कठोर धरती पर अपने कोमल चरण रखते हुए, पीठ पर तरकस, धनुष की डोरी उतरी हुई, कटिबन्ध ढीला; उनके पीछे लक्ष्मण हैं, नमित मुखवाले सान्ध्य कमल की तरह, पलकों में चिन्ता लिए; उनके पीछे सारे

वानर-वीर। एक सेना जीतकर लौट रही है, दूसरी हारकर, इसलिए एक उल्लसित है, दूसरी चुप।

निराला ने सूचना देने के साथ दोनों सेनाओं के लौटने का जो वर्णन किया है, उसमें भी काव्यत्व की कमी नहीं है, उनका व्यंजन और स्वरवर्णों का संगीतपूर्ण विन्यास भिन्न प्रकार की भाषा में भी दिखलाई पड़ता है, लेकिन यहाँ वर्णन की दृष्टि से उल्लेखनीय वह अंश है, जिसमें उन्होंने राम का एक विराट् चित्र अंकित किया है। राम चूँकि दोपहर के बाद ही युद्ध से विरत हो गए थे, इसलिए अत्यन्त शिथिल थे। उनकी दृढ़ता से बँधी हुई जटाएँ, जो उस रूप में मुकुट की तरह प्रतीत होती थीं, अब खुलकर उनकी पीठ, बाँहों और वक्षस्थल पर बिखरी हुई थीं, जैसे किसी दुर्गम पहाड़ पर रात्रि का घना अन्धकार उतर आया हो। राम का शरीर चूँकि सुगठित और खमदार था, इसलिए उसकी उपमा 'दुर्गम पर्वत' से दी गई है। जटाएँ ऊपर से नीचे आकर फैली थीं, अन्धकार भी आकाश से नीचे उतरता है। यह चित्र अपनी उदात्तता के कारण द्रष्टव्य है–

दृढ़ जटा-मुकुट हो विपर्यस्त प्रतिलट से खुल
फैला पृष्ठ पर, बाहुओं पर, वक्ष पर, विपुल
उतरा ज्यों दुर्गम पर्वत पर नैशान्धकार...

आकाश में दूर पर कुछ तारे चमक रहे थे, जिन्हें देखकर लगता था कि कहीं उस अन्धकार का पार भी है। इस वर्णन के साथ वातावरण वा दृश्य-वर्णन पूरा हो जाता है।

कविता का तीसरा अनुच्छेद ज्यादा सूचनात्मक है, जिसमें वानरी सेना को उसके निवास-स्थान को भेजकर उसके सेनापतियों और योद्धाओं के एक पहाड़ के शिखर पर स्थित शिविर में एकत्र होने की बात कही गई है। एकत्र होने का उद्देश्य था सवेरे से शुरू होनेवाले युद्ध की योजना बनाना। राम एक सफेद चट्टान पर बैठे। सेवा-धर्म में पटु हनुमान उनके हाथ-पाँव धोने के लिए स्वच्छ जल ले आए। अन्य योद्धा सन्ध्या वगैरह करने के लिए एक सरोवर के किनारे गए, लेकिन वह सब करके तुरत वापस आ गए और आज्ञा प्राप्त करने के तत्पर भाव से सब उन्हें घेरकर बैठ गए। विभीषण, जांबवान और सुग्रीव राम के सामने बैठे, लक्ष्मण उनके पीछे और हनुमान उनके चरण-कमलों में। अन्य यूथपति यथास्थान, निर्निमेष, 'देखते राम का जित-सरोज-मुख-श्याम-देश'। कहने की आवश्यकता नहीं कि निराला की इस उक्ति में निहित काव्य-सौन्दर्य ऊपर के सूचनात्मक अंश को भी सुन्दर बना देता है, उस पर अपनी प्रभा फेंककर। 'जित-सरोज-मुख-श्याम-देश' समस्त पद है, लम्बा भी, लेकिन प्रांजलता से युक्त। इस प्रसन्न पदावली की तुलना केवल तुलसीदास की 'नील सरोरुह स्याम' वाली पदावली से की जा सकती है। जैसे राम के सौन्दर्य-वर्णन में किसी हद तक वे भावुक हो उठते थे, अपने पर पूरा नियन्त्रण रखते हुए 'शक्ति-पूजा' में निराला भी हो उठते हैं।

चौथा अनुच्छेद बड़ा भी है और महत्त्वपूर्ण भी, क्योंकि यह सूचनात्मक न होकर पूर्णतः वर्णनात्मक है। इसमें निराला ने सबसे पहले राम के सैन्य-शिविर के इर्द-गिर्द के परिवेश का वर्णन किया है, फिर उनकी मनोदशा का, फिर सीता के साथ प्रथम मिलन की उनकी स्मृति का, फिर उस स्मृति की उन पर होनेवाली प्रतिक्रिया का और अन्त में आज के युद्ध में मिली उनकी असफलता तथा उससे उत्पन्न उनकी आशंका एवं व्याकुलता का।

जिन पंक्तियों में उन्होंने शिविर के इर्द-गिर्द के परिवेश का वर्णन किया है, वे 'राम की शक्ति-पूजा' की सर्वाधिक प्रसिद्ध पंक्तियाँ हैं। इसका कारण उनका अत्यन्त सशक्त होना है–

है अमानिशा; उगलता गगन घन अन्धकार;
खो रहा दिशा का ज्ञान; स्तब्ध है पवन-चार;
अप्रतिहत गरज रहा पीछे अम्बुधि विशाल;
भूधर ज्यों ध्यान-मग्न, केवल जलती मशाल।

आचार्य रामचन्द्र शुक्ल ने जिसे संश्लिष्ट बिम्ब कहा है, यह उसका बहुत बढ़िया उदाहरण है। आकाश अन्धकार उगल रहा है, हवा का चलना रुका हुआ है, पृष्ठभूमि में स्थित समुद्र गर्जन कर रहा है, पहाड़ ध्यानस्थ है और मशाल जल रही है। तात्पर्य यह कि ये सब के सब क्रियाशील हैं। हवा का रुकना और पहाड़ का ध्यानस्थ होना भी अनायास नहीं है, ये उनकी क्रियाएँ हैं। यह क्रियाशीलता ही इस बिम्ब को प्रभावशाली बनाती है। इससे जो परिवेश निर्मित होता है, वह अत्यन्त भयावह है, जैसे आज के युद्ध से उत्पन्न होनेवाले भय को मूर्त करनेवाला। डा. शर्मा ने कहा है कि क्षिति, जल, गगन और समीर ये सभी तत्त्व राम के प्रतिकूल हैं, बस उनके पक्ष में है तो एक अग्नि-तत्त्व, जो मशाल के रूप में गहन अन्धकार को भेद रहा है। वास्तविकता यह है कि मशाल जल रही है, लेकिन वह घने अन्धकार को पूरी तरह से हटाने में असमर्थ है। यह परिवेश किसी हद तक राम की मनोदशा को भी प्रतिबिम्बित करता है, जो संशय और निराशा से ग्रस्त है। सारी परिस्थितियाँ उनके प्रतिकूल हैं, बस उनकी बुद्धि ने अभी तक उनका साथ नहीं छोड़ा। वह प्रतिकूल परिस्थितियों से संघर्ष करती हुई किसी तरह जाग्रत् है। मशाल जैसे उसे भी प्रतीकित करती है। यह चित्र निराला ने निश्चय ही बहुत ही अवधानपूर्वक बनाया है। पहली पंक्ति में 'ग' और 'घ' वर्ण का संयोजन ओजस्विता की सृष्टि करता है, दूसरी पंक्ति में 'स्तब्ध' शब्द की ध्वनि भी ठहराव की सूचना देती है, तीसरी पंक्ति में 'अप्रतिहत' को 'अम्बुधि' सन्तुलित करता है और चौथी पंक्ति के पूर्वार्ध में जहाँ 'ध्यान-मग्न' से गतिहीनता की व्यंजना होती है, वहाँ उत्तरार्ध में 'केवल जलती मशाल'-जैसी सरल पदावली से मशाल के जलने की गति की भी और इसमें 'ल' वर्ण की तीन बार आवृत्ति होने से किसी हद तक अग्नि-पुंज की तेजस्विता की भी। 'मशाल' अरबी का शब्द है, जिसके प्रयोग से यह भी सिद्ध है कि शब्द-प्रयोग के क्षेत्र में निराला शुद्धतावादी न थे, वर्ना संस्कृत के अभिजात शब्दों के साथ वे इस शब्द का प्रयोग न करते। उनका ध्यान शब्दों के गोत्र और जाति पर न रहकर इस पर रहता था कि किस शब्द में प्रसंग-विशेष में अर्थ-प्रेषण की कितनी क्षमता है। उनके द्वारा प्रयुक्त भदेस 'उगलता' शब्द से भी यह प्रमाणित है।

स्थितप्रज्ञ राम को भी आज उनके मन में उत्पन्न संशय बार-बार हिला दे रहा है। रह-रहकर उनके प्राणों में रावण की जीत का भय जग उठता है। उनके हृदय को आज तक शत्रु दमित न कर सके थे, वह चिर अविश्रान्त था, दस हजार और लाख सैनिकों के लिए भी उसे आक्रान्त करना कठिन था, लेकिन आज उसकी दशा विचित्र थी। आवेश में वह कल के युद्ध में उतरने के लिए अधीर हो उठता था, लेकिन मन उसके लिए तैयार न था। वह उद्यत होता था, पर असमर्थ होकर हार-हार मानता था। ऐसे ही संकट के क्षण में राम

को सीता की याद आती है, उस सीता की, जिससे प्रथम बार जनक की पुष्प-वाटिका में उनका साक्षात्कार हुआ था। यह प्रसंग दो दृष्टियों से ध्यातव्य है। एक, कविता की अन्तर्वस्तु की दृष्टि से और दूसरी, मनोविज्ञान की दृष्टि से। कविता की अन्तर्वस्तु चूँकि सीता की मुक्ति है, इसलिए संशय की घड़ी में उन्हें सीता की ही याद आती है कि अब उन्हें मुक्त न कराया जा सकेगा। उनके साथ प्रथम मिलन की बात ही उन्हें इसलिए याद आती है कि मनोवैज्ञानिक दृष्टि से वही स्वाभाविक है। जिस पर व्यक्ति का सर्वाधिक अनुराग होता है, संकट-काल में उससे सम्बद्ध सर्वाधिक भावनात्मक प्रसंग ही याद आता है। 'सरोज-स्मृति' में भी निराला के मानस में रह-रहकर सरोज के कोमल और संवेदनशील चित्र ही आते हैं, जो उन्हें ही नहीं, पाठकों को भी व्याकुल बना देते हैं।

'राम की शक्ति-पूजा' का यह प्रसंग उसके सर्वाधिक सुन्दर प्रसंगों में से है—

ऐसे क्षण अन्धकार घन में जैसे विद्युत
जागी पृथ्वी-तनया-कुमारिका-छवि, अच्युत
देखते हुए निष्पलक, याद आया उपवन
विदेह का,—प्रथम स्नेह का लतांतराल मिलन
नयनों का—नयनों से गोपन—प्रिय सम्भाषण,
पलकों का नव पलकों पर प्रथमोत्थान-पतन,
काँपते हुए किसलय,—झरते पराग-समुदय,
गाते खग नव-जीवन-परिचय,—तरु मलय-वलय,
ज्योतिःप्रपात स्वर्गीय,—ज्ञात छवि प्रथम स्वीय,
जानकी-नयन-कमनीय प्रथम कम्पन तुरीय।

जैसे घोर काले बादलों में बिजली चमक जाए, राम के भीतर सीता की कुमारावस्था की, यानी अनाविल, छवि कौंध उठी, जिसे वे एकटक देखते रहे। उन्हें जनक की पुष्प-वाटिका याद आई, उसके साथ ये तमाम बातें—लताओं के अन्तराल में सीता से आँखों का मिलना, आँखों-आँखों में होनेवाला गोपनीय और प्रिय संवाद तथा पलकों का नई अनुभूति से युक्त पलकों पर उस तरह से पहली बार उठना और फिर गिरना, साथ-साथ वहाँ की रमणीय प्रकृति, जो उनके प्रणय-प्रसंग में पूरा योग दे रही थी। नवपल्लव हिल रहे थे और फूलों से पराग-पुंज झर रहे थे। पक्षी दो नए प्राणों के बीच जो परिचय स्थापित हुआ था, अपने कलरव से उसका उत्सव मना रहे थे और वृक्ष मलय-पवन से वलयित थे! प्रातःकाल में उद्यान में ज्योति का एक दिव्य झरना झर रहा था। यहाँ विवेकानन्द अनिवार्य रूप से पुनः स्मरणीय हैं, जिन्होंने कहा था, "मानव-प्रेम की प्रकृति में भी (दैवी तत्त्व उपस्थित होते हैं।) तीव्र प्रेम के आरम्भिक क्षण (में) समस्त संसार तुम्हारे हृदय के साथ स्वर मिलाता ज्ञात होता है। ब्रह्मांड के सब पक्षी तुम्हारे प्रेम को गाते हैं; फूल तुम्हारे लिए खिलते हैं। यह स्वयं अनन्त नित्य प्रेम है, जिसमें से (मानव) प्रेम आता है।" सीता के देखने से राम को पहली बार अपनी सुन्दरता का विश्वास हुआ था, जो कि स्वाभाविक था। किसी युवती की प्रेमपूर्ण दृष्टि युवापुरुष को अपनी सुन्दरता के प्रति निःशंक बनाती है! राम को जो अन्तिम बात याद आई, वह थी सीता की सुन्दर आँखों में दिखलाई पड़नेवाला चरम भावस्थता का प्रथम कम्पन। स्पष्टतः इसमें 'प्रेयसी' कविता में प्राची के दृगों में दिखलाई पड़नेवाले

'प्रथम-किरण-कम्प' की तुलना में अधिक सूक्ष्मता है।

यह अंश युद्ध-वर्णन-जैसा प्रगाढ़ नहीं है, फिर भी उसी मनोयोग से रचा गया है। कहना चाहिए, उसकी रचना में जैसे निराला की मनीषा पूर्णतः जाग्रत् थी, इसकी रचना में उनका हृदय। प्रसंग भी एक युद्ध का है, दूसरा प्रणय का। स्वभावतः पहले वर्णन में जहाँ ओजस्विता है, वहाँ दूसरे वर्णन में माधुर्य। सारी स्मृतियाँ वस्तुतः विद्युत्-गति से राम के मानस में आती हैं और उन्हें आन्दोलित कर जाती हैं। उसी के अनुरूप निराला ने शीघ्रता से और थोड़े शब्दों में प्रत्येक स्मृति-चित्र का अंकन किया है। अन्तिम चार पंक्तियाँ उन्होंने और तल्लीनता से रची हैं, जैसे सीता से ही राम का हृदय नहीं मिला था, वहाँ की प्रकृति से भी मिल गया था। 'प्रतिपल-परिवर्तित व्यूह' वाले बन्द की तरह ही अन्तिम दोनों बन्दों में अन्तस्तुकें भी मिलती हैं, जिससे अभिव्यक्ति में उल्लासव्यंजक अतिरिक्त संगीत का समावेश हो गया है। निश्चय ही यह पूरा वर्णन तुलसीदास से आगे का है, क्योंकि संकट-काल का होने के कारण इसमें एक ओर गति है, तो दूसरी ओर वेधकता। इसके अलावा तुलसीदास में जहाँ राम और सीता बारी-बारी से एक-दूसरे को एकटक देखते-भर हैं, वहाँ इसमें वे आँखों से गोपन और प्रिय सम्भाषण भी करते हैं। यह इस बात का सूचक है कि निराला के नायक-नायिका मध्ययुगीन न होकर आधुनिक युग के हैं। स्वभावतः उनमें खुलापन ही अधिक नहीं है, जैसा कि डा. नामवर सिंह ने अपनी पुस्तक 'छायावाद' में लिखा है, उनकी प्रणयानुभूति में नए युग की बारीकियाँ भी हैं, जो पुरानी कविता से आधुनिक कविता को अलग करती हैं। एक खास बात यह कि राम और सीता के निरालावर्णित प्रणय-प्रसंग में जहाँ प्रकृति भी शामिल है, वहाँ तुलसीदास में वह पूर्णतः तटस्थ है। यह विवेकानन्द का ही प्रभाव नहीं है, सम्पूर्ण छायावाद की एक विशेषता है, जो मध्ययुग की कविता में सम्भव नहीं थी।

सीता की स्मृति से राम का शरीर सिहर उठा, क्षण-भर के लिए मन बिलकुल खो गया, यानी उसे देश-काल का ज्ञान न रहा, और उनका सम्पूर्ण अस्तित्व उद्वेलित हो उठा। उन्हें घेरकर बैठे हुए योद्धाओं ने सिर्फ इतना लक्ष्य किया कि उनका एक हाथ उठा है। वह जैसे फिर एक बार शिव का धनुष तोड़ने के लिए उठा था। वे सीता के ध्यान में लीन थे, उनके होंठों पर मुस्कुराहट दिखलाई पड़ी। फिर उनके हृदय में विश्वविजय की भावना भर उठी। उन्हें अपने असाधारण शौर्य का बोध हुआ। वे सारे दिव्य और अभिमन्त्रित बाण याद आए, जो देवदूत की तरह पंख फड़काकर आकाश में उड़े थे और अपनी अग्नि में ताड़का, सुबाहु, विराध, त्रिशिरा, खर और दूषण-जैसे निशाचरों को पतंगों की तरह जला डाला था। राम बन्द आँखों से उस दृश्य को देखते रहे। लेकिन यह स्थिति ज्यादा देर तक नहीं रही। तुरत उन्हें शक्ति की वह भयानक मूर्ति याद आ गई, जो उन्होंने आज के युद्ध में देखी थी–अपनी विराट् आकृति से अपने सामने के सम्पूर्ण आकाश को ढँके हुए। राम ने रावण को मारने के लिए असंख्य दिव्यास्त्रों का प्रयोग किया, लेकिन वे सारे के सारे बुझते और क्षण-भर में शक्ति के शरीर में समाते चले गए, जैसे उन्हें परमधाम मिल गया हो! राम ने अपनी स्मृति में यह जो दृश्य देखा तो अतुल बलशाली होते हुए भी अपनी जीत के प्रति वे शंकालु हो उठे। उन्हें पुनः सीता की याद आई, उनकी उन आँखों की, जिनमें राम की मूर्ति अंकित थी। फिर उन्हें रावण का खलखल अट्टहास सुनाई पड़ा और उनकी

चिन्तायुक्त आँखों से आँसू की दो बूँदें लुढ़क पड़ीं :

फिर सुना—हँस रहा अट्टहास रावण खलखल,
भावित नयनों से सजल गिरे दो मुक्ता-दल।

उक्त दोनों पक्तियाँ ओज और करुणा की दृष्टि से बेजोड़ हैं। रावण के अट्टहास का वर्णन इतना सजीव है कि उसकी ध्वनि पाठकों को भी सुनाई पड़ने लगती है। इसी तरह राम के अश्रुपात का वर्णन भी इतना जीवन्त है कि उनकी आँखों के सामने दो मुक्ता-खंड चमक उठते हैं। यहाँ आकर ये दोनों ही बातें स्थापित हो जाती हैं—कविता के केन्द्र में सीता का होना और राम का इस कविता में अपनी सम्पूर्ण अलौकिकता के साथ पूर्णतः मानवीय रूप में प्रकट होना। आलोचकों ने उचित ही निराला के राम को तुलसी की अपेक्षा वालमीकि के राम के निकट कहा है, यद्यपि सीताहरण और लक्ष्मण-मूर्च्छा के प्रसंग में तुलसी के राम भी पूर्णतः मानवीय रूप में सामने आते हैं। राम की मानवीयता—उनका संशय और निराशा से ग्रस्त होना तथा उनका विवशता और निरुपायता का एहसास—ही उनके चरित्र को आधुनिक बनाती है, जिससे आज का मध्यवर्गीय पाठक उसके प्रति आत्मीयता अनुभव करता है। मुक्तिबोध ने लिखा है कि आज रामचरितमानस पढ़ते समय राम के चरित्र से जो आँसू निकलते हैं, वे सामन्ती विश्वदृष्टि के आँसू हैं। उस विचार से 'शक्ति-पूजा' के राम की विवशता देखकर यदि हम द्रवित होते हैं, तो उसका सम्बन्ध आज के यथार्थ से है।

पाँचवाँ अनुच्छेद सबसे बड़ा अनुच्छेद है, जिसमें निराला ने हनुमान पर राम के रोने की प्रतिक्रिया का वर्णन किया है।

हनुमान के बैठने के स्थान के बारे में वे पहले ही बतला चुके हैं। यहाँ भी वे कहते हैं—'बैठे मारुति देखते राम-चरणारविन्द'। फिर कुछ शब्दों में वे उनकी विशिष्टता पर प्रकाश डालते हुए उनकी स्थिति को और स्पष्ट करते हैं। हनुमान भक्त भी हैं और योगी भी। इस कारण वे हैं भी और नहीं भी हैं। मान्यता है कि भक्त तो अपने अस्तित्व को भगवान् से अलग रखकर उनकी भक्ति में लगा रहता है, जबकि योगी अपने को परमात्मा में लीन कर उससे अभिन्न हो जाता है। हनुमान, गुण-निधान और हर प्रकार से अनिंद्य, एक साथ दोनों हैं। भक्त होने से वे अपनी सत्ता अलग बरकरार रखकर साधना भी कर रहे हैं और साधक होने से उसी अवस्था में परमात्मा से साम्य या तादात्म्य भी स्थापित कर चुके हैं। उनके बाएँ हाथ में राम का दाहिना पाँव है और उनकी दाहिनी हथेली पर उनका बायाँ पाँव। वे अत्यन्त आह्लादित हैं, क्योंकि सत्य उनके हस्तगत है। राम ब्रह्म के साक्षात् रूप और परमधाम हैं, जहाँ पहुँचकर जीव चिर विश्राम प्राप्त करता है! योगी के रूप में हनुमान निष्ठापूर्वक अजपा जाप कर रहे हैं और भक्त के रूप में, अपने जीव को ब्रह्म से अलग रखते हुए, राम-नाम का। वे इसी अवस्था में थे कि राम की आँखों से आँसू की जो दो बूँदें टपकी थीं, वे उनके दोनों पाँवों पर पड़ीं। उन्हें लगा, जैसे आकाश में तारे टूटे हों! राम का वर्ण श्याम था, इसलिए उनके पाँव उन्हें कालिका के पाँवों की तरह प्रतीत हुए और उन पाँवों पर उनके मध्य में स्थित आँसू की दो बूँदें दो हीरों या दो कौस्तुभ मणियों की तरह! इस तरह क्षण-भर के लिए उनकी दृष्टि में राम के चरण कालिका के मणिमंडित चरणों की तरह हो गए। कहने की आवश्यकता नहीं कि इस वर्णन में ये दोनों पंक्तियाँ

कौस्तुभ मणियों की तरह ही चमक रही हैं :

ये नहीं चरण राम के, बने श्यामा के शुभ,–
सोहते मध्य में हीरक युग या दो कौस्तुभ...

राम के आँसुओं को देखकर हनुमान का ध्यान भंग हो गया। उनका स्थिर चित्त चंचल हो उठा। उन्होंने सन्देह से राम के चेहरे की तरफ दृष्टि उठाई, जैसे उन्हें विश्वास न हो कि राम रो भी सकते हैं। देखा कि राम शान्त बैठे हुए हैं, पर उनकी आँखें सजल हैं। उनके चिरप्रफुल्ल मुख पर व्याकुलता है; वह निश्चेतन हो रहा है। मन में यह खयाल आते ही कि ये राम की आँखों से टपके आँसू हैं, वे उद्वेलित हो उठे। यहाँ निराला ने उन्हें 'शक्ति-खेल-सागर' कहा है और उसी रूप में आगे का वर्णन किया है। 'शक्ति-खेल-सागर' बहुत ही सशक्त प्रयोग है, जिसका मतलब है शक्ति की क्रीड़ाओंवाला अथवा वह समुद्र, जिसमें शक्ति क्रीड़ारत रहती है। वे यदि इससे कमजोर शब्द का प्रयोग करते, तो वह हनुमान की शक्तिमत्ता का पूरा परिचय न दे पाता। कालिदास ने भी रघुवंश के चतुर्थ सर्ग में विलास-क्रीड़ा के अर्थ में 'लीलाखेल' शब्द का प्रयोग किया है।

राम के आँसुओं को देखकर शक्ति-खेल-सागर आलोड़ित हो उठा। हनुमान के पिता पवन थे। उनके सहयोग से उनकी साँस में खिंचकर उनचासों पवन उस सागर पर एक साथ जोरों से बह उठे, उस पर छाए हुए अतिशय भारयुक्त बाष्प-समूह को उड़ाते हुए। उससे उसमें सैकड़ों आवर्त घूर्णित हो उठे, तरंगों ने पहाड़ों की भंगिमा अख्तियार कर ली और जल राशि-राशि जल पर चढ़कर पछाड़ खाने लगा। अत्यन्त आन्दोलित जल का यह चित्र निराला को इतना व्यंजक लगता था कि वह बाद के उनके 'अर्चना' के एक गीत में भी मौजूद है– 'शत संहत आवर्त-विवर्तों/जल पछाड़ खाता है पर्तों/उठते हैं पहाड़, फिर गर्तों/धँसते हैं... ।' यह उस 'शक्ति-खेल-सागर' यानी हनुमान की स्थिति थी। वह सागर सागर और पृथ्वी के सन्धिस्थल यानी किनारों को तोड़कर उमड़ा, स्फीत-वक्ष, अत्यन्त सामर्थ्यवान्। दिग्विजय करने के लिए वह निरन्तर सामने बढ़ रहा था। अब वह उनचास ही नहीं, सौ पवनों के वेग से युक्त था और उसने उमड़कर सभी स्थानों को अतल में डुबो दिया था। उस पर बहती वायु प्रचंड हो उठी थी, क्योंकि उसमें सागर के जल के मन्थन से उत्पन्न होनेवाला भयानक नाद तथा वज्र और तेज भी मिल गए थे। हनुमान को वज्रांग कहा जाता है और तेजस्विता के तो वे आगार ही हैं। यहाँ वायु को गर्जन, वज्र और तेज यानी विद्युत् तीनों से युक्त दिखलाया गया है। तात्पर्य यह कि राम के आँसुओं को देखकर हनुमान बहुत बेचैन हो उठे। उनके भीतर निहित अपार शक्ति खौल उठी और उसने सारी सीमाएँ तोड़ दीं। राम ने अभी तक किसी से यह न बतलाया था कि आज के युद्ध में उनकी पराजय शक्ति के कारण हुई थी, लेकिन हनुमान इस बात को समझ चुके थे। इस कारण उनका सारा क्रोध शक्ति पर था। निराला के अनुसार वह शक्ति-खेल-सागर अत्यन्त बेचैनी की हालत में महाकाश को पहुँच गया, निश्चय ही सूक्ष्म शरीर से, क्योंकि प्रत्यक्षतः हनुमान जहाँ बैठे थे, वहाँ उसी अवस्था में बैठे रहे। वे एकादश रुद्र थे, क्योंकि राम के रूप में रावण-संहार के लिए विष्णु ने अवतार लिया था, तो उनकी सहायता के लिए शिव का अंश हनुमान के रूप में प्रकट हुआ था। महाकाश को पहुँचकर उन्होंने अट्टहास किया और क्षोभ से भर उठे।

महाकाश शिव और शक्ति का निवास-स्थान है। शक्ति पर कुपित होने के कारण

हनुमान ने सोचा कि समस्त आकाश को ही निगल जाएँ, जिससे रावण की सहायता करने के लिए न शक्ति रह जाएँ और न शिव। निराला ने उनके ऊर्ध्वगमन का बहुत भव्य वर्णन किया है। आकाश में रावण की महिमा काली रात के अन्धकार की तरह फैली हुई थी। उस अन्धकार में राम-भक्ति के प्रतापस्वरूप वे तेज का प्रसार करते हुए बढ़ रहे थे। यह वस्तुतः शक्ति और राम-भक्ति के बीच की टक्कर थी। एक ओर शिव की रावण द्वारा पूजित शक्ति और दूसरी ओर राम के नाम और गुण से निनादित हनुमत्-भक्ति! शिव, जो सदा अविचल रहते हैं, महानाश को आगे बढ़ते देखकर क्षण-भर के लिए विचलित हो उठे। रक्तबीज-संहार के बाद जब शक्ति का क्रोध शान्त नहीं हो रहा था, वे सबका संहार करती हुई आगे बढ़ रही थीं, शिव भूमि पर लेट गए थे, जिससे उनके वक्ष पर अपना पाँव पड़ने से उनका ध्यान भंग हुआ था। निराला शिव के लिए प्रयुक्त विशेषण 'श्यामा के पदतलभारधरण' के रूप में यहाँ उसी घटना को याद करते हैं, क्योंकि यहाँ भी उन्हें शक्ति को रावण से विमुख कर राम-पक्ष की सेना के संहार को रोकना है। उन्होंने गम्भीर स्वर में शक्ति से कहा—देवि, आप अपने तेज का संवरण करें, यानी यहाँ शक्ति से काम न लें। जिसे आप वानर-मात्र समझ रही हैं, वह असाधारण प्राणी है। उसने आज तक स्त्री के साथ रमण नहीं किया; वह शृंगार की नहीं, वीरता की प्रतिमूर्ति है; राम-भक्ति का साकार रूप, जो कि अक्षय है और चिर ब्रह्मचर्यरत। ये एकादश रुद्र हैं, मर्यादा पुरुषोत्तम के सर्वोत्तम एवं अनन्य लीला-सहचर और दिव्य भावों से युक्त। इन पर यदि आपने प्रहार किया, तो आपकी बुरी तरह से पराजय होगी। इसलिए उचित यही है कि आप विद्या के सहारे, अविधा के नहीं, हनुमान के क्षुब्ध मन को प्रबोधित करने का प्रयास करें। मेरा विश्वास है, वे मान जाएँगे और संकट टल जाएगा। इतना कहकर शिव चुप हो गए।

लेकिन शक्ति ने उनके परामर्श पर पूरा ध्यान नहीं दिया। जैसे उन्हें विश्वास नहीं था कि हनुमान उनकी बात मानेंगे, इसलिए उन्होंने अविद्या अर्थात् माया की सहायता ली और उन्हें विस्मय में डालती हुई उनके सामने आकर उनकी माता अंजना का रूप धारण कर प्रकट हो गईं। जैसे साधारण माताएँ उलाहनों से तंग आकर अपने बच्चों को समझाती हैं, अंजना ने उन्हें समझाया—बचपन में तुमने अबोधता के कारण सूर्य को निगल लिया था। वह भाव तुममें समाप्त नहीं हुआ, इसीलिए आज महाकाश को निगलने के लिए पहुँच गए हो। तुम्हारे ऐसे आचरणों को मुझे झेलना पड़ता है, यह बहुत लज्जा की बात है। यह महाकाश है, उन शिव का निर्मल वास-स्थान, जो राम के भी आराध्य हैं। उस स्थान को अपना ग्रास बनाने के लिए जो तुम आ गए हो, वह क्या अनर्थ नहीं है? जरा मन में विचार करो। क्या राम ने तुम्हें ऐसा करने का आदेश दिया है? तुम सेवक हो, जिसका धर्म होता है स्वामी के आदेश के मुताबिक चलना। तुम अपने मन से यह ऐसा कार्य करने आ गए हो, जो उनके लिए अकल्पनीय है। क्या यह कभी उन्हें सह्य होगा? अपनी माता के समझाने पर हनुमान की समझ में बात आ गई। क्षणान्तर में अंजना अदृश्य हो गईं और वे धीरे-धीरे नीचे आकर पुनः राम के चरणों को पकड़कर भक्त की दैन्यावस्था में पहुँच गए। 'उतरे धीरे-धीरे' का मतलब बहुत कुछ वही है, जो आगे राम के लिए 'ध्यान की भूमि से उतरे' का है।

स्पष्टतः कविता के इस अनुच्छेद में हनुमान का महत्त्व बहुत बढ़ा-चढ़ाकर दिखलाया गया है, जैसे निराला को सिद्ध करना हो कि 'राम ते अधिक राम कर दासा'। कुछ विद्वानों

के अनुसार यह शाक्तोपासना पर वैष्णव भक्ति की प्रतिष्ठा करना है। राम-भक्त हनुमान शक्ति-उपासक रावण का ही संहार नहीं कर सकते हैं, बल्कि स्वयं शक्ति का संहार करने पहुँच जाते हैं और शक्ति को उन्हें शान्त करने के लिए छल का सहारा लेना पड़ता है। लेकिन कविता के अन्त में इसमें शक्ति-उपासना की ही प्रतिष्ठा है, इसलिए इस घटना को बिलकुल प्रासंगिक समझना चाहिए। बंगाल में रहते हुए निराला ने शक्ति का ही नहीं, हनुमान का भी महत्त्व समझा था। आरम्भिक दिनों में तो उनके मानस पर हनुमान छाए हुए थे, जिसका प्रमाण उनकी आत्मसंस्मरणात्मक कहानी 'भक्त और भगवान' है। वे स्वप्न में उनके दर्शन करते थे, उनसे बातें करते थे। एक दिन जब वे खा-पीकर सोए, ''समय समझकर महावीरजी फिर आए। उसने आज महावीरजी की वीर-मूर्ति देखी। मन इतने दूर आकाश पर था कि नीचे समस्त भारत देखा; पर यह भारत न था—साक्षात् महावीर थे, पंजाब की ओर मुँह, दाहने हाथ में गदा—मौन शब्द-शास्त्र, बंगाल के ऊपर दाएँ-बाएँ पर हिमालय-पर्वत की श्रेणी, बगल के नीचे बंगोपसागर, एक घुटना वीर-वेश-सूचक—टूटकर गुजरात की ओर बढ़ा हुआ, एक पैर प्रलम्ब—अँगूठा कुमारी-अन्तरीप, नीचे राक्षस-रूप लंका-कमल—समुद्र पर खिला हुआ। ध्वनि हुई, 'वत्स, यह वीर-रूप समझो।' इसके बाद स्वामी प्रेमानन्दजी की प्रशान्त मूर्ति ऊषा के अरुण प्रकाश की तरह भक्त के सुन्दर मन के आकाश से भी ऊँचे उगी। ध्वनि हुई, 'वत्स, यह सूक्ष्म भारत है, इससे नीचे नहीं उतर सकते; इनका प्रसार समझ के पार है।' एक बार सूर्य दिखाई दिया, फिर अगणित तारे; प्रकाश मन्दतर होता हुआ विलीन हो गया।'' ऐसा लगता है कि हनुमान की यही मूर्ति और विराट् रूप धारण कर 'शक्ति-पूजा' में प्रकट हुई है।

लेकिन बाद में जब निराला पर यथार्थ-बोध हावी होने लगता है, तो वे मिथकों को तोड़ने लगते हैं और अन्य दार्शनिक-पौराणिक मिथकों के साथ हनुमान के मिथक को भी तोड़ डालते हैं। 'बिल्लेसुर बकरिहा' में जब हनुमान बिल्लेसुर की बकरियों की रक्षा नहीं कर सके, तो बिल्लेसुर ''चबूतरे-चबूतरे मन्दिर की उल्टी प्रदक्षिणा करके, पीछे महावीरजी के पास गए। लापरवाही से सामने खड़े हो गए और आवेग में भरकर कहने लगे—'देख, मैं गरीब हूँ। तुझे सब लोग गरीबों का सहायक कहते हैं, मैं इसीलिए तेरे पास आता था, और कहता था, मेरी बकरियों को और बच्चों को देखते रहना। क्या तूने रखवाली की, बता, लिए थूथन-सा मुँह खड़ा है?' कोई उत्तर नहीं मिला। बिल्लेसुर ने आँखों से आँखें मिलाए हुए महावीरजी के मुँह पर वह डंडा दिया कि मिट्टी का मुँह गिली की तरह टूटकर बीघे भर के फासले पर जा गिरा।''

'शक्ति-पूजा' के छठे अनुच्छेद में विभीषण का लम्बा संवाद है, जो किंचित् कूटनीतिक होने के कारण बहुत सजीव है। राम-कथा में विभीषण की स्थिति विचित्र है। वे रावण के द्वारा उसकी राजसभा से राम का पक्ष लेने के कारण प्रताड़ित करके निकाले गए थे और अब उनसे मिलकर उसके विरुद्ध युद्ध कर रहे थे। स्थिति की विडम्बना यह थी कि लंका-विजय होने के पहले ही राम ने उनका राज्याभिषेक कर उन्हें वहाँ का राजा बना दिया था। स्वभावतः युद्ध में जब कभी उनका पक्ष कमजोर पड़ता था, वे व्याकुल हो उठते थे। यह उनकी स्थिति की विचित्रता ही थी कि लक्ष्मण के मूर्च्छित होने पर राम जब विलाप करने लगे तो सबसे ज्यादा चिन्ता उन्हें विभीषण को लेकर थी। इसी से उन्होंने कहा था—'ह्वैहे कहा बिभीषण की गति रही सोच भरि छाती'। मानस में राम को युद्ध में बिना वाहन

के देखकर सबसे ज्यादा घबड़ाहट विभीषण को ही हुई–'रावनु रथी बिरथ रघुवीरा। देखि बिभीषनु भएउ अधीरा।' तुलसीदास में वे राम के मित्र हैं, लेकिन वाल्मीकि और निराला में एक राज्याकांक्षी राजा। इसी से 'शक्ति-पूजा' में वे यथार्थ पर पर्दा डालते हुए राम से ऐसी बातें कहते हैं, जिससे कि वे उत्तेजित होकर और अधिक शक्ति और संकल्प से रावण से युद्ध करने लगें।

वे कुछ देर तक राम का विषादग्रस्त मुख-मंडल देखते रहे, फिर उनसे कहा–आज आपका वदन पहले की तरह प्रफुल्लित नहीं, जिसे देखकर सारे वानर और भल्लूक वीर अपनी थकान भूलकर अक्षय जीवन प्राप्त करते थे। आपके तरकस में वही बाण हैं, आपका वही वक्ष है, वही युद्धपटु हाथ, वही अशेष बल; मेघनादजयी लक्ष्मण भी वही हैं, वही जांबवान, वही प्रसन्नमन सुग्रीव, वही अंगद, वही महाबली और धीर श्वेत, वही हनुमान, जिनका कोई प्रतिद्वन्द्वी नहीं और जो अकेले दस करोड़ के बराबर हैं, सारे दक्ष सेनापति वही हैं; युद्ध भी बदला नहीं, वही है, फिर आपके मन में अकारण यह निराशा-भाव के क्षणों का उदय कैसे हुआ? आप रघुकुल के गौरव हैं, लेकिन अभी लघुता से ग्रस्त हो रहे हैं। जब युद्ध विजय के निकट है, तब आप उससे पराङ्मुख हो रहे हैं! हम लोगों ने व्यर्थ ही इतना श्रम किया! फिर विभीषण राम के मर्म पर आघात करने के लिए कहते हैं–जब सीता से मिलने की घड़ी आई है, आप निर्दयतापूर्वक उनसे अपना हाथ खींच रहे हैं!

इसके बाद वे युद्ध में रावण की विजय के बाद का, सीता को लेकर, ऐसा चित्र खींचते हैं कि इसमें सन्देह नहीं रह जाता कि सीता ही इस कविता की धुरी हैं और इसके सारे अवयव उसी के इर्द-गिर्द घूमते हैं। विभीषण राम में फिर जोश भरने के लिए अन्तिम अस्त्र का प्रयोग करते हैं–रावण, जो लम्पट है, खल है, पाप-कर्म से अनाचारी हो चुका है और जिसने अपनी भलाई की बात कहने पर मुझे पैरों से प्रताड़ित किया, विजयोपरान्त सीता को पुनः तरह-तरह से पीड़ित करेगा। वह अपने उद्यान में बैठा होगा, अपनी मन्त्रिपरिषद् के सदस्यों से घिरा, उन्हें युद्ध में अपनी विजय की गाथा सुनाता हुआ और वसन्त-ऋतु में कल-कूजन करते हुए कोकिल को सुनता हुआ! प्रसिद्धि के अनुसार उसने वसन्त-ऋतु को अशोक-वाटिका में कैद कर रखा था! यह चित्र निराला की सृजनात्मक कल्पना की अपूर्व देन है, जो उनकी कविता के इस प्रसंग को एक ओर अत्यन्त नवीन बनाता है और दूसरी ओर अत्यन्त प्रभावशाली। लेकिन विभीषण वहीं चुप नहीं होते, वे अपना राज्याभिषेक करनेवाले राम पर अपनी स्थिति की विडम्बना पूर्णतः उजागर कर उन्हें आहत करते हैं–'मैं बना किन्तु लंकापति, धिक्, राघव, धिक् धिक्!' प्रत्यक्षतः वे अपने को धिक्कारते हैं, क्योंकि लंकेश होने के नाते सीता की सुरक्षा का दायित्व प्रथमतः उनका था, लेकिन वस्तुतः यह धिक्कार राम को है, जो युद्ध से पाँव पीछे हटा रहे हैं। पाँचवें अनुच्छेद में शिव और अंजना के जो संवाद हैं, उनमें सजीवता नहीं है, लेकिन विभीषण का यह संवाद बहुत सजीव है, क्योंकि यह कथा-मात्र नहीं है, इसका सम्बन्ध उनके जीवन के एक संकटपूर्ण यथार्थ से है। इस यथार्थ को अपनी कल्पना के योग से निराला ने बहुत तीखा बनाकर प्रस्तुत किया है।

सातवें अनुच्छेद में निराला ने जो कुछ लिखा है, उससे विभीषण और राम के चरित्र का अन्तर स्पष्ट हो जाता है, राम की विवशता सामने आती है और उनकी आँखों से पुनः

जो आँसू की बूँदें गिरती हैं, तो अलग-अलग योद्धाओं पर उसकी अलग-अलग प्रतिक्रिया का पता चलता है।

विभीषण की बातें सुनकर पूरी सभा सन्न रह गई। राम अपनी आर्द्र आँखों से शीतल प्रकाश छोड़ते हुए उदासमन देखते रहे। ऐसा लगा कि विभीषण ने जो ओजस्वी शब्दों का प्रयोग किया था, उसका उनके ऊपर कोई प्रभाव नहीं था। उन शब्दों से न उनका लगाव मालूम पड़ा, न अलगाव। वे जैसे शब्द-मात्र थे, अर्थ से रहित, और मित्र के प्रति अनुरागवश औपचारिकता में कहे गए थे। उनमें मित्र के गहरे भावों को समझने की क्षमता नहीं थी। कुछ क्षणों तक चुप रहकर राम ने अपने सहज कोमल स्वर में, यानी बिना किसी उद्वेग के, विभीषण से कहा–मित्रवर, इस युद्ध में विजय सम्भव नहीं, क्योंकि अब यह सिर्फ नर-वानर और राक्षस के बीच का युद्ध नहीं रहा। अब रावण के आमन्त्रण पर इसमें स्वयं महाशक्ति उतर पड़ी हैं। यह घोर आश्चर्य की बात है, 'अन्याय जिधर, हैं उधर शक्ति!' नामवरजी ने अपनी 'छायावाद' नामक पुस्तक में इस पर यह दिलचस्प टिप्पणी की है–''यह शक्ति स्वयं राम की शक्ति थी जो अब रावण के पक्ष में हो गई थी। यह निराला का स्वयं अपना वर्ग, मध्यवर्ग, था जो अब पुराण-पन्थी सामन्ती दल से मिल गया था। इस राम को जराजीर्ण रावण से भय न था और न उसकी परवा ही थी। लेकिन वे उस अपनी शक्ति का क्या करते?'' स्पष्टतः यहाँ सोचने का एक सरल मार्क्सवादी ढाँचा है, जिसके अनुसार जो मध्यवर्ग सामन्तवर्ग के विरुद्ध संघर्ष करता हुआ समाज में प्रगतिशील भूमिका निभाता है, वही पतनशील दौर में उससे एकजुटता स्थापित कर मध्यवर्ग के विकास में बाधक बन सकता है। इस दृष्टि से 'शक्ति-पूजा' का रावण सामन्तवर्ग का प्रतीक है, जिसे पछाड़ना मध्यवर्ग के लिए आसान है, लेकिन कठिनाई यह है कि उससे शक्ति, जो कि मध्यवर्ग की शक्ति है, जाकर मिल गई हैं! यह कविता अत्यधिक संश्लिष्ट होने के कारण निश्चय ही अनेक स्तरों पर आधुनिक मनुष्य की विवशता और संघर्ष को प्रतिध्वनित करती है, लेकिन इस रूप में उसके किसी भी अंश की व्याख्या बहुत स्थूल मानी जाएगी। जो प्रतिध्वनि की तरह अस्पष्ट और अनिश्चित है, उसे ध्वनि के रूप में न ग्रहण करना ही उचित है। 'राम की शक्ति-पूजा' का सौन्दर्य और शक्ति उसके प्रकृत रूप में है। जल में बननेवाले वृत्तों की तरह उसमें अर्थ के दूर से दूर जानेवाले वृत्त तो बन सकते हैं, पर इस पर बेधड़क कोई नया अर्थ आरोपित नहीं किया जा सकता। शक्ति की चर्चा करते हुए राम की आँखें छलछला आईं और पुनः उनसे कुछ अश्रुबिन्दु ढुलक पड़े। फिर उनका कंठ अवरुद्ध हो गया, वे चुप हो गए।

इस बार उनके रोने की प्रतिक्रिया हनुमान के साथ दूसरे योद्धाओं पर भी हुई। लक्ष्मण का प्रचंड तेज कौंध उठा। हनुमान पर अंकुश लग गया था, इसलिए वे मसककर राम के दोनों चरणों को दंड की तरह पकड़े हुए धरती में धँस गए, कोई उड़ान नहीं भरी। जांबवान सभी योद्धाओं में बुजुर्ग थे, इसलिए वे सब कुछ समझते हुए स्थिर रहे, लेकिन सुग्रीव व्याकुल हो उठे, जैसे उनके हृदय में विषम क्षत बन गया हो! उत्तररामचरित में भवभूति की उक्ति है–'हृन्मर्मव्रण इव वेदनां करोति'। विभीषण कार्यक्रम का निश्चय करने लगे। वातावरण अत्यन्त असहज था, ऊपर से शान्त, पर भीतर से कंपायमान। यहाँ निराला ने लक्ष्मण, हनुमान, जांबवान, सुग्रीव और विभीषण–इन सभी योद्धाओं की संक्षिप्त प्रतिक्रिया से उनके शील का और राम के प्रति उनके भाव का बहुत अच्छा परिचय दे दिया है।

अगले अनुच्छेद में राम अपने को प्रकृतिस्थ करते हैं और पहले जो कह गए हैं, उसे विस्तार से उपस्थित योद्धाओं को समझाते हैं। अन्त में जांबवान उन्हें शक्ति-पूजन का परामर्श देते हैं, उन्हें आश्वस्त करते हुए कि उनकी अनुपस्थिति में भी सुनियोजित ढंग से युद्ध चलता रहेगा। राम ने संयत होकर कहा—दैव का यह विधान मेरी समझ में न आया। उन्होंने जैसे 'अन्याय जिधर, हैं उधर शक्ति!' की व्याख्या की—अधर्म में लिप्त रावण को शक्ति ने अपनाया और मुझे पराया समझा! फिर उन्होंने दो पल बाद 'शंकर' का स्मरण किया, क्योंकि उनसे उनकी आत्मीयता थी, और बोले—यह युद्ध रावण का नहीं, शक्ति का खेल है। तभी मैं बार-बार तीक्ष्ण बाणों की योजना करता रहा, जिनसे यह सारी दुनिया जीती जा सकती है, लेकिन वे आज युद्ध में बिलकुल बेकार साबित हुए। यहाँ विस्तार से उन्होंने अपने बाणों की श्रेष्ठता का परिचय दिया—वे तेज-पुंज हैं, जिनमें सृष्टि की रक्षा का विचार और पतन को रोकनेवाली अर्थात् उच्च एवं विकसित संस्कृति दोनों निहित हैं। इसके साथ उनमें और चीजें भी हैं, यथा अत्यधिक शुद्धता का बोध, सूक्ष्म से सूक्ष्म विवेक और क्षात्रधर्म की पूर्णता। स्पष्ट है कि राम के बाण और उनके द्वारा किया जानेवाला उनका युद्ध किन मूल्यों का प्रतीक था। उन बाणों की प्रजापति संयमपूर्वक रक्षा भी करते थे। प्रजापति दक्ष आदि दस लोककर्ता थे, जिन्हें ब्रह्मा ने सृष्टि के आदि में उत्पन्न किया था। वे सृष्टि के निर्माण और पालन में हमेशा देवताओं की सहायता किया करते थे। राम विष्णु के अवतार थे, इसलिए वे उनके बाणों के भी रक्षक थे। ऐसे बाण भी आज रावण के द्वारा काट डाले गए, जिससे उनकी महिमा जाती रही।

अन्त में राम ने कहा—

देखा, हैं महाशक्ति रावण को लिए अंक,
लांछन को ले जैसे शशांक नभ में अशंक;
हत मन्त्रपूत शर संवृत करतीं बार-बार,
निष्फल होते लक्ष्य पर क्षिप्र वार पर वार!
विचलित लख कपिदल, क्रुद्ध युद्ध को मैं ज्यों-ज्यों,
झक-झक झलकती वह्नि वामा के दृग त्यों-त्यों;
पश्चात् देखने लगीं मुझे, बँध गए हस्त,
फिर खिंचा न धनु, मुक्त ज्यों बँधा मैं हुआ त्रस्त!

यह 'फिर देखी भीमा मूर्ति आज रण देखी जो' तथा 'ज्योतिर्मय अस्त्र सकल बुझ-बुझकर हुए क्षीण' का भाष्य तो है ही, उससे अधिक भी कुछ है। कृत्तिवास ने अपनी रामायण में रावण को अपनी गोद में लिए हुए शक्ति का बहुत ही भव्य वर्णन किया है, जो देखने लायक है—

असित-बरणा काली, कोले दशानन।
रूपेर छटाय घन-तिमिर-नाशन।
अलका झलका उच्च-कादम्बिनी-केश।
ताहे श्यामा रूपे नील-सौदामिनी-वेश।
कर-पद-नखे शशि अनल प्रकाशे।
बिम्ब-फल तुलित अधरे मन्द हासे।

कृष्णवर्णा काली गोद में दशानन को लिए बैठी हैं, उनके रूप की छटा से घना अँधेरा छँट गया। ऊँचे बादलों-जैसे केश में मानो बिजली झलक रही हो। श्यामा रूप में नीली सौदामिनी का वेश। हाथ और पैरों के नाखून से चन्द्रमा की ज्योति प्रकट होती है और अधर पर मन्द हास से मानो बिम्ब-फल शोभा पा रहा हो।

निराला ने इस पूरे वर्णन को एक पंक्ति में समेटा है–'लांछन को ले जैसे शशांक नभ में अशंक', और इसमें जो नई बात पैदा की है, वह यह कि शक्ति के लिए रावण वैसे ही है, जैसे चन्द्रमा के लिए कलंक। 'अशंक' विशेषण व्यंग्यात्मक भी है, क्योंकि कलंक को अंकस्थ किए हुए भी शक्ति निश्चिन्त हैं। उन्हें इस बात की परवाह नहीं कि अन्यायी और दुराचारी को अपना कृपा-पात्र बनाने पर दुनिया क्या कहेगी! शक्ति राम की आराध्या थीं, लेकिन उनके प्रति उनके मन में शिकायत का भाव पैदा होता है, यह इस बात का सूचक है कि इस नायक की पुराने मूल्यों में निष्ठा दरक रही है! यह आधुनिक मनुष्य की मनोदशा है, जो बिलकुल अनारोपित ढंग से इस पंक्ति से अभिव्यक्त हो रही है। राम द्वारा सन्धान किए गए मन्त्राभिषिक्त बाणों का शक्ति बार-बार संवरण करती रहीं, लक्ष्य पर क्षिप्रता से किए गए उनके आक्रमण निष्फल होते रहे। यहाँ भी निराला ने अत्यन्त संकट-काल में अरबी 'मशाल' की तरह 'आक्रमण' की जगह फारसी 'वार' शब्द का प्रयोग किया है, जो उनके इस कथन की याद दिलाता है कि कोई भी जुबान अशुद्ध नहीं होती, यदि वह कृत्रिम न हो।

राम कहते हैं कि युद्ध में अपनी असफलता से वानरी सेना को विचलित देखकर वे ज्यों-ज्यों और क्रुद्ध होकर अस्त्र चलाते थे, शक्ति की आँखों में त्यों-त्यों अग्नि और तेज होती जाती थी। निराला की प्रचंड भाषा-शक्ति एक बार यहाँ पुनः प्रत्यक्ष है–'झक-झक झलकती वह्नि वामा के दृग त्यों-त्यों'। अग्नि के क्रमशः तेज होते जाने का बिम्ब तो यहाँ अत्यन्त सशक्त है ही, शक्ति के लिए 'वामा' शब्द का प्रयोग भी अत्यन्त सटीक है। शक्ति स्त्री ही नहीं हैं, विरोध करनेवाली स्त्री हैं! राम जब उग्रतर होने लगे, तो शक्ति ने उन पर दृष्टिपात किया, फिर तो वे सम्मोहित हो गए। उनके हाथ बँध गए, प्रत्यंचा पर बाण रखकर उसे न खींच सके, मुक्त रहकर भी जैसे वे बन्दी हो गए। स्वभावतः इस स्थिति से उनके मन में त्रास भर उठा। छायावादोत्तर काव्य में आधुनिक मनुष्य की विवशता, निरुपायता, कुंठा और संत्रास का बहुत वर्णन हुआ है, प्रायः प्रचलन के रूप में। निराला ने यहाँ एक दैवी पात्र राम के माध्यम से परिस्थितिजन्य उपर्युक्त भावों का बहुत ही सशक्त वर्णन किया है। आकस्मिक नहीं कि उनके कथन में 'त्रस्त' शब्द भी मौजूद है। इन्हीं कारणों से 'राम की शक्ति-पूजा' आधुनिक संवेदना वाली एक यथार्थयुक्त रचना मानी जाती है और इसके रचयिता हिन्दी में आधुनिक कविता के जनक। इस कविता की लोकप्रियता का आधार इसकी आधुनिकता ही है, पौराणिकता नहीं, यद्यपि वह पौराणिकता के भीतर से ही परिस्फुट हुई है। इसके अलावा इस वर्णन में कहीं निराला की अपनी स्थिति की भी अभिव्यक्ति हुई है। निरुपायता का बोध 'सरोज-स्मृति' में भी है, 'समझता हुआ मैं रहा देख,/हटती भी पथ पर दृष्टि टेक' से लेकर 'सुनकर, गुनकर चुपचाप रहा,/कुछ भी न कहा,–न अहो, न अहा' तक में। वह बोध यहाँ और गहरा और तीखा हुआ है। यहाँ

स्वाभाविक रूप से कभी भी पुराने न पड़नेवाले महाकवि कालिदास के रघुवंश के द्वितीय सर्ग का ही वह श्लोक याद आता है, जिसमें उन्होंने राजा दिलीप की निरुपायता का वर्णन किया है–

बाहुप्रतिष्टम्भविवृद्धमन्युरभ्यर्णमागस्कृतमस्पृशद्भिः।
राजा स्वतेजोभिरदह्यन्ताभोंगीव मन्त्रौषधिरुद्धवीर्यः॥

हाथ के रुक जाने से अत्यन्त क्रुद्ध राजा दिलीप उस विषधर सर्प की भाँति, जिसका प्रभाव मन्त्र और औषधि से बाँध दिया गया हो, पास में खड़े अपराधी सिंह को न छू सकनेवाले अपने तेज से भीतर ही भीतर जलने लगे।

शक्ति के सम्मुख अपनी स्थिति का बयान करने के बाद क्षण-भर के लिए राम चुप हुए, तो पूरे विश्वास से जांबवान ने उनसे निवेदन किया–आप अकारण विचलित हैं। शक्ति का वाहन सिंह है। आप भी पुरुषों में सिंह हैं। आप भी अपने ऊपर शक्ति को धारण करें, फिर रावण आपको पराजित न कर सकेगा। उपासना का उत्तर उपासना से ही दिया जा सकता है। आप शक्ति की उपासना को रावण से आगे बढ़ा दें और अविचलित रहकर, अपने प्राणों को संयमित कर, उसके प्राणों पर विजय प्राप्त करें। पापी होकर भी यदि रावण ने शक्ति की कृपा प्राप्त कर आपको त्रस्त कर दिया है, तो आप तो उपासना में सिद्ध होकर उसे ध्वस्त ही कर डालेंगे। आप शक्ति की मौलिक रूप में कल्पना कर उनका पूजन करें और जब तक उसमें सिद्धि न प्राप्त हो, युद्ध से विरत रहें। आपकी अनुपस्थिति में भी युद्ध जारी रहेगा। जब तक आप युद्ध में लौट नहीं आते, वह लक्ष्मण के नेतृत्व में लड़ा जाएगा। वे बीच में रहेंगे, उनके दाहिने अंगद, यूथपति श्वेत के सहायक के रूप में। मैं भालुओं की सेना को सँभालूँगा और लक्ष्मण के बाएँ हनुमान रहेंगे, नल, नील और छोटे वानर योद्धाओं के प्रधान। सुग्रीव, विभीषण और अन्य यूथपति जब जहाँ भी भय होगा, रक्षार्थ समय पर उपस्थित हो जाएँगे, यानी वे 'कुमक' के रूप में काम करेंगे। इस प्रकार युद्ध की पूरी योजना जांबवान के माध्यम से निराला ने राम के सम्मुख प्रस्तुत कर दी। ऐसे ब्योरे से निश्चिय ही इस कविता को वास्तविकता का एक आधार मिला है, जिससे वह शुद्ध काल्पनिक सृष्टि होने से बच गई है और उसमें यथार्थवादी कला का सौन्दर्य उत्पन्न हुआ है।

'शक्ति-पूजा' के नौवें अनुच्छेद में शक्ति-पूजा के आयोजन का विस्तार से वर्णन है। इसकी विशिष्टता यह है कि इसी में निराला ने शक्ति की वह 'मौलिक कल्पना' प्रस्तुत की है, जिसके लिए जांबवान ने राम को प्रेरित किया था और जो राम की इष्ट बनती है। जांबवान के सुझाव से सभा में प्रसन्नता छा गई। राम ने उसे 'उत्तम निश्चय' बतलाकर और सिर झुकाकर उनके वार्धक्य का सम्मान किया। फिर वे कुछ सोचते हुए ध्यानस्थ हो गए। उपस्थित सभी योद्धाओं ने देखा कि उनका शरीर बार-बार रोमांचित हो रहा था। कुछ देर बाद उनकी आँखें खुल गईं, लेकिन उसके बाद भी मन भाव में डूबा रहा। शान्त स्वर में अत्यन्त विश्वास के साथ उन्होंने दुर्गा का स्तवन करते हुए उन्हें पुकारा। कहा, माता, मैं आपकी शरण में हूँ। आप परम शक्तिमयी हैं। आपने अपनी शक्ति से महिषासुर का मर्दन किया है, गर्जन करता हुआ सिंह आपके लोकरंजक चरणों के नीचे है! यह वस्तुतः आपका संकेत है। मैं समझ गया, मैं आपकी पूजा सिंह-भाव से ही करूँगा। तात्पर्य यह कि

राम ने सिंह की तरह उनको वहन करने का निश्चय किया, हनुमान वाले रास्ते से अलग पूर्णतः दास्य-भाव से। जांबवान ने उन्हें कहा था, 'हे पुरुष-सिंह, तुम भी यह शक्ति करो धारण'। उन्हें भी अपने बल का विश्वास था, वे भी अपने को पुरुष-सिंह मानते थे। स्वभावतः उन्होंने सिंह-भाव से दुर्गा की आराधना का संकल्प किया। यहाँ आकर वे पुनः थोड़ी देर के लिए स्थिर हो गए, दशभुजा दुर्गा की छवि में लीन। तत्पश्चात् उन्होंने पलकें खोलीं। उनके मन्त्री और सेनापति वीरासन में बैठे हुए, उनके प्रति भावाभिभूत, उनका मुस्कुराता हुआ चेहरा देखते रहे। अन्त में राम ने भावस्थ रहते हुए ही कंपित प्राणों और मेघगम्भीर स्वर से उन्हें शक्ति के स्वकल्पित रूप के बारे में बतलाया।

उनके सम्मुख एक पर्वत था, अनेक हरी-भरी झाड़ियों और घासों से मंडित। पर्वत उच्चता अर्थात् उच्चभाव का प्रतीक है। उन्होंने उपस्थित योद्धाओं से कहा कि इसी पर्वत यानी उच्चभाव की मधुर और सरस कल्पना पार्वती के रूप में की गई है। इस पर्वत के पाद-मूल में जो समुद्र गर्जन कर रहा है, वह पार्वती का वाहन सिंह है, दसों दिशाएँ उनके हाथ हैं और ऊपर जो आकाश फैला है, वह दिगम्बर शिव हैं, अर्चनाप्राप्त 'शशि-शेखर'! महिषासुर मानव के मन का असुर है, उसका अहंकार, लघुता का सर्वाधिक प्रामाणिक रूप, कोई वास्तविक राक्षस नहीं, जो वास्तविक पार्वती या दुर्गा से नहीं, मंगल के उच्चभाव से उनके पैरों के नीचे पराजित पड़ा है! निराला ने अपने प्रसिद्ध लेख 'वर्तमान धर्म' में कुछ पौराणिक रूपकों का अर्थ बतलाया था, महात्मा गाँधी से भी उन्होंने कहा था कि पौराणिक कथाओं में सूक्ष्मतम तत्त्व स्थित हैं। यहाँ उसी के अनुरूप उन्होंने पार्वती या शक्ति का अर्थ 'उच्चभाव' बतलाया है। अपने कई आरम्भिक लेखों में भी उन्होंने शक्ति की व्याख्या इसी रूप में की है, रूढ़ रूप में नहीं। इस तरह उनमें उन्होंने यह समझाने का भरसक प्रयास किया है कि शक्ति अन्तरात्मा में प्रकाशित शक्ति है, कोई बाहरी वस्तु नहीं, बल्कि जिसे हम बाह्य कहते हैं, वह भी उसी शक्ति की तरंगें हैं! 'शक्ति' का राम के लिए अर्थ हुआ 'उच्चभाव' या आत्मशक्ति। यही उनके द्वारा की गई शक्ति की 'मौलिक कल्पना' है। स्वभावतः शक्ति-पूजा का उनके लिए अर्थ हुआ अपने भीतर उच्चभाव को जाग्रत् करना, जिसे संशय और निराशा के भाव ने आक्रान्त कर लिया था। विवेकानन्द ने भी कहा था, "दुनिया के सारे देवताओं के पास तुम रो सकते हो, मैं भी बहुत वर्ष इसी तरह रोता रहा, अन्त में देखा कि मुझे सहायता मिल रही है, किन्तु यह सहायता भीतर से मिली।" जांबवान ने लक्ष्य कर लिया था कि राम की निराशा का कारण आत्मविश्वास खो बैठना है, इसलिए उन्होंने उन्हें परामर्श दिया कि वे उसे प्राप्त करें और जब तक न करें, युद्ध में न जाएँ!

संशय और निराशा में घिर जाने के बाद निराला भी अपने मन को समेटते थे, उसे एक बिन्दु पर केन्द्रित करते थे और फिर नए संकल्प, आशा और विश्वास के साथ नई ऊर्जा से भरकर अपने मार्ग पर दृढ़तापूर्वक आगे बढ़ जाते थे। 'सरोज-स्मृति' में भी हमने देखा है कि किस तरह उन्होंने पुत्री की मृत्यु के आघात के बाद अपने को सँभाला और उच्चतर एवं श्रेष्ठतर साहित्यिक प्रयास के लिए अपने को तैयार किया। 'वन-बेला' में उनकी यह मनःप्रक्रिया ज्यादा स्पष्ट है। उसमें वे प्रखर उपल-प्रहार से अपने वृन्त पर नाचनेवाली बेला से कहते हैं–'तुम रहो एक मेरे उर में/अपनी छवि में शुचि संचरिता।' यह आकस्मिक नहीं कि उनकी सर्वश्रेष्ठ कविता 'शक्ति-पूजा' उनके परवर्ती संशय और निराशा से उबरने के

प्रयास का ही फल है। 'भक्त और भगवान' शीर्षक कहानी में उन्होंने पहाड़ उठाए आकाश-मार्ग से जाते हनुमान के चित्र में भारत के नक्शे की कल्पना की थी, यहाँ उन्होंने उच्चभाव के प्रतीक पर्वत में पार्वती की कल्पना की है! डा. बच्चन सिंह की 'आलोचना की चुनौती' नामक पुस्तक में संकलित लेख 'राम की शक्ति-पूजा : एक नई व्याख्या' में यह संकेत मौजूद है कि शक्ति-पूजा से निराला का मतलब राम द्वारा अपने मनोबल को दृढ़ करना है। उन्होंने मनोबल की क्षीणता का सम्बन्ध तत्कालीन राष्ट्रीय परिस्थिति से भी जोड़ा है। यह बात उसी रूप में ठीक हो या नहीं, लेकिन उनका संकेत ठीक है और उससे 'राम की शक्ति-पूजा' को समझने का रास्ता साफ होता है। यहाँ आकर उन लोगों को पूरा उत्तर मिल जाता है, जो इस कविता की रचना का उद्‌देश्य समझते हैं सीधे शक्ति-पूजा का प्रचार।

जब सारा कुछ राम के सामने स्पष्ट हो गया, तो उन्होंने स्नेहपूर्वक हनुमान से कहा कि वे देवी-पूजा के लिए देवीदह से, जो कि सम्भवतः शैवों का मानसरोवर है, कम-से-कम एक सौ आठ नीलकमल ला दें। वे तड़के शीघ्र यहाँ से प्रस्थान करें और कमल लाकर फिर युद्ध पर जाएँ। हनुमान ने जांबवान से रास्ता, दूरी तथा स्थान के बारे में मालूम किया और राम की चरण-धूलि सिर से लगाकर हर्षित भाव से विदा हुए। काफी रात बीत चुकी थी, राम ने अन्य योद्धाओं को भी छुट्टी दी। वे सब भी राम के प्रति करुणा से भरे हुए और उनकी विजय के बारे में सोचते हुए अपने वासस्थान की ओर चले। 'देवीदह' के बारे में डा. नगेन्द्र ने लिखा है कि वह लंका का दुर्गाकुंड है। इसी कारण कृत्तिवासीय रामायण में हनुमान उसकी जानकारी विभीषण से लेते हैं, क्योंकि वही लंका के भूगोल से परिचित हो सकते थे। लेकिन उसमें तो यह भी लिखा है कि वहाँ पहुँचने में दस वर्षों का समय लगता है! तात्पर्य यह कि उसके बारे में निश्चयपूर्वक कुछ नहीं कहा जा सकता। वह शुद्ध पौराणिक दह भी हो सकता है।

इस अनुच्छेद में राम द्वारा की गई शक्ति की मौलिक कल्पना या उनके प्रति किया गया उनका आत्मनिवेदन अत्यन्त उदात्त है, जिससे पाठक सहज भाव से प्रभावित हो जाते हैं, लेकिन इसमें ये माधुर्यपूर्ण स्थल भी हैं, जिनकी ओर ध्यान जाना चाहिए—'कुछ समय *अनन्तर इन्दीवर-निन्दित लोचन*/खुल गए, रहा निष्पलक भाव में मज्जित मन', 'कुछ समय स्तब्ध हो रहे राम छवि में निमग्न,/फिर खोले *पलक कमल-ज्योतिर्दल* ध्यान-लग्न' और 'बोले भावस्थ *चन्द्र-मुख-निन्दित रामचन्द्र*/प्राणों में पावन कम्पन भर, स्वर मेघमन्द्र'। काफी पहले एक विद्वान् ने कहा था कि निराला में 'ओजस्वी लावण्य' मिलता है। वे घोष वर्णों की योजना से भी गजब का माधुर्य उत्पन्न कर सकते थे। पहली और तीसरी बलयुक्त पदावलियों में 'द' और 'न' वर्णों की संयुक्त योजना से तथा दूसरी बलयुक्त पदावली में 'ल' वर्ण की अनेकशः आवृत्ति से उन्होंने अपनी अभिव्यक्ति में विलक्षण संगीत सम्भव किया है। कहा जा सकता है कि 'राम की शक्ति-पूजा' एक ऐसा 'कंसर्ट' है, जिसके शब्दों और पंक्तियों से अलग-अलग स्थलों और प्रसंगों में अलग-अलग प्रकार का तीव्र संगीतात्मक स्वर निनादित होता रहता है। यदि इसे वाद्ययन्त्र कहें, तो यह लगातार छेड़ा जाता हुआ वाद्ययन्त्र है, किसी स्थान पर सजाकर रखा हुआ नहीं; यह जल का बहता हुआ प्रवाह है, स्थिर नहीं। 'शक्ति-पूजा' भक्ति-काव्य नहीं है, लेकिन इसमें राम के वर्णन में निराला ने

वैसी ही विभोरता दिखलाई है, जैसी किसी श्रेष्ठ राम-भक्त में हो सकती है, उदाहरण के लिए तुलसीदास में।

पहले अनुच्छेद से लेकर नौवें अनुच्छेद तक यह कविता सन्ध्या-काल से लेकर अमावस्या की रात्रि तक में घटित होती है। इसी रात्रि के घने अन्धकार को अपनी राम-भक्ति के तेज से भेदते हुए हनुमान ऊर्ध्वगमन करते हैं। लेकिन इसी में निराला राम के माध्यम से पर्वत में पार्वती का जो रूप निरूपित करते हैं, उसमें उसके ऊपर आकाश के रूप में स्थित शिव को 'शशि-शेखर' कहा गया है–'अम्बर में हुए दिगम्बर अर्चित शशि-शेखर'। 1936 में ही डा. रामविलास शर्मा को लिखे गए एक पत्र में उन्होंने इस असंगति का निराकरण इस रूप में कर दिया था–''यदि 'शशि' को देखना हो तो अमावस्या में वह कल्पना में ही देख पड़ेगा–वह आकाश में है।'' यथार्थ और कल्पना का यह समन्वय विलक्षण है।

दसवाँ अनुच्छेद 'राम की शक्ति-पूजा' का सबसे महत्त्वपूर्ण अनुच्छेद है। आकार में भी यह बड़ा है, पाँचवें अनुच्छेद से सिर्फ दो बन्द इसमें कम हैं। यह भी भीतर से दो खंडों में बँटा है। पहले खंड में राम के शक्ति-पूजन का वर्णन है, जिसमें पूजन आरम्भ करने से लेकर दुर्गा द्वारा अन्तिम नीलकमल चुरा ले जाने तक का वृत्तान्त है, और दूसरे खंड में उसके बाद से लेकर दुर्गा के प्रकट होने तक का। कविता दूसरे खंड में ही चरमोत्कर्ष पर पहुँचती है।

रात्रि का अन्त हुआ : आकाश के प्रदीप्त भाल पर प्रथम किरण दिखलाई पड़ी। उसके साथ ही राम की आँखों में महिमा की मनोहर ज्योति स्फुटित हुई, यानी उनके मन से संशय और निराशा का अन्धकार छँट गया। यहाँ 'हिरण' का व्युत्पत्त्यर्थ ग्रहण करना चाहिए– '(मन को) हर लेनेवाला', न कि 'स्वर्ण'। विभीषण ने उनसे कहा था, 'रघुकुलगौरव, लघु हुए जा रहे तुम इस क्षण'। अब उनमें लघुता का भाव न रहा, उनमें पुनः अपने प्रति आस्था का संचार हुआ। उनका खोया हुआ आत्मविश्वास उन्हें मिल गया। युद्ध से विरत साधक के वेश में वे पूजा के आसन पर बैठे थे। न हाथ में धनुष था, न कन्धे पर तरकस। युद्ध में जाने पर वे अपनी घनी जटाओं को कसकर अपने सिर पर मुकुट की तरह बाँध लेते थे। अभी वह भी न था, मतलब कि जटाएँ खुली हुई थीं। वे युद्ध-क्षेत्र से दूर थे, पर उसका गर्जन-तर्जन, घोर कोलाहल वहाँ से भी सुन पड़ता था, लेकिन उसका उन पर कोई असर न था। मन उससे जरा भी आविष्ट नहीं होता था। वे बिलकुल शान्त थे, ध्यानस्थ। पूजा करते थे, फिर मुँह से शक्ति के 'दुर्गा', 'दशभुजा' आदि नामों का जाप करते थे, मन में उनमें निहित उनके गुणों का मनन करते हुए। पहला दिन यों बीत गया, जिसकी उपलब्धि यह रही कि उनका मन अपनी इष्ट देवी के चरणों में स्थिर हो गया। फिर तो उनकी आराधना क्रमशः गहनतर होती गई।

निराला ने दिखलाया है कि राम ने यौगिक विधि से शक्ति की उपासना की। क्यों? इसलिए कि इस विधि से ही, मन को बहिर्मुखी से अन्तर्मुखी बनाकर उसकी समस्त शक्तियों को केन्द्रित करने से ही, उसकी उस शक्ति की प्राप्ति सम्भव है, जो असीम होती है और जिससे सम्पूर्ण विश्व पर विजय प्राप्त की जा सकती है। क्रियात्मक आध्यात्मिकता के बारे में बतलाते हुए विवेकानन्द ने कहा है कि अचेतन को अपने अधिकार में लाना

हमारी साधना का पहला भाग है। दूसरा है चेतन के परे जाना। जिस तरह अचेतन चेतन के नीचे, उसके पीछे रहकर कार्य करता है, उसी तरह चेतन के ऊपर, उससे अतीत भी एक अवस्था है। जब मनुष्य इस अतिचेतन अवस्था को पहुँच जाता है, तब वह मुक्त हो जाता है, ईश्वरत्व को प्राप्त हो जाता है। तब मृत्यु अमरत्व में परिणत हो जाती है, दुर्बलता असीम शक्ति बन जाती है और अज्ञान की लौह शृंखलाएँ मुक्ति बन जाती हैं। अतिचेतन का यह असीम राज्य ही हमारा एकमात्र लक्ष्य है। ''अतएव यह स्पष्ट है कि हमें दो कार्य अवश्य ही करने होंगे। एक तो यह कि इड़ा और पिंगला के प्रवाहों का नियमन कर अचेतन कार्यों को नियमित करना; और दूसरा, इसके साथ ही साथ चेतन के भी परे चले जाना।'' पुनः, ''योगी वही है, जिसने दीर्घकाल तक चित्त की एकाग्रता का अभ्यास करके इस सत्य की उपलब्धि कर ली है। अब सुषुम्णा का द्वार खुल जाता है और इस मार्ग में वह प्रवाह प्रवेश करता है, जो इसके पूर्व इसमें कभी नहीं गया था, वह (जैसा कि आलंकारिक भाषा में कहा है) धीरे-धीरे विभिन्न कमल-चक्रों से होता हुआ, कमल-दलों को खिलाता हुआ अन्त में मस्तिष्क तक पहुँच जाता है। तब योगी को अपने सत्यस्वरूप का ज्ञान हो जाता है, वह जान लेता है कि वह स्वयं परमेश्वर ही है।'' कृत्तिवास के राम और निराला के राम की शक्ति-पूजा में यही फर्क है। एक के लिए शक्ति का स्रोत बाहर है, दूसरे के लिए भीतर, जिसे योग-साधना के द्वारा ही पाया जा सकता है।

एक के बाद एक योग-साधना में राम के पाँच दिन बीत गए। उनका मन चक्रों का भेदन करता हुआ क्रमशः तेजी से ऊपर उठता गया। हाथ की उँगलियों पर जप का हिसाब रखते हुए उसके पूरा होने पर वे दुर्गा को एक नीलकमल चढ़ा देते थे। इस तरह उनका अनुष्ठान चल रहा था। छठे दिन उनका मन आज्ञा-चक्र पर केन्द्रित हुआ। यहाँ किए जानेवाले प्रत्येक जप से वे देवी के प्रति महान् आकर्षण का अनुभव करने लगे। ध्यान उनका त्रिकुटी पर केन्द्रित था, पर उसी में आँखें देवी के चरणों पर लगी थीं। यहाँ निराला ने 'त्रिकुटी' के 'त्रि' से संगति बिठाने के लिए आँख के लिए 'द्विदल' शब्द बना लिया है, जिसमें गजब का सौन्दर्य भी है। ये आँखें राम की हैं, जिनके सौन्दर्य का वे भाव-विह्वल होकर उल्लेख करते रहे हैं। स्वभावतः उनके लिए यह नया शब्द उन्हें बहुत उपयुक्त प्रतीत हुआ। इस 'द्विदल' से आज्ञाचक्र के द्विदलकमल का भ्रम नहीं होना चाहिए, जैसे 'लख महाभाव-मंगल पदतल धँस रहा गर्व' में 'महाभाव' का अर्थ 'उच्चभाव' लेना ही अपेक्षित है, जबकि यह शब्द अध्यात्म-साधना का एक पारिभाषिक शब्द है। निराला शब्द-प्रयोग में स्वतन्त्र हैं और इस स्वतन्त्रता से भी वे उसमें शक्ति और सौन्दर्य सम्भव करते हैं, यह बात सदा ध्यान में रखने की है। दूसरे, शब्दों का अर्थ तय करते समय वाक्य-रचना और प्रसंग को ही निर्णायक मानना चाहिए, किसी भी दूसरी चीज को नहीं। 'द्विदल' का अर्थ आँख ही है, यह आगे के उनके इस कथन से भी पता चलता है—'ध्यान में देखते चरण युगल'। 'परिमल' की 'स्मृति' शीर्षक कविता में भी 'द्विदल' शब्द प्रयुक्त है, भले पलकों के विशेषण के रूप में—'उषा-सी क्यों तुम कहो, *द्विदल*-सुप्त पलकों पर कोमल हाथ/फेरती हो ईप्सित मंगल,/जगा देती हो वही प्रभात!' राम का मन आज्ञा-चक्र पर केन्द्रित हुआ ही था कि उनकी साधना का असर होने लगा। उनके जप से आकाश थर्रा उठा। दो दिन वे एक आसन में ही रहे, अकम्पित। दुर्गा के चरणों में नीलकमल अर्पित करते हुए और उनका नाम

जपते हुए। 'अकम्पित' के लिए निराला ने 'निष्पन्द' शब्द का प्रयोग किया है, जो डा. नगेन्द्र के अनुसार अशुद्ध है। उसका शुद्ध रूप 'निःस्पन्द' है, या 'निस्पन्द', लेकिन मुझे कालिदास में भी 'निष्पन्द' शब्द का प्रयोग मिला है, रघुवंश के षष्ठ सर्ग के चालीसवें श्लोक में ('ज्याबन्धनिष्पन्दभुजेन...') और मल्लिनाथ ने भी अपने भाष्य में इसे स्वीकार किया है। इससे पता चलता है कि इस शब्द के प्रयोग की भी एक परम्परा है। वैसे निराला 'निःस्पन्द' शब्द से परिचित थे, क्योंकि 'श्रीरामकृष्णवचनामृत' के प्रथम खंड में उन्होंने दो बार इसका प्रयोग किया है।

आठवें दिन राम का देवी के ध्यान में डूबा हुआ मन जो ऊपर उठने लगा तो वह ब्रह्मा, विष्णु और महेश सबों के स्तर का अतिक्रमण कर गया, यानी ये देवता जिस स्तर पर रहते हैं, उससे आगे चला गया। फिर तो उन्होंने सम्पूर्ण ब्रह्मांड को जीत लिया, जिसे देखकर देवता स्तब्ध रह गए। विवेकानन्द के शब्दों में, "सम्पूर्ण जगत् को वशीभूत करना और सारी प्रकृति पर अधिकार हासिल करना—इस बृहत् कार्य को ही योगी अपना कर्तव्य समझते हैं। वे एक ऐसी अवस्था में जाना चाहते हैं, जहाँ, हम जिन्हें 'प्रकृति के नियम' कहते हैं, वे उन सबको पार कर जाते हैं। तब वे आभ्यन्तरिक और बाह्य समस्त प्रकृति पर प्रभुत्व प्राप्त कर लेते हैं।" राम को वह अवस्था प्राप्त हो गई थी। अब वे पूर्णतः शुद्ध और मुक्त थे। उनके आरब्ध नामक कर्म, जिनका दाहक परिणाम वे भोग रहे थे, जलकर भस्म हो गए थे। पूर्ण सिद्धि बिलकुल निकट थी। एक नीलकमल बच रहा था। उनका मन सहस्राररूपी दुर्ग को पार करने के लिए यानी उसका भेदन करने के लिए पूर्णतया प्रस्तुत था कि इसी बीच एक दुर्घटना हो गई। चुपके से दुर्गा प्रकट हुईं और वे हँसती हुई अन्तिम नीलकमल उठा ले गईं। जैसा कि कहा जा चुका है, यह महान् कविता सन्ध्या-काल से शुरू होती है और राम के शक्ति-पूजन का निश्चय करने तक रात में ही घटती रहती है। ताज्जुब नहीं कि इसमें जब अन्तिम नीलकमल गायब किए जाने की दुर्घटना घटती है, राम की परीक्षा के लिए, तो पुनः निशीथ का अन्धकार है। उसमें छिपकर दुर्गा के प्रकट होने और हँसकर नीलकमल उठा ले जाने का निराला ने जो वर्णन किया है, वह अपनी नाटकीयता, प्रांजलता और दुर्गा के प्रति उनके भक्ति-भाव की अभिव्यक्ति तीनों ही दृष्टियों से अनुपम है—

द्विपहर रात्रि, साकार हुईं दुर्गा छिपकर,
हँस उठा ले गईं पूजा का प्रिय इन्दीवर।

दुर्गा की हँसी में कौतुक, राम के प्रति स्नेह और उनकी परीक्षा लेने का भाव सबकुछ है। 'प्रिय इन्दीवर' इसलिए कि नीलकमल उन्हें विशेष प्रिय है। राम ने इसीलिए नीलकमलों से उनकी पूजा करने का निश्चय किया था। योग-साधना का यह पूरा प्रसंग बहुत ही वेगपूर्ण भाषा में लिखा गया है, उनकी क्रिया और भाव दोनों का वर्णन करते हुए, इसलिए वह नीरस होने से बच गया है।

यह जप का आखिरी दौर था। ध्यान में देवी के दोनों चरणों को देखते हुए राम ने नीलकमल लेने के लिए हाथ बढ़ाया, तो उन्हें वह मिला नहीं। उनका स्थिर मन चंचल हो उठा। ध्यान भंग हुआ। उन्होंने आँखें खोल दीं। देखा कि जिस जगह पर वह रखा था, वह खाली थी। वे आसन से उठ नहीं सकते थे, क्योंकि उससे उनकी आराधना खंडित हो जाती, लेकिन अब किसी तरह वह पूर्ण होनेवाली नहीं थी, क्योंकि विघ्न पड़ चुका था। उन्हें अपना

दुर्भाग्यपूर्ण सम्पूर्ण जीवन याद आया–किशोरावस्था में ही माता-पिता के अलग होकर विश्वामित्र के आश्रम के लिए प्रस्थान, धनुष-भंग करने के बाद परशुराम का कोप, अयोध्या लौटने पर युवराजपद की प्राप्ति के मार्ग में आनेवाली बाधा, पुनः माता-पिता और पुरवासियों को बिलखते छोड़कर नवपरिणीता, और राजकुमारी, पत्नी के साथ चौदह वर्षों के लिए वनगमन, पिता की मृत्यु और वन में रावण द्वारा सीता-हरण–और उनकी दोनों आँखें भर आईं। उन्होंने स्वगत ये तीन पंक्तियाँ कहीं, जो 'राम की शक्ति-पूजा' की 'है अमानिशा' वाली पंक्तियों की तरह ही प्रसिद्ध हैं–

धिक् जीवन को जो पाता ही आया विरोध,
धिक् साधन जिसके लिए सदा ही किया शोध!
जानकी! हाय, उद्धार प्रिया का न हो सका।

स्पष्टतः यह चरम निराशा में की गई राम की आत्मभर्त्सना है, जो भक्त कवियों की आत्मभर्त्सना से भिन्न इसलिए है कि वहाँ जहाँ वह प्रायः एक रूढ़ि-पालन-मात्र होती है, यहाँ वह राम के जीवन-यथार्थ और उससे प्राप्त कटु अनुभव पर आधारित है। राम अपने जीवन को ही नहीं धिक्कारते हैं, वे उस साधन को भी धिक्कारने लगते हैं, लक्ष्य-प्राप्ति के लिए जिसकी खोज में वे जीवन-भर लगे रहे।

उनकी यह आत्मभर्त्सना किसी भी मध्यमवर्गीय व्यक्ति की आत्मभर्त्सना हो सकती है, जो अपने जीवन में निरन्तर बाधाओं का सामना करता रहा हो और जिसकी सफलता के मार्ग में अन्तिम बार भी बाधा आ खड़ी हुई हो। इन पंक्तियों की लोकप्रियता का कारण इनमें निहित यही आधुनिक जीवन-बोध है। ये पंक्तियाँ स्वयं निराला के जीवन को भी उसी तरह से प्रक्षेपित करती हैं, जिस तरह राम के जीवन को। निराला का जीवन भी वैसा ही दुर्भाग्यपूर्ण रहा–युवावस्था के आरम्भ में ही पत्नीसहित परिवार के पाँच व्यक्तियों की मृत्यु, कन्धे पर आ जानेवाला अवहनीय पारिवारिक दायित्व, महिषादल में चोरी के इलजाम में उनकी गिरफ्तारी, 'मतवाला' में इस आरोप पर उनकी कविताओं का छपना बन्द हो जाना कि वे रवीन्द्रनाथ की कविताओं का अनुवाद अपने नाम से छपाते हैं, कलकत्ते से लेकर लखनऊ तक चलनेवाला उनका साहित्यिक और आर्थिक संघर्ष, प्रकाशकों द्वारा किया गया उनका शोषण, फटेहाली में सरोज का विवाह और अन्त में समुचित चिकित्सा-व्यवस्था के अभाव में उसकी मृत्यु। अपनी अन्य कविताओं में भी वे लगातार अपनी निराशा और अपना पराजय-भाव व्यक्त करते रहे। 'सरोज-स्मृति' की ये पंक्तियाँ भी प्रसिद्ध हैं–'लखकर अनर्थ आर्थिक पथ पर/हारता रहा मैं स्वार्थ-समर।' इसी तरह 'वन-बेला' की ये पंक्तियाँ भी–'हो गया व्यर्थ जीवन,/मैं रण में गया हार!' यहाँ राम की आँखें पुनः भर आती हैं; पहले भी वे दो बार रो चुके हैं। निराला भी रोते हैं। 'भर देते हो' शीर्षक कविता में– 'अन्धकार में मेरा रोदन/सिक्त धरा के अंचल को/करता है क्षण-क्षण–/कुसुम-कपोलों पर वे लोल शिशिर-कण'; 'हताश' शीर्षक प्रगीत में–'जीवन चिरकालिक क्रन्दन' और फिर 'सरोज-स्मृति' में–'अपने आँसुओं अतः बिम्बित/देखे हैं अपने ही मुख-चित।'

पूजा में विघ्न उपस्थित होने पर आँखों में आँसू भरे राम को आत्मभर्त्सना करते हुए जो पहली चिन्ता होती है, वह इस बात को लेकर कि अब उनकी प्रिया जानकी को रावण से मुक्त न कराया जा सकेगा। उन्हें यह चिन्ता नहीं होती कि पूजा पूरी न होने से उसकी

महिमा की स्थापना न हो सकेगी, न यह कि अब रावण का वध सम्भव न होगा। उन्हें चिन्ता होती है सीता की, क्योंकि वही और उन्हीं की मुक्ति इस कविता के केन्द्र में है। युद्ध और शक्ति-पूजा का आयोजन तो उसी के लिए है। वह साध्य है, ये सब साधन। लेकिन राम हार माननेवाले न थे। उनके पास एक और मन था, जो न कभी थकता था, न कभी दीन होता था और न कभी झुकना जानता था। उसने राम के मन पर पुनः पड़े निराशारूपी माया के पर्दे को भेद दिया और उस पर विजय प्राप्त कर वह बिजली की गति से उनकी बुद्धि के दुर्ग तक पहुँच गया। उस मन के आघात से बेहोशी के आलम में पड़े राम की स्मृति सक्रिय हो गई, उनमें हर्ष-भाव का संचार हुआ और वे सजग हो गए। स्वगत ही वे गम्भीर स्वर में बोल उठे—एक उपाय है! मेरी माता मुझे सदा 'राजीवनयन' कहा करती थीं। मेरे पास अपने नेत्ररूपी दो नीलकमल तो अभी शेष हैं! उन्होंने शक्ति से कहा—मातः, उनमें से एक नेत्र आपको अर्पित कर मैं अपने अनुष्ठान को पूरा करता हूँ। यह कहकर उन्होंने तरकस की तरफ देखा। उसमें ब्रह्मशर झलक मार रहा था। उन्होंने विशाल फल और तीक्ष्ण चमकवाला वह बाण हाथ में लिया और बाएँ हाथ में उसे लिए हुए दाहिने हाथ में अपनी दाहिनी आँख लेकर उसे देवी को चढ़ाने को उद्यत हो गए :

कहकर देखा तूणीर ब्रह्मशर रहा झलक,
ले लिया हस्त, लक-लक करता वह महाफलक;
ले अस्त्र वाम कर, दक्षिण कर दक्षिण लोचन
ले अर्पित करने को उद्यत हो गए सुमन।

इन पंक्तियों की भाषा सरल है, लेकिन इनमें वस्तु और क्रिया दोनों को यथार्थ रूप में उपस्थित करने की आश्चर्यजनक क्षमता है। ब्रह्मशर आँखों के सामने झलक उठता है, अपनी बड़ी नोक के साथ। 'लक-लक' शब्द ब्रह्मशर के तेज को प्रकट करने में किसी भी शब्द से अधिक समर्थ है। अन्तिम दो पंक्तियों में न केवल पूरी क्रिया को मूर्त कर दिया गया है, बल्कि नेत्र-सुमन के लिए केवल 'सुमन' शब्द का प्रयोग कर निराला ने राम के नेत्रों के प्रति अत्यन्त संयत रूप में अपनी विह्वलता भी प्रकट कर दी है।

जिस क्षण आँख निकालने के लिए राम का निश्चय दृढ़ हुआ, उसी क्षण ब्रह्मांड काँप उठा और तुरत देवी प्रकट हो गईं। ' 'साधु, साधु, साधक धीर, धर्मधनधन्य राम!'/कह लिया भगवती ने राघव का हस्त थाम।' पहले चरण में सात बार 'ध' वर्ण की आवृत्ति हुई है, जो कि महाप्राण घोषवर्ण है। इसने वातावरण को अतिशय गम्भीर बना दिया है। यह स्थल कविता का चरमबिन्दु है, राम की अन्तःशक्ति के पूर्ण जागरण और उनके चारित्रिक उत्कर्ष दोनों का सूचक। उनका चारित्रिक उत्कर्ष इस रूप में प्रत्यक्ष होता है कि वे अपनी पत्नी की मुक्ति के लिए अपनी एक आँख निकालकर शक्ति को अर्पित करने को तैयार हो जाते हैं। जैसा कि कहा जा चुका है, पुराण, लोक-कथा और इतिहास में पत्नी के लिए किए जानेवाले ऐसे उत्सर्ग का उदाहरण शायद ही मिले। हिन्दू संस्कृति में पत्नी को बहुत कम स्थान दिया गया है। उसमें तो साफ शब्दों में कहा गया है कि 'नारि हानि बिसेष छति नाहीं', और यह बात और कोई नहीं, तुलसीदास के मानस में लक्ष्मण के मूर्च्छित होने पर विलाप करते हुए स्वयं राम कहते हैं। कितना फर्क है तुलसी के राम और निराला के राम में! निश्चय ही यह मामूली फर्क नहीं है। यह दो युगों का फर्क है, मध्ययुग और आधुनिक

युग का; दो मूल्यों का फर्क है, सामन्ती और जनतान्त्रिक मूल्यों का।

और पीछे जाते हैं, तो वाल्मीकि रामायण में भी हम राम को यही कहते हुए पाते हैं कि मर्त्यलोक में ढूँढ़ने पर मुझे सीता-जैसी दूसरी स्त्री मिल सकती है, परन्तु लक्ष्मण के समान सहायक और युद्धकुशल भाई नहीं। इतना ही नहीं, उसमें युद्धोपरान्त वे सीता से यहाँ तक कहते हैं कि तुम्हें मालूम होना चाहिए कि मैंने जो यह युद्ध का परिश्रम उठाया है तथा इन मित्रों के पराक्रम से जो इसमें विजय पाई है, वह तुम्हें पाने के लिए नहीं। मैंने यह सब सदाचार की रक्षा, सब ओर फैले हुए अपवाद का निवारण तथा अपने सुविख्यात वंश पर लगे हुए कलंक का परिमार्जन करने के लिए किया है। तुम्हारे चरित्र में सन्देह का अवसर उपस्थित है, फिर भी तुम मेरे सामने खड़ी हो! जैसे आँख के रोगी को दीपक की ज्योति नहीं सुहाती, आज तुम मुझे अत्यन्त अप्रिय जान पड़ती हो। अतः जहाँ तुम्हारी इच्छा हो, चली आओ। मैं अपनी ओर से तुम्हें अनुमति देता हूँ। ये दसों दिशाएँ तुम्हारे लिए खुली हैं। अब तुमसे मेरा कोई प्रयोजन नहीं है! कृत्तिवासीय रामायण में भी, जिससे निराला ने 'शक्ति-पूजा' का कथा-प्रसंग लिया है, थोड़े-बहुत हेरफेर से राम सीता से यही बातें कहते हैं, यथा—तुम-जैसी नारी की मुझे कोई आवश्यकता नहीं है। तुमको फिर से ग्रहण करने में मेरे मन में शंका हो रही है। जहाँ भी तुम्हारा जी चाहे चली जाओ, और कहीं जाकर रहो। अगर तुम राक्षस के घर में पड़ी रहतीं और तुम्हारा उद्धार न हो सकता तो तीनों लोकों में मेरी बदनामी होती! तुम्हारे उद्धार से मेरा वह अपयश दूर हुआ। राम के दूसरे अपराजेय मन के माध्यम से निराला के अपने मन की अपराजेयता भी व्यक्त हुई है, उनके संकल्प के माध्यम से उनकी अपनी संकल्प-शक्ति भी और उनके उत्सर्ग के माध्यम से उनकी अपनी नई मूल्य-चेतना भी।

कृत्तिवासीय रामायण में राम बहुत रोते हैं। एक बार तो वे रोते-रोते धूल में लोटने लगते हैं, जिसे देखकर लक्ष्मण, हनुमान, सुग्रीव, अंगद, नल, नील और जांबवान सभी क्रन्दन करने लगते हैं। उन्हें रोते देखकर विभीषण ने जब उनसे कहा कि अब मुझसे कोई उपाय न हो सकेगा, तो :

एत शुनि कान्देन आपनि रघुराय।
धूलाय लोटाय छिन्न नीलोत्पल-प्राय।
लक्ष्मण कान्दिछे आर बीर हनूमान।
सुग्रीव अंगद नलनील जांबवान।

यह शुरू की बात है, जब राम ने रावण के रथ पर शक्ति को देखकर युद्ध करना छोड़ दिया था और निराशा से व्याकुल हो उठे थे। अन्त में भी जब वे यह देखते हैं कि एक नीलकमल शक्ति ने गायब कर दिया है, उनके रोने के साथ अन्य योद्धा भी रोने लगते हैं—

कान्दिया श्रीरघुनाथ हइला अस्थिर।
गंड बहि वक्षेते पड़िछे अश्रुनीर।
लक्ष्मण कान्देन आर बीर हनूमान।
सुग्रीव सुषेण विभीषण जांबवान।

यह सम्भवतः बंग-कवि के जातीय गुण—अतिशय भावुकता—के कारण है कि वह बार-बार राम और उनके साथ अन्य योद्धाओं को भी चरम कातरता की अवस्था में पहुँचा देता है।

निराला में न ऐसी अनियन्त्रित भावुकता है, न पराक्रम, संकल्प-शक्ति और आस्था का ऐसा अभाव। 'शक्ति-पूजा' में राम किसी भी स्थिति में अपनी धीरता नहीं छोड़ते और निराशा से ग्रस्त होकर रोते भी हैं, तो उसमें कोई चीख-पुकार नहीं है, एक गहरा विषाद-भर है। यह आकस्मिक नहीं है कि निराला ने एक बार भी यह नहीं कहा है कि 'वे रोने लगे'। एक बार 'भावित नयनों से सजल गिरे दो मुक्ता-दल', दूसरी बार 'कुछ-बूँद पुनः ढलके दृगजल' और तीसरी बार 'भर गए नयनद्वय'। तात्पर्य यह कि रोने के लिए राम सक्रिय नहीं होते, आँसू उनकी आँखों में स्वयं आते हैं और उनसे टपक पड़ते हैं, जो एक तरफ उनके संयम का सूचक है और दूसरी तरफ उनके दुख की गहनता का। अन्तिम नीलकमल न मिलने के बाद पूजा को खंडित हुआ समझकर जब वे निराशा के चरमबिन्दु पर पहुँच गए, तो उनके भीतर जो आस्थावान् मन था, उसके सक्रिय होने में ज्यादा देर नहीं लगी–

वह एक और मन रहा राम का जो न थका;
जो नहीं जानता दैन्य, नहीं जानता विनय,
कर गया भेद वह मायावरण प्राप्त कर जय,
बुद्धि के दुर्ग पहुँचा विद्युत-गति...

कृत्तिवासीय रामायण में राम को हनुमानसहित और योद्धाओं ने भी समझाने की कोशिश की, लेकिन किसी की भी न सुनकर वे रोते ही रहे। वे सिर पर हाथ मारकर विलाप करते रहे कि उनके भाग्य में निराशा ही निराशा है। फिर सोचते-सोचते उन्हें यह याद आया कि लोग उन्हें 'नील-कमलाक्ष' कहा करते हैं–"शिरे कराघात करि करेन हताश। बलेन केवल मोर सकलि नैराश। भाविते भाविते राम करिलेन मने। 'नील-कमलाक्ष' मोरे बले सर्ब्बजने।" अपना निश्चय वे लक्ष्मण को बतला देते हैं, यह कहते हुए कि अब करूँ भी तो क्या! 'शक्ति-पूजा' में वे मन ही मन सब तय करते हैं और तत्क्षण तत्परतापूर्वक आँख निकालने के लिए बाण हाथ में ले लेते हैं। इसके अलावा कृत्तिवासीय रामायण में जहाँ राम को 'नील-कमलाक्ष' कहनेवाले अन्य सारे लोग हैं, वहाँ 'शक्ति-पूजा' में माता। माता के मुख में यह बात डालकर राम ने अपने को आत्मश्लाघा से बचाया है। निराला ने अपनी कविता में इन सूक्ष्म बातों को भी ध्यान में रखा है।

अन्तिम अनुच्छेद में दुर्गा राम की प्रशंसा करती हुई उनका हाथ पकड़ लेती हैं, फिर :

देखा राम ने–"सामने श्री दुर्गा, भास्वर
वाम पद असुर-स्कन्ध पर रहा दक्षिण हरि पर;
ज्योतिर्म्मय रूप, हस्त दश विविध-अस्त्र-सज्जित,
मन्दस्मित मुख, लख हुई विश्व की श्री लज्जित,
हैं दक्षिण में लक्ष्मी, सरस्वती वाम भाग,
दक्षिण गणेश, कार्तिक बाएँ रण-रंग-राग,
मस्तक पर शंकर।"

यह दुर्गा का परम्परागत रूप है, जो दुर्गापूजा के मौके पर मूर्तियों में दिखलाई पड़ता है। यह दुर्गा या पार्वती के उस रूप से भिन्न है, जो निराला ने अपने योद्धाओं को पर्वत में दिखलाया था। वहाँ दुर्गा अपने तात्त्विक रूप में हैं, यहाँ उसका सम्मूर्तीकरण है। भावरूप में जो अरूप है, बाहर उसे एक मूर्त रूप दे दिया गया है। इस तरह ये दोनों ही रूप अभिन्न

हैं, उनमें भेद या विरोध देखना गलत होगा। लेकिन इन पंक्तियों का असली महत्त्व इनमें निहित कवि की अकूत चित्रण-क्षमता के कारण है। उसने दुर्गा को आँखों के सामने खड़ा कर दिया है। रात के अँधेरे में अपनी ही ज्योति से उद्भासित। 'मन्दस्मित मुख, लख हुई विश्व की श्री लज्जित' यह पंक्ति दुर्गा के प्रति उसके श्रद्धा-भाव को भी प्रकट कर देती है, जिसका संस्कार उसे रामकृष्ण और विवेकानन्द के भक्ति-भाव तथा बँगला के रामप्रसाद-जैसे शाक्त कवियों से प्राप्त हुआ था। 'सरोज-स्मृति' में 'देखो क्या रँग भरती विमला' में तो विमला की कोई मूर्ति ही नहीं बन सकी थी। यहाँ भी सरस्वती दुर्गा के पार्श्व में ही हैं, उनका स्वतन्त्र महत्त्व नहीं है। देवताओं के सेनापति कुमार कार्तिकेय के लिए ओजस्वी नाद से भरा हुआ विशेषण 'रण-रंग-राग', अर्थात् युद्ध में ही आनन्द की अनुभूति करनेवाले, प्रयुक्त कर कवि ने सम्पूर्ण पदावली को झंकृत कर दिया है। 'रण-रँग' का प्रयोग उसने पहले भी किया था, 'भव' के साथ, यथा अपनी पहले दौर की 'माया' शीर्षक कविता में—'या कि भव-रण-रंग से भागे हुए/कायरों के चित्त की तू भीति है', लेकिन यहाँ बात ही कुछ और है। यहाँ वे तुलसीदास के 'देखत राम चरित रन रंगा' से भी आगे हैं।

राम ने मन्द स्वरों में दुर्गा की स्तुति की और श्रद्धा से भरे हुए उनके चरण-कमलों में झुक गए। महाशक्ति ने उन्हें विजय का वरदान दिया और उनके मुख में लीन हो गईं। रामचरितमानस में भी कुम्भकर्ण और रावण के वध के बाद उनका तेज राम के मुँह में समाविष्ट हो जाता है। 'होगी जय, होगी जय, हे पुरुषोत्तम नवीन!' में पहले निराला ने 'नवीन' की जगह 'प्रवीण' पाठ रखा था, पर बाद में अनुप्रास और नाद-सौन्दर्य का मोह छोड़कर उन्होंने 'नवीन' कर दिया। डा. शर्मा को लिखे गए पूर्वोक्त पत्र में ही उन्होंने उन्हें लिखा था—'मुझे इसमें व्यंग्य अच्छा मालूम दिया।' वह व्यंग्य क्या है? यह कि राम नवीन पुरुषोत्तम इसलिए थे कि उन्होंने शक्ति की मौलिक रूप में कल्पना करके, उन्हें बाहर नहीं, अपने भीतर देखकर, उनकी उपासना की थी। इस तरह 'मौलिक' और 'नवीन' ये दोनों यहाँ पर्यायवाची शब्द हैं। कृत्तिवास में जहाँ शक्ति अन्तर्धान हो जाती हैं, वहाँ निराला में वे राम में समा जाती हैं, वह भी इसीलिए कि कृत्तिवास की शक्ति जहाँ बाहरी हैं, वहाँ निराला की भीतरी। 'शक्ति-पूजा' में उनका बाहरी रूप, उनका प्रकट होना और उनका राम के मुँह में लीन होना—सब रूपक है, तत्त्व नहीं, लेकिन उसका महत्त्व है, क्योंकि तत्त्व रूप के बिना ग्राह्य नहीं हो सकता। इसी तरह सिंह-भाव से शक्ति की आराधना करना भी रूपकात्मक ही है, जिसका तात्त्विक अर्थ यह है कि राम शक्ति को धारण करना चाहते हैं। यह रूपक भी उनके आशय को मूर्तिमान् करता है। अन्ततः वे अपने भीतर की अजेय शक्ति से लैस होकर युद्ध के लिए पुनः प्रस्तुत होते हैं।

इस प्रकार 'राम की शक्ति-पूजा' इस सन्देश के साथ समाप्त होती है कि शक्ति का स्रोत मनुष्य के भीतर है, उसे जाग्रत् करने से ही बाहरी विश्व में भी विजय प्राप्त होगी। लेकिन क्या सचमुच ऐसा है? क्या मन का भाव ही सब कुछ है, बाह्य विश्व की वस्तुगत सत्ता कुछ भी नहीं? क्या भाव के आगे वस्तु को महत्त्व देने की जरूरत बिलकुल नहीं है? क्या 'प्रकृति के नियमों' का अतिक्रमण सम्भव है? निराला पर निश्चय ही विवेकानन्द का बहुत गहरा प्रभाव था। बाद में उन पर विरोधी प्रभाव भी पड़े, लेकिन उनका प्रभाव उन पर से पूरी तरह कभी नहीं मिटा। आरम्भ में वे कहा करते थे, 'मैंने विवेकानन्द का कंप्लीट

वर्क्स हजम किया है।' उनके इस कथन में पूरी सच्चाई है और ऐसा लगता है कि 'राम की शक्ति-पूजा' में उन्होंने उनके दार्शनिक प्रभाव का चरम निदर्शन प्रस्तुत किया है।

अपने 'बाहर और भीतर' शीर्षक निबन्ध में वे कहते हैं, "स्वतन्त्रता के लिए बाहर मुड़ने से उस स्वतन्त्रता का स्वरूप भोग बन जाता है। उससे बहिर्जगत में संघर्ष पैदा होता है, और वही संघर्ष भोग और भोगी के नाश का कारण होता है। अतः निश्चय है कि शान्तिपूर्ण स्वतन्त्रता बाहर नहीं मिलती।" 'स्वतन्त्रता' का सवाल निराला ने इसलिए उठाया है कि देश के परतन्त्रता-काल में यह सभी भारतीय दार्शनिकों, विचारकों और नेताओं के चिन्तन के केन्द्र में था। अपने एक अन्य निबन्ध 'प्रवाह' में वे कहते हैं, "आत्मवाद या मुक्ति ही भारत के जातीय जीवन का लक्ष्य है। मुक्ति प्रवाह या माया के अधिकारों से अलग है। बिना मुक्त हुए जीव स्वतन्त्र नहीं हो सकता।" इसका खुलासा उनके 'शक्ति-परिचय' शीर्षक एक अन्य निबन्ध में है–"देश की समष्टिगत स्वाधीनता की तो इस प्रसंग में आप मीमांसा हो जाती है, क्योंकि व्यक्तिगत स्वाधीनता ही समष्टिगत स्वाधीनता की जननी है और इस दृष्टि से आज भी भारत में अन्य देशों की अपेक्षा स्वाधीन मनुष्यों की संख्या अधिक होगी।" ये 'स्वाधीन मनुष्य' वे हैं, जिन्होंने अपनी भाव-शक्ति 'संचित' कर ली है! इसी निबन्ध में यह बात भी है–"संचित भाव-शक्ति के आगे– समरकुशल, भावाश्रय मनुष्य के सामने, किसी अपर शक्ति की हुकूमत नहीं चलती, चाहे वह बाहर से आवे या भीतर से। सच तो यह है कि जिसमें भाव-शक्ति या धारणा-शक्ति कम है वह अपने से अधिक शक्तिशाली के साथ आदेश का भाव नहीं रख सकता। जिसमें शक्ति की मात्रा कम होती है, उसे स्वभावतः यह ज्ञान हो जाता है कि प्रतियोगी की शक्ति अधिक है। यह प्रकृति के स्वभाव की बात है। और जबकि कोई भी मनुष्य या सृष्टि का कोई भी जीव प्रकृति से परे नहीं तो उसे शास्त्रोक्त भाव-शक्ति या धारणा-शक्ति अथवा चेतना-शक्ति की सहायता से जीत लेना असम्भव नहीं।" क्या ताज्जुब, विवेकानन्द ने अनेक स्थानों पर भाषण देते हुए भारत की स्वाधीनता के लिए कहा था–'हमें अग्निमन्त्र से दीक्षित केवल आठ युवकों की आवश्यकता है।' एक तरफ महान् शक्तिशाली ब्रिटिश साम्राज्य और दूसरी तरफ आठ युवक–वह भी जन-शक्ति से लैस नहीं, 'अग्निमन्त्र से दीक्षित' यानी आध्यात्मिक शक्ति से युक्त! यह था विवेकानन्द और उनके अनुयायी निराला का भाव-भक्ति में विश्वास!

स्वभावतः निराला ने 'शून्य और शक्ति' शीर्षक अपने निबन्ध के अन्त में कहा–"हम समाज तथा साहित्य में अपनी बहुत दिनों की भूली हुई, उस शक्ति को आमन्त्रित करना चाहते हैं, जो अव्यक्त रूप में सबमें व्यक्त अपनी ही आँखों से विश्व को देखती हुई अपने ही भीतर उसे डाले हुए है।" 'राम की शक्ति-पूजा' में शक्ति-पूजा का आयोजन इसीलिए है, पाठकों को यह बतलाने के लिए कि भीतर की शक्ति जग जाए, तो सम्पूर्ण ब्रह्मांड को विजित किया जा सकता है! निराला अगले निष्कर्ष पर जरा देर से पहुँचे और क्या संयोग कि स्त्रियों की स्वतन्त्रता पर चिन्तन करते हुए–"जो जीवन बाहरी स्वतन्त्रता नहीं प्राप्त कर सकता, वह मुक्ति-जैसी सार्वभौमिक स्वतन्त्रता कब प्राप्त कर सकता है? उसकी धर्म की साधना भी ढोंग है। धर्म तो वह है जिससे अर्थ, काम तथा मोक्ष, तीनों मिल सकें। सच्चा धर्म इस समय स्त्रियों के सब प्रकार के बन्धन ढीले कर देना, उन्हें शिक्षा की ज्योति

से निर्मल कर देना ही है, जिससे देश की तमाम कामनाओं की सिद्धि होगी और स्वतन्त्र-सुखी जीवन *बाह्य स्वतन्त्रता से तृप्त होकर आध्यात्मिक मुक्ति के सन्धान में लगेगा।*'' (निराला रचनावली-6/13) 'बाहर और भीतर' शीर्षक निबन्ध में उन्होंने भीतरी स्वतन्त्रता को पहले रखा था, बाहरी स्वतन्त्रता को बाद में। यहाँ उन्होंने उस क्रम को बिलकुल उलट दिया है!

डा. रामविलास शर्मा ने कविता के अन्त में शक्ति की स्थापना और आशा के स्वर के साथ उसका समापन देखकर उसके अन्त को कमजोर कहा है–''कविता के अन्त में महाशक्ति राम के वदन में लीन हुईं, यह सही है, किन्तु उनके लीन होने के समय रात बीत चुकी थी, सवेरा हो गया था, कहीं स्पष्ट उल्लेख नहीं है। जब राम का मन सहस्रार पार करने को होता है, तब रात का दूसरा पहर है। दुर्गा कमल का आखिरी फूल उठा ले जाती हैं। राम नेत्रकमल चढ़ाने को होते हैं तब एक स्वप्न साकार हो उठता है–सामने दुर्गा हैं, दाएँ लक्ष्मी, बाएँ सरस्वती हैं। यह एक सपना है, जो प्रभात की किरणों से मेल नहीं खाता। कविता के आरम्भ में पराजय का दुःस्वप्न है, कविता के अन्त में वर-प्राप्ति का सुख-स्वप्न। इन दो स्वप्नों में वैषम्य है किन्तु सन्तुलन नहीं। पहला स्वप्न प्रबल रूप से उद्वेगपूर्ण है, यथार्थ को समर्थ रूप से अभिव्यक्त करता है, दूसरा स्वप्न यथार्थ से विमुख, सुखद कल्पना है जिसमें अन्तर्निहित भावशक्ति क्षीण है। यह सुख-स्वप्न चाहे राम ने रात्रि में देखा हो चाहे प्रातःकाल, है वह कमजोर। 'राम की शक्ति-पूजा' के तर्कसंगत गठन में यह कमजोरी है। गठन की इस कमजोरी का सम्बन्ध निराला के भावबोध और उनकी विचारधारा से है। जीवन में संघर्ष और पीड़ा को चमत्कार से दूर करने का प्रयास कविता के ढाँचे को कमजोर बनाएगा ही।'' प्रश्न है कि क्या सचमुच ऐसा है?

डा. शर्मा ने 'सरोज-स्मृति' के अन्त को बहुत प्रभावशाली बतलाया है, क्योंकि वह घोर निराशा के स्वर में होता है। हमने देखा है कि यह उसका बिलकुल उलटा अर्थ करना है। वह अन्त घोर आशा, विश्वास और संकल्प के स्वर में होता है। यदि इसके बाद भी वह जोरदार हो सकता है, तो क्या 'राम की शक्ति-पूजा' के साथ वैसा नहीं हो सकता? मैं कह चुका हूँ कि महत्त्व आशा-निराशा का नहीं, इस बात का है कि उसमें सत्य का कितना अंश है, उसमें सच्चाई कितनी है। यदि 'शक्ति-पूजा' के सुख-स्वप्न में सच्चाई है, उसका सम्बन्ध कवि के वास्तविक अनुभवों से है, तो कोई कारण नहीं कि कविता में उसकी अभिव्यक्ति प्रभावशाली न हो। यह कोई नियम नहीं है कि दर्शकों को त्रासदी ही प्रभावित कर सकती है, कॉमेडी नहीं। निराला का सम्पूर्ण जीवन इस बात का प्रमाण है कि उनमें जो आस्था का स्वर है, वह यथार्थ-विमुख उनकी सुखद कल्पना-मात्र नहीं है। यह सोचना बिलकुल गलत है कि उन्होंने अपने जीवन में संघर्ष और पीड़ा को चमत्कार से दूर करने का प्रयास किया। शक्ति-साधना को उन्होंने सिद्ध किया था। इसी के परिणामस्वरूप जब उन पर बड़ा आघात होता था, वे अपने को समेटते थे, मन को एक बिन्दु पर केन्द्रित करते थे और उससे ऊर्जा प्राप्त कर पुनः साहित्य-साधना में जुट जाते थे। यह चमत्कार नहीं है, चमत्कार है मानसिक विक्षेप का शिकार होने के बावजूद उनका अविचलित मन से जीवन के अन्त-अन्त तक ऐसे काव्य की सृष्टि करते रहना, जिसकी तुलना भारत के और विश्व के श्रेष्ठ कवियों के काव्य से ही की जा सकती है। यह चमत्कार कैसे घटित हुआ? निश्चय ही उसके पीछे निराला

की मनःसाधना थी। इस मनःसाधना से देश को स्वाधीन नहीं किया जा सकता, समाज को बदला नहीं जा सकता, विश्व और ब्रह्मांड को पराजित नहीं किया जा सकता, यह निराला ने स्वयं बाद में महसूस किया और नए समाज-दर्शन और विश्वदृष्टि को अपनाने का प्रयास भी, लेकिन मनःसाधना की व्यक्ति और प्रकारान्तर से समाज के जीवन में उपयोगिता से इनकार नहीं किया जा सकता। महान् नेताओं के जीवन में क्या कभी वह अवस्था नहीं आती, जिसमें वे निराशा और पराजय से घिर जाने के बाद अपने को समेटते हैं और अपने भीतर गोता लगाकर नई शक्ति प्राप्त कर पुनः अपने लक्ष्य की ओर अग्रसर हो जाते हैं? परिवेश के साथ द्वन्द्व में केवल मनःशक्ति या आत्मशक्ति कारगर नहीं हो सकती, तथापि उसकी भूमिका अत्यधिक महत्त्वपूर्ण होती है। यह भाव और वस्तु का द्वन्द्व है, जिसे निराला ने बाद में पहचाना। इसका संकेत स्त्रियों की स्वाधीनता से सम्बन्धित उनके लेख से ऊपर उद्धृत किए गए अंश में देखने को मिलता है। राम ने मनःसाधना योग के माध्यम से की थी, जो कि वेदान्तियों द्वारा स्वीकृत प्रणाली है।

ऐसी स्थिति में 'राम की शक्ति-पूजा' के अन्त को कमजोर मानना गलत है। उससे उसका ढाँचा कतई कमजोर नहीं हुआ है, बल्कि उसे तर्कसंगत परिणति प्राप्त हुई है। उसमें प्रभातकाल का प्रकाश और जागरण नहीं, रात का अन्धकार ही है, पर वह आत्मशक्ति से 'ज्योतिर्मय' है। यदि निराला के सम्बन्ध में की गई डा. शर्मा की यह उक्ति कि 'यह कवि अपराजेय निराला/जिसको मिला गरल का प्याला' मिथक न होकर यथार्थ है, स्वप्न न होकर सत्य है, तो शक्ति-पूजा के अन्तिम अंश की अन्तर्वस्तु भी मिथक न होकर यथार्थ है, स्वप्न न होकर सत्य है और चमत्कार न होकर वास्तविकता है! इसी तरह 'वन-बेला' के अन्त को भी, जिसको डा. शर्मा 'शक्ति-पूजा' के अन्त के साथ गिनाते हैं, कमजोर नहीं कह सकते। 'सरोज-स्मृति' और 'शक्ति-पूजा' दोनों का अन्त आशा के स्वर में हुआ है। दोनों अन्त वस्तुतः एक हैं, जिस तरह पहली कविता के निराला और दूसरी कविता के राम बहुत अंशों में एक हैं। दोनों ही पुरुषोत्तम थे—नवीन; संशय और निराशा में भी आस्था का बिन्दु ढूँढ़ लेनेवाले; गहन अन्धकार में भी प्रकाश का केन्द्र तलाश लेनेवाले।

3

'राम की शक्ति-पूजा' की श्रेष्ठता का एक बहुत बड़ा कारण इसमें पाई जानेवाली नाटकीयता है। यह नाटकीयता इसकी घटनाओं में भी है, इसके चरित्रों में भी, इसके भाव में भी और इसमें प्रयुक्त संवादों की भाषा में भी। पूरी कविता एक नाटक की तरह है, जिसमें क्रम-क्रम से सारे दृश्य रंगमंच पर प्रत्यक्ष होते हैं। उसका आरम्भ युद्ध के दृश्य से होता है, जो कि वस्तुतः आगे घटनेवाली घटनाओं की पृष्ठभूमि है। युद्ध-वर्णन के अन्त में अपनी दृष्टि सीता पर केन्द्रित कर कवि कविता की अन्तर्वस्तु का संकेत दे देता है। तत्पश्चात् वह राक्षसी और वानरी दोनों सेनाओं को युद्धभूमि से लौटते हुए दिखलाता है, ब्योरेवार। कविता का सम्बन्ध चूँकि राम से है, इसलिए यहाँ आकर वह राक्षसी सेना को छोड़ देता है और राम से सम्बन्धित घटनाओं का अनुसरण करता है। बिलकुल नाटक के रंग-संकेत की तरह वह विस्तार से बतलाता है कि शिविर में लौटने के बाद राम-पक्ष के

योद्धाओं और सैनिकों ने क्या किया और रामसहित किस तरह योद्धा कल की युद्ध-नीति पर विचार करने के लिए अपने-अपने स्थान पर बैठे। यूथपतियों की तो मुद्रा का भी उल्लेख है–'...हो निर्निमेष/देखते राम का जित-सरोज-सुख-श्याम-देश'। 'है अमानिशा'वाली चार पंक्तियों में उस नाटकीय परिवेश का वर्णन है, जिसमें वह पाठकों को राम के संशय और निराशा से ग्रस्त मनोलोक की यात्रा कराता है। इसी क्रम में जनक की पुष्प-वाटिका में सीता से उनके प्रथम साक्षात्कार का फ्लैशबैक। उनके मनोलोक की झलक बाहर उनके अश्रुपात करने से मिलती है। इस अश्रुपात की हनुमान पर जो रौद्र प्रतिक्रिया होती है, वह भी बिलकुल मानसिक है, लेकिन निराला ने उसे बाह्यलोक में घटनेवाली महान् उथल-पुथल से भरी घटना की तरह चित्रित किया है। पाठकों को ऐसा लगता है कि वे किसी समुद्र-तट पर खड़े होकर या चित्र-पट पर समुद्र में आए भयानक तूफान का दृश्य देख रहे हैं। इसके बाद कविता पुनः अपने विषय पर लौटती है।

राम को विषादग्रस्त देखकर विभीषण का उन्हें उत्तेजित करने का प्रयास, सीता की भावी स्थिति की कल्पना प्रस्तुत कर उनके द्वारा उनके मर्म पर आघात, अपने गम्भीर चरित्र के अनुरूप राम का उससे बिलकुल अप्रभावित रहना, उनका उत्तर और पुनः अश्रुपात करना, उस अश्रुपात की विभिन्न योद्धाओं पर क्रियात्मक और भावात्मक प्रतिक्रियाएँ, राम द्वारा युद्ध के कारण अपनी विवशतापूर्ण स्थिति का वर्णन–'देखा, हैं महाशक्ति रावण को लिए अंक' से लेकर 'फिर खिंचा न धनु, मुक्त ज्यों बँधा मैं हुआ त्रस्त' तक–और अन्त में जांबवान द्वारा राम को मौलिक ढंग से शक्ति-पूजा करने का सुझाव, जिससे वातावरण तनाव-मुक्त हो जाता है, यह सब बहुत नाटकीय है। 'मुक्त ज्यों बँधा मैं हुआ त्रस्त' यहाँ कविता मध्यावस्था में पहुँचती है और जांबवान के सुझाव के साथ वह अवसान की ओर बढ़ना शुरू करती है। निराला ने वाकई यह कविता कथा के रूप में नहीं, बल्कि नाटक के रूप में लिखी है। शिविर में आयोजित बैठक में प्रकाश राम पर केन्द्रित रहता है, लेकिन आवश्यकतानुसार वह हनुमान, विभीषण और जांबवान पर भी स्थानान्तरित होता है। कभी उसका शिविर से बाहर भी प्रक्षेपण किया जाता है, जैसे राम जब युद्ध-क्षेत्र में शक्ति की पक्षधरता का वर्णन करने लगते हैं, तो युद्ध-क्षेत्र में। हम वहाँ रावण के साथ राम का निष्फल युद्ध देखने लगते हैं। घटनाएँ कभी बहुत तेजी से घटती हैं, भाव को साथ लिए हुए, जैसे पुष्प-वाटिका-प्रसंग में, और कभी धीरे-धीरे, जैसे अन्य प्रसंगों में।

शक्ति-पूजा के लिए राम की मनःस्थिति के वर्णन के साथ कविता का अन्तिमांश शुरू होता है। स्वभावतः पहले राम की विह्वलता, उनका शक्ति के प्रति निवेदन, उपस्थित योद्धाओं को शक्ति का वास्तविक अर्थ समझाना और तत्पश्चात् सभा का विसर्जित होना वर्णित है। यह सब भी बहुत नाटकीय है। 'देखो, बन्धुवर, सामने स्थित जो यह भूधर' इससे साफ ऐसा लगता है कि राम हाथ उठाकर पर्वत की ओर संकेत करते हैं और अपनी बात को अत्यन्त नाटकीय बनाकर प्रस्तुत करते हैं। कविता का बिलकुल अन्तिम अंश सर्वाधिक नाटकीय है। रात के बीतने के साथ रंगमंच पर जैसे राम का तन और मन दोनों प्रत्यक्ष हो उठते हैं। पाठक दोनों को साफ-साफ देखते हैं :

है नहीं शराशन आज हस्त–तूणीर स्कन्ध,
वह नहीं सोहता निविड़-जटा-दृढ़ मुकुट-बन्ध;

सुन पड़ता सिंहनाद,–रण-कोलाहल अपार,
उमड़ता नहीं मन, स्तब्ध सुधी हैं ध्यान धार...

चक्र-भेदन की क्रिया का भी निराला ने इस प्रकार वर्णन किया है कि वह दृश्यमान हो उठी है। राम की शक्ति-साधना तेजी से सफलता की ओर बढ़ रही थी कि सहसा एक बड़ी बाधा आ उपस्थित हुई। वह है दुर्गा द्वारा अन्तिम नीलकमल उठा ले जाना। यहाँ राम जब अपने जीवन और लक्ष्य-प्राप्ति के साधन को धिक्कारते हैं, तो लगता है कि वे एक त्रासदी के नायक हैं और वे अपने दुर्भाग्य को प्राप्त हो गए। लेकिन नाटक तेजी से फिर एक मोड़ लेता है और नाटकीय घटना चरमोत्कर्ष पर तब पहुँचती है, जब वे अपनी एक आँख निकालकर शक्ति को चढ़ाने को उद्यत हो जाते हैं। यह घटना का ही नहीं, सीता के प्रति राम के प्रेम का भी चरमोत्कर्ष है। प्रसंग जितना नाटकीय है, निराला ने उतने ही नाटकीय ढंग से उसका वर्णन किया है। फिर शक्ति का प्रकट होना, उनका राम का हाथ पकड़ लेना, वरदान देना, राम का स्तुति कर उनके चरणों पर झुकना और उनका उनके मुँह में समा जाना, इन घटनाओं के साथ नाटक अपनी तर्कसंगत परिणति प्राप्त करता है। पुरानी दृष्टि से कहें तो 'रह गया एक इन्दीवर, मन देखता–पार/प्रायः करने को हुआ दुर्ग जो सहस्रार' यह प्राप्त्याशा नामक कार्यावस्था है और 'होगी जय, होगी जय, हे पुरुषोत्तम नवीन!' यह नियताप्ति नामक कार्यावस्था। फलागम–सीता की मुक्ति–कथित नहीं, व्यंजित है। भारतीय नाट्यशास्त्र में कार्यावस्थाओं और अर्थप्रकृतियों की जो चर्चा है, वह वस्तुतः नाटकीय वस्तु की प्रभावोत्पादकता के कारणों की खोज का परिणाम है, उसके गठन के लिए दिया गया निर्देश नहीं। उसे निर्देश मानकर संस्कृत में अनेक प्रभावहीन नाटक लिखे गए। 'राम की शक्ति-पूजा' में पाई जानेवाली नाटकीयता बहुत स्वाभाविक है, जो इस बात की सूचना देती है कि निराला क्रिया-व्यापार और भाव-व्यापार दोनों को एक दूसरे से अपृथक् मानते थे, जिससे उनके भाव-व्यापार को क्रिया-व्यापार मूर्त कर देता था और उनके क्रिया-व्यापार को भाव-व्यापार गतिशील बना देता था। यह कविता चूँकि कथात्मक है, इसलिए स्वभावतः इसमें बहुत ज्यादा गति और वेग है।

संवाद 'सरोज-स्मृति' में भी हैं, लेकिन 'शक्ति-पूजा' में उनकी संख्या ज्यादा है, करीब दस। शुरू के दो संवाद–शिव का शक्ति को और अंजना का हनुमान को समझाना–प्रसंग को नाटकीय बनाते हैं, लेकिन वे प्रभावशाली नहीं हैं। बाद के तीन संवाद–विभीषण का राम को उत्साहित करना तथा एक बार शुरू करके बीच में थोड़ा रुककर पुनः राम का युद्ध-सम्बन्धी स्थिति को स्पष्ट करना–अत्यन्त प्रभावशाली हैं। कहा जा चुका है कि विभीषण के संवाद के प्रभावशाली होने का कारण यह है कि वह उनके संकट से उपजा है। राम के संवाद की प्रभावोत्पादकता का भी यही कारण है। शिव का संवाद गुरु-गम्भीर भाषा में है, क्योंकि उसमें हनुमान की विशेषताएँ गिनाई गई हैं–'यह–नहीं हुआ शृंगार-युग्म-गत, महावीर,/अर्चना राम की मूर्तिमान अक्षय-शरीर' आदि, लेकिन विभीषण का संवाद अपेक्षाकृत सरल और व्यावहारिक भाषा में, जिससे उसमें अधिक मुखरता है :

कितना श्रम हुआ व्यर्थ! आया जब मिलन-समय,
तुम खींच रहे हो हस्त जानकी से निर्दय!

विभीषण कूटनीति से काम ले रहे हैं, इसलिए राम को प्रभावित करने के लिए वे वक्तृत्व-कला का पूरा उपयोग करते हैं। उनके संवाद का सबसे प्रभावशाली अंश वह है,

जिसके अन्त में वे धिक्कारते हैं अपने को, लेकिन उनका लक्ष्य होते हैं राम :

रावण, रावण, लंपट, खल, कल्मष-गताचार,
जिसने हित कहते किया मुझे पाद-प्रहार,
बैठा उपवन में देगा दुख सीता को फिर,–
कहता रण की जय-कथा पारिषद-दल से घिर;–
सुनता वसन्त में उपवन में कल-कूजित पिक,
मैं बना किन्तु लंकापति, धिक्, राघव, धिक् धिक्!

राम इसका उत्तर पहले संक्षेप में देते हैं, यह कहते हुए कि 'मित्रवर, विजय होगी न समर', क्योंकि 'अन्याय जिधर, हैं उधर शक्ति!', फिर वे विस्तार से वस्तुस्थिति पर प्रकाश डालते हैं। विभीषण ने उनसे कहा था कि 'तुम फेर रहे हो पीठ हो रहा जब जय रण', लेकिन वे उनसे बिलकुल उलटी बात कहते हैं। इससे इन दोनों के चरित्र का अन्तर स्पष्ट हो जाता है। राम जब अपने बाणों की महिमा का बखान करते हैं, तो उनकी भाषा शिव के संवाद की भाषा की तरह गुरु-गम्भीर हो जाती है–'शत-शुद्धि-बोध–सूक्ष्मातिसूक्ष्म मन का विवेक,/जिनमें है क्षात्रधर्म का धृत पूर्णाभिषेक', लेकिन जब वे अपनी विवशता का वर्णन करते हैं, तो वह अपेक्षाकृत सरल और व्यावहारिक हो जाती है :

पश्चात्, देखने लगीं मुझे, बँध गए हस्त,
फिर खिंचा न धनु, मुक्त ज्यों बँधा मैं हुआ त्रस्त!

जांबवान के संवाद में कोई विशेषता नहीं। वह बहुत कुछ वैसा ही है, जैसा शिव और अंजना का संवाद। अन्त में उसमें उन्होंने राम की अनुपस्थिति में लड़े जानेवाले युद्ध की व्यवस्था के सम्बन्ध में जो बतलाया है, वह अवश्य थोड़ा बोलता हुआ है। 'मातः, दशभुजा, विश्व-ज्योतिः, मैं हूँ आश्रित' राम का यह संवाद भी प्रभावशाली नहीं। इसी तरह वे नाटकीय ढंग से पर्वत में शक्ति के रूप का जो चित्र खींचते हैं, वह भी साधारण है। वैसा ही हनुमान के प्रति उनका संवाद भी है, जिसके अन्त में यह बोलती हुई पंक्ति आती है–'तोड़ो, लाओ वे कमल, लौटकर लड़ो समर'। पुनः उनका प्रभावशाली संवाद उनका वह स्वगत भाषण है, जिसमें अन्तिम नीलकमल के न मिलने पर उन्होंने आत्मभर्त्सना की है–'धिक् जीवन को जो पाता ही आया विरोध' आदि–और सीता की मुक्ति की आशा अन्तिम रूप से समाप्त हो जाने पर अपना भयानक दुख प्रकट किया है। तीन पंक्तियों का यह स्वगत पाठकों के कलेजे में बाण की नोक की तरह धँस जाता है। इसका कारण उसकी भाषा का सरल होना ही नहीं, यह भी है कि मध्यवर्गीय पाठक उसमें अभिव्यक्त राम की स्थिति से गहरी आत्मीयता अनुभव करते हैं। राम का मानवीय चरित्र उसमें सर्वाधिक पूर्णता के साथ अभिव्यक्त हुआ है। एक राम वह हैं, जिनका मन योग-साधना में ब्रह्मा, विष्णु और महेश के स्तर का भी अतिक्रमण कर जाता है और एक राम वह, जो कहते हैं, 'जानकी! हाय, उद्धार प्रिया का न हो सका!' स्पष्ट है कि राम का पहला रूप मिथक है, जबकि दूसरा यथार्थ। यथार्थ का स्पर्श भाषा में नई चमक ही नहीं ला देता है, उसमें तीक्ष्णता भी पैदा कर देता है। राम का अन्तिम संवाद भी उनका स्वगत भाषण ही है, जिसमें वे अपनी एक आँख निकालकर शक्ति को अर्पित करने का अपना संकल्प प्रकट करते हैं। क्या संयोग है कि वह स्वगत भी प्रायः तीन पंक्तियों का है और उतनी ही सरल

भाषा में लिखा गया। यह भी उसी तरह से पाठकों के लिए मर्मवेधी साबित होता है। यहाँ राम का जो मानवीय चरित्र सामने आता है, वह नए युग के नायक का, जो पत्नी के प्रति अपने प्रेम की रक्षा के लिए और उसकी मुक्ति के लिए बड़ी से बड़ी कुर्बानी दे सकता है। जैसी संकटपूर्ण परिस्थिति, वैसी ही चमकदार धारवाली भाषा :

दो नीलकमल हैं शेष अभी, यह पुरश्चरण
पूरा करता हूँ देकर मातः एक नयन।

इस कविता की भाषा की, वह वर्णन की हो या संवाद की, एक विशेषता यह है कि उसमें अनेक बार शब्दों का उच्चारण गद्य की तरह करना पड़ता है। यह चीज निराला की दूसरी छन्दोबद्ध कविताओं में भी मिलती है, उदाहरण के लिए 'सरोज-स्मृति' में, लेकिन इस कविता में वह अहमियत रखती है। डा. रामविलास शर्मा ने इधर ढूँढ़कर निकाला है कि 'राम की शक्ति-पूजा' का छन्द वही है, जो पन्तजी की इस कविता का–'खुल गए छन्द के बन्द,/प्रास के रजतपाश,/अब गीत मुक्त,/औ' युगवाणी बहती अयास!' यदि इन चार पंक्तियों को दो पंक्तियों में मुद्रित कर दिया जाए, तो उससे 'शक्ति-पूजा' का छन्द बन जाता है। यह सही है, साथ-साथ यह भी सही हो सकता है कि इस कविता का छन्द 'शक्ति-पूजा' नामक छन्द है, चौबीस मात्राओं का, जिसका प्रयोग सर्वप्रथम अपभ्रंश कवि पुष्पदन्त ने किया था, लेकिन 'शक्ति-पूजा' की विशेषता यह है कि यह छन्द के प्रवाह के साथ गद्य की स्थिरता को लिए हुए आगे बढ़ती है। हम शुरू की ही पंक्तियाँ लें। छन्द के प्रवाह के आग्रह से उन्हें इस रूप में पढ़ना पड़ेगा :

रवि हुआ अस्त : ज्यो तिके पत्र पर लिखा अमर
रह गया राम-रावण का अपराजेय समर
आ जका।

इसी तरह आगे भी :

उतरा ज्यों दुर्गम पर्वत पर नैशान्धकार,
चमकतीं दूर ताराएँ ज्यों हो कहीं पार।

पुनः,

है अमानिशा; उग लता गगन घन अन्धकार,
खो रहा दिशा का ज्ञान; स्तब्ध है पवन-चार।

लेकिन इस तरह इस कविता का पाठ करने का मतलब है इसके भाषा-सौन्दर्य की और उसके माध्यम से इसके सम्पूर्ण काव्य-सौन्दर्य की हत्या। लिहाजा छन्द के प्रवाह के साथ बहते हुए भी 'ज्योति', 'चमकतीं' और 'उगलता' को इसी रूप में पढ़ना पड़ेगा, उन पर रुकते हुए। इससे कविता में एक नया स्वाद और सौन्दर्य पैदा होता है। एक तरफ यह छन्द-प्रवाह से युक्त हो उठती है और दूसरी तरफ गद्य की जमीन पर रह-रहकर अपने पाँव टेक देती है, जिससे इसकी यथार्थवादिता पुष्ट होती है। निराला ने मुक्तछन्द की कविता के पाठ में उच्चारण का महत्त्व बतलाया था। वह उनकी छन्दोबद्ध कविता में भी अपनी भूमिका निभाता है। 'शक्ति-पूजा' के संवाद भी वैसी ही गद्यात्मकता से युक्त हैं। अंजना के इस संवाद में 'छोड़कर' को 'छो ड़कर' के रूप में पढ़ने से ही छन्द के प्रवाह की रक्षा होगी–'तुम सेवक हो, छोड़कर धर्म कर रहे कार्य', लेकिन स्पष्टतः ऐसा करने से संवाद का

सौन्दर्य क्षतिग्रस्त होगा। इसी तरह छन्द की लय की रक्षा करनी हो तो राम के संवाद की निम्नलिखित पंक्तियों को इस तरह पढ़ना पड़ेगा :

हत मन्त्रपूत शर संवृत करतीं बार-बार,
निष्फल होते लक्ष्यपर क्षिप्र वा रपर वार!
विचलित लख कपिदल, क्रुद्ध युद्ध को मैं ज्यों-ज्यों,
झक-झक झल कती वह्नि वामा के दृग त्यों-त्यों।

लेकिन जरूरत छन्द की लय का अन्धानुसरण करने के बदले निराला में छन्द-प्रवाह और गद्य के उच्चारण के सम्बन्ध को समझने की है। उच्चारण का सम्बन्ध बलाघात से भी है। नाटकीय संवादों में बिना बलाघात के काम नहीं चल सकता। 'शक्ति-पूजा' में भी जहाँ आवश्यक हो, वहाँ शब्दों का न केवल गद्य की तरह उच्चारण करना होगा, बल्कि उस पर उचित बल भी देना होगा। इस सबने इस कविता को उत्कृष्ट नाटकीय सौन्दर्य प्रदान किया है।

'राम की शक्ति-पूजा' जैसे एक नाटकीय कविता है, वैसे ही एक आधुनिक कविता भी। तात्पर्य यह कि जैसे इसकी कथात्मकता नाटकीयता से युक्त है, वैसे ही इसकी पौराणिकता आधुनिकता से। निश्चय ही इसका यह मतलब नहीं है कि पौराणिकता इसमें आवरण की तरह है, जिसे हटा देने पर यह एक सर्वथा आधुनिक कविता बन जाती है। पौराणिक कथा-वस्तु को लेकर रची गई किसी भी श्रेष्ठ कविता में आधुनिकता इस रूप में प्रयुक्त नहीं होती। ऐसा नहीं होता कि कथा-वस्तु या विषय-वस्तु प्राचीन है और अन्तर्वस्तु सम्पूर्णतः नवीन। मेरा खयाल है कि उसमें विषय-वस्तु भी प्राचीन होती है और किसी हद तक अन्तर्वस्तु भी, क्योंकि इन दोनों में बिलकुल एकता नहीं हुई तो श्रेष्ठ काव्य का निर्माण सम्भव नहीं होगा। नवीनता वा आधुनिकता उससे सिर्फ आभा की तरह फूटती है, प्रसादजी के शब्द लेकर कहें, तो वह उसमें मोती के पानी की तरह होती है। रचना का बाहरी और भीतरी परिवेश पौराणिक ही होता है, आधुनिक सिर्फ उसकी प्रतिध्वनि होती है। वह रचना जब आधुनिक मानस से टकराती है, तब उससे पैदा होनेवाली प्रतिध्वनि में आधुनिक संवेदना वा चेतना की गूँज सुनाई देती है! यह सौन्दर्यानुभूति की विशेषता है कि प्राचीन को नवीन में रूपान्तरित किए बिना हम उससे नवीन संवेदना के स्तर पर प्रभावित होते हैं, ठीक वैसे ही, जैसे चित्रलिखित तुरग को वास्तविक तुरग में बदले बगैर हम उसे वास्तविक तुरग के रूप में ग्रहण करते हैं। इसी तरह की नवीनता वा आधुनिकता 'राम की शक्ति-पूजा' में है। इसमें न पौराणिकता पर आधुनिकता आरोपित है, न आधुनिकता पर पौराणिकता। इसका प्रमाण यह है कि इस कविता का प्रत्येक अवयव–ध्वनि से लेकर प्रतिध्वनि तक–इसके परिवेश का अभिन्न अंग है।

'विद्धांग–बद्ध-कोदंड-मुष्टि–खर-रुधिर-स्राव' यह राम की तसवीर भी है, क्षत-विक्षत निराला की भी और जीवन-संघर्ष में लहूलुहान एक सामान्य मध्यवर्गीय व्यक्ति की भी। राम का संशय भी प्राचीन होते हुए नवीन है। कविता के केन्द्र में सीता के प्रति राम के प्रेम और उनकी मुक्ति का होना भी कविता के सन्दर्भ में प्रासंगिक बनकर ही आधुनिक जनतान्त्रिक चेतना को प्रतिच्छायित करता है। राम के आँसू निराला के आँसू की झलक देते हैं और उनके आँसू आधुनिक निराश और पराजित मन की अभिव्यक्ति का आभास

देने लगते हैं। विभीषण का कूटनीतिक संवाद प्राचीन के साथ नवीन वाक्चातुरी की याद दिलाता है और राम का यह कथन कि 'मित्रवर, विजय होगी न समर' आज के घिरे हुए मनुष्य की सुनिश्चित प्रतिकूल स्थिति की। 'देखा, हैं महाशक्ति रावण को लिए अंक,/लांछन को ले जैसे शशांक नभ में अशंक' यह दृश्य कविता में मौजूँ होने के साथ आज के जीवन में भी बहुत मौजूँ है। इसी तरह 'निष्फल होते लक्ष्य पर क्षिप्र वार पर वार' भी और 'मुक्त ज्यों बँधा मैं हुआ त्रस्त' भी। शक्ति की मौलिक कल्पना भी विद्वान् मानेंगे कि इतनी मौलिक नहीं कि वह कविता के अपने स्वरूप से मेल न खाए। शक्ति की मन के उच्चभाव या आत्मशक्ति के रूप में कल्पना निराला के नितान्त आधुनिक मानस की देन नहीं, लेकिन उन्होंने आधुनिक सन्दर्भ में उसे नई सार्थकता अवश्य दी है। डा. शर्मा लंका में स्थित पर्वत की शक्ति के रूप में की गई कल्पना की व्याख्या सीधे भारत के रूप में करते हैं। वह व्याख्या कविता के अपने ढाँचे में जरूर ऊटपटाँग लगती है। अन्त में अन्तिम नीलकमल के गायब कर दिए जाने के बाद जब राम निराश होकर आत्मभर्त्सना करने लगते हैं और उनका दबा हुआ चीत्कार इस रूप में सुनाई पड़ता है कि 'जानकी! हाय, उद्धार प्रिया का न हो सका', तो वे निराला की निराशा को व्यक्त करते हुए मध्यवर्गीय पाठकों से गहरी आत्मीयता स्थापित कर लेते हैं। आँख निकालकर चढ़ाने के लिए राम के उद्यत होनेवाला दृश्य निराला की संकल्प-शक्ति के साथ मध्यवर्गीय युवा मानसिकता की दृढ़ उत्सर्ग-भावना का भी मूर्तीकरण है। मध्यवर्गीय मानसिकता एक बदनाम चीज हो गई है, लेकिन जनतान्त्रिक चेतना से लैस होकर आजादी की लड़ाई के दौरान समाज और देश की बलि-वेदी पर जिन युवकों ने अपने को न्योछावर कर दिया, वे मध्यवर्ग से नहीं, तो और किस वर्ग से आए थे? यह दुहराने की आवश्यकता नहीं होनी चाहिए कि यह सब कुछ भी 'शक्ति-पूजा' के पौराणिक वातावरण के बिलकुल मेल में है और ऊपर से आरोपित नहीं है।

राम को शक्ति द्वारा 'पुरुषोत्तम नवीन' कहलवाकर जैसे निराला ने यह भी संकेत दे दिया है कि इस कविता के राम एक तरफ प्राचीन–पुरुषोत्तम–हैं, तो दूसरी तरफ नवीन भी। प्राचीनता और नवीनता का यह संयोग अत्यन्त सृजनात्मक है, क्योंकि इसमें प्राचीन कथा के माध्यम से नवीन व्यंजित हुआ है और नवीन मानसिकता के साथ प्राचीन कथा कही गई है, इस तरह कि उसका अपना रूप कहीं क्षतिग्रस्त न हो। यदि इस कविता में ऐसी सृजनात्मकता न होती, तो यह सिर्फ एक प्राचीन आख्यान का छन्दोबद्ध रूप बनकर रह जाती, गति और शक्ति से रहित। आधुनिकता के कारण भी यह कविता 'सरोज-स्मृति' के साथ रखकर देखी गई है।

'राम की शक्ति-पूजा' की अन्यतम विशेषता इसमें पाई जानेवाली उदात्तता है। उदात्तता शैली का गुण है या भाव का? यह वस्तुतः रचना का गुण है, जिसमें शैली और भाव परस्पर अपृथक् होते हैं और एक-दूसरे को प्रभावित करते रहते हैं। उदात्त-तत्त्व का निरूपण सर्वप्रथम लोंगिनुस ने किया था। उसका कहना था कि उदात्तता का पहला स्रोत है महान् धारणाओं की क्षमता। 'शक्ति-पूजा' पत्नी-प्रेम की कविता है, जिसका एक अत्यन्त व्यापक सन्दर्भ है–आधुनिक युग में उत्पन्न जनतान्त्रिक चेतना। इसी ने इस कविता को वह सुविस्तृत भाव-भूमि प्रदान की है, जिससे यह अत्यन्त उदात्त हो गई है। वह भाव-भूमि

वैचारिकता से दृढ़ है, इसलिए इस कविता में बहुत सशक्त होने पर भी आवेग कहीं अनियन्त्रित रूप में नहीं दिखलाई पड़ता। राम पराजित अनुभव कर रहे हों या उत्साहित, वे प्रेम के क्षणों में हों या युद्ध के क्षणों में, वे चिन्तित हों या आनन्द-पुलकित, सर्वत्र संयत हैं। युद्ध में जब वे अपने बाणों को निष्फल होते देखते हैं, तो कुछ करते नहीं, सिर्फ उस दृश्य को एकटक देखते रह जाते हैं। निराला ने यहाँ उनके लिए सिर्फ यह लिखा है–'अनिमेष-राम'। इसी तरह जब उन्हें सीता की स्मृति आती है, तो उनका पूरा अस्तित्व आन्दोलित हो उठता है, लेकिन प्रकट रूप में कोई विस्फोटक प्रतिक्रिया नहीं होती। सिर्फ 'फूटी स्मिति सीता-ध्यानलीन राम के अधर'। उनका अश्रुपात भी ऐसा ही है, जिसमें कोई हाहाकार नहीं। अन्त में जब उन्हें अन्तिम नीलकमल नहीं मिलता, तो सिर्फ 'भर गए नयनद्वय'। उपाय सूझने पर भी सिर्फ 'हुए सजग पा भाव प्रमन'। जो स्थिति 'सरोज-स्मृति' में निराला के शोक की है, वही 'शक्ति-पूजा' में राम के संशय और निराशा की। इससे इस कविता के आवेग में गहराई आई है और वह भावात्मक विस्फोट बनने से बच गई है। वह चीज किसी मात्रा में कृत्तिवास में दिखलाई पड़ती है।

'शक्ति-पूजा' का आरम्भ बहुत ही उदात्त ढंग से होता है। निराला ने संक्षेप में युद्ध-वर्णन प्रस्तुत करने के लिए जिस संस्कृतनिष्ठ और समस्त पदावली का प्रयोग किया है, वह अत्यन्त ओजपूर्ण है। उसके बाद कविता जैसे समतल पर आ जाती है, लेकिन तुरत 'उतरा ज्यों दुर्गम पर्वत पर नैशान्धकार' वाला राम का चित्र मिलता है, जो अपनी विराटता से कविता को पुनः ऊपर उठा देता है। 'है अमानिशा' वाला परिवेश-वर्णन भी उदात्त है। उसके बाद हनुमानरूपी शक्ति-खेल-सागर के आलोड़ित होने का जो चित्र खींचा गया है, वह उदात्तता में युद्ध-वर्णन से होड़ करता है, यद्यपि उसमें वैसी प्रगाढ़ता नहीं। पर्वत में शक्ति की कल्पना का चित्र उक्त 'उतरा ज्यों दुर्गम पर्वत पर' वाले चित्र से तुलनीय है, लेकिन इसमें विराटता अधिक है। खास बात यह है कि दोनों ही चित्र वातावरण का अंग हैं। 'ले लिया हस्त, लक-लक करता वह महाफलक' वाला चित्र छोटा है, लेकिन उदात्त भाव की सृष्टि के विचार से बहुत कामयाब। अन्तिम विराट् चित्र दुर्गा का है, जो 'ज्योतिर्म्मय' होने के कारण पहले आनेवाले 'भीमा मूर्ति' वाले ही नहीं, 'लांछन को ले जैसे शशांक नभ में अशंक' वाले चित्र से भी अधिक भव्य है।

उदात्तता के अनुरूप ही इस कविता का ढाँचा है, जो ऊपर से सरल, लेकिन भीतर से जटिल है। एक बार दृष्टि डालने पर ही इसकी सरलता में निहित जटिलता स्पष्ट हो जाती है–युद्ध की समाप्ति, दोनों सेनाओं का लौटना, राम के शिविर में योद्धाओं की सभा, राम का संशय और सीता के साथ उनके प्रथम साक्षात्कार की स्मृति, हनुमान का मानसिक ऊर्ध्वगमन, विभीषण का संवाद, राम का उत्तर, पुनः उनका युद्ध की स्थिति पर विस्तार से प्रकाश डालना, जांबवान का परामर्श, राम द्वारा पर्वत में शक्ति की कल्पना की व्याख्या, फिर योग-साधना की पद्धति से शक्ति-पूजन, उसमें स्वयं शक्ति द्वारा उपस्थित किया गया विघ्न, राम की आत्मभर्त्सना, उनके दूसरे मन की सक्रियता और उनका अपनी एक आँख निकालकर अर्पित करने का संकल्प, शक्ति का प्रकट होना, राम का उनके चरणों में झुकना और उनका उनके मुख में लीन हो जाना। सरल कथा में जटिलता एक तो इस कारण उत्पन्न हुई है कि उसमें फ्लैशबैक भी है और हनुमान के ऊर्ध्वगमन की प्रासंगिक कथा भी;

दूसरे, इस कारण भी कि सरल प्रसंगों को भी निराला ने काफी गहराई से चित्रित किया है, उनके पीछे स्थित पात्रों के मनोविज्ञान का चित्रण करते हुए, जैसे विभीषण का घबड़ाहट और बेचैनी से भरा हुआ संवाद, राम द्वारा युद्ध में अपनी विवशता का वर्णन, शक्ति की मौलिक कल्पना और राम की भर्त्सना तथा नेत्रार्पण के लिए किया गया उनका दृढ़ निश्चय। एक और बात जो इस कविता के ढाँचे को जटिल बनाती है, वह है इसमें पराजय-भाव या अपराजेयता-भाव के एकरस वर्णन की जगह यथावसर अनेक भावों की अभिव्यक्ति। उदाहरण के लिए संशय और निराशा की स्थिति में राम को जो सीता के साथ प्रथम साक्षात्कार की स्मृति आती है, उससे कई प्रकार के भाव उत्पन्न होते हैं–प्रेम, उत्साह आदि, लेकिन शक्ति की भीमा मूर्ति की स्मृति के साथ वे सारे भाव करुणा में पर्यवसित हो जाते हैं। फिर हनुमान के आन्दोलित होने के साथ वीरभाव मूर्त हो उठता है, जिसकी परिणति उनके पूर्ववर्णित दैन्यभाव में होती है। विभीषण की चिन्ता राम से भिन्न स्तर पर है, फिर इसमें राम के त्रास का भी वर्णन है। कविता अन्त की ओर शक्ति के प्रति राम की भक्ति-भावना के साथ बढ़ती है, लक्ष्यप्राप्ति के पहले के उनके उत्साह के साथ वह ऊपर उठती है और अन्तिम नीलकमल के गायब होने के साथ पुनः निराशा के गर्त में गिर जाती है। इसका समापन किंचित् चक्करदार ढंग से, किन्तु तीव्र गति से होता है। राम उत्सर्ग-भाव से भर उठते हैं, शक्ति प्रकट होकर उन्हें रोकती हैं और उन्हें वरदान देती हैं, जिससे एक तरफ वे अपनी विजय के प्रति आश्वस्त होकर अप्रकट रूप से उल्लसित होते हैं और दूसरी तरफ उनके चरणों में भक्ति-भाव से प्रणत होते हैं। इतने प्रकार के भावों का सामंजस्य होने से भी यह कविता अपने ढाँचे के भीतर जटिल हो उठी है।

'राम की शक्ति-पूजा' आज खड़ीबोली की सर्वोत्कृष्ट काव्य-कृति ही नहीं, सर्वाधिक उदात्त काव्य-कृति के रूप में भी मान्य है। उदात्त कृति की एक पहचान यह भी है कि भिन्न रुचि और संस्कार के व्यक्तियों के भीतर भी वह प्रखर सौन्दर्यानुभूति उत्पन्न करने में समर्थ होती है। निराला अज्ञेय की काव्य-रुचि और काव्य-संस्कारों के कभी अनुकूल नहीं रहे। 1937-38 में वे यह घोषित भी कर चुके थे कि 'साहित्यिक शक्ति के रूप में निराला मर चुके हैं।' लेकिन यह 'राम की शक्ति-पूजा' की उदात्तता का ही प्रमाण है कि अन्ततः उन्होंने स्वीकार किया कि " 'राम की शक्ति-पूजा' जैसी रचनाएँ हिन्दी में नहीं हैं। निष्कम्प सन्तुलन के साथ आवेगों की ऐसी तीव्रता और भाषा का तदनुकूल प्रवाह दुर्लभ है।"

सम्राट् एडवर्ड अष्टम के प्रति

'प्रेयसी' के बाद निराला ने प्रेम को विषय बनाकर एक और कविता लिखी, 'सम्राट् एडवर्ड अष्टम के प्रति', जिसमें उन्होंने दर्शन और अध्यात्म की गलियों से निकलकर उसे शुद्ध मानववादी स्तर पर प्रतिष्ठित किया। यह 'राम की शक्ति-पूजा' के बाद की उनकी रचना है, इसलिए स्वभावतः इसमें अत्यधिक उदात्तता और निखार है। यह एक लाजवाब कविता है, ताजगी से भरी हुई, जिसमें उनका मानव-प्रेम तमाम चीजों के ऊपर अपनी पताका फहरा रहा है।

इस कविता का आधार आधुनिक यूरोपीय इतिहास की एक महत्त्वपूर्ण घटना है। 1936 की जनवरी में ब्रिटिश सम्राट् जार्ज पंचम के निधन के बाद उनके लोकप्रिय और कुँवारे पुत्र, जो प्रिंस ऑफ वेल्स थे, राजसिंहासन पर बैठे। वही सम्राट् एडवर्ड अष्टम हुए। साल समाप्त होते न होते ब्रिटेन के बाहर के अखबारों में मिसेज सिंपसन नामक एक महिला के साथ उनके प्रेम-सम्बन्ध की कहानियाँ प्रचारित होने लगीं। मिसेज सिंपसन अमरीकी थी, जिसका अपने पति से तलाक हो चुका था और इंग्लैंड-स्थित दूसरे पति मि. सिंपसन से भी होनेवाला था। पहले तलाक को इंग्लैंड में कानूनी मान्यता प्राप्त होगी या नहीं, इसमें सन्देह था, और दूसरे तलाक की भी कानूनी कारवाई पूरी नहीं हुई थी। वैसे व्यवहारतः वह दो बार तलाकप्राप्त महिला थी। इसके अलावा वह अकुलीन घराने की भी थी। ऐसी स्थिति में उसके साथ सम्राट् का विवाह, जिसकी इच्छा दृढ़ता के साथ उन्होंने प्रकट कर दी थी, सम्भव न था। उसमें ब्रिटेन की परम्परा और संविधान आड़े आ रहे थे। जब मामला काफी आगे बढ़ गया, तो ब्रिटेन के तत्कालीन प्रधानमन्त्री स्टेनली बॉल्डविन ने आपत्ति की और उक्त महिला के साथ सम्राट् के प्रस्तावित विवाह को उन्होंने एक संवैधानिक समस्या बना दिया। इसमें चर्च, राज्य और ब्रिटेन के उपनिवेश उनके साथ थे। अन्ततः तय हुआ कि एडवर्ड अष्टम ब्रिटेन का सम्राट् रहते हुए मिसेज सिंपसन के साथ विवाह नहीं कर सकते; उसके लिए उन्हें राजसिंहासन को छोड़ना पड़ेगा। एडवर्ड अष्टम ने ब्रिटेन के राजसिंहासन और मिसेज सिंपसन में से मिसेज सिंपसन को चुना और 11 दिसम्बर, 1936 को उन्होंने एक व्यक्तिगत रेडियो प्रसारण के द्वारा विश्व को अपने निर्णय की जानकारी दे दी। 12 दिसम्बर को एक कविता लिखकर निराला ने किरीटहीन सम्राट् का अभिनन्दन किया। इस घटना से वे अत्यधिक संवेदित ही नहीं, अनुप्राणित हुए थे। उनके रोम-रोम से उल्लास फूट पड़ा था, जो उनके शब्दों से छलका पड़ता है। उन्होंने 12 जनवरी, 1937 के अपने पत्र में जानकीवल्लभ शास्त्री को लिखा भी था कि वह कविता उन्होंने 'सम्राट् के गद्दी छोड़ने से प्रसन्न होकर' लिखी थी। 'सरस्वती' के जनवरी, 1937 के अंक में वह प्रकाशित हुई।

अखबारी दुनिया के लिए यह घटना बहुत ही सनसनीखेज थी, लेकिन निराला ने इसे अतिशय गम्भीर रूप में लिया और इसमें मनुष्य की नई संस्कृति को जन्म लेते हुए देखा, जिसका आधार होगा समता और प्रेम। विजयदेव नारायण साही का कहना था कि व्यावहारिक जीवन में शब्दों का प्रयोग औपचारिक रूप में होता है, जबकि कविता के शब्द अनौपचारिक होते हैं। यदि दोनों का फर्क जानना हो, तो उसे शोक-प्रस्ताव और निराला की कविता 'सरोज-स्मृति' के फर्क से जानना चाहिए। 'सम्राट् एडवर्ड अष्टम के प्रति' यह कविता भी एक अखबारी समाचार को लेकर लिखी गई है, लेकिन यह पत्रकारिता से कविता का फर्क बतलाने की दृष्टि से अन्यतम है। पत्रकारों के लिए जहाँ एक महिला के प्रेम में सम्राट् का राजसिंहासन को ठुकरा देना महज एक धमाकेदार समाचार था, वहाँ निराला के लिए उसमें नया मूल्य निहित था। स्वभावतः उन्होंने कविता में 'रिपोर्टिंग' नहीं की, नवीन और क्रान्तिकारी मानवीय मूल्य की विजय की घोषणा की।

2

कविता के पहले बन्द की पहली पंक्ति है–'वीक्षण अराल'। निराला ने प्रसंग की गम्भीरता समझकर अभिव्यक्ति को औदात्त्य प्रदान करने के लिए जान-बूझकर इन दोनों अपेक्षाकृत कठिन शब्दों का प्रयोग किया है। वैसे कविता के प्रबुद्ध पाठकों के लिए ये शब्द नितान्त अपरिचित नहीं। कालिदास ने कुमारसम्भव में 'वीक्षण' और 'अराल' दोनों ही शब्दों का प्रयोग किया है। पंचम सर्ग में पार्वती की आँखों को 'अरालपक्ष्मणः' कहा है और अष्टम सर्ग में यह कि शिव कामुक चेष्टाओं से भरी हुई कुछ अटपटी बातें करते हुए उनके विषय में पार्वती का उत्तर चाहते थे, तो वे मुँह से कुछ भी न कहकर 'वीक्षितेन' उनकी ओर देखकर सिर हिलाते हुए उनके प्रश्नों का उत्तर दे देती थीं। इस तरह 'वीक्षण' देखना या दृष्टि है और 'अराल' वक्र या तिर्यक्। हिन्दी में भी 'अराल' का प्रयोग विरल नहीं है। मैथिलीशरण गुप्त ने 'साकेत' के दशम सर्ग में उर्मिला की विरह-व्यथा के प्रसंग में कहा है–'विकराल *अराल* काल है,/कर में दंड लिए विशाल है।' छायावादी कवियों में यह शब्द प्रसाद में भी प्रयुक्त है और पन्त में भी। प्रसादजी ने 'कामायनी' के इड़ा सर्ग में इड़ा के स्वरूप-वर्णन में इसका बहुत सशक्त प्रयोग किया है–'आलोकवसन लिपटा *अराल*'। पन्तजी का प्रयोग निराला के प्रयोग का पूर्ववर्ती है और बिलकुल एक ही प्रसंग में। फरवरी, 1932 में रचित अपनी प्रसिद्ध कविता 'अप्सरा' में वे कहते हैं–'सिखलाती मृदु रोम हास तुम/चितवन-कला *अराल* !' फिर भी यह मानना पड़ेगा कि निराला के प्रयोग में उनकी कविता के मिजाज के अनुरूप अधिक गम्भीरता है, एक क्लासिकी स्पर्श। बाद में भी उनमें इस शब्द का प्रयोग मिलता है, यथा 'अर्चना' के इस गीत में–'निविड़ विपिन, पथ *अराल;*/भरे हिंस्र जन्तु-व्याल।'

'वीक्षण अराल'–यह स्त्री का तिर्यक् दृष्टिपात या तिरछी चितवन है, जो अपने आपमें एक पूरी दुनिया है, भव्य और दिव्य। वह दुनिया संगीत और प्रकाश से भरी हुई है। वहाँ जीवनदायी छन्द और ताल दोनों निरन्तर निनादित रहते हैं, अश्राव्य और गम्भीर रूप में। इसी तरह वह दुनिया सूर्य और चन्द्रमा से प्रकाशित है। ये दोनों ही उसके दीपक हैं, उसमें उजाला भरनेवाले। वह स्त्री-दृष्टि की दुनिया है, जहाँ देश-काल असमर्थ हैं, यानी जहाँ का

अनुभव देश-कालातीत है। अन्त में निराला सम्राट् एडवर्ड अष्टम को सम्बोधित कर कहते हैं कि उसी दृष्टि के स्पर्श से प्रेम का प्रियंगु-वृक्ष पुष्पित हुआ है। प्रियंगु के सम्बन्ध में यह कवि-प्रसिद्धि है कि वह स्त्रियों के स्पर्श से विकसित हो उठता है। निराला ने उसी का यहाँ कविता में कदाचित् पहली बार इस्तेमाल किया है, क्योंकि आचार्य हजारीप्रसाद द्विवेदी ने लिखा है, उन्हें 'स्त्रियों के स्पर्श से प्रियंगु-पुष्प के विकसित होने का उदाहरण *काव्य* में नहीं मिला।' जानकीवल्लभजी को लिखे गए अपने पूर्वोक्त पत्र में निराला ने एडवर्ड अष्टम के प्रति लिखी गई अपनी कविता में प्रयुक्त 'प्रियंगु' के प्रसंग में कवि-प्रसिद्धियों से सम्बन्धित प्रसिद्ध संस्कृत श्लोक का यह अंश भी उद्धृत किया है—'स्त्रीणां स्पर्शात् प्रियङ्गुर्विकसति'। 'प्रणय के प्रियंगु की डाल-डाल' के खिलने से 'खुलती मेरी शेफाली:/हँसती री डाली-डाली!' का चित्र एक बार फिर ताजा हो जाता है, भव्यतर रूप में। पूरा बन्द स्त्री की तिर्यक् दृष्टि को बहुत ज्यादा मान और गरिमा प्रदान करता है, क्योंकि वह प्रेम-जैसी दुर्लभ वस्तु को जन्म देनेवाली है, जो मनुष्य को नाना प्रकार के तुच्छ लौकिक बन्धनों से मुक्त करता है। उन बन्धनों में समाज से लेकर भोग और ऐश्वर्य तक के बन्धन आते हैं।

अब कविता का बन्द द्रष्टव्य है :

वीक्षण अराल :—
बज रहे जहाँ
जीवन का स्वर भर छन्द, ताल
मौन में मन्द्र,
ये दीपक जिसके सूर्य-चन्द्र,
बँध रहा जहाँ दिग्देशकाल,
सम्राट्! उसी स्पर्श से खिली
प्रणय के प्रियंगु की डाल-डाल!

जैसे 'वीक्षण अराल' में उदात्तता है, वैसे ही 'मौन में मन्द्र' और 'सूर्य-चन्द्र' में लालित्य। अनुनासिक ध्वनियों की आवृत्ति से एक मधुर संगीत की सृष्टि होती है, जैसे मृदंग पर किसी ने दो बार थाप दी हो। यह संगीत फिर अन्तिम चरण के 'प्रणय के प्रियंगु' में सुनाई पड़ता है और तब लगता है कि वह अपने सम पर पहुँच गया है। 'प्रणय के प्रियंगु' के सम्बन्ध में एक बात यह ज्ञातव्य है कि इसमें जो 'के' है, उसे दीर्घ की जगह ह्रस्व बनाकर पढ़ना होगा, वर्ना मात्रिक छन्द का प्रवाह बाधित होगा। द्विवेदीजी ने एक लेख लिखकर हिन्दी कवियों को सुझाव दिया था कि उन्हें भी उर्दू कवियों की तरह अपनी कविता में मात्रा-सम्बन्धी छूट लेनी चाहिए, जिससे काव्य-भाषा में एक लचक पैदा हो। निराला ने यह छूट गीत में तो ली ही है, यथा 'गीतिका' के प्रसिद्ध गीत 'रूखी री यह डाल, वसन वासंती लेगी' की ऐसी पंक्तियों में—'शैल-सुता अपर्णअशना,/पल्लव-वसना बनेगी', जिसमें स्पष्टतः मात्राधिक्य के कारण 'बनेगी' के 'ने' को ह्रस्व बनाकर पढ़ना होगा, कविता में भी ली है। जो पाठक कवित्त और सवैया जैसे हिन्दी छन्दों में भाषा की लचक के सौन्दर्य से परिचित हैं, वे इसे भी सराहेंगे। हिन्दी के पुराने कवियों ने तो उक्त वर्णिक छन्दों में ही नहीं, मात्रिक छन्दों में भी हमेशा मात्रा सम्बन्धी छूट ली है और कोई कह नहीं सकता कि उससे उनकी कविता में सौन्दर्य का ह्रास हुआ है, बल्कि उलटे उससे उसकी वृद्धि हुई है। पुराने कवियों

के छन्द खड़ीबोली के कवियों की तरह सपाट नहीं हैं, इसलिए उन्हें पढ़ते समय पाठकों को अपने उच्चारण-यन्त्र को सजग और सक्रिय बनाकर रखना पड़ता है। निश्चय ही यह छन्दसम्बन्धी शिथिलता अथवा उदासीनता के पक्ष में दी गई दलील नहीं है। 'के' को ह्रस्व बनाकर पढ़ने से पंक्ति वाकई लचकदार हो गई है, जैसे किसी वृक्ष की डाल। क्या इसे निराला ने ऐसा इसलिए बनाया है कि यहाँ डाल का ही वर्णन है?

स्त्री-दृष्टि अथवा स्त्री की, जिसके स्पर्श से प्रियंगु में पुष्पोद्भव हो उठता है, महिमा बखानने के बाद कविता के दूसरे बन्द में निराला बीसवीं शताब्दी पर आते हैं और कहते हैं कि उसका सन्देश है प्रेम और मानव-साम्य। वे इस बात पर आश्चर्य प्रकट करते हैं कि एडवर्ड अष्टम ने सम्राट् रहते हुए भी उस सन्देश को सुन लिया था। आश्चर्य उन्हें इसलिए होता है कि इतिहास के साक्ष्य से सम्राट् और राजा बहरे होते रहे हैं, जो कोई अच्छी बात नहीं सुनते। अतिशय प्रसन्न होकर निराला एडवर्ड अष्टम से कहते हैं, तुम मनुष्य जाति के लिए अमर वरदान हो! यह बन्द जितना ओजस्वी है, उतना ही मार्मिक, यथा–

विंशति शताब्दि,
धन के, मान के बाँध को जर्जर कर महाब्धि
ज्ञान का, बहा जो भर गर्जन–
साहित्यिक स्वर–
"जो करे गंध-मधु का वर्जन
वह नहीं भ्रमर;
मानव मानव से नहीं भिन्न,
निश्चय, हो श्वेत, कृष्ण अथवा,
वह नहीं क्लिन्न;
भेदकर पंक
निकलता कमल जो मानव का
वह निष्कलंक,
हो कोई सर"
था सुना, रहे सम्राट! अमर–
मानव के वर!

बीसवीं शताब्दी की सबसे बड़ी विशेषता यह है कि इसमें धन और मान की धज्जियाँ उड़ाते हुए मानव-ज्ञान ने जो महान् प्रगति की, उसका फल इस मान्यता के रूप में सामने आया कि मनुष्य के लिए सर्वाधिक मूल्यवान् वस्तु है प्रेम और मनुष्य-मनुष्य में कोई भेद नहीं, सब बराबर हैं। इसी बात को निराला एक भव्य रूपक के सहारे कहते हैं, जिससे अभिव्यक्ति बहुत प्रभावशाली हो जाती है। बीसवीं शताब्दी में ज्ञान का जो महासागर प्रवाहित हुआ, धन और मान के बाँध को ध्वस्त करता हुआ, तो उससे एक गर्जना फूटी। वह गर्जना यह थी : गन्ध और मधु से विमुखता का उपदेश देनेवाला भ्रमर नहीं, कीट-पतंग होगा। दूसरे, मनुष्य-मनुष्य में कोई विभेद नहीं, वह काला हो या गोरा। दोनों ही रूपों में मनुष्य स्वच्छ और पवित्र है। असल चीज कमल है, पंक नहीं, जिसमें पैदा होकर वह उसे भेदता हुआ ऊपर उठता है। मानव-कमल सर्वदा निष्कलंक है, वह किसी सरोवर में क्यों न खिले।

'रश्मिरथी' में दिनकर ने भी सरल ढंग से यही कहा है–'किसी वृंत पर खिले विपिन में, पर नमस्य है फूल,/सुधी खोजते नहीं गुणों का आदि, शक्ति का मूल।'

निराला का स्वर अधिक गम्भीर है, जटिल भी। उनकी उक्ति का सौन्दर्य इस बात में है कि प्रेम को उन्होंने पुष्प की गन्ध और मधु कहा है और मनुष्य को भ्रमर। इस तरह प्रेम ही मानव-जीवन का सार है और उसका आस्वाद ही उसकी सार्थकता। दूरारे, मनुष्य को कमल से और उसके समाज को सरोवर से उपमित करने में भी सौन्दर्य है। मानव-कमल की निष्कलंकता!–यह उक्ति अपने आप में आकर्षक है। 'निकलता कमल जो मानव का/वह निष्कलंक' इसमें तीन बार 'ल' वर्ण की आवृत्ति हुई है, जिससे यह उक्ति बोल उठी है। पंक का भेदन कर कमल के निकलने का दृश्य-वर्णन भी सुन्दर होने के साथ-साथ अर्थव्यंजक है। मनुष्य पंक नहीं, उसे भेदकर ऊपर उठनेवाला कमल है! पूर्वकथित 'गन्ध-मधु' और इस कमल में भी सम्बन्ध जोड़ा जाना चाहिए। भ्रमर भी इन्हीं से सम्बद्ध है। लेकिन इस बन्द में जो बात सबसे गहरी और मार्मिक है, वह यह कि बीसवीं शताब्दी के ज्ञान-महासागर से फूटनेवाली गर्जना को निराला 'साहित्यिक स्वर' कहते हैं। मतलब स्पष्ट है, प्रेम और मानव-समता को सर्वोपरि स्थापित करना यह साहित्य का बुनियादी सरोकार है, न धर्म का, न दर्शन का और न राजनीति का। क्या ताज्जुब, एडवर्ड अष्टम ने यदि इससे अपना भी सरोकार जताया, तो इस युग के एक महान् साहित्यकार ने उल्लसित होकर उनका स्तवन किया।

एडवर्ड अष्टम का त्याग साधारण न था, खासकर तब, जबकि वह एक साधारण महिला के लिए किया गया था। कविता के तीसरे बन्द में, जो कि वर्णन और शब्द-योजना की दृष्टि से बेजोड़ है, निराला ने ब्रिटिश साम्राज्य के वैभव, प्रताप, शक्ति और ऐश्वर्य का वर्णन किया है। पहले वह कवि के अपने शब्दों में द्रष्टव्य है, फिर उसकी चीर-फाड़–

वैभव विशाल,
साम्राज्य सप्त-सागर-तरंग-दल-दत्त-माल,
है सूर्य क्षत्र
मस्तक पर सदा विराजित
ले कर आतपत्र,
विच्छुरित छटा–
जल, स्थल, नभ में
विजयिनी वाहिनी–विपुल घटा,
क्षण-क्षण भर पर
बदलती इन्द्रधनु इस दिशि से
उस दिशि सत्वर;
वह महासद्म
लक्ष्मी का शत-मणि-लाल-जटित
ज्यों रक्त-पद्म,
बैठे उस पर,
नरेन्द्र-वन्दित ज्यों देवेश्वर।

ब्रिटिश साम्राज्य के वैभव की विशालता का यह हाल था कि जैसे सातों समुद्रों ने अपनी तरंगों पर उठाकर एक हार सम्राट् को अर्पित किया था! समुद्रों की संख्या को सात बतलाना एक रूढ़ि है। निराला ने उससे काम लेते हुए ब्रिटिश साम्राज्य की व्यापक समृद्धि की सूचना दी है। जो चित्र है, वह अपनी विराटता में विलक्षण है। 'साम्राज्य सप्त-सागर-तरंग-दल-दत्त-माल' की शब्द-योजना के क्या कहने! पुष्प-माल के वर्णन के लिए कवि ने शब्द-माल पिरो दी है! मजे की बात यह कि लम्बा समास होते हुए भी अर्थ समझने में कोई कठिनाई नहीं। अनुप्रास से उत्पन्न होनेवाली झंकृतियाँ ऊपर से। इस ब्रिटिश साम्राज्य का प्रताप ऐसा था कि सम्राट् की रक्षा में स्वयं सूर्य नियुक्त था, हाथों में आतप से त्राण दिलानेवाला छाता लिए, जो उनके सिर पर सदा शोभायमान रहता था। यहाँ ब्रिटिश साम्राज्य के विस्तार के बारे में कही जानेवाली यह बात याद करनी चाहिए कि उसमें कभी सूर्यास्त न होता था। सूर्य के आतपत्र लिए खड़े रहने का उदात्त चित्र निराला ने कालिदास से लिया है, उनके कुमारसम्भव के तृतीय सर्ग से, जिसके एक श्लोक में उन्होंने कहा है–'उपाददे तस्य सहस्ररश्मिस्त्वष्ट्रा नवं निर्मितमातपत्रम्' अर्थात् हजार किरणोंवाले सूर्य ने विश्वकर्मा द्वारा निर्मित नवीन छत्र लेकर शिव के सिर पर लगा दिया! तत्पश्चात् ब्रिटिश साम्राज्य की सैन्य-शक्ति का वर्णन है, जो दुनिया के सभी हिस्सों में फैली हुई थी। निराला ने ब्रिटेन की विजयिनी वाहिनी यानी सदा विजय ही प्राप्त करनेवाली सेना के तीनों विभागों–जल, स्थल और वायु सेना–का वर्णन विस्तृत घटा के रूप में किया है, जिससे छटा छिटकती रहती थी। छटा छिटकने की बात से युद्धास्त्रों की कौंध सामने आ जाती है, जैसे वह विद्युच्छटा हो। छटा निराला के शब्दों से भी छिटकती है, यथा 'विच्छुरित छटा', 'विजयिनी वाहिनी' आदि। घटा इन्द्रधनुष खिलाती है। ब्रिटिश सेना का इतना ज्यादा फैलाव था कि वह इन्द्रधनुष इस क्षण में इस दिशा में और उस क्षण में उस दिशा में आकाश में खिला हुआ दिखलाई पड़ता था। कवि ने यहाँ एक ऐन्द्रजालिक वातावरण रच दिया है, जो ब्रिटिश साम्राज्य की महिमा सूचित करता है। निश्चय ही ऐसी कल्पनाशीलता अन्यत्र दुर्लभ है। बन्द के अन्त में उसने एडवर्ड अष्टम के ऐश्वर्य का वर्णन किया है। राजप्रासाद क्या था, जैसे सैकड़ों मणियों और लालों-जैसी पंखुड़ियों वाला वह रक्तकमल, जिस पर लक्ष्मी स्थित होती हैं। सम्राट् उस पर देवराज इन्द्र की तरह आसीन थे और उनके अधीनस्थ विभिन्न उपनिवेशों के शासक उनकी स्तुति में रत थे। 'लक्ष्मी का शत-मणि-लाल-जटिल/ज्यों रक्तपद्म' यह चित्र तो भव्य है ही, 'नरेन्द्र-वन्दित, ज्यों देवेश्वर' में 'न', 'र' और 'द'-जैसे अनुनासिक-अननुनासिक घोष वर्णों की आवृत्ति से मन्द्र मृदंग-ध्वनि उत्पन्न की गई है।

निराला में प्रचंड कवि-प्रतिभा थी, जिसे उनकी वैचारिकता नियन्त्रित करती थी। यदि उनकी प्रत्येक कविता की एक दृढ़ वैचारिक संरचना न होती, तो उनकी प्रतिभा का कदम-कदम पर विस्फोट होता और उसमें कविता उड़ जाती। इसका बहुत अच्छा प्रमाण उनकी यह 'एडवर्ड अष्टम के प्रति' कविता है, जिसमें कवि की प्रतिभा और वैचारिकता में होड़ लगी हुई है। एक बन्द में उनकी कल्पना प्रमुख भूमिका निभाती है और दूसरे बन्द में उनकी वैचारिकता, यद्यपि न कल्पना वैचारिकता से शून्य होती है और न वैचारिकता कल्पना से। ब्रिटिश साम्राज्य के वैभव, प्रताप, शक्ति और ऐश्वर्य का कल्पनापूर्ण वर्णन

करने के बाद वे सम्राट् के त्याग का वर्णन करते हैं। अगला बन्द थोड़ा लम्बा है। इसके पूर्वार्द्ध में वे कहते हैं :

पर रह न सके,
हे मुक्त,
बन्ध का सुखद भार भी सह न सके।
उर की पुकार
जो नव संस्कृति की सुनी
विशद, मार्जित, उदार,
था मिला दिया उससे पहले ही
अपना उर,
इसलिए खिंचे फिर नहीं कभी,
पाया निज पुर
जन-जन के जीवन में सहास,
है नहीं जहाँ वैशिष्ट्य-धर्म का
भ्रू-विलास—
भेदों का क्रम,
मानव हो जहाँ पड़ा—
चढ़ जहाँ बड़ा सम्भ्रम।

ब्रिटिश साम्राज्य की महिमा अपरिमेय थी, लेकिन उसका राजसिंहासन भी एडवर्ड अष्टम को बाँध न सका। उन्होंने उससे भी बड़े त्याग का परिचय दिया। कारण यह कि वे प्रेम को स्वीकार कर, जो कि धन, मान, कुल आदि के बन्धनों से परे है, मुक्त हो चुके थे। पद, प्रतिष्ठा और अधिकार का भार सुखद होता है, लेकिन वह भी उन्हें बर्दाश्त न हुआ। ऐसा लगता है कि सम्राट् के सम्बन्ध में जो भी खबरें आ रही थीं, उन्हें निराला गौर से पढ़ और सुन रहे थे। सम्राट् के लिए मिसेज सिंपसन सर्वोपरि थी। उनका मानना यह था कि महारानी बनना उसके लिए मजाक की बात होगी, उस रूप में वे उसे जो भी दे सकते थे, उसे देखते हुए। स्पष्टतः यह अपनी प्रेमिका और अपने प्रेम को साम्राज्य से भी ऊपर रखना था। निराला के उक्त कथन में सम्राट् की मान्यता की प्रतिध्वनि सुनाई पड़ती है। एडवर्ड अष्टम ने सम्राट् रहते हुए भी बीसवीं शताब्दी के प्रेम और मानव-साम्य के सन्देश को सुना था, यह वे कविता के दूसरे बन्द में बतला चुके हैं। इस बन्द में आगे वे उनके प्रेम के बृहत्तर सन्दर्भ का उद्घाटन करते हैं।

बीसवीं शताब्दी ने एक नई मानव-संस्कृति को जन्म दिया था। एडवर्ड अष्टम ने पहले ही उससे आत्मिक सम्बन्ध कायम कर लिया था। इसी का यह परिणाम था कि वे उससे फिर विमुख न हुए। निराला ने 'नव संस्कृति की उर की पुकार' का जिक्र किया है, जिसकी विशेषता है स्वच्छता, परिष्कृति और उदारता। एडवर्ड अष्टम ने उस स्वर को हृदय से स्वीकार कर लिया था, इसलिए उससे फिर खिंचे यानी हटे नहीं। तात्पर्य यह कि उनकी प्रतिश्रुति महान् थी। बड़ी बात निराला उसके बाद कहते हैं। एडवर्ड अष्टम के प्रेम की विशेषता थी समानता की स्वीकृति। मिसेज सिंपसन एक साधारण घराने की साधारण

महिला थी, फिर भी उन्होंने उसे अपने प्रेम के लिए अयोग्य नहीं माना और अन्ततः अपना स्थान साधारण जनों के जीवन में ही प्राप्त किया, बिना मुख मलिन किए, बल्कि सहर्ष। यही समानता पर आधारित प्रेम बीसवीं शताब्दी का सबसे बड़ा मूल्य है। जनसाधारण का जीवन समानता पर आधारित है, जहाँ वैशिष्ट्यगत रौब या धौंस नहीं, न किसी प्रकार का भेद-क्रम है, यानी 'हायरार्की'। 'हायरार्की' वाली दुनिया में मनुष्य नीचे पड़ा हुआ है और जो मनुष्य नहीं, वह ऊपर है। सीढ़ियों से वहाँ पहुँचकर सत्य का दर्शन नहीं होता, व्यक्ति जोरों से भ्रम का शिकार हो जाता है।

बन्द के उत्तरार्द्ध में निराला का कथन है :

सिंहासन तज उतरे भू पर,
सम्राट्! दिखाया
सत्य कौन-सा वह सुन्दर?
जो प्रिया, प्रिया वह
रही सदा ही अनामिका,
तुम नहीं मिले,–
तुमसे हैं मिले हुए नव
योरप-अमेरिका।

इसमें 'भू पर' ध्यातव्य है, क्योंकि यह 'जन-जन के जीवन' के मेल में है। सम्राट् ने किस सुन्दर सत्य के दर्शन के बाद राजसिंहासन को ठुकराया था, वह बतलाने की जरूरत न होनी चाहिए। मिसेज सिंपसन का अपना नाम वॉलिस वारफील्ड था, लेकिन वह प्रचारित नहीं था। इतिहास और दूसरे ग्रन्थों में भी वह 'मिसेज सिंपसन' के नाम से ही जानी जाती है। ऐसी स्थिति में यदि निराला कहते हैं कि सम्राट् की प्रिया अनाम ही रही, तो स्वाभाविक है, लेकिन वे उसके इस अनाम रहने की बात को यहाँ एक दार्शनिक ऊँचाई दे देते हैं। इसकी सूचना 'प्रिया' शब्द पर उनके बल देने से, जिसका पता उसकी आवृत्ति से चलता है, मिलती है। वे मिसेज सिंपसन के अनाम रहने की व्याख्या इस रूप में करते हैं कि प्रेमिका तो एक भावना है, नाम-रूप से परे। वह देश-विशेष से भी बँधी नहीं, सार्वभौम है। जैसे उन्होंने एडवर्ड अष्टम के प्रेम को मानव-प्रेम में विसर्जित कर दिया है, वैसे ही यहाँ उनकी प्रेमिका को भी एक भावना में।

अन्तिम पंक्तियाँ भी अत्यधिक अर्थपूर्ण हैं। निराला ने इनमें नए यूरोप और नए अमरीका की बात की है। स्वाधीनता-संग्राम के दिनों में पश्चिमी दुनिया को लेकर भारत में तुमुल विवाद छिड़ा था। जो रूढ़िवादी, संकीर्णतावादी और अन्धराष्ट्रवादी थे, वे सम्पूर्ण पश्चिम का विरोध करते थे, लेकिन जो सांस्कृतिक प्रश्नों पर विश्वदृष्टि रखते थे, उनका कहना था कि पश्चिम एक ही नहीं, दो है। एक पश्चिम वह है, जो उपनिवेशवादी और साम्राज्यवादी है और दूसरा वह, जो वैज्ञानिक और जनतान्त्रिक मूल्यों में आस्था रखनेवाला है। इस कारण हमें जहाँ पहले पश्चिम का विरोध करना चाहिए, वहाँ दूसरे पश्चिम का समर्थन और अभिनन्दन। यही मान्यता पं. जवाहरलाल नेहरू और रवीन्द्रनाथ की थी। पं. नेहरू ने कहा कि इंग्लिस्तान दो है, इसी तरह रवीन्द्रनाथ ने कि यूरोप दो है। स्थिति की विडम्बना यह थी कि इस चिन्तन के लोग जहाँ नई पश्चिमी दुनिया से आत्मीयता रखते थे,

वहाँ भारतीय सामन्तवादी और पुराणपन्थी तत्त्व रंगभेदवादी और उपनिवेशवादी पुरानी पश्चिमी दुनिया से। पं. नेहरू ने इन दोनों के गठबन्धन पर तीखे आक्रमण किए। एक प्रसिद्ध समाजशास्त्री ने लिखा है, "उपनिवेशवादी इंग्लिस्तान और परतन्त्र भारत के बीच सम्पूर्ण विरोध की पृष्ठभूमि में भी भारतीय संस्कृति और राजनीति के नेताओं ने अपनी दृष्टि को धुँधला नहीं पड़ने दिया और ब्रिटिश उपनिवेशवाद के विरोध को रागरत इंग्लिस्तान के विरोध या पश्चिमी संस्कृति के विरोध में नहीं बदलने दिया। उन्होंने पुनरुत्थानवादी (revivalist) और रूढ़िवादी दृष्टिकोण से भारत में हुए पश्चिम के विरोध का प्रतिवाद किया। भारतीय राजनीति और संस्कृति में जवाहरलाल नेहरू और रवि ठाकुर का यही महत् योगदान है...।" निराला पर रवीन्द्रनाथ का तो प्रभाव था ही, पं. नेहरू का भी था, जिसका प्रमाण 'सुधा' में उन पर लिखी गई उनकी सम्पादकीय टिप्पणियाँ हैं। उन्होंने एडवर्ड अष्टम से निवेदन किया कि जो नया यूरोप और नया अमरीका अस्तित्व में आया है, वे उनके प्रतिनिधि नहीं, नेता हैं, क्योंकि वे उनके निकट नहीं गए हैं, वही उनका अनुसरण करेंगे।

कविता के अन्तिम छोटे-से बन्द में कविता फिर एक उड़ान लेकर ऊपर उठ जाती है :

सौरभ प्रमुक्त!
प्रेयसी के हृदय से हो तुम
प्रतिदेश युक्त,
प्रतिजन, प्रतिमन,
आलिंगित तुमसे हुई
सभ्यता यह नूतन!

सम्राट् क्या हैं, जैसे हवा में बहती मुक्त गन्ध! निराला ने 'गन्ध' और 'मुक्त' दोनों को उदात्तता प्रदान करने के लिए उनकी जगह क्रमशः 'सौरभ' और 'प्रमुक्त' शब्दों का प्रयोग किया है। 'प्रमुक्त' का अर्थ 'प्रकृष्ट रूप से मुक्त' भी है। यहाँ आते-आते सम्राट् भी एक भावना या अनुभूति रह गए हैं, जैसे ऊपर मिसेज सिंपसन। इससे आगे निराला कहते हैं कि अपनी प्रेयसी के हृदय से संयुक्त होकर वे प्रत्येक देश से जुड़ गए हैं। इस तरह प्रेम ने उन्हें सीमाहीन, सार्वभौम, बनाया है। उन्होंने अपनी प्रेयसी का आलिंगन क्या किया है, प्रत्येक व्यक्ति, प्रत्येक मन, किंबहुना, इस नई सभ्यता का आलिंगन किया है! इस तरह वे सार्वभौम ही नहीं, सार्वजनीन भी हो गए हैं। यह परिणति है निराला के प्रेम की, उनकी प्रेम-कविता की।

3

'सम्राट एडवर्ड अष्टम के प्रति'-जैसी कविताएँ इस बात का सबूत हैं कि छायावाद में नई मानवीय और सामाजिक नैतिकता का स्वर बहुत प्रबल था। वह नैतिकता मानव-प्रेम और मानव-समता पर आधारित थी, मध्ययुगीन धार्मिक भावना पर नहीं, इसलिए नई थी। निराला में वह स्वर निरन्तर ऊपर उठता गया है, छायावाद के कोमल संगीत को भेदकर, इसलिए अलग से पहचाना जाता और ध्यान आकृष्ट करता है। इस कविता की श्रेष्ठता दो

बातों में है। एक तो उन्होंने एडवर्ड अष्टम के मनोलोक में प्रवेश कर उनकी प्रेम-भावना की गहराई का वर्णन किया है, जिससे उनके द्वारा प्रेमिका के लिए साम्राज्य के राजसिंहासन को ठुकरा देने-जैसा समग्र मानव-इतिहास में अद्वितीय निर्णय सम्भव हुआ। निश्चय ही यह प्रेम-भावना सिर्फ भावना न थी, उसके साथ नए युग के गहन मूल्य-बोध का परिवेश भी था। दूसरे, संबोध-गीति अथवा ओड के अनुरूप ही इसमें उन्होंने उदात्त भाषा और बिम्बों का प्रयोग किया है। कुमारसम्भव पढ़ते समय यह एहसास होता है कि शिव और पार्वती के उदात्त पौराणिक आख्यान के अभाव में किसी ऐतिहासिक या यथार्थवादी कथा के माध्यम से कालिदास का उदात्त कवित्व प्रकट न हो सकता था। इस कविता में भी जैसे निराला की उदात्त अनुभूति को उपयुक्त आलम्बन मिला है। कविताएँ तो उन्होंने अनेक लिखी हैं, उल्लास और आनन्द की भी, लेकिन उस आनन्द और उल्लास का यह स्तर उनकी किसी कविता में नहीं।

यह जानी हुई बात है कि निराला की कविता में छन्द का विशेष महत्त्व है, वह मुक्तछन्द हो, या विषममात्रिक, या मात्रिक। छन्द का प्रवाह, वह मन्थर हो या तीव्र, कविता को बहाता चलता है, उसे कल्लोलित करता हुआ, उसमें चकोह बनाता हुआ। 'राम की शक्ति-पूजा', 'एडवर्ड अष्टम के प्रति' और 'वन-बेला' इन तीनों कविताओं का छन्द मूलतः एक है, चौबीस मात्राओं से निर्मित। प्रमाण के लिए क्रमशः तीनों कविताओं के एक-एक चरण को देखा जा सकता है–'है अमानिशा; उगलता गगन घन अन्धकार', 'साम्राज्य-सप्त-सागर-तरंग-दल-दत्त-माल' और 'कर भस्मीभूत समस्त विश्व को एक शेष'। लेकिन तीनों ही कविताओं में निराला ने इस छन्द का तीन तरह से इस्तेमाल किया है। पहली कविता में छन्द बिलकुल नियमित है, यानी उसके सारे चरण सम हैं, जबकि दूसरी कविता में उन्होंने आठ मात्राओं से निर्मित चरण को आधार-चरण बनाया है और कभी एक चरण को लेकर तथा कभी दो और कभी तीन चरणों को जोड़कर कविता लिखी है, यथा 'विंशति शताब्दि/धन के, मान के बाँध को जर्जर कर महाब्धि/ज्ञान का, बहा जो भर गर्जन' में पहला चरण आठ मात्राओं का, दूसरा चौबीस मात्राओं का और तीसरा सोलह मात्राओं का है। चरण जितनी मात्राओं का हो, उसका आधार आठ मात्राओं से बने चरण की इकाई है। तीसरी कविता के साथ भी यही बात है, यथा 'अप्सरा सुघर/सिक्त-तन-केश, शत लहरों पर/काँपती विश्व के चकित दृश्य के दर्शन-भर' में तीनों चरण क्रमशः आठ, सोलह और चौबीस मात्राओं के हैं। लेकिन इस कविता में चौबीस मात्राओं से निर्मित चरणों का कई बार इतनी देर तक प्रयोग हुआ है कि वहाँ वह 'राम की शक्ति-पूजा' की तरह सममात्रिक हो गई है। वहाँ ऐसा नहीं है कि आधारभूत इकाई आठ मात्राओं से निर्मित चरण है। तात्पर्य यह कि निराला में छन्द-वैविध्य तो है ही, एक ही छन्द का विभिन्न प्रकार से इस्तेमाल कर उससे अलग-अलग कविता के अनुरूप गति, विराम और संगीत उत्पन्न करने की उनमें अद्भुत क्षमता थी। 'एडवर्ड अष्टम के प्रति' कविता का छन्द मूलतः एक होते हुए भी 'शक्ति-पूजा' की तरह सम गति से नहीं प्रवाहित होता, उस धारा की तरह चलता है, जो चट्टानों से टकराती, कल-रोर करती और आवर्तित होती हुई आगे बढ़ती है।

वन-बेला

'वन-बेला' निराला की एक विलक्षण कविता है। पिछली कविता की तरह ही यह उनकी 'राम की शक्ति-पूजा' के बाद की रचना है। यह 11 जुलाई, 1937 को रची गई और 'सुधा' के अगले यानी अगस्त, 1937 के अंक में प्रकाशित हुई। इसकी विलक्षणता इस बात में है कि इसमें उन्होंने प्रकृति और मनुष्य को आमने-सामने रखकर मिथक और यथार्थ के अन्तर्विरोध को बहुत तीखे रूप में उजागर किया है। यह अन्तर्विरोध उनमें निरन्तर गहरा होता गया है, जिसकी परिणति उनके यथार्थवाद की दिशा में मुड़ने के रूप में हुई है। यह आकस्मिक नहीं है कि 'वन-बेला' के बाद ही वे 'कुकुरमुत्ता' की कविताओं की रचना करते हैं। यहाँ मैं 'कुकुरमुत्ता' के पहले संस्करण का जिक्र कर रहा हूँ, जिसका प्रकाशन-काल 1943 है और जिसमें 'कुकुरमुत्ता' के अलावा और सात कविताएँ संगृहीत थीं। कहने की आवश्यकता न होनी चाहिए कि हिन्दी में यथार्थवादी कविता का पहला महत्त्वपूर्ण दस्तावेज 'कुकुरमुत्ता' ही है, जिसमें संगृहीत कविताओं का रचना-काल 1939 से 1942 तक है।

'वन-बेला' की रचना के करीब दो वर्ष पहले निराला ने एक कविता लिखी थी—'दान'। उसमें भी उन्होंने प्रकृति और मनुष्य को आमने-सामने रखा है और दोनों का वैषम्य दिखलाया है। प्रकृति वासन्ती है, जिसका वर्णन उस कविता में इतने भव्य रूप में है कि वह देखते ही बनता है, यथा :

व्यंजित सुख का जो मधु-गुंजन
वह पुंजीकृत वन-वन उपवन;
हेम-हार पहने अमलतास,
हँसता रक्ताम्बर वर पलास;
कुन्द के शेष पूजार्घ्यदान,
मल्लिका प्रथम-जीवन-शयान;
खुलते-स्तबकों की लज्जाकुल
नतवदना मधुमाधवी अतुल...

इसके बरअक्स जो मनुष्य है, वह इस रूप में है :

एक ओर पथ के, कृष्णकाय
कंकालशेष नर मृत्यु-प्राय
बैठा सशरीर दैन्य दुर्बल,
भिक्षा को उठी दृष्टि निश्चल;
अति क्षीण कंठ, है तीव्र श्वास,
जीता ज्यों जीवन से उदास।

दोनों उद्धरणों की भाषा से भी परस्परविरोधी दो दुनियाओं का चित्र सामने आता है। 'वन-बेला' में निराला ने इसी कला का उपयोग किया है, यद्यपि जटिल रूप में। इस कविता में भी पहले प्रकृति है, फिर मनुष्य, लेकिन इसमें उसके बाद फिर प्रकृति आती है। दूसरे, शुरू में जो प्रकृति है, उसमें वसन्त ग्रीष्म में भी संक्रमित होता है, तो वह ताप, प्रस्वेद, कम्प और निश्वासवाली रति-क्रीड़ा की तरह है, जबकि मनुष्य का जिस प्रकृति से साबका पड़ता है, वह सान्ध्यकालीन होते हुए भी प्रलयसदृश है। 'दान' कविता में मानवीय परिवेश धार्मिक है, जबकि इस कविता में राजनीतिक और उसकी तुलना में विस्तृत तथा जटिल। इसके साथ यह बात भी है कि बेला जब बोलती है, तो वह मनुष्य-लोक पर भी टिप्पणी करती है। निराला ने प्रकृति और मनुष्य के विरोध को सामंजस्य में भी बदलने का प्रयास किया है, विवेकानन्द की सहायता से, लेकिन उससे मानवीय परिवेश बदलता नहीं है और वह यथावत् बना रहता है। इस दृष्टि से 'वन-बेला' उनकी एक अतिशय उल्लेखनीय कविता है। इसके विभिन्न स्तरों में जैसा वैषम्य है, वैसा इस दौर की उनकी किसी कविता में नहीं। इससे यह कविता काफी आकर्षक भी हो गई है।

2

यह सात छोटे-बड़े खंडों में रची गई कविता है।

'दान' की तुलना में और अधिक रचाव के साथ इसके पहले खंड में प्रकृति का वर्णन है, जिसमें प्रचुर उदात्तता है। वर्ष की शुरुआत है, चैत्र शुक्ल पक्ष से शुरू होनेवाले विक्रमी सम्वत् की। स्वभावतः यह वसन्तऋतु है। पहाड़ पृथ्वी के सुन्दर उरोजों के समान हैं और उन पर स्थित वृक्षों के किसलयों से आच्छादित हैं। ये किसलय उरोजों के लिए कंचुकी का काम कर रहे हैं। कालिदास के रघुवंश में भी पहाड़ों का वर्णन उरोजों के रूप में मिलता है। उसके चौथे सर्ग में एक स्थान पर वे कहते हैं–'स्तनाविव दिशस्तस्याः शैलौ मलयदुर्दुरौ' अर्थात् मलय और दुर्दुर नामक पहाड़ दक्षिण दिशा के स्तनों के समान थे। वहाँ वे स्तन पहाड़ों के चन्दनवृक्षों से ढँके होने के कारण चन्दनलिप्त हैं और यहाँ 'किसलयों से बँधे हुए'। इसकी पूरी सम्भावना है कि अपने वर्णन के लिए निराला ने प्रेरणा कालिदास से पाई हो। वसन्तऋतु में पृथ्वी पर कोयल कूक रही है और भौंरे गुंजार कर रहे हैं। यह स्वर वस्तुतः पृथ्वी के मुखर प्राणों से निकला उसका प्रणय-गान है, जो सूर्य के प्रति निवेदित है। सूर्य उससे आनन्दित ही नहीं होता, सहसा उद्दीप्त हो उठता है और सौ-सौ किरणों द्वारा पृथ्वी को आतुरता से चूमने लगता है।

'शत शत' को छोड़ दें, तो किरणों के लिए निराला ने चार विशेषणों का प्रयोग किया है–'ऊर्जित', 'भास्वर', 'पुलकित' और 'व्याकुल'। इनमें सर्वाधिक ध्यातव्य 'पुलकित' है, जो सूर्य की कठोरता में कोमलता का पता देता है। इसी तरह पहले उन्होंने सूर्य का जिक्र न कर उसके यौवन–'तपन-यौवन'–का जिक्र किया है, जिसके साथ 'रहसना' क्रिया-पद का प्रयोग बहुत ही सशक्त है, यद्यपि यह लोकभाषा का प्रयोग है। ऊपर 'रच रहे सधे/प्रणय के गान' भी आया है, जिसका मतलब यह है कि पृथ्वी से जो गान उठ रहा है, वह स्वतःस्फूर्त नहीं, बल्कि सचेत रूप से और राग-ताल में बाँधकर गाया जा रहा है, जिससे

प्रेम-भावना की स्थिरता और गहराई का परिचय मिलता है। 'पिक-भ्रमर-गुंज' में भ्रमर के साथ पिक की गूँज की संगति यह है कि कोयल की काकली में गूँज भी होती है। 'गीतिका' के प्रसिद्ध गीत 'रँग गई पग-पग धन्य धरा' में भी निराला ने कहा है—'गूँज उठा पिक-पावन-पंचम।' पृथ्वी के लिए उन्होंने आगे उसके 'रसा' पर्याय का प्रयोग किया है, जो प्रसंग को देखते हुए अत्यन्त सार्थक है। 'चुम्बित' का, जो सूर्य का विशेषण है, अर्थ है 'आकर्षित', जैसे 'परिमल' में संकलित उनकी कविता 'विस्मृत भोर' में 'विचुम्बित' का—'अलक-विचुम्बित सुखकर वात'। पृथ्वी से आकर्षित होकर सूर्य उसे एक साथ क्षोभ, लोभ, ममता और उत्कंठा से चूम रहा है, उसी की तरह अपनी आँखों में तीव्र अनुराग लिए। 'क्षोभ' में यहाँ आन्दोलित होने का भाव है, जैसा तुलसीदास के राम के इस कथन में—'जासु बिलोकि अलौकिक सोभा। सहज पुनीत मोर मनु छोभा।' ऊपर के 'पुलकित' की तरह 'ममता' शब्द भी यहाँ सूर्य के मन की कोमलता की सूचना देता है।

सूर्य जैसे पृथ्वी पर अपना सर्वस्व न्योछावर कर देता है और यदि उसका सर्वस्व उसकी प्रिया उससे कठोर मान किए हुए थी, तो अपने को उस पर लुटाकर वह उसके उस मान को तोड़ भी देता है। यहाँ आकर कविता के पहले खंड का पहला वाक्य पूरा होता है, जो इस प्रकार है :

वर्ष का प्रथम
पृथ्वी के उठे उरोज मंजु पर्वत निरुपम
किसलयों बँधे,
पिक-भ्रमर-गुंज भर मुखर प्राण रच रहे सधे
प्रणय के गान,
सुनकर रहसा,
प्रखर से प्रखरतर हुआ तपन-यौवन सहसा;
ऊर्जित, भास्वर
पुलकित शत शत व्याकुल कर भर
चूमता रसा को बार-बार चुम्बित दिनकर
क्षोभ से, लोभ से, ममता से,
उत्कंठा से, प्रणय के नयन की समता से,
सर्वस्व दान
देकर, लेकर सर्वस्व प्रिया का सुकृत मान।

भौगोलिक दृष्टि से भी यह सही है कि ग्रीष्मऋतु में पृथ्वी पर सूर्य की किरणें सीधे गिरती हैं और पृथ्वी सूर्य के कुछ निकट भी आ जाती है।

चुम्बन के बाद निराला आलिंगन का वर्णन करते हैं, फिर संकेत से सम्भोग का। सूर्य ने जब पृथ्वी को आलिंगनबद्ध किया, तो उसके दबाव से ताप बढ़ने लगा, वह उग्र से उग्रतर होता गया। स्वाभाविक रूप से पृथ्वी में प्रस्वेद और कम्प-जैसे सात्त्विक भावों की स्थिति आई। आलिंगन जैसे-जैसे प्रगाढ़ होता गया, उसका सुख उच्छलित होता गया। अब पृथ्वी जोरों से साँस छोड़ने लगी। यह ग्रीष्मऋतु में लू का चलना है। उसके प्रभाव से जड़ और चेतन दोनों ही अचेत हो गए। इस वर्णन में संस्कृत 'झम्प' शब्द का प्रयोग बहुत

जोरदार है। दिनकरजी ने भी 'उर्वशी' में एक जगह इसका प्रयोग किया है–'झम्प मार तन की प्रतप्त, उफनाती हुई लहर में'। यह वर्णन पहले खंड के दूसरे अंश में है :

दाब में ग्रीष्म,
भीष्म से भीष्म बढ़ रहा ताप,
प्रस्वेद, कम्प,
ज्यों-ज्यों युग उर में और चाप–
और सुख-झम्प :
निश्वास सघन
पृथ्वी की–बहती लू : निर्जीवन
जड़ चेतन।

पृथ्वी और सूर्य की पति-पत्नी के रूप में कल्पना पुरानी है, यथा 'द्यौरहं पृथिवी त्वं तावेव विवहावहै'। निराला ने इसी का अपने ढंग से इस्तेमाल किया है और दोनों की रति-क्रीड़ा का बहुत ही भव्य चित्र उपस्थित करने के बाद वे कविता के दूसरे खंड में भी प्रकृति का ही वर्णन करते हैं, लेकिन यह वह प्रकृति है, जो मनुष्य से सम्बन्धित है :

यह सान्ध्य समय,
प्रलय का दृश्य भरता अम्बर,
पीताभ, अग्निमय, ज्यों दुर्जय,
निर्धूम, निरभ्र दिगन्त प्रसर,
कर भस्मीभूत समस्त विश्व को एक शेष,
उड़ रही धूल, नीचे अदृश्य हो रहा देश।

यह ग्रीष्म की वह दाहक सन्ध्या है, जिसमें निराला शान्ति की खोज में टहलते हुए नदी-तट पर पहुँचे थे। कविता लखनऊ में लिखी गई, इसलिए सम्भव है, वह नदी गोमती हो, जिसका बहुत ही मोहक वर्णन उन्होंने उक्त 'दान' शीर्षक कविता में किया है–'गोमती क्षीण-कटि नटी नवल,/नृत्यपर मधुर,-आवेश-चपल।' 'वन-बेला' में नदी का वर्णन नहीं है, बस एक स्थल पर उन्होंने हवा चलने पर कहा है कि 'लहरों में कम्प और लेकर उत्सुक सरिता/तैरी'। सन्ध्या-काल में आकाश प्रलय का दृश्य उपस्थित कर रहा है। वह पीताभा से युक्त है और अग्नि में दग्ध होता हुआ। अभी उसे वश में करना कठिन है। दूर-दूर तक फैला हुआ क्षितिज न केवल निरभ्र है, बल्कि निर्धूम भी, यानी आकाश ऐसी अग्नि में दहक रहा है कि कहीं उसका धुआँ भी नहीं दिखलाई पड़ता। उसने समस्त विश्व को भस्म करके उसे बस धूल के रूप में बाकी रहने दिया है। वह धूल उड़ रही है और उसके नीचे सब कुछ यानी सारे स्थान छिप गए हैं। इसमें 'दृश्य भरना' में जो 'भरना' है, वह निराला का खास प्रयोग है। 'गीतिका' के एक गीत 'अमरण *भर* वरण-गान' में तो यह है ही, प्रस्तुत कविता के शुरू में भी है–'पिक-भ्रमर-गुंज *भर*'। अर्थ के थोड़े-थोड़े अन्तर के साथ वे इस क्रिया-पद का प्रयोग करते हैं, अपनी सुविधा से। इस खंड का प्रकृति-वर्णन पहले खंड के प्रकृति-वर्णन के सीधे विरोध में है, वहाँ दाह भी आनन्ददायक है, जबकि यहाँ जलाकर राख कर देनेवाला। तीसरे खंड से कविता आत्मकथात्मक स्वरूप अख्तियार करती है। इसमें निराला के नदी-तट पर जाकर बैठने का वर्णन तो है ही, बहुत ही सरल और प्रवाहपूर्ण भाषा में उनका विस्तृत

आत्मचिन्तन भी है, जिससे इस कविता में प्रकृति से विरोध रखनेवाली मनुष्य की एक दुनिया खड़ी होती है। यह दुनिया स्वतन्त्रता-प्राप्ति के पहले का भारत है, जिसके मुख्य पात्र हैं समाजवाद का ढोंग करनेवाले कांग्रेसी नेता और उनका पुत्र। निराला कहते हैं कि वे धीरे-धीरे चलकर, विचारलीन, नदी-तट पहुँचे और वहाँ कराह के साथ अपने इच्छित स्थान पर एकान्त देखकर बैठ गए। वे चूँकि सोचते हुए चल रहे थे, इसलिए अगल-बगल के दृश्यों से उन्होंने अपनी दृष्टि हटा ली थी। बहुत ही परेशान थे, पसीने से तर-बतर और सभी चीजों से उदासीन। उनके मन में निराशा के गहन भाव पैदा हो रहे थे, जिससे वे अनुभव कर रहे थे कि उनका जीवन व्यर्थ गया, क्योंकि वे जीवन-संग्राम में पराजित हुए। इस पराजय की वजह यह थी कि उन्होंने अपने भविष्य-निर्माण को ध्यान में रखकर कभी काम नहीं किया। उनके शब्दों में :

मैं मन्द-गमन,
घर्माक्त, विरक्त, पार्श्व-दर्शन से खींच नयन,
चल रहा नदी-तट को करता मन में विचार–
'हो गया व्यर्थ जीवन,
मैं रण में गया हार!
सोचा न कभी–
अपने भविष्य की रचना पर चल रहे सभी।'

दूसरे चरण की शब्द-योजना–'घर्माक्त', 'विरक्त' और 'पार्श्व-दर्शन'–से भी व्यंजित है कि कवि सहज मनोदशा में नहीं। वह बहुत कुछ वैसी ही निराशा से ग्रस्त है, जैसी 'राम की शक्ति-पूजा' में राम में वहाँ दिखलाई पड़ती है, जहाँ वे कहते हैं–'धिक् जीवन को जो पाता ही आया विरोध,/धिक् साधन जिसके लिए सदा ही किया शोध!' लेकिन यह व्यर्थता-बोध परिवेशगत है, अस्तित्ववादियों की तरह सर्वथा आत्मगत नहीं। प्रो. नलिनविलोचन शर्मा ने अपने एक लेख में इसे निराला का 'आत्मदया से ग्रस्त' होना बतलाया है, लेकिन यह आत्मदया नहीं है। वह वस्तुतः व्यर्थता-बोध भी नहीं है, क्योंकि व्यर्थता-बोध और आत्मदया से ग्रस्त व्यक्ति अपने परिवेश को वैसी आलोचनात्मक दृष्टि से नहीं देख सकता, जैसी दृष्टि से निराला ने देखा है। यह तो प्रकारान्तर से परिवेश को अपने सामने खड़ा कर अपने को उसके विरोध में रखना है, उसके ढोंग और उसकी टुच्चताओं से ऊपर। जैसे इस कविता में आगे चलकर निराला की निराशा छँट जाती है, 'शक्ति-पूजा' में भी 'वह एक और मन रहा राम का जो न थका' और 'जो नहीं जानता दैन्य, नहीं जानता विनय'। विद्वानों ने ठीक ही लक्ष्य किया है कि 'शक्ति-पूजा' के राम पर उसके रचयिता की भी छाया है।

निराला सोचते हुए ही नदी-तट पर पहुँचे थे, वहाँ बैठकर भी सोचते ही रहे। उनका यह सोचना देर तक चलता है। यहाँ कविता बिलकुल यथार्थवादी धरातल पर आ जाती है। स्वाभाविक रूप से निराला से उदात्त शब्दावली छूट जाती है और उसकी जगह सरल तथा चुभती हुई शब्दावली ले लेती है। भाषा में गद्यात्मकता निखर आती है। भाव भी उदात नहीं रह जाते। उदात्त भावों की जगह व्यंग्य-भाव ले लेता है। यह छायावादोत्तर कविता की भूमि पर निराला का पदक्षेप है। वे सोचते हैं कि वे भी किसी राजनेता के पुत्र होते, तो सारे विद्वान् उनकी सेवा में रहते। वे बहुत बदनाम भी होते, तो उससे कोई फर्क नहीं पड़ता।

वे सभी उनकी कृपा के लिए सिर झुकाए और हाथ फैलाए रहते। यहाँ उन्होंने मौकापरस्त और खुशामदी पत्रकारों को याद किया है और कहा है, 'मैं देता कुछ, रख अधिक, किन्तु जितने पेपर,/सम्मिलित कंठ से गाते मेरी कीर्ति अमर'। मुक्तिबोध भी 'अँधेरे में' कविता में पत्रकारों को नहीं भूलते और क्रान्ति की घड़ी में उनकी जन-विरोधी भूमिका को उजागर करते हुए कहते हैं–'गढ़े जाते संवाद,/गढ़ी जाती समीक्षा,/गढ़ी जाती टिप्पणी जन-मन-उर-शूल।' निराला में 'पेपर' शब्द का प्रयोग भी ध्यातव्य है, जो छायावादी शब्दकोश से बिलकुल बाहर का है। वे आगे सोचते हैं कि राजनेता का पुत्र न सही, किसी लखपति का भी बेटा होते, तो इंग्लैंड में शिक्षार्जन करते। इधर अपने देश में उनके पिता सम्पत्ति पर एकाधिकार जमाए हुए भी देश की राजनीति का सूत्र अपने हाथ में रखते। इसमें उनकी सहायता उनका उग्रतर साम्यवादी होना करता। उनकी क्रान्तिकारिता से प्रभावित होकर लोग उन्हें ही भारतीय राष्ट्रीय कांग्रेस का अध्यक्ष बनाते, जिसे पराधीन भारत में 'राष्ट्रपति' कहा जाता था। कांग्रेस अध्यक्ष होने का मतलब था समाज ही नहीं, साहित्य का भी उसकी प्रशास्ति में लग जाना। निराला के कँटीले शब्द द्रष्टव्य हैं :

पैसे में दस राष्ट्रीय गीत रचकर उन पर
कुछ लोग बेचते गा गा गर्दभ-मर्दन स्वर,
हिन्दी-सम्मेलन भी न कभी पीछे को पग
रखता कि अटल साहित्य कहीं यह हो डगमग...

इन पंक्तियों में वे लगे हाथ राष्ट्रीयतावादी कवियों और हिन्दी साहित्य सम्मेलन दोनों की खबर लेते हैं। इन दोनों ने ही अपनी गतिविधियों से उन्हें निराश किया था।

इसके बाद का जो वर्णन है, वह पाठ की दृष्टि से कठिन न होते हुए भी ध्यातव्य है। पहले उद्धरण :

मैं पाता खबर तार से त्वरित समुद्र-पार,
लार्ड के लाड़लों को देता दावत–विहार;
इस तरह खर्च केवल सहस्र षट मास मास
पूरा कर आता लौट योग्य निज पिता पास
वायुयान से, भारत पर रखता चरण-कमल,
पत्रों के प्रतिनिधि-दल में मच जाती हलचल,
दौड़ते सभी, कैमरा हाथ, कहते सत्वर
निज अभिप्राय, मैं सभ्य मान जाता झुककर,
होता फिर खड़ा इधर को मुख कर कभी उधर,
बीसियों भाव की दृष्टि सतत नीचे ऊपर...

अध्ययनरत निराला को इंग्लैंड में तार से यह सूचना मिलती कि उनके पिता कांग्रेस अध्यक्ष चुने गए हैं। इसका उत्सव वे लार्ड घराने के अपने मित्रों को भोजन और भ्रमण का निमन्त्रण देकर मनाते। जिन अंग्रेजों के विरुद्ध कांग्रेस नामक संस्था का सारा संघर्ष था, उन्हीं के साथ उसके अध्यक्ष के चुनाव पर उत्सव का आयोजन! इस वर्ग-मैत्री पर निराला ने अपनी बाद की एक कविता में तीखा प्रकाश डाला है। 'तार' और 'त्वरित' तथा 'लार्ड' और 'लाड़ला' इन शब्दों में जो अनुप्रास है, वह जैसे उन्हीं की छायावादी अनुप्रास-योजना

का उपहास कर रहा है। देखने की बात यह है कि वे अपने ही औजारों से अब उलटकर काम लेने लगे हैं। 'दावत–विहार' में बेमेल शब्दों का मेल भी उनकी उदार भाषा-नीति से अधिक कांग्रेसी राजनीति की विडम्बना को उजागर कर रहा है। प्रतिमाह छः हजार रुपए खर्च कर अवधि बीतने पर योग्य पुत्र के रूप में वे अपने योग्य पिता के पास वायुयान से वापस आते। अपने चरण भारत-भूमि पर नहीं, भारत पर रखते। वे चरण भारत पर ही पड़ सकते थे। क्योंकि वे 'चरण-कमल' हैं! इस समादृत शब्द का हलके से निराला ने पानी उतार लिया है। आगे वे पुनः पत्रकारों को याद करते हैं, साथ ही राजनेता के पुत्र के रूप में उनके बीच कुशल अभिनेता वाली अपनी जो छवि अंकित करते हैं, वह फिर-फिर देखने योग्य है। जैसे ऊपर 'पेपर' शब्द है, वैसे ही यहाँ 'कैमरा'।

उसके बाद उन्होंने लिखा है कि वे देश को जो मार्मिक सन्देश देते, उसमें राष्ट्रीयता होती, प्रान्तीयता नहीं। प्रान्तीयता की गन्ध सिर्फ उसकी भाषा में होती। यहाँ 'मर्मान्तिक' शब्द तो सव्यंग्य है ही, भाषावाली बात भी माने रखती है। राष्ट्रीयता के अलावा उसमें रूस के भाव विस्तार में रखे जाते, जो साधारण बुद्धिवालों के लिए एक चुनौती होते। विद्वान् लोग भी उनका बार-बार मनन करने पर ही उन्हें समझ पाते। 'फिर पिता संग/जनता की सेवा का व्रत मैं लेता अभंग,/करता प्रचार/मंच पर खड़ा हो, साम्यवाद इतना उदार!' इन पंक्तियों में भी 'सेवा', 'व्रत' और 'अभंग' ये तीनों ही पवित्र शब्द व्यंग्य-बाण चला रहे हैं।

सभी विद्वानों ने यह लक्ष्य किया है कि कविता के इस खंड में निराला ने जिस नेता का व्यंग्य-चित्र प्रस्तुत किया है, वह और कोई नहीं, स्वयं पं. जवाहरलाल नेहरू हैं। निराला पं. नेहरू के प्रशंसक भी थे और उनकी कुछ नीतियों के विरोधी होने के कारण उनके कटु आलोचक भी। इस कारण उन्होंने अपनी कविता में उनकी प्रशस्ति भी की है और उन पर कठोर प्रहार भी किए हैं। 'वन-बेला' के बाद उन्होंने 'महगू महगा रहा' शीर्षक से एक कविता लिखी, जो कि 'नए पत्ते' में संकलित है और पहली बार 1946 में 'नया साहित्य' के चौथे अंक में प्रकाशित हुई थी। इसमें वे उनके चित्र को और स्पष्ट करते हैं :

राजों के बाज़ू पकड़, बाप की वकालत से;
कुर्सी रखनेवाले अनुल्लंध्य विद्या से
देशी जनों के बीच;
लेंड़ी ज़मींदारों को आँखों तले रक्खे हुए;
मिलों के मुनाफ़े खानेवालों के अभिन्न मित्र;
देश के किसानों, मज़दूरों के भी अपने सगे
विलायती राष्ट्र से समझौते के लिए।

यह वह वर्ग-मैत्री है, जिसका ऊपर जिक्र किया गया है। 'भाषा के बिना न रहती अन्य गन्ध प्रान्तिक' में निराला का दर्द बोलता है। पं. नेहरू चूँकि हिन्दी क्षेत्र के थे, इसलिए उन्हें आशा थी कि वे उसके विकास और प्रगति को उचित महत्त्व देंगे, लेकिन वे तो सार्वभौमिकता की बात कर रहे थे। निराला के लिए यह कल्पना कठिन थी कि विशाल हिन्दी क्षेत्र की समस्याओं की उपेक्षा करके भी राष्ट्र का उत्थान सम्भव था। लेकिन पं. नेहरू अपनी प्रत्येक गतिविधि से यह एहसास कराने की कोशिश करते थे कि वे क्षेत्र-विशेष से सम्बद्ध नहीं, उनके सामने पूरा राष्ट्र है! बस सिर्फ उनकी जुबान से यह लगता था कि

वे युक्तप्रान्तीय हैं। निराला की पीड़ा की वजह हिन्दी क्षेत्र की हिन्दी नेता द्वारा की गई उपेक्षा है, जो यहाँ व्यंग्य के रूप में प्रकट हुई है। इस प्रसंग में जो एक बात ध्यातव्य है, वह यह कि उन्होंने पं. नेहरू का व्यंग्य-चित्र बनाते समय इसके लिए भी प्रयास किया है कि यथासम्भव वह निर्विशिष्ट हो। इसीलिए ब्योरों में उन्होंने जहाँ-तहाँ परिवर्तन कर दिया है। यह बात 'वन-बेला' में भी है और 'महगू महगा रहा' में भी। पं. नेहरू के पिता पं. मोतीलाल नेहरू 'उग्रतर साम्यवादी' नहीं थे, न पं. नेहरू ने अपनी माँ के तपेदिक का इलाज स्वीजरलैंड के अस्पताल में कराया था।

यह जो तीसरा खंड है कविता का, स्पष्टतः यह पहले खंड से बिलकुल भिन्न है। इसमें न पहले खंडवाला अलंकरण है, न औदात्त्य। यह एकदम सादा है, यद्यपि पैना। इसमें वैसी ही कविता है, जैसी व्यंग्य-चित्र या कार्टून में होती है। स्पष्टतः यह निराला की कवि-प्रतिभा के भिन्न स्तर पर संचरण करने का संकेत है, जिसकी भाषा अलग है, जिसकी कला अलग। 'पर पाठ अन्य यह अन्य कला'। यहाँ सबकुछ पारदर्शी है, लेकिन गहनता में कमी नहीं। खास बात यह कि उन्होंने इस खंड में नेता का व्यंग्य-चित्र अपने माध्यम से प्रस्तुत किया है, बड़े ही पेचीदे ढंग से। वे निराशा में चिन्तन कर रहे हैं, बड़े पिता के पुत्र के रूप में अपनी कल्पना, और उसके माध्यम से अपने परिवेश की तीखी आलोचना करते हैं।

तीसरे खंड में फिर प्रकृति आ जाती है, इस बार बेला या मोगरे के रूप में, जो बेला की ही एक किस्म है, बड़े आकार के फूलों और अधिक सुगन्धवाली। इस प्रकृति में पहले खंडवाली प्रकृति का औदात्त्य तो नहीं है, लेकिन लालित्य भरपूर है। उसी तरह इसमें ओजस्विता की जगह माधुर्य है। निराला कहते हैं कि ग्रीष्म के ताप में तप-तपकर जब सान्ध्य नभ का दिगन्त-फलक पीताभ से रक्ताभ हो गया, तो अचानक उन्होंने आँखें खोलीं। इससे ऐसा लगता है कि अब तक आँखें बन्द किए हुए अपनी कल्पना में वे राजनेता के पुत्र का अभिनय देख रहे थे। डा. शर्मा के अनुसार यह नाटक के भीतर चलनेवाला नाटक था। एक नाटक के मुख्य पात्र निराला हैं और दूसरे का मुख्य पात्र राजनेता का पुत्र था। लेकिन ये दोनों एक-दूसरे की शकल में उपस्थित हुए थे। निराला का ध्यान तेज खुशबू से भंग हुआ। वह खुशबू ऐसी थी, जैसे उनकी प्रेयसी के बालों से आ रही हो, जिनमें खुशबूदार तेल डाला गया हो। लेकिन, उन्होंने सोचा, वे नदी-तट पर अकेले आए हैं, फिर वह कैसे सम्भव है? उलटकर देखा, तो उद्यान में खिली हुई बेला हँस रही थी। उन्होंने यहाँ बेला के घिरी होने के बारे में लिखा है, जिसका मतलब है जीवन की प्रतिकूल परिस्थितियों से घिरी होना। प्रतिकूल परिस्थितियों के चलते ही उसके जीवन में ताप भी है और त्रास भी, लेकिन इनके बावजूद वह जैसे पाताललोक से ऊपर आई हो, अपने माथे पर उसकी अतुलनीय साँस यानी सुगन्ध धारण किए हुए। संकेत बेला की अनुपम सुगन्ध और उसकी फुनगियों पर खिले हुए फूल इन दोनों की तरफ है। उसके पाताल-लोक से ऊपर उठने की उपमा निराला ने यह कहकर दी है कि जैसे जीवन के कर्मों के दुस्तर क्लेश को भेदकर परम और सुन्दर सिद्धि ऊपर आई हो, यानी व्यक्ति को प्राप्त हुई हो। यहाँ कर्म वेदान्तवाला है, जिसके छूटने पर ही मुक्ति की प्राप्ति होती है। सिद्धि के लिए 'सुषम' विशेषण का प्रयोग उसे एक सुन्दरी का रूप दे देता है, क्योंकि इस शब्द का अर्थ है 'सुडौल'। ताज्जुब नहीं कि निराला इस तरुणी के लिए भी एक उपमा का प्रयोग करते हैं।

कहते हैं, जैसे खारे सागर को पार कर सुन्दर अप्सरा अर्थात् उर्वशी ऊपर उठी हो, आर्द्र शरीर और बालों के साथ, विश्व के दर्शन-शर से समुद्र की लहरों पर काँपती हुई! उन्होंने जान-बूझकर 'दृष्टि' की जगह 'दर्शन' शब्द का प्रयोग किया है। पहला शब्द जहाँ सामान्य रूप में प्रयुक्त होता है, वहाँ दूसरा विशिष्ट रूप में। 'विश्व' इसलिए कि उर्वशी रवीन्द्रनाथ के अनुसार 'विश्वप्रेयसी' है। सागर को पार करने का मतलब उसे तैरकर पार करना नहीं, उसके तल से ऊपर उभरना है। चूँकि यह दृश्य चकित कर देनेवाला है, इसलिए विश्व उसे आँखें गड़ाकर देखता है। जो 'चकित' व्यक्ति या विश्व के लिए प्रयुक्त होता है, उसे दृश्य के विशेषण के रूप में प्रयुक्त कर निराला ने छायावादी कवियों की सामान्य प्रवृत्ति का परिचय दिया है। यह अन्तिम चित्र अतिशय मोहक है, क्योंकि इस बार उन्होंने समुद्र से ऊपर उठनेवाली उर्वशी को बेला का उपमान बनाया है! फूलों के साथ निराला के उल्लासमय और आत्मीयतापूर्ण सम्बन्ध को एक बार फिर समझा जा सकता है। यह खंड भी बड़ा है और उसका सत्रह पंक्तियों में समाप्त होनेवाला यह पूर्वार्द्ध एक ही वाक्य का।

वह वाक्य यह है :

तप तप मस्तक
हो गया सान्ध्य नभ का रक्ताभ दिगन्त-फलक;
खोली आँखें आतुरता से, देखा अमन्द
प्रेयसी के अलक से आती ज्यों स्निग्ध गन्ध,
'आया हूँ मैं तो यहाँ अकेला, रहा बैठ'
सोचा सत्वर,
देखा फिरकर, घिरकर हँसती उपवन-बेला
जीवन में भर—
यह ताप, त्रास
मस्तक पर लेकर उठी अतल की अतुल साँस,
ज्यों सिद्धि परम
भेदकर कर्म-जीवन के दुस्तर क्लेश, सुषम
आई ऊपर,
जैसे पार कर क्षार सागर
अप्सरा सुघर
सिक्त-तन-केश, शत लहरों पर
काँपती विश्व के चकित दृश्य के दर्शन-शर।

खंड के उत्तरार्ध में बेला के साथ निराला का संवाद है। वे बहुत ही आत्मीयता के साथ उससे कहते हैं कि वह ऐसी जगह खिली है, जहाँ उस पर लोगों का ध्यान न जा सके, जैसे वन्य गान! 'लौटे यात्री का वक्तव्य' शीर्षक अपनी प्रसिद्ध कविता में अज्ञेय की उक्ति है— 'सभी जगह/जो मूल्यवान् है रा/छुपा रहता है; अदृश्य, सीपी के मोती-सा'। निराला भी उसी तरफ संकेत करते हैं। उन्होंने 'अरण्य रोदन' को यहाँ 'वन्य गान' बना दिया है, क्योंकि प्रसंग भिन्न है। बेला दृश्य है, लेकिन कवि-कल्पना के स्पर्श से वह श्रव्य होकर और आकर्षक हो गई है। आगे वे उससे कहते हैं कि भीषण गर्मी में अपने फूलों के छोटे-छोटे

प्यालों में भरकर वह जो सुगन्ध की सुरा का पान करा रही है, वह जैसे अतल की सुशीतलता है। वह अतल से ही ऊपर उठी है। जैसे कुएँ का जल शीतल होता है, उसकी सुगन्ध में भी शीतलता है। 'सुगन्ध की सुरा'–ऊपर जैसे दृश्य श्रव्य हो गया है, वैसे ही यहाँ घ्रातव्य आस्वाद्य। इस सबसे निराला की कविता में ऐन्द्रियता का क्या महत्त्व और रूप है, समझा जा सकता है।

बोला मैं–'बेला, नहीं ध्यान
लोगों का जहाँ, खिली हो बनकर वन्य गान!
जब ताप प्रखर,
लघु प्याले में अतल की सुशीतलता ज्यों भर
तुम करा रही हो इस सुगन्ध की सुरा पान!'

'खिली हो' और 'करा रही हो' में जो पुष्प-विशेष के प्रति अपनापन है तथा 'लघु प्याले में' में जो अभिव्यक्ति की सटीकता है, वह फिर से ध्यातव्य है। फूलों की प्याले के रूप में कल्पना नई नहीं है। पन्तजी के 'आँसू' में ही यह प्रयुक्त है–'पियालों में फूलों के', लेकिन बेला के फूलों के लिए 'लघु प्याले' का प्रयोग नया है, जिसमें गजब की खूबसूरती है। यहाँ 'लघु' और 'प्याले' का संयोग भी द्रष्टव्य है। निराला चाहते तो 'प्याले' के बदले 'चषक' भी लिख सकते थे, लेकिन तब उसमें वह ताजगी न होती।

कवि बेला को देखकर लज्जित हो जाता है। एक बेला है, जो भीषण ताप में भी मुदित है और शीतल गन्ध बिखेर रही है और एक वह है, जो भौतिक समृद्धि हासिल न कर पाने की वजह से पस्त है, व्यर्थता और पराजय के बोध से ग्रस्त है! वह उससे आकृष्ट होकर उसके और पास जाना चाहता है कि सहसा शाम की ठंढी हवा चल पड़ती है। इस हवा में बेला हिल उठती है। निराला ने उसके हिलने और विशिष्ट मुख-मुद्रा के साथ उसके बोलने का जो चित्र खींचा है, वह विलक्षण है। उसे दुबारा देखने में भी आनन्द कम न होगा। पूरा वर्णन यह है :

लाज से नम्र हो उठा, चला मैं और पास
सहसा बह चली सान्ध्य बेला की सुबातास,
झुक-झुक तन मन, फिर झूम झूम, हँस हँस, झकोर,
चिरपरिचित चितवन डाल, सहज मुखड़ा मरोर,
भर मुहुर्मुहुः तन-गन्ध विमल बोली बेला–

दूसरे चरण में 'स' वर्ण की पाँच बार आवृत्ति है, जिससे हवा की सरसराहट पैदा हुई है। बातास 'सुबातास' इसलिए है कि वह 'झकोर' है, 'झकोरा' नहीं। उसमें बेला झुक-झुककर, तन-तनकर, फिर झूम-झूमकर और हँस-हँसकर कवि से निवेदन करती है, उस पर चिरपरिचित दृष्टि डालती और किसी युवती की तरह अतिशय मोहक स्वाभाविक मुख-मुद्रा अख्तियार करती हुई, साथ ही बार-बार अपनी पवित्र देह-गन्ध बिखेरती। 'सहज मुखड़ा मरोर' से मिलता-जुलता एक चित्र बाद में 'अणिमा' की एक कविता में भी आता है– 'मालिन सुई चलाती है मुँह मोड़-मोड़कर'। यहाँ ब्रजभाषा के आधुनिक स्वच्छन्द कवि सत्यनारायण 'कविरत्न' की कविता 'वसन्त-स्वागत' का भी नई कलिका से सम्बन्धित एक चित्र स्मरण आता है–'मुखहि मोरि जमुहाति भरी तन अतन उमंगन'। 'मुहुर्मुहुः' का प्रयोग

हरिऔधजी ने 'प्रिय-प्रवास' में किया है। निराला ने इस अप्रचलित संस्कृत शब्द को सटीक स्थान में प्रयुक्त कर और अपना स्पर्श प्रदान कर स्वर्ण-मुद्रा-सा खनका दिया है। इस शब्द का प्रयोग उन्होंने अपने एक परवर्ती गीत 'शाप तुम्हारा : गरज उठे सौ-सौ बादल' में भी किया है–'मुहुर्मुहुः वज्रहार,/संसृति के संहत चंचल।'

बेला कवि से कहती है कि वह उसका स्पर्श न करे, उसे दूर से ही देखे। क्यों? इसलिए कि उसके मन में अपने प्रति अवहेलना का जो भाव उत्पन्न हुआ है, उसने उसके स्पर्श को अपवित्र बना दिया है। अपने प्रति सम्मान के भाव से रहित व्यक्ति को उस बेला को छूने का अधिकार नहीं, जो अपना सर्वस्व समर्पण कर और बदले में कुछ न पाकर भी गौरवान्वित है। निराला के मन में अपने प्रति अवमानना का भाव इसीलिए तो पैदा हुआ था कि उन्हें अपनी साहित्य-सेवा के लिए भौतिक पुरस्कार नहीं मिला! जाहिर है कि बेला के साथ उनका संवाद वस्तुतः आत्मालाप है। उनके भीतर एक संघर्ष छिड़ा हुआ है। एक तरफ उनके जीवन का यथार्थ है और दूसरी तरफ उनका आदर्श। उनके निर्माण ने निश्चय ही आदर्श का भी योगदान रहा है। वे यथार्थ से बार-बार टकराकर भी, लहूलुहान होकर भी, आदर्श की शरण में चले जाते हैं, लेकिन यह सत्य है कि उनमें यथार्थ का पलड़ा भारी होता जाता है और आदर्श के साथ उसके संघर्ष में अन्ततः उसी की विजय होती है। वैसे उनका विकास सरल नहीं है, क्योंकि यथार्थ की विजय के दौर में भी वे आदर्श को छोड़ते नहीं और 'कुकुरमुत्ता' तथा 'नए पत्ते' की कविताओं के साथ 'अणिमा' तथा 'बेला' के गीत और गजलें भी रचते रहते हैं। इसी तरह अपनी काव्य-रचना के अन्तिम दौर में वे गीत लिखते हैं, तो उनमें उनका आदर्श तो होता ही है, यथार्थ का बोध भी तीक्ष्णतर हुआ प्रतीत होता है। 'वन-बेला' उनके अन्तःसंघर्ष का आईना है।

कविता का पाँचवाँ खंड दूसरे खंड की तरह ही छोटा है और इसमें कवि ने बेला की प्रशस्ति की है। उसकी फटकार के बाद :

मैं रुका वहीं
वह शिखा नवल
आलोक स्निग्ध भर दिखा गई पथ जो उज्ज्वल;
मैंने स्तुति की–'हे वन्य वह्नि की तन्वि नवल!
कविता में कहाँ खुले ऐसे दल दुग्धधवल?–
यह अपल स्नेह–
विश्व के प्रणयि-प्रणयिनियों कर
हार-उर गेह?–
गति सहज मन्द
यह कहाँ-कहाँ वामालकचुम्बित पुलक गन्ध?'

बेला कवि को नई ज्योतिशिखा के समान प्रतीत हुई, जिसने अपना स्निग्ध आलोक बिखेरकर उसे सही मार्ग दिखला दिया। उसके फूल चूँकि सफेद होते हैं, इसलिए निर्धूम शिखा के रूप में उसकी कल्पना उपयुक्त है। उस शिखा से पथ का उजागर हो जाना अत्यधिक सुन्दर। उससे प्रभावित होकर कवि ने उसे वन्य वह्नि की नवल तन्वी कहकर सम्बोधित किया। यह निराला के प्रसिद्ध गीत '(प्रिय) यामिनी जागी' की प्रसिद्ध उक्ति

'ज्योति की तन्वी' से आगे की चीज है क्योंकि वहाँ 'ज्योति' है, जबकि यहाँ वह्नि। वे बेला की पंखुड़ियों को 'दुग्धधवल' कहते हैं। अभिज्ञानशाकुन्तल में शकुन्तला ने चमेली को 'वनज्योत्स्ना' का नाम दिया था! निराला चूँकि कवि थे, इसलिए अपने कवि-रूप को हमेशा याद रखते थे, साथ ही कविता को कभी न भूलते थे। स्वभावतः मुक्तिबोध की तरह वे भी अपनी कविताओं में कविता का आदर्श या आकांक्षित रूप प्रस्तुत करते चलते हैं। यहाँ बेला की धवलता देखकर उन्हें कविता की ही याद आती है और वे उसे कविता से बढ़कर बतलाते हुए यह विचार प्रकट करते हैं कि कविता में यह बात कहाँ? उसमें न बेला की पंखुड़ियों-जैसी शुभ्रता है, न उन पंखुड़ियों-जैसी निर्निमेष प्रेम-दृष्टि। सांसारिक अथवा गृहस्थ प्रेमी-प्रेमिका अपने हाथों में बेला के फूलों का हार लेकर ही दूसरे को पहनाते हैं, जो उनके हृदय पर शोभा पाता है। कविता में वह भी नहीं। इसी तरह उसमें बेला के फूलों-जैसी मन्द-मन्द पुलक का संचार कर देनेवाली वह गन्ध भी नहीं, जो सुन्दरी के बालों से आनेवाली गन्ध की तरह हो। यहाँ यह उल्लेख कर देना आवश्यक है कि निराला में प्रेमी-प्रेमिका प्रायः पति-पत्नी के रूप में ही सामने आते हैं। अभी-अभी जिस गीत का हवाला दिया गया है, उसमें भी प्रेमिका 'गेह में प्रिय-स्नेह की जयमाल' है। 'अनामिका' के प्रथम संस्करण में निराला ने 'दुग्धधवल दल' लिखा था, लेकिन 1946 में जब 'अपरा' प्रकाशित होने लगी, तो उसमें उन्होंने प्रवाह की रक्षा के लिए उसे 'दल दुग्धधवल' कर दिया। यह बात और है कि उसके दो वर्ष बाद प्रकाशित होनेवाले 'अनामिका' के दूसरे संस्करण में भी पहला ही रूप बना रहा। 'वामालकचुम्बित पुलक गन्ध' 'प्रेयसी के अलक से आती ज्यों स्निग्ध गन्ध' की ही नए ढंग से आवृत्ति है।

छठे खंड में बेला फिर बोलती है और पहली बार सिर्फ यह कहकर कि 'केवल आपा खोया, खेला/इस जीवन में', रोमांचित होकर रह जाती है। लगातार अपने को लुटाना और जीवन को नाटक या क्रीड़ा के रूप में लेना एक रोमांचकारी प्रसंग है, इस तरफ हमारा ध्यान जाना चाहिए, क्योंकि यह निराला को समझने के लिए आवश्यक है। तत्पश्चात् निराला ने प्रकृति अथवा प्राकृतिक परिवेश का जो वर्णन किया है, वह अद्भुत है। जैसे उनकी सारी निराशा छँट गई है, जिससे प्रकृति उन्हें हर्ष और उल्लास से भरी हुई दिखलाई पड़ती है :

'कूऊ कू-ऊ' बोली कोयल अन्तिम सुख-स्वर,
'पी कहाँ' पपीहा-प्रिया मधुर विष गई छहर,
उर बढ़ा आयु
पल्लव-पल्लव को हिला हरित बह गई वायु,
लहरों में कम्प और लेकर उत्सुक सरिता
तैरी, देखतीं तमश्चरिता
छवि बेला की नभ की ताराएँ निरुपमिता,
शत-नयन-दृष्टि
विस्मय में भर कर रही विविध-आलोक-सृष्टि।

कोयल ने कूक भरी, जिसमें सुख और आनन्द की पराकाष्ठा थी, और पपीहा ने 'पी कहाँ?' की रट से वातावरण में मधुर विष बो दिया। निराला ने लिखा है कि 'भावुकता की मादक शक्ति विद्यापति में भी है, और बड़ी ही तीव्र, जैसे नागिन का जहर।' यह जहर थोड़ा-बहुत

उनकी कविता में भी है, जो 'अन्तिम सुख-स्वर' और 'मधुर विष के छहरने' में दिखलाई पड़ता है। पपीहा चूँकि 'पी कहाँ?' बोलता है, इसलिए वे उसे मादा-पपीहा कहते हैं। 'परिमल' की 'वसन्त-समीर' शीर्षक कविता में भी 'विकल पपीहा-वधू डाल पर/पिया कहाँ, कह, रही पुकार'। बिहारी को 'सजग कलाकार' कहा जाता है। आधुनिक युग में निराला से बड़ा सजग कलाकार कोई नहीं हुआ। कोयल की कूक और पपीहे की पिहक के बाद हवा का झोंका आया, तो मन में जीवनदायक स्फूर्ति दौड़ गई। यह निराला की सजगता का ही प्रमाण है कि वे मन के लिए 'उर' और 'जीवनदायक स्फूर्ति' के लिए 'आयु' शब्द का प्रयोग करते हैं। इन दोनों ही शब्दों में अर्थ की गहराई ज्यादा है। हवा के झोंके ने वृक्ष के एक-एक पत्ते को हिला दिया। एक-एक पत्ते को हिला देना—इस वर्णन में सजगता तो है ही, भव्य चित्र खड़ा करने की गजब की क्षमता है। पत्ते भी कैसे हैं? हरे। पाठक समझेंगे कि यह वसन्त के बाद ग्रीष्म का पहला चरण है, जिसमें वसन्त में निकले वृक्ष के पत्ते गहरे हरे हो जाते हैं। हवा के उस झोंके का असर निराला जिस नदी के तट पर बैठे हैं, उस पर भी हुआ। उसकी लहरें और काँप उठीं और लगा कि वह औत्सुक्य से भरकर तीव्रतर गति से बहने लगी। कवि ने यहाँ 'बहने' नहीं, 'तैरने' की बात कही है। नदी में दूसरे तैरते हैं, यहाँ स्वयं नदी तैर रही है। जैसे उसे नदी पार कर किसी से मिलने जाना हो! आकाश में तारे निकल आए थे। निराला ने उन्हें अन्धकार में विचरण करनेवाली निरुपम सुन्दरियाँ कहा है, उन्हें 'ताराएँ' या तारिकाएँ कहते हुए। यह भौगोलिक सत्य है कि तारे आकाश में स्थिर नहीं रहते, चलते रहते हैं। वे तारक-सुन्दरियाँ ऊपर से टकटकी लगाकर पृथ्वी पर बेला की सुन्दरता देखने लगीं। आकाश में तारे और पृथ्वी पर बेला के फूल! तारे विभिन्न आकार के होते हैं, विभिन्न दूरियों पर स्थित और विभिन्न प्रकार के प्रकाशवाले, इसलिए वे सैकड़ों दृष्टियों से पृथ्वी पर देखते हैं, बेला के सौन्दर्य से विस्मित होकर, तो उनसे विविध प्रकार के आलोक की सृष्टि होती है। निराला ने यहाँ तारों के झिलमिलाहट से भरे हुए प्रकाश का बहुत ही जादुई चित्र उपस्थित किया है, जो कविता में प्रत्येक वस्तु के प्रति उनकी सजगता का अन्यतम उदाहरण है। यह वह वातावरण है, जो राजनेता के पुत्रवाले राजनीतिक माहौल के विरुद्ध खड़ा है। इन दोनों के बीच विरोध का जो तीखापन है, वह अकथनीय है।

कहा जा चुका है कि बेला ने निराला को स्वस्थ मनोदशा में ला दिया, जिससे वे प्रसन्न हो उठे। उन्हें प्रसन्न भावावस्था में पाकर वह हलके-से मुस्कुरा दी और उनकी भर्त्सना नहीं की, अप्रकट स्वर में उन्हें समझाना शुरू किया। यह उसका यथार्थ जगत् का फिर सामने ला देना था, भले विरोध के लिए। उसने कहा—यह जीवन एक मेले की तरह है, जिसमें भौतिक वस्तुओं की चमक-दमक का ही महत्त्व है। लेकिन सच्चाई यह है कि ज्यों-ज्यों यह चमक-दमक बढ़ती जाती है, आत्मा की निधि पत्थर में तब्दील होती जाती है। आज उपभोक्तावादी संस्कृति के विरोध की बहुत बात कही जाती है। सुख-सुविधा की भौतिक सामग्री का अतिरेक या जीवन में उसका प्रमुखता प्राप्त कर लेना मनुष्य के भीतर अलगाव अथवा 'एलिएनेशन' की भावना पैदा करता है, सुख-सुविधा के भौतिक साधन धीरे-धीरे मनुष्य को भी साध्य से साधन बना देते हैं, इसका जोरदार एहसास किसी न किसी रूप में विवेकानन्द से लेकर महात्मा गाँधी तक को था। इसीलिए वे हमेशा इस पक्ष में रहे कि

भौतिकता पर मनुष्य के उच्च नैतिक और मानवीय गुणों को प्रश्रय दिया जाए। बेला निराला से कहती है कि जीवन के मेले में तो कीमती चीजें ही मिलती हैं; यदि कोई कौड़ी के भाव बिकनेवाली चीज है, यानी भौतिक दृष्टि से मूल्यहीन, तो उसके लिए तो यह बियाबान है! उसका इशारा अपनी तरफ है। आगे वह गर्व से कहती है कि उसकी बराबरी दुनिया के सम्पन्न नगरों की कोई वस्तु न कर सकेगी। यहाँ मान और प्रतिष्ठा नहीं, वह नगरों में है, इसलिए वहाँ एक आदमी बड़ा है और बाकी सभी छोटे। इसके विपरीत जहाँ ज्ञान है, वहाँ बड़प्पन नहीं, सभी छोटे यानी साधारण हैं और वहाँ असमानता नहीं, सभी समान हैं। सभी एक-दूसरे के मित्र हैं। उनकी आँखों से फूटने वाली प्रेम की आभा से वहाँ स्वर्ग निर्मित हो जाता है। कहने की आवश्यकता नहीं कि यह वही साधारण लोगों की दुनिया है, 'वैशिष्ट्य-धर्म के भ्रू-विलास' और 'भेदों के क्रम' से रहित, जिससे ब्रिटिश साम्राज्य के राजसिंहासन को ठुकराकर एडवर्ड अष्टम जा मिले थे। यह नई मानवीय संस्कृति का आह्वान था। बेला भी उसी संस्कृति का सन्देश सुनाती है।

निराला ने बेला की बातें सुनीं और प्रतिक्रिया में जो कुछ कहा, उसका आशय यह है कि साधारणता और समानता ही सत्य है, सुन्दर भी। इस ज्ञान को आत्मसात् करने से ही मन में त्याग और बलिदान का भाव उत्पन्न होता है, जिसके आगे कोई भी प्रहार छोटा है। इसका मूर्त्तिमान् उदाहरण बेला है। उसके ऊपर प्रहार भी होता है, तो वह अपने वृन्त पर नाचती रहती है। निराला को फिर कविता याद आती है और वे उससे कहते हैं कि वह अपनी कविता है। वे चाहते हैं कि वह अपने पवित्र सौन्दर्य के साथ उनके हृदय में संचरित होती रहे, यानी उनकी कविता भी उसी के अनुरूप हो, साधारणता और समानता तथा तज्जनित उत्सर्ग-भाव से भरी हुई। इस खंड का आरम्भिक अंश तो प्रायः गद्यात्मक है, जैसे यथार्थ जगत् की तरह ही नीरस, लेकिन अन्तिम अंश भाव के अनुरूप ही कवित्वपूर्ण, यथा–

बोला मैं–'यही सत्य, सुन्दर!
नाचतीं वृन्त पर तुम, ऊपर
होता जब उपल-प्रहार प्रखर!
अपनी कविता
तुम रहो एक मेरे उर में
अपनी छबि में शुचि संचरिता।

'नाचती वृन्त पर तुम, ऊपर/होता जब उपल-प्रहार प्रखर!'–यह तेज ओला-वृष्टि में अपने वृन्त पर चंचल बेला का चित्र तो बहुत पूर्ण रूप में आँखों के सामने लाता ही है, 'सरोज-स्मृति' का निराला का यह स्वकीय चित्र भी उपस्थित कर देता है–'देखता रहा मैं खड़ा अपल/वह शर-क्षेप, वह रण-कौशल।' क्या बेला और निराला, निराला और बेला एक ही हैं, दो नहीं? कहा जा चुका है कि बेला के साथ उनका संवाद वस्तुतः आत्मालाप है, अपने ही मन के एक हिस्से के साथ, एक वृत्ति के साथ उनका वार्तालाप। सूक्ष्म शुभ्र उत्सर्ग-वृत्ति को उन्होंने बेला का रूप प्रदान किया है, यह बात अपने आपमें बहुत मोहक है, सटीक तो है ही। 'वन-बेला' की उक्त दोनों पंक्तियाँ सममात्रिक भी हैं और तुकान्त भी, जिससे उनमें दृश्य के अनुरूप ही गति आ गई है। ध्यान देना चाहिए कि निराला में फूलों के अपनी डाल पर पवन के साथ क्रीड़ा करनेवाले चित्र ही नहीं हैं, ऐसे चित्र भी हैं।

'संचरित' की जगह 'संचरिता' का प्रयोग पुरानापन लिए हुए है, लेकिन इससे उन्होंने यहाँ एक नयापन पैदा कर दिया है। नयापन भी ऐसा, जिससे अर्थ में एक गहराई आ गई है, क्लासिकी स्पर्श से युक्त।

'वन-बेला' का अन्तिम खंड भी बहुत छोटा है, लगभग दूसरे खंड के बराबर। इसमें अगली सुबह की बात है। कवि टहलता हुआ फिर नदी के किनारे पहुँचा, तो उसने देखा कि एक ब्राह्मण बेला की डाल को झुकाकर फूल तोड़ रहा था। बेला ने कवि से कहा कि वह अपने जीवन को अपने प्रिय के चरणों पर अर्पित करने के लिए जा रही है। उसने और कुछ नहीं कहा, सिर्फ उसे देखती रही, अपनी पंखुड़ियाँ खोले, जैसे वे उसकी पलकें हों। उसके बाद कुछ नहीं हुआ, सुबह की बेआवाज हवा चलने लगी–

फिर उषःकाल
मैं गया टहलता हुआ, बेल की झुका डाल
तोड़ता फूल कोई ब्राह्मण,
'जाती हूँ मैं', बोली बेला,
'जीवन प्रिय के चरणों पर करने को अर्पण' :–
देखती रही;
निःस्वन, प्रभात की वायु बही।

अन्तिम पंक्ति पर पाठक सोचता रह जाता है, वायु निःस्वन क्यों थी? यह स्वाभाविक बात थी, या वह बेला के बलिदान से चुप थी? या बेला चूँकि कौड़ीमोल बिकनेवाली थी, 'छोटी', इसलिए उसके अपने प्राण उत्सर्ग कर देने पर भी ढोल न बज सकता था, इसलिए शान्त थी? कहा जा चुका है कि विवेकानन्द की सहायता से निराला यथार्थ और आदर्श का सामंजस्य बिठाने का प्रयास करते हैं। पहले उनके जिस व्याख्यान 'भारत का भविष्य' का हवाला दिया जा चुका है, उसी में मद्रास के नवयुवकों का आह्वान करते हुए उन्होंने कहा था–"अपनी जाति, देश, राष्ट्र और समग्र मानव समाज के कल्याण के लिए आत्मोत्सर्ग करना सीखो। इस जीवन में क्या है?" और 'आओ, हम अपने आगे महान् आदर्श खड़ा करें और उसके लिए अपना जीवन उत्सर्ग कर दें।' आत्मोत्सर्ग उनके लिए बहुत बड़ा मूल्य था। अन्यत्र भी उन्होंने कहा है, 'परहित के लिए जीवन का उत्सर्ग कर दें।' बेला तो एक प्रतीक है। ब्राह्मण द्वारा देवता पर चढ़ाए जाने के लिए वह अपनी डाल से विच्छिन्न कर दी गई और इसमें उसने अपने जीवन की सार्थकता मानी, यह माना कि वह अपने प्रिय के चरणों पर अर्पित हो रही है। यह लोक या परहित के लिए ही किया जानेवाला उत्सर्ग है।

3

जैसा कि कहा जा चुका है, 'वन-बेला' निराला की एक विलक्षण कविता है। इसमें उन्होंने प्रकृति के मुकाबले मनुष्य को और उसके मुकाबले फिर प्रकृति को खड़ा किया है। पहला प्रकृति-लोक बहुत ही आनन्दमय है। उसकी तुलना में मनुष्य-लोक क्षोभ से भरा हुआ। अन्त में प्रकृति फिर उपस्थित होती है, तो उसमें आनन्द है, लेकिन निरा आनन्द नहीं,

क्योंकि उसमें मनुष्य भी वर्तमान है। बेला मनुष्य-लोक पर तीखी टिप्पणी करती है। कविता का पर्यवसान यद्यपि एक आदर्श में होता है, लेकिन उससे यथार्थ के साथ उसका जो संघर्ष था, वह समाप्त नहीं होता। खुद विवेकानन्द के भीतर यह संघर्ष मौजूद था, जो उनके जीवनानुभव के साथ तीखा होता गया था। उसी के परिणामस्वरूप उन्होंने अपनी मृत्यु के कुछ ही दिन पहले कहा था–"देश के लोग दो वक्त दो दाने खाने को नहीं पाते, यह देखकर कभी-कभी मन में आता है, छोड़ दे शंख बजाना, घंटी हिलाना, छोड़ दे लिखना-पढ़ना और स्वयं मुक्ति की चेष्टाएँ–हम सब मिलकर गाँव गाँव में घूमकर चरित्र और साधना के बल पर धनिकों को समझाकर धन-संग्रह करके ले आएँ और दरिद्रनारायण की सेवा करके जीवन बिता दें।" (विवेकानन्द साहित्य, 6/215) अपनी मुक्ति की चेष्टा छोड़कर लोक-कल्याण को समर्पित होना तो ठीक है, लेकिन लोक-कल्याण का यहाँ जो मार्ग बतलाया गया है–भिक्षाटन, वह भी यथार्थ और आदर्श के टकराव से पैदा होनेवाला एक आदर्श ही है, भूदान से भारत की भूमि-समस्या हल करने की तरह। इस कविता में निराला ने समस्या को व्यक्तिगत रूप में उठाया है, लेकिन है वह सामाजिक, जिसका समाधान त्याग और उत्सर्ग से निकलने वाला नहीं है, यद्यपि उसका महत्त्व कम नहीं।

'वन-बेला' की अन्तर्वस्तु के अनुरूप ही इसका ढाँचा है। यह भी कहा जा चुका है कि ऐसे विषम स्तरोंवाली कविता निराला की दूसरी नहीं। यह उन विषम स्तरों के सन्तुलन पर ही टिकी है। ढाँचे के भीतर की जो कारीगरी है, वह बेमिसाल है। जो सरल ढंग से रचित यथार्थवादी अंश है, उसकी चित्रात्मकता भी देखते ही बनती है। लगता है, निराला युद्ध के दूसरे मैदान में उतरने के लिए अपने हथियार पैना कर रहे हैं। बेला और उनके बीच जो संवाद होता है, उसमें केवल आदर्श नहीं है, यथार्थ के तत्त्व भी हैं। छन्द के बारे में पिछली कविता पर विस्तार से विचार करते हुए संकेत किया जा चुका है कि यह चौबीस मात्राओं का 'राम की शक्ति-पूजा' वाला ही छन्द है, लेकिन इसका इस कविता में कवि ने तीन तरह से इस्तेमाल किया है–कभी उसने आठ मात्राओं की इकाई बनाई है, कभी सोलह मात्राओं की और कभी चौबीस मात्राओं की। ऊपर कविता का जो अन्तिम खंड उद्धृत किया गया है, उसमें पहला चरण आठ मात्राओं का, दूसरा चौबीस मात्राओं का और तीसरा सोलह मात्राओं का है। इस तरह एक ही छन्द का त्रिविध उपयोग करके उसने कविता को छन्द की दृष्टि से एकरस होने से बचाया है।

दो

पूर्ववर्ती गीत

निराला ने अनेक कथात्मक और गैरकथात्मक लम्बी कविताएँ ही नहीं लिखी हैं, छोटे आकार के असंख्य गीत भी लिखे हैं। वे गीत कैसे हैं, यह देखने की इच्छा निराला-काव्य के पाठकों के लिए स्वाभाविक है। तब तो और, जबकि यह तय करना कठिन हो कि निराला का कवि-रूप अधिक श्रेष्ठ है, या गीतकार-रूप।

गीत के प्रसंग में दो सवाल अनिवार्य रूप से उठते हैं–एक संगीत अथवा गेयता से सम्बन्धित और दूसरा आत्मपरकता से। पहले हम आत्मपरकता को लें। हिन्दी में गीत अथवा पद-रचना की परम्परा नई नहीं है। विद्यापति से लेकर कबीर, सूर, तुलसी और मीरा तक ने पदों की रचना की है। कबीर और तुलसी को छोड़ दें तो इनमें से बाकी कवियों ने तो हिन्दी का अपना संपूर्ण काव्य पदों में ही रचा है। उन पदों में सौन्दर्यप्रिय अथवा रसिक कवि की तन्मयता भी है और भक्तकवि की विह्वलता भी। मीरा के पदों में प्रचुर आत्मपरकता भी है। लेकिन गीत के साथ आत्मपरकता का सवाल जिस तरह पश्चिमी आलोचना में उठाया गया है, यहाँ नहीं। यहाँ के पद-साहित्य में सूर के पदों को लें, तो उनमें एक कथात्मकता भी है। तुलसी ने भी अपनी दो गीतावलियों में रामकथा और कृष्णकथा कही है!

पश्चिमी आलोचना में आत्मपरकता अथवा वैयक्तिकता 'लिरिक' अथवा गीत का अनिवार्य गुण मानी जाती रही है, लेकिन धीरे-धीरे वहाँ भी यह धारणा बदली है। आज यह समझा जाता है कि गीत में वक्ता उत्तमपुरुष होता है, लेकिन जरूरी नहीं कि वह कवि ही हो। कुछ गीतों में कवि के निजी जीवन के सन्दर्भ स्पष्ट रूप में आते हैं। ऐसे गीत जैसे स्वयं संकेत देते हैं कि उन्हें कवि की आत्माभिव्यक्ति मानकर पढ़ा जाए। लेकिन ऐसे आत्माभिव्यक्तिमूलक गीतों में भी यह सम्भव है कि कवि ने खास गीतात्मक परिस्थिति और प्रभाव के अनुरूप अपने को बदल लिया हो और इस तरह उसने अपनी अभिव्यक्ति को एक ऐसा रूप प्रदान किया हो, जो उसके निजी जीवन के बाह्य सन्दर्भों से मुक्त हो।

आत्मपरकता का गहरा सम्बन्ध भावात्मकता अथवा अनुभूतिप्रवणता से भी है। स्वभावतः पश्चिम में गीत के सम्बन्ध में यह धारणा भी प्रचलित रही है कि वह रचनाकार की निजी तीव्र अनुभूति की संक्षिप्त अभिव्यक्ति होता है। इधर आकर इस धारणा में भी परिवर्तन हुआ है और आज की मान्यता यह है कि गीत में एक मनोदशा की भी अभिव्यक्ति हो सकती है और विचार अथवा अनुभूति की एक प्रक्रिया की भी। इसी तरह एक मनोदशा की अभिव्यक्ति के साथ गीत मन के जटिल विकास की अभिव्यक्ति भी हो सकता है, जैसा लम्बी शोकगीतियों और संबोधगीतियों में देखने में आता है। गीत में

वस्तुतः किसी चीज को देखने की प्रक्रिया, विचार, स्मृति और अनुभूति को अनेक रूपों में संगठित किया जा सकता है। उदाहरण के लिए प्रेम-गीतों में कवि सिर्फ अपनी मनोदशा की अभिव्यक्ति कर सकता है, अपनी प्रेमिका की प्रशस्ति भी कर सकता है और उसे फुसलाने के लिए कोई तर्क भी दे सकता है, यथा युवावस्था की अस्थिरता से सम्बन्धित! दूसरे प्रकार के गीतों में कवि कभी-कभी अपनी प्रवृत्ति और मान्यताओं का औचित्य सिद्ध करता है, कभी अपने चिन्तन-मनन के द्वारा किसी भावात्मक समस्या का समाधान ढूँढ़ता है और कभी किसी विशिष्ट जीवन-पद्धति की सार्थकता प्रमाणित करता है।

जहाँ तक गीत के प्रसंग में संगीत अथवा गेयता का सवाल है, इस काव्य-विधा के नाम से ही उसके साथ इसके सम्बन्ध की सूचना मिलती है। ऊपर हिन्दी के जिन पुराने कवियों का उल्लेख किया गया है, उनके अनेक पदों के बारे में उनके पदों के संग्रहों में शुरू में ही यह बतला दिया गया है कि वे किस शास्त्रीय राग में रचे गए हैं। उन पदों को उन्होंने स्वयं उन रागों में रचा हो, चाहे उन्हें बाद में संगीतकारों द्वारा राग-विशेष में निबद्ध किया गया हो, इससे यह अच्छी तरह सिद्ध है कि उनकी पद-रचना सांगीतिक है, अथवा उसका संगीत से घनिष्ठ सम्बन्ध है।

'परिमल' के बाद निराला जब मुख्यतः गीत-रचना की ओर प्रवृत्त हुए, तो उनके सामने दो समस्याएँ पेश आईं—एक संगीत को लेकर और दूसरी भाषा को लेकर। जैसा कि उन्होंने 'गीतिका' की भूमिका में लिखा है, परम्परागत भारतीय संगीत के बारे में उनकी धारणा बहुत अच्छी न थी। उनके शब्द हैं : "अधिक अस्त्र-शस्त्र बाँधने से शस्त्र-संचालन की असली शक्ति जिस तरह काम नहीं करती—सिपाही बोझ से दब जाता है—दूसरे पर विजय करने की जगह उसी के प्राण संकट में पड़ते हैं, वैसे ही तानों के भार से संगीत के क्षीण वृंत पर खुला पुष्प-शरीर झुकता गया।" इससे मुक्त होने का रास्ता उन्हें पश्चिमी संगीत में दिखलाई पड़ा, जिसका प्रभाव बंगाल पर पड़ने लगा था। उन्होंने लिखा है कि "अँगरेजी संगीत से प्रभावित होने के ये मानी नहीं कि उसकी हू-ब-हू नकल की गई। अँगरेजी संगीत की पूरी नकल करने पर उससे भारत के कानों को कभी तृप्ति होगी, यह संदिग्ध है। कारण, भारतीय संगीत की स्वर-शैली में जो स्वर प्रतिकूल समझे जाते हैं, वे अँगरेजी संगीत में लगते हैं। उनसे अँगरेजी (मेरा 'अँगरेजी' शब्द से मतलब पश्चिमी से है) हृदय में ही भाव पैदा होता है। अस्तु, अँगरेजी संगीत के नाम से जो कुछ लिखा गया, उसे हम अँगरेजी संगीत का ढंग कह सकते हैं। स्वर-मैत्री हिन्दुस्तानी ही रही।" आगे उन्होंने कहा है कि "डी.एल. राय और रवीन्द्रनाथ इस ढंग के अपनाने के प्रधान साहित्यिक कहे जाएँगे। एक स्वर 'डी.एल.राय का स्वर' के नाम से बंगाल में प्रसिद्ध है। इसकी लोकप्रियता आज तक है। यह स्वर अँगरेजी ढंग से निर्मित है; पर इसे भारतीयता का रूप दिया गया है। स्वर-मैत्री के विचार से रवीन्द्रनाथ के संगीत का ढंग और साफ अँगरेजीपन लिए हुए है। फिर भी ये भिन्न-भिन्न रागिनियों में ही बाँधे हुए हैं। सिर्फ अदायगी अँगरेजी है। राग-रागिनियों में भी स्वतन्त्रता ली गई है। भाव-प्रकाशन के अनुकूल उनमें स्वर-विशेष लगाए गए हैं—उनका शुद्ध रूप मिश्र हो गया है। यह भाव-प्रकाशन वाला बोध पश्चिमी संगीत-बोध के अनुसार है।" इन दोनों उद्धरणों से यह स्पष्ट है कि निराला भारतीय संगीत का पूर्णतः निषेध न करते हुए भी उसके कठोर बन्धन के विरुद्ध थे, क्योंकि उससे गीत के भावपक्ष की उपेक्षा होती थी। डी.एल. राय और रवीन्द्रनाथ ने अपने गीतों

को अंग्रेजी स्वर-मैत्री के अनुरूप ढाला था और रवीन्द्रनाथ ने राग-रागिनियों में भी स्वतन्त्रता ली थी। इसका कारण था, उनका भाव-प्रकाशन को महत्त्व देना। भाव-प्रकाशन की यह प्रधानता पश्चिमी संगीत की सबसे बड़ी विशेषता है। निराला ने अपने रूढ़ि-विरोधी स्वभाव के अनुरूप उसे ग्राह्य माना। उन्हें इस बात से कोई परेशानी नहीं हुई कि इससे भारतीय संगीत का शुद्ध रूप 'मिश्र' हो जाएगा।

'गीतिका' की भूमिका में ही अपने आधुनिक मानस का परिचय देते हुए उन्होंने लिखा : ''यह वह समय है, जब संसार की सभी जातियों में आदान-प्रदान चल रहा है, मेल-मिलाप हो रहा है। साहित्य इसका माध्यम है। इसलिए साहित्यिक संसार की अच्छी चीजों का समावेश अपने साहित्य में करते हैं और उनके प्राणों के रंग से रंगीन होकर वे चीजें साधारणों को भी रँग देती हैं। इस प्रकार अन्य जाति के होने पर भी वस्तु-विषय मनुष्य-मात्र के होते जा रहे हैं।'' साथ-साथ उन्होंने यह भी बतलाया कि कलकत्ता और बंगाल में अपनी उम्र के बत्तीस साल गुजारने की वजह से वे गीत के क्षेत्र में लाई जानेवाली आधुनिकता और उसके सौन्दर्य से परिचित हुए। ''क्रमशः ये संस्कार बन गए। जिस तरह घर के अहाते में घर के, अवधी, बैसवाड़ी या कनौजिया संस्कार तैयार हो रहे थे, उसी तरह बाहर, बाहरी संसार के। अन्त में वे मेरे अपने संस्कार बन गए। वे मेरे साहित्य में प्रतिफलित हुए, जिनसे हिन्दी-साहित्य और हिन्दू-संस्कृति को मेरे साहित्य के समझदारों के कथनानुसार गहरा धक्का पहुँचा।'' अन्तिम बात निराला ने अपने सम्पूर्ण साहित्य की प्रयोगशीलता के बारे में कही हो, पर यहाँ उसका सम्बन्ध सिर्फ गीत और संगीत के क्षेत्र में किए जानेवाले उनके प्रयोगों से है।

इसी पृष्ठभूमि में उन्होंने हिन्दी संगीत पर दृष्टिपात किया था, जिससे उनका मन असन्तोष से भर उठा था। ''इन संस्कारों के फलस्वरूप हिन्दी-संगीत की शब्दावली और गाने का ढंग, दोनों मुझे खटकते रहे। न तो प्राचीन 'ऐसो सिय रघुबीर भरोसो' शब्दावली अच्छी लगती थी, यद्यपि इसमें भक्तिभाव की कमी न थी, न उस समय की आधुनिक शब्दावली 'तोप-तीरें सब धरी रह जाएँगी मगरूर सुन', यद्यपि इसमें वैराग्य की मात्रा यथेष्ट थी। हिन्दी-गवैयों का सम पर आना मुझे ऐसा लगता था, जैसे मजदूर लकड़ी का बोझ मुकाम पर लाकर धम्म से फेंककर निश्चिंत हुआ। मुझे ऐसा मालूम होने लगा कि खड़ीबोली की संस्कृति जब तक संसार की अच्छी-अच्छी सौन्दर्य-भावनाओं से युक्त न होगी, वह समर्थ न होगी। उसकी सम्पूर्ण प्राचीनता जीर्ण है।'' ऊपर संकेत किया जा चुका है कि निराला जब गीत-रचना की ओर झुके, तो उनके सामने सिर्फ संगीत की ही नहीं, भाषा की भी समस्या थी। यहाँ उन्होंने उसका उल्लेख किया है। वे न तो हिन्दी के परम्परागत पदों की भाषा से सन्तुष्ट थे, न पारसी थिएटर के गीतों में खड़ीबोली का जो रूप प्रयुक्त हो रहा था, उससे। हिन्दी संगीत की गायन-पद्धति अथवा उसकी शास्त्रीयता से तो वे असन्तुष्ट थे ही। स्वभावतः उन्होंने गीत-रचना के क्षेत्र में अपना सर्जनात्मक लक्ष्य यह स्थिर किया कि अपने गीतों में वे संगीत के साथ-साथ काव्य को भी महत्त्व देंगे और भाषा को यथासम्भव निर्दोष रखेंगे। उनका कथन है : ''प्राचीन गवैयों की शब्दावली, संगीत की संगति की रक्षा के लिए, किसी तरह जोड़ दी जाती थी; इसलिए उसमें काव्य का एकान्त अभाव रहता था। आज तक उनका यह दोष प्रदर्शित होता है। मैंने अपनी शब्दावली को

काव्य के स्वर से भी मुखर करने की कोशिश की है। ह्रस्व-दीर्घ के घट-बढ़ के कारण पूर्ववर्ती गवैए शब्दकारों पर जो लांछन लगता है, उससे भी बचने का प्रयास किया है।'' संगीत को उन्होंने छोड़ा नहीं, यथासम्भव उसका अनुसरण ही किया, बस आवश्यकतानुसार उसके नियमों को उन्होंने थोड़ा लचीला बना लिया। 'गीतिका' की भूमिका में ही उन्होंने अपने अनेक गीतों पर संगीतशास्त्र की दृष्टि से विचार किया है और उनमें से कई की स्वरलिपि भी दी है। उनमें प्रयुक्त सारे ताल पुराने हैं, कहना चाहिए, सिर्फ उनकी अदायगी नई है। डी.एल. राय और रवीन्द्रनाथ की तुलना में यह उनका वैशिष्ट्य है। वैसे 'जन्मभूमि' शीर्षक अपना पहला प्रकाशित गीत ('बंदूँ मैं अमल कमल,–/चिरसेवित चरण युगल') उन्होंने 'डी.एल. राय के स्वर' में ही रचा था। 'प्रभा' (जून, 1920) में जब यह गीत छपा था, तो उसके शीर्षक के नीचे साफ शब्दों में यह सूचना दी गई थी।

खड़ीबोली के गीतों के पहले हिन्दी में ब्रजभाषा के गीत चलते थे। उन्हें गानेवालों को खड़ीबोली के गीत गाने में कठिनाई दिखलाई पड़ती थी, क्योंकि यहाँ साफ उच्चारण का बहुत ज्यादा महत्त्व था। निराला ने इसे गायकों की अक्षमता माना, खड़ीबोली की त्रुटि नहीं, और खड़ीबोली के उच्चारण-संगीत को उसकी बहुत बड़ी सम्पत्ति बतलाया। उनका यह वाक्य गौरतलब है : 'मैं खड़ीबोली में जिस उच्चारण-संगीत के भीतर से जीवन की प्रतिष्ठा का स्वप्न देखता आया हूँ, वह ब्रजभाषा में नहीं।' कहा जा सकता है कि अपनी गीत-रचना में वे इसी लक्ष्य की तरफ आगे बढ़ते रहे और उसे पूरे तौर पर अपने आखिरी दौर के 'बाँधो न नाव इस ठाँव, बन्धु!/पूछेगा सारा गाँव, बन्धु!'-जैसे गीतों में उपलब्ध किया। यहाँ भी उल्लेखनीय है कि खड़ीबोली में गीत-रचना का आरम्भ करने का श्रेय उन्होंने अपने पहले के जिन दो कवियों को दिया है, उनमें एक हैं जयशंकर प्रसाद और दूसरे मैथिलीशरण गुप्त। यह निराला की उदारता की ही नहीं, उनकी तीक्ष्ण वस्तुपरक दृष्टि की भी सूचना देता है।

यहीं आचार्य रामचन्द्र शुक्ल की 'हिन्दी-साहित्य का इतिहास' में की गई उस प्रसिद्ध टिप्पणी पर भी विचार कर लेना चाहिए, जिसका अन्तिम वाक्य हिन्दी में निराला-सम्बन्धी आलोचना में बार-बार उद्धृत किया गया है। ज्ञातव्य यह है कि यह टिप्पणी उन्होंने 'गीतिका' के गीतों के प्रसंग में ही की है, इसलिए इसे निराला के सम्पूर्ण काव्य पर उस तरह से लागू नहीं किया जा सकता। टिप्पणी है : ''जैसे और सब बातों की, वैसे ही संगीत के अँगरेजी ढंग की भी नकल पहले पहल बंगाल में शुरू हुई। इस नए ढंग की ओर निरालाजी सबसे अधिक आकर्षित हुए और अपने गीतों में इन्होंने उसका पूरा जौहर दिखाया। संगीत को काव्य के और काव्य को संगीत के अधिक निकट लाने का सबसे अधिक प्रयास निरालाजी ने किया है।'' अव्वल तो पहली बात पूरी तरह से सही नहीं है, क्योंकि हम देख चुके हैं कि पश्चिमी संगीत की उपयोगिता स्वीकार करते हुए या उससे प्रभावित होते हुए भी निराला ने भारतीय संगीत को पूरा छोड़ा नहीं, उसमें सिर्फ थोड़ी स्वतन्त्रता ली, दूसरे, संगीत को काव्य और काव्य को संगीत के निकट लानेवाली आचार्य शुक्ल की बात अधूरी है। आचार्य शुक्ल को न तो निराला द्वारा की गई हिन्दी या ब्रजभाषा-संगीत की आलोचना पसन्द आई थी, न उनका पश्चिमी संगीत की पद्धति पर भारतीय संगीत के नियमों को शिथिल करना। वे वस्तुतः संगीत और काव्य को अलग रखने

के पक्ष में थे, क्योंकि उनके अनुसार ''प्रगीत पद्धति में नाद-सौन्दर्य की ओर अधिक ध्यान रहने से संगीत-तत्त्व का अधिक समावेश देखा जाता है। परिणाम यह होता है कि समन्वित अर्थ की ओर झुकाव कम हो जाता है।'' उनका यह कथन भी ध्यातव्य है कि ''हमारे यहाँ संगीत राग-रागिनियों में बँधकर चलता आया है; पर योरप में उस्ताद लोग तरह-तरह की स्वर-लिपियों की अपनी नई-नई योजनाओं का कौशल दिखाते हैं।'' संकेतार्थ स्पष्ट है कि भारतीय तरीका ही ठीक है, पश्चिमी नहीं, जिसमें उस्ताद लोग स्वच्छन्दता से काम लेते हैं। आचार्य शुक्ल की पसन्द-नापसन्द ऊपर दिए गए उनके पहले उद्धरण के पहले वाक्य में प्रयुक्त 'नकल' शब्द से भी जाहिर है। निराला ने जहाँ 'प्रभाव' शब्द का प्रयोग किया है, वहाँ आचार्य शुक्ल ने बहुत कठोरता से काम लिया है। निराला ने आगे यह भी कहा है कि 'प्रभावित होने के ये मानी नहीं कि उसकी हू-बहू नकल की गई।' संगीत और काव्य को परस्पर निकट लानेवाली बात कहने के बाद आचार्य शुक्ल अगले अनुच्छेद में जो कुछ कहते हैं, उससे निराला के गीत-प्रयोग के सम्बन्ध में उनका मन्तव्य दो-टूक सामने आ जाता है : ''एक तो खड़ीबोली, दूसरे स्वरों की घटती-बढ़ती के साथ मात्राओं का स्वेच्छानुसार विभाग। इसके कारण 'गवैयों की जबान को सख्त परेशानी होगी', यह बात निरालाजी ने आप महसूस की है। 'गीतिका' में इनके ऐसे ही गीतों का संग्रह है जिनमें कवि का ध्यान संगीत की ओर अधिक है, अर्थ-समन्वय की ओर कम।'' 'गीतिका' के गीतों में संगीत के कारण काव्यार्थ उपेक्षित नहीं हुआ, यह आगे उसके करीब डेढ़ दर्जन गीतों पर जो विचार किया गया है, उससे स्पष्ट हो जाएगा।

इस प्रसंग को समाप्त करने के पहले यह जिक्र कर देना जरूरी है कि पश्चिमी कविता में 'लिरिक' अथवा गीत भले वाद्ययन्त्र-विशेष से संबद्ध रूप में आरम्भ हुआ हो, लेकिन कालान्तर में वहाँ वह संगीत से लगभग पूरा स्वतन्त्र हो चुका है। स्थिति यहाँ तक पहुँच गई है कि आज 'लिरिक' शब्द का प्रयोग छोटे आकार की कविता के अधिकांश रूपों के लिए होता है, वे गेय हों या नहीं। प्राचीन ग्रीस में वह उस गीतात्मक कविता के लिए प्रयोग में आनेवाला शब्द था, जो महाकाव्य के बरअक्स रची गई हो, यानी गैरकथात्मक और आकार में छोटी। गीतात्मकता के अनिवार्य न रह जाने से आज उसके प्रयोग में काफी व्यापकता आ गई है, यद्यपि आत्मपरकता अथवा वैयक्तिकता किसी न किसी रूप में उसके साथ अभी लगी हुई है। अंग्रेजी के रोमांटिक कवियों ने ढेर सारे गीतों की रचना की, लेकिन उन्होंने संगीत के प्रति वैसी जागरूकता नहीं दिखलाई, जैसी उनसे पहले के कवियों ने दिखलाई थी। उसके बदले उन्होंने कविता के एक अन्य तत्त्व चित्र पर ज्यादा ध्यान दिया। ब्लेक, वर्ड्सवर्थ, कॉलरिज, शेली, बायरन और कीट्स ने स्पष्टतः अपने सारे गीत यह मानकर लिखे कि उन्हें पढ़ा जाएगा, गाया नहीं, यानी उनका पाठ किया जाएगा, वाद्ययन्त्र पर उनकी प्रस्तुति नहीं की जाएगी। उन्होंने तीव्र और स्वतःस्फूर्त अनुभूति को जो महत्त्व दिया, उसने इस काव्य-रूप यानी गीत को एक नया अर्थ दे दिया। उन्हीं के प्रभाव से आज 'लिरिकल इंपल्स'-जैसे मुहावरे का मतलब है कला पर स्वतःस्फूर्तता की प्राथमिकता, जबकि सोलहवीं-सत्रहवीं शताब्दी में कला प्राथमिक थी। यह बात और है कि पिछले दशकों में फिर कला के प्रति एक सजगता दिखलाई पड़ने लगी है, सोलहवीं-सत्रहवीं शताब्दी की तरह ही।

2

'परिमल' के आरम्भ में ही निराला का 'मौन' शीर्षक यह गीत मिलता है :

बैठ लें कुछ देर,
आओ, एक पथ के पथिक से
प्रिय, अन्त और अनन्त के,
तम-गहन-जीवन घेर।

मौन मधु हो जाए
भाषा मूकता की आड़ में,
मन सरलता की बाढ़ में
जल-बिन्दु-सा बह जाए।

सरल अति स्वच्छन्द
जीवन, प्रात के लघु-पात से
उत्थान-पतनाघात से
रह जाए चुप, निर्द्वंद।

यह उनके पहले दौर के गीतों में से है, लेकिन उन्हीं का शब्द लेकर कहें, तो गहन। इसमें कवि अपने सहयात्री को सम्बोधित करता है, वह प्रेमी है या प्रेमिका, इससे कोई फर्क नहीं पड़ता है। वह उससे कहता है कि हम दोनों एक ही पथ के पथिक हैं, फिर मार्ग में कुछ देर विश्राम क्यों न कर लें? यह विश्राम करना तब अर्थपूर्ण हो जाता है, जब 'तम-गहन-जीवन घेर' की बात सामने आती है। जीवन गहन अन्धकार से पूर्ण है। कवि चाहता है कि वह सहयात्री के साथ विश्राम करने के लिए बैठे, तो सम्पूर्ण जीवन को अपने घेरे यानी आश्लेष में लेकर। उसका बैठना शेष जीवन से कटा हुआ क्षण-विशेष तक सीमित न हो। चूँकि जीवन में गहरा अँधेरा भरा हुआ है, इसलिए उसे दूर करने के लिए प्रकाश चाहिए। वह प्रकाश तभी मिल सकता है, जबकि यात्रा अन्त तक सीमित न रहकर अनन्त तक पहुँचने वाली हो। स्वभावतः दोनों यात्री सीमा के भीतर ही रहनेवाले नहीं, उसके पार भी जानेवाले हैं। वे अन्त और अनन्त दोनों के पथिक हैं।

तीन बंदों के इस गीत का दूसरा बंद उचित ही केन्द्रीय महत्त्व का अधिकारी है। इस बंद का भी 'मौन' शब्द विशेष महत्त्व रखता है। इसे गीत का बीज-शब्द कहना चाहिए, क्योंकि इसी से फूटकर इस गीत की शाखाएँ ऊपर और नीचे फैली हैं। आकस्मिक नहीं कि निराला ने इस गीत का शीर्षक भी इसी शब्द को बनाया है। इस बंद में वे अपने सहयात्री से कुछ नहीं चाहते, बस उसके साथ बैठे हुए निःशब्दता की अवस्था में पहुँच जाना चाहते हैं। सम्पूर्ण जीवन को दृष्टि में रखकर उस पर चिन्तन या विचार नहीं करना है, उसे लिए हुए एक मौन में खो जाना है। यह मौन वह मानसिक अवस्था है, जहाँ भाषा का अतिक्रमण करके ही पहुँचा जा सकता है।

'मौन मधु हो जाए/भाषा मूकता की आड़ में' का मतलब साफ है। भाषा मूक हो जाए और उसकी मूकता की ओट में मौन मधु-जैसा आस्वाद्य। यह 'मधु' निराला ने 'विवेकानन्द

साहित्य' से लिया है। विवेकानन्द ने याज्ञवल्क्य और मैत्रेयी पर दिए गए अपने व्याख्यान में बृहदारण्यक उपनिषद् से जो कुछ उद्धरण प्रस्तुत किए थे, उनमें 'मधु' शब्द का खास तौर से उल्लेख है। उदाहरणार्थ एक उद्धरण : "यह पृथिवी सब प्राणियों के पक्ष में मधु अर्थात् मिष्ट या आनन्दजनक है, सब प्राणी भी साथ ही इस पृथिवी के पक्ष में मधु हैं—दोनों परस्पर सहायता किया करते हैं। तथा यह सारी मधुरिमा है, जो इस पृथिवी के अन्तराल में है। यह मधुरिमा किसकी है? उसके अतिरिक्त और क्या माधुर्य हो सकता है?" इससे यह भ्रम नहीं होना चाहिए कि यह एक दार्शनिक गीत है। इसमें 'मधु' शब्द का जो प्रयोग हुआ है, सिर्फ उसकी तरफ ध्यान दिलाना मेरा उद्देश्य है। निराला ने मौन के 'मधु' होने की जो बात कही है, उसका उत्स यही है। उन्होंने इस शब्द का दार्शनिक अर्थ नहीं लिया, केवल मौन का महत्त्व बतलाने के लिए उसका प्रयोग किया है। यह गीत दार्शनिक नहीं, किंचित् आत्मपरकता का स्पर्श लिए हुए है, लेकिन इसमें दार्शनिक गहराई असंदिग्ध रूप से है। 'मौन मधु हो जाए'—यह उक्ति निश्चय ही गहन संवेदना से युक्त और अतिशय कवित्वपूर्ण है।

मौन अपने आपमें कोई चीज नहीं। वह वस्तुतः एक ऐसी अवस्था है, जिसमें चित्त में सरलता व्याप्त हो जाती है, या कवि के अनुसार कहें, तो वह सरलता से आप्लावित हो जाता है। कवि चाहता है कि चित्त में सरलता की बाढ़ आए, तो उसमें दोनों सहयात्रियों के मन जल की बूँदों के समान प्रवाहित हो जाएँ, अर्थात् अब अलग उनका कोई अस्तित्व न रह जाए, वे सरलता से एकाकार हो जाएँ, उसमें लीन। जैसे मौन के मधु हो जाने की आकांक्षा बहुत गहन है और उसकी अभिव्यक्ति अत्यन्त कवित्वपूर्ण, वैसे ही सरलता की बाढ़ में दो मनों के जल-बिन्दुओं की तरह बह जाने की आकांक्षा और उसकी अभिव्यक्ति भी।

ऐसा लगता है कि सरलता ही कवि का उद्दिष्ट है—सरल और अत्यन्त स्वच्छन्द जीवन, क्योंकि गीत के अन्तिम बंद में वह पुनः 'सरल' शब्द का प्रयोग करता है। ध्यातव्य यह भी है कि उसने जान-बूझकर 'स्वच्छन्द' शब्द का प्रयोग किया है, 'मुक्त' का नहीं, क्योंकि 'स्वच्छन्द' शब्द का एक रोमांटिक सन्दर्भ है। इस तरह निराला अपने गीत को दार्शनिक गहराई प्रदान करते हुए भी सावधानी के साथ उसे मानवीय धरातल से अपृथक् रखते हैं।

'सरल अति स्वच्छन्द/जीवन' के बाद का जो अंश है, 'प्रात के लघु-पात से', उसे लेकर निराला-प्रेमी विद्वानों में कुछ उलझन है। पुराने खेवे के विद्वानों में से जानकीवल्लभ शास्त्री ने अपने एक पुराने लेख में उसका अर्थ किया है—'सुबह-सुबह मलय की हवा के एक हल्के झकोरे से भी बार-बार हिलने-डुलने, हिलकोरे खानेवाले पत्ते की तरह'। जाहिर है कि इसमें 'पात' का अर्थ 'पत्ता' किया गया है और 'से' का अर्थ 'समान'। पहले बंद में 'एक पथ के पथिक से' में 'से' 'समान' के अर्थ में प्रयुक्त हुआ है, यह सही है, लेकिन वहाँ यह प्रयोग जहाँ उपयुक्त है, यहाँ अनुपयुक्त। कारण यह कि वहाँ वह दो व्यक्तियों के लिए प्रयुक्त है, जबकि यहाँ शास्त्रीजी के अनुसार एकवचन में प्रयुक्त 'जीवन' के लिए। आगे उन्होंने लिखा है—'इस कंपित जीवन को'। उस स्थिति में 'से' की जगह 'सा' का प्रयोग अपेक्षित था। यह जीवन निश्चय ही दो व्यक्तियों का है, लेकिन यहाँ एक जीवन के रूप में ही आख्यायित है। क्रियापद से भी इसकी पुष्टि होती है—'रह जाए चुप'। तात्पर्य यह कि 'पात' का 'पत्ता' अर्थ करना ही यहाँ गलत है। 'पात' का अर्थ यहाँ है—गिरना। 'प्रात का लघु-पात' यानी प्रभात का हलके-से आना, इस तरह कि उसका आभास न हो।

किरणोदय के अर्थ में 'रश्मिपात' निराला का प्रिय प्रयोग है। उदाहरण के लिए 'प्रभावती' नामक अपने उपन्यास के पहले ही परिच्छेद में वे कहते हैं : ''एक दूसरी वसन्त-रश्मि उन आँखों से फूट रही है। प्राणों का प्रति पत्र उसके *पात* से भिन्न-भिन्न रंगों से चमकता जा रहा है।'' इसी तरह 'सफलता' शीर्षक अपनी एक कहानी में : ''आभा आज की शरद् की तरह अपनी सारी रंगीनियों को धोकर शुभ्र हो रही है–श्वेत शेफाली-सी रँगे प्रभात के रश्मि-*पात*-मात्र से वृंतच्युत–जैसे केवल देवार्चन के लिए चुनी हुई।'' यहाँ 'रश्मि' है, वहाँ 'प्रात का लघु-पात' में 'प्रात', बस इतना फर्क है।

'पात' का अर्थ 'पत्ता' नहीं, 'गिरना' है, इस अर्थ तक त्रिलोचन पहुँच सके हैं। 'कुछ और गद्य-रचनाएँ' में 'परिमल' पर शमशेर का जो व्याख्यान संगृहीत है, उसमें उन्होंने कहा है कि जिज्ञासा करने पर त्रिलोचन ने उन्हें बतलाया कि 'प्रात के लघु-पात से' में जो 'पात' शब्द है, उसका अर्थ है 'किरणों का धरती पर गिरना'। लेकिन 'लघु' शब्द का उन्होंने भी गलत अर्थ बतलाया–'तेज चलना'। इसकी व्याख्या उन्होंने और गलत की : ''तेजी से प्रात आई और गुजर गई। जैसे गोया लहर उठी और गिरी। बूँद उछली और बाढ़ में समा गई। इतना ही जीवन है। अवकाश इतना ही है।'' स्वतन्त्र रूप में ये बातें सही हो सकती हैं, 'लघु' शब्द का अर्थ 'तेज चलना' भी हो सकता है, लेकिन यहाँ पर उसका अर्थ 'हलका' है। इस तरह 'प्रात के लघु-पात' का मतलब है–सुबह का हलके-से आना, इस तरह कि मौन-मधु के आस्वादन में लीन दोनों पथिकों को उसका पता न चलें। 'लघु' का 'हलका' अर्थ कोशसम्मत भी है। इस अर्थ में इस शब्द का प्रयोग भी होता रहा है, जैसे सुमित्रानन्दन पंत की प्रसिद्ध कविता 'अप्सरा' की इन पंक्तियों में : 'इन्द्रलोक में पुलक-नृत्य तुम/करती लघु-पद-भार!' या फिर निराला के ही 'प्रार्थना' शीर्षक गीत की इन पंक्तियों में : 'जीवन प्रात-समीरण-सा लघु/विचरण-निरत करो।'

निराला चाहते हैं कि सरलता और चरम स्वच्छन्दता को प्राप्त दोनों सहयात्रियों का जीवन अपने में इतना निमग्न हो जाए कि वह सुबह के कदमों की हलकी आहट से लेकर उसके बाद शुरू होनेवाले सारे क्रिया-कलापों के आघात तक से अप्रभावित रहे। 'लघु-पात' और 'आघात' के विरोध को समझना चाहिए। इसी तरह दिन के क्रिया-कलापों का उत्थान और पतन से जो सम्बन्ध है, उसे भी। निष्कर्ष यह कि निराला को ऐसा जीवन काम्य है, जो प्रभात-काल के निःशब्द आगमन से लेकर दिन के संघर्षपूर्ण कोलाहल तक से अस्पृष्ट बना रहे। किसी तरह वह बाधित न हो, उसकी शान्ति भंग न हो–'रह जाए चुप, निर्द्वंद'। यह एक गहन अनुभव है, अन्धकार और संघर्षपूर्ण जीवन को अतिक्रान्त करने का, या कहें उस अनुभव की आकांक्षा। यह अन्धकार और संघर्षपूर्ण जीवन निराला का अपना जीवन है, वैसे ही उससे मुक्त होने की आकांक्षा भी उनकी अपनी आकांक्षा। इसी कारण यह रचना एक गीतात्मक या 'लिरिकल' मनोभूमि की रचना है। ध्यान देने पर स्पष्ट हो जाएगा कि उसके भीतर रोमांटिक भाव भी दबा हुआ है।

यह गीत तीन बंदों का है और तीनों ही बंद जैसे अलग-अलग इकाइयों के रूप में रचे गए हैं, लेकिन उनमें गजब की संहति है। सोपान की तरह तीनों बंद क्रमशः ऊपर उठते गए हैं और अन्त में गीत एक गहन अनुभूति या उसकी आकांक्षा में पर्यवसित हुआ है। निराला का शब्द-लाघव देखने योग्य है, एक भी फालतू शब्द नहीं है, एक भी फालतू बात

नहीं। जैसे छिलके को हटाकर जो सार है, उसे कवि ने सामने रख दिया है। जो शब्द प्रयोग में आए हैं, वे अर्थ की दीप्ति से भरे हुए हैं। 'तम-गहन-जीवन' को घेरकर बैठना, मौन का मधु हो जाना, मन का बाढ़ में जल-बिन्दु-सा बह जाना, 'प्रात का लघु-पात' और जीवन के उत्थान-पतन का आघात–सारी अभिव्यक्ति अत्यन्त चित्रात्मक है। 'बैठ लें कुछ देर' यह उक्ति जितनी चलती हुई है, उतनी ही 'रह जाए चुप' भी। ये उक्तियाँ गीत को सहज बनाकर रखती हैं और पाठकों को ऐसा अनुभव नहीं होने देतीं कि उसमें जो कुछ कहा गया है, वह उनके लिए नितान्त अपरिचित है।

इस गीत का ढाँचा छायावाद के प्रचलित गीतों से भिन्न है, क्योंकि इसमें टेक की कोई पंक्ति नहीं, जिसके बाद तीन-चार अन्तरे आए हों और गीत पूरा हो गया हो। ऐसा लगता है कि कवि की विशिष्ट भाव-संवदेना से गीत का यह नया रूप स्वयं आविष्कृत हो गया है। तीनों बंद विशिष्ट लय में अलग-अलग पढ़ने से इसका सांगीतिक सौन्दर्य प्रकट होगा। निराला ने प्रत्येक बंद में क्रमशः दस, सोलह, चौदह और बारह मात्राओं के चरण रखे हैं, जो स्वयं लयात्मक ढंग से पढ़े जाने का आग्रह करते हैं। शमशेर ने, जो कि आधुनिक हिन्दी कविता में अपने सूक्ष्म लय-बोध के लिए प्रसिद्ध हैं, इस गीत के सम्बन्ध में एक दूसरी बात कहीं है। उनका कहना है कि इसकी प्रत्येक पंक्ति आगेवाली पंक्ति के साथ गुँथी हुई है, इसलिए इसे उसी रूप में पढ़ना ठीक होगा। यथा–

बैठ लें कुछ देर/आ–
ओ एक पथ के पथिक से/प्रिय
अन्त और अनत के/तम–
गहन-जीवन घेर आ

स्पष्टतः यह पाठ संगीत की दृष्टि से तो ठीक है, पर काव्य की दृष्टि से नहीं। संगीत में ताल का महत्त्व होता है, लेकिन काव्य में अर्थ का। निराला का अपना ढंग तो यह है कि वे गीत को उसके चरणों के हिसाब से पढ़ने का क्या, गाने का भी आग्रह करते हैं। जहाँ मात्राएँ कम होने की वजह से ताल में कठिनाई होती है, वहाँ वे उसे स्वर को बढ़ाकर पूरा करने की बात कहते हैं। यही उनका पश्चिमी संगीत से प्रभावित होना या भारतीय संगीत के नियमों को थोड़ा लचीला बना लेना है।

इस गीत में एक बात और लक्ष्य करने योग्य है। वह यह कि उन्होंने इसमें एक बंद में भाव के आगे तुक की भी उपेक्षा कर दी है, जैसे 'मौन मधु हो जाए' से तुक मिलानेवाली पंक्ति है–'जल-बिन्दु-सा बह जाए'। तात्पर्य यह कि 'हो जाए' की तुक 'बह जाए' से मिलाई गई है, जो उनकी असावधानी का नहीं, उनके कविता के शिल्प पर भाव को प्रधानता देने का प्रमाण है, या भाव के अनुरूप ही शिल्प के निर्माण का। लोकगीतों के शिल्प पर ध्यान देने से यह बात स्पष्ट हो जाएगी, जहाँ तुक का कोई खास महत्त्व नहीं। दूसरे, इस गीत के अन्तिम चरण में उन्होंने 'निर्द्वंद्व' की जगह 'स्वच्छन्द' के आग्रह से 'निर्द्वंद' शब्द का प्रयोग किया है, जिससे उसकी कर्कशता समाप्त हो गई है और गीत के भाव के अनुरूप वह मधुर हो गया है। यह उनका काव्य-विवेक है, जो सर्वत्र लक्ष्य है।

उक्त गीत की तुलना में निराला का 'गीतिका' का यह गीत अधिक आत्मपरक है :

मुझे स्नेह क्या मिल न सकेगा?
स्तब्ध, दग्ध मेरे मरु का तरु
क्या करुणाकर खिल न सकेगा?

जग के दूषित बीज नष्ट कर,
पुलक-स्पंद भर, खिला स्पष्टतर,
कृपा-समीरण बहने पर, क्या
कठिन हृदय यह हिल न सकेगा?

मेरे दुख का भार, झुक रहा,
इसीलिए प्रति चरण रुक रहा,
स्पर्श तुम्हारा मिलने पर, क्या
महाभार यह झिल न सकेगा?

इस गीत की पृष्ठभूमि में निराला का सम्पूर्ण व्यक्तिगत जीवन है—उनके परिवार में घटनेवाली त्रासदी, जिसमें इन्फ्लुएंजा के प्रकोप में पत्नीसहित पाँच सदस्यों की मृत्यु हो गई थी, उपार्जनकर्ता के रूप में उनका परिवार में अकेले रह जाना, जीविका के लिए उनका भयानक आर्थिक संघर्ष और साहित्य-क्षेत्र में उनका संगठित विरोध। इन तमाम चीजों ने जैसे उन्हें संवदेनशून्य बना दिया था, जिसकी अभिव्यक्ति उनके कुछ पहले के 'हताश' शीर्षक गीत में इस रूप में मिलती है : 'मेरा अन्तर वज्रकठोर,/देना जी भरसक झकझोर'। वे स्नेह के भूखे थे, लेकिन वह उन्हें कहीं मिल नहीं रहा था। हारकर इस गीत में उन्होंने ईश्वर को पुकारा और उससे जानना चाहा कि क्या सचमुच उन्हें कभी स्नेह की प्राप्ति नहीं होगी? उन्हें जैसे अब उसी के स्नेह का भरोसा रह गया है। उनका जीवन रेगिस्तान की तरह है, उसके झुलसे हुए वृक्ष की तरह, जो अब खम्भे की तरह खड़ा है। जिस वृक्ष में हरे पत्ते भी नहीं रह गए हैं, निराला उसके बारे में ईश्वर से पूछते हैं कि क्या ऐसा कभी नहीं होगा कि वह फूलों से लद उठे? यहाँ उन्होंने उसे 'करुणाकर' कहकर सम्बोधित किया है। व्यंजना यह है कि उसकी करुणा से वह सम्भव है, साथ ही यह भी कि उसमें उन्हें थोड़ा सन्देह भी है। सन्देह इसलिए कि उनका दुख ऐसा नहीं, जो आसानी से दूर हो सके। वह साधारण नहीं, असाधारण दुख है। इन पंक्तियों का सौन्दर्य निराला द्वारा अपने जीवन को मरुभूमि के झुलसे हुए, निष्पत्र, खम्भवत् खड़े वृक्ष के रूप में कल्पित करने में है। वे उसे पूर्ण प्रस्फुटित पुष्प-वृक्ष के रूप में देखना चाहते हैं, यह भी लक्ष्य करने योग्य है। अद्वितीय व्यक्तित्ववाले कवि के लिए अपने जीवन का यह आकांक्षित रूप स्वाभाविक है। 'स्तब्ध, दग्ध मेरे मरु का तरु'—ओजस्विता और माधुर्य का यह मेल भी निराला के जीवन के अनुरूप है, उनके गीतों की प्रकृति के भी। 'करुणाकर' शब्द की सटीकता की ओर ऊपर संकेत किया जा चुका है।

गीत के पहले बंद में भी वृक्ष का रूपक ही निराला के ध्यान में रहता है, यद्यपि अन्तिम पंक्ति में वे उससे साभिप्राय हटते भी हैं। प्रसंग 'कृपा-समीरण' का है। हवा बीज को सुखाकर नष्ट भी कर देती है। वे चाहते हैं कि ईश्वरीय कृपा की वायु उनके जीवन-वृक्ष को

पुलकित और स्पंदित ही न करे, उसे खूब खिलाए ही नहीं, इस संसार में दूषण को जन्म देने और फैलानवाले जो बीज हैं, उन्हें नष्ट भी कर दे। दूषणों ने ही तो उन्हें तबाह कर रखा था! कहते हैं, क्या उस वायु के बहने पर भी मेरा कठिन हृदय हर्षित होकर हिल नहीं उठेगा? 'कठिन हृदय' का सम्बन्ध ऊपर उद्धृत की गई उन पंक्तियों से है, जिनमें उन्होंने अपने अन्तर को 'वज्रकठोर' कहा है। यहाँ भी व्यंजना दोहरी है। वह वायु उनके हृदय को हिला भी सकती है और यह थोड़ा संदिग्ध भी है, क्योंकि उनका हृदय दुख के आघातों से वज्र बन चुका है, वह साधारण संवदेनशील हृदय नहीं। कृपा-समीरण बहने और फिर उससे हिलने का स्वाभाविक सम्बन्ध तो उस वृक्ष से ही होता, लेकिन निराला ने जान-बूझकर उससे 'कठिन हृदय' के हिलने की बात कही है, जिससे एक ओर उक्ति में औदात्त्य आ गया है और दूसरी ओर अगले बंद के लिए जमीन तैयार हो गई है, जिसमें वृक्ष की जगह एक दूसरे रूपक का प्रयोग हुआ है। इस गीत की सर्वाधिक सशक्त पंक्तियाँ या सर्वाधिक सशक्त चित्र यही है : 'कृपा-समीरण बहने पर, क्या/कठिन हृदय यह हिल न सकेगा?' वायु से वृक्ष के हिलने की बात तो मामूली है, निराला ने उससे अपने कठिन हृदय के हिलने की बात कहकर उसे गैरमामूली बना दिया है। 'कृपा-समीरण' यह शब्द उन्होंने रवीन्द्रनाथ से लिया है, उनके एक प्रारम्भिक गीत से, जिसमें वे कहते हैं : 'गगने विकाशे तव प्रेमपूर्णिमा,/ मधुर बहे तव *कृपासमीरण*'। लेकिन स्पष्टतः उन्होंने अपने गीत में रवीन्द्रनाथ के शब्द का प्रयोग किया, तो उस पर अपने ओजस्वी व्यक्तित्व का ठप्पा लगा दिया, उसे 'कठिन हृदय' से जोड़कर। 'पुलक-स्पन्द भर, खिला स्पष्टतर' यह बिम्ब भी बहुत सजीव है। वृक्ष का पुलक और स्पन्दन से भर उठना जितना सजीव है, उससे भी ज्यादा उसका 'स्पष्टतर' रूप में खिलना। 'स्पष्ट' गद्यात्मक शब्द है, लेकिन निराला ने गीत में उसका प्रयोग कर उसमें अकूत अर्थ भर दिया है। आँखों के सामने मात्र खिले हुए वृक्ष का नहीं, खूब खिले हुए वृक्ष का भव्य बिम्ब उभर उठता है!

दूसरे बंद की पहली पंक्ति 'मेरे दुख का भार, झुक रहा' में शब्द-लाघव से काम लिया गया है। अर्थ है–'अपने दुख के भार के मारे मैं झुक रहा हूँ।' निराला 'गीतिका' के जमाने में लगातार इस बात के लिए सचेष्ट रहते थे कि खड़ीबोली में फैलाव की जो प्रवृत्ति है, उसे यथासम्भव कम कर सकें। इसी से वे जिन शब्दों को, वे सहायक क्रिया हों या सर्वनाम या विभक्ति-चिह्न, छोड़ सकते थे, उन्हें छोड़ देते थे। कभी-कभी वाक्य भी अधूरा देते थे। यहाँ उन्होंने जो कुछ कहा है, उससे एक ऐसे व्यक्ति का चित्र सामने आता है, जिसके सिर पर उसके सामर्थ्य से अधिक भार डाल दिया गया है। स्वभावतः वह उसे झुकाए डालता है। अगली पंक्ति को देखें, तो उससे उसका आगे कदम बढ़ाना भी मुश्किल हो रहा है। 'मेरे दुख का भार, झुक रहा,/इसीलिए प्रति चरण रुक रहा'–ये दो सरल पंक्तियाँ इस बात का प्रमाण हैं कि 'गीतिका' के गीतों में भी निराला सरल अभिव्यक्ति से जितना काम ले सकते थे, लेते हैं। उसके बाद गीत का जो अंश है, वह अतिशय मार्मिक है, क्योंकि उसमें बहुत ही संकेतात्मक रूप में एक पौराणिक सन्दर्भ आ गया है। कृष्ण ने अपनी कानी उँगली पर गोवर्धन पर्वत को उठा लिया था। वे सोचते हैं कि उन्होंने मेरे सिर पर जो बोझ है, उसमें हाथ लगा दिया, तो क्या वह सह्य नहीं हो जाएगा? 'स्पर्श' शब्द का प्रयोग ईश्वर की अपरिमेय शक्ति की सूचना देने के लिए किया गया है। गोवर्धन को उठाने के लिए कृष्ण

के जोर लगाने की जरूरत नहीं थी। उसके लिए उनका स्पर्श ही काफी था! इस तरह 'स्पर्श' बहुत ही व्यंजनापूर्ण शब्द है, ईश्वरीय शक्ति की असीमता के साथ-साथ ईश्वर के प्रति कवि की भावना का भी संकेत देनेवाला। अन्तिम पंक्ति में निराला ने अपने दुख के लिए 'महाभार' शब्द का जो प्रयोग किया है, वह बाकी सभी शब्दों पर भारी है, इसलिए भी कि 'भ' और 'ह'-जैसे ऐसे सघोष महाप्राण वर्णों से बना है, जो दीर्घ 'आ' स्वर से भी युक्त हैं। 'कृपा-समीरण बहने पर, क्या कठिन हृदय यह हिल न सकेगा?' वाले उदात्त बिम्ब को जैसे यह सन्तुलित करता है। कहने की आवश्यकता नहीं कि इसमें जो 'कठिन हृदय' है, वह दोनों बंदों के बीच सेतु का कार्य करता है, जिससे इस गीत में वृक्ष के अलावा एक अन्य रूपक का आ जाना इसकी अन्विति को खंडित नहीं करता। वह इसलिए भी कि गीत अन्ततः भाव के धरातल पर चलता, या घटित होता है, रूपक उससे अभिन्न होते हुए भी रूपक है, जिसे कहीं न कहीं अमूर्तित या विसर्जित होना ही है। इस तरह यह निराला का एक सशक्त गीत है।

'गीतिका' का ही निम्नलिखित गीत भी एक आत्मपरक रचना है, लेकिन भिन्न किस्म की :

देख दिव्य छवि लोचन हारे।
रूप अतन्द्र, चन्द्रमुख, श्रम रुचि,
पलक तरल तम, मृग-दृग-तारे।

द्वेष-दम्भ-दुख पर जय पाकर
खिले सकल नव अंग मनोहर,
चितवन संसृति की सरिता तर
खड़ी स्नेह के सिन्धु-किनारे।

जग के रंगमंच की संगिनि,
अयि परिहास-हास-रस-रंगिनि,
उर-मरु-पथ की तरल तरंगिनि,
दो अपने प्रिय स्नेह-सहारे।

इस गीत का सम्बन्ध निराला की दिवंगता पत्नी से है, जो अत्यन्त रूपवती थीं। उन्होंने इसमें उनके रूप और शील दोनों का वर्णन किया है, साथ ही उनसे अपने अलौकिक लगाव का।

निराला की पत्नी उनकी स्मृति में आती हैं, तो वे उनका सौन्दर्य देखकर पूर्ण तृप्ति का अनुभव करते हैं। कहते हैं, उस दिव्य छवि को देखकर आँखें हार गईं यानी थक गईं। यह हारना-थकना तृप्त होने के अर्थ में ही है, यह तुलसीदास के साक्ष्य से भी प्रमाणित है, यथा 'थके नयन रघुपति छबि देखे'। पत्नी का मुख चद्रमा के समान है, तो उनके सौन्दर्य पर रात्रिजनित तन्द्रा की छाया भी होनी चाहिए थी, लेकिन वैसा कुछ नहीं है। वह सौन्दर्य पूर्णतः सजग है। चन्द्रमा पर चमकते हुए स्वेद-कण भी हैं। काली-काली बरौनियाँ चंचल होने के कारण जैसे तरल अन्धकार की तरह प्रतीत हो रही हैं, जिसमें मृग के समान आँखें तारों-सी दिख रही हैं! इस तरह पूरा रूपक रात का है। जितना सुन्दर वर्णन है, उतनी ही

मधुर पदावली भी है–'रूप अतन्द्र, चन्द्रमुख, श्रम रुचि,/पलक तरल तम, मृग-दृग-तारे'। अतन्द्र-चन्द्र, तरल-तम और मृग-दृग के सानुप्रास युग्म कैसे संगीत की सृष्टि कर रहे हैं, कहने की जरूरत न होनी चाहिए। चन्द्र, तम और तारे रात का दृश्य उपस्थित करते हैं, यह देखकर कहा जा सकता है कि निराला इस वर्णन में अपनी पत्नी के रूप-सौन्दर्य को प्रकृति तक गें फैला देते हैं। उस स्थिति में 'श्रम रुचि' ओस की चमकती हुई बूँदें होंगी। 'श्रम' का श्रम-बिन्दु के रूप में प्रयोग उनके एक परवर्ती गीत में भी है, यथा : '*श्रम* शरीर का पलक अँगोछे'।

पहले बंद से यह स्पष्ट हो जाता है कि कवि-पत्नी का जो ऊपर किया गया वर्णन है, वह दिवंगता पत्नी का है। दिवंगता पत्नी कवि की स्मृति में आकर खड़ी हो गई हैं। उनके अंगों पर सांसारिक द्वेष, दम्भ और दुख की कोई छाया नहीं, इसलिए वे चिर प्रफुल्ल हैं। डा. रामविलास शर्मा का कहना है कि अपने प्रसिद्ध गीत 'रँग गई पग-पग धन्य धरा,–/हुई जग जगमग मनोहरा' में 'मनोहरा' शब्द के प्रयोग से निराला ने अपनी पत्नी मनोहरा देवी को याद किया है। यहाँ शब्द 'मनोहरा' नहीं, 'मनोहर' है, फिर भी ऐसा माना जा सकता है कि यह भी उसी तरह का प्रयोग है। मनोहरा देवी घर-परिवार में 'मनोहर' के रूप में ही जानी जाती थीं, यह उसके पक्ष में एक और तर्क है। आगे की पंक्तियों से पत्नी का इस संसार से परे चले जाना पूर्णतः सिद्ध है। उनकी दृष्टि को देखकर लगता है कि वे इस संसृति-सरिता को पार कर चुकी हैं और अब प्रेम के समुद्र-तट पर खड़ी हैं! यह प्रेम लोकोत्तर है, इसलिए अनन्त और अनश्वर है। इस संसार में उसमें घटती-बढ़ती हो सकती थी, पर जो इससे ऊपर स्थापित है, उसे तो असीम और चिरंतन ही होना है। यहाँ संसार के लिए 'सरिता' और प्रेम के लिए 'सिन्धु' शब्द के प्रयोग में निराला ने जो सचेतता दिखलाई है, वह ध्यातव्य है। संसार सीमित है, इसलिए 'सरिता' और लोकोत्तर प्रेम असीम है, इसलिए सिन्धु। उस सिन्धु के तट पर कवि की दिवंगता प्रेयसी खड़ी हैं, अपनी सशक्त कल्पना की सहायता से उसने इसे पाठकों को भी दिखला दिया है। यह कल्पना अत्यन्त उदात्त है, जो उसके पत्नी-प्रेम के उदात्तीकरण की देन है। 'स्नेह के सिन्धु-किनारे'–यह इस बात का संकेत दे रहा है कि उनका उसके प्रति जो स्नेह था, वह मरणोपरान्त और गहन और व्यापक हो गया है। यह मृत्यु के बाद का एक सामान्य अनुभव है।

निराला मृत्यु के बाद भी अपने को पत्नी से अलग न कर सके और जैसे उनकी स्मृति के सहारे ही शेष जीवन काट दिया। यह इस गीत के दूसरे बंद का अभिप्राय है। वे आज भी उन्हें इस संसार में अपनी जीवन-संगिनी मानते हैं। यदि इस संसार को रंगमंच मानें, तो उस पर नायक के साथ अपनी नायिका। दूसरे चरण में रूप-सौन्दर्य के चित्रण के बाद पत्नी के शील की तरफ संकेत है। वे उनकी जीवन-संगिनी थीं, उसके धर्म का निर्वाह करनेवाली, साथ ही 'परिहास-हास-रस-रंगिनी', यानी हास-परिहास में रस और आनन्द लेनेवाली। इस उक्ति की संगति रंगमंच से भी है, क्योंकि उस पर हास-परिहासपूर्ण नाट्य चलता ही है। तीसरे चरण में निराला ने उन्हें अपने हृदय-मरुस्थल के मार्ग पर लहराने वाली नदी कहकर सम्बोधित किया है। यह भी इस बात का सूचक है कि वे अपने प्रेम से उनके जीवन में सरसता का संचार करनेवाली थीं। मार्ग पर नदी के लहराने में निश्चय ही विशेष सौन्दर्य है, यदि मार्ग शुष्क और जलता हुआ हो, तब तो और। 'परिहास-हास-रस-रंगिनि'–इस पदावली

में जो मधुर संगीत है, वह 'उर-मरु-पथ की तरह तरंगिनि' में जाकर जैसे पूर्णता प्राप्त कर लेता है। 'तरल तरंगिनि' में कवि के हृदय का उल्लास भी जैसे तरंगित हो उठा है। उसके बिना न ऐसी पदावली रची जा सकती है, न ऐसा सजीव चित्र खड़ा किया जा सकता है। स्नेहवंचित निराला इस पत्नी से कहते हैं–'दो अपने प्रिय स्नेह-सहारे'। सहारा नहीं, 'सहारे', यानी उन्हें कदम-कदम पर अपने जीवन में पत्नी के सहारे की जरूरत है। उन सहारों का मूल्य उनके लिए इसलिए है कि वे प्रिय हैं! सहारे कई तरह के होते हैं, बहुत बार अप्रिय भी। निराला पत्नी से जिन सहारों की याचना करते हैं, वे स्नेहपूर्वक दिए जानेवाले प्रिय सहारे हैं!

अपनी काव्य-रचना के मध्यवर्ती काल में उन्होंने अपना प्रसिद्ध गीत 'स्नेह-निर्झर बह गया है' रचा, जिसकी आरम्भिक दो पंक्तियाँ हैं : 'स्नेह-निर्झर बह गया है।/रेत ज्यों तन रह गया है।' यह 'उर-मरु-पथ' का ही विस्तार है, जिस पर 'तरल तरंगिनी' सूख गई है, या अवरुद्ध हो गई है। 'दो अपने प्रिय स्नेह-सहारे' से सूचित है कि यह गीत भी अन्ततः विषण्ण मन की ही देन है, पर इसमें जहाँ विषाद दबा हुआ है और हर्षोल्लास प्रकट, वहाँ 'स्नेह-निर्झर' वाला गीत पूर्णतः विषाद और निराशापूर्ण है, कवि की बाद की स्थिति को सूचित करनेवाला।

अन्य गीतों की तरह निराला के इस गीत में भी उनकी कला ध्यान देने लायक है। टेक की पंक्तियों में पत्नी के मुख-सौन्दर्य का वर्णन है, पहले बंद में उनके बाकी अंगों के सौन्दर्य का और दूसरे बंद में उनके शील और व्यक्तित्व के संकेत के साथ उनके प्रति कवि का आत्मनिवेदन है। इस क्रमबद्धता ने इस गीत को उत्कृष्ट अन्विति प्रदान कर दी है। स्पष्टतः यह कवि के स्वाभाविक भाव-प्रवाह से सम्भव हुआ है, गीत के किसी यान्त्रिक विधान से नहीं।

3

गीत-रचना के इस आरम्भिक काल में निराला ने प्रेम और सौन्दर्य के अनेक गीत लिखे। उनमें से कुछ गीतों के सौन्दर्य को हम यहाँ समझने का प्रयास करेंगे। सर्वप्रथम 'परिमल' का यह गीत :

अलि, घिर आए घन पावस के।

लख ये काले-काले बादल,
नील सिन्धु में खुले कमल-दल,
हरित ज्योति, चपला अति चंचल,
सौरभ के, रस के–
अलि, घिर आए घन पावस के।

द्रुम समीर-कम्पित थर थर थर,
झरतीं धाराएँ झर झर झर,
जगती के प्राणों में स्मर-शर
बेध गए, कसके–
अलि, घिर आए घन पावस के।

हरियाली ने, अलि, हर ली श्री
अखिल विश्व के नव यौवन की,
मन्द-गन्ध कुसुमों में लिख दी
लिपि जय की हँसके–
अलि, घिर आए घन पावस के।

छोड़ गए गृह जबसे प्रियतम
बीते अपलक दृश्य मनोरम,
क्या मैं हूँ ऐसी ही अक्षम,
क्यों न रहे बस के–
अलि, घिर आए घन पावस के।

प्रथम दृष्टि में यह गीत ऋतु-गीत प्रतीत होता है, लेकिन गौर करने पर पता चलता है कि यह प्रेम-शृंगारपरक है। इसका अन्तिम बंद तो इसका प्रमाण है ही, ऊपर के बंदों में भी 'रस' और 'स्मर-शर' इसका संकेत देते हैं। कहें तो 'मन्द-गन्ध कुसुमों में लिख दी/लिपि जय की हँसके' ये पंक्तियाँ भी, क्योंकि बादलों ने काम के माध्यम से ही विश्व पर विजय प्राप्त की है!

इस गीत में नायिका का अपनी सखी के साथ संवाद है। वह उससे कहती है कि वर्षाऋतु के बादल चारों ओर से घिर आए हैं। यह स्पष्टतः उसके लिए असह्य है।

गीत के पहले बंद में वह अपनी सखी का ध्यान आकाश की शोभा की ओर दिलाती है, जो उसे बादलों से प्राप्त हुई है। इसमें निराला का रंग-संयोजन देखने लायक है। बादल काले हैं, आकाश नीला, जिसमें वे खिले हुए कमल-समूह की तरह दिखलाई पड़ रहे हैं, और उसमें चंचल गति से चमकने वाली बिजली की कौंध हरी। 'हरी ज्योति' निराला में अन्यत्र भी है, जैसे उनके इस परवर्ती गीत में : 'किरणों की परियाँ मुसका दीं।/ज्योति *हरी* छाया पर छा दीं।' इस तरह रंगों का यह अच्छा मेला है। बादलों की कल्पना चूँकि कमलों के रूप में की गई है, इसलिए उनमें सुगन्ध भी है और रस भी! यहाँ यह ज्ञातव्य है कि 'सौरभ के, रस के' इस पंक्ति का सम्बन्ध टेक की पंक्ति से है, ऊपर की पंक्तियों से नहीं। यही सूचित करने के लिए कवि ने इसके आगे निर्देशक-चिह्न दिया है और टेक की पंक्ति भी दुहरा दी है, जैसा वह आम तौर पर नहीं करता। यह बात आगे के दो बंदों पर भी लागू होती है। अन्तिम बंद में आनेवाली पंक्ति 'क्यों न रहे बस के' का सम्बन्ध 'प्रियतम' से है, बादलों से नहीं, यह यथास्थान बिलकुल स्पष्ट है।

अगले बंद की दो पंक्तियों में वर्षा का सरल ढंग से अंकित किया गया बहुत सटीक चित्र है। वर्षा के साथ तेज हवा भी है, जिससे वृक्ष थर-थर काँप रहे हैं। वर्षा भी जोरों की है, धारासार, जो 'झरतीं धाराएँ झर झर झर' से पता चलता है। यह वर्णन 'बादल-राग' के 'झर झरझर निर्झर-गिरि-सर में' की याद दिला देता है। इस वर्णन के बाद नायिका अपनी सखी से कहती है कि ये बादल मन में कामोत्तेजना जगानेवाले हैं। ये बादल पूरे संसार के मन में काम का बाण बहुत कसकर मार गए हैं! निराला की अभिव्यक्ति यहाँ देखने लायक है। 'कसके' शब्द उसे बहुत जीवन्त कर देता है।

वर्षाऋतु आती है, तो चतुर्दिक् हरियाली फैल जाती है। तीसरे बंद में नायिका अपनी सखी को बतलाती है कि यह हरियाली ऐसी सुशोभित हो रही है कि लगता है, इसने सारे संसार के नवयौवन की शोभा चुरा ली है, यानी उसमें अकूत नवयौवनोचित चमक है! जानकीवल्लभजी ने इन पंक्तियों का भिन्न अर्थ किया है, यथा : "इस हरियाली ने तो सारी दुनिया की नई जवानियों को चुनौती दे-देकर उनकी सारी खूबसूरती और खुशी छीन ली। उनके मुखड़े 'किसी अनजान' की सुध आते ही मुरझा गए; किसी अपने से मिलने को उदास हो गए।" इस अर्थ में कुछ खींच-तान है। ऐसा प्रतीत होता है कि 'हर ली' का लाक्षणिक अर्थ अख्तियार करना या ग्रहण करना न लेकर उसका सीधा-सादा अर्थ ले लिया गया है। आगे की पंक्तियाँ बहुत सुन्दर हैं। वर्षाऋतु में हरियाली ही चारों ओर आकर्षण नहीं बिखेरती है, फूल भी खिलते हैं। निराला कहते हैं कि भीनी-भीनी गंधवाले फूल जैसे हँसकर बादलों द्वारा लिखा गया उनकी विजय का अभिलेख हैं! इस गद्य-रूपान्तर से बेहतर है कि इन दो छोटी पंक्तियों का आनन्द मूल में ही लिया जाए, क्योंकि गद्य में कविता का जादू कहाँ? ऐसा लगता है कि बादलों ने विजय-गर्व से हँसते हुए जो अपना विजय-अभिलेख लिखा, उसमें उस अभिलेख में भी उनकी हँसी समाविष्ट हो गई!

अन्तिम बंद में नायिका अपनी व्यथा की कथा कहती है। वर्षा के बादल चारों ओर से घिर आए हैं, वे बरस रहे हैं, प्रभूत जल पाकर हरियाली सर्वत्र छा गई है और फूल खिल उठे हैं, यह सब बहुत मारक है, लेकिन उसके पति जो घर से गए, वे अभी तक नहीं लौटे हैं। लिहाजा वह सारे मनोरम दृश्यों को उनके मार्ग पर निर्निमेष दृष्टि लगाए देखती है और वे इसी तरह समाप्त हो जाते हैं। वह जानना चाहती है कि क्या मुझी में ऐसी कमी है कि वे मेरे काबू में नहीं? इसमें व्यंग्य रूप में पति के प्रति निराला की नारी की हलकी शिकायत भी है।

यह गीत जब 'मतवाला' में प्रकाशित हुआ था, तो इसका शीर्षक निराला ने 'वाणी' दिया था। इस शीर्षक से उनके और गीत भी निकले थे, जिनका मतलब यह है कि इसी शीर्षक से वे अपना गीत-संग्रह निकलवाना चाहते थे, जो हो नहीं सका और उनका स्वतन्त्र गीत-संग्रह बाद में 'गीतिका' के नाम से निकला। दूसरे, इस गीत के साथ उन्होंने यह सूचना दी थी कि यह मल्लार है। 'मतवाला' में गीत का जो पाठ है, उसमें बाद में आनेवाली टेक की पंक्ति में 'अलि' संबोधन नहीं है और 'क्या मैं हूँ ऐसी ही अक्षम' यह जो अन्तिम बंद की पंक्ति है, उसमें 'ही' की जगह 'सखि' है। सम्भव है, आगे 'अलि' संबोधन शुरू में राग-ताल को ध्यान में रखकर न रखा गया हो, लेकिन जब संग्रह के रूप में 'परिमल' प्रकाशित हुआ, तो टेक की प्रत्येक पंक्ति के साथ निराला ने 'अलि' संबोधन रहने दिया। इस बार उन्होंने 'मल्लार' सम्बन्धी सूचना भी हटा दी। प्रश्न है, क्या वे यह चाहते थे कि उनके गीतों पर काव्य की दृष्टि से ही विचार किया जाए, भले वे राग-तालनिबद्ध हों? आकस्मिक नहीं कि 'मेरे गीत और कला' शीर्षक अपने प्रसिद्ध निबन्ध में उन्होंने अपने कुछ गीतों पर शुद्ध काव्य की दृष्टि से ही विचार किया है, संगीत की दृष्टि से नहीं। इस तरफ संकेत पुस्तक के प्राक्कथन में भी किया गया है।

प्रस्तुत गीत गठन की दृष्टि से विलक्षण है। इसके पहले बंद में बादलों के घिरने और बिजली के चमकने का वर्णन है, दूसरे में झंझावात और धारासार वर्षा का और तीसरे में

उसके फलस्वरूप हरियाली के छाने और फूलों के खिलने का। प्रत्येक बंद की अन्तिम दो पंक्तियाँ बादलों के प्रभाव का वर्णन करती हैं। अन्तिम बंद में स्पष्ट शब्दों में नायिका का हाल बयान किया गया है। इस बार बंद की अन्तिम दो पंक्तियाँ भी उसी से संबद्ध रखी गई हैं, बादलों से नहीं। बादल तो साधन हैं, साध्य तो नायिका का वर्णन ही है।

इस गीत की बड़ी खूबी यह है कि यह हिन्दी की जातीय रांस्कृति रो जुड़ा हुआ गीत है। इसमें रीतिकाल के नायक-नायिका, उद्दीपन-आलंबन विभाव आदि ढूँढ़ना बेकार है। वैसे ये सभी हमारी जातीय संस्कृति के अंग हैं, लेकिन निराला ने उसकी रूढ़ि का निर्वाह करने के लिए यह गीत नहीं रचा, जिसका प्रमाण इसका लोकगीतात्मक होना है। दृश्य भी लोक से जुड़े हैं और नायिका भी गाँव-घर की है। इसी कारण इस गीत से पाठक सहज ही आत्मीयता स्थापित कर लेते हैं। निराला लोकसंस्कृति से गहराई से जुड़े कवि थे। उनकी लोकाश्रित भाव-धारा खास तौर से उनके गीतों में प्रवाहित हुई है। यह लोकगीत या लोकभाषा का ही जादू है कि उन्होंने इस गीत में पूर्वकालिक क्रिया का रूप 'के' जोड़कर बनाया है, 'कर' जोड़कर नहीं, यथा 'कसकर' के स्थान में 'कसके' और 'हँसकर' के स्थान में 'हँसके'। इस गीत की लय भी लोकगीतों के बहुत करीब है, भले इसे शास्त्रीय रूप में भी गाया जाए। इसके अलावा यह सरल भाषा में रचा गीत भी है। समस्त पदावली के सौन्दर्य से युक्त 'गीतिका' के गीतों की रचना का दौर इसके बाद शुरू होता है।

'गीतिका' का निम्नलिखित गीत स्पष्टतः प्रेम-शृंगारपूर्ण है :

स्पर्श से लाज लगी;
अलक-पलक में छिपी छलक
उर से नव-राग-जगी।

चुम्बन-चकित चतुर्दिक चंचल
हेर, फेर मुख, कर बहु सुख-छल,
कभी हास, फिर त्रास, साँस-बल
उर-सरिता उमगी।

प्रेम-चयन के उठा नयन नव,
विधु-चितवन, मन में मधु-कलरव,
मौन पान करती अधरासव
कंठ लगी उरगी।

मधुर स्नेह के मेह प्रखरतर,
बरस गए रस-निर्झर झरझर,
उगा अमर-अंकुर उर-भीतर,
संसृति-भीति भगी।

निराला की एक खूबी है कि प्रेम-शृंगार के वर्णन में उनके नायक-नायिका हमेशा पति-पत्नी होते हैं। इस तरह उन्होंने सर्वत्र दाम्पत्य-रति या गार्हस्थ्य-प्रेम का वर्णन किया है। इस गीत में भी वही बात देखने में आती है। शय्या पर सर्वप्रथम नायक नायिका का

स्पर्श करता है, जिससे वह लजा जाती है और छलककर यानी उमंगित होकर अपने को अपने बालों और पलकों में छिपा लेती है। उसके लम्बे और घने बाल उसके चेहरे को आसानी से ढँक लेते हैं। लक्ष्य करने योग्य 'अलक' के साथ 'पलक' का प्रयोग है। बाल उसके चेहरे को तो छिपा लेते हैं, लेकिन उसके मन को नहीं, इसलिए वह अपनी पलकें भी मूँद लेती है। उससे उसके मन का भाव आँखों से प्रकट न हो सकेगा। पलकें मूँद लेने के बाद तो कहीं कुछ नहीं रहा। इस शून्यता में जैसे वह पूर्णतः सुरक्षित हो जाती है। 'अलक' और 'पलक' निराला की प्रसिद्ध होली में भी हैं, जिस पर हम इस गीत के बाद विचार करेंगे : 'खुले अलक, मुँद गए पलक-दल'। यहाँ 'छलक' यानी 'छलककर' शब्द का प्रयोग महत्त्वपूर्ण है, जिसके द्वारा कवि यह सूचित करता है कि लज्जावश अपने को दोनों तरह से छिपाने की उसकी क्रिया आनन्दजनित ही है। वह यह भी कहता है कि वह अपने को छिपा रही है, लेकिन उसका हृदय नए प्रेम से आप्लावित है। अलक-पलक में उमंगपूर्वक अपने को छिपाने का जो नाट्य है, उसे निराला ने बहुत थोड़े शब्दों में बहुत सजीव रूप में अंकित किया है। 'अलक-पलक' और 'छिपी छलक' का अनुप्रास तो संगीत की सृष्टि करता ही है, 'नव-राग-जगी' में हिन्दी पद्धति पर 'जगी' के साथ की गई समास-योजना भी उक्ति में एक रस का संचार करती है, जिसका सम्बन्ध हिन्दी की प्रेम-शृंगारमूलक कविता के रस से है। वैसे टेक की पहली पंक्ति में प्रयुक्त लज्जा के तद्भव 'लाज' शब्द में भी यह बात है।

पहले बंद में आगे बढ़कर नायक नायिका को चूम लेता है, जैसे 'जुही की कली' में पवन ने जूही की कली को चूमा था–'नायक ने चूमे कपोल'। उसी की तरह चुम्बन से चौंककर चंचल भाव से वह अपने चारों ओर देखती है। जूही की कली से यहाँ फर्क यह है कि वह जहाँ सोई हुई थी, यह नायिका जगी हुई है। जूही की कली तब जगती है, जब पवन लगातार अपने झोंकों से उसे झकझोर डालता है। तत्पश्चात् 'चौंक पड़ी युवती,– /चकित चितवन निज चारों ओर फेर'। ऐसा लगता है कि यह दृश्य निराला को बहुत प्रिय है, जिससे किंचित् भिन्नता के साथ वह इस गीत में पुनः उपस्थित है। इससे उनके सौन्दर्य-बोध का अनुमान लगाया जा सकता है। प्रकृति से लेकर जीवन तक में जहाँ कहीं सौन्दर्य है, निराला उसका आस्वादन करने और अपनी कविता में उसे दूसरों के लिए आस्वाद्य बनाने को तैयार हैं। नायिक चारों ओर दृष्टि घुमाने के बाद मुँह फेर लेती है और अनेक प्रकार से नायक से छल करने लगती है, उससे पृथक् रहने के लिए। इस बंद की आरम्भिक दो पंक्तियों का वाक्यसम्मत अर्थ करना हो, तो वह इस तरह होगा–'नायिका चुम्बन-चकित है, वह चारों ओर चंचल भाव से देखकर और मुँह फेरकर नाना प्रकार के छलपूर्ण व्यवहार करती है।' 'कर' का प्रयोग निराला 'करता है' या 'कर रहा है' के अर्थ में भी करते हैं, यथा 'मौन रही हार' गीत में 'कण-कण कर कंकण' का अर्थ 'मेरे गीत और कला' निबन्ध में उन्होंने स्वयं बतलाया है–'कंकण कण-कण कर रहे हैं।' यह पुरानी काव्य-भाषा का प्रयोग है। यह उससे उनका लगाव भी सूचित करता है। आकस्मिक नहीं कि वे ब्रजभाषा-अवधी के वैसे विरोधी न थे, जैसे पंत, यद्यपि उनकी चेतना आधुनिक थी। निराला ने यहाँ एक अद्भुत शब्द बना लिया है–'सुख-छल', जो भाव या व्यवहार की दृष्टि से जितना सटीक है, उतना ही उनकी अद्वितीय कवि-प्रतिभा का परिचय प्राप्त करने की

दृष्टि से भी। आगे वे कहते हैं कि नायिका कभी प्रसन्नता के मारे हँसती है, कभी नायक द्वारा की जानेवाली सम्भावित काम-क्रीड़ा से डर जाती है। उसकी साँस जोरों से चल रही है, जिससे उसकी छातियाँ उठ-गिर रही हैं। उसे देखकर ऐसा लगता है कि उसकी हृदय-सरिता उमंगित हो उठी हो!

दूसरे बंद में काम-क्रीड़ा में नायिका की पूर्ण सहभागिता या सक्रियता का वर्णन है। अब वह अपनी प्रेमपूर्ण और पहले की तुलना में बदली हुई आँखें उठाकर नायक को देखती है और नागिन की तरह उसके गले से लिपटकर चुपचाप उसके होंठों का आसव पान करने लगती है! निराला कहते हैं, उसकी दृष्टि में शरद्ऋतु के चन्द्रमा की आह्लादकता है और मन में वसन्तऋतु का कलरव या कोलाहल! यह नारी मात्र पुरुष की भोग्या नहीं, स्वयं भोक्त्री भी है। पुरुष से उसका सम्बन्ध दासीवाला नहीं, बल्कि बराबरी वाला है। दूसरी जो बात ध्यातव्य है, वह यह कि निराला सम्पूर्ण जीवन को स्वीकार करके चलनेवाले कवि थे, जैसे कालिदास, इसलिए उन्हें काम या शृंगार से न केवल यह कि परहेज नहीं था, बल्कि वे उसे आनन्द का अक्षय स्रोत मानते थे। इस आनन्द के बिना व्यक्तित्व की पूर्णता की कल्पना उनके लिए असम्भव थी। स्वभावतः उन्होंने शृंगार को रहस्य या अध्यात्म में लपेटकर रखना हर बार आवश्यक नहीं माना, न ही अतींद्रियता का अतिरिक्त आग्रह रखा। चूँकि इस शृंगार का सम्बन्ध उनकी जीवन-दृष्टि से है, इसलिए इसे लेकर उनके मन में कुछ पूर्ववर्ती कवियों की तरह कोई अपराध-बोध भी नहीं है। जीवन का पूर्ण स्वीकार—उसके सम्पूर्ण सौन्दर्य, आनन्द, संघर्ष और पीड़ा के साथ, यह उनका दर्शन है। प्रभाव उन पर रामकृष्ण और विवेकानन्द का बहुत गहरा था, लेकिन जीवन-दर्शन उनका अपना था, एक पूर्ण कवि का जीवन-दर्शन, जिसका पहला सरोकार यह भौतिक जीवन है, शरीर और आत्मा दोनों के साथ। ऐसा कवि ही सम्पूर्ण सौन्दर्य-भावना और सम्पूर्ण उल्लास के साथ 'पान करती अधरासव/कंठ लगी उरगी'-जैसी पंक्तियाँ लिख सकता है। यह वर्णन अतिशय चित्रात्मक तो है ही, इसमें नायिका के लिए 'उरगी' शब्द का जो अकेले प्रयोग किया गया है, वह कितना सशक्त है, कहने की जरूरत न होनी चाहिए। 'नागिन' या 'सर्पिणी' के लिए 'उरगी' शब्द का प्रयोग भी साभिप्राय मालूम पड़ता है, क्योंकि इसमें उर के सहारे गमन करने का अर्थ है। निराला चाहते तो 'अधरामृत' शब्द का प्रयोग भी कर सकते थे, लेकिन प्रसंग की माँग को ध्यान में रखकर उन्होंने 'अधरासव' शब्द का प्रयोग किया है, जो उनके असाधारण शब्द-विवेक का परिचायक है।

इस बंद की पहली पंक्ति में नयन के साथ 'प्रेम-चयन' शब्द का प्रयोग हुआ है। यह निराला का खास प्रयोग है, जो उनकी कविता में अन्यत्र भी देखने को मिलता है, यथा अपने एक सुपरिचित परवर्ती गीत 'माँ, अपने आलोक निखारो' के अन्तिम बंद में वे कहते हैं—'लाओ चारु-चयन चितवन में', जिसका अर्थ यह है कि आँखों को चुने हुए सुन्दर दृश्य ही देखने को मिलें, या ऐसी दृष्टि प्रदान करो कि वह चुने हुए सुन्दर दृश्य ही देखे! इस तरह 'प्रेम-चयन के उठा नयन नव' का मतलब हुआ—'प्रेम को चुन लेनेवाले नव अर्थात् पहले से भिन्न नयन उठाकर'। 'प्रेम को चुन लेनेवाले' अर्थात् प्रेमयुक्त, प्रेमपूर्ण।

नायक-नायिका की युगनद्ध मूर्ति ने प्रेम और शृंगार की धारा बहा दी—'मधुर स्नेह के मेह प्रखरतर,/बरस गए रस-निर्झर झरझर'। हमारा ध्यान 'स्नेह के मेह' पर ही नहीं,

'रस-निर्झर' पर भी जाना चाहिए। निराला प्रेम और शृंगार को अलग नहीं करते। छायावादी कवियों के बीच यह भी उनका एक वैशिष्ट्य है। प्रेम और शृंगार की अथोर वर्षा ने नायिका के भीतर अमरता का भाव अंकुरित कर दिया, फिर उसे इस संसार का, इसके आवागमन के चक्र का, इसकी नश्वरता का और इसके माया होने का भय नहीं रहा। यह है उनका अमरता और मुक्ति प्रदान करनेवाला प्रेम और शृंगार। यह अमरता और मुक्ति स्पष्टतः वेदान्त की अमरता और मुक्ति से एकदम भिन्न है।

अन्तिम बंद की तीसरी पंक्ति में 'उर-भीतर' शब्द आया है, जो पहले बंद के 'नव-राग-जगी' शब्द को सन्तुलित करता है, अपने हिन्दीपने से।

गठन की दृष्टि से भी यह गीत बेजोड़ है। पूरे गीत में एक क्रम से बात आगे बढ़ती है। पहले नायिका की लज्जा, फिर चुम्बन से उसका चौंकना, फिर नायक से लिपटकर उसका अधर-पान और अन्त में प्रेम और शृंगार की सघन अनुभूति से मन में पैदा होनेवाला अमरता और सांसारिक भय से मुक्ति का भाव। 'अलक-पलक' और 'छिपी छलक' के अनुप्रासजनित संगीत का ऊपर संकेत किया जा चुका है। पहले बंद में अनुप्रास की बहार है। पहले 'चुम्बन-चकित चतुर्दिक चंचल', फिर 'हेर' और 'फेर' तथा 'हास', 'त्रास' और 'साँस'। तुलसीदास से लेकर पद्माकर तक की कविता को देखने से ऐसा लगता है कि शब्द-संगीत हिन्दी भाषा की अपनी विशेषता है, जिसका सर्जनात्मक उपयोग कविता में अवश्य किया जाना चाहिए, उसे ऐश्वर्य प्रदान करने के लिए। इसे कोरा चमत्कार कहकर टाल देना ठीक नहीं। चमत्कार यह रीतिकाल के कवियों के लिए हो सकता है, लेकिन तुलसीदास के लिए तो नहीं, जो अनुप्रास-सम्राट् हैं। इस गीत के दूसरे बंद में भी 'चयन' और 'नयन', 'चितवन' और 'मन' तथा 'विधु' और 'मधु' का अनुप्रास है। इसी तरह अन्तिम बंद में भी 'स्नेह' और 'मेह', 'निर्झर' और 'झरझर', 'अमर' और 'भीतर', 'अंकुर' और 'उर', संसृति' और 'भीति' तथा 'भीति' और 'भगी' का। 'बरस' और 'रस' में यमक भी है। यह बस इस बात का प्रमाण है कि निराला की रचना किस तरह उत्कृष्ट कला-कृति भी है। वे शब्द और अर्थ दोनों से अधिकतम मात्रा में काम लेते हैं। अर्थ उनकी रचना को उच्च कोटि की संरचना प्रदान करता है, उसे एक सुगठित इकाई बना देता है और शब्दों का संगीत उसे अलंकृत कर देता है। इस कार्य में वे जिस कठोर अनुशासन का परिचय देते हैं, अर्थ की गरिमा की रक्षा तथा निर्वाह और शब्दों के चुनाव से लेकर उनके संयोजन तक के साथ, वह स्वाभाविक रूप से उनकी कविता और गीत को क्लासिकी स्तर प्रदान कर देता है।

होली लिखने की परम्परा हिन्दी में मध्यकाल से रही है। आधुनिक काल में भारतेन्दु, प्रेमघन और प्रतापनारायण ने राजनीतिक और सामाजिक होलियाँ लिखी थीं। बाद में उसी परम्परा में सत्यनारयण 'कविरत्न' ने एक भक्तिपूर्ण होली लिखी और मैथिलीशरण गुप्त ने 'साकेत' के नवम सर्ग में एक शृंगारिक होली, जिसमें वासंती प्रकृति का भी सुन्दर शृंगारिक वर्णन है। इस होली के दो-तीन बंद देखने लायक हैं। यथा–

हँसकर लाल लाल होंठों पर हरियाली हिल डोली,
फूटा यौवन, फाड़ प्रकृति की पीली पीली चोली।
होली–होली–होली!

अलस कमलिनी ने कलरव सुन उन्मद अँखिया खोली,
मल दी ऊषा ने अम्बर में दिन के मुख पर रोली।
होली–होली–होली!

रागी फूलों ने पराग से भर ली अपनी झोली,
और ओस ने केसर उनके स्फुट-संपुट में घोली।
होली–होली–होली!

इसी परम्परा में शुद्ध लोकधुन में रचित निराला की होली को भी समझना चाहिए, जो इसी शीर्षक से सर्वप्रथम पाक्षिक 'जागरण' के 22 मार्च, 1932 के अंक में प्रकाशित हुई थी और बाद में 'गीतिका' में संकलित हुई। यह गीत लोकसंस्कृति से निराला के जुड़ाव का बहुत ठोस प्रमाण है। लक्ष्य करने योग्य यह है कि होली की धुन में रचित इस गीत में वर्णित होली प्रचलित रंग-अबीर-वाली होली नहीं, जैसा कि टेक की पंक्ति से भ्रम होता है, बल्कि पूर्णतः शृंगारिक होली है। पूरा गीत इस प्रकार है :

नयनों के डोरे लाल गुलाल-भरे, खेली होली!

जागी रात सेज प्रिय पति-सँग रति सनेह-रँग घोली,
दीपित दीप-प्रकाश, कंज-छवि मंजु-मंजु हँस खोली–
मली मुख चुम्बन-रोली।

प्रिय-कर-कठिन-उरोज-परस कस कसक मसक गई चोली,
एक-वसन रह गई मंद हँस अधर-दशन अनबोली–
कली-सी काँटे की तोली।

मधु-ऋतु-रात, मधुर अधरों की पी मधु सुध-बुध खो ली,
खुले अलक, मुँद गए पलक-दल, श्रम-सुख की हद हो ली–
बनी रति की छवि भोली।

बीती रात सुखद बातों में प्रात पवन प्रिय डोली,
उठी सँभाल बाल, मुख-लट, पट, दीप बुझा हँस बोली–
रही यह एक ठिठोली।

सवेरे नायिका की आँखों के डोरे लाल हैं, जैसे उनमें पूरा गुलाल पड़ गया हो। यह वस्तुतः रात्रि-जागरण के कारण है। उसने रात-भर जगकर नायक के साथ प्रेम की होली खेली है! 'लाल' तो फारसी शब्द है ही, 'गुलाल' भी फारसी शब्द है, लेकिन यहाँ कैसा सटीक बैठा है! टेक की पंक्ति में 'ल' की छः बार आवृत्ति है, जिससे स्वाभाविक रूप से यह पंक्ति संगीतापूर्ण हो उठी है।

अगली पंक्तियों में निराला साफ कर देते हैं कि नायिका की आँखों में ललाई इस कारण है कि वह पिछली सारी रात शय्या पर अपने पति के साथ जागती रही है। वे उसे साक्षात् रति कहते हैं, काम की पत्नी, प्रेम के रंग में घोली हुई, यानी उससे ओत-प्रोत।

उसके मुख की शोभा कमल-जैसी है। यह कमल कक्ष में जलते हुए दीपक के प्रकाश में प्रस्फुटित हुआ है! नायिका ने अपने मुख-कमल की शोभा को थोड़ा-थोड़ा हँसते हुए दीपक के प्रकाश में अनावृत किया है, यानी जैसे धीरे-धीरे कमल की पंखुड़ियाँ खुलती हैं, अपने मुख से घूँघट हटाया है! चूँकि उसने 'होली' खेली है, इसलिए उसकी आँखों में तो ललाई है ही, गालों में भी है। आँखों में रतजगे की ललाई है और गालों में जोरों से लिए गए चुम्बन की। निराला कहते हैं, उसने अपने मुख में चुम्बन की रोली मली है! यही ललाई एक अर्से बाद गिरिजाकुमार की प्रसिद्ध कविता 'आज हैं केसररंग रँगे वन' में दिखलाई पड़ती है, 'गोरे कपोलों पै हौले से आ जाती/पहिले ही पहिले के/रंगीन चुम्बन की-सी ललाई'। पर स्पष्ट है कि यह ललाई उतनी गहरी नहीं। मानना पड़ेगा कि निराला का भाव-बोध प्रचंड था। वे क्रांति हो या करुणा, या शृंगार, कहीं कसर नहीं छोड़ते और सर्वथा सटीक शब्दों में अपने आवेग की अभिव्यक्ति करते हैं, उस नियंत्रण के साथ, जो मूर्ति-शिल्पी को अपनी छेनी और हथौड़ी पर होता है। 'कंज-छवि मंजु-मंजु हँस खोली'–इसमें संगीत जितना मधुर है, चित्र के साथ, 'मली मुख चुम्बन-रोली' में चित्र उतना ही उदात्त है, संगीत के साथ। ध्यातव्य है कि 'मली मुख चुम्बन-रोली' में चार बार अनुनासिक 'म' और 'न' वर्णों की आवृत्ति हुई है, साथ ही दो बार सघोष 'ल' वर्ण की। बंद की पहली पंक्ति में भी 'प्रिय' और 'पति' के साथ 'पति' और 'रति' का अनुप्रास है, साथ ही 'सँग' और 'रँग' का, जैसे दूसरी पंक्ति के शुरू में 'दीपित' और 'दीप' का।

इस गीत में भी बात क्रम से ही आगे बढ़ती है। दूसरे बंद में नायक ने अपने हाथों से नायिका के कठिन उरोजों को कसकर दबाया, तो उससे पीड़ित होकर उसकी अँगिया मसक गई। यह पहली पंक्ति है। इसका अन्वय इस प्रकार होगा–प्रिय के हाथों द्वारा कठिन उरोजों के स्पर्श से कसकर और कसककर चोली मसक गई! यहाँ 'कसकना' क्रियापद अपनी सटीकता के साथ ध्यातव्य है। कहना व्यर्थ है कि इस पंक्ति की अनुप्रासपूर्ण शब्द-योजना और लयात्मकता में जो बात है, वह गद्य में नहीं लाई जा सकती। इसमें जो समास है, वह हिन्दी की पद्धति पर, जिससे माधुर्य में और वृद्धि हो गई है। शब्द भी शुरू में संस्कृत के हैं, तो बाद में 'परस', 'कस', 'कसक' और 'मसक' हिन्दी के। 'गई' में 'ई' को ह्रस्व करके पढ़ना पड़ता है। इससे हिन्दी के अपने प्रवाह की सृष्टि होती है। जब अँगिया दरक गई, तो नायिका ने अपनी हँसी को अपने होंठों और दाँतों में ही दबाकार बिना कुछ कहे उसे उतार दिया, जिससे उसके शरीर पर सिर्फ साड़ी रह गई। यह दूसरी पंक्ति है। चूँकि नायिका की हँसी अस्फुट है, इसलिए निराला उसे कलिका कहते हैं, काँटे की तोली हुई! 'काँटा' का अर्थ यहाँ तराजू है, जिस पर सोना-चाँदी तोला जाता है। स्पष्टतः 'काँटे की तोली' कहकर कवि ने नायिका की नपी-तुली यानी सुगढ़ काया की ओर संकेत किया है, जो विलक्षण है। विलक्षणता निश्चय ही मुहावरे के उपयुक्त प्रयोग में है।

एक-वसन रह गई नायिका ने वसन्त की रात्रि में ऊपरवाले गीत की नायिका की तरह ही सक्रियता और समानता के भाव का परिचय देते हुए नायक के अधरों के आसव का पान किया और अपनी सुध-बुध गँवा बैठी। उसके बाल खुले हुए थे और पलकें मुँदी हुई। रतिजनित श्रम का सुख अपनी पराकाष्ठा पर पहुँच गया। वह शृंगार का जैसे मूर्तिमान् रूप बनी हुई थी। यह गीत का तीसरा बंद है, जिसमें निराला ने अरबी के 'हद' शब्द का प्रयोग

करके अपनी उक्ति को खनका दिया है। कबीर में 'हद्द' और 'बेहद्द' इन दोनों शब्दों का बहुत गम्भीर अर्थ में प्रयोग हुआ है। ऐसी स्थिति में यह सोचना गलत होगा कि 'हद' शब्द का निरालाकृत प्रयोग उनकी उक्ति को हलका बना देता है। इस बंद में जो मधुर संगीत है, वह 'ऋतु-रात', 'सुध-बुध', 'अलक-पलक' और 'श्रम-सुख' से ही नहीं, 'हद हो ली' से भी सम्भव हुआ है। वैरो पहली पंक्ति में सघोष महाप्राण 'ध' वर्ण की जो छः बार आवृत्ति हुई है, वह उक्ति को गम्भीरता प्रदान करने के लिए ही।

रति-श्रम को अपनी सीमा पर पहुँचाने के बाद चौथे बंद में निराला गीत को समाप्त करते हैं। पहले भी वे कह चुके हैं, 'जागी रात सेज प्रिय पति-सँग', फिर कहते हैं, 'बीती रात सुखद बातों में', लेकिन पहली बार रात-भर जगने की बात है, क्योंकि वर्ण्य विषय आँखों की लालिमा है, और दूसरी बार रात के बीत जाने की, क्योंकि प्रसंग सुखद बातों का है। जब रात बीत गई और ब्राह्म मुहूर्त में चलनेवाली हवा डोलने लगी, तो नायिका उठी, उसने अपने बिखरे हुए बाल ठीक किए, मुख पर आई बाल की लट हटाई, अपना वस्त्र सँभाला और फिर दिया बुझाकर हँसकर नायक से कहा–'हमलोगों ने पूरी रात जगकर बिता दी, यह अच्छा विनोद रहा!' नायिका विनोद कहकर अपनी रति-क्रीड़ा की गम्भीरता को कम नहीं करती है, बस इस तरफ संकेत करती है कि उसमें रात्रि-जागरण नवदम्पति-युगल के बीच कोई असाधारण और अद्वितीय घटना नहीं।

निराला की कविता में शब्द-योजना कभी सघन होती है, कभी विरल। लेकिन दोनों ही स्थितियों में उनका ध्यान संगीत उत्पन्न करने पर अवश्य रहता है। अन्तिम बंद की पहली पंक्ति में भी अनुप्रास है, लेकिन उसमें 'प्रिय-कर-कठिन-उरोज-परस' वाली सघनता नहीं है। 'रात' और 'प्रात' यहाँ भी हैं, पर दूर-दूर, भले 'प्रात पवन प्रिय' के तीनों शब्द पास-पास हैं। पहली पंक्ति की तुलना में दूसरी पंक्ति की शब्द-योजना सघन है। यहाँ 'सँभाल' के साथ 'बाल' है और 'लट' के साथ 'पट'। नायिका के हँसने का इस गीत में बहुत वर्णन है। वह पहले बंद में भी है–'मंजु-मंजु हँस खोली', दूसरे बंद में भी–'मंद हँस अधर-दशन' और इस अन्तिम बंद में भी–'हँस बोली'। इससे उसकी प्रसन्नता का पता चलता है। उसकी हँसी नहीं है, तो चौथे बंद में। उसमें उसके अधर नायक के अधरों का आसव पीने में व्यस्त हैं, वह बेसुध भी है, फिर उसमें हँसने का अवसर कहाँ! अन्तिम बंद में 'ठिठोली' शब्द का जो प्रयोग हुआ है, वह लोकधुन में लिखी गई इस होली के पूरे मिजाज के मेल में है। यदि इस गीत में 'सनेह', 'परस', 'कस', 'कसक', 'मसक', 'अनबोली', 'सुध-बुध', 'हद' और 'ठिठोली' शब्द न होते, तो इसमें जो ताजगी है, वह बहुत कम हो जाती। लोकगीत की धुन और लोकभाषा तथा बोलचाल के शब्द इन्होंने मिलकर इस गीत को ऐसा बनाया है कि इसे पढ़ते ही मन में स्फूर्ति का संचार होता है, वह होली की मस्ती में थिरकने लगता है।

छायावादी निराला के ऐसे गीतों के सम्बन्ध में, जिनमें बहुत ज्यादा ऐंद्रियता या शृंगारिकता है, कभी-कभी संदेह के साथ प्रश्न उठागा जाता है। कुछ विद्वानों ने तो यहाँ तक कहा है कि गीतिका' के गीतों में उनकी संवेदना बहुत-कुछ रीतिकालीन कवियोंवाली है। इस प्रसंग में इतना निवेदन करना पर्याप्त होना चाहिए कि स्त्री-पुरुष के आनन्दपूर्ण सम्बन्ध और व्यवहार के प्रति उनका रुख निषेध का नहीं, बल्कि पूर्णतः स्वीकार का है,

लेकिन इसका मतलब यह नहीं कि अपने गीतों में उन्होंने ऐन्द्रिय तुष्टि के लिए उनका चित्रण किया है। उनका लक्ष्य उस सौन्दर्य की सृष्टि करना है, जिससे प्राप्त होनेवाला आनन्द एक हद तक निर्वैयक्तिक होता है। इसी से उनके गीत उदात्तता के उस स्तर को प्राप्त कर लेते हैं, जो भारतीय मूर्तिकला और कालिदास के काव्य का स्तर है। यहाँ यह कह देना जरूरी है कि अपने चित्रण को उदात्तता प्रदान करने के लिए वे यह जरूरी नहीं समझते कि उसे रहस्यात्मक बनाया जाए। निर्वैयक्तिकता ही उनकी संवेदना पर रीतिकालीन होने का जो आरोप लगाया जाता है, उसका भी उत्तर है। अतिरिक्त बात यह कि रीतिकाव्य के प्रति भी उनका रुख निषेधवादी नहीं था। भक्तिकाव्य की तरह रीतिकाव्य भी हिन्दी का जातीय काव्य है, मात्र दरबारी अथवा सामन्ती काव्य नहीं, और हिन्दी के जातीय कवि के लिए उसे जितना आत्मसात् करके चलना जरूरी है, निराला ने भी उसे आत्मसात् किया था। हिन्दी काव्य जैसे विद्यापति, कबीर, जायसी, सूर और तुलसी के बिना अधूरा है, वैसे ही केशव, बिहारी, देव, घनानन्द और पद्माकर के बिना भी। काव्य की धाराएँ अलग हो सकती हैं, पर उनमें जातीय संस्कृति का प्रवाह एकरस है।

क्या संयोग है कि निराला का प्रेम-शृंगारमूलक जो अगला गीत मैंने व्याख्या के लिए चुना है, वह भी 'होली' शीर्षक से ही सर्वप्रथम मासिक 'वीणा' के जून, 1935 के अंक में प्रकाशित हुआ था और बाद में 'गीतिका' में संकलित हुआ। दो बंदों का यह छोटा-सा गीत इस प्रकार है :

मार दी तुझे पिचकारी,
कौन री, रँगी छवि वारी?

फूल-सी देह,—द्युति सारी,
हल्की तूल-सी सँवारी,
रेणुओं-मली सुकुमारी,
कौन री, रँगी छवि वारी?

मुसका दी, आभा ला दी,
उर-उर में गूँज उठा दी,
फिर रही लाज की मारी,
मौन री रँगी छवि प्यारी।

निराला गीतों में कभी-कभी निहायत छोटे प्रसंगों को लेते हैं और उन्हें अत्यन्त सजीव करके सौन्दर्यानुभूति का विषय बना देते हैं। इस गीत में एक तरुणी है, जो किसी से होली के रंग में रँगकर आई है। पिछली होली की तुलना में यह सचमुच की होली है, रंग-अबीर वाली। निराला उस तरुणी से पूछते हैं कि अरी, किस पुरुष ने पिचकारी चलाकर तुझे इस कदर रँग दिया है? उनके शब्दों में, अरी वह कौन है, जिसने पिचकारी मारकर तुझे ऐसी शोभा प्रदान कर दी है—रंग से सराबोर? जानकीवल्लभजी को एक पत्र में उन्होंने इस गीत के बारे में लिखा था, "इसमें दूसरी पंक्ति जरा पेचदार है, और तो साफ है। मतलब है उसका—री, वह कौन है जिसने तुझे रँगी छवि वार दी?" 'वार दी' यानी न्यौछावर कर दी।

देने के लिए 'वारना' क्रियापद का प्रयोग बहुत ही सटीक है, क्योंकि 'देने' में जहाँ एक साधारणता है, वहाँ 'वारने' में एक विशिष्टता। कोई साधारण चीज तो दी नहीं जा रही है, दी जा रही है एक अद्वितीय शोभा। ऐसा लगता है कि वह पुरुष तरुणी को यह शोभा वारने के साथ उस पर अपने को भी वार देता है!

पहले बंद में तरुणी के सौन्दर्य का वर्णन है। वह तन्वंगी है। स्वभावतः उसकी देह फूल-जैसी है, उसमें जो द्युति या चमक है, वह भी सारी की सारी फूलवाली ही। हलकी वह तूल-जैसी है, लेकिन उसकी देह-यष्टि बहुत सँवारी हुई है। वह रंग से तो सराबोर है ही, उसके चेहरे पर गुलाल भी मला हुआ है। निराला का यह वर्णन देखने ही योग्य है। फूल-सी देह, वैसी ही उसकी सारी चमक, और तूल-सी हलकी! 'फूल' और 'तूल' का अनुप्रास तो ध्यातव्य है ही, चूँकि प्रसंग फूल का उपस्थित हो गया है, इसलिए उसके चेहरे पर गुलाल या अबीर की जगह पुष्प-रेणु या फूलों का पराग मला हुआ है, यह भी ध्यातव्य है। जो तरुणी फूल और तूल-जैसी होगी, उसका सुकुमार होना लाजिमी है। निराला उसे 'सुकुमारी' कहते हैं, तो वह सर्वथा संगत है।

दूसरे और अन्तिम बंद में तरुणी की किंचित् क्रियाशीलता का वर्णन है। इस प्रश्न के उत्तर में कि पिचकारी मारकर उसे यह शोभा प्रदान करनेवाला कौन है, वह सिर्फ मुस्कुरा देती है, जिसका तात्पर्य है, उसका आकांक्षित या काम्य पुरुष। उसका मुस्कुराना था कि उससे जैसे एक आभा फैल गई। इतना ही नहीं, जिसने उस मुस्कुराहट को देखा, उसके हृदय में जैसे कुछ गूँज गया। मुस्कुराने के बाद वह तरुणी लज्जा से गड़ गई। अन्त में निराला कहते हैं, अरी, तेरी वह मौन रंगीन छवि बड़ी प्यारी है! स्मरणीय है कि पूरे गीत में वह तरुणी चुप रहती है और प्रश्न का उत्तर भी देती है, तो मुस्कुराकर, जिससे उसकी चुप्पी टूटती नहीं। इसीलिए कवि उसकी छवि को रंगीन के साथ-साथ 'मौन' भी कहता है। इस बंद में मुस्कुराहट की आभा का फैलना और उसके प्रभाव से हृदयों में गूँज का उठना तो अतिशय कवित्वपूर्ण हैं ही, तरुणी का अतिशय लज्जित हो उठना भी आँखों के सामने एक सजीव चित्र खड़ा करता है।

छोटे-से सवाल-जवाब को लेकर लिखा गया निराला का यह गीत निश्चय ही विलक्षण है, जिसमें छंद भी छोटा है, सिर्फ चौदह मात्राओं का, और शब्द भी बहुत ही कम प्रयुक्त हुए हैं। भाषा का कसाव और अभिव्यक्ति का लाघव वाकई देखने लायक है। 'मार दी तुझे पिचकारी' और 'फिर रही जाल की मारी'—यह कितनी चलती भाषा है और उसमें कैसी संक्षिप्तता! इसके साथ 'छवि', 'द्युति', 'रेणु', 'आभा' और 'उर' का प्रयोग। निराला चलती भाषा के प्रयोग के द्वारा अपनी अभिव्यक्ति को गतिशील बनाते हैं और संस्कृत के तत्सम शब्दों के प्रयोग के द्वारा उसे ऊपर उठाते हैं। इस तरह एक द्वंद्वात्मक प्रक्रिया से उनकी काव्य-भाषा प्रभावशाली बनती है।

'नयनों के डोरे लाल गुलाल-भरे' वाली होली की तरह ही 'गीतिका' का यह गीत भी प्रसिद्ध है :

(प्रिय) यामिनी जागी।
अलस पंकज-दृग अरुण-मुख-
तरुण अनुरागी।

खुले केश अशेष शोभा भर रहे,
पृष्ठ-ग्रीवा-बाहु-उर पर तर रहे,
बादलों में घिर अपर दिनकर रहे,
ज्योति की तन्वी, तड़ित-
द्युति ने क्षमा माँगी।

हेर उर-पट, फेर मुख के बाल,
लख चतुर्दिक, चली मंद मराल,
गेह में प्रिय-स्नेह की जय-माल,
वासना की मुक्ति, मुक्ता
त्याग में तागी।

इस गीत में भी एक ऐसी तरुणी का वर्णन है, जो अपने पति के साथ रति-क्रीड़ा में रात-भर जगी है। ऐसा लगता है कि नायिकाओं का नायक के साथ रात्रि-जागरण करना और उससे आँखों में छानेवाली लाली का दृश्य निराला को विशेष प्रिय था। जिस होली का ऊपर हवाला दिया गया है, उसमें भी यही बात है। इस गीत की विषय-वस्तु भी वही है। गीता की प्रसिद्ध उक्ति है : 'या निशा सर्वभूतानां तस्यां जागर्ति संयमी'। इस गीत में भी रात्रि-जागरण है, लेकिन उससे बिलकुल भिन्न कारण से, जिसे विपरीत कारण भी कहा जा सकता है। यह जो गीता से विपरीतता है, उसे समझे बगैर मानववादी और मानव-प्रेमी निराला की काव्य-संवेदना को नहीं समझा जा सकता। मुझे इसका स्रोत रवीन्द्रनाथ प्रतीत होते हैं। उनके काव्य के अनुशीलन से निराला ने अपनी संवेदना का विकास किया था, मनुष्य के भाव और व्यवहार से प्रेम करना सीखा था, उनके सौन्दर्य को पहचाना था तथा व्यापक मानववादी विश्व-दृष्टि प्राप्त की थी। रवीन्द्रनाथ के जो गीत उन्हें अतिशय प्रिय थे, उनमें से एक यह था : 'आहा, जागि पोहालो विभावरी।/क्लान्त नयन तव सुन्दरी।' इसमें जिस नायिका का वर्णन है, उसने सारी रात जागकर बिताई है, जिससे उसकी आँखों में थकान के चिह्न दिखलाई पड़ रहे हैं। 'रवीन्द्र-कविता-कानन' में निराला ने इस गीत की व्याख्या के क्रम में क्लान्ति के साथ 'आँखों में जागरण की लालिमा' का भी जिक्र किया है। निराला की नायिकाओं से रवीन्द्रनाथ की नायिका का फर्क यह है कि इसने जहाँ रात विरह में, नायक की प्रतीक्षा करते हुए, बिताई है, वहाँ वे रात पति के साथ प्रेम करते हुए बिताती हैं। कुछ विद्वानों का कहना है कि निराला में संयोग के जैसे चित्र हैं, वैसे वियोग के नहीं। यह बात सही प्रतीत होती है। लेकिन इसमें कोई सन्देह नहीं कि रात्रि-जागरण से नायिका की आँखों में लालिमा छा जानेवाला दृश्य उनके गीतों में रवीन्द्रनाथ से ही आया है।

'(प्रिय) यामिनी जागी' में 'प्रिय' शब्द का कोई खास अर्थ नहीं है, वह महज सहारे के लिए है। वैसे 'यामिनी जागी' नौ मात्राओं की एक पूर्ण इकाई है, जिसका निर्वाह गीत में अन्त तक होता है, यथा : 'तरुण अनुरागी', 'ने क्षमा माँगी' (इस पंक्ति में 'द्युति' को ऊपरवाली पंक्ति के साथ रखा जाना चाहिए, लेकिन 'ने' अलग न हो जाए, इसलिए निराला ने उसे नीचेवाली पंक्ति में रखा है) और 'त्याग में तागी'। 'प्रिय' यहाँ संबोधन भी नहीं है। चाहें तो उसे 'यामिनी जागी' (रात-भर जगी हुई नायिका) के विशेषण के रूप में ले सकते

हैं, लेकिन वैसा होता, तो कवि उसे कोष्ठकों में क्यों रखता? यह तरुणी रात-भर की जगी हुई है, या रात-भर जगी है! अभी प्रभात-काल में उसकी कमल के समान आँखें अलसाई हुई हैं। फिर निराला उन आँखों की विशेषता बतलाते हैं कि वे प्रिय के बालसूर्य के समान मुख को नए प्रेम के उत्साह से लगातार निहारते रहनेवाली हैं। कमल और सूर्य का यह सम्बन्ध प्रकृत है। आँखों को कमल कहने से उनके रंग के माध्यम से आँखों की लालिमा की ओर भी संकेत है।

पहला बंद : तरुणी बिस्तर से उठ गई है। रात रति-क्रीड़ा में उसके लम्बे-लम्बे बाल खुलकर जो बिखरे, उन्हें उसने अभी तक समेटा नहीं है। वे बेहद सुन्दर लग रहे हैं, तरुणी की पीठ, गर्दन, बाँहों और वक्ष पर वे तैर रहे हैं। उनके तैरने से पता चलता है कि वे खुले हुए ही नहीं, धुले हुए भी हैं, धुलकर हलके बने हुए। नायक यदि बालसूर्य के समान है, तो नायिका भी उससे कम नहीं। काले-काले बालों में उसका मुख-मंडल ऐसे दीप्त हो रहा है, जैसे बादलों में सूर्य घिरा हो। जाहिर है कि रति-क्रीड़ा ने उसके सौन्दर्य को म्लान नहीं बनाया है, बल्कि उसे और अम्लानता ही प्रदान की है। उसके मुख-मंडल को चाँद की जगह दूसरा सूर्य कहकर निराला ने प्रभात-काल के अनुरूप अप्रस्तुत का प्रयोग तो किया ही है, तरुणी के तेजोमय लावण्य की सूचना दी है। कहते है, वह तन्वंगी जैसे ज्योति से ही बनी है, जैसे कालिदास ने शकुन्तला को 'तरल ज्योति' कहा था, साथ ही यह भी कि ऐसी ज्योति पृथ्वी से उदित नहीं हो सकती : 'न प्रभा तरलं ज्योतिः उदेति वसुधातलात्'। तरुणी का लावण्य वाकई ऐसा तेजोमय है कि बिजली की चमक भी उसे देखकर शरमा गई और अपने अहंकार के लिए उससे क्षमा माँग ली।

गीत का यह पहला बंद बेहद मनोयोग से रचा गया है। चित्र इतना भास्वर है कि चित्त आनन्द से प्लुत हो जाता है। 'तर रहे' का गति-चित्र अतिशय मोहक है। शब्द-योजना में 'केश' है, तो 'अशेष', 'पर' है, तो 'तर' और 'ऊपर' है, तो 'दिनकर'। एक खास बात यह कि तीनों चरणों में आरम्भ में गति मंथर है और बाद में तीव्र। द्रुतविलम्बित छंद की उलटी स्थिति है। वहाँ छंद की गति पहले द्रुत रहती है, फिर विलम्बित होती है, यहाँ गति पहले विलम्बित है, फिर द्रुत। अन्तिम दोनों चरण तो लाजवाब हैं। उनमें पाँच बार जो 'त'-जैसे कोमल वर्ण की आवृत्ति हुई है, उससे एक गजब का माधुर्य उत्पन्न हुआ है। 'तड़ित-द्युति ने क्षमा माँगी' इसमें अभिव्यक्ति की भंगिमा के साथ चित्र की सजीवता पुनः ध्यातव्य है।

पाठकों से क्षमा-याचना करते हुए मैं यहाँ उन्हें 'राम की शक्ति-पूजा' में राम का जो एक प्रसिद्ध चित्र है, उसकी याद दिलाना चाहता हूँ। क्षमा-याचना इसलिए कि दोनों चित्र दो बिलकुल भिन्न पात्रों के हैं और बिलकुल भिन्न स्थितियों में निर्मित। इसके द्वारा मेरा उद्देश्य केवल यह संकेत करना है कि दोनों चित्र मूलतः एक हैं, उनमें फर्क निराला ने वर्ण्य वस्तु के आधार पर पैदा किया है। स्वभावतः उससे उनके प्रभाव में भी फर्क आ गया है। वह चित्र है :

दृढ़ जटा-मुकुट हो विपर्यस्त प्रतिलट से खुल
फैला पृष्ठ पर, बाहुओं पर, वक्ष पर, विपुल
उतरा ज्यों दुर्गम पर्वत पर नैशांधकार...

गीतवाले चित्र में जूड़ा खुलकर बिखरा हुआ है, यहाँ जटा-बंध, उसमें भी बाल 'पृष्ठ-ग्रीवा-बाहु-उर' पर छितराए हैं, यहाँ भी लगभग वही बात है। वहाँ बादल हैं, तो यहाँ रात्रि का अन्धकार। यहाँ कमी है, तो राम के मुख-मंडल की। एक ही चित्र को निराला ने आवश्यकतानुसार एक जगह मधुर बनाकर रखा है और दूसरी जगह ओजस्वी।

पहले बंद के आरम्भिक तीनों चरण उन्नीस-उन्नीस मात्राओं के यानी पीयूषवर्षी छंद के हैं, जबकि दूसरे बंद के तीनों चरण सत्रह-सत्रह मात्राओं के। दो मात्राओं की कमी हो जाने से उनमें स्फूर्ति आ गई है। शब्द-योजना भी कुछ कम बोझिल है। यह सब निराला ने विषय की माँग के हिसाब से किया है। पहले बंद में शुरू से अन्त तक तरुणी का रूप-वर्णन है और दूसरे बंद में उसके क्रिया-व्यापार का चित्रण है। इसमें वह एक दृष्टि अपने आँचल पर फेंकती है, यह देखने के लिए कि वह जगह पर तो है, फिर अपने मुख पर आए हुए बाल झटकती है और अन्त में चारों ओर देखकर मराल की मन्द गति से चल पड़ती है। उसे देखकर यह प्रकट हुए बिना नहीं रहता कि वह अपने पति के प्यार की अखंड अधिकारिणी है। 'गेह में प्रिय-स्नेह की जय-माल'—तात्पर्य यह कि उसके गले में अपने पति के स्नेह की जय-माल नहीं पड़ी है, वह अपने घर में साक्षात् वह जय-माल है! पंडित लोग इस उक्ति में कोई अलंकार देखेंगे, लेकिन उतनी दूर जाने की जरूरत नहीं है, सिर्फ कथन के मर्म को समझ लेना काफी है। अन्तिम दो पंक्तियों से यह पता चलता है कि यह तरुणी नायक के साथ भोग-विलास करनेवाली कोई साधारण तरुणी नहीं है। वह तरुणियों में अपने देदीप्यमान सौन्दर्य से ही विशिष्ट नहीं है, अपने व्यक्तित्व और चरित्र से भी विशिष्ट है। इस तरह वह निराला की आकांक्षित नायिका मालूम पड़ती है। उसके सौन्दर्य में एक पवित्रता है। वह वासना की मूर्ति नहीं, बल्कि उससे मुक्ति का मूर्तिमान् रूप प्रतीत होती है। साथ ही वह ऐसे मोती की तरह है, जो त्याग के धागे में पिरोया गया हो। 'त्याग' यहाँ संन्यास और वैराग्यवाला नहीं है। यह वह त्याग है, जिसका सम्बन्ध प्रेम से होता है और जो प्रेम की कसौटी होता है। इस तरह निराला मनुष्यत्व की भूमि नहीं छोड़ते। यह तरुणी वासना से भी ऊपर है और पति के प्रति अतिशय त्यागमयी है।

'हेर उर-पट, फेर मुख के बाल,/लख चतुर्दिक, चली मंद मराल' में 'नयनों के डोरे लाल गुलाल-भरे' वाली होली की भी अनुगूँज है और 'स्पर्श से लाज लगी' गीत की भी। 'उठी सँभाल बाल, मुख-लट, पट' 'होली' की उक्ति है और 'चुम्बन-चकित चतुर्दिक चंचल/हेर, फेर मुख' 'स्पर्श से लाज लगी' गीत की। 'हेर' और 'फेर' तद्भव शब्दों का यह जोड़ा निराला को उसी तरह प्रिय था, जैसे तत्सम शब्दों का जोड़ा 'अरुण' और 'तरुण'। 'हेर-फेर', 'स्पर्श से लाज लगी' और 'यामिनी जागी' इन गीतों में ही नहीं है, 'जुही की कली' में भी है : 'चकित चितवन निज चारों ओर फेर,/हेर प्यारे को सेज-पास'। इसी तरह 'अरुण-तरुण' 'यामिनी जागी' में ही नहीं है, 'जागो फिर एक बार' में भी है : 'अरुण-पंख तरुण-किरण'।

कहने की आवश्यकता नहीं कि 'यामिनी जागी' गीत के अन्तिम बंद को 'हेर-फेर', 'चतुर्दिक-चली', 'मन्द-मराल', 'गेह-स्नेह' और 'त्याग-तागी' की शब्द-योजना ने बेहद आकर्षक बना दिया है। 'मुक्ति' और 'मुक्ता' के ध्वनि-साम्य तथा अर्थ-वैषम्य से अलग ही एक सौन्दर्य पैदा हुआ है।

प्रेम-शृंगारपरक गीतों के क्रम में इस काल का निराला का गीत 'मौन रही हार' भी कम प्रसिद्ध नहीं। यह भी 'गीतिका' में ही संकलित है और इसके सम्बन्ध में जो विशेष सूचना है, वह यह है कि इसकी 'मेरे गीत और कला' शीर्षक निबन्ध में उन्होंने स्वयं व्याख्या की है। पूरा गीत इस प्रकार है :

मौन रही हार,
प्रिय-पथ पर चलती,
सब कहते शृंगार!

कण-कण कर कंकण, मृदु
किण्-किण् रव किंकिणी,
रणन-रणन नूपुर, उर लाज,
लौट रंकिणी;
और मुखर पायल स्वर करें बार-बार,
प्रिय-पथ पर चलती, सब कहते शृंगार!

'शब्द सुना हो, तो अब
लौट कहाँ जाऊँ?
उन चरणों को छोड़ और
शरण कहाँ पाऊँ?'–
बजे सजे उर के इस सुर के सब तार–
प्रिय-पथ पर चलती, सब कहते शृंगार!

'परिमल' में निराला का एक गीत है–'निशा के उर की खुली कली'। उसमें भी एक युवती सज-धजकर अपने प्रिय से मिलने के लिए जाती है और उसके भी मार्ग में लज्जा बाधा डालती है। यद्यपि वह प्रकृति-गीत है, जिसमें नायिका रात और नायक प्रभात है, तथापि उस गीत और इस गीत की परिस्थितियाँ बिलकुल एक हैं। वस्तु-स्थिति यह है कि निराला को यह प्रसंग प्रिय है, जिसे वे किंचित् भिन्न रूप में दुबारा यहाँ प्रस्तुत करते हैं।

युवती परेशान है। वजह यह कि वह अपने प्रिय से मिलने के लिए निकली है, निश्चय ही रात में घर के सारे लोगों के सो जाने के बाद, तो जो आभूषण उसने धारण किए हैं, वे अपनी ध्वनि से उन सारे लोगों को वह बात बतला रहे हैं। हारकर वह चुप रह जाती है। डा. रामविलास शर्मा ने 'निराला' नामक अपनी पुस्तक में 'प्रिय-पथ पर चलती,/सब कहते शृंगार!' इन पंक्तियों का यह अर्थ बतलाया है : 'प्रिय-पथ पर चलनेवाली नायिका के नूपुरों की ध्वनि में प्रिय का स्वर न सुनकर लोग उसे शृंगार कहकर बदनाम करते हैं।' स्पष्ट है कि 'शृंगार' शब्द का उन्होंने सरल अर्थ ही लिया है, 'आभूषण' नहीं। 'निराला की साहित्य-साधना' के द्वितीय खंड में 'मौन रही हार' का तो वे ठीक अर्थ बतलाते हैं, 'हारकर मौन हो रही या मौन हो गई', लेकिन साथ-साथ यह टिप्पणी करते हैं : 'निराला व्याकरण-विरुद्ध प्रयोग करते हैं–*हार रही*।' 'हारकर मौन हो रही' या निराला के अपने शब्दों में, 'मन में हारकर मौन रह गई', और 'हार रही' का सम्बन्ध समझना मुश्किल है। निराला के प्रयोग में कोई व्याकरण-विरुद्ध बात नहीं, वह डा. शर्मा के 'हार रही' में हो तो हो।

युवती मन में हारकर चुप ही नहीं रह जाती है, बल्कि मार्ग में ठिठक जाती है। 'मौन रही' का असली मतलब यहाँ यही होना चाहिए, यानी उससे कुछ कहते यानी करते न बना, वह जहाँ की तहाँ रुक गई। उसके हाथों के कंकण कण-कण कर रहे हैं, करधनी मृदु स्वर में किण-किण और पाँवों के नूपुर रणन-रणन। स्वभावतः उसके हृदय में लज्जा उत्पन्न होती है और वह लौट जाती है। यहाँ भी 'लौट' का प्रयोग निराला ने 'लौट जाती है' के अर्थ में किया है, जैसे 'कण-कण कर कंकण' में 'कर' का प्रयोग 'कर रहे हैं' के अर्थ में। 'मेरे गीत और कला' में वे कहते हैं, 'हृदय की लज्जा से रंकिनी-सी होकर वह लौट पड़ती है।' जब वह लौट पड़ती है, तो पायलें जैसे और शोर मचाने लगती हैं, जोर-जोर से बोलकर। आभूषणों से पैदा होनेवाली ध्वनि से रवीन्द्रनाथ को भी परेशनी हुई थी, यद्यपि किंचित् भिन्न किस्म की, क्योंकि 'गीतांजलि' के एक गीत में उन्होंने कहा है : 'अलंकार जे माझे पड़े/मिलने ते आड़ाल करे,/तोमार कथा ढाके जे तार/मुखर झंकार' अर्थात् मेरे और तुम्हारे बीच में जो आभूषण आ जाते हैं, वे मिलन में बाधा पैदा करते हैं। उनकी तेज झंकृति मुझे तुम्हारी बात भी नहीं सुनने देती।

यह बंद हिन्दी की निराला-सम्बन्धी आलोचना में बार-बार उद्धृत किया जाता रहा है, अपने नाद-सौन्दर्य के कारण, जैसे तुलसीदास की 'कंकन किंकिनि नूपुर धुनि सुनि' वाली चौपाई। इसमें कोई सन्देह नहीं कि यह बंद अतिशय मधुर नाद से युक्त है। कानों में अलग-अलग आभूषणों की ध्वनि सुनाई पड़ने लगती है। सिफत यह कि निराला ने माधुर्य कोमल और परुष तथा सघोष और अघोष दोनों ही वर्णों के संयोग से उत्पन्न किया है। 'क' कोमल और अघोष वर्ण है, जिसकी इस बंद में अनेकशः आवृत्ति हुई है, तो 'ण' परुष और सघोष वर्ण, जिसकी अनेकशः आवृत्ति के बिना इस बंद को इतना नादपूर्ण बनाना असम्भव था। जरूरत इसका उत्स तलाश करने की है। इसका उत्स विद्यापति में भी है और रवीन्द्रनाथ में भी। निराला ने विद्यापति की पदावली का भी अध्ययन किया था, जिसका प्रमाण उनका 'विद्यापति और चंडिदास' शीर्षक निबन्ध है। त्रिलोचन के अनुसार उन पर विद्यापति का भी प्रभाव है और यह सही है। विद्यापति के पदों में 'किंकिनि रनरनि बलया कनकनि' और 'रनरनि कंकन किंकिनि रटई'-जैसी पंक्तियाँ मिलती हैं। निराला की पंक्तियों पर इसका सीधा प्रभाव मालूम पड़ता है। वैसे उन पर रवीन्द्रनाथ के एक गीत का भी प्रभाव हो सकता है, जिसकी आरम्भिक पंक्तियाँ हैं : 'से आसे धीरे/याय लाजे फिरे।/रिनिकि रिनिकि रिनिझिनि मंजु मंजु मंजीरे/रिनिझिनि-झिन्नीरे।' उन्होंने 'बंगाल के वैष्णव कवियों की श्रृंगार-वर्णना' शीर्षक अपने निबन्ध में अन्तिम पंक्ति को छोड़कर बाकी पंक्तियों को उद्धृत भी किया है। 'वह धीरे आती है और लज्जा से फिर जाती है'—यह पूरे गीत का प्रेरक मालूम पड़ता है, यद्यपि निराला का गीत दूसरे ढंग से आगे बढ़ता है। उसमें युवती लौटती है, पर कवि के संकेत के अनुसार वह फिर अपने प्रिय से मिलने के लिए चल पड़ती है।

गीत के आखिरी बंद में युवती के मन का तर्क-वितर्क है, कहना चाहिए, जो सोचकर वह लौट पड़ी थी, उसके विरोध में उठनेवाला तर्क। अब वह सोचती है कि मैं लौट तो पड़ी हूँ, लेकिन मेरे आभूषणों की ध्वनि मेरे प्रिय ने सुनी हो और समझ लिया हो कि मैं उनके पास आ रही हूँ, तो कैसी स्थिति बनेगी? अब तो मैं लौट भी नहीं सकती। लौटकर जाऊँगी

भी कहाँ? उनके चरणों से दूर शरण भी कहाँ मिलेगी? उसके शृंगार-सज्जित हृदय के सारे तार इसी स्वर में बज उठे, यानी उसके हृदय से उठनेवाली इस जोरदार आवाज ने आभूषणों की ध्वनि से उसके भीतर जो लज्जा का भाव उठा था, उसे दबा दिया। इस तरह गीत में दो आवाजें हैं, दो वाद्य-स्वर और दोनों के बीच टकराव है। दोनों वाद्य-स्वर शृंगार के ही हैं, पहला आभूषणों की झनकार से निःसृत और दूसरा हृदय-वीणा के तारों से। दोनों में समान जोर है। निराला बाहरवाली झनकार से अधिक महत्त्व भीतरवाली झनकार को देते हैं और इस तरह शृंगार पर प्रेम की सत्ता स्थापित करते हैं। उनके शब्द हैं, "पहलेवाले वाद्य से जो लाज हुई थी, वह शृंगार के दैहिक सम्बन्ध की कल्पना से। वाद्य बाहर के हैं, दैहिक सम्बन्ध भी बाहरी सम्बन्ध है। फिर भीतर हृदय के तार झंकृत होते हैं, जहाँ पति का यथार्थ प्रिय भाव—आत्मिक प्रेम बज उठता है। इसलिए लौट जाने पर अधर्म होगा, क्योंकि पति को आहट मालूम हो चुकी है—उसकी ऐसी धारणा है। धर्म के विचार से, नित्य-सम्बन्ध की भावना से, उसकी लज्जा दूर हो जाती है, वह मानवी से देवी बनकर पति के पास जाती है।" संक्षेप में यह शृंगार का भारतीय स्त्री के गार्हस्थ्य-प्रेम में परिणत होना है, जो आत्मिक और धार्मिक ही नहीं, एक सांस्कृतिक वस्तु है और जो कालिदास की तरह निराला की भी विशेषता है। शृंगार का सांस्कृतिक भावना के रूप में विकास—यही दिखलाने में इस गीत की कला निहित है। यदि इसमें युवती सिर्फ लौट जाती और उसके मन में दूसरा भाव न उठता, तो इसके शृंगार में प्रेम से पैदा होनेवाली गहराई न आती। 'उन चरणों को छोड़, और/शरण कहाँ पाऊँ?' पर आज के नारीवादी जो आपत्ति करें, लेकिन प्रसाद से लेकर निराला तक नारी-सम्बन्धी अपने प्रगतिशील दृष्टिकोण में इस पति-भक्ति अथवा पति के प्रति समर्पण-भाव को न केवल यह कि कोई बाधा नहीं मानते थे, बल्कि उसे ही नारीत्व की पूर्णता के रूप में देखते थे।

यह गीत छंद के साथ लय को भी महत्त्व देता हुआ चलता है, वर्ना आखिरी बंद की आरम्भिक पंक्तियों में ऊपरवाले बंद की आरम्भिक पंक्तियों की तुलना में कम और ज्यादा—तेईस की जगह बाईस और फिर चौबीस—मात्राएँ न होतीं। दूसरे बंद की भाषा सरल है, जैसे एक ग्रामीण युवती सोच रही है। आगे की पंक्ति में कवि को बोलना हुआ है, तो उसकी भाषा फिर अनुप्रास से सज उठी है। 'बजे' के साथ 'सजे' आ गया है, 'उर' के साथ 'सुर' और चार बार 'स'-जैसे कोमल वर्ण की आवृत्ति हुई है, वायु की हलकी-सी सरसराहट पैदा करने के लिए।

4

प्रेम-शृंगारपरक गीतों के अलावा इस काल में निराला ने अनेक धार्मिक गीतों की भी रचना की। वे इसमें कोई विरोध न देखते थे, क्योंकि जैसा कि कहा जा चुका है, जीवन के प्रति उनका दृष्टिकोण एकांगी न होकर सर्वांगीण था। वे जीवन को उसके समस्त आयामों और वैविध्य के साथ स्वीकार करते थे। यहाँ पर वे रामकृष्ण और विवेकानन्द से अलग थे।

रामकृष्ण और विवेकानन्द ने सिर्फ निराला के धार्मिक और दार्शनिक दृष्टिकोण का निर्माण किया था। निराला स्वयं अपने को वेदान्ती कहा करते थे, साथ ही यह भी कि उन्हें

वेदान्त की वह व्याख्या स्वीकार है, जो विवेकानन्दकृत है। विवेकानन्द निर्गुण ब्रह्म को मानते हुए भी सगुण ब्रह्म को मानते थे। इतना ही नहीं, वे विभिन्न देवी-देवताओं को भी मिथ्या नहीं कहते थे। यह जरूर है कि वे इन्हें निर्गुण ब्रह्म तक पहुँचने के लिए सोपान की संज्ञा देते थे। उनके शब्द हैं : "यह सगुण ईश्वर मायारूपी आवरण के भीतर से परिदृश्यमान उस निर्गुण ब्रह्म के अतिरिक्त और कुछ नहीं है। यदि कोई व्यक्ति सूर्य को देखने के लिए यहाँ से ऊपर की ओर यात्रा करे, तो जब तक वह असल सूर्य के निकट नहीं पहुँचता, तब तक वह सूर्य को क्रमशः अधिकाधिक बड़ा ही देखता जाएगा। वह जितना ही आगे बढ़ेगा, उसे ऐसा मालूम होगा कि वह भिन्न-भिन्न सूर्यों को देख रहा है, परन्तु वास्तव में वह उसी एक सूर्य को देख रहा है, इसमें सन्देह नहीं। इसी प्रकार, हम जो कुछ देख रहे हैं, सभी उसी निर्गुण ब्रह्मसत्ता के विभिन्न रूप मात्र हैं, इसलिए उस दृष्टि से ये सब सत्य हैं। इनमें से कोई भी मिथ्या नहीं है। परन्तु यह कहा जा सकता है कि ये निम्नतर सोपान मात्र हैं।" स्वभावतः निराला वेदान्ती होते हुए भक्त भी थे। वे राम और कृष्ण के साथ-साथ विभिन्न देवी-देवताओं यथा शिव, शक्ति, लक्ष्मी, सरस्वती आदि में भी निष्ठा रखते थे। 'गीतिका' में संकलित उनकी सरस्वती-वन्दना 'वर दे, वीणावादिनि वरदे!' उनका सर्वाधिक प्रचारित गीत है, जो काव्य-कला की दृष्टि से भी उत्कृष्ट है और जिससे उनकी धर्म-भावना के वैशिष्ट्य का भी पता चलता है।

गीत इस प्रकार है :

वर दे, वीणावादिनि वरदे!
प्रिय स्वतन्त्र-रव अमृत-मन्त्र नव
भारत में भर दे!

काट अंध-उर के बन्धन-स्तर
बहा जननि, ज्योतिर्मय निर्झर;
कलुष-भेद-तम हर प्रकाश भर
जगमग जग कर दे!

नव गति, नव लय, ताल-छंद नव,
नवल कंठ, नव जलद-मन्द्र रव;
नव नभ के नव विहग-वृन्द को
नव पर, नव स्वर दे!

स्पष्टतः इस गीत में वे सरस्वती से वर-याचना करते हैं। 'वर दे' और 'वरदे!' समान वर्णवाले इन शब्दों के द्वारा उन्होंने यमक का सौन्दर्य उत्पन्न किया है, लेकिन असल चीज सरस्वती के लिए 'वीणावादिनी' पर्याय का प्रयोग है, जो वस्तुतः इस गीत का बीज-शब्द है। सरस्वती का यही रूप क्यों? इसलिए कि निराला उनसे सिर्फ स्वर की याचना करते हैं, और किसी चीज की नहीं। कहते हैं, वे पूरे देश में नया 'अमृत-मंत्र' भर दें, जो कि 'स्वतन्त्र-रव' है। अमृत-मंत्र अर्थात् अमृतत्व प्रदान करनेवाले मंत्र का नयापन उसका स्वतन्त्र-रव होना ही है। यह स्वतन्त्र-रव स्वतन्त्रता की आवाज है, जिसका हिन्दी भाषा से

गहरा सम्बन्ध है। निराला की एक आरम्भिक राष्ट्रीय कविता है 'गए रूप पहचान', जिसमें वे कहते हैं कि छली शत्रुओं यानी विदेशी शासकों की असली पहचान उन्हें अपनी भाषा यानी हिन्दी के माध्यम से हुई है : 'सुनी राष्ट्रभाषा की जबसे भव्य मनोहर तान।/मिटी मोह-माया की निद्रा गए रूप पहचान।' स्वभाषा और स्वतन्त्रता का सम्बन्ध उनकी 'भाषा' शीर्षक एक टिप्पणी में भी दिखलाई पड़ता है, जिमसें उनका कहना है कि 'अपनी ही भाषा के भीतर से श्रेष्ठत्व साबित करने की प्रचेष्टाएँ होनी चाहिए, जिससे स्वतन्त्रता के अंकुर उठें', यानी अपनी भाषा का प्रयोग और उसका विकास स्वतन्त्रता की चेतना को दृढ़ करनेवाली वस्तु है। स्वभाषा और स्वतन्त्रता के जिस सम्बन्ध को आज भी लोग कठिनाई से समझ पाते हैं, उसे निराला ने काफी पहले समझ लिया था। 'स्वतन्त्र-रव' के पहले जो 'प्रिय' विशेषण है, वह भी ध्यान देने लायक है, क्योंकि उससे उसके प्रति उनके हार्दिक सम्बन्ध का इजहार होता है। ताज्जुब नहीं कि यह गीत 1931 की मई में कलकत्ते में हिन्दी साहित्य सम्मेलन का जो अधिवेशन हुआ था, उसमें गाया गया था और बाद में क्रान्तिकारी युवकों की पटने से प्रकाशित होनेवाली मासिक पत्रिका 'युवक' में उसी वर्ष छपा। निराला की धार्मिकता देशभक्ति से भी जुड़ जाती थी, यह गीत उसका प्रमाण है।

गीत की आरम्भिक तीनों पंक्तियाँ कवि ने इस तरह रची हैं कि उससे एक औदात्त्य की सृष्टि हो। पहली पंक्ति में 'व', 'र', 'द' और 'ण' ये सभी सघोष वर्ण हैं। उनमें से 'व' की चार बार और 'द' की तीन बार आवृत्ति हुई है। दूसरी पंक्ति में 'र' चार बार आया है और 'स्वतन्त्र' तथा 'मंत्र' के साथ 'रव' और 'नव' का अनुप्रास भी है। तीसरी पंक्ति में 'भ' की आवृत्ति से कुछ और गम्भीरता आ गई है, क्योंकि यह सघोष वर्ण महाप्राण भी है। तात्पर्य यह कि इन तीनों पंक्तियों के उच्चारण से फूटनेवाली ध्वनि वीणा के स्वर की तरह ही उदात्त है। यह उदात्तता पूरे गीत में है।

पहले बंद में निराला अपना ध्यान भारतीय समाज की तरफ ले जाते हैं, जो नाना प्रकार के जाति-वर्णगत भेद-भाव और रूढ़ियों का शिकार है। वे सरस्वती से निवेदन करते हैं कि वे भारतीय जनों के अन्धकारपूर्ण हृदय पर पड़े सभी बन्धनों को काट दें और उनमें ज्ञान का प्रकाश करें। चूँकि स्वर की बात है, इसलिए वे निर्झर के रूपक का इस्तेमाल करते हैं। वह निर्झर निश्चय ही 'ज्योतिर्मय' है, जिसमें पापपूर्ण विभेदजनित अन्धकार को दूर करने की क्षमता है। उन्होंने 'जग' शब्द का प्रयोग किया है, जो वस्तुतः भारत का पर्याय है। इसमें कोई सन्देह नहीं होना चाहिए कि निर्झर शब्दों का ही है, क्योंकि अगले बंद में भी याचना स्वर की ही है। जब निर्झर है, तो 'बन्धन-स्तर' का अर्थ भी बन्धन पर डाले गए बन्धन न लेकर तह पर तह जमी हुई चट्टानें लेना चाहिए। निराला उन चट्टानों को काटकर ही ज्योति की धारा बहाने की प्रार्थना करते हैं। रवीन्द्रनाथ के 'निर्झरेर स्वप्नभंग' में भी यह 'बन्धन' मौजूद है : 'केन दे विधाता पाषाण हेन,/चारिदिके तार *बाँधन* केन!', अर्थात् ओ विधाता, मेरे चारों ओर तुमने ऐसे पाषाण का बन्धन क्यों खड़ा किया! ज्योति का स्रोत हृदय ही है और उसके प्रकट होने पर भेद-भाव दूर हो जाएँगे, कवि की इस मान्यता के पीछे वेदान्त की स्थिति मानना असंगत न होगा। सरस्वती ज्ञान की भी देवी हैं। हंस उनका वाहन है, जो विवेक का प्रतीक है। मतलब यह कि निराला यह चाहते हैं कि लोगों के रूढ़िग्रस्त चित्त से शब्दों का ऐसा निर्झर फूटे, जो सामाजिक भेद-भाव को मिटा

दे। स्वातन्त्र्य-चेतना के प्रसार के लिए यह आवश्यक है। शब्दों का यह निर्झर कविता ही हो सकती है। तब 'अन्ध-उर' उन लोगों का होगा, जो अन्तिम बंद में 'विहग-वृंद' के रूप में याद किए गए हैं, अर्थात् नवचेतना से युक्त नए कवि।

इस बंद के कवित्व के बारे में तो कुछ कहना ही नहीं है, क्योंकि निर्झर का वर्णन करने के लिए जैसे निराला के अपने शब्दों का निर्झर फूट पड़ा है। जैसे निर्झर शुरू में संघर्ष करता है, फिर तीव्र गति से प्रवाहित हो उठता है, इस बंद में भी पहले 'अन्ध-उर' और 'बन्धन-स्तर'-जैसी रुकावटें आती हैं और फिर वह जोरों से गति पकड़ लेता है। 'जगमग जग कर दे!' में आकर वह गति बहुत तीव्र हो जाती है, जैसे धारा पहाड़ से नीचे की ढलान पर तेजी से दौड़ने लगी हो। 'अंध' और 'बंध' की तरह ही आगे की पंक्तियों में 'जननि' और 'ज्योतिर्मय', 'हर' और 'भर' तथा 'जगमग' और 'जग' का अनुप्रास है। निराला का गीत 'रँग गई पग-पग, धन्य धरा,–/हुई जग जगमग मनोहरा' भी प्रसिद्ध है। उसमें दूसरी पंक्ति में जो बिम्ब है, वह पृथ्वी का है, पर अत्यन्त सीमित। 'जगमग जग कर दे!' में जैसे सारा 'भारत' जगमगा उठता है, भले कल्पना में।

दूसरे और अन्तिम बंद में संगीत का पूरा समाँ है। गति भी है, लय भी, ताल-छंद भी, कंठ भी और जलद-मन्द्र रव अर्थात् गम्भीर स्वर भी, सबकुछ नवीन। आरम्भिक दोनों चरणों में जो गति है, उससे लगता है कि तबले पर वादक की उँगलियाँ तेजी से चल रही हैं। स्वर की गम्भीरता के ही अनुरूप पहले 'कंठ' शब्द का प्रयोग है, फिर 'जलद-मंद्र' शब्द का। निराला इन तमाम चीजों की याचना संगीत की अधिष्ठात्री देवी सरस्वती से करते हैं और अन्त में कहते हैं कि वे नए आकाश के नए विहग-दल को नए पंख और नया स्वर प्रदान करें। जैसे ऊपर सारी चीजें नई हैं, नीचे भी। इस नवीनता का सम्बन्ध पूर्वोक्त नवचेतना से है, जिसके स्वातन्त्र्य-चेतना के रूप में अपनी भाषा में प्रकट होने की निराला आकांक्षा रखते हैं। 'नव पर' शब्द का प्रयोग उन्होंने नवीन कल्पना के लिए किया है। 'पर' फारसी का शब्द है, लेकिन उन्होंने उसे संस्कृत 'नव' के साथ ही संस्कृत 'स्वर' के साथ भी रखा है। इससे उनकी अभिव्यक्ति को कोई क्षति नहीं पहुँची है, बल्कि उसमें एक ताजगी आ गई है। 'ताल-छंद', 'जलद-मन्द्र' और 'विहग-वृन्द' की मंथरता 'नव पर, नव स्वर दे!' में आकर तीव्रता में ही नहीं बदल जाती है, ओजस्विता को माधुर्य और उदात्तता को सौन्दर्य मिल जाता है।

यह गीत एक तरह से जागरण-गीत है। सरस्वती से कवि की याचना अपनी वीणा के स्वर से भारत को जगाने के लिए है। स्वभावतः पूरे गीत में प्रभात का रूपक निर्मित हो गया है। पहले तम, फिर प्रकाश, फिर जग को जगमग कर देने की बात। रवीन्द्रनाथ की प्रसिद्ध पंक्तियाँ हैं : 'हबे हबे प्रभात हबे,/आँधार जाबे केटे/तोमार वाणी सोनार धारा/पड़बे आकाश फेटे'। इसमें उन्होंने वाणी को धारा का रूप प्रदान किया है। निराला इस गीत में स्वर को 'निर्झर' के रूप में चित्रित करते हैं, तो वह स्वाभाविक है। लक्ष्य करने योग्य यह है कि रवीन्द्रनाथ में भी प्रभात का ही वर्णन है। अन्तिम बंद में संगीत का ठाट बाँधने के बाद निराला जो दृश्य उपस्थित करते हैं, उससे प्रभात-काल पूर्णतः मूर्त हो उठता है। प्रभात-काल का नई ज्योति से चमकता हुआ आकाश और उसमें पर भरते हुए और कलरव करते हुए अपने घोंसलों से नई स्फूर्ति लेकर निकले हुए पक्षी। यह है 'परिन्दों से भरा

आसमान'! दृश्य के अनुरूप ही यह गीत पाठकों में स्फूर्ति का संचार करता है और धर्म-भावना के साथ उनमें राष्ट्रीय भावना जगाता है।

थोड़े दिनों बाद निराला ने सरस्वती को ही संबोधित कर एक और गीत लिखा और वह भी उसी तरह धार्मिक के साथ-साथ राष्ट्रीय चेतनासम्पन्न। 'गीतिका' में ही संकलित वह गीत है :

अनगिनित आ गए शरण में जन, जननि,–
सुरभि-सुमनावली खुली, मधुऋतु अवनि!

स्नेह से पंक-उर
हुए पंकज मधुर,
ऊर्ध्व-दृग गगन में
देखते मुक्ति-मणि!

बीत रे गई निशि,
देश लख हँसी दिशि,
अखिल के कंठ की
उठी आनन्द-ध्वनि!

यह सरस्वती-पूजा के अवसर पर लिखा गया है, जो वसन्त-पंचमी को पड़ती है। उस दिन ढेर सारे स्थानों पर सरस्वती की प्रतिमा प्रतिष्ठित की जाती है और लोग उनकी पूजा-अर्जना करते हैं। यही कारण है कि प्रसन्न होकर निराला कहते हैं कि माँ की शरण में एक-दो नहीं, असंख्य लोग आ गए हैं। चतुर्दिक् सुगन्धित फूल पंक्तिबद्ध रूप में खिले हुए हैं, क्योंकि पृथ्वी पर वसन्त विराज रहा है।

पहले बंद में उनका कहना है कि सरस्वती की कृपा से लोगों के पंकिल हृदय भी मधुर पंकज में बदल गए हैं। अब वे पंकज अपनी आँखें ऊपर उठाए आकाश में सूर्य को देख रहे हैं! मुक्ति स्वतन्त्रता है, जिसका रूप है सूर्य। वह संसार को अन्धकार से मुक्त करता है, इसलिए उसे 'मुक्ति-मणि' कहना सार्थक है। अब आसानी से इस गीत की धार्मिकता के राष्ट्रीय संदर्भ को समझा जा सकता है। निराला प्रसन्न हैं कि पहले गीत में उन्होंने सरस्वती से जो याचना की थी, वह पूरी हो गई है, यानी देश में स्वातन्त्र्य-चेतना का प्रसार हो रहा है, अब लोगों की आँखें स्वाधीनता पर टिक गई हैं। यह स्वाधीनता मणि है, सूर्य की तरह भास्वर। पंक से पंकज और पंकज का ऊर्ध्व-दृग होकर सूर्य को देखना–कितना भव्य और आत्मीयतापूर्ण वर्णन है यह!

अन्तिम बंद में रात्रि पूर्णतः व्यतीत हो जाती है और देश यानी भारत को जाग्रत् देखकर दिशाएँ हँस उठती हैं। 'बीत रे गई निशि,/देश लख हँसी दिशि'–इतने कम शब्दों में ऐसा चित्र निराला ही अंकित कर सकते थे। दिशाओं का हँसना तो अत्यन्त भव्य है ही, असल चीज है देश को देखकर उनका हँसना। हमारा ध्यान 'देश' और 'दिशि' में जो वर्ण-साम्य है, उस पर भी जाना चाहिए, क्योंकि वह कवित्व का एक अलग उत्स है। जागरण का दृश्य अन्तिम पंक्तियों में अपनी पूर्णता पर पहुँच जाता है, जब कवि कहता है कि सम्पूर्ण देश

जागकर आनन्दपूर्ण ध्वनि करने लगा है। 'अखिल' शब्द का अर्थ है 'सम्पूर्ण', जो यहाँ सम्पूर्ण देश के लिए प्रयुक्त है : 'अखिल के कंठ की/उठी आनन्द-ध्वनि!' यह उदात्त शब्दावली है, नादपूर्ण भी। यहाँ आकर प्रभात का वर्णन पूरा हो जाता है। 'सुरभि-सुमनावली' प्रभात-काल में ही खिलती है, पंकज इसी काल में प्रस्फुटित होकर सूर्य को एकटक देखते हैं, दिशाएँ इसी काल में हँसती हैं और आनन्द-ध्वनि चतुर्दिक् इसी काल में होती है! अघोषित रूप में प्रभात-वर्णन का यह निर्वाह निराला की काव्य-क्षमता का विशिष्ट प्रमाण है, जो कविता से लेकर गीत तक में संहति को अत्यधिक महत्त्व देनेवाले कवि हैं।

इस गीत का सौन्दर्य इसके छंद के छोटा होने में भी है। दस मात्राओं का यह छंद, जिसे पंडितों ने विमोहा मात्रिक नाम दिया है, अपनी गति से वाकई पाठकों को विमोहित कर लेता है। लगता है, जल का कोई छोटा सोता उछल-उछलकर मस्ती में बह रहा है। आरम्भिक दो पंक्तियाँ नीचे के बंदों की तरह ही हैं, बस निराला ने उन्हें टेक का दर्जा देने के लिए उनमें दो चरणों को एकसाथ कर दिया है। वैसे इससे उनकी गति नियन्त्रित हो गई है और उनमें एक गम्भीरता आ गई है।

इस गीत के सौन्दर्य का एक कारण इसमें ह्रस्व 'इ' स्वर का प्रयोग भी है। 'अनगिनित', 'जननि', 'सुरभि' और 'अवनि' से जो यह स्वर शुरू होता है, वह 'मुक्ति-मणि' होता हुआ 'दिशि', 'निशि', 'अखिल' और 'ध्वनि' तक चलता रहता है। इस तरह निराला अपनी रचना को व्यंजन-वर्णों की विशिष्ट योजना से ही नहीं, स्वर वर्णों की विशिष्ट योजना से भी कलात्मक बनाते हैं।

उपर्युक्त गीत की लय में ही उन्होंने 'गीतिका' के दो और धार्मिक गीतों की रचना की है। उनमें पहला है 'दे, मैं करूँ वरण' से शुरू होनेवाला गीत और दूसरा 'प्रात तव द्वार पर' से शुरू होनेवाला। इन सभी गीतों के छंद दस-दस मात्राओं की इकाई से बने हैं। पहले गीत में कवि ने टेक की पहलीवाली पंक्ति को छोड़कर बाकी पंक्तियों में बीस मात्राएँ रखी हैं, यानी दस-दस मात्राओं की दो इकाइयों को एकसाथ। इससे इस गीत की गति में वैसी ही मंथरता आ गई है, जैसी पिछले गीत की आरम्भिक दो पंक्तियों में। गीत है :

दे, मैं करूँ वरण
जननि, दुखहरण पद-राग-रंजित मरण।

भीरुता के बँधे पाश सब छिन्न हों,
मार्ग के रोध विश्वास से भिन्न हों,
आज्ञा, जननि, दिवस-निशि करूँ अनुसरण।

लांछना इंधन, हृदय-तल जले अनल,
भक्ति-नत-नयन मैं चलूँ अविरत सबल
पार कर जीवन-प्रलोभन समुपकरण।

प्राण-संघात के सिन्धु के तीर मैं
गिनता रहूँगा न कितने तरंग हैं,
धीर मैं ज्यों समीरण करूँगा तरण।

यह निराला का ऐसा धार्मिक गीत है, जिसमें गहरा आत्मस्पर्श है। दूसरे, यह सरस्वती को संबोधित न होकर शक्ति को संबोधित है। विवेकानन्द में ईश्वर के प्रति पितृ-भाव की अपेक्षा मातृ-भाव अधिक था। यह उनके शक्तिपूजक होने के कारण था। निराला में भी हम वही बात पाते हैं। इस गीत में वे अपने जीवन-संघर्ष से ऊबकर शक्ति से मृत्यु की याचना करते हैं, क्योंकि मृत्यु सभी दुखों से छुटकारा दिलानेवाली है। उसके लिए वे एक और विशेषण का प्रयोग करते हैं–'पद-राग-रंजित', जिसका अर्थ है–चरण-रति से रँगी हुई। कवि की शक्ति के चरणों में अपार भक्ति है। वह उनसे जो मृत्यु माँगता है, वह उस भक्ति से ओत-प्रोत होगी! तात्पर्य यह कि वह उसे उसी के फलस्वरूप प्राप्त होगी। इससे ऐसा लगता है कि कवि मृत्यु-कामी है, लेकिन स्थिति बिलकुल इसके विपरीत है। निराला का यह गीत उनकी गहन व्यथा के साथ-साथ उनके दृढ़ संकल्प को भी अभिव्यक्त करनेवाला है। यहाँ यदि वे शक्ति से मृत्यु के लिए प्रार्थना करते हैं, तो एक तरफ यह उनकी असह्य पीड़ा का सूचक है और दूसरी तरफ उनके प्रति उनके चरम कोटि के समर्पण-भाव का, जिसमें वे प्राण उत्सर्ग करने को भी तैयार है। 'वरण', 'हरण' और 'मरण' ये शब्द इन दो पंक्तियों को कैसे झंकृत करते हैं, बतलाने की जरूरत न होनी चाहिए। 'पद-राग-रंजित' का अपना सौन्दर्य है, माधुर्य भी।

पहले बंद से ही गीत का स्वर बदलने लगता है। निराला चाहते हैं कि शक्ति की कृपा से भीरुता के जो बन्धन उन्हें जकड़े हुए हैं, वे टूट जाएँ और उनके प्रति दृढ़ निष्ठा से उनके रास्ते की सारी रुकावटें अलग यानी दूर हो जाएँ। वे रात-दिन शक्ति की आज्ञानुसार ही चलना चाहते हैं। 'पाश' और 'विश्वास' शुरू के दोनों चरणों में आनेवाले ये तुकान्त शब्द बतलाते हैं कि निराला किसी भी अवस्था में शब्द-योजना के सौन्दर्य को विस्मृत नहीं करते। इन दोनों शब्दों के साथ 'भीरुता' और 'मार्ग' 'आ' स्वरवाले भी हैं, जिनसे अर्थ को विस्तार मिला है। तीसरी पंक्ति में तीन बार ह्रस्व 'इ' स्वर का जो प्रयोग हुआ है, वह उसे एक खास प्रकार की लयात्मकता प्रदान कर देता है।

दूसरा बंद बहुत सशक्त है। हिन्दी कविता में नए युग के प्रवर्तन के लिए निराला को तरह-तरह से लांछित किया गया था। उनका आत्मविश्वास अडिग था, वर्ना वे अपने मार्ग पर आगे न बढ़ पाते। यहाँ वे शक्ति से कहते हैं कि मेरे हृदय में वह अग्नि प्रज्वलित हो, जिसमें मुझ पर लगाए गए सारे लांछन इंधन की तरह जलकर भस्म हो जाएँ। यह लांछन 'सरोज-स्मृति' में भी है और वहाँ भी प्रचंड आत्मविश्वास के साथ। उसमें वे अपने शत्रुओं से कहते हैं : 'ले कर-कर कल तूलिका कला,/देखो क्या रँग भरती विमला,/वांछित उस किस लांछित छवि पर/फेरती स्नेह की कूँची भर।' वहाँ कवि की आराध्या सरस्वती हैं, जबकि यहाँ शक्ति, जिनकी भक्ति से झुकी आँखों के साथ सबल होकर वह निरन्तर अपने मार्ग पर चलना चाहता है, सुखमय जीवन के सभी प्रलोभनकारी साधनों की उपेक्षा करते हुए। बंद के पहले चरण में सघोष वर्ण 'ल' चार बार आवृत्त हुआ है, जिससे इसकी ध्वनि गम्भीर हो गई है। दूसरे चरण में 'नत-नयन'-जैसा सानुप्रास पद तो है ही, 'नत' के साथ 'अविरत' का भी अनुप्रास है। तीसरे चरण में 'पार' के साथ 'प्रलोभन' है, जो 'समुपकरण' को भी संगीतमय बनाता है।

दूसरे बंद का दूसरा चरण भी तीसरे चरण में जाकर पूरा होता है, जैसा टेक के प्रथम

चरण के साथ है, लेकिन तीसरे बंद में तो यह बात स्पष्ट है और इसमें निराला का वाक्य-विन्यास बिलकुल गद्यात्मक हो गया है। इससे अभिव्यक्ति की सघनता कुछ कम हुई है, लेकिन एक नया स्वाद भी पैदा हुआ है। वह इस कारण कि गद्य फिर भी हमारे जीवन के अधिक निकट है। इसलिए कविता लिखते-लिखते कोई कवि गद्य के निकट आ जाता है, तो लगता है कि वह केवल आकाश में नहीं उड़ रहा है, जमीन पर भी है। 'प्राण-संघात' यह शब्द निराला के जानलेवा संघर्ष की ओर संकेत करता है। बहुत विश्वास के साथ उन्होंने कहा है कि प्राणों पर सांघातिक प्रहार करनेवाले जीवन-समुद्र के किनारे वे सिर्फ दर्शक बनकर खड़े न रहेंगे, बल्कि जैसे वायु समुद्र को पार कर जाती है, धीरतापूर्वक वे उसे तर जाएँगे। प्रथम चरण में 'संघात' के साथ 'सिन्धु' का संयोग है। अन्तिम चरण में 'धीर' के साथ 'समीरण' के 'समीर' का संयोग उसकी अभिव्यक्ति को किंचित् सघन बनाने का प्रयास करता है। यहाँ पहले चरण के 'तीर' को भी स्मरण करना चाहिए, जो उसके लिए मार्ग तैयार करता है। इस बंद में 'तीर', 'तरंग' और 'तरण' ये सानुप्रास शब्द भी हैं, जो इसे संगीत प्रदान करते हैं। इस तरह मृत्यु की याचना से शुरू होनेवाला यह गीत अखंड आत्मविश्वास और आस्था के साथ समाप्त होता है। निराला का शेष जीवन इस बात का प्रमाण है कि उनका संकल्प निरा शाब्दिक न था।

दूसरा गीत है :

प्रात तव द्वार पर
आया, जननि, नैश अंध पथ पार कर।

लगे जो उपल पद, हुए उत्पल ज्ञात,
कंटक चुभे जागरण बने अवदात,
स्मृति में रहा पार करता हुआ रात,
अवसन्न भी हूँ प्रसन्न मैं प्राप्तवर–
प्रात तव द्वार पर।

समझ क्या वे सकेंगे भीरु मलिन-मन,
निशाचर तेजहत रहे जो वन्य जन,
धन्य जीवन कहाँ,–मातः, प्रभात-धन,
प्राप्ति को बढ़ें जो गहें तव पद अमर–
प्रात तव द्वार पर।

यह गीत पुनः सरस्वती को संबोधित है, क्योंकि इसमें जिस संघर्ष का वर्णन है, भले लाक्षणिक रूप में, वह निराला का साहित्यिक संघर्ष है। इससे यह भी स्पष्ट है कि यह पिछले गीत की तरह ही उनकी एक आत्मपरक रचना भी है। 'प्रात तव द्वार पर' इससे विनयपत्रिका का पद 'द्वार हौं भोर ही को आजु' याद आता है, लेकिन उसमें जहाँ कवि राम से 'भगति-सुधा-सुनाजु' की भिक्षा माँगता है, वहाँ इसमें निराला इस बात पर हर्ष प्रकट करते हैं कि वे सुबह होने के साथ सरस्वती के द्वार पर पहुँच गए। यह जैसे उनका मंजिल पा जाना है, कविता में अपने लक्ष्य को प्राप्त कर लेना। पूरे गीत में रात का नाटकीय रूपक

है, उस रात का, जिसे पार कर वे अपने गन्तव्य पर पहुँचे हैं। टेक की पंक्तियों में जो 'नैश' शब्द है, वह अभिव्यक्ति को गजब की उदात्तता प्रदान कर रहा है।

रास्ते में पत्थर थे, जिनसे रात के अँधेरे के कारण कवि टकरा जाता था। लेकिन वह इतने उत्साह में था, या साहित्य के प्रति उसका समर्पण-भाव इतना दृढ़ था कि उसने उसकी परवाह नहीं की, बल्कि उन पत्थरों का स्पर्श उसे फूल के कोमल स्पर्श के समान प्रतीत हुआ। 'उपल' का 'उत्पल' में विपर्यय और उससे उत्पन्न होनेवाला सौन्दर्य ध्यातव्य है। 'उत्पल' की व्यंजना प्रभात से भी सम्बन्धित है। पत्थरों से टकराने के साथ जो काँटे चुभे, उन्होंने उसे जगाकर रखा। वे उसके लिए शुभ्र जागरण बन गए, जैसे 'उपल' 'उत्पल' बन गए थे। ये साहित्य-साधना के मार्ग के विघ्न थे, जिनसे हताश होने के बदले कवि उत्साहित ही हुआ। वह कहता है कि सरस्वती की स्मृति मन में जुगोए वह गहन अँधेरी रात में सफर करता रहा। आज जब उनके मंन्दिर के द्वार पर पहुँच गया है, तो मार्ग के कष्टों से या कष्ट देनेवाले साहित्यकारों तथा संपादकों के व्यवहार से मन में अवसाद होते हुए भी वह प्रसन्न है। उसे अपनी साधना का सुफल, अपनी तपस्या का वरदान मिल गया है। यह गीत का पहला बंद है।

दूसरा बंद विरोधियों पर केन्द्रित है। निराला उन्हें भीरु और मलिन मनवाले कहते हैं, क्योंकि एक तो उन्होंने गलत ढंग से उन पर हमले किए थे और दूसरे, किसी पवित्र विचार से नहीं। फिर वे उन्हें 'निशाचर' कहकर अभिहित करते हैं, जो तेजहीन और असभ्य थे। ये दिन में और सभ्य तरीके से वार नहीं कर सकते थे। ऐसा धन्य जीवन उनका कहाँ था कि वे 'प्रभात' के महत्त्व को समझते, वहाँ तक पहुँचने के लिए प्रयास करते और उसके लिए माँ सरस्वती के अमर चरणों को पकड़ते! उनके लिए तो रात का ही महत्त्व है, क्योंकि निशाचर उसी में विचरण करते हैं। ऐसा धन्य जीवन तो कवि निराला का है। यह बात उन्होंने कितने आत्मविश्वास के साथ और भक्ति की कैसी विह्वलता के साथ कही है, सहज अनुमेय है।

पहले बंद में 'उपल' और 'उत्पल' से उत्पन्न होनेवाले सौन्दर्य की ओर संकेत किया जा चुका है। उसके अन्तिम चरण में 'अवसन्न' के साथ 'प्रसन्न'-जैसा शब्द भी है, जो सानुप्रास ही नहीं है, 'अवसन्न' पर भारी भी है। यह बात अर्थ के गहरे मेल में है। दूसरे बंद में छोटे-छोटे सानुप्रास पद हैं, जो ज्यादा शोर नहीं मचाते, जैसे 'मलिन-मन' और 'वन्य' के बाद आनेवाला 'धन्य', लेकिन अभिव्यक्ति को सुन्दरतर बनाते हैं। इस बंद का सबसे सुन्दर और सार्थक शब्द है–'प्रभात-धन', जिसे इस गीत का बीज-शब्द कहना चाहिए। अव्वल तो 'प्रभात' को 'धन' मानना अपने आपमें विलक्षण है, दूसरे, यह पूरे गीत में व्याप्त है। प्रभात में ही कवि सरस्वती के दरवाजे पहुँचता है, मार्ग में विघ्नों से उसे प्रभात की ही अनुभूति होती है और यही वह चीज है, जो उसके विरोधियों को प्राप्त नहीं।

5

निराला के गीतों का एक महत्त्वपूर्ण विषय है–प्रकृति। छायावादियों में प्रकृति के कवि पंत माने जाते रहे हैं, लेकिन निराला का उससे उनकी तुलना में कम सरोकार नहीं रहा। विद्वानों

ने कविता में प्रकृति-चित्रण के रूपों पर बहुत विचार किया है। कहा जाता है कि छायावाद की विशेषता यह है कि उसमें प्रकृति का स्वतन्त्र रूप में वर्णन हुआ है। धीरे-धीरे यह चीज प्रकृति-वर्णन की कसौटी बन गई है। यह ठीक नहीं है, क्योंकि असल चीज प्रकृति का साधन या साध्य के रूप में वर्णन नहीं, बल्कि उसके प्रति कवि की संवदेना है। यह सर्वथा सम्भव है कि किसी कविता में प्रकृति का वर्णन साध्य रूप में किया गया हो, लेकिन प्रकृति के प्रति कवि की संवदेना बिलकुल कुंद हो। इसका उलटा भी उतना ही सच है, यानी कविता में प्रकृति का वर्णन साधन रूप में किया गया हो, लेकिन उसके प्रति कवि की संवेदना में अतिशय तीक्ष्णता हो। भक्तिकाल और रीतिकाल के कवियों में स्वतन्त्र रूप में प्रकृति-वर्णन बहुत कम मिलता है, लेकिन प्रकृति के प्रति उनकी संवेदना बहुत ही तीक्ष्ण मालूम पड़ती है। उदाहरण के लिए विद्यापति की 'नवजलधर तर संचर रे जनु बीजुरी रेह', जायसी की 'चमक बीजु बरसत जल सोना', सूर की 'पिय बिनु साँपिन कारी रात', तुलसी की 'कुवलय विपिन कुंत बन सरिसा' और देव की 'प्रात ही जगावत गुलाब चटकारी दै' इन उक्तियों को देखा जा सकता है। निराला की प्रकृति-संवेदना जितनी तीक्ष्ण है, उतनी ही गहन। 'जुही की कली' और 'बादल-राग' से उनकी जो काव्य-यात्रा शुरू हुई थी, वह प्रकृति के अनेकानेक रूपों से गुजरते हुए और उनका चित्रण करते हुए उनके परवर्ती गीतों तक अबाध रूप से चलती रही है। इस दरम्यान उनकी प्रकृति-संवेदना विकसित भी होती गई है। वे प्रकृति से उस कदर मिलते गए हैं, जिस कदर बच्चे खिलौनों से मिल जाते हैं। वे उससे बातें करते हैं, उससे छेड़छाड़ करते हैं, उस पर मुग्ध होते हैं और उससे ऐसा सकून प्राप्त करते हैं, जैसा उन्हें मनुष्य के सौन्दर्य या ईश्वर के ऐश्वर्य की अनुभूति से प्राप्त होता है। धीरे-धीरे उनके सामने प्रकृति के रूप-रंग की रेखाएँ और स्पष्ट होती गई हैं और उनकी जो प्रकृति पहले नितान्त सामान्य थी, वह विशेष भू-खंड से जुड़ती गई है, यानी क्षेत्रीय होती गई है। आचार्य रामचन्द्र शुक्ल ने प्रकृति के संश्लिष्ट चित्रण को बेहतर बतलाया है और उसके साधारण रूप को महत्त्व देने पर जोर दिया है। निराला के प्रकृति-चित्रण में संश्लिष्टता तो शुरू से थी, साधारणता उसने शनैः-शनैः प्राप्त की।

उनमें प्रकृति दोनों ही रूपों में मिलती है—स्वतन्त्र रूप में देखे जानेवाले रूप में भी और ऋतु-विशेष में देखे जानेवाले रूप में भी। स्वतन्त्र रूप में देखे जानेवाले रूप में संध्या, प्रभात, ज्योत्स्ना, नदी, वन, पर्वत आदि के दृश्य आएँगे और ऋतु-विशेष में देखे जानेवाले रूप में अलग-अलग ऋतुओं में दिखलाई पड़नेवाले प्रकृति के दृश्य। संध्या, प्रभात आदि का वर्णन ऋतु-वर्णन के अन्तर्गत भी हो सकता है, उसके हिस्से के रूप में। यहाँ हम 'गीतिका' के छः प्रकृतिपरक गीतों पर विचार करेंगे, जो मेरी दृष्टि में सर्वाधिक सुन्दर हैं। वे गीत हैं : 'बह चली अब अलि, शिशिर-समीर!', 'रूखी री यह डाल, वसन वासन्ती लेगी', 'रँग गई पग-पग, धन्य धरा', 'खुलती मेरी शेफाली', 'सखि, वसन्त आया' और 'देकर अन्तिम कर/रवि गए अपर पार'। इनमें से पहला गीत स्पष्टतः शिशिरऋतु से सम्बन्धित है और दूसरा, तीसरा तथा पाँचवाँ वसन्तऋतु से। चौथा गीत यानी 'खुलती मेरी शेफाली' ऋतु-गीत नहीं, क्योंकि इसमें कवि का ध्यान जिस शरद्ऋतु में यह फूल खिलता है, उस पर न होकर मात्र उसके एक अवयव पर है। इसी तरह छठा गीत संध्या पर है। वसन्त से सम्बन्धित गीतों की संख्या ज्यादा देखकर यह भ्रम हो सकता है कि यह निराला की सर्वाधिक प्रिय

ऋतु है, लेकिन सच्चाई यह है कि उनकी सर्वाधिक प्रिय ऋतु वर्षा है। वर्षाऋतु पर उन्होंने असंख्य गीत लिखे हैं, खास तौर से अपनी गीत-रचना के परवर्ती काल में। उनमें से कुछ गीतों पर हम यथासम्भव अवश्य विचार करेंगे। अभी सर्वप्रथम यह शिशिरऋतु से सम्बन्धित गीत :

बह चली अब अलि, शिशिर-समीर!

काँपीं भीरु मृणाल-वृंत पर
नील-कमल-कलिकाएँ थर-थर,
प्रात-अरुण को करुण अश्रु भर
लखतीं अहा अधीर!

वन-देवी के हृदय-हार से
हीरक झरते हरसिंगार के,
बेध गया उर किरण-तार के
विरह-राग का तीर।

विरह-परी-सी खड़ी कामिनी
व्यर्थ बह गई शिशिर-यामिनी,
प्रिय के गृह की स्वाभिमानिनी
नयनों में भर नीर!

स्पष्टतः इस गीत में शिशिरऋतु यानी जाड़े के मौसम का वर्णन है। टेक की पंक्ति इस तरह से रची गई है कि लगता है, जाड़े की सुबह में बर्फ की तरह ठंढी हवा सचमुच बह रही है। 'शिशिर-समीर' में एक ध्वनि की जो आवृत्ति है, वह हवा की सरसराहट का भ्रम पैदा करती है। 'समीर' में जो दीर्घ 'ई' है, वह जैसे ठंढक की गहराई का आभास देती है। हवा इतनी ठंढी है कि वह जैसे हाड़ को हिला रही है।

जाड़े की इस बर्फीली हवा से कमलों की हालत खराब है। कमल-कलिकाएँ तो और कमजोर होंगी। वे उस हवा के झोंके से अपनी कमजोर नाल पर थर-थर काँप रही हैं। उन पर ओस की जो बूँदें अटकी हुई हैं, वे जैसे उनके अश्रु हैं। उन आसुँओं के साथ इस प्रभात-काल में वे अधीरतापूर्वक सूर्य को निहार रही हैं। व्यंजना यह है कि वे सूर्य से शिकायत कर रही हैं कि तुम रात में भी हमारे पास होते, तो हमारा यह हाल न होता। कमल सूर्य की किरणों से प्रस्फुटित होता है। इस तरह इन दोनों के बीच प्रणय-सम्बन्ध की कल्पना असंगत नहीं है। अश्रु का विशेषण 'करुण' इस भाव की व्यंजना में मुख्य रूप से सहायक है। कमजोर नाल पर हवा के झोंके से कमल-कलिकाओं के थर-थर काँपने का दृश्य बहुत सजीव है। उतना ही सजीव उनका सजल दृष्टि से प्रभात-काल को सूर्य को देखना भी है। 'मृणाल-वृंत' तो नाद-सौन्दर्य से युक्त पद है ही, 'नील-कमल-कलिकाएँ' में कमल-कलिकाएँ' के अनुप्रास के साथ 'ल' वर्ण की तीन बार आवृत्ति से भी नाद उत्पन्न हुआ है। आगे की पंक्ति में 'अरुण-करुण' का जोड़ा भी उसमें वृद्धि करता है।

गीत के दूसरे बंद में कवि सरोवर से हटाकर अपना ध्यान वन की ओर ले गया है।

जाड़े की सुबह में वन के वृक्षों से ओस की बूँदें टपक रही हैं। वह कल्पना करता है कि वे वन-देवी के हृदय पर स्थित हार से टपकनेवाले पुष्प हैं, शुभ्र पंखुड़ियों वाले हरसिंगार के। शुभ्रता के कारण वे पुष्प हीरे-जैसे प्रतीत होते हैं। हरसिंगार की संगति यह है कि उसके फूल सुबह में ही झरते हैं–'सुबह को आली, शेफाली झर जाती है'। वन-देवी का यह जो वर्णन है, उससे लगता है कि उसने शृंगार कर रखा था, जो कि अब बिखर रहा है। शृंगार क्यों? अपने प्रिय के स्वागत में। आगे की पंक्तियों से इसकी पुष्टि होती है। सुबह हो गई, लेकिन उसका प्रिय नहीं आया। स्वभावतः उसकी व्यथा बढ़ गई। निराला के शब्दों में, सूर्य की किरण-वीणा के तारों से जो राग फूटा, वह उसके लिए विरह का राग था, जो तीर की तरह उसके कलेजे को बेध गया! कहने की आवश्यकता नहीं कि 'वन-देवी के हृदय-हार से/हीरक झरते हरसिंगार के' यह वृक्षों से ओस-बिन्दुओं के टपकने का बिम्ब इस बंद की जान है। अगला जो बिम्ब है, किरण-तार के विरह-राग वाला, वह उतना मूर्त नहीं, यद्यपि उसमें कवि ने दृश्य को श्रव्य बनाकर उसे प्रभावशाली बनाने का भरसक प्रयास किया है। 'तार' के बाद 'तीर' का आना अच्छा लगता है। वह इसलिए भी कि निराला शब्द-प्रयोग में अभिव्यंजकता को ही महत्त्व देते हैं और उस कारण उसमें भेद-भाव नहीं बरतते। 'राम की शक्ति-पूजा' की इस पंक्ति में जैसे संस्कृत के शब्दों के साथ अरबी का 'मशाल' शब्द आया है–'भूधर ज्यों ध्यान-मग्न, केवल जलती मशाल', यहाँ फारसी का 'तीर' शब्द–'बेध गया उर किरण-तार के/विरह-राग का तीर'।

तीसरे बंद में निराला अपनी दृष्टि मनुष्य-लोक की ओर ले जाते हैं, जिसमें एक विवाहिता युवती है, विरह की मारी हुई सुन्दरी। निराला उसके सौन्दर्य की ओर संकेत करने के लिए 'परी' शब्द का प्रयोग करते हैं और उसके कामवेग की ओर संकेत करने के लिए 'कामिनी' शब्द का। वह युवती जैसे अपने दरवाजे पर खड़ी है, इस अफसोस के साथ कि जाड़े की यह रात बेकार ही चली गई। जैसे वन-देवी का प्रिय उसके पास नहीं आया, वैसे ही वह भी अपने प्रिय से वियुक्त रही। जाड़े की रात पति के साथ बिताने का विशेष सुख है। कविताएँ और लोकगीत इस सुख की आकांक्षा से भरे हुए हैं। निराला अपने गीत का यह आखिरी बंद उसी परम्परा में रचते हैं। उनकी नायिका भी उस सुख से वंचित रही। रात के लिए 'बह गई' का प्रयोग व्यतीत करने के अर्थ में संस्कृत के प्रयोग 'वाहित करना' का हिन्दीकृत रूप है। निराला की नायिका की आँखों में आँसू हैं। उन्होंने उसके लिए 'स्वाभिमानिनी' विशेषण का प्रयोग किया है, जिसका मतलब यह हो सकता है कि पति के साथ न होने पर वह हाय-तोबा नहीं मचा रही है, चुप है, अपनी पीड़ा को अपने हृदय में दबाए हुए, सिर्फ उसकी आँखें भर आई हैं, और यह भी कि वे इसी रूप में स्त्री को देखना चाहते थे। अन्तिम बंद 'व्यर्थ बह गई शिशिर-यामिनी' और 'प्रिय के गृह की स्वाभिमानिनी' इन पंक्तियों के कारण अच्छा-खासा गम्भीर हो गया है। यह स्त्री-जाति के प्रति निराला के भाव के मेल में है। वह उनके लिए कोई उपेक्षणीय वस्तु नहीं। पहली पंक्ति में 'परी' और 'खड़ी' का सुन्दर अनुप्रास भी है।

इस गीत की बड़ी विशेषता यह है कि इसमें खाली प्रकृति नहीं, मनुष्य भी है, बल्कि प्रकृति में भी मनुष्य है और मनुष्य भी प्रकृति से प्रभावित है। इसमें अन्विति ऐसी है कि हर बंद सूर्योदय या रात्रि व्यतीत होने के वर्णन के साथ समाप्त होता है।

दिनकरजी ने अपने एक लेख में कवित्व को उदाहृत करने के लिए निराला के एक गीत की सिर्फ एक पंक्ति उद्धृत की है। वह पंक्ति उनके पूर्वोक्त दूसरे गीत की टेक की पंक्ति है : 'रूखी री यह डाल, वसन वासन्ती लेगी'। क्या यह पूरा का पूरा गीत इतना सरस है कि कविता-मात्र का उदाहरण बन सके? हम उसे देखें–

रूखी री यह डाल, वसन वासन्ती लेगी।

देख खड़ी करती तप अपलक,
हीर-कसी समीर-माला जप,
शैल-सुता अपर्ण-अशना,
पल्लव-वसना बनेगी–
वसन वासन्ती लेगी।

हार गले पहना फूलों का,
ऋतुपति सकल सुकृत-कूलों का
स्नेह सरस भर देगा उर-सर,
स्मर-हर को वरेगी।
वसन वासन्ती लेगी।

मधु-व्रत में रत वधू मधुर फल
देगी जग को स्वाद-तोष-दल,
गरलामृत शिव आशुतोष-बल
विश्व सकल नेगी।
वसन वासन्ती लेगी।

जैसा कि हम देख रहे हैं, इस गीत में सिर्फ एक रूखी डाल का वर्णन है, यानी ऐसी डाल का, जो सूखी तो नहीं है, लेकिन पत्र-पुष्पविहीन होने से खूबसूरत नहीं रह गई। यह ऋतु शिशिर की है। कवि को विश्वास है कि अभी यह डाल तपस्या कर रही है, वसन्त में यह वासन्ती वसन धारण करेगी। फिर तो उसका आकर्षण अदम्य होगा।

निराला के दिमाग में डाल की तसवीर जिस रूप में उभरती है, वह पार्वती का रूप ग्रहण कर लेता है। प्रसिद्ध है कि पार्वती ने शिव को वररूप में प्राप्त करने के लिए भयानक तपस्या की थी। पहले अन्न छोड़ा, फिर फल, फिर वृक्ष के पत्ते पर रहने लगीं और अन्त में वह भी छोड़ दिया, जिससे वे 'अपर्णा' कहलाईं। यह डाल भी उन्हीं की तरह तपोलीन है, अपलक खड़ी और निष्पत्र। शिशिरऋतु होने के कारण उससे ओस की बूँदें टपक रही हैं। उस पर पिछले गीत में जैसे कवि ने हरसिंगार के झरने की कल्पना की थी, इस गीत में वह डाल के माला जपने की कल्पना करता है। ओस की बूँदें सफेद होती हैं, इसलिए यह माला हीरों से गूँथी हुई है, यानी यह हीरक-हार है। डाल पर अटकी बूँदें हवा चलने से नीचे गिरती हैं। उसे देखकर माला जपते समय उसके एक-एक मनके के क्रमशः नीचे आने का चित्र उपस्थित होता है। कवि ने 'समीर-माला' इसलिए कहा है कि हवा की सहायता से ही ओस की बूँदें माला के नीचे सरकते मनकों का रूप धारण करती हैं। इस तरह

'समीर-माला' का अर्थ हुआ समीर द्वारा निर्मित माला। पं. नंददुलारे वाजपेयी ने 'गीतिका' की चूर्णिका में 'समीर-माला' का अर्थ समीर के धागे में पिरोई हुई माला लिखा है। उससे चित्र नहीं बनता। आगे आनेवाली पंक्ति 'शैल-सुता अपर्ण-अशना' को पार्वती से जोड़कर ही नहीं, डाल से जोड़कर भी देखना चाहिए। 'शैल-सुता' का संकेत यह भी है कि डाल किसी पहाड़ी वृक्ष की है और 'अपर्ण-अशना' का यह भी कि अभी वह डाल कहीं से आहार अथवा पोषण नहीं प्राप्त कर रही है। वृक्ष पत्तों के द्वारा भी आहार प्राप्त करते हैं। वह स्थिति भी नहीं है। लेकिन वसन्त आने ही वाला है। उसमें यह डाल पल्लवों का मोहक वसन प्राप्त कर लेगी, यानी उनसे लद जाएगी। पार्वती पर तो यह रूपक सरलता से घटित होता है। तपस्या के उपरान्त वे शिव से ब्याही गईं, जिससे उनका तपस्विनी का रूप बदलकर 'सुवासिनी' यानी विवाहिता स्त्री का हो गया।

इस बंद के आरम्भिक दोनों चरणों में 'अपलक' की तुक 'जप' से मिलाई गई है। यह तुकों की अच्छी बन्दिश नहीं है, लेकिन 'तप अपलक' के बाद जब 'जप' शब्द आता है, तो 'तप', 'अप' और 'जप' के संयोग से वह बंदिश खटकती नहीं। तात्पर्य यह है कि निराला आवश्यकता पड़ने पर किसी भी नियम और रूढ़ि को छोड़ देते हैं, लेकिन उससे होनेवाले नुकसान की भरसक भरपाई करते हुए। 'हीर-कसी' बहुत सुन्दर प्रयोग है। उसके बाद 'समीर' शब्द आता है, तो दीर्घ 'ई' स्वर के तीन बार प्रयोग से उक्ति में एक गम्भीरता आ जाती है। 'माला' शब्द में जो 'आ' स्वर है, वह अगले चरणों के 'सुता', 'अशना' और 'वसना' के मेल में है। 'शैल-सुता' और 'अपर्ण-अशना' में अलग-अलग जो अनुप्रास है, वह स्पष्ट है। एक खास बात यह कि अन्तिम दो चरण, जो वस्तुतः छब्बीस मात्राओं का एक चरण है, सत्ताईस मात्राओं के हैं, जिससे छंद का संगीत गड़बड़ाता है। यदि आखिरी शब्द पाँच मात्राओं का न होकर चार मात्राओं का होता, तो कठिनाई न होती। मेरा खयाल है, इस चरण में संगीत की लय को प्रधानता दी गई है, जिसके लिए शायद यह कोई कठिनाई न हो। दूसरे बंद में भी ऐसा ही है। उसके सम्बन्ध में भी यही बात समझनी चाहिए।

पहले बंद में डाल के वसन्तागम के साथ पल्लवित होने का वर्णन है, दूसरे बंद में पुष्पित होने का। निराला कहते हैं कि ऋतुराज वसन्त आते ही उसके गले में फूलों का हार डाल देगा और इस तरह उसके हृदय-सरोवर को सभी पुण्यों के कूलों के बीच से बहनेवाले स्नेह से आप्लावित कर देगा। फिर तो उसकी शोभा ऐसी होगी कि जिसने काम को भी जीत लिया था, वह भी उस पर मुग्ध हो जाएगा। डाल को ऋतुराज वसन्त वरेगा, उस पर अपना सारा प्रेम न्यौछावर करते हुए, और डाल उस हृदय को अपने रूप से वशीभूत कर लेगी, जो संसार का सबसे नीरस हृदय है। 'स्मर-हर को वरेगी' का लक्ष्यार्थ यही है। पार्वती के पक्ष में यह अर्थ अत्यन्त स्पष्ट है। वसन्त द्वारा डाल के हृदय-सरोवर को प्रेम के रस से भरने का मतलब यह है कि उस ऋतु में डाल ऊपर से ही पुष्पित नहीं होगी, बल्कि भीतर से भी सरस हो उठेगी। यहाँ कवि 'सुकृत' शब्द इसलिए लाया है कि प्रेम के साथ पवित्रता का उसके लिए विशेष महत्त्व है।

तीसरे बंद में डाल में फल लगने का वर्णन है, क्योंकि वसन्त में वृक्षों में पहले फूल आते हैं, फिर फल। निराला पल्लव और फूल तक ही नहीं रुकते हैं, फल तक जाते हैं, जो प्रकृति के लिए एक स्वाभाविक बात भी है। कहते हैं, डाल ने मधु-व्रत कर रखा है।

'मधु-व्रत' भौंरे का पर्याय है, लेकिन यहाँ उन्होंने उस अर्थ में इसका प्रयोग नहीं किया। यहाँ यह शृंगार-साधना का पर्याय है। डाल भी शृंगार-साधना कर रही है, सौन्दर्य और रस के लिए, पार्वती ने भी शृंगार-साधना ही की थी, पति प्राप्त करने के लिए। इस तरह दोनों मधु-व्रती हैं। मधु-व्रत में लीन डाल वसन्त में संसार को अत्यन्त तोषप्रद मधुर स्वादवाले फल प्रदान करेगी। 'दल' शब्द का अर्थ 'समूह' है, जिसका निराला ने यहाँ 'प्रभूत' के अर्थ में प्रयोग किया है। 'स्वाद-तोष-दल' यानी 'प्रभूत सन्तोषदायक स्वादवाला'। यह गरल को भी अमृत बना देनेवाले अवढर दानी कल्याणकर वसन्त के प्रताप से सम्भव होगा। सारी दुनिया उन फलों का नेग प्राप्त करेगी। पार्वती के पक्ष में यहाँ भी अर्थ बिलकुल साफ है। उनके प्रसंग में फल से इशारा कुमार के जन्म की तरफ है, जिन्होंने देवताओं के सेनापति के रूप में तारकासुर के वध से सारे संसार को त्राण दिलाया था। इस बंद का रचाव भी ध्यातव्य है। इसमें अनुप्रास से ज्यादा ध्यान निराला का वर्ण-योजना पर रहा है। 'मधु-व्रत' के बाद 'रत' का प्रयोग करने के बाद वे 'वधू' और 'मधुर' में 'ध' वर्ण पर ध्यान देते हैं, 'स्वाद-तोष-दल' में 'द' पर और 'शिव', 'आशुतोष' तथा 'विश्व' में 'श' पर। इस बंद में सबसे अच्छा शब्द 'नेगी' है, हिन्दी का प्यारा शब्द, 'नेग' से बना हुआ। विवाह, जन्म आदि के मांगलिक अवसर पर सगे-सम्बन्धियों तथा पौनियों को दिया जानेवाला द्रव्य-वस्त्र नेग है और उसे पानेवाला नेगी। इस शब्द की उपयुक्तता इसमें है कि यहाँ प्रसंग जन्म का ही है। डाल को फल-प्राप्ति वसन्त से होनेवाली है और पार्वती को शिव से।

इस गीत की बड़ी भारी विशेषता यह है कि इसमें रूपक का निर्वाह आद्यंत किया गया है और डाल पर पार्वती हावी नहीं हुई हैं। इसके सौन्दर्य का पूर्ण साक्षात्कार करने के लिए ध्यान में डाल को ही रखना जरूरी है, पूरे वृक्ष को नहीं। जो डाल रूखी थी, वह वसन्तऋतु में किस तरह एक क्रम से पत्तों, फूलों और फलों से लद जाती है, यह द्रष्टव्य है। जैसी डाल की शोभा, वैसा ही उसका ऐश्वर्यपूर्ण वर्णन। ऐसा लगता है कि 'गीतिका' के गीतों के रचना-काल में निराला के मानस पर कालिदास के कुमारसम्भव में वर्णित पार्वती का तपस्विनी का रूप छाया हुआ था, क्योंकि इसी के एक अन्य गीत 'अमरण भर वरण-गान' में भी वसन्त की प्राकृतिक शोभा को उन्होंने पार्वती के रूप में ही देखा है : 'वसन विमल तनु-वल्कल,/पृथु उर सुर-पल्लव-दल,/उज्ज्वल दृग कलि कल, पल/निश्चल कर रही ध्यान।' डा. रामविलास शर्मा का कहना है कि ऐसी रचनाओं में रूपक मात्र अलंकार नहीं रहकर कविता और गीत की संरचना बन जाता है। वह बात इस गीत पर पूर्णतः घटित है।

वसन्त अपने सम्पूर्ण वैभव के साथ निराला के बाकी दोनों गीतों में उपस्थित है। उनमें पहला गीत है :

रँग गई पग-पग, धन्य धरा,–
हुई जग जगमग मनोहरा।

वर्ण-गंध धर, मधु-मरंद भर,
तरु-उर की अरुणिमा तरुणतर
खुली रूप-कलियों में पर भर
स्तर-स्तर सुपरिसरा।

गूँज उठा पिक-पावन-पंचम,
खग-कुल-कलरव मृदुल मनोरम,
सुख के भय काँपती प्रणय-क्लम
वन-श्री चारुतरा।

वसन्त में पृथ्वी अत्यन्त सौन्दर्यशाली हो उठती है। निराला कहते हैं कि उस पर पग-पग पर असंख्य फूल खिले हैं, सो वह पग-पग पर उनके रंग में रँग उठी है। अपनी इस शोभा से वह धन्य हो रही है। अब तक जैसे वह सोई हुई थी। अब वसन्त के आगमन के बाद जगकर जगमगा रही है। कहने की आवश्यकता नहीं कि इस रूप में वह अत्यन्त 'मनोहरा' है! जैसा कि डा. शर्मा ने भी संकेत किया है, वह जैसे उनकी पत्नी का स्वरूप धारण कर लेती है। 'मनोहरा' शब्द की यही व्यंजना है। परवर्ती काल के एक गीत 'ये बालों के बादल छाए' में तो उन्होंने साफ शब्दों में कहा है कि 'स्वर्गीया देवी के शम की/दुर्लभ दर्शन जैसे पाए'। इस गीत की टेक की पंक्तियों के पीछे मुझे किसी न किसी रूप में रवीन्द्रनाथ के गीत 'वसन्त तार गान लिखे याय धूलिर परे की आदरे' की इन पंक्तियों की प्रेरणा मालूम पड़ती है : 'ताइ से धुला ओठे हेसे/बारे बारे नवीन वेशे'; अर्थात्, 'वसन्त कितने स्नेहपूर्ण यत्न से धूलि पर अपने गान लिख जाता है! इसीलिए वह धूलि बार-बार नवीन वेश में हँस उठती है!' यहाँ तो धूलि के सिर्फ हँस उठने की बात है, उनके एक अन्य गीत 'चरणरेखा तव जे पथे दिले लेखि' में वह अशोक के फूलों के पराग से रँगी हुई है : 'अशोक रेणुगुलि राङ्गलो यार धूलि'। सम्भव है, पूर्वोक्त गीत के साथ यह गीत भी निराला के मन में रहा हो। टेक की दूसरी पंक्ति में जो 'जग' शब्द है, उसका अर्थ है 'जगकर'। 'गीतिका' के ही एक अन्य गीत में भी इस शब्द का प्रयोग हुआ है, यथा : 'शत-शत वर्षों का मग/हुआ पार देश का, न/हुए प्राण सार्थक *जग*'। यह 'प्रेयसी' शीर्षक कविता में भी है : 'खिले नव पुष्प *जग* प्रथम सुगन्ध के'। यह 'जग' शब्द 'जगमग' के साथ मिलकर तो वर्ण्य और वर्णन दोनों को जगमगाता ही है, 'पग-पग' के संगीत को भी ठिकाने से विस्तार देता है। 'धन्य धरा' की गम्भीरता को 'मनोहरा' शब्द सन्तुलित करता है, क्योंकि दोनों जगह सघोष वर्णों का प्रयोग हुआ है–'ध' और 'ह' में महाप्राण और 'र' में अल्पप्राण सघोष वर्णों का।

टेक की पंक्तियों के बाद गीत के पहले बंद में कवि का ध्यान पृथ्वी से ऊपर वृक्षों में लगी रूपवती कलियों पर जाता है, जो रंग और गंध के साथ मधुर मकरंद से युक्त हैं। यहाँ नेत्र, घ्राण और जिह्वा ये तीनों ही इन्द्रियाँ सन्तुष्ट हो रही हैं। रंग कैसा है? खूब लाल, क्योंकि निराला ने उसके लिए जिन शब्दों का प्रयोग किया है, वे हैं–'अरुणिमा तरुणतर'। 'तरुणतर' शब्द की ताकत बतलाना जरूरी नहीं है। यह अरुणिमा या लाली वृक्षों के हृदय के रक्त की लाली है। जैसे लाल-लाल कलियों में वही लाली फूट पड़ी है। वह स्तर-स्तर पर दूर-दूर तक अपने पर फैलाए है। 'खुली रूप-कलियों में पर भर/स्तर-स्तर सुपरिसरा' इन पंक्तियों को गद्य में लाने के लिए कलम में जो शक्ति होनी चाहिए, वह आलोचक या व्याख्याकार के पास नहीं हो सकती। मुझे दिनकरजी की कविता 'वसन्त के नाम पर' की यह पंक्ति याद आ रही है : 'उफ, वसन्त या मदन-बाण है? वन-वन रूप ज्वार आया है', या फिर निराला के ही एक परवर्ती गीत 'जावक-जय चरणों पर छाई' की ये पंक्तियाँ :

'पावक-पाश दिगंत बँधा है,/अग-जग जैसे अडग सधा है,/सुषमा में सुख-रूप धँधा है'। 'कलियों में पर भरना' यह उन्हीं के गीत 'खुलती मेरी शेफाली' के 'उड़ने को नभ को ताकें/उपवन की परियाँ आली!'-जैसा है, इस फर्क के साथ कि यहाँ जहाँ खुद शेफाली आकाश में उड़ने को पंख फैलाए हुए है, वहाँ उन पंक्तियों में स्वयं कलियों की लाली ने अपने पंख फैला रहे हैं। 'स्तर-स्तर' शब्द तो बहुत व्यंजक है ही, दृश्य को मूर्त करनेवाला, 'सुपरिसरा' शब्द मूर्तन में सहायक होते हुए अत्यधिक गरिमागरिम है, अर्थात् उदात्त। 'सुपरिसरा' का सरलार्थ है, सुविस्तृत। निराला ने गद्य में भी 'परिसर' शब्द का 'विस्तार' के अर्थ में प्रयोग किया है। 'पंत और पल्लव' नामक अपनी पुस्तक में एक स्थान पर वे कहते हैं : 'लांगूलों की प्रज्वलित वह्नि की शिखाएँ उत्तरोत्तर *परिसर* प्राप्त करती जा रही हैं।'

यह बंद रचाव में भी लासानी है। 'गंध' के साथ 'मरंद', 'धर' के साथ 'भर', 'तरु' के साथ 'अरुणिमा' का 'अरु', 'पर' के साथ पुनः 'भर' और 'स्तर-स्तर' के साथ 'सुपरिसरा'! जैसे निराला के लिए ऐसी संगीतपूर्ण पद-योजना उनकी काव्य-भाषा की सामान्य प्रकृति हो! 'तरु' के साथ 'तरुण' शब्द भी है, जिसका सौन्दर्य उसके अर्थ-भेद में है।

पहले बंद में निराला ने मुख्यतः वसन्त की पृथ्वी से कुछ ऊपर विराज रही दृश्य-शोभा यानी उसकी रंगीनी का वर्णन किया है। दूसरे बंद में उनकी दृष्टि और ऊपर उठती है, आकाश की तरफ, फिर वन की ओर फैल जाती है। स्वभावतः पहले वे उसकी श्रव्य शोभा का वर्णन करते हैं। कोयल पंचम स्वर में बोल रही है और दूसरे पक्षी भी मनोरम कलरव कर रहे हैं। कोयल के पंचम स्वर के लिए उन्होंने 'पावन' विशेषण का प्रयोग किया है, जो वासन्ती परिवेश में एक पवित्र वातावरण की रचना करता है। बाद के एक गीत 'आज प्रथम गाई पिक पंचम' में भी वे कहते हैं : 'छाई सुरभि चतुर्दिक उत्तम'। इसमें जो 'उत्तम' विशेषण है, वह भी 'पावन' की तरह ही है। इससे प्रकृति के प्रति निराला की उस संवेदना का पता चलता है, जो निरी रोमांटिक नहीं, यानी जिसमें मात्र भावुकता या मादकता न होकर एक उदात्तता भी है। कोयल की कूक और पक्षियों की चहचहाहट का वर्णन करने के बाद वे वासन्ती पवन का वर्णन करते हैं, जिसके झोंके से वन की वृक्षराजि हिल रही है। निराला उस पर कल्पना करते हैं कि वन-लक्ष्मी या वन-देवी प्रणय-क्रीड़ा में क्लान्त हो चुकी है, पर नायक उसे पुनः परेशान करनेवाला है, जिसके सुखद भय से वह प्रकम्पित है। वह नायक क्या वसन्त है? कवि ने तो पवन का भी उल्लेख नहीं किया, लेकिन व्यंजना स्पष्ट है। पवन के इस स्पर्श में स्पर्श-संवेदना की भी तुष्टि है। 'प्रणय-क्लम' यहाँ विशेषण के रूप में प्रयुक्त है, जिसका अर्थ है–'प्रणयजनित क्लान्तिवाली'। 'सुधा' के 1 अप्रैल, 1933 के अंक में जब यह गीत प्रकाशित हुआ था, तो उसमें 'प्रणय-सम' शब्द था, जिसे बाद में निराला ने 'प्रणय-क्लम' करके अधिक सार्थक और आकर्षक बना दिया। ऊपर जैसे 'सुपरिसरा' प्रयोग विशिष्ट है, वैसे ही यहाँ 'चारुतरा', अधिक सुन्दर के अर्थ में। वसन्तऋतु में वन-देवी सुन्दरतर–चारुतर–हो गई है! यह प्रयोग कालिदास के रघुवंश में भी है, उसके नवम सर्ग में, यथा 'शुशुभिरे स्मित *चारुतराननाः* स्त्रियः इव श्लथशिञ्जितमेखलाः', और जयदेव के गीतगोविन्द में भी, उसके प्रथम सर्ग में, यथा 'पश्यति स स्मित *चारुतरा*मपरामनुगच्छति वामाम्'। यह संयोग है कि दोनों महाकवियों ने 'चारुतरा' का

प्रयोग स्त्री के प्रसंग में ही किया है और 'स्मित' के साथ!

यह बंद भी अतिशय नादपूर्ण है। 'पिक-पावन-पंचम' का अनुप्रास तुरन्त ध्यान खींच लेता है। वैसे ही 'कुल' और 'कलरव' का भी। लेकिन 'कुल' और 'मृदुल' के अंत्यानुप्रास पर थोड़ा ठहरकर ध्यान जाता है, जैसे 'काँपती' और 'क्लम' के वृत्त्यनुप्रास पर। 'चारुतरा' शब्द का प्रयोग अत्यन्त अभिजात है। इसका सौन्दर्य वर्णनातीत है। इस तरह दो बंदों का यह गीत वसन्त की सुषमा के वैभव को बहुत कसरत से उपस्थित करता है।

वसन्त के प्रत्यक्ष ऐश्वर्य-वर्णन से सम्बन्धित दूसरे गीत पर विचार करने से पहले शेफाली या हरसिंगार से सम्बन्धित निराला के प्रसिद्ध गीत 'खुलती मेरी शेफाली' पर विचार करना जरूरी है। यह गीत सर्वप्रथम मासिक 'माधुरी' के अक्टूबर, 1936 के अंक में छपा था, जिससे पता चलता है कि यह उनका गीत-रचना के पहले काल के अन्त का गीत है, लेकिन चूँकि 'सखि, वसन्त आया' गीत का रचना-काल नहीं मालूम और इसलिए वह 'निराला रचनावली' में बाकी गीतों के बाद में दिया गया है, यहाँ भी उस पर इस गीत के बाद ही विचार करना ठीक है। वैसे गीत की भाषा-शैली और संवेदना से ऐसा निश्चित प्रतीत होता है कि 'सखि, वसन्त आया' गीत 'खुलती मेरी शेफाली' के पहले की रचना है। बहरहाल, विचारणीय प्यारा-सा गीत इस प्रकार है :

खुलती मेरी शेफाली;
हँसती री, डाली डाली!

किसकी यह शोभा छीनी
जो वृंतों पर रंगीनी?
हलके दल; भीनी भीनी
आई सुगन्ध मतवाली!

मूँदीं जब जग ने आँखें
खोलीं री इसने पाँखें;
उड़ने को नभ को ताकें
उपवन की परियाँ आली!

फूलों से निराला को शुरू से ही प्रेम था। अपने कवि-जीवन की शुरुआत करते हुए उन्होंने 'जुही की कली' शीर्षक अपनी अमर कविता ही नहीं, 'शेफालिका' शीर्षक से भी एक कविता लिखी थी और उसमें शेफालिका के खिलने का वर्णन इस रूप में किया था : 'बंद कंचुकी के सब खोल दिए प्यार से/यौवन-उभार ने/पल्लव-पर्यंक पर सोती शेफालि के।' उसके बाद उन्होंने बेला, नर्गिस, रातरानी और चमेली पर स्वतन्त्र कविताएँ और गीत लिखे और ढेर सारे फूलों को अपनी काव्य-रचना के क्षणों में याद करते रहे। देखने की बात सर्वत्र फूलों के प्रति उनकी आत्मीयता है। 'शेफालिका' शीर्षक कविता लिखने के बाद उस पर उन्होंने यह दूसरी गीतात्मक कविता लिखी, जो अपनी सादगी में बेजोड़ है। इसमें शेफाली से उनकी बातचीत भी है और जो कल्पना है, वह ऐसी परवान चढ़ी है कि दाँतों तले उँगली दबानी पड़ती है।

टेक की पंक्तियों में शेफाली के पहले उन्होंने 'मेरी' विशेषण लगाया है, जो इस फूल

से उनके गहरे अपनेपन का सूचक है। यह अपनापन उन्होंने जूही के बाद सिर्फ हरसिंगार के प्रति दिखलाया है। 'खुलती मेरी शेफाली' में उसके खिलने के लिए जो 'खुलना' क्रियापद का प्रयोग किया गया है, वह पंखुड़ियों के बन्धन-मुक्त होने का चित्र उपस्थित करता है। सम्भव है, कवि के ध्यान में 'शेफालिका' कविता की बन्द खोलनेवाली पंक्ति भी रही हो। लेकिन टेक की पंक्तियों में जोरदार, बल्कि प्रचंड दूसरी पंक्ति है : 'हँसती री, डाली डाली!' यह सरल-सी पंक्ति फूलों से लदी हुई हरसिंगार की डालियों, बल्कि पूरे वृक्ष का ऐसा चित्र खड़ा करती है कि विश्वास नहीं होता, तीन-चार सरल और प्रचलित शब्दों से वह काम हो सकता है। निराला ने 'खिलखिलाना' न लिखकर 'हँसना' लिखा है, यह भी थोड़ा ध्यान देने लायक बात है, क्योंकि हरसिंगार के नन्हे-नन्हे फूलों से भरी हुई डालियों के लिए उपयुक्त हँसना ही है, खिलखिलाना नहीं। इससे उनके पर्यवेक्षण और संवेदना दोनों का अंदाजा लगाया जा सकता है।

गीत के पहले बंद में वे बड़ी आत्मीयता से शेफाली से पूछते हैं कि तुमने कहाँ से ऐसी शोभा प्राप्त की है, जो डालियों पर इस कदर 'रंगीनी' छाई हुई है? यह 'रंगीनी' शब्द लाजवाब है, क्योंकि इसका सम्बन्ध फूलों के रंग से न होकर आमोद-प्रमोद के भाव से है। यह सही है कि हरसिंगार के फूलों का डंठल रंगीन यानी चंपई होता है, लेकिन पंखुड़ियाँ तो उसकी सफेद होती हैं और वही प्रधान हैं। कदाचित् निराला के ध्यान में भी यह सफेदी ही रही है, जिससे उन्होंने फूलों से भरी डालियों के 'हँसने' की बात कही है। 'रंगीनी' फारसी का शब्द है, मौज-मस्ती का अर्थ रखनेवाला, जो यहाँ पर कमाल कर रहा है। यह कवि की उक्ति को किस कदर खनका देता है, यह देखने लायक है। 'किसकी यह शोभा छीनी' यह उक्ति 'मार दी तुझे पिचकारी' गीत की 'कौन री, रँगी छवि वारी?' उक्ति की तरह है, यह बतलाने की जरूरत न होनी चाहिए। अब निराला का ध्यान फूल के रूप पर जाता है, तो कहते हैं, 'हलके दल', जिसका मतलब पंखुड़ियों का भाररहित, पतली और संख्या में कम होना सब है। यह देखकर आश्चर्य होता है कि वे प्रचलित शब्दों का भी ऐसा प्रयोग करते हैं कि वे अधिकतम मात्रा में अपना अर्थ संप्रेषित करते हैं, कभी-कभी अपनी अनेक अर्थच्छायाओं के साथ। फिर वे विभोर हो उठते हैं–यह लो, फूलों से भीनी-भीनी मत्त कर देनेवाली सुगन्ध आई! वे अपने काव्य में भावुकतावादी कवियों की तरह विभोर कभी नहीं होते, लेकिन यह सच्चाई है कि छायावादी कवियों में उन-जैसा प्रचंड भावुक कोई दूसरा नहीं। उनकी खूबी यह है कि अपनी विभोरता को वे नियन्त्रित रूप में अभिव्यक्त करते हैं, जिससे कि उसका असर गहरा और व्यापक हो।

हरसिंगार रात में खिलते हैं, जब सारी दुनिया सो जाती है। यह देखकर उन्हें रात में विचरनेवाली परियाँ याद आती हैं। 'परी' शब्द का अर्थ ही है, पर यानी पंखवाली। उन्हें शेफाली भी परियों की तरह मालूम पड़ती है, आसमान में उड़ान भरने के लिए पंखुड़ियों के रूप में अपने पंख फैलाए हुए। 'मूँदी जब जग ने आँखें/खोलीं री इसने पाँखें' में आँखों और पाँखों का संयोग बहुत अच्छा है। वह इसलिए कि आँखें भी उड़ान भरती हैं, लेकिन जागृतावस्था में, यानी दिन में, और यह भी उड़ान भरने को उत्सुक है, रात में! इसके अलावा आँखों और पंखुड़ियों–शेफाली की पाँखें उसकी पंखुड़ियाँ ही हैं–का साथ बहुत पुराना है। कविगण बहुत पहले से आँखों की उपमा फूल की पंखुड़ियों से और फूलों की उपमा आँखों से देते रहे हैं।

हरसिंगार के फूलों को 'उपवन की परियाँ' कहना उनके प्रति निराला के कैसे लगाव का सूचक है, यह बतलाना आसान नहीं है। बस इतना कहा जा सकता है कि प्रकृति के प्रति ऐसा गहन खिंचाव रखनेवाले कवि किसी भी भाषा में कम ही हुए होंगे।

इस गीत की सादगी की तरफ ऊपर संकेत किया जा चुका है। विलक्षण कल्पनाशीलता और वर्णन-क्षमता से युक्त यह गीत बाल-कविता की तरह सरल है। पहले के गीतों-जैसा अलंकरण इसमें बिलकुल नहीं, जो इस बात का पूर्वाभास है कि कवि गीत-रचना की भिन्न भूमि पर संचरण करने के लिए अपने पग तोल रहा है। क्या यह निरा संयोग है कि इस गीत को निराला ने 'गीतिका' के अन्तिम गीत के रूप में दिया है?

जैसे 'बह चली अब अलि, शिशिर-समीर!' इस गीत की टेक की पंक्ति में ही ऋतु-विशेष का उल्लेख है, 'सखि, वसन्त आया' गीत में भी। पूरा गीत निम्नलिखित है :

सखि, वसन्त आया।
भरा हर्ष वन के मन,
नवोत्कर्ष छाया।

किसलय-वसना नव-वय-लतिका
मिली मधुर प्रिय-उर तरु-पतिका,
मधुप-वृंद बंदी—
पिक-स्वर नभ सरसाया।

लता-मुकुल-हार-गंध-भार भर
बही पवन बंद मंद मंदतर,
जागी नयनों में वन-
यौवन की माया।

आवृत सरसी-उर-सरसिज उठे,
केशर के केश कली के छुटे,
स्वर्ण-शस्य-अंचल
पृथ्वी का लहराया।

वसन्त आ गया है। उससे सम्पूर्ण वन अत्यधिक हर्षित है और उसमें नया उत्कर्ष दिखलाई पड़ता है। हिन्दी साहित्य सम्मेलन, प्रयाग के पास इस गीत की निराला की हस्तलिपि में जो प्रति है, उसमें पाठ 'भरा हर्ष वन के मन' की जगह 'भरा हुआ वन के मन' है। जाहिर है कि कवि ने बाद में उसमें संशोधन किया और उसके द्वारा चित्र को और उदात्त बना दिया। पहले सिर्फ 'नवोत्कर्ष' ही था, अब 'हर्ष' भी आ गया। उससे नाद-सौन्दर्य में तो वृद्धि हुई ही, वन के मन में हर्ष के भरने की बात से एक विराट् चित्र निर्मित हुआ। यह चित्र पहले नहीं बन पा रहा था। 'नवोत्कर्ष' वसन्तऋतु में पेड़-पौधों में होनेवाले विकास का सूचक है। वे नीचे से उठकर ऊपर की ओर जाते हैं, इसलिए 'उत्कर्ष' शब्द का प्रयोग सटीक है।

वन में कवि का ध्यान लताओं और वृक्षों की ओर जाता है, तो वह देखता है कि नई

लताओं ने नए पत्तों का वसन धारण कर लिया है और वे अपने प्रिय के हृदय से लिपट रही हैं। कौन हो सकता है उनका प्रिय? स्पष्टतः वह वृक्ष है। लताएँ 'तरु-पतिका' हैं, यानी वृक्षरूप पतिवाली। डा. रामविलास शर्मा ने संकेत किया है कि निराला की इस उक्ति पर कालिदास के कुमारसम्भव के तृतीय सर्ग के एक श्लोक की इस पंक्ति का असर है : 'लवावधूभ्यस्तरवोऽप्यवापुर्विनम्रशाखाभुजबन्धनानि', अर्थात् वृक्ष भी अपनी झुकी हुई डालियों की भुजाएँ फैलाकर लतारूपी कामिनियों से लिपटने लगे। इस असर से इनकार करना मुश्किल है, लेकिन हमारा ध्यान निराला ने चित्र में जो परिवर्तन किया है, उस पर भी जाना चाहिए। उन्होंने सक्रिय लता को दिखलाया है। लता ही वृक्ष से लिपटती है, वृक्ष अपनी शाखाएँ फैलाकर उन्हें आलिंगन में नहीं लेता। कालिदास के चित्र का अपना सौन्दर्य है, उसमें कल्पना अधिक मनोहर है, पर निराला के चित्र में भी अपना सौन्दर्य है, जो कल्पना के साथ-साथ स्वाभाविकता से भी आया है। यह हमारा रोज-रोज का अनुभव है कि लता ही वृक्ष की ओर बढ़ती है, वृक्ष लता की ओर नहीं बढ़ता। डा. शर्मा ने लिखा है : 'कुमारसम्भव में कालिदास ने लता-वधुओं को तरु-पतियों से मिलते दिखाया।' निराला पर कालिदास का प्रभाव दिखलाने के लिए उनके अनुसार कालिदास के चित्र को ही बदल देना जरूरी नहीं था। वर-वधू के मिलन का दृश्य होने से कवि ने गीत में आगे मंगल-गान की बात कही है। इस अवसर पर भ्रमर-समूह चारण का काम कर रहा है और कोयल की कूक से आकाश सरस हो उठा है। पृथ्वी पर भौंरों का गुंजार और आकाश में कोयल की काकली। पृथ्वी से लेकर आकाश तक मंगल-गान ही गूँज रहा है। यह है निराला का वसन्त। आकाश का सरसा उठना, कोयल के स्वर से, यह एक विलक्षण वर्णन है, जिस पर अलग से हमारा ध्यान जाना चाहिए।

इस बंद के पहले चरण में 'किसलय-वसना' में 'स' की आवृत्ति, 'नव-वय' में 'व' की आवृत्ति और 'किसलय' के साथ 'लतिका' में 'ल' की आवृत्ति तो इसको संगीत प्रदान करती ही है, 'वसना' के दीर्घ 'आ' स्वर को 'लतिका' का दीर्घ 'आ' स्वर सन्तुलित करता है। दूसरा चरण 'र' प्रधान है। तीसरे चरण में 'वृंद' और 'बंदी' की झंकृति है तथा चौथे चरण में 'स' की आवृत्ति से उत्पन्न सरसता।

वसन्त का वर्णन हो और उसमें फूलों, उनकी गंध और उस गंध से बोझिल धीरे-धीरे चलनेवाली हवा का वर्णन न हो, यह कैसे हो सकता है? यह वर्णन निराला ने गीत के दूसरे बंद में किया है। लता में लगनेवाली कलियों या कलि-समूह की गंध के भार से युक्त वायु चल पड़ी, जो अब तक रुकी हुई थी। चूँकि वह गंध के भार से युक्त है, इसलिए उसकी गति मंद से मंदतर है। 'भर' का अर्थ है 'वहन करनेवाला'। यह निराला का प्रिय प्रयोग है, जो 'अमरण भर वरण-गान' में तो दिखलाई पड़ता ही है, उसकी पंक्ति 'मधुर-निकर कलरव भर' में भी दिखलाई पड़ता है। बिम्ब की दृष्टि से विचार करें, तो 'गंध-भार भर' में बहुत स्पष्ट घ्राण-बिम्ब है और 'बही पवन बंद' में स्पर्श-बिम्ब। 'मंद मंदतर' में गति-बिम्ब भी प्रत्यक्ष है। आगे की पंक्तियों का सम्बन्ध वन से ही है, जिसके वर्णन से यह गीत आरम्भ हुआ है : वन की आँखों में यौवन का जादू जाग पड़ा! युवावस्था में दृष्टि में जो मोहक परिवर्तन होता है, उसी तरफ संकेत है। महत्त्वपूर्ण यह है कि आँखें वन की हैं, जिसका मन वसन्त के आगमन से हर्षित हो उठा है। ऊपर मन है, तो यहाँ आँखें।

इस बंद के आरम्भिक दोनों चरण नाद से भरे हुए हैं। पहला चरण 'ह', 'ध' और 'भ'

वर्णों के कारण महाप्राणता लिए हुए है, तो दूसरा 'न', 'म' और 'द' वर्णों के कारण अल्पप्राणता। पहले चरण में 'हार' और 'भार' का अनुप्रास तो है ही, 'भार' और 'भर' का अनुप्रास भी है। दूसरे चरण में जो अनुनासिकता है, वह उसे मधुर बनाती है। संस्कृत 'मंद' के साथ फारसी 'बंद' को रखकर निराला ने पुनः भाषा-प्रयोग के क्षेत्र में अपने रूढ़ि-मुक्त होने का प्रमाण दिया है। सम्भवतः 'लता-मुकुल-हार-गंध-भार'-जैसी समस्त पदावलियों को देखकर ही आचार्य हजारीप्रसाद द्विवेदी ने 'हिन्दी साहित्य' नामक अपनी पुस्तक में यह टिप्पणी की है कि 'गीतिका के गीत ठूँठ हो गए हैं।' इसका उत्तर पं. नंददुलारे वाजपेयी ने अपनी पुस्तक 'कवि निराला' में यह कहकर दिया है कि ''निराला के गीतों पर सामासिकता का आरोप लगाया गया है। यह कविता का दोष हो सकता है, किन्तु गीत का नहीं। समासबहुलता काव्य के भावों को समझने में बाधक हो सकती है, किन्तु वही पदावली के गायन में सहायक हो सकती है। निराला के गीतों पर आक्षेप करनेवाले इस अन्तर को भूल गए हैं, जिसका स्मरण रखना गीतों के समीक्षाकार के लिए आवश्यक है।'' वाजपेयीजी के कथन में सार है, लेकिन कठिनाई यह है कि निराला के गीत 'संगीत' ही नहीं, काव्य भी हैं। जब उन्हें काव्य के रूप में ग्रहण करनेवाले कठिनाई का जिक्र करते हैं, तो उस पर वस्तुनिष्ठ ढंग से विचार करने की जरूरत है। 'गीतिका' के गीतों में जो सामासिकता है, वह निश्चय ही अनेक स्थलों पर कठिनाई उत्पन्न करती है, लेकिन ऐसा मानना उचित नहीं है कि सर्वत्र ऐसा ही है। 'लता-मुकुल-हार-गंध-भार' इस समस्त पदावली को ही लें, तो वह कठिन नहीं। इस पदावली से गीत की भाषा में संगीत उत्पन्न हुआ है और अभिव्यक्ति में उच्चकोटि की सघनता आई है, इस तरफ भी हमारा ध्यान जाना चाहिए। 'गीतिका' में असली कठिनाई निराला की विशिष्ट अभिव्यक्ति को लेकर है, वह समस्त हो या असमस्त। अनेक स्थलों पर उनकी भाषा सरल है, पर 'अभिव्यक्ति' पेचीदी, क्योंकि कभी वह बहुत लाघवपूर्ण होती है, कभी बहुत संकेतात्मक, कभी खास मुद्रा अख्तियार किए हुए और कभी संस्कृत से लेकर लोकभाषा तक के संस्कार लिए हुए। इस कारण प्रयास उनकी विशिष्ट काव्य-भाषा यानी उनके 'डिक्शन' को समझने का होना चाहिए, न कि उसकी एक-दो विशेषताओं को लेकर उनके पक्ष-विपक्ष में तर्क देने का।

तीसरे बंद में कवि की दृष्टि वन से हटकर दूसरी-तीसरी तरफ जाती है, तो उसे सरसी, कलिका और पृथ्वी सुन्दरियों के रूप में दिखलाई पड़ती हैं। तात्पर्य यह कि वसन्त ने सिर्फ वन को ही हर्षोल्लास नहीं प्रदान किया है, उससे औरों को भी सौन्दर्य प्राप्त हुआ है। पहले बंद में लता-वधू का स्पष्ट वर्णन है। दूसरे बंद में भी 'हार' शब्द पर ध्यान दें, तो वह लता-वधू के गले का हार हो सकता है। तीसरे बंद में पहले नव-वय सरसी सामने आती है, फिर पुष्पोद्यान की कलिका और अंत में वह पृथ्वी, जिस पर वसन्त में तैयार होनेवाली रबी की पकी हुई फसल खड़ी है। सरसी नई उमरवाली या तरुणी इसलिए है कि उसके उर में जो कमल अब तक ढके हुए थे, अब उभर आए हैं। 'कमल' से स्पष्ट संकेत उरोजों की तरफ है, जिनका दिखलाई पड़ना तरुणावस्था का सूचक है। पुष्पोद्यान की कलिका तो कलिका ही ठहरी, फिर उसके तारुण्य में क्या सन्देह हो सकता है! वह प्रस्फुटित हुई, तो उसके केसर-रूपी बँधे हुए केश खुलकर बिखर गए। रबी की फसल चूँकि पकी हुई है, जौ-गेहूँ की, इसलिए हवा चलने से उसमें लहर उठी, तो वह पृथ्वी के स्वर्णिम अंचल के

समान ज्ञात हुई। इस पृथ्वी को भी तरुणी ही मानना चाहिए, क्योंकि वह भी रवीन्द्रनाथ की उर्वशी की तरह 'स्वर्णांचला' है! 'मेरे गीत और कला' शीर्षक अपने निबन्ध में निराला ने सिर्फ इसी बंद की व्याख्या की है और कहा है : "इन तीनों मूर्तियों के सौन्दर्योपकरण अलग-अलग हैं। अब, सरसी, कली और पृथ्वी को निकालकर (हटाकर–ले.) इन्हीं उपकरणों से बनी एक वसन्त-प्रकृति-स्त्री को देखिए, पूरा रूप बन जाएगा–एक जगह कमल-कुच हैं, दूसरी जगह केशर-केश और शस्य-अंचल लहराता हुआ।" कह सकते हैं कि इस तरह जो चित्र निर्मित होता है, वह भी लघु न होकर विराट् है। इस बंद में शब्द और वर्ण-योजना सचेत रूप में की गई है, जिससे यह बंद भी और बंदों की तरह कलात्मक है। 'सरसी' के साथ 'सरसिज', 'केशर' के साथ 'केश' और 'कली' तथा 'स्वर्ण' के साथ 'शस्य' के संयोग से यह प्रमाणित है।

इस गीत को जिस तरह निराला ने लिखा है, इसे पढ़कर कोई भी मानेगा कि वन से लेकर शेष पृथ्वी तक पर वसन्त आ गया है। ऐसा सजीव और प्रभावशाली होता है उनका ऋतु-वर्णन।

इस क्रम में अन्तिम विचारणीय गीत निम्नलिखित है :

देकर अन्तिम कर
रवि गए अपर पार;
श्रमित-चरण आए
गृहिजन निज निज द्वार।

अंबर-पथ से मंथर
संध्या श्यामा,
उतर रही पृथ्वी पर
कोमल-पद-भार।

मंद-मंद बही पवन,
खुल गई जुही;–
अंजलि-कल विनत-नवल
पदतल-उपहार।

सुवासना उठी प्रिया
आनत-नयना,
भवन-दीप जला, रही
आरती उतार।

स्पष्टतः यह गीत संध्या को विषय बनाकर लिखा गया है। यह संध्या गाँव की है, यद्यपि गाँव की पृष्ठभूमि इसमें बहुत प्रकट नहीं है। इस गीत की नवीनता इस बात में है कि इसमें सूर्यास्त, साँझ के उतरने और जूही के खिलने के साथ-साथ गाँव के पुरुषों के दूर से चलकर घर लौटने तथा उनकी पत्नियों द्वारा दीप जलाकर गृह-देवता की आरती करने का भी वर्णन है। यह वर्णन जिस सहज भाव से किया गया है, उसमें निराला के गीतों के

एक दूसरी दुनिया में पदक्षेप करने की आहट सुनाई पड़ती है। इस गीत का छंद-संगीत भी बहुत मोहक है, जो इक्कीस मात्राओंवाले प्रणय और बीस मात्राओंवाले योग छंद के योग से बना है। टेक की पंक्तियाँ प्रणय छंद में हैं, साथ-साथ उनसे तुक मिलानेवाली तीनों बंदों की अन्तिम पंक्तियाँ भी, और बाकी यानी तीनों बंदों की आरम्भिक पंक्तियाँ योग छंद में। लय की समानता के कारण निराला इन दोनों छंदों को मिला सके हैं।

सूर्य अपनी अन्तिम किरण का दान देकर उस पार चले गए, यानी अस्त हो गए। यह देखकर काम से बाहर निकले हुए गाँव के पुरुष थके पाँव घर लौट आए।

टेक की सुन्दर पंक्तियों में उपर्युक्त बात कहने के बाद निराला इस गीत के पहले बंद में अपनी प्रसिद्ध कविता 'संध्या-सुन्दरी' के चित्र 'दिवसावसान का समय/मेघमय आसमान से उतर रही है/वह संध्या-सुन्दरी परी-सी/धीरे धीरे धीरे' को अधिक सुगठित रूप में रखते हैं। 'श्यामा' शब्द के कई अर्थ हैं, पर यहाँ उसे 'सुन्दरी' के पर्याय के रूप में लेना ही संगत है। 'कोमल-पद-भार' समस्त पद है, लेकिन अर्थ-ग्रहण में कोई कठिनाई नहीं। इस बंद की विशेषता इसमें अंकित चित्र की सुस्पष्टता है। इसे चित्रकार आसानी से अपनी तूलिका से चित्र-पट पर उतार सकता है।

जैसे पहले बंद में 'संध्या-सुन्दरी' कविता का चित्र है, वैसे ही दूसरे बंद में 'जुही की कली' का, क्योंकि इसमें भी जूही पवन के स्पर्श से खिलती है। उससे ज्यादा बात इसमें यह है कि जूही अपने फूलों की अंजलि विनत भाव से संध्या-सुन्दरी के चरणों में अर्पित करती है। 'अंजलि-कल विनत-नवल पदतल-उपहार' यह चरण अत्यन्त संगीतपूर्ण है, जिसका कारण इसमें अल्पप्राण सघोष वर्ण 'ल' का बार-बार आना है।

अन्तिम बंद टेक के चरण 'श्रमित-चरण आए गृहिजन निज-निज द्वार' को सन्तुलित करता है। संध्या हो गई जानकर ग्रामीण पुरुषों की प्रियाएँ, जो आँखें झुकाए बैठी थीं, एक इच्छा करके उठती हैं और घर का दीप प्रज्वलित कर गृह-देवता की आरती उतारती हैं। 'वासना' शब्द का इच्छा के अर्थ में प्रयोग रवीन्द्रनाथ में आम है। निराला ने यह शब्द वहीं से लिया है और 'सुवासना' का प्रयोग इस कारण किया है कि वह देव-पूजन की इच्छा है।

इस तरह संध्या का यह चित्र अत्यन्त सरल और हार्दिक है, जिसमें प्रकृति तो है ही, उसी के अंग के रूप में मनुष्य भी है।

6

निराला के धार्मिक गीतों से उनकी राष्ट्रीय चेतना का हमें आभास मिल चुका है। 'गीतिका' में अनेक राष्ट्रीय गीत हैं। उनमें जो सबसे सुन्दर है, भाव और कला की दृष्टि से उत्कृष्टतम, उसमें उन्होंने मातृभूमि की वन्दना की है। आधुनिक काल में हिन्दी में भारतभूमि की वन्दना की एक परम्परा रही है। वह परम्परा श्रीधर पाठक से लेकर मैथिलीशरण गुप्त से होते हुए अक्षुण्ण रूप में निराला तक आती है। यह संयोग नहीं है कि निराला का प्रथम प्रकाशित गीत 'जन्मभूमि' है, जिसमें वे जन्मभूमि का रूप प्रस्तुत करते हुए बार-बार कहते हैं : 'जन्मभूमि मेरी है जगन्महारानी'। उनकी वही भावना 'गीतिका' के गीतों की रचना के दौरान अत्यन्त सुगठित और निखरे हुए रूप में उनके गीत 'भारति, जय,

विजयकरे!' में अभिव्यक्त हुई। इस गीत में जो कुछ है, प्रायः वह सबकुछ 'जन्मभूमि' में मौजूद है, लेकिन इस गीत की बात ही कुछ और है। इसमें उन्होंने बारह मात्राओं का छोटा-सा लीला नामक छंद लिया है, जो थिरकता हुआ चलता है, या कहिए उन्होंने अपनी शब्द-योजना से उसे थिरकन से भर दिया है। विद्वानों के अनुसार इसके अन्तिम बंद के दूसरे चरण के अन्तिम शब्द 'ओंकार' में एक मात्रा कम पड़ती है, लेकिन यह समझ लेने पर कि निराला 'ओं' और 'कार' के बीच के अन्तराल को 'ओं' को लयात्मक ढंग से खींचकर पूरा करने का आग्रह रखते हैं, यह कोई कमी नहीं रह जाती। गीत और लय के अलावा इस गीत का वर्णन इतना भव्य है कि चित्त उद्दीप्त हो उठता है। सारा वर्णन चित्रात्मक है, जिससे आँख और कान दोनों तृप्त हो जाते हैं। कहने की आवश्यकता नहीं कि 'खुलती मेरी शेफाली' की तरह ही यह भी निराला का गीत-रचना के पहले काल के अन्त का गीत है। यह 'माधुरी' के फरवरी, 1936 के अंक में निकला था। शेफालीवाला गीत अतिशय सरल है। उसमें पहले के गीतों की तरह अलंकरण नहीं है, लेकिन यह गीत समस्त पदों से भी युक्त है और नाद से भी भरा हुआ है, जैसे कवि ने महसूस किया हो कि बिना वाद्य के मातृभूमि की वन्दना उपयुक्त न होगी। गीत निम्नलिखित है :

भारति, जय, विजयकरे!
कनक-शस्य-कमलधरे!

लंका पदतल-शतदल,
गर्जितोर्मि सागर-जल
धोता शुचि चरण युगल
स्तव कर बहु-अर्थ-भरे।

तरु-तृण-वन-लता वसन,
अंचल में खचित सुमन,
गंगा ज्योतिर्जल-कण
धवल-धार हार गले।

मुकुट शुभ्र हिम-तुषार,
प्राण प्रणव ओंकार,
ध्वनित दिशाएँ उदार,
शतमुख-शतरव-मुखरे!

'भारती' का अर्थ है भारतमाता। निराला ने इस गीत में भारतमाता को लक्ष्मी के रूप में उपस्थित किया है। वे उन्हें विजय करनेवाली यानी विजयिनी कहते हुए उनका जयघोष करते हैं और कहते हैं कि उन्होंने अपने हाथ में कनक-शस्यरूपी कमल धारण कर रखा है। लक्ष्मी अपने हाथ में कमल धारण करती हैं, भारतमाता के हाथ में अनाज की सुनहली अर्थात् पकी हुई बालियों का कमल है! ध्यातव्य है कि आगे चलकर निराला ने 'महालक्ष्मी के प्रति' शीर्षक जो कविता लिखी, उसमें महालक्ष्मी को इसी रूप में चित्रित किया : 'रक्ताम्बर, शस्य के शीर्ष कर,/और शंख आरक्त अधर'। इस रूप के साथ 'विजयकरे', 'कनक'

और 'कमल' में जो 'क' वर्ण की आवृत्ति है, वह उक्ति को मनोहरता प्रदान करती है।

टेक की पंक्तियों के बाद निराला लक्ष्मीरूप भारतमाता का स्वरूप-वर्णन करते हैं, नख-शिख-वर्णन की शैली में। स्वाधीनता-प्राप्ति के पूर्व भारत का जो नक्शा बनाया जाता था, उसमें नीचे अनिवार्य रूप से श्रीलंका का भी नक्शा होता था, क्योंकि वह भी ब्रितानी उपनिवेश था। चूँकि यह गीत स्वाधीनता-प्राप्ति के काफी पहले रचित है, इसलिए इसमें स्वभावतः श्रीलंका का उल्लेख है। वह उल्लेख उस कमल के रूप में है, जिस पर भारतमाता खड़ी हैं, जैसे लक्ष्मी कमल पर खड़ी होती हैं। 'पदतल-शतदल' का मतलब है 'पैरों के नीचे का कमल', यानी लंका उस कमल के रूप में है, जिस पर भारतमाता खड़ी हैं। श्रीलंका एक द्वीप है, जिससे वह चारों ओर से समुद्र से घिरा है। वह समुद्र जैसे अपने जल से कमल पर स्थित भारतमाता के दोनों चरणों को निरन्तर पखारता रहता है। जिस जल से समुद्र ऐसा करता है, वह उसकी गरजती हुई लहरों से युक्त होता है। यदि जल में लहरें न हों, तो वह जहाँ का तहाँ स्थिर रहेगा। लहरों से ही वह भारतमाता के चरण धोता है, यह वर्णन कवि की सजग कल्पनाशीलता का प्रमाण है। 'गर्जित' इसलिए कि समुद्र में लहरें उठेंगी, तो उनके आपस में टकराने की ध्वनि उत्पन्न होना अनिवार्य है। यह ध्वनि समुद्र के जल द्वारा की गई भारतमाता की वन्दना है। वन्दना भी निरर्थक नहीं, पूर्णतः सार्थक है। इस तरह समुद्र केवल चरण ही नहीं प्रक्षालित करता है, साथ-साथ भारतमाता की स्तुति भी करता जाता है। यह कल्पना कवि और उसके साथ-साथ पाठकों को भी गौरवपूर्ण आह्लाद से भर देती है, जिसका सम्बन्ध गहन राष्ट्र-प्रेम से है।

पहले बंद की शब्द-योजना लाजवाब है। 'पदतल' और 'शतदल' का अनुप्रास तो मोहक है ही, 'लंका' को भी ले लें, तो इस बंद के प्रथम चरण में 'ल'-जैसे सघोष वर्ण की तीन बार आवृत्ति है और 'ग'-जैसे सघोष वर्ण की दो बार। दूसरे चरण में 'र' सघोष वर्ण भी तीन बार आया है। 'गर्जितोर्मि' इसे ओजस्विता प्रदान करता है। तीसरे चरण में 'धोता शुचि' में 'ध' और 'श'-जैसे सघोष महाप्राण वर्ण हैं, अभिव्यक्ति को गरिमागरिम बनाने के लिए। अन्तिम चरण में भी सघोष वर्ण 'र' तीन बार आया है। उसमें प्रयुक्त 'स्तव' शब्द तीसरे चरण की गरिमा को न केवल सुरक्षित रखता है, बल्कि उसे और बढ़ाता है। 'स्तवन' के लिए 'स्तव' शब्द का प्रयोग रवीन्द्रनाथ में मिलता है। निराला ने अपनी कविता 'मित्र के प्रति' में भी दो मात्राओं के इस गम्भीर शब्द का बहुत सुन्दर प्रयोग किया है : 'उसके भीतर जो स्तव,/सुना नहीं कोई रव?' क्या संयोग कि ये पंक्तियाँ भी बारह मात्राओंवाले लीला छंद में ही रचित हैं।

पहले बंद में भारतमाता के चरणों का वर्णन करने के बाद दूसरे बंद में निराला मुख्य रूप से उनके वक्षस्थल का वर्णन करते हैं। तरु-तृण और वनलताएँ भारतमाता का परिधान हैं। उनका जो अंचल है, उसमें नाना प्रकार के पुष्प अंकित हैं। तात्पर्य यह कि परिधान अर्थात् साड़ी तो वृक्षों, घासों और जंगली लताओं से बनी है, लेकिन आँचल फूलों से भी। इस उक्ति का सौन्दर्य इसमें है कि साड़ी का आँचलवाला हिस्सा विशेष रूप से सुन्दर बनाया जाता है। निराला की मातृभूमि-भक्ति जैसे उनके शब्द-शब्द से छलकती है। बहुत ही हर्षोल्लास के साथ वे यह वर्णन करते हैं : 'तरु-तृण-वन-लता वसन,/अंचल में खचित सुमन'! भारतमाता के गले में जो हार झूल रहा है, मोतियों या हीरों-सा उज्ज्वल, वह गंगा

है, ज्योतिर्जल-कण यानी गौरवर्ण जलवाली! जैसे पहले बंद में भारत के दक्षिणवर्ती हिस्से का वर्णन है, इस बंद में उसके मध्यवर्ती हिस्से का। इसके आरम्भिक चरणों से जो ध्वनि उठी थी, वह जैसे अन्तिम दोनों चरणों में आकर उत्कर्ष पर पहुँच जाती है। 'तरु-तृण' में अनुप्रास भी है और 'र' की आवृत्ति भी। इसके 'वन' का मेल चरणान्त के 'वसन' से है। दूसरे चरण में 'अंचल' में जो 'च' है, उसे 'खचित' का 'च' सन्तुलित करता है। तीसरे चरण में 'ज्योतिर्जल'-जैसा सानुप्रास पद तो है ही, 'गंगा'-जैसा नादपूर्ण शब्द भी है। बकौल फिराक गोरखपुरी इस नदी के नाम में जो जल से पैदा होनेवाली ध्वनि है, वह संसार की किसी नदी के नाम में नहीं। 'धवल-धार हार गले' में 'धवल' और 'धार' के अनुप्रास के साथ 'ध' महाप्राण सघोष वर्ण की आवृत्ति से जो गम्भीरता पैदा हुई है, वह 'हार' के 'ह' से और पुष्ट होती है, क्योंकि 'ह' भी महाप्राण सघोष वर्ण है। 'धार' और 'हार' का अनुप्रास अलग से उक्ति को भव्य बनाता है। 'गले' शब्द ऐसा सटीक बैठा है कि निराला ने स्वर के मेल से ही तुक का काम ले लिया है, व्यंजन की चिन्ता नहीं की, जैसा वे आवश्यक होने पर अन्यत्र भी करते हैं।

अन्तिम बंद में भारतमाता के शिरोभाग के वर्णन के साथ भारतीय संस्कृति का भी वर्णन है, क्योंकि उसके बिना भारत-भूमि का कैसा भी वर्णन अपूर्ण रहेगा। भारत के उत्तर में हिमालय स्थित है, जिससे भारतमाता के माथे पर हिम-किरीट है। माथे पर शुभ्र हिम-किरीट और प्राणों में ईश्वरीय ओम् मंत्र की ध्वनि! 'प्राण प्रणव ओंकार' यह रवीन्द्रनाथ की याद दिलाता है : 'महाकाशतले उठे ओंकार'। अन्त में निराला कहते हैं कि भारतमाता मूक नहीं, वे सैकड़ों मुखों से और सैकड़ों आवाजों में बोलती हैं, जिससे भारत-जैसे विशाल देश की सुविस्तृत दिशाएँ गुंजायमान हैं। यह पंतजी की कुछ वर्षों बाद लिखी गई कविता 'भारतमाता' की उक्ति 'अधरों में चिर नीरव रोदन' के ठीक उलट है। वहाँ भारतमाता विवश हो रही हैं, लेकिन यहाँ वे महिमान्वित और अत्यन्त ऊर्जस्वला हैं; वहाँ वे चुप भी हैं, यहाँ अतिशय मुखर!

यह पूरा बंद ओजपूर्ण है। जैसे धीरे-धीरे ओजस्विता बढ़ती गई हो और अब चरम पर पहुँच गई हो। उसी के हिसाब से चरणों में शब्द-योजना और ध्वनि-योजना की गई है। 'मुकुट शुभ्र हिम-तुषार' में 'ट' भी है, 'श' और 'ष' भी, साथ ही 'र' से बना संयुक्ताक्षर 'भ्र' भी, जिससे इसकी ओजस्विता असंदिग्ध है। दूसरे चरण में 'प्राण' और 'प्रणव' भी ओज गुणवाले वर्णों से युक्त शब्द हैं। तीसरे चरण में भी 'श' बहुत मुखर है। यह ओजस्विता जैसे 'श' की आवृत्तिवाले अन्तिम चरण 'शतमुख-शतरव-मुखरे!' में आकर परिणति प्राप्त करती है।

7

यहाँ निराला के जिन गीतों पर विचार किया गया है, वे उनके छायावादी गीत हैं। स्वभावतः उनमें अलंकरण भरपूर है। भाषा झंकृति से भरी हुई है और चित्रों से सजी हुई। ऐसा नहीं कि उनमें यथार्थ नहीं, लेकिन यह सही है कि यथार्थ की रेखाएँ बहुत स्पष्ट नहीं। वे जैसे 'कनक-किरण के अन्तराल' अर्थात् कवि की कलित कल्पना और सौन्दर्य-भावना में

छिप-छिप जाती हैं। 'खुलती मेरी शेफाली'-जैसे गीत इस बात का संकेत देते हैं कि निराला अब गीत-रचना की दूसरी भूमि पर संक्रमण करनेवाले हैं। गीतों की अर्थ-मीमांसा से आचार्य शुक्ल का यह आरोप निराधार सिद्ध होता है कि उनमें संगीत के कारण काव्यार्थ की उपेक्षा हुई है। निराला मूलतः कवि थे, इसलिए गीतों में उन्होंने संगीत की सहायता अवश्य ली है, पर उसके लिए उनके काव्यार्थ का बलिदान नहीं किया। छायावादी गीत-स्रष्टा निराला की एक उपलब्धि यह भी है कि रोमांटिक गीतों को उन्होंने क्लासिकी संवेदना से रचा और उन्हें सूर-तुलसी के पदों की तरह क्लासिकी गीत का दर्जा दे दिया। गीतों का विषय उनका कभी सीमित नहीं रहा। अपना जीवन, प्रेम-शृंगार, धर्म-भावना, प्रकृति और राष्ट्र ये सभी उनमें समान रूप से संवेदनात्मक प्रतिक्रिया जगाते थे, यद्यपि जैसा कि संकेत किया गया, अपने ऊपर वैसा नियन्त्रण रखते हुए, जैसा रोमांटिक कवियों में प्रायः देखने में नहीं आता। यह नियन्त्रण वे अपने भावावेग पर भी रखते हैं और अभिव्यक्ति पर भी। वैयक्तिकता की उनमें कमी नहीं, लेकिन उसे भी एक हद तक निर्वैयक्तिक बनाकर अभिव्यक्त करते हैं।

मध्यवर्ती गीत

'परिमल' और 'गीतिका' के बाद निराला के गीत 'अनामिका', 'अणिमा' और 'बेला' में संगृहीत हुए। 'अनामिका' उनका कविता-प्रधान संग्रह है, लेकिन उसमें कुछ गीत भी हैं, जैसे 'परिमल' में। 'अणिमा' गीत-प्रधान है। निराला ने इसकी भूमिका में कहा भी है, ' 'अणिमा' मेरे इधर के पद्यों का संग्रह है। अधिकांश गीत हैं।' 'बेला' शुरू से अंत तक गीतों का ही संग्रह है, जैसे 'गीतिका'। यह निराला की गीत-रचना का दूसरा काल है। 'निराला रचनावली' में मैंने 'अनामिका' को उनकी काव्य-रचना के पहले काल की कृतियों में गिनाया है। इसमें कोई शक नहीं कि यह उनकी छायावादी रचनाओं का ही संग्रह है, लेकिन उनमें छायावाद अपनी परिणति के बिन्दु पर है, जिससे उनमें उसका अन्तर्विरोध तीव्रतम अवस्था में पहुँचा हुआ है। स्वभावतः उनमें पुरानी कविता के चिह्न तो दृढ़ता के साथ मौजूद हैं ही, नई कविता के संकेत भी बहुत स्पष्ट हैं। खास तौर से कुछ गीतों में तो निराला ने 'गीतिका' के गीतों के ठाट को बिलकुल बदल दिया है। इस तरह कहा जा सकता है कि उनके मध्यवर्ती गीतों की कड़ी पूर्ववर्ती गीतों के भीतर से मुड़ती है, जैसा कविता में अक्सर होता है। ऐसी स्थिति में मुझे उचित यही प्रतीत हुआ कि 'अनामिका' के कुछ चुने हुए गीतों पर उनके मध्यवर्ती गीतों के साथ ही विचार किया जाए। 'अणिमा' की स्थिति भी बिलकुल 'अनामिका' वाली ही है। इसके कुछ गीत बिलकुल नई शैली के हैं, तो कुछ गीतों पर पुरानी शैली की गहरी छाप है, यद्यपि गौर करने पर यह पता चल जाता है कि उनमें भी कहीं न कहीं पुराने गीतों से प्रस्थान है। मजे की बात यह है कि 'बेला' में भी, जिसके गीतों की रचना 'नए पत्ते' की यथार्थवादी कविताओं के समानान्तर हुई है, दोनों तरह की चीजें हैं। यह काल वस्तुतः निराला की मिली-जुली गीत-रचना का काल है, जिसमें कई स्वर सुनाई पड़ते हैं, कुछ मिले-जुले रूप में और कुछ साफ अलग। यह इस बात का सूचक है कि उनकी काव्य या गीत-संवेदना का विकास सरल रेखा में न होकर जटिल रूप में हुआ है। यह उनके विकास को प्रामाणिक भी सिद्ध करता है और उसमें एक विलक्षण सौन्दर्य को भी सम्भव बनाता है।

निराला की इस चिन्ता से हम परिचित हो चुके हैं कि वे ब्रजभाषा के मुकाबले खड़ीबोली में गीतों की रचना करना चाहते थे। उनका यह वाक्य पीछे उद्धृत किया जा चुका है कि 'मैं खड़ीबोली में जिस उच्चारण-संगीत के भीतर से जीवन की प्रतिष्ठा का स्वप्न देखता आया हूँ, वह ब्रजभाषा में नहीं।' इस बात को उन्होंने हमेशा याद रखा और निरन्तर अपने लक्ष्य की ओर बढ़ते रहे। उनकी गीत-रचना का मध्यवर्ती काल इस दृष्टि से महत्त्वपूर्ण है। इस काल में उन्होंने भरसक प्रयास किया कि उनके गीतों की भाषा सरल हो,

उसमें सामासिकता कम से कम हो और उसमें गद्य की तरह पूरे-पूरे वाक्य दिए जा सकें। 'अणिमा' और 'बेला' इन दोनों संग्रहों की भूमिका में उन्होंने गीत की अन्तर्वस्तु की चर्चा भले न की हो, या नाममात्र को ही की हो, लेकिन उसके रूप की चर्चा अनिवार्य रूप से की है। उदाहरणार्थ 'अणिमा' की भूमिका में वे कहते हैं, "प्रायः सभी गीतों की भाषा सरल है। भाषा में भी कई प्रकार हैं। गाने की अनुकूलता और स्वर के सौन्दर्य और श्रुति-मधुरता के विचार से, पुस्तिका के प्रारम्भ के गीत मुझे ज्यादा पसन्द हैं। मेरे कुछ साहित्यिक मित्रों ने बाद के गीतों की तारीफ की है। उनकी भाषा गद्य के अनुसार है। प्रान्तीय भाषाओं में, खासकर उर्दू में, यह प्रकरण है और जोरों से चल रहा है।" भाषा की सरलता से उनका मतलब उसमें सामासिकता की कमी होने से है और उसके गद्य के अनुसार होने से उसके गद्यात्मक वाक्य-विन्यास से। ध्यातव्य यह है कि निराला का ध्यान हमेशा 'गाने की अनुकूलता', 'स्वर के सौन्दर्य' और 'श्रुति-मधुरता' पर भी रहा है, क्योंकि अन्ततः वे गीत लिख रहे थे, कविता नहीं। उनके इस कथन में सार है कि गद्यात्मक वाक्य-विन्यास वाले गीत गाने में सुकर नहीं होते। यह सोचने की बात है कि क्या यही चीज उन्हें गजलों की तरफ ले गई? वे चाहते थे कि उनके गीत 'गेय' भी हों और उनमें खड़ीबोली का बहुत साफ प्रयोग भी हो, शब्द से लेकर वाक्य तक में। गजलों के शेर चूँकि दो पंक्तियाँ से ज्यादा के नहीं होते, इसलिए उनमें उन्हें वाक्यों के जटिल विन्यास से बचे रहने का अवसर नजर आया।

यहाँ 'बेला' की भूमिका में उन्होंने जो कहा है, उसे भी देख लेना चाहिए। इसमें उनका कहना है : "प्रायः सभी तरह के गेय गीत इसमें हैं। भाषा सरल तथा मुहावरेदार है। गद्य करने की आवश्यकता नहीं। देशभक्ति के गीत भी हैं। बढ़कर नई बात यह है कि अलग-अलग बहरों की गजलें भी हैं जिनमें फारसी के छंद-शास्त्र का निर्वाह किया गया है। काव्य की कसौटी भी है। पाठकों की हिन्दी मार्जित हो जाएगी अगर उन्होंने आधे गीत भी कंठाग्र कर लिए; यों आज भी ब्रजभाषा के प्रभाव के कारण अधिकांश जन तुतलाते हैं, खड़ीबोली के गीत खुलकर नहीं गा पाते।" इस उद्धरण में भी अनेक बातें हैं। इसमें निराला भाषा की सरलता की ही नहीं, मुहावरेदारी की भी बात कहते हैं, जो कि खड़ीबोली की जान है। 'गद्य करने की आवश्यकता नहीं' का मतलब यह है कि वाक्य-विन्यास गद्यात्मक है, जिससे फिर गद्य में उसका अन्वय करने की आवश्यकता नहीं। गजलों में फारसी के छंद-शास्त्र का निर्वाह करने की बात का सम्बन्ध गजलों या उर्दू शायरी की उच्चारण-पद्धति से है, जिसमें हिन्दी के मात्रिक छंदों की तरह ह्रस्व-दीर्घ मात्राओं के उच्चारण-सम्बन्धी नियम का पालन कठोरता से नहीं किया जाता। निराला पुनः संकेत करते हैं कि गजलों में उन्होंने गाने को महत्त्व देकर काव्यत्व को नहीं छोड़ा है। 'हिन्दी मार्जित हो जाएगी' यह उन्होंने इसलिए कहा है कि उन्हें विश्वास है कि 'बेला' के गीतों में खड़ीबोली का बहुत ही निर्दोष रूप प्रकट हुआ है। खड़ीबोली के गीतों को ब्रजभाषा की तुतलाहट से छुटकारा दिलाना उनका उद्देश्य है, उन्होंने यहाँ भी प्रकारान्तर से बतला दिया है।

अब हम क्रम से उनके कुछ गीतों को लेकर देखें कि कैसे वे अपने लक्ष्य की ओर बढ़ते गए हैं।

2

सर्वप्रथम 'अनामिका' से निराला का 'उक्ति' शीर्षक यह गीत :

कुछ न हुआ, न हो
मुझे विश्व का सुख, श्री, यदि केवल
पास तुम रहो!

मेरे नभ के बादल यदि न कटे—
चन्द्र रह गया ढका,
तिमिर-रात को तिरकर यदि न अटे
लेश गगन-भास का,
रहेंगे अधर हँसते, पथ पर, तुम
हाथ यदि गहो।

बहु-रस साहित्य विपुल यदि न पढ़ा—
मंद सबों ने कहा,
मेरा काव्यानुमान यदि न बढ़ा—
ज्ञान जहाँ का रहा,
रहे, समझ है मुझमें पूरी, तुम
कथा यदि कहो।

निराला ने विभिन्न मोर्चों पर अपने जीवन में जो संघर्ष किया था, वह आज हिन्दी जगत् के एक लिए एक सुपरिचित तथ्य है। उस संघर्ष में स्वाभाविक रूप से ऐसे क्षण आते थे, जब वे बहुत निराश हो उठते थे। उस समय जो चीज उन्हें निराशा से उबारती थी, वह थी उनकी आध्यात्मिक आस्था, जो उनके भीतर संकटग्रस्त तो हुई, लेकिन जिसे उन्होंने कभी छोड़ा नहीं। यह गीत भी उनका एक आत्मपरक गीत है, जिसमें वे निराशा के क्षणों में अपने आराध्य से निवेदन करते हैं कि यदि अपने जीवन में मैं कुछ नहीं पा सका, तो उसकी मुझे चिन्ता नहीं होगी, यदि तुम मेरे पास रहो। उसी में मेरे लिए इस भौतिक जगत् का सारा सुख और सारा सौन्दर्य निहित है। 'कुछ न हुआ, न हो' से स्पष्ट है कि जो नहीं मिला, उसकी परवाह तो उन्हें नहीं ही है, वह उन्हें मिले, इसकी चाह भी नहीं है। गीत की टेक की सरल पंक्तियाँ संवेदनशील पाठक के कलेजे में बर्छी की नोक-सी चुभ जाती हैं। इनमें निराला के जीवन का दर्द तो बोलता ही है, उनकी आध्यात्मिक निष्ठा और उनकी दृढ़ता भी बोलती है। उनकी आध्यात्मिक निष्ठा उनकी मूल्य-दृष्टि या 'विजन' का पर्याय थी, जिसे उन्होंने विवेकानन्द से प्राप्त किया था, यह बतलाने की जरूरत न होनी चाहिए।

गीत का पहला बंद और अधिक प्रभावशाली है। कवि कहता है कि यदि उसका आकाश हमेशा बादलों से भरा रहा और उस वजह से उसमें स्थित चन्द्रमा आच्छन्न, या फिर अन्धकारपूर्ण रात्रि को पार कर वहाँ तक प्रकाश का एक कण भी नहीं पहुँचा, तो कोई बात नहीं। जीवन-पथ पर वह हँसता हुआ आगे बढ़ेगा, बशर्ते कि उसका आराध्य उसका हाथ पकड़ ले। यह सहारा मिल जाने पर वह चन्द्रमा और सूर्य के प्रकाश के बिना भी

निर्भीक अपने गन्तव्य की ओर बढ़ता जाएगा। इस बंद की प्रभावोत्पादकता और सौन्दर्य इसकी चित्रात्मकता में है। चित्रों की दीप्ति इसलिए बहुत बढ़ गई है कि निराला ने बादल कटने-जैसे ठेठ हिन्दी के मुहावरे का प्रयोग किया है। वैसे रवीन्द्रनाथ में भी अन्धकार के कटने का जिक्र है : 'आँधार जाबे केटे'। वहाँ भी यह लोकभाषा का ही प्रयोग है। चन्द्रमा का ढके रह जाना भी ठेठ हिन्दी है। 'अटना' क्रियापद तो पूरी तरह से भदेस है, 'पहुँचना' के अर्थ में, यह निराला ने स्वयं एक पत्र में जानकीवल्लभ शास्त्री को लिखा था। इस गीत का आरम्भिक अंश उन्हें भेजते हुए नीचे उन्होंने यह टिप्पणी दी थी–'अटे अट्=पहुँचे (देहाती प्रयोग)'। बाद के उनके एक गीत में भी यह क्रियापद आता है : 'अट नहीं रही है/आभा फागुन की तन/सट नहीं रही है।' अन्धकारपूर्ण रात्रि को तैरकर आकाश की सूर्योदयकालीन द्युति का वहाँ पहुँचना, जहाँ अन्धकार था, भी सजीव वर्णन है, सटीक भी, क्योंकि द्युति एक स्थान से चलकर दूसरे स्थान तक पहुँचती ही है। 'भास' 'विभास' है, जो निराला का प्रिय शब्द है, क्योंकि इसका प्रयोग उन्होंने अन्यत्र भी किया है। उदाहरणार्थ 'कैसी सुहाई जुन्हाई' इस गीत में : 'गोरे *विभास* लोग भूले दुख'।

दूसरा बंद इतिवृत्तात्मक है, यद्यपि नीरस नहीं, क्योंकि यह निराला के जीवन में धँसकर रस प्राप्त करता है, उस जीवन में, जिसमें वेदना-नदियाँ प्रवाहित हैं, जल में अपने बिम्ब प्रसारित करती हुई। इतिवृत्तात्मकता ने अभिव्यक्ति में यथार्थ का आस्वाद पैदा किया है। निराला अन्त में कहते हैं कि यदि मैंने विपुल मात्रा में सरस साहित्य का अध्ययन नहीं किया और इस तरह लोगों की दृष्टि में मंदबुद्धि बना रहा, साथ ही कविता का मेरा बोध विकसित न हुआ, जिससे मेरा ज्ञान जहाँ का तहाँ रुका रहा, तो भी कोई हर्ज नहीं। वह जैसा है, वैसा ही रहे, मुझमें इसकी समझ पूरी है कि मेरे आराध्य मुझे कहानी सुनाएँ, तो मैं उसे समझ सकूँ। 'रहे, समझ है मुझमें पूरी तुम/कथा यदि कहो' ये पंक्तियाँ ऊपर की इतिवृत्तात्मक पंक्तियों को काव्य के गहरे रस में डुबो देती हैं। हाथ पकड़कर ले चलने से रास्ता कटता है और कथा कहने से रात। दोनों बंदों के बीच का सम्बन्ध-सूत्र यह है। कवि ने असली मर्म को समझ लिया है, इससे भी बड़ी बात है इस गीत में कथा कहने के रूपक को अत्यन्त प्रभावशाली ढंग से लाना। 'काव्यानुमान' सार्थक शब्द है, क्योंकि 'अनुमान' प्रत्यक्ष से अप्रत्यक्ष का ज्ञान प्राप्त करने को कहते हैं, जैसे धुआँ देखकर आग का ज्ञान। इस दृष्टि से विकसित काव्य-ज्ञान उसी को कहेंगे, जिसमें व्यक्ति कथित को देखकर ढेर सारा जो अकथित है, उसे भी जान ले।

इस गीत की लय निराला के अन्य कई गीतों की तरह ही गम्भीर है। इसके पाठ के लिए शुरू में बाहर मात्राओं पर विराम देना आवश्यक है। वह विराम सरलता से आगे की लय निर्धारित कर देता है, यथा–

कुछ न हुआ, न हो–।
मुझे विश्व का सुख, श्री,। यदि केवल
पास तुम रहो!

मेरे नभ के बादल। यदि न कटे–
चन्द्र रह गया ढका,
तिमिर-रात को तिरकर। यदि न अटे

लेश गगन-भास का,
रहेंगे अधर हँसते, । पथ पर, तुम
हाथ यदि गहो ।

यह गम्भीर लय गीत में अभिव्यक्त पीड़ा को भी गम्भीर बना देती है। दोनों बंदों के ऊपर के चार चरणों में तुक का हिसाब 1 2 1 2 रखा गया है, यानी 'कटे' की तुक 'अटे' से मिलती है और 'ढका' की 'भास का' से तथा 'पढ़ा' की 'बढ़ा' से और 'कहा' की 'रहा' से। इससे गीत काफी कस गया है, जैसे वीणा या सितार की खूँटियाँ उनके तारों को छेड़ने के पहले कस दी गई हों। उसे चुस्त बनाने में निराला में पाए जानेवाले शब्द-लाघव का भी हाथ रहा है, जिसका ठोस उदाहरण है 'जहाँ का तहाँ रहा' की जगह सिर्फ 'जहाँ का रहा' का प्रयोग। अगली पंक्ति का 'रहे' भी अनावश्यक विस्तार को बचाता है। शब्द-लाघव निराला की काव्य-भाषा की एक दुर्लभ विशेषता है, यह बतलाने की जरूरत नहीं। यह जरूर ध्यातव्य है कि उसके द्वारा वे अपने मितकथन में अभिव्यक्ति की ऊर्जा को केन्द्रित कर देते हैं।

इस गीत से भी अधिक गहन निराला का 'अनामिका' से ही लिया गया 'मरण-दृश्य' शीर्षक यह गीत है—

कहा जो न, कहो!
नित्य-नूतन, प्राण, अपने
गान रच-रच दो!

विश्व सीमाहीन;
बाँधती जातीं मुझे कर कर
व्यथा से दीन!
कह रही हो—'दुख की विधि—
यह तुम्हें ला दी नई निधि,
विहग के वे पंख बदले,—
किया जल का मीन;
मुक्त अम्बर गया अब हो
जलधि जीवन को!'

सकल साभिप्राय;
समझ पाया था नहीं मैं,
थी तभी यह हाय!
दिए थे जो स्नेह-चुम्बन,
आज प्याले गरल के घन;
कह रही हो हँस—'पियो, प्रिय,
पियो, प्रिय, निरुपाय!
मुक्ति हूँ मैं, मृत्यु में
आई हुई, न डरो!'

इस गीत में उनका अपने से, फिर अपनी दिवगंता पत्नी से और फिर उनकी पत्नी का

उनसे संवाद है। इस तरह यह गीत गहन होने के साथ-साथ बहुत सजीव भी है। इसका रूप-विधान भी ऐसा है कि पाठक यदि थोड़ी सावधानी बरतें, तो वे गहराई में संवेदित तो होंगे ही, उन्हें उच्चकोटि का कलात्मक आनन्द प्राप्त होगा।

सर्वप्रथम निराला अपने आपसे कहते हैं कि अब तक जो नहीं कहा, वह कह डालो। वे निवेदन अपने प्राणों से करते हैं, जहाँ से गान उठते हैं। वे चाहते हैं कि उनसे नित्य-नवीन गान सृजित होते रहें। यह बात मर्मांतक पीड़ा के साथ कही जा रही है, इसलिए यह अभिव्यक्ति साधारण नहीं। कवि बहुत ही विषमय जीवन जी रहा है, फिर उसमें गान कैसे और किस तरह रचे जाएँगे, सहज अनुमेय है। जैसे सूली पर चढ़े हुए व्यक्ति से कहा जा रहा है कि लगातार ऐसे गान सुनाते रहो, जो कभी पुराने पड़नेवाले न हों।

गीत के पहले बंद में निराला अपनी पत्नी से पीड़ाभरी शिकायत करते हैं कि इस संसार का प्रसार असीम है, लेकिन तुम मुझे तकलीफ पर तकलीफ देती हुई बन्धन में जकड़ती जा रही हो, यानी संसार से समेटकर जीवन का जो सबसे दर्दनाक हिस्सा है, उसी तक सीमित करती जा रही हो। कहती हो, दुख के तरीके से यानी उसके रूप में मैंने तुम्हें एक नई निधि दी है। अब तक तुम कल्पना के आकाश में पक्षी की तरह उड़ानें भर रहे थे। अब मैंने तुम्हारे वे पंख बदल दिए हैं और उनकी जगह तुम्हें जल में रहनेवाली मछली बना दिया है। जो खुला आकाश था, अब वह तुम्हारे प्राणों के लिए गहन समुद्र है! स्पष्ट है कि कवि को दुख के रूप में जो निधि दी गई है, वह यथार्थ-बोध का द्वार उन्मुक्त करती है। जब तक उसकी पत्नी जीवित रही, वह कल्पना के आकाश में उड़ता रहा, अब उसकी मृत्यु के बाद का विषादमय जीवन उसे सत्य का साक्षात्कार करा रहा है। यह जीवन मुक्त आकाश की तुलना में गहन समुद्र की तरह है। दुख की निधि—यह उक्ति रवीन्द्रनाथ की याद दिलाती है, जो 'गीतांजलि' के एक गीत में कहते हैं : 'दुख आमार घरेर जिनिस,/खाँटि रतन तुई तो चिनिस', अर्थात् 'मेरे अपने घर का धन तो दुख है। वह खरा रत्न है, इसे तुम भी जानती हो'। लेकिन निराला की दुख-निधि अधिक खाँटी मालूम पड़ती है, क्योंकि उनके दुख का एक ठोस भौतिक सन्दर्भ है। अन्तिम चरण में 'जीवन' शब्द का प्रयोग 'प्राण' के लिए हुआ है, यह उनकी अन्य कविताओं में भी किए गए इस शब्द के प्रयोग से सिद्ध है। 'राम की शक्ति-पूजा' में : 'रह-रह उठता जग *जीवन* में रावण-जय-भय' और 'वन-बेला' में : '*निर्जीवन* जड़-चेतन'। पक्षी के समानान्तर मीन अथवा मछली की कल्पना दुख की गहन अनुभूति के लिए निराला की अद्भुत कल्पना है, जितनी नवीन, उतनी ही सार्थक भी।

दूसरे बंद में वे पत्नी से जैसे शिकायत के लिए क्षमा-याचना करते हैं। उन्हें अनुभव होता है कि उनकी पत्नी ने जो कुछ कहा था, वह गहरे मतलब से। उसे न समझ पाने के कारण ही उन्होंने पहले हाय-तोबा मचाई थी। अब उनके सामने सब कुछ स्पष्ट हो चुका है। वे निवेदन करते हैं कि पत्नी ने जो उन्हें प्रेमपूर्ण चुम्बन दिए थे, उनकी मृत्यु के बाद अब उनकी स्मृति विष के भरे हुए प्याले बन गए हैं! लेकिन यह विष जीवन-प्रदाता है, क्योंकि उन चुम्बनों की स्मृति आज मन में जो विषमय विषाद जगाती है, वही तो सत्य है, वही तो जीवन-यथार्थ है। यह व्यंगार्थ अस्पष्ट नहीं। निराला की पत्नी अब उनसे हँसकर कहती हैं : 'तुम्हारे पास कोई उपाय शेष न रहा। तुम चरम अभावजनित चरम पीड़ा की अवस्था में हो, इसलिए वे विष के प्याले तुम्हें पीने ही हैं। मैं तुम्हें मुक्ति प्रदान कर रही

हूँ, वह मुक्ति, जो मृत्यु प्रदान करती है। तुम्हारा डरना व्यर्थ है।' स्पष्टतः यहाँ न विष विष है, न मृत्यु मृत्यु और न मुक्ति 'मोक्ष'। विष सच्चा, भले कटु, जीवनानुभव है, मृत्यु मरणान्तक पीड़ा और मुक्ति वह जीवन-बोध, जो व्यक्ति को बाँधता नहीं, मुक्त करता है। यह दुखवाद या मृत्यु-प्रेम नहीं है। दूसरे आलोचकों ने भी लक्ष्य लिया है कि निराला के विष में अमृत है और मृत्यु में जीवन। वह यहाँ सोलहों आने सही ठहरता है। इस गीत की अन्तिम पंक्तियाँ अज्ञेय की इन प्रसिद्ध पंक्तियों से मिलती-जुलती हैं : 'दुख सबको माँजता है/और—/चाहे स्वयं सबको मुक्ति देना वह न जाने, किन्तु—/जिनको माँजता है/उन्हें यह सीख देता है कि सबको मुक्त रखें।' लेकिन ये निराला के दुख की गहनता का स्पर्श नहीं कर पातीं, यद्यपि उथलापन इनमें भी नहीं है, इनमें भी कवि का जीवनानुभव बोलता है।

इस गीत का सौन्दर्य इस बात में है कि इसमें अभिव्यक्त कवि की पीड़ा निरन्तर गहरी होती गई है और इसके अन्त तक आते-आते अमृत पूर्णतः विष में रूपान्तरित हो गया है। 'दिए थे जो स्नेह-चुम्बन,/आज प्याले गरल के घन'। लेकिन जैसा कहा गया, यह विष मारनेवाला नहीं, जिलानेवाला है, बेशकीमती अनुभवों से जीवन को समृद्ध करनेवाला।

'अणिमा' में संकलित निराला का प्रसिद्ध गीत 'मैं अकेला' बिलकुल नई जमीन का गीत है। इसे देखकर ऐसा लगता है कि वे अपने गीतों की भाषा में जो सादगी लाना चाहते थे, वह उन्हें पूरी तरह से हासिल हो गई है। अभिव्यक्ति में न कवित्व की मात्रा कम हुई, न भावना में गहराई, और उनके गीतों का रूप बदल गया। पानी जैसे निथर गया, जिसके भीतर दूर-दूर तक झाँका जा सकता है। कोई भी पाठक महसूस करेगा कि यह 'गीतिका' के गीतों से बहुत आगे का गीत है, अपनी आकृति में भी और प्रकृति में भी। यह सही मानी में खड़ीबोली का गीत है, जिसका संगीत भी खड़ीबोली का है—सरल-सा, न कोई झंकृति, न कोई हुंकृति। गीत है—

मैं अकेला;
देखता हूँ, आ रही
मेरे दिवस की सांध्य वेला।

पके आधे बाल मेरे,
हुए निष्प्रभ गाल मेरे,
चाल मेरी मंद होती आ रही,
हट रहा मेला।

जानता हूँ, नदी-झरने,
जो मुझे थे पार करने,
कर चुका हूँ, हँस रहा यह देख
कोई नहीं भेला।

अपनी 'अधिवास' शीर्षक प्रसिद्ध कविता में निराला ने इशारे से 'मैं'-शैली को छोड़ने की बात कही थी, लेकिन यहाँ हम देखते हैं कि वे 'मैं' के साथ ही अपनी बात शुरू करते हैं। 'मैं'-शैली को छोड़ना यहाँ इस रूप में दिखलाई पड़ता है कि वे कहते हैं अपने बारे में,

लेकिन इस तरह से कि लगता है, वे किसी और के बारे में बतला रहे हैं। कवि अपने को ही देख रहा हो, लेकिन इस तरह से कि वह किसी दूसरे व्यक्ति को देख रहा है, तो उससे दृष्टि में जो एक तटस्थता या निर्वैयक्तिकता आती है, वह कविता को एक नए धरातल पर उठाकर रख देती है। उससे न केवल अनावश्यक भावुकता से कविता मुक्त हो जाती है, बल्कि अभिव्यक्ति में व्यापकता के साथ गहराई भी आती है। निराला का यह गीत 1940 की रचना है, जब वे पैंतालीस के आसपास रहे होंगे। यह वह अवस्था है, जबकि व्यक्ति वार्धक्य की धमक महसूस करने लगता है, साथ ही उसके साथ आनेवाले अकेलेपन की। निराला तो पहले से ही अकेले थे, अब उनके और अकेले होने के संकेत उन्हें मिलने लगे। स्पष्टतः उनका यह अकेलापन पश्चिमी साहित्य से आयातित अस्तित्ववादी अकेलापन नहीं है। यह उनका अपने जीवन और परिवेश से उपजा हुआ अकेलापन है, जिसका दंश वे इस गीत में तीव्रतम रूप में महसूस करते हैं। 'देखता हूँ, आ रही/मेरे दिवस की सांध्य वेला' में 'देखना' उस तटस्थता की सूचना दे रहा है, जिसका ऊपर जिक्र किया गया है। यह एक भयानक क्रियापद है, क्योंकि इसमें तटस्थता का जो भाव है, वह हमें उस आदमी का परिचय देता है, जो संघर्ष और दुख की मार से, अपने परिवेश से प्रताड़ित और प्रतारित, अपने आपसे भी तटस्थ हो गया हो। अपने जीवन के लिए 'दिवस' शब्द का प्रयोग निराला की उक्ति को निरे वक्तव्य से हटाकर न केवल चित्रात्मक बना देता है, बल्कि उसे एक औदात्त्य भी प्रदान कर देता है। वार्धक्य के लिए 'सांध्य वेला' कोई नया उपमान नहीं, लेकिन 'दिवस' के साथ प्रयुक्त होने से इसमें भी उदात्त कवित्व आ गया है। इस उक्ति में निश्चय ही सौन्दर्य इस कारण से भी सम्भव हुआ है कि कवि ने अप्रस्तुतों के साथ प्रस्तुतों का प्रयोग नहीं किया, लेकिन यह अलंकरण नहीं, अलंकरणहीनता की दिशा में उठाया गया कवि का कदम है, पर कैसे सधे ढंग से कि अलंकार भी अनलंकार बन गया है!

टेक की पंक्तियों में निराला जैसे अपने बाकी जीवन पर दृष्टि-निक्षेप करते हैं, गीत के पहले बंद में वे अपनी वर्तमान स्थिति को देखते हैं, यद्यपि वैसे ही, जैसे किसी दूसरे को देख रहे हों। वे पाते हैं कि वे अधेड़ हो गए। उनके आधे बाल पक गए और उनके कपोलों की कांति जाती रही। वे गौर करते हैं कि उनकी चाल में भी मन्दता आई है। लेकिन यह सब चिन्ता की वैसी बात नहीं, यद्यपि उन्हें जितना प्रेम अपने काव्य से था, उतना ही अपने स्वास्थ्य से भी, चिन्ता की बात है उन्हें घेरे रहनेवाले लोगों का धीरे-धीरे उनसे हटते जाना। ये वे खुदगर्ज लोग थे, जो नाना प्रकार से उनके श्रम का शोषण करते थे। उन्होंने जब देखा कि अब उनमें युवावस्थावाली क्षमता न रही, अब उस तरह न वे दूसरे लेखकों के नाम से पुस्तकें लिख सकते हैं, न अनुवाद-कार्य कर सकते हैं और न संपादन ही, तो वे उनसे अलग होने लगे। चिन्ता निराला को अपनी नहीं, दुनिया की है, जो इतनी स्वार्थी है! 'हट रहा मेला' में 'मेला' शब्द से स्पष्ट है कि उनका शोषण करनेवाले एक-दो नहीं, अनगिनत लोग थे। यह शब्द बोलचाल से लिया गया है, जिसका बहुत ही व्यंग्यात्मक प्रयोग उन्होंने किया है। यह उक्ति समकालीन विश्व पर उनकी जलती हुई टिप्पणी है। उनके अकेला पड़ते जाने की एक कहानी यह भी है। इस बंद की भाषा में प्रांजलता तो है ही, कसाव भी गजब का है। ऐसी भाषा अपने आपमें कविता की एक उपलब्धि है।

गीत के अन्तिम बंद में निराला अपने पिछले जीवन पर दृष्टि डालते हैं और तब बतलाते हैं कि उनके साहित्यिक जीवन के मार्ग में जो भी बाधाएँ आई थीं, जिन्हें पार करना जरूरी था, वे उन्हें पार कर चुके हैं। यह उक्ति सरल तो है, लेकिन पहले बंद की तरह नहीं, क्योंकि बाधाओं के लिए यहाँ 'नदी-झरने' का प्रयोग हुआ है, जिनसे 'पार करने' की संगति बहुत अच्छी है। निराला हिन्दी के उन कवियों में से हैं, जिनमें असाधारण कोटि की विनम्रता थी, तो अपने कृतित्व का एहसास भी। उनकी विनम्रता का उदाहरण उनका यह वाक्य है कि 'मैं तो उनके (भारतेन्दु के) दरबार का दरबान-मात्र हूँ' और उनके आत्मविश्वास का 'सरोज-स्मृति' की ये पंक्तियाँ : 'अन्यथा, जहाँ है भाव शुद्ध/साहित्य-कला-कौशल-प्रबुद्ध,/हैं दिए हुए मेरे प्रमाण/कुछ वहाँ, प्राप्ति को समाधान,/पार्श्व में अन्य रख कुशल हस्त/गद्य में पद्य में समाभ्यस्त।' दूसरे बंद में 'जानता हूँ' उक्ति उनके आत्मविश्वास से अधिक उनके आत्मज्ञान का सूचक है। बंद के आरम्भिक दो चरणों में जो वाक्य है, वह तीसरे चरण में जाकर पूरा होता है। यह बात 'गीतिका' के गीतों में भी कभी-कभी दिखलाई पड़ती है, लेकिन वाक्य-रचना में जो हिन्दीपन, सफाई और लचीलापन यहाँ है, वह पहले नहीं था। ऐसे वाक्य गाने में भले कठिनाई पैदा करते हों, पढ़ने और समझने में नहीं, बल्कि उससे अभिव्यक्ति में गद्य का एक नया सौन्दर्य और आस्वाद आ जाता है। इससे पद्यात्मक वाक्य-विन्यास की एकरसता भी टूटती है और अपूर्ण वाक्य चरणान्त में रुकने न देकर पाठक को जो आगे ठेल देता है, उसका अपना मजा है। अन्तिम चरण में निराला ने अपने हँसने का जिक्र किया है, हँसते हुए यह देखने का कि उक्त नदी-झरने उन्होंने बिना किसी नाव क्या, बिना किसी बेड़े के पार किए। समकालीन हिन्दी काव्यालोचन में रघुवीर सहाय की हँसी की बहुत चर्चा है। एक हँसी निराला की भी है। इसमें भी बड़ी विविधता और व्यंजकता है। 'राम की शक्ति-पूजा' में : '*हँस* उठा ले गईं पूजा का प्रिय इंदीवर' और पिछले गीत में : 'कह रही हो *हँस*–'पियो, प्रिय,/पियो, प्रिय, निरुपाय!' दोनों उक्तियों की हँसी दो तरह की है। इसी तरह '*हँस* रहा यह देख,/कोई नहीं भेला' की हँसी एक तीसरी तरह की हँसी है। 'भेला' बेड़ा के अर्थ में बँगला का सामान्य प्रयोग है, उदाहरणार्थ रवीन्द्रनाथ के इस प्रसिद्ध गीत में : 'आज धानेर खेते रौद्र छायाय लुकोचुरि खेला–/नील आकाशे के भासाले सादा मेघेर *भेला*।' वैसे मुझे कबीर में भी यह शब्द मिला है : '*भेला* पाया सर्प सौं, भौसागर के माँह।'

इसी शैली का निराला का गीत 'स्नेह-निर्झर बह गया है' भी है, यद्यपि आकार में इससे बड़ा और अधिक गम्भीर भी। यह उनकी अधिक वैयक्तिक रचना भी है, क्योंकि इसमें उन्होंने जो कुछ निवेदन किया है, अपनी पत्नी को ध्यान में रखकर, उनके शाश्वत वियोग से प्रभावित होकर। इस गीत का बीज-शब्द 'स्नेह-निर्झर' है, जो इसमें कही गई सभी बातों का स्रोत है। सम्पूर्ण गीत इस रूप में है :

स्नेह-निर्झर बह गया है।
रेत ज्यों तन रह गया है।

आम की यह डाल जो सूखी दिखी,
कह रही है–"अब यहाँ पिक या शिखी
नहीं आते, पंक्ति मैं वह हूँ लिखी

नहीं, जिसका अर्थ—
जीवन दह गया है।

"दिए हैं मैंने जगत को फूल-फल,
किया है अपनी प्रभा से चकित-चल;
पर अनश्वर था सकल पल्लवित पल—
ठाट जीवन का वही
जो ढह गया है।"

अब नहीं आती पुलिन पर प्रियतमा,
श्याम तृण पर बैठने को, निरुपमा।
बह रही है हृदय पर केवल अमा;
मैं अलक्षित हूँ, यही
कवि कह गया है।

यह गीत भी 'अणिमा' में ही संगृहीत है और इसका रचना-काल 'मैं अकेला' गीत के दो वर्ष बाद है, यानी जब निराला सैंतालीस के हो रहे थे। पत्नी से उनका ऐसा गहरा रागात्मक लगाव था कि उन्हें वे आजीवन विस्मृत नहीं कर सके। अभी वे उनके वियोग में ऐसा महसूस कर रहे हैं कि प्रेम का निर्झर उनके जीवन से निकल गया है और उनका शरीर नदी की रेत की तरह पड़ा हुआ रह गया है। यह रूपक भव्य तो है ही, अत्यन्त स्पष्ट भी है, जिससे गीत की टेक की पंक्तियाँ आसानी से हिन्दी क्षेत्र की जनता की जुबान पर चढ़ गईं। कहने की आवश्यकता नहीं कि रूपक ग्रीष्म का है।

आगे के दो बिम्बों में निराला नदी-तट पर स्थित आम्रवृक्ष की एक सूखी हुई डाल की कथा कहते हैं। डाल आत्मनिवेदन करती है : अब मेरे पास कोकिल या मोर नहीं आते। मैं उस लिखित पंक्ति की तरह हो रही हूँ, जिसका कोई अर्थ नहीं। मेरे प्राण पूर्णतः झुलस चुके हैं। गीत में इन पंक्तियों की विशेषता यह है कि ये संक्षेप में वसन्त और ग्रीष्म दोनों का बहुत ही सटीक चित्र उपस्थित करती हैं। अब वह वसन्त नहीं रहा, जिसमें आम की हरी-भरी शाखा पर आकर कोकिल भी बैठते थे और मोर भी। अब तो वह ग्रीष्म की झुलसी हुई है, जैसे एक अर्थहीन पंक्ति हो। झुलसी हुई डाल को अर्थहीन लिखित पंक्ति से उपमित करना निराला की अभिव्यक्ति की आधुनिकता का प्रमाण है, जैसे 'हिन्दी के सुमनों के प्रति पत्र' शीर्षक कविता में उनका यह कहना है कि 'मैं पढ़ा जा चुका पत्र, न्यस्त'। डाल स्वयं एक उपमान है, अर्थहीन पंक्ति उसका भी उपमान हुई। इस तरह से कोई चाहे तो इसे आचार्य रामचन्द्र शुक्ल का 'एक अप्रस्तुत लाकर फिर उस अप्रस्तुत के लिए दूसरा अप्रस्तुत लाना' कह सकता है, लेकिन यह अनुभव करने की बात है कि यह अप्रस्तुत या उपमान-विधान निराला में अलंकरण के रूप में नहीं आया है, सहज रूप से अभिव्यक्ति में नियोजित हो गया है। 'जीवन' शब्द का 'प्राण' के लिए प्रयोग हम यहाँ भी देखते हैं।

दूसरे बंद में उद्धरण-चिह्न फिर से शुरू होता है, यह तो ठीक है, पर पहले बंद के अन्त में उससे डाल के कथन को बंद नहीं किया जाना चाहिए था, जैसा कि 'अणिमा' के प्रथम संस्करण में भी देखने को मिलता है। उससे भ्रम होता है कि यह दो पात्रों का संवाद है,

जबकि वस्तु-स्थिति यह है कि अगला उद्धरण भी डाल का ही आत्मनिवेदन है। त्रिलोचन ने 1946 के मासिक 'हंस' में 'निराला की नई कविता' शीर्षक से उनकी चार नई कविता-पुस्तकों को आधार बनाकर एक समीक्षात्मक लेख लिखा था। वह लेख उनकी पुस्तक 'काव्य और अर्थ-बोध' में संकलित है। उसमें उन्होंने 'अणिमा' से यह पूरा गीत उद्धृत किया है और उसमें उद्धरण-चिह्नों का बिलकुल सही प्रयोग किया है, यानी उद्धरण-चिह्न पहले बंद के नहीं, दूसरे बंद के बाद बंद होता है। दूसरे बंद में आम की सूखी हुई डाल अपना कहना जारी रखती है। कहती है, मैंने संसार को फूल ही नहीं, फल भी दिए हैं और इस तरह उसे अपनी सुन्दरता और सार्थकता की दीप्ति से चमत्कृत किया है। उस समय पल्लवन के जो क्षण थे, लगता था, वे कभी नष्ट नहीं होंगे, लेकिन आज जीवन का वही ऐश्वर्य ढहा पड़ा है। 'किया है अपनी प्रभा से चकित-चल' इसमें डाल के प्रसंग में 'प्रभा' शब्द की प्रभा देखते ही बनती है। इसी के साथ 'ठाट जीवन का वही/जो ढह गया है' इस उक्ति पर गौर करें, तो पता चलेगा कि यह जितनी सशक्त है, उतनी ही नवीन भी, और यह हिन्दी के ठेठ शब्द 'ठाट' और ठेठ क्रियापद 'ढहना' से सम्भव हुआ है! वैसे इस बंद में 'फूल-फल', 'चकित-चल' और 'पल्लवित पल' की आनुप्रासिक योजना भी है, लेकिन आगे की पंक्तियों में आनेवाले 'ठाट' और 'ढह'-जैसे शब्दों से वह किंचित् व्यंग्यात्मक रूप लेती प्रतीत होती है। डाल के जीवन का ठाट ही नहीं ढहता है, जैसे अनुप्रास का गुमान भी ढह जाता है। इस बंद की भी खूबी है कि पहले ऐश्वर्य का भव्य चित्र उपस्थित किया गया है, फिर उसके ध्वंस का। उसके प्रभावशाली होने का यह महत्त्वपूर्ण कारण है। इससे दोनों का विरोध सामने आता है, जो मन में गहरे विषाद का भाव जगाता है।

इन दोनों ही बंदों में आम की सूखी हुई डाल बहुत स्वाभाविक रूप से निराला के जीवन को प्रतिबिम्बित करती है, उसके एकाकीपन की गहन व्यथा और उससे उपजी निराशा को। पहले भी वे यह गीत लिख चुके हैं : 'मुझे स्नेह क्या मिल न सकेगा?', जिसमें उन्होंने कहा है : 'स्तब्ध, दग्ध मेरे मरु का तरु/क्या करुणाकर खिल न सकेगा?' इस गीत में वृक्ष है, तो बादवाले में डाल।

पूरे गीत में एक निर्झर से निकलने वाली नदी का परिवेश है—उसके तट पर स्थित एक आम्रवृक्ष की सूखी हुई डाल और फिर उसका वीरान किनारा। तीसरे बंद में निराला स्वयं कहते हैं कि नदी-तट जब हरा-भरा था, करियाई दूबों से आच्छादित, तो उसकी अनुपमेय प्रियतमा उस पर आकर बैठती थी। स्पष्टतः यह एक रूपक है, जिसके माध्यम से कवि अपने पुराने दिनों को याद करता है। आज स्थिति यह है कि चतुर्दिक् अन्धकार है, वह भी अमावस्या का, जिसने सबकुछ को ढँक लिया है, फिर इसका वह वैभव कहाँ रहा? अन्त में वे यह कहते हैं कि अपनी स्थिति के कारण वे ध्यान देने योग्य नहीं रहे, उन पर किसी की दृष्टि नहीं। फिर कहते हैं, यह पक्की बात है, कवि का कहा हुआ। यहाँ आकर उनका विषाद और तज्जनित निराशा चरम बिन्दु पर पहुँच जाते हैं और एक व्यापक अर्थ ग्रहण कर आधुनिक मनुष्य की नियति को प्रतिध्वनित करने लगते हैं। वैसे यह पूरा गीत अतिरिक्त आत्मपरकता से मुक्त है, उनके दूसरे आत्मपरक गीतों की तरह ही, इसलिए इसके अर्थ-वृत्त का निरन्तर फैलते जाना और अपनी सीमा में शेष लोगों के जीवन को भी समा लेना स्वाभाविक है। इसमें निराला ने आम की डाल और निर्झर-तट के रूपक का जो प्रयोग किया है, वह इसीलिए कि वैयक्तिक

होते हुए भी गीत के स्वर में एक निर्वैयक्तिकता हो। 'अनामिका' में उनका 'ठूँठ' शीर्षक से जो गीत है, वह भी किसी हद तक आत्मपरक है। इस गीत में आम की सूखी डाल है, तो उसमें एक ठूँठ। इसमें नदी-तट की घास पर बैठने उनकी प्रियतमा नहीं आती, तो उसमें 'झरते नहीं यहाँ दो प्रणयियों के नयन-नीर'। भयावह स्थिति यहाँ इस रूप में है कि कवि अपने को 'अलक्षित' पा रहा है, तो वहाँ ठूँठ पर 'केवल वृद्ध विहग एक बैठता कुछ कर याद!' अन्तिम बंद में 'श्याम तृण' यह बहुत सुन्दर और चित्रात्मक प्रयोग है, जैसे 'निरुपमा' इस एक शब्द से वे अपनी प्रियतमा का असाधारण रूप खड़ा कर देते हैं। जो पाठक 'देख दिव्य छवि लोचन हारे' गीत पढ़ चुके हैं, उन्हें कवि-पत्नी के लिए 'निरुपमा' विशेषण उपयुक्त लगेगा। 'बह रही है हृदय पर केवल अमा'—यह निराला का अन्धकार को मूर्त और गतिशील रूप प्रदान करनेवाला चित्र है, जो 'तुलसीदास' में भी इस रूप में आया है—'घर अन्धकार अब बहता'। 'यही कवि कह गया है' यह लोकप्रचलित शैली है कथन की।

इस गीत में गद्यात्मक वाक्य-विन्यास वाली भाषा का जो प्रयोग हुआ है, वह ध्यान आकृष्ट करता है। टेक की पंक्तियों में खड़ीबोली का प्रयोग बहुत साफ है। पहले बंद में वाक्य अरुद्धचरणान्त हैं, बहुत लचीले, जो गाने में कठिनाई पैदा कर सकते हैं, पर पढ़ने में आनन्द ही देते हैं। शेष चरणों में वैसी कोई कठिनाई नहीं। कुल मिलाकर यह गीत नए गीत की दीप्ति से युक्त है, जिसकी विशेषता है खड़ीबोली के अपने संगीत की तरफ बढ़ना। 'गीतिका' के गीत 'रूखी री यह डाल, वसन वासन्ती लेगी' में रूखी डाल पल्लवों, फूलों और फलों से लद जाती है, जबकि इस गीत में पल्लवों, फूलों और फलों से लदी डाल पुनः रूखी हो जाती है। यह है निराला का कल्पना से हटकर यथार्थ की तरफ आना। उनकी खूबी यह है कि इसके साथ कवित्व का ह्रास नहीं होता, बल्कि एक नया कवित्व प्रकट होता है। उनकी कविता क्रमशः निराभरण होती हुई और मारक होती जाती है, कहिए, धारदार। शायद खड़ीबोली के स्वभाव में ही यह यथार्थ है। वह कल्पनाशीलता और अलंकृति के साथ अपने स्वरूप का पूर्ण प्रकाश नहीं करती।

3

इस काल में भी निराला ने धार्मिक प्रेरणा से अनेक गीतों की रचना की। उनमें से कम से कम दो सबसे सुन्दर और सुगठित गीतों पर यहाँ विचार करना अपेक्षित है। पहला गीत 'अणिमा' से लिया गया है और वह इस तरह है :

दलित जन पर करो करुणा।
दीनता पर उतर आए
प्रभु, तुम्हारी शक्ति अरुणा।

हरे तन-मन प्रीति पावन,
मधुर हो मुख मनोभावन,
सहज चितवन पर तरंगित
हो तुम्हारी किरण तरुणा।

देख वैभव न हो नत सिर,
समुद्धत मन सदा हो स्थिर,
पार कर जीवन निरन्तर
रहे बहती भक्ति-वरुणा।

इस गीत का बीज-शब्द 'भक्ति' है, जो इसके अन्तिम चरण में आता है। पीछे कहा जा चुका है कि अद्वैतवादी होते हुए भी निराला द्वैतवादी यानी भक्त थे। इसमें वे किससे निवेदन करते हैं, राम से या कृष्ण से, यह तो स्पष्ट नहीं है, लेकिन यह स्पष्ट है कि उनके 'प्रभु' निराकार नहीं, साकार हैं, क्योंकि गीत के पहले बंद में उनके सुन्दर 'मुख' की चर्चा है। गीत की विशेषता भक्त-हृदय की विह्वलता है, जिसे बहुत ही नपे-तुले शब्दों में कवि ने वाणी दी है। प्रथम दृष्टि में गीत पुरानी शैली का प्रतीत होता है, लेकिन समस्त पदों से रहित भाषा और वाक्य-विन्यास पर ध्यान देने से इस गीत की नवीनता प्रकट हो जाती है। लेकिन इसमें एकाध स्थल पर अनुप्रासजनित जो झंकृति है, उससे पुरानी शैली से निराला का सम्बन्ध अभी पूरा टूटा नहीं, यह भी प्रमाणित है। यह वस्तुतः उनका एक संक्रमणकालीन गीत है, 1939 में रचा हुआ, इसलिए उपर्युक्त दोनों गीतों की तरह यथार्थवादी नहीं। कहा जा चुका है कि मध्यवर्ती काल के उनके गीतों में कई स्वर सुनाई पड़ते हैं, कभी मिश्र रूप में और कभी अमिश्र रूप में।

इस गीत में निराला अपने आराध्य से निवेदन करते हैं कि वे उन पर द्रवित हों। 'दलित जन' वे स्वयं हैं। अपने को दलित कहकर वे भक्ति की किसी साम्प्रदायिक रूढ़ि का निर्वाह नहीं कर रहे हैं, बल्कि अपनी यथार्थ स्थिति का आख्यान कर रहे हैं। जीवन की परिस्थितियों ने वाकई उन्हें रौंद डाला था। वे अपने आराध्य के आगे अपना हृदय खोल देते हैं और अपने को 'दीन' भी कहते हैं। यह 'दैन्य' भी रूढ़ि नहीं, निराला की आन्तरिक अनुभूति है। वे प्रार्थना करते हैं कि ईश्वर उन्हें शक्ति दें कि उनका दैन्य-भाव दूर हो। शक्ति के साथ 'अरुणा' विशेषण का जो प्रयोग हुआ है, उसे डा. रामविलास शर्मा शंकराचार्य से प्रेरित मानते हैं, जो सौन्दर्यलहरी के एक श्लोक में कहते हैं : 'जगत्त्रातुं शंभोर्जयति करुणा काचिदरुणा'। यहाँ शिव की करुणा को अरुणा कहा गया है। यदि यह करुणा उनकी शक्ति है, तो निराला की उक्ति पर शंकराचार्य का सीधा प्रभाव है, भले इस गीत में उनके आराध्य शिव न हों।

गीत के पहले बंद में उनका निवेदन यह है कि उनकी आकांक्षा है कि अपने आराध्य के प्रति उनके भीतर ऐसा पवित्र प्रेम उत्पन्न हो कि उसमें वे अपने शरीर और मन दोनों की सुध खो दें, साथ ही यह कि उनके आराध्य का सुन्दर मुख उनके मन में माधुर्य का संचार करे। 'मधुर हो मुख मनोभावन' यह उक्ति भी बड़ी प्यारी है, अलग से नवीन भी, लेकिन इस बंद की अगली पंक्तियाँ तो उसे बहुत ऊपर उठा देती हैं। मेरी सहज यानी सामान्य दृष्टि पर तुम्हारी तरुण किरणें तरंगित हो उठें, तात्पर्य यह कि मुझे तुम्हारा प्रकाश दिखलाई पड़े, जो मेरी दृष्टि को निर्मल बना दे। लेकिन कविता न इस अर्थ में है, न उसकी पंक्तियों के गद्य-रूपान्तर में। वह तो अपने प्रकृत शब्द-विधान में है : 'सहज चितवन पर तरंगित/हो तुम्हारी किरण तरुणा'। किरण को तरंग की तरह तरंगित करके निराला ने उसे 'मूर्तित' कर दिया है, इसी तरह इन दोनों चरणों में 'त' तथा अनुनासिक वर्णों की आवृत्ति से उन्हें निनादित। चित्र और संगीत का बहुत ही मोहक मेल है यह। 'तरुणा' विशेषण भी

खूब है, उतना ही सुन्दर, जितना निराला के गीत 'रँग गई पग-पग, धन्य धरा' के अन्तिम चरण में प्रयुक्त 'चारुतरा' विशेषण। ऐसे शब्द अभिव्यक्ति को बहुत ही स्पृहणीय आभिजात्य प्रदान करते हैं।

अन्तिम बंद के आरम्भिक दोनों चरण इतिवृत्तात्मक हैं, लेकिन इन्हें निराला के जीवन से जोड़कर देखा जाए, तो ये बहुत ही सबल मालूम पड़ते हैं। निराला अपना सब कुछ गँवा चुके थे और कलम का मजदूर बनकर रह गए थे, बहुत बार मित्रों की कृपा पर जीवित। ऐसी स्थिति में धनवानों के आगे झुकने की आशंका से वे स्वाभाविक रूप से पीड़ित रहते रहे होंगे। इसी अवस्था में अपने आराध्य से वे याचना करते हैं कि वे उन्हें इतना आत्मविश्वास प्रदान करें कि वे वैभव के आगे नतशीश न हों। वे प्रकृति से उग्र भी थे। यह भी उनके लिए काम्य स्थिति नहीं थी, सो वे यह भी याचना करते हैं कि उनका औद्धत्य समाप्त हो और उनका मन स्थिरता लाभ करे। संकेत यह है कि मन यदि स्थिर है, तो प्रकृति की उग्रता या औद्धत्य जाता रहेगा। इस बंद को भी ऊँचाई प्रदान करनेवाली पंक्तियाँ आगे की ही हैं, जिनमें निराला अन्तिम याचना यह करते हैं, एक सच्चे भक्त की तरह, कि भक्ति की स्रोतस्विनी उनके सम्पूर्ण जीवन को आप्लावित कर निरन्तर प्रवाहित रहे। 'वरुणा' नदी-विशेष है और यह शब्द यहाँ 'करुणा' के वजन पर आया है, लेकिन यह सिर्फ तुकबंदी नहीं है, भक्ति का रस इसमें भी दौड़ रहा है। इन पंक्तियों का सौन्दर्य इनकी गहन भावाभिव्यक्ति में तो है ही, इनकी चित्रात्मकता में विशेष रूप से है, क्योंकि इन्हें पढ़ते ही आँखों के सामने बहुत सजीव रूप में एक दूर तक बहती हुइ नदी का चित्र आ जाता है।

ऐसे गीत निश्चय ही निराला को सूर-तुलसी-जैसे भक्त कवियों की परम्परा में स्थान दिलाते हैं, उनके श्रेष्ठ गीतकार होने की वजह से ही नहीं, उनकी सरल और सच्ची भक्ति-भावना की वजह से भी।

उपर्युक्त गीत से अधिक मोहक, और लोकप्रिय भी, 'अणिमा' में ही संगृहीत निराला का यह दूसरा धार्मिक गीत है :

नूपुर के सुर मंद रहे,
जब न चरण स्वच्छंद रहे।

उतरी नभ से निर्मल राका,
पहले जब तुमने हँस ताका
बहुविध प्राणों को झंकृत कर
बजे छंद जो बंद रहे।

नयनों के ही साथ फिरे वे
मेरे घेरे नहीं घिरे वे,
तुमसे चल तुममें ही पहुँचे
जितने रस आनन्द रहे।

इस गीत में कवि जैसे आत्मस्वीकृति के स्वर में अपनी आराध्या से निवेदन करता है कि जब तक उसके चरण पूर्णतः स्वच्छन्द नहीं हुए, उनमें बँधे घुँघरू जोरों से नहीं खनके,

यानी वह उनके आगे खुलकर नृत्य न कर सका! तात्पर्य यह कि जब भक्ति-भाव उसमें बाँध तोड़कर उमड़ा, तभी उसने सहज भाव से विपुल मात्रा में काव्य-सृष्टि की। 'नूपुर के सुर' यह कविता ही हो सकती है, और कुछ नहीं। यह स्पष्ट संकेत है कि यह गीत सरस्वती को निवेदित है। संकेत यह भी है कि विपुल और महार्घ काव्य-सृष्टि सारस्वत साधना का ही परिणाम है। सरस्वती में अपनी निष्ठा के कारण निराला काव्य-रचना के लिए स्वयं श्रेय नहीं लेते। पहले भी वे कह चुके हैं : 'तुम्हीं गाती हो अपना गान;/व्यर्थ मैं पाता हूँ सम्मान'। प्रस्तुत गीत की टेक की दोनों पंक्तियाँ इस तल्लीनता से रची गई हैं कि कानों में घुँघरू की आवाज सुनाई देने लगती है और आँखों के सामने नृत्य में थिरकते हुए पाँव आ जाते हैं। आश्चर्य नहीं कि ये पंक्तियाँ अलग-अलग प्रसंगों में हिन्दी में अनेक बार उद्धृत की गई हैं।

पहले बंद में कवि की भक्ति से प्रसन्न उसकी आराध्या की उस दृष्टि का वर्णन है, जिससे उन्होंने उसे देखा था। उस समय उसे ऐसा प्रतीत हुआ, जैसे आकाश से स्वच्छ पूर्णिमा धरती पर उतर आई हो! इस कृपा-दृष्टि का परिणाम यह हुआ कि उसके प्राण अनेक प्रकार से झंकारित हो उठे और सारे रुके हुए छंद निनाद करने लगे। मतलब यह कि वह अत्यन्त संवेदित होकर नए सिरे से काव्य-सृजन करने लगा। लेकिन यह स्थिति स्थायी न हो सकी। कवि की आराध्या ने जल्दी ही उस पर से अपनी कृपा-दृष्टि समेट ली। यहाँ जिस स्थिति का वर्णन है, वह पहले की स्थिति है—'पहले जब तुमने हँस ताका'। बाद की स्थिति तो बुरी है।

इस बंद का सौन्दर्य पूर्णिमा की रात्रि में समुद्र में जो लहरें उठने लगती हैं और उससे जो कोलाहल होता है इस रूपक के प्रयोग में है, जो बहुत कुछ छिपा हुआ है। इसका संकेत सिर्फ 'राका' से मिलता है, जो कवि के प्राणों को झंकृत कर देती है। 'झंकृत' की जगह यदि 'तरंगित' शब्द का प्रयोग होता, तो रूपक तो स्पष्ट हो जाता, लेकिन अर्धस्फुटता में जो सौन्दर्य है, वह सम्भव न होता।

दूसरे बंद में निराला आराध्या से कहते हैं कि तुम्हारे आँखें फेरते ही मेरी सारी संवेदना और मेरा सारा काव्य-सृजन जाता रहा। मैंने उन्हें रोकने की बहुत कोशिश की, लेकिन वे रुके नहीं। वे मेरे पास तुमसे चलकर ही पहुँचे थे, फिर तुम तक लौटकर तुममें ही समाविष्ट हो गए। संवेदना और काव्य के लिए उन्होंने 'रस आनन्द' शब्द का प्रयोग किया है, जो सही है। इस तरह यह गीत निराला के व्यक्तिगत जीवन से भी सम्बन्ध रखता है, जो उत्थान और पतन तथा सृजन की अनुकूल और प्रतिकूल परिस्थितियों से भरा था। इस गीत के दो बंदों में उन्होंने क्रमशः दोनों की झाँकी दिखला दी है।

स्पष्टतः यह गीत भी पुरानी शैली का है, जिससे इसमें भाव-संगीत के साथ-साथ शब्द-संगीत भी है, जिसका प्रमाण है 'नुपूर' के साथ 'सुर', 'नभ' के साथ 'निर्मल' और 'छंद' के साथ 'बंद'-जैसे सानुप्रास शब्द का प्रयोग। लेकिन इसके बावजूद इस गीत की भाषा की प्रकृति दूसरे काल के गीतों की भाषा से मिलती है, जिसमें वह सरल ही नहीं हो गई है, गद्य की तरह पूरे वाक्योंवाली भी हो गई है। निराला की सफलता ऐसे छोटे आकार के गीतों में भी उत्कृष्ट कवित्व के साथ अकूत भाव देने में है, गागर में सागर भरने की तरह। कुछ कवि सागर में गागर भरते हैं, निराला प्रायः हर बार गागर में सागर भर देते हैं।

भाषा पर उनका ऐसा अखंड अधिकार है कि टेक की पंक्तियों-जैसी कवित्वपूर्ण शब्दावली हो, या 'नयनों के ही साथ फिरे वे/मेरे घेरे नहीं घिरे वे'-जैसी सादी उक्ति, वे समान मात्रा में अर्थ संप्रेषित करते हैं।

4

निराला के प्रकृति-प्रेम के बारे में कहा जा चुका है। प्रकृति को उन्होंने इस काल में भी नहीं छोड़ा, लेकिन उसके चित्रण की शैली बदल दी। अब उसकी रेखाएँ बहुत स्पष्ट हो गईं और वह निराभरण रूप में सामने आई। उसके जिस रूप पर वे छायावाद-काल में कभी भी दृष्टि नहीं डालते, खड़ा होकर उसे देखने और चित्रित करने लगे। यह ठीक है कि उनकी नई शैली में भी कभी-कभी पुरानी शैली के चिह्न दिखलाई पड़े, लेकिन उनकी नई यथार्थवादी संवेदना से अनुप्राणित। सबसे पहले हम 'अनामिका' से लिया गया उनका 'ठूँठ' शीर्षक गीत देखें, जिसका हवाला ऊपर दिया जा चुका है और जो 'रूखी री यह डाल, वसन वासन्ती लेगी' गीत के बरअक्स रखकर देखे जाने योग्य है। पूरा गीत इस प्रकार है :

ठूँठ यह है आज!
गई इसकी कला,
गया है सकल साज!

अब यह वसन्त से होता नहीं अधीर,
पल्लवित झुकता नहीं अब यह धनुष-सा,
कुसुम से काम के चलते नहीं हैं तीर,
छाँह में बैठते नहीं पथिक आह भर,
झरते नहीं यहाँ दो प्रणयियों के नयन-नीर,
केवल वृद्ध विहग एक बैठता कुछ कर याद!

स्पष्टतः यह एक प्रकृति-गीत है, लेकिन निराला के 'स्नेह-निर्झर बह गया है' गीत को ध्यान में रखने पर ऐसा प्रतीत होता है कि यह एक हद तक उनके अपने जीवन को भी प्रतिबिम्बित करता है। इस तरह इस गीत का निराभरण ठूँठ उक्त गीत की शुष्क और दग्ध आम्र-शाखा का पूर्वाभास देनेवाला है। इसमें ठूँठ के दर्द के माध्यम से कवि का दर्द भी बोलता है, लेकिन यह इस दृष्टि से महत्त्वपूर्ण है कि इसमें ठूँठ के समृद्ध अतीत और विपन्न वर्तमान को प्रायः एकसाथ विलक्षण चित्रात्मकता के साथ प्रस्तुत किया गया है।

मंद गति से चलनेवाला यह गीत मंद गतिवाले कई छंदों के मेल से बना है। टेक की पंक्तियाँ जहाँ दस मात्राओंवाले विमोहा मात्रिक में निबद्ध हैं, वहाँ बाद की चार पंक्तियाँ बाईस मात्राओंवाले कुंडल छंद में और अंत की दो पंक्तियाँ चौबीस मात्राओंवाले सारस छंद में। ज्ञातव्य यह है कि निराला ने मात्राओं के बन्धन को नहीं माना है और टेक की तीसरी पंक्ति में जहाँ ग्यारह मात्राएँ रखी हैं, वहाँ बाद की पहली, दूसरी और चौथी पंक्तियों में इक्कीस-इक्कीस मात्राएँ तथा अन्तिम दो पंक्तियों में चौबीस की जगह पच्चीस-पच्चीस मात्राएँ। इन तीनों छंदों की लय आपस में मिलती है, इसलिए स्वाभाविक रूप से ये इस गीत में मिल गए हैं। जहाँ तक मात्राओं की घटती-बढ़ती का सवाल है, लय को प्रमुखता

देने पर वह कोई समस्या नहीं रह जाती। इन तीनों छंदों की लय वर्णिक छंदवाली मंथरता से युक्त है। उनमें से एकाध का वर्णिक रूप सुलभ भी है। असल चीज गीतों में कभी-कभी छंद की जगह निराला का लय को प्रमुखता देना है, जिसे संगीत का प्रभाव ही मानना होगा। ऐसा ही उनका एक गीत, 'जैसे हम हैं वैसे ही रहें' भी है। प्रस्तुत गीत में विराम और बलाघात का भी उनका अपना नियम है। उसमें वे कभी विराम के निर्धारित नियम को मानते हैं और कभी आवश्यकतानुसार उसमें कुछ परिवर्तन कर लेते हैं। टेक की पंक्तियों में उन्होंने पाँच मात्राओं पर विराम रखा है, बाद की चार पंक्तियों में दस मात्राओं पर और अन्तिम दो पंक्तियों में बारह मात्राओं पर। बलाघात की दृष्टि से विचार करें, तो उसमें इस गीत में अर्थ के अनुसार काम लेना होगा, जैसे टेक की पहली पंक्ति में पहले शब्द पर ही बलाघात देना जरूरी है, टेक के बाद की तीन पंक्तियों में अन्तिम शब्दों पर और अन्तिम पंक्ति में दूसरे शब्द पर। बलाघात का यह प्रयोग इस बात की सूचना है कि निराला गीतों की भाषा को बोलचाल की भाषा की सजीवता प्रदान करना चाहते हैं। किंचित् विस्तार से यह चर्चा करने का उद्देश्य इस गीत की लय को पाठकों पर स्पष्ट करना है, जिससे पाठ में इसका सौन्दर्य और इसकी नवीनता स्फुट हो सके।

जैसा कि ऊपर संकेत किया गया है, यह गीत अतिशय चित्रात्मक है। जो वृक्ष पहले हरा-भरा था, आज वह ठूँठ है। इसकी सम्पूर्ण कला और सज्जा जाती रही है। टेक की इन पंक्तियों में 'कला' और 'साज' दोनों शब्द ध्यान देने लायक हैं। जैसे वृक्ष ने अपनी कला का इस्तेमाल करके अपने को सज्जित किया था। आज न वह कला रही, न वह श्रृंगार।

टेक के बाद की पहली पंक्ति में निराला जैसे ठूँठ के मन में घुस जाते हैं और कहते हैं कि वसन्तागम के उपरान्त इसमें जैसी अधीरता दिखलाई पड़ती थी, अब वैसा कुछ नहीं है। यह उक्ति एक ओर वसन्तऋतु में वृक्ष का चित्र उपस्थित करती है और दूसरी ओर उसकी वर्तमान दशा को सामने लाती है। इसी तरह दूसरी पंक्ति का चित्र भी विलक्षण है : पत्तों के भार से अब यह धनुष की तरह नहीं झुक जाता। यह वृक्ष के वासन्ती वैभव का भी चित्रण है और उसकी तात्कालिक विपन्नता का भी। जैसे वसन्त में उसका अधीर होना असाधारण वर्णन है, वैसे ही पत्तों के भार से उसका धनुष की तरह झुकना भी। तीसरी पंक्ति और मारक है। धनुष का जिक्र ऊपर हो चुका है, यहाँ तीर का जिक्र है। काम अपने धनुष पर फूलों का बाण रखकर छोड़ता है। इस निष्पत्र और पुष्पहीन वृक्ष की पहलेवाली हैसियत नहीं रही कि यह अपने फूलों को काम के बाणों की तरह चला सके! पत्र-पुष्प नहीं हैं, तो छाया भी कहाँ से होगी? स्वभावतः अब यह वृक्ष ठूँठ बनकर खड़ा है, जिसके नीचे सुस्ताने के लिए कभी कोई बटोही आकर नहीं बैठता। 'आह भर' 'वन-बेला' की इन पंक्तियों की याद दिलाता है : 'बैठा एकान्त देखकर/मर्माहत स्वर भर!' यह इस गीत की चौथी पंक्ति है। अन्तिम दो पंक्तियों में से पहली का चित्र लगभग वही है, जिसे निराला 'स्नेह-निर्झर बह गया है' गीत के अन्तिम बंद में दुहराते हैं : 'अब नहीं आती पुलिन पर प्रियतमा,/श्याम तृण पर बैठने को, निरुपमा'। वहाँ श्याम तृण है, यहाँ श्याम छाया, वहाँ सिर्फ प्रेमिका है, यहाँ प्रेमी-युगल, बस इतना फर्क है। उक्त गीत में आम की सूखी डाल पर बैठने कोकिल और मोर नहीं आते, यहाँ दूसरी पंक्ति में एक बूढ़ा पक्षी आकर ठूँठ पर बैठता है, जैसे किसी याद में खोया हुआ। सम्भव है, वह अपने युवा दिनों को याद करता

हो; सम्भव है, ठूँठ के पुराने वैभव को। असल चीज बूढ़े पक्षी और ठूँठ के बीच की समानता है। उक्त गीत में कवि अपने को 'अलक्षित' बतलाता है, लेकिन इस गीत में उसकी नोटिस लेनेवाला एक बूढ़ा पक्षी है! कोई भी मानेगा कि यह स्थिति 'अलक्षित' होने से बेहतर नहीं है! इस पंक्ति में बहुत ही सजीव चित्र बनता है, जिस पर हमारा ध्यान टिकना चाहिए। यह चित्र शेली की एक प्रगीतात्मक लघु कविता की याद दिलाता है, जिसमें कवि कहता है : 'ए विडो बर्ड सेट मोर्निंग फॉर हर लव/अपॉन ए विंट्री बो'। ताज्जुब नहीं कि इस पूरे गीत के पीछे इस कविता की प्रेरणा हो। लेकिन दोनों ही रचनाओं की अन्तर्वस्तु भिन्न है। निराला की रचना में जहाँ ठूँठ प्रधान है, वहाँ शेली की रचना में शोक का वातावरण।

1937 के रचित इस गीत में बहुत साफ-साफ निराला के भावी गीतों की आहट सुनाई पड़ती है। छायावादी साज-संभार को लेकर चलनेवाला यह गीत उससे उतना ही मुक्त होता हुआ भी दिखलाई पड़ता है। इसी तरह उसकी लय भी बघालात से युक्त होकर बोलचाल की भाषा की लय के निकट आने की कोशिश करती है। यह भी लक्ष्य करने योग्य है कि निराला के छायावादी गीतों में जहाँ वसन्त की बहार है, वहाँ इसमें वर्ण्य विषय ठूँठ है और वसन्त की सिर्फ दर्दनाक स्मृति रह गई है।

अब तक जितने गीत हम लोगों ने देखे हैं, उनमें 'अनामिका' से ही लिया गया निम्नलिखित 'खुला आसमान' शीर्षक गीत सर्वाधिक यथार्थवादी है। यह सर्वप्रथम 'वीणा' मासिक के फरवरी, 1938 के अंक में 'गीत' शीर्षक से प्रकाशित हुआ था। बाद में जब यह पुस्तक में संगृहीत हुआ, तो कवि ने इसको उक्त शीर्षक प्रदान किया, जो इस दृष्टि से भी बहुत उपयुक्त है कि इसमें सौन्दर्य के बादल छँट गए हैं और यथार्थ की धूप निकल आई है। सौन्दर्य के बादल छँट गए हैं, इसका यह मतलब नहीं है कि इसमें कोई सौन्दर्य नहीं। इसमें भी सौन्दर्य है, पर छायावादी कविता का रोमांटिक सौन्दर्य न होकर बाद की कविता का यथार्थवादी सौन्दर्य। आसमान वाकई खुल गया है और पूरा भूखंड साफ-साफ दिखलाई पड़ने लगा है। देखें यह गीत, जो हिन्दी गीत-काव्य के इतिहास में एक परिघटना की तरह है :

बहुत दिनों बाद खुला आसमान।
निकली है धूप, हुआ खुश जहान।

दिखीं दिशाएँ, झलके पेड़,
चरने को चले ढोर—गाय-भैंस-भेड़,
खेलने लगे लड़के छेड़-छेड़—
लड़कियाँ घरों को कर भासमान।

लोग गाँव-गाँव को चले,
कोई बाजार, कोई बरगद के पेड़ के तले
जाँघिया-लँगोटा ले, सँभले,
तगड़े-तगड़े सीधे नौजवान।

पनघट में बड़ी भीड़ हो रही,
नहीं ख्याल आज कि भीगेगी चूनरी,

बातें करती हैं वे सब खड़ी,
चलते हैं नयनों के सधे बान।

इस गीत की टेक की दोनों पंक्तियाँ अट्ठारह-अट्ठारह मात्राओं की हैं और प्रत्येक बंद की अन्तिम पंक्तियों में भी अट्ठारह-अट्ठारह मात्राएँ हैं, लेकिन तीनों बंदों की बाकी पंक्तियों में मात्राओं की संख्या सम न होकर विषम है। पहली पंक्ति छोटी, दूसरी पंक्ति बड़ी और तीसरी पंक्ति फिर छोटी, यह क्रम तो तीनों ही बंदों में है, पर छोटी-बड़ी पंक्तियों की मात्राएँ अलग-अलग हैं। लेकिन इससे गीत के पाठ में कोई दिक्कत नहीं होती, गायन में तो और न होगी। कारण यह कि यह गीत लय के सहारे चलता है। सभी पंक्तियों या चरणों में बारह मात्राओं पर विराम का हिसाब रखा गया है। जहाँ मात्राएँ बारह से कुछ ज्यादा या कुछ कम हैं, वहाँ उन्हें लय के मुताबिक पढ़ा जाएगा। इस गीत की भाषा बिलकुल बोलचाल वाली है, खड़ीबोली का पूर्णतः प्रकृत रूप। वाक्य भी पूरे-पूरे हैं, लचीलेपन से युक्त। बड़ी बात यह कि बोलचाल की भाषा में जो 'विट' होता है, वह भी गीत की अन्तिम पंक्ति में दिखलाई पड़ता है।

निराला ने अपने गीतों में वर्षा के अनेक चित्र अंकित किए हैं। इस गीत में बादलों के बरस जाने के बाद जो आसमान खुल जाता है और धूप निकल आती है, उस दृश्य का वर्णन है। चूँकि आसमान काफी दिनों के बाद खुला है, इसलिए कवि उल्लासपूर्ण मनोदशा में है, जो इसकी टेक की पंक्तियों में प्रयुक्त छंद से ही प्रकट है। यह लीलावृत्त नामक छंद है, जो 'भारति, जय, विजयकरे!' वाले थिरकन से भरे लीला छंद में और छह मात्राएँ जोड़कर बनाया गया है। वैसे कवि इसमें प्रकट रूप में कहीं नहीं है। यह चित्रण बहुत ही वस्तुपरक है, यद्यपि हार्दिक। जिस भूखंड का गीत में चित्रण है, वह गाँव है। यथार्थवाद का आन्दोलन लेखकों और कवियों को गाँव की तरफ ले गया था। निराला मूलतः ग्राम-संवेदना के कवि थे, इसलिए उनमें बहुत ही स्वाभाविक और आत्मीय रूप में गाँव के चित्र दिखलाई पड़े। इस गीत में ग्रामीण जीवन का यथार्थ ही नहीं, सौन्दर्य भी प्रकट हुआ है। यह हिन्दी क्षेत्र का एक पिछड़ा हुआ सामन्ती गाँव है, अवध का। इसमें उसकी संस्कृति की भी झलक है।

टेक की पंक्तियों में किया गया 'आसमान' शब्द का प्रयोग तो आम है। ध्यातव्य 'खुश' और 'जहान' इन शब्दों का प्रयोग है। 'खुश' शब्द यहाँ बहुत बोलता हुआ है और 'जहान' अपने भीतर 'सारी दुनिया' का अर्थ समेटे हुए है। वैसे बोलियों में 'दुनिया-जहान' एक साथ भी आते हैं। निराला इस गीत में बोलचाल की भाषा के बहुत करीब आ गए हैं। वे 'खुला आसमान' कहते हैं, तो लगता है, सचमुच आसमान से बादल हट गए और 'निकली है धूप' कहते हैं, तो लगता है, सचमुच धूप निकलकर चारों ओर फैल गई है। इसी तरह की 'हुआ खुश जहान' यह सादी उक्ति भी है। सादगी और सटीकता में कितनी ताकत होती है, यह निराला-पंत-जैसे कवियों ने छायावाद के बाद ही जाना।

धूप निकली, तो वर्षोपरान्त का परिदृश्य चमक उठा। दिशाएँ दिखलाई पड़ने लगीं और जल में धुले हुए वृक्ष झलक उठे। बादलों के घिरे रहने से दिशाएँ भी गुम थीं और वृक्ष भी उनके साए में मलिन लग रहे थे। अब उनके हटने और धूप के चतुर्दिक् फैल जाने से सब कुछ उजागर हो उठा है। 'राम की शक्ति-पूजा' में 'खो रहा दिशा का ज्ञान' प्रगाढ़ अन्धकार के कारण था, यहाँ घटाटोप बादलों के कारण है। बादलों ने जैसे चारों ओर से घेरकर

दिशाओं को परस्पर लय कर दिया था। अब सारी दिशाएँ अलग-अलग दिखलाई पड़ रही हैं और जब ऐसा है, तो उनमें स्थित वृक्षों का निखरे हुए रूप में दृष्टि में आना स्वाभाविक है। 'दिखीं दिशाएँ, झलके पेड़' यह सरलोक्ति अपने भीतर कितने सशक्त बिम्ब छिपाए हुए है, यह लक्ष्य करने योग्य है। आसमान खुला और धूप निकली तो चरने के लिए मवेशी निकल पड़े। बारिश में अब तक वे खूँटे पर बँधे थे। अब वे खोले गए या बाहर निकाले गए और चरागाहों को चले। उनमें गाएँ भी हैं, भैंसें भी और भेड़ें भी। निराला ने मवेशी या चौपाए के लिए हिन्दी के ठेठ शब्द 'ढोर' का प्रयोग किया है, जो उनकी अभिव्यक्ति को अत्यधिक आत्मीय बनाता है। 'चरने को चले ढोर—गाय-भैंस-भेड़' यह एक सुपरिचित दृश्य को भी सामने लाता है। यह भी आत्मीय दृश्य है। प्रकृति का वर्णन करने के बाद निराला जानवरों का वर्णन करते हैं और उसके बाद बच्चों का। बारिश बच्चों की गतिविधि पर भी रोक लगा देती है। अब जब वह रुक गई है, लड़कों ने एक-दूसरे से छेड़छाड़ करते हुए अपना खेल शुरू कर दिया है। उनमें लड़कियाँ भी हैं। लड़के बाहर भी खेल रहे हैं, जबकि लड़कियाँ घरों में ही भाग-दौड़ कर रही हैं, उन्हें प्रकाशित करती हुई। स्मरणीय है सीता के सम्बन्ध में तुलसीदास की यह उक्ति : 'करत प्रकासु फिरइ फुलवाईं'। 'भासमान' शब्द बहुत ही ताकतवर है। यह घरों को प्रकाशित करने की पूरी क्षमता रखता है, लड़कियों की शोभा से। लड़कियों के प्रसंग में इस शब्द का प्रयोग उनके प्रति निराला के स्नेह-भाव को भी जताता है। 'आसमान'-जैसे फारसी शब्द के साथ 'भासमान'-जैसे संस्कृत शब्द की तुक मिलाना अलग से साहस की बात है।

आसमान से धीरे-धीरे जमीन पर उतरते हुए गीत के दूसरे बंद में निराला अपनी दृष्टि गाँव पर केन्द्रित करते हैं और वर्षोपरान्त के गाँव की गतिविधि का चित्रण करते हुए उसके माध्यम से अवध की ग्राम-संस्कृति की भी झलक दिखला देते हैं। एक गाँव के लोगों का दूसरे गाँव के लोगों से नित्य सरोकार रहता है, जिससे उनका दूसरे गाँवों में आना-जाना लगा ही रहता है। बारिश में यह सिलसिला बन्द हो गया था। आज अनेक दिनों के बाद जब बारिश रुकी है और मौसम साफ हुआ है, तो गाँव के लोग अपने-अपने काम से अलग-अलग गाँवों के लिए निकल पड़े हैं। बरसात का समय ही अखाड़ों में कुश्ती लड़ने और रियाज करने का होता है। बारिश में वह काम भी बन्द था। अब वह भी शुरू हो गया। निराला कहते हैं कि स्वस्थ और सुडौल युवक जाँघिया और लँगोटा लेकर अखाड़ों में उतरने के लिए प्रस्तुत हो गए। वे अखाड़े बाजार में भी बने होते हैं और गाँव में बरगद-जैसे वृक्षों के नीचे भी। 'तगड़े-तगड़े सीधे नौजवान' में 'सीधे' शब्द ध्यान देने योग्य है। कवि की पैनी और सौन्दर्य का मर्म समझनेवाली दृष्टि यहाँ भी निष्क्रिय नहीं रहती और वे अखाड़ेबाज नौजवानों के लिए 'तगड़े-तगड़े' ही नहीं, 'सीधे' विशेषण का प्रयोग भी आवश्यक समझते हैं। यह एक 'सीधे' शब्द हमारे सामने तगड़े नौजवानों की सुन्दर देह-यष्टि को खड़ा कर देता है। 'भासमान'-जैसे संस्कृत शब्द के साथ इस ठेठ हिन्दी शब्द की ताकत भी देखने लायक है। प्रस्तुत या उद्यत होने के अर्थ में 'सँभले' शब्द भी खूब है और बोलचाल की भाषा से ही आया हुआ है।

अन्तिम बंद में निराला की दृष्टि पनघट के सरस दृश्य पर जा लगी है। जैसे ऊपर लड़कियाँ वर्षोपरान्त के दृश्य को 'भासमान' बना रही हैं, यहाँ गाँव की स्त्रियाँ। जिस गाँव

से होकर नदी गुजरती है, वहाँ आज भी औरतें नदी से घड़े भरकर लाती हैं। नदी के जिस घाट पर घड़े भरे जाते हैं, उसे पनघट कहते हैं। निरन्तर होनेवाली वर्षा में पनघट से घड़े भरकर लाने का काम भी बन्द हो गया था। अब जब पानी रुका है, औरतें घड़े लेकर पनघट पर पहुँच गई हैं। गाँव-भर की औरतें हैं, इसलिए वहाँ बड़ी भीड़ है। एक अन्तराल के बाद उनकी मुलाकात हो रही है, सो बातचीत का सिलसिला चल निकला है। वे खड़ी-खड़ी आँखें नचा-नचाकर बातें कर रही हैं। उनमें वे इस कदर मशगूल हैं कि उन्हें इसका चेत नहीं कि बरसात के आसमान का कोई भरोसा नहीं, अभी वह साफ है, तो थोड़ी देर में ही भड़भड़ाकर बारिश शुरू हो सकती है, जिससे उनकी साड़ी तर हो जाएगी। 'बातें करती हैं वे सब खड़ी' यह उक्ति तो चित्रात्मक है ही, 'चलते हैं नयनों के सधे बान' यह अत्यधिक चित्रात्मक। यहाँ 'नयनों के सधे बान' रीतिकालीन नायिकाओं वाले अचूक नेत्र-बाण नहीं, बल्कि बातचीत में ग्रामीण स्त्रियों द्वारा अपनाई जानेवाली आँखों की सजीव भंगिमाएँ हैं। खड़ीबोली में भी 'बाण' की जगह 'बान' का प्रयोग करके निराला ने जैसे शृंगार रस की नोक कुन्द करके उसमें थोड़ा हास्य रस भर दिया है। यह पूरा बंद उन्होंने बहुत ही प्रेम से रचा है। नारी-जाति के प्रति उनके मन में ऐसा आकर्षण था, उसके लिए उनके मन में ऐसा आदर-भाव था और उसके उत्थान और प्रगति से वे ऐसे प्रतिश्रुत थे कि उसके जिक्र-भर से वे हर्षित हो उठते थे और जब कभी अवसर आता था, अपनी कविता और गीतों में उसका बड़े प्रेम से चित्रण करते थे। यहाँ भी वह चीज दिखलाई पड़ती है।

1945 के पूर्वार्ध में निराला ने फारसी बहर में 'बेला' का यह प्रसिद्ध गीत लिखा, डा. रामविलास शर्मा का शब्द लेकर कहें, तो 'लक्कड़तोड़ा' भाषा में :

लू के झोंकों झुलसे हुए थे जो,
भरा दौंगरा उन्हीं पर गिरा।
उन्हीं बीजों के नए पर लगे,
उन्हीं पौधों से नया रस झिरा।

उन्हीं खेतों पर नए हल चले,
उन्हीं माथों पर नए बल पड़े,
उन्हीं पेड़ों पर नए फल फले,
जवानी फिरी जो पानी फिरा।

पुरवा हवा की नमी बढ़ी,
जुही के जहाँ की लड़ी कढ़ी,
सविता ने क्या कविता पढ़ी,
बदला है बादल से सिरा।

जग के अपावन धुल गए,
ढेले गड़नेवाले थे घुल गए,
समता के दृग दोनों तुल गए,
तपता गगन घन से घिरा।

शुरू में यह संकेत किया गया है कि गीत से गजल की तरफ निराला सम्भवतः इसलिए गए कि वे गीतों में खड़ीबोली का अधिक से अधिक साफ प्रयोग करना चाहते थे, पूरा-पूरा वाक्य, चलती हुई भाषा और मुहावरेदार। इस गीत का छंद फारसीवाला है, यह उन्होंने स्वयं जानकीवल्लभजी को लिखा था—फफ़लुन फ़लुन फफ़लुन फ़लुन फफ़लुन फ़लुन फफ़लुन फ़लुन। स्पष्टतः यह गजल नहीं, गीत है, जो इस बात का सूचक है कि फारसी बहर को लेकर उन्होंने सिर्फ गजलें नहीं लिखीं, गीत भी लिखे हैं। इस गीत में जिस भाषा का उन्होंने प्रयोग किया है, वह उर्दू नहीं है, खड़ीबोली में बस उसकी छौंक है, जो इसके बहर के मिजाज से मिलती है। उनके द्वारा लिखी गई गजलों में भी यही बात है, जिससे वे गजलें शमशेर द्वारा लिखी गई गजलों से भिन्न हैं। शमशेर की गजलें जहाँ उर्दू में लिखी गई हैं, वहाँ निराला की हिन्दी या खड़ीबोली में। इस बात को न समझने की वजह से विद्वान् लोग उनकी गजलें देखते हैं और उन्हें उर्दू गजलों से भिन्न पाकर असफल घोषित कर देते हैं। गजलों में उन्हें कितनी सफलता मिली हैं, यह बाद की बात है। पहले हमारे सामने यह स्पष्ट होना चाहिए कि किस सर्जनात्मक उद्देश्य से प्रेरित होकर उन्होंने गजलें लिखीं।

प्रस्तुत गीत वर्षा से ही सम्बन्धित है, लेकिन उपर्युक्त गीत के एकदम उलट। उपर्युक्त गीत में जहाँ कई दिनों तक वर्षा की झड़ी लगने के बाद आसमान खुला है और धूप निकली है, यहाँ ग्रीष्म के प्रचंड ताप के बाद वर्षा की बौछार आई है। यह वर्षा की पहली बौछार है, जिससे निराला पुलकित हो उठे हैं। वे इस दृश्य को देखते हैं और उससे एक नतीजा निकालते हैं कि वर्षा की पहली बौछार का सुख उन्हीं बीजों, पौधों, खेतों और वृक्षों को मिला है, जो लू के झोंकों में झुलसे हैं। यह जैसे उनकी तपस्या का फल है। टेक की पंक्तियों में यही बात उन्होंने बहुत ही सफाई के साथ कवित्वपूर्ण ढंग से कही है। 'दौंगरा' शब्द निराला को अवध की मिट्टी से ही नहीं जोड़ देता है, पहली वर्षा के बाद उससे उठनेवाली सोंधी सुवास को भी बिखेर देता है। 'भरा दौंगरा उन्हीं पर गिरा' यह उक्ति चित्रात्मक भी है। 'उन्हीं बीजों के नए पर लगे'—जो बीज ग्रीष्म में बो तो दिए गए थे, लेकिन पानी के अभाव में अंकुरित नहीं हुए थे, बल्कि लू से दग्ध हो रहे थे, उनमें नई पत्तियाँ निकल आईं। नई पत्तियाँ निकलने के लिए 'नए पर लगने' की बात कहना नवांकुरों के प्रति निराला का वैसा ही लगाव सूचित करता है, जैसा शेफाली के प्रति : 'मूँदीं जब जग ने आँखें/खोलीं री इसने पाँखें'। इसी तरह पौधों से नया रस झरने की बात भी बेहद कवित्वपूर्ण है। पहली वर्षा के जल का पान कर सूखते हुए पौधे रस से सिक्त हो उठे हैं, इस कदर कि लगता है, रस उनसे झड़ रहा है। निराला की प्रकृति-संवेदना वाकई अद्वितीय है। पहली वर्षा से जितनी उल्लसित प्रकृति है, उतने ही वे भी। छंद भी उन्होंने ऐसा रखा है कि मस्ती और उल्लास उससे छलका पड़ता है।

पहले बंद में खेतों और पेड़ों का जिक्र है। ग्रीष्म में खेत कड़ी धूप में तपते रहते हैं। वर्षा के बाद उनमें हल चलने लगते हैं। हल से जुताई, फिर उनकी बुवाई, फिर उनमें फसलों का उठ खड़ा होना। इसका सौभाग्य निश्चय ही उन्हीं खेतों को प्राप्त होता है, जो लू में झुलसने के लिए किसानों द्वारा कोड़कर छोड़ दिए जाते हैं। 'उन्हीं खेतों' से निराला का तात्पर्य यही है। उन्हीं खेतों की नए सिरे से जुताई हो रही है और हल की रेखाओं से उन्हीं के माथे पर जैसे बल पड़ रहे हैं। 'देवी सरस्वती' नामक अपनी प्रसिद्ध कविता में उन्होंने

कहा है : 'ऐसे बाह-बाह की वीणा/बजी सुहाई,/पौधों की रागिनी सजीव/सजी सुखदाई'। 'बाह-बाह' खेतों की जुताई में उनमें बननेवाली हल की रेखाएँ हैं, जो वीणा के तारों की तरह हैं। उन्हीं तारों से बाद में शस्यरूप सजीव रागिनी फूटती है! यहाँ वे रेखाएँ खेतों के ललाट पर अंकित रेखाएँ हैं। खेतों की तरह ही जिन पेड़ों ने ग्रीष्म का दाह झेला था, उन्हीं में नए फल दिखलाई पड़े। वर्षागम के साथ अनेक वृक्ष नए फल धारण करते हैं। यह देखकर भी निराला हर्षित होते हैं। उनके अनुसार यह भी वृक्षों की तपश्चर्या का ही पुरस्कार है। दूसरे बंद की आखिरी पंक्ति जोरदार है। वृक्षों पर जो पानी पड़ा, तो जैसे उनकी जवानी लौट आई। फल नए वृक्षों में भी नहीं लगते और बहुत पुराने वृक्षों में भी नहीं। ये वृक्ष अधेड़ हैं। वर्षा का जल पाकर ये युवा-काल की तरह नए फलों से लद गए हैं। पानी पड़ने के लिए निराला ने 'पानी फिरना' मुहावरे का नए ढंग से इस्तेमाल किया है, जो 'जवानी फिरने' के साथ सटीक बैठा है।

पहले बंद की तरह दूसरा बंद भी कवित्वपूर्ण है। निराला लक्ष्य करते हैं कि वर्षा की वजह से पूरब से आनेवाली हवा में नमी की मात्रा बढ़ गई है और जूही में असंख्य कलियाँ फूट पड़ी हैं। 'जुही के जहाँ की लड़ी कढ़ी'—इस पंक्ति में 'जुही' की वर्ण-ध्वनि उन्हें 'जहाँ' शब्द तक ले गई है, जिसका प्रयोग यहाँ उन्होंने जूही के उद्यान के लिए किया है। इसमें कलियों की लड़ियाँ कढ़ आई हैं! जूही की कली के प्रति उनका पुराना प्रेम जैसे यहाँ बोल उठा है। 'सविता ने क्या कविता पढ़ी,/बदला है बादल से सिरा' इस उक्ति में सूर्य की रंगारंग किरणों से क्षितिज पर टिके कुछ बादलों के झलमलाने का वर्णन है। सूर्य ने जैसे अपनी किरणों से बादलों में रंग खिलाकर अपनी लाजवाब कविता का पाठ किया है। उससे क्षितिज की शोभा ही कुछ और हो गई है। 'सिरा' आसमान का सिरा है, जिसका स्पष्ट अर्थ है 'क्षितिज'। इन पंक्तियों में भी 'सविता' शब्द निराला को 'कविता' तक ले गया है और 'बदला' शब्द 'बादल' तक। यह शब्द-विधान उनके मनःप्रवाह से परिचित कराता है। इसकी सार्थकता इस बात में है कि उस प्रवाह में उन्होंने बहुत सुन्दर चित्र निर्मित किया है।

वर्षा उनकी सबसे प्रिय ऋतु थी। उनके लिए यह पवित्रता लानेवाली ऋतु थी। पवित्रता से उन्होंने इसका ऐसा सम्बन्ध जोड़ लिया था कि उन्हें पवित्रता के बारे में भी कहना होता था, तो वे वर्षा को ले आते थे, उदाहरणार्थ अपने इस परवर्ती गीत में : 'आज मन पावन हुआ है,/जेठ में सावन हुआ है।' प्रस्तुत गीत के अन्तिम बंद में उन्होंने कहा है कि ग्रीष्मोपरान्त की वर्षा ने संसार के कलुषों को भी धोकर बहा दिया है। खेतों में पाँवों में गड़नेवाले जो ढेले थे, वे भी घुलकर मुलायम हो गए हैं। इस तरह वर्षा ने लू में झुलसने वालों को ही नहीं, पाप और दुष्टता को भी उपकृत किया है। यह है उसके द्वारा समता का व्यवहार। इसी से वे कहते हैं, 'समता के दृग दोनों खुल गए'। जो आकाश तप रहा था, सभी पेड़-पौधों और जीव-जन्तुओं को तपाता हुआ, वह भी बादलों से घिर गया है! 'ढेले गड़नेवाले थे घुल गए' यह वर्णन निराला के किसानी संस्कार का पूरा पता देता है। गर्मियों में किसान खेतों को कुदाल से कोड़ते हैं, तो मिट्टी कड़ी होने से उनके बड़े-बड़े ढेले बनते हैं। वे पाँवों में काँटों की तरह चुभनेवाले होते हैं। जब बारिश होती है, तब उनका कड़ापन जाता रहता है। निराला महसूस करते हैं कि ग्रीष्म के बाद जो वर्षा आई है, तो उसने संसार में पवित्रता, सौजन्य और समता की स्थापना कर दी है।

स्पष्टतः पूर्वोक्त गीत की तरह मस्ती से भरा यह गीत भी गाँव से सम्बन्धित है। बीज, पौधे, खेत, वृक्ष, पुरवा, हवा, जूही की कलियाँ, रंग-बिरंगे बादल और ढेले हमें गाँव में ले जाते हैं। कहना व्यर्थ है कि यह निराला के गीतों की नई दुनिया है, जहाँ नई प्रकृति है, नया चित्र और नई भाषा। ऐसा नहीं है कि वे पुरानी दुनिया से निकलकर इस नई दुनिया में कैद हो जाते हैं, क्योंकि इस दुनिया से भी निकलकर वे दूसरी दुनिया की सैर करते-कराते हैं, लेकिन यह सही है कि यह दुनिया उनके सामने पहली बार इतने स्पष्ट रूप में, अपने सभी रंगों और रेखाओं के साथ, उपस्थित हुई है, और उसे वे पहली बार इतने अपनपौ के साथ देख रहे हैं। इस दुनिया की एक झलक मन में गजब की स्फूर्ति का संचार करती है। उसमें गम्भीरता वैसी नहीं है, पर वह निराला का उद्देश्य भी नहीं है। उर्दू से प्रभावित गीतों और गजलों में वे हिन्दी गीतों की गम्भीरता को छोड़कर चले हैं और कोशिश की है कि चलती भाषा में साधारण पाठकों को प्रिय हलके-फुलके गीत लिख सकें।

फारसी बहर में ही लिखी गई उनकी प्रसिद्ध गजल है 'हँसी के तार के होते हैं ये बहार के दिन'। यह गजल जिन अराकान पर रची गई है, वह है : मफायलुन् मफाईलुन् मुस्तफअलुन् फऊलुन्, यद्यपि एक छंदशास्त्री के अनुसार पूरी रचना में इसका निर्वाह नहीं होता। मेरा खयाल है कि उच्चारण को इस बहर के अनुसार ढाला जाए, तो कोई दिक्कत न होगी। गजल है :

हँसी के तार के होते हैं ये बहार के दिन।
हृदय के हार के होते हैं ये बहार के दिन।

निगह रुकी कि केशरों की वेशिनी ने कहा,
सुगन्ध-भार के होते हैं ये बहार के दिन।

कहीं की बैठी हुई तितली पर जो आँख गई,
कहा, सिंगार के होते हैं ये बहार के दिन।

हवा चली, गले खुशबू लगी कि वे बोले,
समीर-सार के होते हैं ये बहार के दिन।

नवीनता की आँखें चार जो हुईं उनसे,
कहा कि प्यार के होते हैं ये बहार के दिन।

जाहिर है कि यह गजल बहार यानी वसन्तऋतु से सम्बन्धित है और उसे लेकर निराला आनन्दोच्छ्वसित हैं। इसमें आनेवाले काफिए तो महत्त्वपूर्ण हैं ही, रदीफ के रूप में 'के होते हैं ये बहार के दिन' जो बार-बार दुहराया जाता है, वह उनके आनन्दोच्छ्वास को ही प्रकट करता है। कल्पना की जा सकती है कि किस मनोदशा में उन्होंने कहा होगा कि 'हँसी के तार के होते हैं ये बहार के दिन'। 'हँसी के तार' यानी यह मौसम ऐसा है कि इसमें हँसी-खुशी का ही वातावरण रहता है, हँसी छूटती है, तो वह बन्द नहीं होती, उसका सिलसिला जारी रहता है, उसका तार नहीं टूटता। मतले की दूसरी पंक्ति में 'हार' शब्द है, जिसका अर्थ है माला। तात्पर्य यह कि बहार का मौसम हृदय-हार के समान अर्थात् अत्यधिक प्रिय होता है। दोनों ही पंक्तियाँ अत्यन्त भावपूर्ण हैं। उनमें चित्रात्मकता भी है।

दूसरे शेर में कवि की दृष्टि किसी प्रस्फुटित कलिका पर जाकर ठहरती है, तो वह जैसे प्रचुर सुगन्ध लुटाकर उससे कहती है कि बहार के दिन सुगन्ध के भारवाले दिन हैं! यह जानी हुई बात है कि कलिका खिलती है, तो उससे चतुर्दिक् सुगन्ध विकीर्ण होती है। कवि ने इस शेर में कलिका को 'केशरों के वेशवाली' कहा है। यहाँ उसका पहले काल का गीत 'सखि, वसन्त आया' स्मरणीय है, जिसके अन्तिम बंद में उसने कहा था–'केशर के केश कली के छुटे'। यहाँ केसरों के केश नहीं हैं, उनका वेश है! तीसरे शेर में कवि की नजर उस तितली पर जाती है, जो कहीं से उड़कर आई है और किसी फूल पर बैठी हुई है। तितली के पंख बहुत ही रंगीन होते हैं, विभिन्न रंगों से सजे हुए। उसे देखकर लगता है कि वसन्त में उसने अपने को सज्जित किया है। स्वभावतः वह कवि से कहती है कि यह वसन्त की ऋतु शृंगार की यानी सजने-सजाने की होती है। प्रकृति से ऐसा रिश्ता बहुत भावुक, सरलहृदय और कल्पनाशील कवि का ही हो सकता है कि वह उसकी शोभा देखकर बच्चों की तरह चहक उठे। जैसे बच्चे की कल्पना बहुत दूर नहीं जाती, निराला भी अपनी कल्पना पर नियन्त्रण रखते हैं और उसके स्पर्श-मात्र से अपनी उक्ति को आकर्षक बनाते हैं। तितली कहीं से आकर फूल पर बैठती है, यह देखकर वे वह कहना नहीं भूलते और उसके रंगीन पंखों को देखकर कल्पना करते हैं कि वह सज-धजकर निकली है!

चौथे शेर में वासन्ती पवन के चलने का वर्णन है, जो स्वाभाविक रूप से सुगन्ध से युक्त होता है। इसके चलने से जिनके गले में खुशबू जाकर लिपटी, उन्होंने यह कहा कि यह मौसम बस हवाओं के चलने का है। निराला ने 'समीर-सार' शब्द का प्रयोग किया है। 'सार' से उनका आशय गतिशीलता से है, जैसे उनके परवर्ती गीत में : 'रुकता है नहीं राव–/सलिल-सार ओ!' 'सार' सृ धातु से बना हुआ शब्द है, जिसका अर्थ है चलनेवाला। इस तरह 'समीर-सार' का समासलब्ध अर्थ हुआ–चलनेवाली हवा। अन्तिम शेर में 'नवीनता' शब्द का प्रयोग 'नवीन अवस्थावाली युवती' के लिए हुआ है, जैसे 'निगह तुम्हारी थी,/दिल जिससे बेकरार हुआ' गजल में 'नवीना' शब्द का : 'वहीं नवीना सजी और/वहीं बजी वीणा'। इसमें नवीनता अर्थात् नवीना की आँखें किसी आशिकमिजाज से मिलती हैं, तो वह यह कहता है कि बहार के दिन प्यार करने-कराने के दिन होते हैं। इस मौसम का प्रेम और शृंगार-भाव से जो सम्बन्ध है, उसके बारे में फिर से बतलाने की जरूरत न होनी चाहिए।

गौर करने पर पता चलता है कि इस गजल के पहले शेर में तो कवि स्वयं बोलता है, लेकिन बाकी शेरों में दूसरों की बातें उद्धृत की गई हैं, कभी कलिका की, कभी तितली की, कभी किसी प्रकृति-प्रेमी की और कभी किसी आशिकमिजाज की। इससे यह गजल इतनी जीवन्त हो गई है कि लगता है, वातावरण वसन्त के उल्लास ही नहीं, चहल-पहल से भरा हुआ है। उसे सशक्त रूप में उपस्थित कर देने में ही कवि के प्रकृति-चित्रण की सफलता है। यहाँ आकर जैसे 'गीतिका' के गीतों की जमीन उससे पूरी तरह छूट गई है। अब वसन्त-वर्णन के लिए न 'रँग गई पग-पग, धन्य धरा' वाली भाषा की जरूरत है, न 'अमरण भर वरण-गान' वाली भाषा की। अब खड़ीबोली का पूरा-पूरा वाक्य है–'हँसी के तार के होते हैं ये बहार के दिन' और उसी के संगीत को पकड़ने की कोशिश है।

'बेला' के गीतों और गजलों के बाद निराला ने और कुछ गीत लिखे, जो पत्र-पत्रिकाओं में बिखरे हुए थे और बहुत बाद को 'असंकलित कविताएँ' में संकलित हुए।

ये गीत 'अर्चना' के गीतों की रचना के पहले के हैं, लेकिन इसका आभास देते हैं कि बाद में निराला कैसे गीत लिखनेवाले हैं, ठीक उसी तरह जिस तरह 'गीतिका' का गीत 'खुलती मेरी शेफाली' उनके दूसरे काल के गीतों का पूर्वसंकेत देता है। इन गीतों में गम्भीरता फिर लौट आई है, जो खड़ीबोली के मिजाज में है, लेकिन इनकी जमीन नई है। निराला जैसे ग्राम-जीवन और ग्राम-संस्कृति के और करीब आते जा रहे हैं। उनमें से दो गीतों पर हम यहाँ विचार करेंगे। पहला गीत उनकी प्रिय ऋतु वर्षा से सम्बन्धित है और दूसरा शरद् से। पहला गीत :

रस की बूँदें बरसो,
नव घन!
पावन सावन सरसो,
नव घन!

कमलों के वन वारि-विमोचन,
छा लो गगन बलाहक-वाहन,
धान-जुवार-उड़द, अरहर-धन
धारण कर कर हरसो, नव घन!

खेत निराती ग्राम-कामिनी
नभ-नयनों दमकती दामिनी
लखकर लौटी वास भामिनी,
सुख-समीर तन परसो, नव घन!

इस गीत में वर्षाऋतु के उन बादलों का वर्णन है, जो घिरे हुए तो हैं, लेकिन अभी बरसे नहीं हैं, बरसनेवाले हैं। 'नव घन' साल-भर के बाद आनेवाले वर्षाऋतु के बादलों का सूचक है, जिसे बड़ी ललक से निराला बार-बार दुहराते हैं। बादलों से उनका हार्दिक संवाद लगातार चलता रहा है। 'बादल-राग' से जो संवाद शुरू हुआ था, वह 'घन, गर्जन से भर दो वन' और 'बादल, गरजो!/घेर घेर घोर गगन, धाराधर ओ!' से होता हुआ यहाँ तक पहुँचा है। इस गीत में जैसे बादलों के प्रति उनका अनुराग और बढ़ गया है, वर्ना वे जल की बूँदों के लिए 'रस की बूँदों' का प्रयोग न करते। अन्यत्र कहाँ है प्रकृति के प्रति ऐसा गहन प्रेम? 'पावन सावन सरसो' का मतलब है—पावन सावन में तुम रस से भर उठो! 'बेला' की एक गजल में उन्होंने कहा था—'संकोच को विस्तार दिए जा रहा हूँ मैं'। यहाँ उनमें पुनः भाषा को संकुचित करने की प्रवृत्ति दिखलाई पड़ती है। उसी के फलस्वरूप उन्होंने 'सावन' के बाद 'में' विभक्ति का प्रयोग नहीं किया। वर्षा के साथ उनके पवित्रता-बोध के सम्बन्ध के बारे में कहा जा चुका है। 'सावन' के विशेषण के रूप में 'पावन' का प्रयोग उसी बोध की देन है। परवर्ती काल के एक गीत में भी उन्होंने लिखा है : 'प्राण तुम पावन-सावन गात'।

गीत के पहले बंद में निराला बादलों को कमल-वन पर जल बरसाने वाला और संदेश ले जानेवाला कहकर संबोधित करते हैं और कहते हैं कि वे पूरे आकाश में फैल जाएँ, जैसे मेघाच्छादित व्योम उन्हें बहुत प्रिय हो। 'बलाहक-वाहन' यह मेघदूत है, कालिदास का।

बादलों के साथ लगा हुआ यह बिम्ब उनकी स्मृति में बार-बार आता है। अपनी 'प्रेयसी' कविता में भी उन्होंने कहा था : 'संदेशवाहक बलाहक विदेश के'। तत्पश्चात् उनकी दृष्टि नीचे जाती है, तो आँखों के सामने खरीफ की फसल आ जाती है–धान, ज्वार और उड़द। अरहर भी खरीफ के साथ ही बोई जाती है, भले तैयार होती हो उसके बाद। शायद इसीलिए निराला ने अरहर को 'धान-जुवार-उड़द' से अलग रखा है। उसके साथ 'धन' शब्द का प्रयोग अनाज को ध्यान में रखकर है, क्योंकि वह भी 'धन' है, 'भूधन' और 'गोधन' की तरह। निराला चाहते हैं कि वर्षा से यह फसल लहलहाए तो उससे बादलों की शोभा बढ़े। प्रेमचन्द ने कहा था कि आषाढ़ में आकाश में छाई लालिमा नहीं, जल बरसाने वाली काली-काली घटाएँ हमें आनन्द देती हैं। निराला भी उसी मनोवृत्ति का परिचय देते हुए कहते हैं कि बादलों की शोभा खरीफ की हरी-भरी खेती की शोभा धारण करने में ही है। वे चाहते हैं, वैसा करते हुए बादल खूब हर्षित हों।

ऊपर कहा गया है कि 'बेला' के बाद के इन गीतों में गम्भीरता फिर लौट आई है। यह इस गीत के शब्द-संयोजन में स्पष्ट दिखलाई पड़ता है। टेक की पंक्तियों में 'पावन' और 'सावन' का ही नहीं, 'सावन' और 'सरसो' का भी अनुप्रास है, जो पहले बंद में अधिक मुखर हो उठता है। 'वन' के साथ 'विमोचन' और 'गगन' के साथ 'वाहन' का अनुप्रास तो है ही, 'वन वारि-विमोचन' और 'वाहन' का भी अनुप्रास है। आगे की पंक्तियों में 'धान', 'धन' और 'धारण' में 'ध' महाप्राण सघोष वर्ण की आवृत्ति उन्हें संगीतपूर्ण बनाती है।

दूसरे बंद में निराला की दृष्टि खेत से हटकर उसमें निकौनी करती हुई ग्राम-युवती या 'मेघदूत' से शब्द लेकर कहें तो 'जनपद-वधू' पर जाती है, जो आकाश में बिजली कौंधती देखकर वर्षा की सम्भावना से अपने घर लौट आती है। इस घटना को उन्होंने अतिशय सुन्दर ढंग से चित्रित किया है, जिसे दीप्त कर देनेवाली पंक्ति है–'नभ-नयनों दमकती दामिनी'। इसमें सिर्फ अनुप्रास ही नहीं है, अज्ञेय की प्रसिद्ध कविता 'दूर्वाचल' के इस अतिशय सजीव रोमांटिक चित्र–'क्षितिज ने पलक-सी खोली,/तमककर दामिनी बोली', का क्लासिकी संस्करण भी है। जैसे टेक की पंक्ति 'पावन सावन सरसो' में 'सावन' के बाद 'में' विभक्ति का प्रयोग नहीं किया गया, इस बंद की अन्तिम पंक्ति में भी 'सुख-समीर' के बाद 'से' विभक्ति का। निराला की अन्य इन्द्रियों की तरह की उनकी स्पर्शेन्द्रिय भी बहुत सजग थी। इस कारण उनमें वायु और उसकी स्पर्श-संवेदना का बहुत वर्णन मिलता है। यहाँ वे चाहते हैं कि बादल सुखद वायु से शरीर का भी स्पर्श करें। यह सुपरिचित तथ्य है कि वायु में बादलों के कारण सुखद ठंढक आ जाती है। बादलों के जल का ही अंश है, जो उसे नम कर देता है। 'लू के झोंकों झुलसे हुए थे जो' गीत में भी हमने देखा है कि उन्होंने कहा है कि 'पुरवा हवा की नमी बढ़ी'।

पहले बंद की तरह इस बंद में भी 'ग्राम-कामिनी', 'नभ-नयनों', 'दमकती दामिनी', 'लखकर लौटी' तथा 'सुख-समीर' का अनुप्रास है, जो कवि की वाणी को हलकी झंकृति से भर देता है, लेकिन इस गीत का असली सौन्दर्य इसमें चित्रित ग्रामीण वातावरण का सौन्दर्य है। यह निराला के गीतों की नई भूमि है, जिसकी तरफ बढ़ते हुए उनकी भाषा और भाव दोनों में परिवर्तन होते जाते हैं। भाषा खड़ीबोली बनती जाती है और भाव ग्राम-जनों के मन से मिलते जाते हैं। इस गीत के अन्तिम बंद की तीन पंक्तियों में खड़ीबोली का एक

पूरा वाक्य है। निराला चाहते तो पहले की तरह इसे खंड-खंड करके रख सकते थे, लेकिन अब उनका आग्रह खड़ीबोली के साधु रूप को यथावत् कविता और गीतों में रखने पर है। इससे उनकी अभिव्यक्ति को कैसी दीप्ति और प्रभावोत्पादकता प्राप्त हुई है, यह बतलाना आवश्यक नहीं।

दूसरा गीत, जैसा कि कहा जा चुका है, शरद्ऋतु से सम्बन्धित है और वह इस प्रकार है :

सखी री, खंजन वन आए;
सरसीरुह छाए।

हरसिंगार के हार पड़े हैं;
शशि के मुख असि-नयन गड़े हैं;
पहरे शाल रसाल खड़े हैं;
तारक मुसकाए।

धान पके, सोने की बाली;
पानीभरी अगहनी आली;
छई बाजरे की नभ लाली;
कास-कुसुम भाए।

खंजन से शरद्ऋतु का पुराना सम्बन्ध रहा है। इसके द्वारा जायसी से लेकर मैथिलीशरण गुप्त तक शरद्ऋतु की पहचान करते रहे हैं। पदमावत में विरहावस्था में नागमती कहती है : 'सरवर सँवरि हंस चलि आए। सारस कुरलहिं खँजन देखाए' और 'साकेत' में उर्मिला : 'निरख सखी, ये खंजन आए'। निराला के इस गीत में खंजन के उल्लेख को उसी परम्परा में समझना चाहिए, यद्यपि शरद्ऋतु में खंजन का दिखलाई पड़ना कोई रूढ़ि न होकर तथ्य है। वे कहते हैं कि वनों में खंजन आ गए हैं, बहुत दूर से उड़ानें भरकर, और सरोवरों में कमल भी छा गए हैं। यह शरदागम की पक्की सूचना है। आचार्य रामचन्द्र शुक्ल ने लिखा है कि चित्तौर, पानीपत आदि ऐतिहासिक स्थानों के नाम ही हिन्दू हृदय के लिए कविता हैं। उसी तरह 'खंजन' शब्द का उच्चारण ही मन में शरद्ऋतु की संवेदना जगा देता है, यदि उसका प्रयोग ऋतु-वर्णन के क्रम में हुआ है, आँख के उपमान के रूप में नहीं, जैसा सूरदास के इस पद में है : 'खंजन नैन रूप रस माते'।

शरद्ऋतु में हरसिंगार खिलता है, आकाश पर स्वच्छ चन्द्रमा होता है और चाँदनी में वृक्ष शान्त खड़े दिखलाई पड़ते हैं। निराला ने गीत के पहले बंद में इन तीनों ही दृश्यों का वर्णन किया है। कहते हैं, हरसिंगार के गले में फूलों के हार सुशोभित हैं और चन्द्रमा इतना सुन्दर है कि उसके मुख की शोभा को सुन्दरियाँ अपनी उन आँखों से एकटक निहार रही हैं, जिनकी आकृति तलवार की तरह है। हरसिंगार के गले में उसके फूलों का हार पड़नेवाली कल्पना तो पुरानी है, निराला अपनी 'प्रेयसी' कविता में यह लिखते हुए उसका प्रयोग कर चुके हैं कि 'शेफालिका को शुभ्र हीरक-सुमन-हार', लेकिन सुन्दरियों की आँखों को तलवार से उपमित करना बहुत कुछ नया है। 'असि' शब्द तक वे 'शशि' से पहुँचे हैं, लेकिन यह कल्पना विलक्षण है। 'शशि के मुख असि-नयन' यह शब्दावली भी बहुत मधुर है। तलवार के लिए 'खड्ग' शब्द के प्रयोग में माधुर्य न होता, लेकिन 'असि' से तो लगता

है कि उसे विष में न बुझाकर सौन्दर्य के रस में बुझाया गया है! इससे भी सूक्ष्म चित्रण शाल और आम के पेड़ों का है, जो झंझावात में हिलते रहते हैं। अभी वे चाँदनी में चुपचाप खड़े हैं, जैसे पहरेदारों की तरह अपने कर्त्तव्य पर सन्नद्ध हों। यह दृश्य स्वच्छ चाँदनी में अक्सरहा देखने में आता है, लेकिन अब तक किसी कवि ने इसे चित्रित न किया था। आकाश में पूर्ण चन्द्र हो, तो उसकी प्रभा में तारों की चमक मंद हो जाती है। निराला इसे भी देखते हैं, लेकिन इस सुपरिचित दृश्य को इस तरह नया बनाकर रखते हैं कि तारे मुस्कुरा रहे हैं, यानी हँस नहीं रहे।

इस बंद में 'हरसिंगार' और 'हार' का अनुप्रास है, साथ-साथ 'शशि' और 'असि' तथा 'शाल' और 'रसाल' का भी, लेकिन लक्ष्य करने योग्य बात आरम्भिक तीनों ही चरणों में कुछ शब्दों और विभक्ति-चिह्नों का प्रयोग न करना है। पहले चरण में 'के' के बाद 'गले में' यह नहीं कहा गया और दूसरे तथा तीसरे चरणों में 'मुख' तथा 'पहरे' के बाद 'पर' विभक्ति का प्रयोग नहीं किया गया। कवि की सफलता इस बात में है कि इससे अभिव्यक्ति में लाघव आया है और संप्रेषण में कोई बाधा नहीं पड़ी है। 'हरसिंगार के हार पड़े हैं' में जो 'के' के बाद 'गले में' अनुक्त है, विदग्ध पाठक जरा-सा ध्यान देते ही उसे समझ जाएँगे। इसमें उन्हें अपनी कल्पना से भी थोड़ा काम लेना पड़ेगा, जिसकी अपेक्षा प्रत्येक श्रेष्ठ कविता को होती है।

दूसरे बंद में शेष धरती और आकाश से हटकर निराला का ध्यान खेतों की तरफ गया है। जैसे किसानों का ऋतु-बोध फसलों से जुड़ा होता है, छायावादोत्तर निराला का भी है। यह हमने वर्षा से सम्बन्धित पिछले गीत में भी देखा है। इस गीत में वे कहते हैं कि शरद्ऋतु में धान पक गए हैं, जिससे उनकी बालियाँ सुनहली हो गई हैं। लेकिन वे उन्हें 'सुनहली' न कहकर 'सोने की' कहते हैं, जिससे उनके प्रति उनका रागात्मक लगाव सूचित होता है। ये वे धान हैं, जो शरद्ऋतु में पक जाते हैं। निराला दूसरे चरण में कहते हैं कि धान की जो फसल अगहन में तैयार होनेवाली है, 'अगहनी', उसमें तो पानी लगा है। उधर बाजरे भी पक जाते हैं। धान की बालियाँ जैसे पकने पर सुनहली हो जाती हैं, बाजरे की लाल। दूर-दूर फैले खेतों में जो बाजरे की बालियाँ पककर लाल हो गई हैं, तो वहाँ के आकाश में उनकी रक्ताभा छा रही है! यह है निराला की तीक्ष्ण दृक्-संवदेना। विक्तर ह्युगो ने कहा था कि कला जो धुँधलका है उसे प्रकाश में और जो प्रकाश है उसे ज्वाला में बदल देती है। बाजरे की बालियों से निकटवर्ती आकाश को लाल कर देने में निराला की कला दर्शनीय है। तत्पश्चात् उन्होंने कास के फूलों का वर्णन किया है, जो खंजन के बाद शरद्ऋतु का दूसरा पक्का सन्देशवाहक है। तुलसीदास ने 'फूले कास सकल महि छाई' कहकर वर्षांत की सूचना दी है। उन्होंने इस उक्ति में कास-कुसुमों को सुन्दर नहीं कहा, पर निराला ने साफ कहा है कि वे मन को भानेवाले हैं। इस बंद में उन्होंने चित्र को रंगीन भी बनाया है : धान की बालियाँ सुनहली हैं, बाजरे की लाल और कास के फूल सफेद हैं! 'छई' यह क्रियापद ब्रजभाषा का है, जो अपने पूरे माधुर्य के साथ यहाँ उपस्थित है। अगने परवर्ती गीतों में भी इसका प्रयोग करते हुए वे कहते हैं : 'अंग सुरभि-रंग छए' और 'गगन मेघ छए'। निराला गीतों में खड़ीबोली के प्रकृत और निर्दोष रूप का प्रयोग करना चाहते थे। उनकी कोशिश ब्रजभाषा के गीतों के समानान्तर खड़ीबोली में गीत लिखने की थी,

लेकिन संस्कृत के स्रोत से हटने पर खड़ीबोली का अपने असली स्रोत बोलियों की तरफ झुकना स्वाभाविक है, सो अब उनमें सहज भाव से बोलियों के शब्द, मुहावरे और कभी-कभी क्रियापद भी आने लगे हैं। टेक की पंक्तियों में 'सखी' संबोधन और अन्तिम बंद में 'आली' संबोधन इस गीत में लोकगीत का रस ला देता है। 'छई बाजरे की नभ लाली' में 'नभ' के बाद यहाँ भी 'में' विभक्ति लुप्त है, जिससे उक्ति में कसाव आया है, पर संप्रेषण बाधित नहीं हुआ।

5

इस दौर में निराला ने अनेक सामाजिक और राष्ट्रीय गीतों और गजलों की भी रचना की। कुछ गीत उन्होंने लोकधुन पर भी रचे। उनमें से चुनकर दो गीतों पर यहाँ विचार किया जा रहा है। पहला गीत 'अणिमा' में संकलित है और दूसरा लोकधुन पर रचित गीत 'बेला' में। दोनों ही गीत निराशापूर्ण हैं। पहला गीत है :

गहन है यह अंध कारा;
स्वार्थ के अवगुंठनों से
हुआ है लुंठन हमारा।

खड़ी है दीवार जड़ की घेरकर,
बोलते हैं लोग ज्यों मुँह फेरकर,
इस गगन में नहीं दिनकर,
नहीं शशधर, नहीं तारा।

कल्पना का ही अपार समुद्र यह,
गरजता है घेरकर तनु, रुद्र यह,
कुछ नहीं आता समझ में,
कहाँ है श्यामल किनारा।

प्रिय, मुझे वह चेतना दो देह की,
याद जिससे रहे वंचित गेह की,
खोजता फिरता, न पाता हुआ,
मेरा हृदय हारा।

इस गीत में निराला की निराशा बहुत ही घनीभूत रूप में अभिव्यक्त हुई है। यह 1942 में रचित गीत है, सम्भवतः अगस्त-क्रान्ति के बाद का, क्योंकि यह साप्ताहिक 'देशदूत' के 13 दिसम्बर, 1942 के अंक में प्रकाशित हुआ था। यह समय स्वतन्त्रता-संग्राम का वह समय था, जबकि वह दिशाहारा हो रहा था। सारे राष्ट्रीय नेता जेलों में बन्द थे और अगस्त-क्रान्ति के दमन के लिए ब्रितानी हुकूमत ने जो जोरोजुल्म किए थे, उनसे जनता पस्त और बहुत ही डरी हुई थी। निराला ने इस स्थिति के लिए अपने को ही यानी भारतीय जनों को ही जिम्मेदार माना और राष्ट्रीय परिस्थिति को वैयक्तिक स्तर पर महसूस करते

हुए उसे इस गीत में अभिव्यक्त किया। गीत पुरानी शैली का है, लेकिन गौर करने पर स्पष्ट हो जाता है कि इसकी संवेदना तो नई है ही, भाषा भी बहुत कुछ नई है। खड़ीबोली का पूरा-पूरा वाक्य दिया गया है, नए बिम्बों से भास्वर।

गीत की टेक में निराला कहते हैं कि देश ऐसे कारागार की तरह हो रहा है, जिसमें गहरा अन्धकार भरा हुआ है। लेकिन यह जो उसका पतन हुआ है, वह स्वार्थपरता के कारण। चूँकि हमने अपने स्वार्थ को राष्ट्र के ऊपर रखा, इसलिए हम मुँह के बल गिरे। स्वार्थ के अवगुंठनों ने हमारी आँखों को ढँक रखा था, फिर हमें रास्ता कैसे दिखलाई पड़ता? उस पर लुढ़कना ही था। 'अवगुंठन' और 'लुंठन' का जोड़ा रवीन्द्रनाथ का मिलाया हुआ है : 'एबार *अवगुंठन* खोलो।/गहन मेघमायाय विजन वनछायाय/तोमार आलसे *अवलुंठन* सारा हल।' स्पष्टतः निराला ने उसके प्रयोग में यहीं से प्रेरणा ली है।

पहले बंद के पहले चरण में 'जड़' शब्द का प्रयोग हुआ है, जिसे ऊपर के 'स्वार्थ' से जोड़कर देखना चाहिए। लोग चेतन से दूर हैं और जड़ पदार्थों की दीवारों में कैद हैं। भौतिकता का अतिरिक्त मोह आपस में अलगाव का भाव पैदा करता है। स्वभावतः लोग एक-दूसरे से बातें करते हैं, तो उपेक्षा-भाव से। कहीं कोई आशा नहीं रह गई है। यह देश ऐसा आकाश हो रहा है, जिसमें सूर्य और चन्द्रमा की बात कौन कहे, एक तारा भी नहीं है। रवीन्द्रनाथ ने एक अन्य गीत 'झरझर बरिषे वारिधारा' में कहा है : 'निविड़ नीरद गगने गरगर गरजे सघने,/चंचल चपला चमके—नाहि शशितारा।' वहाँ बिजली की चमक तो है, यहाँ तो वह भी नहीं है। भले निराला की यह उक्ति रवीन्द्रनाथ से प्रभावित हो, लेकिन यह उनकी निराशा को बहुत ही सरल और गहन रूप में अभिव्यक्त करती है। 'इस गगन में नहीं दिनकर,/नहीं शशधर, नहीं तारा' इन पंक्तियों में प्रभावित करने की जो शक्ति है, उसका उत्स बिना देश या राष्ट्र का उल्लेख किए हुए उसके लिए 'गगन' शब्द का प्रयोग है। लक्ष्य करने योग्य है कि छायावाद का लाड़ला शब्द 'गगन' यहाँ कल्पना को छोड़कर यथार्थ का सबल वाहक हो गया है! यह है निराला का पुरानी भाषा से भी नया काम लेना।

दूसरे बंद में वे राष्ट्र की कल्पना एक समुद्र के रूप में करते हैं, जो अपार है, भयानक है और चारों ओर से घेरकर गर्जन कर रहा है। वे कह भी देते हैं कि यह समुद्र कल्पना का है, लेकिन वास्तविकता उससे भिन्न नहीं है। अन्त में बहुत व्यथित होकर वे कहते हैं कि कुछ भी समझ में नहीं आ रहा कि इस समुद्र का श्यामल यानी हरा-भरा तट कहाँ है, जहाँ पहुँचा जा सके। जैसे पहले बंद की अन्तिम पंक्तियाँ तीर की नोक की तरह मन में धँस जानेवाली हैं, इस बंद की अन्तिम पंक्तियाँ भी। ध्यातव्य है कि दोनों जगह पंक्तियाँ बहुत सरल हैं। स्वभावतः वे दिल में सीधे उतरती हैं।

अन्तिम बंद सबकुछ को स्पष्ट कर देता है। निराला अपने आराध्य से, जो उन्हें प्रिय हैं, निवेदन करते हैं कि वे उन्हें देह की यानी भौतिकता की चेतना प्रदान करें, जिससे वे अपने उस घर की याद भुला न पाएँ, जो विदेशियों ने उनसे छीन लिया है और स्वयं उसमें घुस गए हैं। विवेकानन्द की विचारधारा में, जिसका निराला पर गहरा प्रभाव है, ईश-भक्ति और देश-भक्ति को लेकर एक संघर्ष की स्थिति है। अन्त में उन्होंने ईश-भक्ति को स्थगित कर देश-भक्ति को अपनाने का सुझाव दिया था। देश-भक्ति कोई आध्यात्मिक नहीं, बल्कि भौतिक वस्तु है; यह देह की चेतना है, आत्मा की नहीं; क्योंकि इसका सम्बन्ध ब्रह्म से नहीं,

राष्ट्र की जनता की राजनीतिक स्वतन्त्रता और राष्ट्र के भौतिक उत्थान से है। निराला गीत की अन्तर्वस्तु के अनुरूप अपनी स्वातन्त्र्य-चेतना को दृढ़ बनाने की याचना अपने आराध्य से करते हैं, लेकिन उनका स्वर गिरा हुआ है। उसमें न 'शेरों की माँद में/आया है आज स्यार' वाला ओज है, न 'भारति, जय, विजयकरे!' वाला उल्लास। इससे गीत निराशा के स्वर में ही समाप्त होता है। अपने ही घर से निर्वासित कवि कहता है, मेरा हृदय अपना घर खोजता फिर रहा है, लेकिन वह मिलता नहीं। उसकी खोज करते-करते अब वह थक गया है। ये अन्तिम पंक्तियाँ भी उतनी ही सरल हैं, उतनी ही मारक। घर की खोज निराला नहीं करते, उसे खोजता हुआ उनका हृदय भटक रहा है, यह उनकी गहन देश-भक्ति की सूचना देता है। कहने की आवश्यकता नहीं कि यह घर रवीन्द्रनाथ के 'ठाँइ ठाँइ मोर घर आछे' वाले घर से भिन्न घर है।

स्पष्टतः यह गीत मन पर एक गहरा विषाद-भाव छोड़ जाता है। राष्ट्र-प्रेम की ऐसी कविता, जिसे कवि ने नितान्त वैयक्तिक प्रेम बनाकर लिखा है, हिन्दी में दुर्लभ है।

दूसरा गीत एक कजली है, जो प्रसिद्ध भी हुई है :

काले-काले बादल छाए, न आए वीर जवाहरलाल।
कैसे-कैसे नाग मडलाए, न आए वीर जवाहरलाल।

बिजली फन के मन की कौंधी, कर दी सीधी खोपड़ी औंधी,
सर पर सरसर करते धाए, न आए वीर जवाहरलाल।

पुरवाई की हैं फुफकारें, छन-छन में बिस की बौछारें,
हम हैं जैसे गुफा में समाए, न आए वीर जवाहरलाल।

महगाई की बाढ़ बढ़ आई, गाँठ की छूटी गाढ़ी कमाई,
भूखे-नंगे खड़े शरमाए, न आए वीर जवाहरलाल।

कैसे हम बच पाएँ निहत्थे, बहते गए हमारे जत्थे,
राह देखते हैं भरमाए, न आए वीर जवाहरलाल।

कजली की धुन में पढ़ने या गाने पर यह गीत खूब जमता है और इसका तेवर साफ-साफ दिखलाई पड़ता है। चूँकि कजली लोकधुन है, इसलिए निराला ने यथासम्भव इसमें लोकप्रचलित खड़ीबोली के प्रयोग की कोशिश की है। इसी के तहत उन्होंने 'फणी' के लिए 'फन', 'मणि' के लिए 'मन', 'क्षण-क्षण' के लिए 'छन-छन' और 'विष' के लिए 'बिस'-जैसे तद्भव शब्दों का प्रयोग किया है। कजली लिखने की परम्परा हिन्दी में नई नहीं है। भारतेन्दुयुगीन कवि प्रेमघन ने भारी संख्या में कजलियाँ लिखी थीं, उसकी विभिन्न धुनों में। उसके बाद लोककवि तो कजली लिखते ही रहे, खड़ीबोली के कवियों ने भी यदा-कदा उसकी धुन में गीत रचने की कोशिश की। इसे देखते हुए निराला का कजली की धुन में गीत-रचना करना स्वाभाविक है, तब तो और, जबकि उनकी काव्य-संवेदना में लोकोन्मुखता का महत्त्व बढ़ता जा रहा हो। यह गीत भी निराशा के आलम में ही लिखा गया है। अनुमानतः यह जून, 1945 की रचना है। इस समय तक देश पर बयालीस की अगस्त-क्रान्ति

के दमन का आतंक शेष था। नेता जेलों से छूट रहे थे, लेकिन जनता में फिर से उत्साह का संचार नहीं हुआ था। दूसरी तरफ द्वितीय विश्वयुद्ध के कारण जो महँगाई और दूसरी तरह की तबाही बढ़ी थी, वह उसकी कमर तोड़ रही थी। इसी परिस्थिति में उन्होंने इस कजली के द्वारा अपने और जनता के मनोभाव की अभिव्यक्ति की।

कजली वह लोकधुन है, जिसका सम्बन्ध वर्षा से है। स्वभावतः निराला ने इस गीत में शुरू से अन्त तक वर्षा का रूपक रखा है। 'न आए वीर जवाहरलाल' का सन्दर्भ किसी आम सभा में पं. नेहरू का न पहुँच पाना हो सकता है। सम्भव है, उसी घटना से कवि को प्रेरणा मिली हो और उसने उसके माध्यम से पूरी देशदशा को व्यंजित किया हो। टेक की पंक्तियों में बादलों के लिए 'नाग' उपमान का प्रयोग है, लेकिन ये नाग विरहिनी को डरानेवाले नहीं, जनता की जान लेनेवाले हैं। जब बादलों में बिजली चमकती है, तो वह उन सर्पों की मणियों की कौंध के समान प्रतीत होती है। वह कौंध इस कदर भयभीत करती है कि जैसे सीधी खोपड़ी औंधी हो जाती है। बादल सिरों के ऊपर से गुजरते हैं, तो ऐसा लगता है कि उन पर से सर-सर करते वही सर्प गुजर गए। सरल होते हुए भी यह साधारण उक्ति नहीं है, पाठक महसूस करेंगे।

वर्षा का रूपक है, तो दूसरे बंद में पुरवा हवा भी है। इसके झोंके ऊपरवाले सर्पों की फुफकारों के समान मालूम पड़ते हैं और बौछारें, उनके विष की बौछारें। बारिश में निराश्रय लोग जहाँ-तहाँ जाकर छिपते हैं। अपने ही घरों से निर्वासित भारतीय जन जैसे एक अँधेरी गुफा में शरण लिए हुए हैं। 'न आए वीर जवाहरलाल' की बार-बार की जानेवाली आवृत्ति क्रमशः निराशा को प्रगाढ़ करती जाती है।

महँगाई का जिक्र ऊपर हो चुका है। बुजुर्गों की स्मृति में अभी भी वे दिन ताजा होंगे, जब द्वितीय विश्वयुद्ध के परिणामस्वरूप अन्न-वस्त्र दुर्लभ हो गए थे। निराला गीत के तीसरे बंद में महँगाई को बाढ़ का रूपक प्रदान करते हुए कहते हैं कि वह चारों ओर इस कदर फैल गई है कि गाढ़ी मेहनत की कमाई भी गाँठ से निकल गई। जनता के न पेट में अन्न है, न शरीर पर वस्त्र। भूखी-नंगी जनता शर्म में गड़ी हुई खड़ी है। स्थिति से उबरने का कोई रास्ता नजर नहीं आ रहा।

अन्तिम बंद में भी वर्षा के अनुरूप बहते जाने का जिक्र है। भारतीय जनता की रक्षा असम्भव है, क्योंकि वह सत्य के साथ अहिंसा को अपने संघर्ष के साधन के रूप में स्वीकार करके चल रही है। उसके हाथ में हथियार नहीं, इसलिए दुश्मन के सारे प्रहार उसे झेलने पड़ते हैं। उसके आगे भारतीय जनता का प्रत्येक समुदाय, कहें सत्याग्रहियों का जत्था, जैसे तेज प्रवाह में बह जाता है, पूरा बेअसर साबित होता है। वह महात्मा गाँधी से निराश होकर पं. नेहरू की तरफ देखता है, पर उनका भी पता नहीं। यहाँ उल्लेख करना आवश्यक है कि निराला महात्मा गाँधी की नीतियों से सहमत न थे। उनकी तुलना में उनका झुकाव पं. नेहरू की तरफ था, जो कांग्रेस के गरम दल के नेता थे और अपने प्रगतिशील विचारों के कारण भारतीय युवकों के हृदय सम्राट्। निराला ने यथावसर उनकी भी आलोचना की है, लेकिन इस गीत में वे उन्हीं की तरफ मुखातिब हैं, भले वे भी निराश कर रहे हों। जवाहरलाल का विशेषण 'वीर' भी यहाँ महत्त्वपूर्ण है, जो उन्हें जनता से मिला था। 'राह देखते हैं भरमाए'– यह पाँचवें दशक के मध्य की भारतीय जनता की वास्तविक स्थिति है, जिसे निराला ने पूरी

शिद्दत से महसूस किया है और उसे इस गीत में वाणी दी है। लोक की अनुभूति लोक की धुन में।

6

स्पष्टतः गीत-रचना के मध्यवर्ती काल में निराला गीतों की नई भूमि पर संचरण करते हैं। इस काल में अपने गीतों को उन्होंने भीतर और बाहर दोनों तरफ से बदलने की कोशिश की। उनका झुकाव यथार्थ की तरफ हुआ, तो गीतों की भाषा, संरचना और छंद तथा धुनों में भी परिवर्तन हुआ। पाठक लक्ष्य करेंगे कि धीरे-धीरे चलते हुए वे ग्रामीण जनता के पास आ गए हैं। खड़ीबोली का अधिक से अधिक दुरुस्त, चलता हुआ और लचीला प्रयोग करने के लिए वे खुलकर फारसी के बहरों तक गए। उन बहरों में उन्होंने गीत भी लिखे और गजलें भी। लेकिन एक बात पुनः ध्यान में रखने की है कि उनका विकास बहुत सरल न होकर पेचीदा है। नए प्रयोग करते हुए भी वे पुरानी शैली को पूरा नहीं छोड़ते, उसमें उनका गीत रचना समानान्तर चलता रहता है, भले गहराई में वे उसमें भी नवीनता का पता देते हों। इसी तरह अपने नए प्रयोगों में भी वे आवश्यक होने पर पुरानी शैली के गीतों की रचना से प्राप्त सिद्धि का उपयोग करने से परहेज नहीं करते। निराला के सम्बन्ध में यह महत्त्वपूर्ण तथ्य है कि कहा उन्होंने जो भी हो, लेकिन अपने पूर्वकृतित्व के बारे में उनका दृष्टिकोण निषेधवादी नहीं है। इसका एक बड़ा कारण तो यह है कि उनकी काव्य-संवेदना शुरू से ही इतनी जटिल थी कि उनका आगे का विकास सर्वथा नई शुरुआत न मालूम होकर उनकी किसी पूर्व अर्धस्फुट या अस्फुट प्रवृत्ति का ही विकास मालूम पड़ता है। ताज्जुब नहीं कि परवर्ती काल की उनकी गीत-रचना उनकी सम्पूर्ण गीत-साधना की परिणति के रूप में सामने आती है।

परवर्ती गीत

'बेला' के बाद निराला के दो गीत-संग्रह प्रकाश में आए : 'अर्चना' और 'आराधना'। ये पचास के दशक के आरम्भिक वर्ष थे। दशक के प्रायः मध्य में उनका एक और छोटा-सा गीत-संग्रह निकला, 'गीत-गुंज', जिसका परिवर्धित संस्करण इस दशक के अन्त में छपा। उनके मरणोपरान्त उनके अन्तिम गीत-संग्रह 'सांध्य काकली' का प्रकाशन हुआ, प्रायः साठ के दशक के अन्त में। इस संग्रह में 'गीत-गुंज' के भी ढेर सारे गीतों को शामिल कर लिया गया था। यह निराला की गीत-रचना का तीसरा काल है। 'अर्चना' और 'आराधना' में धार्मिक स्वर सर्वोपरि है, जबकि बाद के दोनों संग्रहों में प्रकृति को प्रमुखता प्राप्त है। वैसे उनके गीतों का कोई स्वर उनके किसी भी संग्रह में अनुपस्थित नहीं है।

पिछले लेख में संकेत किया गया है कि यह निराला की गीत-साधना का परिणति-काल है। इसे उनकी सम्पूर्ण काव्य-साधना का परिणति-काल कहा जा सकता है, क्योंकि पचास के दशक के आरम्भिक दिनों से लेकर मृत्युपर्यन्त उन्होंने गीत को ही अपनी अभिव्यक्ति का मुख्य माध्यम बनाया और अपवादस्वरूप ही एक-दो कविताएँ लिखीं, जिनमें से एक उनकी अन्तिम आत्मपरक रचना 'पत्रोत्कंठित जीवन का विष बुझा हुआ है' है। गीतों में निराला ने अपनी संवेदना और चिन्तन के प्रत्येक उद्दीप्त क्षण को स्वरबद्ध किया। यह भी संकेत किया जा चुका है कि इन गीतों का भी पूर्वाभास दूसरे काल के अन्तिम गीतों, यथा 'रस की बूँदें बरसो, नव घन!' और 'सखी री, खंजन वन आए', में मिलने लगता है। तीसरे काल में यह स्वर उभरकर सामने आया। जो बात ध्यातव्य है, वह यह कि इस काल में निराला ने सबसे ज्यादा गीत लिखे, करीब पौने तीन सौ, जिससे यह कहना मुश्किल हो गया कि वे मुख्यतः कवि थे, या गीतकार। इतना तो निश्चित है कि जितने महान् वे कवि थे, उतने ही महान् गीतकार भी। उनके ये गीत जैसे संख्या की दृष्टि से महत्त्वपूर्ण हैं, वैसे ही गुण की दृष्टि से भी। इन गीतों में अनेक रूपों और शैलियों का प्रयोग हुआ है, जिनमें पुरानापन भी है और नयापन भी। जैसे अपनी सम्पूर्ण शब्द-साधना को इस काल में उन्होंने परिणति प्रदान की है, जो हिन्दी में आगे की गीत-रचना का भी द्वार खोलती है। यह वाकई परिणति है, समाहार नहीं, यह बात हमें ध्यान में रखनी चाहिए।

निराला गीत के रूप के प्रति कितने सजग थे, इसका पता 'अर्चना' की भूमिका से चलता है, जिसमें उन्होंने कहा है : "गीत के साथ गले का सम्बन्ध पहला है। प्रस्तुत गीतों की तद्वत् सफलता के न होने का कारण खड़ीबोली का पाठ; इसलिए गले से सफलतापूर्वक न उतर जाना है। साधारणजन देहातों में यह भाषा नहीं बोलते। उनके गले और आधुनिक शरीर की नेमि अभी तक मजकर मसृण नहीं हुई। खड़ीबोली की गाड़ी के और चलते रहने

की आवश्यकता है; ये गीत जैसे उसी की पूर्ति करते हैं। यथाशक्ति सुरचित शब्दों की शृंखला रखी गई है जो सहज ही उच्चरित हो जाए, जिससे आधुनिक गीतों की मेड़ें [मीड़ें] और स्वर-कंपन प्राचीन शब्दोच्चारण की दीवारों को पार करके अपनी सत्यता पर समासीन हों।'' इस किंचित् लम्बे उद्धरण से स्पष्ट है कि निराला संगीत या गेयता के साथ गीत के सम्बन्ध को अन्त-अन्त तक नहीं भुलाते और 'अर्चना' के गीत यदि परम्परागत गीतों की तरह सफलता नहीं प्राप्त करते, तो उनकी दृष्टि में उसका कारण खड़ीबोली का जनसाधारण में उतना प्रचार नहीं होना है। इसके फलस्वरूप उसके उच्चारण में वह सफाई नहीं दिखलाई पड़ती, जो कि अपेक्षित है। यह अपेक्षा तभी पूरी होगी, जबकि उसका प्रचार बढ़ेगा। उन्हें इसका पक्का विश्वास है कि 'अर्चना' के गीत खड़ीबोली के प्रचार-प्रसार में योग देंगे और जिस रूप में उनकी रचना की गई है, वे ब्रजभाषा के उच्चारण की सीमाओं को पार करके अपने वास्तविक स्वरूप का परिचय देंगे। यहाँ उन्होंने खड़ीबोली के 'मुखोच्चारण' वाले जिन दो गीतों की टेक की पंक्तियाँ उद्धृत की हैं, वे हैं : 'तुम्हारी छाँह है, छल है;/तुम्हारे बाल हैं, बल है' और 'बाँधो न नाव इस ठाँव, बन्धु!/पूछेगा सारा गाँव, बन्धु!'

आगे निराला ने ब्रजभाषा के उच्चारण की सीमाएँ बतलाई हैं, साथ ही खड़ीबोली के उच्चारण का वैशिष्ट्य। उन्होंने कहा है कि ब्रजभाषा के हिसाब से 'भव-अर्णव की तरणी तरुणा' के 'ण' को 'न' करके पढ़ा जाएगा, तो खड़ीबोली का 'सिंगार' बिगड़ जाएगा। यह 'ण' न उर्दू में है, न अंग्रेजी में। अंग्रेजी का जिक्र आने पर उन्होंने यह कहा है कि 'हमारे अंग्रेजी के प्रशंसक कलकत्ता, मद्रास, बम्बई, लखनऊ आदि के विद्वान् मित्र अन्तर्जातीय अंग्रेजी के सम्बन्ध में पूर्ववत् हिमायती समझने की कृपा करें, साथ ही इतना जोड़े रहें कि हमारा हिन्दी के साथ, संस्कृत आदि उसकी बहनों, माओं और मातामहियों से भी परिचय और श्रद्धाभाव है।' यह खड़ीबोली के संस्कृत और दूसरी देशी भाषाओं के साथ सम्बन्ध की ओर संकेत है। ऐसी स्थिति में उनके खड़ीबोली के गीतों के बारे में यह सोचना कि वे तद्भवप्रधान खड़ीबोली में ही रचित होंगे, सही नहीं है। उनका ध्यान खड़ीबोली के उस रूप पर था, जो वे उसे प्रदान करना चाहते थे। वह प्रथमतः और अन्ततः खड़ीबोली थी, लेकिन उसमें न संस्कृत का निषेध था, न किसी देशी भाषा का। 'गीतिका' की भूमिका में अंग्रेजी या पाश्चात्य संगीत की उन्होंने जो बात कही थी, वह पाठकों को स्मरण होगी। उसके साथ उन्होंने अंग्रेजी प्रभाव के प्रति सकारात्मक रुख अपनाते हुए यह भी कहा था कि यह समय संसार की सभी जातियों में साहित्य के माध्यम से आदान-प्रदान का है और जो साहित्य इसमें जितना पिछड़ा हुआ है, वह उतना ही अधूरा है। यहाँ अंग्रेजी की हिमायत वाली बात उन्होंने उसी सन्दर्भ में कही है।

संगीत की जानकारी रखनेवाले कुछ लोगों के अनुसार निराला के अधिकांश परवर्ती गीत भजन-संगीत की कोटि में आते हैं। भजन-संगीत हिन्दुओं का धार्मिक गायन है, जिसमें भक्ति-रस की प्रधानता होती है। भजन बिना किसी सजावट के शुद्ध और सरल रूप में गाए जाते हैं, केदार, कामोद, भैरव, आसावरी आदि रागों में। ये दादरा, कहरवा, रूपक आदि में तालबद्ध रहते हैं। निराला के प्रार्थनागीत भजन-संगीत के अत्यधिक निकट हैं। उनकी रचना करते समय वे इस बात के लिए प्रयत्नशील रहे हैं कि उन्हें जनसाधारण गा सके, यह उनके उपर्युक्त प्रथम उद्धरण से स्पष्ट है। इसी के सन्दर्भ में उन्होंने खड़ीबोली

के उच्चारण के वैशिष्ट्य को रेखांकित करते हुए उसके प्रचार-प्रसार पर बल दिया है। यहाँ यह कहने की आवश्यकता नहीं कि वे भारतीय संगीत में आवश्यकतानुसार छूट लेते हैं, उसे लचीला बनाते हैं और खड़ीबोली के प्रयोग पर विशेष ध्यान देते हैं। कहना चाहिए कि वे भारतीय संगीत की सहायता लेते हुए खड़ीबोली के अपने भाषा-संगीत को भी पकड़ने और सुरक्षित रखने का प्रयास करते हैं।

निराला के भक्तिगीतों की अन्यतम विशेषता यह है कि उनमें भक्तिकाव्य की सम्प्रदायबद्ध पद्धति के निर्वाह के स्थान पर एक स्वच्छन्द कवि की वाणी सुनाई पड़ती है। लेकिन जैसा कि ऊपर संकेत किया जा चुका है, भक्ति या धार्मिकता उनके परवर्ती गीतों की एक विशेषता है, निश्चय ही प्रबल, पर गीत उन्होंने पहले की तरह अनेक प्रकार के लिखे हैं, जिन्हें ध्यान में रखें, तो उन पर यह आरोप नहीं लगाया जा सकता कि यहाँ पहुँचकर उनकी दृष्टि और संवेदना का क्षेत्र संकुचित हो गया है, बल्कि उनके धार्मिक और वैयक्तिक गीत भी उनके परिवेश की तीखी चेतना से युक्त हैं, जो कि स्वातंत्र्योत्तर भारत का परिवेश है।

यह दिलचस्प है कि जब 'अर्चना' और 'आराधना' का प्रकाशन हुआ, तो नई पीढ़ी के आलोचक डा. नामवर सिंह ने 'प्रगतिवाद' शीर्षक अपने प्रसिद्ध निबन्ध में, जो कि उनकी पुस्तक 'आधुनिक साहित्य की प्रवृत्तियाँ' में संकलित है, उन पर यह टिप्पणी की : ''इसके ('देवी सरस्वती' शीर्षक कविता के) बाद तरह-तरह के स्वरों में कुछ प्रयोग करते हुए विक्षिप्तचित्त निराला किसी रहस्य-शक्ति की 'अर्चना' और 'आराधना' करने लगे। पंतजी की तरह निराला के भी वेदान्ती संस्कार कमजोरी में उभड़ आए। एक ओर उनकी अराजक विद्रोही प्रकृति ने उन्हें विक्षिप्त करके व्यंग्य-विद्रूप की ओर उन्मुख किया तो दूसरी ओर उनके रामकृष्णमिशन वाले संस्कारों ने भक्ति-भावना में गर्क कर दिया।'' इस उद्धरण के प्रसंग में कई बातें ज्ञातव्य हैं। एक तो यह कि किसी रहस्य-शक्ति की अर्चना और आराधना निराला के लिए कोई नई बात नहीं थी। वह वे 'परिमल'-काल से ही करते आ रहे थे और 'कुकुरमुत्ता', 'बेला' तथा 'नए पत्ते' के रचना-काल में भी वह सिलसिला अटूट था। इसका प्रमाण 'बेला' के अनेकानेक गीत और कुछ गजलें भी हैं, जो 'नए पत्ते' की कविताओं के समानान्तर रची गई हैं। दूसरे, निराला ने वेदान्त को कभी भी नहीं छोड़ा था। यह जरूर है कि उसे लेकर उनके मन में द्वंद्व कभी बहुत तीव्र हो गया था, जैसा हम विवेकानन्द में भी देखते हैं। ऐसी स्थिति में यह कहना कि उनके वेदान्ती संस्कार मानसिक कमजोरी में उभर आए, उचित नहीं लगता। इसके अलावा प्रसंगवश यह निवेदन कर देना भी गलत न होगा कि 'कुकुरमुत्ता' और 'नए पत्ते' की कविताओं में केवल व्यंग्य-विद्रूप नहीं है और वे कविताएँ उनके विक्षिप्त चित्त की देन न होकर असाधारण रूप से सक्रिय और गतिशील उनकी यथार्थ-चेतना की देन हैं। निश्चय ही आज स्वयं नामवरजी का रुख भी उन कविताओं के प्रति पहलेवाला नहीं रह गया है। वैसे उनकी मर्मभेदी दृष्टि ने उसी समय 'अर्चना' और 'आराधना' के गीतों के सम्बन्ध में सच्चाई को देख लिया था, जिससे उन्होंने वहीं पर आगे यह भी कहा था, भले पंत से तुलना करते हुए : ''जिस तरह पंतजी अपनी आध्यात्मिक उड़ान में भी सांसारिक समस्याओं पर विहंगम दृष्टि डालते चलते हैं, उसी तरह निराला भी अपनी भक्ति-सिक्त वेदना में जन-साधारण की सांसारिक पीड़ा का अनुभव करते हैं। फिर भी पंतजी की आभासित होनेवाली सामाजिकता में उतनी सामाजिकता नहीं

है, जितनी निराला की आभासित होनेवाली वैयक्तिकता में है। पंतजी के आशावाद में भी उतनी शक्ति नहीं है, जितनी निराला के निराशावाद में है।''

निराला की मृत्यु के बाद पं. नंददुलारे वाजपेयी ने उन पर लिखे गए अपने पुराने निबन्ध को परिवर्धित किया, तो उनके परवर्ती गीतों के सम्बन्ध में कुछ आगे बढ़कर बातें कहीं। 'आधुनिक काव्य : रचना और विचार' नामक अपनी पुस्तक में संकलित निबन्ध में वे कहते हैं, ''आधुनिक समय के गीतों में उन्होंने एक साकार सत्ता को अपनी उपासना का केन्द्र माना है, जिसे कभी माता या कभी जननि आदि कहकर संबोधित किया है। यह भारतीय सगुण भक्तों की ही प्रणाली है, पर निरालाजी के गीत भक्ति-भावना से उद्भासित न होकर आन्तरिक तथा सामाजिक अन्तर्द्वंद्वों की उपज हैं।'' थोड़ी देर के बाद जैसे वे इसी की व्याख्या करते हैं : ''1948 ई. के बाद से निरालाजी की मनःस्थिति गम्भीर हो चली और '50 के बाद से वह सन्त समझे जाने लगे। निराला के इस अवधि के गीत शान्त और करुण रस से युक्त हैं। ये रचनाएँ एक आन्तरिक संघर्ष का परिचय देती हैं। अतः सामान्य रूप से इन्हें हम भक्ति की रचनाएँ नहीं कह सकते। वैयक्तिक वेदना और पीड़ा के परिणामस्वरूप ये गीत ऊपर से भक्ति तथा विनय के जान पड़ते हैं, किन्तु जैसा कि ऊपर कहा जा चुका है, इनके मूल में सामाजिक तथा आन्तरिक संघर्ष ही रहा है।'' इस सम्बन्ध में इतना कहना ही पर्याप्त होगा कि निराला के परवर्ती धार्मिक गीत आन्तरिक तथा सामाजिक अन्तर्द्वंद्वों की उपज होते हुए भी भक्ति-भाव से पूर्ण रचनाएँ हैं, भले वह भक्ति-भाव मध्ययुगीन वा साम्प्रदायिक न हो। उनकी धार्मिक संवेदना के बारे में यह नहीं कहा जा सकता कि वह ऊपरी है। उसकी अन्तर्वस्तु सामाजिक होते हुए भी वैयक्तिक और वैयक्तिक होते हुए भी सामाजिक है, क्योंकि किसी भी श्रेष्ठ कवि की तरह उनकी संवेदना सरल न होकर जटिल थी, जिसका निर्माण अनेक प्रकार के बाहरी और भीतरी तत्त्वों के विचित्र सम्मिश्रण से हुआ था। इस तरह जितना गलत निराला के परवर्ती धार्मिक गीतों को उनका प्रत्यावर्तन बतलाना है, उतना ही गलत उनकी अन्तर्वस्तु को पूर्णतः आधुनिक और सामाजिक बतलाना भी। इन गीतों में जिस आध्यात्मिक आस्था और भक्त-हृदय की विह्लता की अभिव्यक्ति हुई है, उसे न स्वीकार करना सत्य का अपलाप होगा।

सिद्धान्त को छोड़कर यहाँ विभिन्न प्रकार के उनके कुछ चुने हुए गीतों पर विचार करना अपेक्षित है, पहले के दोनों लेखों की तरह, जिससे उनकी अन्तर्वस्तु के साथ-साथ हम उनके निथरे हुए और निखरे हुए कवित्व को भी देख सकें।

2

निराला ने परवर्ती काल में दो प्रकार के धार्मिक गीत लिखे हैं—कुछ आत्मपरक और कुछ अनात्मपरक। कभी-कभी तो उन्होंने शुद्ध राष्ट्रीय-सामाजिक अन्तर्वस्तुवाले गीतों में भी ईश्वर को पुकारा है, यथा 'आशा-आशा मरे/लोग देश के हरे!' गीत, लेकिन मात्र इतने से हम वैसे गीतों को धार्मिक नहीं मान सकते। यहाँ सर्वप्रथम निराला के कुछ आत्मपरक गीत विचारणीय हैं, जिनकी संख्या पिछले दो कालों के आत्मपरक गीतों की तुलना में कहीं अधिक है। इन गीतों में कुछ गीत धर्म-भावना से युक्त भी हैं।

‘अर्चना’ में संगृहीत पहला आत्मपरक गीत है :

दुरित दूर करो नाथ,
अशरण हूँ, गहो हाथ।

हार गया जीवन-रण,
छोड़ गए साथी-जन,
एकाकी, नैश-क्षण,
कंटक-पथ, विगत-पाथ।

देखा है, प्रात किरण
फूटी है मनोरमण,
कहा, तुम्हीं को अशरण-
शरण, एक तुम्हीं साथ।

जब तक शत मोह जाल,
घेर रहे हैं कराल—
जीवन के विपुल व्याल,
मुक्त करो, विश्वगाथ!

स्वतन्त्र भारत में रचा गया यह निराला का पहला गीत है, जिसमें उन्होंने बहुत आर्त होकर भगवान् को पुकारा है। उनकी जो स्थिति थी, उसके लिए उत्तरदायी उनका परिवेश था, लेकिन वे उसके लिए किसी और को दोष न देकर स्वयं को ही दोष देते हैं और अपने आराध्य से अनुनय करते हैं कि वे उनके पापों को दूर कर दें। यह एक भक्त की मानसिकता है। ‘नाथ’ संबोधन में जो कातरता है, उसमें जिन्दगी का कितना दर्द छिपा है, पाठक महसूस करेंगे। दूसरे के दरवाजे पर पड़े हुए, निराश्रय और परिवारहीन निराला अपने नाथ से कहते हैं कि वे उन बेसहारे का हाथ पकड़ें।

अपने जीवन में पराजय का बोध उन्हें पहले भी अनेक बार हुआ था। ‘वन-बेला’ की पंक्तियाँ ‘हो गया व्यर्थ जीवन,/मैं रण में गया हार!’ हिन्दी में बहुश्रुत हैं। अब जैसे वे अन्तिम रूप से यह कहते हैं कि जीवन-युद्ध में उन्होंने मुँह की खाई। उन्हें घेरे रहनेवाले स्वार्थी लोगों का जमघट तो पहले ही हटने लगा था, अब उनके सहचर मित्रों ने भी उन्हें त्याग दिया। गीत के पहले बंद में बहुत ही व्यथित होकर निराला कहते हैं कि मैं अकेला हूँ, रात का वक्त है, मार्ग कंटकाकीर्ण है और उस पर कहीं जल भी नहीं है। ‘एकाकी, नैश-क्षण,/कंटक-पथ, विगत-पाथ’—यह उक्ति जितनी सघन और अभिजात है, उतनी ही चित्रात्मक भी। ‘छोड़ गए साथी-जन’ इसे भी यात्रा के रूपक से ही जोड़कर देखना चाहिए, जो कि आगे की पंक्तियों में विस्तार पाता है। यह लीला नामक बारह मात्राओं का वही छंद है, जिसमें ‘भारति, जय, विजयकरे!’ गीत रचा गया है। वहाँ जहाँ इस छंद से उल्लास का स्वर फूटता है, यहाँ व्यथा का। छंद की गति में शब्द दोनों जगह थिरकते हैं, लेकिन उनके प्रभाव में भारी फर्क आ गया है। यहाँ तो जैसे विघ्न-बाधाओं की तरंग पर तरंग उठ रही है।

ऐसी स्थिति में निराला को सिर्फ ईश्वर का ही भरोसा रह जाता है। वे उनका ध्यान करते हैं, तो घोर अन्धकार में भी उन्हें प्रभात-काल की मनोरम किरणें दिखलाई पड़ती हैं। वे उनके मन की ही किरणें हैं, लेकिन अपने विश्वास के अनुरूप वे उसे ईश्वर का प्रकाश समझते हैं और उससे कहते हैं कि मैंने एकमात्र तुम्हीं को शरणदाता माना है और एक तुम्हीं मेरे साथ हो! मुझे शेष यात्रा तुम्हारे सहारे ही पूरी करनी है। निराला का यह सधा हुआ स्वर–'कहा, तुम्हीं को अशरण-/शरण, एक तुम्हीं साथ'–केवल विनयपत्रिका के पदों से तुलनीय है, जो तुलसीदास के कवित्व का चरम बिन्दु है।

अन्तिम बंद में वे अपने को बुरी तरह से मोहग्रस्त बतलाते हैं, सैकड़ों मोहों के जाल में आबद्ध। इस कारण वे भाग नहीं सकते और असंख्य भयानक जीवन-सर्प उन्हें चारों ओर से घेर रहे हैं। 'घेर रहे हैं कराल–/जीवन के विपुल व्याल'–यह बहुत ही त्रासद बिम्ब है, जो कवि की स्थिति को अतिशय सशक्त रूप में हमारे सामने रखता है। जो विश्वस्तुत्य है, उससे वह प्रार्थना करता है कि वह उसे इस स्थिति से उबारे।

इस गीत में खड़ीबोली का बहुत ही नपा-तुला प्रयोग हुआ है, सिर्फ टेक की पंक्तियों में ही नहीं, आगे के बंदों में भी। वाक्य पूरे हैं, वे छोटे हों या बड़े, यानी अगले चरण में जाकर समाप्त होनेवाले। अगले चरण में जाकर समाप्त होनेवाले वाक्यों से अभिव्यक्ति में एक लचीलापन आया है, जो गीत में एक अतिरिक्त आकर्षण ला देता है। यह रचना झंकृति से भी पूर्ण है, जिसका कारण इसमें करीब आठ बार 'ण' अनुनासिक की आवृत्ति है। अन्तिम बंद में 'ल', 'र' और 'व' वर्णों की प्रधानता है, जिससे यह गीत और सघोष हो उठा है।

'अर्चना' से ही लिया गया निराला का दूसरा आत्मपरक गीत निम्नलिखित है, जिसका छंद पहलेवाले गीत की तुलना में बड़ा भी है और भाषा में भी वैसा संकुचन नहीं :

गीत गाने दो मुझे तो,
वेदना को रोकने को।

चोट खाकर राह चलते
होश के भी होश छूटे,
हाथ जो पाथेय थे, ठग-
ठाकुरों ने रात लूटे,
कंठ रुकता जा रहा है,
आ रहा है काल देखो।

भर गया है जहर से
संसार जैसे हार खाकर,
देखते हैं लोग लोगों को
सही परिचय न पाकर,
बुझ गई है लौ पृथा की,
जल उठो फिर सींचने को।

इस गीत में वे अतिशय व्यथित होकर कहते हैं कि अपनी व्यथा भुलाने के लिए मुझे तो तुम गाने दो। गाना ही मेरे दुख को कम कर सकता है, क्योंकि मैं कवि हूँ, गीतकार। अनुमान किया जा सकता है कि वे किस मानसिक अवस्था से गुजर रहे थे।

उन्हें अपने जीवन-पथ पर बहुत प्रहार झेलने पड़े थे। वे प्रहार इतने कड़े थे कि उनसे होश के भी होश गुम हो गए। निराला अपने गन्तव्य पर पहुँचने के लिए साथ में जो पाथेय लेकर निकले थे, ठग-सरदारों ने रात में भी उसे लूट लिया। यह बतलाने के बाद वे यह कहते हैं कि अब तो मेरी मृत्यु मेरे निकट आ रही है, सो मेरी आवाज भी बन्द होती जा रही है। 'निविड़ विपिन, पथ अराल;/भरे हिंस्र जन्तु-व्याल' गीत में भी उन्होंने कहा है कि बिना किसी आवाज के उनके शरीर का जोड़-जोड़ खुलता जा रहा है और उन्हें मृत्यु के भारी पैरों की चाप सुनाई दे रही है : 'तन उन्मीलन निःस्वर,/मन्द्र-चरण मरण-ताल'।

दूसरे बंद में वे पूरी दुनिया पर नजर डालते हैं और कहते हैं कि वह जहर से भर गई है, लेकिन उसका वे यह सरल कारण नहीं बतलाते कि वह स्वार्थी हो गई है। उनका कहना है कि यह विकृति उसमें इस दुनिया में रहनेवालों के जीवन-संघर्ष में, जो कि लगातार कठिन होता जा रहा है, पराजित होने के बाद आई है। हाल यह है कि लोग एक-दूसरे की ओर ऐसे दृष्टि-निक्षेप करते हैं, जैसे उनका ठीक-ठीक परिचय न पा सकते हों। यह गहन अपरिचय उस अलगाव अथवा अमानवीयकरण का परिणाम है, जो वर्तमान व्यवस्था की देन है। लोग इतने पेचीदे हो गए हैं कि एक-दूसरे के सामने खुल नहीं सकते। अकेलेपन का एहसास निराला को एक दशक पहले से होने लगा था, जैसा कि हम उनके गीत 'मैं अकेला' में देखते हैं। कहा जा चुका है कि उनका यह अकेलापन कोई अस्तित्ववादी अकेलापन न होकर अपने परिवेश की देन था। 'गहन है यह अन्ध कारा' में उन्होंने यह भी कहा था कि 'बोलते हैं लोग ज्यों मुँह फेरकर'। धीरे-धीरे स्थिति इतनी बिगड़ती गई कि 'अर्चना' के ही गीत 'भव-सागर से पार करो हे!' में उन्हें यह कहना पड़ा कि 'जीते हैं जन जन को खाकर'। इस गीत के अन्त में वे कहते हैं कि स्नेह से जलनेवाली पृथ्वी की लौ ही बुझ गई है। वे लोगों को प्रेरित करते हैं कि दुनिया को प्रेम के प्रकाश से सींचने के लिए वे फिर प्रज्वलित हो उठें। 'बुझ गई है लौ पृथा की,/जल उठो फिर सींचने को'–ये दोनों ही पंक्तियाँ बहुत उदात्त हैं। मनुष्य-मनुष्य के बीच का प्रेम इस पृथ्वी की विराट् लौ है। जब वह बुझ गई है, तो सारी दुनिया में प्रेम का प्रकाश विकीर्ण करने के लिए प्रज्वलित हो उठना भी एक विराट् कल्पना है। इस तरह इस गीत को निराला औदात्त्य के बिन्दु पर ले जाकर समाप्त करते हैं।

उनके गीतों में कृत्रिम अन्विति नहीं होती। टेकसहित इस गीत के दोनों ही बंदों में उन्होंने अलग-अलग बातें कही हैं, लेकिन उनका आपस में गहरा सम्बन्ध है। यह भी कहा जा सकता है कि अपने बारे में कहते हुए वे अपने को परिवेश से अभिन्न करके देखते हैं और परिवेश के बारे में कहते हुए वे अपने को उसमें शामिल रखते हैं। जैसा कि शुरू में संकेत किया गया है, यह गीत सरल है, क्योंकि इसमें प्रयुक्त खड़ीबोली अपना स्वाभाविक फैलाव लिए हुए हैं। वाक्य पूरे ही नहीं हैं, फैले हुए भी हैं। लेकिन जितनी ही इसमें मार्मिकता है, उतनी ही गहराई। 'हाथ जो पाथेय थे, ठग-/ठाकुरों ने रात लूटे' यह कितनी मार्मिक उक्ति है, कलेजे पर चोट करनेवाली, बतलाने की जरूरत न होनी चाहिए। ठगों के सरदारों के लिए 'ठग-ठाकुरों'

का प्रयोग जितना ही नया है, उतना ही व्यंजनापूर्ण भी। दूसरे बंद में गीत गम्भीर हो गया है, जैसे पहले बंद में कवि जहाँ सतह को देख रहा था, दूसरे बंद में वह उसकी गहराई में उतर गया है। 'पृथा' शब्द का प्रयोग निराला ने धातुगत अर्थ को ध्यान में रखकर पृथ्वी के लिए किया है। 'पृथा' नामक एक पौराणिक चरित्र होने से इसे मानवीय व्यक्तित्व भी मिल गया है, यानी इससे पृथ्वी एक नारी के रूप में भी हमारे सामने आती है।

अगला गीत सिर्फ दस मात्राओं के छोटे-से छंद में रचित है, जिसे आचार्यों ने बहुत अच्छा नाम दिया है—शशिवदना। इस गीत में निराला ने अपने आराध्य से अपने को बिलकुल सहज बना देने की याचना की है, सभी कृत्रिमताओं और आडम्बरों से मुक्त, मनुष्य का जो स्वाभाविक रूप है, उसमें पहुँचा देने की। साथ-साथ उन्होंने उन पर अपनी निर्भरता का भी उन्हें विश्वास दिलाया है। अन्त में बहुत व्याकुल होकर उन्होंने अन्धकार से निकलने के लिए प्रकाश की आकांक्षा की है। गीत कितना चुस्त और कवित्वपूर्ण है, देखने योग्य है :

सहज-सहज कर दो :
सकलश रस भर दो।

ठग ठगकर मन को
लूट गए धन को,
ऐसा असमंजस, धिक
जीवन-यौवन को :
निर्भर हूँ, वर दो।

जगज्जाल छाया,
माया ही माया,
सूझता नहीं है पथ
अन्धकार आया;
तिमिर-भेद शर दो।

टेक की पंक्तियों में 'सहज' शब्द का दो बार प्रयोग अधिकता के लिए हुआ है। कवि जो रस घड़ों चाहता है, वह सहजता का ही रस है। अब उसे अशर्फियों से भरा घड़ा नहीं चाहिए, चाहिए रस से भरा घड़ा और वह रस सहजता का हो। अब वह धनी बनना नहीं चाहता, चाहता है सहज-स्वाभाविक बनना। 'सकलश रस भर दो' यह पंक्ति कितनी नवीन है, बतलाना मुश्किल है। सहजता की आकांक्षा से कवि का मन इस कदर आपूरित है कि टेक की पंक्तियों में अन्तिम दोनों शब्दों को छोड़ दें, तो एक भी दीर्घ वर्ण का प्रयोग नहीं हुआ। जैसी आकांक्षा, जैसा विषय, वैसी ही अभिव्यक्ति की गति।

पहले बंद में निराला कहते हैं कि ठगों ने फुसलाकर या धोखा देकर मेरे पास जो धन था, उसे लूट लिया, जैसे पिछले गीत में उन्होंने उनसे उनके मार्ग का संबल छीन लिया था। लेकिन धन का मोह जो उनके भीतर से समाप्त नहीं हुआ, उसे लेकर जो दुविधा बनी हुई है, उसके लिए वे अपने जीवन और यौवन को धिक्कारते हैं। तत्पश्चात् वे अपने आराध्य को विश्वास दिलाते हैं कि अब मेरा चित्त एकनिष्ठ है, मुझे तुम्हारे अलावा किसी का भरोसा नहीं, इसलिए तुमसे वरदान पाने का हकदार हूँ। वरदान भी कैसा? सहज-सरल जीवन का।

अन्तिम बंद में उन्होंने 'जगज्जाल' शब्द का प्रयोग किया है, जो बहुत ही समर्थ प्रयोग है। उस जाल ने उन्हें फँसा रखा है, बल्कि वह उन पर चारों ओर से छाया हुआ है, जिससे उससे निकलना मुश्किल है। यह 'जगज्जाल' यानी भौतिक द्रव्यों का मोहक फैलाव माया के अलावा और कुछ नहीं। यह मनुष्यता को ढँक लेनेवाली ही नहीं, उसे कुंठित कर देनेवाली वस्तु है। कातरतापूर्वक वे कहते हैं, रास्ता नहीं दिखलाई पड़ रहा, क्योंकि अन्धकार घिर आया है। यह अन्धकार भी भौतिक द्रव्यों का ही है, जो आधुनिक सभ्यता की विशेषता है। निराला बंद की अन्तिम पंक्ति में अपने आराध्य से उसी अन्धकार के भेदन के लिए शर की माँग करते हैं। 'तिमिर-भेद शर दो'—इस तुली हुई उक्ति में तुले हुए बाण की तरह पाठकों के हृदय में धँस जाने की क्षमता है। 'तिमिर-भेद शर' का अर्थ भौतिकता के अन्धकार को चीर-फाड़ देनेवाला मानवीय मूल्य-बोध है, यह बतलाने की जरूरत न होनी चाहिए। जैसे तुलसीदास ने अन्तिम दिनों में विभिन्न छंदों और रूपों में स्तुति और विनय के पद रचे, आत्मनिवेदन के स्वर में, निराला ने भी, लेकिन आधुनिक चेतना से उद्दीप्त होकर, यह इन दोनों महाकवियों के बीच का महत्त्वपूर्ण फर्क है।

'तरणि तार दो' आठ मात्राओं के छवि और बारह मात्राओं के निराला द्वारा पूर्वप्रयुक्त लीला नामक छंदों में रचित 'अर्चना' का ही गीत है, जो उनके आत्मपरक गीतों में अपनी लय और अन्तर्वस्तु दोनों ही दृष्टियों से विशिष्ट है। दोनों छंदों का बारी-बारी से प्रयोग होता है, तो उससे एक बार ईश्वर की पुकार गूँजती है और दूसरी बार विपत्तियों का तरंगाघात। यह है पूरा गीत :

तरणि तार दो
अपर पार को।

खे-खेकर थके हाथ,
कोई भी नहीं साथ,
श्रम-शीकर-भरा माथ,
बीच-धार, ओ!

पार किया तो कानन,
मुरझाया जो आनन,
आओ हे निर्वारण,
बिपत वार लो।

पड़ी भँवर-बीच नाव,
भूले हैं सभी दाँव,
रुकता है नहीं राव—
सलिल-सार, ओ!

अपने कवि-जीवन के आरम्भिक चरण में पारिवारिक त्रासदी से प्रेरित होकर निराला ने 'परिमल' में संकलित 'खेवा' शीर्षक यह सरल-सा गीत लिखा था : 'डोलती नाव, प्रखर है धार,/सँभालो जीवन-खेवनहार!' इसमें जिस रूपक का प्रयोग हुआ है, वह लोक-प्रचलित

है। अपने कवि-जीवन के अन्तिम चरण में वे उसी का सघनतर और गहनतर रूप में प्रयोग करते हुए पुनः एक गीत की रचना करते हैं। वे ईश्वर को गुहराते हैं और उससे विनय करते हैं कि वह उनकी नैया को पार लगा दे। 'परिमल' वाले गीत से इस गीत की शब्दावली की तुलना करें, तो इस बीच निराला की वाणी में कैसी विदग्धता आई है, यह स्पष्ट हो जाएगा। वहाँ 'नाव' है, यहाँ 'तरणि'; वहाँ उसे 'सँभालने' की बात है, यहाँ उसे 'अपर पार' तक 'तार देने' की। सरलता यहाँ भी है, पर उस पर सान चढ़ा हुआ है। 'तार देने' का सम्बन्ध तरण या संतरण करा देने से है, यह कहने की आवश्यकता न होनी चाहिए। ध्यातव्य है कि यह लोकभाषा से लिया गया क्रियापद है। इसी तरह 'तरणि' और 'तार' का अनुप्रास भी ध्यातव्य है, साथ ही 'अपर' और 'पार' में 'प' और 'र' वर्ण की जो आवृत्ति है, वह भी।

पहला बंद जितना सरल और जितना मार्मिक है, उतना ही चित्रात्मक भी। निराला कहते हैं, 'खे-खेकर थके हाथ', जो हृदय का स्पर्श करनेवाला है। जो उनकी श्रमशीलता से परिचित हैं, जिनके सामने उनके द्वारा किया गया 'बाजार का काम', संपादन-कार्य और अनुवाद-कार्य है, वे इस उक्ति का अर्थ समझेंगे। जीविकोपार्जन के लिए उन्हें कितना श्रम करना पड़ा था, इसका एक साक्ष्य इंडियन प्रेस, प्रयाग के लिए उनके द्वारा किया गया असंख्य बँगला उपन्यासों का हिन्दी में अनुवाद है, जिसकी जानकारी आज बहुत कम लोगों को रह गई है। 'कोई भी नहीं साथ' यह वे लगातार कहते आ रहे हैं, जिससे उनके अकेलेपन की विकटता का अनुमान लगाया जा सकता है। 'श्रम-शीकर-भरा माथ' चित्र को अच्छी तरह खड़ा कर देता है। 'श्रम-शीकर' की तत्समता को 'माथ'-जैसा तद्भव शब्द वैसे ही सन्तुलित करता है, जैसे टेक की पंक्तियों में 'तरणि' को 'तार देना' क्रियापद। 'श्रम-शीकर' का अर्थ स्पष्ट है—पसीने की बूँदें। नाव बीच धारा में पहुँची हुई है और अकेला नाविक बिलकुल थक चुका है, यह वे पुकारकर अपने आराध्य को बतलाते हैं।

दूसरे बंद में वे उन्हीं से निवेदन करते हैं कि जंगल तो मैंने खुद पार कर लिया, जिससे मेरा चेहरा मुरझा गया है, लेकिन अब यह नदी पार करना मुश्किल हो रहा है। तुम्हें रोकनेवाला कोई नहीं है, तुम 'निर्वारण' हो, तुम आओ और मेरी विपत्ति का वारण कर दो। यहाँ तद्भव 'बिपत' का प्रयोग तत्सम 'विपत्ति' की तुलना में अधिक अर्थव्यंजक है। 'बिपत' में जो कातरता है, वह 'विपत्ति' में नहीं। जानना चाहिए कि निराला तद्भव शब्दों की शक्ति से भी परिचित थे, जो कि हिन्दी की असली शक्ति है। पहले बंद में जैसे 'माथ' है, वैसे ही इस बंद में 'बिपत'। संकेत यह है कि उन्हें कभी राजपथ सुलभ न हुआ, वे जंगल और नदी पार करते हुए चल रहे हैं। उनके जीवन से परिचित व्यक्ति इसे कोरा काव्य-सत्य न मानकर वस्तु-सत्य मानेंगे। उन्हें 'मैं अकेला' गीत की ये पंक्तियाँ भी याद आएँगी : 'जानता हूँ, नदी-झरने,/जो मुझे थे पार करने....'। जंगल, नदी और झरने निराला के मार्ग में एक बार न आए थे, वे बार-बार आते थे। इस बार बीच नदी की धारा में नाव के साथ वे अपने को असमर्थ पा रहे हैं, जिससे करुणोत्पादक स्वर में ईश्वर से सहायता की याचना करते हैं।

अन्तिम बंद : उनकी नाव भँवर में पड़ी हुई है। उसे उससे निकालने के जितने तरीके हो सकते थे, उनमें से कोई उन्हें याद नहीं आ रहा। थकान और घबराहट के मारे वे उन सारे तरीकों को भूल चुके हैं। स्थिति यह है कि न जल का गर्जन रुकता है, न उसका

बहाव। 'सलिल-सार' वैसा ही प्रयोग है, जैसा 'बेला' की पूर्वोद्धृत गजल 'हँसी के तार के होते हैं' की इस पंक्ति में 'समीर-सार' का प्रयोग : 'समीर-सार के होते हैं ये बहार के दिन'।

'जय तुम्हारी देख भी ली' निराला का पचास के दशक के अन्तिम वर्षों का गीत है, जो यहाँ उनके गीत-संग्रह 'सांध्य काकली' से लिया गया है। इस समय वे मृत्यु के काफी पास आ गए थे, जिससे इस गीत में एक शान्ति का वातावरण है, जैसे रवीन्द्रनाथ के इस गीत में : 'समुखे शान्तिपारावार–/भासाओ तरणी, हे कर्णधार।' गीत इस प्रकार है :

जय तुम्हारी देख भी ली
रूप की, गुण की, रसीली।

वृद्ध हूँ मैं, ऋद्धि की क्या,
साधना की, सिद्धि की क्या,
खिल चुका है फूल मेरा,
पखड़ियाँ हो चलीं ढीली।

चढ़ी थी जो आँख मेरी
बज रही थी जहाँ भेरी,
वहाँ सिकुड़न पड़ चुकी है,
जीर्ण है वह आज तीली।

आग सारी फुक चुकी है,
रागिनी वह रुक चुकी है,
स्मरण में है आज जीवन,
मृत्यु की है रेख नीली।

इस गीत में निराला ईश्वर से निवेदन करते हैं कि तुमने सब पर अपनी विजय-पताका फहरा रखी है, इसे मैंने सुना ही नहीं है, अपने जीवन के अन्तिम चरण में देख भी लिया है। तुम्हारी विजय, तुम्हारा प्रभुत्व, तुम्हारी महिमा रूप और गुणवाली है, अत्यन्त रसात्मक। 'अब मुझे कुछ नहीं चाहिए, अब तो विदा होना है'–यह इन पंक्तियों से व्यंजित है।

पहले बंद में निराला का यह कहना है कि अब तो वे बूढ़े हो चुके हैं, फिर किसी वृद्धि या उत्कर्ष की बात क्या सोचें। अब उनके लिए किसी प्रकार की साधना और उसमें प्राप्त होनेवाली सिद्धि का भी कोई अर्थ नहीं। जो होना था, हो चुका है। अब उनका शरीर श्लथ है। कविता की भाषा में : मेरा फूल पूर्ण विकास को प्राप्त हो चुका है, अब तो वह मुरझा रहा है, उसकी पंखुड़ियाँ ढीली हो चली हैं! पाठक मानेंगे कि इस भाषा में सामर्थ्य ही नहीं, उच्च कोटि की चित्रात्मकता और सौन्दर्य भी है।

दूसरा बंद इससे भी बढ़कर है। निराला कहते हैं कि पहले मेरी आँखें इस कदर चढ़ी या तनी हुई थीं कि लगता था, वहाँ नगाड़ा बज रहा है। आज वे सिकुड़ चुकी हैं–वह तीली जीर्ण हो चुकी है! 'चढ़ी थी जो आँख मेरी,/बज रही थी जहाँ भेरी'–यह बिम्ब असाधारण है, जो गीत में कवित्व के स्तर को बहुत ऊपर उठा देता है। नगाड़ा चमड़े से छाया रहता

है और उसमें जितना तनाव होता है, उससे उतनी ही दमदार आवाज निकलती है। इस तरह उसके सिकुड़ने की बात कहना बहुत संगत है। 'तीली' या सीखचे का उपमान अलग से आँखों की दशा सूचित करने के लिए लाया गया है, जिसके पीछे शरीर की पिंजड़े के रूप में कल्पना स्थित मालूम पड़ती है।

पहले और दूसरे दोनों बंदों में निराला ने अपने शरीर का हवाला दिया है। यह उससे उनके गहरे लगाव का पता देता है। पहले भी जब उन्होंने अपने बारे में कहा है, अपने शरीर को नहीं भूले हैं। धीरे-धीरे उन्हें शारीरिक कष्ट भी रहने लगा, तो उसका उल्लेख अनिवार्य हो गया। कुछ पंक्तियाँ स्मरणीय हैं, यथा 'मैं अकेला' गीत में : 'पके आधे *बाल* मेरे,/हुए निष्प्रभ *गाल* मेरे;' 'स्नेह-निर्झर बह गया है' गीत में : 'रेत ज्यों *तन* रह गया है'; पिछले 'तरणि तार दो' गीत में : 'मुरझाया जो *आनन*' और उसके बाद के 'भग्न तन, रुग्ण मन' गीत में : 'चलता नहीं *हाथ*'। उनकी जो अन्तिम कविता है 'पत्रोत्कंठित जीवन का विष बुझा हुआ है', उसमें भी वे कहते हैं : 'झूल चुकी है *खाल*—ढाल की तरह तनी थी'। इसके पीछे उपर्युक्त बातें तो हैं ही, उनका दर्शन भी है। वे जीवन की कल्पना शरीर को लेकर ही कर सकते थे, उसके पूरे गुण-धर्म के साथ, उसे छोड़कर नहीं। उन्हें ठीक से जानने के लिए इस बात को हमेशा ध्यान में रखना जरूरी है।

अन्तिम बंद में वे कहते हैं कि उनके भीतर सृजन की जो आग थी, वह निकल चुकी है। उनका वह गान भी रुक चुका है, जिसने कभी हिन्दी जगत् को प्रकम्पित और स्पंदित कर रखा था। आज तो बस जीवन केवल उस ईश्वर के स्मरण तक सीमित रह गया है, जिसकी महिमा के प्रत्यक्षीकरण की बात उन्होंने इस गीत के आरम्भ में कही है। अन्तिम पंक्ति में वे मृत्यु के अपनी तरफ बढ़ते हुए कदम की तरफ इशारा करते हैं। 'मृत्यु की है रेख नीली'—विष का रंग नीला होता है, मृत्यु की रेख भी नीली है। वे उसे देख रहे हैं। कहने की आवश्यकता नहीं कि यह पंक्ति बहुत ही वेधक है, जैसे इसके पहलेवाली पंक्ति 'स्मरण में है आज जीवन' शान्तिदायक।

3

इस काल में निराला ने अनेक शृंगार या सौन्दर्यपरक गीतों की भी रचना की और उनमें अत्यधिक नवीनता का परिचय दिया। उन गीतों में से तीन को चुनकर यहाँ उन पर विचार किया जा रहा है। तीनों ही गीत गाँव की पृष्ठभूमि में लिखे गए हैं। उनमें से दो में दो दिलचस्प प्रसंगों का वर्णन किया गया है। पहले गीत में गाँव की एक तरुणी का वर्णन है, जो नदी के जिस घाट पर नहाने जाती थी, वहाँ से अपने प्रेमी के साथ भाग गई है, या उसके द्वारा भगा ली गई है। भागने-भगाने की यह घटना निराला की प्रसिद्ध कविता 'प्रेयसी' में भी घटती है। दूसरे गीत में भी एक युवती है, जो सवेरे-सवेरे अपने को इसलिए कोस रही है कि तड़के उसकी नींद नहीं खुली और वह पति द्वारा स्पर्श कर जगाए जाने पर जगी। निराला के कई गीतों में उनकी नायिकाएँ रात-भर जगकर अपने पति के साथ प्रेम-क्रीड़ा करती हैं। सम्भव है, यह युवती भी उसी में थककर देर से सोई हो और सूर्योदय के पूर्व न जग पाई हो। ये दोनों गीत 'अर्चना' में ही संकलित हैं। दोनों ही गीतों में

खड़ीबोली का सुन्दर प्रयोग हुआ है, खासकर पहले गीत में। तीसरे गीत में, जो 'आराधना' में संकलित है, एक सुन्दर ग्रामीण युवती का वर्णन है, बहुत थोड़े शब्दों में।

पहला गीत इस प्रकार है :

बाँधो न नाव इस ठाँव, बन्धु!
पूछेगा सारा गाँव, बन्धु!

यह घाट वही जिस पर हँसकर,
वह कभी नहाती थी धँसकर,
आँखें रह जाती थीं फँसकर,
कँपते थे दोनों पाँव, बन्धु!

वह हँसी बहुत कुछ कहती थी,
फिर भी अपने में रहती थी,
सबकी सुनती थी, सहती थी,
देती थी सबके दाँव, बन्धु!

इस गीत के प्रसंग का उल्लेख ऊपर किया जा चुका है। बाकी बात यह है कि जिस घाट से वह तरुणी गायब हुई थी, उसी से होकर एक दिन दूसरे गाँव के कुछ युवकों की टोली नाव पर सवार गुजरती है, तो उसमें से एक युवक, जो उस घटना से ही नहीं, उस तरुणी के सौन्दर्य और व्यवहार से भी परिचित है, नाव को उस घाट पर रोकने से मना करता है और उसका कारण बतलाता है। कहता है, यह घाट खतरनाक है, इस पर नाव मत रोको। यदि ऐसा किया, तो सारा गाँव उमड़ पड़ेगा और जवाबतलब करेगा, क्योंकि गाँववालों को आशंका है कि हम-जैसे लोगों ने ही उस तरुणी को भगाया है। 'पूछेगा सारा गाँव, बन्धु!' में जो 'पूछना' क्रियापद है, वह लौकिक प्रयोग के कारण बहुत व्यंजक हो गया है। यहाँ 'पूछना' केवल पूछना नहीं, बल्कि प्रताड़ित करना भी है। इससे भी बड़ी बात यह कि यह एक क्रियापद गीत के पूरे सन्दर्भ को खड़ा कर देता है।

पहले बंद में तरुणी के हँसते हुए नदी में दूर तक जाकर नहाने के दृश्य का वर्णन है। यह दृश्य निराला को शुरू से आकर्षित करता रहा था, शायद रवीन्द्रनाथ की प्रसिद्ध कविता 'विजयिनी' के अवलोकन के बाद से, जिसमें वे लिखते हैं :

अच्छोदसरसीनीरे रमणी येदिन
नामिला स्नानेर तरे, वसन्त नवीन
सेदिन फिरिते छिल...

यदि यह कविता निराला को पसन्द न होती, तो वे 'तट पर' शीर्षक से संक्षेप में इसका अनुवाद न करते। उपर्युक्त पंक्तियों को उन्होंने इस रूप में अनूदित किया :

नववसन्त करता था वन की सैर
जब किसी क्षीण-कटि तटिनी के तट
तरुणी ने रक्खे थे अपने पैर।
नहाने को सरि वह आई थी,
साथ वसन्ती रँग की, चुनी हुई, साड़ी लाई थी।

पुनः 1937 में उन्होंने 'विनय' शीर्षक से एक गीत लिखा, तो उसमें भी एक युवती के दूर से आकर नदी में नहाने की आकांक्षा प्रकट की :

दूर ग्राम की कोई वामा
आए मंदचरण अभिरामा,
उतरे जल में अवसन श्यामा...

प्रस्तुत गीत में आकर 'विजयिनी' या 'विनय' की नायिकाएँ पूर्णतः गँवई तरुणी हो गई हैं, जो साड़ी लेकर नदी-स्नान के लिए आती है और उसे घाट पर रखकर हँसती हुई नदी में उतरकर उसमें तैरती हुई दूर तक चली जाती है। यह गाँव है, इसलिए इस गीत की भाषा स्वभावतः अत्यन्त सरल है, लोकभाषा के शब्दों, क्रियापदों और मुहावरों से बनी हुई। 'पूछना' क्रियापद की विशेषता बतलाई जा चुकी है, 'ठाँव' भी लोकभाषा का शब्द है और गीत की अन्तिम पंक्ति में आनेवाला 'दाँव' भी। 'नाव' और 'ठाँव' का अनुप्रास स्वाभाविक रूप से आ गया है, कवि ने उसके लिए कोई प्रयास नहीं किया। 'दाँव देना' यह मुहावरा भी लोकभाषा की ही देन है, जैसे बाकी मुहावरे भी। 'धँसना' और 'फँसना ये बहुत ही व्यंजक क्रियापद हैं और स्पष्टतः लोकभाषा से लिए गए हैं।

गीत के पहले बंद में तरुणी के नदी में नहाने का वर्णन तो है ही, देखनेवालों पर उस दृश्य का क्या प्रभाव पड़ता था, इसका भी बहुत ही सशक्त रूप में वर्णन है। 'यह घाट वही जिस पर हँसकर,/वह कभी नहाती थी धँसकर'–कितना सजीव चित्र है! निराला में भी अनेक तरह की हँसी है, यह पिछले लेखों में कहा जा चुका है। एक हँसी इस ग्रामीण तरुणी की भी है। 'धँसना' क्रियापद का यह हाल है कि वह पानी में क्या धँसती है, देखनेवालों के कलेजे में भी धँस जाती है! 'आँखें रह जाती थीं फँसकर' में जो 'फँसना' क्रियापद है, उसने तो कमाल कर दिया है। आँखें इस कदर उलझ गई हैं कि छुड़ाए नहीं छूटतीं। 'उलझकर' की 'फँसकर' से तुलना करने पर 'फँसना' क्रियापद की शक्ति स्पष्ट हो जाती है। निराला जिस भी शब्द का प्रयोग करें, कोशिश करते हैं कि उसके अर्थ की अन्तिम बूँद को निचोड़ लें और जबर्दस्ती नहीं, स्वाभाविक रूप से। 'कँपते थे दोनों पाँव, बन्धु!' में पाँवों का काँपना सौन्दर्य-संवेदना का चरम रूप है। उन्होंने ही कुछ पहले के अपने एक गीत में बिजली के कड़कने का वर्णन करते हुए कहा है : 'जावक-चरणों से जब शिंजन/होता है गृह के रुचिरांगन/कँपते हैं तरु-तरुणों के तन'। वहाँ पूरा शरीर काँपता है, यहाँ सिर्फ पाँव, लेकिन वह भी कम नहीं है। 'साकेत' में मैथिलीशरण गुप्त ने भी लक्ष्मण को देखने के बाद उर्मिला की जो स्थिति हुई, उसका वर्णन उसके ही शब्दों में इस प्रकार किया है : 'कँपते बस अंघ्रि-वेत्र थे,/नत भी हो सकते न नेत्र थे।' 'अंघ्रि' का अर्थ है पाँव और वेत्र का बेंत, यानी उसके पाँव बेंत की तरह काँप रहे थे।

अन्तिम बंद में निराला तरुणी की हँसी के बारे में बतलाते हैं कि वह बहुत ही व्यंजक थी, यानी जब वह हँसती थी, तो ऐसा प्रतीत होता था कि बहुत-कुछ कह रही है, लेकिन उसका अपने ऊपर नियन्त्रण भी था, वह कभी उससे बाहर न जाती थी। मनचले उसे देखकर आवाज भी कसते थे, पर वह उसे बर्दाश्त कर जाती थी, कभी जवाब न देती थी। यह जो उसकी सहिष्णुता थी, यह युवकों को अवसर देती थी कि वे उसे लक्ष्य कर जो कहना हो, कहें। 'देती थी सबके दाँव' का यही अर्थ है। वह किसी का मौका छीनती न थी,

सबके मौके उन्हें देती थी। मनचले 'प्रेयसी' में भी हैं, पर वहाँ उनका विस्तृत वर्णन इस रूप में है : 'दर्शन-समुत्सुक युवाकुल पतंग ज्यों/विचरते मंजु-मुख/गुंज-मृदु अलि-पुंज/मुखर-उर मौन वा स्तुति-गीत में हरे।' इससे दो वर्णनों का अन्तर भी स्पष्ट है, पृष्ठभूमि के साथ-साथ।

खड़ीबोली के उच्चारण की सफाई 'अर्चना' के जिन गीतों में प्रत्यक्षतः दिखलाई पड़ती है, उनमें यह गीत सर्वोपरि है, ऐसा कोई भी महसूस करेगा। इसमें वाक्य-रचना सरल और दुरुस्त तो है ही, सहायक क्रियाओं के पूरे प्रयोग के साथ, वह अकृत्रिम भी है, यानी उसमें कृत्रिम परिष्कार नहीं। खड़ीबोली कृत्रिम परिष्कार और चुस्ती को बर्दाश्त नहीं करती। उच्चारण की सफाई इस गीत में इस दृष्टि से है कि इसमें वाक्य और उसमें प्रयुक्त शब्द दोनों को साफ-साफ और अपेक्षित बलाघात के साथ उच्चरित करना पड़ता है। यही खड़ीबोली का अपना संगीत है, जो ब्रजभाषा से भिन्न है और जो कान लगाकर सुनने पर इस गीत में खूब सुनाई पड़ता है।

दूसरे गीत का प्रसंग भी ऊपर दिया जा चुका है। वह गीत यह है :

प्रिय के हाथ लगाए जागी,
ऐसी मैं सो गई अभागी।

हरसिंगार के फूल झर गए,
कनक रश्मि से द्वार भर गए,
चिड़ियों के कल कंठ मर गए,
भस्म रमाकर चला विरागी।

शिशु-गण अपने पाठ हुए रत,
गृही निपुण गृह के कर्मों नत,
गृहिणी स्नान-ध्यान को उद्यत,
भिक्षुक ने घर भिक्षा माँगी।

इस गीत के प्रसंग के बारे में ज्ञातव्य यह है कि इसकी पृष्ठभूमि में रवीन्द्रनाथ का एक प्रसिद्ध गीत है, जो निराला को बहुत प्रिय था। उसे वे अक्सरहा गाते थे और 'रवीन्द्र-कविता-कानन' में उन्होंने उसका भाष्य भी किया है। वह गीत है : 'यामिनी ना जेते जागाले ना केनो,/बेला होलो मरि लाजे', अर्थात् रात बीतने से पहले तुमने मुझे क्यों नहीं जगाया? दिन चढ़ गया—मैं लाजों मर रही हूँ। प्रस्तुत गीत का इससे यह फर्क है कि इसमें नायिका नायक द्वारा ही जगाई जाती है, यद्यपि विलम्ब से, और वह उससे शिकायत नहीं करती, नींद नहीं खुलने के लिए अपने को कोसती है। अपने कवि-जीवन के आरम्भ में निराला ने 'लज्जिता' शीर्षक से जो गीत लिखा था—'मुझे क्यों नहीं जगाया नाथ!', वह रवीन्द्रनाथ के उक्त गीत से अवश्य सीधे प्रेरित था।

इस गीत की ग्रामीण पृष्ठभूमि बहुत स्पष्ट है। युवती अपने पति के स्पर्श से जगी है। निराला ने उसके लिए 'हाथ लगाना' का प्रयोग किया है जो कि ठेठ हिन्दी है। इसी तरह 'अभागी' शब्द भी है। ये दोनों प्रयोग, जो गीत की टेक की पंक्तियों में ही मिलते हैं, इस गीत के खड़ीबोली का एक बहुत ही सुथरा गीत होने का संकेत देते हैं। मजा यह कि

निराला ने प्रसंग की कोमलता को जरा भी क्षत नहीं होने दिया है। कहा जाता है कि खड़ीबोली के संगीत में माधुर्य नहीं। यह सही है कि वह ब्रजभाषा या मैथिली नहीं है, लेकिन उसके प्रकृत स्वरूप में भी यदा-कदा माधुर्य सम्भव है, यह उन्होंने अपने गीतों से दिखला दिया है।

गीत की संरचना पर गौर करने से पता चलता है कि इसके पहले बंद में मुख्य रूप से प्रकृति-लोक का वर्णन है और दूसरे बंद में मनुष्य-लोक का। एक-एक दृश्य के वर्णन के साथ युवती की आकुलता यह सोचकर बढ़ती जाती है कि वह देर से जगी। इसी में इस गीत का सौन्दर्य है।

पहला बंद : युवती कहती है कि हरसिंगार के सारे फूल झड़ गए, पूरे दरवाजे पर सूर्य की सुनहली किरणें फैल गईं और पक्षी भी बोलकर चुप हो गए! इतना ही नहीं, साधु-संन्यासी भी शरीर में भस्म लपेटकर अपनी वृत्ति पर निकल पड़े। व्यंजना स्पष्ट है कि उसे जगने में बहुत देर हो गई। प्रकृति के तीनों ही दृश्यों का वर्णन बहुत सरल और सम्पूर्ण भाषा में किया गया है। 'हरसिंगार' और 'चिड़ियों' के बीच जो 'कनक रश्मि'-जैसा तत्सम शब्द है, वह इसलिए कि उससे सूर्य की स्वर्णिम किरणों का प्रसार बहुत उजागर हो उठता है। वैसे इस शब्द में कोई दुर्लंघ्य कठिनाई नहीं। 'कंठ' के विशेषण के रूप में 'कल' शब्द का प्रयोग भी 'कनक रश्मि' की तरह ही है। 'कल कंठ' में जो अनुप्रास है और 'ठ' वर्ण का प्रयोग, वह जैसे कानों को विहगों के शोर से भर देता है। उल्लेखनीय है कि हरसिंगार के झरने का वर्णन 'यामिनी ना जेते' वाले गीत में भी है, यथा 'देख लो शेफाली पड़िछे झरिया'। इसे निराला ने 'मुझे क्यों नहीं जगाया नाथ!' गीत में भी रखा है, यथा 'झड़े हुए ये हरसिंगार भी क्या न जमाते रंग?', और इस गीत में भी।

दूसरे बंद में बच्चों के अपने पाठ में लगने, कुशल गृहस्थों के गृह-कार्यों में प्रवृत्त होने तथा गृहिणियों के स्नान-ध्यान के लिए प्रस्तुत होने का वर्णन है। तात्पर्य यह कि प्रकृति-लोक ने सूर्योदय के बाद की अपनी गतिविधियाँ सम्पन्न कर ली हैं और मनुष्य-लोक ने भी उन्हें शुरू कर दिया है। प्रभात से निश्चय ही पहले प्रकृति हरकत में आती है, फिर मनुष्य। अन्त में युवती कहती है कि भिक्षाटन करनेवालों ने भी घरों में भिक्षा माँगना शुरू कर दिया है। इस तरह यह सब तरह से प्रमाणित है कि आज उसके जगने में बहुत देर हो गई।

गौर करेंगे तो पता चलेगा कि पहले बंद में खड़ीबोली का प्रयोग जितना पूर्ण है, उतना दूसरे बंद में नहीं। दूसरे बंद में 'पाठ' और 'कर्मों' के बाद 'में' विभक्ति का प्रयोग नहीं किया गया, लेकिन यह अभिव्यक्ति को असमर्थ नहीं बनाता। 'कर्मों' के बाद 'में' विभक्ति का जो प्रयोग नहीं है, उसके सम्बन्ध में यह ज्ञातव्य है कि वैसा प्रयोग खड़ीबोली की प्रकृति का अंग बन चुका है। असल चीज 'गृही निपुण गृह के कर्मों नत' से खड़ा होनेवाला चित्र है, जिस पर हमारा ध्यान जाना चाहिए। पहले बंद में ऐसा ही सजीव चित्र 'कनक रश्मि से द्वार भर गए' से भी खड़ा होता है। सूक्ष्म चित्र तो 'गृहिणी स्नान-ध्यान को उद्यत' में 'उद्यत' शब्द से भी बनता है। 'भिक्षुक ने घर भिक्षा माँगी' में भी 'घर' के बाद विभक्ति-चिह्न अपेक्षित था, यद्यपि 'घर-घर' के साथ उसका प्रयोग नहीं होता, लेकिन यहाँ भी हमारा ध्यान इस पंक्ति के सौन्दर्य पर जाना चाहिए, जो इसके संकुचन से ही पैदा हुआ

है। यह पंक्ति जैसे युवती की लज्जाकुलता का चरम बिन्दु है। रवीन्द्रनाथ ने भी अपने गीत 'भोर हल विभावरी, पथ हल अवसान' में भिक्षुक का वर्णन किया है, लेकिन वे 'मधुभिक्षु' हैं, यानी भ्रमर। पंक्तियाँ देखने लायक हैं : 'वनेर कोलेर काछे समीरण जागियाछे,/मधुभिक्षु सारे सारे आगत कुंजेर द्वारे', अर्थात् वन के क्रोड़ के पास समीरण जाग उठा है; झुंड के झुंड मधुभिक्षुक कुंजों के द्वार पर आए हैं। निराला ने 'मधुभिक्षु' को सामान्य भिक्षुक बना दिया है, बस इतना परिवर्तन किया है। उनकी चेतना में रवीन्द्रनाथ रमे हुए थे, इसलिए उनकी उक्तियों का रूप-रंग और सन्दर्भ बदलकर उनकी कविताओं और गीतों में प्रकट होते रहना स्वाभाविक है। लक्ष्य करने योग्य यह है कि वे जब कभी रवीन्द्रनाथ की कोई उक्ति लेते हैं, जाने-अनजाने, तो अपने मिजाज के अनुरूप उसे किंचित् गम्भीरता प्रदान कर देते हैं। प्रभात-काल का वर्णन करना दोनों ही महाकवियों को प्रिय था। इस गीत में निराला ने युवती के माध्यम से प्रभात-काल का वर्णन किया है और प्रभात-काल के वर्णन के माध्यम से युवती का।

तीसरा गीत, जो अपनी रूपरेखा में विलक्षण है, इस प्रकार है :

जैसे जोबन,
दुहरे दुहरे बदन।

आँखों में साख भरी,
लाखों पर राख पड़ी,
अनहारी खड़ी लड़ी
हाथ के जतन।

माख न माना मुखड़ा,
दूर हो गया दुखड़ा,
देखते न जी उखड़ा
नीम के सदन।

निराला कहते हैं कि जैसे इस युवती के उरोज पुष्ट हैं, वैसे ही इसका शरीर भी दोहरा है। 'जोबन' लोकभाषा के साथ उर्दू में भी उरोज के अर्थ में प्रयुक्त होता है और 'बदन' का अरबी में अर्थ शरीर है।

इस छोटे-से गीत में जो संगीत है, वह तीन छंदों के योग से निर्मित है। टेक की पहली पंक्ति आठ मात्राओंवाले छंद छवि में रचित है, जो दोनों बंदों के अन्त में भी आता है, और दूसरी पंक्ति ग्यारह मात्राओंवाले शिखंडी छंद में। दोनों बंदों की आरम्भिक दोनों पंक्तियों में बारह मात्राओंवाले लीला छंद का प्रयोग हुआ है। इन तीनों छंदों के मिश्रित प्रयोग से इस गीत का छंद-संगीत खास और मनोहर हो उठा है।

पहला बंद : युवती की आँखों में एक रोब है, जो उसके सौन्दर्य पर सान चढ़ा रहा है। उसे देखकर लाखों सुन्दरियों पर राख पड़ गई, यानी वे म्लान हो गईं। वह अपराजेय खड़ी है, जैसे हाथ के करतब से मोतियों की लड़ी को खड़ा कर दिया गया हो! यहाँ मोतियों की चमक ग्राह्य है। निराला के सौन्दर्य-बोध और कल्पनाशीलता को दाद देने में कैसा भी सतर्क व्यक्ति सराहेगा। इस बंद को उन्होंने रचा भी है बहुत मनोयोग से, भले उसमें

सचेष्टता न हो। आरम्भिक तीनों पंक्तियों में 'आँखों' के साथ 'लाखों' भी है, 'साख' के साथ 'राख' भी और 'लड़ी' के साथ 'खड़ी' भी। चौथी पंक्ति का तद्भव 'जतन' टेक की पहली पंक्ति के 'जोबन' के मेल में है।

दूसरे बंद की पहली ही पंक्ति में अप्रसन्नता या रोब के अर्थ में तुलसीदास द्वारा बहुधाप्रयुक्त 'माख' शब्द देखने को मिलता है, जो उनकी परम्परा से निराला के जुड़ाव का सूचक है। ऐसे शब्दों का प्रयोग सभी नहीं कर सकते। इस 'माख' शब्द को भी ऊपर के 'साख' और 'राख' के क्रम में समझना चाहिए। 'माख न माना मुखड़ा' में अनुप्रास भी है, जो युवती के प्रसन्न मुख से कवि के भीतर उत्पन्न होनेवाली आनन्दपूर्ण मनःस्थिति की देन है। 'मुख' के लिए 'मुखड़ा' शब्द का प्रयोग भी आत्मीयतापूर्ण है। निराला कहते हैं कि उसके मुख को देखकर सारे दुख भूल गए। उस सुन्दर मुखड़े को देखने से अन्त-अन्त तक जी नहीं भरा। 'मुखड़ा' के साथ 'दुखड़ा' और फिर 'उखड़ा' शब्द भी बहुत स्नेह से इस बंद में लाए गए हैं, जो उसे खनक से भर रहे हैं। कहाँ मिली थी कवि को यह युवती? उस घर में, जिसके आगे नीम का पेड़ है।

स्पष्टतः इन गीतों की सुन्दरियाँ 'गीतिका' के 'स्पर्श से लाज लगी', 'नयनों के डोरे लाल' और '(प्रिय) यामिनी जागी'-जैसे गीतों की नायिकाओं से भिन्न हैं और उन्हें चित्रित करने का निराला का ढंग भी भिन्न है। वहाँ जहाँ उच्च कोटि का काव्य-कौशल है, यहाँ एक नैसर्गिक खुलापन, जो लोकगीतों की विशेषता होती है।

4

निराला के शुद्ध धार्मिक गीतों में से सर्वप्रथम 'अर्चना' में संकलित उनका यह विलक्षण रहस्यवादी गीत :

गवना न करा।
खाली पैरों रास्ता न चला।

कँकरीली राहें न कटेंगी,
बेपर की बातें न पटेंगी,
काली मेघनियाँ न फटेंगी,
ऐसे-ऐसे तू डग न भरा।

कुछ भी न बता तू रहा पता,
सपने-सपने दे रहा धता,
जो पूरा-पूरा माल-मता,
मुरझा न जायगा बाग हरा।

आत्मा के लिए दुलहन और परमात्मा के लिए पति—इन प्रतीकों का प्रयोग रहस्यवादी कविता में कबीर से लेकर अज्ञेय तक में दिखलाई पड़ता है। निराला ने इस गीत में बहुत कातरता के साथ परमात्मा से निवेदन किया है कि वह उनका गौना न कराए, क्योंकि मंजिल तक पहुँचने का रास्ता कठिन है और वह उन्हें उस पर पैदल ही चला रहा है। गाँव

में यह दृश्य अक्सरहा देखने को मिलता था कि साधनहीन निम्न जाति का पति अपनी नवविवाहिता पत्नी को मायके से विदा कराकर पैदल ही अपने घर लिए जा रहा है। सम्भव है, निराला ने यह बिम्ब वहीं से लिया हो।

चूँकि यह उनका परवर्ती काल का गीत है, इसलिए प्रकारान्तर से इसमें मृत्यु के कष्टों का वर्णन है। 'गवना न करा' के बाद टेक की दूसरी पंक्ति 'खाली पैरों रास्ता न चला' बहुत ही कारुणिक है। 'गवना' शब्द ही नहीं, दुलहन और गौने का पूरा रूपक परम्परागत होते हुए भी बहुत नए रूप में प्रयुक्त हुआ है, कहना चाहिए नए परिवेश में।

पहले बंद में दुलहन के माध्यम से निराला कहते हैं कि रास्ता कँकरीला है, जिसे नंगे पाँव पार करना असम्भव है। जो विदा कराकर लिए जा रहा है, वह बेपर की उड़ा रहा है, क्योंकि उसकी बातों से कुछ होनेवाला नहीं। असल चीज तो यह रास्ता है, जिस पर बादल भी उमड़ रहे हैं। ये बादल फटने या छँटनेवाले भी नहीं हैं। वे पुनः कहते हैं, जिस तरह तुम मुझे चला रहे हो, उस तरह तो मत चलाओ। यह पूरा बंद कमाल का है और लोकाश्रित खड़ीबोली की झनक लिए हुए है। राह कटना, बेपर की बातें, उन बातों का पटना, मेघों का फटना और डग भरना ये सारे के सारे मुहावरे हैं। यह जानी हुई बात है कि मुहावरे लोकभाषा और व्यवहार की भाषा में ज्यादा होते हैं। लक्ष्य करने योग्य है कि निराला अपने गीतों में कहाँ से चलकर कहाँ पहुँच गए हैं। वाकई 'कौन तम के पार?–(रे, कह)/अखिल पल के स्रोत, जल-जग,/गगन घन-घन-धार–(रे, कह)' के बाद यह गीत बिलकुल नई दुनिया का गीत है। 'मेघ' के बदले 'मेघनियाँ' शब्द का प्रयोग कोमलता के आग्रह से ही नहीं, लौकिकता के आग्रह से भी किया गया है।

गीत के दूसरे बंद में भी कवि का स्वर करुणोत्पादक ही है। दुलहन, जो प्रतीकमात्र नहीं, वस्तुतः दुलहन है, पति से कहती है कि तुम साफ-साफ कुछ बतलाते नहीं और मैं कुछ पूछती हूँ, तो सब्जबाग दिखाकर मुझे टाल देते हो। 'आराधना' के एक गीत में भी कुछ ऐसी ही बात है, जिसमें निराला कहते हैं : 'किस नभ ले जाना मन भाया,/समझे भी कुछ न समझ पाया'। यहाँ दुलहन आगे पति से कहती है कि तुम यह नहीं सोचते कि जिस कठिन मार्ग से मुझे लिए जा रहे हो, उसमें मेरा क्या हाल होगा? जो भी सम्पदा मेरे पास है, रूप-यौवन की, वह लुट जाएगी। हरा-भरा उद्यान मुरझा जाएगा। यह बंद चलती भाषा की दृष्टि से बेजोड़ है। टेक से लेकर पहले बंद तक 'खाली', 'रास्ता', 'राह' और 'बेपर'-जैसे अरबी-फारसी शब्दों का जो प्रयोग हुआ है, वह इस बंद में भी जारी रहता है, यथा 'माल-मता' और 'बाग' शब्द। 'धता देना' यह मुहावरा भी प्रयुक्त है, लेकिन सबसे बढ़कर अन्तिम पंक्ति की हरे बाग के मुरझाने वाली बात है। यौवन का यही हरा-भरा बाग 'पूरा-पूरा माल-मता' है। 'पूरा-पूरा माल-मता' और 'हरा बाग' यौवन के पूरे वैभव को सामने ला देते हैं। अन्ततः निराला की काव्य-शक्ति का लोहा मानना पड़ता है कि वे किसी भी तरह से जो भाव व्यक्त करना चाहते हैं, जो चित्र खड़ा करना चाहते हैं, दूनी सफलता के साथ कर लेते हैं। रूप-सौन्दर्य के वर्णन में तो वे असाधारण क्षमता प्रदर्शित करते हैं। 'अणिमा' की कविता 'मेरे घर के पच्छिम ओर रहती है' में वे कहते हैं : 'उभरते जोबन की मीड़ खाता हुआ/राग साज़ पर जैसे बजता हो।' खड़ीबोली का मस्ती से भरा एक रूप यह भी है, जो अरबी-फारसी के शब्दों का निषेध करता हुआ नहीं, बल्कि उनसे अपने को

समृद्ध करता हुआ चलता है, उनकी मदद से अपने में नई लहलहाहट भरता हुआ। यह प्रवृत्ति निराला में शुरू से ही थी, जो सर्वप्रथम उनकी 'अध्यात्म-फल' कविता की इस पंक्ति में प्रकट हुई थी; 'जब कड़ी मारें पड़ीं, दिल हिल गया'। 'बेला' के जमाने में वह बहुत पुष्ट हुई और बाद में भी समाप्त नहीं हुई, बल्कि कभी-कभी उसका गहरा असर दिखलाई पड़ता रहा, यथा इस गीत में। ज्ञातव्य है कि ब्रजभाषा के कवियों ने भी अरबी-फारसी के शब्दों से परहेज नहीं किया है और आवश्यक होने पर उनसे अपनी कविता को सजाया है। 'मालमता' शब्द का प्रयोग तो सत्यनारायण 'कविरत्न' में भी मिलता है। उदाहरणार्थ उनकी ये पंक्तियाँ : 'पुंडरीक को सर्वनास करि *मालमता* जो लीयौ।/ताकों विप्र सुदामा के सिर कर सनेह मढ़ि दीयौ।'

अन्तिम बंद में 'बता', 'पता', 'धता' और 'माल-मता' की बन्दिश ने अभिव्यक्ति को मस्ती से भरा विस्तार दिया है, जो 'पूरा-पूरा', 'मुरझा', 'जायगा', 'बाग' और 'हरा' से और बढ़ जाता है। जैसे इस बंद में 'आ' स्वर की प्रधानता है, पहले बंद में 'ए' की, यथा 'राहें', 'कटेंगी', 'बेपर', 'बातें', 'पटेंगी', 'मेघनियाँ', 'फटेंगी' और 'ऐसे-ऐसे'। टेक की पंक्तियों में भी 'आ' स्वर ही प्रधान है, 'गवना', 'करा', 'रास्ता' और 'चला' से यह सिद्ध है। स्वर निराला के लिए व्यंजन से कम महत्त्वपूर्ण नहीं, वर्ना वे 'करा' की तुक 'चला' से न मिलाते। इस तरह उनके गीत स्वर और व्यंजन दोनों के संगीत से बने हैं। कभी-कभी व्यंजन उनके लिए राग का काम करता है, तो स्वर आलाप का।

इस ताजगीभरे गीत के बाद 'अर्चना' का पुरानी शैली में रचा गया यह गंगा-स्तवन :

पतित पावनी, गंगे!
निर्मल-जल-कल-रंगे!

कनकाचल-विमल-धुली,
शत-जनपद-प्रगद-खुली,
मदन मद न कभी तुली
लता-वारि-भ्रू-भंगे!

सुर-नर-मुनि-असुर-प्रसर
स्तव रव-बहु गीत विहर
जल-धारा-धाराधर-
मुखर, सुकर-कर-अंगे!

'गीतिका' के 'भारति, जय, विजयकरे!' गीत की तरह इसे भी निराला ने बारह मात्राओं के तरंगित होते चलनेवाले लीला छंद में ही रचा है। इसका एक कारण तो यह है कि ये दोनों ही स्तोत्र हैं। दूसरी बात यह कि इस गीत की भाषा को देखकर यह प्रश्न न उठना चाहिए कि गीतों में खड़ीबोली के प्रयोग का सुदृढ़ आग्रह रखते हुए भी वे जिस संस्कृतनिष्ठ भाषा को पीछे छोड़ आए थे, उसी का फिर प्रयोग क्यों कर बैठते हैं? इस सम्बन्ध में ज्ञातव्य है कि भाषा के मर्म को समझते हुए भी उन्होंने जब जिस भाषा को उपयुक्त समझा, कविता और गीतों में उसका प्रयोग किया। खड़ीबोली को विकसित और समृद्ध करने का उनका एक तरीका यह भी था। इसके अलावा शुरू में ही इस तरफ संकेत

कर दिया गया है कि यह काल उनका परिणति-काल है, यानी ऐसा काल, जिसमें उनके सारे पूर्ववर्ती काव्य-प्रयास परिणति प्राप्त करते हैं। अन्तिम बात यह कि हिन्दी में गंगा-स्तवन की एक परम्परा रही है। गंगा का हिन्दू धर्म में बहुत ज्यादा महत्त्व है। स्वभावतः कवियों ने गंगा को विषय बनाकर काव्य लिखे हैं और उसका स्तवन किया है। यहाँ भारतेन्दुयुगीन कवि 'प्रेमघन' की 'श्री गंगा स्तुति' स्मरणीय है, जो प्रायः लीला छंद में ही रचित है, यथा 'जय जय जग जननि गंग।/सोभा तरलित तरंग।' निराला के गंगा-स्तवन को इसी परम्परा का अंग मानना चाहिए।

टेक की पंक्तियों में वे गंगा को पतितों का उद्धार करनेवाली कहते हैं, साथ ही यह कि वह निर्मल जल के साथ सुन्दर क्रीड़ा करनेवाली है! पहली पंक्ति में जहाँ सिर्फ एक पौराणिक मान्यता का उल्लेख है, वहाँ दूसरी पंक्ति में तरंगायित गंगा का दृश्यांकन है। कवित्व इस दृश्यांकन में ही है। शब्द-योजना इतनी संगीतपूर्ण है कि उससे कानों में आपस में टकराती हुई तरंगों का कोलाहल भर जाता है। गंगा का जल उज्ज्वल होता है, इसलिए 'निर्मल' विशेषण उपयुक्त है और वह 'पतित पावनी' के भी मेल में है। तुकों के नाद-सौन्दर्य के बारे में तो कुछ कहना ही नहीं है।

पहले बंद में गंगा की उत्पत्ति, फैलाव और युवती के रूप में उसके सौन्दर्य का वर्णन है। 'कनकाचल' का प्रयोग यहाँ हिमालय के लिए ही हुआ है, क्योंकि उस पर जब प्रातःकालीन सूर्य की स्वर्णिम किरणें पड़ती हैं, तब वह सोने के पर्वत के रूप में दिखलाई पड़ता है। सोना ऐसे भी पवित्र धातु है, इसलिए उससे फूटनेवाली गंगा स्वभावतः धुली हुई यानी स्वच्छ है। हिमालय से निकलने के बाद वह सैकड़ों जनपदों से मुखरित होती हुई अपना प्रसार करती है, यानी मैदानी इलाके में आकर उसका पाट चौड़ा हो जाता है। 'प्रगद' शब्द 'गद्' धातु से बना हुआ है, जिसका अर्थ है कहना, बोलना आदि। गंगा परम रूपवती भी मानी गई हैं। शांतनु ने उन्हें अपनी पत्नी बनाया था, यह पौराणिक प्रसंग सर्वविदित है। वह प्रसंग यह भी सूचित करता है कि उन्होंने जब अपने वचन की रक्षा नहीं की, तो वे कामजनित सुख का उत्सर्ग कर पुनः जल में विलीन हो गईं। निराला जब गंगा की प्रशस्ति में यह कहते हैं कि 'मदन मद न कभी तुली', तो उसका यही मतलब है कि गंगा सुन्दरी तो थीं, पर काम के मद में कभी न आईं, उसे हमेशा अपने वश में रखा, उसके हाथों कभी नहीं बिकीं। उनकी सुन्दरता का क्या कहना, जल के बहाव से जो लताएँ बनती हैं, वह उनकी भौंहों की भंगिमाएँ हैं! इस बंद में शब्दालंकार से पैदा होनेवाला नाद बहुत प्रकट है। 'कनकाचल-विमल', 'जनपद-प्रगद', 'मदन मद न' और 'भ्रू-भंगे'—विभिन्न प्रकार के इन शब्दालंकारों ने इस बंद को स्तोत्रोचित ध्वनि-सौन्दर्य प्रदान किया है। 'मद' के बाद 'से' विभक्ति-चिह्न का प्रयोग न होने से वाक्य में संकुचन भी आया है।

दूसरे और अन्तिम बंद में कवि का कहना है कि देवताओं से लेकर मनुष्यों तक और ऋषि-मुनियों से लेकर राक्षसों तक गंगा के स्तुतिकर्त्ता फैले हुए हैं। वे अनेक गीत-निबद्ध स्वरों में उसका स्तवन करते हैं। उसकी जल की धारा बादलों के समान गर्जन करती है! गंगा के हाथों के लिए सबकुछ सुकर है। वह अपना हाथ बढ़ाकर कोई भी ध्वंस या निर्माण-कार्य कर सकती है—बाढ़ की विनाश-लीला से लेकर अनुर्वरा भूमि को उर्वरा बनाने तक। यह इतिहास-सम्मत तथ्य है कि उत्तर भारत में सभ्यता का प्रसार गंगा और सिन्धु

नामक नदियों द्वारा उपजाऊ बनाई गई भूमि से हुआ है। कवि गंगा को संबोधित कर कहता है कि तुम ऐसे समर्थ हाथवाली हो!

इस बंद की आरम्भिक दो पंक्तियों के साथ अन्तिम पंक्ति भी ह्रस्व वर्णप्रधान है, जिससे उनमें एक गति है, समतल से प्रवाहित गंगा की धारा के समान। उनमें 'र' वर्ण का जो बाहुल्य है, वह उन्हें संगीतपूर्ण बनाता है। उसमें योग देनेवाली अनुप्रास-योजना 'स्तव' और 'रव' तथा 'मुखर' और 'सुकर' के बीच की है। तीसरी पंक्ति 'जल-धारा-धाराधर' विषय के अनुरूप ओजपूर्ण है, स्वभावतः महाप्राण सघोष वर्ण 'ध' की आवृत्ति से युक्त, जिसमें अल्पप्राण सघोष वर्ण 'ल' और 'र' के साथ 'आ' इस दीर्घ स्वर की भी आवृत्ति है। 'जल-धारा-धाराधर-मुखर' में जो चित्र है, वह तो जोरदार है ही। गंगा के समर्थ हाथों की कल्पना भी वैसी ही है। स्पष्ट है कि निराला ने कुछ पुरानी कलाओं को छोड़ भले दिया हो, पर वे उन्हें भूले नहीं है।

पुरानी शैली का ही उनका 'अर्चना' से ही लिया गया यह गीत भी है :

माँ, अपने आलोक निखारो,
नर को नरक-त्रास से वारो।

विपुल दिशावधि शून्य वर्गजन,
व्याधि-शयन जर्जर मानवमन,
ज्ञान-गगन से निर्जर जीवन
करुणाकरों उतारो, तारो।

पल्लव में रस, सुरभि सुमन में,
फल में दल, कलरव उपवन में,
लाओ चारु-चयन चितवन में,
स्वर्ग धरा के कर तुम धारो।

कहा जा चुका है कि विवेकानन्द में ईश्वर के प्रति पितृभाव की अपेक्षा मातृभाव की प्रधानता थी और वही बात निराला के साथ भी है। स्वभावतः वे उसे 'माँ' कहकर संबोधित करते हैं, जो कि शक्ति के अलावा और कोई नहीं, और उनके सामने अपनी याचनाएँ रखते हैं। सबसे पहले वे उनसे कहते हैं कि वे अन्धकार में पड़े हुए लोगों को अपने प्रकाश से निखार दें। यह अन्धकार नरक का है। वे उन्हें नरक के भय से मुक्त करने की भी उनसे प्रार्थना करते हैं। अपने प्रकाश से निखारने वाली बात अद्भुत है, जैसे वह रंगमंच के पात्रों पर फेंका जा रहा हो। 'नर', 'नरक' और नरक का 'त्रास' भी कोई अमूर्त चीजें नहीं। नर साधारण भारतीय जन है, नरक स्वतन्त्रता-प्राप्ति के बाद का भारत और त्रास उस भारत की स्थिति से जनता के मन में पैदा हुआ डर। टेक की पंक्तियों में 'आलोक' के बाद 'से' विभक्ति-चिह्न का प्रयोग नहीं करना इस बात का सूचक है कि खड़ीबोली में फैलने की जो प्रवृत्ति है, उसे कम करने का निराला का प्रयास जारी है, और 'नर' के साथ 'नरक' का जो संयोग है, वह खड़ीबोली को भी ब्रजभाषा की तरह संगीतपूर्ण देखने की उनकी इच्छा का परिणाम है। जब रामचरितमानस में तुलसीदास की अवधी और विनयपत्रिका में उनकी ब्रजभाषा संगीतपूर्ण हो सकती है, तो निराला की खड़ीबोली क्यों नहीं? 'वारो' का अर्थ है 'निवारण करो'।

पहले बंद में भी वे सामान्य ढंग से ही बातें करते हैं, 'वर्गजन' और 'मानवमन' की, लेकिन उनके ध्यान में वस्तुतः विभिन्न वर्गों में बँटी हुई भारतीय जनता और उसका मन है। कहते हैं, लोगों को न देश का बोध है, न काल का। भवभूति की वह उक्ति प्रसिद्ध है, जिसमें उन्होंने कहा है कि काल निरवधि है और पृथ्वी विपुल। निराला 'विपुल' और 'अवधि' दोनों शब्द वहाँ से लेते हैं, लेकिन विपुल को जहाँ 'दिशा' अर्थात् देश के विशेषण के रूप में प्रयुक्त करते हैं, वहाँ 'अवधि' का प्रयोग सीधे काल के लिए करते हैं। लोगों के देश-कालशून्य होने का मतलब है उनका अज्ञानी होना। वे अज्ञानी ही नहीं हैं, मन से रोग-शय्या पर पड़े हुए यानी बीमार और खस्ताहाल भी हैं। निराला कहते हैं कि शक्ति अपने करुणापूर्ण हाथों से ज्ञानरूपी आकाश से जरारहित जीवन को उतारकर लोगों का उद्धार करें। बंद के आरम्भिक दो चरणों की भाषा बिलकुल 'गीतिका' वाली है। उसी तरह संस्कृतनिष्ठ और शब्दों से वाक्यों का काम लेनेवाली। ईश्वर और देवी-देवताओं के हाथ को 'वरद' कहा जाता है। निराला उन हाथों का अपनी कल्पना की सहायता से भिन्न इस्तेमाल करते हैं। शक्ति से उनका निवेदन है कि वे अपने हाथों से ज्ञान-गगन से निर्जर जीवन को भारतीय जनता के लिए उतारें। जीवन का विशेषण 'निर्जर' बहुत अच्छा है, साथ ही बहुत संगीतात्मक है 'उतारो' और 'तारो' का यमक अलंकार, जो भाषा में स्वयं उतर आया है। 'करुणाकरों' के बाद 'से' विभक्ति का लुप्त रहना भी उक्ति के सौन्दर्य को बढ़ाता है, घटाता नहीं। लोग अज्ञानी हैं, निराला चाहते हैं, उन्हें विस्तृत देशकाल का ज्ञान प्राप्त हो, जिससे उन्हें नया जीवन मिले। स्पष्टतः उनके ध्यान में भारत की निरक्षर और मूढ़ जनता है। उन्हें इस बात की गहरी पीड़ा है कि स्वतन्त्र भारत में उसे शिक्षित बनाने के लिए जैसा उद्योग किया जाना चाहिए था, नहीं किया जा रहा। हारकर वे उद्धार के लिए शक्ति को पुकारते हैं! शक्ति कुछ नहीं कर सकतीं, लेकिन उनके आह्वान से उनके चिन्तन और गहरी आकांक्षा का पता तो चलता है, साथ-साथ यह कि उनकी प्रतिश्रुति क्या थी। कविता में मूल्य उसी का है।

दूसरे बंद में आरम्भिक दो चरण बहुत ही मोहक हैं, जिनमें शक्ति से यह याचना की गई है कि वे पत्तों को रस प्रदान करें, जिससे वे हरे दिखलाई पड़ें, फूलों को सुगन्ध, फलों को भरपूर गूदा और बगीचों को चिड़ियों की चहचहाहट। तात्पर्य यह कि निराला मनुष्य से लेकर प्रकृति तक को सुन्दर और समृद्ध देखना चाहते हैं। अगले चरण में वे कहते हैं कि शक्ति ऐसा करें कि हमारी दृष्टि में सुन्दर दृश्य ही आएँ, असुन्दर दृश्य भारत-भूमि से उठ जाएँ। यह तो उस पर स्वर्ग का अवतरण होगा। अकारण नहीं कि अन्त में वे यह कहते हैं कि वे पृथ्वी के हाथों से स्वर्ग को धारण करें, यानी स्वर्ग पृथ्वी के करगत हो। इस बंद में जो रचाव है, वह सुरभि-सुमन, फल-दल-कल और चारु-चयन-चितवन में देखने को मिलता है। 'गूदे' के लिए निराला ने 'दल' शब्द का जो प्रयोग किया है, वह बहुत-कुछ लौकिक प्रयोग है। 'लाओ चारु-चयन चितवन में' यह उनका खास प्रयोग है, जो 'गीतिका' के गीत 'स्पर्श से लाज लगी' में भी दिखलाई पड़ता है : 'प्रेम-चयन के उठा नयन नव'। ऐसे प्रयोग पर उस गीत की व्याख्या के क्रम में विचार किया जा चुका है। 'स्वर्ग धरा के कर तुम धारो' इस चरण के सम्बन्ध में दो बातें हैं। एक तो यह कि 'कर' के बाद 'से' विभक्ति को लाकर इसे पढ़ना चाहिए, जिससे अर्थ-बोध में कठिनाई न हो, दूसरे, 'धरा' को

'धारो' सन्तुलित करता है, इस पर ध्यान देना चाहिए, जिससे कि इस चरण में महाप्राण सघोष वर्ण 'ध' से उत्पन्न होनेवाला गम्भीर संगीत-स्वर प्रकट हो जाए।

चौथा धार्मिक गीत 'आराधना' से लिया गया है और वह इस तरह है :

सुख का दिन डूबे डूब जाय।
तुमसे न सहज मन ऊब जाय।

खुल जाय न मिली गाँठ मन की,
लुट जाय न उठी राशि धन की,
धुल जाय न आन शुभानन की,
सारा जग रूठे रूठ जाय।

उलटी गति सीधी हो न भले,
प्रति जन की दाल गले न गले,
टाले न बान यह कभी टले,
यह जान जाय तो खूब जाय।

यह शुद्ध खड़ीबोली का गीत है, जिसमें 'राशि' और 'शुभानन' इन दो शब्दों को छोड़ दें, तो बाकी सारे शब्द सामान्य व्यवहार के हैं। उक्त दोनों शब्द भी कठिन नहीं। लेकिन इस गीत के आशय में बहुत गहराई है। वाक्य पूरे-पूरे हैं, यह साफ है।

टेक की पंक्तियों में निराला अपने आराध्य से कहते हैं कि सुख के दिन चले जाने पर भी, यानी दुख के दिनों में भी, वे उन्हें याद करते रहें और उनका मन आसानी से उनसे न ऊबे। आचार्य रामचन्द्र शुक्ल ने कहा था कि 'समय बीता जाता है' यह ऐसा वाक्य है, जिसमें सिर्फ अर्थ-ग्रहण होता है, लेकिन 'समय भागा जाता है' इस वाक्य में एक बिम्ब है, भागते हुए व्यक्ति का। टेक की पहली पंक्ति भी बिम्बात्मक है, क्योंकि निराला ने दिन के बीतने की नहीं, डूबने की बात कही है। उससे सूर्यास्त का बिम्ब सामने आ जाता है। कवि की आध्यात्मिक निष्ठा के बारे में कुछ कहने की जरूरत नहीं। उसकी गहनता का पता तो टेक की ये दोनों ही सरल पंक्तियाँ दे रही हैं, जैसे पारदर्शी जल जल की गहराई का पता देता है।

पहले बंद में कवि यह कहता है कि अपने आराध्य से उसकी जो गाँठ जुड़ी हुई है, वह किसी भी हालत में न खुले। साथ-साथ नीचे से उसने जो धन-राशि उठाई है, वह भी उससे न छिने। विनयपत्रिका के अपने एक प्रसिद्ध पद में तुलसीदास ने कहा है : 'पायो नाम चारुचिन्तामनि उर कर ते न खसैहौं'। दोनों जगह उसे न गँवाने की बात है। इस बंद की तीसरी पंक्ति पूरे गीत में लौ की तरह बल रही है, अपना उज्ज्वल आलोक फैलाती। निराला निवेदन करते हैं कि जो भी हो, 'शुभानन' की आन न धुले, यानी वह उनसे न छूटे। शुभानन उनके आराध्य हैं, जिससे यह भी व्यंजित है कि वे साकार हैं, निराकार नहीं। मतलब यह कि निराला भक्त की ही भूमिका में हैं। 'शुभानन', जिसका अर्थ यह है कि जिसके मुख के दर्शन से भला ही घटित होता है, बुरा नहीं, पूरे गीत के स्तर को बहुत ऊपर उठा रहा है। कहाँ से ऐसी शक्ति आई इस एक शब्द में? उसका स्रोत निराला का भक्ति-विह्वल हृदय है। वे अपनी टेक को सारी दुनिया की परवाह छोड़कर निभाने को उद्यत हैं। दुनिया उसके लिए उनसे रूठती है, तो रूठे, उन्हें उसकी चिन्ता नहीं। आन के न छूटने

के लिए उसके न 'धुलने' की जो बात कही गई है, उसके पीछे पक्का रंग है, यानी वह रंग इतना पक्का हो कि कितनी कोशिश करने पर भी न धुले। 'आन' का ध्वनि-साम्य 'शुभानन' से है, यह भी इस पंक्ति के सौन्दर्य का एक कारण है।

दूसरा बंद अधिक गहन है। निराला अपनी गति को उलटी समझकर उसे सीधी करना चाहते हैं। इसी तरह वे यह भी इच्छा रखते हैं कि उनसे प्रत्येक व्यक्ति अपना स्वार्थ सिद्ध कर सके। कहते हैं कि मेरे ये उद्दिष्ट मुझे न प्राप्त हों, तब भी अपने आराध्य की आराधना की बान मुझसे न छूटे। जब उनके आगे आत्मार्पण ही करना है, तो उसमें कमी क्यों हो? ये प्राण न्योछावर हों, तो खूब अच्छी तरह, कोताही के साथ नहीं। 'उलटी गति सीधी हो न भले' इसकी अनुगूँज इसी काल में रचित निराला के इस गीत में भी सुनाई पड़ती है : 'सीधी राह मुझे चलने दो'। वे चाहते हैं कि ऐसे सरल हों कि उनमें जो भी चाहे उसकी दाल गल जाए। उनकी यह उक्ति उनकी इस इच्छा को प्रतिध्वनित करती है कि 'जग-ठग को प्रेयसी रात दो,/मुझको कविता का प्रपात दो'। 'अर्चना' के कई गीतों में उन्होंने इस बात पर दुख प्रकट किया था कि ठगों ने उन्हें रास्ते में लूट लिया, लेकिन अब वे चाहते हैं कि ठग उन्हें जितना चाहते हैं, लूटें। संसाररूपी ठग को लूटने में सुविधा हो, अतः वे उसके लिए सरस्वती से उसकी प्रिय रात की माँग करते हैं और अपने लिए सिर्फ कविता की अजस्र धारा की। नागार्जुन का एक आत्मपरक गीत है 'इन सलाखों से टिकाकर भाल', जिसमें वे इस बात पर बहुत चिन्ता प्रकट करते हैं कि 'और भी तो पकेंगे कुछ बाल/जाने किसकी/जाने किसकी /और भी तो गलेगी कुछ दाल'। निराला की स्थिति इसके ठीक उलट है।

ऊपर कहा गया है कि यह शुद्ध खड़ीबोली का गीत है। यह और बातों से तो सिद्ध है ही, दूसरे बंद की अन्तिम दोनों पंक्तियों में प्रयुक्त 'बान' और 'जान'-जैसे शब्दों से भी सिद्ध है। डा. रामविलास शर्मा का कहना है कि अन्तिम दौर में निराला शब्दों का चुनाव नहीं करते, जो शब्द उनके हाथ में आ जाते हैं, उन्हीं से काम चलाने की कोशिश करते हैं। बात केवल शब्दों की नहीं, वाक्यों की भी है, बल्कि पूरी भाषा की। इससे उनकी अभिव्यक्ति में विषमता भले आई हो, पर उससे नए रस का जो संचार हुआ है, हमें वह भी देखना चाहिए। महत्त्वपूर्ण यह है कि वह रस प्रायः खड़ीबोली का है, खड़ीबोली के कई रूपों का, और उसके आगे 'गीतिका' के गीतों का रस फीका साबित हुआ है।

निराला का अन्तिम अनूठा धार्मिक गीत है *'तुम्हारी हवा से सोए'*। ज्ञातव्य यह है कि इसके दो पाठ मिलते हैं। पहला पाठ 'सांध्य काकली' में संकलित है और दूसरा 'निराला रचनावली' के दूसरे खंड में। मैंने 'रचनावली' वाला दूसरा पाठ 'साप्ताहिक हिन्दुस्तान' के 5 अक्टूबर, 1958 के अंक से प्राप्त किया था, जिसमें यह गीत प्रकाशित हुआ था। यह पाठ परवर्ती होने के कारण पहले पाठ की तुलना में बहुत ज्यादा बेहतर है। ऐसा प्रतीत होता है कि मूल पाठ तो निराला की कापी में रह गया और परवर्ती पाठ उन्होंने 'साप्ताहिक हिन्दुस्तान' को भेज दिया, जिससे वह 'सांध्य काकली' में आने से रह गया और कापी के आधार पर उसमें पहला ही पाठ दिया गया। ऐसा उनके परवर्ती गीतों में से कुछ और गीतों के साथ हुआ है। इससे इस बात का खंडन होता है कि वे अन्तिम दिनों में अपनी रचना के साथ श्रम नहीं करते थे और उसमें एक तरह से उनका मानसिक आलस्य बोलता था। पं. नन्ददुलारे वाजपेयी की तरह मैं मानसिक विक्षेप तक जाने की बात तो सोच भी नहीं

सकता, मुझे तो मानसिक आलस्यवाली बात भी स्वीकार नहीं। मैं जिस नतीजे पर पहुँचा हूँ, वह यह है कि निराला अन्त-अन्त तक बहुत ही सजग कवि थे और अपनी प्रत्येक रचना के साथ घनघोर श्रम करते थे, भले वह कापी पर प्रत्यक्ष न हो। वे बहुत सूक्ष्मता से उसका परीक्षण करते थे और जब कभी आवश्यक होता था, उसमें संशोधन कर देते थे। इसके बाद भी विद्वानों को उनकी रचना में कहीं शिथिलता या अभिव्यक्ति के स्तर में विषमता दिखलाई पड़ती है, तो मानकर चलना चाहिए कि वह उसमें जान-बूझकर लाई गई है। निराला पूर्णतः सजग अभी भी हैं, पर दूसरी जगह, जहाँ कविता की सच्ची सर्जनशीलता स्थित होती है, उस जगह नहीं, जहाँ उसकी गौण बातों को महत्त्व प्राप्त है।

'तुम्हारी हवा से सोए' गीत इस प्रकार है :

तुम्हारी हवा से सोए,
तुम्हारी हवा से जागे।
तुम्हारे रव सुने, सूने
सदन में चरण अनुरागे।

नयन-तारक दिखे उज्ज्वल,
हँसी से प्रभाकर झलमल;
तुम्हारे रूप से निखरे
निकर जग चराचर लागे।

पराजय लाख, लाखों जय,
तुम्हारे चरण के संचय;
कुतोभय जगह पाकर,
मृण्मयी के खड़े हैं आगे।

हवा से सोने-जागने की बात पर पद्मावत की यह अर्धाली याद आती है : 'सुआ क बोल पवन होइ लागा। उठा सोइ, हनुवँत अस जागा।' इस गीत की टेक की आरम्भिक दो पंक्तियों का अर्थ स्पष्ट है। शक्ति का भाव निराला पर इस कदर छाया हुआ है कि वे उसी के सुलाए सोते और उसी के जगाए जगते हैं। पहले पाठ से भी इसकी पुष्टि होती है : 'तुम्हारे भाव में सोए,/तुम्हारे भाव में जागे'। चूँकि वे पंक्तियाँ उनकी गहरी तन्मयता का परिचय देते हुए भी सपाट हैं, इसलिए उन्होंने उन्हें बदल दिया और उनके स्थान में अद्भुत चित्रात्मक पंक्तियाँ रचीं। 'तुम्हारी हवा से सोए,/तुम्हारी हवा से जागे'—लगता है, उक्ति में जान पड़ गई है और वह वायु-जैसी ही गतिशील हो उठी है। बाकी दो पंक्तियों में वे यह कहते हैं कि उन्होंने अपनी आराध्या की आवाज सुनी, तो उनके चरणों की स्तुति शुरू कर दी, जिससे उनका सूना घर भी गूँज उठा। 'चरण अनुरागे' इस उक्ति में नामधातु के प्रयोग का सौन्दर्य तो है ही, अभिव्यक्ति के लाघव का भी सौन्दर्य है। 'सुने' और 'सूने' में छेकानुप्रास है, जो कवि की सृजन-चेतना की निष्कंपता का अचूक प्रमाण है। लेकिन बड़ी बात इन पंक्तियों में यह है कि सुबह के वक्त वह हवा के झोंके से जगा है, तो उसकी ध्वनि भी सुनी है। जाहिर है कि वह आराध्या की ध्वनि है। उससे विह्वल होकर वह उसके चरणों की वन्दना करने लगा है जिससे उसके घर का सन्नाटा भी टूट गया है।

पहले बंद में निराला शक्ति से कहते हैं कि उन्हीं की हँसी से सूर्य झलमला रहा है और उसकी पुतलियाँ चमक रही हैं। उस सूर्य के प्रकाश से निखरे हुए इस संसार के चराचर-निकर अर्थात् जीव-जन्तु और वनस्पति-समूह उनके दिव्य रूप से लग्न हो गए हैं, अर्थात् उसकी आराधना करने लगे हैं। 'लग्न हुए' की जगह 'लागे' इस भदेस हिन्दी के प्रयोग में कैसी तन्मयता और मिठास है, बतलाया नहीं जा सकता। यह एक शब्द पूरे बंद को भक्ति के रस में पूरा का पूरा बोर देता है। 'आराधना' के एक गीत में निराला ने 'लाग' इस संज्ञापद का प्रयोग किया है, यथा 'तुमसे लाग लगी जो मन की/जग की हुई वासना बासी'। भक्ति जैसे चित्त को सरल कर देती है, वैसे ही अभिव्यक्ति को भी।

अन्तिम बंद में वे कहते हैं कि जय-पराजय तो शक्ति के चरणों की देन हैं। उन्हें जगह मिल गई है कि वे उनके आगे खड़े हो सकें, फिर किसी तरह का भय क्यों? अन्तिम दो पंक्तियाँ बेजोड़ हैं, जो पहले की सभी अभिव्यक्तियों से इस बंद को ऊपर उठा देती हैं। शक्ति या दुर्गा की मिट्टी की प्रतिमा बनाई जाती है, इसलिए कवि उन्हें 'मृण्मयी' कहता है और उसी प्रतिमा के आगे खड़े होने का दृश्य उपस्थित करते हुए निवेदन करता है : 'कुतोभय जगह पाकर,/मृण्मयी के खड़े हैं आगे'। जो अदृश्य है, उसे पूरी नाटकीयता से दृश्य बना देना कवि-कर्म की सबसे बड़ी सफलता है, जो निराला के हमेशा करगत रहती है। यदि उनमें यह क्षमता नहीं होती, तो उनके गीत न प्रभावशाली हो पाते, न सूर-तुलसी के पदों से तुलनीय। 'कुतोभय' यह संस्कृत शब्द उक्ति में अपेक्षित गम्भीरता लाने के साथ भक्तहृदय की निष्ठा और विश्वास का पाठकों को पूरा परिचय दे देता है। ऐसा ही 'मृण्मयी' शब्द का प्रयोग भी है, पूरे लाघव के साथ। यदि निराला ने 'मृण्मयी' की जगह 'चिन्मयी' लिखा होता, तो अभिव्यक्ति की नाटकीयता ही समाप्त नहीं हो जाती, उसके साथ उसका प्रभाव भी समाप्त हो जाता, क्योंकि 'मृण्मयी' जितना ही मूर्त है, 'चिन्मयी' उतना ही अमूर्त। फिर 'मृण्मयी' के साथ आराधना का एक सन्दर्भ भी लगा है, जो बहुत ही ठोस है। 'चिन्मयी' पर 'मृण्मयी' के प्रयोग की प्रमुखता को समझना निराला की कविता के मर्म को समझना है।

5

अब हम उनके गीतों के प्रिय विषय प्रकृति से सम्बन्धित इस दौर के उनके कुछ गीतों पर विचार करें। सर्वप्रथम 'आराधना' से संकलित यह ऋतु-गीत, जिसमें शरद् का वर्णन है :

ओस पड़ी, शरद् आई।
हरसिंगार मुसकाई।

बादल वे बदल गए,
कटे-छटे, नए-नए,
नभ में आए, उनए,
बंद हुई पुरवाई।

जुही आन-बान भरी,
चमेली जवान परी,

मालती खिली, निखरी,
शीत हवा सरसाई।

नद के उद्‌गार घटे,
निकले तट कटे-छटे,
गीले औ' कीचपटे,
फैली हल-चलवाई।

केदारनाथ सिंह ने अपने एक लेख में कहा है कि जब वे गाँव में प्राथमिक विद्यालय के छात्र थे, उसमें मध्यावकाश तब होता था, जब दुपहरिया के फूल खिल जाते थे। यह प्रकृति से जुड़ा हुआ मनुष्य का समय-बोध था, जो अब समाप्त होता जा रहा है। प्रकृति से सर्वाधिक जुड़ा हुआ समय-बोध किसानों का था। वे उसके जीवित सम्पर्क में थे, बल्कि कभी-कभी तो उसी का अंग प्रतीत होते थे। चूँकि निराला की मूल संवेदना किसानोंवाली थी, इसलिए उन्हें भी समय या ऋतु-बोध प्रकृति को देखकर ही होता था, समय-सारणी या कैलेंडर देखकर नहीं। स्वभावतः शरदागम की सूचना उन्हें ओस पड़ने से मिलती है। ओस पड़ना शुरू होने का किसानों के लिए साफ मतलब था वर्षाऋतु का खात्मा और क्वार का आना। इस गीत में वे बिलकुल किसानों की तरह कहते हैं कि अब शरद्‌ऋतु आ गई, क्योंकि ओस गिरने लगी। इस ऋतु में हरसिंगार के फूल खिलते हैं। निराला का इस फूल से पुराना रिश्ता रहा है। कहते हैं, हरसिंगार मुस्कुरा उठी। डा. रामविलास शर्मा ने 'हरसिंगार' का स्त्रीलिंग में प्रयोग देखकर गीत की दूसरी पंक्ति का यह अर्थ किया है कि शरद् हरसिंगार में मुस्कुरा पड़ी है। ज्ञातव्य है कि दूसरी पंक्ति का वाक्य पूर्ण है और पहली पंक्ति के वाक्य से उसका ऐसा सम्बन्ध नहीं कि उसका कर्ता 'शरद्' हो। यदि ऐसा होता, तो पहली पंक्ति के बाद पूर्ण विराम न होकर अल्पविराम होता। 'हरसिंगार' के स्त्रीलिंग में प्रयोग का दूसरा कारण है। वह है उसकी एक नायिका के रूप में कल्पना करना। चूँकि हरसिंगार मानवीकृत है, इसीलिए उसके मुस्कुराने की बात कही गई है, वर्ना उसके 'खिलने' की बात कही जाती। उसके फूल चूँकि छोटे-छोटे होते हैं, इसलिए उनके खिलने का उसका मुस्कुराना कहना अत्यधिक संगत ही नहीं, कवित्वपूर्ण भी है। निराला का यह काव्य-विवेक लक्ष्य करने योग्य है।

पहले बंद में वे बादलों और हवा के बारे में कहते हैं। शरद्‌ऋतु में ये दोनों ही बदल गए हैं। वर्षाऋतु के काले-काले बादल चले गए हैं और नए-नए सफेद बादल आ गए हैं। ये आकाश में यत्र-तत्र टुकड़ों के रूप में दिखलाई पड़ रहे हैं, सिमटे हुए। इसीलिए 'कटे-छटे' हैं। नीचे भी झुक आए हैं। तुलसीदास ने तो उसके बरस जाने का भी जिक्र किया है : 'कहुँ कहुँ बृष्टि सारदी थोरी'। इस ऋतु में पुरवा का चलना भी बंद हो जाता है, जिससे हवा में तरावट की जगह एक खुश्की आ जाती है। अन्त में स्वभावतः निराला कहते हैं : 'बंद हुई पुरवाई'।

आकाश के बाद पुनः उनका ध्यान पृथ्वी की ओर जाता है जहाँ उनकी नजर हरसिंगार के अलावा दूसरे फूलों पर पड़ती है, तो पाते हैं कि यहाँ भी नजारा कुछ और है। वर्षाऋतु में खिलनेवाली जूही अभी खिल रही है और शरद्‌ऋतु में वह बड़ी सजी-धजी है, ठसक से भरी हुई। चमेली भी उसी की श्रेणी का फूल है। वह तो जवान परी हो रही है, नई सुन्दरी।

मालती भी केवल खिली हुई नहीं, निखरी हुई है। इस तरह ये तीनों ही फूल मानवीय व्यक्तित्वप्राप्त अतिशय सजीव हैं। पुरवा बंद हो चुकी है, अब खुनकी लिए हवा चलने लगी है, जिसका स्पर्श तन-मन को अच्छा लगता है। यह है, 'शीत हवा सरसाई'। जैसे पहला बंद शरद्ऋतु के बदले हुए बादलों के बारे में कवि के निरीक्षण से हमें प्रभावित करता है, यह दूसरा बंद फूलों के साथ उसके गहरे लगाव से। यदि ऐसा न होता, तो उसका वर्णन वह इतनी सजीवता और आत्मीयता से न कर पाता। ऐसी स्थिति में यह समझना गलत है कि प्रकृति के कवि केवल पंत हैं। प्रकृति के प्रति निराला की संवेदना और गहरी थी, जो अन्त-अन्त तक न केवल बनी रही, बल्कि विकसित भी होती रही।

अन्तिम बंद में उनका ध्यान नदियों की तरफ जाता है, बड़ी नदियों की तरफ। बरसात में उनमें बाढ़ आ जाती है, वे जैसे बढ़कर अपना उद्‌गार प्रकट करती हैं। बरसात के बाद उनका जल अपने पाटों में सिमट आता है और उनके जो किनारे उनके उमड़ने से जल में डूब जाते हैं, कट-छटकर निकल आते हैं। जल में डूब जाने, उसमें मिट्टी के बह जाने और उसके धक्के लगने से वे पूर्व रूप में न रहकर कटे-छटे रूप में उभरते हैं, यह भी निराला का सूक्ष्म अवलोकन है। ये किनारे गीले भी होते हैं और पंकिल भी, यह भी सही है, क्योंकि जल से अभी-अभी बाहर आए हुए होते हैं। वाल्मीकि-जैसे कवियों ने शरद्-वर्णन में नदियों के शीर्ण होने और उनके जल के निर्मल होने की बात कही है। निराला का वर्णन युग के अनुरूप अधिक यथार्थवादी है। बंद के अन्तिम चरण में उनकी दृष्टि खेतों की तरफ चली जाती है, जैसे वे खेत नदियों की बगल में ही पड़ते हों। वे देखते हैं कि उनमें हल चल रहे हैं। शरद्ऋतु रबी की फसल की बुवाई की ऋतु है। शरदागम के साथ ही किसान खेत तैयार करने लगते हैं और फिर उनमें बीज डालते हैं। भारत-जैसे पिछड़े हुए देश में अभी भी ज्यादातर हलों से ही खेतों की जुताई और बुवाई होती है, इसलिए शरद्ऋतु के साथ खेतों में हल चलने के दृश्य का लगा रहना स्वाभाविक है। 'फैली हल-चलवाई' इस उक्ति के द्वारा निराला खेतों में हल चलने के दृश्य को चित्रात्मक बना देते हैं। खास बात यह कि शरद् के पूरे परिदृश्य में यह दृश्य भी प्रकृति का ही अंग प्रतीत होता है, जैसे केदारनाथ अग्रवाल की एक कविता में पतझड़ के एक ठूँठ पर एक हरा तोता बैठा है, तो लगता है कि उसमें एक हरा पत्ता लगा रह गया है!

यह निराला के सरलतम गीतों में से एक है। सरलता के साथ इसकी बड़ी विशेषता इसमें इसकी प्रकृति-संवेदना की नवीनता है। यह गाँव-देहात की ही प्रकृति है, बिलकुल साधारण। शरद् के इस वर्णन में हरसिंगार तो है, लेकिन खंजन नहीं, क्योंकि वे कवि को दिखलाई न पड़े। चूँकि यह वर्णन रूढ़िबद्ध नहीं, इसलिए कवि ने उसे छोड़ ही दिया। स्वभावतः यह गीत ताजगी से भरा हुआ है। इसमें इसकी भाषा का बहुत ज्यादा योगदान है, जो संस्कृतनिष्ठता से बिलकुल मुक्त है और जिसमें ब्रजभाषा, उर्दू और बोलचाल की भाषा तीनों के संस्कार मिले हुए हैं। 'उनए' यह ब्रजभाषा से आनेवाला प्रयोग है, 'जवान परी' यह उर्दू है और 'हल-चलवाई'-जैसे निराला द्वारा गढ़े गए शब्द के पीछे बोलचाल की भाषा की प्रेरणा है। वाक्य बिलकुल खड़ीबोली के हैं। 'कटे-छटे नए-नए,/नभ में आए, उनए' को एक वाक्य समझकर पढ़ने से अभिव्यक्ति की चित्रात्मकता भी स्पष्ट होती है और खड़ीबोली का लचीला अर्थात् लयात्मक रूप भी सामने आता है। 'जुही आन-बान भरी' और 'चमेली

जवान परी' को भी दो स्वतन्त्र वाक्य मानना चाहिए, 'मालती खिली, निखरी' की तरह। क्रियारहित वाक्य बोलने में न आते हों, लेकिन लिखने में तो खड़ीबोली में आते ही हैं। कहना आवश्यक नहीं कि भाषा के भाषित और लिखित रूप मिलकर कभी पूर्णतः एक नहीं हो सकते। 'बादल' और 'बदल' तथा 'नए-नए' और 'उनए' में जो चमत्कार है, वह भाषा-प्रवाह में स्वयं सम्भव हुआ है, बाहर से नहीं लाया गया, अतः अभिव्यक्ति की स्वाभाविकता को थोड़ा प्रभावशाली ही बनाता है, उसे आहत नहीं करता। पहले बंद के 'कटे-छटे' को अन्तिम बंद का 'कटे-छटे' सन्तुलित करता है। बादल और बड़ी नदियों के तट दोनों कटे-छटे हैं! क्या कमाल है कि इस गीत में भी 'भारति, जय, विजयकरे!' वाले लीला छंद का ही प्रयोग हुआ है, लेकिन इसमें भाषा-रूप की भिन्नता से उसकी गति बदली हुई है। उसमें थिरकन नहीं है, खाली शरदागम का उल्लास है। टेक की पहली पंक्ति में बारह की जगह तेरह मात्राएँ हैं, पर निराला ने उसकी परवाह नहीं की, क्योंकि वे गीतों में छंद पर लय को प्रमुखता देकर चलते हैं। अन्त में कहा जा सकता है कि यह गीत वैसा ही पारदर्शी है, जैसा शरद्ऋतु का जल होता है। कोई चाहे तो इस गीत के आर-पार देख सकता है। उसमें उसे निराला का संवेदनशील किसान-हृदय दिखलाई पड़ेगा, शरदागम से आनन्दित।

अगला गीत भी ऋतु से ही सम्बन्धित है, वर्षा से, उपर्युक्त गीत के करीब चार वर्ष बाद लिखित। यहाँ 'गीत-गुंज' से लेकर दिया जा रहा है :

मालती खिली,
कृष्ण मेघ की।

छायाकुल हो गई धरा
कर-पीडन से मधुरतरा,–
विपुल पल्लवित मनोहरा,
दृगों से मिली।

स्निग्ध हो गया निदाघ-दाह,
मन्द-मन्द गंध का प्रवाह,
गली-गली गीला उत्साह,
पत्रिका हिली।

उग आए अंकुर, जीवन,
धान, ज्वार, अरहर, औ' सन,
बही पुनः गंध से पवन
पके आम की।

इस गीत की टेक से ही निराला का उल्लास छलका पड़ता है। काले बादल बरस रहे हैं, तो पानी पर उनकी बूँदें मालती के फूलों के समान दिखलाई पड़ रही हैं। उनका मन नाच उठता है और वे कह उठते हैं : 'मालती खिली,/कृष्ण मेघ की'! यह उपमा कितनी सटीक है, यह उस समय बूँदों की आकृति पर गौर करने से ही मालूम होता है, जो बिलकुल मालती के फूलों से मिलती है। बूँदों की कलियों से उपमा निराला ने पहले भी दी थी, यथा

'अणिमा' के 'बादल छाए' शीर्षक गीत में : 'बूँदें जितनी /चुनी अधखिली कलियाँ उतनी;/ बूँदों की लड़ियों के इतने/हार तुम्हें मैंने पहनाए!' इस गीत तक आते-आते वे अधखिली कलियाँ पूर्णतः खिल गई हैं। यह जरूर है कि कवि के मन में जो चित्र है, उसे ग्रहण करने के लिए पाठकों को अपनी कल्पना को कुछ सक्रिय करना पड़ता है, जैसा कि अनेक श्रेष्ठ कवियों के साथ होता है। निराला के साथ यदि ज्यादा ऐसा करना पड़ता है, तो इसलिए कि वे कम से कम शब्दों का प्रयोग करते हैं और समझ-बूझकर ढेर सारी बातें पाठकों की कल्पना पर छोड़ देते हैं। उनकी कविता के साथ चलने के लिए यह पाठकीय सक्रियता आवश्यक है, यह बात पहले से कही जाती रही है।

गीत के पहले बंद में वर्षा से हरी-भरी बनी पृथ्वी का वर्णन है। ग्रीष्मऋतु में जैसे पृथ्वी और सूर्य के बीच प्रणय-व्यापार चलता रहा था। अपनी 'वन-बेला' शीर्षक कविता में निराला ने कहा है : 'ऊर्जित, भास्वर/पुलकित शत शत व्याकुल कर भर /चूमता रसा को बार बार चुम्बित दिनकर'। वहाँ सूर्य अपनी सैकड़ों किरणों से पृथ्वी को चूमता है, जबकि यहाँ उसने अपने करों से पीड़ित कर उसे और मधुर बना दिया है! जाहिर है, यहाँ 'कर-पीडन' कुच-मर्दन है। रति-क्रीड़ा से पृथ्वी छविशाली हो उठी है, सघन छाँहोंवाली और खूब पल्लवित हो उठने से अत्यन्त मनोहर भी। पहले लेख में 'गीतिका' के गीत 'रँग गई पग-पग, धन्य धरा' पर विचार किया जा चुका है। उसमें 'चारुतरा' शब्द का भी प्रयोग है और 'मनोहरा' का भी। यहाँ 'मधुरतरा' शब्द का प्रयोग 'चारुतरा' की पद्धति पर हुआ है, जो संस्कृत का सामान्य प्रयोग है, और 'मनोहरा' यथावत् उपस्थित है। कहा जा चुका है कि इस शब्द के प्रयोग के द्वारा प्रकारान्तर से निराला अपनी दिवगंता पत्नी मनोहरा देवी को स्मरण करते हैं। इस गीत में वर्षा की मनोहरा पृथ्वी उनकी आँखों से मिल गई है, जैसे आँखें मिलती हैं, यानी वह इतनी मोहक है कि उससे आँखें हटाना मुश्किल है। बंद का प्रत्येक चरण बहुत सशक्त अभिव्यक्ति का उदाहरण है। पृथ्वी का 'छायाकुल' अर्थात् छाया-विह्वल हो उठना असाधारण उक्ति है, साथ-साथ सूर्य के 'कर-पीडन' से उसका मधुरतर हो उठना भी। सूर्य पृथ्वी को पीड़ित करता है, लेकिन वह पीड़ा प्रेम की है, इससे ग्रीष्म की प्रचंडता के प्रति भाव बदल जाता है, लेकिन यह बात यहीं तक रहती है, क्योंकि आगे तो स्पष्टतः 'निदाघ-दाह' का वर्णन है। 'विपुल पल्लवित मनोहरा' से लगता है कि रति-क्रीड़ा के बाद पृथ्वी पूरे वस्त्र धारण कर उपस्थित हुई हो। इस पंक्ति में निराला ने बहुत ही अभिजात भाषा का प्रयोग किया है। 'दृगों से मिली' भी साधारण प्रयोग नहीं।

दूसरे बंद में ग्रीष्म के दाह के स्निग्ध हो जाने की बात है। अपनी अन्तिम कविता 'पत्रोत्कंठित जीवन का विष बुझा हुआ है' में भी निराला कहते हैं, अपने जीवन के सन्दर्भ में, कि 'स्निग्ध हो चुका है निदाघ'। निदाघ-दाह के स्निग्ध हो जाने का मतलब है उसकी क्रूरता या कठोरता का समाप्त होना। दाह अभी भी है, पर वह स्नेह-युक्त है। वर्षा में असंख्य फूल खिलते हैं। हवा मंद-मंद गंध को बहाकर ला रही है। गलियों में उत्साह उमड़ रहा है। वर्षा के जल ने जैसे उत्साह को भी गीला या आर्द्र बना दिया है। यह 'गीला' 'गली-गली' से ध्वनि-साम्य रखने के कारण आया है, पर 'स्निग्ध' के मेल में है, यह ध्यातव्य है। जब फूलों का जिक्र आया है, भले परोक्ष रूप में, तो पत्तियों को भी आना ही चाहिए। वर्षा का जल पाकर वृक्षों की छोटी-छोटी पत्तियाँ अब बढ़कर हिलने लगी हैं।

'पत्रिका हिली'—यह कितना सुन्दर वर्णन है, सहृदय पाठक अनुभव करेंगे। यह वर्णन कवि की सूक्ष्म निरीक्षण-क्षमता भी प्रकट करता है, उसकी विलक्षण संवेदनशीलता का भी पता देता है और अद्भुत रूप से चित्रात्मक भी है।

अन्तिम बंद में निराला पुनः अपने ग्रामीण संस्कारों का परिचय देते हैं। तात्पर्य यह कि वर्षा से जो बोए हुए बीज अंकुरित हो उठे हैं और धान, ज्वार, अरहर तथा पटसन की फसलों में जो जान आ गई है, वह उन्हें और आनन्दित करता है। अन्तिम चित्र तो मन को मस्त कर देनेवाला है, क्योंकि इस बार हवा पके आमों की खुशबू उड़ा लाई है! 'गंध से' का मतलब है 'गंध से युक्त होकर'।

इस गीत की टेक की पंक्तियाँ आठ-आठ मात्राओं की हैं, तीनों बंदों की अन्तिम पंक्तियाँ भी। यह छवि नामक छंद है, जो उल्लास की अभिव्यक्ति के लिए उपयुक्त है, कहना चाहिए, मन में उठनेवाली छोटी-छोटी तरंगों की अभिव्यक्ति के लिए। पहले और तीसरे बंद में प्रयुक्त छंद चौदह मात्राओं का है, लीला छंद में दो और मात्राएँ जोड़कर बनाया गया, लेकिन दूसरे बंद में पन्द्रह मात्राओंवाले छंद का प्रयोग हुआ है, जो फिर इस बात का साक्ष्य प्रस्तुत करता है कि गीतों में निराला लय की जितनी चिन्ता करते हैं, उतनी छंद की नहीं। यह छंद उन्होंने लीला छंद में तीन मात्राएँ मिलाकर बनाया है।

यह गीत 'गीतिका' की शैली का मालूम पड़ता है, लेकिन इसकी टेक की पंक्तियों में जो बिम्ब है, वह कवि की परवर्ती संवेदना की देन है। आरम्भिक दो बंदों की भाषा—शब्द और वाक्य-विन्यास—बिलकुल 'गीतिका' वाली है, यद्यपि 'पत्रिका हिली' का बिम्ब नया है। अन्तिम बंद इस गीत को नया बनाता है, यद्यपि उसका वाक्य-विन्यास बहुत कुछ पुराना है। दूसरे चरण में 'सन' के बाद 'में' की विभक्ति अपेक्षित थी, लेकिन भाषा को संकुचित करने के लिए निराला ने उसका प्रयोग नहीं किया। 'बेला' की एक गजल में उन्होंने कहा था कि 'संकोच को विस्तार दिए जा रहा हूँ मैं'। उसके लिए उन्होंने प्रयास भी किया, जिस क्रम में उनकी भाषा बहुत कुछ बदल गई, वह खड़ीबोली के प्रकृत रूप की तरफ बढ़ी, लेकिन सच्चाई यह है कि उनकी असली प्रवृत्ति भाषा ही नहीं, सम्पूर्ण अभिव्यक्ति के क्षेत्र में विस्तार को संकोच देने की है। इसका सबसे बड़ा प्रमाण उनकी मध्यवर्ती कविताएँ हैं, जिनमें भाषा सरल है, खड़ीबोली के वाक्य भी हैं, लेकिन अभिव्यक्ति में केन्द्रिकता अथवा सिमटाव बना हुआ है। प्रस्तुत गीत का भाव और भाषा दोनों निराला के काव्य-विकास के सम्बन्ध में कोई सरल निष्कर्ष निकालने से रोकते हैं और उसे उसकी सम्पूर्ण पेचीदगी के साथ समझने का आग्रह करते हैं।

अगला गीत पुनः शरद्ऋतु से ही सम्बन्धित है, लेकिन पहले गीत की तुलना में आकार में छोटा और बहुत ही प्यारा। इसकी ताजगी मन को बेहद तरोताजा कर देती है। यह 'गीत-गुंज' में संकलित है और इस तरह है :

शरत की शुभ्र गंध फैली;
खुली ज्योत्स्ना की सित शैली।

काले बादल धीरे-धीरे
मिटे गगन को चीरे-चीरे,

पीर गई उर आए पी रे,
बदली द्युति मैली।

शीतावास खगों ने पकड़े,
चहचह से पेड़ों को जकड़े,
यौवन से वन-उपवन अकड़े,
ज्वारों की लटकी है थैली।

शरद्ऋतु के साथ स्वाभाविक रूप से शुभ्रता अथवा उज्ज्वलता का एक भाव लगा हुआ है। इस ऋतु में आसमान साफ होने से खूब चाँदनी छिटकती है, हरसिंगार से लेकर कास तक, जिनके फूल सफेद होते हैं, फूलते हैं और वातावरण में एक उजास भरी होती है। टेक की पंक्तियों में निराला ने इस उजास को दृश्य से घ्रातव्य बना दिया है और इस तरह अधिक संवेद्य। यही बात 'शैली' के साथ भी है। ज्योत्स्ना के फैलने की शैली को वे उज्ज्वल कहते हैं। यहाँ जो अमूर्त है, उसे वर्ण प्रदान कर मूर्त बनाया गया है। इस तरह टेक की पंक्तियाँ असाधारण कवित्व से युक्त हैं। असाधारणता बिम्ब-रचना में है। चतुर्दिक् शरद्ऋतु की उज्ज्वल गंध फैल गई है और कोई अवरोध न रह जाने से ज्योत्स्ना की उज्ज्वल शैली खुल गई है! स्पष्टतः शैली की उज्ज्वलता अन्ततः ज्योत्स्ना की उज्ज्वलता है।

वर्षाऋतु के बादल काले होते हैं। शरदागम के साथ वे आसमान से गायब हो जाते हैं। गीत के पहले बंद में निराला कहते हैं कि वे काले बादल आसमान को चीरते हुए अर्थात् इस पार से उस पार जाते हुए धीरे-धीरे अदृश्य हो गए। नायिकाओं के हृदय में उनके प्रिय की मूर्ति प्रतिष्ठित हो जाने से उनकी विरह-व्यथा भी जाती रही। सम्भव है, वर्षा के बाद रास्ते खुल जाने से उनमें उनके घर आने की आशा जगी हो और उन्होंने नए सिरे से उनका ध्यान किया हो। शरद्ऋतु पर्व-त्योहारों की भी ऋतु है, जिससे उसमें प्रिय-मिलन की प्रबल सम्भावना होती है। इस सम्भावना ने नायिकाओं की पीड़ा को भुला दिया है, जिससे उनकी सहज देह-कान्ति लौट आई है। प्रिय-वियोग में उनकी कान्ति मलिन हो गई थी। अब वह फिर पूर्ववत् हो गई। यह हर्षदायक स्थिति 'पीर' और 'पी रे' के आलंकारिक स्पर्शवाले शब्द-प्रयोग से भी प्रकट है। कहने की आवश्यकता नहीं कि इस नायिका-वर्णन का स्रोत शास्त्र नहीं, बल्कि लोक है। निराला लोक के निकट आते हैं, तो लोकगीत सहित सम्पूर्ण लोक-संस्कृति को आत्मसात् करते हैं। वे बारहमासा की तरह 'यह गाढ़ तन, आषाढ़ आया' यह चौमासा भी लिखते हैं और 'धिक मनस्सब, मान, गरजे बदरवा'-जैसे गीत भी।

दूसरा बंद बेजोड़ है। शरद्ऋतु से हलकी-सी ठंढक भी शुरू हो जाती है, जिससे रात्रि होने के पहले ही पक्षी वृक्षों पर बने अपने घोंसलों में चले आए हैं और उन पर चहचहा रहे हैं। वृक्षों के बड़े और पक्षियों की संख्या अधिक होने से चहचहाहट इतनी तेज है कि वह कान फाड़े डालती है। लगता है, इस चहचहाहट ने वृक्षों को जकड़ लिया है। पटना कालेज के मुख्य द्वार से जरा हटकर बीच सड़क पर बरगद का एक बड़ा-सा पेड़ है, जिस पर कभी-कभी शाम को पक्षियों की ऐसी ही चहचहाहट सुनाई पड़ती है। उस समय स्वाभाविक रूप से मुझे इस गीत की ये पंक्तियाँ याद आती हैं, जिनका बिम्ब अपनी भव्यता और सजीवता में अद्वितीय है : 'शीतावास खगों ने पकड़े,/चहचह से पेड़ों को जकड़े'। हम ऐसे

बिम्ब की कल्पना निराला के छायावादी गीतों में नहीं कर सकते, उनमें यथार्थ के होने के बावजूद। वहाँ न यह भाषा मिलेगी, न यह भाव। यहाँ तो ये दोनों ही सज्जामुक्त अपने प्रकृत रूप में खनक रहे हैं। लेकिन गीत में अंकित दृश्य शहर का नहीं, गाँव का है। शरद्ऋतु का आगमन वर्षा के बाद होता है, जिससे उसमें पेड़-पौधे खूब हरे-भरे रहते हैं। निराला कहते हैं, 'यौवन से वन-उपवन अकड़े'। 'जकड़े' की तरह 'अकड़े' क्रियापद भी यहाँ कितना जोरदार है, अनुमान लगाया जा सकता है। बिम्ब भी कमाल का है, वन से लेकर उद्यान तक की हरियाली और फूलने-फलने को देखकर कवि कहता है कि वे अपने युवापन से अकड़े हुए हैं! ज्वार पक गई है और उसकी गुच्छेदार बालें नीचे की ओर झुक गई हैं, जो थैली की तरह लग रही हैं। 'ज्वारों की लटकी है थैली'—इस वर्णन की सटीकता ज्वार की झुकी हुई बालों को देखकर ही जानी जा सकती है। खास बात यह कि यह चित्रात्मक वर्णन उन्होंने किसानी ममता और उल्लास से किया है।

इस गीत की टेक में पन्द्रह मात्राओंवाले चरण हैं, जबकि दोनों बंदों में सोलह-सोलह मात्राओंवाले। पहले बंद का अन्तिम चरण सिर्फ दस मात्राओं का है। इस तरह इस गीत में भी लय ही प्रधान है, छंद नहीं। इसमें विराम का यह हिसाब है :

शरत की। शुभ्र गंध। फैली;
खुली ज्योत्स्। ना की सित। शैली।

यह गीत इस बात का प्रमाण है कि अब शरद्ऋतु निराला के गीतों में दूसरी तरह से आती है। अब न खंजन हैं, न हरसिंगार। खंजन की जगह ढेर सारे दूसरे पक्षी हैं, जो फुदकते नहीं, बहुत शोर मचाते हैं, और हरसिंगार की जगह ज्वार, उसके फूलों की जगह ज्वार की झुकी हुई बालें। ऐसा लगता है कि निराला गाँव जाकर बस गए हैं। अन्तिम दिनों में वे प्रयाग के जिस दारागंज मुहल्ले में रह रहे थे, वह गाँव न हो, पर गाँव से काफी कुछ जुड़ा हुआ था। वैसे शरीर से वे जहाँ रहे, इस काल में मन उनका गाँव में ही रहता था।

उनका यह 'सांध्य काकली' से लिया गया अन्तिम प्रकृति-गीत जाड़े की रात को विषय बनाकर लिखा गया है, जिसमें शुरू से अन्त तक गाँव मौजूद है :

गहरी विभावरी शीत की,
काँपी पाले से अरहर की
डाली गुनागरी, शीत की।

मटर, चने कुछ काम न आए,
जौ, गेहूँ लड़ते, अरगाए,
माचे पर किसान का कूकर
कुँकहाया, सिहरी, शीत की।

प्रातः पातगात झुलसाई,
खड़ी रही जैसे परछाईं,
नीली रेखा मुख पर छाई,
सुध सारी बिसरी, शीत की।

सूख गया किसान एकाकी
रोया, रहा न लेखा बाकी,
कर्म धर्म को करके साखी
दुहरी डगर भरी, शीत की।

जैसा कि हम देख रहे हैं, यह गीत जाड़े की रात में पाला पड़ने से अरहर की फसल नष्ट होने पर लिखा गया है। 'नए पत्ते' में 'कुत्ता भौंकने लगा' शीर्षक जो कविता है, उसमें भी पाले से अरहर की फसल नष्ट होने का वर्णन है : 'एक हफ्ते पहले पाला पड़ा था–/अरहर कुल-की-कुल मर चुकी थी,/हवा हाड़ तक बेध जाती है,/गेहूँ के पेड़ ऐंठे खड़े हैं. ...।'

इस गीत की टेक की पहली और तीसरी पंक्तियों में, साथ-साथ सभी बंदों की अन्तिम पंक्तियों में, पन्द्रह मात्राओं के छंद उज्ज्वला मात्रिक का प्रयोग हुआ है और टेक की दूसरी पंक्ति सहित सभी बंदों की आरम्भिक तीन-तीन पंक्तियों में सुपरिचित चौपाई छंद का। दोनों छंदों की लय एक है, इसलिए इनका मेल आसानी से बैठ गया है, बल्कि उससे एकरसता भंग होकर एक नवीनता की सृष्टि हुई है। प्रसादजी के प्रसिद्ध गीत 'बीती विभावरी, जाग री!' की टेक में भी उज्ज्वला मात्रिक का ही प्रयोग है। इस गीत को सर्वप्रथम निराला ने ही 1932 में साप्ताहिक 'रँगीला' (कलकत्ता) के प्रवेशांक में छापा था। ताज्जुब नहीं कि इसकी टेक और लय उसी समय से उनके मन में गूँजती रही हो। अन्ततः 1959 के अन्तिम दिनों में उन्होंने उससे प्रेरित इस गीत की रचना की, लेकिन तब तक पता नहीं पुल के नीचे से कितना पानी गुजर चुका था। लिहाजा यह गीत ग्रामीण पृष्ठभूमि में लिखा गया एक बिलकुल भिन्न किस्म का गीत हो गया, जिसमें 'ऊषा नागरी' या वह नायिका, जो अलकों में मलयज बन्द किए अभी तक सो रही है, 'अरहर की डाली गुनागरी' हो गई। जाहिर है कि इस गीत की नायिका अरहर की यही फूलों से लदी डाली है, जो पाले के आघात से प्रकंपित ही नहीं हुई है, बल्कि झुलस गई है। 'गुनागरी' कहकर निराला ने उसे एकदम सजीव कर दिया है। हिन्दी गीत क्या, हिन्दी कविता में भी इससे पहले इतने सजीव रूप में अरहर न आई थी।

रात पाला पड़ा तो मटर और चने की फसल भी बर्बाद हो गई। खेतों में जौ और गेहूँ के पौधे इतने घने और दमदार थे कि आपस में लड़ते यानी टकराते रहते थे। इस बिम्ब की सजीवता भी गौरतलब है। पाले ने जौ-गेहूँ के उन पौधों को भी नष्ट कर दिया। अब वे एक-दूसरे से अलग पड़े हैं। ठंढ इतनी भयानक थी कि किसान का कुत्ता रात-भर बड़ी मचिया पर गोल होकर सोया कूँ-कूँ करता रहा। उधर ठंढ से स्वयं जाड़े की रात भी सिहरती रही। जैसे अरहर पहले हिन्दी गीतों में इस रूप में नहीं आई थी, उनमें इस तरह कुत्ते की कूँ-कूँ भी नहीं सुनाई पड़ी थी। अनुमान किया जा सकता है कि 'गीतिका' के गीतों का और उसके साथ-साथ हिन्दी गीत का निराला ने तीस वर्षों में कैसा विकास सम्भव कर दिखलाया। सबसे बड़ी बात यह कि इस गीत की भूमि ऊपर से लेकर नीचे तक नई है, यथार्थवादी। ध्यातव्य है कि अन्ततः इसमें प्रकृति की कृपा पर निर्भर हिन्दीभाषी क्षेत्र के किसान की करुण गाथा अंकित है। टेक की पंक्तियों में जैसे 'गुनागरी' शब्द लोकभाषा से गृहीत है, वैसे ही इस पहले बंद में प्रयुक्त 'अरगाना' क्रियापद भी, जिसका अर्थ है अलग होना।

दूसरे बंद में अरहर का कुछ विस्तार से वर्णन है। सुबह वह दिखलाई पड़ी तो उसके पात झुलसे हुए थे, या पत्तों के शरीरवाली वह झुलसी हुई थी। वह अपनी जगह पर खड़ी थी, लेकिन वह जैसे वह नहीं, उसकी छाया थी। मुख पर स्याही छाई हुई, जिसे निराला ने 'नीली रेखा' कहा है। पाले की मार से गुनागरी अरहर की डाल बेसुध हो रही थी। अरहर के प्रति यह आत्मीयता, उसका इतना सजीव और कारुणिक वर्णन, जैसा बहुत संवेदनशील किसान ही कर सकता है, वाकई एक नया अनुभव है।

अन्तिम बंद में निराला ने उस किसान के बारे में कहा है, जिसकी अरहर की खेती मारी गई है। इस हादसे से वह त्रस्त है। उसे यह चिन्ता खाए जा रही है कि आगे क्या होगा। किसान का भविष्य फसलों पर ही निर्भर होता है, इसलिए उनके बर्बाद होने पर वह भय से सूख जाता है। वह अकेला भी है, क्योंकि उसका मददगार कोई नहीं। वह रो पड़ा, क्योंकि कुछ भी शेष न बचा था। लेकिन भारतीय किसान बहुत जीवटवाले भी होते हैं। प्रकृति की लगातार पड़नेवाली मार उन्हें भीतर से दृढ़ भी बनाती है। इस कारण वह किसान अन्ततः अपने कर्म और धर्म को साक्षी बनाकर, अर्थात् यह सोचकर कि वह जो करता है, उसका गवाह तो केवल उसका कर्म और धर्म ही है, फिर अपने रास्ते पर तेजी से चल पड़ा। यहाँ यह सवाल भी मन में पैदा होता है कि क्या निराला के किसानी संस्कार ही थे, जिनके चलते वे अपने ऊपर होनेवाले सभी आघातों को झेलते रहे और अपने मार्ग पर दूने उत्साह से कदम बढ़ाते रहे? 'सरोज-स्मृति' की पंक्तियाँ याद आती हैं, जिनमें उनकी दृढ़ता बोलती है : 'हो इसी कर्म पर वज्रपात/यदि धर्म, रहे नत सदा माथ/इस पथ पर, मेरे कार्य सकल / हों भ्रष्ट शीत के-से शतदल!'

यह खड़ीबोली का बहुत ही सफल गीत है, इसे सिद्ध करने की जरूरत न होनी चाहिए। खास बात यह कि खड़ीबोली की सम्भावनाओं की जो असली जमीन है, यह उसी जमीन पर लिखा गया है। यदि इसकी तुलना 'गीतिका' के गीत 'बह चली अब अलि, शिशिर-समीर!' से की जाए, तो इसके रूप और अन्तर्वस्तु दोनों का वैशिष्ट्य अच्छी तरह से प्रकट हो जाएगा।

6

हर दौर में निराला ने देश और समाज को विषय बनाकर भी गीत लिखे। इस दौर का उनका इस तरह का पहला गीत है, 'अर्चना' से लिया गया, *'आशा-आशा मरे'* जो पूरा इस प्रकार है :

आशा-आशा मरे
लोग देश के हरे!

देश पड़ा है जहाँ,
सभी झूठ है वहाँ,
भूख-प्यास सत्य,
होंठ सूख रहे हैं अरे!

आस कहाँ से बँधे?
साँस कहाँ से सधे?
एक-एक दास,
मनस्काम कहाँ से सरे?

रूप-नाम है नहीं?
कौन काम तो सही?
मही-गगन एक,
कौन पैर तो यहाँ धरे?

यह गीत स्वतन्त्रता-प्राप्ति के करीब ढाई वर्षों के बाद लिखा गया है, जिसमें देश-दशा के चित्रण के साथ कवि के मन की गहरी निराशा की अभिव्यक्ति हुई है। छंद बहुत ही छोटा है, ग्यारह मात्राओं का शिव नामक, जिसमें भरपूर थिरकन है, लेकिन निराला ने इसका प्रयोग उल्लास नहीं, बल्कि विषाद की अभिव्यक्ति के लिए किया है। इस रूप में यह छंद जैसे ताने मारता हुआ लगता है। तीनों बंदों के अन्तिम दो चरण वस्तुतः हीर नामक तेईस मात्राओं के छंद का एक चरण है। दिलचस्प यह है कि इसी छंद में निराला ने 'गीतिका' के अपने प्रसिद्ध गीत 'मौन रही हार' की ये पंक्तियाँ रची थीं : 'कण-कण कर कंकण, प्रिय,/किण्-किण् रव किंकणी,/रणन-रणन नूपुर, उर लाज, लौट रंकिणी'। यह इस बात का प्रमाण है कि समर्थ कवि एक ही छंद से सर्वथा विपरीत ध्वनि भी निकाल सकता है। निराला भगवान् को गुहराते हुए कहते हैं, देश आजाद हुए दो-ढाई साल हो गए, लेकिन अभी तक कुछ न हुआ। जनता की आशाएँ पूरी नहीं हुईं। अब वह आशा लगाए-लगाए बिलकुल थक गई है। कहा जा सकता है कि दो-ढाई साल की अवधि ऐसी नहीं कि आदमी निराश हो जाए, लेकिन निराला के साथ दो बातें थीं। एक तो यह कि इतने कम दिनों में वे आमूल परिवर्तन की अपेक्षा न करते थे, लेकिन यह अपेक्षा उन्हें अवश्य थी कि कार्य की दिशा सही हो। दूसरे, राष्ट्र के निर्माण और विकास की कसौटी उनके लिए जनसाधारण था। बड़ी-बड़ी योजनाओं और घोषणाओं को महत्त्व न देते हुए वे यह देखते थे कि जनसाधारण की स्थिति में कोई सुधार हुआ है या नहीं। यथास्थिति या जो स्थिति थी उसका भी निरन्तर बिगड़ते जाना उन्हें निराश करता था। उसी निराशा की तीखी अभिव्यक्ति उनके इस गीत में हुई है।

पहले बंद में वे साफ शब्दों में कहते हैं कि देश जिस स्थिति में है, वहाँ झूठ ही झूठ है, यानी नेताओं और सरकार ने झूठ का कारोबार खड़ा कर रखा है। वे बातें बड़ी-बड़ी करते हैं, आश्वासन भी बड़े-बड़े देते हैं, लेकिन वह सब झूठ होता है। सत्य केवल जनता की भूख और प्यास है। इन दोनों के मारे उसके होंठ सूख रहे हैं। इस दशा का वर्णन करते हुए भी निराला अभिव्यक्ति पर पूरा नियन्त्रण रखते हैं और उसे चुस्त तथा प्रभावशाली बनाने के लिए 'भूख' के साथ उससे ध्वनि-साम्य रखनेवाला 'सूख' शब्द ले आते हैं। भावावेश में बहकर अभिव्यक्ति की चिन्ता छोड़ बैठनेवाले कवि वे न थे, यह उनकी सर्वविदित विशेषता है और उन्हें क्लासिकी कवि का दर्जा देनेवाली भी।

दूसरे बंद में भी तुकों के अलावा 'आस', 'साँस' और 'दास'-जैसे समान ध्वनिवाले शब्द हैं, जो गीत में जो हलका रचाव है उसकी सूचना देते हैं। इसमें निराला कहते हैं कि

अब कहीं उम्मीद नहीं नजर आती है। जनता का दम टूट रहा है। सच्चाई यह है कि देश स्वतन्त्र ही नहीं हुआ, क्योंकि जनसाधारण तो पूर्ववत् पराधीन है। फिर उसका मनोरथ कैसे पूरा हो? 'एक-एक दास,/मनस्काम कहाँ से सरे?' इसमें 'एक-एक दास' बहुत कठोर उक्ति है, लेकिन इसके पीछे कम्युनिस्टों के नारे 'यह आजादी झूठी है' का सुदूरस्थित अर्थशास्त्र नहीं, कवि का जनसाधारण को देखकर होनेवाला प्रत्यक्ष अनुभव है। 'सरना' क्रियापद ठेठ हिन्दी का है, जो 'मनस्काम' के साथ अच्छा फब रहा है। निराला की काव्य-भाषा की एक भंगिमा यह भी है।

तीसरे बंद में कही गई बातों का गीत में अँटना सामान्य तौर पर सम्भव नहीं था, लेकिन निराला ने बड़ी आसानी से उसे सम्भव कर दिखलाया है। कहते हैं, देश स्वाधीन हुआ, लेकिन उसके विकास का कोई ठोस प्रारूप उसके सामने नहीं, जिस कारण यह कहना मुश्किल है कि कौन कार्य ठीक हो रहा है। नेता लोग हवाई जहाज से धरती और आसमान को एक किए हुए हैं। उन्हें फुर्सत कहाँ कि वे धरती पर पाँव रखें और यथार्थ को समझकर देश के पुनर्निर्माण और विकास की कोई रूपरेखा तैयार करें। इस बंद में निराला की खीझ, क्षोभ और आक्रोश देखने लायक है। यदि वह विस्फोटक रूप नहीं लेता, तो इसलिए कि वे निराश भी हैं। निराशा उनके स्वर को संयत रखती है, साथ-साथ मारक भी बनाती है। 'नाम' और 'काम' का अनुप्रास यहाँ भी है और 'मही-गगन एक' में थोड़े-से अक्षर बहुत सजीव चित्र भी खड़ा कर रहे हैं। लेकिन गीत शुद्ध खड़ीबोली में रचित है, यह इसके वाक्य-विन्यास से स्पष्ट है। इस गीत में चित्रित यथार्थ से अनुमान किया जा सकता है कि गीत-रचना के अन्तिम काल में भी निराला का यथार्थ-बोध किस तरह निष्कंप था।

दूसरे गीत में, जो कि उस गीत के आस-पास की ही रचना है और 'अर्चना' में ही संकलित, अँधेरा बहुत घना है और उसमें 'सम्पूर्ण पृथ्वी' की चिन्ता प्रकट की गई है। गीत है :

घन तम से आवृत धरणी है;
तुमुल तरंगों की तरणी है।

मन्दिर में बंदी हैं चारण,
चिघर रहे हैं वन में वारण,
रोता है बालक निष्कारण,
विना-सरण-सारण भरणी है।

शत संहत आवर्त-विवर्तों
जल पछाड़ खाता है पर्तों,
उठते हैं पहाड़, फिर गर्तों
धसते हैं, मारण-रजनी है।

जीर्ण-शीर्ण होकर जीती है,
जीवन में रहकर रीती है,
मन की पावनता पीती है,
ऐसी यह अकाम सरणी है।

यह धरणी वस्तुतः स्वतन्त्रता-प्राप्ति के बाद की भारत-भूमि है। वह घने अन्धकार में ढँक गई है और उस नौका की तरह हो रही है, जो घनघोर तरंगों में जा फँसी हो। गीत की टेक की पंक्तियों के शब्द 'गीतिका' वाले हैं, लेकिन वाक्य खड़ीबोली के हैं और चित्र इतने सजीव कि स्पष्टतः निराला की पूर्ण विकसित संवेदना की देन प्रतीत होते हैं। 'घन तम से आवृत धरणी है' से लगता है कि पृथ्वी को अन्धकार की बहुत मोटी चादर ने ढँक लिया है और 'तुमुल तरंगों की तरणी है' से ऐसा प्रतीत होता है कि आँखों के सामने कोई नाव ऊँची-ऊँची लहरों में डूब-उतरा रही है। इसके आगे 'परिमल' के गीत 'खेवा' का यह वर्णन हलका मालूम पड़ता है : 'तिर तिर फिर फिर/प्रबल तरंगों में/धिरती है,/डोले पग जल पर/डगमग डगमग फिरती है', यद्यपि इसमें ज्यादा शब्दों का प्रयोग किया गया है। इस जोड़ का चित्र बस प्रसाद की 'कामायनी' में मिलता है : 'सबल तरंगाघातों से उस/क्रुद्ध सिन्धु के, विचलित सी/व्यस्त महाकच्छप सी धरणी,/ऊभ-चूभ थी विकलित सी', लेकिन फैलाव वहाँ भी है।

पहले बंद में निराला भारत-भूमि का हाल कुछ ब्योरे में बयान करते हैं। मन्दिर में चारण शोर मचा रहे हैं, वन में हाथी चिग्घार रहे हैं और घर में अकारण बच्चा रो रहा है! जो भरण करनेवाली है, यानी भारत-भूमि वह इतनी अशक्त है कि न तो वह खुद चल सकती है, न उसे कोई और चला सकता है। यह है स्वातन्त्र्योत्तर भारत का दृश्य, जिसके निहितार्थ को समझना मुश्किल नहीं है। टेक की पंक्ति 'तुमुल तरंगों की तरणी' में अनुप्रास-योजना बहुत स्पष्ट है। पहले बंद में भी मन्दिर-बंदी, वन-वारण और सरण-सारण ये ध्वनि-साम्य वाले शब्द हैं। निराला के सम्बन्ध में यह ज्ञातव्य है कि अभिव्यक्ति पर उनका ऐसा अधिकार था कि उनका भाव-प्रवाह जो भी दिशा लेता था, उनकी भाषा उसी के अनुरूप ढल जाती थी। उन्हें शब्दों का कभी टोटा न होता था। वे आवश्यक शब्द कहीं से भी ले आते थे और बहुत ही समर्थ बनाकर उनका प्रयोग करते थे। जो बात कबीर के सम्बन्ध में आचार्य हजारीप्रसाद द्विवेदी ने कही है, वह उन पर भी लागू है कि उन्हें जो कहना होता है, उसे वे अवश्य कह डालते हैं, सीधे-सीधे नहीं, तो दरेरा देकर।

दूसरे बंद में भारत-भूमि का वर्णन बहुत ही भयानक है। यह उस समुद्र की तरह हो रही है, जिसमें सैकड़ों आवर्त-विवर्तों के साथ पानी ऊपर उठता है, फिर अपनी सतह पर गिर पड़ता है। तरंगें जैसे पहाड़ों के रूप में उठती हैं, फिर गर्त में समा जाती हैं। उस पर जानलेवा रात। यह वर्णन पढ़कर पाठकों को 'राम की शक्ति-पूजा' की ये पंक्तियाँ याद आएँगी : 'शत घूर्णावर्त, तरंग-भंग उठते पहाड़,/जल राशि-राशि जल पर चढ़ता खाता पछाड़'। वहाँ निराला ने जहाँ कविता में यह ओजपूर्ण चित्र प्रस्तुत किया है, यहाँ गीत में। इससे उनके कवि-कर्म की पूर्णता का अंदाजा लगाया जा सकता है। मैं नहीं जानता, स्वातन्त्र्योत्तर भारत के यथार्थ को इस तीव्रता से किस दूसरे कवि ने महसूस कर उसे शब्दबद्ध किया है। यथार्थ की यह भयावहता किताबी नहीं है, युद्धकालीन और युद्धोत्तर यूरोप से उधार ली हुई। यह भारत का ही यथार्थ है, जो अब जाकर दूसरे कवियों के अनुभव में आंशिक रूप से आ रहा है। निराला के मूक और निरन्तर अकेले होते जाने का व्यक्तिगत ही नहीं, यह सामाजिक अथवा राजनीतिक कारण भी था। दूसरे बंद में भी रचाव है, प्रमाण के लिए 'शत' के साथ 'संहत', 'विवर्त' के साथ 'आवर्त' और 'पछाड़' के साथ

'पहाड़' इन सानुप्रास शब्दों को देखा जा राकता है। 'विवर्तों' और 'गर्तों' को हिन्दी का 'पर्तों' गतिशील बना रहा है।

अन्तिम बंद में निराला पुनः भारत-भूमि के बारे में कहते हैं कि वह जीर्णावस्था में पहुँच गई है। जैसे जल में रहकर भी रिक्त है, उस घड़े की तरह, जो जल में तो है, लेकिन जल उसके भीतर नहीं। भारत-भूमि प्यासी भी है, लेकिन पीने के लिए उसे पवित्र जल सुलभ नहीं, लिहाजा अपने मन की पवित्रता को पीकर ही वह अपनी प्यास बुझा रही है! 'मन की पावनता पीती है', यह उक्ति साधारण नहीं। यह चरम विवशता की स्थिति है। आखिरी पंक्ति में निराला कहते हैं कि भारत-भूमि यदि सरणी या मार्ग है, तो ऐसा, जो पूर्णतः अकाम है। तात्पर्य यह कि दुरवस्था की अन्तिम स्थिति में पहुँची हुई भारत-भूमि के मन में अब कोई इच्छा नहीं रही, उसकी सारी इच्छाएँ समाप्त हो चुकी हैं। निश्चय ही इस गीत की पहली पंक्ति से जो अँधेरा शुरू हुआ था, वह अन्तिम बंद में आकर अतिशय घना हो गया है, ऐसा कि अभेद्य। निराला में और शेष जनों में यही फर्क है कि उन्होंने जिसे करीब पचास वर्ष पहले अनुभव कर लिया था, उसे वे अब अनुभव कर रहे हैं।

'अर्चना' में, या कहें, निराला के सम्पूर्ण परवर्ती काव्य में मुझे उनका एक ही ऐसा गीत मिला है, जो हर्षोल्लास से भरा हुआ है, और यह हर्षोल्लास न आध्यात्मिक अनुभूति की देन है, न प्राकृतिक अथवा मानवीय सौन्दर्यानुभूति की। इसका सम्बन्ध 'पूरी पृथ्वी' से है, जो पुनः भारत-भूमि ही है। इस तरह से यह गीत पिछले गीत से एकदम भिन्न है, बल्कि उसके उलट। पिछले गीत में निराला चरम वेदना की स्थिति में कहते हैं कि पृथ्वी अन्धकार में डूबी हुई है, जबकि इस गीत में वे यह कहते हैं कि पृथ्वी रात को पार कर बाहर आ गई है! यह वस्तुतः उनका स्वप्न है। वे यथार्थवादी होने के साथ-साथ स्वप्नदर्शी भी थे, सो वे स्वप्न देखते हैं कि भारत-भूमि पर से अन्धकार हट गया है और चतुर्दिक् आनन्द का वातावरण है, देश विकास की मनोवांछित अवस्था में पहुँच गया है। यह स्वप्न-दर्शन यथार्थ के दबाव का ही परिणाम है। कवि का यथार्थवादी होने के साथ-साथ स्वप्नदर्शी होना भी जरूरी है। यह स्वप्नदर्शिता ही उसे चलाती है और यही उसकी रचना को यथार्थ के कोरे अभिलेख से हटाकर कलात्मक आकर्षण प्रदान करती है। यहाँ नेरुदा की यह प्रसिद्ध बात याद की जा सकती है कि जो कवि यथार्थवादी नहीं, वह तो मृत होता ही है, जो केवल यथार्थवादी होता है, वह भी मृत होता है। वे रचना में एक हद तक अबौद्धिक तत्त्व के अनिवार्य रूप से समावेश की सिफारिश करते हैं। निराला के इस गीत में जो स्वप्न है, उसका यथार्थ से विरोध है। यह विरोध या वैषम्य हमें तीव्रतर रूप में यथार्थ का बोध कराता है। यह इस स्वप्न की बड़ी सार्थकता है। यह सुन्दर गीत निम्नलिखित है :

जननि, मोह की रजनी
पार कर गई अवनी।

तोरण-तोरण साजे,
मंगल-बाजे बाजे,
जन-गण-जीवन राजे,
महिलाएँ बनीठनीं।

साड़ी के खिले मोर,
रेशम के हिले छोर,
शिंजित हैं बोर-बोर,
चमकी है कनी-कनी।

क्षिति पर हैं लौह-यान,
गगन विकल हैं विमान,
थल पर है उथल-पुथल,
जल पर तैरी तरणी।

अतिशय हर्षित निराला अपनी आराध्या देवी को 'जननी' कहकर संबोधित करते हुए कहते हैं कि भारत-भूमि अज्ञान की रात्रि से निकलकर प्रकाश में आ गई है। गीत के अन्तिम बंद से पता चलता है कि वह प्रकाश अध्यात्म का न होकर विज्ञान का है। निराला गहन रूप से धार्मिक होते हुए विज्ञान के भारी समर्थक थे, विवेकानन्द की तरह, यह स्मरणीय है। अपने एक वर्षा-गीत में वे कहते हैं : 'उत्पादन के मार्ग लगा दो,/साहित्यिक-वैज्ञानिक के बल', यानी साहित्यिक और वैज्ञानिक केवल बातें न करें, अपने-अपने ढंग का उत्पादन करें। इस गीत का छंद भी उनका प्रिय छंद लीला ही है, बारह मात्राओं का, जिसमें अक्सरहा वे अपने हर्षोल्लास को प्रकट करते हैं। टेक की पंक्तियों में 'जननि' और 'रजनी' संगीतयुक्त शब्द हैं और पृथ्वी का रात को पार करना चित्रात्मक है।

पहले बंद में भारत-भूमि के अन्धकार से उबरकर प्रकाश में आने पर मनाए जानेवाले उत्सव का वर्णन है। बहिर्द्वार सजाए गए हैं और उन पर मंगल-वाद्य बज रहे हैं। जनसाधारण का जीवन शोभायमान हो उठा है और महिलाएँ बनी-ठनी हुई हैं। 'मंगल' के साथ निराला ने 'वाद्य' का प्रयोग न कर 'बाजे' का प्रयोग किया है, जो समास-निर्माण की रूढ़ि को तोड़कर उसमें ताजगी लानेवाला है। दूसरी बार 'बाजे' का प्रयोग क्रियापद के रूप में है। इससे भी एक सौन्दर्य उत्पन्न हुआ है। 'जन-गण-जीवन' भी सानुप्रास पद है। लेकिन सबसे आकर्षक प्रयोग 'बनीठनीं' है, आत्मीयतापूर्ण। यह हिन्दी का अपना प्रयोग है, जो बहुत ही व्यंजनापूर्ण है। ऊपर से संस्कृत शब्दों का जो प्रवाह चला आ रहा था, वह पहले 'मंगल-बाजे' के 'बाजे' से टकराता है, फिर 'बनीठनीं' इस क्रियापद से टकराकर छितरा जाता है। इस बंद में खड़ीबोली के छोटे, लेकिन पूरे वाक्यों का बहुत सुन्दर प्रयोग हुआ है।

दूसरे बंद में केवल उन महिलाओं का वर्णन है, जो पहले बंद में बनी-ठनी हुई हैं। उनकी साड़ियों की किनारियों पर मोर बने हुए हैं। उन्होंने वे साड़ियाँ धारण की हैं, तो मोर खिल उठे हैं। शायद तरुणियों ने रेशमी दुकूल भी धारण कर रखे हैं। उनके छोर हिल रहे हैं। उनके पाँवों में बोर नामक आभूषण है, जो ध्वनि कर रहा है। महिलाओं के शरीर का कण-कण चमक उठा है। 'साड़ी के खिले मोर'-जैसी बात निराला ने 'बेला' की एक गजल में भी कही है, यथा 'क्या छोरों पर काला की साड़ी के, लगाए हंस,/हरती को गुल हज़ार दिए जा रहा हूँ मैं।' वहाँ हंस है, यहाँ मोर, बस इतने का फर्क है। इस बंद की सबसे सुन्दर उक्ति है 'शिंजित हैं बोर-बोर'। 'शिंजित' शब्द से उस आभूषण की ध्वनि साफ कानों में सुनाई देने लगती है। यह ध्वनि इतनी स्पष्ट है कि ऊपर के चरणों में 'खिले' और 'हिले'

के अनुप्रास से जो ध्वनि उत्पन्न होती है, वह इसमें दब जाती है। महिलाओं का जिक्र पहले बंद में कर चुकने के बाद दूसरा बंद पूरा उन्हीं के वर्णन को समर्पित करने का कारण यह है कि निराला के मानस में नए समाज और नए युग की जो कल्पना थी, उसमें महिलाओं को बहुत ही ऊँचा स्थान प्राप्त था। पुरुष के बराबर अधिकारप्राप्त, सुशिक्षित, सुसंस्कृत और सक्रिय महिलाओं के बिना वे अपने आदर्श समाज की कल्पना नहीं कर सकते थे। स्त्रियों का उत्थान उन्हें आनन्द से भर देता था। यहाँ मौका पाकर उन्होंने अपना आनन्द प्रकट किया है। जैसे आनन्द के मारे उनका मन भी खिल उठा है, उनका हृदय भी तरंगित हो उठा है, उनके प्राणों के तार भी बज उठे हैं और उनका चेहरा भी चमक उठा है।

अन्तिम बंद के कथ्य के बारे में ऊपर संकेत किया जा चुका है। निराला कल्पना करते हैं कि देश अन्धकार से उबरने के बाद उसका उत्सव इस रूप में मना रहा है कि पृथ्वी पर रेलगाड़ियाँ दौड़ रही हैं, आकाश में वायुयान उड़ानें भर रहे हैं और स्थल पर जहाँ भारी चहल-पहल है, जल पर नौकाएँ तैर रही हैं! थोड़े शब्दों में उठाया गया यह व्यापक चित्र है, जिसमें वायुयान की गड़गड़ाहट सबसे ऊपर सुनाई दे रही है। 'गगन विकल है विमान' यह बहुत सशक्त चित्र है, जिसकी सशक्तता का स्रोत विमान का 'विकल' होना है। यह चित्र अपने कथ्य में 'मही-गगन एक,/कौन पैर तो यहाँ धरे?' वाले चित्र के एकदम विपरीत है। स्पष्टतः वह चित्र जहाँ यथार्थ है, यह स्वप्न। जैसे दूसरे बंद में पहले बंद की तरह ही खड़ीबोली के छोटे-छोटे सधे वाक्यों का प्रयोग हुआ है, इस तीसरे बंद में भी। सिर्फ 'गगन' के बाद 'में' विभक्ति का प्रयोग, जो अपेक्षित था, अभिव्यक्ति के संकुचन के आग्रह से निराला ने नहीं किया। 'विकल' और 'विमान', 'थल', 'उथल-पुथल' और 'जल' तथा 'तैरी' और 'तरणी' का अनुप्रास यहाँ भी है, जो बहुत बार तुलसीदास की तरह निराला की काव्य-भाषा का स्वाभाविक उपकरण प्रतीत होता है।

इस काल में निराला ने कुछ ऐसे गीत भी लिखे, जो गीत की परिभाषा को बिलकुल छिन्न-भिन्न कर देनेवाले तीखे यथार्थ-बोध के स्तर के गीत हैं। उनमें से एक 'आराधना' में संकलित यह गीत है :

ऊँट-बैल का साथ हुआ है।
कुत्ता पकड़े हुए जुआ है।

यह संसार सभी बदला है,
फिर भी नीर वही गदला है,
जिससे सिंचकर ठंढा हो तन,
उस चित-जल का नहीं सुआ है।

रूखा होकर ठिठुर गया है,
जीवन लकड़ी का लड़का है;
खोले कोंपल, फले फूलकर
तरु-तल वैसा नहीं कुआ है।

स्पष्टतः यह गीत स्वातन्त्र्योत्तर भारतीय समाज पर की गई टिप्पणी है। निराला जब देखते हैं कि स्थितियों में कोई ताल-मेल नहीं, विसंगति ही विसंगति है, तो कहते हैं, भारत

एक ऐसे हल की तरह है, जिसके एक तरफ ऊँट जुता हुआ है, दूसरी तरफ बैल और जिसकी मूठ कुत्ते के हाथ में है! इससे खेत की कैसी जुताई होगी, अनुमान किया जा सकता है। यह चित्र जितना व्यंग्यात्मक है, जितना हास्यजनक, उतना ही सटीक भी। निराला चूँकि मूलतः किसान-मनोवृत्ति के कवि थे, इसलिए इस गीत की टेक की पंक्तियों में भारत को ऐसे हल से उपमित किया।

गीत के पहले बंद में वे कहते हैं कि दुनिया पूरी बदल गई है, लेकिन यहाँ की स्थिति में कोई बदलाव नहीं आया। वह तो पहले की तरह ही बुरी है, वही गँदला पानी। वे कहीं जल का वह स्रोत नहीं पाते, जिससे स्नात होकर शरीर शीतल हो जाए। वह जल 'चित-जल' यानी आध्यात्मिक-नैतिक चेतना का जल है। वह दुर्लभ है, क्योंकि उसका स्रोत ही लुप्त हो चुका है। लक्ष्य करने योग्य 'चित-जल' से सिंचकर तन के ठंढा होनेवाली बात है। निराला अध्यात्मवादी थे, लेकिन उनका अध्यात्म भौतिकता की उपेक्षा करके नहीं चलता था, बल्कि उसी को सँवारने के लिए था। 'अणिमा' के एक गीत में भी वे सरस्वती के बारे में कहते हैं : 'चित्त चिर-निर्मल करे वह,/देह-मन शीतल करे वह,/ताप सब मेरे हरे वह/नहा आई जो सरोवर।' स्पष्टतः वे सरोवर-स्नात सरस्वती से अपने मन के ही नहीं, तन के भी शीतल होने की कामना करते हैं। 'जिससे सिंचकर ठंढा हो तन' यह अतिशय प्रांजल अभिव्यक्ति है, जो मन में शरीर के शीतल होने की अनुभूति जगाती है। 'चित-जल' भी बहुत चित्रात्मक शब्द है, लेकिन 'सुआ' के बारे में तो कुछ कहना ही नहीं। 'स्रोत' का यह तद्भव यहाँ कमाल कर रहा है। यह चित्र को खूब ही निखार देता है और हल-बैल के पूरे मेल में है, गँवई बोली से निकलकर इस गीत में सजा हुआ।

अन्तिम बंद में निराला सामाजिक जीवन की चर्चा करते हैं और इस बात पर अपना दुख प्रकट करते हैं कि वह जल के अभाव में रुक्ष काष्ठ की तरह हो गया है, नितान्त संवेदनहीन और संकुचित। वह जैसे लकड़ी का लड़का है, यानी ऐसा वृक्ष, जो विकसित नहीं हुआ। यदि इस वृक्ष की जड़ में कोई कुआँ होता, जल का स्रोत, जिससे इसे तरावट मिलती रहती, तो इसका यह हाल नहीं होता। चूँकि वैसा नहीं है, इसलिए यह वृक्ष नए पत्ते खोलने, फूलने और फलने में असमर्थ है। कहने की आवश्यकता नहीं कि यह कुआँ पहले बंद का 'चित-जल का सुआ' ही है।

टेक की पंक्तियों को छोड़ दें, तो इस पूरे गीत में जल का ही रूपक है। दूसरे बंद की आरम्भिक पंक्तियाँ टेक की पंक्तियों को सन्तुलित करती हैं, खास तौर से 'लकड़ी का लड़का', जिसमें निराला ने निर्जीवता में भी सजीवता ला दी है। 'लकड़ी' और 'लड़का' में जो ध्वनि-साम्य है, वह भी दिलचस्प है। इस बंद की अन्तिम दोनों पंक्तियाँ चित्रात्मक होने के साथ-साथ बहुत ही सरस हैं, क्योंकि उनमें खुलनेवाले पत्तों, फूलों, फलों और वृक्ष के नीचे स्थित एक कुएँ की कल्पना है। तीसरी पंक्ति में 'फले' और 'फूलकर' के अनुप्रास के साथ चारों शब्दों में अल्पप्राण सघोष 'ल' वर्ण का प्रयोग है, जिससे वह निनादित हो रही है। चौथी पंक्ति में भी 'तरु-तल' जैसा सानुप्रास पद है, तो उसमें भी 'ल' मौजूद है। निराला महान् काव्य-शिल्पी थे। वे अपने गीत को कैसे कलात्मक रूप प्रदान करते हैं, यह उसे नजदीक से देखकर ही जाना जा सकता है।

7

निराला के इस काल के गीतों पर एक साथ दृष्टिपात करने पर पता चलता है कि मध्यवर्ती काल में उन्होंने जो जमीन तैयार की थी, वह इस दौर में आकर बहुत जरखेज हो गई है। इसी के साथ-साथ उनके गीतों की भाषा और संगीत में भी बदलाव आया है। वे लगातार नैसर्गिक और मुक्त होते गए हैं। गीतों की अन्तर्वस्तु हो या रूप, विविधता पूर्ववत् बनी हुई है और अभिव्यक्ति में यदि सिमटाव कम हुआ है, तो अर्थ की सघनता बढ़ती गई है। लेकिन जैसा कि ऊपर एक से अधिक बार संकेत किया जा चुका है, यह काल निराला की सम्पूर्ण काव्य-साधना की परिणति का काल है, जिससे एक तरह से इसमें उन्होंने पहले के अपने सभी गीतात्मक प्रयासों को परवान चढ़ाया है, यानी उन्हें निखारा है। एक तरफ नया विकास भी है, दूसरी तरफ पुराने प्रयासों का परिष्कार भी, और तीसरी तरफ एक ही गीत में नए-पुराने, परिष्कृत-अपरिष्कृत सारे स्वर भी सुनाई पड़ते हैं। इसीलिए उनके विकास पर कोई सरल टिप्पणी करना खतरनाक है। उनके आत्मपरक गीत पीड़ा के रस में भींगे हुए हैं, तो मानव-सौन्दर्य और प्रकृति-सौन्दर्य के अंकनवाले गीतों से आनन्द छलक रहा है। उनके धार्मिक गीतों में भी पीड़ा है, पर साथ-साथ आध्यात्मिक अनुभूति का उल्लास भी। जैसे वे मुख्यतः प्रकृति-गीतों में एक किसान होते चले गए हैं, धार्मिक गीतों में एक सरल-हृदय भक्त। देश और समाज से जुड़े गीतों में यथार्थ का भयावह चित्रण है, कविता के समकक्ष, तो मोहक स्वप्न भी। निराला की अभिव्यक्ति निरन्तर पैनी होती गई है, निराभरण होने के साथ, यह भी पाठक लक्ष्य करेंगे।

कुकुरमुत्ता

क्या संयोग है कि जिस तरह छायावाद के अन्त में लिखी गई निराला की महान् कविता 'राम की शक्ति-पूजा' का हिन्दी में विरोध किया गया, उसी तरह छायावादोत्तर काल के आरम्भ में लिखी गई उनकी महत्त्वपूर्ण कविता 'कुकुरमुत्ता' का भी। 'शक्ति-पूजा' का प्रकाशन हुआ, तो पुरानी पीढ़ी के प्रतिष्ठित कवि पं. रामनरेश त्रिपाठी ने कहा कि वह कविता नहीं, साँप झाड़ने का मंत्र है! पं. नन्ददुलारे वाजपेयी छायावाद के पक्षधर आलोचक थे, छायावादी कवियों में से निराला के विशेष प्रशंसक, लेकिन उनका यह विचार अंत-अंत तक बना रहा कि ' 'शक्ति-पूजा' के आरम्भ की पंक्तियों में, भाषा की एक ऐसी कवायद है जिसका समर्थन केवल यह कहकर किया जा सकता है कि हिन्दी में भी ऐसी भाषा लिखी जा सकती है।' उनकी इस मान्यता में किंचित् भी परिवर्तन न हुआ कि 'राम की शक्ति-पूजा' और 'तुलसीदास' निराला के दो प्रयोग हैं, जिन्हें हम उनकी सर्वश्रेष्ठ कविता का उदाहरण नहीं कह सकते। स्पष्टतः उनकी दृष्टि में 'शक्ति-पूजा' की आरम्भिक समस्त पदावली में रचित पंक्तियाँ उस कविता की सर्जनात्मक आवश्कयता की पूर्ति नहीं करतीं और प्रदर्शन के भाव से लिखी गई हैं। इसी तरह वह कविता तथा निराला की दूसरी महान् कविता 'तुलसीदास' दोनों सफल महान् कृतियाँ नहीं, बल्कि 'प्रयोग'-मात्र हैं।

'कुकुरमुत्ता' की कहानी यह है कि निराला इसे सर्वप्रथम हिन्दी साहित्य सम्मेलन, प्रयाग से निकलवाना चाहते थे और उसके माध्यम से उन पर श्री पुरुषोत्तमदास टंडन का एक सौ रुपए चार आने का जो ऋण था, उसे उतारना चाहते थे। उन्होंने टंडनजी को उसके लिए पत्र लिखा, लेकिन उन्होंने उसका कोई उत्तर न दिया, जिसका यह मतलब था कि चूँकि वह कविता उन्हें पसन्द न थी, इसलिए वे उसे सम्मेलन से प्रकाशित कराने के लिए तैयार न हुए। निराला ने अपने पत्र में उनसे यह अनुरोध भी किया था कि सम्मेलन उसे न प्रकाशित कर सके, तो उनके प्रयास से उनका कोई अन्य प्रकाशक मित्र ही उसे छाप दे, लेकिन टंडनजी ने उसके लिए भी कोई प्रयास नहीं किया। अन्ततः 'कुकुरमुत्ता' जब छपकर निकला, तो हिन्दी जगत् ने उसे चकित भाव से देखा। इसका कारण उसमें कविता का बदला हुआ स्वरूप तो था ही, साथ-साथ आनेवाली निराला की विक्षिप्तता की खबरें भी थीं। कुछ वर्षों बाद डा. रामविलास शर्मा की 'निराला' नामक पुस्तक प्रकाशित हुई, तो उसमें उन्होंने इस कविता की अन्तर्वस्तु के बारे में सिर्फ यह कहा कि 'लोगों में इस बात पर मतभेद रहा कि निरालाजी इस कविता में किस पर व्यंग्य करना चाहते हैं।' उसके बाद इस कविता की आलोचना के नाम पर वे संक्षेप में इसकी कहानी कहकर आगे बढ़ गए। इसी के आसपास साहित्यकार संसद, इलाहाबाद से निराला की कविताओं का एक चयन

'अपरा' नाम से प्रकाशित हुआ, तो उनके बहुत चाहने के बावजूद महादेवीजी ने उसमें 'कुकुरमुत्ता' को न शामिल किया। पुस्तक में संसद की मंत्री की हैसियत से उन्होंने एक मार्मिक भूमिका दी और उसके अंत में कहा कि 'अपरा के यशस्वी कवि का गौरव इसमें सुरक्षित है।' स्पष्ट है कि 'कुकुरमुत्ता' को उसमें शामिल करने से वह गौरव खंडित होता था।

रचनाकारों में निराला के दूसरे भारी प्रशंसक शमशेर रहे हैं, लेकिन उनका मत भी 'कुकुरमुत्ता' के अनुकूल नहीं। केदारनाथ अग्रवाल के कविता-संकलन 'फूल नहीं रंग बोलते हैं' की समीक्षा करते हुए प्रसंगवश उन्होंने लिखा है : "जिसका निर्माण सचेत रूप से उद्देश्यपरक हुआ हो—ऐसे साहित्य के बारे में मतभेद अवश्यम्भावी है। मुझे तो उद्देश्यपरक साहित्य प्रायः पसन्द है; मैं जान-बूझकर उसकी कलात्मक खामियों को नजरअंदाज कर जाता हूँ—अगर उसमें मानववादी आस्था और विश्वास के स्वर सचमुच विशेष दृढ़ और सच्चे हैं, और शैली में व्यक्तित्व का ओज है। फिर अगर कभी-कभी 'रहेटरिक' प्रत्यक्ष है, शिल्प प्रभावकारी है, मुहावरा टकसाली नहीं है, तो भी मैं विरस बहुत नहीं होता। यद्यपि कुछ तो मजा किरकिरा जरूर होता है। निरालाजी का 'कुकुरमुत्ता' मुझे इसीलिए पसन्द नहीं।" गौर करने पर यह स्पष्ट हो जाता है कि 'कुकुरमुत्ता' शमशेर को इसलिए पसन्द नहीं कि उद्देश्यपरक साहित्य होते हुए उसमें न मानववादी आस्था और विश्वास के दृढ़ और सच्चे स्वर हैं और न उसकी शैली में व्यक्तित्व का ओज है। इसके अलावा उसमें प्रत्यक्ष वक्तृता है, शिल्प की प्रधानता है और उसका मुहावरा टकसाली नहीं है। इतने अभावों और दुर्गुणों से युक्त रचना को पसन्द करना वाकई एक बहुत ही मुश्किल काम है! आगे अपनी समीक्षा में शमशेर ने जो बात कही है, उस पर ध्यान देने पर 'कुकुरमुत्ता' पर उनकी राय विचित्र लगती है। कहते हैं, "हिन्दी खड़ीबोली साहित्यभाषा पूरी तरह अभी तक स्थिर नहीं हुई है। कारण यह भी है कि उसने संप्रति उर्दू से कुछ भी लाभ उठाने की कसम खा ली है। अतः अब उसके अपने मुहावरे ढल रहे हैं—लिखित साहित्य में जो छपकर सामने आता है, उसमें जनता की बोलचाल उससे अलग है।" यह बात 'कुकुरमुत्ता' पर टिप्पणी करने के तुरत बाद कही गई है, इसलिए आश्चर्य होता है कि उर्दू से लाभ उठाने की दृष्टि से भी उन्होंने इस रचना को महत्त्वपूर्ण नहीं माना। वस्तु-स्थिति कुछ और है।

आश्चर्य यह देखकर भी होता है, निश्चय ही प्रसन्नतामिश्रित, कि छायावादोत्तर कवि होते हुए भी शमशेर ने जहाँ 'कुकुरमुत्ता' को नापसन्द किया, वहाँ छायावादी आलोचक होते हुए भी वाजपेयीजी ने इसे निराला-काव्य का एक सकारात्मक विकास माना, जबकि 'राम की शक्ति-पूजा' के प्रति वे अनुदार थे। वे कहते हैं, " 'कुकुरमुत्ता' उनकी व्यंग्य रचनाओं के शीर्ष पर विद्यमान है। उनकी प्रयोगात्मक रचनाओं में कदाचित् वह सबसे अधिक प्रचलित और सफल भी है। वह हिन्दी और उर्दू की बोलचाल की भाषा में व्यंग्यात्मक तौर से लिखी गई है। इसका आशय समझने में लोगों को अनेक प्रकार की भ्रांतियाँ हुई हैं।" डा. शर्मा अपनी पुस्तक में इस रचना की अन्तर्वस्तु के सम्बन्ध में केवल मतभेद की बात कहकर आगे बढ़ गए थे, लेकिन वाजपेयीजी ऐसा नहीं करते और साहसपूर्वक भ्रांति का उल्लेख करते हुए अपनी बात भी कहते हैं, भले उसमें सुधार की गुंजाइश हो। उनके शब्द हैं : "सामान्यतः गुलाब सामन्ती सभ्यता का और कुकुरमुत्ता सर्वहारा वर्ग का प्रतीक है।

प्रगतिशील आदर्श इसमें यह है कि सामन्तवादी प्रतीक गुलाब के उपहास के साथ कुकुरमुत्ता की प्रशंसा की गई है, इस आधार पर कुछ समीक्षक इसे प्रगतिवादी कविता मानते हैं। किन्तु यह भी देखना चाहिए कि इसमें गुलाब का ही परिहास नहीं, स्वयं कुकुरमुत्ता का भी उपहास है। वह अपने मुँह से अपनी जिन विशेषताओं का उल्लेख करता है और जिस पद्धति से स्वयं को संसार की श्रेष्ठतम वस्तुओं का जनक कहता है, वे व्यंजना के द्वारा स्वयं उसे उपहास के केन्द्र में उपस्थित कर देती हैं।'' पुनः, ''यह बात कतिपय प्रगतिवादियों को या तो दिखाई नहीं देती या लक्ष्य होने पर उन्हें उलझन में डाल देती है। प्रगति का सीधा मार्ग त्यागकर, उसकी सम्भावना निर्मित करके, सहसा इस उलझन में डाल देने के लिए वे निराला की ओर क्षोभ और आरोप से भरी दृष्टि से देखने लगते हैं।'' प्रश्न उठता है, क्या यही उलझन थी, जिसकी वजह से डा. शर्मा ने इस कविता की अन्तर्वस्तु पर कोई टिप्पणी नहीं की और सिर्फ इसकी कहानी सुनाकर आलोचक के कर्त्तव्य की इतिश्री समझ ली?

वाजपेयीजी ने प्रगतिशील आलोचकों के साथ-साथ दूसरे आलोचकों को भी याद किया है और कहा है कि ''गुलाब के साथ कुकुरमुत्ता को भी उपहास की स्थिति में रख देने के कारण कतिपय अन्य समीक्षक कहते हैं कि इस कविता में निराला का व्यंग्य प्रत्येक वस्तु पर है, सर्वतोगामी है। व्यंग्य की तलवार में धार ही धार है, मूठ नहीं।'' वाजपेयीजी इसे नहीं मानते और ऐसे विचार को कविता के केवल रूप को महत्त्व देने का परिणाम बतलाते हैं। कहते हैं, ''यह सम्मति नकारात्मक और उद्देश्यरहित है तथा रूप की भूमिका पर है। किन्तु वस्तुतः इस कविता का स्वरूप इतना ही नहीं। गुलाब और कुकुरमुत्ता का परिहास करते हुए निरालाजी यह व्यंजित करते हैं कि न तो प्राचीन समाज-व्यवस्था का प्रतीक गुलाब हमारा आदर्श है और न कुकुरमुत्ता ही आधुनिक संस्कृति का प्रतीक बन सकता है। इसका आशय कोई नकारात्मक निष्कर्ष नहीं है। आशय है कि गुलाब का स्थान गुलाब ही ले सकता है, कुकुरमुत्ता नहीं। पुरानी संस्कृति का स्थान नई संस्कृति ही ग्रहण कर सकती है, वह नहीं जो कुकुरमत्ता की तरह 'उगाए नहीं उगता', अर्थात् जिसका कोई पूर्वापर नहीं है।'' ध्यान देने पर पता चलता है कि सत्य के काफी कुछ निकट स्थित होने पर भी वाजपेयीजी की अपनी मान्यताएँ भी किसी हद तक उलझन की शिकार हैं। वे 'कुकुरमुत्ता' के व्यंग्य को सर्वतोगामी न मानें, लेकिन यह तो मानते ही हैं कि वह गुलाब के साथ-साथ कुकुरमुत्ता पर भी है। भले उसमें मूठ हो, लेकिन इस तलवार के दोनों तरफ धार है। दूसरे, वे भी इस बात से सहमत हैं कि गुलाब सामन्ती सभ्यता का प्रतीक है और कुकुरमुत्ता सर्वहारावर्ग का। उनकी तीसरी मान्यता यह है कि गुलाब अर्थात् पुरानी संस्कृति का स्थान गुलाब ही यानी नई संस्कृति ही ले सकती है, कुकुरमुत्ता नहीं, जिसकी कोई सांस्कृतिक परम्परा नहीं। सावधानी के साथ 'कुकुरमुत्ता' के पाठ से गुजरने पर यह मालूम होता है कि कुकुरमुत्ता का व्यंग्य भले गुलाब पर हो, लेकिन वह निराला का व्यंग्य नहीं है। सच्चाई यह है कि गुलाब पर किया गया कुकुरमुत्ता का व्यंग्य उलटकर उसके अपने ऊपर ही व्यंग्य बन जाता है। दूसरी बात भी ऐसी ही है। गुलाब को कुकुरमुत्ता सामन्ती या पूँजीपतिवर्ग का प्रतिनिधि समझता हो, लेकिन निराला वैसा नहीं समझते। जहाँ तक कुकुरमुत्ता के सर्वहारा का प्रतिनिधि या प्रतीक होने की बात है, वह अवश्य है, चाहे अब मार्क्सवादी आलोचक यह कहते हों कि वह 'लुंपेन सर्वहारा' का प्रतिनिधि या प्रतीक है। जिन दिनों निराला ने यह

कविता लिखी थी, उन दिनों सर्वहारावर्ग के प्रतिनिधि कुकुरमुत्ता की तरह ही व्यवहार कर रहे थे! गुलाब का स्थान लेनेवाली अन्तिम बात भी इसी से निकली हुई है, वर्ना गुलाब गुलाब है, उसका स्थान न कोई दूसरी चीज ले सकती है, न उसकी अपेक्षा है। वस्तुतः इस कविता के मूल में जो कुछ भी सुन्दर, सुरुचिपूर्ण और सुसंस्कृत है, उसके प्रति सर्वहारा-दृष्टिकोण का इजहार और फिर उस सर्वहारा का क्या हश्र होता है, इसका वर्णन है। यह हम आगे इस कविता के पाठ से सटकर चलते हुए देखेंगे।

वाजपेयीजी का प्रसंग समाप्त करने के पहले 'कुकुरमुत्ता' की भाषा पर की गई उनकी टिप्पणी को देख लेना जरूरी है। उनके शब्द हैं : "जो भाषा निरालाजी ने 'कुकुरमुत्ता' में प्रयोग की है वह हिन्दी और उर्दू के मेलजोल से बनी है। बोलचाल की सजीवता के साथ नए मुहावरे उसमें बड़ी संख्या में व्यवहृत हुए हैं। छायावादी काव्य में प्रायः लोक-प्रचलित भाषा और मुहावरों का प्रयोग नहीं हुआ, जिससे एक गांभीर्य तो उसमें आया है पर सहज तरलता नहीं है। यह विशेषता 'कुकुरमुत्ता' में मिलती है।" इस कथन को शमशेर के उपर्युक्त कथन से मिलाकर देखना चाहिए, जिसमें उन्होंने इस कविता की भाषा के सम्बन्ध में प्रत्यक्ष-परोक्ष रूप में अपना असन्तोष प्रकट किया है। सच्चाई वाजपेयीजी के कथन में है, शमशेर के नहीं, यह भी हम आगे देखेंगे।

वाजपेयीजी ने 'कुकुरमुत्ता' की जो व्याख्या की, उसकी प्रतिध्वनि करीब ढाई दशकों के बाद निराला पर तीन खंडों में लिखी गई डा. शर्मा की दूसरी पुस्तक 'निराला की साहित्य-साधना' में सुनाई पड़ती है। उसके साथ उनकी अपनी व्याख्या भी सामने आती है। कहते हैं, "कुकुरमुत्ता ने गुलाब को कैपिटलिस्ट कहा, उसे अमीरों का प्यारा बताया, उस पर साधारणों से अलग रहने का दोष लगाया। इससे कुछ प्रगति-प्रेमी आलोचकों ने उसे सर्वहारा वर्ग का प्रतीक मानकर उसका काफी वंदन-अभिनन्दन किया है।" तत्पश्चात् वे प्रगति-प्रेमी आलोचकों के बचाव में अपनी व्याख्या यह कहकर प्रस्तुत करते हैं कि "कुकुरमुत्ता की तर्क-योजना जिस वर्ग-दृष्टि का परिचय देती है, वह प्रोलीटेरियट की नहीं; लुंपेन प्रोलीटेरियट की वर्ग-दृष्टि है, शहर के आवारा टुटपुँजियों का दृष्टिकोण जो क्रान्तिकारी संगठन और संघर्ष का रास्ता छोड़कर अराजकतावादी नीति अपनाता है।" 'प्रगति-प्रेमी आलोचकों के बचाव में' इसलिए कि कुकुरमुत्ता की तर्क-योजना अलग-थलग पड़े शहर के कुछ आवारा टुटपुँजियों की तर्क-योजना न होकर वस्तुतः पूरे प्रगतिशील आन्दोलन की तर्क-योजना थी और वह जिस वर्ग-दृष्टि का इजहार करता है, वह भी सिर्फ लुंपेन प्रोलेटेरियट की वर्ग-दृष्टि न होकर पूरे प्रगतिशील आन्दोलन पर छाई हुई वर्ग-दृष्टि थी। वही तर्क-योजना और वर्ग-दृष्टि डा. शर्मा में अभी तक सक्रिय है, जो पंत, जैनेंद्र और अज्ञेय क्या, अपनी ही जमात के राहुल सांकृत्यायन, यशपाल और मुक्तिबोध-जैसे अत्यन्त श्रेष्ठ कवियों और लेखकों के उनके मूल्यांकन में दिखलाई पड़ती है। उसी के परिणामस्वरूप वे भारतेंदु हरिश्चन्द्र, महावीरप्रसाद द्विवेदी, रामचन्द्र शुक्ल, प्रेमचन्द और स्वयं निराला का प्रगतिशील आन्दोलन के हक में मूल्यांकन करते हैं, तो वस्तुपरकता को आवश्यक महत्त्व न देकर विकृतीकरण तक से काम लेते हैं। 'कुकुरमुत्ता' एक महत्त्वपूर्ण ऐतिहासिक घड़ी में उसी तर्क-योजना और वर्ग-दृष्टि से निराला का विद्रोह है, जिसका स्वरूप आज साफ-साफ दिखलाई पड़ना चाहिए।

दिलचस्प है कि आगे के पृष्ठों में डा. शर्मा ने कुकुरमुत्ता के विद्रोह को स्वयं निराला का विद्रोह कहा है—बचकाना विद्रोह। मुझ पर भी उनके कथन को विकृत करने का आरोप न लगे, इसलिए यहाँ उनका पूरा कथन उद्धृत है : " 'कुकुरमुत्ता' में वक्तृत्वकला है, पुरानी आस्थाओं पर व्यंग्य है, व्यंग्य की कमजोरी यह है कि जिन मान्यताओं को निराला ने हास्यास्पद बनाया है, उनका मूल्यांकन सही नहीं किया। सफल व्यंग्य सामाजिक जीवन और संस्कृति के अन्तर्विरोधों की सही पहचान से उत्पन्न होता है। 'कुकुरमुत्ता' में क्रान्तिकारी चेतना नहीं, *बचकाना विद्रोह-प्रदर्शन* अधिक है। इससे तुलनीय है 'वनबेला' में राजनीतिक नेताओं और कवियों पर निराला का सफल, सशक्त व्यंग्य। निराला ने जहाँ हास्य और व्यंग्य के स्तर पर पूरी कविता रचने का प्रयास नहीं किया, जहाँ भिन्न स्थितियों, भिन्न भावों के वैषम्य में व्यंग्य देखा है, वहाँ वह अधिक सफल हुए हैं।" इस कथन से यह भ्रम नहीं होना चाहिए कि यह आलोचना कुकुरमुत्ता की है, यानी कवि की नहीं, उसके द्वारा सृजित चरित्र की। पहले वाक्य में साफ-साफ निराला का नामोल्लेख किया गया है और कहा गया है कि उन्होंने जिन मान्यताओं को हास्यास्पद बनाया है, उनका सही मूल्यांकन नहीं किया। दूसरे वाक्य में सफल व्यंग्य कैसे सम्भव होता है, इसकी शिक्षा उन्हीं को दी गई है। तीसरे वाक्य में क्रान्तिकारी चेतना के अभाव और बचकाने विद्रोह-प्रदर्शन की बात भी उन्हीं से संबद्ध है, यह चौथे वाक्य से निर्भ्रांत रूप से सामने आ जाता है, क्योंकि उसमें 'कुकुरमुत्ता' की तुलना 'वन-बेला' से करके 'वन-बेला' में उन्हीं के व्यंग्य को सफल और सशक्त बतलाया गया है। अन्तिम वाक्य में भी ऐसा ही है, क्योंकि इसमें भी उन्हीं को दोष दिया गया है कि 'कुकुरमुत्ता' में पूरी कविता हास्य और व्यंग्य के स्तर पर रचने का प्रयास करके उन्होंने ही गड़बड़ी की है। इससे स्पष्ट है कि निराला ने जहाँ कुकुरमुत्ता को कम्युनिस्टों का प्रतिनिधि बनाया था, वहाँ डा. शर्मा ने उलटकर उसे निराला का ही प्रतिनिधि बना दिया है! तात्पर्य यह कि लुंपेन प्रोलेटेरियट या शहर के आवारा टुटपुँजिया कम्युनिस्ट नहीं, स्वयं निराला हैं। डा. शर्मा की तर्क-योजना और दृष्टिकोण से तो यही सिद्ध है।

2

'कुकुरमुत्ता' लगभग 'राम की शक्ति-पूजा' के आकार की कविता है, उसी की तरह कथात्मक, लेकिन दोनों की कथाओं में जमीन-आसमान का फर्क है। 'शक्ति-पूजा' में जहाँ उदात्त स्तर पर चलनेवाला एक पौराणिक आख्यान है, वहाँ इस कविता में उदात्त को भंग करके चलनेवाला एक व्यंग्यपूर्ण कल्पित आख्यान, जिसमें किसी प्रकार की जटिलता नहीं, भले उसकी अन्तर्वस्तु सरल न हो। यह कविता दो खंडों में विभाजित भी है। पहले खंड में जैसे कथा की पृष्ठभूमि तैयार की गई है, जिसमें नवाब के बाग का परिचय देने के बाद गुलाब पर ध्यान केन्द्रित करते हुए उसे संबोधित कर प्रस्तुत किया गया कुकुरमुत्ता का लम्बा संवाद है। यह दुखद है कि निराला के आलोचकों ने इस संवाद को ही सबसे ज्यादा महत्त्व दिया है और कविता के दूसरे खंड को बिलकुल छोड़ दिया है, जो पहले खंड-जैसा दिलचस्प ही नहीं, महत्त्वपूर्ण भी है। कथा इसी खंड में आकर रूप लेती है और कविता की विडम्बना इसी खंड में आकर पूरी तरह उजागर होती है। वाजपेयीजी छायावादी आलोचक

थे, इसलिए उन्हें यह खंड वर्णनात्मक और इतिवृत्तात्मक होने के कारण पहले खंड की तुलना में कम काव्यात्मक और प्रभावशाली प्रतीत हुआ। कथात्मक प्रसंगों के बारे में उनका कहना है, 'यद्यपि परिवेश-निर्माण की क्षमता इनमें है तथापि पूर्वार्द्ध के समान व्यंग्य और विनोद की भावना उभरकर नहीं आई।' निश्चय ही यह सही नहीं है। डा. शर्मा ने भी पहली बार 'कुकुरमुत्ता' की संक्षेप में जो कहानी सुनाई थी, उसमें दूसरे खंड का जितना जिक्र हुआ, हुआ, उसके बाद उन्होंने भी उसे कोई महत्त्व नहीं दिया।

पहले खंड में बाग का जो वर्णन है, वह कम शब्दों में चित्र खड़ा करनेवाला है। फूलों के नाम गिनाने के बाद निराला रंगों के नाम गिनाते हैं, जिसमें उनकी जुबान की चुस्ती देखने लायक है :

और कितने फूल, फ़व्वारे कई,
रंग अनेकों—सुर्ख़, धानी, चंपई,
आसमानी, सब्ज़, फ़ीरोज़ी, सफ़ेद,
ज़र्द, बादामी, बसन्ती, सभी भेद।

लेकिन बाग का चित्रात्मक वर्णन आगे है, जिसे उद्धृत करना ज्यादा जरूरी है :

चटकती कलियाँ, निकलती मृदुल गंध,
गले लगकर हवा चलती मंद-मंद,
चहकते बुलबुल, मचलती टहनियाँ,
बाग़ चिड़ियों का बना था आशियाँ।

इस उद्धरण की एक-एक पंक्ति में चित्र है। कलियों के चटकने से पंखुड़ियों के भीतर से गंध का निकलना, मंद-मंद हवा का गले से लिपटकर चलना, बुलबुलों की हरकत से टहनियों का मचलना और पूरे बाग का चिड़ियों के आशियाने में तब्दील हो जाना—ये सभी चित्रात्मक हैं और चित्र भी एक तरह के नहीं हैं, घ्राण, त्वचा, श्रवण और नेत्र इन सभी इन्द्रियों से ग्राह्य हैं। ज्ञातव्य यह है कि यह सरल और सजीव चित्र-विधान आकस्मिक नहीं है, बल्कि उस कवि द्वारा सम्भव हुआ है, जिसकी कला 'परिमल', 'गीतिका' और 'अनामिका' की कविताओं तथा गीतों की रचना कर चुकी है। इसे निराला के काव्य-विकास के अगले चरण के रूप में देखना हर तरह से उचित है।

बाग में गुलाब तो हैं ही, उसमें बनी नकली पहाड़ी के ऊपर डेढ़ बित्ते का एक कुकुरमुत्ता भी उग आया है, जिसे निराला ने प्रचलित कम्युनिस्टों या सर्वहारा का प्रतिनिधि बनाया है। वह एक खिले हुए गुलाब को देखता है और सिर उठाए ऐंठकर उसे भला-बुरा कहना शुरू कर देता है। उसमें कैसा ताव है और फिर निराला की वक्तृता में कैसा जोर, यह देखने के लिए उसके संवाद का एक टुकड़ा प्रस्तुत है :

अबे, सुन बे, गुलाब,
भूल मत जो पाई ख़ुशबू, रंगोआब,
खून चूसा खाद का तूने अशिष्ट,
डाल पर इतराता है केपीटलिस्ट!
कितनों को तूने बनाया है ग़ुलाम,
माली कर रक्खा, सहाया जाड़ा-घाम,

हाथ जिसके तू लगा,
पैर सर रखकर व' पीछे को भगा
औरत की जानिब मैदान यह छोड़कर,
तबेले को टट्टू जैसे तोड़कर,
शाहों, राजों, अमीरों का रहा प्यारा
तभी साधारणों से तू रहा न्यारा।
वरना क्या तेरी हस्ती है, पोच तू
काँटों ही से भरा है यह सोच तू
कली जो चटकी अभी
सूखकर काँटा हुई होती कभी।
रोज़ पड़ता रहा पानी,
तू हरामी ख़ानदानी।

ताज्जुब की बात यह है कि इस उद्धरण में कुकुरमुत्ता गुलाब को जो-जो बातें कहता है, पहले विद्वानों ने उन्हें सही माना, फिर कुछ दिनों बाद उनका ध्यान इस तरफ गया कि उनसे कुकुरमुत्ता की भी स्थिति उपहासास्पद होती है। कविता 'एक थे नव्वाब' से शरू होती है और कुकुरमुत्ता गुलाब को शाहों, राजाओं और अमीरों का प्यारा बतलाता है, इसलिए उन्होंने बेधड़क यह स्वीकार कर लिया कि इसमें गुलाब सामन्त-वर्ग का प्रतिनिधि है। उन्होंने यह भी नहीं देखा कि कुकुरमुत्ता गुलाब को 'केपीटलिस्ट' भी कहता है। निश्चय ही ऐसा इसलिए नहीं है कि सामन्त और पूँजीपति दोनों शोषक होते हैं और उनके मूल चरित्र में कोई फर्क नहीं होता। वस्तु-स्थिति कुछ और है। वह यह है कि कुकुरमुत्ता तो इस कविता में आम कम्युनिस्टों या सर्वहारा का प्रतिनिधि है, लेकिन गुलाब सामन्त-वर्ग या पूँजीपति-वर्ग का प्रतिनिधि नहीं। कुकुरमुत्ता गुलाब के सौन्दर्य, उसके रंग और उसकी खुशबू को देखता है और उसे गाली देना शुरू कर देता है। आम कम्युनिस्टों की भाषा में जो भी कठोर शब्द हुआ करते थे, वह सब उस पर उँड़ेल देता है—खून चूसनेवाला, केपीटलिस्ट, गुलाम बनानेवाला, गुलामों पर जुल्म ढानेवाला, औरतों का प्रेमी अथवा ऐय्याशीपसन्द, बादशाहों, राजाओं और अमीरों का दुलारा, साधारण जनता से कटा हुआ, परजीवी, कमीना, सुविधाभोगी, पाजी आदि। इसे पुनः दुहराने की आवश्यकता नहीं होनी चाहिए कि परम्परा से चला आ रहा जो कुछ सुन्दर, सुरुचिपूर्ण और सुसंस्कृत था, आम कम्युनिस्ट उसके विरोधी थे, वह कालिदास का काव्य हो, या ताजमहल। इसमें उसके सामन्ती या पूँजीवादी होने की कोई बात नहीं थी, लेकिन उन्होंने उसे उसी रूप में देखा, वर्ना सोवियत संघ में दोस्तोव्स्की का साहित्य और लाल चीन में शेक्सपियर का साहित्य प्रतिबंधित न होता। 'कुकुरमुत्ता' में कुकुरमुत्ता के कहने पर गुलाब को सामन्त-वर्ग का प्रतिनिधि मान लेना वैसा ही है, जैसा कालिदास या शेक्सपियर को राजतन्त्र का प्रतिनिधि मान लेना। यह स्पष्टतः कुकुरमुत्ता की बातें स्वीकार कर उसका पक्ष-समर्थन करना है। वह आगे गुलाब से कहता है कि उसे तो सिर्फ सुगंध से मतलब है, जो आदमी को बहकाकर वहाँ पहुँचा देती है, जहाँ वह बिलकुल बेसहारा हो जाता है। ख्वाब तो वह सितारों के देखता है, उसकी जुबान पर खूबसूरत शब्द होते हैं, लेकिन उसके पेट में चूहे डंड पेलते रहते हैं। तात्पर्य यह कि सत्य

भूख है, सुगन्ध नहीं; गेहूँ है, गुलाब नहीं! जिन लोगों ने कम्युनिस्ट विचारधारा के प्रसार का वह दौर देखा है, उनके लिए यह तर्क-पद्धति सुपरिचित होगी। इस तर्क-पद्धति में गेहूँ प्राथमिक होता और गुलाब द्वितीय स्थान पर, तब भी एक बात होती, क्योंकि गेहूँ और गुलाब के पारस्परिक सम्बन्ध को समझने की अपेक्षा उसमें नहीं की जा सकती थी। यह कल्पना उसमें असम्भव थी कि इन दोनों में गहन सम्बन्ध ही नहीं है, इन दोनों को एक साथ प्राप्त करना ही मनुष्यता का लक्ष्य है। उसमें तो गेहूँ को ही सबकुछ समझा गया और गुलाब को सामन्ती, अभिजात, बुर्जुआ, ऐय्याश आदि तक कहा गया। निराला ने 'कुकुरमुत्ता' की रचना द्वारा उसी तर्क-पद्धति पर, जो कि राजनीति और समाज से लेकर संस्कृति तक के क्षेत्र में सक्रिय हो रही थी, वज्र-प्रहार किया था।

गुलाब को ध्वस्त करने के बाद कुकुरमुत्ता अपने को गौरवान्वित करता है, निश्चय ही अपनी कल्पना में, फिर बड़े विस्तार से अपनी व्यापकता तथा प्रताप का बखान करता है। वह गुलाब से कहता है कि तुम जहाँ दूसरों के श्रम पर पलते हो, वहाँ मैं अपने आप उगा हूँ और स्वयं-पोषित हूँ। तुम्हें काटा-छाँटा गया है, जबकि मैं अपने असल रूप में हूँ। तुम पानी के बुलबुले की तरह मिट जाओगे, लेकिन मैं पानी की तरह बना रहूँगा। तुमने इस संसार को नष्ट किया है और मैंने इसे तरक्की की राह दिखलाई है। अन्त में वह यह कहता है कि तुमने शोषण के द्वारा श्रमिकों की श्रम-शक्ति नष्ट कर उनकी रोटियाँ छीन ली हैं, जबकि मैंने उनकी शक्ति का ज्ञान कराकर उन्हें एक के बदले तीन रोटियाँ दी हैं, यानी समृद्धि प्रदान की है। मार्क्सवाद में श्रम का जो महत्त्व बतलाया गया है और श्रमिकों की जो प्रतिष्ठा की गई है, उससे प्रबुद्ध पाठक परिचित होंगे। कुकुरमुत्ता गलत जगह उसी का आख्यान करता है।

अब आप उसकी व्यापकता के बारे में उससे सुनें। उसका आकार गोल होता है, इसलिए दुनिया में जितनी गोल चीजें हैं, वह उनमें अपनी उपस्थिति बतलाता है। अपनी शक्ति के आगे वह शेर को भी गधा करार देने के बाद कहता है कि चीन का छाता, भारत का छत्र, आज का पैराशूट, विष्णु का सुदर्शन-चक्र, यशोदा की मथानी, तीर से खींचा हुआ राम का धनुष, कंधे पर धारण किया हुआ बलराम का हल, सुबह का सूरज, शाम का पूर्णिमा का चाँद, ढाल, नाव, तना हुआ पाल, तराजू का पलड़ा, सिक्का, फटनेवाला गोला आदि सब मैं ही हूँ। कुकुरमुत्ता का बड़बोलापन अपने आकार तक ही नहीं रुकता है, अपने प्रकार तक जाता है। वह अपने गुणों की भी वैसी ही व्याप्ति बतलाता है। कहता है, मैं मेट्रोपोलिटन और कॉस्मोपोलिटन हूँ, विश्व के प्रसिद्ध मनोवैज्ञानिकों और दार्शनिकों की तरह। लेखकों में सब पर अपना रोबदाब रखनेवाला, लंठ! आकार और प्रकार का क्रम अदल-बदलकर चलता रहता है। कुकुरमुत्ता को पुनः अपने आकार का ध्यान आता है, तो वह कहता है कि वही दोहरा होकर डमरू है और इकहरा होकर वीणा। वीणा से कभी गम्भीर ध्वनि निकलती है, कभी क्षीण। इस तरह वह पुरुष की तरह सबल है, तो स्त्री की तरह अबल। वही मृदंग है, वही तबला, वही तानपूरा है, वही सुरबहार और वही लायर, जिससे संस्कृत, फारसी, अरबी, ग्रीक और लैटिन के मंत्र, गजलें और गीत पैदा हुए हैं। घंटा, घंटी, ढोल, डफ, घड़ियाल, शंख, तुरही, मजीरा, करताल, कारनेट, क्लेरीअनेट्, ड्रम, फ्लूट और गिटार ये पूरे के पूरे गोल होते हैं, या इनमें किसी न किसी अंश में अवश्य गोलाई

होती है, इसलिए ये सारे के सारे वाद्ययंत्र उसी का रूप लेकर बने हैं! इतना ही नहीं, जितने भी नृत्य हैं—कत्थक, कथकली, बॉलडांस, मणिपुरी या गरबा, सबों में गोल चक्कर लगाना नृत्य का अंग है। इस तरह 'नाच में यह मेरा ही जीवन खुला/पैरों से मैं ही तुला', अथवा 'नाच अफ्रीकन हो या यूरोपीयन,/सबमें मेरी ही गढ़न'। उसकी व्याप्ति का यह हाल है कि जहाँ उससे शासक टकराते हैं, वहाँ भी वह पैंतरा बदलता है, पर जहाँ प्रोलेटेरियन यानी निम्नश्रेणी के मियाँ-बीवी के झगड़े होते हैं, वहाँ वह खास तौर से उपस्थित होता है। कारण यह कि वह स्वयं प्रोलेटेरियन है, बल्कि उनका प्रतिनिधि। जहाँ सूदखोर का सूद मारा जाता है, वहाँ तो उसके नाच में उसका नाच चरम बिन्दु पर पहुँच जाता है। लोग प्रेम ही नहीं, गुस्से में भी नाचते हैं। इस नाचने को ही ध्यान में रखकर, जिसमें वृत्ताकार घूमना प्रायः अनिवार्य है, कुकुरमुत्ता अपने को अत्यधिक व्यापक बतलाता है।

तत्पश्चात् वह पुनः अपने गुण पर उतर आता है। वह चूँकि बहुत मुलायम होता है और तरीवाला भी, इसलिए कहता है कि मुझमें रस ही रस है। वे वाल्मीकि हों या व्यास, भास हों या कालिदास और हाफिज हों या रवीन्द्रनाथ, सबों ने मुझसे ही रस चुराया है। और तो और, टी.एस. इलियट ने जो कविता में भानुमती का कुनबा जोड़ा है, वह भी मेरी ही बदौलत। दूरदृष्टि भी मुझी से प्राप्त होती है और अपने प्रगतिशील लेखक का जोश का पारा जो कलम हाथ में लेते ही नहीं रुकता, वह भी मेरी ही वजह से। कुकुरमुत्ता को फिर अपना आकार याद आ जाता है और कहता है, पिरामिड तथा रामेश्वर, मीनाक्षी, भुवनेश्वर और जगन्नाथपुरी के मन्दिर मुझसे ही बने हैं। साथ-साथ दिल्ली की कुतुबमीनार, आगरे का ताजमहल, चुनार का फोर्ट, कलकत्ते का विक्टोरिया मेमोरियल, बगदाद की जुम्मा मस्जिद, सेंट पीटर्स का गिरजाघर या घंटाघर इन सबों के 'गुंबदों में, गढ़न में मेरी मुहर'। अन्त में :

सर सभी का फाँसनेवाला हूँ ट्रेप
टर्की टोपी, दुपलिया या किश्ती-केप।
और जितने, लगा जिनमें स्ट्रा या मेट,
देख मेरी नक़्ल है अँगरेज़ी हेट।
घूमता हूँ सर चढ़ा,
तू नहीं, मैं ही बड़ा।

कुकुरमुत्ता का यह विस्तृत संवाद उसका अनर्गल प्रलाप नहीं है। उसमें एक क्रम है और उसके पीछे एक सोची-समझी विचारधारा है, जिसमें सर्वहारा ही सबसे बड़ी शक्ति है, वही सम्पूर्ण सभ्यता और संस्कृति का जनक है और वह अनश्वर है, ब्रह्म की तरह सर्वव्यापी। सर्वहारा की शक्ति और इतिहास में उसकी भूमिका से निराला को भी इनकार नहीं था, लेकिन भारतीय समाज में जिस निषेधवादी, अतिवादी और अतिसरलीकृत रूप में उसे प्रचारित किया जा रहा था, उससे उन्हें इनकार था। स्वभावतः उन्होंने व्यंग्य का अस्त्र उठाया और कुकुरमुत्ता को सर्वहारा का प्रतिनिधि या प्रतीक बनाकर उसे उपहासास्पद स्थिति में पहुँचा दिया। उसके 'रेटॉरिक' में बहुत ज्यादा जोर है। वह दुनिया भर की चीजों का हवाला देता है। बिना उसके उसकी असलियत उजागर न की जा सकती थी। निराला को दाद देनी चाहिए कि उन्होंने जो कुछ सुन्दर, सुरुचिपूर्ण और सुसंस्कृत है, उसके लिए गुलाब को चुना और सर्वहारा का प्रतिनिधित्व करने के लिए कुकुरमुत्ता को। कुकुरमुत्ता के

मुँह से उसकी शक्ति और व्यापकता प्रदर्शित करने के लिए उन्होंने अपनी जिस कल्पना-शक्ति से काम लिया है, वह असाधारण है। उसके द्वारा उन्होंने जैसे एक फैंटास्टिक दुनिया रच दी है, जिसमें विचरण करना बहुत दिलचस्प है। यह 'राम की शक्ति-पूजा' के कवि का भिन्न प्रकार का शक्ति-प्रदर्शन है, जिसे समझने की जरूरत है। अब माहौल बदल गया है। उसके साथ कविता का विषय भी बदला है, उसकी भाषा भी, उसका शिल्प भी। अब उदात्त का युग नहीं रहा, जीवन और साहित्य में साधारण यथार्थ का युग शुरू हुआ है, जिसके चित्रण का उपयुक्त साधन है हास्य, व्यंग्य, विसंगति और विडंबना। इन तमाम बातों की सूचना जैसे वह 'कुकुरमुत्ता' की रचना के माध्यम से देता है।

3

जैसा कि संकेत किया जा चुका है, वर्णनात्मक और इतिवृत्तात्मक होने के कारण पं. नंददुलारे वाजपेयी ने इस कविता के दूसरे खंड को कम पसन्द किया है और इसे कम प्रभावशाली बतलाया है। निराला कविता में कथा कहने में कमजोर हैं, यह बात सही है, लेकिन उसका एक कारण छंदों का बन्धन भी है। जहाँ छंद शिथिल हैं, वहाँ उन्हें उसमें कठिनाई नहीं होती, इसके कई प्रमाण हैं। ऐसी स्थिति में यदि उन्होंने कथा को रिपोर्ताज के रूप में प्रस्तुत किया, तो फिर उनका मुकाबला नहीं है। जहाँ तक वर्णन की बात है, उसमें वे बेजोड़ हैं, यह लोग पहले से मानते हैं। 'कुकुरमुत्ता' एक कथा-कृति है, फिर यह कैसे सम्भव है कि उसमें कथात्मकता न हो? कथा उतनी बुरी चीज तो नहीं है कि उसे देखकर ही कोई भड़क जाए। 'सरोज-स्मृति' में कथा नहीं है, लेकिन इससे वह 'राम की शक्ति-पूजा'-जैसी कथात्मक कविता से श्रेष्ठतर नहीं सिद्ध होती। 'तुलसीदास' भी कथात्मक रचना ही है, लेकिन उसकी कथात्मकता कहीं भी उसकी श्रेष्ठता के मार्ग में बाधक नहीं बनती। 'कुकुरमुत्ता' के पहले खंड के विस्तृत संवाद से यह भ्रम नहीं होना चाहिए कि यह कविता शुरू से कथात्मक नहीं थी और दूसरे खंड में आकर इसने कथा का सरल मार्ग पकड़ लिया है। यह शुरू ही होती है कथा कहने की शैली में, यथा 'एक थे नव्वाब,/फ़ारस के मँगाए थे गुलाब।' स्पष्टतः यह 'एक राजा था' वाली ऐतिहासिक शैली है। ध्यातव्य है कि इसके पहले खंड में कुकुरमुत्ता का जो लम्बा संवाद है, वह कथा का ही अंग है और वह उस खंड के साथ हर तरह से समाप्त नहीं हो जाता। दूसरे खंड में गुलाब की तरफ से उसका जवाबी संवाद नहीं है, सिर्फ घटनाओं का जिक्र है, लेकिन वे घटनाएँ ऐसी हैं कि उन्हीं के माध्यम से जैसे उसका जवाब दिया गया है। दूसरे खंड के बिना इस कथा-कृति का व्यंग्य और उसकी विडंबना पूर्णतः प्रकट नहीं होती। इसलिए पहले खंड तक ही रुक जाना ठीक नहीं और कविता की अन्तर्वस्तु और उसके रूप को पूरा ग्रहण करने के लिए उससे आगे बढ़ना जरूरी है। निराला रिपोर्ताज लिखने में पटु हैं, यह बतलाया जा चुका है। यदि विषय व्यंग्य और विडंबना हो, तब तो कुछ कहना ही नहीं है। 'कुकुरमुत्ता' का कथात्मक परिवेश और कथा दोनों ही महिषादल से लिए गए हैं। कथा में निराला ने सिर्फ इतना परिवर्तन किया है कि राजा को नवाब बना दिया है और राजकुमारी को नवाबजादी। वैसे इसमें वर्णित घटना कल्पित है, इसमें संदेह न होना चाहिए। मैं सिर्फ कथा के ढाँचे की बात कह रहा हूँ, जिसमें फूलों का बाग है, महल

है, नवाब हैं, नवाबजादी है, नौकर-चाकर हैं, बाँदी है और नवाबजादी की हमजोली मालिन की बेटी है, जिसकी माँ बंगालिन है। डा. रामविलास शर्मा ने महिषादल राज्य के परिवेश का जिस रूप में वर्णन किया है, उसे देखकर उपर्युक्त धारणा सही प्रतीत होती है। उनका वर्णन है : "सुर्जकुमार की खेलने की जगह महल की हद से बाहर एक ताल के किनारे थी जहाँ उनके बाप कच्चे घर में रहते थे। दूर पर राजमहल दिखाई देता था, बहुत बड़ा, खूब शानदार, उसके सामने कच्चे घर बहुत ही तुच्छ मालूम होते थे। बाप के साथ कभी-कभी वह महल की तरफ जाते। हर तरफ हरी-हरी दूब के मैदान, सुन्दर फलोंवाले पेड़ और फूल-ही-फूल दिखाई देते। कमल, गुलाब, बेला, जूही की अरघानें सुर्जकुमार का दिमाग तर कर देतीं।" अब आप 'कुकुरमुत्ता' के दूसरे खंड का यह वर्णन देखें :

बाग़ के बाहर पड़े थे झोंपड़े
दूर से जो दिख रहे थे अधगड़े।
जगह गन्दी, रुका, सड़ता हुआ पानी
मोरियों में; ज़िन्दगी की लंतरानी–
बिलबिलाते कीड़े, बिखरी हड्डियाँ
सेलरों की, परों की थीं गड्डियाँ
कहीं मुर्ग़ी, कहीं अंडे,
धूप खाते हुए कंडे।
हवा बदबू से मिली
हर तरह की बसीली पड़ गईं।

यह वर्णन चित्रात्मक तो है ही, व्यंग्यात्मक भी है। चित्र की सारी रेखाएँ अत्यन्त स्पष्ट हैं–'बाग के बाहर पड़े थे झोंपड़े' से लेकर 'धूप खाते हुए कंडे' तक। 'दूर से जो दिख रहे थे अधगड़े' में सूक्ष्म निरीक्षण भी है। व्यंग्य बिलबिलाते कीड़ों, बिखरी हड्डियों आदि को 'ज़िन्दगी की लंतरानी' कहने में है। इस तरह यह यथार्थवादी वर्णन है, जो निराला-काव्य के नए विकास की सूचना देता है, लेकिन डा. शर्मा इसे निराला द्वारा देखे गए तहजीब के सपनों की प्रतिक्रिया बतलाते हुए यथार्थ की विकृति की संज्ञा देते हैं। उनका कथन कई दृष्टियों से विचारणीय है : "प्रणयश्वास के मलय-स्पर्श के बाद यह 'हवा बदबू से मिली।' जीवन में गन्दगी और सफाई, सुगन्ध और दुर्गन्ध दोनों हैं, साहित्य में दोनों का चित्रण होना चाहिए–जिनके साहित्य-शास्त्र में वीभत्स भी एक रस है, उन्हें इस स्थापना पर आपत्ति विशेष रूप से न होनी चाहिए। शास्त्र में वीभत्स और भयानक को रस मानने पर भी काव्य-रचना में जिन्होंने आदिरस को प्रधानता दी, उनके भाव-बोध की सीमाएँ तोड़कर निराला ने सड़ते हुए पानी और सेल्हरों की गड्डियों का चित्रण किया, बहुत अच्छा किया। किन्तु इससे यह सिद्ध नहीं होता कि सुगन्ध से दुर्गन्ध अच्छी है और शृंगार से बीभत्स श्रेष्ठ है। गुलाब को वैभव और रूप-गंध का प्रतीक मानकर कुकुरमुत्ता जब उसे गाली देना शुरू करता है, तब वह वास्तव में कुतर्क करता है कि सफाई से गन्दगी श्रेष्ठ है।" अन्तिम पंक्तियों में निकाला गया डा. शर्मा का निष्कर्ष विचित्र है। निराला जब दुर्गन्ध और बीभत्स वस्तुओं का चित्रण करते हैं, तो यह कहाँ सिद्ध करते हैं कि सुगन्ध से दुर्गन्ध और शृंगार से बीभत्स श्रेष्ठ है? यह तो आलोचक का अपना निष्कर्ष है, जो वह कवि पर थोप रहा है।

ऐसा इसलिए हुआ है कि छायावादी स्वप्नों के भंग होने के बाद निराला लगातार उन्हें मिटाने में लगे हुए हैं और इस क्रम में वे गन्दगी को भी सफाई के ऊपर प्रतिष्ठित कर देते हैं, यह उसने शुरू में ही मान लिया है और फिर उसका काम उदाहरण ढूँढ़-ढूँढ़कर उनसे लक्षणों को पुष्ट करना रह गया है। यदि निराला स्वप्न-भंग या मोह-भंग के ऐसे शिकार होते कि यथार्थ को विकृत तक करके पेश करते, तो 'कुकुरमुत्ता' नामक संग्रह की कविताओं के समानान्तर 'अणिमा' के 'भाव जो छलके पदों पर', 'मैं बैठा था पथ पर', 'नूपुर के सुर मंद रहे' और 'द्रुम-दल शोभी फुल्ल नयन ये'-जैसे स्वप्न या मोहवाले गीत न रचते। तात्पर्य यह कि जरूरत उनके यथार्थवादी विकास को ठीक से समझने की है, जो उनमें जटिल ढंग से सम्भव हो रहा था। डा. शर्मा के कथन का अन्तिम वाक्य बहुत सही है, उससे मेरे इस निष्कर्ष की एक हद तक पुष्टि होती है कि गुलाब सामन्त-वर्ग का नहीं, बल्कि सौन्दर्य, सुरुचि और संस्कृति का प्रतीक है और फिर इस बात की भी कि कुकुरमुत्ता का तर्क कुतर्क है, लेकिन यह बात सही नहीं है कि कुकुरमुत्ता का पक्ष निराला का पक्ष है।

ऊपर हमने परिवेश का चित्रण देखा है, अब 'कुकुरमुत्ता' के दूसरे खंड में यह मनुष्य का चित्रण देखें, जिसमें यथार्थवाद की रेखाएँ और ज्यादा स्पष्ट हैं :

एक दिन हँसकर बहार यह बोली—
'चलो बाग़ घूम आएँ हम, गोली।'
दोनों चलीं, जैसे धूप, और छाँह
गोली के गले पड़ी बहार की बाँह।
साथ टेरियर और एक नौकरानी।
सामने कुछ औरतें भरती थीं पानी
सिटपिटाई जैसे अड़गड़े में देखा मर्द को
बाबू ने देखा हो उठती गर्द को।
निकल जाने पर बहार के, बोली
पहली दूसरी से, 'देखो, वह गोली
मोना बंगाली की लड़की।
भैंस भड़की,
ऐसी उसकी माँ की सूरत
मगर है नव्वाब की आँखों की मूरत।
रोज़ जाती है महल को, जगे भाग
आँख का जब उतरा पानी, लगे आग,
रोज़ ढोया आ रहा है माल-असबाब
बन रहे हैं गहने-ज़ेवर
पकता है क़लिया-कबाब।'
झटके से सिर-काँख पर फिर लिए घड़े
चली ठनकाती कड़े।

नवाबजादी बहार और मालिन की बेटी गोली का एक साथ होने पर धूप-छाँह की तरह लगना सुन्दर वर्णन है, वैसे ही बेमौके मर्द को देखकर औरतों के और गर्द को देखकर कपड़े

गन्दे होने के भय से बाबू लोगों के सिटपिटाने का वर्णन भी। औरतों की बातचीत बहुत ही सजीव है, उनकी प्रकृति को प्रकट करनेवाली, यह मानने में कोई दिक्कत नहीं होनी चाहिए। भड़की भैंस-जैसी सूरतवाली बात भी बहुत नई और सटीक है। अन्तिम दो पंक्तियों में जो चित्र है, वह तो प्रत्यक्ष की तरह है। कड़ों की ठनक निराला की कविताओं की नई यथार्थवादी भाषा की ठनक है।

अन्तिम वर्णन इस खंड में प्रकृति का है, जिसे मैं उद्धृत करना चाहता हूँ। यह वर्णन बिलकुल निराभरण है, इसलिए इसमें जो सौन्दर्य है, वह उन वस्तुओं का, जिनका चित्रण किया गया है, अपना सौन्दर्य है। अन्तिम पंक्तियों में जो कल्पना है, वह अभिव्यक्ति का स्वाभाविक अंग बनकर आई है। वर्णन है :

देखा फिर कुछ उड़ रही थीं तितलियाँ
डालों पर, कितनी चहकती थीं चिड़ियाँ।
भौंरे गूँजते, हुए मतवाले-से
उड़ गया इक मकड़ी के फँसकर बड़े-से जाले से।
फिर निगाह उठाई आसमान की ओर
देखती रही कि कितनी दूर तक छोर।
देखा—उठ रही थी धूप—
पड़ती फुनगियों पर, चमचमाया रूप।
पेड़ जैसे शाह इक-से-इक बड़े
ताज पहने, हैं खड़े।

भौंरे के मकड़ी के बड़े-से जाले में फँसकर फिर निकल जानेवाले दृश्य पर छायावादी कवि की दृष्टि न जाती और यदि जाती भी, तो वह तितलियों, चिड़ियों और भौंरों के साथ मकड़ी के जाले को चित्रण योग्य न समझता, लेकिन यह यथार्थवादी कवि की दृष्टि है, जो दृश्यों में सुन्दर-असुन्दर का कोई भेदभाव नहीं करती और जो यथार्थ है, उसके मूर्तन को अपना लक्ष्य बनाकर चलती है। उससे यह भ्रम नहीं होना चाहिए कि वह 'सिनिक' है, जो सुन्दर दृश्यों को देखता ही नहीं। निराला 'सिनिक' नहीं, इसका प्रमाण आसमान के अछोर फैलाव और उठकर वृक्षों की फुनगियों पर चमक रही धूप का वर्णन है। 'फिर निगाह उठाई आसमान की ओर/देखती रही कि कितनी दूर तक छोर'—इसमें जो सूक्ष्म चित्रांकन है, वह उन्हीं के बूते की बात थी। अन्तिम पंक्तियों में पेड़ों की उपमा ताज पहने खड़े बड़े-बड़े बादशाहों से दी गई है। ये नवाब के बाग के भव्य वृक्ष हैं।

घटना इस खंड में यह घटती है कि नवाबजादी बहार और मालिन की बेटी गोली, जिनमें बहुत मित्रता थी, बाग घूमने के लिए जाती हैं, तो एक जगह गोली की नजर कुकुरमुत्ता पर पड़ती है। वह 'कुकुरमुत्ता' चिल्लाती हुई उसकी तरफ दौड़ती है और ताबड़तोड़ उसे तोड़कर अपने आँचल में भरने लगती है। यह देखकर बहार को लगता है कि वह कोई गुलाब रो भी बढ़कर चीज है। गोली ने घूमकर मुस्कुराते हुए बहार को देखा और उससे कहा : 'देखो जी भरकर गुलाब/हम खाएँगे कुकुरमुत्ते का कबाब'। उससे कुकुरमुत्ता की कहानी सुनकर बहार के मुँह में पानी आ गया। "पूछा, 'क्या इसका कबाब/होगा ऐसा भी लज़ीज़?/जितनी भाजियाँ दुनिया में/इसके सामने नाचीज़?' " तत्पश्चात्—

गोली बोली–'जैसी ख़ुशबू
इसका वैसा ही सवाद,
खाते खाते हर एक को
आ जाती है बिहिश्त की याद
सच समझ लो, इसका क़लिया
तेल का भूना कबाब,
भाजियों में वैसा
जैसा आदमियों में नव्वाब।'

इससे परिस्थिति के व्यंग्य और विडंबना का अंदाजा लगाया जा सकता है। पहले खंड में जो कुकुरमुत्ता सर्वहारा का प्रतीक बना हुआ अपने को दुनिया में सबसे ऊपर बतला रहा था, दूसरे खंड में आकर वह लज्जतदार कलिया और कबाब की सामग्री बनता हुआ दिखलाई पड़ता है। कहा जा सकता है कि यहाँ भी उसका आकर्षण ऐसा है कि गोली ही नहीं, बहार के लिए भी उसके आगे गुलाब हेच ठहरता है। बहार तय करती है कि वह गोली के यहाँ जाएगी और वहाँ कुकुरमुत्ता का कबाब जरूर खाएगी। वह गोली से फिर जानना चाहती है–'कुकुरमुत्ते का कबाब/वैसी ख़ुशबू देता है/जैसी कि देता है गुलाब!' पाठक लक्ष्य करेंगे कि 'कबाब' और 'गुलाब' की तुकबंदी अपने आप व्यंग्य को उभार रही है। आगे–

गोली ने बनाया मुँह
बाएँ घूमकर फिर एक छोटी-सी निकाली 'उँह!'
कहा, 'बकरा हो या दुंबा
मुर्ग़ या कोई परिन्दा
इसके सामने सब छूः
सबसे बढ़कर इसकी ख़ुशबू।
भरता है गुलाब पानी
इसके आगे मरती है इन सबकी नानी।'

यहाँ निराला की दृष्टि पूरे जमाने पर जाती है और वे अपने व्यंग्य में ढेर सारी चीजों को लपेट लेते हैं–

चली गोली आगे जैसे डिक्टेटर
बहार उसके पीछे जैसे भुक्खड़ फ़ालोवर।
उसके पीछे दुम हिलाता टेरियर–
आधुनिक पोएट (Poet)
पीछे बाँदी बचत की सोचती
केपीटलिस्ट क्वेट।

इन पंक्तियों में डिक्टेटर भी है, फौलोवर भी, मुक्तिबोध के 'जगमगाते कविगण' भी और बचत-मूल्य भी, जो कि पूँजीवाद का मूल है, लेकिन निराला की दृष्टि के केन्द्र में कुकुरमुत्ता है, सर्वहारा का प्रतीक, जिसे अभी अपनी तार्किक परिणति प्राप्त करनी है। गोली बहार के साथ अपने घर पहुँचती है, फिर उसके अनुरोध पर उसकी माँ कुकुरमुत्ता का कलिया और कबाब तथा नफीस चपातियाँ बनाती है। निराला के शब्दों में, 'खाते ही बहार ने यह

फ़रमाया,/'ऐसा खाना आज तक नहीं खाया।'/शौक़ से लेकर सवाद/खाती रहीं दोनों/कुकुरमुत्ते का क़लिया-कबाब।' कविता चरमोत्कर्ष पर वहाँ पहुँचती है, जहाँ बहार से कुकुरमुत्ता की कहानी सुनकर नवाब के मुँह में भी पानी भर आता है और वह माली को बुलाकर उसे ताजा-ताजा कुकुरमुत्ता लाने का हुक्म देता है। माली के यह कहने पर कि हुजूर, अब कुकुरमुत्ता नहीं बचा, सिर्फ गुलाब बच रहे हैं, वह गुस्से से काँपने लगता है और कहता है, 'चल, गुलाब जहाँ थे, उगा,/सबके साथ हम भी चाहते हैं अब कुकुरमुत्ता।' क्यों? इसलिए कि उसका कलिया-कबाब मन-भर खाया जा सके। लेकिन अफसोस कि माली जवाब देता है कि खता माफ करें, कुकुरमुत्ता उगाया नहीं जा सकता, वह खुद उग गया, तो उग गया। यह कुकुरमुत्ता के गौरव की प्रतिष्ठा नहीं है, उसकी तुच्छता की ओर ही इशारा है। इस तरह जिस रूप में सर्वहारा-दर्शन प्रचलित था और एक हलके में अभी भी प्रचलित है, व्यंग्य-विनोद का सहारा लेकर निराला ने उसकी चिंदियाँ उड़ा दी हैं। यह काम उन्होंने उस दौर में किया था, जब व्यक्ति से लेकर समाज तक के जीवन में जो कुछ भी सुन्दर, शालीन और सुघड़ था, एक छिछले दर्शन के द्वारा उसे नकारा जा रहा था और एक सही चीज को बिलकुल गलत ढंग से प्रतिष्ठित करने की कोशिश की जा रही थी। निराला का विरोध उस 'सही चीज' से नहीं, उसे प्रतिष्ठित करने के इस गलत तरीके से था।

4

इस लेख में विचार करने के लिए 'कुकुरमुत्ता' के संशोधित संस्करण को आधार बनाया गया है, जो 1948 में प्रकाशित हुआ था। उसका प्रथम संस्करण 1943 का है, जिसमें 'ज़ियाफ़त' शीर्षक से एक छोटी, लेकिन बहुत ही चोखी भूमिका है, जो कई दृष्टियों से महत्त्वपूर्ण है। 'ज़ियाफ़त' का अर्थ है दावत या भोज। भूमिका सम्पूर्णतः यह है : "इसमें वही शरीक होंगे, जिन्हें न्योता नहीं भेजा गया, साथ ही जो कंगाल नहीं, न ऐसे बड़े आदमी कि अपनी जगह गड़े रह गए। मतलब साफ़ है। हम दोनों मतलब के। न हम पैरों पड़ें, न वह। मिहनत की कमाई हम भी खाएँ और वह भी।" यह इस दृष्टि से बहुत मार्मिक है कि इसमें निराला 'कुकुरमुत्ता' के पाठक-वर्ग की तरफ संकेत करते हैं। उन्होंने इस कविता में कुकुरमुत्ता का जो कलिया-कबाब बनाया है, उसका स्वाद लेने के अधिकारी वे साधारण जन हैं, जिन्हें निमन्त्रित होने का गौरव नहीं प्रदान किया गया। लेकिन वे ऐसे कंगाल नहीं, जो निमन्त्रित किए ही नहीं जाते, न ही वे इतने बड़े आदमी हैं कि बिना निमन्त्रण के भोज में शामिल ही नहीं हों। आगे निराला कहते हैं कि उनका सम्बन्ध ऐसे ही साधारण जनों से है। उन्हें उनसे काम पड़ता है, तो उन्हें भी उनसे। बराबरी का रिश्ता है, फिर कोई किसी के पाँव क्यों पड़े? दोनों अपनी-अपनी मेहनत की कमाई खाएँ। निराला साहित्य में श्रम करते हैं, तो वे खेत-खलिहानों, कारखानों और दफ्तरों में।

'कुकुरमुत्ता' के प्रथम संस्करण में इस शीर्षक की कविता के अलावा सात और कविताएँ संगृहीत थीं, जो बाद में उससे निकालकर 'नए पत्ते' में शामिल कर ली गईं और 'कुकुरमुत्ता' का संशोधित संस्करण स्वतन्त्र रूप में निकला। इस लिहाज से उसके प्रथम संस्करण की भूमिका बाकी सात कविताओं से भी संबद्ध मानी जा सकती है। प्रसंगवश

यहाँ यह बतला देना दिलचस्प होगा कि डा. शर्मा ने 'कुकुरमुत्ता' की इस संक्षिप्त भूमिका को कूट-गद्य का नमूना कहा है और उसका यह अर्थ किया है : ''इसमें वही शरीक होंगे, जिन्हें न्योता नहीं भेजा गया (कुकुरमुत्ता संग्रह को पढ़ना कुकुरमुत्ता का कलिया खाने की तरह है; न्योते की जरूरत नहीं;) साथ ही जो कंगाल नहीं, न ऐसे बड़े आदमी कि अपनी जगह गड़े रह गए। (साहित्य के रसग्रहण में कंगाल न होना चाहिए; दावत अमीर के लिए भी है अगर वह अपनी जगह छोड़कर निराला के पास आए।) मतलब साफ़ है। हम दोनों मतलब के। न हम पैरों पड़ें, न वह। मिहनत की कमाई हम भी खाएँ और वह भी। (पुस्तक कुँवर सुरेश सिंह को समर्पित है। वह ऐसे बड़े आदमी नहीं हैं कि अपनी जगह गड़े रहें; बराबरी का सम्बन्ध है। मेहनत की कमाई दोनों खाते हैं, दोनों मतलब के हैं, अपना-अपना स्वार्थ लिए हुए मित्र हैं।)'' यह उद्धरण 'निराला की साहित्य-साधना' के दूसरे खंड से लिया गया है। इस पर सिर्फ इतनी टिप्पणी की जा सकती है कि डा. शर्मा मोटी पुस्तकें लिखने में भी जल्दबाजी से ही काम लेते हैं, जिससे किसी भी विषय पर, वह बड़ा हो या छोटा, ठहरकर सोचने के लिए उनके पास वक्त नहीं होता और वे अपने आग्रह-दुराग्रह का सूत्र पकड़कर झटके में सबकुछ का वारा न्यारा करते हुए आगे बढ़ते चले जाते हैं।

'कुकुरमुत्ता' के संशोधित संस्करण की भूमिका में, जो प्रथम संस्करण की भूमिका से बड़ी है, निराला ने और बातें भी कही हैं, लेकिन प्रथम संस्करण की बात को साफ भी किया है। कहते हैं, '' 'कुकुरमुत्ता' का संशोधित संस्करण, आशा है, पाठकों को पसन्द आएगा। इसके व्यंग्य और इसकी भाषा आधुनिक है।....इस पद्य में अप्रचलित शब्द नहीं। बाजार आज भी गवाही देता है कि किताब चाव से खरीदी गई, आवृत्ति हजार कान सुनी गई और तारीफ लाख-मुँह होती रही।'' पाठकों से निराला का सीधा मतलब साधारण पाठकों से है। 'कुकुरमुत्ता' का व्यंग्य आधुनिक है, यह भी स्पष्ट है, क्योंकि रूसी क्रान्ति के पहले सर्वहारा-दर्शन कोई विषय न था। इसी तरह इसकी भाषा भी छायावादी कविता के बाद की भाषा है। निराला प्रकारान्तर से यहाँ छायावादी काव्य-भाषा को पुरानी कह रहे हैं। आधुनिक भाषा का एक लक्षण उसका व्यावहारिक और स्वाभाविक होना भी है, जिसमें अप्रचलित शब्दों के प्रयोग का अवसर नहीं होता। अन्त में उन्होंने इस बात पर हर्ष प्रकट किया है कि 'कुकुरमुत्ता' बड़े पैमाने पर पाठकों और श्रोताओं द्वारा अपनाया गया।

इन बातों से यह स्पष्ट है कि 'कुकुरमुत्ता' कविता लिखते समय निराला के सामने कौन-सा रचनात्मक लक्ष्य और कौन-सी रचनात्मक चुनौती थी। शुरू से ही वे खड़ीबोली में काव्य-प्रणयन को ध्यान में रखकर चल रहे थे। उनके सामने लगातार यह साफ होता जा रहा था कि खड़ीबोली की कविता का मतलब है उसमें इसी भाषा के वाक्य, शब्द और मुहावरे का प्रयोग। तात्पर्य यह कि वह संस्कृत पर अनावश्यक निर्भरता से मुक्त हो और गद्य-भाषा को आदर्श मानकर चले। बड़ी बात यह कि निराला धीरे-धीरे समझते गए कि खड़ीबोली का असली स्रोत संस्कृत नहीं, बल्कि हिन्दी क्षेत्र की बोलियाँ और अरबी-फारसी के लदाव से मुक्त उर्दू है। लेकिन उनकी बहुत बड़ी खूबी यह है कि भाषा के मामले में उन्होंने छायावादोत्तर काल में कभी संकीर्णता से काम न लिया। संस्कृत के प्रभाव से मुक्त होने की बात सोचते हुए भी उन्होंने खड़ीबोली के लिए उसके महान् दाय का मतलब समझा और इस कारण उससे आत्यंतिक सम्बन्ध-विच्छेद को उन्होंने न कभी सिद्धान्त में महत्त्व

दिया, न व्यवहार में। दूसरे, एक तरफ बोलियों को उन्होंने खड़ीबोली का जीवन्त स्रोत माना और दूसरी तरफ अपनी कविता को ब्रजभाषा के अनावश्यक प्रभाव से भी अलग रखने की कोशिश की। उर्दू के सम्बन्ध में भी यही बात है। उचित ही डा. शर्मा उनकी ऐसी भाषा को 'गुलाबी उर्दू' कहते हैं। 'कुकुरमुत्ता' निराला की महत्त्वपूर्ण उपलब्धि इस कारण है कि इस कविता में जैसे उन्होंने अपने सर्जनात्मक लक्ष्य को पा लिया है और उनके सामने जो सर्जनात्मक चुनौती थी, उसका सफलतापूर्वक मुकाबला किया है। सर्जनात्मक लक्ष्य था कविता में *खड़ीबोली* का प्रयोग और सर्जनात्मक चुनौती थी उस खड़ीबोली में कविता को सम्भव बनाना। ये दोनों कार्य उन्होंने कैसे सम्पन्न किए, इसका पता 'कुकुरमुत्ता' से जो उद्धरण ऊपर दिए गए हैं, उनसे बहुत अच्छी तरह से चल जाता है। इसमें उनकी सहायता उर्दू के बहर ने की है, जिसमें वाक्य पूरे होते हैं और जिसकी लय में भरपूर लचक होती है, इतनी कि वर्णों और मात्राओं की संख्या को भुलाकर उच्चारण को महत्त्व देते हुए आगे बढ़ते हैं। इस उच्चारण पर निराला का जोर शुरू से था, क्योंकि यह उनकी दृष्टि में खड़ीबोली के सौन्दर्य को प्रकट करनेवाला है। आवश्यकतानुसार वे उसमें बलाघात से काम लेते हैं। शमशेर-जैसे रचनाकार ने इस कविता की क्रान्तिकारिता और श्रेष्ठता को नहीं समझा था, लेकिन प्रसन्नता की बात है कि उन्हीं के एक समानधर्मा ने उसे बखूबी समझा। वे हैं प्रभाकर माचवे, जो 'कुकुरमुत्ता' को निराला-काव्य में महत्त्वपूर्ण प्रस्थान-बिन्दु मानते हुए कहते हैं : " 'कुकुरमुत्ता' से निराला की कविता-धारा मुड़ी। कुछ ठिठकी, अटकी, खिलखिलाई, फिर दौड़ पड़ी, किलकारी भर, वन्य उत्स-सी, छलाँग भरती हुई!" यह बात इस कविता की अन्तर्वस्तु और भाषा दोनों के लिए ही सही है। ताज्जुब नहीं कि 'कुकुरमुत्ता' निराला की अपनी दृष्टि में उनकी वैसी ही महत्त्वपूर्ण कविता थी, जैसी 'राम की शक्ति-पूजा' या फिर 'तुलसीदास'। यह उनकी कविता का ही नहीं, बल्कि सम्पूर्ण आधुनिक हिन्दी कविता का नया प्रस्थान बिन्दु है।

ध्वंस और निर्माण

'कुकुरमुत्ता' भी ध्वंस की कविता है, लेकिन उसमें खाली ध्वंस नहीं है। ध्वंस और निर्माण ये दोनों कार्य उसमें साथ-साथ चलते हैं। इसका स्पष्ट मतलब यह है कि उसमें ध्वंस के माध्यम से ही निर्माण होता है, न कि ध्वंस करने के बाद निराला निर्माण आरम्भ करते हैं। प्रश्न है, किसका ध्वंस और किसका निर्माण? यह ध्वंस छायावाद का है, रोमांटिक स्वप्नों, आदर्शों और काव्य-भाषा का, और निर्माण यथार्थवाद का। छायावाद के बाद हिन्दी में प्रगतिवादी कविता लिखी गई थी। हम यह नहीं कह सकते कि निराला प्रगतिवाद से प्रभावित नहीं हुए, लेकिन 'कुकुरमुत्ता' समाज, राजनीति और साहित्य में जो 'सर्वहारा-दर्शन' प्रचार पा रहा था, उस पर बहुत जोरदार आक्रमण है, यह भी सही है। इससे इस कवि के यथार्थ-बोध की जटिलता और प्रौढ़ता का अंदाजा लगाया जा सकता है।

'कुकुरमुत्ता' जब पहली बार पुस्तिका के रूप में प्रकाशित हुआ था, तो अकेला नहीं था। उसमें उसके साथ सात कविताएँ और थीं। रचना वा प्रकाशन-क्रम से वे कविताएँ हैं : 'प्रेम-संगीत', 'रानी और कानी', 'मास्को डाएलाग्स', 'गर्म पकौड़ी', 'खजोहरा', 'स्फटिक-शिला' और 'खेल'। इनमें इसी काल की एक असंकलित कविता 'बापू के प्रति' को भी शामिल करना चाहिए। इन कविताओं के साथ 'अणिमा' की, जिसका प्रकाशन-वर्ष वही है, जो 'कुकुरमुत्ता' का, पाँच कविताओं को भी जोड़ लेने से अपनी काव्य-रचना के मध्यवर्ती काल में निराला ध्वंस और निर्माण की जिस प्रक्रिया से गुजरे, उसका चित्र पूरा हो जाता है। वे कविताएँ हैं : 'यह है बाजार', 'मेरे घर के पच्छिम ओर रहती है', 'सड़क के किनारे दूकान है', 'चूँकि यहाँ दाना है' और 'जलाशय के किनारे कुहरी थी'। कविताएँ और भी हैं, लेकिन ये उनकी चुनी हुई कविताएँ हैं, जिन्हें मात्र प्रयोग कहकर उपेक्षित नहीं किया जा सकता, बल्कि जो उनकी 'नवीन उपलब्धि' के रूप में सामने आती हैं। क्रम से इन कविताओं पर विचार करते हुए हम आगे बढ़ेंगे, तो देखेंगे कि सचेत रूप से किया जानेवाला निराला का ध्वंस-कार्य बन्द होता जाता है और निर्माण की रेखाएँ पुष्ट होती और उभरती जाती हैं। तात्पर्य यह कि वे शान्त चित्त से यथार्थवादी काव्य-रचना के मार्ग पर दृढ़ता से कदम रखते हुए आगे बढ़ते दिखलाई पड़ते हैं। डा. रामविलास शर्मा 'कुकुरमुत्ता' सहित उनकी इन कविताओं को मोहभंग की कविता तो कहते ही हैं, साथ-साथ उनके यथार्थ-बोध में यत्र-तत्र विकृति का भी दर्शन करते हैं। 'कुकुरमुत्ता' के यथार्थबोध में कोई विकृति नहीं है, लेकिन छायावाद की प्रतिक्रिया में, उसके स्वप्नों, मूल्यों और चित्रात्मक संगीतपूर्ण भाषा को नष्ट करने के लिए उन्होंने शुरू में जो कविताएँ लिखीं, उनमें कुछ स्थलों पर अतिवादजनित विकृति अवश्य देखने को मिलती है। यहाँ स्मरणीय यह है कि इन कविताओं के समानान्तर वे 'अणिमा'

के छायावादी गीतों की भी रचना कर रहे थे, जिनमें एक नया निखार है। यह इस बात का सूचक है कि निराला की काव्य-संवेदना वाकई बहुत जटिल थी, जिससे उनके बारे में कोई सरल टिप्पणी नहीं की जा सकती। न तो यह कहा जा सकता है कि उन्होंने छायावाद का ध्वंस कर दिया, न यह कि वे शुद्ध यथार्थवादी कवि के रूप में सामने आए, न यह कि अब वे प्रगतिवादी कविताएं लिखने लगे और न यह कि उनका यथार्थ-बोध विकृति का शिकार था। यहाँ हम संकेतित कविताओं के चेहरे को नजदीक से पहचानने की कोशिश करें।

सर्वप्रथम *'प्रेम-संगीत'* शीर्षक कविता–

बम्हन का लड़का
मैं उसको प्यार करता हूँ।

ज़ात की कहारिन वह,
मेरे घर की है पनहारिन वह,
आती है होते तड़का,
उसके पीछे मैं मरता हूँ।

कोयल-सी काली, अरे,
चाल नहीं उसकी मतवाली,
ब्याह नहीं हुआ, तभी भड़का
दिल मेरा, मैं आहें भरता हूँ।

रोज़ आकर जगाती है सबको,
मैं ही समझता हूँ इस ढब को,
ले जाती है मटका बड़का,
मैं देख-देखकर धीरज धरता हूँ।

डा. शर्मा की सूचना के अनुसार यह कविता 'बड़का मटका' शीर्षक से सर्वप्रथम नरोत्तम नागर-संपादित 'उच्छृंखल' नामक पत्र में छपी थी, मेरे अनुमान से उसके 1939 के किसी अंक में। आज 'उच्छृंखल' का वह अंक सुलभ नहीं, लेकिन इतना निश्चित है कि शीर्षक को छोड़ दें, तो उसमें कविता का वही पाठ था, जो 'कुकुरमुत्ता' के प्रथम संस्करण में संगृहीत है। बाद में निराला ने उसमें लय और भाषा यानी खड़ीबोली की दृष्टि से कुछ परिवर्तन किए। उनमें एक परिवर्तन यह था कि दूसरे बंद की पहली पंक्ति के अन्त में उन्होंने 'अरे' शब्द जोड़ दिया, जिससे उक्ति में एक अधीरता आ गई और स्पष्ट हो गया कि उनका जितना आग्रह भाव पर है, उतना तुकान्त पंक्तियाँ रचने पर नहीं। दूसरा परिवर्तन उन्होंने यह किया कि अन्तिम बंद में जो दो पूर्वकालिक क्रियाएँ थीं, 'आ' और 'देख देख', उन्हें 'आकर' और 'देख-देखकर' कर दिया और पहली पंक्ति में शब्दों की जगह में भी कुछ हेर-फेर किया। छोटे परिवर्तन ये किए कि 'मैं प्यार उसे करता हूँ' को 'मैं उसको प्यार करता हूँ' बना दिया और 'सिर्फ समझता मैं इस ढब को' को 'मैं ही समझता हूँ इस ढब को'। ये परिवर्तन इस बात का भी प्रमाण हैं कि निराला ने अभिव्यक्ति की दृष्टि से अपनी छायावादी रचनाओं पर ही नहीं, छायावादोत्तर काल की रचनाओं पर भी घोर श्रम

किया है। यह श्रम 'कुकुरमुत्ता' में भी दिखलाई पड़ता है, जब वह स्वतन्त्र रूप में प्रकाशित हुआ। पिछले लेख में जैसे उसके परवर्ती पाठ को ही विचार का आधार बनाया गया है, इस लेख में भी सभी कविताओं के परवर्ती पाठ को ही महत्त्व दिया गया है।

'बड़का मटका' की जगह 'प्रेम-संगीत' शीर्षक बहुत ही व्यंजक है। निराला पूरे व्यंग्य के साथ इस कविता में वर्णित प्रसंग को या उस पर रची गई कविता को 'प्रेम-संगीत' का नाम देते हैं। वस्तुतः यह कविता छायावादी प्रेम-गीतों की 'पैरोडी' है। इसमें उन्होंने छायावादी दिव्य प्रेम का उपहास करते हुए प्रेम की असलियत उजागर कर दी है। स्पष्टतः यह छायावाद की प्रतिक्रिया है, उससे मोहभंग। 26 मई, 1943 को उन्होंने जानकीवल्लभ शास्त्री को एक पत्र में लिखा था : 'एक रोज दिल में आया जो कुछ पद्य-साहित्य में लिखा है, उसका उल्टा लिख डालूँ।' यह बात कुछ वर्ष बाद की है, लेकिन उनका यह खयाल काफी पहले से बनने लगा था, 'कुकुरमुत्ता' की कविताएँ इसका प्रमाण हैं।

'बम्हन का लड़का/मैं उसको प्यार करता हूँ' में 'ब्राह्मण' की जगह जो 'बम्हन' है, उसका भी कारण है। वे उपहास छायावादी प्रेम का ही नहीं, ब्राह्मणत्व का भी करते हैं। मुझे इसके पीछे भी थोड़ी-बहुत विवेकानन्द की प्रेरणा मालूम पड़ती है। विवेकानन्द का 'भारत का भविष्य' शीर्षक मद्रास में दिया गया जो अन्तिम व्याख्यान है, अनेक दृष्टियों से बहुत महत्त्वपूर्ण, उसमें उन्होंने और बातों के साथ यह भी कहा था : "मुझे विशेष दुख इस बात पर होता है कि वर्तमान समय में भी जातियों के बीच में भी इतना मतभेद चलता रहता है। इसका अन्त हो जाना चाहिए। यह दोनों ही पक्षों के लिए व्यर्थ है, खासकर ब्राह्मणों के लिए, क्योंकि इस तरह के एकाधिकार और विशेष दावों के दिन लद गए। *हर एक अभिजात वर्ग का कर्त्तव्य है कि अपने कुलीन तंत्र की कब्र वह आप ही खोदे*, और जितना शीघ्र इसे कर सके, उतना ही अच्छा है। जितनी ही वह देर करेगा, उतनी ही वह सड़ेगी और उसकी मृत्यु भी उतनी ही भयंकर होगी।" इस बात से निराला परिचित तो बहुत दिनों से थे, पर उस पर अमल करना उन्होंने तब शुरू किया, जब वे छायावाद के उदात्त लोक से काफी कुछ बाहर आ गए और उनकी सामाजिक चेतना दृढ़तर ही नहीं, प्रखरतर हो उठी। ब्राह्मणत्व और उसकी कुलीनता की कब्र उन्होंने इस कविता में भी खोदी है और 'गर्म पकौड़ी' शीर्षक कविता में भी, जिसके अन्त में कहा है : 'अरी, तेरे लिए छोड़ी/बम्हन की पकाई/मैंने घी की कचौड़ी'। निश्चय ही 'प्रेम-संगीत' में वे ब्राह्मणत्व पर इस विडंबना की सृष्टि करके चोट करते हैं कि एक ब्राह्मण-कुमार शूद्र-कन्या से प्यार करता है, सारी मर्यादा छोड़कर उसकी शरीर-प्राप्ति के लिए आहें भरता हुआ, और 'गर्म पकौड़ी' में ब्राह्मणों के शुद्धतावाद का मखौल उड़ाते हुए।

लेकिन 'प्रेम-संगीत' कविता में इतना ही नहीं है। इसमें पनिहारिन का, जो जाति से कहार है, और एक युवक का, जो कि ब्राह्मण है, पूरा यथार्थवादी वर्णन है। पनिहारिन तड़के ब्राह्मण-कुमार के घर पहुँचती है। देखने में तो वह अच्छी नहीं है, एक तो कोयल-जैसी काली है, दूसरे, युवावस्था में युवतियों की चाल में जो एक मस्ती आ जाती है, वह भी उसमें नहीं, लेकिन चूँकि अभी वह क्वाँरी है, इसलिए ब्राह्मण-कुमार का दिल उसे देखकर भड़क उठता है और वह उसके लिए बेचैन हो उठता है। उस शूद्र युवती को इस बात का अहसास है, इसलिए वह डरती है कि वह कभी मौका पाकर उस पर आक्रमण न कर बैठे। भोर में जब वह घड़े भरने के लिए पहुँचती है, तो घर के सारे लोग सोए रहते हैं। उस समय असली

खतरा होता है। उसे भाँपकर वह घर के सारे लोगों को जगा देती है। वह ऐसा क्यों करती है, इसे घर के बाकी लोग तो नहीं जानते, पर वह ब्राह्मण युवक अवश्य जानता है। वह कहता है, 'मैं ही समझता हूँ इस ढब को'। वह बड़ावाला घड़ा उठाती है और उसे भरने के लिए बाहर निकल पड़ती है। ब्राह्मण युवक के पास उसे देख-देखकर धैर्य धारण करने के अलावा कोई उपाय नहीं रह जाता। गौर करने पर पता चलेगा कि यह वर्णन केवल छायावादी प्रेम-लोक का संहार नहीं करता है, बल्कि यथार्थ के एक टुकड़े को बहुत सजीव रूप में, उसकी पूरी विडंबना के साथ, दिलचस्प बनाकर भी हमारे सामने रखता है। यही ध्वंस के माध्यम से निराला का निर्माण है, जिससे हिन्दी कविता में एक नए युग की शुरुआत होती है। यहाँ पूछा जा सकता है कि उन्होंने यथार्थ-चित्रण की यही शैली क्यों अपनाई? इसका उत्तर यथार्थ में है, रचनाकार के पास नहीं। यथार्थ ऐसा विसंगत और विडंबनापूर्ण था कि निराला उसे इसी रूप में चित्रित कर सकते थे। यह काम उन्होंने कैसी विदग्धता के साथ किया, आज यह अच्छी तरह से स्पष्ट है, जब हम पाते हैं कि उनकी ऐसी कविताएँ भी सरल-सपाट न होकर अपने ढंग की संश्लिष्टता और व्यंजकता लिए हुए हैं। पूरी कविता 'मैं'-शैली में लिखी गई है, जिससे इसमें ब्राह्मणत्व का उपहास आत्मोपहास बनकर आता है, यानी इसमें कवि जिसका उपहास करता है, वह अपना उपहास स्वयं करता है, बल्कि कवि जो भी करता है, उसी के माध्यम से। यह चीज कविता को कोई सरल आख्यान नहीं रहने देती और उसमें एक वक्रता ला देती है। इस कविता की भाषा खड़ीबोली का आदर्श रूप है, जिसमें एक तरफ अरबी-फारसी के प्रचलित शब्दों की खनक है, तो दूसरी तरफ लोकभाषा के शब्दों की सरसता। 'ज़ात', 'रोज़', 'पनहारिन' और 'बड़का' शब्दों के प्रयोग से यह स्पष्ट है।

यह आकस्मिक नहीं है कि इस कविता का पूरा ढाँचा गीतवाला है। वैसे ही टेक और अंतरे। सावधानी से की गई तुकबंदी। लेकिन छायावादी गीतों से कितना भिन्न! निराला ने जान-बूझकर गीत के विस्फोटक से ही उन गीतों को ध्वस्त किया है। यह उनकी कला और उनके कौशल दोनों का ही एक नया रूप है। जहाँ तक छंद की बात है, इस कविता में कोई छंद नहीं, बस मुक्तछंद की लय है, जिसमें यह विराम और बलाघात के सहारे आगे बढ़ती है। निराला का यह प्रयोग बहुत ही विलक्षण है, जो आगे अनेक कविताओं में निखार को प्राप्त करता है।

दूसरी कविता, जिस पर टिप्पणी दरकार है, *'रानी और कानी'* है, जो इस प्रकार है :

माँ उसको कहती है रानी
आदर से, जैसा है नाम;
लेकिन उसका उल्टा रूप,
चेचक के दाग़, काली, नक-चिप्टी,
गंजा सर, एक आँख कानी।

रानी अब हो गई सयानी,
बीनती है, काँड़ती है, कूटती है, पीसती है,
डलियों के सीले अपने रूखे हाथों मीसती है,

घर बुहारती है, करकट फेंकती है,
और घड़ों भरती है पानी;
फिर भी माँ का दिल बैठा रहा,
एक चोर घर में पैठा रहा,
सोचती रहती है दिन-रात
कानी की शादी की बात,
मन मसोसकर वह रहती है
जब पड़ोस की कोई कहती है—
"औरत की ज़ात रानी,
ब्याह भला कैसे हो
कानी जो है वह!"

सुनकर रानी का दिल हिल गया,
काँपे कुल अंग,
दाईं आँख से
आँसू भी बह चले माँ के दुख से,
लेकिन वह बाईं आँख कानी
ज्यों-की-त्यों रह गई रखती निगरानी।

कविता के पहले अंश में रानी के नाम और रूप में जो वैषम्य है, कवि ने उसे उभारकर रखा है, जैसे उसके माध्यम से वह यथार्थ की विसंगति और विडम्बना का चित्रण कर रहा हो। निश्चय ही निराला ने बदसूरती का चित्रण करने के लिए जितने सामान हो सकते हैं, वे सब जुटाए हैं। कुछ भी छोड़ा नहीं। रानी के चेहरे पर चेचक के दाग हैं, उसका रंग काला है और उसकी नाक चिपटी है। इतना ही नहीं, उसका सिर भी गंजा है और वह कानी भी है। डा. शर्मा का कहना है कि 'जैसे कुकुरमुत्ता में उन्होंने सारी गन्दगी बटोरकर एक ही जगह उसका ढेर लगाने का प्रयत्न किया है, वैसे ही यहाँ कुरूपता दर्शाने के लिए जितने तत्त्व हो सकते थे, उन्होंने एक ही जगह सजा दिए हैं।' 'कुकुरमुत्ता' वाली बात छोड़ दें, तो इस कथन में सच्चाई है। निराला की छायावादी कविता में एक से एक सुन्दर नायिकाएँ हैं, प्रकृति और मनुष्य-लोक दोनों से ली हुई, उदाहरणार्थ जूही की कली, शेफालिका, स्पर्श-लज्जिता, शुभ्र-किरण-वसना, नयनों के लाल डोरोंवाली और उसी तरह यामिनी-भर जागी हुई। इस कविता में रानी के चित्रण के माध्यम से जैसे वे उन सबको ध्वस्त कर देते हैं, मानो वे सबकी सब 'कल्पना के कानन की रानी' थीं और यथार्थ तो केवल यह रानी है! सच्चाई यह भी है कि ऐसा होते हुए भी इस कविता में रानी का चित्रण केवल छायावाद की प्रतिक्रिया नहीं है। इसका प्रमाण यह है कि यह कविता जिस स्वर के साथ समाप्त होती है, वह एक गम्भीर यथार्थवादी कविता का स्वर है, जिसमें हास्य के साथ करुणा का गहन स्पर्श है। यह सर्जनशीलता सिर्फ प्रतिक्रिया या ध्वंस की कविता में नहीं हो सकती।

रानी की स्थिति यह है कि जब वह कुछ समझदार होती है, तो उसके जिम्मे ढेर सारे काम आ जाते हैं—अनाज को बीनना, कूटना, पीसना, खेत से चुनी हुई बालियों को नंगे

हाथों मसलना, घर बुहारना, कूड़ा फेंकना, पानी भरना आदि। लेकिन उसके इतने काम करने पर भी उसकी माँ खुश नहीं दिखलाई पड़ती। कारण यह कि वह उसकी शादी की चिन्ता से ग्रस्त रहती है। वह तब बहुत दुखी हो जाती है, जब पड़ोस की कोई औरत ताना देने के स्वर में कहती है–रानी स्त्री-जाति में उत्पन्न हुई है, जिसके लिए खूबसूरती का बहुत ज्यादा महत्त्व है। वह तो कानी है, फिर उसकी शादी कैसे होगी?

कविता का अन्तिम अंश हास्यमिश्रित करुणा से युक्त तो है ही, त्रासद भी है। पड़ोस की औरत की वह बात रानी भी सुनती है। सुनकर उसका दिल ही नहीं हिल उठता है, सम्पूर्ण शरीर प्रकम्पित हो उठता है, जिसके परिणामस्वरूप उसकी दाईं आँख से आँसू ढरक पड़ते हैं! 'तोड़ती पत्थर' में मजदूरिनी के काँपने से उसके ललाट से पसीने की बूँदें टपकती हैं, जबकि यहाँ आँख से आँसू, वह भी सिर्फ एक आँख से, जो दुरुस्त थी। बाईं कानी आँख तो पूरी परिस्थिति पर नजर रखे पूर्ववत् रह जाती है, यानी बिना रोए। स्पष्टतः यहाँ निराला ने हास्य और करुणा इन दो विपरीत छोरों को मिलाया है। हँसी में रुदन या रुदन में हँसी यह वाकई भयावह स्थिति है, जहाँ तक बहुत कम लेखक पहुँच पाते हैं। इस तरह यह निराला की एक असाधारण कविता है, हास्य-विनोद की कोई मामूली कविता नहीं, जैसा शुरू में ज्यादातर लोगों ने समझा था।

इस कविता का ढाँचा भी शिथिल रूप में गीत का ही ढाँचा है, लेकिन इसका असली सौन्दर्य हलकी मुक्तछंद वाली लय के साथ बलाघातपूर्वक इसके पाठ में है। पटना विश्वविद्यालय के हिन्दी विभाग के निराला विशेष पत्र के छात्रों ने एक बार अपने मन से इस कविता का चुनाव कर एक आयोजन में इसका पाठ किया था, जो बहुत ही प्रभावशाली सिद्ध हुआ था। उस समय यह देखकर आश्चर्य हुआ था कि लयसहित बलाघात के स्थलों को छात्रों ने बड़ी आसानी से पहचान लिया था और उन्होंने इसे हास्य-विनोद की नहीं, बल्कि सामाजिक यथार्थ की एक विलक्षण कविता मानकर इसकी प्रस्तुति की थी। मेरा खयाल है, सारे निर्देश उन्हें इस कविता से ही प्राप्त हुए थे, बाहर से नहीं। यह बात इसकी अन्तर्वस्तु और कला दोनों पर अच्छा प्रकाश डालती है। जहाँ तक भाषा का सवाल है, इसमें व्यावहारिक भाषा और काव्यभाषा का अन्तर लगभग मिट गया है। अब जीवन और कविता दोनों आमने-सामने हैं।

'बापू के प्रति' इसी काल की निराला की एक ऐसी कविता है, जिसे उन्होंने विवाद के कारण 'कुकुरमुत्ता' में संगृहीत न किया था। अब वह कविता 'असंकलित कविताएँ' में संकलित है और अवश्य ही विचारणीय है। सम्पूर्ण कविता यह है :

बापू, तुम मुर्ग़ी खाते यदि,
तो क्या भजते होते तुमको
ऐरे-ग़ैरे नत्थू-ख़ैरे-?–
सर के बल खड़े हुए होते
हिन्दी के इतने लेखक-कवि,
बापू, तुम मुर्ग़ी खाते यदि?

बापू, तुम मुर्ग़ी खाते यदि,
तो लोकमान्य से क्या तुमने

लोहा भी कभी लिया होता?—
दक्खिन में हिन्दी चलवाकर
लखते हिन्दुस्तानी की छवि,
बापू, तुम मुर्ग़ी खाते यदि?

बापू, तुम मुर्ग़ी खाते यदि,
तो क्या अवतार हुए होते
कुल-के-कुल कायथ-बनियों के?
दुनिया के सबसे बड़े पुरुष
आदम-भेड़ों के होते भी!
बापू, तुम मुर्ग़ी खाते यदि?

बापू, तुम मुर्ग़ी खाते यदि,
तो क्या पटेल, राजन, टंडन,
गोपालाचारी भी भजते?—
भजता होता तुमको मैं औ'
मेरी प्यारी अल्लारक्खी,
बापू, तुम मुर्ग़ी खाते यदि!

यह कविता कलकत्ते से प्रकाशित होनेवाले साप्ताहिक 'विचार' के, जिसके संपादक भगवतीचरण वर्मा थे, 14 जुलाई, 1940 के अंक में छपी थी। निराला का साक्ष्य मानें, तो यह कविता उन्होंने उनसे खुद माँगी थी और न भेजने पर फिर उन्हें याद भी दिलाई थी। कविता एक लम्बी संपादकीय टिप्पणी के साथ प्रकाशित की गई, जिसका मुख्य अंश है : "अगर ऊल-जलूल बातें लिखना और उनकी घोषणा करना, अगर लोगों की सुरुचि पर प्रहार करना, अगर जनमत अथवा लोकमत की भद्दे तौर से हँसी उड़ाना ही उत्कृष्ट कला है, तो हम स्वीकार करते हैं कि निरालाजी का इस युग का सर्वश्रेष्ठ कवि अथवा कलाकार होने का वह दावा जो वह अक्सर मौके-बेमौके उचित-अनुचित ढंग से किया करते हैं, सोलह आना ठीक है।" संपादक ने आगे यह भी लिखा कि 'इस कविता में बापू और मुर्गी तथा निरालाजी और अलारक्खी के सम्बन्ध पर पाठकों का ध्यान आकर्षित करते हुए [हम] उनसे एक बार हिन्दी के सर्वश्रेष्ठ कवि 'निराला की जय' बोलने का अनुरोध करेंगे।' यह टिप्पणी यह दिखलाने के लिए काफी है कि इस काल में निराला एक साथ ध्वंस और निर्माण का जो काव्य रच रहे थे, उसकी हिन्दी जगत् पर कैसी प्रतिक्रिया हो रही थी।

निराला छायावाद का ध्वंस कर रहे थे, भले साथ-साथ छायावादी कविता भी रच रहे थे। छायावाद और गाँधीवाद में बहुत घनिष्ठ सम्बन्ध है। कुछ विद्वानों के अनुसार छायावाद 'गाँधी-युग की कविता' है। गाँधीवाद जैसे आदर्शवादी विचारधारा है, छायावाद भी आदर्शप्रधान था। उसके अनेक आदर्श गाँधी-युग से ही उसे प्राप्त हुए थे। स्वभावतः महात्मा गाँधी अपने युग के नायक तो थे ही, छायावाद के भी नायक थे। निराला ने जब छायावाद पर प्रहार शुरू किया, तो उन्होंने उसके नायक की प्रतिमा पर भी चोट की। उसी चोट का स्मारक उनकी यह 'बापू के प्रति' शीर्षक कविता है।

प्रश्न उठता है कि महात्मा गाँधी के प्रतिमा-भंजन का प्रयास निराला ने किस आधार पर किया? प्रकटतः तो वह उनका मुर्गी न खाना है, लेकिन क्या बात इतनी ही है? निराला मांसाहारी थे और जिन विवेकानन्द के अनुयायी थे, वे भी मांसाहारी थे। विवेकानन्द ने भारत-जैसे निर्बल राष्ट्र को बल-प्राप्ति के लिए मांस-भक्षण का परामर्श दिया था। ऐसी स्थिति में यदि निराला यह जानना चाहते हैं कि यदि महात्मा गाँधी मुर्गी खाते होते, तो जो लोकप्रियता उन्हें मिली है, क्या मिलती, तो इसमें भड़क उठने की कौन-सी बात है? वे सभी प्रकार की रूढ़ियों के खिलाफ थे और उनकी दृष्टि में मांसाहार न करना भी एक धार्मिक रूढ़ि थी, इसलिए उसे लेकर उनके मन में शंका का पैदा होना स्वाभाविक था। मुर्गी का जिक्र उन्होंने जान-बूझकर इसलिए किया है कि उस समय यह मुसलमानों के लिए ही खाद्य थी और जो हिन्दू मांसाहारी होते थे, वे भी इससे परहेज रखते थे। उनमें जो मुर्गी को अपने लिए भी खाद्य मानते थे, वे भी शेष समाज से इस बात को छिपाते थे। महात्मा गाँधी हिन्दू-मुस्लिम-एकता के जबर्दस्त हिमायती थी, फिर जो पक्षी मुसलमानों के लिए खाद्य था, वह हिन्दुओं के लिए भी खाद्य होना चाहिए, ऐसा कहने में उन्हें क्या दिक्कत थी? जब मांसाहार का अन्तिम रूप से निषेध नहीं किया जा सकता, तो मुसलमानों और हिन्दुओं के खानपान की रीति में भेदभाव को स्वीकार करके चलना क्या उचित था, और मुर्गी-जैसे पक्षी को लेकर? इस भेदभाव को मिटाने से क्या दोनों कौमें एक-दूसरे के करीब नहीं आतीं? आप दूसरे पक्षियों को तो भोज्य मानें, लेकिन मुर्गी को इसलिए अभोज्य करार दें कि उसे मुसलमान खाते हैं, क्या मामूली विडम्बना है? निराला ने कहा था कि 'अगर राजनीतिकों ने हिन्दुओं में मुर्गी खाने का प्रचार किया होता तो हिन्दू-मुस्लिम यूनिटी बहुत मजबूत हो चुकी होती।' यह सिर्फ मुर्गी खाने की बात नहीं थी, दो कौमों की जीवन-पद्धति के पारस्परिक मिश्रण की बात थी। फिर यह सोचें कि महात्मा गाँधी यदि स्वयं मुर्गी-भोजी होते, तो भारतीय समाज में, जिसमें धार्मिक रूढ़ि और पाखंड का बहुत ज्यादा जोर है, क्या उस रूप में आसानी से स्वीकृत होते, जिस रूप में वे हुए? इस कविता में 'मुर्गी' केवल मुर्गी नहीं, लेकिन इसकी रचना के पीछे निराला का यही चिन्तन था, जिसे उन्होंने गजब के संयम और कलात्मक सधाव के साथ अपनी रचना में व्यक्त किया। इस बात को उस समय तो लोगों ने नहीं ही समझा था, अभी भी स्थिति पूरी तरह बदल गई है, विश्वासपूर्वक ऐसा नहीं कहा जा सकता। निश्चय ही इस बात को समझना आज भी शेष है कि इस कविता में निराला ने केवल महात्मा गाँधी के मूर्तिभंजन का प्रयास नहीं किया है, बल्कि रूढ़ि, पाखंड और विसंगति-मुक्त चिन्तन की एक प्रतिमा के निर्माण की भी चेष्टा की है। लक्ष्य करने योग्य बात यह है कि बापू के प्रति असाधारण श्रद्धा-भाव रखते हुए भी वे उनसे आतंकित न थे और उन्हें प्रश्नों से परे नहीं मानते थे। यह उनके रचनात्मक साहस का उत्कृष्ट प्रमाण है कि उन्होंने उनकी महानता के सम्बन्ध में पूरी गम्भीरता से, यद्यपि हास्य-व्यंग्य के लहजे में, एक प्रश्न उठाया।

कविता चार बंदों की है, पहले बंद में निराला ने इस पर अपना क्षोभ प्रकट किया है कि भेड़ियाधसान की तरह ऐरे-गैरे-नत्थू-खैरे ही नहीं, हिन्दी के कवि-लेखक भी महात्मा गाँधी के उपासक हो गए हैं। उन्हीं कवि-लेखकों में से एक 'विचार'-संपादक भी थे। निराला को यह बात सख्त नापसन्द थी कि तर्क और बुद्धि को छोड़कर किसी नेता का समर्थन किया जाए। यह चीज भी उन्हें विवेकानन्द से ही मिली थी, जिसका अपने आचार-विचार में उन्होंने

हमेशा निर्वाह किया। यह ताज्जुब की बात नहीं कि उन पर किसी भारतीय दार्शनिक व विचारक का प्रभाव है, तो वह अकेले विवेकानद हैं। दूसरे बंद में श्रीमद्भगवद्गीता के महान् व्याख्याकार लोकमान्य तिलक की गरमपंथी विचारधारा से महात्मा गाँधी के लोहा लेने की बात है। वे जानना चाहते हैं कि मुर्गी खाते हुए क्या वे यह कर सकते थे? उन्होंने दक्षिण में हिन्दी के हिन्दुस्तानी रूप के प्रचार के लिए भी बहुत कुछ किया था। निराला कहते हैं कि दक्षिण भारत संकीर्णतावादी ब्राह्मणों का गढ़ रहा है। मुर्गी खाते हुए वे उनके बीच भी अपना काम न कर सकते थे। तीसरे बंद में उनके अवतार के रूप में मान्य होने की बात है। 'कायथ-बनियों' से निश्चय ही निराला का आशय उन सेठों से है, जो जैन धर्मावलम्बी होते हैं, और इस कारण निरामिषभोजी। ज्ञातव्य है कि पश्चिमी उत्तर प्रदेश में 'लाला' कायस्थ भी कहे जाते हैं और बनिए भी। इस तरह कहीं उनमें एकता स्थापित होती है। महात्मा गाँधी आमिषभोजी ही नहीं, आमिषभोजी हिन्दुओं के लिए भी वर्जित मुर्गीभोजी होते, तो क्या अवतार के रूप में उनकी स्वीकृति सम्भव थी? लोग मूर्ख हैं, फिर भी उस अवस्था में वे उन्हें संसार का सर्वश्रेष्ठ पुरुष न मानते। अन्तिम बंद में सरदार पटेल, डा. राजेन्द्र प्रसाद, राजर्षि पुरुषोत्तमदास टंडन और चक्रवर्ती राजगोपालाचारी-जैसे कांग्रेसी नेताओं के नाम हैं, जो महात्मा गाँधी के अनुयायी थे। निराला को सन्देह है कि बापू इतने आधुनिक होते कि मुर्गी खाने को अपने लिए निषिद्ध नहीं मानते, तो वे महापुरुष उनका अनुगमन करते। ध्यातव्य है कि इन नेताओं में पं. नेहरू का नाम नहीं है, जो कांग्रेसी नेताओं में सर्वाधिक आधुनिक विचारों के थे—अंधविश्वास और रूढ़ि से पूर्णतः मुक्त और विज्ञान के उपासक। निराला कहते हैं कि यदि बापू मुर्गी खाते होते, तो भले उक्त नेता उनके प्रति पूज्य भाव न रखते, वे और उनकी प्यारी अल्लारक्खी उन्हें पूजनीय मानते। 'विचार'-संपादक ने बापू और मुर्गी के सम्बन्ध के साथ निराला और अल्लारक्खी के सम्बन्ध की तरफ भी पाठकों का ध्यान आकर्षित किया था। यहाँ इसका खुलासा जरूरी है कि अल्लारक्खी लखनऊ की वह वेश्या थी, जिसके यहाँ निराला आया-जाया करते थे और जो उन्हें प्रिय थी। वे इस बात को छिपाते नहीं और अपने साथ अल्लारक्खी का नामोल्लेख इसलिए करते हैं कि वे जहाँ हिन्दू थे, वह मुसलमान थी। तात्पर्य यह कि बापू यदि मुर्गीभोजी होते, तो उनकी भक्ति निराला-जैसे आधुनिक हिन्दू के साथ अल्लारक्खी-जैसी मुस्लिम धर्मावलम्बी भी करती, जो वेश्या होने के कारण अनेकानेक धार्मिक रूढ़ियों और पाखंडों से मुक्त थी, या धर्म के दिखावटी स्वरूप से अच्छी तरह परिचित थी।

जैसा कि संकेत किया जा चुका है, इस कविता का कलात्मक गठन उत्कृष्ट कोटि का है। इस दृष्टि से यह निराला की पूर्ववर्ती कविता 'हिन्दी के सुमनों के प्रति पत्र' से तुलनीय है। यह प्रश्न और तर्क के सहारे आगे बढ़ती है, जिसकी परिणति अन्त में इस रूप में होती है—'भजता होता तुमको मैं औ'/मेरी प्यारी अल्लारक्खी'। बौद्धिक प्रश्न और तर्क कैसे अपने तीखेपन के कारण कविता में रूपान्तरित हो जाते हैं, उसका यह कविता बहुत बढ़िया उदाहरण है। कहने की आवश्यकता नहीं कि प्रश्न और तर्क के तीखेपन के मूल में वह यथार्थ है, जिसकी विसंगति और विडम्बना को बड़ी बेबाकी और साहस के साथ इस दौर में निराला अपनी कविताओं में उभारकर रख रहे थे।

'बापू के प्रति' कविता के जोड़ की उनकी दूसरी कविता है, उसी के आसपास रचित—*'मास्को डाएलाग्स'*, जो कि इस प्रकार है :

मेरे नए मित्र हैं श्रीयुत गिडवानीजी,
बहुत-बड़े सोश्यलिस्ट,
'मास्को डाएलाग्स' लेकर आए हैं मिलने।
मुस्कराकर कहा, "यह मास्को डाएलाग्स है,
सुभाष बाबू ने इसे जेल में मँगाया था,
भेंट किया था मुझको जब थे पहाड़ पर।
'35 तक, मुश्किल से पिछड़े इस मुल्क में
दो प्रतियाँ आई थीं।"
फिर कहा, "वक़्त नहीं मिलता है,
बड़े भाई साहब का बँगला बन रहा है,
देखभाल करता हूँ।"
फिर कहा, "मेरे समाज में बड़े-बड़े आदमी हैं,
एक-से हैं एक मूर्ख;
उनको फसाना है,
ऐसे कोई साला एक धेला नहीं देने का।
उपन्यास लिखा है,
ज़रा देख दीजिए।
अगर कहीं छप जाए
तो प्रभाव पड़ जाय उल्लू के पट्ठों पर;
मनमाना रुपया फिर ले लूँ इन लोगों से;
नए किसी बँगले में एक प्रेस खोल दूँ;
आप भी वहीं चलें,
चैन की बंसी बजे।"
देखा उपन्यास मैंने,
श्रीगणेश में मिला—
'पृय असनेहमयी स्यामा मुझे प्रेम है।'
इसको फिर रख दिया, देखा 'मास्को डाएलाग्स',
देखा गिडवानी को।

पिछली कविता में निराला ने जैसे महात्मा गाँधी का प्रतिमा-भंजन किया है, इस कविता में एक सोशलिस्ट या कम्युनिस्ट बुद्धिजीवी का। श्रीयुत गिडवानी, जो कवि के मित्र हैं, उससे मिलने जाते हैं, तो 'मास्को डाएलाग्स' की प्रति लेकर। यह एक कल्पित पुस्तक है, सम्भवतः मार्क्स के 'कैपिटल' की जगह इस कविता में लाई गई। 'मास्को' से इस बात का संकेत मिल जाता है कि पुस्तक क्रान्तिकारी है और उससे सम्बन्धित आगामी वर्णन से यह कि वह दुर्लभ भी है। निराला ने 'कैपिटल' की जगह 'मास्को डाएलाग्स' नाम का प्रयोग दो कारणों से किया है। एक तो इस कारण कि 'कैपिटल' कई खंडों में है और श्रीयुत गिडवानी के हाथ में जो पुस्तक है, वह पूर्ण है। दूसरा कारण यह है कि यह नाम गिडवानी का कवि के साथ जो संवाद होता है, उस पर पूरा लागू होता है। यह संयोग नहीं है कि

कविता का शीर्षक कवि ने वही दिया है, यानी श्रीयुत गिडवानी के हाथ में तो 'मास्को डाएलाग्स' है ही, वे जो कहते हैं, दरअसल वे 'मास्को डाएलाग्स' हैं! निराला ने इस कविता में उनके संवाद देकर ही उनकी क्रान्तिकारिता की पोल खोली है। असली 'मास्को डाएलाग्स' क्या हैं? वर्ग-भेद, शोषण, वर्ग-संघर्ष, क्रान्ति, समाजवादी व्यवस्था की स्थापना, सर्वहारा का अधिनायकवाद, वर्गहीन समाज की रचना आदि की बातें नहीं, अपने क्रान्तिकारी होने, बड़े लोगों से घनिष्ठता होने, अपने भाई-भतीजों के हित के प्रति तत्पर होने, सम्पन्न लोगों को गलत ढंग से ठगने आदि की बातें।

'देखभाल करता हूँ' तक इस कविता का पूर्वार्ध मानें, तो इसका एक-एक शब्द व्यंग्य के रस में पगा हुआ है। श्रीयुत गिडवानी कवि के 'नए' मित्र हैं, यानी कवि को ठीक से नहीं जानते, शायद इसीलिए उनसे इस तरह मिलने आए हैं। यह बतलाने के बाद निराला कहते हैं, 'मास्को डाएलाग्स' लेकर आए हैं मिलने और फिर आगे की बातें, जिनमें उनके मुस्कुराकर बोलने, सुभाष बाबू द्वारा पहाड़ पर पुस्तक भेंट करने, फिर इस पिछड़े मुल्क में उसकी सिर्फ दो प्रतियाँ आने और बड़े भाई साहब का बँगला बनवाने का जिक्र है। इनमें से प्रत्येक बात व्यंग्यात्मक है। निराला हँसी को दबाकर रखते हैं, जिससे वह अधिक मारक हो जाती है।

दिलचस्प यह है कि श्रीयुत गिडवानी लेखक भी हैं। बहुत बड़े सोशलिस्ट हैं, इसलिए प्रगतिशील लेखक ही होंगे। लेकिन लेखन उनके लिए क्रान्ति का अस्त्र नहीं, बल्कि सेठ-साहूकारों और दूसरे धनवान् लोगों को प्रभावित कर उनसे मनमानी रकम प्राप्त करने का जरिया है। उन्होंने एक उपन्यास लिखा है। चाहते हैं, निराला उसे दुरुस्त कर दें, तो उससे उल्लू के पट्ठों पर प्रभाव डालकर वे रुपए प्राप्त करें और उनसे नया बँगला खरीदकर उसमें प्रेस खोल दें। वे निराला को वाकई नहीं जानते, इसलिए उनसे कहते हैं, 'आप भी वहीं चलें'। यह निश्चय ही व्यंग्य के साथ हास्यजनक भी है। अन्त में निराला ने उपन्यास पर दृष्टि डाली, तो बिस्मिल्लाह में ही उन्हें ऐसी भाषा का प्रयोग मिला, जो प्रसंग को जैसे चरमोत्कर्ष पर पहुँचा देता है, बुद्धिजीवी और लेखक दोनों ही रूपों में श्रीयुत गिडवानी को उघड़ा करते हुए। लेकिन कविता का असली चरमोत्कर्ष उसके बाद आता है, जब वे कहते हैं, 'इसको फिर रख दिया, देखा 'मास्को डाएलाग्स',/देखा गिडवानी को।' यहाँ उपन्यास, 'मास्को डाएलाग्स' और श्रीयुत गिडवानी तीनों एक सीध में हैं। निराला कहते कुछ नहीं, उपन्यास को अलग करने के बाद सिर्फ पहले 'मास्को डाएलाग्स' को, फिर गिडवानी को देखते हैं। उनकी दृष्टि में कौन-सा भाव रहा होगा, इसकी कल्पना आसानी से की जा सकती है। वैसे पूरी कविता में अपनी ओर से वे चुप ही रहते हैं, श्रीयुत गिडवानी की केवल सुनते हैं, उत्तर में कुछ नहीं कहते। उनका यह चुप रहना और केवल देखना गिडवानी के लिए भले नहीं, पर पाठकों के लिए बहुत वेधक है। चुप रहने का तो कविता में महत्त्व है ही, कभी-कभी सिर्फ देखने का भी उसमें भारी महत्त्व होता है। यह देखना कई प्रकार का हो सकता है, उदाहरणार्थ एक देखना 'तोड़ती पत्थर' की मजदूरिनी का है–'देखा मुझे उस दृष्टि से/जो मार खा रोई नहीं', और एक देखना इस कविता में निराला का है। दोनों ही दो प्रकार की दृष्टियाँ, लेकिन अलग-अलग वेधक। पूर्ववर्ती काल की अपनी 'दान' शीर्षक कविता में निराला मनुष्य की धर्मांधता देखकर, जिसमें मनुष्य की तो उपेक्षा की जाती है,

लेकिन बंदरों को पुए खिलाए जाते हैं, बोलते हैं,–'धन्य श्रेष्ठ मानव', लेकिन यहाँ वे सिर्फ देखते हैं और यह देखना अधिक प्रभावशाली है।

निश्चय ही एक सोशलिस्ट बुद्धिजीवी का यह मूर्तिभंजन केवल ध्वंस नहीं, यथार्थवादी कविता का निर्माण भी है। इस निर्माण अथवा सर्जनशीलता का सबसे पक्का सबूत इसमें दिया गया जीवन्त संवाद है। उसमें जिस भाषा का प्रयोग किया गया है, वह कहीं से भी किताबी या पुराने अर्थों में कवित्वपूर्ण नहीं है। निराला ने कवित्व को भाषा की व्यंग्यात्मकता के द्वारा सम्भव किया है। मुक्तछंद की लय के सहारे ही कविता चलती है, जिसमें पहले की तरह ही विराम और बलाघात का महत्त्व है। कहने की आवश्यकता नहीं कि खड़ीबोली का सौन्दर्य जैसे बहुत कुछ उच्चारण की सफाई पर निर्भर है, मुक्तछंद में लिखी गई निराला की इन मध्यवर्ती कविताओं का खास तौर से बलाघात पर, यानी इन्हें पढ़ते समय अलग-अलग शब्दों के उच्चारण पर जो जोर दिया जाता है, उस पर। बोलचाल की लयवाली भाषा का बलाघात से अनिवार्य सम्बन्ध होता है।

'गर्म पकौड़ी' शीर्षक कविता का सन्दर्भ पहले आ चुका है। वह पूरी कविता यों है :

गर्म पकौड़ी–
ऐ गर्म पकौड़ी!

तेल की भुनी,
नमक-मिर्च की मिली,
ऐ गर्म पकौड़ी!

मेरी जीभ जल गई,
सिसकियाँ निकल रहीं,
लार की बूँदें कितनी टपकीं,
पर दाढ़ तले तुझे दबा ही रक्खा मैंने
कंजूस ने ज्यों कौड़ी।

पहले तूने मुझको खींचा,
दिल लेकर फिर कपड़े-सा फींचा,
अरी, तेरे लिए छोड़ी
बम्हन की पकाई
मैंने घी की कचौड़ी।

इस कविता के अन्त में ब्राह्मणों के शुद्धतावाद पर भी चोट है, लेकिन यह उससे व्यापक विषय पर लिखी गई है। छायावाद में जनसाधारण से सम्बन्धित ऐसी किसी वस्तु पर, जो उसका खाद्य भी हो, कविता लिखी जाने की कल्पना नहीं की जा सकती थी। कहने के लिए उसमें कविता के पूर्वनिर्धारित विषयों की सीमा को शास्त्र से विद्रोह करके तोड़ दिया गया था, लेकिन उसमें विषय 'भिक्षुक' या 'कण' से आगे नहीं बढ़े और यहाँ तक पहुँचे भी, तो वे छायावादी उदात्तता को तोड़ने में असमर्थ थे। 'गर्म पकौड़ी' में निराला

हिन्दी कविता को यथार्थ के टुच्चे धरातल पर उतार लाए हैं और इस तरह उसे बिलकुल जनसाधारण की दुनिया में खड़ा कर दिया है, निराभरण, जनसाधारण की ही भूषा में। यहाँ कोई दिव्यता नहीं है, कोई प्रभामंडल नहीं। है केवल गर्म पकौड़ी और उसका स्वाद लेनेवाले साधारण लोग। इस क्रम में कविता आमूल बदल गई है, द्रष्टव्य यह है। पुनः निवेदन है कि इसमें सिर्फ ध्वंस न देखा जाए, इसके माध्यम से जो नवनिर्माण किया गया है, कविता के क्रान्तिकारी विकास की दिशा में पूरे विश्वास के साथ जो कदम बढ़ाया गया है, उसकी भी नोटिस ली जाए।

इस कविता में गर्म पकौड़ी का चित्र बहुत ही सजीव है—तेल की भुनी और नमक-मिर्च की मिली! कवि ने सारी बातें उसी को सम्बोधित कर कही हैं, इससे भी उनमें एक स्फूर्ति आ गई है। गर्म पकौड़ी मुँह में डालने के बाद जीभ जलती है, आदमी सिसकी भरने लगता है और उसकी जीभ से लार की बूँदें टपकने लगती हैं, पर उसका स्वाद कुछ ऐसा होता है कि वह उसे उगलता नहीं, दाढ़ों-तले दबाए रखता है, जैसे वह कंजूस की कौड़ी हो। गर्म पकौड़ी और उसके स्वाद का ऐसा वर्णन इसके पहले हिन्दी कविता में न हुआ था। कहना चाहिए, यह स्वाद हिन्दी कविता का भी एक नया स्वाद है, जो केवल निराला द्वारा ही सम्भव हो सकता था, हुआ है।

अन्तिम बंद में वे गर्म पकौड़ी की तरफ आकृष्ट होने की प्रक्रिया का वर्णन करते हैं, ऐसे शब्दों में, कि लगता है, वे छायावादी प्रेमाकर्षण का उपहास कर रहे हैं। कहते हैं, पहले उसने उन्हें खींचा, फिर उनका दिल लेकर उसे कपड़े की तरह फींच दिया! फिर तो वे किसी भी तरह रुक नहीं सके और उसके लिए ब्राह्मण द्वारा पकाई गई शुद्ध घी की कचौड़ी भी छोड़ दी। आज जो स्वाद चौराहे पर या सड़क के किनारे मिलनेवाली छोटी दुकान की गर्म पकौड़ी में था, वह ब्राह्मण के हाथ की घी की कचौड़ी में कहाँ! अनुमान किया जा सकता है कि हिन्दी कविता में यह कैसी छलाँग है। निश्चय ही इसके पीछे विकास का एक क्रम है, लेकिन ऐसी कविताओं में आकर उसकी गति बहुत तीव्र हो गई है, इतनी कि वह छलाँग मालूम पड़ती है। समग्र और गतिशील यथार्थ के चित्रण के लिए उदात्तता के साथ-साथ टुच्चता या तुच्छता के धरातल पर भी उतरना जरूरी है, यह निराला ने इन कविताओं से दिखा दिया है।

'प्रेम-संगीत' की तरह यह कविता भी प्रायः गीतात्मक ढाँचेवाली है, लेकिन इसकी अन्तर्वस्तु उस ढाँचे में समानेवाली नहीं। इस कशमकश में कविता में एक तनाव पैदा हुआ है, जो इसकी प्रभावोत्पादकता को बढ़ा देता है। भाषा जैसे तलवार की तरह म्यान से बाहर आ गई है। 'दिल लेकर फिर कपड़े-सा फींचा' यह जैसे छायावादी काव्य-भाषा को फींचकर उसके सारे रंग छुड़ा देता है।

'खजोहरा' निराला की सर्वाधिक बदनाम कविता है, क्योंकि इसमें उन्होंने इस तरह से छायावादी काव्य-नायिका की सूरत बिगाड़ी है कि उससे विद्वानों और पाठकों की सुरुचि को आघात पहुँचता है। रवीन्द्रनाथ की कविता 'विजयिनी' प्रसिद्ध है। उसमें एक तरुणी के सरोवर में स्नान करने का वर्णन है। वह तरुणी इतनी सुन्दर है कि उसके आगे काम भी अपनी पराजय स्वीकार करता है। यह कविता निराला को इतनी पसन्द थी कि उन्होंने 'तट पर' शीर्षक से उसका संक्षिप्त अनुवाद तो किया ही, उसमें सरोवर में तरुणी के स्थान करने का जो दृश्य है, उसे बाद में भी अपने गीतों में अंकित करते रहे। अपनी काव्य-रचना के

मध्यवर्ती काल में अपनी मनोदशा के अनुरूप उन्होंने रवीन्द्रनाथ की 'विजयिनी' का स्मरण किया और जैसे कि वह सम्पूर्ण रोमांटिक कवि-कल्पना का मूर्त रूप हो, 'खजोहरा' शीर्षक से एक कविता लिखकर उसे ध्वस्त कर दिया। इस कविता में उन्होंने स्वयं इस बात का संकेत दिया है कि उनके दिमाग में रवीन्द्रनाथ की नायिका है, यथा बुआ के बारे में उनका यह कहना कि वे ताल में ऐसे 'उतरीं जैसे ठाकुर की विजयिनी हों'।

छायावादी कविताओं में वर्णित तरुणी को निराला ने इस कविता में बुआ बना दिया है, जो ससुराल से अपने मायके इसलिए आई हुई हैं कि सावन में उन्हें भतीजा पैदा होनेवाला है। उनके रूप का अन्दाजा इन पंक्तियों से लगाया जा सकता है : 'विजय का मद आया कि देखे भुजदंड,/पहले से और चढ़े हुए, और प्रचंड।' उनका व्यक्तित्व ऐसा है कि वे गाँव के बाहर पेड़ों से घिरे ताल में तिपहर को नहाने चलती हैं, तो गाँव के लड़के उनसे चुहल करते हैं। निराला के शब्दों में–

नीम से लगा कच्चा चबूतरा,
टिन्ना बैठा काट रहा था दोहरा।
देखकर बुआ को मुस्कराया, पूछा–
'अकेली-अकेली कहाँ चलीं बुआ?'
गुस्सा आया, बुआ काँपने लगीं,
गालियों से गला नापने लगीं।

'टिन्ना' लड़के का नाम है और 'दोहरा' बैसवाड़ी का प्रयोग है, जिसका अर्थ है कतरी हुई सुपारी। बुआ का जो चित्र सबसे ज्यादा उपहासास्पद है, वह है :

बुआ ताल में पैठीं जैसे हथनी,
डर के मारे काँपने लगा पानी;
लहरें भगीं चढ़ने को किनारे पर,
बाँधा पानी बुआ ने बाँहों से भरकर।
नीव के खम्भे हों, पैर कीच में हैं;
जाँघ से छाती तक अंग बीच में हैं।

डा. शर्मा ने ऐसे चित्रण पर आपत्ति की है और लिखा है कि एक अधेड़ स्त्री का यह चित्रण 'नारी जाति के प्रति निराला की सहज उदार भावनाओं के प्रतिकूल है।'

निराला इस कविता में छायावाद की प्रतिक्रिया में इतनी दूर चले गए हैं कि ऐसा लगने लगता है कि जो भोंड़ा, कुरुचिपूर्ण और भदेस है, वे उसी को यथार्थ मानते हैं। बुआ जब ताल में स्नान कर रही थीं, तो हवा चलने से उस पर झुकी आम की डाल से एक खजोहरा उनके कंधे पर गिरा, जो उनके चाँटा पड़ने से मसल गया। फिर तो उसके रोओं के साथ उनके उन अंगों में, जो पानी से बाहर थे, जोरों की खुजली फैल गई। निरालाकृत वर्णन है :

साँस ली बुआ ने, तेज़ चली हवा,
झोंका पुरवाई का एक आ लगा।
बुआ के ऊपर की आम की जो डाल
झोंके से पुरवाई के हिली तत्काल।

छमा माँगने को मदन-जैसा बैठा
डाल पर बड़ा-सा खजोहरा था;
रोयाँ हर एक उसका तीर फूल का था
सुन्दरी की ओर को तना हुआ।
बुआ के कंधे पर टूटकर आया,
चाँटे के पड़ते ही पिलौधा हुआ;
रोएँ आए कंधों, हथेलियों पर,
बाँहों पर, पानी पर, बहेलियों पर।
जहाँ जहाँ गड़े, ज़ोर की खुजली
उठी, बुआ ताल के बाहर निकलीं।
निकलते कुल अंगों में पानी के साथ
फैली, खुजलाने लगीं वे दोनों हाथ।
एक छन में जलन सौगुनी बढ़ी,
बुआ जैसे अंगारों पर हों खड़ी;
धोती बदलनी थी, पर न बदल सकीं,
मात नील गाय को करती वे भगीं।

हवा के झोंके से डाल से खजोहरा का गिरना, उसका मसला जाना और अंगों में खुजली का फैलना–इस वर्णन में चित्रात्मकता है। 'छमा माँगने को मदन-जैसा बैठा' में रवीन्द्रनाथ की कविता का सन्दर्भ भी है। 'रोयाँ हर एक उसका तीर फूल का था' में तीखा व्यंग्य है, तीर की तरह ही। इसी तरह 'बुआ जैसे अंगारों पर हों खड़ीं' में तेज खुजली का सशक्त बयान है। लेकिन यह सत्य है कि खास तौर से इस उद्धरण की अन्तिम दो पंक्तियों में बुआ का जो चित्र खींचा गया है, वह सुरुचिपूर्ण नहीं। बुआ जब अपने घर पहुँचती हैं और अपनी माँ को नहाते समय खजोहरा के लगने की बात बतलाती हैं, तो माँ पूछती है–खुजली कहाँ हो रही है? बुआ उत्तर देती हैं–कोई जगह नहीं बची! इस पर पुनः डा. शर्मा की टिप्पणी है : "एक अधेड़ स्त्री की परेशानी यहाँ परिहास का विषय है। यह वही लुंपेन प्रोलीटेरियट वाला दृष्टिकोण है; इसे यथार्थवाद का विकास मानना गलत है। पहले स्नान करती हुई नग्न युवतियों को सपनों में देखने का मोह, फिर उन सपनों को मिटाने में मोहभंग की विकृति।"

डा. शर्मा की यह टिप्पणी महत्त्वपूर्ण है, लेकिन इसे कुछ बातों को समझकर ही ग्रहण किया जा सकता है। पहली बात यह कि 'खजोहरा' कविता निराला ने रोमांटिक काव्य-नायिका को ध्वस्त करने के लिए लिखी थी, एक अधेड़ स्त्री का उपहास करने के लिए नहीं। यह जरूर है कि अपने ध्वंस-कार्य में वे अतिवाद तक चले गए। दूसरे, 'कुकुरमुत्ता' में लुंपेन प्रोलेटेरियट वाला दृष्टिकोण उनका नहीं था, उसके तो वे खिलाफ थे। यहाँ डा. शर्मा ने उसका हवाला ऐसे दिया है, जैसे वह दृष्टिकोण उन्हीं का था और इस कविता में वे उसी को दुहरा रहे हैं। उनके अतिवाद को समझ लेने पर उन पर लगाया जानेवाला यह आरोप निराधार हो जाता है। तीसरी बात यह कि यथार्थवाद कोई ऐसी चीज नहीं है कि उसका रास्ता पहले से तय हो और उस पर कवि को सिर्फ चलना हो। 'खजोहरा' यथार्थवाद का

विकास नहीं, उस दिशा में निराला का पदक्षेप-मात्र है, जिसमें छोटे-मोटे भटकावों का होना सर्वथा सम्भव है। असल चीज मूल प्रवृत्ति है, इसलिए विचारणीय या महत्त्व की अधिकारी वही है। अन्तिम बात यह कि डा. शर्मा साफ शब्दों में 'खजोहरा' के वर्णन को मोहभंग की विकृति ही नहीं कहते हैं, उनके शब्दों पर ध्यान दें, तो 'स्नान करती हुई नग्न युवतियों को सपनों में देखने का मोह' के द्वारा वे दबे स्वरों में निराला के 'दूर ग्राम की कोई वामा/आए मंद चरण अभिरामा,/उतरे जल में अवसन श्यामा'-जैसे वर्णनों की भर्त्सना भी करते हैं। इसे भी एक विकृति मानना चाहिए, सामाजिक यथार्थवादी दृष्टिकोण की।

यह प्रसन्नता की बात है कि एक श्रेष्ठ आलोचक की तरह डा. शर्मा ने 'कुकुरमुत्ता' नामक संग्रह की कविताओं के बारे में यह भी लिखा है कि 'इनमें केवल विकृति नहीं है, यथार्थवाद के नए तत्त्व हैं, यह भी असंदिग्ध है।' 'खजोहरा' में वे तत्त्व कई रूपों में दिखलाई पड़ते हैं। जिन वर्णनों पर किसी को आपत्ति न होगी, वे वर्षाऋतु, वर्षाकालीन गाँव और फिर गाँव की तीसरे पहर की धूप से सम्बन्धित वर्णन हैं। सबसे पहले वर्षाऋतु का यह दृश्य :

दौड़ते हैं बादल ये काले-काले,
हाईकोर्ट के वकले मतवाले।
जहाँ चाहिए वहाँ नहीं बरसे,
धान सूखे देखकर नहीं तरसे।
जहाँ पानी भरा वहाँ छूट पड़े,
क़हक़हे लगाते हुए टूट पड़े।

इसमें बादल प्रस्तुत हैं और हाईकोर्ट के काले चोगे धारण करनेवाले वकील अप्रस्तुत। कवि जो कुछ कहता है, वह दोनों पर पूरा-पूरा लागू होता है, पर प्रस्तुत पर ध्यान केन्द्रित करने पर इन पंक्तियों का सौन्दर्य पूरा प्रस्फुटित होता है। 'क़हक़हे लगाते हुए टूट पड़े'—गर्जन करते हुए बादलों के जोरों से बरस पड़ने का यह कितना जीवन्त और नया वर्णन है! सोचने की बात है कि 'बादल-राग' के 'झूम-झूम मृदु गरज-गरज घनघोर!' से चलता हुआ कवि कहाँ पहुँच गया है! उसकी यह यात्रा सम्पूर्ण आधुनिक हिन्दी कविता की यात्रा है।

दूसरा वर्णन वर्षाकालीन गाँव का है, जिसमें निराला पुरुष, स्त्री, बच्चे सब पर दृष्टि डालते हैं :

कच्चे घर ऊबड़खाबड़, गन्दे
गलियारे, बंद पड़े कुल धंधे।
लोग बैठे लेते हैं जमहाई,
ठंडी-ठंडी चलती है पुरवाई।
ख़रीफ़ निराई जा चुकी है, नहीं
करने को रहा कोई काम कहीं।
बारिश से बढ़ी ज्वार, बाजरा, उर्द
गाँव हरे-भरे कुल, कलाँ और ख़ुर्द।
लोग रोज़ रात को आल्हा गाते
ढोलक पर, अपना जी बहलाते।

झूला झूलती गाती हैं सावन
औरतें, 'नहीं आए मनभावन।'
लड़के पैंगें मारते हैं बढ़-बढ़कर
गूँज रहा है भरा हुआ अम्बर।

यह वर्णन झीना है, लेकिन इसी कारण पारदर्शी। यह साफ हिन्दी कविता में दूसरे युग के अवतरण की सूचना देता है। इसका जो सौन्दर्य है और इसकी जो कला, वह छायावादी वर्णन से भिन्न कोटि की है, यह भले उस समय न लक्ष्य किया गया हो, पर आज बिलकुल स्पष्ट है। इसके लिए एक नया सौन्दर्य-बोध दरकार था। निराला आगे बढ़कर, विरोध-भाव झेलते हुए, उसका परिचय दे रहे थे।

गाँव-जैसा वर्णन ही उस रास्ते का है, जिससे होकर बुआ ताल तक पहुँचती हैं। फिर ताल का वर्णन भी है, जिसमें यह यादगार उक्ति आती है : 'मिट्टी के सबब दूध-ऐसा था पानी'। इन वर्णनों को छोड़कर हम गाँव की तिपहर की धूप का यह वर्णन देखते हैं, जो उन लोगों के सोचने के लिए एक सामग्री देता है, जो यह मानते हैं कि निराला का इस काल का काव्य उनकी सर्जनात्मक चेतना के किसी नए और विकसित स्तर का पता नहीं देता, बल्कि वह उनका एक तरह का भटकाव है। वह वर्णन है :

पिछला पहर दिन का, पीली पड़ी धूप;
सारे गाँव का हुआ सुनहला रूप।
सब्ज़े-सब्ज़े पर सोने का पानी चढ़ा,
हुस्न और जमाल जैसे और बढ़ा।

पीछे कहा जा चुका है कि इस काल में निराला अपनी कविता में *खड़ीबोली* के प्रयोग के प्रति बहुत सावधान हैं। उन पर यह प्रकट हो चुका था कि खड़ीबोली एक तरफ उर्दू से जुड़ी हुई है, तो दूसरी तरफ हिन्दी क्षेत्र की बोलियों से। स्वभावतः इस कविता में भी हम एक तरफ कलाँ, ख़ुर्द, अबरू और गिरदान-जैसे शब्द देखते हैं, तो दूसरी तरफ दोहरा, गड़ही, पिड़की और लेवारे-जैसे शब्द। इस कविता का छंद भी उर्दूवाला है, जो वजन को महत्त्व देता हुआ आगे बढ़ता है।

'स्फटिक-शिला' 'कुकुरमुत्ता' में संगृहीत कविताओं में 'कुकुरमुत्ता' के बाद आकार में सबसे बड़ी कविता है। यह एक यात्रा-रिपोर्ताज है, जिसमें निराला ने अपने मित्र रामलाल गर्ग के साथ बैलगाड़ी से चित्रकूट की यात्रा का वर्णन किया है। यद्यपि यह कविता भी छंद में है, कवित्ताधारित मुक्तछंद की लय में, जिसमें विराम के साथ बलाघात का महत्त्व है, तथापि इसमें मजा गद्य का है। निराला का गद्य कवित्वपूर्ण तो पहले से था, लेकिन उसमें निराभरण दीप्ति यथार्थ-चित्रण से सम्भव हुई। इस कविता का एक-एक वर्णन, एक-एक चित्र और एक-एक संवाद बहुत ही जीवन्त है। उनकी सफलता इस बात में है कि इसमें कहानीवाली तफसील न देकर सिर्फ रेखाओं से काम लिया गया है। हिन्दी आलोचना में यह कविता अपने अन्तिम अंश के कारण चर्चित हुई है, जबकि यह पूरी कविता निराला की बदली हुई काव्य-शैली से परिचित होने की दृष्टि से महत्त्वपूर्ण है। आरम्भ में ही हमें यह वर्णन मिलता है :

गाड़ी आई,
ख़य्याम की जैसी हो रुबाई।

आधी रात को चढ़े
चित्रकूट को बढ़े।
मिला क़िला पेशवों का करवी में
लिखा हुआ जैसे कुछ अरबी में,
रात को ऐसा दिखा
किस्मत में जैसे कुछ हो लिखा।
पयस्विनी नदी पड़ी
जैसे लाज से गड़ी।
पानी थोड़ा-थोड़ा-सा।
गड़ा जैसे रोड़ा-सा
मेरे मन में...

जैसे उमर खय्याम की रुबाई चौखुट दुरुस्त है, वैसे ही बैलगाड़ी दो बैलों और दो चक्कोंवाली भी दुरुस्त थी। पेशवों का किला अपने स्थापत्य के कारण अरबी की लिखावट-सा प्रतीत हुआ। चूँकि अँधेरा था, इसलिए वह अस्पष्ट भाग्यलिपि-जैसा भी लगा। पानी कम होने से पयस्विनी नदी जैसे लाज से सिमटी हुई दिखलाई पड़ी। इस बात से कवि के मन को कष्ट हुआ। बतलाने की ज़रूरत न होनी चाहिए कि यह टुकड़ा जितना गद्य है, उतना ही कविता भी। वाक्य गद्य के और तुकबंदी कविता की, उत्कृष्ट कवि-कल्पना से सम्भव होनेवाली।

जरा ही आगे बढ़ने पर खय्याम की रुबाई यानी बैलगाड़ी की यात्रा का यह दिलचस्प वर्णन सामने आता है :

बैल दो थे, साँवलिया
और धौला। धौला गरियार था।
बाएँ जुता। अक्सर चलती-चलती
गाड़ी मुड़ जाती थी बुरी तरह बाएँ को।
पूँछ ऐंठकर धौले को फिर-फिर दाएँ को
हाँकता था रामलाल का भाई
ता-ता-ता-ता करता। शहनाई
सुनकर मैं हँसता था।
ढाल से उतरकर वह बैल वहाँ धँसता था
इसी समय दलदल में
बाएँ मुड़ा।

पूछा जा सकता है कि ऐसे वर्णनों में क्या है, इनमें कौन-सा कवित्व है? उत्तर में निवेदन है कि यथार्थ का चित्रांकन, वह भीतर का यथार्थ हो, या बाहर का, रचना की पहली सीढ़ी है। वह मंजिल न हो, पर सारी बातें वहीं से शुरू होती हैं। निराला बैलगाड़ी से अपनी चित्रकूट-यात्रा का बयान करते हैं, तो उस यात्रा का ऐसा वर्णन करना कि पाठक भी उनके सहयात्री हो जाएँ, जरूरी था। यथार्थ-चित्रण के लिए गद्य और पद्य में अपनी कलम की धार तेज करते हुए वे उसमें बहुत आसानी से सफलता प्राप्त करते हैं। रचना का आनन्द वस्तुतः

चित्रण की प्रक्रिया का ही आनन्द है। यदि ऐसा हुआ कि पूरी रचना पढ़ने के बाद उससे प्राप्त निष्कर्ष से ही आनन्द की प्राप्ति हुई, तो उस रचना की सफलता संदिग्ध होगी, एक कलाकृति के रूप में। निराला ने अपने यात्रा-वर्णन को अपनी चित्रण-क्षमता से एक कलाकृति का रूप प्रदान कर दिया है। 'गरियार' का अर्थ है अड़ियल। ग्राम-जीवन से जिनका लगाव है और जिन्हें बैलगाड़ी-यात्रा का अनुभव है, वे इस गरियार बैल के चित्रण का आनन्द लेंगे। ता-ता-ता-ता वाली शहनाई भी खूब है। यह भी अनुभव की ही बात है। इस निहायत वर्णनात्मक कविता में निराला ने यह शहनाई बजाकर वाकई उत्सवधर्मी माहौल सिरज दिया है।

पयस्विनी नदी के वर्णन के बाद मंदाकिनी नदी का यह विलक्षण वर्णन :

स्वच्छ मंदाकिनी नदी झरनों से यहीं निकली,
पहाड़ों के बीच पड़ी
बादलों में जैसे बिजली।

तत्पश्चात् 'स्फटिक-शिला' का यह जीवन्त पशु-मानव-प्रसंग :

बाएँ कुछ ही दूरी पर थी छोटी एक कुटिया,
छोटा-सा बबूल वह उसकी थी लकुटिया।
धौले ने जाने कैसे यहाँ ऐसा मारा ज़ोर,
दाएँ गई गाड़ी, बाएँ मुड़ी जैसे, एक कोर
कटी चबूतरे की कि कुटिया से निकली
काली एक नारी गाली देती, खाती ढिकली
देखकर चबूतरा।
जैसे कोई अप्सरा
नाचने लगी हो गालियों से भाव बतलाकर
दोनों हाथ फैलाकर।

आरम्भिक पंक्तियों में छोटे-से बबूल वृक्ष का कुटिया की लकुटिया के रूप में वर्णन भी बहुत अच्छा है, लेकिन इस उद्धरण में असली वर्णन धौले द्वारा चबूतरे का किनारा तोड़ देने का और फिर उसकी प्रतिक्रिया में एक काली नारी का अप्सरा की तरह नृत्य करने का है। निराला ने 'चबूतरा' से 'अप्सरा' की तुक ही नहीं मिलाई है, यह भी कहा है कि वह अप्सरा नृत्य की मुद्राओं और भंगिमाओं का भावार्थ अपनी गालियों से बतलाती जा रही थी!

उपर्युक्त वर्णनों की तरह प्रमोद-वन का यह वर्णन भी उद्धरणीय है :

वन था पहाड़ पर,
कहा कि दहाड़कर
शेर जब टूटता है,
तब काँप उठता है
जंगल, वे सभी पेड़
जैसे काँपते हों भेंड़।

कहने की आवश्यकता नहीं कि यह संक्षिप्त वन-वर्णन अन्तिम पंक्तियों में उत्कर्ष पर पहुँचा है। जहाँ तक सूक्ष्म निरीक्षण की बात है, उसका प्रमाण ये पंक्तियाँ देती हैं :

ऊँची-नीची गलियों की झाड़ियों में लगा तिन—
सूखा मटमैला दाग़।—बाढ़ के याद आए दिन।

जंगल-झाड़ में लगने के बाद जब बाढ़ का पानी गुजर जाता है, तो उनसे घास-पात ही सटे नहीं रह जाते हैं, उनमें बाढ़ के पानी का सूखा हुआ मटमैला दाग भी लगा रह जाता है। निराला ने अपने उसी अनुभव का यहाँ उपयोग किया है।

अन्त में मंदाकिनी में स्नान कर निकली एक युवती का वह वर्णन, जिसके साथ कविता समाप्त होती है और जिस पर आलोचकों की निगाह वैसे ही टिकी है, जैसे स्वयं कवि की निगाह युवती पर टिकी थी :

आँख पड़ी युवती पर
आई थी जो नहाकर,
गीली धोती सटी हुई भरी देह में, सुघर
उठे पुष्ट स्तन, दुष्ट मन को मरोड़कर,
आयत दृगों का मुख खुला हुआ छोड़कर।
बदन कहीं से नहीं काँपता।
कुछ भी संकोच नहीं ढाँपता।
वर्तुल उठे हुए उरोजों पर अड़ी थी निगाह
चोंच जैसे जयंत की, नहीं जैसे कोई चाह
देखने की मुझे और,
कैसे दिव्य स्तन, हैं ये कितने कठोर।
मेरा मन काँप उठा, याद आई जानकी।
कहा, तुम राम की,
कैसे दिए हैं दर्शन!

आलोचकों ने इन पंक्तियों पर नैतिकतावादी दृष्टि से विचार किया है, जो ज्यादातर काव्येतर दृष्टि होती है। शायद उन्हें स्वयं कवि द्वारा अपने मन के लिए प्रयुक्त 'दुष्ट' विशेषण से और अपनी निगाह के लिए प्रयुक्त 'जयंत की चोंच' उपमान से प्रेरणा मिली हो, फिर 'मेरा मन काँप उठा' से भी। दूसरे, उन्होंने इनमें सीता की पवित्र मूर्ति का भंजन भी देखा है। यह बात किसी हद तक सही हो सकती है, क्योंकि निराला उस युवती में सीता के दर्शन करते हैं, जो उठे हुए पुष्ट, दिव्य और कठोर स्तनोंवाली है। लेकिन असल चीज इनमें नदी से स्नान कर निकली एक युवती का वर्णन है, निराभरण शब्दों में और साहसपूर्ण। इसके पहले ऐसा वर्णन निराला में नहीं मिलता। यह बात उनकी नई प्रवृत्ति की सूचक है। डा. शर्मा ने लिखा है कि उक्त युवती रवीन्द्रनाथ की विजयिनी है, जिसका मोह वे चाहकर भी छोड़ नहीं पाते हैं और इसलिए उनके भीतर मोह और मोहभंग के बीच एक द्वंद्व की स्थिति है। मेरे खयाल से उक्त युवती 'विजयिनी' नहीं है, मध्यवर्ती निराला की मौलिक सृष्टि है, क्योंकि 'विजयिनी' में वह यथार्थता नहीं, जो इस युवती में है। मोह और मोहभंग के बीच द्वंद्व की कल्पना का ठोस आधार नहीं है, क्योंकि यथार्थ बदसूरत ही नहीं, खूबसूरत भी होता है। ऐसी स्थिति में जहाँ-जहाँ खूबसूरती है, वहाँ निराला के मध्यवर्ती काव्य में पुनः मोह की उपस्थिति देखना उचित नहीं।

'कुकुरमुत्ता' की एक दिलचस्प कविता है *'खेल'*। इसमें गाँव का एक लड़का जेठ की दोपहर में, जबकि चारों ओर सन्नाटा है, पाकड़ के पेड़ पर चढ़कर नाक दबाकर बोलता है। कहता है, यहाँ जितने भूत या यमदूत हों, वे थैलियों से हमारा घर भरें! जाहिर है, वह गाँव के किसी गरीब किसान या मजदूर का लड़का है, जो लावारिस किस्म का है, वर्ना इस वक्त वह घर से बाहर न होता, न पाकड़ के ऊँचे पेड़ पर चढ़ता। 'कुकुरमुत्ता' के प्रथम संस्करण में कविता का जो पाठ मिलता है, उसमें थैलियों से घर भरने की बात नहीं है, बेघर को घर देने की बात है : ' 'नाक बैठाकर निकाला स्वर नया/भूत का, 'जमदूत हूँ मैं, समझ लो,/जो बिना घर का उसे गर घर न दो।' ' इसमें वह स्वयं भूत और यमदूत है और जैसे सम्पन्न लोगों को धमकाता है, लेकिन निराला ने जब इस कविता को 'नए पत्ते' में शामिल किया, तो इसे संशोधित कर दिया। संशोधित पाठ में लड़का भूत-यमदूत को ही धमकाता है और घर देने की जगह घर भरने की बात कहता है। निराला की खूबी यह है कि उन्होंने जेठ की दोपहर के वातावरण और एक ग्रामीण लड़के के व्यवहार का बहुत ही सटीक वर्णन किया है। कविता छंदोबद्ध है, उन्नीस मात्राओं के पीयूषवर्षी छंद में रचित, जिसमें 'परिमल' की 'अध्यात्म-फल' ('जब कड़ी मारें पड़ीं, दिल हिल गया') या फिर 'माया' ('तू किसी के चित्त की है कालिमा') शीर्षक कविताएँ लिखी गई हैं, और इस प्रकार है :

जेठ की दुपहर, दिवाकर प्रखरतर,
जली है भू, चली है लू भासकर।
राह निर्जन, मंद चितवन से खड़ा
एक लड़का, बना है छड़ का कड़ा।
उम्र नौ-दस साल की, बस, तोलता
दिल कि चढ़कर पकरिए पर बोलता।
तना मोटा था, पड़ा छोटा सुकर,
बाँह से भरकर चढ़ा, आया उतर।
डाल देखी, चढ़ा ऊपर पकड़कर,
दम लिया कुछ देर बैठा अकड़कर।
शाख़ पर चढ़ता हुआ, ऊपर गया,
नाक बैठाकर निकाला स्वर नया,
"भूत हों जितने जहाँ जमदूत हों,
अब हमारा घर भरें वे खारुओं।"

ज्ञातव्य है कि यह एक चतुर्दशपदी है, जिसे तुकबंदी में ली गई आजादी के साथ लिखा गया सॉनेट भी कह सकते हैं। इस तरह के 'सॉनेट' निराला ने और भी लिखे हैं, जिनमें तुक-विधान कुछ भिन्न किस्म का है।

कविता के पहले पाठ में इसकी दूसरी पंक्ति में 'भासकर' की जगह 'त्रासकर' शब्द था। यह परिवर्तन कवि ने इसलिए किया कि इससे लू की तेजी स्पष्ट हो जाती है। पहले जहाँ वह डरानेवाली थी, अब वह 'चमकदार' है। स्पष्टतः यह अधिक 'त्रासकर' है। 'छड़ का कड़ा' भी बहुत अच्छा प्रयोग है, नया भी। लोहे की छड़ से निर्मित कड़ा बहुत सख्त होगा। कविता में जिस लड़के का वर्णन है, वह इस भयानक दोपहर में घर से बाहर है,

उससे अप्रभावित। 'बना है छड़ का कड़ा' के द्वारा निराला उसकी कठोरता की सूचना देते हैं। 'तोलता दिल' का मतलब यह है कि वह इस दोपहर में पाकड़ के पेड़ पर चढ़ने के लिए साहस जुटा रहा है। उसने तने को अपने दोनों हाथों से बाँधकर चढ़ने की कोशिश की, लेकिन तना मोटा था और उसके बच्चेवाले हाथ छोटे, सो वह चढ़ नहीं सका, उतर आया। अन्त में वह पेड़ की एक डाल पकड़कर चढ़ने में सफल हुआ। कुछ देर गर्व से फूला दम लेता रहा, फिर शाखाओं के सहारे ऊपर को पहुँच गया और वहाँ नाक दबाकर उसने भूतों और यमदूतों को निर्देश दिया कि वे अब उसके चाकर की तरह उसका घर रुपयों से भर दें। 'खारुआँ' लाल रंग का वह कपड़ा है, जिससे तैयार की गई थैलियों में लोग रुपये-पैसे रखा करते थे। इस तरह 'खारुओं' का मतलब हुआ–'थैलियों से'।

रुपयों से घर भरनेवाली बात के पीछे लड़के की गरीबी है, लेकिन निराला ने इस कविता में उसे विषय नहीं बनाया। उन्होंने इसके माध्यम से गाँव के एक लड़के की क्रीड़ा का वर्णन किया है, जो सभ्य, सुसंस्कृत और सम्पन्न परिवार के लड़कों की क्रीड़ा से बिलकुल भिन्न है। कविता का शीर्षक इसी कारण रखा गया है–'खेल'। इस तरह यह कविता भी ग्रामीण जीवन के एक पक्ष को सामने लाती है और बाल-क्रीड़ासम्बन्धी आकर्षक मिथकों को यथार्थ के एक आघात से भंग कर देती है। इसमें भी हम ध्वंस और निर्माण एक साथ देखते हैं। मिथकों का भंजन ध्वंस है और यथार्थ की झाँकी दिखलाना निर्माण।

'अणिमा' की कविताओं में सर्वप्रथम विचारणीय कविता है–*'यह है बाज़ार'* जो इस प्रकार है :

यह है बाज़ार।
सौदा करते हैं सब यार।

धूप बहुत तेज़ थी, फिर भी जाना था,
दुखिए को सुखिया के लिए तेल लाना था,
बनिए से गुड़ का रुपया पिछला पाना था,
चलने को हुआ जैसे बड़ा समझदार।

सुखिया बोली अपनी सास को सुनाकर यों,
"मास के पैसे शायद अब तक भी बाक़ी हों,
अच्छा है अगर करें पूरी धेली ज्यों-त्यों,
टूटा रुपया ख़र्च होते लगेगी न बार।"

दुखिया बोला मन में, "ठहर अरी सास की,
मास खिलाता हूँ मैं तुझे, अभी रास की
चोरी है याद मुझे, बात कौन घास की
बैठाली क्या जाने ब्याही का प्यार?"

मगर निकलकर घर से तेज़ क़दम बढ़ा चला,
पिछली बातों का अगली बातों ने घोंटा गला,

दुखिया ने सोचा, "इसके पीछे बिना पड़े भला,
बैठा ले दूसरा तो सिंह से हूँ स्यार।"

निराला ने अपनी कविताओं और गीतों में प्रेम का वर्णन प्रायः दाम्पत्य-प्रेम के रूप में किया है। इस कविता में वे यह दिखलाते हैं कि यह सम्बन्ध भी एक सौदेबाजी है, यानी उसमें भी एक व्यावसायिकता है। इसके लिए वे निचली श्रेणी के एक दम्पति को चुनते हैं। आम तौर पर यह समझा जाता है कि दाम्पत्य-सम्बन्ध औपचारिक और व्यावसायिक ऊपर के वर्गों में होता जा रहा है, लेकिन वे काफी पहले उसका दृष्टान्त निम्न वर्ग से प्रस्तुत करते हैं। यह भी एक ध्वंस है, लेकिन यदि यह यथार्थ है, तो इसका चित्रण करना एक सर्जनात्मक कार्य है।

इस कविता में दम्पति हैं दुखिया और सुखिया। दुखिया पति है और सुखिया उसकी पत्नी, जो दुर्भाग्य से उसकी ब्याहता न होकर उसके द्वारा बैठाई हुई है। स्वभावतः सुखिया के नखरे हैं, जो उसे उठाने पड़ते हैं और उसकी फर्माइशें हैं, जो उसे पूरी करनी पड़ती हैं। इससे उसका दुखिया नाम सार्थक है।

कविता अपनी विषय-वस्तु और प्रतिपादन-शैली के कारण तो दिलचस्प है ही, इस कारण भी दिलचस्प है कि 'प्रेम-संगीत' की तरह निराला ने इसे भी एक गीत का रूप प्रदान किया है। इसमें भी टेक की पंक्तियाँ हैं और उसके बाद गीत-जैसे चार बंद। प्रत्येक बंद की आरम्भिक तीन पंक्तियाँ तुकान्त हैं और चौथी पंक्ति टेक की पंक्तियों से तुक मिलाती है। जैसे यह रचना भी छायावादी प्रेम-गीतों का उपहास हो। अपनी काव्य-रचना के पहले काल में निराला ने जिस तरह के प्रयोग किए थे, उस तरह के प्रयोग वे इस मध्यवर्ती काल में भी करते हैं, जिससे आश्चर्यजनक रूप में इस काल की कविताओं में रूपगत वैविध्य है। 'यह है बाज़ार' शीर्षक यह कविता रूप की दृष्टि से गीतात्मक है, लेकिन इसमें न मात्राओं का कोई हिसाब है, न वर्णों का। कुल मिलाकर इसकी लय कवित्त की निकटवर्ती यानी मुक्तछंद वाली है, जिसमें मोटामोटी आठ वर्णों पर विराम के नियम का पालन किया गया है। इसके साथ यदि बलाघातपूर्वक इस कविता को पढ़ा जाए, तो इसका पूर्ण सौन्दर्य प्रस्फुट होगा।

कविता के आरम्भ में ही जैसे निराला इसकी अन्तर्वस्तु को स्पष्ट कर देते हैं, जब वे कहते हैं कि यह दुनिया एक बाजार है, जिसमें सारे लोग सौदेबाजी करते हैं।

इसकी कहानी यह है कि आज धूप बहुत तेज थी, फिर भी दुखिया को बाहर निकलना था। कारण यह कि एक तो उसे सुखिया के लिए सुगन्धित तेल लाकर उसकी फर्माइश पूरी करनी थी, दूसरे, बनिए के हाथ उसने जो गुड़ बेचा था, उसका भुगतान उससे लेना था। शान्त भाव से समझदार की तरह वह बाहर चलने को तैयार होता है। 'चलने को हुआ जैसे बड़ा समझदार' इस पंक्ति के 'समझदार' शब्द में पूरी स्थिति का जो चित्रण है और दबा हुआ हास्य, वह लक्ष्य करने योग्य है।

अगले बंद से पता चलता है कि सुखिया मांस की शौकीन है, सो पिछले दिनों दुखिया ने उसे मांस लाकर खिलाया था। उस मांस का पैसा अभी तक बकाया था। सुखिया को आशंका हुई कि मांस के वे आठ आने पैसे दुखिया कहीं गुड़ का जो नोट के रूप में भुगतान मिलनेवाला है, उसी को तोड़कर न सधा दे। इस कारण वह अपनी सास को सुनाकर, जिससे कि वह भी उसे वैसा न करने के लिए कहे, कहती है, मांस का पैसा शायद अभी

तक बकाया हो। वह अठन्नी ज्यों-त्यों करके लौटाएँ, वर्ना गुड़ का रुपया तोड़कर ही वह पैसा दिया, तो वह रुपया जाता रहेगा। टूटा हुआ रुपया खर्च होने में समय ही कितना लगता है!

यह सुझाव दुखिया को पसन्द न आया। उसका गुस्सा भड़क उठा। मन ही मन बोला, बड़ी आई सारावाली। उसे यह कतई अच्छा न लगा था कि सुखिया अपनी बात मनवाने के लिए अपनी सास का भी इस्तेमाल करे। फिर कहा, मैं अभी तुझे मांस खिलाता हूँ! मैंने तेरे लिए अनाज की जो ढेरी चुराई थी, उसकी याद मुझे अभी भी है। वह कोई घास की चोरी तो नहीं थी कि मैं उसे भूल जाता। उसे बहुत दुख है कि उसकी पत्नी उसे धर्मपत्नी की तरह प्यार नहीं करती और उसे तरह-तरह से परेशान करती रहती है। वह सोचता है, जो बैठाई हुई है, वह क्या जाने कि ब्याहता कैसे अपने पति को हर तरह से सुख-सुविधा प्रदान करने के लिए तत्पर रहती है। यह पूरा प्रसंग गद्यात्मक है। कहानी-जैसा। कहानी की तरह ही निराला ने चरित्र खड़े किए हैं और घटनाओं की सृष्टि करते हुए संवाद लिखे हैं। जो बात ध्यान देने लायक है, वह यह कि उनके गद्य में भी एक संश्लिष्टता है, जिससे बहुत थोड़े में बहुत ज्यादा कहने का वे सामर्थ्य रखते हैं। एक तो उस गद्य का कविता में प्रयोग, दूसरे, उसमें कविता-जैसी संश्लिष्टता। ये दोनों ही बातें उनकी अभिव्यक्ति को बहुत ही आकर्षक बना देती हैं।

दुखिया का गुस्सा जाहिर न हुआ था, न जाहिरा तौर पर उसने मन में उठनेवाली बातें कही थीं। चुपचाप जब वह घर से बाहर हुआ और तेज कदमों से चलने लगा, तो आगे उसने जो सोचा, उसने उसके पिछले सोच को दबा दिया। वह जानता था कि सुखिया को उसने अपने घर बैठाया है, धार्मिक विधियों से उसका पाणिग्रहण नहीं किया, जिससे उसके दबाव में उसे रहना ही है। उसने सोचा, मेरी भलाई इसी में है कि मैं उसके पीछे न पड़ूँ और सारे आक्रोश और क्षोम को घोंटकर उसकी फर्माइशें पूरी करता रहूँ और उसकी बात मानता रहूँ। यदि मैंने ऐसा नहीं किया, तो वह मुझे छोड़कर चली जाएगी और उसे मुझ-जैसा ही कोई दूसरा बैठा लेगा। फिर तो मेरी सारी हेकड़ी जाती रहेगी, मैं सिंह से स्यार बन जाऊँगा! यह है पति-पत्नी के बीच की सौदेबाजी, जिससे निराला अपने हृदय की गहराई में व्यथित हैं, लेकिन अपनी व्यथा को यहाँ हास्य के आवरण में प्रस्तुत करते हैं। निश्चय ही यथार्थ के चित्रण का और अपने को अभिव्यक्त करने का उनका यह नया ढंग है, जो लासानी है।

अत्यधिक शिल्पित इस कविता में भी भाषा-प्रयोग हमारा ध्यान खींचता है। छायावादी काल की उनकी महान् कविता 'प्रेयसी' से इसको मिलाकर देखने पर पता चलता है कि थोड़े ही वर्षों में निराला ने कैसी दूरी तय कर ली है। कहाँ उस कविता की उदात्त और संगीतपूर्ण भाषा और कहाँ यह जनभाषा की सादगी। कविता की भाषा के साथ विषय-वस्तु भी बदली है, यह स्पष्ट है। इसमें भी निराला 'मास', 'धेली', 'बार', 'रास', 'बैठाली' और 'ब्याही'-जैसे लोकभाषा के शब्दों के प्रयोग के द्वारा अपनी भाषा को जीवन्त बनाते हैं और 'बाज़ार', 'बाक़ी' और 'क़दम'-जैसे अरबी-फारसी के शब्दों का, जो हिन्दी की शब्दावली में मिल गए हैं, तत्सम रूप में प्रयोग कर उसमें उच्चारण की सफाई बरकरार रखने के लिए प्रयत्नशील दिखलाई पड़ते हैं। बहुत सावधानी से उनके द्वारा किया जानेवाला नुक्ते का प्रयोग इस काल में ध्यान देने लायक है।

'अणिमा' से ली गई दूसरी कविता है– *'मेरे घर के पच्छिम ओर रहती है'*, जो कि एक चतुर्दशपदी है और जिसमें भी न मात्रा का कोई हिसाब है, न वर्णों का। इस दौर में निराला सिर्फ मुक्तछंद की लय को लेकर कुछ ऐसी तुकान्त कविताएँ लिखते हैं, जिनमें एक नया सौन्दर्य देखने को मिलता है। पूर्वोद्धृत 'खेल' की तरह इस कविता को भी सॉनेट कहा जा सकता है, जिसमें तुक-विधान उससे भिन्न किस्म का है। कविता है :

मेरे घर के पच्छिम ओर रहती है
बड़ी-बड़ी आँखोंवाली वह युवती,
सारी कथा खुल-खुलकर कहती है
चितवन उसकी और चाल-ढाल उसकी।
पैदा हुई है ग़रीब के घर, पर
कोई जैसे ज़ेवरों से सजता हो,
उभरते जोबन की मीड़ खाता हुआ
राग साज़ पर जैसे बजता हो।
आसमाँ को छूती हुई वह आवाज़
दिल के तार-तार से मिलाई हुई,
चढ़ाती है गिरने का जहाँ नहीं डर
कली की सुगन्ध जैसे छाई हुई।
चढ़ी हुई है वह किसी देवता पर
जहाँ से लगता है सारा जग सुन्दर।

सौन्दर्य निराला के मन की स्वाभाविक वृत्ति थी, इसलिए प्रकृति हो या मनुष्य, उन्होंने हमेशा उसके सौन्दर्य में रस लिया। पीछे संकेत किया जा चुका है कि उनकी छायावादी कविताओं और गीतों में तरुणियों और युवतियों की कमी नहीं है, लेकिन उनका वर्णन देखने के बाद यह पता चलता है कि वे उनमें प्राचीन काव्यों से अवतरित हुई हैं, या प्राचीन मूर्तियों से, या लोकगीतों से, या फिर उनकी कल्पना से। मध्यवर्ती काल में भी उनकी सौन्दर्य-वृत्ति कुंठित नहीं हुई और वे यथावसर सुन्दर तरुणियों और युवतियों का चित्रण करते रहे। फर्क सिर्फ यह पड़ा कि अब वे उनके लिए कोई दूर की चीज न रहीं, उनके परिवेश के यथार्थ के हिस्से के रूप में उनके सामने आईं। यह अकारण नहीं है कि इस कविता में जिस तरुणी का वर्णन है, वह कोई आकाश से उतरने वाली या समुद्र की लहरों से उठनेवाली नहीं है, वह 'मेरे घर के पच्छिम ओर रहती है'।

कैसी है वह तरुणी? बड़ी-बड़ी आँखोंवाली, जिसकी दृष्टि और चाल-ढाल उसके बारे में सबकुछ बतला देती है। वह गरीब परिवार में पैदा हुई है, लेकिन उसे देखकर लगता है कि सम्पन्न परिवार में पैदा हुई युवती की तरह गहनों से सजी हुई हो! उसके उभरते उरोज उसके युवावस्था में प्रवेश करने की ऐसे सूचना देते हैं, जैसे साज पर गाया जा रहा कोई राग बड़ी खूबसूरती से एक स्वर से दूसरे स्वर पर जा रहा हो। 'उभरते जोबन की मीड़ खाता हुआ/राग साज़ पर जैसे बजता हो'–यह मध्यवर्ती निराला की अभिव्यक्ति-क्षमता का विलक्षण निदर्शन है। गौरतलब है कि यह अभिव्यक्ति 'जोबन', 'राग' और 'साज़' इन तीनों शब्दों से बनी है, जो क्रमशः लोकभाषा, संस्कृत और फारसी के शब्द हैं। इनमें कवि ने

अपनी जिस कल्पना-शक्ति का परिचय दिया है, वह उसकी अप्रतिहत और अपराजेय सर्जनशीलता का प्रमाण है।

अगली पंक्तियों में उक्त राग का ही विस्तार है। उस राग का स्वर आसमान को छू रहा है और जैसे प्रत्येक व्यक्ति के हृदय के तारों से निकले हुए स्वर से मिला हुआ है। वह सुननेवाले को उस ऊँचाई पर पहुँचा देता है, जहाँ से कोई गिर नहीं सकता। वह चतुर्दिक् जैसे कली की सुगन्ध की तरह छाया हुआ है। यहाँ स्वर का सुगन्ध के रूप में यानी श्रव्य बिम्ब का घ्राण-बिम्ब के रूप में वर्णन है, जबकि निराला के एक परवर्ती गीत 'मुस्कुरा दीं रातरानी/खुली जैसे विश्ववाणी' में सुगन्ध का स्वर के रूप में। इस कविता के अन्त में जो द्विपदी है, उसमें उसी के अनुरूप निराला कहते हैं कि वह तरुणी जैसे किसी देवता पर चढ़ी हुई सामग्री यानी नैवेद्य की तरह है। वह पवित्र है, इसलिए उसको देखने के बाद से सारी दुनिया सुन्दर प्रतीत होती है, असुन्दरता मिट जाती है।

उनके मध्यवर्ती काव्य पर कोई निर्णय सुनाते समय इस चतुर्दशपदी को भी ध्यान में रखना जरूरी है, क्योंकि इसमें ध्वंस भले स्पष्ट न हो, पर निर्माण बहुत स्पष्ट है, निर्माण यानी निराला-काव्य का यथार्थ के नए धरातल पर संचरण। इस क्रम में वे कविता के जो अनिवार्य उपादन हैं, उन्हें छोड़ नहीं देते, बस नई प्रवृत्ति अथवा चेतना के साथ उनका अधिक सार्थक उपयोग करते हैं।

'सड़क के किनारे दूकान है' 'अणिमा' की तीसरी विचारणीय कविता है, जिसमें डा. नामवर सिंह का शब्द लेकर कहें, तो 'रेखाकारी' देखने लायक है। वाकई इसमें निराला ने कस्वाई परिवेश का जो चित्र उतारा है, कुछ रेखाओं की सहायता से, उसमें गजब की ताजगी है। वह ताजगी निश्चय ही परिवेश का यथार्थवादी ढंग से चित्रण करने से पैदा हुई है। यह निराला की नई कला है, जो इतनी सफाई के साथ पहले सामने न आई थी। ऐसा लगता है, इसमें सृजन ही सृजन है, कोई विनाश नहीं, यदि इस पूरी कविता को छायावादी चित्रण के बरअक्स रखकर न देखा जाए। इस कविता में भी निराला की कल्पना सक्रिय है, क्योंकि बिना उसके कोई रचना बन नहीं सकती, लेकिन वह कल्पना ऐसी है, जो सिर्फ विषय को रूपायित कर रही है, उसे अलंकृत नहीं। इसे देखकर यह विश्वास करने को जी चाहता है कि बिना कल्पना के, खाली यथार्थ के चित्रण से भी कविता बन सकती है। इस कविता के चित्रण से आसानी से कवि की प्रसन्न, यद्यपि तटस्थ भी, मनोदशा का अनुमान किया जा सकता है। यह अद्भुत कविता है :

सड़क के किनारे दूकान है
पान की, दूर एक्कावान है
घोड़े की पीठ ठोंकता हुआ,
पीरबख़्श एक बच्चे को दुआ
दे रहा है, पीपल की डाल पर
कूक रही है कोयल, माल पर
बैलगाड़ी चली ही जा रही है।
नीम फूली है, ख़ुशबू आ रही है,
डालों से छन-छनकर राह पर

किरनें पड़ रही हैं, बाह पर
बाह किए जा रहा है खेत में
दाहनी तरफ़ किसान, रेत में
बाईं तरफ़ चिड़ियाँ कुछ बैठी हैं,
खुली जड़ें सिरसे की ऐंठी हैं।

पिछली कविता की तरह यह कविता भी चतुर्दशपदी या सॉनेट ही है, जिसकी पंक्तियाँ उससे छोटी हैं। छंद या लय वही है, जो फर्क पड़ा है, वह पंक्तियों के छोटी होने से। यह जरूर है कि इस कविता में खड़ीबोली का ज्यादा साफ इस्तेमाल हुआ है और सॉनेट में अरुद्धचरणान्त वाक्यों का जैसा प्रयोग होता है, वाक्य वैसे ही हैं। इसे देखकर एक प्रश्न मन में यह भी उठता है कि त्रिलोचन ने जो मुख्य रूप से सॉनेट लिखे, यद्यपि मात्रिक छंदों में बँधे हुए, क्या उसके पीछ निराला के इन सॉनेटों की भी प्रेरणा रही है? ये सॉनेट अपने आकर्षण में अद्वितीय हैं। इनकी भाषा और इनका वर्णन एक बिलकुल नए निराला से हमारा साक्षात्कार कराते हैं।

इसमें जो दृश्यांकन है, उसके बारे में कुछ कहने की जरूरत नहीं है। 'दूर एक्कावान है/घोड़े की पीठ ठोंकता हुआ', या 'पीरबख़्श एक बच्चे को दुआ/दे रहा है', ये सब बहुत ही सजीव चित्र हैं, अपनी सक्रियता में अंकित। इसी तरह 'माल पर/बैलगाड़ी चली ही जा रही है' और 'बाह पर/बाह किए जा रहा है खेत में/दाहनी तरफ़ किसान' ये चित्र भी है। 'माल' से आशय 'माल रोड' से है और 'बाह' का अर्थ है जुताई। मजेदार यह है कि मनुष्यों के इन चित्रों के साथ प्रकृति के चित्र भी गुँथे हुए हैं, जो अपनी निराभरणता में बेमिसाल हैं : 'पीपल की डाल पर/कूक रही है कोयल', 'नीम फूली है, ख़ुशबू आ रही है', 'डालों से छन-छनकर राह पर/किरनें पड़ रही हैं' और 'रेत में/बाईं तरफ़ चिड़ियाँ कुछ बैठी हैं'। यह है खड़ीबोली का अपना सौन्दर्य, जिसकी सृष्टि के लिए कवि ने उसमें अपनी तरफ से कुछ नहीं मिलाया। इस कविता की अन्तिम पंक्ति है : 'खुली जड़ें सिरसे की ऐंठी हैं'। डा. रामविलास शर्मा ने लिखा है कि इसके द्वारा 'निराला संकेत करते हैं कि मनुष्य का जीवन भी ऐसा ही विकृत हो गया है।' यह व्याख्या सही नहीं है, क्योंकि यह कविता शुद्ध दृश्यांकन है, जिसमें जीवन का प्रत्यक्ष या परोक्ष कोई हस्तक्षेप नहीं, यानी न सीधे, न प्रतीकरूप में। कवि की मनोदशा के मेल में भी यह व्याख्या नहीं। शिरीष का पेड़ बड़ा होता है और उसकी कुछ जड़ें बाहर भी होती हैं, जो अभी ऐंठी हुई दिखलाई पड़ रही हैं। बात इतनी है, जिसमें आलोचक के भी अपनी तरफ से कुछ मिलाने की जरूरत नहीं है। ऐसा लगता है कि निराला की इस काल की कविताओं में विकृति देखने का डा. शर्मा का ऐसा अभ्यास रहा है कि उनकी जिस कविता में किसी तरह की 'विकृति' नहीं, उसमें भी वे उस पर अपनी व्याख्या आरोपित कर उसे ढूँढ़ निकालते हैं।

'अणिमा' की चौथी विचारणीय कविता है, *'चूँकि यहाँ दाना है'*, जो गीत की शैली में लिखी गई एक दिलचस्प कविता है। इसकी विशेषता इसके भीतर छिपा हुआ निराला का दर्द है। निश्चय ही उनकी इस कविता से यह भ्रम नहीं होना चाहिए कि भौतिकवाद के प्रभाव से इसमें उन्होंने अपने नए तत्त्वज्ञान का परिचय दिया है। सच्चाई यह है कि इस

संसार में भौतिक द्रव्य को जो महत्त्व प्राप्त है, वे उसी से व्यथित हैं। इस तरह यह कविता इस स्थिति के प्रति एक प्रतिरोध है। कविता इस प्रकार है :

चूँकि यहाँ दाना है
इसीलिए दीन है, दीवाना है।

लोग हैं, महफ़िल है,
नग़्मे हैं, साज़ है, दिलदार है और दिल है,
शम्मा है, परवाना है,
चूँकि यहाँ दाना है।

आँख है, लगी हुई;
जान है, जीवट भी है भगी हुई,
दोनों आँखवाला है, काना है
चूँकि यहाँ दाना है।

अम्मा है, बप्पा है,
झापड़ है और गोलगप्पा है,
नौजवान मामा है और बुड्ढा नाना है,
चूँकि यहाँ दाना है।

'दाना' का अर्थ स्पष्टतः भौतिक द्रव्य है। उसी के कारण इस दुनिया में सारा धर्म और सारी दीवानगी है। इसके बाद निराला ने महफिल का समाँ बाँधा है, जिससे उसमें नग्मे, साज, दिलवाले, दिल, शम्मा और परवाना सभी आ गए हैं। वे दुहराते हैं कि इन सबों के मूल में द्रव्य है। यदि वह न हो, तो यह सारा ठाट ढह जाए।

दूसरे बंद में वे कहते हैं कि आँख और आँख का लगना अर्थात् प्रेम यह भी द्रव्य पर ही आधारित है। साथ-साथ जानदारी और जीवट का अभाव भी उसी का परिणाम है। इस दुनिया में ऐसे लोग भी हैं, जिनकी दोनों आँखें दुरुस्त हैं और ऐसे भी, जो एक आँखवाले ही हैं। ये भी इसमें द्रव्य के कारण ही हैं, वर्ना ये भी न होते। अन्तिम बंद में निराला माता और पिता, झापड़ और गोलगप्पे तथा नौजवान मामा और बुड्ढे नाना का जिक्र करते हैं और कहते हैं कि दाना-पानी न होता, तो ये भी न होते, यानी सबकुछ उसी की वजह से है।

पाठक लक्ष्य करेंगे कि इस स्थिति से निराला खुश नहीं हैं। उनकी शैली जो 'कुकुरमुत्ता' वाली हो गई है, उसके पीछे उनकी झल्लाहट और उनका क्षोभ ही है। खड़ीबोली की कविता का एक रूप यह भी है। यह कविता हँसी-मजाक के रूप में चलती है, लेकिन मार दूर की करती है। 'चूँकि यहाँ दाना है' में प्रयुक्त भाषा खास तौर से ध्यान देने योग्य है, क्योंकि यह मैथिलीशरण गुप्त की खड़ीबोली से एकदम अलग और अधिक जीवन्त है। निराला में ऐसे भाषा-प्रयोग की एक परम्परा है, जो 'परिमल' की 'बदला'-जैसी कविताओं से शुरू होती है, जिसमें वे एक स्थल पर कहते हैं : 'सुनो अहा फूल,/जबकि यहाँ दम है,/फिर क्या रंजोग़म है'। वही भाषा-प्रयोग इन कविताओं में उत्कर्ष को पहुँचता है।

इस शृंखला की अन्तिम और 'अणिमा' की पाँचवीं विचारणीय कविता *'जलाशय के किनारे कुहरी थी'* है, जो 'सड़क के किनारे दूकान है' की जुड़वाँ कविता कही जा सकती है। यह भी उसी की तरह चतुर्दशपदी है, उसी की शैली में लिखित, यद्यपि इसमें तुक-विधान भिन्न किस्म का है। दोनों ही कविताएँ उत्कृष्ट कोटि की 'रेखाकारी' हैं। दोनों में ही यथार्थवादी या इतिवृत्तात्मक शैली में दृश्यांकन-मात्र किया गया है। पहली कविता में दिन में एक कस्बाई परिवेश का वर्णन है, तो दूसरी में रात में एक सरोवर का। दूसरी कविता शुद्ध प्रकृति-वर्णन होने से अधिक मोहक लगती है। वह यों है :

जलाशय के किनारे कुहरी थी,
हरे-नीले पत्तों का घेरा था,
पानी पर आम की डाल आई हुई;
गहरे अँधेरे का डेरा था,
किनारे सुनसान थे, जुगनू के
दल दमके–यहाँ-वहाँ चमके,
वन का परिमल लिए मलय बहा,
नारियल के पेड़ हिले क्रम से,
ताड़ खड़े ताक रहे थे सबको,
पपीहा पुकार रहा था छिपा,
स्यार बिचरते थे आराम से,
उजाला हो गया और–तारा दिपा,
लहरें उठती थीं सरोवर में,
तारा चमकता था अन्तर में।

रात का पिछला पहर है। शीतऋतु होने से एक तालाब के इर्द-गिर्द हलका कुहासा छाया हुआ है। उसके चारों किनारों पर पेड़ हैं, जिससे उनके हरे-नीले पत्तों ने उसे घेर रखा है। आम की एक डाल पानी पर झुकी हुई है। गहरे अँधेरे ने जैसे वहाँ डेरा डाल रखा है। सुनसान किनारों पर यहाँ-वहाँ जुगनुओं के समूह टिमटिमा रहे थे। इसी समय वन के फूलों की सुगन्ध लेकर मलय-पवन चल पड़ता है, तो वहाँ पर एक सीध में स्थित नारियल के पेड़ एक-एक कर खड़खड़ा उठते हैं। नारियल के पेड़ों के साथ वहाँ ताड़ के ऊँचे-ऊँचे पेड़ भी थे, जो ऊँचाई से पूरे दृश्य को देख रह थे। कहीं से छिपकर पपीहा पी-पी बोल रहा था और चूँकि अभी गहरा अँधेरा था, इसलिए स्यार मुक्तभाव से विचरण कर रहे थे। इसी बीच भोर का तारा निकला, तो जुगनुओं ने जितना उजाला फैला रखा था, उससे ज्यादा उजाला हो गया। हवा चलने से तालाब में लहरें उठ रही थीं, लेकिन उसके हृदय में तारे का प्रतिबिम्ब चमक रहा था!

वैसे तो इस कविता में अंकित अनेक दृश्य आकर्षक हैं, यथा पानी पर आम की डाल का झुका होना, किनारों पर जुगनुओं का टिमटिमाना, ऊँचे से ताड़ का सबको देखना, पपीहे का छिपकर बोलना, स्यार का आराम से विचरना, भोर के तारे के निकलने से उजाले का बढ़ना, हवा चलने से तालाब में लहरों का उठना और सबसे ऊपर उसके भीतर तारे का चमकना, पर इसके मध्य में आनेवाला यह दृश्य बेजोड़ है–'वन का परिमल लिए मलय

बहा,/नारियल के पेड़ हिले क्रम से'। इसमें जितना ही नयापन है, उतनी ही ताजगी। जिन्होंने हवा चलने से नारियल या ताड़ के एक सीधे में खड़े वृक्षों को बारी-बारी से खड़खड़ाते देखा है, वे इस दृश्य के बहुत थोड़े शब्दों में सटीक अंकन के लिए निराला को दाद देंगे। उनके छायावादी काल के 'विनय' शीर्षक गीत का हवाला पहले भी दिया जा चुका है। उसके पहले बंद में वे कहते हैं : 'तट हों विटप छाँह के, निर्जन,/सस्मित-कलिदल-चुम्बित-जलकण,/शीतल शीतल बहे समीरण,/कूजें द्रुम-विहंगगण, वर दो!' प्रस्तुत चतुर्दशपदी की उससे तुलना करते हैं, तो पता चलता है कि उसमें जहाँ नद है, इसमें सरोवर। इसी तरह उसमें जहाँ छायादार पेड़ों और मुस्कुराती हुई कलियों की आकांक्षा है, यहाँ आम, नारियल और ताड़ के पेड़ हैं। पक्षी यहाँ भी है, पर पपीहा, लेकिन उसके साथ-साथ स्यार भी हैं! जाहिर है, इस कविता का परिवेश जहाँ यथार्थवादी है, उस गीत का कल्पित। जो लक्ष्य करने योग्य बात है, वह यह कि यह कविता छायावाद का ध्वंस बहुत सलीके से करती है, बिना किसी शोर-गुल या विस्फोट के। कवि का ध्यान जैसे ध्वंस से हटकर निर्माण पर चला गया है। वह सोचने लगा है कि नवनिर्माण से जो पुराना है, वह स्वयं ध्वस्त हो जाता है, उसे विस्फोटक से उड़ाने की जरूरत नहीं पड़ती। दूसरी बात यह कि यथार्थवादी कविता में सुन्दर और कोमल दृश्यों का अंकन नहीं किया जाता, उसका सम्बन्ध केवल अप्रीतिकर और कठोर दृश्यों के चित्रण से है, यह बात दिमाग से निकाल देनी चाहिए। यथार्थ केवल अप्रीतिकर और कठोर नहीं होता, उसमें 'पानी पर आम की डाल आई हुई', 'नारियल के पेड़ हिले क्रम से' और 'तारा चमकता था अन्तर में'-जैसे सुन्दर और मनोहर दृश्य भी होते हैं। निश्चय ही यथार्थवाद 'सिनिसिज्म' का पर्याय नहीं।

ये कविताएँ निराला के एक-दूसरे ही रूप से हमारा परिचय कराती हैं, जो एक साथ संहारक और सर्जनात्मक है। 'कुकुरमुत्ता' सहित इन कविताओं के द्वारा हिन्दी कविता में उन्होंने एक नए युग का आरम्भ किया, जिसमें छायावाद की तुलना में अधिक सम्भावना है। यह अकारण नहीं है कि जैसे भारतेन्दु हरिश्चन्द्र को हिन्दी में आधुनिक साहित्य का जनक माना जाता है, वे छायावादोत्तर सम्पूर्ण गैर-रूमानी कविता के पिता के रूप में मान्य हैं। जहाँ तक शक्ति और सौन्दर्य की बात है, आज ये कविताएँ बेहद महत्त्वपूर्ण और स्फूर्तिदायक सिद्ध हो रही हैं। इनकी विविधता–विषय-वस्तु और रूप-विधान की–मन को मोह लेनेवाली है। कहना चाहिए, इनके माध्यम से निराला ने वाकई आधुनिक हिन्दी कविता में एक नया सौन्दर्यशास्त्र निर्मित किया, जिसके अनेक सूत्र आज भी अपरिभाषित हैं। शायद यही कारण है कि वे जितनी दिशाओं में हिन्दी कविता का विकास चाहते थे, वह हो नहीं सका है, बावजूद इसके कि छायावादोत्तर हिन्दी कविता बहुत समृद्ध है।

मुझे निराला के इस विकास के पीछे रवीन्द्रनाथ की भी प्रेरणा मालूम पड़ती है। जैसे विवेकानन्द के दर्शन से उनका सम्बन्ध-विच्छेद कभी नहीं हुआ, वह उनको लगातार संचालित करता रहा, रवीन्द्रनाथ के काव्य से भी उनका सम्बन्ध अन्त-अन्त तक बना रहा और अपनी निजस्वता को बरकरार रखते हुए वे उनसे प्रेरणा लेकर अपनी सर्जनशीलता का विकास करते रहे। यहाँ रवीन्द्रनाथ का परवर्ती कविता-संग्रह 'पुनश्च' स्मरणीय है, जिसकी भूमिका में वे कहते हैं, "गद्य-छंद में अतिनिरूपित छंद का बन्धन तोड़ना ही पर्याप्त नहीं है, पद्य-काव्य की भाषा और प्रकाश-रीति में जो ससज्ज और सलज्ज अवगुंठन की प्रथा है,

उसे भी जब दूर कर दिया जाएगा, तभी गद्य के स्वाधीन क्षेत्र में उसका संचरण स्वाभाविक हो सकता है। मेरा विश्वास है कि असंकुचित गद्य-रीति से काव्य का अधिकार बहुत दूर तक बढ़ा देना सम्भव है, और उसी ओर लक्ष्य रखकर मैंने इस ग्रंथ में प्रकाशित कविताएँ लिखी हैं। इनमें कई कविताएँ ऐसी हैं, जिनमें तुक नहीं है। पद्य-छंद है; किन्तु उनमें भी मैंने पद्य की विशेष प्रकार की भाषा-रीति त्याग करने की चेष्टा की है।'' इससे स्पष्ट है कि रवीन्द्रनाथ छंद छोड़कर गद्य में कविता लिखने के ही पक्षपाती नहीं हो गए थे, वे यह भी चाहते थे कि उसमें कविता की परम्परागत अवगुंठन वाली भाषा को भी पूरा छोड़ा जाए। उनकी मान्यता यह थी कि यदि ऐसा किया गया, तो उससे काव्य के अधिकार में बहुत ज्यादा वृद्धि होगी।

निराला का अनुभव भी उन्हें इसी ओर लिए जा रहा था, लेकिन छंद को छोड़कर भी उन्होंने उसकी लय को पूरा नहीं छोड़ा। कवित्त छंद की लय गद्य के सर्वाधिक निकट है, इसलिए 'परिमल' से लेकर 'कुकुरमुत्ता' और 'अणिमा' नामक संग्रहों तक में संकलित अनेक कविताओं में, जिनमें से अधिकांश पर ऊपर विचार किया गया है, वे उसी की लय को पकड़कर चलते रहे हैं और उनमें विराम का स्वतन्त्र रूप में प्रयोग करते हुए बलाघात से भरपूर काम लिया है। इसके साथ-साथ उन्होंने उर्दू के छंदों का भी इस्तेमाल किया है और उसमें भी कहीं वजन से काम लिया है, तो कहीं बलाघात से। जहाँ तक भाषा की बात है, उसके काव्यात्मक अवगुंठन को हटाने यानी उसे गद्यात्मक बनाने का उन्होंने भरपूर प्रयास किया है। रवीन्द्रनाथ ने पद्य-छंद में लिखने की बात कही है। निराला ने कवित्तगंधी छंद में कुछ तुकान्त कविताएँ लिखी हैं, लेकिन उनमें भाषा बिलकुल गद्य की रखी है। उनमें गद्यात्मक वाक्य-विन्यास कहीं बहुत निखरे हुए रूप में आता है, कहीं कुछ कम निखरे हुए रूप में। विषय-वस्तु की दृष्टि से भी 'पुनश्च' की कविताओं से निराला की कविताओं की कुछ निकटता मालूम पड़ती है। यदि मिलाकर देखा जाए, तो उनमें 'रानी और कानी' की रचना के भी प्रेरक तत्त्व मिल जाएँगे और 'सड़क के किनारे दूकान है' की रचना के भी विधायक तत्त्व। निराला की कविताओं में हास्य के जो तत्त्व हैं, वे भी उनमें मौजूद हैं।

पूछा जा सकता है कि वे कौन-सी परिस्थितियाँ थीं, जिनके कारण छायावाद के देवलोक में खलबली मच गई और निराला उससे बाहर आने के लिए छटपटाने लगे। वे परिस्थितियाँ मामूली न थीं। उनका देश से भी सम्बन्ध था और विदेश से भी। देश में स्वाधीनता-आन्दोलन के अन्तर्विरोध तेज हो रहे थे, उसी अनुपात में कांग्रेसी नेतृत्व और गाँधीवाद से लोगों का मोहभंग होने लगा था, समाज की बौद्धिक श्रेणी और किसान-मजदूर-श्रेणी में वामपंथी चेतना प्रसार पा रही थी और देश के बाहर द्वितीय विश्वयुद्ध आरम्भ हो चुका था, जिससे भारत सीधे प्रभावित था। इन सबों ने मिलकर हिन्दी कविता से रोमांटिक काल को समाप्त करने के लिए सामग्री जुटाई और उसे यथार्थ की दिशा में अग्रसर किया। उस दृष्टि से निराला की इन कविताओं ने अगुआ दस्ते का काम किया।

मार्क्सवाद का प्रभाव

19 मार्च, 1941 को निराला ने जानकीवल्लभ शास्त्री को एक पत्र में लिखा था, 'मैंने अत्याधुनिक धारा और *समाजवाद* का इधर कुछ अध्ययन किया है, कुछ लिख रहा हूँ।' 'समाजवाद' से उनका मतलब है मार्क्सवाद से। इस दौरान वे मार्क्सवाद के साथ भारतीय कम्युनिस्ट पार्टी और प्रगतिशील लेखक संघ के सम्पर्क में भी आए। इन सबसे उनकी काव्य-संवेदना का प्रभावित होना स्वाभाविक था। लेकिन इसका यह अर्थ नहीं है कि इस कारण उन्होंने आध्यात्मिक भावधारा से अपना सम्बन्ध तोड़ लिया। इन दोनों को लेकर वस्तुतः उनके भीतर एक दुविधा या द्वंद्व की स्थिति बनी रही। इसका अच्छा आभास उनके द्वारा लिखी गई गिरिजाकुमार माथुर की पहली कविता-पुस्तक 'मंजीर' (1941) की भूमिका के इन शब्दों से मिलता है : "हमारे काव्य-साहित्य में जो प्रश्न हल होने को हैं वे एक तरह के नहीं। हमारा समाजवाद भी एक सीमा में ही बँधा है, क्योंकि देश परतन्त्र है। समाजवाद लिया जाय तो प्रश्न उठता है अध्यात्मवाद को कहाँ जगह मिलेगी? नग्नता को प्रश्रय देते हैं तो देश के सन्त-चरित्र सामने आकर खड़े हो जाते हैं। नए स्वरों की चीज अलापी जाती है तो पुराने गाने राग-रागिनियाँ देख-देखकर मुसकराते रहते हैं।" यही कारण है कि वे आध्यात्मिक और 'प्रगतिशील' दोनों तरह की रचनाएँ साथ-साथ करते रहे। कभी उनकी ये भावधाराएँ समानान्तर बहती हैं, कभी एक-दूसरे को काटती हुई चलती हैं और कभी इन दोनों का जल आपस में मिलकर एक भी हो जाता है। ज्ञातव्य है कि उनमें आध्यात्मिकता और भौतिकता की जो परस्पर विरोधी चेतना मिलती है, वह वेदान्त के लिए भले नई चीज हो, लेकिन विवेकानन्द में वह शुरू से मौजूद थी और अन्तिम दिनों में तो बहुत बढ़ गई थी, जब उन्होंने अपने शिष्यों से कहा था कि मन्दिर में घंटी डोलाना बन्द करके गरीबों के बीच जाकर उनकी सेवा करो।

1941 के ही आरम्भ में निराला ने 'कुकुरमुत्ता' शीर्षक कविता लिखी, जिसमें 'सर्वहारा-दर्शन' का उपहास किया। उसके पहले 'मास्को डाएलाग्स' शीर्षक कविता लिखकर वे 'सोशलिस्टों' का असली क्रान्तिकारी चरित्र दिखला चुके थे। इन कविताओं से यह भ्रम न होना चाहिए कि मार्क्सवाद के प्रति उनका दृष्टिकोण सर्वथा नकारवादी ही था। नहीं, मार्क्सवाद या मार्क्सवादियों में जो गलत रुझान था, बड़े व्यापक रूप में, या उनमें जो मात्र दिखावा था, वे उसका विरोध कर रहे थे। मार्क्सवाद अपने साथ समाज और उसके इतिहास की जो नई समझ लाया था, उसकी अनेक बातें उन्हें सकारात्मक लगती थीं। इस दौर में उन्होंने उन्हीं का प्रभाव लेकर कुछ कविताएँ लिखीं, जो काव्यत्व की दृष्टि से भी एक नएपन से युक्त होने के कारण यहाँ विचारणीय हैं।

उसके पहले 'बेला' के कुछ ऐसे गीतों और गजलों को ध्यान में लाना जरूरी है, जो असंदिग्ध रूप से निराला की 'प्रगतिशीलता' का पता देती हैं।

सर्वप्रथम हम 'बेला' के उन दो गीतों को देखें, जो दार्शनिक किस्म के गीत हैं। वे हैं : 'मिट्टी की माया छोड़ चुके/जो, वे अपना घट फोड़ चुके' और 'बाहर मैं कर दिया गया हूँ। भीतर, पर भर दिया गया हूँ'। पहले गीत में 'मिट्टी की माया' यह भौतिक जगत् है। निराला कहते हैं, जो उस माया से मुक्त हो गए, उनका काम तमाम हो गया। आगे वे धरती को छोड़कर आकाश में आध्यात्मिक उड़ान भरने को निस्सार बतलाते हैं। उनके शब्द हैं : 'नभ की सुदूरता से ऊँचे/जीवन के क्षण अब हैं छूँछे'। फिर जैसे वे निर्णायक स्वर में कहते हैं :

जो रूप-मोह से हुआ दूर,
जो युद्ध जीतकर हुआ शूर,
उनकी मानवता से दानव
अपना जीवन-क्रम जोड़ चुके।

यह अरूप का गायक कह रहा है कि रूप के मोह से मुक्त होनेवाले व्यक्ति की मानवता दानवता में परिणत हो जाती है! इसी तरह दूसरे गीत में, जिसका हिन्दी में गलत अर्थ लगाया जाता रहा है, निराला यह कहते हैं कि मैं आत्मा की दुनिया से निकलकर भौतिक जगत् में आ गया हूँ, लेकिन इससे भीतर से खाली नहीं हुआ, और सम्पन्न हुआ हूँ! उनके ये शब्द स्मरणीय हैं, जिनमें उन्होंने कहा है कि जो भीतर है, वही बाहर है और जो बाहर है, वही भीतर; इन दोनों में कोई फर्क या विरोध नहीं और मैं इस ज्ञान की प्राप्ति के बाद अनश्वर हो गया हूँ : 'भीतर, बाहर; बाहर, भीतर; देखा जबसे, हुआ अनश्वर'। इसी दर्शन के परिणामस्वरूप उन्होंने शोषित-पीड़ित जनगण, वर्ग-संघर्ष, क्रान्ति, राष्ट्रीयकरण आदि की बातें करना शुरू किया। 'वेश-रूखे, अधर-सूखे' गीत में वे 'पेट-भूखे' लोगों से कहते हैं :

तिमिर ने जब घेरकर
तुमको प्रकाश हरा तुम्हारा,
इस धरा के पार खोला द्वार
कृति ने विश्व हारा;
जग गई जनता, हुए लुंठित
मुकुट, जीवन सुहाए।

'इस धरा' से मतलब है भारत से और 'द्वार खोलने' से मतलब है क्रान्ति करने से। यह रूसी क्रान्ति की तरफ स्पष्ट संकेत है। आगे की पंक्तियों में वे क्रान्ति का दृश्य उपस्थित करते हैं, बहुत ही गर्व के साथ :

प्यास पानी से बुझाने को
बुझाई रक्त से जब,
आँख से आया लहू,
लोहा बजाया शक्त से जब,
रुंडमुंडों से भरे हैं खेत
गोलों से बिछाए।

'बेला' की एक गजल 'चढ़ी हैं आँखें जहाँ की' में भी वे कहते हैं कि शोषित-पीड़ित जनगण क्रोध में आ गए हैं। वे जो ऊपर हैं, उन्हें नीचे ले आएँगे और जो आगे बढ़े हुए हैं, उन्हें परास्त कर बेहतर ढंग से समाज की रचना करेंगे। इसके शुरू के दो शेर देखने लायक हैं :

चढ़ी हैं आँखें जहाँ की, उतार लाएँगी।
बढ़े हुओं को गिराकर सँवार लाएँगी।
समाज ने सर उठाया है, राज़ बदला है,
सलास वे पतझर से बहार लाएँगी।

'किनारा वह हमसे' गजल का यह शेर काफी प्रसिद्ध है, जिसमें निराला ने घोषणा की है कि उन पर यह रहस्य प्रकट हो चुका है कि समाज का जो प्रभुत्वशाली वर्ग है, वह शोषण पर टिका हुआ है : 'खुला भेद, विजयी कहाए हुए जो,/लहू दूसरे का पिए जा रहे हैं।' इस काल में 'समी' अर्थात् 'समता का भाव' को लेकर वे कितने उत्साह में थे, यह देखने के लिए चार शेरों की उनकी यह पूरी गजल देखनी चाहिए :

नए विचार के संसार में आया है समी।
सही, चढ़ाव को उतार से लाया है समी।
पड़े थे पैरों-तले जो उन्हें किया है खड़ा,
शरीर कैसा कि रग-रग में समाया है समी।
शराब लोहे की ऐसी पिलाई है उसने,
कि चाँदी-सोने की भी आँखों को भाया है समी।
तरंगें और बढ़ीं और उमंगें और आईं,
जवानो, आज बुड्ढे-बुड्ढे पर छाया है समी।

तीसरे शेर में 'लोहा' और 'चाँदी-सोना' का विरोध दिलचस्प है। 'चाँदी-सोने' की आँखें यानी सम्पन्न वर्ग की आँखें। तात्पर्य यह कि समता अथवा साम्य के भाव का ऐसा प्रचार हुआ है कि इस वर्ग को भी वह अच्छा लगने लगा है। यह उस भाव की विजय भी है और इसमें स्थिति पर थोड़ा व्यंग्य भी है। 'किनारा वह हमसे' गजल की तरह 'भेद कुल खुल जाय वह' गजल का यह शेर भी बहुत प्रसिद्ध है, जिसमें निराला पुनः रहस्य जान लेने की बात कहते हैं, साथ ही यह कि मिलमालिकों अर्थात् उद्योगपतियों की पूँजी पर अधिकार किए बगैर देश की तरक्की नहीं हो सकती : 'भेद कुल खुल जाय वह सूरत हमारे दिल में है।/देश को मिल जाय जो पूँजी तुम्हारी मिल में है।'

अन्त में मैं 'बेला' की सर्वाधिक चर्चित प्रगतिशील कविता 'जल्द-जल्द पैर बढ़ाओ' के सम्बन्ध में कुछ निवेदन करना चाहता हूँ, अपनी पुस्तक 'यथाप्रसंग' की एक टिप्पणी 'निराला और कम्युनिस्ट पार्टी' के कुछ अंशों के उद्धरण के माध्यम से। वे अंश हैं :

''1945 का साल था। भारतीय कम्युनिस्ट पार्टी ने ढाई लाख के कोष-संग्रह के लिए अपील जारी की थी। निराला उन दिनों इलाहाबाद में रह रहे थे। वे इस पार्टी के इलाहाबाद जिला-दफ्तर में आए और जिला-सचिव जियाउल हक को चंदे के रूप में दस रुपए देते हुए उनसे कहा कि ये पार्टी के लिए भेज दो, बाकी दो-चार दिन बाद दूँगा। जिला-सचिव ने उनसे पार्टी के लिए संदेश की याचना की, तो उन्होंने ये वाक्य लिखवाए, ''तुम्हारी पार्टी

के लिए मेरे हृदय में अपार श्रद्धा है। कम्युनिज्म के बिना, उद्योग-धंधों के राष्ट्रीयकरण और विकास की सबको समान सुविधा के बिना, देश की जनता का उद्धार नहीं हो सकता। कम्युनिस्ट पार्टी इन उद्देश्यों के लिए लड़ती है, इसलिए मैं उसके साथ हूँ।''

''यह वह जमाना था, जबकि 'भारत छोड़ो आन्दोलन' के बाद देश में कम्युनिस्ट-विरोधी प्रचार जोरों पर था। कम्युनिस्टों को राष्ट्रीय स्वाधीनता का विरोधी ही नहीं, देशद्रोही तक कहा जा रहा था। इसी प्रसंग में निराला ने आगे लिखवाया, ''मुझे झगड़ा-झंझट और फूट पसन्द नहीं है। आजकल जो लोग कम्युनिस्ट-विरोध का नारा उठाए हुए हैं, वे देश के लिए अच्छा नहीं कर रहे हैं। मैं आशा करता हूँ, तुम्हारी पार्टी के तथा अन्य समझदार लोगों के प्रयत्न से यह झगड़ा मिट जाएगा और हमारा देश एक और अजेय देश हो जाएगा।'' ('लोकयुद्ध', 3 जून, 1945) लक्ष्य करने योग्य है कि निराला ने न केवल कम्युनिस्टों को देशद्रोही नहीं माना, बल्कि राष्ट्रीय प्रगति और राष्ट्रीय एकता के लिए उनके महत्त्व को असंदिग्ध रूप से स्वीकार किया।

''उक्त घटना के कुछ दिनों बाद उन्होंने इलाहाबाद के प्रसिद्ध कम्युनिस्ट बुद्धिजीवी और कार्यकर्ता श्रीकृष्ण दास को एक कविता दी और उनसे कहा : ''मैं स्वयं गरीब हूँ। तुम गरीबों के हिमायती हो। इसीलिए मेरा-तुम्हारा साथ है। अपनी पार्टी के पास मेरी यह कविता पहुँचा दो। यही मेरा सन्देश है।'' बाद में 'लोकयुद्ध' में उनकी वह कविता 'संदेश' शीर्षक से ही प्रकाशित हुई। अब वह उनके कविता-संग्रह 'बेला' में संकलित है। कविता अत्यन्त मार्मिक है, इसलिए उस पर दृष्टिपात करना उपयोगी होगा।

'' 'सन्देश' शीर्षक कविता 'जल्द-जल्द पैर बढ़ाओ, आओ, आओ' से शुरू होती है और तीन बंदों में समाप्त होती है। गौर करने पर पता चलता है कि निराला ने इन तीनों बंदों में तीन बातें कही हैं और तीनों बातों में कम्युनिस्ट पार्टी की भूमिका को अहम माना है। यह निर्विवाद है कि भारतीय क्रान्ति की पहली मंजिल जनवादी होगी, जिसमें सामन्ती सामाजिक और आर्थिक शोषण को अन्तिम रूप से समाप्त कर दिया जाएगा। सामन्ती व्यवस्था ने देश को विभिन्न जातियों में विभाजित कर रखा है और विशेषतः अनुसूचित जातियों को अपना आहार बनाया है। निराला कल्पना करते हैं कि समाज के दबे-कुचले लोग ही कम्युनिस्ट पार्टी के नेतृत्व में संगठित होकर देश के नए भविष्य का निर्माण करेंगे। 'एक पाठ पढ़ेंगे, टाट बिछाओ'—पाठ होगा एकता का और जिस टाट पर बैठकर शोषित-पीड़ित जातियाँ वह पाठ पढ़ेंगी, वह टाट कम्युनिस्ट पार्टी बिछाएगी! निराला का स्वप्न था कि अमीरों की हवेली हवेली न रह जाएगी और उसमें अपढ़ किसानों के लिए पाठशाला खुल जाएगी। स्पष्टतः उन्होंने यहाँ अनुसूचित जातियों और किसानों को एक सूत्र में बाँधा है, जातीय भेदभाव के आधार पर दोनों के बीच कोई दरार नहीं डाली। निराला की वर्ग-भावना में जाति, किसान और खेत-मजदूर इसी तरह घुले-मिले थे।

''कविता के दूसरे बंद में निराला का ध्यान शहर पर गया है और उसमें उन्होंने उन सेठों को याद किया है, जो अपने व्यापारिक कारोबार से जनसाधारण का शोषण करते हैं। यहाँ उन्होंने दो खास बातें कही हैं। एक तो यह कि शहर के सेठ-साहूकार जिन लोगों का शोषण करते हैं, उन्हीं के बल पर उनकी अकड़ चलती है और दूसरी यह कि अपनी अकड़ में वे यह नहीं देख पाते कि वही लोग एक दिन विद्रोह कर देंगे तो उनकी सारी हेकड़ी

निकल जाएगी। निराला कम्युनिस्ट पार्टी का आह्वान करते हैं कि वह सेठों की तिजोरी को किसानों के बैंक में बदल दे। कविता के अन्तिम बंद में उन्होंने साफ शब्दों में कहा है कि राष्ट्र की सम्पूर्ण सम्पत्ति पर राष्ट्र का ही स्वामित्व होना चाहिए, व्यक्ति-विशेष या वर्ग-विशेष का नहीं। सारी सम्पत्ति राष्ट्र की और सारी विपत्ति भी राष्ट्र की! इस तरह उन्होंने देश की जनता के लिए एक नई जातीयता और राष्ट्रीयता की आकांक्षा की। लेकिन उन्हें इस बात का पता था कि इस आकांक्षा की पूर्ति बिना वर्ग-संघर्ष के सम्भव नहीं है। वर्ग-संघर्ष में सत्ताधारी वर्ग बड़े पैमाने पर हिंसा का प्रयोग करता है। वे न वर्ग-संघर्ष से विमुख होनेवाले थे और न आवश्यक होने पर हिंसा से। कविता की ये अन्तिम पंक्तियाँ यह मार्मिक सन्देश देती हैं–'वाद से विवाद यह ठने,/काँटा काँटे से कढ़ाओ।' वाद-विवाद का मतलब है वर्ग-संघर्ष, काँटे से काँटा निकालने का मतलब है शक्ति-प्रयोग का उत्तर शक्ति-प्रयोग से देकर सत्ता पर कब्जा कर लेना!...

"यह कविता निराला की विचारधारा का परिचय देने के क्रम में हिन्दी आलोचना में बार-बार उद्धृत हुई है। इसका दुष्परिणाम यह हुआ है कि विद्वानों से लेकर पाठकों तक का ध्यान इसकी विषय-वस्तु से ही उलझा रहा है। असलियत यह है कि यह कविता एक ऐसी गीतात्मक लय में रची गई है, जो कम्युनिस्ट पार्टी के प्रति निराला की गहरी ममता और प्यार की सूचना देती है। लय की दृष्टि से सम्पूर्ण कविता का विश्लेषण करने की जरूरत नहीं है। टेक की पंक्ति पर ध्यान केन्द्रित करना ही काफी है। 'जल्द-जल्द पैर बढ़ाओ' यह पंक्ति खास लय के साथ शुरू होती है और यति के बाद आगे खास मंथर लय में ही 'आओ' शब्द की दो बार आवृत्ति होती है। फिर तो पूरी कविता ममता और प्यार की उसी लय में मस्ती के साथ आगे बढ़ती चलती है और पाठकों को बहुत प्रभावशाली ढंग से अपनी गिरफ्त में ले लेती है।"

इस गीत के लगभग समानान्तर निराला ने कुछ ऐसी कविताएँ लिखीं, जिन पर मार्क्सवाद का स्पष्ट प्रभाव दिखलाई पड़ता है। वे कविताएँ उनके कविता-संग्रह 'नए पत्ते' में संकलित हैं और उनके शीर्षक हैं : 'थोड़ों के पेटे में बहुतों को आना पड़ा', 'राजे ने अपनी रखवाली की', 'दग़ा की', 'चर्ख़ा चला' और 'तारे गिनते रहे'।

मार्क्स ने पूँजीवाद को मानव-सभ्यता का विकास माना था, क्योंकि इसमें बड़े पैमाने पर उत्पादन होता है, उत्पादन का चरित्र सामाजिक हो जाता है, श्रमिक और श्रम दोनों स्वतन्त्र हो जाते हैं, यानी श्रमिक के शरीर पर किसी का अधिकार नहीं रहता और वह कहीं भी जाकर अपना श्रम बेच सकता है, लेकिन पूँजीवाद के चरित्र का गहराई से अध्ययन कर उन्होंने यह भी घोषित किया था कि उसमें मनुष्य द्वारा मनुष्य के शोषण का अन्त नहीं होता, बल्कि उसके नए-नए तरीके निकल आते हैं और वह और भयानक हो उठता है। *'थोड़ों के पेटे में बहुतों को आना पड़ा'* शीर्षक कविता में निराला इसी सत्य को बहुत ही नंगे और तीखे रूप में रखते हैं। पूरी कविता इस तरह से है :

धूहों और गुफाओं और पत्थरों के घरों से
आजकल के शहरों तक, दुनियाँ ने चोली बदली।
बिजली और तार और भाप और वायुयान
उसके वाहन हुए।

जान खींची खानों से
कल और कारख़ानों से।
रामराज के पहले के दिन आए।
बानिज के राज ने लछमी को हर लिया।
टापू में ले चलकर रखा और क़ैद किया।
एक का डंका बजा,
बहुतों की आँख झपी।
लहलही धरती पर रेगिस्तान जैसा तपा।
जोत में जल छिपा,
धोखा छिपा, छल छिपा।
बदले हुए दिमाग़ बढ़े,
ग़ोल बाँधे, घेरे डाले,
अपना मतलब गाँठा,
फिर आँखें फेर लीं।
जाल भी ऐसा चला
कि थोड़ों के पेटे में बहुतों को आना पड़ा।

यह विचार-कविता का बहुत अच्छा उदाहरण है, जिसमें विचार ही संवेदना बन गया है। पूरी कविता एक साँस में लिखी गई है, जिससे इसमें एक तनाव भरा हुआ है। इसके अलावा स्वाभाविक रूप से इसमें निराला का स्वर तीखा या कड़वा हो गया है।

आरम्भिक पंक्तियों में वे मानव-सभ्यता के विकास की ओर संकेत करते हैं। बतलाते हैं कि कैसे मनुष्य ढूहों, गुफाओं और पत्थरों से घेरकर बनाए गए घरों से आज की इमारतों-वाले शहरों तक पहुँचा है। यह दुनिया का कायापलट है, जिसके लिए चोला बदलना इस मुहावरे का प्रयोग सटीक है, लेकिन वे कहते हैं, 'दुनियाँ ने चोली बदली'। दुनिया चूँकि स्त्रीलिंग शब्द है, इसलिए पूरे विकास पर व्यंग्य करते हुए उन्होंने 'चोला' को 'चोली' कर दिया है। आगे वे इस विकास के मूल में वैज्ञानिक प्रगति की स्थिति मानते हुए यह कहते हैं कि बिजली, तार, भाप तथा वायुयान उसके वाहक बने और खानों, मशीनों तथा कारखानों के फैलाव से उसने जीवनीशक्ति प्राप्त की। पहली और तीसरी पंक्तियों में उन्होंने पाँच बार 'और' शब्द का प्रयोग किया है, जिससे उनके कथन की गति की क्षिप्रता का बोध होता है। वे बहुत कम समय में बहुत बातें कह डालना चाहते हैं, जबकि शब्द कुछ ज्यादा ही खर्च किए जा रहे हैं!

पूँजीवाद के इस विकास का यह परिणाम हुआ कि रामराज के पहले के यानी कुराज के दिन आ गए। ऐसा कहने के पीछे समझ यह है कि पूँजीवाद का संकट जब गहरा होता है, तभी समाजवाद अस्तित्व में आता है। इस तरह अभी का समय पूँजीवाद के संकट का यानी समाजवाद के पहले का है। ध्यातव्य है कि निराला समाजवाद को 'रामराज' कहकर अभिहित करते हैं। पूँजीवादी देशों में उत्पादन बहुत ज्यादा बढ़ गया, तो उसकी खपत के लिए उन्होंने दूसरे कमजोर और पिछड़े देशों को अपना उपनिवेश बनाना शुरू कर दिया। इसे निराला ने 'बानिज का राज' कहा है। 'रामराज' शब्द के प्रयोग का यह परिणाम हुआ

है कि उन्हें रामायण-काल की लंका याद आ गई है, जहाँ रावण ने सीता का हरण कर उन्हें कैद में रखा था। 'बानिज के राज ने लछमी को हर लिया'। वे जैसे आम जनता को पूँजीवादी शोषण और उपनिवेशवाद से परिचित कराना चाहते हैं। इसीलिए 'बानिज' और 'लछमी' शब्द का प्रयोग करते हैं। 'लछमी' शब्द के प्रयोग से उनके हृदय की पीड़ा भी प्रकट होती है। 'लक्ष्मी' शब्द के प्रयोग में यह बात न होती। यहाँ तद्भव तत्सम से अधिक अर्थसम्पन्न है। यही भाषा की लीला है, जिसे समझे बगैर कोई श्रेष्ठ कवि नहीं हो सकता। दूसरे, उन्होंने लंका के स्थान पर 'टापू' शब्द का प्रयोग किया है, जिसका पौराणिक सन्दर्भ है, तो आधुनिक भी। आधुनिक सन्दर्भ यह है कि जो सर्वाधिक विकसित पूँजीवादी राष्ट्र था और जिसके उपनिवेश सबसे अधिक थे, यानी ग्रेट ब्रिटेन, वह भी एक टापू है। इस तरह निराला की उक्ति दोतरफा अर्थ रखती है। वे औपनिवेशिक शोषण, आवश्यकता से अधिक उत्पादन, पूँजीवाद और औद्योगिक प्रगति इन सबों का आपसी सम्बन्ध समझते हैं, मार्क्सवाद के अपने ज्ञान के आधार पर, और जनसाधारण को उसके बारे में समझाना चाहते हैं, यह बात इस कविता में बहुत प्रत्यक्ष है। यह बड़ी बात भी है, क्योंकि इस दौर में उनकी चिन्ता कविता में सिर्फ सांस्कृतिक और सौन्दर्यात्मक मूल्यों की प्रतिष्ठा की चिन्ता नहीं थी, बल्कि उससे बड़ी चिन्ता थी—पूरे समाज की चिन्ता। आधुनिक भारत के इतिहास में शायद वैसा सजग दौर उसके बाद फिर नहीं आया है।

पूँजीवाद का उपनिवेशवाद के रूप में विकास हुआ, तो उसका अंजाम किस रूप में सामने आया? 'एक का डंका बजा,/बहुतों की आँख झपी', यानी एक राष्ट्र जगता रहा, उसका जय-जयकार होता रहा और ढेर सारे राष्ट्र नींद में चले गए, यानी उन्हें गुलाम बना लिया गया। स्थिति की विडम्बना यह है कि डंके की आवाज में ज्यादा लोग सोते रहे! गुलामी का अनिवार्य परिणाम यह हुआ कि लहलहाती हुई धरती रेगिस्तान की तरह तप उठी, हरे-भरे देश के देश उजाड़ हो गए। जब किसी देश को गुलाम बनाया गया, तो उपनिवेशवादियों ने यह कहा कि वे उसे सभ्य-सुसंस्कृत बनाने और उसकी गरीबी दूर करने के लिए आए हैं। निराला कहते हैं, यह धोखा और छल था—मृगमरीचिका, जिसमें तेज धूप बहते हुए जल के समान दिखलाई पड़ती है। इससे पूँजीवाद का चमक-दमक वाला रूप भी प्रत्यक्ष होता है, जिससे जनता का कोई हित नहीं होता। वैज्ञानिक प्रगति से पूँजीवादियों के बदले हुए दिमाग अपने पक्ष में और सक्रिय हो उठे। उपनिवेशवादी राष्ट्रों ने आपस में साँठ-गाँठ और गिरोहबंदी करके गरीब राष्ट्रों के खिलाफ घेरेबंदी की और इस तरह उन्हें पराधीन बनाया। औपनिवेशिक शोषण का यह हाल रहा कि उन्होंने उन्हें लूटा, अपना स्वार्थ साधा और फिर उनकी तरफ से आँखें फेर लीं, यानी उनके हित की कोई परवाह नहीं की।

अन्त में निराला एक बहुत ही सटीक और विराट् रूपक का प्रयोग करते हुए कहते हैं कि उपनिवेशवादी राष्ट्रों ने ऐसा जाल फेंका कि 'थोड़ों के पेटे में बहुतों को आना पड़ा'। एक राष्ट्र ने अनेक राष्ट्रों को हड़प लिया। उन्होंने जाल के साथ 'फेंकने' क्रियापद का प्रयोग न करके 'चलने' क्रियापद का जान-बूझकर प्रयोग किया है, क्योंकि इसमें अधिक ताकत है। दूसरे, 'पेटा' शब्द का प्रयोग भी असाधारण है। 'पेटा' जानवरों की अँतड़ी को कहते हैं। यह एक शब्द औपनिवेशिक शोषण की व्यापकता को भी स्पष्ट कर देता है और

उसकी क्रूरता तथा बीभत्सता को भी। इस तरह यह कविता ऐतिहासिक भौतिकवाद को कवि द्वारा आत्मसात् कर लिखी गई एक कविता है।

'राजे ने अपनी रखवाली की' उपर्युक्त कविता की तुलना में निराला की अधिक लोकप्रिय कविता है। यह इस प्रकार है :

राजे ने अपनी रखवाली की;
क़िला बनाकर रहा;
बड़ी-बड़ी फ़ौजें रखीं।
चापलूस कितने सामन्त आए
मतलब की लकड़ी पकड़े हुए।
कितने ब्राह्मण आए
पोथियों में जनता को बाँधे हुए।
कवियों ने उसकी बहादुरी के गीत गाए,
लेखकों ने लेख लिखे,
ऐतिहासिकों ने इतिहासों के पन्ने भरे,
नाट्यकलाकारों ने कितने नाटक रचे,
रंगमंच पर खेले।
जनता पर जादू चला राजे के समाज का।
लोक-नारियों के लिए रानियाँ आदर्श हुईं।
धर्म का बढ़ावा रहा धोखे से भरा हुआ।
लोहा बजा धर्म पर, सभ्यता के नाम पर।
ख़ून की नदी बही।
आँख-कान मूँदकर जनता ने डुबकियाँ लीं।
आँख खुली—राजे ने अपनी रखवाली की।

निराला की यह कविता भी बहुत वेग से भरी हुई है। शिल्प भी पिछली कवितावाला ही है। उसमें पूँजीवाद का पर्दाफाश किया गया है, तो इसमें राजा के वर्गीय चरित्र का। दोनों ही कविताओं में जैसे रहस्य अन्त में खुलता है। इसके साथ यह बात भी है कि यह कविता भी कवि के ऐतिहासिक भौतिकवाद के ज्ञान पर ही आधारित है, जिसमें सामन्तवाद और राजतन्त्र की असलियत उजागर की गई है।

'राजे ने अपनी रखवाली की' यह पंक्ति कविता के शुरू में भी आती है, लेकिन यहाँ वह बात शुरू करने के लिए है। रहस्योद्घाटन तो अन्त में होता है, जहाँ निराला कहते हैं—'आँख खुली—राजे ने अपनी रखवाली की'। 'राजा' की जगह 'राजे' शब्द का प्रयोग केवल उसे संस्कृत से हिन्दी बना लेने के कारण नहीं है, बल्कि इसमें राजा के प्रति थोड़ा अनादर का भाव भी है। क्यों? इसलिए कि वह दुहाई देता रहा प्रजा के कल्याण या धर्म की रक्षा की, लेकिन लगा रहा वस्तुतः आत्मरक्षा में। 'राजे' शब्द 'राजा' के परम्परागत प्रभामंडल को पूरी तरह से ध्वस्त कर देता है।

बड़े-बड़े किले और बड़ी-बड़ी फौजें ये सब लोककल्याणकारी राज्य या उसकी प्रजा की सुरक्षा के लिए नहीं, बल्कि अपनी सुरक्षा के लिए राजाओं ने खड़े किए थे। एक राजा के

अधीन अनेक सामन्त होते थे। वे सब उसकी खुशामद में लगे रहते थे, अपनी स्वार्थ-सिद्धि के लिए। निराला की अनावरण भाषा देखने लायक है : 'मतलब की लकड़ी पकड़े हुए'। सामन्तों के साथ पंडित-वर्ग, फिर कवि-गण, लेखक, इतिहासकार और नाट्यकर्मी। इन सबों ने राजा की चापलूसी में क्या-क्या नहीं किया। पंडितों ने अपने ग्रंथों में ऐसे नियमों की रचना की, जो जनता को पराधीन बनानेवाले थे, और कवियों ने प्रशस्ति-काव्य की परम्परा चला दी, जिसमें कायर राजाओं को भी इन्द्र की तरह योद्धा बतलाया गया। ऐसे ही कवियों के बारे में तुलसीदास ने कहा था कि 'कीन्हें प्राकृत जन गुन गाना। सिर धुनि गिरा लगत पछिताना।' लेखक भी पीछे न रहे। उन्होंने भी राजा की स्तुति में लेख लिखे। इसी तरह इतिहासकारों ने उसके लिए झूठा इतिहास रचा और नाट्यकलाकारों ने नाटक लिखे और खेले।

इस सबका परिणाम यह हुआ कि जनता भ्रमित हुई और वह राजा और उसके लोगों को आदर्श मानने लगी। निराला के शब्दों में, 'जनता पर जादू चला राजे के समाज का'। इसका एक ठोस प्रमाण तो यह है कि रानियाँ चाहे कैसी भी रही हों, कितनी भी विलासिनी, वे लोक की सभी स्त्रियों के लिए आदर्श के रूप में मान्य हुईं। राजाओं ने जनता के बीच यह प्रचारित किया कि वे दूसरे राज्यों या देशों पर उनमें अपने धर्म को फैलाने के लिए आक्रमण कर रहे हैं, जबकि सच्चाई यह थी कि उनका असली उद्देश्य अपने राज्य का विस्तार करना था। यह राज्य-विस्तार बिना युद्ध के सम्भव न था। राजाओं ने युद्ध का कारण धर्म को बतलाया और चूँकि धर्म ही सभ्य बनाता था, इसलिए सभ्यता को, लेकिन उन्हें धर्म और सभ्यता से कुछ लेना-देना नहीं था। ऊपर 'लकड़ी' का जिक्र आ चुका है। यहाँ निराला कहते हैं, 'लोहा बजा धर्म पर, सभ्यता के नाम पर'। पाठक मानेंगे, यह बहुत ही नंगी और बेलौस भाषा है, बावजूद इसके कि युद्ध करने के लिए 'लोहा बजाना' इस प्रचलित मुहावरे का इस्तेमाल किया गया है। मुहावरे भाषा का इस कदर अंग बन जाते हैं कि अभिधेयात्मक शब्दों और उनमें कोई फर्क नहीं रह जाता। एक बात यह भी है कि मुहावरों का ज्यादा प्रयोग जनसाधारण ही करता है। युद्ध में खून की नदियाँ बहीं। उनमें किसने डुबकियाँ लगाईं? जनता ने, क्योंकि वही युद्ध लड़ती है। चूँकि उसे राजाओं के छिपे हुए उद्देश्य का ज्ञान नहीं, उसने आँख-कान मूँदकर यानी अंधी और बहरी होकर उनकी तरफ से लड़ाई लड़ी। उनके विरुद्ध उसने न कुछ देखा, न सुना। इसका श्रेय तो मार्क्सवाद को है कि उसने दुनिया में इस ज्ञान का प्रचार किया कि राजाओं को धर्म या सभ्यता से कुछ मतलब नहीं था, वे तो वस्तुतः अपनी सुरक्षा में लगे हुए थे।

यह नया तत्त्व-ज्ञान था, जो निराला को इस दौर में प्राप्त हुआ था। उन्होंने सामन्तों, ब्राह्मणों, कवियों, लेखकों, इतिहासकारों और नाट्यकर्मियों सबों पर व्यंग्य करते हुए उसे इस कविता में रखा। कविता के उत्तरार्द्ध में उन्होंने राजाओं की संस्कृति के प्रभुत्वशाली होने की बात तो कही ही, खास तौर से उनके द्वारा धर्म का इस्तेमाल किए जाने के तथ्य को अनावृत्त किया। अन्त में उन्होंने इस बात पर भी क्षोभ प्रकट किया है कि जनता बिना समझे-बूझे राजाओं के हित के युद्ध में कटती-मरती रही। अन्तिम पंक्ति में आँख खुलनेवाली जो बात है, उसे उसके ऊपर की पंक्ति में कही गई आँख मूँदनेवाली बात से जोड़कर देखना चाहिए।

'दग़ा की' शीर्षक कविता में निराला ने अपना ध्यान साधारण जन पर केन्द्रित किया है और पूरी सभ्यता ने उसके साथ जो धोखा किया है, उसका चित्रण करते हुए उस पर टिप्पणी की है। 'दग़ा की इस सभ्यता ने दग़ा की' यह वस्तुतः एक चीत्कार है, जो उनके कंठ से निकला है। ऐसा चीत्कार उन्होंने अपनी किसी दूसरी कविता में नहीं किया। नीचे पूरी कविता दी जा रही है, जो इस शृंखला की उनकी सर्वश्रेष्ठ कविता है :

चेहरा पीला पड़ा।
रीढ़ झुकी। हाथ जोड़े।
आँख का अँधेरा बढ़ा।
सैकड़ों सदियाँ गुज़रीं।
बड़े-बड़े ऋषि आए, मुनि आए, कवि आए,
तरह-तरह की वाणी जनता को दे गए।
किसी ने कहा कि एक तीन हैं,
किसी ने कहा कि तीन तीन हैं।
किसी ने नसें टोईं, किसी ने कमल देखे।
किसी ने विहार किया, किसी ने अंगूठे चूमे।
लोगों ने कहा कि धन्य हो गए।
मगर खँजड़ी न गई।
मृदंग तबला हुआ,
वीणा सुर-बहार हुई।
आज पियानों के गीत सुनते हैं।
पौ फटी।
किरनों का जाल फैला।
दिशाओं के होंठ रँगे
दिन में, वेश्याएँ जैसे रात में।
दग़ा की इस सभ्यता ने दग़ा की।

चेहरा पीला पड़ा हुआ, रीढ़ झुकी हुई, हाथ जुड़े हुए और आँखों का अँधेरा बढ़ा हुआ–यह है उस साधारण जन की तसवीर, जिसमें सभ्यता के विकास से कोई फर्क नहीं पड़ा है। उसे सबों ने उलझाया है, सबों ने छला है। किसी ने एक तरह से और किसी ने दूसरी तरह से। बड़े-बड़े ऋषि, मुनि और कवि उसे तरह-तरह की वाणी सुनाते रहे। किसी ने कहा कि शरीर, मन और आत्मा ये तीनों एक हैं और किसी ने कहा कि नहीं, ये तीनों एक-दूसरे से अलग और स्वतन्त्र हैं। न्यूयार्क में दिए गए अपने 'वास्तविक और व्यावहारिक मनुष्य' शीर्षक व्याख्यान में विवेकानन्द ने कहा था : "मनुष्य का शरीर, मन और आत्मा–ये क्या तीन विभिन्न वस्तुएँ हैं अथवा ये एक के भीतर ही तीन हैं, अथवा ये सब एक ही सत्ता की तीन विभिन्न अवस्थाएँ हैं?" निराला ने यहीं से तीन एक हैं और तीन तीन हैं वाली बात ली है। आगे वे कहते हैं कि किसी ने जनता की नसें टटोलीं और किसी ने उसके कमल देखे। ये योग और उसके चक्रों की बातें हैं। विदित है कि प्रत्येक चक्र की कल्पना अलग-अलग दलोंवाले कमल के रूप में की गई है। बात यहीं तक नहीं रुकी। किसी ने

जनता को मित्र बनाकर उसके साथ विहार किया और किसी ने उसे अपना प्रभु बतलाकर उसकी खुशामद की। ये दोनों ही दो प्रकार के छल थे, जिनका शिकार उसे बनाया गया। भोली-भाली जनता ने चूँकि इसे समझा नहीं, इसलिए वह अपने प्रति प्रदर्शित मित्रता और स्तुति के भाव से प्रसन्न होती रही, अपने को धन्य मानती रही।

जनता की वास्तविक स्थिति पर निराला ने कविता के उत्तरार्द्ध में प्रकाश डाला है। कहते हैं, सभ्यता के विकास के साथ उसकी स्थिति में कोई परिवर्तन न हुआ। खँजड़ी, जो लोकसंस्कृति की प्रतीक है, खँजड़ी ही रही, जबकि ऊपर के वर्गों के वाद्ययन्त्रों में भारी परिवर्तन घटित हुआ। मृदंग तबला हो गया और वीणा सुरबहार। आज नया वाद्ययन्त्र आ गया है—पियानो, जिस पर गाए जानेवाले गीत उन वर्गों के लोग सुनते हैं। यह है सभ्यता का सुप्रभात। निराला के शब्द ध्यातव्य हैं : 'किरणों का जाल फैला।/दिशाओं के होंठ रँगे/दिन में, वेश्याएँ जैसे रात में।' चतुर्दिक् सभ्यता की किरणें नहीं फैली हैं, एक जाल फैला है, जनसाधारण को फाँसने के लिए। इसी तरह प्रभात-काल में दिशाएँ जो अनुरंजित हो उठी हैं, वह उस तरह से उनके होंठों का रँगना है, जिस तरह से रात में वेश्याएँ लिपस्टिक से अपने होंठ रँगती हैं। कल्पना की जा सकती है कि जन-विरोधी सभ्यता की कितनी बीभत्स तसवीर निराला के मन में थी। स्वभावतः वे चीख उठते हैं, 'इस सभ्यता ने धोखा दिया, धोखा दिया।' जनसाधारण के प्रति ऐसी गहरी संवेदना मुक्तिबोध के अलावा अन्यत्र दुर्लभ है। उक्त बिम्ब भी विलक्षण है। वह निराला की बिम्ब-निर्माण की क्षमता का अचूक प्रमाण है। ऐसा लगता है कि कैसे भी भाव के अनुरूप वे सटीक बिम्ब रच सकते थे। बड़ी बात यह कि एक ही बिम्ब में थोड़ा परिवर्तन करके वे उससे ठीक उलटा काम भी ले सकते थे। यह जन-विरोधी सभ्यता वर्ग-सभ्यता है, यह कहने की जरूरत न होनी चाहिए।

मार्क्सवाद से निराला को जो भौतिकवादी दृष्टि प्राप्त हुई, प्रकारान्तर से उसकी प्रतिष्ठा उन्होंने *'चर्ख़ा चला'* शीर्षक कविता में की है। यह काम उन्होंने भारतीय इतिहास के विकास-क्रम का उल्लेख करते हुए उसके माध्यम से किया है। कविता थोड़ी लम्बी है, जिसमें चार बंद हैं। शुरू के दो बंदों में उन्होंने सिर्फ भारतीय इतिहास का विकास दर्शाया है, यथा—

वेदों का चर्ख़ा चला,
सदियाँ गुज़रीं।
लोग-बाग बसने लगे,
फिर भी चलते रहे।
गुफाओं से घर उठाए।
ऊँचे से नीचे उतरे।
भेड़ों से गाएँ रखीं।
जंगल से बाग़ और उपवन तैयार किए।

खुली ज़बाँ बँधने लगी।
वैदिक से सँवर-दी भाषा संस्कृत हुई।
नियम बने, शुद्ध रूप लाए गए,
अथवा जंगली सभ्य हुए वेशवास से।

कड़े कोस ऐसे कटे।
खोज हुई, सुख के साधन बढ़े–
जैसे उबटन से साबुन।

इन बंदों में भाषा का जो प्रयोग हुआ है, कटी-छँटी और साफ-सुथरी, वही इन्हें कविता बनाने के लिए काफी है। यह भाषा उससे आगे एक त्वरा से भी युक्त है। प्रत्येक वाक्य जैसे एक सोपान है, जिससे क्रम-क्रम से हम एक आशय की तरफ बढ़ते जाते हैं। जहाँ तक इसमें निहित अर्थ की बात है, वह स्पष्ट है। निराला पहले वेदों के चक्र की बात कहते हैं, फिर उसके बाद का हाल बयान करते हैं। लगातार सभ्यता का विकास होता रहा। यायावर आर्यों ने गुफाओं से निकलकर अपने लिए घर बनाए, पहाड़ी इलाके से मैदानी इलाके में आए, भेड़ों की जगह गायों को पालना शुरू किया और जंगल की जगह बाग-बगीचे तथा उद्यान तैयार किए। 'जंगल से बाग़ और उपवन तैयार किए'–यह बहुत सुन्दर उक्ति भी है। दूसरे बंद में वैदिक संस्कृत से विकसित लौकिक संस्कृत का जिक्र है, फिर उसके व्याकरण का और इस तरह वन्य वेशभूषा से सभ्य वेशभूषा तक पहुँचने का। इतिहास की लम्बी दूरी आर्यों ने इस तरह तय की। सुख-सुविधा के साधनों में वृद्धि के लिए अनुसन्धान चलता रहा। उसमें सफलता भी मिली। प्रतीकस्वरूप निराला ने कहा है, 'जैसे उबटन से साबुन'। उबटन में बहुत झंझट था। साबुन सुख-सुविधा बढ़ानेवाले अनुसन्धान की सफलता का बहुत ठोस प्रमाण है, दिलचस्प भी।

तीसरे बंद में वे कहते हैं–

वेदों के बाद जाति चार भागों में बँटी,
यही रामराज है।
वाल्मीकि ने पहले वेदों की लीक छोड़ी
छंदों में गीत रचे, मंत्रों को छोड़कर,
मानव को मान दिया,
धरती की प्यारी लड़की सीता के गाने गाए।

इतिहासकारों के अनुसार भी वर्ण-व्यवस्था उत्तर-वैदिक काल की देन है। निराला वर्ण-व्यवस्था को उचित ही तत्कालीन सन्दर्भ में एक प्रगतिशील कदम मानते हैं, क्योंकि इससे समाज में एक व्यवस्था आई थी। सभी जानते हैं कि आरम्भ में वर्ण का निर्धारण जन्म से न होकर कर्म से होता था। वह तो उसके पतनशील दौर में वर्ण को जन्मगत माना जाने लगा। इस प्रसंग में निराला ने जो महत्त्वपूर्ण बात कही है, वह यह कि जिस 'मर्यादा' का इतना शोर रहा है, वह वस्तुतः वर्ण और आश्रम की मान्यता है। चूँकि राम के राज्यकाल में वर्णाश्रम को सर्वाधिक माना गया, इसलिए मर्यादा की दृष्टि से उस काल को आदर्श माना जाता है। 'रामराज' की अवधारणा उसी से लगी हुई है, यह उन्होंने संकेतित कर दिया है। इसके बाद वे असली विषय पर आते हैं और वाल्मीकि का नाम लेते हैं। यह भी महत्त्वपूर्ण है कि उनकी दृष्टि में भौतिक संस्कृति के प्रथम प्रतिष्ठाता वाल्मीकि हैं, सौभाग्य से एक कवि, जो भारत के 'आदि कवि' के रूप में मान्य हैं। सर्वप्रथम उन्होंने ही वेदों से अपना रास्ता अलग किया, दोनों ही रूपों में : ऋचाओं को छोड़कर छंदों में अपनी कविता लिखी और वैदिक देवी-देवताओं की जगह अपने काव्य में मनुष्य को प्रतिष्ठित

किया। अलग से निराला कहते हैं, 'धरती की प्यारी लड़की सीता के गाने गाए' । इस पंक्ति में 'धरती' शब्द रेखांकन के योग्य है। वाल्मीकि ने धरती की बेटी के गीत गाए, आसमान की बेटी के नहीं–यह है उनकी भौतिकता। दुहराने की जरूरत न होनी चाहिए कि सीता जमीन से निकली थीं, आसमान से नहीं उतरी थीं, किसी अलौकिक देवी की तरह। 'प्यारी' विशेषण कवि ने अपनी तरफ से लगाया है, जिससे उसकी प्रतिश्रुति स्पष्ट हो जाती है।

कविता का अन्तिम बंद इस प्रकार है :

कली ज्योति में खिली
मिट्टी से चढ़ती हुई।
'वर्जिन स्वैल', 'गुड अर्थ', अब के परिणाम हैं।
कृष्ण ने भी ज़मीं पकड़ी,
इन्द्र की पूजा की जगह
गोवर्धन को पुजाया;
मानवों को, गायों और बैलों को मान दिया।
हल को बलदेव ने हथियार बनाया,
कंधे पर डाले फिरे।
खेती हरीभरी हुई।
यहाँ तक पहुँचते अभी दुनियाँ को देर है।

इस बंद में निराला धरती का महत्त्व बतलाते हैं। कली ज्योति में खिलती है, लेकिन धरती से निकलकर ही। यह धरती का ही महत्त्व है, जो आज रूसी उपन्यासकार तुर्गनेव के उपन्यास 'वर्जिन स्वैल' और अमरीकी उपन्यासकर्त्री पर्ल एस. बक के उपन्यास 'द गुड अर्थ' के नामों में दिखलाई पड़ रहा है। फिर उनका ध्यान पुराणों की तरफ जाता है, तो उन्हें कृष्ण याद आते हैं, जिन्होंने स्वर्ग से अधिक पृथ्वी को महत्त्व दिया है और इन्द्र की पूजा बन्द कराकर गोवर्धन पर्वत की पूजा शुरू कराई, जिससे वृंदावनवासियों के हित जुड़े हुए थे। कृष्ण का एक नाम 'गोपाल' भी है, जिससे गो-जाति के साथ उनके सम्बन्ध की सूचना मिलती है। इसी तरह वे 'गोपेश' भी हैं, जिससे गोकुल के मनुष्यों से उनका गहरा लगाव प्रमाणित होता है। यह सब उनका गहरे रूप में भौतिक होना ही बतलाता है, और कुछ नहीं। उनके बड़े भाई बलदेव का अस्त्र हल है, जो उसे कंधे पर लिए फिरते हैं। इसी कारण उन्हें 'हलधर' कहा जाता है। यह स्पष्टतः हल का सम्मान है। इस हल से ही पृथ्वी पर हरी-भरी खेती लहराई है।

इस तरह धरती का महत्त्व प्रतिपादित करने के बाद बंद के अन्त में निराला कहते हैं, 'यहाँ तक पहुँचते अभी दुनियाँ को देर है' । तात्पर्य यह कि जिस भौतिकवाद का पश्चिम में इतना शोर है और जिसे भारत के लिए पश्चिम का अवदान माना जाता है, उसे भारत में उतना महत्त्व प्राप्त रहा है, जितना पश्चिम में प्राप्त करने में उसे काफी देर लगेगी। यह है, पश्चिम से प्राप्त दृष्टि के आलोक में भारत की भौतिकवादी संस्कृति का पुनराविष्कार।

मार्क्सवाद-प्रभावित निराला की कविताओं की शृंखला में अन्तिम कविता है– *'तारे गिनते रहे'*। इसमें मार्क्सवाद का प्रभाव इस रूप में है कि उसी की मदद से उन्होंने अपने पराधीन देश की अवस्था को साफ-साफ समझा है और उसे शब्दों में रखा है। पूरी कविता यों है–

राज-चेतना की राह रोककर
लोग खड़े हुए, कामयाब हुए।
दुश्मनों के पैर न जमने दिए।
आपस में मिले रहे, ज़बाँदराज़ी न की।
लोक की, समाज की लाज रखी,
बढ़े चले।

राज में बेकारों की आख़िरी साँसें रहीं।
ज़मींदार चाँद-जैसे कर के लिए लगे रहे
देश के आकाश पर,
कपड़े की ज़मीं पर।
दूसरे प्रकाश के लिए जैसे चोला पाया।
मेह जैसे तने रहे,
टपके भी, बरसे भी।
बालों के नीचे पड़ी जनता बलतोड़ हुई।

माल के दलाल ये वैश्य हुए देश के।
सागर भरा हुआ,
लहरों से बहले रहे;
बानिज की राह खोई।
किरनें समन्दर पर कैसी पड़ती दिखीं!
लहरों के झूले झूले,
कितना विहार किया क़ानूनी पानी पर;
बँधे भी खुले रहे।
रात आकाश के तारे गिनते रहे!

कविता के पहले बंद में निराला ने इस बात पर हर्ष और सन्तोष प्रकट किया है कि जमींदारों और व्यापारियों की तरह पराधीन भारत में सारे लोग राजभक्त नहीं हो गए, बल्कि वे इस राजभक्ति का रास्ता रोककर खड़े हो गए और उसमें सफलता प्राप्त की। अंग्रेजों ने बहुत कोशिशें कीं, पर यह सम्भव न हुआ कि वे देश की समग्र जनता को अपना अनुयायी बना ले। इस तरह शासक होने के बावजूद उनके पाँव इस देश में कभी भी इस कदर न जम सकें कि वे फिर उखड़ न सकें। भारतीय जनता ने दृढ़ एकता का परिचय दिया, सिर्फ लम्बी-लम्बी बातें न कीं। इसी से वह लोक की और समाज की लज्जा रखने के योग्य सिद्ध हुई। उसका आगे बढ़ना जारी रहा। यह जन-प्रतिरोध है, जिसे कुशासन स्वाभाविक रूप से जन्म देता है।

दूसरे बंद की विषय-वस्तु अंग्रेजी हुकूमत में बुनकरों और साधारण जनता की तबाही से सम्बन्धित है। यह जानी हुई बात है कि अंग्रेज यहाँ आए, तो धीरे-धीरे उन्होंने यहाँ के चरखे-करघे से चलनेवाले वस्त्र-उद्योग को समाप्त कर दिया। वे कच्चा माल यहाँ से ढोकर

इंग्लैंड ले जाने लगे और वहाँ से तैयार माल लाकर सरकारी सहूलियतों के साथ उससे भारतीय बाजार को पाट दिया। इसके अनिवार्य परिणामस्वरूप यहाँ के बुनकर या जुलाहे बेकार हो गए, उनकी साँस टूटने लगी। एक तरफ उनका सरकार ने यह हाल किया और दूसरी तरफ जमींदार लगान के लिए उनके सीने पर सवार था। निराला ने लिखा है, 'ज़मींदार चाँद-जैसे कर के लिए लगे रहे/देश के आकाश पर,/कपड़े की ज़मीं पर।' बुनकरों के लिए उनसे छुटकारा पाना सम्भव न था। वे चाँद की तरह चमक रहे थे, आकाश पर भी और जमीन पर भी। आकाश देश का था और जमीन कपड़े की। 'कपड़े' शब्द से स्पष्ट है कि संकेत जुलाहों की तरफ है। ये ऐसे चाँद थे, जिनमें अपनी चमक नहीं थी। चाँद में अपनी चमक होती भी नहीं। उसकी चमक या प्रकाश तो सूर्य का प्रकाश होता है। जमींदारों के संरक्षक अंग्रेज ही थे। उन्होंने ही जमींदारी-प्रथा लागू की थी। स्वभावतः जमींदारों को शक्ति अंगेजों से ही मिलती थी। उन्हें देखकर ऐसा लगता था कि उन्होंने दूसरे से प्रकाश प्राप्त करने के लिए ही जैसे जन्म लिया है! कहने की आवश्यकता नहीं कि इस उक्ति में निराला का घनीभूत क्षोभ बहुत ही संयत रूप से प्रकट हुआ है, जिससे उसकी गम्भीरता और बढ़ गई है।

पुनः वे दूसरे रूपक का प्रयोग करते हुए कहते हैं कि ये जमींदार आकाश में बादलों की तरह छाए रहे। उन्होंने 'तने रहे' लिखा है, जिसमें श्लेष है। 'तनना' क्रियापद के दो अर्थ हैं–खिंचना, जो अभिधेयात्मक है और रुष्ट होना, जो लाक्षणिक है। रोष में आकर जमींदार जनता पर बादलों की तरह टपकते भी रहे और बरसते भी। 'टपकना' का प्रयोग यहाँ उस तरह का है, जिस तरह का 'छत के टपकने' में होता है। इसी तरह बरसना का प्रयोग भी लाक्षणिक रूप में है, जिसका अर्थ है–रोष में आकर फटकारना। इस सबसे उनके नीचे रहनेवाली जनता की दशा वही हुई, जो बालों के नीचे बलतोड़ घाव की होती है। 'बालों के नीचे पड़ी जनता बलतोड़ हुई'–यह उक्ति बहुत पीड़ित मन से निकली है, जो जनता की पीड़ादायक स्थिति को व्यक्त करने में पूर्णतः समर्थ है। यह अभिव्यक्ति लोकप्रेरित है। लोक-प्रयोग की शक्ति का बेहतर ढंग से एहसास तुलसीदास को भी था, जिन्होंने एक भिन्न प्रसंग में 'बलतोड़' शब्द का बहुत सशक्त प्रयोग किया है, यथा : 'दलकि उठेउ सुनि हृदय कठोरू। जनु छुइ गयउ पाक *बरतोरू*।'

तीसरा बंद इस देश के वैश्यों यानी व्यापारियों पर केन्द्रित है, जो पराधीन भारत में अपना कारोबार छोड़कर अंग्रेजी माल के दलाल बन गए। अब उनका काम हो गया अंग्रेजी माल लाकर उसे भारतीय बाजार में बेचना और उससे मुनाफा कमाना। अंग्रेजी माल समुद्री रास्ते से भारत आता था, इसलिए निराला कहते हैं कि भरे हुए समुद्र में जो लहरें उठती थीं, उन्हीं से उनकी तबीयत बहलती रही! निश्चय ही यह विषण्ण मन से निकली हुई उक्ति है, जिसमें तीखा व्यंग्य है। क्यों विषाद है उनके मन में? इसलिए कि जिस समुद्र से अंग्रेजी माल भारत आता था, उसकी लहरों की क्रीड़ा देखने में भारत के अपने वाणिज्य का मार्ग खो गया। पुनः समुद्र का वर्णन है। काफी व्यंग्यात्मक लहजे में वे कहते हैं–अहा, समुद्र पर सूर्य की किरणें कैसी झलमलाती हुई दिखलाई पड़ीं! मालवाही जहाज उन लहरों पर हिचकोले खाता हुआ भारतीय समुद्र-तट की ओर बढ़ रहा था। जहाज के साथ भारतीय व्यापारी लहरों के झूले पर झूलने का आनन्द लेते रहे। तत्पश्चात् निराला का कहना है :

'कितना विहार किया क़ानूनी पानी पर;/बँधे भी खुले रहे।' यह उक्ति और व्यंग्यात्मक है। भारतीय व्यापारी जिस जल पर विहार कर रहे थे, वह कानून से नियन्त्रित था, यानी अंग्रेजी माल लाने और उन्हें बेचने के सम्बन्ध में अनेक नियम थे, जिनका पालन उनसे कठोरतापूर्वक कराया जाता था, लेकिन वह भूलकर वे विहार करते रहे! इसी सन्दर्भ से उनकी विहार करनेवाली उक्ति में व्यंग्य सम्भव हुआ है। इस व्यंग्य के मूल में वस्तुतः विडम्बना है, जो अगली उक्ति से बिलकुल स्पष्ट हो जाती है। ये व्यापारी बंदी थे, पर उन्हें इसका चेत नहीं था, जिससे उसके बावजूद खुलकर विहार करते रहे!

अन्तिम पंक्ति में निराला ने सूचित किया है कि जब रात हुई, तो उसमें भी उनका विहार करना जारी रहा। वे आनन्द में जगते रहे। 'तारे गिनते' मुहावरे का यहाँ यही अर्थ है।

स्पष्ट है कि ये कविताएँ निराला-काव्य को एक नया आयाम प्रदान करती हैं। छायावादी काल में निराला में जो सामन्त और उपनिवेश-विरोधी चेतना थी, उसने जैसे प्रगतिवाद के वातावरण में तर्कसंगत रूप में अपना विकास किया। लक्ष्य करने योग्य है कि मार्क्सवाद का जो भी ज्ञान उन्होंने अर्जित किया, उसे अपनी कविताओं की पृष्ठभूमि में रखा, अग्रभूमि में नहीं। इससे भी बड़ी बात यह कि उसने उनकी संवेदना और सौन्दर्यबोध को नवीन बना दिया। स्वभावतः उनकी कविता के पुराने पाठकों को, जिनकी रुचि में गतिशीलता नहीं थी, ये कविताएँ पसन्द नहीं आईं। निकट से इनका अध्ययन करने पर पता चलता है कि ये न केवल तत्कालीन प्रचलित कविताओं से रूप-रंग से भिन्न हैं, बल्कि इनकी बुनावट और इनका शिल्प अपने ढंग का है। इनकी भाषा निखरे हुए गद्य का नमूना तो है ही, एक-एक वाक्य तराशा हुआ है, उसमें अपने ढंग की ग्रंथिलता है, सर्जनात्मक अन्तराल है, मुहावरेदारी है और चुस्तबयानी है। सबसे ऊपर एक खास किस्म का लहजा है, जो हिन्दी में केवल निराला का है। जहाँ तक छंद और लय की बात है, ये कविताएँ भी वृत्तगंधी हैं। तात्पर्य यह कि ये भी कवित्त की लय को लेकर ही चलती हैं, जिसमें विराम और बलाघात के अपने नियम हैं।

आखिरी बात यह कि निराला जैसे 'प्रगतिशीलता' के प्रति आलोचनात्मक दृष्टि रखते हुए भी मार्क्सवाद का सकारात्मक प्रभाव लेकर एक नई धज की कविता लिख रहे थे, वैसे ही इस कविता के साथ वे आध्यात्मिक गीतों की भी रचना कर रहे थे। इस समय के उनके वैसे असंख्य गीत 'बेला' में संकलित हैं। यह उनकी सर्जनात्मक स्वतन्त्रता का पक्का प्रमाण है। विचारधारात्मक संहति या वैचारिक अन्तर्विरोध की अनुपस्थिति श्रेष्ठ कवि की अनिवार्य पहचान नहीं। वह पहचान यह है कि कवि अपनी संवेदनशीलता में अपराजेय है और उसकी संवेदना कभी बँधी हुई नालियों में प्रवाहित नहीं होती। यह काम्य भी है, क्योंकि मानव-जीवन को क्या, सामाजिक यथार्थ को भी कभी पूर्णतः प्रणालीबद्ध नहीं किया जा सकता। अकारण नहीं कि हर प्रणाली एक सीमा के बाद जीवन और समाज की व्याख्या करने में असमर्थ सिद्ध होती है।

'देवी सरस्वती' और किसान-सम्बन्धी कविताएँ

अपनी काव्य-रचना के आरम्भिक काल में निराला ने अपनी प्रसिद्ध सरस्वती-वन्दना लिखी थी–'वर दे, वीणावादिनि वरदे!' पं. रामकृष्ण त्रिपाठी के अनुसार उसका समापन भी उन्होंने सरस्वती-वन्दना से ही किया। अन्य विद्वान् उनकी कविता 'पत्रोत्कंठित जीवन का विष बुझा हुआ है' को उनकी अन्तिम रचना मानते हैं, लेकिन त्रिपाठीजी बहुत विश्वास के साथ कहते हैं कि पिताजी की अन्तिम रचना है–'हाथवीणा, समासीना;/विशद-वादन-रत प्रवीणा।' यह सुपरिचित तथ्य है कि 'देवी सरस्वती' शीर्षक से एक लम्बी कविता निराला ने अपनी काव्य-रचना के मध्यवर्ती काल में भी लिखी थी। इस कविता में, जो कि 'नए पत्ते' में संगृहीत है, सरस्वती का रूप बहुत कुछ बदला हुआ है। यह ठीक है कि इसके आरम्भ और अन्त में वर्णित सरस्वती परम्परागत ही हैं, लेकिन इसका असली आकर्षण इसके बीच में जो उनका वर्णन आया है, उसमें है। वैसे आरम्भ और अन्त के वर्णन में भी अपना आकर्षण है। उदाहरण के लिए दोनों से क्रमशः दो छंद नीचे उद्धृत हैं :

हंस चरणतल तैर रहा है
लघूर्मियों पर,
सुनता हुआ तीव्र-मृदु
झंकृत वीणा के स्वर।

... ...

तुम्हीं चिरंतन जीवन की
उन्नायक, भविता,
छवि विश्व की मोहिनी,
कवि की सनयन कविता।

कविता जब आगे बढ़ती है, तो निराला सरस्वती से निवेदन करते हैं : 'शुभ्रे, कुल रंगों की,/रागों की, शब्दों की,/नित्यनवीना हो/वंदित यद्यपि अब्दों की।' इसमें जो 'नित्यनवीना' शब्द है, उस पर वे रुक जाते हैं और आगे के छंदों में विस्तार से उनके नवीन रूप को चित्रित करते चले जाते हैं, ऐसी भाषा में, सरस्वती-सम्बन्धी उन्हीं के एक अन्य गीत से शब्द लेकर कहें, तो 'नहा आई जो सरोवर'। उस तरफ बढ़ने की प्रेरणा भी उन्हें उक्त छंद से तुरत बाद आनेवाले इस छंद से मिलती है : 'ऋतु के पुष्प/भिन्न गंधों से बसा दिए हैं/जग के दुख के मुरझाए मुख/हँसा दिए हैं।' आकस्मिक नहीं कि इसमें सरस्वती की व्याप्ति दिखलाने के क्रम में विभिन्न ऋतुओं के ही चित्र प्रस्तुत किए गए हैं। इन चित्रों की विशेषता यह है कि ये मुख्यतः ग्रामीण जीवन से सम्बन्धित हैं। इनमें गजब की ताजगी है, जो उससे कवि

के गहन आत्मीयतापूर्ण सम्बन्ध से सम्भव हुई है। भाषा के बारे में संकेत किया जा चुका है। 'देवी सरस्वती' कविता की भाषा अनाज के नए दानों की तरह चमकती हुई है। 'दुर्गासप्तशती' में इन्द्रादि देवता दुर्गा की स्तुति करते हैं, तो उनसे यह भी कहते हैं कि इस विश्व की उत्पत्ति एवं पालन के लिए आप ही वार्ता (खेती एवं आजीविका) के रूप में प्रकट हुई हैं। सम्भव है, इससे भी सरस्वती को नया रूप देने की निराला को प्रेरणा मिली हो। वैसे यह कविता एक सरल कविता है, जिसका सौन्दर्य इसकी वर्णनात्मकता में ही है।

जिन ऋतुओं का वर्णन किया गया है, वे हैं वर्षा, शरत्, हेमन्त, शिशिर, वसन्त और ग्रीष्म। एक तो ऋतु-वर्णन, दूसरे, निराला की लेखनी! गालिब याद आते हैं, 'ज़िक्र उस परीवश का, और फिर बयाँ अपना!' सर्वप्रथम यह वर्षा-वर्णन :

खेत निराती हैं बालाएँ
लिए खुरपियाँ
गाती बारहमासी
सावन और कजलियाँ।
जुही मुस्कराई। नागन
बलखाई आई
मंद गंध से पुरवाई
डस गई सुहाई।

इस उद्धरण में तीन चित्र हैं—पहला कृषक-बालाओं का, दूसरा जूही का और तीसरा पुरवाई का। पहला चित्र नितान्त सरल है, जिसे कल्पना का हलका स्पर्श भी प्राप्त नहीं। कह सकते हैं, वह पूर्णतः इतिवृत्तात्मक है, लेकिन उसमें सजीवता की कमी नहीं। दूसरे चित्र में जूही चटखती नहीं है, मुस्कुराती है! इसमें उसकी कल्पना मानवी के रूप में की गई है, जिसमें उसके प्रति अपनापन तो है, पर कोई विलक्षणता नहीं, लेकिन तीसरा चित्र प्रचंड है, जैसे निराला धीरे-धीरे अपने असली कवि-रूप में आ गए हों। बरसात में चलनेवाली पुरवा हवा नागिन की तरह बलखाकर आती है और मंद गंध से डँस जाती है। गंध जूही के फूलों की ही होगी, क्योंकि पहले उसका जिक्र आ चुका है। जिन्हें गाँव का अनुभव है, वही नागिन की तरह बलखाकर आनेवाली इस पुरवा के सुखद स्पर्श की कल्पना कर सकते हैं। निराला को तो देखिए कि वे हिन्दी के 'नागिन' की जगह उर्दू का 'नागन' लिखते हैं, जिससे पुरवा के नागिन होने में कोई कसर न रह जाए। उनका शब्द-विवेक अद्भुत है। जैसे एक-एक शब्द के रूप और ध्वनि से उनकी गहन पहचान है, ठीक तुलसीदास की तरह।

शरद्-वर्णन वर्षा-वर्णन की तुलना में बेहतर है, जबकि निराला की सर्वप्रिय ऋतु वर्षा ही थी। शुरू में वे सरस्वती का यह चित्र प्रस्तुत करते हैं –

नमित शालि से भरी हुई,
सुन्दर-वन-वसना,
श्वेत-शशि-मुखी,
जगती पर मधुराधर-हसना।

शरद्ऋतु में धानों में बालियाँ निकल आती हैं, जिनके पुष्ट होने के साथ धान के पौधे झुक जाते हैं। सरस्वती का वसन वनस्पतियों से ही बना है, इसलिए वे 'वन-वसना' हैं! शरद्ऋतु

का चन्द्रमा खूब उज्ज्वल होता है, जो उनका मुख-मंडल है। अपने मधुर अधरों से वे गाँवों की दुनिया पर हँसी लुटा रही हैं! जैसे तुलसीदास का राम के रूप-वर्णन में अपने पर नियन्त्रण थोड़ा शिथिल हो जाता था, निराला भी सरस्वती के रूप-वर्णन में भाव-विह्वल हो उठते हैं। उनकी भाषा संस्कृतनिष्ठ हो उठती है और शब्दों में खनक भर उठती है, यद्यपि चित्र गाँव का ही रहता है—धान के खेतों पर चमकता हुआ चन्द्रमा!

शरद्ऋतु रबी की बुवाई का भी समय है। उसका किंचित् विस्तृत और असाधारण वर्णन नीचे है :

सिमटा पानी खेतों का;
ओठ पर चले हल;
पाँसे खेत, किए जो गए
जोतकर मखमल।
डाले बीज चने के, जौ के
और मटर के,
गेहूँ के, अलसी-राई-
सरसों के, कर से।
ऐसे बाह-बाह की वीणा
बजी सुहाई,
पौधों की रागिनी सजीव
सजी सुखदाई।

बरसात में खेतों में पानी भर जाता है, जो शरद्ऋतु में हटने लगता है। हटकर वह वहाँ रह जाता है, जहाँ खेत कुछ नीचे होते हैं। किसान खेतों के जिस हिस्से से पानी हट जाता है, उसे जोतकर वहाँ रबी की बुवाई कर देते हैं। 'सिमटा पानी खेतों का;/ओठ पर चले हल'—यह दृश्य जितना ही चित्रात्मक है, उतना ही इस बात का सूचक कि कवि के पास किसानी जीवन का अच्छा अनुभव है। खेतों के किनारे के लिए 'ओठ' शब्द का प्रयोग बेहद आत्मीयतापूर्ण है। 'पाँसना' का मतलब कुदाल से खेत कोड़ना है। किसानों ने उन खेतों को, जिनमें बुवाई करनी है, कोड़कर और उसके बाद जोतकर उनकी मिट्टी को मखमल की तरह मुलायम कर दिया है। यह उक्ति इतनी सटीक और सुन्दर है कि मन के भीतर उस मिट्टी को छूने की इच्छा पैदा हो जाती है। फिर निराला ने रबी की फसलों के नाम गिनाए हैं—चना, जौ, मटर, गेहूँ-जैसे अनाज और अलसी, राई, सरसों-जैसे तेलहन। यह नामावली ही किसान-संस्कार वाले पाठकों को गाँव पहुँचा देती है और उनके भीतर आनन्द की एक तरंग उठा देती है। आगे की पंक्तियों में उन्होंने जुताई का ऐसा वर्णन किया है, जैसा अब तक शायद ही किसी कवि ने किया हो। जुताई की लकीरें खेतरूपी वीणा के तार हैं और बुवाई के बाद उठनेवाली फसलों के पौधे उन तारों से निकलनेवाली रागिनी। खेत को वीणा, हल-रेखा को वीणा के तार और पौधों को रागिनी के रूप में कल्पित करने के पीछे जो उल्लास-भाव है, वह निराला के गहरे किसानी संस्कार का पता देता है, साथ-साथ सरस्वती की वीणा और उससे फूटनेवाले स्वर की विलक्षण अवधारणा का भी। 'बाह' शब्द का प्रयोग 'अणिमा' की चतुर्दशपदी 'सड़क के किनारे दूकान है' में भी हुआ है : '...बाह

पर/बाह किए जा रहा है खेत में/दाहनी तरफ़ किसान'। खेत का संगीत के रूप में, दृश्य का श्रव्य के रूप में, यह वाकई अद्‌भुत वर्णन है।

खेतों से अलग इस ऋतु में अच्छी फसल से प्रसन्न किसानों का भी निराला ने बहुत आत्मीयतापूर्ण वर्णन किया है, जो लोकसंस्कृति का भी चित्र खड़ा करनेवाला है :

खुली चाँदनी में डफ
और मजीरे लेकर
बैठे ग़ोल बाँधकर
लोग बिछे खेसों पर,
गाने लगे भजन कबीर के,
तुलसिदास के,
धनुषभंग के, और राम के
बनोवास के।

'खेस' एक तरह की मोटे सूत की बुनी चादर है। स्पष्टतः यह लोकभाषा का शब्द है, अनुमानतः बैसवाड़ी का। 'तुलसीदास' को निराला ने लोकप्रचलित दोहे में आनेवाले टुकड़े '*तुलसिदास* चन्दन घिसैं' की पद्धति पर 'तुलसिदास' कर दिया है। इसी तरह मुख-सुख के लिए 'वनवास' को 'बनोवास'। यह भी लोकभाषा और लोकजीवन से उनके जुड़ाव का ही सूचक है। देखने की बात यह है कि भाषा के द्वारा वे किस तरह लोकजीवन में प्रवेश करते हैं।

शरद् के बाद हेमन्त। इसमें निराला सरस्वती को इस रूप में चित्रित करते हैं :

बाग़-बाग़, वन-वन, रन की
सुगन्ध-मद पीकर
झूम रही हो हिम-शीकर
पल्लव-पल्लव पर
स्निग्ध पवन में;
शस्य-शीर्ष से उठी हुई तुम,
मटर-पुष्प के सौरभ-धन से
लुटी हुई तुम,
सरसों के पीले पुष्पों की
साड़ी पहने,
अलसी के नीले फूलों की
रेखा जिसमें।

हेमन्त में बागों में और वनों में कुंद नामक फूल खिलते हैं। वहाँ से सुगन्ध की मदिरा पीकर शीतल वायु चलती है और वृक्ष के पत्तों पर झूमती है। इसी ऋतु में रबी की फसलों में बालियाँ निकलती हैं और मटर के फूल वायु में अपनी सुगन्ध लुटाते हैं। अन्तिम छंद में सरस्वती का रूप बहुत स्पष्ट है। उनकी साड़ी सरसों के पीले फूलोंवाली है, जिसमें तीसी के नीचे फूलों की रेखाएँ खिंची हुई हैं। 'मटर-पुष्प के सौरभ-धन से/लुटी हुई तुम' यह अभिव्यक्ति तो कमाल की है ही, सरसों और तीसी के पीले-नीले फूलोंवाला छंद अभिव्यक्ति

की पारदर्शिता की पराकाष्ठा है। खेती का जो दृश्य उपस्थित किया गया है, समग्रतः अत्यन्त मोहक है।

इस ऋतु में गाँव के निर्धन किसान आग तापकर ठंढ से अपनी रक्षा करते हैं। निराला उसका भी जिक्र इस तरह करते हैं :

छिना हुआ धन, जिससे
आधे नहीं वसन तन,
आग तापकर
पार कर रहे हैं गृह-जीवन।

लगे हाथ वे उनका शोषण करनेवालों पर भी टिप्पणी कर बैठते हैं :

ज़मींदार की बनी,
महाजन धनी हुए हैं,
जग के मूर्त पिशाच
धूर्तगण ग़नी हुए हैं।

यह छंद ऊपर उद्धृत छंदों की तरह प्रभावशाली नहीं है, यद्यपि निराला ने इसे रचने में कोताही नहीं की, जैसा कि 'बनी' के साथ 'धनी' और 'मूर्त' के साथ 'धूर्त' इन सानुप्रास शब्दों के प्रयोग से पता चलता है। फिर भी इसे उद्धृत किया गया है, तो इसलिए कि इससे उनकी उस वैचारिक और मानसिक दशा का ज्ञान होता है, जिसमें उन्होंने किसान-सम्बन्धी अपनी प्रसिद्ध कविताएँ लिखीं। शिशिरऋतु में वृक्ष के पत्ते झड़ते हैं। उसका भी उन्होंने निर्धन किसानों से ही जोड़कर बहुत सुन्दर वर्णन किया है :

उनको दिखा रही हो,
तारे टूट रहे हैं
पत्तों के, डाल के
सहारे छूट रहे हैं।
जीवन फिर दूसरा
उन्हें पल्लवित करेगा,
किसी अस्त्र से
अन्न-वस्त्र के दुख हरेगा।

वृक्ष के पत्ते आकाश से बेसहारा तारों की तरह टूटकर धरती पर गिर रहे हैं, यह वर्णन निश्चय ही मनोरम है। इसके अलावा दूसरे छंद में जो ध्यान देने लायक प्रयोग है, वह है 'अस्त्र' शब्द का, जो बहुत मुखर नहीं है, फिर भी उनके चिन्तन की दिशा की तरफ तो हलका संकेत करता ही है।

वसन्त का वर्णन शरद्-वर्णन-जैसा ही आत्मीयतापूर्ण है, उस रूप में किंचित् विस्तृत भी। इस ऋतु में एक तो रबी की फसल तैयार हो जाती है, दूसरे, इसी में होली-जैसा त्योहार भी पड़ता है, जिसे प्राचीनकाल में मदनोत्सव कहा जाता था। निराला की अप्रतिम भाषा में यह वर्णन देखें—

पके खेत, सोने के
जैसे अंचल लहरे;

नव मनोज के मनोभाव
लोगों में घहरे।
प्रतिसंध्या समवेत हुए
ग्रामीण सभ्यजन
ढोलक और मजीरे पर
करते हैं गायन;
फाग हो रहा, उठा रहे हैं
धुन धमार की,
होली, चैती, लेज,
गा रहे हैं सँवार की।

प्रकृति से लेकर मनुष्य तक का यह पूरा वर्णन बहुत ही सजीव है। 'नव मनोज के मनोभाव/लोगों में घहरे' यह उक्ति तुलसीदास की उक्ति 'मानहुँ मदन दुंदुभी दीन्ही' के जोड़ की है। 'धमार' फाग का एक प्रकार है, उसी तरह लेज भी एक गीत-प्रकार है। 'सँवार' का अर्थ है स्मरण। जायसी में यह प्रयोग मिलता है, यथा 'सरवर सँवरि हंस चलि आए'। यह पंक्ति पहले भी उद्धृत की जा चुकी है। 'गा रहे हैं सँवार की' का इस तरह अर्थ हुआ कि लोग जो गीत गा रहे हैं, वे उनकी स्मृति में सुरक्षित हैं।

आगे का वर्णन और सजीव है, जिसे पढ़कर लगता है कि खलिहान का दृश्य अपनी जगह से उठकर सीधे कविता के इस पृष्ठ पर चला आया है :

रबी कटी आम के तले
खलिहान लगाया,
चना, मटर, जौं, गेहूँ, सरसों
कटकर आया।
पड़ी चारपाई, जिस पर
बैठा तकवाहा;
चूल्हा वहीं कहीं लगवाया
जिसने चाहा
ज़रा दूर मेड़ के किनारे,
जैसे बस्ती
बसी, लगे खलिहान,
सुवेशा जैसे मस्ती।

कहाँ 'गीतिका' का वसन्त-वर्णन, जो 'सखि, वसन्त आया' में देखने को मिला था और कहाँ 'नए पत्ते' की 'देवी सरस्वती' का यह वसन्त-वर्णन! वहाँ भी पृथ्वी का 'स्वर्ण-शस्य-अंचल' लहराता है, लेकिन 'पके खेत, सोने के/जैसे अंचल लहरे' की तुलना में वह काल्पनिक प्रतीत होता है। ऊपर उद्धृत पंक्तियों का वसन्त ही असली वसन्त है, जिस तक निराला एक दशक की काव्य-साधना के बाद पहुँचे। कविता छंदोबद्ध है, चौबीस मात्राओं के प्रसिद्ध रोला छंद में रचित, पर भाषा-प्रयोग के द्वारा उन्होंने इसे नया बना दिया है। पुरानी काव्य-भाषा की तुलना में यह भाषा गद्यात्मक है, साथ-साथ अनौपचारिक भी। गद्यात्मकता

वाक्य-विन्यास से प्रकट है, क्योंकि वाक्य अनेक बार चरण के साथ समाप्त नहीं होते। अन्तिम पंक्ति में 'सुवेशा' शब्द का प्रयोग अनौपचारिकता का पक्का सबूत है। मस्ती वहाँ पर अपने पूरे ठाट से उतर आई है, इस बात को निराला इस तरह कहते हैं–'सुवेशा जैसे मस्ती'।

ग्रीष्म का वर्णन अपेक्षाकृत संक्षिप्त है। इसमें वे पहले सरस्वती से निवेदन करते हैं :

तुम हो शीतल कूप-सलिल,
जामुन-छाया-तल,
लदे आम के बाग़ों से
जीवन का संबल।

फिर यह बतलाते हैं कि कैसे इस ऋतु में खलिहान में तैयार किए जाने के बाद अनाज किसानों के घर आ जाते हैं। उस समय निर्धन किसान भी, जो साधनहीन होने के कारण संचय नहीं कर पाते, सम्पन्न दिखलाई पड़ते हैं। निश्चय ही यह एक सूक्ष्म निरीक्षण है, जो गाँव से बहुत निकट का परिचय रखनेवाले व्यक्ति के लिए ही सम्भव है। पंक्तियाँ हैं :

गेहूँ, चने, मटर, मड़कर
घर आए। अतिशय
दिखा ग्राम में, जहाँ नहीं
साधन या संचय...

एक तरफ 'मड़ना' शब्द का प्रयोग और दूसरी तरफ 'अतिशय' का। 'अतिशय' शब्द के प्रयोग की विशिष्टता यह है कि यहाँ इसका प्रयोग विशेषण के रूप में न होकर संज्ञा के रूप में हुआ है, क्योंकि संस्कृत में यह संज्ञा भी है। यह भी एक तरह की अनौपचारिकता या फक्कड़पन है, जिससे अभिव्यक्ति में एक नए प्रकार का सौन्दर्य सम्भव होता है।

इस कविता पर डा. नामवर सिंह ने दिलचस्प टिप्पणी की है। कहते हैं, '' 'नए पत्ते' की एक लम्बी कविता 'देवी सरस्वती' जो अपने प्रकृति-चित्र में पंतजी की ग्राम्या से अधिक यथार्थ तथा सांस्कृतिक परम्परा की गरिमा में बेजोड़ है, प्रायः निराला के भक्तों तथा सामान्य पाठकों से भी अनदेखी गुजर गई। जिस तरह छायावादी युग में पंतजी के उच्छ्वास, आँसू वगैरह की-सी विशेषताओं को समेटते हुए उसी शैली में 'यमुना के प्रति' शीर्षक लम्बी कविता लिखकर निराला ने चुनौती दी, उसी तरह प्रगतिशील युग में उनकी 'देवी सरस्वती' ने पंतजी की ग्राम्या के बिखरे प्रयत्नों को एक ही बृहद् प्रयत्न से ललकार दिया।'' चुनौती और ललकार वाली बातों को सरल रूप में न लिया जाए, तो यह सही है कि 'देवी सरस्वती' में गाँव का जैसा आत्मीयतापूर्ण और मुक्त चित्रण है, वैसा 'ग्राम्या' में नहीं। पंतजी ने 'ग्राम्या' की भूमिका में उसकी कविताओं के बारे में लिखा भी है कि ''इनमें पाठकों को ग्रामीणों के प्रति केवल बौद्धिक सहानुभूति ही मिल सकती है। ग्रामजीवन में मिलकर, उसके भीतर से, ये अवश्य नहीं लिखी गई हैं।'' लेकिन तुरत वे कहते हैं कि 'ग्रामों की वर्तमान दशा में वैसा करना केवल प्रतिक्रियात्मक साहित्य को जन्म देना होता।' तात्पर्य यह कि ग्रामजीवन से मिलने का मतलब है उसकी रूढ़ियों, अंधविश्वासों, अशिक्षा, गन्दगी आदि सबको स्वीकार करना! निराला ने प्रेमचन्द की तरह 'देवी सरस्वती' कविता ग्रामीणों

से गहरी आत्मीयता स्थापित करके लिखी है, एक तरह से वह कविता धार्मिक भी है, लेकिन उन्होंने किसी प्रतिक्रियात्मक साहित्य को जन्म नहीं दिया, बल्कि सच्चाई यह है कि उसके द्वारा एक तरह से प्रगतिशीलता का प्रतिमान निर्धारित किया।

2

जैसा कि हम देख चुके हैं, निराला मूलतः ग्रामीण थे, किसानी संस्कारवाले। 1930 में वे आजादी की लड़ाई में कुछ सक्रिय हुए थे, साथ-साथ किसानों के भी निकट सम्पर्क में आए थे। अपने गाँव में जमींदार-किसान-संघर्ष में उन्होंने किसानों का पक्ष लिया था और उन्नाव जाकर उनकी पैरवी भी की थी। इन अनुभवों का कविता में सर्जनात्मक उपयोग उन्होंने करीब डेढ़ दशक बाद किया, द्वितीय विश्वयुद्ध के दौरान। इस दृष्टि से उनकी पाँच कविताएँ, जो 'नए पत्ते' में संकलित हैं, उल्लेखनीय हैं : 'कुत्ता भौंकने लगा', 'झींगुर डटकर बोला', 'छलाँग मारता चला गया', 'डिप्टी साहब आए' और 'महगू महगा रहा'। यहाँ इन कविताओं पर किंचित् विस्तार से विचार करना अपेक्षित है।

'कुत्ता भौंकने लगा' कविता यह है :

आज ठंढक अधिक है।
बाहर ओले पड़ चुके हैं,
एक हफ़्ते पहले पाला पड़ा था—
अरहर कुल-की-कुल मर चुकी थी,
हवा हाड़ तक बेध जाती है,
गेहूँ के पेड़ ऐंठे खड़े हैं,
खेतिहरों में जान नहीं,
मन मारे दरवाज़े कौड़े ताप रहे हैं
एक दूसरे से गिरे गले बातें करते हुए,
कुहरा छाया हुआ।
ऊपर से हवाबाज़ उड़ गया।
ज़मींदार का सिपाही लट्ठ कन्धे पर डाले
आया और लोगों की ओर देखकर कहा,
"डेरे पर थानेदार आए हैं;
डिप्टी साहब ने चंदा लगाया है,
एक हफ़्ते के अन्दर देना है।
चलो, बात दे आओ।"
कौड़े से कुछ हटकर
लोगों के साथ कुत्ता खेतिहर का बैठा था,
चलते सिपाही को देखकर खड़ा हुआ,
और भौंकने लगा,
करुणा से बन्धु खेतिहर को देख-देखकर।

स्पष्टतः इस कविता में उन किसानों से, जिनकी फसल बर्बाद हो चुकी है, वारफंड के लिए जोरजबर्दस्ती से चंदा वसूलने का वर्णन है। कविता भीतर से दो खंडों में विभाजित है। पहले खंड में किसानों की दीन दशा के बारे में कहा गया है और दूसरे खंड में उन पर जो जुल्म किया जाता है, उसके बारे में। पहला खंड पूर्णतः वर्णनात्मक है, लेकिन वर्णन की एक-एक रेखा इतनी स्पष्ट है कि निराला की यथार्थवादी शैली का लोहा मान जाना पड़ता है। सादगी और सटीकता मन को मोह लेती है। खड़ीबोली जैसे मँज-घिसकर देदीप्यमान हो उठी हो। उसमें 'हफ़्ते', 'दरवाज़े' और 'हवाबाज़'-जैसे फारसी शब्द हैं, तो 'कौड़े'-जैसा क्षेत्रीय शब्द भी। ऊपर से 'गिरे गले'-जैसा मुहावरेदार प्रयोग भी, जिसका मतलब है–'पस्त आवाज में'। एक-एक शब्द तराशा हुआ है, लेकिन कृत्रिमता नाम को नहीं।

अरहर अवध की मुख्य फसलों में से है, इसलिए उसका जिक्र निराला की कविता में बार-बार आता है। इस बार ओलावृष्टि से उसकी फसल पूरी की पूरी नष्ट हो चुकी है। स्वभावतः ठंढ बहुत ज्यादा है, हड्डी तक को छेदनेवाली। गेहूँ के पेड़ भी ठिठुरे हुए हैं। कुहासा घिरा हुआ है। ऐसी स्थिति में खेती मारी जाने से निष्प्राण हुए किसान अपने दरवाजे पर अलाव ताप रहे हैं। अलाव के चारों ओर वे गोल बाँधकर बैठते हैं। उस समय उनमें खूब बतकही चलती है। अभी भी वे बातें कर रहे हैं, लेकिन उनके स्वर में कोई उत्साह नहीं है। द्वितीय विश्वयुद्ध का समय है। एक युद्धविमान उनके ऊपर से गुजर जाता है। लक्ष्य करने योग्य है कि निराला ने मौसम, फसल की बर्बादी और किसानों का जिक्र करने के बाद अपने वर्णन में युद्धविमान को लाकर कैसा वातावरण रच दिया है–भय से भरा हुआ। एक मार प्रकृति की, दूसरी मनुष्य की। युद्धविमान जैसे किसानों की विपत्ति की पूर्वसूचना दे रहा है।

दूसरे खंड का वर्णन चित्रात्मक है, संवाद होने से अतिशय सजीव भी। जमींदार का सिपाही कंधे पर लट्ठ रखे अलाव को घेरकर बैठे दुख में डूबे किसानों के पास आता है और उन्हें यह फरमान सुनाता है कि उनके डेरे पर थानेदार साहब आए हुए हैं। डिप्टी साहब ने जो चंदा लगाया है, वह तुम लोगों को एक सप्ताह के भीतर दे देना है। चलकर उन्हें जबान दे आओ। कहने की जरूरत नहीं कि चंदा वारफंड वाला है। जमींदार का आतंक ऐसा है कि उससे क्या, उसके सिपाही से भी लोग डरते हैं। जमींदार, थानेदार और डिप्टी साहब यहाँ ये तीनों किसानों को चूसने के लिए मोर्चाबंद हैं। डिप्टी साहब डिप्टी कलक्टर श्रेणी के कोई अफसर हैं। बेबस किसान कुछ बोलते नहीं, चुप हैं।

अन्त में निराला एक किसान के कुत्ते का वर्णन करते हैं, जो अलाव से थोड़ा हटकर बैठा हुआ था। जब सिपाही जाने लगा, वह खड़ा हुआ और भौंकने लगा। वे कहते हैं, 'करुणा से बन्धु खेतिहर को देख-देखकर'। यह एक स्वाभाविक दृश्य भी है और इसकी गहरी व्यंजना भी है। त्रिलोचन ने लिखा है कि 'अन्तिम पंक्ति में स्पष्ट ही गम्योत्प्रेक्षा है। उसमें और कुछ ढूँढ़ना ठीक न होगा।' वस्तु-स्थिति यह है कि इस उक्ति को अलंकार के माध्यम से समझने की कोशिश ही ठीक नहीं है। इसकी महत्त्वपूर्ण व्यंजना यह है कि आदमी के मन में आदमी के लिए करुणा नहीं, लेकिन जानवर के मन में उसके लिए है! कुल मिलाकर यह दृश्य जितना स्वाभाविक है, उतना ही सजीव भी। जैसे ऊपर निराला ने 'बात देना' मुहावरे का प्रयोग करके सिपाही के संवाद को वस्तुतः सवाक् कर दिया है, नीचे

'करुणा' शब्द का प्रयोग करके उक्ति को गम्भीरता प्रदान कर दी है। स्थिति अत्यन्त विडम्बनापूर्ण है, इसलिए यह पूरी कविता कारुणिक विडम्बना का बहुत अच्छा उदाहरण है।

जिस कलात्मकता और परिपक्वता के साथ निराला ने अपनी तरफ से बिना कुछ कहे इस कविता में कृषक-जीवन के एक त्रासद खंड को उठाकर रखा है, वह हिन्दी कविता में आज भी यथार्थवाद का द्वार उन्मुक्त करनेवाला है। यथार्थवाद को लेकर बहुत बहसें हुई हैं। उन्होंने बहस में हिस्सा न लेकर कविता में यथार्थ का सिर्फ एक दृश्य दिखला दिया है।

'झींगुर डटकर बोला' नामक कविता में भी यथार्थ का ही एक खंड है, लेकिन यह यथार्थ ज्यादा व्यापक और पेचीदा है। इसमें झींगुर नामक एक किसान है, जो किसान-सभा से सम्बद्ध होने के कारण वर्ग-चेतन हो गया है। वह अन्त में छिपे हुए रहस्य का उद्घाटन कर स्वतन्त्रतापूर्व के भारतीय समाज के एक बहुत ही कटु यथार्थ का उद्घाटन कर देता है। पहले हम कविता देखें :

गाँधीवादी आए,
कांग्रेसमैन टेढ़े के;
देर तक, गाँधीवाद क्या है, समझाते रहे।
देश की भक्ति से,
निर्विरोध शक्ति से,
राज अपना होगा;
ज़मींदार, साहूकार अपने कहलाएँगे
शासन की सत्ता हिल जायगी;
हिन्दू और मुसलमान
वैरभाव भूलकर जल्द गले लगेंगे;
जितने उत्पात हैं,
नौकरों के किए हुए;
जब तक इनका कोई
एक आदमी भी होगा,
चूल नहीं बैठने की।

इस प्रकार जब बघार चलती थी,
ज़मींदार का गोड़इत
दोनाली लिए हुए
एक खेत फ़ासले से
गोली चलाने लगा।
भीड़ भगने लगी।
कांस्टेबल खड़ा हुआ ललकारता रहा।

झींगुर ने कहा,
"चूँकि हम किसान-सभा के

भाईजी के मददगार,
ज़मींदार ने गोली चलवाई
पुलिस के हुक्म की तामीली को।
ऐसा यह पेच है।''

स्पष्टतः यह कविता तीन खंडों में बँटी हुई है। पहले खंड में किसान-सभा का वर्णन है, जो जमींदार के विरोध में आयोजित है और जिसमें एक गाँधीवादी नेता भाषण देते हैं। दूसरे खंड में गाँधीवाद की पोल खोलते हुए सभा पर पुलिस की मिलीभगत से जमींदार के चौकीदार द्वारा गोली चलाने का वर्णन है। तीसरे खंड में झींगुर की टिप्पणी है, जिसमें सामाजिक-राजनीतिक शक्तियों के आपसी सम्बन्ध और विरोध पर तीखा प्रकाश डाला गया है।

किसानों की सभा में टेढ़ा या टँढ़वा नामक गाँव के एक कांग्रेसी नेता, जो कि गाँधीवादी हैं, भाषण दे रहे थे। किसानों का टकराव जमींदार से था, लेकिन इन नेता ने उन्हें पहले गाँधीवाद का पाठ पढ़ाया, फिर उनके गुस्से को दूसरी तरफ मोड़ने की कोशिश की। गाँधीवाद का पाठ क्या था? यही कि स्वराज्य सच्ची देशभक्ति और निष्क्रिय प्रतिरोध यानी सत्याग्रह से ही प्राप्त होगा। मतलब कि जमींदारों के विरुद्ध उनका जो संघर्ष है, सो गलत है। इसके साथ उन्होंने यह भी कहा कि स्वराज्यप्राप्ति के बाद जमींदार और सेठ-साहूकार जनता के शत्रु न रहकर मित्र बन जाएँगे। अभी हिन्दू और मुसलमान आपस में झगड़ते हैं, स्वतन्त्रता प्राप्त होते ही वे प्रेमपूर्वक रहने लगेंगे। आखिरी बात उन्होंने यह कही कि सभी उपद्रवों की जड़ ये नौकरशाह हैं, यानी अंग्रेजों का कोई कसूर नहीं, कसूर इन बिचवानों का है। जब तक इनका एक आदमी भी रहेगा, जनता और इनके बीच सामंजस्य न स्थापित हो सकेगा। संकेत औपनिवेशिक स्वराज्य की तरफ है। अंग्रेजों के हाथ में शासन रहे, लेकिन शासन चलानेवाले भारतीय हों, फिर कोई दिक्कत न होगी। स्मरणीय है कि इस समय तक कांग्रेस ने पूर्ण स्वराज्य को अपना लक्ष्य बना लिया था, लेकिन औपनिवेशिक स्वराज्य की माँग को उसने छोड़ा नहीं था।

इस गाँधीवादी प्रवचन पर डा. रामविलास शर्मा की टिप्पणी बहुत ही अच्छी है। वे कहते हैं, ''अपना राज हुआ और भारत में ब्रिटिश पूँजी सुरक्षित रही; जमींदार, साहूकार अपने हुए, इस तरह कि खेतमजदूरों को जीवित आग में जलाने और गोलियों से भून डालने की घटनाएँ आए दिन होती रहती हैं; हिन्दू और मुसलमान इस तरह गले मिले कि देश का बँटवारा हुआ और उसके बाद कभी अहमदाबाद तो कभी इलाहाबाद, साम्प्रदायिक नरसंहार होता ही रहता है।'' स्पष्ट है कि निराला गाँधीवाद की और उससे प्रभावित कांग्रेसी राजनीति की जो सीमाएँ देख रहे थे, वे कल्पित न होकर यथार्थ थीं। कविता के इस खंड में उनका व्यंग्य बहुत ही दबा हुआ है। उन्होंने उसे उभारने की जरूरत नहीं समझी, क्योंकि आगे की स्थितियाँ उसे स्वयं एकदम प्रकट कर देती हैं।

कविता के दूसरे खंड की पहली पंक्ति में जरूर व्यंग्य का विस्फोट है—'बघार' शब्द के प्रयोग से। निराला कहते हैं कि कांग्रेसी नेता द्वारा गाँधीवाद बघारा जा रहा था, तभी ऐसी घटना घटी कि उसकी असलियत पूरी तरह से उजागर हो गई। हुआ यह कि जमींदार का चौकीदार एक खेत-जितनी दूरी से अपनी दोनाली बन्दूक से किसानों की सभा पर गोली चलाने लगा। उक्त नेता किसानों की सभा में उनके जमींदार-विरोध को कम करने के लिए

ही प्रयासरत थे, उसने इस बात को कोई महत्त्व न दिया। जब गोलियाँ चलने लगीं, तो लोग भागने लगे। चूँकि जमींदारों और किसानों के बीच संघर्ष की स्थिति थी, इसलिए वहाँ पुलिस भी मौजूद थी। लेकिन पुलिस ने क्या किया? वह किसानों को लड़ने के लिए चुनौतियाँ देती रही। यह है जमींदारों और अंग्रेजों की स्वार्थ पर आधारित वर्गीय एकता, जिसे समझने में गाँधीवाद असमर्थ था। यह जानी हुई बात है कि जमींदार ही अंग्रेजी हुकूमत का मजबूत पाया थे और वे भी अंग्रेजों के ही बल पर टिके हुए थे। यह तथ्य भी अज्ञात नहीं कि अंग्रेजों ने देश के बड़े हिस्से पर जमींदारों और सामन्तों के माध्यम से ही शासन किया, यानी भारतीय जनता पर भारतीयों के माध्यम से। यहाँ भी पुलिस चालाकी करती है। वह किसानों की सभा पर खुद गोली नहीं चलाती, जमींदार के ही चौकीदार से चलवाती है। निराला इन तमाम स्थितियों को जैसे बिजली के तेज प्रकाश में बेपर्द कर देते हैं। चौकीदार के लिए वे 'गोड़इत' शब्द का प्रयोग करते हैं, दूरी की माप के लिए किसानों की भाषा में ही कहते हैं–'एक खेत फ़ासले से', और व्यंग्य करना होता है, तो 'बघार' शब्द को ले आते हैं। यह सब उनकी भाषा को विश्वसनीय ही नहीं, असरदार भी बनाता है।

अन्तिम खंड में झींगुर साफ कर देता है कि चूँकि किसान किसान-सभा के नेता भाईजी के अनुयायी हैं, इसलिए जमींदार ने उन पर गोली चलवाई है। वह इससे भी बड़ी बात यह कहता है कि गोली चलाने का हुक्म तो पुलिस ने दिया था, जमींदार ने तो केवल उसे तामील किया। स्पष्ट है कि अंग्रेजी हुकूमत जमींदार-विरोध को अपना विरोध मानकर चल रही थी, क्योंकि जैसा कि कहा जा चुका है, जमींदारों और सामन्तों के वर्ग ने उसे बहुत ही टिकाऊ आधार प्रदान कर रखा था। स्वभावतः किसानों पर गोलियाँ चलाने से जितना बड़ा स्वार्थ जमींदारों का सिद्ध होता था, उससे बड़ा स्वार्थ अंग्रेजों का। इसी से गोलियाँ चलाने का आदेश पुलिस का था, जो राज्य-शक्ति का मूर्त रूप हुआ करती है। झींगुर इस पेच को समझता है। उसकी बुद्धिमत्ता और निर्भीकता निराला को आश्वस्त करती है। इस दृष्टि से यह किसान 'कुत्ता भौंकने लगा' के किसानों की तरह विवश और निरुपाय नहीं है। ताज्जुब नहीं कि कविता के अन्त में उसका संवाद उसमें जान डाल देता है। निराला महान् काव्यशिल्पी भी थे। उसके संवाद के साथ कविता का अन्त कर उन्होंने इसके प्रभाव को अमिट कर दिया है।

इस कविता में कृषक-जीवन का यथार्थ और गाँधीवाद दोनों आमने-सामने हैं। उस यथार्थ के आगे गाँधीवाद कितना लाचार है, निराला ने यही इसमें दिखलाया है। पूरी कविता में एक नाटकीयता है, गाँधीवादी प्रवचन से लेकर किसानों की सभा पर गोली चलाने तक, बल्कि अन्त में झींगुर के टिप्पणी करने तक। आँखों के सामने पहले दो दृश्य घटित होते हैं, फिर जैसे झींगुर द्वारा असली दृश्य पर से परदा उठाया जाता है, तो दर्शक नाटक का असली आस्वाद पाते हैं।

'कुत्ता भौंकने लगा' की तरह पुनः किसानों की विवशता का चित्रण करनेवाली कविता है–*'छलाँग मारता चला गया'*, लेकिन इसमें कुछ और बातें भी हैं। कविता एक साँस में लिखी गई है, इसलिए इसमें एक एकतानता है। यदि उसे कोई चीज थोड़ा भंग करती है, तो अन्त की दो पंक्तियाँ, जिनमें कवि ने पूरी बदसूरत स्थिति को उजागर किया है। कविता इस प्रकार है :

ज़मींदार के सिपाही की
लाठी का गूला, लोहाबँधा,
दरवाज़े गढ़ा कर जाता है।
लोगों के सर
जैसे ढाल देखती आँखों के नीचे गड़े हों।
निगह कभी भले-भले
उठने न देनेवाली।
हाथ-पैर किसी तरह मानकर नहीं चले।
अगर किसी जोत या बाग़ की मेड़ को
छूता भी पेड़ हो,
बढ़ा हो किसान भी अधिकार के लिए
गूला उस पेड़ के
तने पर रखकर वह
डट-डटकर देखता है।
आँखों में उस अवसर पर,
धुंधी छा जाती है,
आदमी जैसे कमान,
बन जाता है किसान।
सामाजिक और राजनीतिक सहारे कुल
छुटकर भग जाते हैं।
धर्म-कर्म, लोग-जन
जान पर खेलते हैं।
राक्षस विशालकाय
आध्यात्मिक नसों का
ख़ून चूसता हुआ।
पास का मेढक थाले के पानी से उठकर
मूत-मूतकर छलाँग मारता चला गया।

यदि इस कविता पर इसे खंडों में बाँटकर ही विचार करना हो, तो बिना इसकी एकतानता को क्षति पहुँचाए इसके तीन खंड किए जा सकते हैं। पहला खंड 'डट-डटकर देखता है' इस पंक्ति तक मानना चाहिए और दूसरा खंड उससे आगे से लेकर अन्तिम दो पंक्तियों के पहले तक। अन्तिम दो पंक्तियाँ तीसरे खंड में आएँगी।

पहले खंड में जमींदार के सिपाही का बहुत ही सजीव वर्णन है, उसके व्यवहार के साथ-साथ उसके आतंक का। उसकी लाठी की नोक में लोहा लगा है, जिसे वह किसानों के दरवाजे पर अड़ाता है, तो वहाँ गड्ढा बन जाता है। उसकी आँखों में वह तेजी होती है कि वे उसके सामने कभी ठीक-ठीक नजर नहीं उठा पाते। वे उसकी आँखों के नीचे हमेशा सिर झुकाए रहते हैं, जैसे उनके सिर ढाल हों, जिन पर वे उन आँखों का वार झेलते हों। किसानों के मन में जब कभी जमींदार के विरुद्ध विद्रोह का भाव पैदा हुआ, किसी न किसी

बात ने उन्हें रोक दिया, वे उनके विरुद्ध हाथ-पाँव नहीं चला सके, यानी सक्रिय नहीं हुए। स्थिति यह है कि किसान के बगीचे का कोई पेड़ जमींदार के खेत या बगीचे की मेड़ का किसी तरह से स्पर्श भी करता है और किसान उस पर अपना हक जताता है, तो वह सिपाही उस पेड़ के तने पर अपनी लाठी का गूला रखकर डरानेवाली कड़ी नजरों से उसे देखता है। मतलब यह कि वह उस पेड़ को दखल कर लेता है, यह कहकर कि वह जमींदार की जमीन की सीमा में है! उस समय किसान की आँखों के आगे अँधेरा छा जाता है, वह ऐसे झुक जाता है, जैसे कमान हो, आदमी नहीं।

दूसरे खंड में जमींदार के आगे किसानों की बेचारगी का वर्णन है, लेकिन जैसा कि ऊपर संकेत किया गया है, उतना ही नहीं है। जमींदार से आतंकित किसान अपने को बिलकुल अकेला महसूस करता है। उसके सारे सामाजिक और राजनीतिक सहारे उसे छोड़कर चल देते हैं। धर्म-भावना और परम्परागत लोक-भावना इन दोनों में से कोई उसे विद्रोह की अनुमति नहीं देती, जिससे उसकी जान पर बन आती है। जानी हुई बात है कि किसान बहुत धार्मिक होते हैं, इसलिए वे राजा के खिलाफ विद्रोह नहीं कर सकते, क्योंकि धर्म के अनुसार राजद्रोह पाप है। परम्परागत ग्राम-जन भी इसी तरह सोचते हैं। यहाँ निराला ने धर्म पर वज्र-प्रहार किया है। कहते हैं, 'राक्षस विशालकाय/आध्यात्मिक नसों का/ख़ून चूसता हुआ'। विशालकाय राक्षस धर्म है और आध्यात्मिक नसें किसान की हैं। जैसा कि कहा गया, किसान बहुत धार्मिक होते हैं, इसलिए उनकी नसों में आध्यात्मिक रक्त प्रवाहित होता है। इस रक्त को चूसकर उक्त राक्षस उसे निष्प्राण बना देता है। इस तरह धर्म किसान की धर्म-भावना का दोहन कर उसे तनकर खड़ा नहीं होने देता।

यह पूरी स्थिति बहुत ही बदसूरत है, जिसे कविता के अन्तिम खंड में निराला दो पंक्तियों में एक दृश्यांकन के द्वारा उजागर करते हैं। जमींदार का सिपाही और किसान जैसे आमने-सामने हैं। उस समय पौधों के थाले में से, जिसमें थोड़ा पानी है, एक मेढक उछलता है और पेशाब करता हुआ छलाँग लगाता एक ओर को चला जाता है। जैसे 'कुत्ता भौंकने लगा' कविता की अन्तिम पंक्तियों में कुत्ते का भौंकना व्यंजनापूर्ण है, इन पंक्तियों में मेढक का इस तरह छलाँग लगाना भी। डा. शर्मा ने इस वर्णन को प्रतीकात्मक कहा है, जमींदार की शक्ति के आगे किसान की कमजोरी को सामने लानेवाला, लेकिन वस्तुतः यह वर्णन व्यंग्यात्मक है। निराला अपनी कविता में प्रतीकों का ऐसा भोंड़ा प्रयोग नहीं करते। उनकी काव्य-कला इससे बहुत ऊँचे स्तर की थी। उसमें व्यंजना का ही महत्त्व है, स्थूल प्रतीक-योजना का नहीं। तात्पर्य यह कि उनकी कविता में आनेवाली चीजें अपने रूप में अपना महत्त्व रखती हैं, अपना अर्थ छोड़कर कोई दूसरा अर्थ ग्रहण नहीं करतीं। यदि वे वैसा करती हैं, तो अपने रूप को लिए हुए, उसके साथ। इससे उनकी कविता यथार्थवादी ही नहीं, प्रभावशाली भी बनती है।

'डिप्टी साहब आए' कविता में और बातों के साथ जमींदार के षड्यन्त्र का पर्दाफाश है। जमींदार रघुवर नामक एक ग्रामीण का बगीचा हड़पना चाहता है। रघुवर मर चुका है। उसकी सम्पत्ति की वारिस उसकी पुत्री लछमिन है। जमींदार कोर्ट में यह साबित करना चाहता है कि लछमिन उसकी औरस पुत्री नहीं, दोगली लड़की है, इसलिए वह उसकी वारिस नहीं हो सकती! दूसरे, जमींदार और उसके अमले उस बगीचे को बंजर बतलाते हैं।

मामले की जाँच के लिए डिप्टी साहब आते हैं। बदलू नामक एक किसान अंततः साहस का परिचय देता है और वह परिस्थिति पैदा करता है, जिसमें सारे गाँव के लोग लछमिन का पक्ष लेते हैं और सही-सही गवाही देते हैं। यह घटना है, जिसे पूरी नाटकीयता के साथ निराला ने इस कविता में रखा है। देखने की बात यह है कि उन्होंने किस-किस तरह से न यथार्थवादी काव्य-रचना का मार्ग प्रशस्त किया है।

कविता अविराम गति से अन्त तक चलती रहती है, लेकिन अध्ययन की सुविधा के लिए उसके चार खंड किए जा सकते हैं। पहला खंड यह है :

बदलू अहिर के दरवाज़े भीड़ है।
गोड़इत कह रहा है,
"ऐसे-वैसे नहीं हैं,
डिप्टी साहब बहादुर तशरीफ ले आए हैं।"
डरकर दबकर बदलू गोड़इत को देखता है।
फिर खँखारकर सारे गाँव को गुँजाता हुआ
गोड़इत कह रहा है,
"अहिर के मूसर, ये दई के दूसर हैं,
इनसे एक घाट में भेड़ और भेड़िए
बिना वैरभाव के पानी पी रहे हैं।
इनके साथ और अफ़सरान हैं,
जैसे दारोग़ाजी,
बीस सेर दूध दोनों घड़ों में जल्द भर।"

डिप्टी साहब तहकीकात में आए हैं। जमींदार का चौकीदार उनकी खिदमत में लगा हुआ है। डिप्टी साहब के साथ दूसरे अफसर भी हैं, जैसे दारोगा। उनकी खातिरदारी के लिए बीस सेर दूध चाहिए। चौकीदार उसके लिए बदलू अहीर के दरवाजे पर पहुँचता है और पहले बदलू को खूब डरा देता है, फिर मुफ्त में उसे दो घड़ों में बीस सेर दूध भरने का हुक्म देता है। बदलू के दरवाजे पर अच्छी-खासी भीड़ इकट्ठी है। उस भीड़ में चौकीदार हाँकता चला जा रहा है। कहता है, कोई मामूली अफसर नहीं, स्वयं डिप्टी साहब आए हुए हैं। इस सूचना से बदलू डर जाता है और वह दबा हुआ चौकीदार पर दृष्टि डालता है। चौकीदार गला साफ करता है और आगे बहुत ऊँची आवाज में बदलू को बतलाता है कि डिप्टी साहब 'अहिर के मूसर' यानी ग्वाले की लाठी हैं, जो सीधे कपाल पर बजरती है। इसी तरह वह उन्हें 'दई के दूसर' यानी दैव का दूसरा रूप भी घोषित करता है। कहता है, उनके डर से भेड़ और भेड़िए पारस्परिक वैर-भाव बिसराकर एक घाट पर पानी पी रहे हैं। वे अकेले भी नहीं आए हैं। इसी के बाद वह दूधवाला अपना आदेश सुनाता है। इस खंड की भाषा और वर्णन देखने लायक है। 'अहिर के मूसर, ये दई के दूसर हैं'—ऐसी सघन भाषा तो प्रेमचन्द में भी नहीं मिलती है। निराला ने कई तरह से गद्य को कविता तक उठाया है। एक ढंग उनका 'अप्सरा' उपन्यास वाला है, जिसमें छायावादी चित्रात्मकता से युक्त भाषा है, दूसरा 'बिल्लेसुर बकरिहा' वाला, जिसमें आंचलिकता का गहन स्पर्श है। 'डिप्टी साहब आए'-जैसी कविताओं की भाषा 'बिल्लेसुर बकरिहा' वाली भाषा है, सरस और दीप्त

आंचलिकता से युक्त। पूरा दृश्य नाटकवाला है, जिसे चौकीदार का संवाद अत्यन्त जीवन्त बना रहा है।

दूसरे खंड में बदलू और चौकीदार का संवाद है, जिससे जो मामला है, वह सामने आ जाता है :

''अरे भाई, सुन तो लो'', बदलू कह रहा है,
''हम भी देख रहे हैं, लछमिन का बाग़ है,
ज़मींदार अमले हैं, बनजर कह रहे हैं,
लछमिन को कहते हैं,
दोगली लड़की है,
सारा गाँव जानता है,
रघुवर की कोई नहीं।
इसीलिए आए हैं।
तुम भी कुछ कहोगे?''
''जानता नहीं है बे'',
गोड़इत ने पैर रोपा,
''ज़मींदार के हैं हम,
मालिक का भला जहाँ वहाँ है हमारा भला।''

बदलू असली प्रसंग उठा देता है, जिसके लिए डिप्टी साहब आए हुए हैं। वह दूधवाली बात को पचाकर चौकीदार से जो सच्चाई है, वह कहता है। वह जमींदार की गलतबयानी पर आपत्ति करता है। जमींदार अफवाह फैला रहा है कि सारा गाँव जानता है कि लछमिन रघुवर की कोई नहीं है। वास्तविकता इसके बिलकुल उलट है। सारा गाँव जानता है कि वह रघुवर की औरस पुत्री है, भले लोग डर के मारे न बोलें। बदलू चौकीदार से कहता है कि सच्चाई से तो तुम भी वाकिफ हो, फिर क्या वह तुम नहीं कहोगे और एकदम चुप रहोगे? उसका सवाल सुनकर चौकीदार ने मजबूती से जमीन पर पाँव रोपा और उससे कहा कि बे, क्या तुम यह नहीं जानते कि हम जमींदार के आदमी हैं और उन्हीं के प्रति वफादार हैं? उन्हीं की भलाई में हमारी भलाई है। यह फर्क है एक मामूली किसान और जमींदार के एक चाकर में। देखने लायक बात जमींदार की चालबाजी और फिर बदलू द्वारा उसे बेपर्द किया जाना है। यह पूरा प्रसंग संवादों के माध्यम से उपस्थित किया गया है, जो सटीक तो हैं ही, तनाव से भरे हुए भी हैं।

चौकीदार द्वारा सच्चाई के ऊपर वफादारी को रखा जाता देखकर बदलू गुस्से से भर उठा। उसने उसे गहरी निगाह से देखा और एक घूसा उसकी नाक पर दे मारा। निराला के शब्दों में :

जमकर बदलू ने बदमाश को देखा, फिर
उठा क्रोध से भरकर
और एक घूँसा तानकर नाक पर दिया।
गोड़इत प्रेमीजन था,
ज़मीं चूमने लगा।

तब तक बदलू के कुल तरफ़दार आ गए–
मन्नी कुम्हार, कुल्ली तेली, भकुआ चमार,
लुच्छू नाई, बली कहार, कुल टूट पड़े,
कुछ नहीं हुआ, कुछ नहीं हुआ, होने लगा।

यह कविता का तीसरा खंड है, जिसमें चौकीदार अपनी वफादारी के लिए बदलू से ही नहीं, गाँव के अन्य लोगों से भी पिटता है। ध्यातव्य है कि निराला ने बदलू सहित जितने जनों के नाम गिनाए हैं, वे सभी पिछड़ी जातियों के हैं। अगली जातियों पर न तो जमींदार का उतना आतंक था, न वे उतने शोषित थे। निराला ने पिछड़ी जाति की लछमिन के हक के सवाल को लेकर पिछड़ी जातियों में क्षणान्तर में कायम हो जानेवाली अभूतपूर्व एकता का चित्रण किया है। अनुमान है कि चौकीदार भी पिछड़ी जाति का ही था, जो जमींदार के प्रति वफादारी के कारण लछमिन का विरोध कर रहा था। उसके इस विश्वासघात के लिए ही उसे दंड दिया गया था। निराला का विनोद-भाव इस प्रसंग में भी सक्रिय रहता है। जब लोगों ने उस पर प्रहार किए, तो वह तुरत धराशायी हो गया। उस समय वे कहते हैं, 'गोड़इत प्रेमीजन था,/ज़मीं चूमने लगा।' आशिकमिजाज लोग आम तौर पर नाजुक हुआ करते हैं। मार पड़ने पर सीधे जमीन पर आ जाते हैं! निराला अपनी यथार्थवादी कविता में अब छायावाद के भावुक प्रेमी का मजाक उड़ाते हैं। दिलचस्प है कि चौकीदार की ठुकाई करने के बाद ठोंकनेवालों ने पूछनेवालों को यह बतलाया कि कुछ नहीं हुआ है। यह ठुकाईवाली बात को दबाने की गरज से किया गया, जिससे वह जमींदार या डिप्टी साहब तक न पहुँचे और वहीं खत्म हो जाए। यह गाँव का बहुत ही स्वाभाविक दृश्य है, जिसे निराला ने एक वाक्य में उतारकर रख दिया है–'कुछ नहीं हुआ, कुछ नहीं हुआ, होने लगा।'

अन्तिम खंड :

बदल गया रावरंग,
सब लोग सत्य कहने के लिए तुल गए।
तब तक सिपाही थानेदार के भेजे हुए
आए और दाम दे-देकर माल ले गए।
सारा गाँव बाग़ की गवाही में बदल गया,
सही-सही बात कही।

'राव' दरबारी सरदार को कहते हैं, या फिर चारण-भाट को। इस तरह 'रावरंग' का मतलब हुआ चापलूसी या वफादारी का रंग, जो चौकीदार पर प्रहार होने के बाद पूरा बदल गया। अब जमींदार को खुश करने या उससे डरने की बात नहीं रह गई! सब लोगों ने निश्चय कर लिया कि लछमिन के बाग के मामले में सही-सही बात कहेंगे और कही। इस बीच थानेदार के भेजे हुए सिपाही आए और पैसे देकर दूध ले गए। पता नहीं घटना की खबर थानेदार तक पहुँच चुकी थी, या चौकीदार ही ख़ैरख़ाही में बदलू से मुफ्त दूध चाह रहा था।

कहने की आवश्यकता नहीं कि हिन्दी में कृषक-जीवन से सम्बन्धित ऐसी यथार्थवादी और जीवन्त कविताएँ किसी दूसरे कवि ने नहीं लिखीं, जिनमें घटना ही नहीं, एक पूरी

कहानी हो, जिसे नाटक बनाकर आँखों के सामने प्रस्तुत किया गया हो। पाठक समझ सकते हैं, ग्रामीण जीवन में कितने रचे-बसे थे निराला। भाषा उनकी गढ़ी हुई बिलकुल नहीं जान पड़ती। लगता है किसानों की बातचीत से उठा ली गई है। उसकी ताजगी का यही कारण है।

'महगू महगा रहा' निराला की इस शृंखला की कविताओं में सर्वाधिक प्रसिद्ध है। यह किंचित् विस्तृत पट-भूमि को लेकर लिखी गई कविता है, जिसमें किसान हैं, तो जमींदार भी, मजदूर हैं, तो मिल-मालिक भी और कांग्रेसी नेता हैं, तो स्वयं कवि भी। यह वस्तुतः कांग्रेस के नेतृत्व में चलनेवाले पूरे स्वाधीनता-आन्दोलन की आलोचना है, साथ-साथ कुछ और चीजों की भी। आलोचना से निराला का अवलोकन-बिन्दु और उनकी प्रतिश्रुति बिलकुल स्पष्ट है।

कविता में सर्वप्रथम एक कांग्रेसी नेता का चित्र प्रस्तुत किया गया है :

आजकल पंडितजी देश में बिराजते हैं।
माताजी को स्वीज़रलैंड के अस्पताल,
तपेदिक़ के इलाज के लिए छोड़ा है।
बड़े भारी नेता हैं।
कुइरीपुर गाँव में व्याख्यान देने को
आए हैं मोटर पर
लंडन के ग्रैज्युएट,
एम.ए. और बैरिस्टर,
बड़े बाप के बेटे,
बीसियों भी पर्तों के अन्दर, खुले हुए।
एक-एक पर्त बड़े-बड़े विलायती लोग।
देश की भी बड़ी-बड़ी थातियाँ लिए हुए।
राजों के बाजू-पकड़, बाप की वकालत से;
कुर्सी रखनेवाले अनुल्लंघ्य विद्या से
देशी जनों के बीच;
लेंड़ी ज़मींदारों को आँखों तले रक्खे हुए;
मिलों के मुनाफ़े खानेवालों के अभिन्न मित्र;
देश के किसानों, मज़दूरों के भी अपने सगे
विलायती राष्ट्र से समझौते के लिए।
गले का चढ़ाव बोर्झुआज़ी का नहीं गया।
धाक, रूस के बल से ढीली भी, जमी हुई;
आँख पर वही पानी;
स्वर पर वही सँवार।

स्पष्ट है कि यह वर्णन किसी और नेता का न होकर स्वयं पं. जवाहरलाल नेहरू का है, जिन्हें निराला ने अपनी प्रसिद्ध कविता 'वन-बेला' में भी याद किया है। ऐसा नहीं है कि वे नेहरू-विरोधी ही थे, क्योंकि उन्होंने उनके पक्ष में भी बहुत-कुछ लिखा है, कविता तक,

लेकिन यह सही है कि उन्हें उनसे विशेष रूप से शिकायत थी, क्योंकि देश में उनकी छवि एक समाजवादी नेता की थी, जबकि व्यवहार में उनमें समाजवाद के पथ से बहुत विचलन दिखलाई देता था। यह चीज उन्हें नागवार गुजरती थी और वे कविता में उनके प्रति बहुत तीखे ढंग से प्रतिक्रिया करते थे। यह जरूर है कि चित्र में वे हलके-फुलके ऐसे परिवर्तन कर देते थे, जिससे वह किसी हद तक निर्व्यक्तिक हो जाता था। यही कारण है कि ऊपर उद्धृत कवितांश में जितनी बातें कही गई हैं, वे सब ऐतिहासिक तथ्य के रूप में उन पर लागू नहीं होतीं। इस कविता पर विचार करने के क्रम में अब तक कवि के विचारों पर ही ध्यान केन्द्रित किया गया है, इसकी कला की पूर्णतः उपेक्षा की गई है, जबकि यह कविता एक उत्कृष्ट कलाकृति भी है।

पहली पंक्ति से ही निराला का व्यंग्य शुरू हो जाता है। 'देश में बिराजते हैं' के 'बिराजते हैं' में तो व्यंग्य है ही, 'पंडितजी' और 'आजकल' में भी व्यंग्य है। इस पूरे वाक्य से यह प्रकट है कि ये नेता ज्यादातर विदेशों में ही रहते हैं। यह देश का सौभाग्य है कि आजकल वे देश में हैं! इसी तरह 'इलाज के लिए छोड़ा है' में जो 'छोड़ा है' है, वह भी व्यंग्य में बुझा हुआ है। एक तो स्वीजरलैंड, दूसरे, वहाँ 'छोड़ा है'! इसमें उनकी व्यस्तता का उपहास है। 'बड़े भारी नेता हैं' यह सादा-सा वाक्य भी बर्छी की नोक की तरह चुभनेवाला है। नेता का बाकी परिचय भी वैसा ही है। 'बीसियों भी पर्तों के अन्दर, खुले हुए' और इसके बाद आनेवाली दो पंक्तियाँ बहुत ही मार्मिक हैं। नेता के व्यक्तित्व पर बीसियों पर्तें हैं। ये पर्तें बड़े-बड़े अंग्रेजों से लेकर बड़े-बड़े भारतीयों तक ने बनाई हैं, जो इस देश की 'थाती' हैं! 'लिए हुए' यह नेता के लिए प्रयुक्त है। तात्पर्य यह कि वे बड़े-बड़े अंग्रेजों से तो घिरे रहते ही हैं, बड़े-बड़े भारतीयों को भी अपने से लगा रखा है। नेता की खूबी यह है कि इतनी पर्तों के भीतर रहते हुए भी वे खुले हुए हैं। पाठक लक्ष्य करेंगे कि किसी हद तक यह पं. नेहरू के व्यक्तित्व की विशेषता थी। उनका व्यक्तित्व ऊपर से बहुत मुक्त लगता था। आगे निराला कहते हैं कि चूँकि इन नेता के पिता नामी वकील हैं और राजाओं-महाराजाओं के मुकदमे लड़ते हैं, इसलिए वे भी उन्हीं के सहायक हैं। लेकिन इस सबसे जनता के बीच उन्हें जो स्थान प्राप्त है, उसे सुरक्षित रखने में उन्हें कोई दिक्कत नहीं होती। उन्हें उसका अचूक गुर मालूम है। वे कांग्रेस के भीतर समाजवाद के प्रवक्ता माने जाते हैं, लेकिन उनका आचरण यह है कि तुच्छ जमींदार भी उनके प्रिय हैं और मुनाफाखोर मिल-मालिक भी उनके अभिन्न मित्र हैं! मतलब यह कि वे ऐसे समाजवादी नेता हैं, जो एक तरफ सामन्तवाद को प्रश्रय दिए हुए हैं और दूसरी तरफ पूँजीवाद को। मजा यह कि इसके साथ-साथ वे देश के किसानों और मजदूरों के भी अपने सगे बने हुए हैं। इतना ही नहीं, वे स्वाधीनता-संग्राम के नेता हैं, लेकिन अपने राष्ट्र के हितों के विरुद्ध समझौते के द्वारा विलायती राष्ट्र के हितों की रक्षा के लिए प्रस्तुत हैं। इस समझौते कि लिए ही उन्होंने देश के किसानों और मजदूरों को मिला रखा है। इस तरह उनका समाजवाद साम्राज्यवाद का भी टिटू है! 'बेला' की एक गजल में भी निराला ने कहा था : 'पटली है बैठने को गोरे की साँवले से'। वे लक्ष्य करते हैं कि ये नेता समाजवादी बनते हैं, लेकिन आवाज में जो पूँजीवादी रोब है, वह बना हुआ है। धाक ढीली हो चुकी है, लेकिन चूँकि रूस के समर्थक हैं, इसलिए वह उखड़ी नहीं, अभी जमी हुई है। आँखों में पहलेवाला

ही पानी है और स्वर में पहलेवाला ही परिष्कार। पहलेवाला यानी तब का, जब वे समाजवादी नहीं हुए थे।

डा. शर्मा ने लिखा है कि "नेहरूवाद की ऐसी नपी-तुली आलोचना हिन्दी साहित्य में दूसरी जगह नहीं है। तीनों मुद्दों (सामन्तवाद का खात्मा, उद्योगधंधों का राष्ट्रीयकरण और विदेशी पूँजी से देशी पूँजी के गठबन्धन की समाप्ति) पर यह राजनीति समझौतावादी थी, फिर भी वह जनता को भरमाने में सफल इसलिए हुई कि पूँजीवादी प्रचार ने जनता में यह विश्वास जमाने में कुछ उठा न रखा था कि जवाहरलाल नेहरू 'देश के किसानों, मज़दूरों के भी अपने सगे' हैं।" यह टिप्पणी सही हो या गलत, इतना तय है कि कांग्रेस या पं. नेहरू के भीतर जमींदारों, पूँजीपतियों और अंग्रेजों के साथ समझौता करने की जो प्रवृत्ति थी, जनता के पक्ष से निराला उसके सख्त खिलाफ थे। यदि न होते, तो उन्होंने ऐसी कठोर कविता न लिखी होती। व्यंग्य का पानी उनकी उक्तियों पर चढ़ता ही चला गया है और स्वर का तीखापन भी सँवरता ही चला गया है। डा. शर्मा ने यह भी कहा है कि 'नए पत्ते' की रचनाओं में कसाव कम है, फैलाव ज्यादा है और उनमें निराला जिन व्यक्तियों का चित्रण करते हैं, उन्हें पूरी तरह उभार नहीं पाते। इन दोनों में से किसी भी बात से सहमत होना कठिन है।

नेता का परिचय देने के बाद निराला ने कविता में सभा में उपस्थित होनेवाले श्रोताओं का परिचय दिया है, उसी तरह विस्तार से :

गाँव के अधिक जन कुली या किसान हैं;
कुछ पुराने परजे जैसे धोबी, तेली, बढ़ई,
नाई, लोहार, बारी, तरकिहार, चुड़िहार,
बहना, कुम्हार, डोम, कुइरी, पासी, चमार,
गंगापुत्र, पुरोहित, महाब्राह्मण, चौकीदार;
कामकाज, दीवाली-जैसे परबों के दिन
मनों ले जानेवाले पिछली परिपाटी से;
हुए, मरे, ब्याह में दीवाला लाते हुए,
ज़मींदार के वाहन।
बाक़ी परदेश में कौड़ियों के नौकर हैं
महाजनों के दबैल,
स्वत्व बेचकर विदेशी माल बेचनेवाले;
शहरों के सभासद।
ऐसे ही प्रकार के प्राकार से घिरे
लोगों में भाषण है।
जब भी अफ़ीम, भाँग, गाँजा, चरस, चंडू, चाय,
देशी और विलायती तरह-तरह की शराब
चलती है मुल्क,
फिर भी आज़ादी की हाँक का नशा बड़ा;
लोगों पर चढ़ता है।
विपत्तियाँ कई हैं घूँसे और डंडे की;

उनसे बचने के लिए
रास्ता निकाला है, सभाओं में आते हैं
गाँव के लोग कुल।
एक-एक आ गए।

यह गाँव की आबादी का पूरा विवरण है। ज्यादा लोग बाहर कुली का काम करते हैं, या घर पर रहकर किसानी। कुछ लोग, जिनकी जातियों के नाम निराला ने गिनाए हैं, पौनी हैं। 'परजे' 'प्रजावर्ग' है, जो 'सरोज-स्मृति' नामक कविता में आता है, यथा 'आए पंडितजी, *प्रजावर्ग/*आमन्त्रित साहित्यिक, ससर्ग/देखा विवाह आमूल नवल...।' इसका अर्थ 'पौनी' ही है। ये पौनी विभिन्न कामकाजों में और दीवाली-जैसे त्योहारों के दिन परम्परानुसार अपनी सेवा के बदले गाँववालों से मनों अनाज वसूल ले जाते हैं। निराला कहते हैं कि जन्म, मृत्यु और ब्याह में तो वे किसानों का दिवाला निकाल देते हैं। 'होना' यह क्रियापद बैसवाड़ी में 'पैदा होना' के अर्थ में भी प्रयुक्त होता है। यहाँ 'हुए' उसी अर्थ में प्रयुक्त है। यह प्रयोग 'खजोहरा' कविता में भी है, यथा 'सावन में भतीजा *होने* को हुआ/पहले से बुला लाई गईं बुआ', और फिर 'आराधना' के पहले गीत में भी : 'पद्मा के पद को पाकर *हो*/सविते, कविता को यह वर दो'। निराला इन पौनियों की आलोचना करते हैं, क्योंकि ये सामन्ती प्रथा को दृढ़ करनेवाले हैं। वे उन्हें 'ज़मींदार के वाहन' भी कहते हैं, क्योंकि जमींदार उन्हीं पर चढ़कर चलता है। वे यदि विद्रोह कर दें, तो वह धराशायी हो जाए। गाँव के जो लोग बाहर हैं, वे विभिन्न शहरों में बहुत कम पैसे पर नौकरी करते हैं, रोब-दाबवाले सेठों के यहाँ। ये सेठ अपना अधिकार गँवाकर विदेशी माल बेचनेवाले हैं! 'तारे गिनते रहे' कविता में निराला इस बात पर अपना क्षोभ प्रकट कर चुके हैं कि भारत के पराधीन हो जाने पर अपना व्यापार छोड़कर 'माल के दलाल ये वैश्य हुए देश के'। और यही सेठ शहरों के सभासद बने हुए हैं! वे इस बात के प्रति भी आलोचनात्मक हैं कि गाँव के जो लोग बाहर हैं, वे अंग्रेजों का माल बेचनेवाले सेठों के चाकर हैं। इस तरह ग्रामीण जनता का एक बड़ा हिस्सा सामन्तवाद और उपनिवेशवाद को दृढ़ करने में लगा है। आज ऐसे ही ग्रामीणों के बीच कांग्रेसी नेता का भाषण है। निराला ने जान-बूझकर यहाँ 'प्राकार' शब्द का प्रयोग किया है, जिसका अर्थ है वह दीवार, जो नगर या किले के चारों ओर रक्षा के लिए बनाई जाती है। ग्रामीणों में विद्रोह की चेतना नहीं है, वे नेता को चारों ओर से प्राकार की तरह घेरे हैं और नेता भी उसमें सुरक्षित हैं!

अन्त में उन्होंने कहा है कि देश में तरह-तरह के मादक द्रव्य प्रयोग में लाए जा रहे हैं, अफीम से लेकर देशी और अंग्रेजी शराब तक, तथापि आजादी की पुकार का नशा सभी मादक द्रव्यों से बढ़कर है। यह लोगों पर खूब असर करता है। ग्रामीण जनों की सभा को लेकर एक बड़ी कठिनाई अंग्रेजी हुकूमत खड़ी करती है। वह उन पर घूसे और डंडे बरसाना शुरू कर देती है। उससे बचने का उन लोगों ने यह उपाय निकाला है कि वे एक साथ सभाओं में आते हैं, जिससे पुलिस की मार का मुकाबला किया जा सके, या उसे रोका जा सके। एकता में ही वह बल है। आज की सभा में सारे लोग आ चुके हैं। कहने की आवश्यकता नहीं कि यह सबकुछ निराला क्षोभ के साथ बयान करते हैं। क्षोभ उन्हें नेता से ही नहीं, जनता से भी है।

इस कवितांश में जातियों के जो नाम गिनाए गए हैं, उस पर डा. शर्मा की टिप्पणी है : ''निराला की छायावादी कविता में जैसी भावुकता और काल्पनिक इच्छापूर्ति वाली कमजोरियाँ हैं वैसी ही सीधे सपाट बयान की कुछ कमजोरियाँ यथार्थवादी कविता में हैं। 'महगू महगा रहा' में निराला गिनाना शुरू करते हैं, गाँव में कितनी जातों के लोग रहते हैं, नाई, लोहार, बारी से लेकर महाब्राह्मण, गंगापुत्र तक गिनाते चले जाते हैं। ऐसे ही प्रकृति का चित्रण करते हुए अकसर वस्तुओं के नाम गिनाते हैं मानो यह अपने में यथार्थवादी कला हो।'' इस सम्बन्ध में ज्ञातव्य है कि सिर्फ आचार्य रामचन्द्र शुक्ल के कहने पर वस्तु-परिगणन या नाम-परिगणन का विरोध करना उचित नहीं। देखना यह चाहिए कि वहाँ पर कविता की माँग क्या है। यदि चित्र नाम गिनाने से ही बनता हो, तो उसमें कोई हर्ज नहीं। स्वभावतः निराला ने विभिन्न जातियों के जो नाम गिनाए हैं, वह खटकता नहीं है, बल्कि चित्र को बहुत अच्छे ढंग से पूरा करता है। किसी भी लम्बी या वर्णनात्मक कविता में कविता प्रत्येक शब्द में नहीं होती, वह उसके सम्पूर्ण रूप में ही होती है। इसलिए सर्वत्र नाम-परिगणन को आपत्तिजनक मानना ठीक नहीं। दूसरे, निराला ने गाँव में बसनेवाली सभी जातियों का नहीं, सिर्फ 'पुराने परजों' का उल्लेख किया है। अन्तिम बात यह कि यह कविता 'सीधा सपाट बयान' नहीं है। इसका एक प्रमाण तो यही है कि निराला उन परजों के प्रति आलोचनात्मक हैं, क्योंकि वे सामन्ती प्रथा को दृढ़ करनेवाले और 'ज़मींदार के वाहन' हैं। इस कविता में केवल नेहरू-विरोध या कम्युनिस्ट-समर्थन देखने के कारण इसमें अभिव्यक्त अन्य विचारों पर भी बहुत कम ध्यान दिया गया है।

यह बात सोचने योग्य है कि जिस सभा के वक्ता और श्रोताओं के बारे में कवि ने इतने विस्तार से बतलाया है, उसमें जो भाषण दिया गया, उसका जिक्र कविता में बहुत संक्षेप में है। क्या उतना ही काफी है? कविता का अगला अंश :

पंडितजी कांग्रेस के चुनाव पर बोले :
आज़ादी लेते हैं, एक साल और है;
आततायियों से देश पिस-पिसकर मिट गया;
हमको बढ़ जाना है;
चैन नहीं लेना है जब तक विजयी न हों।
जनता मंत्रमुग्ध हुई।
ज़मींदार भी बोले जेल हो-आनेवाले,
कांग्रेस-उम्मीदवार। सभा विसर्जित हुई।

इससे यह भी स्पष्ट है कि यह सभा चुनाव-सभा थी। तभी इतने बड़े नेता एक गाँव में आए थे। उन्होंने जनता को आश्वासन दिया कि आजादी मिलने में अब सिर्फ एक साल की देर है। साथ-साथ यह गोलमोल बात कही कि आततायियों ने देश को नष्ट कर दिया। इसी तरह आगे बढ़नेवाली और जब तक जीतें नहीं, चैन नहीं लेनेवाली बात भी। उनके झाँसे में आ जानेवाली जनता पर व्यंग्य करते हुए निराला कहते हैं, उनकी बातें सुनकर 'जनता मंत्रमुग्ध हुई'। यह जनता पर तो व्यंग्य है ही, उसे अपनी बातों से धोखे में डालनेवाले नेता पर भी व्यंग्य है। लेकिन असली बात आगे है, जो कांग्रेस और कांग्रेसी नेता के चरित्र के, जिसका शुरू में ही परिचय दिया गया है, पूरी तरह से मेल में है। कांग्रेस की सभा में उसके

नेता के साथ भाषण देनेवाले एक जमींदार भी थे। वे कांग्रेस में शामिल होकर जेल भी हो आए थे। क्या विडम्बना थी कि किसानों के हितों की रक्षा का दावा करनेवाली कांग्रेस ने चुनाव में उस जमींदार को अपना उम्मीदवार बनाया था, जो एक तरफ किसानों का शत्रु था और दूसरी तरफ अंग्रेजों के प्रति वफादार, ऊपर से या भीतर से। यह जानी हुई बात है कि इस देश के जमींदारों ने जब देख लिया कि उनकी हितरक्षक अंग्रेजी सरकार के दिन अब गिने-चुने रह गए हैं, तो उनमें से अनेकों ने कांग्रेस से साँठ-गाँठ शुरू कर दी और फिर उसमें भर्ती होकर उसके सम्मानित नेता बन गए। कांग्रेस में आकर उन्होंने किया क्या? उसमें जो किसान-विरोधी मोर्चा था, उसे मजबूती प्रदान करते हुए अपने हितों की रक्षा की। निराला कांग्रेस और कांग्रेसी नेता की असलियत उजागर करने के लिए इतना लिखना काफी समझते हैं। बाकी बातें आगे लुकुआ और महगू के संवादों से सामने आती हैं। इस तरह इस कविता का विन्यास सरल न होकर जटिल है। इसमें एक क्रम है, लेकिन एक प्रसंग के वर्णन में भी काफी पेच है। ऐसी स्थिति में यह नहीं कहा जा सकता कि यह एक 'सीधा सपाट बयान' है।

लुकुआ और महगू का संवाद तीन टुकड़ों में है। निराला के अपने शब्दों में पहला टुकड़ा :

महगू सुनता रहा।
कंपू को लादता है लकड़ी, कोयला, चपड़ा।
लुकुआ ने महगू से पूछा, "क्यों हो महगू, कुछ
अपनी तो राय दो?
आजकल, कहते हैं, ये भी अपने नहीं?"
महगू ने कहा, "हाँ, कंपू में किरिया के
गोली जो लगी थी,
उसका कारण पंडितजी का शागिर्द है;
रामदास को कांग्रेसमैन बनानेवाला,
जो मिल का मालिक है।
यहाँ भी वह ज़मींदार बाजू से लगा ही है।
कहते हैं, इनके रुपए से ये चलते हैं,
कभी-कभी लाखों पर हाथ साफ़ करते हैं।"

महगू झींगुर की तरह ही एक वर्ग-चेतन ग्रामीण है। जब कांग्रेसी नेता के सम्बन्ध में लुकुआ नामक एक अन्य ग्रामीण ने उससे प्रश्न किया, यह कहते हुए कि सुनते हैं, आजकल वे भी अपने नहीं, तो महगू ने जो उत्तर दिया, वह आँख खोलनेवाला था। कंपू यानी कानपुर की मिल में, जिसका मालिक रामदास नामक व्यक्ति था, एक गोलीकांड हुआ था। उसमें किरिया नामक एक मजदूर को गोली लगी थी। रामदास का मनसूबा बहुत बढ़ गया था, उसे गोली चलवाने में कोई भय नहीं हुआ, क्योंकि वह कांग्रेस में शामिल हो गया था। उसे 'कांग्रेसमैन' बनानेवाला वही जमींदार है, जो पंडितजी का चेला है और जिसे उन्होंने चुनाव में कांग्रेस का उम्मीदवार बनाया है। यह है जमींदार और मिल-मालिक तथा कांग्रेस की एकता, जिससे सजग अपढ़ और गँवार लोगों के कान भी खड़े हो रहे हैं। महगू लुकुआ से

आगे कहता है, वह जमींदार यहाँ भी पंडितजी से लगा ही हुआ है। खबर है कि वे इन सबसे यानी जमींदारों और मिल-मालिकों से पैसा लेकर ही राजनीति करते हैं। कभी-कभी वह रकम लाखों में होती है। तुलसीदास का कलियुग-वर्णन प्रसिद्ध है। कहा जाता है, वह उन्होंने भविष्य देखकर किया है। निश्चय ही उसमें भविष्य भी है, लेकिन वह सब वे वर्तमान में भी देख रहे थे। यह निराला का कलियुग-वर्णन है। भारतीय राजनीति का पतन स्वतन्त्रता-प्राप्ति के पहले से ही शुरू हो गया था। आज वह सबके सामने प्रत्यक्ष है, फर्क इतना पड़ा है।

दूसरा टुकड़ा भी पहले निराला के ही शब्दों में :

लुकुआ घबड़ा गया। "भला फिर हम कहाँ जायँ?"
महगू से प्रश्न किया।
महगू ने कहा, "एक उड़ी ख़बर सुनी है,
हमारे अपने हैं यहाँ बहुत छिपे हुए लोग,
मगर चूँकि अभी ढीला-पोली है देश में,
अख़बार व्यापारियों की ही सम्पत्ति हैं,
राजनीति कड़ी से भी कड़ी चल रही है,
वे सब जन मौन हैं इन्हें देखते हुए;
जब ये कुछ उठेंगे,
और बड़े त्याग के निमित्त कमर बाँधेंगे,
आएँगे वे जन भी देश के धरातल पर,
अभी अख़बार उनके नाम नहीं छापते।
ऐसा ही पहरा है।"

महगू ने कांग्रेसी राजनीति की जो डरावनी तसवीर खींची, तो लुकुआ घबड़ा गया। घबड़ाकर उसने उससे सवाल किया कि तब हमलोग कहाँ जाएँ? 'हमलोग' मतलब इस देश की साधारण जनता, किसान-मजदूर। इस पर महगू का जवाब बहुत महत्त्वपूर्ण है। वह कहता है कि सुनने में आ रहा है कि हम गरीबों के भी ढेर सारे अपने लोग हैं, लेकिन वे छिपे हुए हैं। कारण यह कि देश की राजनीति अभी ठीक नहीं, एक तो अंग्रेजी हुकूमत द्वारा उनके विरुद्ध चलाया जानेवाला दमन-चक्र और दूसरे, अखबारों द्वारा भी उसी का समर्थन, जिससे जनमत उनके पक्ष में न बन सके। चूँकि अखबारों के मालिक बड़े-बड़े व्यापारी ही हैं, इसलिए उनका स्वार्थवश उन छिपे हुए लोगों के विरुद्ध होना स्वाभाविक है। परिस्थितियों को अपने प्रतिकूल जानकर वे हमारे अपने लोग अभी चुप हैं। जब विभिन्न जन-समुदायों में कुछ चेतना आएगी और वे सक्रिय होंगे, बड़े उत्सर्ग के लिए तत्पर, तो वे लोग भी प्रकट हो जाएँगे, ख्यात भी, अभी तो अखबार उनके नाम भी नहीं छापते हैं। उन पर सरकारी निगरानी और बंदिश भी है। 'छिपे हुए लोग' के द्वारा निराला कम्युनिस्टों की तरफ संकेत करते हैं और यह उस दौर में, जब सन् बयालीस के भारत छोड़ो आन्दोलन में उनकी भूमिका को राष्ट्र-द्रोही कहा जा रहा था और ढेर सारे कम्युनिस्ट पार्टी छोड़ रहे थे। इससे अनुमान लगाया जा सकता है कि कम्युनिस्ट पार्टी में निराला की कैसी निष्ठा थी। डा. शर्मा ठीक कहते हैं कि कम्युनिस्ट पार्टी ने उनकी आशाएँ पूरी नहीं कीं।

अन्तिम टुकड़े में निराला भी आ जाते हैं। यह इस तरह है :

"तो फिर कैसा होगा?" लुकुआ ने प्रश्न किया।
"जैसा तू लुकुआ है, वैसा ही होना है,
बड़े-बड़े आदमी धन-मान छोड़ेंगे,
तभी देश मुक्त है,
कविजी ने पढ़ा था, जब तुम बदले नहीं;
अपने मन में कहा मैंने, मैं महगू हूँ,
पैरों की धरती आकाश को भी चली जाय,
मैं कभी न बदलूँगा, इतना महगा हूँगा।"

महगू के मुँह से 'छिपे हुए लोगों' के बारे में बातें सुनकर लुकुआ को बहुत भरोसा हुआ। हर्षित होकर उसने उससे पूछा कि तब कैसा समाँ होगा? महगू ने उसे बतलाया कि तब सारे लोग तुम्हारे-जैसे ही हो जाएँगे, ईमानदार और दृढ़, जिसके परिणामस्वरूप बड़े-बड़े सम्पत्तिशालियों को भी अपनी सम्पत्ति और उसके बल पर मिली हुई प्रतिष्ठा छोड़नी पड़ेगी। वह लुकुआ को 'कविजी' की बात याद दिलाता है, जिन्होंने अपनी कविता में कहा था कि देश मुक्त तभी होगा, जब जनता में दृढ़ता आ जाएगी, यानी वह अपने मार्ग से विचलित नहीं होगी, बदलेगी नहीं। फिर वह अपनी बात बतलाता है कि जब उसने कविजी की वह बात सुनी थी, तो यह निश्चय किया था कि पैरों के नीचे जो धरती है, वह आसमान में चली जाएगी, तब भी वह नहीं बदलेगा। उसकी दृढ़ता एक कम्युनिस्टसमर्थक की दृढ़ता है, जिसकी प्रेरणा उसे कविजी से मिली थी। कौन हैं वे कविजी? स्वयं निराला। 'महगू' का मतलब है, जो बहुत महँगा हो, यानी जिसे खरीदना आसान न हो। 'महगू महगा रहा' यानी वह इतना महँगा हो गया कि उसे कभी खरीदा न जा सका। यह है निराला की कल्पना का किसान-मजदूर, साधारण जन, जो भावी भारतीय समाज की इमारत की नींव की ईंट रखनेवाला है।

इस कविता की सफलता के दो आधार हैं। एक तो निराला की व्यंग्यात्मक भाषा और दूसरा लुकुआ और महगू के बीच का बोलता हुआ संवाद। निराला चूँकि कथाकार भी थे, इसलिए कविता के भीतर वे कथा-तत्त्व का समावेश बहुत कुशलता से करते थे और उसे सटीक संवाद-रचना से सजीव कर देते थे। उनकी किसान-सम्बन्धी कविताओं में जो व्यक्तिवाचक नाम आते हैं, वे केवल नाम नहीं होते, उनके इन लघु नाटकों के बहुत ही जीवन्त पात्र होते हैं। यही व्यक्तिवाचक नाम त्रिलोचन से लेकर रघुवीर सहाय तक में विकास को प्राप्त होते हैं। त्रिलोचन में भोरई केवट और नगई महरा हैं, तो रघुवीर सहाय में हरचरना, मुसद्दीलाल, रामदास और दयाशंकर।

पीछे संकेत किया जा चुका है कि निराला की ये कविताएँ आधुनिक हिन्दी कविता में यथार्थवाद की अपरिमित सम्भावना का द्वार खोलती हैं, यद्यपि ये सिर्फ किसानों से सम्बन्धित हैं। सिर्फ अन्तिम कविता का फलक विस्तृत है, जिससे वह कांग्रेस की अगुवाई में चलनेवाले सम्पूर्ण स्वाधीनता-आन्दोलन का निर्मम परीक्षण बन गई है। लेकिन विरोध का स्वर सभी कविताओं में है, वह मुखर हो, या अमुखर। इन कविताओं की प्रभावोत्पादकता का कारण यह है कि उनमें से प्रत्येक में किसी न किसी घटना का बयान किया गया है,

बहुत ही चित्रात्मक ढंग से। दो कविताओं–'झींगुर डटकर बोला' और 'महगू महगा रहा'– में तो किसानों के बीच होनेवाली कांग्रेसी नेता की सभाओं का वर्णन है। खास बात यह है कि इन सभी कविताओं में निराला ने भाषा पर विशेष दृष्टि रखी है। भाषा की कसौटी है पात्रों का संवाद। प्रायः सारी कविताओं में पात्र बोलते हैं, किसी में जमींदार का सिपाही, किसी में झींगुर, किसी में गोड़इत और बदलू तथा किसी में लुकुआ और महगू। इन संवादों में गजब की ताजगी है। सहसा विश्वास नहीं होता कि ये संवाद उसी कवि ने लिखे हैं, जिसने 'राम की शक्ति-पूजा' में शिव, अंजना, विभीषण, राम और जामवन्त के संवाद लिखे हैं। केवल 'छलाँग मारता चला गया' शीर्षक कविता संवाद-रहित है, लेकिन उसका वर्णन इतना चित्रात्मक है कि संवाद का न होना खटकता नहीं। संवादों की भाषा के बारे में भी पीछे कहा जा चुका है। वह जितनी ही मुहावरेदार है, उतनी ही चुस्त भी। उसमें गद्य में सम्भव होनेवाला अपने ढंग का कवित्व है, वैसे सारी कविताएँ वृत्तगंधी गद्य में लिखी गई हैं, निरा गद्य में नहीं। आकस्मिक नहीं कि 'नए पत्ते' की भूमिका में निराला ने भाषा को विशेष महत्त्व दिया है। पहले कहा है कि 'भाषा अधिकांश में बोलचाल वाली' है, फिर यह कि 'वे (पाठक) अपनी भाषा की रूपरेखाएँ देखें'। 'बोलचाल वाली भाषा' भी उनके लिए विशेष अर्थ रखती है, क्योंकि दरअसल वह उर्दू और क्षेत्रीय बोली दोनों के उपादानों से सँवारी गई खड़ीबोली है और 'अपनी भाषा की रूपरेखाएँ' वाली बात में तो 'भाषा की रूपरेखाएँ' कविता के पर्याय के रूप में प्रयुक्त है। निराला के लिए शुरू से ही भाषा कविता थी। इन कविताओं में आकर उनकी वह धारण दृढ़ हुई है, बड़ी बात यह है। इसीलिए इन कविताओं का मूल्य केवल अन्तर्वस्तु और विचारधारा के आधार पर आँकना ठीक नहीं। उससे हिन्दी कविता की प्रगति का ठीक अन्दाजा न होगा।

उपसंहार

निराला की कविता के इस साक्षात्कार से अन्ततः कवि-रूप में उनका कौन-सा बिम्ब उभरता है? उनकी विश्वदृष्टि, उनकी संवेदना के स्वरूप और फिर उनके सौन्दर्य-बोध के बारे में क्या पता चलता है? यहाँ यह याद दिलाना आवश्यक है कि प्रस्तुत पुस्तक के दोनों खंडों में उनकी सम्पूर्ण कविता को साक्षात्कार का विषय नहीं बनाया गया है। उसके प्रवाह से बस अँजुरी भर-भरकर जल उठाया गया है और उसका स्वाद बतलाने की चेष्टा की गई है। हिन्दी में ऐसी छोटी-बड़ी पुस्तकों की कमी नहीं है, जिनमें उनकी सम्पूर्ण कविता क्या, उनके सम्पूर्ण साहित्य का अनुशीलन किया गया है और उसके सम्बन्ध में सही-गलत निष्कर्ष निकाले गए हैं। इस प्रसंग में मुझे दो बातें निवेदित करनी हैं। एक तो यह कि निराला के सम्पूर्ण कृतित्व पर विचार करते समय उनकी अलग-अलग रचनाओं का 'साक्षात्कार' नहीं किया गया और दूसरे, प्रायः उन्हें आत्मपरक दृष्टि से देखा गया है। यह बात निराला-साहित्य के मान्य और प्रतिष्ठित आलोचकों से लेकर उन नए आलोचकों तक पर लागू है, जो मान्यता और प्रतिष्ठा प्राप्त करने के लिए संघर्ष कर रहे हैं। तुलसीदास ने राम के बारे में कहा था, 'जिन्ह कें रही भावना जैसी। प्रभु मूरति तिन्ह देखी तैसी।' विशेष रूप से डा. रामविलास शर्मा ने निराला की मनोवांछित तसवीर पेश की है। जब कभी उनकी कोई विशेषता या प्रवृत्ति उनके आड़े आई है, उन्होंने अन्तर्विरोध, असंगति या विकृति कहकर उसका महत्त्व कम कर दिया है। उदाहरण के लिए उनकी धार्मिक वा आध्यात्मिक प्रवृत्ति को लिया जा सकता है। डा. शर्मा ने उसे यथार्थ-विरोधी कहकर उसकी उपेक्षा की है। उन्होंने यह नहीं देखा कि उसके माध्यम से भी समाज या जीवन का कोई यथार्थ जोरदार रूप में प्रकट हो सकता है। मैंने अपने 'साक्षात्कार' में निराला की सम्पूर्ण कविता को नहीं लिया, उनकी चुनी हुई श्रेष्ठ रचनाओं को ही लिया है, जिससे कि उनके पाठ पर ध्यान केन्द्रित किया जा सके, और यथासम्भव इसके लिए प्रयास किया है कि उन्हें वस्तुपरक रूप में प्रस्तुत किया जाए। मेरा विश्वास है, उनके काव्य-प्रवाह से अँजुरी भर-भरकर उठाया गया यह जल किसी हद तक उसके पूरे रूप-रंग और आस्वाद का पता देने में सक्षम होगा।

जहाँ तक विश्वदृष्टि की बात है, निराला के सम्बन्ध में उसे लेकर प्रश्न उठाया गया है। कहा गया है कि प्रसाद के पास तो एक मुकम्मल विश्वदृष्टि थी, जिसका प्रमाण है 'कामायनी', लेकिन निराला के पास नहीं। असली प्रश्न यह नहीं है कि किसी कवि के पास मुकम्मल विश्वदृष्टि है या नहीं, बल्कि यह है कि कविता से ही उसका क्या सम्बन्ध है? कविता और विश्वदृष्टि में कोई विरोध नहीं है। हिन्दी में और हिन्दीतर देशी तथा विदेशी

भाषाओं में अनेक ऐसे कवि हुए हैं, जिनके पास एक सुसंगत विश्वदृष्टि थी। उससे उनकी कविता को न केवल कोई क्षति नहीं पहुँची, बल्कि उसे सर्जनात्मक उत्कर्ष प्राप्त हुआ। लेकिन अपनी भाषा में और दूसरी भाषाओं में अनेक ऐसे कवि भी हुए हैं, जिनके पास कोई विश्वदृष्टि नहीं थी और वे इसके बावजूद महान् कवि के रूप में समादृत हुए। इससे सिद्ध होता है कि विश्वदृष्टि से कविता का अनिवार्य सम्बन्ध नहीं। कविता के लिए बुनियादी चीज है कवि की अन्तर्दृष्टि, जिससे वह तमाम चीजों को देखता और उनके भीतर छिपी सच्चाइयों का उद्घाटन करता है। विश्वदृष्टि भी कवि की अन्तर्दृष्टि का अंग बनकर ही सार्थकता प्राप्त करती है। निश्चय ही यह अन्तर्दृष्टि कवि द्वारा विकसित दृष्टि होती है, उसके ज्ञान और अनुभव के योग से। जरूरी नहीं कि वह विश्वदृष्टि या विचारधारा की तरह ही नपी-तुली और मुकम्मल भी हो।

सरसरी तौर पर भी निराला की कविता पर दृष्टि डालने पर यह बात स्पष्ट हो जाती है कि उनकी अन्तर्दृष्टि जितनी ही व्यापक थी, उतनी ही भव्य भी। उनके छायावादी काव्य को ही लें, तो उसके दायरे में प्रकृति भी आती है, धर्म और दर्शन भी, राष्ट्र और समाज भी, प्रेम भी, जिसका विस्तार प्रेयसी से लेकर पुत्री और पत्नी तक है तथा प्रेम के भीतर से जन्म लेता हुआ नया मानव-मूल्य भी। इसके अलावा उसका एक विषय स्वयं कविता भी है और राष्ट्र की राजनीति का बदलता हुआ रंग भी। ऐसा नहीं है कि निराला का छायावादी काव्य मात्र भावोच्छ्वास है और वे उसमें सिर्फ अपने क्षणिक आवेग का विस्फोट करते रहे हैं। इस दृष्टि से वे अप्रतिम रोमांटिक कवि हैं कि उनकी भावुकता का एक दृढ़ वैचारिक और मूल्यगत आधार है और उन्होंने अपने आवेग पर हमेशा नियन्त्रण रखा है। इस कारण एक तरफ उनकी कविताएँ गहराई में जीवन के यथार्थ-बोध से दीप्त हो उठी हैं और दूसरी तरफ उन्हें विलक्षण कलात्मक रूप प्राप्त हुआ है। ताज्जुब नहीं कि हिन्दी कविता को विषय और रूप इन दोनों ही दृष्टियों से विकसित करनेवाला उन-जैसा कोई दूसरा छायावादी कवि नहीं। अपनी काव्य-रचना के मध्यवर्ती काल में उनमें यथार्थ की प्रवृत्ति प्रबल रूप में प्रकट हुई, परिस्थितियों के प्रभाव और प्रेरणा से, तो उन्होंने छायावादी कविता के प्रति तीव्र प्रतिक्रिया की, उसे यथार्थ की चोट से ध्वस्त करने का प्रयास किया, लेकिन यह निरा ध्वंस नहीं था, क्योंकि उसी के माध्यम से वे एक नई कविता का निर्माण भी कर रहे थे। यह काल प्रगतिशील आन्दोलन का भी था। उन्होंने 'कुकुरमुत्ता' लिखकर समाज और साहित्य में जो संकीर्णतावादी रुझान उभर रहा था, उस पर वज्रप्रहार किया, साथ-साथ मार्क्सवादी दर्शन से दृष्टि प्राप्त कर अनेक कविताएँ लिखीं। यथार्थ की ओर उन्मुख होने का मतलब निराला के लिए गाँवों और कस्बों के जीवन-यथार्थ से संपृक्त होना था। वे मूलतः किसानी संस्कार के कवि थे, इसलिए इस काल में उन्होंने ऐसी यथार्थवादी कविताएँ भी लिखीं, जो आज भी हिन्दी में यथार्थवादी काव्य-रचना की सर्वाधिक सर्जनात्मक दिशा की ओर संकेत करती हैं। अवध जनपद के किसानों को लेकर लिखी गई उनकी जो कविताएँ हैं, वे अपनी सादगी और ताजगी में बेमिसाल हैं। इस क्रम में उन्होंने मुक्तछंद के एक अधिक खुले हुए रूप का विकास किया और वे अपनी कविता में खड़ीबोली के जिस रूप को रखना चाहते थे, उसे जैसे प्राप्त कर लिया। बड़ी बात यह कि अब कविता पूरी तरह से उनके लिए 'भाषा की रूपरेखाएँ' हो गई।

उपर्युक्त अन्तर्दृष्टि निराला की कविता में किसी विचारक अथवा साधक की अन्तर्दृष्टि के रूप में प्रकट न होकर एक कवि की अन्तर्दृष्टि के रूप में प्रकट हुई है, जो गहन संवेदनशीलता और सौन्दर्य-बोध से युक्त है। उन-जैसी संवदेनशीलता तुलसीदास के अलावा किसी अन्य कवि में नहीं दिखलाई पड़ती। अन्य कवियों में या तो भावुकता का जोर है, या कुछ मामलों में बौद्धिकता का। निराला की कविता में रोमांटिक आवेग बौद्धिकता में और बौद्धिकता रोमांटिक आवेग में रूपान्तरित हो गई है। उनकी काव्य-संवेदना की विशेषता यह है कि वह अतिशय गत्यात्मक है। छायावाद की सीमाओं को तोड़ते-फोड़ते हुए वह मध्यवर्ती काल में जनसाधारण तक फैल जाती है और इस क्रम में एक नया ही रूप अख्तियार कर लेती है, जिसमें कविता के नए पाठकों के लिए एक गजब का आकर्षण होता है, तो पुराने पाठकों के लिए एक अनपहचानापन। उसके आकर्षण को नए कवि प्रभाकर माचवे ने बहुत अच्छे ढंग से अभिव्यक्त किया है, जिसे क्षमायाचनापूर्वक मैं पुनः उद्धृत कर रहा हूँ : '' 'कुकुरमुत्ता' से निराला की कविता-धारा मुड़ी। कुछ ठिठकी, अटकी, खिलखिलाई, फिर दौड़ पड़ी, किलकारी भर, वन्य उत्स-सी, छलाँग भरती हुई!'' परवर्ती काल में निराला के सारे काव्य-प्रयास परिणति प्राप्त करते हुए दृष्टिगत होते हैं, यद्यपि यह काल सिर्फ गीतों का है। उनकी काव्य-संवेदना उनके सौन्दर्य-बोध से पृथक् नहीं है। वह सौन्दर्य-बोध छायावादी काल में क्लासिकी संयम और रोमांटिक औदात्त्य से युक्त था, लेकिन धीरे-धीरे वह भी यथार्थवादी होता चला गया। 'धीरे-धीरे' इसलिए कि छायावादी कविता में ही यत्र-तत्र उसकी झलक मिलने लगी थी, यथा 'सरोज-स्मृति' और 'वन-बेला' में। ऐसी स्थिति में कुछ विद्वान् निराला के मध्यवर्ती विकास को आकस्मिक या अप्रत्याशित नहीं मानते, तो वह स्वाभाविक है। मुक्तिबोध ने 'एक अन्तर्कथा' शीर्षक अपनी प्रसिद्ध कविता में 'नभ मेरे हाथों पर आता/मैं उल्का-फूल फेंकता मधुर चन्द्रमुख पर/मेरी छाया गिरती है दूर नेब्युला में'-जैसा उदात्त चित्र प्रस्तुत करने के तुरत बाद कहा है, 'बस, तभी तलब लगती है बीड़ी पीने की'। 'राम की शक्ति-पूजा' के बाद 'गर्म पकौड़ी'। क्या यही परम्परा मुक्तिबोध में विकास नहीं प्राप्त करती? निराला की खूबी यह है कि उन्होंने जिस प्रकार की भी कविता लिखी हो, उसे हमेशा एक सौन्दर्य-सृष्टि माना। उनकी सौन्दर्य-दृष्टि को लोगों ने उस समय समझ लिया हो, या उसके लिए उन्हें प्रतीक्षा करनी पड़ी हो।

निराला के दो रूप तो बहुत स्पष्ट हैं—एक कवि का और दूसरा गीतकार का। ये दोनों ही रूप बहुत दिनों तक साथ-साथ चलते हैं, पर अन्त में कवि-रूप गीतकार-रूप में परिणत हो जाता है। इस 'परिणत' शब्द पर ध्यान देने की जरूरत है, क्योंकि यह 'परिवर्तित' से भिन्न है। निराला का कवि-रूप भी दो प्रकार का है—एक छायावादी और दूसरा यथार्थवादी। कहा जा सकता है कि उनका गीतकार-रूप भी एक तरह का नहीं, क्योंकि 'गीतिका' के गीतकार-रूप से उनका परवर्ती गीतकार-रूप भिन्न है। लेकिन इसके बावजूद यह सही है कि जो दूरी उनके दो कवि-रूपों में है, वह उनके दो गीतकार-रूपों में नहीं। यह सारा कुछ उनका विकास सूचित करता है, जिसके बारे में काफी पहले पं. नन्ददुलारे वाजपेयी ने कहा था कि ''यदि सामयिक हिन्दी में कोई ऐसा विषय है, जो अन्य विषयों की अपेक्षा अधिक क्लिष्ट और दुरूह समझा जा सके तो वह कवि श्री सूर्यकान्त त्रिपाठी 'निराला' का काव्य विकास है।'' यह बात उन्होंने तब कही थी, जब निराला का मध्यवर्ती और परवर्ती कृतित्व

अभी सामने नहीं आया था और उनकी दृष्टि में केवल उनका छायावादी कृतित्व था। उनके समग्र कृतित्व से प्रत्यक्ष होनेवाले उनके काव्य-विकास को समझने के मार्ग में तो उनके अनुसार अलंघ्य कठिनाइयाँ होंगी। लेकिन ऐसा हम इसलिए अनुमान करते हैं कि हम उनमें पंत की तरह कोई सरल वैचारिक विकास नहीं देखते हैं, जिससे उसका अध्ययन सुगम हो। निराला का विकास वस्तुतः उनकी काव्य-संवेदना अथवा सौन्दर्य-संवेदना का विकास है, जो सरल न होकर अत्यन्त जटिल है। छायावादी काल में भी वे कई प्रकार की कविताएँ लिखते हैं, अन्तर्वस्तु और रूप दोनों ही दृष्टियों से, और मध्यवर्ती काल में यथार्थवादी कविताएँ लिखते हुए भी वे छायावादी शैली के गीतों की रचना जारी रखते हैं, कुछ नई शैली के गीतों की भी रचना करते हुए। अन्तिम काल में, जैसा कि अभी-अभी पुनः कहा गया है, उनके सारे काव्य-प्रयास परिणति प्राप्त करते हैं। इस काल में कविता गीतों का रूप ले लेती है, तो अनेक गीत कविता के स्तर तक उठ जाते हैं। इन गीतों में छायावाद है, तो प्रगतिवाद भी और प्रगतिवाद है, तो प्रयोगवाद अथवा नई कविता भी। कभी-कभी ये सभी निखार पर दिखलाई पड़ते हैं, साथ-साथ कुछ गीतों से उनकी यथार्थवादी कविता की तरह भावी रचनाशीलता का पथ प्रशस्त करते हुए भी। इस तरह निराला का काव्य-विकास बहुत ही संश्लिष्ट है, जिसके मूल में उनकी संश्लिष्ट संवेदना है। यह संशिलष्टता उसकी प्रामाणिकता की पक्की पहचान है। जैसे पृथ्वी की दो गतियाँ होती हैं, दैनिक और वार्षिक, वे अपनी धुरी पर घूमते हुए आगे भी खिसकते चलते हैं और छोटे वृत्त के साथ एक बड़े वृत्त का भी निर्माण करते हैं। निश्चय ही उनका काव्य और काव्य-विकास बीसवीं शताब्दी की हिन्दी कविता के इतिहास की एक विलक्षण घटना है।

डा. देवराज ने, जो 'छायावाद का पतन' नामक पुस्तक के ख्यात लेखक हैं, एक लेख में लिखा है कि ''सम्भव है निराला की बाद की कुछ रचनाएँ प्रगतिवादी समीक्षा-दृष्टि से प्रभावित हुई हों, वे स्वतःस्फूर्त भी हो सकती हैं। किन्तु वे निराला के सम्पूर्ण संश्लिष्ट व्यक्तित्व की अभिव्यक्ति हैं, यह कहना कठिन है। निराला की ऐतिहासिक स्थिति नब्बे फीसदी छायावाद के अन्तर्गत ही मानी जाएगी।'' निराला की मार्क्सवाद-प्रभावित कविताओं पर हम विचार कर चुके हैं। वे प्रगतिवादी समीक्षा-दृष्टि से प्रभावित न होकर, जैसा कि कहा गया है, सीधे मार्क्सवाद से प्रभावित हैं। वे रूमानी कविताओं की तरह निश्चय ही स्वतःस्फूर्त नहीं हैं, यद्यपि सफल कविता की रचना के लिए एक हद तक उसका स्वतः-स्फूर्त होना अनिवार्य है। वे उनके सम्पूर्ण संश्लिष्ट व्यक्तित्व की अभिव्यक्ति नहीं हैं, यह सही है, पर उनकी किस कविता में उनके सम्पूर्ण संश्लिष्ट व्यक्तित्व की अभिव्यक्ति हुई है? उनकी संवेदना संश्लिष्ट है और उनकी कविता में भी संश्लिष्टता है, लेकिन उनकी किसी एक कृति में या उनके किसी एक काल के कृतित्व में उनके सम्पूर्ण संश्लिष्ट व्यक्तित्व की अभिव्यक्ति नहीं हुई। वह व्यक्तित्व तो उनके सम्पूर्ण कृतित्व से ही प्रत्यक्ष होता है। जहाँ तक उनके मूलतः और मुख्यतः छायावादी कवि होने का सवाल है, डा. देवराज के कथन में सत्य का प्रचुर अंश है, लेकिन यहाँ सिर्फ वही नहीं, विशेष रूप से उनकी मध्यवर्ती कविताओं के महत्त्व का भी सवाल है, जो सही ढंग से हिन्दी में यथार्थवादी काव्य-रचना का द्वार उन्मुक्त करती है। निश्चय ही यह काम उन्होंने अपनी नई सर्जनशीलता के द्वारा किया है, किसी और चीज के द्वारा नहीं। ब्रेख्त ने कहा था कि पुरानी अच्छी चीजों

से शुरुआत करने से बेहतर है, नई बुरी चीजों से शुरुआत करना। निराला ने छायावादी कविता का जो ध्वंस किया, उसमें कुछ विकृतियाँ भी दिखलाई पड़ीं, लेकिन कुल मिलाकर उनकी नई काव्य और सौन्दर्य-संवेदना ने हिन्दी कविता में नए युग का आरम्भ किया।

यहाँ डा. रामविलास शर्मा का, जो निराला की यथार्थवादी कविताओं के प्रति बहुत सकारात्मक रुख नहीं रखते, एक कथन देखना चाहिए। वे कहते हैं, " 'परिमल', 'अनामिका' और 'गीतिका' की श्रेष्ठ रचनाओं का जो कलात्मक स्तर है, वह 'नए पत्ते' की रचनाओं के कलात्मक स्तर से भिन्न है, ऊँचा भी है। किन्तु 'नए पत्ते' में निराला की कला का ह्रास नहीं, विकास है। जीवन को नए ढंग से देखने और चित्रित करने का प्रयास है। यह कला नए ढंग की है जिसे निखारने के लिए निराला के सामने बने-बनाए साँचे नहीं थे। निराला ने यहाँ हिन्दी कविता के विकास का नया मार्ग दिखाया।" कोई चाहे तो डा. शर्मा की इन बातों में अन्तर्विरोध भी देख सकता है। जब कला का ह्रास नहीं, विकास हुआ है, तो उसका स्तर पहले की कविता के स्तर से नीचा क्यों है? मुझे ऐसा प्रतीत होता है कि डा. शर्मा निराला के छायावादी कृतित्व को जहाँ उपलब्धि मानते हैं, वहाँ उनके यथार्थवादी कृतित्व को एक सार्थक शुरुआत। वह सार्थक शुरुआत महत्त्वपूर्ण 'उपलब्धि' भी है, आज जब हम उसके रचना-काल से काफी दूर चले आए हैं, बहुत साफ दिखलाई पड़ता है। मुझे विश्वास है, आगे आनेवाले दिनों में यह बात और शिद्दत से महसूस की जाएगी।

छायावादी कवि-चतुष्टय में निराला के वैशिष्ट्य को लेकर भी चर्चा की जाती है। उनकी मृत्यु के बाद वाजपेयीजी ने एक लेख लिखा था—'प्रसाद और निराला', जिसमें उन्होंने इन दोनों कवियों की तुलना का प्रयास किया था, लेकिन किन्हीं सुसंगत निष्कर्षों पर नहीं पहुँच सके थे। प्रसादजी बहुत ही गहन और जटिल संवेदना के कवि थे, साथ-साथ चिन्तनशील भी। उनकी चिन्ता भी बहुत बड़ी थी, विश्व-मानव की, जो 'कामायनी' में प्रकट हुई है। उनके पास जो भाषा थी, वह जितनी ही गम्भीर थी, उतनी ही संगीतात्मक और चित्रात्मक भी। उसमें उनकी संवेदना की तरह ही जटिलता है। इसके अलावा उसमें सर्जनात्मक अन्तराल हैं, जिन्हें पाठकों को अपनी कल्पना से भरना पड़ता है। 'कामायनी'-जैसे प्रबन्ध-काव्य में वह अनेक स्थलों पर असमर्थ मालूम पड़ती है, लेकिन 'प्रलय की छाया'-जैसी लम्बी कविता में वह बहुत सशक्त रूप में प्रकट हुई है। दो कवियों की तुलना नहीं हो सकती, भले वे एक ही आन्दोलन की देन हों, तथापि यह सत्य है कि प्रसाद और निराला दोनों समान रूप से गहन संवेदना वाले कवि हैं। दोनों समान रूप से रोमांटिक, लेकिन अपने रोमांटिक आवेग को एक समान क्लासिकी रूप प्रदान करनेवाले। प्रसाद की तुलना में निराला में जो अधिकता है, वह कविता के विषयगत और रूपगत वैविध्य को लेकर। इसके अलावा निराला ने स्फुट कविताएँ और गीत परिमाण में भी ज्यादा लिखे हैं। प्रसाद का निधन 1937 में हो गया, जिससे उनकी कविता को विकास करने का अवसर नहीं मिला। निराला ने द्वितीय विश्वयुद्ध के काल से बदलनेवाले परिवेश के अनुरूप अपनी कविता को बदला और अनेक विलक्षण यथार्थवादी कविताएँ लिखीं, जिनमें हास्य-व्यंग्य ही नहीं, जीवन और समाज-बोध की तीखी से तीखी छवियाँ अंकित हैं। इस क्रम में उनकी काव्य-भाषा और काव्य-शिल्प भी बिलकुल बदल गए। उनकी ये कविताएँ हिन्दी कविता में नए क्षितिज का उद्घाटन करती हैं। इस तरह निराला अपनी कविता-यात्रा में प्रसाद से

काफी आगे जाते हैं। उनके अन्तिम दौर के गीत भी उनकी निरन्तर विकासशील संवेदना और निरन्तर उन्मेषशील भाषा का परिचय देते हैं। यदि उनके गीतों की भाषा की कल्पना एक वृक्ष के रूप में की जाए, तो उसमें नए-नए पत्ते निकलते ही रहते हैं, नए-नए कल्ले फूटते ही रहते हैं। उनके इन गीतों में गीत-रचना के नए-नए क्षेत्रों की खोज है और सर्वथा अकल्पनीय नए-नए बिम्बों का संयोजन है। बड़ी बात यह कि निराला लगातार लोकजीवन, लोकसंस्कृति और लोकभाषा के निकट से निकट आते जाते हैं और उनसे अपनी कविता और गीतों के लिए पूरा-पूरा जीवन-रस खींचते हैं।

पंत का काव्य अत्यधिक विस्तृत है, लेकिन उनकी संवेदना में न निराला जैसी गहराई है, न उनके शिल्प और भाषा में उन-जैसा वैविध्य। पंत बहुत बड़े कवि हैं, नाना विषयों पर उन्होंने कविताएँ लिखी हैं, अपने उत्तर-काल में वे पृथ्वी और मनुष्य-जाति की चिन्ता से भी पीड़ित हैं, जो उनकी श्रेष्ठता के सर्वथा अनुरूप है, उनकी अभिव्यक्ति निरन्तर परिष्कृत ही नहीं, पारदर्शी होती गई है, तथापि ऊपर कही गई बातें सही हैं। यही कारण है कि उनमें न निराला-जैसी प्रभावोत्पाकदता है, न ताजगी। यह अकारण नहीं है कि छायावादोत्तर हिन्दी कविता, यदि प्रगतिशील कविता के दौर को छोड़ दें, तो हिन्दी के काव्य-परिदृश्य में बिना उनकी उपस्थिति का एहसास किए हुए आगे बढ़ती गई है। उसमें पंत-काव्य से प्रेरणा लेने का कोई प्रमाण नहीं है, जबकि निराला का मध्यवर्ती काव्य छायावादोत्तर काव्य का प्रस्थान-बिन्दु माना जाता है और उनका परवर्ती गीत-काव्य भी कई तरह से नई रचनाशीलता को शक्ति पहुँचाता है। महादेवीजी का काव्य-लोक भी बहुत भव्य है, साथ-साथ गहन भी, लेकिन उसके गीतात्मक वातावरण में एकरसता है। यह उनकी रूपगत और भाषागत एकरसता से भी प्रकट है। इन महान् छायावादी कवियों में निराला के वैशिष्ट्य का इससे बड़ा प्रमाण क्या हो सकता है कि उनके सम्पूर्ण काव्य-व्यक्तित्व के साथ न्याय उन्हें छायावाद से लेकर समकालीन कविता तक की काव्य-परम्परा में रखकर ही किया जा सकता है, उन्हें केवल छायावाद तक सीमित रखकर नहीं? यह गौरव आधुनिक काल में किसी अन्य हिन्दी कवि को प्राप्त नहीं।

निराला प्रयोगवादी और नई कविता के प्रस्थान-बिन्दु तो हैं ही, वे प्रगतिशील कविता की रचना की सही दिशा का निर्देश करनेवाले कवि भी हैं। उन्होंने मार्क्सवाद से प्रभाव और दृष्टि लेकर तो कविताएँ लिखीं ही, किसानों को विषय बनाकर जो कविताएँ लिखीं, वे प्रगतिशील कविता का जैसे आदर्श रूप प्रस्तुत करती हैं। उन्होंने उन कविताओं में प्रगतिशील कविता की सबसे उर्वर भूमि की ओर संकेत किया। यह दुखद है कि हिन्दी की मार्क्सवादी या प्रगतिशील आलोचना ने अभी तक उनके महत्त्व को ठीक से नहीं समझा है और ज्यादातर इधर-उधर की बातें करती रही है। जहाँ तक परवर्ती प्रगतिशील कविता की बात है, उसके लिए वह भूमि अभी तक लगभग अछूती है। केदारनाथ अग्रवाल और त्रिलोचन ने उस भूमि पर कविताएँ लिखी हैं, लेकिन उनके किसानों में निराला के किसानोंवाला तेज नहीं है। मुक्तिबोध शहर से आनेवाले कवि थे, इसलिए उनमें किसान नहीं, तो आश्चर्य की बात नहीं, लेकिन नागार्जुन में भी, जो गाँव से आनेवाले कवि हैं, किसान के दर्शन कम ही होते हैं, तो जरूर आश्चर्य होता है। इनके बाद के प्रगतिशील कवियों ने किसानों से लेकर कुछ शब्दों को भले अपनी कविताओं में सजाया हो, पर किसान वहाँ पूरी तरह से अनुपस्थित हैं, यह सही है।

यहाँ निराला के नई शैली के गीतों के सम्बन्ध में अलग से दो शब्द कहना जरूरी है। यह सुपरिचित तथ्य है कि हिन्दी का गीत या पद-साहित्य बहुत ही समृद्ध है, जिसकी रचना विद्यापति से लेकर तुलसीदास तक ने की है। जिस छायावादी काव्य को भक्ति-काव्य से तुलनीय माना जाता है, वह भी मुख्य रूप से गीतात्मक ही है। गीतों की रचना उसके बाद भी जारी रहती है, लेकिन नई कविता के आन्दोलन के दौरान गीत के सामने एक सर्जनात्मक चुनौती आ खड़ी होती है। वह चुनौती यह थी कि कविता के समकक्ष उसे कैसे स्थापित किया जाए। इसके लिए आवश्यक यह था कि अपनी प्रकृति की रक्षा करते हुए गीत आधुनिक संवेदना का वहन करे। इसी से उसका पुनर्जन्म सम्भव था। लेकिन कथित नवगीतकारों ने इस चुनौती का सामना नहीं किया और उसे उसकी प्रकृति से अलग करके उसमें कविता अथवा गद्य के शब्द बेतहाशा भर दिए, जिससे वह कविता तो नहीं ही बन सका, गीत भी नहीं रह गया। उसकी सूरत बहुत विकर्षक हो गई। दावा तो नवगीतकारों ने बहुत किया, लेकिन सच्चाई यह है कि कुछ नए गीतों की रचना उन नए कवियों ने ही की, जो छायावाद के बाद संवेदना के भिन्न धरातल पर काव्य-सृजन कर रहे थे। उन कवियों में अज्ञेय, केदारनाथ अग्रवाल, गिरिजाकुमार माथुर और भवानीप्रसाद मिश्र से लेकर नरेश मेहता, धर्मवीर भारती, सर्वेश्वर दयाल सक्सेना और केदारनाथ सिंह-जैसे कवि तक शामिल हैं।

इसमें निराला का महत्त्व यह है कि आधुनिक संवेदना और आधुनिक सौन्दर्य-बोध वाले गीत सर्वप्रथम उन्होंने ही लिखे थे और इस तरह उन्होंने गीतों में एक नए युग का आरम्भ किया था। ऐसे गीतों की रचना उन्होंने मध्यवर्ती काल में ही शुरू कर दी थी, जो परवर्ती काल में आकर पूर्णता को प्राप्त करती है। एक विचित्र स्थिति यह है कि नई कविता के काल में नए कवि कुछ नए गीत भी लिख रहे थे और उन्होंने हिन्दी में गीत-विरोधी वातावरण भी बना रखा था। उस समय मुक्तिबोध ने हस्तक्षेप किया था और यह कहा था कि साहित्य में एक विधा को दूसरी विधा के विरुद्ध खड़ा नहीं किया जा सकता। इस तरह गीत को कविता-विरोधी करार देना और उसके विरुद्ध घृणा का प्रचार करना गलत है। उस गीत-विरोधी माहौल में 'अर्चना', 'आराधना', 'गीत-गुंज' और फिर बाद में 'सांध्य काकली' में संकलित होनेवाले निराला के गीत बहुत बड़ा आश्वासन थे। इन गीतों में अभिव्यक्त संवेदना इतनी समकालीन थी और उनकी अभिव्यक्ति इतनी नवीन कि उन्हें हिन्दी में नई कविता के रूप में स्वीकार किया गया। वे गीत उनके अपने जीवन से सम्बन्धित हों, या स्वातंत्र्योत्तर भारत के सामाजिक-राजनीतिक परिवेश से, या धर्म-भावना से, या प्रकृति और लोकजीवन से, वे हवा के ताजे झोंके की तरह थे। कहीं उनमें पुरानापन दिखलाई पड़ता था, तो वह भी नई आभा से ओत-प्रोत था। वे आज भी उतने ही स्फूर्तिदायक हैं और गीत की पुरानी रूढ़ियों को तोड़कर नई गीत-रचना का मार्ग प्रशस्त करते हैं। उनकी बड़ी भारी विशेषता यह है कि वे बिलकुल अपनी जमीन पर लिखे गए हैं और हिन्दी की सम्पूर्ण गीत-परम्परा को नया बना दिया है। परिपक्वता और गहराई में उनकी तुलना केवल तुलसीदास की विनयपत्रिका के पदों से की जा सकती है। कभी-कभी उन्हीं की तरह निराला ने लोकभाषा के शब्दों और मुहावरों का प्रयोग किया है, जिससे उनका स्वर रस और तेज से भर उठा है।

निराला की कविता के इस साक्षात्कार से जो अन्तिम बात उभरकर आती है, वह यह है कि वे वैचारिक कवि न होकर वस्तुतः महान् चितेरे कवि थे। हिन्दी में आरम्भ में उन्हें दार्शनिक कवि कहकर प्रचारित किया गया था, लेकिन धीरे-धीरे यह बात स्पष्ट हो गई कि उनकी असली दिलचस्पी मनुष्य के भाव और व्यवहार का उसकी पूरी नाटकीयता के साथ चित्रण करने में है, दार्शनिक या नैतिक मूल्यों के आख्यान में नहीं। ऐसा नहीं है कि उन्होंने वक्तव्यप्रधान कविताएँ नहीं लिखीं। 'तुम और मैं' से लेकर 'पंचवटी-प्रसंग' तक उनकी वक्तव्यप्रधान कविताएँ हैं। इसी तरह 'गीतिका' के 'जग का एक देखा तार'-जैसे गीत भी वक्तव्यप्रधान ही हैं। बाद में भी जब-तब वे ऐसी रचनाएँ करते हैं, दर्शन से सम्बन्धित ही नहीं, देश और समाज से सम्बन्धित भी, लेकिन उनकी मूल प्रवृत्ति कविता में चित्रण करने की है। इस दृष्टि से उनकी प्रतिनिधि कविता 'पंचवटी-प्रसंग' न होकर 'राम की शक्ति-पूजा' है और प्रतिनिधि गीत 'जग का एक देखा तार' न होकर 'प्रात तव द्वार पर/आया, जननि, नैश अंध पथ पार कर'। जिस मनुष्य के भाव और व्यवहार के चित्रण में उनकी रुचि है, वह स्वयं कवि भी हो सकता है और उसके परिवेश से लिया गया कोई अन्य पात्र भी। उस अन्य पात्र में प्रेमी से लेकर स्वाधीनता-आन्दोलन के नेता तक आते हैं। इसके अलावा अनेक बार वह साधारण जन भी है, निरुपाय से लेकर सचेत किसान तक। व्यक्ति के माध्यम से किया गया चित्रण बड़ी सहजता से पूरे समाज का चित्रण बन जाता है। स्त्री उनकी कविता में एक अतिशय महत्त्वपूर्ण सामाजिक इकाई बनकर आती है, जिसकी पराधीनता से लेकर स्वतन्त्र व्यक्तित्व तक का उन्होंने चित्रण किया है। आधुनिक समाज में मूल्यों में जो गिरावट आई है और अलगाव की जो भावना फैली है, उसके निराला प्रथम चितेरे हैं। प्रेम और शृंगार उनका प्रिय विषय था। उसका तो बहुत ही ऐन्द्रिय वर्णन उनमें है ही, धीरे-धीरे वह कैसे लोकसंस्कृति का रूप लेता गया है, यह भी उनमें देखने लायक है। प्राकृतिक दृश्यों और ऋतुओं की शोभा के तो वे अद्‌भुत गायक हैं। धीरे-धीरे उनकी प्रकृति भी गाँव-देहात की सुपरिचित और सजीव प्रकृति होती गई है।

'मेरे गीत और कला' शीर्षक अपने प्रसिद्ध निबन्ध में उन्होंने कहा था, "सूक्तियाँ–उपदेश मैंने बहुत कम लिखे हैं, प्रायः नहीं; केवल चित्रण किया है। उपदेश को मैं कवि की कमजोरी मानता हूँ। जैसा प्रेमचन्दजी ने लिखा है–असफल लेखक आलोचक बन बैठा। साधक जिस तरह विभूति में आकर इष्ट से अलग हो जाता है, कवि उसी तरह उपदेश करता हुआ कविता की दृष्टि से पतित हो जाता है।" कविता का उपदेश अथवा विचार अथवा दर्शन से कोई विरोध नहीं। स्वभावतः उन्होंने आगे बतलाया है कि ठीक-ठीक चित्रण होने पर उपदेश उसके भीतर छिपे रहते हैं और कला का विकसित रूप स्वयं उपदेश बन जाता है। 'ठीक-ठीक चित्रण'–ये बहुत महत्त्वपूर्ण शब्द हैं। निराला ने असाधारण सफलता के साथ अपनी कविता में लगभग आधी शताब्दी के भारत के निरन्तर परिवर्तनशील रूप को चित्रित किया है। यह चित्रण 'ठीक-ठीक' होने के कारण स्वयं नवीन मानव-मूल्यों का आख्यान बन गया है, यह कोई भी सजग पाठक महसूस करेगा।

परिशिष्ट-1

'जुही की कली' के तीन प्रारूप

1. जूही की कली

(श्रीमान् पंडित सूर्य्यकान्त त्रिपाठी)
(बँगला छन्द)

विजन में वन-वल्लरी पर, सोती थी–
सुहाग-भरी, स्नेह-स्वप्न-मग्न-अमल-कोमल तनु–
तरुणी जूही की कली,–
दृग बन्द किए,–शिथिल,–पत्रांक बीच
विरह-विधुर-प्रिया-संग छोड़
किसी दूर देश में था प्यारा वह पवन,
जिसे कहते हैं मलयानिल।
आई याद बिछुड़न से मिलन की वह मधुर बात
आई याद चाँदनी से धुली हुई आधी रात
आई याद कान्ता की कम्पित कमनीय गात,
फिर क्या? पवन
उपवन-सर-सरित् गहन-गिरि-कानन–
कुंज-लता-पुंजों को पार कर
पहुँचा जहाँ उसने की केलि
कली खिली साथ।

सोती थी,
जाने कहो कैसे प्रिय आगमन वह?
नायक ने चूमे कपोल,
डोल उठी वल्लरी की लड़ी जैसे हिंडोल।
इस पर भी जागी नहीं, चूक क्षमा माँगी नहीं,
निद्रालस बाँके विशाल नेत्र मूँदे रही।

2

निर्दय उस नायक ने निपट निठुराई की
कि झोंकों की झड़ियों से
सुन्दर सुकुमार देह सारी झकझोर डाली–
मसल दिए गोरे कपोल गोल।
चौंक पड़ी युवती,–
चकित चितवन को चारों ओर फेर,
हेर प्यारे को सेज-पास
नम्रमुखी हँसी,
खिली, खेल रंग प्यारे-संग।

(‘आदर्श’, मासिक, कलकत्ता, वर्ष 1, संख्या 2, मार्गशीर्ष, 1979)

2. जूही की कली

विजन-वन-वल्लरी पर
सोती थी सुहाग-भरी–स्नेह-स्वप्न-मग्न–
अमल-कोमल-तनु तरुणी–जूही की कली,
दृग बन्द किए,–शिथिल,–पत्रांक में।
वासन्ती निशा थी;
विरह-विधुर-प्रिया-संग छोड़
किसी दूर-देश में था पवन–
जिसे कहते हैं मलयानिल।
आई याद बिछुड़न से मिलन की वह मधुर बात–
आई याद चाँदनी से धुली हुई आधी रात–
आई याद कान्ता की कम्पित कमनीय गात,
फिर क्या?–पवन
उपवन-सर-सरित-गहन-गिरि-कानन
कुंज-लतापुंजों को पारकर
पहुँचा जहाँ उसने की केलि कली खिली साथ।
सोती थी,
जाने कहो कैसे प्रिय-आगमन वह?
नायक ने चूमे कपोल,–
डोल उठी वल्लरी की लड़ी जैसे हिंडोल।
इस पर भी जागी नहीं, चूक-क्षमा माँगी नहीं,
निद्रालस बाँके विशाल नेत्र मूँदे रही,–
किंवा मतवाली थी

यौवन की मदिरा पिए, कौन कहे?
निर्दय उस नायक ने निपट निठुराई की
कि झोंकों की झड़ियों से
सुन्दर सुकुमार देह सारी झकझोर डाली–
मसल दिए गोरे कपोल गोल;
चौंक पड़ी युवती,–
चकित चितवन को चारों ओर फेर
हेर प्यारे को सेज-पास
नम्रमुखी हँसी,–खिली
खेल रंग प्यारे संग।

(प्रथम 'अनामिका')

3. जुही की कली

विजन-वन-वल्लरी पर,
सोती थी सुहाग-भरी, स्नेह-स्वप्न-मग्न–
अमल-कोमल-तनु तरुणी जुही की कली,
दृग बन्द किए,–शिथिल,–पत्रांक में।
वासन्ती निशा थी;
विरह-विधुर-प्रिया-संग छोड़
किसी दूर देश में था पवन
जिसे कहते हैं मलयानिल।
आई याद बिछुड़न से मिलन की वह मधुर बात,
आई याद चाँदनी से धुली हुई आधी रात,
आई याद कान्ता की कम्पित कमनीय गात,
फिर क्या? पवन
उपवन-सर-सरित गहन-गिरि-कानन
कुंज-लतापुंजों को पार कर
पहुँचा जहाँ उसने की केलि
कली-खिली-साथ।

सोती थी,
जाने कहो कैसे प्रिय-आगमन वह?
नायक ने चूमे कपोल,
डोल उठी वल्लरी की लड़ी जैसे हिंडोल।
इस पर भी जागी नहीं,

चूक-क्षमा माँगी नहीं,
निद्रालस वंकिम विशाल नेत्र मूँदे रही—
किंवा मतवाली थी यौवन की मदिरा पिए,
कौन कहे?
निर्दय उस नायक ने
निपट निठुराई की
कि झोंकों की झड़ियों से
सुन्दर सुकुमार देह सारी झकझोर डाली,
मसल दिए गोरे कपोल गोल;
चौंक पड़ी युवती,—
चकित चितवन निज चारों ओर फेर,
हेर प्यारे को सेज-पास
नम्रमुखी हँसी,—खिली,
खेल रंग, प्यारे संग।

('परिमल', प्रथम संस्करण)

परिशिष्ट-2

तोड़ती पत्थर

'तोड़ती पत्थर' निराला की प्रसिद्ध कविताओं में से एक है। यह उनकी एक लोकप्रिय कविता भी है। हिन्दी के साधारण पाठक 'भिक्षुक' के बाद उनकी इसी कविता का नाम लेते हैं, सम्भवतः इस कारण कि अन्तर्वस्तु और कलात्मक गठन दोनों दृष्टियों से यह उन्हें प्रभावित करती है। अन्तर्वस्तु इन दोनों ही कविताओं की सामाजिक है और इनका कलात्मक गठन भी उच्च कोटि का है। कविता के साधारण पाठक कविता के कलात्मक गठन से प्रभावित अवश्य होते हैं, भले वे उसका विश्लेषण न कर सकें। यहाँ यह कहने की आवश्यकता न होनी चाहिए कि कविता को प्रभावशाली बनानेवाली चीज उसकी कला ही होती है, उसकी अन्तर्वस्तु नहीं। ऐसा नहीं है कि अन्तर्वस्तु का महत्त्व नहीं, लेकिन कला के बिना वह बेकार है। यह दुखद है कि निराला-जन्म-शताब्दी के मौके पर अभी तक उनकी कविता पर जो लेख निकल रहे हैं, उनमें कविता को कविता की दृष्टि से न देखकर शुद्ध और नितान्त सरलीकृत सामाजिक या वैचारिक दृष्टि से देखने की प्रवृत्ति बढ़ाव पर मालूम पड़ती है, उसमें किसी तरह कमी आने का तो सवाल ही नहीं है। 'तोड़ती पत्थर' को निराला की एक प्रतिनिधि कविता भी माना जा सकता है, क्योंकि अमरीकी मासिक पत्रिका 'पोएट्री' का जनवरी, 1959 में भारत पर केन्द्रित जो अंक निकला था, उसमें रोमिला थापर ने उनकी कविताओं में से इसी को चुनकर उसका अनुवाद प्रकाशित कराया था। इस कविता के सम्बन्ध में एक खास बात यह है कि यह निराला की 'सरोज-स्मृति' और 'राम की शक्ति-पूजा' के बाद की रचना है, जिससे उनकी कविता में एक मोड़ का संकेत मिलता है। 'तोड़ती पत्थर' के थोड़े दिन बाद ही वे 'वन-बेला' की रचना करते हैं और फिर 'कुकुरमुत्ता'-जैसी यथार्थवादी कविताओं की दिशा में मुड़ जाते हैं।

2

यह कविता इन पंक्तियों के साथ शुरू होती है : 'वह तोड़ती पत्थर,/देखा उसे मैंने इलाहाबाद के पथ पर—/वह तोड़ती पत्थर।' इसमें जो 'इलाहाबाद' नगर-विशेष का उल्लेख है, उसे लेकर जिज्ञासा की गई है कि उसकी सार्थकता या प्रासंगिकता क्या है? इसे पं. नन्ददुलारे वाजपेयी ने अपनी पुस्तक 'कवि निराला' में यथास्थान स्पष्ट किया है। उन्होंने

लिखा है कि इलाहाबाद के पथ पर पत्थर तोड़ती हुई स्त्री को निराला ने 'स्वराज्यभवन' या 'आनन्दभवन' के सामने की सड़क पर देखा था। यदि यह सही है, तो इस सन्दर्भ से इस कविता की अन्तर्वस्तु देखते-देखते बदल जाती है। अब यह कविता एक साधारण प्रगतिशील कविता न होकर भारतीय राष्ट्रीय कांग्रेस के नेतृत्व में चलनेवाले भारतीय स्वाधीनता-आन्दोलन की आलोचना बन जाती है। यहाँ यह बतलाना व्यर्थ है कि स्वराज्यभवन कांग्रेस का केन्द्रीय कार्यालय था और आनन्दभवन उसके दो बड़े राष्ट्रीय नेताओं पं. मोतीलाल नेहरू और पं. जवाहरलाल नेहरू का आवास-स्थान। कांग्रेस के साथ-साथ ये दो नेता भी निराला का लक्ष्य थे, यह कुछ ही दिनों बाद लिखी गई उनकी प्रसिद्ध कविता 'वन-बेला' से ज्ञात होता है, जिसमें उन दोनों नेताओं की तसवीर किंचित् भिन्न रूप में प्रस्तुत करते हुए वे कहते हैं :

...इतना भी नहीं, लक्षपति का भी यदि कुमार
होता मैं, शिक्षा पाता अरब-समुद्र-पार,
देश की नीति के मेरे पिता परम पंडित
एकाधिकार रखते भी धन पर, अविचल-चित
होते उग्रतर साम्यवादी, करते प्रचार,
चुनती जनता राष्ट्रपति उन्हें ही सुनिर्धार...
फिर पिता संग
जनता की सेवा का व्रत मैं लेता अभंग,
करता प्रचार
मंच पर खड़ा हो, साम्यवाद इतना उदार!

ज्ञातव्य है कि स्वाधीनता-प्राप्ति के पूर्व कांग्रेस के सभापति 'राष्ट्रपति' कहे जाते थे। 'तोड़ती पत्थर' का दूसरा महत्त्वपूर्ण बंद है :

कोई न छायादार
पेड़ वह जिसके तले बैठी हुई स्वीकार;
श्याम तन, भर बँधा यौवन,
नत नयन, प्रिय-कर्म-रत-मन,
गुरु हथौड़ा हाथ,
करती बार बार प्रहार :–
सामने तरु-मालिका अट्टालिका, प्राकार।

इसकी ऊपर की दो पंक्तियों से यह पता चलता है कि पत्थर तोड़नेवाली मजदूरिनी जहाँ बैठी हुई अपना काम कर रही है, वहाँ कोई घनी छाँहवाला पेड़ नहीं है। उसे देखकर यह नहीं कह सकते कि वह किसी हरे-हरे पत्तोंवाले वृक्ष के नीचे अपने मन से यानी स्वेच्छा से वह जगह चुनकर बैठी हुई है। ऐसी सुविधा उसे कहाँ? यह चित्र ध्यान में लाने योग्य है– गर्मियों का खुला हुआ आसमान और उसके नीचे सड़क पर पत्थर तोड़ती मजदूरिनी। जैसे दोनों का साथ सनातन हो।

आगे की जो दो पंक्तियाँ हैं, उनमें मजदूरिनी का नजदीक से उतारा गया चित्र है। ऐसा लगता है कि कवि चलता हुआ उसके काफी करीब आ गया है। उसका रंग काला है और

शरीर युवा, भरा हुआ, यद्यपि संयत। आँखें उसकी झुकी हुई हैं, जैसे अपने काम पर लगी हुई। वह जिस तरह से काम कर रही है, देखकर प्रतीत होता है कि वह उसका प्रिय काम है, मनोवांछित। जाहिर है कि ऐसा है नहीं। निराला इन दो पंक्तियों में से पहली में मजदूरिनी के तन का वर्णन करते हैं और दूसरी में उसके मन का। आँखों का झुका होना उसकी मनोदशा या मनोवृत्ति ही सूचित करता है। इस वर्णन का इस कविता में विशेष महत्त्व है, क्योंकि इससे यह सूचना मिलती है कि जो मजदूरिनी है, वह विशिष्ट है। उसे कवि ने अपनी आँखों से देखा है। वह कोई बनी-बनाई धारणा के अनुरूप सामान्य मजदूरिनी नहीं है, जिसे कविता में लाने के लिए स्वयं देखना जरूरी न हो। ऐसा सामान्य निराला का 'भिक्षुक' है, जिसका चित्र उसे देखकर नहीं, उसके स्वरूप के बारे में जो एक रूढ़ धारणा है, उसके आधार पर बनाया गया है, यथा :

पेट पीठ दोनों मिलकर हैं एक,
चल रहा लकुटिया टेक,
मुट्ठी भर दाने को—भूख मिटाने को
मुँह फटी पुरानी झोली का फैलाता—
दो टूक कलेजे के करता पछताता पथ पर आता।

जैसा रूढ़ चित्र, वैसी ही रूढ़ उसके प्रति की गई भावात्मक प्रतिक्रिया। कला इस चित्र-निर्माण में भी है, उदाहरण के लिए टवर्ग के वर्णों की आठ-नौ बार आवृत्ति, जिससे भिक्षुक की लाठी की ठक-ठक कानों में सुनाई देने लगती है, लेकिन इसकी तुलना 'तोड़ती पत्थर' में मजदूरिनी का जो चित्रण है, उससे नहीं की जा सकती।

'श्याम तन, भर बँधा यौवन,/नत नयन, प्रिय-कर्म-रत मन' ये दो पंक्तियाँ निराला ने बहुत ही मनोयोगपूर्वक रची हैं। चूँकि इनमें मजदूरिनी का सुन्दर चित्र है, इसलिए स्वाभाविक रूप से ये कवित्वपूर्ण हो उठी हैं। कवित्व भी कैसा? जैसे छायावादी काव्य-संगीत अपने सम्पूर्ण ऐश्वर्य के साथ उपस्थित हो गया हो। विषममात्रिक छंद की कविता में ये दो सममात्रिक चरण हैं, चौदह-चौदह मात्राओं के। ये तुकान्त तो हैं ही, इनमें पाँच मात्राओं पर अन्तस्तुकें भी मिलती हैं। चित्र जितना ही विशिष्ट, उतना ही व्यंजनापूर्ण। डा. रामविलास शर्मा ने इन दो पंक्तियों के साथ इनके आगे की दो पंक्तियों को भी रखा है और निराला के बिम्ब-विधान की वास्तविक संज्ञा मूर्ति-विधान बतलाते हुए यह बिलकुल ठीक कहा है कि यहाँ उन्होंने काले पत्थरों से पत्थर तोड़नेवाली नारी की मूर्ति बनाई है! इधर एक 'क्रान्तिकारी' लेखक ने निराला की कविता पर लिखे गए एक लेख में 'श्याम तन, भर बँधा यौवन' पंक्ति पर आपत्ति की है और कहा है कि 'अब यहाँ कवि उसका श्याम तन देख रहा है। वह दलित स्त्री है, इसलिए उसका तन श्याम ही होना चाहिए। पर, कवि की दृष्टि इससे भी आगे उसके भरे-पूरे यौवन पर जाती है। यह भोगवादी दृष्टि है, जो एक मजदूर स्त्री के भी यौवन को देखती है।' इस लेखक ने कविता से सम्बन्धित जानकीवल्लभ शास्त्री को लिखे गए निराला के उस पत्र को नहीं देखा, जिसमें उन्होंने उक्त पंक्ति के बारे में कहा है : ' 'बँधा यौवन' छलकता नहीं : कैसी पवित्रता है!' लेखक जैसे निराला की तटस्थ और कलात्मक दृष्टि को समझने में असमर्थ है और भोगवाद से इस कदर आक्रान्त है कि उसे जहाँ पवित्रता है, वहाँ भी

'भोग' नजर आता है। इस चित्र ने कविता को कितना प्रभावशाली और प्रामाणिक बनाया है, उससे इसे समझने की अपेक्षा करना व्यर्थ है। ऐसे ही लेखकों ने प्रेमचन्द की सर्वश्रेष्ठ कहानी 'कफन' के सम्बन्ध में यह प्रचारित किया है कि वह सवर्ण मानसिकता से लिखित कहानी है, जिसमें दो दलित खेत-मजदूरों की सूरत बिगाड़कर, उन्हें अमनुष्य बनाकर, पेश की गई है।

'गुरु हथौड़ा हाथ,/करती बार बार प्रहार' के साथ 'सामने तरु-मालिका अट्टालिका, प्राकार' यह पंक्ति अतिशय ओजपूर्ण है। स्पष्टतः इस ओजस्विता का स्रोत इन तीनों पंक्तियों का वर्ण-संयोजन है। इनमें सघोष वर्णों का विन्यास तो है ही, एक दर्जन बार दीर्घ 'आ' स्वर का प्रयोग किया गया है, जिससे ओजस्विता में कोई कमी न रह जाए। मजदूरिनी अपने भारी हथौड़े से बार-बार पत्थर पर प्रहार करती है, उसे तोड़ने के लिए, लेकिन जो स्थिति है, उसमें उसका हथौड़ा सामने की अट्टालिका पर गिरता है। अट्टालिका पर क्यों? इसलिए कि वह 'तरु-मालिका' है, यानी उसके चतुर्दिक् घनी छायावाले पेड़ हैं! 'मालिका' शब्द का अर्थ 'पंक्ति' भी है, लेकिन यहाँ कवि ने उसका प्रयोग 'माला' के अर्थ में किया है, जैसे 'बेला' के एक गीत में : 'किरण की मालिका पड़ी तनुपालिका'। मजदूरिनी को छाँह मयस्सर नहीं है, लेकिन आजादी की लड़ाई का जो हेडक्वार्टर है, वह इस ग्रीष्मऋतु में छायास्नात हो रहा है! उक्त पत्र में ही निराला ने लिखा था कि 'अट्टालिका भी तरु-मालिका है, फिर आदमी कितनी छाँह में है!' मतलब साफ है कि उन्हें चिन्ता मजदूरिनी की है, उसके रूप में मनुष्य की, और यह बात उन्हें सह्य नहीं कि मनुष्य को छाँह सुलभ न हो और वह भवन को प्रभूत मात्रा में प्राप्त हो, तब तो और नहीं, जबकि वह भवन किसानों और मजदूरों को आजादी दिलाने का दावेदार हो और अंग्रेजों के जोरोजुल्म के खिलाफ लड़ रहा हो!

'कोई न छायादार' से शुरू होनेवाला बंद 'सामने तरु-मालिका अट्टालिका, प्राकार' से समाप्त होता है। छायादार, स्वीकार, प्रहार और प्राकार ये तुकान्त शब्द इसमें आते हैं, जो तुकों के बन्धन में कसकर इस बंद को गजब का कसाव प्रदान करते हैं। पूरा बंद एक बहुत ही चुस्त इकाई बन जाता है। 'छायादार' संस्कृत के शब्द में फारसी प्रत्यय लगाकर बनाया गया है, जिससे 'छतनार' वृक्ष का बिम्ब उभर सके। 'छाया' में तो 'आ' की दो बार आवृत्ति थी ही, उसके साथ 'दार' लग जाने से एक बार और उसकी आवृत्ति हो जाती है। ऊपर कहा गया है कि इस बंद में चौदह मात्राओं के दो सममात्रिक चरण भी हैं। 'गुरु हथौड़ा हाथ' और 'करती बार बार प्रहार' इन दोनों चरणों को एक चरण बनाकर पढ़ें, तो उससे चौबीस मात्राओं का एक चरण तैयार होता है, जिसके बाद इतनी ही मात्राओं का यह चरण आता है–'सामने तरु-मालिका अट्टालिका, प्राकार।' इस तरह यहाँ भी दो सममात्रिक चरण बनते हैं। इस कविता में आगे भी ऐसा हुआ है। यह विषमात्रिक या मुक्तछंद में लिखी गई निराला की कविताओं की सफलता का एक मुख्य कारण है। नियमित छंद को छोड़कर चलने से कविता में संगीत और प्रवाह की जो कमी होती है, उसकी क्षतिपूर्ति निराला इस तरह से करते चलते हैं। यह कहने की जरूरत नहीं होनी चाहिए कि यह उनमें अनायास होता है, सायास नहीं। छंद के संगीत में वे इस कदर रमे हुए थे कि वह जाने-अनजाने उनमें निर्मित होता चलता है।

कविता का तीसरा बंद :

चढ़ रही थी धूप;
गर्मियों के दिन,
दिवा का तमतमाता रूप;
उठी झुलसाती हुई लू,
रुई ज्यों जलती हुई भू,
गर्द चिनगीं छा गईं,
प्रायः हुई दुपहर : –
वह तोड़ती पत्थर।

कवि ने जिस समय मजदूरिनी को पत्थर तोड़ते देखा था, वह कोई नौ बजे का समय रहा होगा। यह वह समय है, जबकि गर्मियों के दिन में सूरज तेजी से ऊपर चढ़ने लगता है और धूप तीखी होती चली जाती है। वही हुआ। धूप के कड़ी होने के साथ दिन का चेहरा तमतमा उठा। अचानक झुलसा देनेवाली लू का बवंडर उठा और पृथ्वी एकदम तप गई। वह जलने लगी, जैसे फनू-से रुई जल उठती है। अत्यधिक गर्म हवा के झोंके से धूलिकण चतुर्दिक् छा गए। जलती हुई पृथ्वी से उठनेवाले धूलिकण जैसे अग्निकण थे। मजदूरिनी के पत्थर तोड़ते-तोड़ते लगभग दोपहर हो गई। रोमिला थापर ने अपने अनुवाद में इस दोपहर को दूसरे दिन की तिपहर बतलाया है : 'येट ऐनदर आफ्टरनून सॉ/हर, ए स्टोन ब्रेकर।' ऐसा सम्भवतः उन्होंने दो कारणों से किया है। एक तो यह कि उन्होंने सोचा कि 'चढ़ रही थी धूप' और 'प्रायः हुई दुपहर' के बीच का फासला ज्यादा है, इसलिए दुपहर को दूसरे दिन ले जाया जाए। दूसरे, दुपहर को वे दूसरे दिन ही नहीं ले गईं, उसको तिपहर भी बना दिया, जिससे कि मजदूरिनी के काम की पीड़ाभरी निरन्तरता दिखलाई जा सके। मेरा खयाल है कि इसकी जरूरत नहीं, क्योंकि कवि उस मजदूरिनी की दशा से अतिशय संवेदित कुछ समय वहाँ खड़ा उसे देखता हुआ रह सकता है। निराला को समय का ध्यान था, इसलिए उन्होंने 'दुपहर' के पहले 'प्रायः' विशेषण का प्रयोग किया है। उचित ही एक टिप्पणी में प्रो. नलिनविलोचन शर्मा ने रोमिला थापर के अनुवाद की इस बिन्दु पर आलोचना की है।

ऊपर की पंक्तियों में ग्रीष्म का जो वर्णन है, वह बेजोड़ है। धूप क्या चढ़ती है, जैसे अग्निवीणा के तार चढ़ते जाते हैं। दिन का तमतमाता हुआ चेहरा—यह उससे भी सशक्त वर्णन है, बहुत ही प्रत्यक्ष, और पृथ्वी का रुई की तरह जलना तो ग्रीष्म-वर्णन की पराकाष्ठा है। 'धूप', 'रूप', 'लू' और 'भू' में जैसे जान-बूझकर 'ऊ' स्वर की चार बार आवृत्ति की गई है। यह जैसे भाले की नोक की तरह है। 'दिवा का तमतमाता रूप' में भी चार बार 'आ' स्वर की आवृत्ति है, जिससे दिन के फैलाव और विस्तार का बोध होता है। निराला यहाँ भी 'रुई' और 'हुई' के अनुप्रास को नहीं छोड़ते। इतना ही नहीं, 'उठी झुलसाती हुई लू,/रुई ज्यों जलती हुई भू' ये दो चरण भी पुनः सममात्रिक हैं, चौदह-चौदह मात्राओं के। इसी तरह 'प्रायः हुई दुपहर'–/वह तोड़ती पत्थर' भी सममात्रिक हैं, लेकिन इनमें ग्यारह-ग्यारह मात्राएँ हैं, जिनसे इनके प्रवाह में एक मंथरता आ गई है। यह मंथरता जैसे मजदूरिनी की श्रमजनित श्रांति की सूचना देती है। इस बंद के साथ कविता का पूर्वार्ध समाप्त होता है।

3

इस कविता के उत्तरार्ध में दो बन्द हैं। उनमें पहला :

देखते देखा मुझे तो एक बार
उस भवन की ओर देखा, छिन्नतार;
देखकर कोई नहीं,
देखा मुझे उस दृष्टि से
जो मार खा रोई नहीं,
सजा सहज सितार,
सुनी मैंने वह नहीं जो थी सुनी झंकार।

मजदूरिनी ने जब यह देखा कि कवि उसे देख रहा है, तो वह अपने काम पर से ध्यान हटाकर अपनी दृष्टि एक बार उस भवन की ओर ले गई, जिसे कुछ देर पहले 'अट्टालिका' कहा गया है। 'छिन्नतार' का मतलब है–जिसके ध्यान का तार टूट गया हो। यह भी 'छायादार'-जैसा ही प्रयोग है–'तार' फारसी और 'छिन्न' संस्कृत। मजदूरिनी का भवन की ओर देखना वैसा ही है, जैसा उसका उस पर अपने हथौड़े से प्रहार करना, यानी उतना ही अस्फुट। वह पत्थर तोड़ते हुए उस भवन पर दृष्टिपात करती है, तो निश्चय ही पत्थर तोड़ने और उस भवन के बीच एक सम्बन्ध जोड़ देती है, लेकिन वह सम्बन्ध जितना कवि या उसके माध्यम से पाठकों के लिए स्पष्ट है, उतना उसके लिए नहीं। कविता का सौन्दर्य इस स्वाभाविकता में ही है। तात्पर्य यह कि जिस यथार्थ की मजदूरिनी शिकार है, उसे वह प्रत्यक्षतः नहीं जानती। स्थिति लगभग वही है, जो आगे की पंक्तियों में : 'देखा मुझे उस दृष्टि से / जो मार खा रोई नहीं'। मार पड़ती है, लेकिन आँखों में आँसू नहीं। प्रतापनारायण मिश्र की प्रसिद्ध पंक्ति 'कछू दोष दै मारहि अरु रोवन नहिं देई' की तुलना में यह अधिक मारक है। वहाँ मारनेवाला रोने नहीं देता, यहाँ स्थिति यह है कि स्वयं ही रोने की स्थिति नहीं है। यह भीतर की मार है, जिसे देखने-सुनने वाला कोई नहीं। 'देखकर कोई नहीं' यह भी मजदूरिनी की दारुण अवस्था का ही सूचक है। काम करानेवाला हमेशा मुस्तैद रहता है, वह इधर-उधर नजर फिराने की भी मोहलत नहीं देता। अभी जब मजदूरिनी ने देख लिया है कि आसपास वह कहीं मौजूद नहीं, उसने क्षण-भर अपने काम से ध्यान हटाकर अपनी दृष्टि उस भवन की ओर ले जाने का साहस किया है। बंद की आरम्भिक दो पंक्तियाँ पूर्णतः छंदोबद्ध हैं। इस बार चरण बीस-बीस मात्राओं के हैं और तुकान्त भी।

इस बंद की अन्तिम दो पंक्तियाँ बहुत ही महत्त्वपूर्ण हैं, भाव की दृष्टि से भी और कला की दृष्टि से भी। प्रसंग मजदूरिनी की दृष्टि का है, जिसमें मार खाने के बाद भी न रो पाने से पैदा एक तनाव है। निराला उसे देखते हैं, तो उन्हें प्रतीत होता है कि जैसे वह ऐसे सितार की तरह है, जिसके तार सजे हुए यानी चढ़े हुए हों। खास बात यह कि वे तार चढ़ाए नहीं गए हैं, स्वाभाविक रूप से चढ़े हुए हैं। निराला ने स्वाभाविकता का ध्यान सर्वत्र रखा है, वर्ना 'लिखत सुधाकर लिखिगा राहू' का खतरा इस कविता में शुरू से लेकर अन्त तक मौजूद था। 'क्रान्तिकारी' लेखकों को यही शिकायत है कि उन्होंने इस कविता को 'क्रान्तिकारी' क्यों नहीं बनाया, यानी मजदूरिनी के हाथ में हथौड़े के साथ क्रान्ति की

पताका क्यों नहीं थमा दी? निराला मजदूरिनी की दृष्टि की वेधकता या मारकता में प्रवेश करते हैं और कहते हैं कि उससे उठनेवाली जो झंकार थी, वह उनके लिए अश्रुतपूर्व थी। दृष्टि निःशब्द थी, लेकिन उन्होंने उसकी झंकार सुनी, जिसने उनके पूरे कवि-जीवन को बदल दिया, उनकी कविता में यथार्थवादी मोड़ लाकर, इसका जैसे 'क्रान्तिकारी' लेखकों के लिए कोई महत्त्व नहीं। अकारण नहीं कि इस लेख के आरम्भ में ही यह संकेत किया गया है कि यह कविता निराला के लिए नया प्रस्थान-बिन्दु है। रवीन्द्रनाथ ने अपने एक गीत में कहा है : 'सामने चेये एइ या देखि चोखे आमार वीणा बाजाय', अर्थात् सामने की ओर ताककर जो कुछ भी देखता हूँ, वही मेरी आँखों में वीणा बजाता है! स्पष्टतः दृष्टि में सितार की कल्पना निराला ने यहीं से प्रेरित होकर की है, लेकिन दोनों वर्णनों में कितना फर्क है! रवीन्द्रनाथ का वर्णन जहाँ आनन्द से सम्बन्धित है, वहाँ निराला का विषाद, रोष और विवशता से पूर्ण एक मनोदशा से। निराला की अभिव्यक्ति में सितार की झंकार रवीन्द्रनाथ के वीणा-निनाद से अधिक शक्तिशाली ही नहीं, कवि के लिए अधिक प्रभावशाली भी है। दृश्य श्रव्य में रूपान्तरित होकर किस तरह अधिक शक्तिशाली हो गया है, यह भी देखने लायक है। इस बंद की अन्तिम पंक्ति में भी चौबीस मात्राएँ हैं, दूसरे बंद की अन्तिम पंक्ति की तरह। यह उससे तुक भी मिलाती है। इस प्रकार दूसरा और चौथा ये दोनों बंद छंद की एक ही गति और लय के साथ समाप्त होते हैं, जैसे पहले, तीसरे और पाँचवें बंदों के अन्तिम चरणों के छंद की गति और लय एक है। यह इस कविता के कलात्मक गठन से सम्बन्धित महत्त्वपूर्ण बात है।

अन्तिम बंद सिर्फ चार पंक्तियों का है, जैसे पहला सिर्फ तीन पंक्तियों का। जैसे निराला ने कविता का आरम्भ किया था, वैसे ही वे इसे समाप्त भी करते हैं। स्मरणीय है कि बीच के सभी बंदों में सात-सात पंक्तियाँ हैं। अन्तिम बंद–

एक छन के बाद वह काँपी सुघर,
ढुलक माथे से गिरे सीकर,
लीन होते कर्म में फिर ज्यों कहा–
'मैं तोड़ती पत्थर।'

यहाँ 'काँपना' का अर्थ चौंकना लेना चाहिए। मजूदरिनी चौंकी इसलिए कि क्षण-भर के लिए उसका ध्यान विचलित हो गया था। उसे अपने काम से हटाकर वह सामने के भवन को और फिर कवि को देखने लगी थी। चौंकने से उसके माथे पर पसीने की जो बूँदें थीं, वे ढुलक पड़ीं। यह अवश्य ही सूक्ष्म अंकन है, जिसके लिए कवि को दाद देनी चाहिए। उसके लिए प्रयुक्त 'सुघर' विशेषण उसकी सुन्दरता की याद दिलाता है। तत्पश्चात् वह मज़दूरिनी पुनः अपने काम में दत्तचित्त हो गई और ऐसा करते हुए जैसे उसने कहा–मैं पत्थर तोड़ रही हूँ! उसके इस कथन का कई तरह से अर्थ लगाया गया है। यहाँ निराला के जिस पत्र का ऊपर हवाला दिया गया है, उसमें वे यह भी कहते हैं : ' 'मैं तोड़ती पत्थर' अन्त का स्वभावतः शायद समझ में आ जाएगा : 'मैं तोड़ती पत्थर हृदय!' ' यह संकेत भी पूर्णतः स्पष्ट नहीं, क्योंकि डा. नामवर सिंह ने इसे इस रूप में ग्रहण किया है कि मजदूरिनी जैसे कहती है कि वह अपने हृदय का पत्थर तोड़ रही है। उनके शब्दों में, 'एक ही हथौड़ा पहले सड़क पर पड़ता है, फिर अट्टालिका पर और अन्त में स्वयं

तोड़नेवाली के अपने हृदय पर!' मेरा खयाल है कि पत्थर-हृदय स्वयं मजदूरिनी का नहीं, बल्कि देखनेवाले का है। निराला महसूस करते हैं कि वह अपनी स्थिति से उनके वज्रहृदय पर प्रहार कर रही है। वज्रहृदय इसलिए कि वे पहले अपनी एक कविता में कह चुके हैं कि 'मेरा अन्तर वज्रकठोर'। दुख ने उन्हें इतना संवेदनहीन बना दिया था कि वे सोचते थे कि कैसी भी स्थिति में वे अब द्रवित न होंगे, लेकिन यह मजदूरिनी है, जो उनके पत्थर-हृदय को भी तोड़े जा रही है। सीधी बात यह कि वह कठोर से कठोर हृदय में भी करुणा जगाने में समर्थ है। निराला ने कविता के अन्त में आनेवाले 'मैं तोड़ती पत्थर' के अर्थ-ग्रहण को कठिन नहीं माना है, इसलिए लिखा है, 'स्वभावतः शायद समझ में आ जाएगा'। 'शायद' शब्द से पता चलता है कि उन्हें इस उक्ति की सुबोधता में सन्देह है, यद्यपि बहुत थोड़ा।

4

निराला ने जानकीवल्लभजी को पत्र में एक और बात लिखी थी। वह यह कि 'सीधी चीजें अच्छी हैं। मैंने नहीं लिखीं—आप कह सकते हैं?—यह 'तोड़ती पत्थर' कैसी है? लेकिन इसकी कुल कला समझकर आप इसे सरल कहेंगे, मुझे विश्वास नहीं।' तात्पर्य यह कि उनकी दृष्टि में यह कविता भाव की दृष्टि से सरल होते हुए भी कला की दृष्टि से सरल नहीं। निश्चय ही यह एक विलक्षण कविता है, जिसकी सरलता में कठिनता और कठिनता में सरलता है। इसकी समीक्षा के क्रम में यथास्थान इसकी कला की तरफ मैं संकेत करता आया हूँ, तथापि एक बार इसकी समग्रता में इस पर दृष्टिपात करना जरूरी है। कारण यह कि कविता की संरचना तभी प्रत्यक्ष होती है, उसे खंड-खंड देखने में नहीं। इसकी संरचना पर नामवरजी ने 'कविता के नए प्रतिमान' के काव्य-संरचना वाले लेख में, जिससे ही ऊपर एक उद्धरण दिया गया है, संक्षेप में बहुत अच्छे ढंग से विचार किया है। उनके शब्द हैं, "कविता में 'वह तोड़ती पत्थर' की आवृत्ति दो बार हुई है और तीसरी बार एक परिवर्तन के साथ—'मैं तोड़ती पत्थर।' किन्तु सन्दर्भ के अनुसार तीनों जगह पत्थर का अर्थ क्रमशः बदलता गया है। पहले सड़क का पत्थर, फिर अट्टालिका का पत्थर और अन्त में अपने हृदय का पत्थर।...कविता की सघन संरचना में ही एक वाक्य की आवृत्ति इतने अर्थ पैदा कर सकती है। संरचना पर ध्यान न हो तो कविता सपाट है, किन्तु यह अवधानता स्पष्टतः गूढ़ अर्थ को खो देती है।" इस तरह यह कविता एक सघन संरचना वाली कविता है, जिसमें पत्थर तोड़ने से सम्बन्धित बार-बार दुहराए जानेवाले वाक्य की महत्त्वपूर्ण भूमिका है। यह वाक्य कविता के सभी अंशों को जोड़कर उसे एक पूर्णता ही नहीं प्रदान करता है, उसमें एक तनाव भी ला देता है, जिससे यह कविता साधारण वर्णन न रहकर एक विशिष्ट कला-कृति बन जाती है। यदि वीणा या सितार से ही उपमा देनी हो, तो इसे तीन तारोंवाला ऐसा वाद्ययन्त्र कहेंगे, जिसके तार खूँटियाँ कसकर चढ़ा दिए गए हों। नामवरजी के कथन में जो संशोधन अपेक्षित है, वह पीछे किया जा चुका है, यानी अन्तिम पंक्ति में आनेवाला पत्थर मजदूरिनी के हृदय का पत्थर न होकर प्रथमतः कवि-हृदय का पत्थर है, फिर किसी भी संवेदनहीन दर्शक के हृदय का।

हिन्दी के सुमनों के प्रति पत्र

निराला की इस कविता के रचनागत सन्दर्भ की ओर डा. रामविलास शर्मा ने अपनी 'साहित्य-साधना' के प्रथम दो खंडों में यथास्थान संकेत किया है। बनारसीदास चतुर्वेदी ने निराला के विरुद्ध सुनियोजित ढंग से अभियान चलाया था। उसी परम्परा में 1936-37 में नई पीढ़ी के लेखकों द्वारा उन पर तीन तरफ से आक्रमण किए गए। 1936 के नवम्बर की 'माधुरी' में भुवनेश्वर ने उन पर एक लेख लिया, जिसमें उनकी बहुत ही तीखी आलोचना की गई थी, और 1937 के मार्च के 'विशाल भारत' में शिवदान सिंह चौहान ने भारत में प्रगतिशील साहित्य की आवश्यकता बतलाते हुए चारों श्रेष्ठ छायावादी कवियों पर बहुत ही भद्दा आक्षेप किया। जो सबसे बड़ा आक्रमण निराला पर किया गया, वह 'विश्वभारती क्वार्टरली' के अगस्त, 1937 के अंक में, जिसमें एस.एच. वात्स्यायन के नाम से अज्ञेय के एक लम्बे आलेख का पूर्वार्ध प्रकाशित हुआ था। ये तीनों आक्रमण कितने अविचारित और भयानक थे, यह जानने के लिए संक्षेप में उनसे परिचित होना जरूरी है, क्योंकि विचारणीय कविता के मूल में वही है।

भुवनेश्वर ने 'श्री सूर्यकान्त त्रिपाठी निराला' शीर्षक अपने संक्षिप्त लेख में निराला की प्रशंसा भी की, लेकिन उनका असली उद्देश्य उन्हें चोट पहुँचाना था। उन्होंने लिखा, निराला एक ऐसा कलाकार है, जो कलम हाथ में लेकर सोचता है और चमत्कार के लिए भाषा का सहारा खोजता है। वह पन्द्रह वर्षों से साहित्य की अनेक विधाओं में लिख रहा है, पर प्रथम श्रेणी तक वह कवि, कथाकार, विचारक या समालोचक किसी भी हैसियत से नहीं पहुँचता। पन्त को उसने बार-बार रवीन्द्रनाथ का रक्षित बतलाया है, पर सत्य यह है कि वह भी उन्हें पचा न सका। वह 'मैनरिज्म' का कवि है, वह उपमाओं और उत्प्रेक्षाओं का कवि है, वह अपने सर्वोत्तम रूप में भी एक चतुर शिल्पी है। उसकी कविता में साधना है, अध्यवसाय है, कारीगरी है, कोमलता है, पौरुष है, पर वही नहीं है, जिसके बगैर वह न ब्राउनिंग है, न बर्न्स, केवल निराला है। कथाकार की हैसियत से निराला गम्भीर विवेचन का पात्र है, यह मैं नहीं मानता। शिवदान सिंह चौहान ने अपने विस्तृत लेख में छायावाद को रहस्यवाद मानते हुए अपना यह निष्कर्ष रखा कि फिर से रहस्यवाद का साहित्य में जन्म पूँजीवादी समाज की पतितावस्था का द्योतक है। भारत में साम्राज्यवाद के कारण चारों ओर नैराश्य व्याप्त हो गया। जो कवि वास्तविकता को नहीं देख सके, या उससे दूर भागना चाहते थे, या जिनकी कल्पनाशक्ति मुर्झा गई थी और जो नई शक्तियों के उत्थान को न समझ पाए, वे रहस्यवाद का दामन पकड़कर आँसू बहाने लगे। इन रहस्यवादी कवियों में प्रगति नहीं होती, वे प्रतिगामी शक्तियों के रक्षक और अग्रगामी नेता बन जाते हैं। "रवीन्द्रनाथ ठाकुर के बाद यह धारा हिन्दी में सर्वश्री जयशंकर प्रसाद, सूर्यकान्त त्रिपाठी निराला, सुमित्रानन्दन पन्त, श्रीमती महादेवी वर्मा और अनेकों छोटे-मोटे कवियों के मुख से निसृत हो उठी।" अन्त में उन्होंने अपना यह फैसला सुनाया : "इस छायावाद की धारा ने हिन्दी के साहित्य को जितना धक्का पहुँचाया, उतना शायद ही हिन्दू महासभा या मुस्लिम लीग ने भारत को पहुँचाया हो।"

अज्ञेय ने अपने 'माडर्न (पोस्ट-वार) हिन्दी पोएट्री' शीर्षक आलेख के पूर्वार्ध में

मैथिलीशरण, प्रसाद, सियारामशरण, सुभद्राकुमारी और पन्त पर किंचित् विस्तार से विचार किया था और अन्त में निराला को एक-डेढ़ अनुच्छेदों में निबटाते हुए उनके सम्बन्ध में वे तमाम बातें कही थीं, जो उन्हें विचलित करने के लिए काफी थीं। उन्होंने पन्त को सौन्दर्यवादी कहा था। तत्पश्चात् यह स्थिर किया कि पन्त और सौन्दर्यवादियों के मनोविज्ञान के बारे में सामान्य रूप में जो कहा गया है, वह आवश्यक फेर-बदल के साथ निराला के बारे में भी सही है, बल्कि तथ्य यह है कि सौन्दर्यवाद के खतरे अधिक स्पष्टता से उन्हीं में दिखलाई पड़ते हैं। उनकी कलात्मक योग्यता उनके घृण्य अहंकार और जान-बूझकर मौलिक बनने के प्रयास के कारण सही रास्ते से भटक गई है। शुरू में उन्होंने प्रायः बहुत अच्छा लिखा था, लेकिन बाद में उन्होंने जिद पकड़ ली कि कविता की मुख्यधारा जड़ हो गई है। उन्होंने भी कठोर रूपवाद से कविता को मुक्त करने के लिए आवाज उठाई थी, इसके लिए उन्हें श्रेय देने के बाद और कुछ कहने की जरूरत नहीं। 'किसी भी तरह से विचार करें, निराला साहित्य में कोई शक्ति नहीं रहे, उस रूप में वे मृत हो चुके हैं।' ('...ऐज ए लिटररी फोर्स, ऐट एनी रेट, निराला इज ऑलरेडी डेड।')

'माधुरी' निराला की पहुँच के भीतर थी। उसमें बराबर उनकी रचनाएँ निकला करती थीं। उन्होंने भुवनेश्वर के लेख का उत्तर दिया, दो अन्य व्यक्तियों की भुवनेश्वर के सम्बन्ध में राय के साथ, जो कि उसके जनवरी, 1937 के अंक में 'श्री भुवनेश्वर की तारीफ' शीर्षक से प्रकाशित हुआ। निराला सहित बाकी दोनों व्यक्तियों ने भुवनेश्वर की योग्यता और विश्वसनीयता को अच्छी तरह से संदिग्ध बना दिया था। अन्त में भुवनेश्वर का प्रत्युत्तर भी छापा गया था, जिसमें उन्होंने अपने फरेब के बारे में स्वीकार किया कि मैं अपराधी हूँ, परिस्थितियाँ मनुष्य से जघन्य काम करा लेती हैं। प्रसंगवश उन्होंने अपना यह कथन भी उद्धृत किया कि ''मैंने निरालाजी का परिमल श्रम से पढ़ा और जहाँ तक भाषा का सवाल है, सिर्फ भाषा का, निराला के यहाँ पिघला हुआ सोना है, पन्तजी ने टीन झलमला दी है।'' पूरे प्रत्युत्तर का स्वर आत्मरक्षात्मक था। इससे निराला को किसी हद तक परितोष हुआ, लेकिन वे भुवनेश्वर के प्रहार को भूले नहीं। शिवदान सिंह चौहान के लेख से भी वे बहुत विचलित हुए थे, लेकिन 'विशाल भारत' के माध्यम से वे उन्हें कोई उत्तर न दे सकते थे। जब अज्ञेय का आलेख प्रकाशित हुआ, तो उनका आक्रोश और दुख अपनी सीमा पर पहुँच गया। जैसा कि डा. शर्मा ने लिखा है, भूसामंडी (लखनऊ) वाले घर में उसे पढ़ने के बाद उन्होंने कई बार दुहाराया—'निराला इज ऑलरेडी डेड'। जाहिर है, यह उन पर सबसे बड़ा आघात था। मेरा खयाल है, इसी की तात्कालिक प्रतिक्रिया उनकी 'हिन्दी के सुमनों के प्रति पत्र' कविता में हुई। वे चौहान द्वारा दिए गए आघात को भी भूले नहीं थे, लेकिन कविता उन्होंने अज्ञेय-जैसे नए रचनाकारों को 'सुमन' के रूप में अभिहित करते हुए रची, आलोचकों को बस कविता के अन्त में 'बीज' कहकर याद किया। 1933 में अज्ञेय का कविता-संग्रह 'भग्नदूत' निकल चुका था। उसके बाद से वे लगातार कविताएँ लिख रहे थे, जो पत्र-पत्रिकाओं में छप रही थीं और जिनका मिजाज निश्चय ही छायावादी कविताओं से बहुत कुछ भिन्न था। स्वभावतः नकारात्मक रूप में ही सही, लेकिन निराला ने उन्हें एक नई पीढ़ी का कवि माना।

अपने आलेख में निराला पर की गई कुत्सित टिप्पणी के लिए अज्ञेय ने बाद में

अफसोस जाहिर किया है। 'स्मृतिलेखा' में निराला पर उनका जो संस्मरण है, 'वसन्त का अग्रदूत' शीर्षक से (दिलचस्प है कि यह शीर्षक 'सुमनों के प्रति' कविता से ही लिया गया है!), उसमें वे आत्मस्वीकृति के स्वर में कहते हैं, " 'विश्वभारती' पत्रिका में मेरा एक लम्बा लेख छपा था। आज यह मानने में भी मुझे कोई संकोच नहीं है कि उसमें निराला के साथ घोर अन्याय किया गया था। यह बात 1936 (?) की है जब 'विशाल भारत' में पंडित बनारसीदास चतुर्वेदी निराला के विरुद्ध अभियान चला रहे थे। यों चतुर्वेदीजी का आक्रोश निरालाजी के कुछ लेखों पर ही था, उनकी कविताओं पर उतना नहीं (कविता से तो वह बिलकुल अछूते थे), लेकिन उपहास और विडम्बना का जो स्वर चतुर्वेदीजी की टिप्पणियों में मुखर था उसका प्रभाव निरालाजी के समग्र कृतित्व के मूल्यांकन पर पड़ता ही था और मेरी अपरिपक्व बुद्धि पर भी था ही।" सहसा विश्वास नहीं होता कि अंग्रेजी में वैसा आलेख लिखनेवाला लेखक निराला-जैसे कवि के बारे में कविता से दूर-दूर रहनेवाले एक संपादक के बहकावे में आ गया होगा और 1937 में वह ऐसी अपरिपक्व बुद्धि का था कि निराला की कविता उसकी समझ में न आती थी। लेकिन आत्मस्वीकृति के आगे चारा ही क्या है? वह तो सामनेवाले को निरस्त्र करने के लिए ही होती है। आगे अज्ञेय लिखते हैं, "इसके बाद की जिस भेंट (1951) का उल्लेख करना चाहता हूँ उससे पहले निरालाजी के काव्य के विषय में मेरा मन पूरी तरह बदल चुका था। वह परिवर्तन कुछ नाटकीय ढंग से ही हुआ। शायद कुछ पाठकों के लिए यह भी आश्चर्य की बात होगी कि वह उनकी 'जूही की कली' अथवा 'राम की शक्ति-पूजा' पढ़कर नहीं हुआ, उनका 'तुलसीदास' पढ़कर हुआ।" पुनः, "उनके 'तुलसीदास' का पहला प्रकाशन 1938 में हुआ था और मैंने उनकी रचनाओं के बारे में अपनी धारणा के आमूल परिवर्तन की घोषणा रेडियो से जिस समीक्षा में की थी उसका प्रसारण शायद 1940 के आरम्भ में हुआ था।" 'तुलसीदास' का प्रथम प्रकाशन 1938 में नहीं, 1935 में हुआ था, 'सुधा' के पाँच अंकों (फरवरी, मार्च, अप्रैल, मई और जुलाई) में, लेकिन अपनी सतर्कता और सन्नद्धता के लिए प्रसिद्ध अज्ञेय की दृष्टि इस महत्त्वपूर्ण कविता पर तब गई, जब वह 1938 नहीं, 1939 के आरम्भ में पुस्तकाकार छपकर सामने आई! सम्भव है, इस कविता को उन्होंने 'सुधा' के अंकों में ही पढ़ लिया होता, तो निराला के बारे में उनका खयाल उसी समय बदल गया होता। लेकिन तब अपने आलेख में साहित्यिक शक्ति के रूप में निराला को निश्चयात्मक रूप से मृत घोषित करने का अवसर उन्हें नहीं मिलता। संस्मरण के अन्त में अज्ञेय ने 'सुमनों के प्रति' कविता का उल्लेख किया है और कहा है कि 'सचमुच वसन्तपंचमी के दिन जन्म लेनेवाले निराला हिन्दी काव्य के वसन्त के अगदूत थे।' उन्होंने अपनी भूल तहे-दिल से महसूस की, अपने को सुधारा, लेकिन तब, जब उनका आघात अपना काम कर चुका था।

डा. शर्मा ने आहत निराला की आत्माभिव्यक्ति 'सुमनों के प्रति' कविता के साथ उनकी 'ठूँठ यह है आज', 'जला है जीवन यह' और 'कुछ न हुआ न हो' आदि कविताओं को भी गिना दिया है, लेकिन आत्माभिव्यक्तिमूलक होते हुए भी इन कविताओं में कवि की भिन्न मनोदशा का प्रकटीकरण हुआ है। एक बात यह है कि निराला की कविताओं की अन्तर्वस्तु के सम्बन्ध में वे कभी-कभी दो तरह की बातें कहते हैं। 'मित्र के प्रति' कविता के बारे में 'साहित्य-साधना' के प्रथम खंड में उन्होंने कहा था कि "उमाशंकर वाजपेयी

ब्रजभाषा में कविताएँ लिखते थे; पुराने ढंग की चीजें उन्हें ज्यादा पसन्द थीं। निराला ने उन्हें लक्ष्य करके कविता लिखी—'मित्र के प्रति'।" (पृ. 290) उक्त ग्रन्थ के द्वितीय खंड में भी उन्होंने प्रायः यही बात दुहराई थी, 'रीतिवादी परास्त हुए—'मित्र के प्रति' में यह विश्वास है।' (पृ. 287) लेकिन 'प्रगतिशील काव्यधारा और केदारनाथ अग्रवाल' नामक पुस्तक में उनका कहना है कि यह कविता निराला ने छायावादी कविता के समर्थकों के विरोध में लिखी थी : "इसी साल (1935) निराला ने छायावादी कविता के प्रेमियों को सम्बोधित करते हुए कहा था—'कहते हो, नीरस यह/बंद करो गान—/कहाँ छंद, कहाँ भाव/कहाँ यहाँ प्राण?" (पृ. 78) ऐसी स्थिति में क्या आश्चर्य, यदि 'साहित्य साधना' के प्रथम खंड में यह कहने के बाद कि 'सुमनों के प्रति' कविता निराला ने नई पीढ़ी के लेखकों को सम्बोधित कर लिखी थी, वे उसके द्वितीय खंड में कहते हैं, " 'हिन्दी के सुमनों के प्रति पत्र'...में संवाद की जगह निराला की उक्ति है। बोलनेवाले हैं अकेले निराला, सामने सम्बोधित हैं रीतिवादी मित्रों की जगह समकालीन छायावादी कवि।...छायावादी कवियों में वह श्रेष्ठ नहीं माने जाते—यह क्षोभ 'हिन्दी के सुमनों के प्रति पत्र' में है।" (पृ. 287) डा. शर्मा से यह भूल असावधानी के कारण नहीं होती। प्रायः वे प्रसंग-विशेष में अपनी बात जमाने के लिए कविताओं के आशय को तोड़-मरोड़ देते हैं। उस समय वे यह भी नहीं देखते कि पहले वे उन कविताओं की एकदम भिन्न व्याख्या कर चुके हैं।

2

'सुमनों के प्रति' कविता का रचनाकाल 6 अगस्त, 1937 है। उसी वर्ष यह 'माधुरी' के नवम्बर के अंक में प्रकाशित हुई, तत्पश्चात् 1939 के प्रारम्भ में बाहर आनेवाली निराला की कविता-पुस्तक द्वितीय 'अनामिका' में संगृहीत। इसका मूल के सर्वाधिक निकट पाठ यह है :

मैं जीर्ण-साज बहु-छिद्र आज,
तुम सुदल सुरंग सुवास सुमन,
मैं हूँ केवल पदतल-आसन,
तुम सहज बिराजे महाराज।

ईर्ष्या कुछ नहीं मुझे, यद्यपि
मैं ही वसन्त का अग्रदूत,
ब्राह्मण-समाज में ज्यों अछूत
मैं रहा आज यदि पार्श्वच्छबि।

तुम मध्य भाग के, महाभाग!—
तरु के उर के गौरव प्रशस्त [;]
मैं पढ़ा जा चुका पत्र, न्यस्त,
तुम अलि के नव रस-रंग-राग।

देखो, पर, क्या पाते तुम 'फल'
देगा जो भिन्न स्वाद रस भर
कर पार तुम्हारा भी अन्तर
निकलेगा जो तरु का संबल।

फल सर्वश्रेष्ठ नायाब चीज
या तुम बाँधकर रँगा धागा;
फल के भी उर का कटु, त्यागा,
मेरा आलोचक एक बीज।

आक्रोश और दुख ने इस कविता में निराला के स्वर को प्रचुर व्यंग्यात्मक बना दिया है। वे नई पीढ़ी के लेखकों और अपने को दो भिन्न, बल्कि विरोधी, रूपों में कल्पित करते हैं और उनसे कहते हैं कि तुम्हारा कहना सही है, तुम सुन्दर पंखुड़ियों, सुन्दर रंग और सुन्दर गंधवाले सुमन हो और मैं आज छिद्रों से भरा पतझड़ का पीत और म्लान पत्र हूँ। उन्होंने स्पष्ट शब्दों में यहाँ अपने को 'पत्र' नहीं कहा, लेकिन कविता के तीसरे बंद में 'पत्र' शब्द के श्लिष्ट होने का फायदा उठाते हुए वे कहते हैं–'मैं पढ़ा जा चुका पत्र'। यह इससे भी सूचित है कि कविता के शीर्षक में 'पत्र' शब्द का प्रयोग हुआ है। इस दृष्टि से त्रिलोचन का यह कहना सही है कि इस शब्द का अर्थ 'चिट्ठी' न होकर 'पत्ता' है। इसे न मानें तब भी उसमें श्लेष तो मानना ही पड़ेगा। 'मैं जीर्ण-साज बहु-छिद्र आज' से यह व्यंजित है कि वे अपने को पतझड़ का पत्ता ही कह रहे हैं, क्योंकि वह नए पत्ते की हरियाली और चमक से भी रहित होता है और कभी-कभी छेदों-भरा भी। नए कवियों को लगता था कि निराला की कविता पुरानी पड़ गई है और उनमें अनेक त्रुटियाँ हैं। इस कारण निराला का उक्त रूप में अपने को कल्पित करना बहुत सटीक है। वस्तुतः वे न पुराने पड़े थे, न उनमें त्रुटियाँ थीं, उनकी कवित्व-क्षमता अपने पूरे वैभव और ऐश्वर्य के साथ बरकरार थी, यह भी वे अपनी शब्द और बिम्ब-योजना से सूचित कर देते हैं। 'मैं जीर्ण-साज बहु-छिद्र आज' यह पदावली ही बतला देती है कि इस कथन में स्वीकारोक्ति नहीं, बल्कि व्यंग्योक्ति है। ठीक इसी तरह 'तुम सुदल सुरंग सुवास सुमन' यह मधुर पदावली भी अपने भीतर व्यंग्य छिपाए हुए है, जैसे पुष्प के भीतर डंक मारनेवाला भौंरा बैठा हो! सुमन की पंखुड़ियाँ छूने में कोमल हैं, अपने रंग के कारण वह देखने में भी मोहक है और उसमें मादक गंध भी है, लेकिन वस्तुतः उसमें कुछ नहीं है! आगे की दो पंक्तियों में भी निराला 'सुमन' और 'पत्र' के ही समानान्तर सिंहासन और पादपीठ का विरोधपूर्ण रूपक खड़ा करते हैं। सुमन वृक्ष की टहनियों पर होता है, जबकि झड़ा हुआ पत्ता नीचे धरती पर। नए लेखक सिंहासन पर सहज भाव से आरूढ़ हैं, जबकि निराला उनके पाँव रखने के लिए बने हुए काठ हैं, उनके तलवों के नीचे पादपीठ! 'सहज' और 'महाराज' दोनों व्यंग्यात्मक शब्द हैं। यह पूरी कविता काव्य-रचना के कठोर अनुशासन में बँधकर रची गई है, जिसका प्रमाण यह है कि इसके प्रत्येक बंद में पहले और चौथे तथा दूसरे और तीसरे चरणों को तुकान्त रखा गया है। इसके अलावा इसमें वर्ण-संयोजन बहुत संगीतपूर्ण है। पहले बंद की अन्तिम दो पंक्तियों में भी 'केवल' और 'पदतल' में ही अनुप्रास नहीं है, 'सहज बिराजे महाराज' में तीन बार 'ज' वर्ण की आवृत्ति करके एक झंकार उत्पन्न

की गई है। 'बिराजे' तद्भव शब्द का प्रयोग निराला की संस्कृत शब्द-योजना को गतिशील बनाकर रखता है। अभिव्यक्ति के स्तर पर सजग और समर्थ कवि क्या वैसा हो सकता था, जैसा उसे नई पीढ़ी के लेखकों ने समझा था?

पहले बंद में निराला अपने ऊपर पूरा नियन्त्रण रखते हैं और जो कहना होता है, व्यंग्य के माध्यम से ही कहते हैं, लेकिन दूसरे बंद में साफ शब्दों में यह घोषणा करते हैं कि 'मैं ही वसन्त का अग्रदूत'। त्रिलोचन ने पत्ते के रूपक को ध्यान में रखकर इस पंक्ति का सम्बन्ध भी पतझड़ से ही जोड़ा है, क्योंकि पतझड़ ही वसन्त का सूचक होता है, वसन्त उसके बाद ही आता है, लेकिन यहाँ वह अर्थ लेना अधिक संगत नहीं। निराला सरल ढंग से कहते हैं कि आज हिन्दी कविता में जो वसन्त आया हुआ है, जिसकी देन नए कवि-सुमन हैं, उसे सम्भव करनेवाले वही हैं। उन्हीं की कविताओं से सर्वप्रथम वसन्तागमन की सूचना मिली थी। हिन्दी की कल्पना उद्यान के रूप में उन्होंने काफी पहले की थी। 'परिमल' की भूमिका का आरम्भ ही इन पंक्तियों से होता है : "हिन्दी की वाटिका में खड़ीबोली की कविता की क्यारियाँ, जो कुछ समय पहले दूरदर्शी बागवानों के परिश्रम से लग चुकी थीं, आज धीरे-धीरे कलियाँ लेने लगी हैं। कहीं-कहीं, किसी-किसी पेड़ के दो-चार सुमन पंखुड़ियाँ भी खोलने लगे हैं। उनकी अमंद सौरभ लोगों को खूब पसन्द आई है।" इससे यह भी स्पष्ट है कि हिन्दी की वाटिका में वसन्त लानेवाला छायावाद है और जिस वृक्ष में दो-चार सुमन पंखुड़ियाँ खोल चुके हैं, वह और कोई हो या नहीं, कवि निराला अवश्य हैं! 'सरोज-स्मृति' में तो उन्होंने बेहिचक यह गर्वोक्ति की :

...जहाँ हैं भाव शुद्ध
साहित्य-कला-कौशल-प्रबुद्ध,
हैं दिए हुए मेरे प्रमाण
कुछ वहाँ, प्राप्ति को समाधान,—
पार्श्व में अन्य रख कुशल हस्त
गद्य में पद्य में समाभ्यस्त।

दूसरे बंद में निराला कहते हैं कि आज यदि मैं किनारे कर दिया गया हूँ, हाशिए पर ठेल दिया गया हूँ, ब्राह्मणों के समाज में अछूत की तरह, तो मुझे नए लेखकों से ईर्ष्या नहीं है। ईर्ष्या उन्हें क्यों होगी, वे तो स्वयं वसन्त के विधायक हैं! 'तुलसीदास', 'सरोज-स्मृति' और 'राम की शक्ति-पूजा'-जैसी महान् कविताओं की रचना कर श्रेष्ठ कवि के रूप में प्रतिष्ठित हो चुके हैं। लेकिन क्षोभ उन्हें पूरा है, इसलिए अपनी आलोचना वे स्वीकार नहीं करते, स्वीकार करने के ढंग से उसे जोरदार ढंग से अस्वीकार करते हैं। उनमें आत्मविश्वास की कमी नहीं थी, लेकिन यह सही है कि अपनी आलोचना पर वे जोरों से प्रतिक्रिया करते थे। इस बंद में भी 'मैं रहा आज यदि पार्श्वच्छवि'-जैसी ओजपूर्ण अभिव्यक्ति उनकी कविता को स्तरीय बनाकर रखती है। पूरे रूपक से इस बंद का सम्बन्ध इसकी दूसरी पंक्ति से जुड़ता है और ब्राह्मण और शूद्र इसमें वैसे ही आए हैं, जैसे पहले बंद में महाराज और पदतल-आसन। स्पष्टतः इसकी व्यंजना यह भी है कि नए लेखक ब्राह्मण हैं और निराला शूद्र। पहले बंद की वाक्य-रचना सरल है, लेकिन दूसरे बंद की जटिल, क्योंकि इसमें एक अन्तर्वाक्य भी आता है और अन्त में एक उपमान-वाक्य भी। यदि अन्वय करें, तो यह बंद

इस प्रकार होगा :

ईर्ष्या कुछ नहीं मुझे, यद्यपि
मैं ही वसन्त का अग्रदूत,
मैं रहा आज यदि पार्श्वच्छवि,
ब्राह्मण-समाज में ज्यों अछूत।

यह जटिल गद्यात्मक वाक्य-रचना इस बात की सूचक है कि निराला की कविता मात्र भावुकता का विस्फोट नहीं होती थी और उसके निर्माण में उस बौद्धिकता का प्रचुर योगदान होता था, जो बहुत ही व्यवस्थित और दृढ़ गद्य का दामन पकड़कर चलती थी।

तीसरे बंद में जो 'मध्य भाग' है, उसका सम्बन्ध दूसरे बंद के 'पार्श्वच्छवि' शब्द से है। नए लेखक मध्य भाग में प्रतिष्ठित हैं, जबकि निराला एक किनारे पर हैं! इस बंद का पूरा सम्बन्ध 'सुमन' और पत्र से है। पत्ता वृक्ष के नीचे पड़ा होता है, या हवा से उड़ाकर किनारे कर दिया जाता है, लेकिन फूल उसके वृंतों पर खिला होता है, किनारे पर नहीं, मध्य में। यह फूल का सौभाग्य है, उसकी समृद्धि का सूचक है। वह वृक्ष के हृदय को विपुल गौरव से भरनेवाला होता है। निराला चिट्ठी के लिए श्लिष्ट पद होने से 'पत्र' शब्द का प्रयोग करते हुए कहते हैं कि वे तो पढ़े हुए पत्र की तरह उठाकर अलग रख दिए गए हैं! दूसरी ओर फूल के समान खिले हुए नए लेखक भ्रमर के लिए नए रस, क्रीड़ा और गुंजार का आलंबन हैं। पत्र को लोग मन ही मन पढ़कर रख देते हैं। इस तरह उधर निःशब्दता है, जबकि इधर मधुर भ्रमर-गुंजार! 'तुम अलि के नव रस-रंग-राग' लाक्षणिक उक्ति तो है ही, इसमें वैसा ही व्यंग्य है, जैसा 'तुम सुदल सुरंग सुवास सुमन' में। निराला कैसी पदावली से व्यंग्य की मार करते हैं, यह देखने लायक है। साथ ही यह भी कि पहली पंक्ति में जहाँ 'रंग' शब्द एक अर्थ देता है, वहाँ दूसरी पंक्ति में 'रस' के साथ होने से दूसरा।

स्पष्टतः तीसरे बंद में निराला पुनः अपने को नियन्त्रित कर लेते हैं, जिससे उनकी उक्ति पुनः व्यंग्यात्मक हो जाती है। 'तुम मध्य भाग के, महाभाग!', 'तरु के उर के गौरव प्रशस्त' और 'तुम अलि के नव रस-रंग-राग', इन तीनों ही पंक्तियों में व्यंग्य है। चौथे बंद में निराला का नियन्त्रण फिर शिथिल हो जाता है और वे नए लेखकों से कहते हैं कि फूल तो तुम हो, लेकिन क्या इस फूल में फल भी लगेगा, जो विशिष्ट स्वाद और रस से युक्त हो? आशय यह कि वैसा नहीं होगा। उन्होंने 'फल' शब्द का जो प्रयोग किया है, उसे उद्धरण-चिह्नों के भीतर रखा है, जिसका मतलब यह है कि वे फूल के बाद फल का तो जिक्र कर ही रहे हैं, उससे 'परिणाम' का भी अर्थ व्यक्त करते हैं। परिणाम के अर्थ में 'फल' का प्रयोग लाक्षणिक है, लेकिन आज इसकी लाक्षणिकता इस कदर घिस गई है कि यह शब्द अभिधेयात्मक हो गया है। सुमन, फल आदि शब्द इस कविता में लाक्षणिक रूप में ही प्रयुक्त हुए हैं, लेकिन एक जगह निराला ने 'फल' का ऐसा प्रयोग किया है कि उससे 'अभिधेयात्मक' अर्थ भी ग्राह्य है। फल फूल के भीतर से निकलता है और चूँकि वह अपने भीतर निहित बीज से वृक्ष के वंश का विस्तार करता है, इसलिए वह 'तरु का संबल' है। वृक्ष उसी संबल को ग्रहण कर आगे चलता है। निराला नए लेखकों से कहते हैं कि तुम ऐसे फूल हो, जिसमें फल नहीं लगेगा, जिससे वृक्ष का वंश-विस्तार असम्भव है।

तात्पर्य यह कि उन्होंने तो हिन्दी कविता का विकास किया, जिस वसन्त में नए कवि-सुमन खिल रहे हैं, उसे बुलानेवाले वही हैं, लेकिन इन नए कवियों से हिन्दी कविता का विकास न होगा। निराला साफ कुछ नहीं कहते, सिर्फ प्रतीक्षा करने को कहते हैं। उनका विश्वास है कि ये कवि-सुमन ही रह जाएँगे, उनमें फल कदापि न लगेगा, जिससे वृक्षों की परम्परा चलती है।

कविता का अन्तिम बंद सर्वाधिक उलझनभरा है, जिसके अर्थापन में त्रिलोचन और डा. शर्मा दोनों न केवल लड़खड़ा गए हैं, बल्कि उसका बिलकुल उलटा-सीधा अर्थ किया है। कविता के पास सरल मन से विद्वान् नहीं जाते, विद्वत्ता और वाग्मिता का सहारा लेने लगते हैं, तो कविता उनसे भी दूर चली जाती है और शेष रह जाता है केवल विद्वत्तापूर्ण वाग्जाल। ध्यान देने पर इस बंद के सही अर्थ तक पहुँचना कोई कठिन नहीं था, लेकिन दुर्भाग्यवश किन्हीं विद्वान् ने ध्यान नहीं दिया और वे पाठ से बिलकुल हटकर बातें करते रहे। प्रमाण के लिए विजेन्द्र-संपादित 'ओर' का चौदहवाँ अंक देखा जा सकता है, साथ ही 'साहित्य-साधना' का द्वितीय खंड भी, जिसमें निराला की कला के विवेचन के क्रम में 'संवाद' शीर्षक लेख में यथास्थान इस कविता का संक्षेप में अर्थ बतलाया गया है।

नए लेखकों को यह कहने के बाद कि वे ऐसा फूल हैं, जिसमें फल लगने की सम्भावना नहीं है, निराला अब आक्रोश के मारे उनसे यह कहते हैं कि फल ही असली चीज है, तुम तो फूल हो, वह भी नकली–धागों को बाँधकर रँगकर बनाया गया! ऐसा फूल असली फूल की समकक्षता नहीं कर सकता। नकली फूल कागज, रुई, कपड़ा, धागा आदि अनेक चीजों से बनाया जाता है, बनाया जा सकता है। निराला ने इसी बात का यहाँ उपयोग किया है। यह नकली फूल 'सुदल सुरंग सुवास सुमन' और 'अलि के नव रस-रंग-राग' के व्यंग्य को पूरी तरह से स्फुट कर देता है। 'फल' का महत्त्व बतलाने के लिए निराला ने 'सर्वश्रेष्ठ' के साथ फारसी के 'नायाब' शब्द का प्रयोग किया है, जो इस बात का सूचक है कि वे हर प्रकार की चिन्ता छोड़कर प्रयोग के लिए उन्हीं शब्दों को चुनते थे, जो अर्थ को उसकी अधिक से अधिक छायाओं के साथ अधिकतम मात्रा में अभिव्यक्त करते थे। वे उत्तर अज्ञेय को देते हैं, लेकिन जैसा कि कहा जा चुका है, शिवदान सिंह चौहान भी उन्हें भूले न थे। कविता के अन्त में वे अपने आलोचक को भी याद करते हैं और कहते हैं कि जैसे मेरा अवमूल्यन करनेवाले नए लेखक नकली फूल हैं, वैसे ही मेरा आलोचक फल के भीतर रहनेवाला वह बीज है, जिसकी कड़वाहट के चलते लोग उसे खाते नहीं, फेंक देते हैं! बीज से वृक्ष निकलता है, जिसका संकेत निराला ने ऊपर किया है, लेकिन यहाँ वे बीज का उल्लेख एक त्याज्य वस्तु के रूप में करते हैं, पूर्वोक्त रूप में नहीं। यह भी द्रष्टव्य है कि जैसे फूल के अन्तर से फल निकलता है, वैसे ही फल के अन्तर से बीज। लेकिन फल जहाँ मधुर होता है, वहाँ बीज कटु।

पूरी कविता पत्र, फूल, फल और बीज को लेकर लिखी गई है, जिसमें एक उत्कृष्ट संगति है। निराला में संगति का निर्वाह करने की विलक्षण क्षमता थी। इसमें उनकी तर्क-बुद्धि, संवेदना और कल्पनाशीलता तीनों का कमोबेश योगदान होता था। यह कविता भी उनकी उक्त क्षमता को प्रमाणित करती है।

3

पाँच बंदों की इस कविता के आरम्भिक तीन बंद ऐसे हैं, जिनमें मुख्यतः निराला का दुख उनके आक्रोश पर हावी रहता है। स्वभावतः उनकी उक्ति में एक गहराई होती है, कारुणिक प्रभाव डालनेवाली, और स्वर व्यंग्यात्मक होता है। लेकिन उसके बाद उनके दुख पर उनका आक्रोश हावी हो जाता है और वे नए लेखकों से कहने लगते हैं कि तुम ऐसे फूल हो, जिनमें फल नहीं लगेगा; फिर यह कि तुम नकली फूल हो और मेरी आलोचना करनेवाला फल का त्याज्य कटु बीज है! इससे कविता के अन्तिम दो बंद कमजोर हो गए हैं। तर्क-योजना उनमें है, वह कविता की अन्विति बरकरार भी रखती है, लेकिन यह सच्चाई है कि उनमें काव्योचित भावना गौण हो गई है और प्रत्याक्रमणमूलक तर्क प्रधान। इससे इन बंदों में सरसता की जगह तार्किकताजनित एक कर्कशता भी आ गई है।

आक्रोश की अतिशयता ने कवि को यथार्थ से भी हटा दिया है। क्या यह सच है कि अज्ञेय-जैसे कवियों की काव्य-साधना हिन्दी कविता में निष्फल हुई? क्या उन्होंने श्रेष्ठ काव्य नहीं रचा और हिन्दी कविता का विकास नहीं किया? और निराला की आलाचेना में जो कुछ कहा गया था, क्या वह सब गलत था? क्या वे आलोचनाओं से परे थे? निश्चय ही ऐसा नहीं है, लेकिन क्रोध के आवेश में निराला ने सत्य को देखने और स्वीकार करने से बिलकुल इनकार किया। जब कविता में सत्य के स्थान में कोई दूसरी चीज प्रकट होगी, तो उसका मूल्य कम होना अनिवार्य है। आज हम निराला के साहित्यिक जीवन के एक प्रसंग की जानकारी के लिए भले इस कविता को पढ़ें, इसे महत्त्व दें, लेकिन इसमें नई पीढ़ी के लेखकों के बारे में उन्होंने जो कहा है, वह न तब सत्य था, न बाद में सत्य साबित हुआ। इस कारण इस कविता का उनकी श्रेष्ठ कविताओं में से एक न होना स्वाभाविक है। इस कविता की तुलना में उनकी 'मित्र के प्रति' कविता उनकी श्रेष्ठ कविताओं में से एक है, क्योंकि उसमें छायावादी कविता या उसमें उनकी अपनी कविता की तरफ से जो कुछ कहा गया है, वह सत्य है। कविता में कवि नहीं, हमेशा सत्य ही महत्त्वपूर्ण होता है।

क्या विडम्बना है कि पुरानी पीढ़ी और नई पीढ़ी के संघर्ष में दोनों सत्य को भुलाकर एक दूसरे पर आक्रमण-प्रत्याक्रमण करती हैं। 1958-59 में जब नई कविता के कवियों द्वारा अज्ञेय की, जो उस समय तक नई धारा के कवि के रूप में पूर्णतः प्रतिष्ठित हो चुके थे, आलोचना होने लगी, तो उन्होंने जोरों से प्रतिक्रिया करते हुए उनसे कहा :

आ, तू आ,
हाँ, आ,
मेरे पैरों की छाप-छाप पर रखता पैर,
मिटाता उसे,
मुझे मुँह भर-भर गाली देता—
आ, तू आ।

साथ ही,

मेरी तो
तुझे पीठ ही दीखेगी—क्या करूँ कि मैं आगे हूँ

और देखता भी आगे की ओर?

....

....

मैं चला नहीं था पथ पर,
पर मैं चला इसी से
तुझको बीहड़ में भी ये पद-चिह्न मिले हैं....

मानना पड़ेगा कि यह 'मैं ही वसन्त का अग्रदूत' से आगे की गर्वोक्ति है। इसकी प्रतिक्रिया होना स्वाभाविक था। नए कवियों में इसकी व्यापक प्रतिक्रिया हुई और उनकी तरफ से एक कवि ने एक कविता लिखकर यह कहते हुए अज्ञेय को उत्तर दिया :

हमें प्रतीक्षा न थी तुम्हारे आवाहन की
हम आए आवाहन के पूर्व ही
नए भिन्न पथ से, जो तुम्हें अज्ञात था
हमने नहीं रक्खे चरण तुम्हारे पद-चिह्नों पर....

और

आह! यह हमारा दोष नहीं था
कि सूर्य की तरह अभिमानी होकर भी
तुम असमय अस्त हो गए।

'निराला इज ऑलरेडी डेड' और 'तुम असमय अस्त हो गए' में कितनी समानता है! जिसने पहले निराला को मृत घोषित किया था, ठीक उसी तरह उसको भी अस्तंगत घोषित किया जा रहा है। जगदीश गुप्त ने 'नई कविता-5-6' के संपादकीय में अज्ञेय के नए कवियों पर गतानुगतिकता के आरोप को अस्वीकार करते हुए लिखा कि 'आज की नई कविता किसी व्यक्ति विशेष की ही प्रेरणा से उद्भूत न होकर युग विशेष की आवश्यकता से उद्भूत है।' यह बात पूरी तरह से सही थी और नई कविता पर ही नहीं, प्रत्येक युग की कविता पर लागू है। वसन्त के अग्रदूत निराला ही क्यों, प्रसाद और पंत क्यों नहीं, जो उनसे पहले के छायावादी कविताएँ लिखते और प्रकाशित कराते आ रह थे? इसी तरह 1937 में निराला के बारे में जहाँ अज्ञेय का यह कहना गलत था कि साहित्यिक शक्ति के रूप में वे मृत हो चुके हैं, वहाँ 1958-59 में अज्ञेय के बारे में नए कवि का यह कहना भी कि वे अस्त हो चुके हैं। प्रतिक्रिया का आवेश सत्य को देखने से रोकता है। प्रश्न है कि 'सुमनों के प्रति' कविता में प्रतिक्रिया को छोड़कर क्या बचा रहता है? यदि कुछ महत्त्व होगा, तो उसी का, वर्ना आधुनिक हिन्दी कविता के इतिहास में यह कविता सिर्फ एक दिलचस्प प्रसंग के रूप में याद की जाएगी।

❂❂❂